Sanktionierung von Unternehmen

Criminalia

Herausgegeben von Klaus Volk

Band 62

PETER LANG

Michaela Lenk

Sanktionierung von Unternehmen

Status quo, Defizite und Alternativen de lege ferenda

PETER LANG

Bibliografische Information der Deutschen Nationalbibliothek
Die Deutsche Nationalbibliothek verzeichnet diese Publikation in der Deutschen Nationalbibliografie; detaillierte bibliografische Daten sind im Internet über http://dnb.d-nb.de abrufbar.

Zugl.: München, Univ., Diss., 2019

Umschlaggestaltung: Pierre Mendell

D 19
ISSN 0945-1811
ISBN 978-3-631-80741-5 (Print)
E-ISBN 978-3-631-83229-5 (E-PDF)
E-ISBN 978-3-631-83230-1 (EPUB)
E-ISBN 978-3-631-83231-8 (MOBI)
DOI 10.3726/b17485

Peter Lang – Berlin · Bern · Bruxelles · New York · Oxford · Warszawa · Wien

Diese Publikation wurde begutachtet.

www.peterlang.com

Gewidmet meinen Eltern.

Danksagung

An dieser Stelle möchte ich allen meinen Dank aussprechen, die mich bei der Anfertigung meiner Dissertation unterstützt haben.

Mein besonderer Dank gilt Herrn Prof. Dr. Dr. h.c. Klaus Volk für die effiziente und hervorragende Betreuung bei der Umsetzung der Arbeit. Außerdem möchte ich mich bei Herrn Prof. Dr. Dr. h.c. mult. Bernd Schünemann für die schnelle Zweitkorrektur und dessen Impulse bedanken.

Weiter möchte ich insbesondere meinem Vater Prof. Dr. Reinhard Lenk und meinem Ehemann Michael Feilmeier meinen besonderen Dank aussprechen. Sie haben mich bei meiner Dissertation stets mit Rat und Tat sowie mit Anregungen und produktiven Gesprächen begleitet und meine Arbeit Korrektur gelesen.

Auch gilt mein Dank Herrn Dr. Matthias Korte vom Bundesministerium der Justiz und für Verbraucherschutz (BMJV), welcher sich im Rahmen seiner Arbeit im Ministerium seit langem mit dem Thema Verbandssanktionierung beschäftigt. Er hat mich durch zahlreiche bereichernde Gespräche bei der Dissertation unterstützt.

Zudem möchte ich mich bei meinem Team in der Kanzlei P+P Pöllath und Partners, und hier insbesondere bei Frau Dr. Andrea von Drygalski, für die Ermöglichung der nötigen Freiräume beim Abschließen der Arbeit als auch bei Frau Lynn Ngyuen für die finale Formatierung der Arbeit bedanken.

Der größte Dank gebührt aber meinen Eltern Liselotte und Prof. Dr. Reinhard Lenk für deren unermüdliches Engagement in jeglicher Form während des Studiums, des Referendariats sowie bei der Parallelbelastung durch Beruf und Doktorarbeit.

Inhaltsübersicht

Inhaltsverzeichnis

Abkürzungsverzeichnis

A

a.A.	andere Auffassung
a.F.	alte Fassung
a.M.	andere/r Meinung
Abs.	Absatz
abl.	Ablehnend
ABl.	Amtsblatt
AEntG	Arbeitnehmer-Entsendegesetz
AEUV	Vertrag über die Arbeitsweise der Europäischen Union
AG	Aktiengesellschaft oder Die Aktiengesellschaft (Zeitschrift)
AktG	Aktiengesetz
allg.	allgemein/e
Alt.	Alternative
Anm.	Anmerkungen
AO	Abgabenordnung
AO-StB	AO-Steuerberater (Zeitschrift)
Art.	Artikel
AtG	Atomgesetz
AÜG	Arbeitnehmerüberlassungsgesetz
AWG	Außenwirtschaftsgesetz
Az.	Aktenzeichen
AZR	Ausländerzentralregister

B

BaFin	Bundesanstalt für Finanzdienstleistungsaufsicht
BAG	Bundesarbeitsgericht
BayObLG	Bayerisches Oberstes Landesgericht
BB	Betriebs-Berater (Zeitschrift)
BCM	Berufsverband der Compliance Manager
Bd.	Band
BDSG	Bundesdatenschutzgesetz
BeckOK	Beck'scher Online-Kommentar
BeckRS	Beck Rechtsprechung (Online Entscheidungsdatenbank des Verlags C.H. BECK)
Beschl.	Beschluss

BFH	Bundesfinanzhof
BGB	Bürgerliches Gesetzbuch
BGBl.	Bundesgesetzblatt
BGH	Bundesgerichtshof
BGHSt	Entscheidungssammlung des Bundesgerichtshofs in Strafsachen
BGHZ	Entscheidungssammlung des Bundesgerichtshofs in Zivilsachen
BImSchG	Bundes-Immissionsschutzgesetz
BKartA	Bundeskartellamt
BKR	Bank- und Kapitalmarktrecht (Zeitschrift)
BORA	Berufsordnung für Rechtsanwälte
BRAK	Bundesrechtsanwaltskammer
BRAO	Bundesrechtsanwaltsordnung
BStBl.	Bundessteuerblatt
BT-Drs.	Bundestagsdrucksache
BUJ	Bundesverband der Unternehmensjuristen
BVerfG	Bundesverfassungsgericht
BVerfGE	Entscheidungen des BVerfG
BVerfGG	Bundesverfassungsgerichtsgesetz
BVerwG	Bundesverwaltungsgericht
BVwVfG	Verwaltungsverfahrensgesetz (Bund)
BZRG	Bundeszentralregistergesetz
bzw.	beziehungsweise

C

CB	Compliance Berater (Zeitschrift)
CCZ	Corporate Compliance Zeitschrift (Zeitschrift)
CDU	Christlich Demokratische Union Deutschlands
CJiP	Convention judiciaire d´intérêt public
CMS	Compliance Management System/e
CompAG	Compliance-Anreiz-Gesetz
CP	Code Pénal (franz. StGB) oder Código Penal (span. StGB)
CRR	Capital Requirements Regulation
CSR	Corporate Social Responsibility
CSU	Christlich-Soziale Union in Bayern

D

D&O	Directors & Officers
d.h.	das heißt
D.LGS.	Decreto Legislativo
DAV	Deutscher Anwaltverein
DB	Der Betrieb (Zeitschrift)
DCGK	Deutsche/r Corporate Governance Kodex
DICO	Deutsches Institut für Compliance
DIHK	Deutsche/r Industrie- und Handelskammertag
Diss.	Dissertation
DJT	Deutscher Juristentag
DPA	Deferred Prosecution Agreement
DRB	Deutscher Richterbund
Drs.	Drucksache
DSGVO	Datenschutz-Grundverordnung
DStR	Das deutsche Steuerrecht (Zeitschrift)

E

e.V.	eingetragener Verein
EG	Europäische Gemeinschaft
EGMR	Europäischer Gerichtshof für Menschenrechte
EGStGB	Einführungsgesetz zum Strafgesetzbuch
EMIR	European Market Infrastructure Regulation
EMRK	Europäische Menschenrechtskonvention
EStG	Einkommensteuergesetz
et al.	und andere (lateinisch: et alii)
etc.	und andere/s (lateinisch: et cetera)
EU	Europäische Union
Eucrim	European Criminal Law Associations' Forum (Zeitschrift)
EuGH	Europäischer Gerichtshof
EuZW	Zeitschrift für Europäisches Wirtschaftsrecht (Zeitschrift)
evtl.	eventuell
EWiV	Europäische wirtschaftliche Interessenvereinigung

F

f.	folgende
FAZ	Frankfurter Allgemeine Zeitung (Zeitschrift)
FCPA	Foreign Corrupt Practices Act

ff.	fortfolgende
FiMaNoG	Finanzmarktnovellierungsgesetz
Fn.	Fußnote
franz.	französisch/e/s
FS	Festschrift
FSA	Freiwillige Selbstkontrolle für die Arzneimittelindustrie e.V.

G

GA	Goltdammer's Archiv für Strafrecht (Zeitschrift)
GastG	Gaststättengesetz
GbR	Gesellschaft bürgerlichen Rechts
gem.	gemäß
GenG	Genossenschaftsgesetz
GewO	Gewerbeordnung
GG	Grundgesetz
ggf.	gegebenenfalls
GmbH	Gesellschaft mit beschränkter Haftung
GmbH & Co. KG	GmbH & Compagnie Kommanditgesellschaft
GmbHG	GmbH-Gesetz
grdsl.	grundsätzlich
GRC	Charta der Grundrechte der Europäischen Union
GRECO	Staatengruppe gegen Korruption (franz.: Groupe d'Ètats contre la Corruption)
GSSt	Großer Senat für Strafsachen
GVG	Gerichtsverfassungsgesetz
GWB	Gesetz gegen Wettbewerbsbeschränkungen
GWBÄndG	Gesetz zur Änderung des GWB

H

h.M.	herrschende Meinung
HandwO	Handwerksordnung
HGB	Handelsgesetzbuch
HPflG	Haftpflichtgesetz
Hrsg.	Herausgeber
Hs.	Halbsatz

I

i.d.R.	in der Regel
i.e.S.	im engeren Sinne
i.S.d.	im Sinne der/s
i.S.v.	im Sinne von
i.V.m.	in Verbindung mit
i.w.S.	im weiteren Sinne
IDW	Institut der Wirtschaftsprüfer
IDW PS	IDW Prüfungsstandards
insb.	insbesondere
InsO	Insolvenzordnung
IPBPR	Internationaler Pakt über bürgerliche und politische Rechte
ISO	Internationale Organisation für Normung
IVD	In-vitro-Diagnostikum

J

JGG	Jugendgerichtsgesetz
JP	Juristische Person
JR	Juristische Rundschau (Zeitschrift)
JuMiKo	Justizministerkonferenz
JURA	Juristische Ausbildung (Zeitschrift)
jurisPR-Compl.	juris PraxisReport Compliance & Investigations (Zeitung)
JuS	Juristische Schulung (Zeitschrift)
JZ	Juristenzeitung

K

KAGB	Kapitalanlagegesetzbuch
KG	Kommanditgesellschaft oder Kammergericht
KGaA	Kommanditgesellschaft auf Aktien
KK	Karlsruher Kommentar
KorrBekG	Korruptionsbekämpfungsgesetz
KRB	Rechtsbeschwerden in Kartellbußgeldverfahren (Registerzeichen beim BGH)
KRG	Korruptionsregistergesetz
KrWG	Kreislaufwirtschaftsgesetz
KWG	Kreditwesengesetz

L

LAG	Landesarbeitsgericht
LG	Landgericht
lit.	Buchstabe (lateinisch: littera)
LS	Leitsatz
LT	Landtag

M

M&A	Mergers & Acquisitions
m. Anm.	mit Anmerkung/en
m.V.a.	mit Verweis auf
m.w.N.	mit weiteren Nachweisen
MAD	Marktmissbrauchsrichtlinie (engl.: Market Abuse Directive)
MAR	Marktmissbrauchsverordnung (engl.: Market Abuse Regulation)
MaRisk	Mindestanforderungen an das Risikomanagement
MHdB GesR	Münchener Handbuch des Gesellschaftsrechts
MiLoG	Gesetz zur Regelung eines allgemeinen Mindestlohns
MitbestG	Mitbestimmungsgesetz
MüKomm	Münchener Kommentar

N

n.F.	neue Fassung
NJOZ	Neue Juristische Online-Zeitschrift
NJW	Neue juristische Wochenschrift (Zeitschrift)
NJW-RR	NJW-Rechtsprechungs-Report (Zeitschrift)
NPAs	Non-Prosecution Aggreements
Nr.	Nummer
NRW	Nordrhein-Westfalen
NStZ	Neue Zeitschrift für Strafrecht (Zeitschrift)
NStZ-RR	NStZ-Rechtsprechungsreport (Zeitschrift)
NZBau	Neue Zeitschrift für Baurecht und Vergaberecht (Zeitschrift)
NZG	Neue Zeitschrift für Gesellschaftsrecht (Zeitschrift)
NZI	Neue Zeitschrift für Insolvenz- und Sanierungsrecht (Zeitschrift)
NZKart	Neue Zeitschrift für Kartellrecht (Zeitschrift)
NZWiST	Neue Zeitschrift für Wirtschafts-, Steuer- und Unternehmensstrafrecht (Zeitschrift)

O

o.	oder
OECD	Organisation für wirtschaftliche Zusammenarbeit und Entwicklung
OHG	offene Handelsgesellschaft
OLG	Oberlandesgericht
östVbVG	österreichisches Verbandsverantwortlichkeitsgesetz
OWiG	Ordnungswidrigkeitengesetz

P

PartG	Partnerschaftsgesellschaft
PartGG	Partnerschaftsgesellschaftsgesetz
PCIJ	Publications of the Permanent Court of International Justice
privatrechtl.	Privatrechtlich/e/r
ProdHaftG	Produkthaftungsgesetz
PStR	Praxis Steuerstrafrecht (Zeitschrift)

R

RegE	Regierungsentwurf
RGBl.	Reichsgesetzblatt
RiStBV	Richtlinien für das Straf- und Bußgeldverfahren
RIW	Recht der Internationalen Wirtschaft (Zeitschrift)
RL	Richtlinie
Rn.	Randnummer
Rs.	Rechtssache
Rspr.	Rechtsprechung

S

s.	siehe
S.	Seite
s.o.	siehe oben
SAG	Gesetz zur Sanierung und Abwicklung von Instituten und Finanzgruppen
SchwArbG	Schwarzarbeitsbekämpfungsgesetz
schwStGB	Schweizer StGB
schwStPO	Schweizer StPO
SDÜ	Schengener Durchführungsübereinkommen

SE	Europäische Gesellschaft (lateinisch: Societas Europaea)
SEAG	SE-Ausführungsgesetz
SGB	Sozialgesetzbuch
Slg.	Sammlung (Amtliche Sammlung der Rechtsprechung des EuGH)
SPD	Sozialdemokratische Partei Deutschlands
Stellv.	Stellvertreter
StGB	Strafgesetzbuch
StIGH	Ständiger Internationaler Gerichtshof
StPO	Strafprozessordnung
StraFo	Strafverteidiger Forum (Zeitschrift)
StrEG	Gesetz über die Entschädigung für Strafverfolgungsmaßnahmen
StV	Strafverteidiger (Zeitschrift)
StVG	Straßenverkehrsgesetz

T

TransparenzRL	Transparenz-Richtlinie

U

u.a.	und andere
UmweltHG	Umwelthaftungsgesetz
UmwG	Umwandlungsgesetz
Univ.	Universität
Urt.	Urteil
usw.	und so weiter

V

v.	von oder vom
VAG	Vermögensanlagegesetz oder Versicherungsaufsichtsgesetz
Var.	Variante
VbVG	Verbandsverantwortlichkeitsgesetze (Österreich)
VCI	Verband der Chemischen Industrie
VDGH	Verband der Diagnostica-Industrie e.V.
VerbSG-E	Kölner Entwurf eines Verbandssanktionengesetzes
VerbStrG	Verbandsstrafgesetzbuch
VerbStrG-E	Entwurf zum Verbandsstrafgesetzbuch
VereinsG	Vereinsgesetz

VersR	Versicherungsrecht (Zeitschrift)
vgl.	vergleiche
VGR	Wissenschaftliche Vereinigung für Unternehmens- und Gesellschaftsrecht
VGV	Vergabeverordnung
VO	Verordnung
VOR	Zeitschrift für Verkehrs- und Ordnungswidrigkeitenrecht (Zeitschrift)
W	
WHG	Wasserhaushaltsgesetz
WiJ	Journal der Wirtschaftsstrafrechtlichen Vereinigung (Zeitschrift)
WiStG	Wirtschaftsstrafgesetz
wistra	Zeitschrift für Wirtschaft, Steuer und Strafrecht (Zeitschrift)
WM	Wertpapier Mitteilungen - Zeitschrift für Wirtschafts- und Bankrecht (Zeitschrift)
WpDVerOV	Wertpapierdienstleistungs-Verhaltens- und Organisationsverordnung
WpHG	Wertpapierhandelsgesetz
WpÜG	Wertpapiererwerbs- und Übernahmegesetz
WRegG	Wettbewerbsregistergesetz
WRP	Wettbewerb in Recht und Praxis (Zeitschrift)
WuW	Wirtschaft und Wettbewerb (Zeitschrift)
Z	
z.B.	zum Beispiel
ZAG	Zahlungsdiensteaufsichtsgesetz
ZfBR	Zeitschrift für deutsches und internationales Bau- und Vergaberecht
ZGR	Zeitschrift für Unternehmens- und Gesellschaftsrecht (Zeitschrift)
ZHR	Zeitschrift für das gesamte Handels- und Wirtschaftsrecht (Zeitschrift)
ZIP	Zeitschrift für Wirtschaftsrecht (Zeitschrift)
ZIS	Zeitschrift für Internationale Strafrechtsdogmatik (Zeitschrift)
ZP-PIF	Zusatzprotokoll Protection des Intérêts Financiers
ZPO	Zivilprozessordnung

ZollVG	Zollverwaltungsgesetz
ZRP	Zeitschrift für Rechtspolitik (Zeitschrift)
ZStW	Zeitschrift für die gesamte Strafrechtswissenschaft (Zeitschrift)
zust.	zustimmend
zw.	zwischen
ZWeR	Zeitschrift für Wettbewerbsrecht (Zeitschrift)
ZWH	Zeitschrift für Wirtschaftsstrafrecht und Haftung im Unternehmen (Zeitschrift)

1. Kapitel: Einführung

A. Einleitung

In den letzten Jahren haben viele Länder neue Strafgesetze eingeführt, von denen sie bei Fehlverhalten in multinationalen Konzernen – Stichwort: Dieselskandal/Abgasaffäre – wirkungsvoll Gebrauch machen. Auch sind deutsche Unternehmen in den vergangenen Jahren immer öfter zum Gegenstand staatsanwaltschaftlicher Ermittlungen geworden.[1] Weiter werden seit Jahren immer wieder international bedeutsame und spektakuläre Verfahren gegen Wirtschaftsunternehmen oder Banken[2] und deren Verantwortliche geführt.[3] Zudem werden international agierenden deutschen Unternehmen von ausländischen Normen immer größere Anstrengungen abverlangt, um durch diverse Maßnahmen für Regelkonformität zu sorgen.[4] Zusätzlich gibt es – aufgrund näher „aneinanderrückender" Wirtschaftsräume – internationale Bemühungen um die Durchsetzung einheitlicher Standards, wie sie beispielsweise von der OECD und der Weltbank für den Bereich Korruptionsprävention[5] gefordert werden. So ist seit den 1990er Jahren und durch die Finanzkrise verstärkt, die Verfolgung von „Unternehmenskriminalität"[6] immer mehr in den Fokus auch der deutschen Ermittlungsbehörden gerückt und die Diskussion über die Einführung eines Verbandsstrafgesetzbuches hat wieder Fahrt aufgenommen,[7] zuletzt durch den Kölner Entwurf eines Verbandssanktionengesetzes (Kölner Entwurf), welcher Ende 2017 veröffentlicht wurde.

---

1 Siehe hierzu Krause-Ablaß, BB 2018, 1323 (1323 ff.).

2 Bspw. die Verfahren gegen die UBS wegen Beihilfe zur Steuerhinterziehung im Jahr 2011 in den USA und im Jahr 2014 in Deutschland.

3 Beispiele finden sich auch bei Krause-Ablaß, BB 2018, 1323 (1323 ff.).

4 Einen guten Überblick geben hier Kappel/Ehling, BB 2011, 2115 ff., deren Aufsatz den Titel trägt: „Wie viel Strafe ist genug? – Deutsche Unternehmen zwischen UK Bribery Act, FCPA und StGB".

5 Siehe zu den einheitlichen Standards beispielsweise in OECD, Anti-Corruption Ethics and Compliance Handbook for Business, S. 1 ff.; zu der Verantwortlichkeit juristischer Personen im Zusammenhang mit der Bestechung ausländischer Amtsträger in OECD, Bericht zu Phase 4: Deutschland, S. 72 ff.

6 Taschke, NZWiSt 2012, 41 (41).

7 Siehe beispielsweise Binder/Kraayvanger, BB 2015, 1219 (1219); Haubner, DB 2014, 1358 ff.; Schünemann, ZIS 2014, 1 ff.

Dem deutschen Gesetzgeber stellt sich im Hinblick auf die Unternehmenssanktionierung daher zurzeit die Frage nach dem Handlungsbedarf und der gebotenen Handlungsweise neu. Dies erfolgt auch vor dem Hintergrund des medialen und öffentlichen Interesses an den großen tatsächlich durchgeführten Wirtschaftsstrafprozessen sowie dem daraus resultierenden politischen Druck, für Gerechtigkeit auch bei Rechtsverstößen der „wirtschaftlich Starken" zu sorgen.[8]

§ 30 OWiG, der aus dem Jahr 1968 stammt, ist im Ausland weitgehend unbekannt. Die Wirkungen des § 30 OWiG sind begrenzt und der Einsatz liegt im Ermessen der für die Verfolgung von Ordnungswidrigkeiten jeweils zuständigen Behörden, welche diesen Einschätzungsspielraum wiederum sehr unterschiedlich nutzen.[9] Die Aufnahme von Ermittlungen hängt oft von Zufälligkeiten wie dem Behördensitz, der Erfahrung der Mitarbeiter und der Personalausstattung ab. So können das Sanktionsrisiko und die Höhe der möglichen Geldbußen je nach Landgerichtsbezirk sehr unterschiedlich sein. Abgesehen von den weiteren Möglichkeiten der Abschöpfung und der Einziehung, kann lediglich ein Bußgeld (Ahndungsteil) von maximal 10 Millionen Euro (§ 30 Abs. 2 OWiG) festgesetzt werden. Betrachtet man diesen Höchstsatz des Ahndungsteils von 10 Millionen Euro, werden derzeit kleinere und mittlere Unternehmen oft im Vergleich deutlich stärker durch Bußgeldsanktionen belastet als große internationale Unternehmen. Durch großzügige Schätzungen des abzuschöpfenden Mehrerlöses bei den Konzernen wird zwar versucht, dies auszugleichen. Dadurch wird jedoch eine weitere Ungleichbehandlung – wie sich später im Rahmen dieser Arbeit zeigen wird – geschaffen und zudem der Ahndungsteil und der Abschöpfungsteil (zwei unterschiedliche Spuren des Sanktionsrechts) vermengt.

Weiter mangelt es an gesetzlichen Vorgaben und einheitlichen Leitlinien in der Rechtsanwendungspraxis, ob und wie Compliance-Anstrengungen sanktionsmildernd berücksichtigt werden können. Zudem fehlen Vorgaben im Hinblick auf den Anwendungsbereich des Ordnungswidrigkeitenrechts im internationalen Kontext und in Konzernrechtslagen sowie Vorgaben in diversen anderen Bereichen. So wirft beispielsweise das Verfahrensrecht einige Fragen auf, welche dringend durch den Gesetzgeber zu regeln wären.

---

8 Deutlich wird dies bereits in einem Artikel von Freiberger aus der Süddeutschen Zeitung v. 8.8.2013 mit dem bezeichnenden Titel: Kaum zu fassen, Verfahren gegen Banker.

9 Es besteht zudem ein sehr weites Ermessen, ob gegen das Unternehmen eingeschritten wird oder nicht.

All dies führt dazu, dass es für Unternehmen in Deutschland derzeit unmöglich ist, eine verlässliche Risikoabschätzung vorzunehmen. Damit verstößt die gegenwärtige Rechtslage gegen Fairnessprinzipien, so dass der Gesetzgeber dringend zur Handlung aufgerufen ist.[10] Doch ist es für eine effektive Bekämpfung unternehmensbezogener Straftaten erforderlich, neue Sanktionen gegen Unternehmen einzuführen? Und wenn ja, wie sollten diese Sanktionsinstrumente ausgestaltet sein? Gewährleistet das derzeitige Verfahren eine „gerechte" Behandlung von Unternehmen? Und was sollte alles unter den Unternehmensbegriff fallen? Sind dies auch die Konzerne? Was bewirken effektive Compliance-Programme im Rahmen der Sanktionierung und wie sollen diese berücksichtigt werden? Dies sind alles Fragen, die noch näher zu betrachten sind und welche in der vorliegenden Arbeit behandelt werden sollen. Diese Arbeit hat das Ziel, einen Überblick über die Rechtslage de lege lata zu schaffen und einen Ausblick über mögliche Verbesserungen de lege ferenda anzubieten. Hierbei werden insbesondere die zunehmenden europäischen Einflüsse und internationalen Bezüge mit in den Blick genommen.

B. Zielsetzung, Gang der Untersuchung und Bezugsrahmen der Arbeit

I. Zielsetzung

Generell geht die Arbeit davon aus, dass auf politischer Ebene die grundsätzliche Bereitschaft vorhanden ist, eine Reform der Sanktionierung von „Verbänden" in Angriff zu nehmen und dabei über die Ordnungswidrigkeitenlösung des geltenden Rechts hinauszugehen. Für diesen Fall sollte ein Gesetzgebungsmodell für eine faire, effektive und praktikable Regelung der Verbandssanktionierung entwickelt werden. Im Rahmen dieser Arbeit wird der Schwerpunkt darauf liegen, Schwächen der derzeitigen Gesetzeslage herauszuarbeiten und Optimierungsansätze zu entwickeln. Das geltende Recht der Verbandssanktionierung weist nach vielfacher Auffassung erhebliche Schwächen auf.[11] Es bestehen auch sehr unterschiedliche Meinungen darüber, wie die derzeitigen Schwächen zu beheben sind. Je nachdem, welche Interessensvertreter befragt werden, werden

---

10 Dies wurde auch bereits in den Verhandlungen zum Koalitionsvertrag 2018 der Regierungsparteien der 19. Legislaturperiode erkannt. So wurden einige Ziele zur Reformierung des derzeitigen Sanktionenrechts festgelegt; siehe CDU, CSU und SPD, Koalitionsvertrag 2018, S. 126.

11 Siehe beispielsweise hierzu BUJ, Gesetzgebungsvorschlag zu §§ 30, 130 OWiG, S. 5.

unterschiedliche Ansätze und Lösungen angeboten.[12] Ziel der vorliegenden Arbeit ist es daher, das geltende Recht im Hinblick auf die Sanktionierung von Verbänden zu analysieren, bereits existierende Verbesserungsvorschläge „unter die Lupe“ zu nehmen, um anschließend eigene Verbesserungsvorschläge zu entwickeln und zu erörtern.

Zudem geht bei der Beschäftigung mit dogmatischen Einzelfragen und kriminalpolitischen Erfordernissen eine ganzheitliche Sicht auf die Sanktionierung von Unternehmen oft weitgehend verloren. Daher soll die Arbeit nochmals auf die enge Verzahnung zwischen Strafzurechnung, Strafbemessung und Strafverfahren aufmerksam machen und es soll ein Blick auf die internationalen und europäischen Vorgaben[13] im Hinblick auf die Sanktionierung von Verbänden geworfen werden.[14]

II. Gang der Untersuchung

Um die Defizite der Verbandssanktionierung im Rahmen der derzeitigen Gesetzeslage in Deutschland herauszuarbeiten und, im Anschluss Optimierungsansätze zu entwickeln und anzubieten, ist die Arbeit wie folgt aufgebaut: Zunächst soll sowohl der Untersuchungsgegenstand abgesteckt werden (1. Kapitel B. III.) als auch die Erforderlichkeit der Sanktionierung von Unternehmen überprüft werden (1. Kapitel C.). Anschließend wird ein kurzer Überblick über den historischen Hintergrund der Vorschrift des § 30 OWiG und über den Status quo der Sanktionierung von Unternehmen in Deutschland nach den §§ 30, 130 OWiG gegeben (2. Kapitel).

Danach wird insgesamt der derzeitige Stand der Sanktionierung von Verbänden nach dem Gesetz über Ordnungswidrigkeiten, insbesondere die Regelung des § 30 OWiG, die Verjährung, der transnationale Geltungsbereich und die Sanktionsbemessung sowie der Bereich Compliance dargestellt. Es wird besonders auf die Rechtnachfolgeregelung des § 30 Abs. 2a OWiG und auf § 130 OWiG

12 Die einen favorisieren eine recht umfangreiche Erneuerung des geltenden Rechts. Andere setzen auf eine geringe Anpassung des Gesetzes. Einige tendieren zu einem Unternehmensstrafrecht, andere wiederum zur Beibehaltung des geltenden Ordnungswidrigkeitenrechts. Auch zum Punkt Compliance etc. werden unterschiedlichste Auffassungen vertreten.

13 Siehe hierzu beispielsweise auch OECD, Bericht zu Phase 4: Deutschland, S. 72 ff.

14 Eine abschließende Darstellung und Würdigung sämtlicher Themen der Sanktionierung von Unternehmen kann und soll die Arbeit aber nicht leisten. Vielmehr werden die nach der Auffassung des Verfassers wichtigsten Themenfelder besonders herausgegriffen und erörtert.

sowie auf das Verhältnis des § 130 OWiG zu § 30 OWiG eingegangen. Zusätzlich wird das Verhältnis des § 30 OWiG zur Einziehung betrachtet (3. Kapitel).

Schließlich wird noch ein Blick auf das Verfahrensrecht (4. Kapitel) und auf die Verantwortlichkeit in Konzernstrukturen geworfen (5. Kapitel). Um einen generellen Überblick über die Unternehmenssanktionierung und deren Alternativen zu gewinnen, wird dann im 6. Kapitel komprimiert auf die Möglichkeiten anderweitiger Maßnahmen gegenüber Unternehmen eingegangen (Maßnahmen des Verwaltungs-, Zivil- und des Unionsrechts, siehe 6. Kapitel A.) und es wird die Möglichkeit des Bußgeldregresses gegenüber der Geschäftsleitung de lege lata betrachtet (6. Kapitel B.). Nicht zuletzt müssen im Rahmen der Sanktionierung von Verbänden zudem die Vorgaben des Europarechts und des internationalen Rechts beachtet werden, weswegen im 7. Kapitel hierzu Ausführungen folgen.

Im 8. Kapitel werden die gewonnen Ergebnisse im Hinblick auf die derzeitigen Defizite zusammengefasst und eigene Optimierungsvorschläge erarbeitet. Abschließend erfolgt im 9. Kapitel eine Schlussbemerkung zur Lage de lege lata und de lege ferenda und es wird ein Ausblick gewährt.

III. Sachlicher Bezugsrahmen

1. Untersuchungsgegenstand der Arbeit de lege lata

Generell wird in der Dissertation die Sanktionierung von Unternehmen bzw. Verbänden in Deutschland betrachtet. Bei der Untersuchung (de lege lata) wird hauptsächlich auf die Vorschriften der §§ 30, 130 OWiG eingegangen und nur in diesem Zusammenhang ab und an das Kartellrecht einbezogen. Einzelne Spezialvorschriften werden nicht im Detail erörtert. Der Hauptfokus liegt auf den §§ 30, 130 OWiG. Das GWB und andere Vorschriften der Sanktionierung von Unternehmen bzw. Verbänden werden nur beleuchtet, wenn es im Hinblick auf die Betrachtung der §§ 30, 130 OWiG im Gesamtzusammenhang opportun erscheint.

2. Untersuchungsgegenstand de lege ferenda

Weiter ist zu erwähnen, dass der Gesetzgeber, abgesehen von insbesondere verfassungsrechtlichen, unionsrechtlichen und internationalen Vorgaben, weitgehend frei ist, den Gegenstand der Sanktionierung zu definieren. So können in jedem Rechtsgebiet die Begriffe selbstständig erarbeitet werden, die zur Erfüllung der spezifischen Aufgaben und Ziele benötigt werden. Danach ist im Straf- und Ordnungswidrigkeitenrecht keine streng rechtlich-formale, sondern eine natürliche Betrachtungsweise anzulegen. Zudem ist das Ordnungswidrigkeitenrecht bzw. das Strafrecht nicht zwangsläufig an das gesellschaftsrechtliche Begriffsverständnis gekoppelt. Dies gilt solange die eigenständige Terminologie nicht so weit von dem allgemeinen Sprachgebrauch abrückt, dass sie mit dem verfassungsrechtlichen Bestimmtheitsgebot nicht mehr zu vereinbaren ist. So können im Ordnungswidrigkeitenrecht bzw. Strafrecht durch den Gesetzgeber Begriffe eigenständig definiert werden. Da dem so ist, gilt es, die Sanktionierung von Verbänden und Unternehmen auch im Hinblick auf die Begrifflichkeiten ergebnisoffen zu betrachten und zunächst nur einen groben Rahmen für die Betrachtung der Sanktionierung von Verbänden abzustecken, der dann im Laufe der Arbeit weitere Konkretisierungen erfahren wird. Die Darstellung der Begrifflichkeiten dient daher nur dazu, den Untersuchungsgegenstand grob abzugrenzen.

a) Mögliche Normadressaten

Als Normadressaten untersucht werden in der Arbeit sowohl der Verband bzw. das Unternehmen selbst als auch der Konzern.

aa) Verbände bzw. Unternehmen

Verbände im Sinne dieser Arbeit sollen insbesondere juristische Personen, nicht rechtsfähige Vereine und rechtsfähige Personengesellschaften des privaten und des öffentlichen Rechts sein. Ausgenommen sollen Körperschaften und Anstalten des öffentlichen Rechts sein, soweit sie in Ausübung hoheitlicher Befugnisse tätig werden. Normadressaten sind damit in erster Linie juristische Personen und Personengesellschaften des privaten und öffentlichen Rechts, soweit diese nicht – wie der Staat – hoheitliche Aufgaben wahrnehmen.[15] Ergebnisoffen werden aber auch andere Formen von Zusammenschlüssen bzw. von Vereinigungen eigener Art (z.B. bei der Gründung von Kapitalgesellschaften) in die Überlegungen miteinbezogen.

---

15 Ein Einzelkaufmann fällt somit nicht unter den Verbandsbegriff. Im Falle des Einzelkaufmanns ist es auch nicht erforderlich, Unternehmensträger und Individuum getrennt zu sanktionieren. Ein Grenzfall könnte eventuell allerdings beispielsweise die Ein-Mann-GmbH sein. Anders als beim Einzelkaufmann ist hier eine juristische Person zwischengeschaltet, die jederzeit auf andere Gesellschafter übertragen werden kann. Die Ein-Mann-GmbH ist daher ebenfalls ein tauglicher Unternehmensträger, bei dem allerdings im Hinblick auf die Sanktionierung Besonderheiten bestehen (hierzu später mehr).

Besonders intensiv werden die Verbände der Wirtschaft und damit die Unternehmen untersucht. Unter einem Unternehmen versteht man im Allgemeinen und in dieser Arbeit „eine rechtlich-wirtschaftliche Einheit, die unter einer einheitlichen Leitung steht, auf eine kaufmännische Tätigkeit gerichtet und auf gewisse Dauer angelegt ist."[16] Dem deutschen Recht, ist entgegen dem gemeinen Sprachgebrauch, die Rechtsform „Unternehmen" aber fremd. Es gibt in der Rechtsordnung keinen einheitlichen Unternehmensbegriff.[17] Der Begriff des Unternehmens ist nach dem jeweiligen Norm- und Regelungszweck zu bestimmen und beschränkt sich nicht auf eine bestimmte Rechtsform.[18] Er kann je nach Sachzusammenhang verschiedene Bedeutungen haben. Andererseits ist allerdings das Unternehmen immer wieder Normadressat von Handlungs- und Gebots- sowie Unterlassungspflichten bzw. Tatbestandsmerkmal einer Norm.[19] Selbst in der Verwaltungspraxis und in der Literatur wird häufig verallgemeinernd auf „das Unternehmen" abgestellt. Ausgangspunkt dieser Untersuchung soll daher ein Unternehmensbegriff i.w.S. sein. Das Unternehmen bezeichnet zunächst die organisatorischen Einheiten, die einem wirtschaftlichen Zweck dienen und ist damit der Ort, an dem sich die kriminellen Verhaltensweisen abspielen können. Die Begriffe „Verband" und „Unternehmen" werden in der Arbeit teilweise synonym[20] verwendet, da zumeist Wirtschaftskriminalität in wirtschaftlich geprägten Verbänden also – je nach Definition – vor allem in Unternehmen zu bekämpfen ist.

bb) Konzerne

Als Konzern bezeichnet man – auch in der vorliegenden Arbeit – jede Zusammenfassung mehrerer rechtlich selbstständiger Unternehmen (sog. Konzernunternehmen) unter einheitlicher Leitung.[21] Konzern und Konzernunternehmen

16 Caracas, Verantwortlichkeit in internationalen Konzernstrukturen nach § 130 OWiG, S. 60; vgl. Krenberger/Krumm, in: Krenberger/Krumm-OWiG, § 130 Rn. 4; Gürtler, in: Göhler OWiG, § 9 Rn. 43 f.

17 Siehe hierzu Hopt, in: Baumbach/Hopt, Handelsgesetzbuch Kommentar, Einleitung § 1 Rn. 31 ff.

18 Vgl. Koch, in: Hüffer/Koch, Komm-AktG, § 15 Rn. 9.

19 Beispielhaft seien genannt: § 130 OWiG (Verletzung von Aufsichtspflichten in Betrieben und Unternehmen; §§ 311, 312 HGB (Assoziierte Unternehmen); § 265b StGB (Kreditbetrug); § 14 Abs. 2 StGB.

20 So auch beispielsweise im Titel dieser Arbeit.

21 Siehe hierzu Bayer, in: Goette/Habersack/Kalss, MüKomm-AktG, § 18 Rn. 1: Diese gesetzliche Definition gilt sowohl für den Unterordnungskonzern (§ 18 Abs. 1) als auch für den Gleichordnungskonzern (§ 18 Abs. 2).

sind in § 18 Aktiengesetz legal definiert, wonach ein herrschendes und ein oder mehrere abhängige Unternehmen[22] unter der einheitlichen Leitung des herrschenden Unternehmens zusammengefasst als Konzern anzusehen sind.[23] Aber selbst wenn keine Abhängigkeit vorhanden ist, bilden Unternehmen nach § 18 Abs. 2 AktG unwiderlegbar einen Konzern, wenn sie einheitlich geleitet werden.[24] Ob auch ein Konzern als Normadressat selbst in Betracht kommt, ist noch näher zu analysieren.

b) Unternehmensmitarbeiter und die Zuwiderhandlung auf Individualebene

Auf Individualebene sollen zunächst alle Zuwiderhandlungen bzw. Anknüpfungstaten von Unternehmensmitarbeitern bzw. Verbandsangehörigen einbezogen und betrachtet werden, die im Unternehmenskontext erfolgten. Als Anknüpfungstaten bzw. Zuwiderhandlungen zu einer Verbandsverfehlung werden daher alle Individualverstöße (Verstöße gegen Tatbestände des Strafrechts und Ordnungswidrigkeitenrechts) von Unternehmensmitarbeitern bzw. Verbandsangehörigen im Unternehmenskontext angesehen. Unternehmensmitarbeiter und damit Täter einer etwaigen Anknüpfungstat im Rahmen der Verbandssanktionierung kann nur sein, wer aufgrund eines Rechtsverhältnisses für das Unternehmen verantwortlich handelt und/oder Arbeitsleistungen erbringt und tatsächlich auf Dauer in die Unternehmensorganisation eingebunden ist.[25] Weitere Einschränkungen bzw. Eingrenzungen, insbesondere im Hinblick auf die Stellung des Unternehmensmitarbeiters im Verband (respektive Unternehmen), sollen an späterer Stelle erfolgen.

---

22 Abhängigkeit i.S.d. § 17 AktG.

23 Vgl. Koch, in: Hüffer/Koch, Komm-AktG, § 15 Rn. 6, Rn. 8 mit weiteren Nachweisen; § 18 AktG ist rechtsformneutral und wird daher nach h.M. auf das GmbH-Konzernrecht angewendet.

24 Siehe hierzu Bayer, in: Goette/Habersack/Kalss, MüKomm-AktG, § 18 Rn. 1 und Rn. 49 ff.; § 18 Abs. 2 AktG geht davon aus, dass Unternehmen auch einen Konzern bilden können, wenn diese rechtlich selbstständigen Unternehmen, ohne dass das eine Unternehmen von dem anderen abhängig ist, unter einheitlicher Leitung zusammengefasst sind.

25 Mitarbeiter in diesem Sinne können daher Personen sein, die Arbeitsleistungen für den Verband aufgrund eines Arbeits-, Leiharbeits-, Dienst- oder Ausbildungsverhältnisses oder im Rahmen eines zwischen dem Verband und einem Subunternehmer geschlossenen Vertrages erbringen.

c) *Kriminalität im Unternehmens- bzw. Verbandskontext*

Die hier im Fokus stehende „Unternehmenskriminalität" oder auch „Verbandskriminalität" ist sehr komplex.[26] Zu dieser liegen auch kaum quantitative und qualitativ signifikante empirische Erkenntnisse vor.[27] Insgesamt soll daher eher eine formale Beschreibung von Verbandskriminalität zugrunde gelegt werden. Aus objektiver Sicht muss es sich somit zunächst um Taten von Verbandsangehörigen im weiteren Sinn handeln, die im Verbandsbereich begangen wurden bzw. die der Täter als Mitglied des Verbandes oder aufgrund einer Vertragsbeziehung mit dem Verband begangen hat. Wichtig erscheint bei einer formalen Abgrenzung, dass ein Verbandsmitglied als solches, d.h. nicht als Privatperson, gehandelt hat und somit kein Exzess vorliegt.[28] In subjektiver Hinsicht sollen nur solche Individualtaten vom Begriff der Unternehmenskriminalität umfasst sein, die im originären Interesse bzw. zum Nutzen des Verbandes begangen wurden.[29] Eingeschlossen werden sollen hierbei aber auch Fälle, bei welchen im Interesse des Verbandes gehandelt wurde und trotzdem ein Schaden für die Gesellschaft entstanden ist. Zudem sollen auch Taten berücksichtigt werden (unabhängig vom Interesse des Verbandes), bei welchen betriebsbezogene Pflichten, welche den jeweiligen Verband treffen, verletzt wurden. Im Rahmen der Untersuchung soll der Begriff der Unternehmenskriminalität daher als die im Unternehmensbereich wurzelnde und im Verbandsinteresse ausgeführte Tätigkeit aufzufassen sein, aber auch eine Handlung des Verbandsangehörigen im Unternehmenskontext, bei welcher betriebsbezogene Pflichten des Verbandes verletzt wurden, soll erfasst sein.

26 Siehe hierzu auch Schmitt-Leonardy, ZIS 2015, 11 (11) m. w. N.

27 Vgl. schon die große Anfrage der SPD-Bundestagsfraktion in BT-Drs. 13/9682 und die Antwort der Bundesregierung in BT-Drs. 13/11425 sowie die Stellungnahme der Bundesregierung in BT-Drs. 13/11425 und in der Literatur beispielsweise Schneider, in: Kempf/Lüderssen/Volk, Die Handlungsfreiheit des Unternehmens, wirtschaftliche Perspektiven, strafrechtliche und ethische Schranken, S. 61 (62).

28 Ob dagegen ein dem Verband nützliches Verhalten vorliegt, ist nicht entscheidend. Der objektive Nutzen stellt vielmehr ein typisches, jedoch kein notwendiges Merkmal dar; vgl. Stratenwerth, FS Schmitt, S. 295 (298). Schlüter verlangt zusätzlich noch, dass die Verbandsmacht ausgenutzt wurde, die Tat eine Verwirklichung von Verbandsinteressen darstellte oder dass die Tat als Ergebnis der betrieblichen Arbeitsteilung anzusehen ist (Schlüter, Die Strafbarkeit von Unternehmen in einer prozessualen Betrachtung, S. 23).

29 Ähnlich Schmitt, Strafrechtliche Maßnahmen gegen Verbände, S. 137.

C. Rechtspolitische Erforderlichkeit der Sanktionierung von Unternehmen

Weiter ist nun zu untersuchen, ob und weswegen eine Sanktionierung von Verbänden überhaupt erforderlich ist. Dies dient dazu, ein Verständnis für die möglichen Hintergründe einer Verbandssanktionierung zu erlangen.

I. Bekämpfung kriminogener Unternehmensstrukturen

Ein Unternehmen, in dem nicht nur das für Wirtschaftsdelikte nötige Know-how, sondern auch faktische Gelegenheiten, Zugang zu Schlüsselpositionen und eine geringere Aufdeckungswahrscheinlichkeit kumulieren, bietet viele Gelegenheiten für Wirtschaftsdelikte.[30] Unternehmen tragen zwar einerseits entscheidend zum Wohlstand der Gesellschaft bei, andererseits können Straftaten, hinter denen die Macht eines Unternehmens steht, weit größere Schäden anrichten als dies bei den Taten von Individuen der Fall ist.[31] Die Schäden, die durch wirtschaftsdelinquentes Verhalten verursacht werden, können die Kosten der gewöhnlichen Kriminalität um ein Vielfaches übersteigen.[32] Zudem üben Unternehmen auf das Wirtschafts- und Sozialleben einen maßgeblichen Einfluss aus.[33] Daher muss diese unternehmerische Freiheit mit einer entsprechenden Verantwortlichkeit korrespondieren.[34] So trifft die Bestrafung von Individuen womöglich den dahinter stehenden eigentlichen Täter (das Unternehmen) nicht.[35] Eine Straftat, die aus dem Unternehmen heraus begangen wird, wird meist von der Allgemeinheit dem Unternehmen selbst zugerechnet.[36]

Auch kann die Hemmschwelle bei unternehmensbezogenem Handeln niedriger sein, weil der Beschäftigte meint, die Tat vor sich selbst und vor den anderen rechtfertigen zu können.[37] Oftmals verleitet sowohl der eigene Ehrgeiz, im

30 Siehe hierzu Schmitt-Leonardy, ZIS 2015, 11 (14).
31 Siehe Schünemann, in: Unternehmenskriminalität, S. 129; Kirch-Heim, Sanktionen gegen Unternehmen, S. 37 ff.
32 So auch Schünemann, in: Unternehmenskriminalität, S. 130.
33 Hierzu auch Hetzer, wistra 1999, 361 (361).
34 So Ackermann, Die Strafbarkeit juristischer Personen im deutschen Recht und in ausländischen Rechtsordnungen, S. 193.
35 So auch Schwinge, Strafrechtliche Sanktionen gegenüber Unternehmen im Bereich des Umweltstrafrechts, S. 37.
36 So Ackermann, Die Strafbarkeit juristischer Personen im deutschen Recht und in ausländischen Rechtsordnungen, S. 193.
37 Ähnlich Ehrhardt, Unternehmensdelinquenz und Unternehmensstrafe, S. 150 f; Kirch-Heim, Sanktionen gegen Unternehmen, S. 45.

Unternehmen gut dazustehen und karrieretechnisch voranzukommen, als auch die Angst, den Arbeitsplatz zu verlieren dazu, eine unternehmensbezogene Straftat zu begehen.[38] So ist in vielen Fällen auch das Einkommen an den Erfolg des Unternehmens geknüpft und auch die Angst vor Zurückstufung oder Kündigung verleiten den Mitarbeiter entsprechende Verstöße zu begehen.[39] Daher können Unternehmenssanktionen für den einzelnen Beschäftigten wichtige Anreize schaffen, strafbare Handlungen zu unterlassen.[40]

Zudem kann es auch passieren, dass Unternehmen ein kriminogenes Klima entwickeln, in dem die Begehung unternehmensbezogener Straftaten gefördert wird.[41] So hat Schünemann den Begriff der „kriminellen Verbandsattitüde"[42] geprägt.[43] Es werden „durch die Eingliederung in einen Verband mit einer „kriminellen Attitüde" für das an sich sozial angepasste Verbandsmitglied Hemmschwellen abgebaut, die das gleiche Verhalten – begangen als Individualdelikt – blockiert hätten"[44]. Die erste Straftat bringt zudem häufig Begleit- und Folgedelikte mit sich.[45] Insgesamt besteht auch die Gefahr einer „Sogwirkung" für den gesamten Wettbewerb.[46] Damit kann auch das Vertrauen in die Funktionsfähigkeit der geltenden Wirtschafts- und Gesellschaftsordnung schwinden.[47]

---

38 Siehe Kirch-Heim, Sanktionen gegen Unternehmen, S. 45; Schwinge, Strafrechtliche Sanktionen gegenüber Unternehmen im Bereich des Umweltstrafrechts, S. 39 f.

39 So Schwinge, Strafrechtliche Sanktionen gegenüber Unternehmen im Bereich des Umweltstrafrechts, S. 40.

40 Zur Strain-Theory siehe Kölbel, ZIS 2014, 552 (556).

41 Vgl. hierzu Henssler/Hoven/Kubiciel/Weigend, NZWiSt 2018, 1 (8); Kirch-Heim, Sanktionen gegen Unternehmen, S. 46.

42 Siehe zu diesem Begriff auch ausführlich Kölbel, ZIS 2014, 552 ff.

43 Vgl. Schünemann, Unternehmenskriminalität und Strafrecht, S. 22. Dieser begründet die Strafbarkeit der juristischen Person mit einem Rechtsgüternotstand ohne Schuldvorwurf. Diesen sieht er darin begründet, dass die Ermittlung eines individuellen Täters des Unternehmensdelikts nicht gelingt, weil die im Unternehmen durch eine Fülle von Lernprozessen etablierte Bereitschaft der Mitarbeiter zu bestimmten normverletzenden Handlungen („kriminelle Verbandsattitüde") durch die Ermittlung und Bestrafung eines individuellen Täters nicht aus der Welt geschaffen werde; kritisch: Otto, Die Strafbarkeit von Unternehmen und Verbänden, S. 6 (S. 26).

44 Schünemann, Unternehmenskriminalität und Strafrecht, S. 22.

45 Vgl. Ehrhardt, Unternehmensdelinquenz und Unternehmensstrafe, S. 143.

46 Siehe z.B. Kirch-Heim, Sanktionen gegen Unternehmen, S. 46; Ehrhardt, Unternehmensdelinquenz und Unternehmensstrafe, S. 143.

47 Vgl. beispielsweis Ehrhardt, Unternehmensdelinquenz und Unternehmensstrafe, S. 143.

So kann argumentiert werden, dass Unternehmen versuchen werden, Straftaten oder Ordnungswidrigkeiten ihrer Mitarbeiter zu vermeiden, sobald sich kriminelle Handlungen für das Unternehmen nicht mehr lohnen, sondern ihm wirtschaftlichen Schaden zufügen.[48] Im Unternehmen werden dann strukturelle Reformen eingeleitet und ein funktionierendes Informationssystem eingerichtet, um eine effektive Kontrolle und Aufsicht der Mitarbeiter zu gewährleisten.[49] Unternehmenssanktionen (insbesondere hohe Geldsanktionen) können daher in vielerlei Hinsicht ein geeignetes Instrument sein, um kriminogene Unternehmensstrukturen zu bekämpfen.[50]

II. Beweisschwierigkeiten

Aufgrund der Undurchschaubarkeit komplexer Unternehmensstrukturen[51] wird zudem teilweise angenommen, dass die Strafverfolgungsunternehmen vor unüberwindliche Beweisschwierigkeiten[52] gestellt werden.[53] Ein Unternehmen kann beispielsweise seine betriebliche Organisation gezielt darauf ausrichten, ein mögliches Ermittlungsverfahren zu behindern.[54] Andererseits wird aber dann argumentiert, die Strafverfahren in Wirtschaftsstrafsachen würden von besonders zuverlässigen Urkundenbeweisen beherrscht.[55] Weiter könnten Beweisschwierigkeiten im Bereich des Individualstrafrechts alleine Unternehmenssanktionen nicht rechtfertigen[56] und die Beweisbarkeit hänge auch oft davon ab, wieviel Ermittlungsaufwand man investieren muss und will, um einen

---

48 So Schünemann, in: Madrid-Symposium für Klaus Tiedemann, S. 265 (278).

49 Vgl. Ehrhardt, Unternehmensdelinquenz und Unternehmensstrafe, S. 156 f.; Trüg, wistra 2010, 241 (246).

50 So bereits Kirch-Heim, Sanktionen gegen Unternehmen, S. 51.

51 Siehe Ackermann, Die Strafbarkeit juristischer Personen im deutschen Recht und in ausländischen Rechtsordnungen, S. 189.

52 Vgl. Deruyck, ZStW 103 (1991), 705 (710); siehe auch Kirch-Heim, Sanktionen gegen Unternehmen, S. 52 ff.

53 Vgl. Trüg, wistra 2010, 241 (246, 247); Schünemann, in: Unternehmenskriminalität, S. 132.

54 Auch wird hierbei von „organisierter Unverantwortlichkeit" gesprochen; siehe hierzu Heine, in: Alwart, Verantwortung und Steuerung von Unternehmen in der Marktwirtschaft, S. 90 (91).

55 Siehe hierzu Schünemann, Unternehmenskriminalität und Strafrecht, S. 48; Anhaltspunkte für einen besonderen Beweisnotstand im Bereich der Unternehmenskriminalität würden sich auch nicht aus der BT-Drs. 13/11425 ergeben; ebenso sieht dies König, in: Hettinger, Reform des Sanktionsrechts, Band 3, Verbandsstrafe, S. 39 (54).

56 So auch Kirch-Heim, Sanktionen gegen Unternehmen, S. 58.

bestimmten Ertrag an Beweisergebnissen zu erzielen.[57] Beweisschwierigkeiten alleine können daher – meiner Einschätzung nach – eine Verbandssanktionierung nicht rechtfertigen.

III. Strukturelle Unverantwortlichkeit, Zurechnungsprobleme, wirtschaftliche Verhältnisse

Allerdings wird in diesem Zusammenhang die Erforderlichkeit einer Verbandssanktionierung auch aufgrund von struktureller Unverantwortlichkeit gefordert.[58] Von dieser wird gesprochen, wenn eine arbeitsteilige, dezentralisierte Organisation dazu führt, dass eine unternehmensbezogene Pflichtverletzung keinem individuellen Täter zugerechnet werden kann.[59]

So kann eine Arbeitsteilung beispielsweise leicht eine Verantwortungsvervielfachung mit sich bringen.[60] Dies kann zu einer „organisierten Unverantwortlichkeit" führen.[61] Es stellt sich dann die Frage, ob das Defizit an individueller Verantwortlichkeit durch eine kollektive Erfolgszurechnung ausgeglichen werden muss.[62] Somit könnte es dann z.B. ausreichen, dass nicht ein einzelner Beschäftigter alle subjektiven Tatbestandsmerkmale aufweist, sondern beispielsweise bei einem Vorsatzdelikt alle Beschäftigten des Unternehmens gemeinsam den subjektiven Tatbestand erfüllen. Auch könnte überlegt werden, ob dem Unternehmen eine Art Organisationsschuld angelastet werden kann. Je ausdifferenzierter die Arbeitsteilung ist, desto geringer ist auch das Beherrschungspotential der unmittelbar Handelnden.[63] Die Arbeitsteilung und die dezentrale Organisation bewirken, dass das Handlungsunrecht der Beteiligten erheblich vermindert wird.[64] Durch Unternehmenssanktionen könnten Unternehmen damit dazu

---

57 Beweisprobleme können daher auch auf einer Überfülle an Beweismitteln beruhen, die die sachlichen Kapazitäten der Strafverfolgungsorgane überfordert; so auch Schünemann, Unternehmenskriminalität und Strafrecht, S. 49 f.

58 Siehe hierzu Schwinge, Strafrechtliche Sanktionen gegenüber Unternehmen im Bereich des Umweltstrafrechts, S. 40 f.; Trüg, wistra 2010, 241 (247).

59 Vgl. Ackermann, Die Strafbarkeit juristischer Personen im deutschen Recht und in ausländischen Rechtsordnungen, S. 48 f.

60 Siehe Schwinge, Strafrechtliche Sanktionen gegenüber Unternehmen im Bereich des Umweltstrafrechts, S. 41.

61 So Schwinge, Strafrechtliche Sanktionen gegenüber Unternehmen im Bereich des Umweltstrafrechts, S. 41; Kirch-Heim, Sanktionen gegen Unternehmen, S. 56.

62 So Seelmann, Kollektive Verantwortung im Strafrecht, S. 14; Kirch-Heim, Sanktionen gegen Unternehmen, S. 58 f.

63 Vgl. Rotsch, Individuelle Haftung in Großunternehmen, S. 73.

64 Siehe hierzu Trüg, wistra 2010, 241 (246).

angehalten werden, dieses Phänomen durch strukturelle und unternehmens-politische Maßnahmen auszugleichen.

Zudem kann die betriebliche Organisationsstruktur auch spezielle Zurechnungsprobleme in der Weise hervorrufen, dass zwar das Handlungsunrecht eines individuellen Täters feststeht, aber die Zurechnung des strafrechtlich relevanten Erfolges zweifelhaft ist.[65] So können sich Zurechnungsprobleme z.B. bei Kollektiventscheidungen ergeben[66] oder weil der strafrechtsrelevante Entscheidungsprozess aus „arbeitsteilig unentwirrbaren Verkettungen“ mehrerer Mitarbeiter besteht.[67]

Weiter ist auch zu bedenken, dass die gesellschaftliche Akzeptanz der marktwirtschaftlichen Ordnung und die Legitimität des Rechtssystems unterlaufen würde, wenn eine Straftat, die aus einem Unternehmen heraus oder zu dessen Gunsten begangen wurde, dem Unternehmen nicht zugerechnet oder etwa nur in begrenztem Umfang zugerechnet wird.[68] Hierbei ist gerade zu bedenken, dass bei der Bemessung der Sanktion im Rahmen einer Verbandsgeldbuße die wirtschaftlichen Verhältnisse des Verbandes maßgeblich wären und eben nicht die des einzelnen Mitarbeiters. Zudem könnte nicht nur das individuelle Handlungsunrecht berücksichtigt werden, sondern es könnten auch allgemeine strukturelle Mängel bzw. organisatorische Mängel Berücksichtigung finden.

IV. Stellungnahme für eine Notwendigkeit der Parallelsanktionierung

Eine Verbandssanktionierung erscheint damit aus den genannten Gründen erforderlich.[69] Es macht sogar Sinn, eine parallele Sanktionierung von Unternehmen und Individuen vorzunehmen.[70] Es sollten bestenfalls beide Sanktionsdrohungen (also Unternehmenssanktionen und Individualsanktionen) kombiniert

65 Siehe Rotsch, Individuelle Haftung in Großunternehmen, S. 85 ff.; Schünemann, Unternehmenskriminalität und Strafrecht, S. 38 ff.; Kirch-Heim, Sanktionen gegen Unternehmen, S. 65.

66 Siehe Kirch-Heim, Sanktionen gegen Unternehmen, S. 66.

67 Siehe hierzu auch Kölbel, NZWiSt 2018, 407 (408) m.w.N.

68 Vgl. Beale, ZStW 126 (2014), 27 (39).

69 Anderer Ansicht ist beispielsweise Reuter, ZIP 2018, 2298 (2299 ff.), welcher argumentiert, dass es hauptsächlich die Anteilseigner sind, die durch Unternehmensbußen getroffen werden. Sanktionen gegen Unternehmen seien daher ungeeignet und verfassungswidrig.

70 So bereits Schünemann, in: Unternehmenskriminalität, S. 134 f.

werden.[71] So ist das auch in vielen ausländischen Gesetzen und im europäischen Entwurf eines Corpus Juris geregelt.[72] Eine Verbandssanktion wird erst dadurch effizient, dass sie zugleich ermöglicht, zusätzlich die im natürlichen Sinn Handelnden persönlich zu sanktionieren.[73] „Bedenklich wäre es, wenn eine Sanktion gegen den Verband dazu führte (oder auch nur den Anschein begründen würde), dass sich Leitungspersonen durch „ausgehandelte" Verbandssanktionen von eigener Verantwortung freikaufen oder freikaufen lassen könnten."[74] Unternehmenssanktionen können generell eine dogmatische Lösung für den Bereich der Sanktionierung von Individuen nicht ersetzen. Die rechtspolitische Betrachtung zeigt aber zugleich, dass Individualsanktionen bei unternehmensbezogenen Straftaten bzw. Ordnungswidrigkeiten nicht immer ausreichend sind und daher ihre Präventivkraft nicht voll entfalten können.[75] Zum einen setzen Unternehmenssanktionen für den einzelnen Beschäftigten wichtige Anreize, strafbare Handlungen im Unternehmen zu unterlassen.[76] Zum anderen können Unternehmenssanktionen einer „kriminellen Verbandsattitüde" entgegenwirken und zugleich Beweisschwierigkeiten in Form einer „organisierten Unverantwortlichkeit" vorbeugen, bei der die Organisationsstruktur gezielt auf Lückenbildung, Verschleierung und Verwirrung ausgelegt ist.[77] Hat das Unternehmen keine Sanktionen zu befürchten, wird es versuchen, den Nachweis individueller Vorwerfbarkeit schlicht unmöglich zu machen („organisierte Unverantwortlichkeit") oder den Verstoß dem mittleren Management zuzuordnen („organisierte Verantwortlichkeit").[78] Zudem kann die Unternehmenssanktion gerade bei Fahrlässigkeitsdelikten ein angemessenes Mittel sein, „um strukturell bedingte Verminderung individueller Verantwortlichkeit auszugleichen"[79].

In den Blick genommen werden sollte aber bei einer Parallelsanktionierung immer die Wechselwirkung zwischen Verbandssanktion und

---

71 Anders ist dies in der Schweiz geregelt („Schweizer Exklusivitätsmodell"), siehe Soyer/Schumann, wistra 2018, 321 (323).

72 Ähnlich Schünemann, in: Madrid-Symposium für Klaus Tiedemann, S. 265 (S. 279). Dieser spricht von einer Verschränkung von Sanktionen gegen das Individuum und den Verband.

73 Vgl. Meyberg, in: BeckOK-OWiG, § 30 OWiG Rn. 5.1.

74 Meyberg, in: BeckOK-OWiG, § 30 OWiG Rn. 5.1.

75 Siehe Kirch-Heim, Sanktionen gegen Unternehmen, S. 67.

76 So auch Kirch-Heim, Sanktionen gegen Unternehmen, S. 67.

77 So auch Kirch-Heim, Sanktionen gegen Unternehmen, S. 67.

78 Siehe dazu auch Volk, JZ 1993, 429 (433).

79 Kirch-Heim, Sanktionen gegen Unternehmen, S. 67.

Individualsanktion – vor allem, wenn die Leitungsperson am Unternehmensvermögen beteiligt ist.[80] Weiter sollte daran gedacht werden, dass eine Unternehmenssanktionierung auch und vor allem die Anteilseigner trifft und eventuell gar die Arbeitnehmer.

80 Vgl. BT-Drs. 14/8998, S. 8; OLG Frankfurt a.M., Beschl. v. 25.1.2012 – 1 Ss 63/11, BeckRS 2012, 10887.

2. Kapitel: Gegenwärtige Rechtslage und ihre Entwicklung

A. Gegenwärtige Rechtslage in Deutschland

Das Erscheinungsbild der Sanktionen de lege lata bei unternehmensbezogenen Zuwiderhandlungen ist geprägt durch die grundlegende Entscheidung des Gesetzgebers, die spezifische Rechtsfolge der Strafe im engeren Sinne gegen Unternehmen nicht zuzulassen. Gegen Verbände können aber Geldbußen nach § 30 OWiG verhängt werden. Ferner ist die Anordnung einer Einziehung nach den §§ 73, 73c StGB oder § 29a OWiG möglich. Darüber hinaus finden sich insbesondere Sanktionsmöglichkeiten im öffentlichen Recht, im Zivilrecht und im europäischen Wettbewerbsrecht sowie in diversen anderen Gesetzen.

I. Kurzüberblick – Sanktionierung von Unternehmen nach § 30 OWiG

§ 30 OWiG „ermöglicht die Festsetzung einer Geldbuße gegen juristische Personen (…) oder Personenvereinigungen (…) unter der Voraussetzung, dass deren Repräsentanten (Organe, Vorstände, Vertreter, sonstige Leitungspersonen) eine Straftat oder Ordnungswidrigkeit begangen haben, durch die entweder Pflichten des Verbandes verletzt worden sind oder die zu dessen Bereicherung geführt haben oder führen sollten.“[81] Anknüpfungstat für die Festsetzung einer Verbandsgeldbuße ist oft die Verletzung der Aufsichtspflicht durch den Inhaber eines Betriebs oder Unternehmens (§ 130 OWiG). Ob eine Verbandsgeldbuße verhängt wird, richtet sich nach dem Opportunitätsprinzip und steht damit im pflichtgemäßen Ermessen der zuständigen Behörde (§ 47 OWiG).

II. Grundlegendes zu § 30 OWiG

1. Dogmatische Einordnung der Verbandsgeldbuße gem. § 30 OWiG

Die dogmatische Einordnung der Verbandsgeldbuße ist umstritten.[82] Laut dem Gesetzgeber ist die Verbandsgeldbuße eine bußgeldrechtliche Sanktion eigener Art. Der gesetzgeberischen Intention entsprechend ist sie nicht (mehr) nur bloße

---

81 Rogall, in: KK-OWiG, § 30 Rn. 1.

82 Vgl. Engelhart, Sanktionierung von Unternehmen und Compliance, S. 375 ff.

Nebenfolge, sondern eine eigenständige Sanktion.[83] Sie ermöglicht ein Bußgeld als Sanktion auch für eine Straftat.[84] Sie hat insgesamt strafähnlichen Charakter und ihre Verhängung setzt schuldhaftes bzw. vorwerfbares Handeln voraus (§ 1 OWiG).[85] Die Anerkennung der Verbandsgeldbuße bei gleichzeitiger Verneinung der Strafbarkeit der juristischen Person erscheint aber fragwürdig.[86] Die Begründungsansätze für die Zulässigkeit einer solchen Verbandsgeldbuße im Ordnungswidrigkeitenrecht gehen weit auseinander – gerade da die Sanktionsnorm des § 30 OWiG weder vom Gesetzgeber dogmatisch eingeordnet wurde noch die Rechtsnatur näher bestimmt wurde.[87] Der BGH sieht § 30 OWiG als akzessorische Mithaftung des Unternehmens für von Mitarbeitern begangene Taten an.[88] Daher würde man zutreffend von einer bußgeldrechtlichen „Haftungsnorm" sprechen können.[89] Es gehe nicht um persönliche Verantwortung eines Unternehmens (im natürlichen Sinn handele nicht das Unternehmen, sondern nur dessen Organe oder Leitungspersonen), sondern um Haftung für zugerechnetes Verhalten.[90]

Umstritten ist, wie sich zeigt, vor allem jeweils im Kontext zu Überlegungen zum rechtfertigenden Grund einer Unternehmenssanktion, ob § 30 OWiG als Folge einer Verantwortlichkeit des Verbandes für eigene Delinquenz eine eigene täterschaftliche Haftung begründet, oder ob § 30 OWiG fremde Delinquenz (also die der Leitungsperson) dem Verband nur zurechnet. Die zur Erklärung

---

83 Vgl. BT-Drs. 12/192, S. 33; BGH, Urt. v. 5.12.2000 – 1 StR 411/00, NJW 2001, 1436 (1438).

84 Nach Achenbach, NZWiSt 2012, 321 (322) ist dies ein „merkwürdiger Kompromiss".

85 Vgl. Engelhart, Sanktionierung von Unternehmen und Compliance, S. 381.

86 Vgl. Stratenwerth, FS Schmitt, S. 295 (S. 296); Mitsch, NZWiSt 2014, 1 (3); so treffend Achenbach, JuS 1990, 601 (605).

87 Siehe Brender, Die Neuregelung der Verbandstäterschaft im Ordnungswidrigkeitenrecht, S. 91 ff.; auch Schroth, wistra 1986, 158 (163): „dogmatisches Vakuum".

88 § 30 OWiG umschreibe keinen eigenen Bußgeldtatbestand; vgl. BGH, Urt. v. 5.12.2000 – 1 StR 411/00, BGHSt 46, 207 ff. (211), dessen Ausführungen äußerst kursorisch sind. Der Zweck sei, das Vermögen des Verbandes entsprechend dem Rechtsfolgenumfang bei einem Einzelkaufmann für das Verschulden einer Leitungsperson in die Haftung zu nehmen; siehe hierzu Engelhart, Sanktionierung von Unternehmen und Compliance, S. 379.

89 Vgl. BGH, Beschl. v. 10.8.2011 – KRB 55/10, NJW 2012, 164 (164, 166) (m. Anm. Reichling): „Haftung der Nebenbetroffenen", „bußgeldrechtliche Haftung"; vgl. auch Poller, Verbandsgeldbuße und Steueranspruch, S. 27 m.w.N.

90 Siehe Ransiek, NZWiSt 2012, 45 (48); andere Ansicht beispielsweise Achenbach, FS Imme Roxin, 3 ff.

der geltenden Rechtslage geeigneten Modelle sollen daher hier in der gebotenen Kürze dargestellt werden.[91] Einigkeit besteht hierbei in Folgendem: Der Grund für die Schaffung einer Zurechnungs- und Transformationsvorschrift[92] gründet darin, dass der Verband, obwohl er selbst Träger von Rechten und Pflichten sein kann, zur Bildung und Umsetzung „seines" Willens „seiner" Organe bedarf. So soll nach der geltenden Gesetzeslage das Verhalten seiner Organe für den Verband unmittelbar oder mittelbar maßgeblich sein.[93] Jedoch ist bereits die insoweit vorgelagerte Frage, ob das Verhalten der Organe überhaupt zu einem Verhalten des Verbandes führen kann, umstritten. Daher soll im Folgenden untersucht werden, inwiefern ein Verband handlungsfähig und schuldfähig sein kann. Anschließend soll noch die Lehre vom Organisationsverschulden betrachtet werden und es erfolgt eine Stellungnahme zu der dogmatischen Einordnung.

a) Handlungsfähigkeit des Verbandes

Der Verband muss im ordnungswidrigkeitenrechtlichen Sinne überhaupt handlungsfähig sein im Sinne des § 30 OWiG.[94] Der Verband kann „im natürlichen Sinne" jedoch nicht handeln, er muss sich vielmehr hierzu seiner Organe bedienen. Durch diese erfüllt er Gebote und verletzt Verbote.[95] Es lassen sich ohne weiteres die Handlungen der Organe dem Verband zuordnen.

Hierbei wird einerseits davon ausgegangen, dass sich der Verband das fremde Handeln seiner Organe als eigenes zurechnen lassen muss.[96] Dies wird daraus gefolgert, dass der Verband erst durch seine Organe am Rechtsverkehr teilnehmen könne und dass er sich daher mit ihnen zwingend identifizieren lassen müsse.[97] § 30 OWiG wäre damit eine bloße Zurechnungsnorm.

---

91 Siehe hierzu auch Schünemann, Unternehmenskriminalität und Strafrecht, S. 200 f., S. 236 ff.; Poller, Verbandsgeldbuße und Steueranspruch, S. 27.

92 So Brender, Die Neuregelung der Verbandstäterschaft im Ordnungswidrigkeitenrecht, S. 122.

93 Vgl. BVerfG, Beschl. v. 25.10.1966 – 2 BvR 506/63, BVerfGE 20, 323 (336).

94 Wie sich später zeigen wird, hängen zudem die Auswirkungen von Compliance-Programmen auf die Verantwortlichkeit des Verbandes selbst davon ab, ob dieser de lege lata im Hinblick auf § 30 OWiG handlungsfähig ist.

95 Vgl. Bechtold/Bosch, ZWeR 2011, 160 (167).

96 Etwa Rettenmaier/Palm, NJOZ 2010, 1414 (1414).

97 Vgl. Dreher, ZWeR 2004, 75 (92); ablehnend gegenüber dem Zurechnungsmodell: Schünemann, Unternehmenskriminalität und Strafrecht, 234 f.; Schünemann, FS Tiedemann, S. 429 (S. 431 ff.), siehe zu weiteren anderen Begründungsansätzen: Engelhart, Sanktionierung von Unternehmen und Compliance, S. 378.

Nach anderer Ansicht sei es gerade die für den Personenverband charakteristische organschaftliche Struktur, die dazu führt, dass Eigenhandeln durch Organhandeln bewirkt wird.[98] Innerhalb des Verbandes sollen danach zwei Handlungsarten existieren: Das Handeln des Organs sowie das Handeln des Verbandes.[99] Ein Verband sei eine Realität der Rechtsordnung, der durch seine Organe am Rechtsleben teilnehme. Dabei könne er durch seine Organe Pflichten erfüllen und verletzen.[100] Nach der geltenden Gesetzeskonzeption des § 30 OWiG werde also das Handeln der Organe als eigenes Handeln dem Verband zugerechnet.[101]

b) Schuldfähigkeit des Verbandes

Eine ordnungswidrigkeitenrechtliche Verantwortlichkeit setzt weiter eine nach § 12 OWiG vorwerfbare bzw. schuldhafte Handlung voraus. Dies ist Folge des aus dem Rechtsstaatsprinzip abgeleiteten Schuldgrundsatzes und wird ausdrücklich durch § 1 OWiG (siehe auch § 10 OWiG) bestätigt; der Schuldgrundsatz gilt somit auch für die Verbandsgeldbuße nach § 30 OWiG.[102]

Teile des Schrifttums rechnen hierbei die fremde Schuld der Leitungsperson dem Verband als eigene zu.[103] Das Verhalten der Leitungsperson wird dem Verband somit vermittelt.[104] Damit wird das Verhalten der Leitungsperson als Verhalten des Verbandes betrachtet.

Andere Ansichten nehmen wiederum an, dass im Rahmen des § 30 OWiG die Schuld der für den Verband verantwortlich handelnden Personen maßgeblich für das Verschulden des Verbandes sei.[105] Nach der Konzeption des § 30 OWiG werde dem Verband die Zuwiderhandlung seiner Organe als eigenes

---

98 Siehe Rogall, in: KK-OWiG, § 30 Rn. 8 f.; Pampel, BB 2007, 1636 (1639).

99 Vgl. Brand/Vogt, wistra 2007, 408 (414); ähnlich Böse, FS Jakobs, S. 15 (S. 21 f.).

100 In der Vorschrift § 30 Abs. 1 OWiG wird ausdrücklich auf die Verletzung von „Pflichten, welche die juristische Person oder die Personenvereinigung treffen" abgestellt.

101 So auch Rogall, in: KK-OWiG, § 30 Rn. 2: „auch zurechnende Elemente".

102 Vgl. Engelhart, Sanktionierung von Unternehmen und Compliance, S. 381.

103 So Schroth, wistra 1986, 158 (162 f.); Achenbach, FS Stree/Wessels, S. 545 (S. 547 und S. 560); Gürtler, in: Göhler OWiG, Vor § 29a Rn. 12, § 30 Rn. 27b; Krenberger/Krumm, in: Krenberger/Krumm-OWiG, § 30 Rn. 5.

104 Kritisch Rogall, in: KK-OWiG, § 30 Rn. 8; ähnlich Engelhart, Sanktionierung von Unternehmen und Compliance, 381, der aufgrund von § 1 OWiG Bedenken formuliert.

105 Dies geschieht in Fortführung des Zurechnungsmodelles; so BVerfG, Beschl. v. 25.10.1966 – 2 BvR 506/63, BVerfGE 20, 323 (336).; siehe auch BT-Drs. V/1269, S. 61; Böse, FS Jakobs, 15 (22 f.).

Verschulden vorgeworfen – was wiederum eine zwingende Voraussetzung der Sanktionierung sei.[106] Eine „strafrechtliche" Verantwortung für fremde Delinquenz sei jedenfalls auf dem Boden der geltenden Rechtslage nicht vorstellbar.[107] Die Schuld der Leitungsperson sei dem Verband als eigene Schuld zuzurechnen.[108] Es liege folglich ein originäres Verhalten des Verbandes vor.[109]

c) Lehre vom Organisationsverschulden

Die Lehre vom Organisationsverschulden hingegen erkennt den Grund für die Zuwiderhandlung der Leitungsperson in dem dahinterliegenden Organisationsfehler.[110] Nach dieser Lehre knüpft § 30 OWiG nicht unmittelbar an die Zuwiderhandlung einer Leitungsperson an, sondern an das Fehlen notwendiger Maßnahmen zur Verhinderung solcher Taten.[111] Da das Erfordernis des Organisationsmangels im Gesetzeswortlaut von § 30 OWiG keinen Niederschlag gefunden hat[112] und da richtigerweise zwingend festgestellt werden müsste, ob die Zuwiderhandlung für den Verband vermeidbar war,[113] bestehen nach der geltenden Gesetzeslage aber starke Bedenken, den Gedanken des Organisationsverschuldens als Grundlage von § 30 OWiG aufzufassen. „Seitens des Verbandes

---

106 Vgl. BVerfG, Beschl. v. 25.10.1966 – 2 BvR 506/63, BVerfGE 20, 323 (332 ff.).

107 So Busch, Grundfragen der strafrechtlichen Verantwortlichkeit, S. 164; Achenbach, FS Stree/Wessels, S. 545 (S. 547).

108 Siehe hierzu Rogall, in: KK-OWiG, § 30 Rn. 2, 8 ff.; zustimmend Bock, Criminal Compliance, S. 264; Eidam, wistra 2003, 447 (448); Brand, Untreue und Bankrott in der KG und der GmbH & Co KG, S. 253; Böse, FS Jakobs, S. 15 (S. 19 f.); a.A. Poller, Verbandsgeldbuße und Steueranspruch, S. 27 f., der von einer bürgschaftsähnlichen Haftung ausgeht.

109 Für den Bereich des Ordnungswidrigkeitenrechts lege § 30 OWiG damit die täterschaftsbegründenden Voraussetzungen fest; so Rogall, in: KK-OWiG, § 30 OWiG Rn. 8 m.w.N.

110 So Tiedemann, NJW 1988, 1169 (1172); siehe hierzu Engelhart, Sanktionierung von Unternehmen und Compliance, S. 377. Strittig ist, ob diese Lehre auch im östVbVG Anwendung findet; siehe hierzu Soyer/Schumann, wistra 2018, 321 (321) m.w.N.

111 Siehe Art. 102 Abs. 1 schwStGB. Dieser stellt auf die mangelhafte Organisation des Unternehmens ab. Die Kriminalstrafbarkeit des Unternehmens setzt hier ausdrücklich voraus, dass die mangelhafte Organisation des Unternehmens für die betriebliche Zuwiderhandlung ursächlich war.

112 So auch Sieber, FS Tiedemann, S. 449 (S. 467).

113 Dies folgt daraus, da man in diesem Fall eine eigene „Schuld (im strafrechtlichen Sinne) des korporativen Unternehmens" anerkennt; siehe Hirsch, ZStW 107 (1995), 285 (315).

kann nur vorgebracht werden, dass der Vertreter keine Straftat oder Ordnungswidrigkeit begangen hat."[114]

Die Lehre vom Organisationsverschulden ist damit nicht mit geltendem Recht zu vereinbaren.[115] Auch, dass die Pflicht zur Selbstorganisation eine Verbandspflicht ist, ändert hieran nichts.[116]

d) Stellungnahme

Nach Rogall und nach meiner Einschätzung ist § 30 OWiG „eine Norm, die in erster Linie täterschaftlich-beteiligende, aber wohl auch zurechnende Elemente in sich vereinigt und im Ergebnis eine eigene Verbandstäterschaft begründet."[117] § 30 OWiG ist also eine eigene „täterschaftliche Norm, aus der sich die Bedingungen dafür ergeben, dass ein Verband für das deliktische Verhalten seiner Repräsentanten bußgeldrechtlich verantwortlich gemacht werden darf."[118] Grundsätzlich ist die Verbandsgeldbuße „nur dann richtig erfasst, wenn man sie als Ausdruck einer Verantwortlichkeit für eigene Delinquenz versteht."[119] In § 30 OWiG wird dem Verband nicht das Verhalten eines Dritten wie das eines Fremden zugerechnet, sondern es wird dem Verband das normwidrige Organ- bzw. Vertreterverhalten als eigenes rechtswidriges und schuldhaftes Verhalten zugerechnet.[120] Folglich hat der Verband durch seine Organwalter und Vertreter die Straftat oder Ordnungswidrigkeit selbst begangen und muss daher die sanktionsrechtlichen Konsequenzen tragen.[121]

---

114 Rogall, in: KK-OWiG, § 30 Rn. 6 (mit Verweis auf Brender, Die Neuregelung der Verbandstäterschaft im Ordnungswidrigkeitenrecht, S. 108 ff.).

115 Vgl. Rogall, in: KK-OWiG, § 30 Rn. 6.

116 Vgl. Rogall, in: KK-OWiG, § 30 Rn. 6.

117 Rogall, in: KK-OWiG, § 30 Rn. 2; nach Rogall wird das originäre Verständnis des § 30 OWiG als „Zurechnungsnorm" der wahren Bedeutung kaum gerecht; vgl. Rogall, in: KK-OWiG, § 30 Rn. 2 mit Verweis auf Eidam, wistra 2003, 447 (448 f.)

118 Rogall, in: KK-OWiG, § 30 Rn. 8.

119 Rogall, in: KK-OWiG, § 30 Rn. 3; Grundlage dieser Auffassung sei die gesellschaftsrechtliche Organtheorie (näher hierzu statt aller Beuthien, FS Zöllner, S. 87 ff. (S. 91 ff.)), die den Verband selbst als primären Träger von Rechten und Pflichten betrachtet, deren Wahrnehmung und Erfüllung allerdings dessen Organen und Vertretern obliegt. Die Organtheorie betrachtet den Verband selbst als Träger von Rechten und Pflichten, der sich zu deren Wahrnehmung und Erfüllung nur seiner Organe und Vertreter „bedient".

120 Siehe Rogall, in: KK-OWiG, § 30 Rn. 8, Rn. 6.

121 Vgl. Rogall, in: KK-OWiG, § 30 Rn. 8.

Richtigerweise handelt sich daher „um eine Form der Selbstbegehung, die als organschaftliche Verbandstäterschaft bezeichnet werden“[122] kann und die der Beteiligungslehre zugeordnet werden könnte.[123] Die geltende Fassung von § 30 OWiG kombiniert daher täterschaftlich-beteiligende und zurechnende Elemente und kann weder als bloße Zurechnungsnorm noch als Ausdruck des Gedankens des Organisationsverschuldens erfasst werden.[124] Der Verband ist selbst Träger von Rechten und Pflichten und bedient sich zu deren Wahrnehmung und Erfüllung seiner Organe und Vertreter (gesellschaftsrechtliche Organtheorie).[125]

Ein Verstoß gegen § 30 OWiG muss aber auch besondere Verbandspflichten verletzen und verlangt daher zudem einen Bezug zum Unternehmensumfeld.[126] In § 30 OWiG ist daher auch eine spezifische Unternehmensverantwortlichkeit angelegt.[127] Der Zurechnungsaspekt tritt aber bei § 30 OWiG noch klar in den Vordergrund.[128] Meines Erachtens könnte – betrachtet man die Überlegungen zur rechtspolitischen Erforderlichkeit[129] – der korporative Aspekt de lege ferenda aber noch deutlicher in den Vordergrund gerückt werden.

2. *Zweck der Vorschrift*

Im Hinblick auf den Zweck des § 30 OWiG gibt bereits die Gesetzesbegründung entscheidende Hinweise. Nach dieser soll im Rahmen des § 30 OWiG ein Ausgleich dafür ermöglicht werden, „dass der juristischen Person, die nur durch ihre Organe zu handeln imstande ist, zwar die Vorteile dieser in ihrem Interesse vorgenommenen Betätigung zufließen, dass sie aber beim Fehlen einer Sanktionsmöglichkeit nicht den Nachteilen ausgesetzt wäre, die als Folge der Nichtbeachtung der Rechtsordnung im Rahmen der für Sie vorgenommenen Betätigung eintreten können.“[130]

---

122 Rogall, in: KK-OWiG, § 30 Rn. 8 (mit Verweis auf Rogall, GA 2015, 260 (262 ff., 264).

123 Siehe Rogall, in: KK-OWiG, § 30 Rn. 8; zustimmend Hetzer, EuZW 2007, 75 (77); Haspl, EuZW 2013, 888 (889).

124 Vgl. Rogall, in: KK-OWiG, § 30 Rn. 6.

125 So auch Rogall, in: KK-OWiG/Rogall OWiG § 30 Rn. 8

126 Siehe auch Engelhart, NZWiSt 2015, 201 (207).

127 So auch Engelhart, Sanktionierung von Unternehmen und Compliance, S. 384.

128 Ähnlich Engelhart, Sanktionierung von Unternehmen und Compliance, S. 384.

129 Siehe hierzu 1. Kapitel C.

130 BT-Drs. V/1269, S. 59.

Der Gesetzgeber wollte also eine ungerechtfertigte Besserstellung der juristischen gegenüber der natürlichen Person verhindern.[131] Die gegenüber der natürlichen Person zulässige Strafe oder Geldbuße würde oft in keinem angemessenen Verhältnis zur Tragweite der Tat stehen und weder geeignet sein, die der juristischen Person zugeflossenen Gewinne abzuschöpfen noch die Erzielung solcher Gewinne zu bekämpfen.[132] So wäre das Risiko kalkulierbar und eine Ausrichtung im Hinblick auf die Höhe der Geldbuße nur auf die persönlichen Verhältnisse der für die juristische Person bzw. den Verband handelnden natürlichen Person wäre unzureichend.[133]

Außerdem sollen dem Verband die Vorteile entzogen werden, die diesem durch Zuwiderhandlungen seiner Organe unrechtmäßig zugeflossen sind.[134] Die Verbandsgeldbuße zielt also auch (vgl. §§ 30 Abs. 3, 17 Abs. 4 OWiG) darauf ab, die einem Unternehmen aus unlauterem Handeln ihrer Leitungspersonen zufließenden Vermögensvorteile abzuschöpfen und soll auch dazu dienen, unlauterem Gewinnstreben vorzubeugen.[135]

Die Verbandsgeldbuße gem. § 30 OWiG soll damit sowohl repressive als auch korrigierende also reparative und präventive Zwecke erfüllen.[136] Sie hat sowohl einen präventiven als auch repressiven Zweck.[137] Repressiv wirkt die Verbandsgeldbuße, da sie eine Reaktion auf ein begangenes Ordnungsunrecht darstellt.[138] Sie wirkt korrigierend, indem der durch die Straftat bzw. Ordnungswidrigkeit

---

131 Somit verfolgt der § 30 OWiG die Gleichstellung der Verbände mit den natürlichen Personen im Hinblick auf die aus Straftaten bzw. Ordnungswidrigkeiten resultierenden Sanktionen, vgl. Meyberg, in: BeckOK-OWiG, § 30 Rn. 8; BT-Drs. V/1269, S. 57 ff.; insbes. BT-Drs. V/1269, S. 60). Im Gegensatz zu einem Einzelunternehmer, bei welchem die Geldbuße unter Berücksichtigung des wirtschaftlichen Wertes seines Unternehmens zuzüglich des erzielten bzw. beabsichtigten Vorteils festgesetzt werden kann, orientiert sich die Geldbuße gegenüber einem Repräsentanten nur an dessen persönlichen wirtschaftlichen Verhältnissen; vgl. BT-Drs. V/1269, S. 59; so auch Meyberg, in: BeckOK-OWiG, § 30 OWiG Rn. 8.

132 So auch Meyberg, in: BeckOK-OWiG, § 30 OWiG Rn. 8 f.

133 Vgl. Meyberg, in: BeckOK-OWiG, § 30 OWiG Rn. 10 mit Verweis auf Gürtler, in: Göhler OWiG, Vor § 29a Rn. 10.

134 Vgl. BT-Drs. V/1269, S. 60; so auch Rogall, in: KK-OWiG, § 30 Rn. 18.

135 Siehe Meyberg, in: BeckOK-OWiG, § 30 OWiG Rn. 9; Achenbach, BB 2000, 1116 (1119).

136 Siehe hierzu auch Poller, Verbandsgeldbuße und Steueranspruch, S. 29.

137 Siehe Engelhart, Sanktionierung von Unternehmen und Compliance, S. 374.

138 So auch Rogall, in: KK-OWiG, § 30 Rn. 16.

zu Gunsten des Verbandes erlangte Vorteil abgeschöpft wird.[139] Neben diesen Zwecken soll § 30 OWiG auch generalpräventive Wirkung haben.[140] Die in § 30 OWiG aufgeführten Repräsentanten sollen gerade in dem Bewusstsein handeln, dass, wenn sie Verstöße begehen, nicht nur für sie selbst negative Konsequenzen in Form von strafrechtlichen und bußgeldrechtlichen Sanktionen drohen, sondern dass auch gegenüber dem Verband eine gravierende Geldbuße festgesetzt werden kann und dass somit ihr Fehlverhalten auch den Verband erheblich treffen kann.[141] Die Folge ist dann, dass durch die mögliche Abschöpfung auch beim Verband der rechtswidrige Vorteil nicht verbleibt.[142] Die Mitarbeiter müssen zudem mit weiteren negativen Konsequenzen rechnen. So kann es zu Abmahnungen oder Entlassungen kommen und/oder es verschlechtert sich die wirtschaftliche Situation des Verbandes insgesamt.[143] Zudem werden Unternehmen angehalten, im Rahmen Ihrer Auswahl und Bestellung von Leitungspersonen auf deren Rechtstreue und Rechtschaffenheit explizit zu achten.[144] Die Leitungspersonen wiederrum sollen dazu angehalten werden, sich regelkonform zu verhalten und nicht, um des wirtschaftlichen Vorteils willen, Straftaten oder Ordnungswidrigkeiten zu begehen.[145] Somit kann unter diesem Aspekt § 30 OWiG einen erheblichen Beitrag dazu leisten, dass im notwendigen Umfang effektive Compliance-Systeme in Unternehmen bzw. Verbänden etabliert werden.[146]

139 Vgl. Meyberg, in: BeckOK-OWiG, § 30 OWiG Rn. 10: „Durch § 30 OWiG soll im Sinne eines Pflichtenappells unlautere, gesetzliche Ver- und Gebote missachtendes Gewinnstreben unterbunden und bekämpft werden."

140 Vgl. Engelhart, Sanktionierung von Unternehmen und Compliance, S. 374; Meyberg, in: BeckOK-OWiG, § 30 OWiG Rn. 11.

141 Siehe Rogall, in: KK-OWiG, § 30 Rn. 16; Poller, Verbandsgeldbuße und Steueranspruch, S. 29.

142 Siehe Rogall, in: KK-OWiG, § 30 Rn. 16; Damit wird der Anreiz genommen, dem Verband durch rechtswidrige Taten einen Vorteil zu verschaffen, da dieser ihn womöglich gar nicht behält.

143 Es besteht die Gefahr eines evtl. Arbeitsplatzverlustes.

144 So auch Meyberg, in: BeckOK-OWiG, § 30 OWiG Rn. 11.

145 Vgl. KG, Beschl. v. 18.3.1986 – 1 Kart 18/85, NJW-RR 1987, 637 (638); Hetzer, EuZW 2007, 75 (77).

146 Vgl. Sachs/Krebs, CCZ 2013, 12 ff.; Meyberg, in: BeckOK-OWiG, § 30 OWiG Rn. 11.

3. Regelungsbereich

Die Regelung des § 30 Abs. 1 OWiG gibt einen abgeschlossenen Katalog derjenigen Personenverbände vor, die für eine selbstständige Bußgeldahndung in Frage kommen sowie derjenigen Personen, die für den Verband handeln.[147] Der Anwendungsbereich des § 30 OWiG wird vor allem durch §§ 9, 130 OWiG und § 14 StGB ergänzt. Aus § 3 OWiG wird in Übereinstimmung mit der auch für das Ordnungswidrigkeitenrecht geltenden[148] Verfassungsnorm des Art. 103 Abs. 2 GG das Verbot einer die Ahndung begründenden Analogie abgeleitet, welches jede Rechtsanwendung ausschließt, die tatbestandsausweitend über den Inhalt der gesetzlichen Sanktionsnormen hinausgeht.[149] Hierbei bildet auch bei § 30 OWiG der mögliche Wortsinn die äußerste Grenze zulässiger richterlicher Interpretation.[150]

III. Stellungnahme

Aufgrund der vielen Streitigkeiten, um die dogmatische Einordnung und der daraus resultierenden Folgefragen z.B. bei der Sanktionsbemessung, ist eine dogmatische Einordnung zu § 30 OWiG und damit eine Klarstellung des Gesetzgebers zwingend erforderlich. Nicht zu Unrecht bezeichnet Schroth den Zustand im Hinblick auf die dogmatische Einordnung bei § 30 OWiG als „dogmatisches Vakuum".[151] Zudem ist zu überlegen, ob das Zurechnungsmodell nicht insgesamt einem anderen Modell weichen sollte bzw. zumindest mit weiteren zusätzlichen Elementen eines Organisationsverschuldens verbunden werden sollte.[152]

Weiter könnte meines Erachtens – betrachtet man die Zwecke des § 30 OWiG – noch deutlich stärker der Zweck der Spezialprävention im Rahmen eines neuen Gesetzes oder bei Veränderung der Vorschrift in den Vordergrund

---

147 So auch Krenberger/Krumm, in: Krenberger/Krumm-OWiG, § 30 Rn. 11: „abschließender Katalog"; Rogall, in: KK-OWiG, § 30 Rn. 19; § 59 KWG erstreckt schließlich den Anwendungsbereich des § 30 OWiG auf Unternehmen im Sinne des § 53 b Abs. 1 S. 1 und Abs. 7 S. 1 KWG, die über eine Zweigniederlassung oder im Wege des grenzüberschreitenden Dienstleistungsverkehrs im Inland tätig sind.

148 Vgl. BVerfG, Beschl. v. 23.10.1985 – 1 BvR 1053/82, NJW 1986, 1671.

149 Siehe Meyberg, in: BeckOK-OWiG, § 30 OWiG Rn. 21.1. m.w.N.: „Eine Erweiterung dieser Ahndungsmöglichkeiten ist nur innerhalb des durch Art. 103 Abs. 2 GG eröffneten Auslegungsspielraums statthaft."

150 Vgl. Meyberg, in: BeckOK-OWiG, § 30 OWiG Rn. 21.1.

151 Siehe hierzu Schroth wistra 1986, 158 ff.

152 Siehe hierzu im 8. Kapitel C. III. und etwa den Aufsatz Soyer/Schumann, wistra 2018, 321 (321 ff.). In diesem werden die Vorteile des österreichischen Modells dargestellt.

gerückt werden. Dieser Zweck kommt im Rahmen des § 30 OWiG aufgrund seiner Ausgestaltung und seiner Einbindung in das Gesetz des Ordnungswidrigkeitenrechts, wie sich zeigen wird, deutlich zu kurz. Verbände sollten zukünftig noch stärker motiviert und incentiviert werden, ihre Compliance zu verbessern und zu einem „good corporate citizen“ zu werden.[153]

B. Entstehungsgeschichte des § 30 OWiG nach 1945

I. Entstehungsgeschichte des § 30 OWiG

Im Folgenden soll nun kursorisch die Entstehungsgeschichte des § 30 OWiG beleuchtet werden.

§ 30 OWiG geht zurück auf die zur Schaffung einer einheitlichen Verbandsgeldbuße 1968 ins OWiG aufgenommene Regelung des § 26 OWiG a.F.[154] Sanktionen gegen Unternehmen waren bis dahin nicht unbekannt.[155] Zuvor existierten in zahlreichen Gesetzen des Bundes- und des Landesrechts Spezialregelungen, wodurch eine „Flut von Sondervorschriften“[156] im Nebenstrafrecht entstanden war. Mit dem damaligen § 26 OWiG a.F. hat der Gesetzgeber im Jahr 1968 die erste allgemeine Vorschrift über Geldbußen gegen juristische Personen und Personenvereinigungen geschaffen.[157] § 26 OWiG a.F. wurde anschließend durch das EGStGB vom 2.3.1974 (BGBl. I 1974, S. 469) – erweitert um Abs. 5 als § 30 OWiG übernommen. Frühere bundes- und landesrechtlichen Einzelregelungen wurden aufgehoben.[158] Wie § 26 OWiG a.F. war auch § 30 OWiG zunächst lediglich als Nebenfolge einer Straftat oder Ordnungswidrigkeit ausgestaltet.[159]

153 Siehe hierzu auch die Ausführungen im 8. Kapitel C. III.

154 Vgl. BGBl. I 1968, S. 481; Korte, NZWiSt 2018, 393 (394); zur historischen Entwicklung auch Rogall, in: KK-OWiG, § 30 Rn. 22 ff.; Achenbach, wistra 2002, 441 (444).

155 Siehe hierzu auch Poller, Verbandsgeldbuße und Steueranspruch, S. 17 ff.

156 BT-Drs. V/1269, S. 58.

157 Der Gesetzgeber hat sich auch mit der Frage beschäftigt, ob anstelle einer Geldbuße eine Strafe gegen den Verband vorgesehen werden soll, wenn dessen Organe eine Straftat begehen. Dies stieß zum Großenteil auf Ablehnung; vgl. Rogall, in: KK-OWiG, § 30 Rn. 23 m.w.N.; Gürtler, in: Göhler OWiG, Vor § 29a Rn. 7; Der Gesetzgeber hielt die Einführung einer Strafbarkeit von Verbänden insb. für unvereinbar mit dem Schuldprinzip und dem Wesen der Strafe; vgl. BT-Drs. V/1269, S. 58.

158 Vgl. Meyberg, in: BeckOK-OWiG, § 30 OWiG Rn. 7.

159 Vgl. Rogall, in: KK-OWiG, § 30 Rn. 25.

Anschließend kam es zu mehrfachen Erweiterungen. Vor allem wurde zum einen 1986[160] der Charakter der Verbandsgeldbuße als Nebenstrafe aufgegeben, zum anderen der Kreis der Personen, deren Handeln dem Verband zugerechnet wird, sukzessive auf alle Leitungspersonen erweitert. Es sollte die Nebenfolgenlösung aufgegeben werden.[161] Zudem wurde der Täterkreis der Unternehmensangehörigen, deren Zuwiderhandlungen eine Verbandsgeldbuße auslösen, umformuliert.[162]

Durch das Zweite Gesetz zur Bekämpfung der Wirtschaftskriminalität[163] wurde der Bußgeldrahmen angehoben und § 30 OWiG als selbstständiges Sanktionsmittel ausgestaltet:[164] die Bezeichnung der Verbandsgeldbuße als Nebenfolge wurde gestrichen und § 30 Abs. 4 OWiG eingefügt. Hiernach kann die Geldbuße gegen das Unternehmen unter den dort genannten Voraussetzungen „selbstständig festgesetzt werden".[165] Der generelle Zusammenhang zwischen der Anknüpfungstat und der Verbandsgeldbuße blieb allerdings erhalten.[166] Eröffnet wurde aber die Möglichkeit, auch in den Fällen („anonym") eine Geldbuße gegen das Unternehmen zu verhängen, in denen sich die Identität des Handelnden nicht (mehr) feststellen lässt (anonyme Verbandsgeldbuße).[167] Von einer zunächst vorgesehenen Ausweitung auf Anknüpfungstaten aller im Leitungsbereich des Verbandes tätigen natürlichen Personen wurde vorläufig wegen Bedenken im Rechtsausschuss gegen die Bestimmtheit[168] abgesehen.[169] Die „Selbstbeschränkung des Gesetzgebers"[170] stieß teilweise auf starke Kritik.[171] So forderte auch der 57. Deutsche Juristentag von 1988 eine Erweiterung des Personenkreises bei § 30 OWiG.[172] Durch das Zweite Gesetz zur Bekämpfung

---

160 Siehe hierzu BGBl. I 1986, S. 721.

161 Vgl. BT-Drs. 10/318, S. 38 ff.

162 Dazu Rogall, in: KK-OWiG, § 30 Rn. 26, Rn. 27.

163 Dazu z.B. Tiedemann, NJW 1988, 1169 ff.

164 Vgl. Meyberg, in: BeckOK-OWiG, § 30 OWiG Rn. 7.1.; BT-Drs. 10/318, S. 35, S. 38 ff.

165 Siehe hierzu auch BGBl. I 1986, S. 721 und Meyberg, in: BeckOK-OWiG, § 30 OWiG Rn. 7.1.

166 Vgl. Meyberg, in: BeckOK-OWiG, § 30 OWiG Rn. 7.1.

167 Siehe hierzu BGBl. I 1986, S. 721; Meyberg, in: BeckOK-OWiG, § 30 OWiG Rn. 7.1.

168 Vgl. BT-Drs. 10/5058, S. 36.

169 So auch Meyberg, in: BeckOK-OWiG, § 30 OWiG Rn. 7.1.

170 Rogall, in: KK-OWiG, § 30 Rn. 27.

171 Vgl. Rogall, in: KK-OWiG, § 30 Rn. 27.

172 „§ 30 OWiG sollte dahingehend geändert werden, dass gegen juristische Personen und Personenvereinigungen eine Geldbuße festgesetzt werden kann, wenn der Täter zu dem Kreis der für die Leitung des Betriebes verantwortlich handelnden gehört."

der Umweltkriminalität[173] wurde § 30 Abs. 1 Nr. 4 OWiG neu eingefügt (Erweiterung des Kreises der Personen, deren Handeln zu einer Verbandsgeldbuße führen kann, auf die zweite Leitungsebene eines Unternehmens) und darüber hinaus § 33 Abs. 1 S. 2 OWiG geändert, um klarzustellen, dass die Verbandsgeldbuße als selbstständige Sanktion anzusehen ist.[174]

Eine weitere Änderung erfuhr § 30 OWiG durch das KorrBekG vom 13.8.1997[175], durch das die § 30 Abs. 2 S. 3 OWiG und § 30 Abs. 4 S. 2 OWiG neu hinzukamen.[176] Mit der Umsetzung des 2. Protokolls zum Übereinkommen über den Schutz der finanziellen Interessen der EG vom 19.6.1997[177] wurde durch ein Ausführungsgesetz vom 22.8.2002[178]der Anwendungsbereich für die Verbandsgeldbuße schließlich erheblich erweitert.[179] Es wurde zum einen der Kreis der sanktionsfähigen Personenvereinigungen um die rechtsfähigen Personengesellschaften (statt Personenhandelsgesellschaften, § 30 Abs. 1 Nr. 3 OWiG), zum anderen der Täterkreis generell auf Leitungspersonen erweitert.[180] § 30 Abs. 1 Nr. 5 OWiG wird zu einer Generalklausel.[181] Zukünftig können damit solche Personen die Festsetzung einer Verbandsgeldbuße auslösen, die für die Leitung des Betriebes verantwortlich handeln, „wozu auch die Überwachung der Geschäftsführung oder die sonstige Ausübung von Kontrollbefugnissen in leitender Stellung gehört“[182]. Weiter wurde die Überschrift des Achten Abschnitts im Zweiten Teil des OWiG geändert, um klarzustellen, dass es sich bei der Verbandsgeldbuße nicht um eine Nebenfolge handelt.[183]

Im Frühjahr 2011 hat die OECD-Arbeitsgruppe für Bestechungsfragen Deutschland schließlich empfohlen, weitere Schritte zu ergreifen, um die Effektivität der Verantwortlichkeit juristischer Personen u.a. durch gleichermaßen

---

Rogall, in: KK-OWiG, § 30 Rn. 27 (mit Verweis auf 57. DJT, Band II, 1988, S. L 290); Poller, Verbandsgeldbuße und Steueranspruch, S. 21.

173 Vgl. BGBl. I 1994, S. 1440.

174 Siehe BT-Drs. 12/192, S. 33.

175 Vgl. BGBl. I 1997, S. 2038.

176 Vgl. Meyberg, in: BeckOK-OWiG, § 30 OWiG Rn. 7.3.

177 Hierzu ABl. EG 1997 C 221, 11; hierzu auch Korte, NZWiSt 2018, 393 (394).

178 Vgl. BGBl. I 2002, S. 3387; in Kraft getreten am 30. August 2002.

179 Siehe dazu Eidam, wistra 2003, 447; Poller, Verbandsgeldbuße und Steueranspruch, S. 22.

180 So. Meyberg, in: BeckOK-OWiG, § 30 OWiG Rn. 7.4.

181 Vgl. Achenbach, wistra 2002, 441 (443); Gürtler, in: Göhler OWiG, § 30 Rn. 9 „Systemwechsel“.

182 § 30 Abs. Nr. 5 OWiG; siehe BT-Drs. 14/8998, S. 11.

183 Dazu Meyberg, in: BeckOK-OWiG, § 30 OWiG Rn. 7.4; vgl. BT-Drs. 14/8998, S. 12.

verhältnismäßige wie abschreckende und dadurch wirksame Sanktionen zu gewährleisten.[184] Was juristische Personen anginge, war die Arbeitsgruppe der Meinung, „dass das Höchstmaß des gesetzlich vorgesehenen Bußgeldes insbesondere für große Unternehmen zu niedrig ist“[185]. Für besorgniserregend hielt es die Arbeitsgruppe zudem, dass durch Konfiszierungen lediglich unrechtmäßig erworbene Einnahmen eingezogen werden: Daher wurde erneut gefordert, das gesetzlich zulässige Höchstmaß der Sanktionen anzuheben.[186] Auch sollten andere Sanktionen gegen juristische Personen erwogen werden.[187] Die Arbeitsgruppe empfahl, dass Deutschland zusätzlich die Einrichtung eines zentralen Registers unzuverlässiger Unternehmen prüft.

II. Veränderungen im Zuge der 8. GWB Novelle

Einem Diskussionsentwurf des Bundesministerium der Justiz entsprechend[188] wurden mit dem 8. Gesetz zur Änderung des Gesetzes gegen Wettbewerbsbeschränkungen[189], das schließlich am 30.6.2013 in Kraft getreten ist, der § 30 OWiG nochmals verschärft:[190] Gerade der Bußgeldrahmen wurde stark angehoben.[191] Die Höchstgrenzen des § 30 Abs. 2 S. 1 OWiG sind verzehnfacht worden.[192] Die Haftung der Rechtsnachfolger wurde erweitert (§ 30 Abs. 2a OWiG) und mit § 30 Abs. 6 OWiG die Möglichkeit geschaffen, einen dinglichen Arrest nach § 111d StPO[193] anzuordnen.[194] Seit dem 30.6.2013 kann für vorsätzlich begangene Taten nach § 30 Abs. 2 S. 1 Nr. 1 OWiG eine Geldbuße in Höhe von 10 Millionen Euro

184 Siehe hierzu OECD, Bericht zu Phase 3: Deutschland, S. 5.
185 OECD, Bericht zu Phase 3: Deutschland, S. 5.
186 Siehe hierzu auch Korte, NZWiSt 2018, 393 (395).
187 Vgl. Korte, NZWiSt 2018, 393 (395).
188 Vgl. BT-Drs. 17/11053; dazu z.B. Achenbach, NZWiSt 2012, 312 (328); Höll/Reichling, PStR 2012, 167 ff.; Zu dem Diskussionsentwurf gab es zustimmende Stellungnahmen, so zum Beispiel die Stellungnahme des deutschen Richterbundes Nr. 18/12 vom Mai 2012, aber auch ablehnende Stellungnahmen z. B. Stellungnahme des DIHK vom 04.06.2012 und die Stellungnahme des DAV Nr. 75/2012 vom September 2012.
189 Vgl. BGBl. I 2013, S. 1738.
190 Zum Gesetzgebungsverfahren: Bosch/Fritzsche, NJW 2013, 2225.
191 Vgl. Meyberg, in: BeckOK-OWiG, § 30 Rn. 7a
192 Vgl. Rogall, in: KK-OWiG, § 30 Rn. 31; BGBl. I 2013, 1738 (1747 f.)
193 Nach aktueller Rechtslage Verweis auf § 111e Abs. 2 StPO auf den Vermögensarrest; siehe BGBl. I 2017, S. 872 (S. 898).
194 Der Gesetzgeber wollte an dieser Stelle darauf reagieren, dass er mit Hilfe des neuen § 30 Abs. 2a OWiG nur einen Teil der gesellschaftsrechtlichen Konstruktionen erfasst, mit denen sich eine Enthaftung tatsächlich erreichen lässt und deshalb für die nicht

festgesetzt werden.[195] Über § 30 Abs. 2 S. 3 OWiG hat der Gesetzgeber ferner die Möglichkeit geschaffen, das Höchstmaß der Verbandsgeldbuße zu verzehnfachen, wenn der jeweilige Bußgeldtatbestand auf § 30 Abs. 2 S. 3 OWiG verweist.[196]

Hintergrund für die Änderungen im § 30 OWiG waren maßgeblich die Arbeitsempfehlungen der OECD und die Rechtsprechung des BGH in Kartellsachen, die so – erklärte das Gericht zumindest selbst – zu „misslichen Konsequenzen" geführt hatten.[197] In zwei bedeutenden Entscheidungen aus dem Jahr 2011 hatte der BGH seine Rechtsprechung bestätigt, nach welcher der Wortlaut des § 30 OWiG („gegen diese eine Geldbuße festgesetzt werden") die Verhängung einer Geldbuße bei der Rechtsnachfolge hindert.[198] Dies folgt aus dem auch im Ordnungswidrigkeitenrecht ebenfalls geltenden Analogieverbot. In der Vergangenheit war es insbesondere im Rahmen lang andauernder Kartellverfahren, für Unternehmen ohne größere Schwierigkeiten möglich, mittels Umwandlung – etwa durch die Verschmelzung einer Konzerntochter mit einer anderen Tochter – einem drohenden Bußgeld zu entgehen.[199]

---

erfassten Konstellationen (insbesondere die Einzelrechtsnachfolge) sicherstellen, einen Bußgeldanspruch wirksam realisieren zu können; vgl. BT-Drs. 17/11053, S. 21.

195 Die Differenz zu der „finanziellen Höchststrafe" im Falle der Begehung einer Straftat nach § 40 Abs. 1, 2 StGB – 360 Tages-sätze a jeweils 30.000 Euro beträgt lediglich 800.000 Euro; siehe BRAK, Stellungnahme der BRAK Nr. 46/2012, S. 6: „Etikettenschwindel".

196 Siehe hierzu v. Galen/Maass, in: Leitner/Rosenau, Wirtschafts- und Steuerstrafrecht, S. 899. Die alte Bußgeldhöhe erschien dem Gesetzgeber „angesichts der insbesondere im Bereich der Wirtschaftskriminalität erzielten Vermögensvorteile (…) nicht mehr angemessen" (BT-Drs. 17/11053, S. 20).

197 Vgl. Rogall, in: KK-OWiG, § 30 Rn. 31

198 Siehe hierzu im 3. Kapitel B.; vgl. auch BGH, Beschl. v. 10.8.2011 – KRB 55/10, NJW 2012, 164 ff. (m. Anm. Reichling); BGH (Kartellsenat), Beschl. v. 10.8.2011 – KRB 2/10, wistra 2012, 152; Heinichen, ZIS 2012, 68 ff.; Waßmer, NZWiSt 2012, 187 f.; Löbbe, ZHR 177 (2013), 518 (519 ff.); Krohs/Timmerbeil, BB 2012, 2447 ff.; Achenbach, NZWiSt 2012, 321 (327 f.).

199 Zum umwandlungsrechtlichen Hintergrund: Löbbe, ZHR 177 (2013), 518 (522 ff. und 533 ff.).

III. Veränderungen durch das Gesetz zur Reform der strafrechtlichen Vermögensabschöpfung

Zuletzt wurde § 30 OWiG durch das Gesetz zur Reform der strafrechtlichen Vermögensabschöpfung vom 13.4.2017[200] geändert, welches auch für den verfahrensrechtlichen Teil der Verbandsgeldbuße Bedeutung hat.[201] So wurde der Ausdruck „Verfall“ durch die Worte „Einziehung von Taterträgen“ in § 30 Abs. 5 und 6 OWiG ersetzt[202] und – neben einer Änderung der Paragrafenfolge – die Worte „dinglichen Arrests“ durch den Begriff „Vermögensarrest“ ersetzt.[203] Der sachliche Inhalt des Gesetzes hat sich dadurch in Summe aber erstmal nicht geändert.[204]

IV. Stellungnahme

Die Ausführungen haben gezeigt, dass die Vorschrift des § 30 OWiG mehr und mehr ausgeweitet wurde und auch, dass sich die Bußgeldhöhe mehr und mehr erhöht hat. Zudem hat sich der Kreis, der nach § 30 OWiG verantwortlich handelnden Leitungspersonen für deren Handeln der Verband nach § 30 OWiG einzustehen hat, sukzessive erweitert. Eine baldige Änderung der derzeitigen Vorschriften der Unternehmenssanktionierung ist zukünftig mit erweiterten Haftungsrisiken für Unternehmen zu erwarten. Bis dato lässt sich ersehen, dass nur punktuelle Veränderungen und keine umfassenden Reformen vorgenommen wurden. Eine solche Reform ist nun schließlich aber zu empfehlen und wohl nach derzeitigen Prognosen auch absehbar sowie überfällig. Die Wirtschaft hat sich seit dem Jahr 1968 auch aufgrund der Internationalisierung und vermehrter Konzernbildungen stetig verändert. Die seit dem Jahr 1968 vorgenommenen punktuellen Veränderungen in der Vorschrift § 30 OWiG reichen – wie sich zeigen wird – nicht aus.

Im Wettbewerbsrecht kam es durch das Neunte Gesetz zur Änderung des Gesetzes gegen Wettbewerbsbeschränkungen (9. GWB-Novelle) vom 1.6.2017[205] zu einer Abkehr vom Rechtsträgerprinzip und zu einer Hinwendung zum europäischen Haftungskonzept der wirtschaftlichen Einheit.[206] Im Wettbewerbsrecht

---

200 Siehe hierzu BGBl. I 2017, S. 872.

201 Dazu Rogall, in: KK-OWiG, § 30 Rn. 32; zu dem Gesetz s. Trüg, NJW 2017, 1913 ff. und die Ausführungen im 3. Kapitel G. II.

202 Vgl. Rogall, in: KK-OWiG, § 30 Rn. 32; BT-Drs. 18/9525, S. 48 f.

203 Vgl. Rogall, in: KK-OWiG, § 30 Rn. 32; BT-Drs. 18/9525, S. 49, 76 f.

204 So auch Rogall, in: KK-OWiG, § 30 Rn. 32.

205 BGBl. I 2017, S. 1416, vgl. auch Rogall, in: KK-OWiG, § 30 Rn. 32.

206 Vgl. Rogall, in: KK-OWiG, § 30 Rn. 32; BT-Drs. 18/10207, S. 40, S. 84 ff.

wird nun ein Haftungsdurchgriff im Konzern ermöglicht und es wurden weitere Regelungen geschaffen, deren Ziel es ist, Rechtslücken bei der Rechtsnachfolge zu schließen (§§ 81 Abs. 3a ff., § 81a GWB).[207] Sollten sich diese neuen Vorschriften im Wettbewerbsrecht bewähren, so ist es nicht ausgeschlossen, dass sie auch zukünftig im Rahmen des § 30 OWiG umgesetzt werden oder gar in einem anderen neu konstruierten Regelungskonstrukt. In absehbarer Zeit könnte es nämlich sein, dass der Gesetzgeber sogar eine Art „Unternehmensstrafrecht" bzw. eine Verbandssanktionierung sui generis einführt und ein eigenständiges Gesetz dafür entwickelt.[208]

Mit dem insgesamt erweiterten Haftungspotential seit den Gesetzesänderungen 2013 und erst recht nach etwaigen weiteren Verschärfungen steigt auch der Wunsch der Unternehmen nach Rechtssicherheit und geeigneten und passenden Verfahrensregelungen für Unternehmen bzw. Verbänden. Es ist damit im Folgenden der Status quo und seine Defizite zu überprüfen, um anschließend eigene Optimierungsansätze für eine „echte" Reform vorschlagen zu können.

---

207 Vgl. Rogall, in: KK-OWiG, § 30 Rn. 32.

208 Dies lässt sich zumindest aus dem Koalitionsvertrag 2018 der 19. Legislaturperiode schließen; siehe hierzu Korte, NZWiSt 2018, 393 (395 f.): „Die Koalitionsfraktionen wollen Änderungen bei den Unternehmenssanktionen nicht nur prüfen, sondern haben bereits Reformen vereinbart."

3. Kapitel: Die Haftung von Unternehmen nach § 30 OWiG

Zunächst wird nun der Status quo de lege lata betrachtet. Diese Betrachtung soll bereits dazu dienen, sich über Verbesserungsmöglichkeiten de lege ferenda Gedanken zu machen. Hierbei wird zugleich eine persönliche Bewertung bei strittigen Punkten und teilweise eine Erläuterung des Tatbestandsmerkmals u.a. mit Gesetzesbegründungen vorgenommen. So wird häufig übersehen, dass bereits die geltende Fassung der §§ 30, 130 OWiG zahlreiche und bislang ungelöste Rechtsprobleme birgt, denen gerade auch in der täglichen Praxis der Verfolgungsbehörden und auch der Beratungs- und Verteidigerpraxis große Bedeutung zukommt.

A. Voraussetzungen der Verantwortlichkeit nach § 30 OWiG

I. Sanktionsfähige Zusammenschlüsse

§ 30 Abs. 1 OWiG ermöglicht die Verhängung einer unternehmensbezogenen Geldbuße gegen juristische Personen, nicht rechtsfähige Vereine und rechtsfähige Personengesellschaften[209]. Im Umkehrschluss bedeutet dies, dass gegen einen Einzelkaufmann keine Geldbuße verhängt werden kann, wenn ein Mitarbeiter eine Zuwiderhandlung begeht.[210]

1. Juristische Personen

Juristische Personen sind körperlich verfasste, von den Mitgliedern unabhängige Organisationen, denen die Rechtsordnung eine eigene Rechtspersönlichkeit zuerkennt.[211] Gestritten wird darüber, ob auch juristische Personen des

209 Nachdem der BGH die Rechtsfähigkeit der Außen-GbR anerkannt hat (BGH, Urt. v. 29.1.2001 – II ZR 331/00, BGHZ 146, 341), ist auch diese als Personengesellschaft i.S.d. § 30 Abs. 1 Nr. 3 OWiG anzusehen.

210 Vgl. Eidam, wistra 2003, 447 (449); Rogall, in: KK-OWiG, § 30 Rn. 33.

211 Vgl. Rogall, in: KK-OWiG, § 30 Rn. 34; siehe dazu auch Schmidt, Gesellschaftsrecht, S. 186 ff.; hierzu gehören insbesondere die Gesellschaft mit beschränkter Haftung (GmbH), der rechtsfähige Verein, die rechtsfähige Stiftung, die Aktiengesellschaft (AG), ferner die Kommanditgesellschaft auf Aktien (KGaA), die als Aktiengesellschaft geltende Europäische Gesellschaft (vgl. Societas Europaea [SE]; vgl. BGBl. I 2004, S. 3675), die eingetragene Genossenschaft (Gen) sowie der Versicherungsverein auf Gegenseitigkeit (vgl. Rogall, in: KK-OWiG, § 30 Rn. 34).

öffentlichen Rechts (öffentlich-rechtliche Körperschaften, Anstalten und Stiftungen) zu den sanktionsfähigen Verbänden gehören.[212] Der Wortlaut differenziert nicht nach juristischen Personen des Privatrechts und solchen des öffentlichen Rechts. Nach herrschender Meinung ist die Zugehörigkeit grundsätzlich zu bejahen.[213] Von der Gegenmeinung[214] wird geltend gemacht, dass die Festsetzung einer Geldbuße gegen juristische Personen des öffentlichen Rechts mit der Funktionsverteilung innerhalb der Staatsgewalt nicht vereinbar sei.[215] Jedoch ergibt sich weder aus dem Wortlaut der Norm, noch aus der Gesetzesbegründung oder dem Sinn und Zweck des Gesetzes eine Beschränkung auf juristische Personen des Privatrechts. Ein gesetzessystematisches Argument für die Anwendung des § 30 OWiG auf juristische Personen des öffentlichen Rechts ist schließlich die Regelung in § 130 Abs. 2 OWiG, die eine Gleichbehandlung von öffentlichen und privaten Unternehmen anordnet.[216] Die Gefahr von Zuwiderhandlungen ist bei öffentlichen Unternehmen zudem genauso gegeben wie bei privaten Gesellschaften. Es gibt keinen sachlichen Grund, öffentliche Unternehmen ungleich mit juristischen Personen des Privatrechts zu behandeln.[217] Beschränkungen der Sanktionsfähigkeit öffentlich-rechtlicher Verbände ergeben sich aber teilweise aus der Natur der Sache. So muss eine Bebußung des „Staates insgesamt" (in Form des Bundes oder Landes) ausscheiden[218] oder wenn etwa die Bußgeldbehörde derselben Funktionseinheit angehört.[219] Generell sollte der Gesetzgeber

---

212 Vgl. Rogall, in: KK-OWiG, § 30 Rn. 35.

213 Vgl. v. Galen/Maass, in: Leitner/Rosenau, Wirtschafts- und Steuerstrafrecht, S. 900; OLG Frankfurt a.M., Beschl. v. 30.1.1976 – 2 Ws (B) 356/75, NJW 1976, 1276; Achenbach, FS Stree/Wessels, S. 545 (553 f.); Engelhart, Sanktionierung von Unternehmen und Compliance, S. 386 f.; Eidam, wistra 2003, S. 447 (449); a.A. Schmitt, Strafrechtliche Maßnahmen gegen Verbände, S. 211; Busch, Grundfragen der strafrechtlichen Verantwortlichkeit, S. 194 f.; Hirsch, ZStW 107 (1995), 285 (308).

214 Siehe hierzu Hirsch, ZStW 107 (1995), 285 (308); Rogall, in: KK-OWiG, § 30 Rn. 35, Rn. 36.

215 Siehe hierzu Hirsch, ZStW 107 (1995), 285 (308); Rogall, in: KK-OWiG, § 30 Rn. 35.

216 Vgl. Rogall, in: KK-OWiG, § 30 Rn. 36; so auch Achenbach, FS Stree/Wessels, S. 545 (S. 553 f.).

217 Vgl. Rogall, in: KK-OWiG, § 30 Rn. 36.

218 Eine Einschränkung findet sich z.B. im franz. Recht (Art. 121–2 CP); vgl. Koch, ZStW 107 (1995), 405 (407, 409).

219 Vgl. Rogall, in: KK-OWiG, § 30 Rn. 37.

allerdings an dieser Stelle eine Klarstellung vornehmen, um Rechtsunsicherheiten zu vermeiden.

2. *Nicht rechtsfähige Vereine*

Ein nicht rechtsfähiger Verein (vgl. § 54 BGB) „ist eine auf Dauer angelegte Personenvereinigung, deren Bestand vom Mitgliederwechsel unabhängig ist und der, der Erreichung eines gemeinsamen, selbstgesetzten Zwecks dient“[220]. Er ist körperschaftlich verfasst (Satzung), verfügt über Vereinsorgane (Vorstand, Mitgliederversammlung) und tritt als Gesamtgebilde unter einem bestimmten Vereinsnamen eigenständig auf.[221] Eine Einbeziehung des nicht rechtsfähigen Vereins in § 30 OWiG ist kriminalpolitisch sinnvoll.[222] Handelt der Vorstand unter Missachtung der Rechtsordnung zum Vorteil des Vereins, so fließt der Gewinn nicht ihm zu, sondern vermehrt das zweckgebundene Vereinsvermögen.[223]

3. *Rechtsfähige Personengesellschaften*

Eine rechtsfähige Personengesellschaft gem. § 14 Abs. 2 BGB ist eine Personengesellschaft, die mit der Fähigkeit ausgestattet ist, Rechte zu erwerben und Verbindlichkeiten einzugehen.[224] Diese Begriffsbestimmung hat der Gesetzgeber auch in § 30 Abs. 1 Nr. 3 OWiG übernommen.[225]. Bei der Festsetzung einer Geldbuße gegen eine rechtsfähige Personengesellschaft ist zu beachten, dass die Verbandsgeldbuße oft auch denjenigen trifft, dessen Fehlverhalten Ursache für die Geldbuße war und welcher als Gesellschafter am Gesellschaftsvermögen

---

220 Rogall, in: KK-OWiG, § 30 Rn. 38; siehe auch Krenberger/Krumm, in: Krenberger/Krumm-OWiG, § 30 Rn. 13.

221 Vgl. Rogall, in: KK-OWiG, § 30 Rn. 38.

222 Vgl. hierzu Rogall, in: KK-OWiG, § 30 Rn. 38, Rn. 39; Kaiser, Verbandssanktionen des Ordnungswidrigkeitengesetzes, S. 160 f.

223 Vgl. hierzu Rogall, in: KK-OWiG, § 30 Rn. 39; vgl. BT-Drs. 5/1269, S. 59

224 Siehe dazu Ellenberger, in: Palandt-BGB, § 14 Rn. 3.

225 Siehe Achenbach, wistra 2002, 441 (442); Rogall, in: KK-OWiG, § 30 Rn. 40. De lege lata sind unter § 30 Abs. 1 Nr. 3 OWiG insbesondere zu subsumieren: die OHG, die KG, die GmbH & Co KG, die EWIV, die Partnerschaft (vgl. §§ 1 ff. PartGG; Achenbach, wistra 2002, 441 (442)), sowie ferner die (Außen-) GbR (vgl. Schmidt, wistra 1990, 131 (134, 135); Meyberg, in: BeckOK-OWiG, § 30 Rn. 26; vgl. zur Rechtsfähigkeit der Außengesellschaft BGH, Urt. v. 29.1.2001 – II ZR 331/00, BGHZ. 146, 341 ff. = NJW 2001, 1056 ff.), vgl. hierzu insgesamt Rogall, in: KK-OWiG, § 30 Rn. 41.

finanziell beteiligt ist.[226] Zur Vermeidung einer „Doppelbestrafung" ist daher stets zu prüfen, ob es erforderlich ist, zugleich gegen die Leitungsperson und gegen die Personengesellschaft eine Geldbuße zu verhängen.[227]

4. *Deutsche und ausländische Gesellschaften*

§ 30 OWiG benennt keine spezifisch deutschen Gesellschaftsformen. Daher stellt sich die Frage, ob auch ausländische Unternehmensträger nach dem Sinn der Norm als sanktionsfähige Verbände angesehen werden können. Dies ist unter bestimmten Voraussetzungen zu bejahen.[228] Auch hier wäre aber eine Klarstellung durch den Gesetzgeber sinnvoll.

5. *Vorgesellschaften, Vorgründungsgesellschaften und fehlerhafte Gesellschaften*

Die Anwendbarkeit des § 30 OWiG auf Vorgesellschaften / Vorgründungsgesellschaften und fehlerhafte Gesellschaften ist noch nicht endgültig geklärt. Nach richtiger Auffassung ist entscheidend, ob sich die Gründungsgesellschaft, Vorgesellschaft und fehlerhafte Gesellschaft jeweils aufgrund ihrer Rechtsnatur einer der in § 30 OWiG genannten Gesellschaftsformen zuordnen lässt.[229]

a) *Vorgesellschaften und Vorgründungsgesellschaften*

Vorgesellschaften sind abzugrenzen von Vorgründungsgesellschaften.[230] Vorgründungsgesellschaften werden zumeist als GbR eingestuft und sind daher, wenn sie am Rechtsverkehr teilnehmen, von § 30 Abs. 1 Nr. 3 OWiG erfasst.[231] Die Vorgründungsgesellschaft ist das erste Gründungsstadium im Gründungsprozess einer Gesellschaft, genauer gesagt vor Abschluss des Gesellschaftsvertrages.[232]

---

226 Siehe hierzu Rogall, in: KK-OWiG, § 30 Rn. 42 m.w.N.

227 Siehe hierzu Rogall, in: KK-OWiG, § 30 Rn. 42; BT-Drs. 14/8998, S. 8.

228 Siehe hierzu Näheres im 3. Kapitel H. V. 1.

229 Vgl. hierzu BGH, Beschl. v. 10.8.2011 – KRB 55/10, BGHSt 57, 193 (197) = NJW 2012, 164 ff. (m. Anm. Reichling); Heinichen, WRP 2012, 159 (161).

230 Zur Unterscheidung von sog. Vorgründungsgesellschaften vgl. BGH, Urt. v. 7.5.1984 – II ZR 276/83, BGHZ 91, 148 (151) = NJW 1984, 2164 ff.

231 Vgl. v. Galen/Maass, in: Leitner/Rosenau, Wirtschafts- und Steuerstrafrecht, S. 900;

232 Als Vorgründungsgesellschaften werden somit Gesellschaften bezeichnet, die sich noch im Stadium vor Abschluss der Gründungsverträge einer späteren juristischen Person bzw. eines Personenverbands befinden.

Eine Vorgesellschaft hingegen ist eine bereits gegründete Gesellschaft, zu deren Entstehen es nur noch der Eintragung im Handelsregister bedarf.[233] Die Vorgesellschaft einer OHG oder einer KG stellt regelmäßig eine GbR bzw. eine OHG dar, sollte ein Handelsgewerbe betrieben werden.[234] Der Vorverein wird bis zur Eintragung als nicht rechtsfähiger Verein angesehen und daher von § 30 Abs. 1 Nr. 2 OWiG erfasst.[235]

Probleme ergeben sich insoweit primär bei der Gründung von Kapitalgesellschaften, die nach herrschender Sonderrechtstheorie[236] Vereinigungen eigener Art darstellen.[237] Gründungsgesellschaften gehen zudem häufig in kurzer Zeit in der eigentlich angestrebten Rechtsform auf, sodass sich die Frage stellt, inwieweit die „Nachfolgegesellschaft" für ihre Vorgängerin haftet. Regelmäßig stellt die Vorgesellschaft aber eine GbR oder eine OHG dar. Damit ist dann die Festsetzung einer Verbandsgeldbuße gegen die Vorgesellschaft zulässig. Überwiegend wird zudem eine Belangung der Nachfolgegesellschaft ohne Komplikationen für möglich gehalten, wenn zwischen alter und neuer Gesellschaft Identität besteht.[238] Eine solche Identität ist insbesondere im Rahmen des Übergangs einer Gründungsgesellschaft in ihre endgültige Gesellschaftsform gegeben.[239]

b) Fehlerhafte Gesellschaften

Fehlerhafte Gesellschaften sind solche juristischen Personen und Personenvereinigungen, die auf einer rechtlich fehlerhaften Grundlage beruhen.[240] Hat die Gesellschaft ihre Handelsgeschäfte aufgenommen, ist sie bis zu ihrer Auflösung und Beendigung grundsätzlich wie eine wirksam zustande gekommene

---

233 Vgl. v. Galen/Maass, in: Leitner/Rosenau, Wirtschafts- und Steuerstrafrecht, S. 901.

234 Siehe Rogall, in: KK-OWiG, § 30 Rn. 44.

235 Vgl. Förster, in: RRH-OWiG, § 30 Rn. 9; Rogall, in: KK-OWiG, § 30 Rn. 44.

236 Der Verband ist in statu nascendi als ein Rechtsgebilde sui generis zu betrachten, auf welches die für den Verband einschlägigen Vorschriften anzuwenden sind, soweit sie nicht die Eintragung voraussetzen (so BGH, Urt. v. 16.6.1955 – II ZR 300/53, BGHZ 17, 385 (387 ff.) = NJW 1955, 1229 ff.).

237 Vgl. BGH, Urt. v. 16.6.1955 – II ZR 300/53, BGHZ 17, 385 (387 ff.); Ohne Verstoß gegen das Analogieverbot wird man diese Vereinigungen nicht von § 30 OWiG umfasst ansehen können (s. Gürtler, in: Göhler OWiG, § 30 Rn. 7). Diese Ungleichbehandlung zu anderen Gründungsgesellschaften ist nicht gerechtfertigt und bedürfte einer gesetzgeberischen Korrektur.

238 Siehe Rogall, in: KK-OWiG, § 30 OWiG, Rn. 49, Rn. 50.

239 Zur Gesellschaftsidentität siehe Rogall, in: KK-OWiG, § 30 OWiG, Rn. 48 ff.

240 Siehe dazu Förster, in: RRH-OWiG, § 30 Rn. 10.

Gesellschaft zu behandeln (Lehre von der fehlerhaften Gesellschaft).[241] Für fehlerhafte Personengesellschaften des Handelsrechts und für fehlerhafte Vereine fehlt eine ausdrückliche Regelung. Allerdings muss hier das Gleiche gelten, ohne dass dafür auf eine faktische Betrachtungsweise zurückgegriffen werden muss.[242]

6. *Einzelkaufmann und Einmann-GmbH*

Nicht erfasst ist der Einzelkaufmann.[243] Gegen ihn kann auch dann keine Geldbuße verhängt werden, wenn ein zugehöriger Mitarbeiter eine Zuwiderhandlung begeht.[244] Ob dieses Konzept auch auf die Einmann-GmbH sinnvoll anzuwenden ist, wird – soweit ersichtlich – bislang nicht diskutiert. Hier sollte der Gesetzgeber Klarstellungen schaffen und darüber nachdenken, ob in jeder Konstellation die Nichthaftung des Einzelkaufmanns für seine Mitarbeiter gerechtfertigt ist oder ob nicht auch hier eine Haftung in bestimmten Fallkonstellationen angeordnet werden sollte.

7. *Haftung bei Rechtsnachfolge*

Die Haftung bei der Rechtsnachfolge wird im 3. Kapitel B. behandelt und daher hier nicht nochmals erläutert, um Wiederholungen zu vermeiden.

II. Begehung einer Anknüpfungstat durch einen Unternehmensmitarbeiter

1. *Mögliche Bezugstäter*

§ 30 Abs. 1 OWiG benennt verschiedene Leitungspersonen, die als Täter der Anknüpfungstat in Betracht kommen können. Der Kreis der Personen, deren rechtswidriges und schuldhaftes Verhalten zu einer Verbandsgeldbuße führen

---

241 Vgl. Rogall, in: KK-OWiG, § 30 OWiG, Rn. 45 m.w.N; Für juristische Personen hat der Gesetzgeber in den §§ 275 ff. AktG, §§ 75–77 GmbHG, §§ 94 –97 GenG dies auch explizit angeordnet, dass bis zu einem rechtskräftigen Urteil die Gesellschaft als voll gültige juristische Person anzusehen ist. Hieraus folgt automatisch auch die Anwendbarkeit des § 30 OWiG; siehe hierzu Rogall, in: KK-OWiG, § 30 Rn. 45.

242 Vgl. Meyberg, in: BeckOK-OWiG, § 30 Rn. 31 f.; Rogall, in: KK-OWiG, § 30 Rn. 45.

243 Vgl. Eidam, wistra 2003, 447 (449).

244 So Bahnmüller, Strafrechtliche Unternehmensverantwortlichkeit im europäischen Gemeinschafts- und Unionsrecht, S. 57 f.

kann, wird in § 30 Abs. 1 Nr. 1–5 OWiG abschließend geregelt.[245] Der Personenkreis ist bewusst weit gefasst, um jegliche Umgehungstrategie zu vermeiden.[246] In keiner der Varianten des Abs. 1 kommt es auf den Umfang der Vertretungsberechtigung an. Durch Beschränkungen der Vertretungsmacht haben die Verbände daher keine Möglichkeit, den Täterkreis einzuengen.[247] Das Merkmal „vertretungsberechtigt" in § 30 Abs. 1 Nr. 1–3 OWiG bezieht sich nicht auf die rechtsgeschäftliche Befugnis des Täters, mit unmittelbarer Wirkung für und gegen den Verband zu handeln.[248]

a) Führungspersonen nach § 30 Abs. 1 Nr. 1 bis 3 OWiG

Bezugstäter bei juristischen Personen sind deren vertretungsberechtigte Organe oder deren Mitglieder (§ 30 Abs. 1 Nr. 1 OWiG). Beim nichtrechtsfähigen Verein ist dies der Vorstand oder dessen Mitglieder (§ 30 Abs. 1 Nr. 2 OWiG), bei Personengesellschaften deren vertretungsberechtigte Gesellschafter (§ 30 Abs. 1 Nr. 3 OWiG).

Organe der juristischen Person (§ 30 Abs. 1 Nr. 1 OWiG) sind insgesamt die Personen, deren Handeln auch sonst etwa nach gesellschaftsrechtlichen Vorschriften der juristischen Person als eigenes zugerechnet wird.[249] Es kommt für die Organstellung nicht darauf an, ob der Bestellungsakt wirksam war.[250] Für den Fall eines nichtrechtfähigen Vereins (§ 30 Abs. 1 Nr. 2 OWiG) können die

245 Siehe v. Galen/Maass, in: Leitner/Rosenau, Wirtschafts- und Steuerstrafrecht, S. 901; Rogall, in: KK-OWiG, § 30 Rn. 61; zur Haftung von Führungskräften und den Konsequenzen für die Praxis: Große Vorholt/Dimarch, NZA-Beilage 2018, 108 ff.

246 Vgl. hierzu auch Meyberg, in: BeckOK-OWiG, § 30 Rn. 47.

247 Vgl. Rogall, in: KK-OWiG, § 30 Rn. 85; Förster, in: RRH-OWiG, § 30 Rn. 19; interne Beschränkungen und deren Überschreiten hindern eine Anwendung des § 30 OWiG nicht (vgl. Gürtler, in: Göhler OWiG, § 30 Rn. 12b), auch nicht, dass der Täter Aufgaben eigenständig übernimmt, welche er nicht übertragen bekommen hat (vgl. Rogall, in: KK-OWiG, § 30 Rn. 114). Sonst könnte der Verband sich durch interne Beschränkungen von seiner Haftung nach § 30 OWiG beliebig befreien (vgl. BGH, Beschl. v. 20.12.1988 – 1 StR 654/88, wistra 1989, 142 (144)).

248 Vgl. Förster, in: RRH-OWiG, § 30 Rn. 19; Meyberg, in: BeckOK-OWiG, § 30 Rn. 51.

249 Siehe v. Galen/Maass, in: Leitner/Rosenau, Wirtschafts- und Steuerstrafrecht, S. 901 u. Rogall, in: KK-OWiG, § 30 Rn. 62 ff.; Engelhart, Sanktionierung von Unternehmen und Compliance, S. 390.

250 Siehe v. Galen/Maass, in: Leitner/Rosenau, Wirtschafts- und Steuerstrafrecht, S. 901.

Vorstandsmitglieder (§ 54 BGB i.V.m. § 26 BGB) taugliche Täter der Anknüpfungstat sein.[251]

Bei der rechtsfähigen Personengesellschaft sind vertretungsberechtigte Gesellschafter nach § 30 Abs. 1 Nr. 3 OWiG bei der Kommanditgesellschaft die persönlich haftenden Gesellschafter (Komplementäre, §§ 161, 125 HGB), nicht indes die Kommanditisten;[252] diese können aber – sollten sie über Vertretungsmacht verfügen – nach § 30 Abs. 1 Nr. 4, Nr. 5 OWiG in den Kreis tauglicher Täter fallen[253] und bei der GmbH & Co. KG der Geschäftsführer der Komplementär-GmbH, wobei dieser nicht nach § 30 Abs. 1 Nr. 3 OWiG, sondern nach § 30 Abs. 1 Nr. 5 OWiG haftet.[254] Tauglicher Täter ist z.B. bei der OHG (§ 125 HGB), der EWiV[255] und der am Rechtsverkehr teilnehmenden GbR jeder Gesellschafter (§ 709 Abs. 1 BGB).[256]

Strittig ist, ob durch Gesellschaftsvertrag die Vertretungsberechtigung modifiziert und dadurch ein Haftungsausschluss bewirkt werden kann. Die wohl herrschende Meinung lässt eine Modifizierung aber nicht zu (siehe bereits im 3. Kapitel A. II. 1.).[257] Zumindest über § 30 Abs. 1 Nr. 5 OWiG wird aber eine Haftung ermöglicht. Dennoch wäre eine Klarstellung des Gesetzgebers, was er unter dem Wort „vertretungsberechtigt" versteht, wünschenswert.

b) Führungspersonen nach § 30 Abs. 1 Nr. 4 OWiG

Nach § 30 Abs. 1 Nr. 4 OWiG sind Generalbevollmächtigte[258], stets taugliche Täter. Sie nehmen schon nach der Natur der Sache Leitungsfunktionen wahr.[259] Prokuristen (§ 48 ff. HGB) und Handlungsbevollmächtigte (§ 54 HGB) sind freilich nur dann taugliche Täter, wenn sie wirklich in leitender Stellung tätig sind.[260]

251 Vgl. Rogall, in: KK-OWiG, § 30 Rn. 71; Gürtler, in: Göhler OWiG, § 30 Rn. 11; siehe auch v. Galen/Maass, in: Leitner/Rosenau, Wirtschafts- und Steuerstrafrecht, S. 901 f.; Engelhart, Sanktionierung von Unternehmen und Compliance, S. 392.

252 Siehe Engelhart, Sanktionierung von Unternehmen und Compliance, S. 391.

253 Vgl. Rogall, in: KK-OWiG, § 30 Rn. 74.

254 Vgl. BGH, Beschl. v. 1.10.1985 – KRB 5/85, NStZ 1986, 79; BT-Drs. 14/8998, S. 11; Rogall, in: KK-OWiG, § 30 Rn. 75.

255 Die EWIV gilt als Handelsgesellschaft i.S.d. HGB. Die für die OHG geltenden Vorschriften sind entsprechend anzuwenden (§ 1 EWIV-AG).

256 Vgl. Meyberg, in: BeckOK-OWiG, § 30 Rn. 48.3.

257 Siehe Lemke/Mosbacher, in: OWiG, § 30 Rn. 31; Rogall, in: KK-OWiG, § 30 Rn. 73.

258 Siehe Rogall, in: KK-OWiG, § 30 Rn. 79 und Rn. 80.

259 Vgl. Gürtler, in: Göhler OWiG, § 30 Rn. 12a.

260 Siehe v. Galen/Maass, in: Leitner/Rosenau, Wirtschafts- und Steuerstrafrecht, S. 902; Rogall, in: KK-OWiG, § 30 Rn. 79.

Dies ist in jedem Einzelfall zu prüfen. Wer die tatsächliche Geschäftsführung in der obersten Leitungsebene wahrnimmt, wird aber regelmäßig in leitender Stellung tätig sein.[261] Ob ein Prokurist bzw. Handelsbevollmächtigter eine leitende Stellung innehat, bestimmt sich also nach der konkreten Organisationsstruktur des Unternehmens sowie nach den Kompetenzen, die dem Betroffenen jeweils eingeräumt worden sind.[262]

c) Führungspersonen nach § 30 Abs. 1 Nr. 5 OWiG

Nach § 30 Abs. 1 Nr. 5 OWiG kommen als taugliche Täter der Anknüpfungstat alle sonstigen Personen in Betracht, die für die Leitung des Betriebs oder Unternehmens einer juristischen Person oder einer in § 30 Abs. 1 Nr. 2 oder Nr. 3 OWiG genannten Personenvereinigung verantwortlich handeln.[263] Nach der Generalklausel des § 30 Abs. 1 Nr. 5 OWiG können auch alle sonstigen Personen taugliche Täter sein, die nicht schon aus formalen Gründen[264], sondern faktisch verantwortlich für die Leitung des Betriebes oder Unternehmens handeln.[265] Es kommt somit nicht auf die Wirksamkeit eines Bestellungsaktes an.[266] Daher wird nach derzeitiger Gesetzeslage auch der faktische Geschäftsführer[267] zum Kreis der die Zurechnung zum Unternehmen begründenden Personen gerechnet.[268] Es sind insgesamt zwei Gruppen von Verantwortlichen, die jeweils eine „Führungsposition" innehaben, zu unterscheiden: Dies sind zum einen Personen mit Leitungsbefugnissen, die darin bestehen können, dass die betreffenden Personen zur Vertretung der juristischen Person berechtigt sind oder die

---

261 Vgl. BT-Drs. 12/192, S. 32.

262 Vgl. Rogall, in: KK-OWiG, § 30 Rn. 81; v. Galen/Maass, in: Leitner/Rosenau, Wirtschafts- und Steuerstrafrecht, S. 902.

263 Siehe auch v. Galen/Maass, in: Leitner/Rosenau, Wirtschafts- und Steuerstrafrecht, S. 902. Im Bußgeldbescheid bedarf es ausreichender Feststellungen dazu, ob eine Leitungsbefugnis besteht, vgl. Rogall, in: KK-OWiG, § 30 Rn. 83. Insgesamt gibt es Bedenken im Hinblick auf die Bestimmtheit der Norm. Sie ist daher restriktiv auszulegen, vgl. Wegner, PStR 2003, 180 ff.

264 Siehe hierzu Achenbach, wistra 2002, 441 (443); Gürtler, in: Göhler OWiG, § 30 Rn. 13 und Rn. 14.

265 Vgl. Gürtler, in: Göhler OWiG, § 30 Rn. 14; Röske/Böhme, wistra 2013, 48 (50); v. Galen/Maass, in: Leitner/Rosenau, Wirtschafts- und Steuerstrafrecht, S. 909; so jetzt wohl Rogall, in: KK-OWiG, § 30 Rn. 86 m.w.N. zur Gegenansicht.

266 Weiter ausführend und kritisch betrachtend Rogall, in: KK-OWiG, § 30 Rn. 86 m.w.N.

267 Vgl. dazu BGH, Beschl. v. 13.12.2012 – 5 StR 407/12, NJW 2013, 624 (625).

268 Vgl. Meyberg, in: BeckOK-OWiG, § 30 Rn. 49, so zur alten Rechtslage schon Többens, NStZ 1999, 1 (6); a.A. Wegner, NJW 2001, 1979 (1980) jeweils m.w.N.

Befugnis haben, Entscheidungen im Namen der juristischen Person zu treffen, und zum anderen Personen mit Überwachungs- und Kontrollbefugnissen.[269] Nach § 30 Abs. 1 Nr. 5 OWiG können auch Externe als Bezugstäter der Anknüpfungstat in Betracht kommen, wenn ihnen entsprechende Leitungs- oder Kontrollaufgaben übertragen wurden und sie insoweit für das Unternehmen tätig werden.[270]

2. Art der Anknüpfungstat

Die Verhängung einer Geldbuße gegen eine juristische Person oder Personenvereinigung setzt voraus, dass ein Repräsentant im Sinne des § 30 OWiG – wie bereits erwähnt – mit Leitungs- oder Kontrollbefugnissen eine Straftat oder Ordnungswidrigkeit (sog. Anknüpfungs- oder Bezugstat) begangen hat.[271] Entweder müssen durch die Bezugstat Pflichten verletzt worden sein, welche die juristische Person oder Personenvereinigung treffen (1. Alt.) oder die juristische Person bzw. Personenvereinigung muss durch die Tat bereichert worden bzw. ihre Bereicherung muss zumindest beabsichtigt gewesen sein (2. Alt.).[272]

a) Ordnungswidrigkeit und Straftat

§ 30 OWiG differenziert nicht zwischen Vermögens- und Nichtvermögensdelikten. Praktisch jeder Straf- und Ordnungswidrigkeitentatbestand kann als Anknüpfungstat in Betracht kommen. Als Strafnormen können daher nicht nur solche des Nebenstrafrechts, sondern auch die Strafvorschriften des StGB einschlägig sein. Einer Vorschrift ist aber besondere Bedeutung zuzumessen, nämlich der als Ordnungswidrigkeit normierten Aufsichtspflichtverletzung – der Vorschrift § 130 OWiG.[273]

b) Auslandstaten

Die Anknüpfungstat muss nicht zwingend innerhalb Deutschlands begangen werden.[274] Auch Auslandstaten des Individualtäters können in Betracht

---

269 Vgl. Rogall, in: KK-OWiG, § 30 Rn. 84.

270 Vgl. Meyberg, in: BeckOK-OWiG, § 30 Rn. 55; a.A. Rogall, in: KK-OWiG, § 30 Rn. 84; v. Galen/Maass, in: Leitner/Rosenau, Wirtschafts- und Steuerstrafrecht, S. 903.

271 Siehe Rogall, in: KK-OWiG, § 30 Rn. 88; siehe zu § 130 OWiG insbesondere im 3. Kapitel C.

272 Siehe auch Rogall, in: KK-OWiG, § 30 Rn. 88; siehe zu beiden Alternativen das 3. Kapitel A. III.

273 Vgl. Rogall, in: KK-OWiG, § 130 Rn. 6.

274 Siehe hierzu im 3. Kapitel H.

kommen, sofern auf diese das deutsche Strafrecht (§§ 3 ff. StGB) oder Ordnungswidrigkeitenrecht (§ 5 OWiG) Anwendung findet und die weiteren Haftungsvoraussetzungen vorliegen.[275] Dies ist allerdings nur der Fall, wenn sie nach den Vorschriften des internationalen Strafrechts nach §§ 3 ff. StGB bzw. nach § 5 OWiG auch in Deutschland verfolgt werden können.[276]

3. *Volldeliktisches Handeln des Mitarbeiters und anonyme Geldbuße*

a) *Volldeliktisches Handeln des Mitarbeiters*

Nach allgemeiner Meinung muss zudem (für eine Haftung des Verbandes nach § 30 OWiG) der Täter die Anknüpfungstat volldeliktisch begangen haben.[277] Dies bedeutet, dass der Mitarbeiter die objektiven und subjektiven Tatbestandsmerkmale des Anknüpfungstatbestands erfüllt haben muss. Zudem muss er rechtswidrig und schuldhaft (bei Straftaten) bzw. vorwerfbar (bei Ordnungswidrigkeiten) gehandelt haben.[278]

b) *Anonyme Geldbuße*

Grundsätzlich ist für die Festsetzung einer Verbandsgeldbuße nach § 30 OWiG die Feststellung notwendig, dass eine konkrete natürliche Person eine Straftat oder Ordnungswidrigkeit schuldhaft bzw. vorwerfbar begangen hat. Nach überwiegender Ansicht bedeutet dies allerdings nicht, dass eine genaue Identifizierung des Täters notwendig ist (sog. anonyme Geldbuße).[279] Es genügt, dass mit an Sicherheit grenzender Wahrscheinlichkeit einer aus dem für § 30 OWiG möglichen Täterkreis die Tat begangen hat und bei jedem aus dem Täterkreis ein schuldhaftes bzw. vorwerfbares Handeln vorliegt.[280]

---

275 Siehe hierzu Grützner/Leisch, DB 2012, 787 (789); vgl. Rogall, in: KK-OWiG, § 30 Rn. 88.

276 Siehe hierzu Näheres im 3. Kapitel H. V. 2.

277 Siehe auch Rogall, in: KK-OWiG, § 30 Rn. 88.

278 Bei Förster, in: RRH-OWiG, § 30 Rn. 23 ist deshalb von einer „strengen Akzessorietät" die Rede. Nach § 30 Abs. 4 S. 3 OWiG dürfen auch keine rechtlichen Verfolgungshindernisse bzgl. der Anknüpfungstat vorliegen.

279 Siehe Rogall, in: KK-OWiG, § 30 Rn. 119.

280 Vgl. Meyberg, in: BeckOK-OWiG, § 30 Rn. 57; BGH, Beschl. v. 8.2.1994 – KRB 25/93, NStZ 1994, 346; OLG Düsseldorf, Beschl. v. 16.3.2000 – 2b Ss (OWi) 2/00 – 9/00 I, wistra 2000, 316 (317); deutlich wird an dieser Möglichkeit des Verzichts auf den Täternachweis auch, dass § 30 OWiG nicht nur durch die Anknüpfungstat geprägt ist, sondern auch entscheidend durch eine spezifische Unternehmensverantwortlichkeit;

Dies kann zum einen dann gegeben sein, wenn feststeht, dass aus einem überschaubaren Leitungskreis eine Anknüpfungstat begangen wurde, aber nicht klar ist, wer konkret die Handlung vorgenommen hat.[281] So soll die Verhängung einer Geldbuße bei mehreren Tatbeteiligten nicht davon abhängen, welcher von mehreren in Frage kommenden Verantwortlichen die Straftat oder Ordnungswidrigkeit begangen hat,[282] wenn bezüglich einer volldeliktischen Tatbegehung keine Bedenken bestehen. Zum anderen kommt es im Fall des Vorwurfs einer Aufsichtspflichtverletzung nach § 130 OWiG nur darauf an, dass eine Person, die tauglicher Täter i.S.v. § 30 OWiG ist, die Aufsicht hätte führen müssen und daher verantwortlich ist.[283]

Die Verhängung einer Verbandsgeldbuße nach § 30 OWiG setzt allerdings stets voraus, dass der Bezugstäter den objektiven und den subjektiven Tatbestand der Anknüpfungstat erfüllt hat und insoweit ist die volle richterliche Überzeugungsbildung vom Vorliegen einer individuellen Anknüpfungstat abhängig.[284]

4. *Isolierte Verbandsgeldbuße, § 30 Abs. 4 OWiG*

Für § 30 OWiG bedarf es einer Anknüpfungstat, die volldeliktisch begangen wurde. Wird das Verfahren im Hinblick auf die Anknüpfungstat eingestellt oder wird von einer Strafe abgesehen, so mangelt es an einer rechtlich verbindlichen Feststellung darüber, dass eine volldeliktische Anknüpfungstat tatsächlich vorliegt. Nach § 30 Abs. 4 OWiG kann dann auch in den Fällen, in denen ein Straf- oder Bußgeldverfahren gegenüber dem Täter der Anknüpfungstat nicht eingeleitet, das Verfahren eingestellt oder von einer Strafe abgesehen wurde, in einem selbstständigen Verfahren eine Verbandsgeldbuße verhängt werden.[285] Allein die Tatsache, dass eine volldeliktische Tat begangen wurde, reicht für die Verhängung einer Verbandsgeldbuße aus. Zwar erfolgt damit durch die isolierte Verbandsgeldbuße eine gewisse Lockerung zur Anknüpfungstat.[286] Die

---

nach Rogall muss feststehen, dass die Tat von einem tauglichen Täter begangen wurde; siehe Rogall, in: KK-OWiG, § 30 Rn. 119.

281 Ebenso Rogall, in: KK-OWiG, § 30 Rn. 120.

282 Vgl. Meyberg, in: BeckOK-OWiG, § 30 Rn. 57; Eine Feststellung der Identität des Bezugstäters ist nach herrschender Meinung nicht erforderlich („sog. anonyme Verbandsgeldbuße").

283 Dazu auch Rogall, in: KK-OWiG, § 30 Rn. 120.

284 Siehe hierzu auch Wegner, wistra 2000, 361 (363).

285 Dazu auch Rogall, in: KK-OWiG, § 30 Rn. 118, Rn. 162; Poller, Verbandsgeldbuße und Steueranspruch, S. 60.

286 So auch Poller, Verbandsgeldbuße und Steueranspruch, S. 63.

Akzessorietät kann aber immer noch als gewahrt angesehen werden.[287] Insgesamt muss in den Fällen, in welchen eine isolierte Verbandsgeldbuße gem. § 30 Abs. 4 OWiG verhängt werden kann, mit an Sicherheit grenzender Wahrscheinlichkeit feststehen, dass eine volldeliktische Tat begangen wurde.[288] Bei Zweifeln muss eine rechtliche Prüfung vorgenommen werden.[289]

III. Verletzung betriebsbezogener Pflichten oder Bereicherung des Unternehmens

Weiter muss die Anknüpfungstat in einem besonderen Verhältnis zum Unternehmen stehen. Zum einen kann das besondere Verhältnis darin liegen, dass „Pflichten, welche die juristische Person oder Personenvereinigung treffen"[290], verletzt worden sind (1.) oder zum anderen eine Bereicherung des Unternehmens erreicht oder auch nur angestrebt worden ist (2.).

1. Verletzung betriebsbezogener Pflichten

Die erste Alternative des § 30 Abs. 1 OWiG verlangt eine Verletzung von Pflichten durch die vom Bezugstäter begangene Straftat oder Ordnungswidrigkeit (Anknüpfungstat), welche dem Verband obliegen. § 30 OWiG verzichtet gänzlich auf eine Aufzählung dieser Pflichten.[291] Der Verband benötigt für die Erfüllung seiner Pflichten seine Organe etc. und kann diese nicht selbst erfüllen.[292] Pflichten i.S.d. § 30 Abs. 1 Alt. 1 OWiG sind insgesamt solche, „die sich für die juristische Person oder Personenvereinigung aus dem besonderen Wirkungskreis ergeben".[293] Wie das Merkmal der betriebsbezogenen Pflichtverletzung darüber hinaus auszulegen ist, ist sehr unklar.[294]

287 So auch Poller, Verbandsgeldbuße und Steueranspruch, S. 63.
288 Vgl. Poller, Verbandsgeldbuße und Steueranspruch, S. 63.
289 Vgl. Poller, Verbandsgeldbuße und Steueranspruch, S. 63.
290 § 30 Abs. 1 OWiG.
291 Vgl. Meyberg, in: BeckOK-OWiG, § 30 Rn. 77; die Straftat oder Ordnungswidrigkeit muss bei der Ausübung einer betriebsbezogenen Pflicht begangen werden, so dass zwangsläufig auf die Pflichten des jeweiligen Verbandes abzustellen ist.
292 Siehe Poller, Verbandsgeldbuße und Steueranspruch, S. 64.
293 BT-Drs. 5/1269, S. 60: zu „betriebsbezogene Pflichten".
294 Siehe hierzu Peukert/Altenburg, BB 2015, 2822 (2824 ff.).

a) Bestimmung des Pflichtenverstoßes

Allgemein werden sowohl „betriebsbezogene" als auch „unternehmensbezogene" Pflichten unter die Pflichten, die das Unternehmen bzw. den Verband treffen, gefasst.[295] Die Gesetzesbegründung legt nahe, Begriff und Inhalt der betriebsbezogenen Pflichten an § 130 OWiG zu orientieren.[296] Betriebsbezogen ist damit eine Pflicht insbesondere dann, wenn sich Gesetze, Rechtsverordnungen usw. in Form von Geboten oder Verboten an den Verband als Normadressaten wenden und ihm dabei bestimmte Pflichten zuweisen (Sonderdelikte).[297] Eine grundlegende Pflicht des betreffenden Verbandes ist dabei die Aufsichtspflicht, deren Verletzung gem. § 130 OWiG als Ordnungswidrigkeit geahndet wird.[298] Außerdem liegt eine betriebsbezogene Pflicht immer dann vor, wenn die jeweilige Norm speziell einen Betrieb oder ein Unternehmen als Adressaten aufführt. Ausgenommen sind damit Pflichten mit per se höchstpersönlichem Einschlag und solche, die keinen Bezug zur wirtschaftlichen Betätigung des Betriebs oder des Unternehmens haben.[299]

Bei so genannten „Jedermanns-Pflichten", Pflichten also, die sich nicht speziell an den Verband richten, sondern jedermann treffen können, gestaltet sich die Bestimmung bzw. die Annahme einer Verletzung einer betriebsbezogenen Pflicht insgesamt deutlich schwerer.[300] Betriebsbezogene Pflichten können sich aber auch gerade aus allgemeinen strafrechtlichen und ordnungswidrigkeitenrechtlichen Tatbeständen (Allgemeindelikten) ergeben. Bei allgemeinen Pflichten muss allerdings immer explizit geprüft werden, ob und in welchem Umfang eine Betriebsbezogenheit vorliegt.[301]

Hierbei wird eine Betriebsbezogenheit immer dann in Betracht kommen, wenn der Verband durch seine Tätigkeit erst bestimmte Gefahren schafft und dem Verband daher Verkehrssicherungspflichten obliegen.[302] Die

---

295 Siehe OLG Celle, Beschl. v. 26.11.2004 – 1 Ws 388/04, wistra 2005, 160.

296 So auch Rogall, in: KK-OWiG, § 30 Rn. 90.

297 Siehe hierzu auch Peukert/Altenburg, BB 2015, 2822 (2824), welche hier § 266a StGB als Beispiel erwähnen.

298 Vgl. Förster, in: RRH-OWiG, § 30 Rn. 27; BT-Drs. 5/1269, S. 60; Zwar obliegen die Pflichten zunächst nur dem Unternehmen, über § 9 OWiG o. § 14 StGB kann jedoch auch ein Mitarbeiter des Unternehmens persönlich verantwortlich gemacht werden.

299 Siehe auch v. Galen/Maass, in: Leitner/Rosenau, Wirtschafts- und Steuerstrafrecht, S. 903; vgl. BT-Drs. 16/3656, S. 14.

300 Siehe hierzu auch Peukert/Altenburg, BB 2015, 2822 (2824 ff.); Poller, Verbandsgeldbuße und Steueranspruch, S. 65.

301 Siehe zu der Thematik Rogall, in: KK-OWiG, § 30 Rn. 93.

302 Vgl. BGH, Urt. v. 6.7.1990 – 2 StR 549/89, BGHSt 37, 106 ff. (Lederspray).

„Jedermanns-Pflichten" müssen in Zusammenhang mit der Betriebs- und Unternehmensführung stehen.[303] Dies trifft zumindest auf „Pflichtverletzungen mit per se höchstpersönlichem Einschlag, aber auch solche, die keinen Bezug zur wirtschaftlichen Betätigung des Betriebs oder Unternehmens haben"[304], nicht zu. Die Führung eines Betriebes kann aber eine Vielzahl von Pflichten gerade aus den „Jedermanns-Delikten" begründen.[305] So kann sich gerade anhand von sachlichen, persönlichen oder sonstigen Zurechnungskriterien eine Art „Garantenstellung" des Unternehmens ergeben. Die aus dieser entstehenden Pflichten sind betriebsbezogene Pflichten.[306] So können im Zusammenhang mit der Führung eines Betriebs spezielle Pflichten bestehen, die z.B. strafrechtlich von allgemeinen Tatbeständen abgedeckt sind, z.B. die Pflicht die Arbeitnehmer vor Gefahren zu schützen, denen sie am Arbeitsplatz ausgesetzt sind.[307] Auch bei der Wahrnehmung fremder Vermögensangelegenheiten durch den Verband kann eine betriebsbezogene Pflicht entstehen.[308]

Darüber hinaus kommen Pflichten, die den Verband bzw. das Unternehmen nach verwaltungsrechtlichen Gesetzen treffen (sog. Sonderdelikte)[309], in Betracht.[310] Solche Pflichten werden vielfach von Straf- und Bußgeldvorschriften flankiert.

b) *Zusammenhang zwischen Anknüpfungstat und Pflichtverletzung*

Die Tat muss gerade zu einer Verletzung betriebsbezogener Pflichten führen. Dies ist in der Regel der Fall. Es besteht eine widerlegliche Vermutung, da schon

---

303 Ebenso Rogall, in: KK-OWiG, § 30 Rn. 89, Rn. 90; Peukert/Altenburg, BB 2015, 2822 (2824).

304 BT-Drs. 16/3656, S. 14.

305 So auch Poller, Verbandsgeldbuße und Steueranspruch, S. 65.

306 Siehe auch Rogall, in: KK-OWiG, § 30 Rn. 93; Poller, Verbandsgeldbuße und Steueranspruch, S. 65.

307 So kann beispielsweise eine fahrlässige Körperverletzung, die von einem Organ begangen wird als Grundlage für eine Geldbuße gegenüber dem Verband dienen; vgl. BT-Drs. V/1269, S. 60.

308 Siehe hierzu v. Galen/Maass, in: Leitner/Rosenau, Wirtschafts- und Steuerstrafrecht, S. 903.

309 Vgl. BT-Drs. V/1269, S. 60.

310 Es fallen z.B. Pflichten als Arbeitgeber, Gewerbetreibender, Eigentümer einer Anlage, Halter von Fahrzeugen, Erzeuger oder Verteiler von Waren und Inhaber einer Verkaufsstelle hierunter; vgl. Gürtler, in: Göhler OWiG, § 30 Rn. 19.

die Pflichtverletzung „betriebsbezogen" ist, dass die Leitungsperson auch „als solche" handelte.[311]

Allerdings entfällt nach wohl herrschender Meinung die Betriebsbezogenheit der Pflicht[312], soweit die Leitungsperson einzig und ausschließlich gegen geschützte Rechtsgüter des vertretenen Verbandes agiert bzw. gegen Normen verstößt, welche den Verband schützen.[313] Das ist zum Beispiel dann der Fall, wenn sie Firmengelder unterschlägt.[314] Der Normbefehl richtet sich in diesem Fall an die Person des Täters und nicht mehr an das Unternehmen.[315] Ein Betriebsbezug muss daher auch entfallen bei Straftaten und Ordnungswidrigkeiten des Repräsentanten zum Nachteil des Verbandes.[316]

2. *Bereicherung des Unternehmens*

Eine Verbandsgeldbuße kommt nach § 30 Abs. 1 Alt. 2 OWiG in Betracht, wenn die Anknüpfungstat entweder zu einer tatsächlichen Bereicherung des Verbandes geführt hat[317] oder eine Bereicherung jedenfalls angestrebt wurde.[318]

a) *Tatsächliche Bereicherung oder angestrebte Bereicherung*

Im Gegensatz zur Alternative der Verletzung einer betriebsbezogenen Pflicht wird bei dieser Tatbestandsalternative gerade nicht verlangt, dass die verletzte

---

311 Vgl. Meyberg, in: BeckOK-OWiG, § 30 Rn. 83 und Förster, in: RRH-OWiG, § 30 Rn. 34; Dabei kommt es auf die Tätermotivation (Handeln im Interesse des Verbandes) nicht an; a.A. Rogall, in: KK-OWiG, § 30 Rn. 108 ff.

312 Nicht schon das Handeln der Leitungsperson in dieser Eigenschaft, Förster, in: RRH-OWiG, § 30 Rn. 34; a.A. Rogall, in: KK-OWiG, § 30 Rn. 108 ff.

313 So auch Meyberg, in: BeckOK-OWiG, § 30 Rn. 84; ausführlich hierzu Peukert/Altenburg, BB 2015, 2822 (2824 ff.).

314 Vgl. Meyberg, in: BeckOK-OWiG, § 30 Rn. 83, Rn. 84.

315 Siehe hierzu Meyberg, in: BeckOK-OWiG, § 30 Rn. 83, Rn. 84; gibt die Leitungsperson für den Verband allerdings falsche Steuererklärungen ab oder fälscht die Leitungsperson darüber hinaus zur Vertuschung einer Untreue oder Unterschlagung die Buchführung, so verletzt sie spezifisch betriebsbezogene Pflichten, vgl. Meyberg, in: BeckOK-OWiG, § 30 Rn. 84.

316 So Peukert/Altenburg, BB 2015, 2822 (2824 ff.).

317 Diese muss dann nicht einmal angestrebt gewesen sein; vgl. Gürtler, in: Göhler OWiG, § 30 Rn. 22.

318 Vgl. Gürtler, in: Göhler OWiG, § 30 Rn. 22.

Pflicht betriebsbezogen sein muss.[319] Sie ist in der 2. Alternative des § 30 Abs. 1 OWiG nicht angelegt.[320]

aa) Angestrebte Bereicherung

Das Erstreben einer Bereicherung muss nicht der Hauptzweck bei der Begehung der Straftat oder Ordnungswidrigkeit gewesen sein.[321] Auch muss der erstrebte Vermögensvorteil nicht exakt ermittelt werden.[322] „Erforderlich aber auch ausreichend ist in diesem Fall, dass die Leitungsperson eine Bereicherung des Verbandes als sichere Folge ihres Handelns erkannt hat".[323] Auch ein untauglicher Versuch reicht hierbei aus.[324] Im Fall der angestrebten Bereicherung erfolgt die Beurteilung nach der subjektiven Sicht des Mitarbeiters.[325] Dabei soll es nicht notwendig sein, dass das Bereicherungsstreben das alleinige Motiv des Handelns des Bezugstäters gewesen ist. Vielmehr sollen auch erstrebte mittelbare Vorteile genügen.[326]

bb) Tatsächliche Bereicherung

Die tatsächliche Bereicherung des Unternehmens hingegen muss gerade aufgrund der durch das Organ etc. begangenen Anknüpfungstat bei dem Verband eingetreten sein.[327] Sie ist zu bejahen, wenn die Bereicherung beim Unternehmen aus objektiver Sicht eingetreten ist,[328] auch wenn der Mitarbeiter sie nur mittelbar oder gar nicht bezweckt hat.[329]

---

319 Siehe Gürtler, in: Göhler OWiG, § 30 Rn. 22.

320 Vgl. Meyberg, in: BeckOK-OWiG, § 30 Rn. 90.

321 Vgl. Meyberg, in: BeckOK-OWiG, § 30 Rn. 85.

322 Vgl. Meyberg, in: BeckOK-OWiG, § 30 Rn. 85; Förster, in: RRH-OWiG, § 30 Rn. 31 und Gürtler, in: Göhler OWiG, § 30 Rn. 22.

323 Meyberg, in: BeckOK-OWiG, § 30 Rn. 85; s. auch Förster, in: RRH-OWiG, § 31 Rn. 31; a.A. Rogall, in: KK-OWiG, § 30 Rn. 104.

324 Vgl. Meyberg, in: BeckOK-OWiG, § 30 Rn. 85.

325 Dem Mitarbeiter muss es auf die Bereicherung ankommen; so auch Eidam, wistra 2003, 447 (454).

326 Vgl. Förster, in: RRH-OWiG, § 30 Rn. 31.

327 Vgl. Meyberg, in: BeckOK-OWiG, § 30 Rn. 85.

328 Siehe Förster, in: RRH-OWiG, § 30 Rn. 31.

329 Bei der ersten Bereicherungsalternative („bereichert worden ist") ist irrelevant, ob durch die Tat eine Bereicherung erstrebt worden ist; Meyberg, in: BeckOK-OWiG, § 30 Rn. 85.

cc) Begriff der Bereicherung

Der Begriff der Bereicherung ist deckungsgleich mit dem Begriff des Vermögensvorteils i.S.v. § 263 StGB.[330] Sowohl etwaige Ersatzansprüche Dritter[331] als auch eine spätere Entreicherung schließen das Vorliegen einer Bereicherung nicht aus.[332] Jeder rechtswidrige Vermögensvorteil im Sinne der Erhöhung des wirtschaftlichen Vermögenswertes wird allgemein als Bereicherung verstanden.[333] Die Bereicherung kann auch mittelbar sein, wie beispielsweise das Erreichen von Wettbewerbsvorteilen aufgrund besserer Geschäftsvereinbarungen bzw. besserer Geschäftsabschlüsse oder auch die Erlangung einer marktbeherrschenden Stellung.[334] Rechtmäßige Vorteile hingegen sind nach der herrschenden Ansicht keine Bereicherung i.S.v. § 30 Abs. 1 Alt. 2 OWiG.[335]

b) Zusammenhang zwischen Anknüpfungstat und Bereicherung

Weiter muss zwischen der Anknüpfungstat und der tatsächlichen bzw. erstrebten Bereicherung ein Kausalzusammenhang im Sinne einer conditio sine qua non bestehen.[336] Dieser Zusammenhang liegt vor, wenn die Anknüpfungstat in der Folge zu einer Bereicherung geführt hat oder führen soll.

Zum Teil wird darüber hinaus auch noch gefordert, dass ein nach dem Schutzzweck der verletzten Norm zu bestimmender innerer Zusammenhang zwischen Anknüpfungstat und Bereicherung bestehen müsse, um unbillig erscheinende Ergebnisse zu vermeiden.[337] Dieser Zusammenhang soll nicht gegeben sein, wenn die Bezugstat (Schutzzweck) die Bereicherung nicht verhindern will.[338] Die Schutzzwecklehre findet aber nach anderer Ansicht sowie

330 Vgl. Rogall, in: KK-OWiG, § 30 Rn. 99.

331 Vgl. Rogall, in: KK-OWiG, § 30 Rn. 100; diese können allenfalls bei der Bemessung der Geldbuße Berücksichtigung finden; vgl. Rogall, in: KK-OWiG, § 30 Rn. 100; Lemke/Mosbacher, OWiG, § 30 Rn. 52.

332 So Meyberg, in: BeckOK-OWiG, § 30 Rn. 88.

333 Siehe Meyberg, in: BeckOK-OWiG, § 30 Rn. 85; Rogall, in: KK-OWiG, § 30 Rn. 99.

334 Vgl. Rogall, in: KK-OWiG, § 30 Rn. 99.

335 Vgl. Meyberg, in: BeckOK-OWiG, § 30 Rn. 87; Rogall, in: KK-OWiG, § 30 Rn. 99; a.A. Lemke/Mosbacher, OWiG, § 30 Rn. 53; Poller, Verbandsgeldbuße und Steueranspruch, S. 68 unter Hinweis auf die verschiedenartigen Normzwecke.

336 Siehe Meyberg, in: BeckOK-OWiG, § 30 Rn. 90; Rogall, in: KK-OWiG, § 30 Rn. 101; Engelhart, Sanktionierung von Unternehmen und Compliance, S. 418.

337 Vgl. Rogall, in: KK-OWiG, § 30 Rn. 103; Engelhart, Sanktionierung von Unternehmen und Compliance, S. 419.

338 Siehe Rogall, in: KK-OWiG, § 30 Rn. 103.

nach meiner Auffassung weder im Wortlaut[339] noch in dessen ratio eine Stütze.[340] Durch § 30 OWiG soll „gerade auch einem die Rechtsordnung beiseiteschiebenden Gewinnstreben Schranken aufgezeigt werden“[341]. Eine andere Ansicht will unbillige Härten erst über § 47 OWiG korrigieren.[342]

Auch diese Streitigkeit sollte durch den Gesetzgeber geklärt werden und es sollten Klarstellungen geschaffen werden. Auch strittig ist, ob der eingetretene wirtschaftliche Vorteil im Interesse des Verbandes liegen und gar beabsichtigt gewesen sein muss.[343] In der Variante des Versuchs kommt es zumindest (aus dem Wortlaut des § 30 Abs. 1 OWiG klar ersichtlich) auf eine beabsichtigte Bereicherung an.[344]

IV. Zusammenhang zwischen Anknüpfungstat und Repräsentant

Nach dem klaren Wortlaut des § 30 OWiG wird in beiden Alternativen des Absatzes 1 ein Handeln „als Organ“ verlangt.[345] § 30 OWiG spricht somit davon, dass die Person, die die Anknüpfungstat begeht, dies gerade in ihrer Funktion „als“ Repräsentant des Unternehmens begehen muss.[346] Der Mitarbeiter muss also im Rahmen der Anknüpfungstat in seiner Rolle als Repräsentant des Verbandes[347] und damit in Wahrnehmung der Angelegenheiten des Verbandes gehandelt haben.[348] Es ist im Rahmen von § 30 OWiG allerdings umstritten, nach welchen Kriterien eine solche Zurechnung des Verhaltens der in § 30 OWiG genannten Täter der Anknüpfungstat erfolgt.[349] Konsens besteht zumindest darüber, dass es

339 Vgl. Förster, in: RRH-OWiG, § 30 Rn. 32.

340 So Meyberg, in: BeckOK-OWiG, § 30 Rn. 90.

341 Meyberg, in: BeckOK-OWiG, § 30 Rn. 90.

342 Vgl. Gürtler, in: Göhler OWiG, § 30 Rn. 27.

343 So Rogall, in: KK-OWiG, § 30 Rn. 110; Niesler, in: Graf/Jäger/Wittig, Wirtschafts- und Steuerstrafrecht, § 30 Rn. 53; anders Meyberg, in: BeckOK-OWiG, § 30 Rn. 90.

344 Vgl. Meyberg, in: BeckOK-OWiG, § 30 Rn. 91.

345 So Rogall, in: KK-OWiG, § 30 Rn. 95 und Rn. 106; Niesler, in: Graf/Jäger/Wittig, Wirtschafts- und Steuerstrafrecht, § 30 OWiG Rn. 41; Meyberg, in: BeckOK-OWiG, § 30 Rn. 91.

346 Siehe Rogall, in: KK-OWiG, § 30 Rn. 106; Engelhart, Sanktionierung von Unternehmen und Compliance, S. 408.

347 Siehe Rogall, in: KK-OWiG, § 30 Rn. 106; Engelhart, Sanktionierung von Unternehmen und Compliance, S. 408.

348 Vgl. Gürtler, in: Göhler OWiG, § 30 Rn. 24.

349 Siehe Engelhart, Sanktionierung von Unternehmen und Compliance, S. 408.

vor allem um eine wertende Betrachtung der Art und Weise des Handelns des Mitarbeiters gehen muss.[350]

Nach herrschender Auffassung und nach meiner Einschätzung ist auf einen objektiven Maßstab abzustellen.[351] Es muss ein innerer funktionaler Zusammenhang zwischen der Tat des Organs etc. und seiner Stellung als Organ etc. vorhanden sein (funktionale Betrachtungsweise).[352] Zu unterscheiden ist zwischen dem Handeln „in Wahrnehmung" der Funktion „als Organ" etc. und dem bloßen Handeln „bei Gelegenheit".[353] Zum Teil wird zusätzlich subjektiv gefragt, ob der Mitarbeiter im Interesse des Verbandes handelt oder ob private Interessen im Vordergrund stehen.[354] Teilweise wird vertreten, dass ein funktionaler Bezug dann entfällt, wenn sich die Tat gegen das Unternehmen selbst richtet.[355] Andere verlangen dies gerade nicht und fragen vielmehr nur, ob der Täter der Anknüpfungstat „als Teil des Unternehmens" oder nur als „Privatperson" bzw. „bei Gelegenheit" handelt bzw. gehandelt hat.[356]

V. Stellungnahme

Allein dieser kurze Überblick über § 30 OWiG, in welchem nicht einmal alle strittigen Punkte des § 30 OWiG aufgeworfen werden konnten, hat gezeigt, dass an sehr vielen Stellen im § 30 OWiG Rechtsunsicherheiten bestehen. So zeigt sich dies zum einen an dem unbestimmten Merkmal der Betriebsbezogenheit. Hier sind die Kriterien sehr vage, anhand derer die betriebsbezogene Pflichtverletzung bei § 30 Abs. 1 OWiG bestimmt werden soll.[357] Zum anderen zeigt sich die Rechtsunsicherheit bei der Frage der Auslegung des Merkmals „Handeln als Organ". So herrscht Unklarheit, wie der Zusammenhang zwischen der Anknüpfungstat und dem Handeln als Repräsentant (in Wahrnehmung der Angelegenheiten des Verbandes) herzustellen ist. Auch hier sollten Klarstellungen getroffen werden. Weiter bestehen zudem Streitigkeiten darüber, wie der Zusammenhang zwischen Anknüpfungstat und Bereicherung und der Zusammenhang zwischen

350 So auch Engelhart, Sanktionierung von Unternehmen und Compliance, S. 408.
351 Vgl. Rogall, in: KK-OWiG, § 30 Rn. 107 m.w.N.
352 Siehe Rogall, in: KK-OWiG, § 30 Rn. 107 und Rn. 108.
353 Vgl. Förster, in: RRH-OWiG, § 30 Rn. 33.
354 Siehe Rogall, in: KK-OWiG, § 30 Rn. 109, Rn. 110.
355 Peukert/Altenburg, BB 2015, 2822 (2824), diese verneinen allerdings dann bereits die Betriebsbezogenheit.
356 Siehe auch Engelhart, Sanktionierung von Unternehmen und Compliance, S. 410 m.w.N.
357 Siehe auch Peukert/Altenburg, BB 2015, 2822 (2826).

Anknüpfungstat und Pflichtverletzung hergestellt werden soll. Darüber hinaus ist strittig, wie das Merkmal „vertretungsberechtigt" auszulegen ist. Auch hier sollten Klarstellungen getroffen werden.[358]

Es hat sich zudem gezeigt, dass vor allem im Hinblick auf die sanktionsfähigen Verbände noch Diskussionsbedarf besteht und Klarstellungen durch den Gesetzgeber zu treffen sind. So gibt es Klarstellungsbedarf, ob auch juristische Personen des öffentlichen Rechts unter die Norm (§ 30 OWiG) fallen und ob und welche ausländischen Gesellschaftsformen umfasst sein sollen. Zudem erscheint es merkwürdig, dass womöglich die Vorgründungsgesellschaft der Kapitalgesellschaft nicht erfasst ist und der Gesetzgeber sollte nochmals über die Ein-Mann-GmbH nachdenken.[359] Weitere unklare Aspekte ergeben sich auch bei der Rechtsnachfolge. Dies soll im nächsten Abschnitt B. daher noch näher erläutert werden. Zudem wird der Gesetzgeber zu prüfen haben, ob auch noch andere bzw. zusätzliche Sanktionsadressaten in Zukunft in Betracht kommen sollen. So spricht der Koalitionsvertrag der 19. Legislaturperiode gerade nicht von juristischen Personen und Personenvereinigungen", sondern von „Unternehmen".[360] Hierbei knüpft der Koalitionsvertrag an den zum Teil im GWB[361] verwendeten Sprachgebrauch an. Es ist somit zu untersuchen, welche Sanktionsadressaten in einem neuen Sanktionsregime erfasst sein sollen. Hierbei müssen auch die Vorgaben der EU[362] und die internationalen Übereinkommen beachtet werden.[363] Es sollten insgesamt Klarstellungen getroffen werden. Soll der Verband etwa auch haften, wenn der Mitarbeiter zum Nachteil des Verbandes handelt? Wann liegt noch eine Betriebsbezogenheit vor? Wann handelt der einzelne Repräsentant noch „als Organ"? Es zeigt sich durch die diversen Meinungen, welche bei den Streitigkeiten im Rahmen des § 30 OWiG vertreten werden, wie unterschiedlich eine Verbandshaftung aufgefasst wird. Insbesondere diese Unsicherheiten sollten im Rahmen einer Gesetzesreform beseitigt werden.

---

358 Siehe hierzu bereits im 3. Kapitel A II. 1. und 1 a).

359 Vergleiche hierzu die Ausführungen im 3. Kapitel A. I.

360 Siehe hierzu auch Korte, NZWiSt 2018, 393 (396).

361 Z.B. § 81 Abs. 4 S. 2 und § 81 b Abs. 1 S. 1 Nr. 1 und 2 GWB.

362 Siehe Korte, NZWiSt 2018, 393 (396) mit Verweis auf die Begriffsbestimmung für die „juristische Person" in Art. 2 Abs. 1 lit. b der Richtlinie (EU) 2017/1371 über die strafrechtliche Bekämpfung von gegen die finanziellen Interessen der Union gerichtetem Betrug.

363 Siehe hierzu die Ausführungen im 7. Kapitel.

B. Erstreckung der Bußgeldhaftung auf den Rechtsnachfolger

Weiter besteht generell die Gefahr, dass sich Verbände versuchen, durch Umstrukturierungen einer bußgeldrechtlichen Haftung nach § 30 OWiG zu entziehen. Daher wird nun der tatsächliche Handlungsbedarf des Gesetzgebers im Hinblick auf eine Bußgeldhaftung bei der Rechtsnachfolge ermittelt.

I. Haftung des Rechtsnachfolgers vor Inkrafttreten des § 30 Abs. 2a OWiG

Vor der Gesetzesänderung durch die 8. GWB-Novelle ging der BGH[364] davon aus, dass das Analogieverbot aus Art. 103 Abs. 2 GG und der Wortlaut des § 30 OWiG eine bußgeldrechtliche Verantwortung des Rechtsnachfolgers nur in einem sehr engen Rahmen erlauben.[365] Es konnte lediglich gegen diejenige juristische Person oder Personenvereinigung nach § 30 OWiG eine Geldbuße festgesetzt werden, für die eine in § 30 Abs. 1 Nr. 1 bis Nr. 5 OWiG genannte Leitungsperson handelte. Der Rechtsnachfolger, für den diese Person nicht tätig wurde, war schon dem Wortlaut nach nicht erfasst, so dass im Ausgangspunkt eine Haftungserstreckung auf den Rechtsnachfolger zu verneinen war. Es bestand daher eine erhebliche Sanktionslücke, so dass eine große Missbrauchsgefahr vor allem bei konzerninternen Rechtsnachfolgen bestand.[366] Zwei Entscheidungen des BGH aus dem Jahr 2011[367] führten daher letztlich zur Einführung der Neuregelung des § 30 Abs. 2a OWiG.

So scheiterte eine Haftung des Rechtsnachfolgers nach Ansicht des BGH an dem Umstand, dass gem. § 30 OWiG nur gegen diejenige juristische Person oder Personenvereinigung ein Bußgeld verhängt werden kann, deren Leitungsperson

---

364 Strittige Rechtsprechung (z.B. BGH, Beschl. v. 10.8.2011 – KRB 55/10).

365 Ein Bußgeld konnte bei der Rechtnachfolge nur in Ausnahmefällen verhängt werden.

366 Siehe hierzu Reichling, NJW 2012, 164 (166 f.); vgl. Bundeskartellamt, Stellungnahme 8. GWB-Novelle, S. 14. Der BGH hatte sich mit der Problematik erstmals im Jahr 1986 (vgl. BGH, Beschl. v. 11.3.1986 – KRB 8/85, WuW 1986, 747) zu befassen (siehe zu weiteren späteren Entscheidungen BGH, Beschl. v. 10.8.2011 – KRB 55/10, NJW 2012, 164 (m. Anm. Reichling); BGH (Kartellsenat), Beschl. v. 10.8.2011 - KRB 2/10, wistra 2012, 152 und BGH, Beschl. v. 16.12.2014 – KRB 47/13, NZG 2015, 803. Hier fiel der zugrundeliegende Sachverhalt in den Zeitraum vor der 8. GWB-Novelle; vgl. hierzu auch Wiedmann/Funk, BB 2015, 2627 (2627)).

367 Vgl. BGH, Beschl. v. 10.8.2011 – KRB 55/10, BGHSt 57, 193 (193 ff.) = NJW 2012, 164 (m. Anm. Reichling); BGH (Kartellsenat), Beschl. v. 10.8.2011 - KRB 2/10, BeckRS 2011, 26167 = wistra 2012, 152 (152 ff).

eine Straftat oder Ordnungswidrigkeit begangen hat.[368] Entscheidend war für den BGH in beiden Fällen, dass für die Verbandsgeldbuße gem. § 30 OWiG das Rechtsträgerprinzip gelte, wonach der Adressat der bußgeldrechtlichen Sanktion nur die juristische Person oder Personenvereinigung sei, die das Unternehmen betreibt. Erforderlich sei daher regelmäßig der Fortbestand des Rechtsträgers, so dass die bloße Übernahme des Vermögens bzw. wesentlicher Teile des Vermögens die Haftung des Rechtsnachfolgers nicht begründen soll. Eine Umdeutung des § 30 OWiG „in Richtung auf eine Unternehmensgeldbuße" nach dem Vorbild des europäischen Kartellbußgeldrechts würde hingegen die Grenzen des Wortlauts überschreiten und wäre daher mit Art. 103 Abs. 2 GG nicht vereinbar.[369] Die Möglichkeit, die von einer Leitungsperson begangene Tat durch eine Verbandsgeldbuße zu ahnden, stehe und falle daher grundsätzlich mit dem Fortbestand des Rechtsträgers für den die Person zum Zeitpunkt des Rechtsverstoßes gehandelt hat.[370] Eine Erstreckung auf den Rechtsnachfolger komme nur ausnahmsweise in Betracht, wenn zwischen der früheren und der neuen Vermögensverbindung nach wirtschaftlicher Betrachtungsweise Identität oder Nahezu-Identität bestehe.[371]

1. *Wirtschaftliche Nahezu-Identität und die „Melitta-Entscheidung"*

So ließ der BGH bereits damals in Ausnahmefällen eine Haftung des Rechtsnachfolgers zu.[372] In der Grauzement-Entscheidung vom 26.2.2013 hat der Bundesgerichtshof seine Rechtsprechung wie folgt zusammengefasst: „Danach

---

368 Siehe BGH, Beschl. v. 10.8.2011 – KRB 55/10, BGHSt 57, 193 (196); BGH (Kartellsenat), Beschl. v. 10.8.2011 – KRB 2/10, wistra 2012, 152 (152).

369 Siehe BT-Drs. 17/11053, S. 20; für die Annahme einer bußgeldrechtlichen Konzernhaftung lasse das geltende Recht keinen Raum, siehe BGH, Beschl. v. 10.8.2011 – KRB 55/10, NJW 2012, 164 (165, 166); BGH (Kartellsenat), Beschl. v. 10.8.2011 - KRB 2/10, BeckRS 2011, 26167 (Rn. 16). Bei der Anwendung des Strafrechts ist darauf zu achten, dass sich die Auslegung innerhalb des möglichen Wortsinnes bewegt und dass Analogien nicht zulässig sind. (§ 1 StGB, Art. 103 Abs. 2 GG); vgl. Wiedmann/Funk, BB 2015, 2627 (2628) und Eser/Hecker, in: Schönke/Schröder-StGB, § 1, Rn. 25, Rn. 54 und Rn. 55. Über § 3 OWiG gilt dies auch für das Ordnungswidrigkeitenrecht.

370 Siehe BGH, Beschl. v. 10.8.2011 – KRB 55/10 (Rn. 15).

371 Siehe BGH, Beschl. v. 10.8.2011 – KRB 55/10 (Rn. 12); Wiedmann/Funk, BB 2015, 2627 (2627).

372 Siehe BGH, Beschl. v. 10.8.2011 – KRB 55/10, BGHSt 57, 193 (193); BGH (Kartellsenat), Beschl. v. 10.8.2011 - KRB 2/10, wistra 2012, 152 (152 f.); OLG Düsseldorf, Urt. v. 17.12.2012 - V-1 Kart 7/12 (OWi), NZKart 2013, 166 (166).

darf gegen einen Gesamtrechtsnachfolger ein Bußgeld nur dann verhängt werden, wenn zwischen der früheren und der neuen Vermögensverbindung nach wirtschaftlicher Betrachtung Nahezu-Identität besteht. Vorausgesetzt wird hierfür, dass das Vermögen der ursprünglich haftenden juristischen Person einen wesentlichen Teil des Gesamtvermögens ausmacht. Eine Fusion unter Gleichen oder nahezu Gleichen erfüllt diese Voraussetzungen nicht."[373]

Im Falle der Übernahme eines Unternehmens durch ein anderes – im Wege der Gesamtrechtsnachfolge – musste vor der 8. GWB-Novelle zwischen dem alten und dem neuen Unternehmen eine wirtschaftliche Identität bestehen.[374] Eine solche wirtschaftliche Identität ist gegeben, wenn das „haftende Vermögen" weiterhin vom Vermögen des gemäß § 30 OWiG Verantwortlichen getrennt ist, in gleicher oder ähnlicher Weise verwendet wird und in der neuen Gesellschaft einen erheblichen Anteil des Gesamtvermögens darstellt.[375] Mit Rücksicht auf den Wortlaut des § 30 OWiG und den Bestimmtheitsgrundsatz ist es danach erforderlich, die Annahme einer wirtschaftlichen Identität auf Fälle zu beschränken, in denen das Unternehmen unverändert oder doch nahezu unverändert von einem neuen Rechtsträger fortgeführt wird, dessen sonstige Vermögenswerte demgegenüber weitgehend in den Hintergrund treten.[376]

Im Jahr 2015 entwickelte der BGH in der sog. „Melitta-Entscheidung"[377] seine Rechtsprechung allerdings noch weiter.[378] Er entschied, dass das dritte Kriterium

---

373 BGH, Beschl. v. 26.2.2013 – KRB 20/12 Rn. 82, NJW 2013, 1972 (1975) (Grauzementkartell).

374 Vgl. Reichling, NJW 2012, 164 (166 f.); ablehnend Achenbach, wistra 2012, 413 (415 f.); Heinichen, WRP 2012, 159 (162 f.).

375 Der BGH bestätigt die vorangegangenen Entscheidungen; grundlegend: BGH, Beschl. v. 11.3.1986 – KRB 7/85, wistra 1986, 221 (222); siehe auch BGH, Beschl. v. 10.8.2011 – KRB 55/10 (Rn. 16).

376 Zutreffend hat der BGH klargestellt, dass Art. 103 Abs. 2 GG, § 3 OWiG einer analogen Anwendung des § 30 OWiG auf den Rechtsnachfolger des Täter-Rechtsträgers entgegenstehen. § 30 OWiG knüpft auf der Rechtsfolgenseite eindeutig an die juristische Person oder Personenvereinigung an, für die der Täter der Bezugstat gehandelt hat (siehe hierzu Heinichen, ZIS 2012, 68 (70 ff.) und Achenbach, wistra 2012, 413 (415 f.)). Solche Fälle differieren nicht von einem Wechsel der Firma oder der Rechtsform, die ihrerseits die bußgeldrechtliche Haftung nicht entfallen lassen, vgl. BGH, Beschl. v. 10.8.2011 – KRB 55/10, BGHSt 57, 193 (199); BGH (Kartellsenat), Beschl. v. 10.8.2011 – KRB 2/10, wistra 2012, 152 (153).

377 Siehe BGH, Beschl. v. 27.1.2015 – KRB 39/14, NStZ 2015, 523.

378 Vgl. Wiedmann/Funk, BB 2015, 2627 (2628). Hier war nach alter Rechtslage (vor Änderung des § 30 OWiG im Jahre 2013) zu entscheiden. Das Vermögen der Melitta Kaffee GmbH (im Wesentlichen das Kaffeegeschäft) war auf eine andere Gesellschaft

für die Annahme einer wirtschaftlichen Nahezu-Identität, nämlich, dass das Vermögen des früheren Unternehmens in der neuen juristischen Person einen wesentlichen Teil des Gesamtvermögens ausmacht, nicht immer erfordert, „dass das restliche Vermögen der neuen juristischen Person vollständig oder nahezu vollständig in den Hintergrund tritt.“[379] Es genüge, „wenn das übernommene Vermögen eine wirtschaftlich selbstständige, die neue juristische Person prägende Stellung behalten hat, demgegenüber der neue Rechtsträger lediglich einen neuen rechtlichen und wirtschaftlichen Mantel bildet.“[380]

2. *Rückgriff auf die Rechtsfigur der sukzessiven Mittäterschaft*

Zudem bejahte der BGH in der Grauzement-Entscheidung vom 26.2.2013 eine Haftung des Gesamtrechtsnachfolgers unter Rückgriff auf die Rechtsfigur der sukzessiven Mittäterschaft:[381] „Feststellungen zu den wirtschaftlichen Größenverhältnissen der aufgenommenen Gesellschaften […] und der aufnehmenden Gesellschaft […] hat das Oberlandesgericht nicht getroffen. Dies war auch entbehrlich. Der entscheidende Unterschied zu der Fallkonstellation, die den vorgenannten Senatsentscheidungen zugrunde liegt, ist hier, dass die Kartellabsprache von der aufnehmenden Gesellschaft fortgesetzt wurde. Damit hat die aufnehmende Gesellschaft […] durch eigene Leitungsorgane im Sinne des § 30 OWiG den Bußgeldtatbestand verwirklicht. Da die einzelnen Absprachen über die gesamte Zeitdauer des Bestehens des Kartells […] zu einer Bewertungseinheit verbunden sind, ist hierdurch eine eigenständige bußgeldrechtliche Verantwortlichkeit […] begründet worden. Die vom Senat aus dem Analogieverbot (Art. 103 Abs. 2 GG) abgeleiteten Bedenken gegen eine bußgeldrechtliche Haftung für eine andere Person, die sich auf den engen Wortlaut des § 30 OWiG stützen, der nur eine bußgeldrechtliche Haftung derjenigen juristischen Person erlaubt, für die der Verantwortliche gehandelt hat, bestehen bei dieser Sachverhaltskonstellation

---

des Melitta-Konzerns übertragen worden, dessen Geschäftsbereich vorwiegend Haushaltsprodukte umfasste. In der neuen Gesellschaft wurde der Kaffeebereich dann unverändert fortgeführt und mit diesem Bereich mehr als die Hälfte der Umsätze erwirtschaftet.

379 BGH, Beschl. v. 27.1.2015 – KRB 39/14, NStZ 2015, 523, vgl. auch Wiedmann/Funk, BB 2015, 2627 (2628).

380 Für den ganzen Absatz BGH, Beschl. v. 27.1.2015 – KRB 39/14, NStZ 2015, 523, Orientierungssatz.

381 Siehe zur sukzessiven Mittäterschaft: Fischer, in: Fischer StGB, § 25 Rn. 39 f. m.w.N.

nicht."[382] Auch bei der sukzessiven Mittäterschaft bedarf es somit keiner zusätzlichen Haftungsvorschrift für den Rechtsnachfolger.

3. *Unmittelbare Haftung des Rechtsnachfolgers aus § 30 OWiG*

Im Rahmen der Prüfung, ob die Bezugstat unter der neuen oder der alten Gesellschaft begangen wurde, ist daher stets folgendes zu eruieren: Vorrangig ist immer abzuklären, ob nicht für den Rechtsnachfolger eine unmittelbare Haftung aus § 30 OWiG in Betracht kommt, beispielsweise weil dessen Organe bestimmte Handlungsweisen fortgesetzt haben (Zurechnung aufgrund sukzessiver Mittäterschaft)[383] oder ob eine zum Tatbestand der Anknüpfungstat gehörende Bereicherung erst bei dem Rechtsnachfolger eingetreten ist (§ 30 Abs. 1, 2. Alt OWiG).[384] So ist auch bei der neuen Gesellschaft der § 30 OWiG anwendbar, wenn das Delikt erst zum Zeitpunkt der Bereicherung beendet ist.[385] Hingegen ist eine beabsichtigte, aber nicht eingetretene Bereicherung nicht ausreichend.[386] Soweit der Verstoß gegen betriebsbezogene Pflichten (§ 30 Abs. 1, 1. Alt. OWiG) den Anknüpfungspunkt für die Geldbuße darstellt oder die Anknüpfungstat vor der Rechtsnachfolge beendet war, kommt eine Zurechnung über die Rechtsnachfolge nur in Betracht, wenn der Rechtsvorgänger zum Zeitpunkt des Verstoßes ein tauglicher Normadressat des § 30 OWiG war und alle Voraussetzungen für eine Geldbuße vorlagen.[387] In allen anderen Fällen genügt die Zuwiderhandlung einer früheren Leitungsperson i.S.v. § 30 Abs. 1 OWiG auch immer dann, wenn die Auswirkungen einer früheren Verletzung der Aufsichtspflicht erst in der neuen Gesellschaft in Erscheinung treten.[388]

---

382 BGH, Beschl. v. 26.2.2013 – KRB 20/12, NJW 2013, 1972 (1975 und 1976) (Bußgeldbemessung in Kartellsachen – Grauzementkartell).

383 Siehe zur sukzessiven Mittäterschaft bereits oben im 3. Kapitel B. I. 2. und auch Meyberg, in: BeckOK-OWiG, § 30 Rn. 42.

384 Siehe hierzu Rogall, in: KK-OWiG, § 30 Rn. 47.

385 Ebenso Rogall, in: KK-OWiG, § 30 Rn. 47.

386 Siehe Rogall, in: KK-OWiG, § 30 Rn. 47; a.A. Meyberg, in: BeckOK-OWiG, § 30 Rn. 45.

387 Vgl. Rogall, in: KK-OWiG, § 30 Rn. 47; Wenn bei einem einzelkaufmännischen Unternehmen eine Leitungsperson eine betriebsbezogene Pflicht verletzt und das Unternehmen anschließend in die Form einer juristischen Person wechselt (ohne dass die Pflichtverletzung fortgesetzt wird) wird dies z.B. abgelehnt (vgl. Gürtler, in: Göhler OWiG, § 30 Rn. 38b).

388 Vgl. Gürtler, in: Göhler OWiG, § 30 Rn. 38d; Rogall, in: KK-OWiG, § 30 Rn. 47.

4. *Keine Rechtsnachfolge bei unverändertem Rechtsträger*

Weiter stellt sich die Frage nach einer etwaigen wirtschaftlichen Nahezu-Identität sowie nach einer etwaigen Haftungsnorm – wie der Vorschrift des § 30 Abs. 2a OWiG – auch dann nicht, wenn gar keine Rechtsnachfolge eingetreten ist. Dies ist beispielsweise dann der Fall, wenn lediglich die Gesellschafter des Verbandes gewechselt haben.[389] Der Verband an sich ist in diesem Fall derselbe geblieben.[390] Aufgrund des Rechtsträgerprinzips sind daher Gesellschafterwechsel, Umfirmierungen und der bloße Wechsel der Gesellschaftsform (vgl. § 202 Abs. 1 Nr. 1 UmwG) keine Fälle der Rechtsnachfolge, da der Rechtsträger hier unverändert bleibt.[391]

So besteht zwischen einer Vorgesellschaft und der späteren juristischen Person oder Personenvereinigung „Identität unter Berücksichtigung des für das Zivilrecht aufgestellten Grundsatzes, demzufolge die Vorgesellschaft mit Ausnahme der Rechtsfähigkeit wie die rechtsfähige Gesellschaft selbst zu behandeln ist."[392] Auch bei fehlerhaften Gesellschaften kann i.d.R. von der Identität mit der auf gültiger Grundlage später fortbestehenden Gesellschaft ausgegangen werden.[393]

5. *Ergebnis*

Liegt nach den (im 3. Kapitel B. I. 1.-4.) beschriebenen Kriterien somit keine Rechtsnachfolge im tatsächlichen Sinne vor (3. Kapitel B. I. 4.) bzw. haftet der Rechtsnachfolger direkt aus § 30 OWiG (3. Kapitel B. I. 2. u. 3.) oder wird eine wirtschaftliche Nahezu-Identität (3. Kapitel B. I. 1.) bejaht, bedurfte es daher bereits damals (sowie heute) keiner zusätzlichen Vorschrift wie der des § 30 Abs. 2a OWiG, um eine bußgeldrechtliche Haftung des Rechtsnachfolgers zu ermöglichen.

---

389 Siehe hierzu beispielsweise Rogall, in: KK-OWiG, § 30 Rn. 48.

390 Vgl. Gürtler, in: Göhler OWiG, § 30 Rn. 38.

391 Vgl. Meyberg, in: BeckOK-OWiG, § 30 Rn. 38 ff.; Rogall, in: KK-OWiG, § 30 Rn. 48.

392 Rogall, in: KK-OWiG, § 30 Rn. 50; somit besteht zwischen der rechtsfähigen Gesellschaft und der Vorgesellschaft als kontinuierliche Fortsetzung Identität, vgl. Rogall, in: KK-OWiG, § 30 Rn. 50.

393 Siehe Rogall, in: KK-OWiG, § 30 Rn. 50.

II. Der eingefügte § 30 Abs. 2a OWiG

Dennoch hat der BGH mit den Beschlüssen vom 10.8.2011[394] und den anderen geschilderten Entscheidungen die Grenzen aufgezeigt, die dem Anwendungsbereich des § 30 OWiG in seiner ehemaligen Fassung gesetzt gewesen sind. Auf eine etwaige Sanktionslücke bzw. auf die Möglichkeit der Unternehmen, sich durch gesellschaftsrechtliche Umgestaltungen einer etwaigen drohenden Bußgeldsanktion zu entziehen, hat der BGH hierbei ausdrücklich hingewiesen. Die Schließung der Lücke hat dieser dem Gesetzgeber anheimgestellt.[395]

1. § 30 Abs. 2a OWiG und das Ziel des Gesetzgebers

Im Rahmen des Gesetzgebungsverfahrens zum Achten Gesetz zur Änderung des Gesetzes gegen Wettbewerbsbeschränkungen (8. GWB-ÄndG) hat der Gesetzgeber die Anregungen des BGH schnell aufgenommen und den § 30 Abs. 2a OWiG geschaffen, der wie folgt lautet: „Im Falle einer Gesamtrechtsnachfolge oder einer partiellen Gesamtrechtsnachfolge durch Aufspaltung (§ 123 Abs. 1 UmwG) kann die Geldbuße nach Absatz 1 und 2 gegen den oder die Rechtsnachfolger festgesetzt werden. Die Geldbuße darf in diesen Fällen den Wert des übernommenen Vermögens sowie die Höhe der gegenüber dem Rechtsvorgänger angemessenen Geldbuße nicht übersteigen. Im Bußgeldverfahren tritt der Rechtsnachfolger oder treten die Rechtsnachfolger in die Verfahrensstellung ein, in der sich der Rechtsvorgänger zum Zeitpunkt des Wirksamwerdens der Rechtsnachfolge befunden hat."[396]

Ferner ist folgender Absatz 6 eingefügt worden: „Bei Erlass eines Bußgeldbescheids ist zur Sicherung der Geldbuße § 111d Abs. 1 S. 2 der Strafprozessordnung mit der Maßgabe anzuwenden, dass an die Stelle des Urteils der Bußgeldbescheid tritt."[397]

§ 30 Abs. 2a OWiG hat zum Ziel, auch solche Fälle zu erfassen, in denen gesellschaftsrechtliche Konstrukte bzw. etwaige Umstrukturierungen genutzt werden, um gerade vor dem Hintergrund der drohenden Geldbuße einer Haftung aus

394 Vgl. BGH (Kartellsenat), Beschl. v. 10.8.2011 – KRB 2/10, wistra 2012, 152 und BGH, Beschl. v. 10.8.2011 – KRB 55/10, BGHSt 57, 193 = NZWiSt 2012, 184 (m. Anm. Waßmer).

395 Siehe hierzu BGH, Beschl. v. 10.8.2011 – KRB 55/10, NJW 2012, 164 (166) (m. Anm. Reichling).

396 § 30 Abs. 2a OWiG (BGBl. I 2013, S. 1338 (S. 1748)).

397 § 30 Abs. 6 OWiG (BGBl. I 2013, S. 1338 (S. 1748)).

§ 30 OWiG zu entgehen.[398] Die Gesamtrechtsnachfolge kann nicht nur auf dem Umwandlungsgesetz (UmwG), sondern auch auf einer Anwachsung oder auf ausländischem Recht beruhen.[399] Auch sukzessive Rechtsnachfolgen bei komplexen Umstrukturierungen werden erfasst.[400] § 30 Abs. 2a OWiG ist somit bei mehrfacher Rechtsnachfolge anwendbar, da sich andernfalls durch aufeinanderfolgende Umstrukturierungsmaßnahmen die bußgeldrechtliche Verantwortlichkeit erneut umgehen lassen würde.[401] Die Neuregelung erfasst nach dem Willen des Gesetzgebers damit die wiederholte bzw. mittelbare Gesamtrechtsnachfolge.[402]

Im Hinblick auf die vom Gesetzgeber beabsichtigte Ausweitung der Bußgeldhaftung wird vertreten, dass Abs. 2a nur eine ergänzende Funktion zur bisherigen Rechtsprechung zukommen soll, dieser also nur greife, soweit nach der Rechtsprechung nicht ohnehin wegen der wirtschaftlichen Nahezu-Identität eine Geldbuße verhängt werden könne.[403]

2. *Ermittlung der Höhe der Geldbuße für den Rechtsnachfolger nach § 30 Abs. 2a OWiG*

a) *Ermittlung der Höhe der Geldbuße*

Bei der Ermittlung der Höhe der Geldbuße für den Rechtsnachfolger ist zu beachten, dass § 30 Abs. 2a OWiG eine zweifache Haftungsbegrenzung enthält, die insbesondere auch dem Verhältnismäßigkeitsgrundsatz Rechnung tragen

---

398 So auch Altenburg/Peukert, BB 2014, 649 (652); wie bereits geschildert, konnte bis dato ein Unternehmen einer Haftung aus § 30 OWiG durch verschiedene Maßnahmen entgehen: z.B. durch Umwandlung einer Personengesellschaft in eine GmbH (§§ 190 ff. UmwG) oder durch Aufspaltung eines Unternehmens in mehrere neue Unternehmen (§ 123 Abs. 1 UmwG). Alternativ war sogar die Verschmelzung zweier bußgeldbedrohter Töchtergesellschaften eines Konzerns geeignet, um einer Haftung zu entgehen (so auch Altenburg/Peukert, BB 2014, 649 (652).

399 Betroffen sind bei der Gesamtrechtsnachfolge insoweit Fälle der Verschmelzung i.S.d. §§ 2 ff. UmwG sowie grenzüberschreitende Verschmelzungen unter Beteiligung von Kapitalgesellschaften aus anderen Staaten (Beschlussempfehlung und Bericht des Ausschusses für Wirtschaft und Technologie, BT-Drs. 17/11053, S. 22). Erfasst sind auch Vollübertragungen i.S.d. § 174 Abs. 1 UmwG sowie die Fälle der sog. Anwachsung (vgl. dazu Löbbe, ZHR 177 (2013), 518 (536 f.) m.w.N.).

400 Vgl. Meyberg, in: BeckOK-OWiG, § 30 Rn. 44b.

401 Vgl. Förster, in: RRH-OWiG, § 30 Rn. 50 b.

402 Vgl. BT-Drs. 17/11053, S. 22.

403 Siehe hierzu Bosch/Fritzsche, NJW 2013, 2225 (2229).

soll.[404] Hiernach ist die Geldbuße gegen den Nachfolger sowohl durch den Wert des übernommenen Vermögens sowie durch die Höhe einer fiktiven Geldbuße gegen den Rechtsvorgänger gedeckelt.[405]

So darf zum einen die Geldbuße, die gegen den Rechtsnachfolger festgesetzt werden kann, die Höhe der gegenüber dem Rechtsvorgänger angemessenen Geldbuße nicht übersteigen (relative Beschränkung der Geldbuße). Das erfordert ggf. die Feststellung der Umstände, die für die Bemessung der hypothetischen Geldbuße gegenüber dem Rechtsvorgänger maßgeblich gewesen wären.[406] Die so ermittelte angemessene Geldbuße kann aber aus zumessungsrelevanten Gründen, die nur beim Rechtsnachfolger vorliegen,[407] ggf. noch weiter gemindert werden.[408]

Zum anderen ist die Höhe der Geldbuße auf den Wert des übernommenen Vermögens begrenzt (absolute Beschränkung der Geldbuße). Für die Wertermittlung können hierbei insbesondere die regelmäßig für die gesellschaftsrechtlichen Umstrukturierungen erforderlichen Unternehmensbewertungen die notwendigen Anhaltspunkte liefern.[409] Dabei darf aber die Möglichkeit einer zukünftigen Inanspruchnahme wegen der Ordnungswidrigkeit nicht bei der Frage der Bewertung berücksichtigt werden.[410] Den Verfolgungsorganen und der Justiz wird man bezüglich der Regelung des Wertes des übernommenen Vermögens eine Schätzungsbefugnis einräumen müssen.[411] Ein auf solider

---

404 Vgl. BT-Drs. 17/11053, S. 22.

405 Ebenso Rogall, in: KK-OWiG, § 30 Rn. 149; Wiedmann/Funk, BB 2015, 2627 (2628).

406 Siehe hierzu Rogall, in: KK-OWiG, § 30 Rn. 149; Bei der hypothetische Bußgeldbemessung, mit einer relativen Beschränkung der Geldbuße auf eine gegenüber dem Rechtvorgänger angemessenen Höhe, ist zu ermitteln, welche Geldbuße für den Rechtsvorgänger angemessen gewesen wäre, vgl. Kahlenberg/Neuhaus, BB 2013, 131 (135).

407 Wie z.B. unternehmensbezogene oder nachtatliche Umstände, vgl. Kahlenberg/Neuhaus, BB 2013, 131 (135).

408 Siehe hierzu Achenbach, wistra 2013, 369 (372); Rogall, in: KK-OWiG, § 30 Rn. 149; BT-Drs. 17/11053, S. 22 und Kahlenberg/Neuhaus, BB 2013, 131 (135).

409 Aufgrund der absoluten Beschränkung der Geldbuße im Höchstbetrag auf den Wert des übernommenen Vermögens wird eine Wertberechnung notwendig; vgl. Rogall, in: KK-OWiG, § 30 Rn. 149. Zutreffend weist Mühlhoff hierbei auf die erheblichen praktischen Schwierigkeiten hin, vgl. Mühlhoff, NZWiSt 2013, 321 (326). Die Gutachten bei konzerninternen Umstrukturierungsmaßnahmen und der Kaufpreis – als möglicher weiterer Anhaltspunkt – sind zudem manipulationsanfällig.

410 Vgl. Rogall, in: KK-OWiG, § 30 Rn. 149; vgl. BT-Drs. 17/11053, S. 22.

411 Siehe hierzu auch Mühlhoff, NZWiSt 2013, 321 (326).

und nachvollziehbarer Schätzbasis ermittelter Vermögenswert kann mit einem Gegenbeweis des betroffenen Unternehmens allerdings angegriffen werden.[412]

b) Probleme bei der aufspaltungsbedingten partiellen Gesamtrechtsnachfolge

Nach dem Wortlaut des § 30 Abs. 2a OWiG kann die Geldbuße „gegen den oder die Rechtsnachfolger" festgesetzt werden. Bei der Aufspaltung soll nach Ansicht des Gesetzgebers die Verwaltungsbehörde bzw. das Gericht – ohne gesetzlich festgelegte Auswahlkriterien – entscheiden, gegen welchen oder gegen welche Rechtsnachfolger die Geldbuße festgesetzt wird.[413] Bei der aufspaltungsbedingten partiellen Gesamtrechtsnachfolge ist also keine gesetzliche Regelung zu finden, wer von den Teilrechtsnachfolgern in Anspruch zu nehmen oder wie das Bußgeld unter diesen aufzuteilen ist.

Grundsätzlich treten – nach der Gesetzesbegründung – sämtliche Teilrechtsnachfolger in die Rechtsstellung des Rechtsvorgängers ein[414] und sollen nach dem Vorbild des § 133 UmwG für alle Verbindlichkeiten, die vor Wirksamwerden der Aufspaltung begründet worden sind, gesamtschuldnerisch haften.[415] Da die Vorschrift des § 133 UmwG aber keine Orientierung für den Übergang von ordnungswidrigkeitenrechtlicher Verantwortlichkeit geben kann, überzeugt der Verweis auf § 133 UmwG nur wenig.[416] Der Verwaltungsbehörde oder dem Gericht steht einfach ein Auswahlermessen zu, welchen Rechtsnachfolger sie/es in Anspruch nehmen will.[417] So könnte die Verwaltungsbehörde beispielsweise

---

412 Dies eröffnet einige Verteidigungsoptionen. Die Bemessung des Wertes des übernommenen Vermögens, welche gleichzeitig die Höchst- bzw. Kappungsgrenze eines potentiellen Bußgeldes darstellt, wird zu erheblichen Schwierigkeiten führen, da die für die Ermittlung notwendigen Dokumente keiner Publikations- bzw. Herausgabepflicht unterliegen, vgl. Förster, in: RRH-OWiG, § 30 Rn. 50 c.

413 Vgl. BT-Drs. 17/11053, S. 28.

414 Siehe hierzu Rogall, in: KK-OWiG, § 30 Rn. 56; Ob und welche Ausnahmen von diesem Grundsatz bestehen, lässt die Begründung offen; BT-Drs. 17/11053, S. 28.

415 Hierbei orientierte sich der Gesetzgeber an den Regelungen der gesamtschuldnerischen Haftung in § 45 AO und § 133 Abs. 1 UmwG; siehe hierzu BT-Drs. 17/11053, S. 22; Nach der gesamtschuldnerischen Haftung gemäß 133 UmwG haften die an der Spaltung beteiligten Rechtsträger als Gesamtschuldner für die Verbindlichkeiten des übertragenden Rechtsträgers, welche vor dem Wirksamwerden der Aufspaltung begründet worden sind; siehe BT-Drs. 17/11053, S. 28 f.; siehe auch Meyberg, in: BeckOK-OWiG, § 30 Rn. 44.

416 Siehe zu der Thematik auch die Ausführungen bei Kahlenberg/Neuhaus, BB 2013, 131 (135).

417 Vgl. BT-Drs. 17/11053, S. 22; kritisch Achenbach, wistra 2012, 413 (417).

nur gegen den kleineren Nachfolger vorgehen, während sie den größeren unbehelligt lässt. In der Literatur werden zur Orientierung für das Auswahlermessen bisweilen unterschiedliche Lösungen vorgeschlagen. So wird beispielsweise vorgeschlagen, eine Teilschuld in Relation zur übernommenen Vermögensmasse anzunehmen.[418]

Dass es aber hier an einer gesetzlichen Festlegung von Kriterien fehlt, nach denen zu entscheiden ist, wie die Teilrechtsnachfolger in Anspruch zu nehmen sind, erscheint aus rechtsstaatlicher Sicht äußerst problematisch. Eine Klarstellung an dieser Stelle ist durch den Gesetzgeber daher zwingend erforderlich.

c) Frage der Anwendungsmöglichkeit des § 17 Abs. 4 OWiG

Zudem ist fraglich, ob eine Begrenzung der Haftung dadurch eintritt, dass eine Anwendbarkeit des § 17 Abs. 4 OWiG auf den Rechtsnachfolger ausscheidet. Für die Möglichkeit der Abschöpfung auch beim Rechtsnachfolger spricht zumindest, dass der neue § 30 Abs. 2a OWiG vor der Anordnung der entsprechenden Anwendung des § 17 Abs. 4 OWiG in § 30 Abs. 3 OWiG eingefügt wurde. Dagegen sprechen jedoch auch gute Argumente. Generell stellt sich nämlich die Frage, ob die Anordnung der entsprechenden Anwendung des § 17 Abs. 4 OWiG nicht spätestens dort eine Grenze finden sollte, wo eine Abschöpfung bei einer unbeteiligten Rechtsperson vorgenommen werden soll. Ob sich der Wortlaut des § 17 Abs. 4 OWiG (Täter) allein mittels einer Anordnung einer entsprechenden Anwendung derart erweitern lässt, dass eine Abschöpfung auch bei unbeteiligten Rechtsträgern möglich wird, ist bereits aus verfassungsrechtlicher Sicht fraglich.[419] Auch hier sollte durch den Gesetzgeber Klarheit geschaffen werden.

3. Rückwirkungsverbot

Im Hinblick auf den Haftungszeitpunkt ist zu beachten, dass der Prüfungs- und mithin auch der Haftungszeitraum[420] meist abgrenzbar ist. Das Rückwirkungsverbot (Art. 103 Abs. 2 GG) gebietet zudem generell eine Einschränkung auf Gesamtrechtsnachfolgen nach dem 30.6.2013. Alle Sachverhalte, in denen die Gesamtrechtsnachfolge bis zum 30.6.2013 bereits stattgefunden hat, müssen

---

418 Siehe bei Eisele, wistra 2014, 81 (86 f.); Verjans, FS Schiller, S. 662 (S. 668); a.A. Rogall, in: KK-OWiG, § 30 Rn. 56.

419 Vor allem, wenn die Rechtsnachfolge auf einem äquivalenten Austauschverhältnis beruht. In diesem Fall dürfte es beim Rechtsnachfolger an einem abschöpfungsfähigen Vorteil fehlen.

420 Zur Verfolgungsverjährung siehe Näheres im 3. Kapitel F.

daher nicht im Nachhinein einer weiteren Überprüfung unterzogen werden.[421] § 30 Abs. 2a OWiG soll aber solche Fallkonstellationen erfassen und erfasst sie auch, in denen die Tat vor dem 30.6.2013 (vor dem Inkrafttreten des § 30 Abs. 2a OWiG) beendet war, die Rechtsnachfolge erst nach diesem Zeitpunkt eintritt aber die Tat dem Rechtsnachfolger bereits bekannt war.[422]

4. Rechtsnachfolge im Vollstreckungsverfahren

Die Auswirkungen der Rechtsnachfolge im Vollstreckungsverfahren richten sich – wie bisher – nach den allgemeinen Vorschriften (§§ 90 Abs. 1, 91 OWiG). § 101 OWiG ist auf eine Gesamtrechtsnachfolge bei Verbänden nicht anwendbar. Die gegen eine juristische Person gerichtete Verpflichtung zur Zahlung einer Geldbuße hat keinen höchstpersönlichen Charakter und wird daher von der Gesamtrechtsnachfolge erfasst (insb. nach § 20 Abs. 1 Nr. 1 UmwG).[423]

III. Sanktionslücken nach Einführung des § 30 Abs. 2a OWiG

Zu prüfen ist nun allerdings, welche Fälle der Rechtsnachfolge der § 30 Abs. 2a OWiG derzeit abdeckt und in welchen Konstellationen eventuell noch Sanktionslücken bestehen. So hat der Gesetzgeber nicht sämtliche Fälle der Rechtsnachfolge geregelt.[424] Immer noch möglich ist es, sich durch Umstrukturierungen einer bußgeldrechtlichen Haftung zu entziehen.[425] Erfasst wird lediglich die Gesamtrechtsnachfolge, d.h. insbesondere die Fälle der Verschmelzung

---

421 Die Vorschrift § 30 Abs. 2a OWiG ist nicht auf solche Rechtsnachfolgekonstellationen anwendbar, in denen die Tat und die Rechtsnachfolge bereits vor dem 30.6.2013 beendet bzw. abgeschlossen wurden; siehe BGH (Kartellsenat), Beschl. v. 10.8.2011 – KRB 2/10, wistra 2012, 152 und BGH, Beschl. v. 10.8.2011 – KRB 55/10, BGHSt 57, 193; Bosch/Fritzsche, NJW 2013, 2225 (2228); BGH, Beschl. v. 26.2.2013 – KRB 20/12, NZWiSt 2013, 180 (188) – Grauzement und BGH, Beschl. v. 11.3.1986 – KRB 7/85, wistra 1986, 221 f.

422 Zum Beispiel, wenn bereits ein Bußgeldverfahren anhängig oder der Erwerber über die Tat aufgrund der von ihm seitens des Veräußerers durchgeführten Due Diligence-Prüfungen oder aufgrund seiner Konzernverbundenheit informiert ist. Dann ist der Gedanke des Vertrauensschutzes und der positiven Möglichkeit zur Sanktionsvermeidung vor Vornahme der maßgeblichen Handlung nicht einschlägig, siehe hierzu z.B. BVerfG, Beschl. v. 18.7.2005 – 2 BvR 2236/04, BVerfGE 113, 273 (308).

423 Vgl. OLG Düsseldorf, Beschl. v. 28.11.2012 – V-4 Kart 3/12 (OWi), BeckRS 2013, 4076 = NZKart 2013, 254.

424 Siehe hierzu BT-Drs. 17/11053, S. 20, 22.

425 Siehe hierzu Wiedmann/Funk, BB 2015, 2627 (2628).

(§§ 2 ff. UmwG) und der Vollübertragung gem. § 174 Abs. 1 UmwG sowie die partielle Gesamtrechtsnachfolge durch Aufspaltung gem. § 123 Abs. 1 UmwG. Vor diesem Hintergrund sind noch immer faktische Vereitelungen der Bußgeldhaftung möglich. Bleibt der Rechtsträger, dessen Leitungsperson die Tat begangen hat, wie etwa bei Abspaltung oder Ausgliederung (§ 123 Abs. 2 und Abs. 3 UmwG) bestehen, findet § 30 Abs. 2a OWiG keine Anwendung.[426] Daher finden sich etwa Sanktionslücken bei der Entreicherung der bedrohten Gesellschaft mittels umfassender sog. asset deals im Wege einer Einzelrechtsnachfolge[427] oder durch die soeben dargelegten nicht erfassten Möglichkeiten der Abspaltung und Ausgliederung.[428] Ausgeschlossen ist die Folge des § 30 Abs. 2a OWiG zudem auch bei Rechtsnachfolgen, in denen auf Vorgänger- oder Nachfolgerseite eine natürliche Person steht. Im Folgenden sollen diese etwaigen Sanktionslücken daher genauer betrachtet werden.

1. Einzelrechtnachfolge

Betrachtet man eine Einzelrechtsnachfolge im Rahmen eines asset deals ist der Gesetzgeber insbesondere dann gefordert, wenn eine Übertragung des gesamten Betriebs oder zumindest seiner wesentlichen Vermögensgegenstände durch sachenrechtliche Verfügungen stattfindet und wenn als Sanktionsadressat nur eine gesellschaftsrechtliche „Hülle" verbleibt oder etwa der frühere Vermögensträger nach der Übertragung vollständig liquidiert bzw. gelöscht wird.[429] Sowohl aus dem Gesichtspunkt der Gerechtigkeit als auch mit Blick auf das Gebot der gleichmäßigen Rechtspflege ist eine wahrscheinlich eintretende vollständige Sanktionslosigkeit einzelner Beteiligter unbefriedigend und inakzeptabel.[430] Auch aus Gründen der Spezialprävention und der Generalprävention muss eine

---

426 Siehe BT-Drs. 17/11053, S. 20 und S. 23; Bosch/Fritzsche, NJW 2013, 2225 (2229).

427 Vgl. Beschlussempfehlung und Bericht des Ausschusses für Wirtschaft und Technologie v. 17.10.2012, BT-Drs. 17/11053, S. 20. Ungeregelt blieben in § 30 Abs. 2a OWiG die Fälle, in denen die Vermögensgegenstände durch Einzelrechtsübertragung (Asset Deal) auf den übernehmenden Rechtsträger übertragen wurden (siehe hierzu auch Rogall, in: KK-OWiG, § 30 Rn. 58).

428 Vgl. hierzu Mühlhoff, NZWiSt 2013, 321 (327).

429 So auch Mühlhoff, NZWiSt 2013, 321 (327).

430 Siehe zu diesem Aspekt (vor der 9. GWB-Novelle) zum Kartellrecht: Ost/Kallfaß/Roesen, NZKart 2016, 447 (452).

völlige Sanktionslosigkeit verhindert werden und der aus der Tat resultierende Vorteil im Sinne des § 17 Abs. 4 OWiG ausgeglichen werden.[431]

2. Abspaltung, Ausgliederung, Teilübertragung

Zudem sieht § 30 Abs. 2a S. 1 2. Alt. OWiG nur für den Fall der Aufspaltung die Festsetzung einer Geldbuße gegen den Rechtsnachfolger vor.[432] Das Gesetz unterscheidet im Umwandlungsrecht aber nach drei Arten der Spaltung: die Aufspaltung (§ 123 Abs. 1 UmwG), die Abspaltung (§ 123 Abs. 2 UmwG) und die Ausgliederung (§ 123 Abs. 3 UmwG). Der Vermögensübergang geschieht jeweils durch partielle Gesamtrechtsnachfolge.[433] Die Abspaltung und Ausgliederung sind ungeregelt.[434] Bei der Aufspaltung erlischt der übertragende Rechtsträger, während bei der Abspaltung und der Ausgliederung der übertragende Rechtsträger fortbesteht.[435] Gegen den übertragenden Rechtsträger ist daher eine Festsetzung einer Geldbuße weiterhin möglich.[436] Allerdings können wertvolle Vermögensbestandteile durch Umwandlung auf den übernehmenden Rechtsträger übertragen werden.[437] Dann würde die Eintreibung der Geldbuße aber ins Leere laufen.

Auch bei der Teilübertragung kann ähnlich argumentiert werden. Es wird hierbei zwischen drei Arten der Teilübertragung differenziert: die aufspaltende, abspaltende oder ausgliedernde Teilübertragung (§ 174 Abs. 2 UmwG).[438] Nur bei der aufspaltenden Teilübertragung erlischt der übertragende Rechtsträger.[439] Für die Vermögensübertragung kommen bei der Teilübertragung

---

431 Zu diesem Zweck des § 30 OWiG, vgl. BGH, Beschl. v. 11.3.1986 – KRB 8/85, WuW 1986, 747.

432 Siehe hierzu Rogall, in: KK-OWiG, § 30 Rn. 54.

433 Vgl. Wiedmann/Funk, BB 2015, 2627 (2628); nur für die Aufspaltung sieht § 30 Abs. 2a S. 1 2. Alt. OWiG die Festsetzung einer Geldbuße gegen den Rechtsnachfolger vor.

434 Ebenso Rogall, in: KK-OWiG, § 30 Rn. 58.

435 Siehe hierzu Rogall, in: KK-OWiG, § 30 Rn. 58; Wiedmann/Funk, BB 2015, 2627 (2628).

436 So auch Rogall, in: KK-OWiG, § 30 Rn. 58.

437 Siehe Wiedmann/Funk, BB 2015, 2627 (2628).

438 So Winter, in: Schmitt/Hörtnagl/Stratz, Umwandlungsgesetz, Umwandlungssteuergesetz, § 174 Rn. 8 ff.

439 So Winter, in: Schmitt/Hörtnagl/Stratz, Umwandlungsgesetz, Umwandlungssteuergesetz, § 174 Rn. 9.

Vermögensvorteile aller Art als Gegenleistung in Betracht.[440] Bei der Spaltung hingegen besteht die Gegenleistung in Anteilen oder in Mitgliedschaftsrechten an dem aufnehmenden Rechtsträger (§ 123 Abs. 1–3 UmwG jeweils am Ende).[441]

Wie sich zeigt, sind daher im Bereich des Umwandlungsrechts immer noch immense Sanktionslücken vorhanden, wenn der übertragende Rechtsträger zwar fortbesteht, aber die wertvollen Vermögensbestandteile übertragen werden. Der Gesetzgeber sollte diese Lücken im Blick behalten und eventuell Nachbesserungen im § 30 Abs. 2a OWiG vornehmen.[442]

3. *Lücken im Bereich des Formwechsels*

Weiter bestehen Sanktionslücken bei einem Formwechsel[443] des einzelkaufmännischen Unternehmens in eine Personengesellschaft oder in eine juristische Person, sowie bei der Übernahme des Unternehmens durch einen Einzelkaufmann.[444] In diesen Fällen werden die Tatbestandsvoraussetzungen des § 30 OWiG nicht erfüllt, da § 30 OWiG nur bei Geldbußen gegenüber juristischen Personen und Personenvereinigungen einschlägig ist.[445]

4. *Fazit bezüglich etwaiger Lücken*

Der Gesetzgeber hat in § 30 Abs. 2a S. 1 OWiG lediglich solche Fälle geregelt, in denen der übertragende Rechtsträger liquidationslos erlischt.[446] So kann zwar in den Fällen der Abspaltung und Ausgliederung und in den Fällen der Einzelrechtsnachfolge, sollte der Rechtsvorgänger nicht liquidiert werden, gegen diese juristische Person oder Personenvereinigung (den Rechtsvorgänger) noch eine Geldbuße verhängt werden. Eine effektive und hinreichend abschreckende

---

440 So Winter, in: Schmitt/Hörtnagl/Stratz, Umwandlungsgesetz, Umwandlungssteuergesetz, § 174 Rn. 6 ff.

441 Ebenso Wardenbach, in: Henssler/Strohn, Gesellschaftsrecht, UmwG, § 123 Rn. 12, Rn. 13.

442 „Immerhin wird man davon auszugehen haben, dass das „Leerräumen" des übertragenden Rechtsträgers strafrechtliche Konsequenzen nach sich ziehen kann", Rogall, in: KK-OWiG, § 30 Rn. 58 (mit Verweis auf Kahlenberg/Neuhaus BB 2013, 135).

443 Nach den §§ 190 ff. UmwG ändert ein Formwechsel an sich nichts am Bestand des Rechtsträgers (§ 202 Abs. 1 Nr. 1 UmwG) und lässt somit die bußgeldrechtliche Sanktionsmöglichkeit unberührt; vgl. Wiedmann/Funk, BB 2015, 2627 (2629).

444 Ebenso Rogall, in: KK-OWiG, § 30 Rn. 58; Wiedmann/Funk, BB 2015, 2627 (2629).

445 Vgl. Achenbach, wistra 2013, 369 (373); Wiedmann/Funk, BB 2015, 2627 (2629).

446 Vgl. Wiedmann/Funk, BB 2015, 2627 (2629).

Sanktionierung ist indes in vielen Fällen nicht sichergestellt.[447] Teilweise würde lediglich eine „leere Hülle" sanktioniert[448], die gegebenenfalls dann auch in die (geplante) Insolvenz geführt werden könnte. Oft würde das Bußgeld angesichts der verringerten wirtschaftlichen Leistungsfähigkeit des Rechtsvorgängers deutlich geringer ausfallen als ohne die Vermögensverschiebung.[449] Eine nachträgliche faktische Vermeidung oder Verringerung der Bußgeldschuld von Unternehmen kann insbesondere dadurch bewirkt werden, dass die unmittelbar beteiligte Konzerngesellschaft im Rahmen einer geschickten Ausgestaltung von Abspaltungen und Gesamtrechtsnachfolgen nach dem Umwandlungsgesetz rechtlich oder wirtschaftlich wegfällt und ihr werthaltiges Vermögen auf andere Rechtsträger im Konzern verschoben oder an Dritte veräußert wird.

Zudem würde sich gar ein Organ eines Unternehmens diesem gegenüber womöglich schadensersatzpflichtig machen, wenn es legale Wege nicht wahrnimmt, um das Unternehmen von seiner Zahlungspflicht zu befreien bzw. drohende Bußgeldforderungen zu verringern.[450]

IV. Hürden und Risiken bei einer Umstrukturierung zur Haftungsvermeidung

Bei etwaigen Überlegungen bezüglich einer Veränderung der Vorschrift des § 30 Abs. 2a OWiG aufgrund der Sanktionslücken sollte aber im Blick behalten werden, welche Hürden und Risiken de lege lata bestehen, um eine Haftungsvermeidung zu generieren und damit die Sanktionslücken voll auszuschöpfen. So gibt es zum einen Möglichkeiten, Umgehungsstrategien zu vereiteln und zum anderen können Umstrukturierungen gesellschafts-, insolvenz- und strafrechtliche sowie weitere Risiken in sich bergen.[451] Beispielsweise sieht das geltende

447 Mit der 9. GWB-Novelle haben sich die Probleme der Lückenhaftigkeit des Gesetzes – zumindest im Kartellrecht – inzwischen erledigt (siehe §§ 81–81b GWB; vgl. dazu den RegE einer 9. GWB-Novelle, BT-Drs. 18/10207, S. 84 ff.).

448 So kann eine Umstrukturierung nicht nur auf eine Vermeidung, sondern auch auf eine Minimierung der Geldbuße abzielen, indem die delinquente Gesellschaft durch Abspaltungen und Vermögensübertragungen nur noch als mehr oder weniger insolventer Sanktionsadressat zurückbleibt; Mühlhoff, NZWiSt 2013, 321 (327).

449 Zudem wäre es ein anwaltlicher Beratungsfehler die Verantwortlichen des Unternehmens nicht auf die Möglichkeiten der Umgehung bzw. zumindest erheblichen Reduktionsmöglichkeit hinzuweisen; so auch Reichling, NJW 2012, 164 (167).

450 Zu beachten ist jedoch, dass derartige Verhaltensweisen ihre Grenzen zumindest in den §§ 266, 283 Abs. 1, 2 StGB finden; so auch Rogall, in: KK-OWiG, § 30 Rn. 58.

451 Siehe hierzu auch Wiedmann/Funk, BB 2015, 2627 (2630).

Recht für manche Fälle (insbesondere bei der Abspaltung und der Ausgliederung) eine gesamtschuldnerische Mithaftung der übernehmenden Gesellschaft vor (§ 133 UmwG), zu denen auch die Verpflichtung zur Zahlung einer Geldbuße gehört.[452] Bei der Veräußerung des Unternehmens durch Vermögensübertragung („asset deal") haftet außerdem der Erwerber nach § 25 HGB. Soweit eine solche Haftung – etwa wegen Nichtfortführung der Firma – ausscheidet, kommt bei einer Insolvenz der delinquenten Gesellschaft zudem eine Anfechtung der Übertragung in Betracht (vgl. § 133 InsO). Weiter bestehen allgemeine Gläubigerschutzregelungen und bei konzerninternen Maßnahmen stehen gegebenenfalls konzernrechtliche Schutzvorschriften[453] zur Verfügung. Darüber hinaus sind folgende Aspekte zu beachten:

1. Handlungsoptionen der Behörde

a) Vermögensarrest zur Sicherung der Vollstreckung

Zum einen kann der Vermögensarrest ein probates Mittel zur Verhinderung von Vermögensverschiebungen sein.[454] Der Sinn des § 30 Abs. 6 OWiG besteht darin, „Vermögensverschiebungen entgegenzuwirken, die außerhalb von Rechtsnachfolgetatbeständen erfolgen und in ähnlicher Weise die Festsetzung und Vollstreckung einer angemessenen Geldbuße erschweren bzw. vereiteln können."[455] Nach § 30 Abs. 6 OWiG kann ein Vermögensarrest bereits bei Erlass eines Bußgeldbescheids bei Vorliegen eines Anordnungsgrundes angeordnet werden.[456]

Aber die Möglichkeiten, mittels Vermögensarrest Vermögensabflüssen vorzubeugen, sind damit auch zugleich begrenzt.[457] So kann eben gerade keine Anordnung zum Vermögensarrest vor Erlass eines Bußgeldbescheides erfolgen, so dass er nicht vor Umstrukturierungen vor Erlass des Bescheids schützt. Aufgrund der zumeist längeren Verfahrensdauer, bis es zum Erlass eines Bescheids kommt, bestehen daher noch erhebliche Spielräume.[458] Zudem bedarf es stets eines Arrestgrundes, und dafür sind die Anforderungen hoch.[459]

---

452 Löbbe, ZHR 177 (2013), 518 (537 f.).
453 Siehe hierzu etwa §§ 302 ff., §§ 311 ff. AktG
454 Siehe Wiedmann/Funk, BB 2015, 2627 (2630).
455 BT-Drs. 17/11053, S. 23; vgl. auch Rogall, in: KK-OWiG, § 30 Rn. 253.
456 Siehe hierzu Rogall, in: KK-OWiG, § 30 Rn. 254.
457 So auch Wiedmann/Funk, BB 2015, 2627 (2630).
458 So auch Wiedmann/Funk, BB 2015, 2627 (2630).
459 Siehe zum Vermögensarrest die Ausführungen im 4.Kapitel D. und Wiedmann/Funk, BB 2015, 2627 (2630).

b) *Sanktionierung der Konzernobergesellschaft und konzernrechtliche Schutzvorschriften*

In der Literatur ist es zudem streitig, ob eine Konzernobergesellschaft „Inhaber" i.S.d. § 130 OWiG der Tochtergesellschaft sein kann.[460] Es besteht daher eventuell auch eine Möglichkeit, bei Umstrukturierungen in Konzernstrukturen gegen die Muttergesellschaft vorzugehen,[461] so dass Haftungslücken zumindest in bestimmten Konstellationen vermieden werden könnten.

Zudem bestehen spezifische konzernrechtliche Schutzvorschriften (siehe etwa §§ 302 ff., 311 ff. AktG), die in den Fällen der Vermögensverschiebung im Wege der Einzelrechtsnachfolge relevant werden können.[462]

c) *Haftung des Rechtsnachfolgers bei wirtschaftlicher Nahezu-Identität*

Nach wohl herrschender Meinung gilt die Rechtsprechung zur wirtschaftlichen Nahezu-Identität (3. Kapitel B. I. 1.) zudem weiterhin fort. Auch hierdurch könnten gewisse Lücken geschlossen werden. Liegt nach den im 3. Kapitel B. I. 2.-4. beschriebenen Kriterien zudem keine Rechtsnachfolge im tatsächlichen Sinne vor bzw. haftet der Rechtsnachfolger direkt aus § 30 OWiG, ist zudem auch eine bußgeldrechtliche Haftung möglich.

2. *Grenzen des übertragenden Rechtsträgers bei Vermögensübertragungen zur Haftungsvermeidung*

Weiter ließ der Gesetzgeber, wie bereits ausgeführt, in § 30 Abs. 2a OWiG im Hinblick auf den Tatbestand der Spaltung (§ 123 UmwG) nur diejenigen Fälle unberücksichtigt, in denen der übertragende Rechtsträger fortbesteht.[463] Da der übertragende Rechtsträger im Falle des Fortbestands grundsätzlich in Anspruch genommen werden kann. Problematisch ist es jedoch, wie bereits geschildert, wenn der übertragende Rechtsträger einen wesentlichen Teil seines Vermögens auf den übernehmenden Rechtsträger übertragen hat, und ersterer daher nicht mehr in der Lage ist, die verhängte Geldbuße zu bezahlen.[464] Zu überprüfen ist hierbei, welche Einschränkungen für den übertragenden Rechtsträger bestehen, insbesondere im Hinblick auf Vermögensübertragungen und ob trotz der

460 Siehe Näheres zur Haftung im Konzern im 5. Kapitel.
461 Siehe Näheres zur Haftung im Konzern im 5. Kapitel.
462 Siehe hierzu Löbbe, ZHR 177 (2013), 518 (538).
463 Siehe auch Wiedmann/Funk, BB 2015, 2627 (2631).
464 So Wiedmann/Funk, BB 2015, 2627 (2631).

Übertragung der Vermögenswerte eine Zugriffsmöglichkeit auf diese Vermögenswerte für den Staat besteht.

a) *Kapitalerhaltungsvorschriften §§ 30, 31 GmbHG, §§ 57 ff. AktG*

Bei einer GmbH haften die Gesellschafter beispielsweise nach §§ 31 Abs. 1, 30 Abs. 1 S. 1 GmbHG der Gesellschaft, wenn sie das zur Erhaltung des Stammkapitals erforderliche Gesellschaftsvermögen ausgezahlt bekommen haben.[465] Aktiva dürfen hiernach nur in solch einer Höhe ausgezahlt werden, dass noch die Deckung der Passiva einschließlich des Stammkapitals gesichert ist. Hierbei zählen zu den Passiva insbesondere das Fremdkapital und die Rückstellungen.[466] Rückstellungen sind nach § 249 Abs. 1 S. 1 1. Alt. HGB für alle ungewissen Verbindlichkeiten (Passivierungspflicht) zu bilden, wenn eine Inanspruchnahme wahrscheinlich ist.[467] Eine ungewisse Verbindlichkeit kann auch eine drohende Geldbuße sein, hier steht sowohl die Höhe als auch der Zeitpunkt ihres Entstehens vor der Festsetzung noch nicht fest.[468] Aber die wirtschaftliche Ursache ist schon durch die bußgeldbewehrte Handlung existent.[469] Eine Inanspruchnahme in diesem Sinne ist bei einer Geldbuße dann wahrscheinlich, wenn bereits Ermittlungsmaßnahmen begonnen hatten und aufgrund von konkreten Tatsachen eine Verhängung einer solchen zu erwarten ist.[470] Ist dann aufgrund von Vermögensverschiebungen nach Beginn dieses Ereignisses eine Zahlung der Geldbuße nicht mehr möglich, haftet der Gesellschafter der betroffenen Gesellschaft auf Erstattung des Geleisteten.[471] Entsprechende Vorschriften zur Kapitalerhaltung gibt es auch im Aktienrecht in den §§ 57 ff. AktG.

b) *Haftung aus § 826 BGB*

Zudem kommt nach § 826 BGB eine Haftung der Gesellschafter in Betracht, einerseits wegen eines existenzvernichtenden Eingriffs und anderseits wegen

---

465 Siehe Wiedmann/Funk, BB 2015, 2627 (2631).

466 Vgl. Altmeppen, in: Roth/Altmeppen, GmbHG, § 30 Rn. 8; Wiedmann/Funk, BB 2015, 2627 (2631).

467 Vgl. Böcking/Gros, in: Ebenroth/Boujong/Joost/Strohn, HGB, § 249 Rn. 27; Wiedmann/Funk, BB 2015, 2627 (2631).

468 So auch Wiedmann/Funk, BB 2015, 2627 (2631).

469 So Wiedmann/Funk, BB 2015, 2627 (2631).

470 Siehe Lüdeke/Skala, BB 2004, 1436 (1438); Wiedmann/Funk, BB 2015, 2627 (2631).

471 Vgl. Fastrich, in: Baumbach/Hueck, GmbHG, § 31 Rn. 1; Wiedmann/Funk, BB 2015, 2627 (2631).

eines planmäßigen Entzugs des Gesellschaftsvermögens.[472] Diese Haftung nach § 826 BGB wegen existenzvernichtenden Eingriffs wurde für die Fälle entwickelt, in denen der Schutz der Kapitalerhaltungsregeln (§§ 30, 31 GmbHG und §§ 57 ff. AktG) versagt.[473] Tatbestandsvoraussetzung ist das Vorliegen eines Eingriffs, welcher die Insolvenzreife herbeiführt oder diese weiter vertieft.[474] Ein solcher Eingriff liegt vor, wenn der Gesellschaft durch eine Maßnahme[475] die Möglichkeit genommen wird, ihre Verbindlichkeiten[476] – ganz oder wenigstens teilweise – zu erfüllen.[477] Bei dem Anspruch wegen existenzvernichtenden Eingriffs handelt es sich um einen Anspruch der Gesellschaft gegen den „eigenen" Gesellschafter (Binnenanspruch).[478] Dieser ist auf Schadenersatz gerichtet. Der Schadensersatzanspruch wegen planmäßigen Entzugs des Gesellschaftsvermögens ist hingegen ein Anspruch der Gläubiger gegen die Gesellschafter sowie gegen die empfangenden Rechtsträger.[479]

c) *Strafbarkeit nach § 283 StGB und § 266 StGB*

In strafrechtlicher Hinsicht können noch zwei Tatbestände in Betracht kommen. Dies ist zum einen der Bankrott (§ 283 Abs. 1 Nr. 1 StGB) und zum anderen die Untreue (§ 266 Abs. 1 StGB).[480] Wenn der Geschäftsführer als gesetzlicher Vertreter der Gesellschaft Vermögensbestandteile der Gesellschaft beiseiteschafft,

---

472 Siehe hierzu Löbbe, ZHR 177 (2013), 518 (537 Fn. 70); Wiedmann/Funk, BB 2015, 2627 (2631).

473 Beispielsweise wenn der Gesellschafter aus dem Vermögen der Gesellschaft weder unmittelbar noch mittelbar etwas erhalten hatte; vgl. Emmerich/Habersack, Konzernrecht, § 31 Rn. 2; Wiedmann/Funk, BB 2015, 2627 (2631).

474 So auch Emmerich/Habersack, Konzernrecht, § 31 Rn. 12; Wiedmann/Funk, BB 2015, 2627 (2631).

475 Z.B. eine Verlagerung von Geschäftsfeldern auf andere Konzerngesellschaften; vgl. Wiedmann/Funk, BB 2015, 2627 (2631).

476 Auch z.B. eine auferlegte Geldbuße; Wiedmann/Funk, BB 2015, 2627 (2631).

477 Vgl. BGH, Urt. v. 24.6.2002 – II ZR 300/00, NZG 2002, 914 (915); Wiedmann/Funk, BB 2015, 2627 (2631).

478 Siehe Wagner, in: Habersack, MüKomm-BGB, § 826 Rn. 170.

479 Vgl. Wiedmann/Funk, BB 2015, 2627 (2631); die Gesellschafter einer GmbH und eine beherrschte Schwestergesellschaft haften hiernach beispielsweise den Gläubigern der GmbH nach § 826 BGB auf Schadensersatz, wenn sie planmäßig der GmbH das Vermögen entziehen und es auf die Schwestergesellschaft übertragen, damit die Gesellschaftsgläubiger der GmbH auf dieses Vermögen nicht mehr zugreifen können (vgl. BGH, Urt. v. 20.9.2004 – II ZR 302/02, NJW 2005, 145 (146)).

480 So auch Wiedmann/Funk, BB 2015, 2627 (2632).

kann er sich wegen Bankrotts (§ 283 Abs. 1 Nr. 1 StGB) strafbar machen.[481] Der Zweck des § 283 StGB ist es, die Insolvenzmasse zu sichern, im Interesse der gesamten Gläubigerschaft.[482] Zudem kommt die Tatbestandsverwirklichung des Straftatbestandes der Untreue in Betracht, auch in Tateinheit zum Bankrott.[483] Der Tatbestand der Untreue kann beispielsweise durch Verfügungen eines GmbH-Geschäftsführers erfüllt werden, wenn diese das Stammkapital der Gesellschaft schmälern.[484]

d) *Insolvenzanfechtung und Anfechtung nach dem Anfechtungsgesetz*

Auch eine Insolvenzanfechtung käme, da der Anspruch des Fiskus auf Zahlung einer Geldbuße nach § 39 Abs. 1 Nr. 3 InsO zu den Insolvenzanforderungen zählt, in Betracht.[485] Zu denken ist zudem – außerhalb des Insolvenzverfahrens – an eine Anfechtung nach dem Anfechtungsgesetz.[486]

3. *Ergebnis*

Wie sich gezeigt hat, können bei der Haftungsvermeidung durch Vermögensübertragung den Geschäftsführern und Gesellschaftern des Unternehmens erhebliche Haftungsrisiken und strafrechtliche Sanktionen drohen. Auch sind steuerliche Nachteile zu beachten.[487] So unterliegen bei einem Asset Deal beispielsweise die Gewinne des Verkäufers in voller Höhe der Körperschafts- und Gewerbesteuer.[488] Zudem sind Beratungskosten und andere Folgekosten nicht zu unterschätzen.[489] Weiter können Probleme mit wichtigen Geschäftspartnern des Rechtsträgers entstehen, wenn diese beispielsweise einem Übergang der Verträge auf einen (Einzel-)Rechtsnachfolger nicht zustimmen.[490] In Betracht

---

481 Hierzu Habetha, NZG 2012, 1134 (1134).

482 Vgl. Kindhäuser, in: Kindhäuser/Neumann/Paeffgen-StGB, § 283, Rn. 8: „Gläubigerbefriedigung“.

483 So Habetha, NZG 2012, 1134 (1135); Kindhäuser, in: Kindhäuser/Neumann/Paeffgen-StGB, § 266, Rn. 130.

484 Vgl. Kindhäuser, in: Kindhäuser/Neumann/Paeffgen-StGB, § 266, Rn. 60; Wiedmann/Funk, BB 2015, 2627 (2631).

485 Siehe hierzu Hirte, in: Uhlenbruck, Insolvenzordnung: InsO, § 39 Rn. 23; Löbbe, ZHR 177 (2013), 518 (537 Fn. 70).

486 So auch Wiedmann/Funk, BB 2015, 2627 (2632).

487 Siehe hierzu Wiedmann/Funk, BB 2015, 2627 (2632).

488 Vgl. Wiedmann/Funk, BB 2015, 2627 (2632 Fn. 63).

489 So auch Wiedmann/Funk, BB 2015, 2627 (2632).

490 Siehe hierzu auch Wiedmann/Funk, BB 2015, 2627 (2632).

zu ziehen sind weiter Reputationsschäden, Auswirkungen auf Ratings oder auf Kreditvereinbarungen.[491]

V. Weitere Kritikpunkte an § 30 Abs. 2a OWiG

Außerhalb derzeit bestehender Sanktionslücken und anderer klarstellungsbedürftigen Aspekte finden sich zudem noch weitere Kritikpunkte an § 30 Abs. 2a OWiG, welche noch genauer betrachtet werden müssen.

1. Übergang des Verfahrens auf den Rechtsnachfolger ohne Neubeginn

Gem. § 30 Abs. 2a S. 3 OWiG tritt der Rechtsnachfolger oder die Rechtsnachfolger mit dem Wirksamwerden der Nachfolge in die Verfahrensposition (bzw. die verfahrensrechtliche Stellung) des Rechtsvorgängers ein. Verfahrenshandlungen des Rechtsvorgängers und solche gegen diesen wirken damit gegen den Nachfolger.[492] Hierbei hätte angesichts der Gefahren, welche von einer solchen Verbandsgeldbuße ausgehen, zumindest erwogen werden müssen, ob nicht ein Neubeginn des Verfahrens rechtsstaatlich geboten ist.[493] In den Gesetzesmaterialien findet sich darüber nichts.[494]

2. § 30 Abs. 2a OWiG als zu weitgehende Regelung

Wie geschildert ist die Regelung des § 30 Abs. 2a OWiG teilweise zu eng (Sanktionslücken). Teilweise wird aber die Regelung auch als zu weitgehend empfunden.[495] Zu Recht hat der Gesetzgeber Missbrauchsfällen entgegentreten wollen. Allerdings wird durch die Regelung der überwiegende Teil von Umwandlungen, denen rein betriebswirtschaftliche Erwägungen zu Grunde liegen, auch erheblich belastet. So werden auch Fallkonstellationen erfasst, bei denen wenig für ein „bußgeldrechtliches Einstehenmüssen" des Gesamtrechtsnachfolgers spricht.[496] Gemessen an dem gesetzgeberischen Ziel[497], durch Schaffung der Regelungen die durch die Rechtsprechung des BGH offenbar gewordene Lücke zu schließen, verdient die Regelung daher Kritik und der Gesetzgeber sollte überlegen, welche Einschränkungen eventuell sinnvoll sein könnten.

491 Ähnlich Wiedmann/Funk, BB 2015, 2627 (2632).
492 So auch Förster, in: RRH-OWiG, § 30 Rn. 50d.
493 So auch Heinichen, WRP 2012, 159 (165).
494 Siehe BT-Drs. 17/11053, S. 29.
495 Siehe beispielsweise Haase/Brouwer, CCZ 2018, 276 (279).
496 So auch Haase, Brouwer, CCZ 2018, 276 (279).
497 Vgl. BT-Drs. 17/9852, S. 40 (S. 49); BT-Drs. 17/11053, S. 26 (S. 28 f.).

Es kämen etwa Einschränkungen bei einem Unternehmenskauf in Frage. Beispielsweise bei der Gesamtrechtsnachfolge nach einem Unternehmenskauf, bei dem das Risiko einer drohenden Verbandsgeldbuße vom Käufer unentdeckt geblieben ist und sich im Kaufpreis nicht niedergeschlagen hat.[498] Eine Sanktionierung des Rechtsnachfolgers ist hier schwerlich begründbar und dürfte gegen den Verhältnismäßigkeitsgrundsatz verstoßen.[499] Allerdings kann sich der Käufer in manchen Konstellationen mit einer Haftungsfreistellungsklausel im Kaufvertrag behelfen.

3. *Nichtberücksichtigung des Schuldgrundsatzes*

Auch für das Ordnungswidrigkeitenrecht beansprucht der Schuldgrundsatz („nulla poena sine culpa") zudem Gültigkeit, wonach ein Vorwurf eine verantwortlich begangene Tat voraussetzt.[500] Nach Rogall wird das normwidrige Verhalten eines Repräsentanten dem Verband als eigenes rechtswidriges und schuldhaftes Verhalten zugerechnet.[501] Die Verbandsgeldbuße ist Ausdruck einer Verantwortlichkeit für eigene Delinquenz.[502] Der Verband ist zwar selbstständiger Träger von Rechten und Pflichten, aber diese werden von den Repräsentanten wahrgenommen beziehungsweise erfüllt.[503] Muss der Gesamtrechtsnachfolger des Täterrechtsträgers für das Fehlverhalten von dessen Repräsentanten bußgeldrechtlich einstehen, drängt sich die Annahme einer Verletzung des Schuldgrundsatzes beziehungsweise von Verfassungsrecht auf.[504] Teilweise wird aber auch ohne dogmatische Begründung darauf abgestellt, dass es hier nicht um die

---

498 Vgl. BRAK, Stellungnahme der BRAK Nr. 46/2012, S. 8; Von einem auszugleichenden Vorteil seitens des Unternehmenskäufers kann dann nicht gesprochen werden. Bezugstaten für eine Verbandsgeldbuße sind in der Praxis selbst bei einer umfassenden Risikoprüfung (Due Diligence) schwer aufzudecken; vgl. DIHK, Stellungnahme des DIHK v. 4.6.2012, S. 4.

499 Vgl. BRAK, Stellungnahme der BRAK Nr. 46/2012, S. 8.

500 So zumindest Rogall, in: KK-OWiG, § 30 Rn. 8 ff.

501 So Rogall, in: KK-OWiG, § 30 Rn. 8 ff.

502 Ebenso Rogall, in: KK-OWiG, § 30 Rn. 8 ff.

503 So zumindest Rogall, in: KK-OWiG, § 30 Rn. 8 ff.

504 Der Schuldgrundsatz ist eine Ausformung der Art. 1 und Art. 20 GG; so auch Heinichen, WRP 2012, 159 (164). Der Gesetzgeber hat § 30 Abs. 2a OWiG insoweit an § 45 AO angelehnt, wonach bei der Gesamtrechtsnachfolge „die Forderungen und Schulden aus dem Steuerschuldverhältnis" auf den Rechtsnachfolger übergehen (BT-Drs. 17/11053, S. 28). § 45 AO passt aber nicht als Anknüpfungspunkt, da „steuerrechtliche Schuld" und „ordnungswidrigkeitenrechtliche Verantwortlichkeit" nicht vergleichbar sind.

Zurechnung fremder Schuld gehe, sondern um die Übertragung beziehungsweise „Übernahme" der „Geldbußlast" des Rechtsvorgängers.[505] Hier sollte vom Gesetzgeber bei einer neuen Gesetzgebung eine genauere Herleitung erfolgen bzw. eine Klarstellung, ob es hier tatsächlich um eine „Übernahme" der Geldbußlast geht.

VI. Fazit und Überlegungen für eine Verbesserung – de lege ferenda

Generell ist zunächst festzustellen, dass es einer Rechtsnachfolgeregelung bedarf.[506] Der Rechtsnachfolger ist aktiv am Umwandlungsvorgang beteiligt und teilweise handelt es sich bei dem Umwandlungsvorgang im Einzelfall sogar um eine gezielte Maßnahme zur Haftungsabschottung. Weiter verbleiben möglicherweise sogar zivilrechtliche Haftungsansprüche, wenn beim Unternehmenskauf eine entsprechende Bußgeldlast nicht bekannt war bzw. verschwiegen wurde.

Abgesehen davon dient eine solche Rechtsnachfolgeregelung der Prävention, wenn feststeht, dass hohe Bußgelder nicht mehr durch gezielte Umstrukturierungen vermieden werden können. So ist eine funktionstüchtige Rechtspflege nach dem Rechtsstaatsprinzip im Sinne des Art. 20 Abs. 3 GG nicht nur im Bereich des Strafrechts erforderlich[507], sondern auch im Bereich des Ordnungswidrigkeitenrechts.[508] Eine wirksame Verfolgung muss auch durch eine effektive Sanktionierung sichergestellt sein. Es darf keine Umgehungsmöglichkeiten geben, die die spezial- und generalpräventive Wirkung der Verbotsnormen mindern, beseitigen oder bei denen die Gefahr besteht, dass aufwendige und komplexe Gerichtsverfahren zur Sanktionierung von Unternehmen ins Leere laufen und damit sinnlos werden.[509] Zudem erscheint eine gesetzliche Regelung bedenklich, die konzernverbundene Unternehmen bevorzugt, wenn man diese

505 Siehe Achenbach, wistra 2012, 413 (417).

506 Eine Alternative zur Bußgeldfestsetzung gegen den Rechtsnachfolger könnte teilweise die Vorteilsabschöpfung sein, vgl. zur Vorteilsabschöpfung im Kartellrecht Raum, FS Hirsch, S. 301 ff.

507 Vgl. BVerfG Beschl. v. 12.10.2011 – 2 BvR 236/08, NJW 2012, 833 (840) m.w.N.

508 Vgl. BVerfG Beschl. v. 21.6.1977 – 2 BvR 70, 361/75, NJW 1977, 1629 (1630); zudem kommt der Verhinderung, Aufklärung und Verfolgung von Straftaten und Ordnungswidrigkeiten nach dem Grundgesetz eine hohe Bedeutung zu; vgl. BVerfG Beschl. v. 12.10.2011 – 2 BvR 236/08, NJW 2012, 833 (840) m.w.N.

509 So auch Mühlhoff, NZWiSt 2013, 321 (324); viele Sanktionsvorschriften dienen zudem der Sicherstellung und Förderung eines funktionierenden, chancengleichen Wettbewerbs – ein verfassungsrechtlich legitimes Ziel, welches dem Gemeinwohl dient (siehe Mühlhoff, NZWiSt 2013, 321 (324)).

mit Unternehmen mit geringeren Möglichkeiten zu entsprechender Umstrukturierung vergleicht.[510]

Bei genauerer Betrachtung weist die Neuregelung des § 30 Abs. 2a OWiG allerdings zahlreiche Auslegungsfragen auf, die der Gesetzgeber nicht geregelt hat. Zusätzlich finden sich zahlreiche Sanktionslücken, die unter Beachtung der derzeitigen Möglichkeiten der Haftungserstreckung, und der Hürden und Risiken der Umstrukturierung noch zu schließen sind.[511] An vielen Stellen muss der Gesetzgeber zudem noch Klarstellungen treffen.

Folgende Dinge sollten daher nochmals überdacht werden: Der Gesetzgeber hat in § 30 Abs. 2a S. 1 OWiG lediglich solche Fälle geregelt, in denen der übertragende Rechtsträger liquidationslos erlischt.[512] Hier wäre eine weitergehende Regelung zu erwägen. Weiter ist fraglich, ob § 30 Abs. 2a OWiG mit dem Schuldgrundsatz zu vereinbaren ist. Hier fehlt es an einer dogmatischen Fundierung. Auch schießt die Regelung teilweise über das Ziel, die vom BGH aufgezeigten Sanktionslücken zu schließen, in verfassungsrechtlich bedenklicher Weise hinaus. Hier könnte die Regelung etwa in den Fällen, in welchen keine Bußgeldumgehung geplant ist, zu weitgehend sein. Problematisch erscheint zudem das Fehlen von gesetzlichen Vorgaben für die verwaltungsbehördliche oder gerichtliche Entscheidung z.B. wie im Falle der partiellen Gesamtrechtsnachfolge die Teilrechtsnachfolger in Anspruch zu nehmen sind, und es ist zudem unklar, ob § 17 Abs. 4 OWiG Anwendung findet. Die Grundsätze einer solchen Entscheidung sollten durch den Gesetzgeber festgelegt werden. Auch ist zweifelhaft, ob durch § 30 Abs. 6 OWiG wirklich Vermögensverschiebungen im Wege der Einzelrechtsnachfolge vermieden werden können.[513] Hier fehlt es an einer Regelung, die an eine bereits erfolgte Vermögensverschiebung anknüpft.

Generell sollte im ersten Schritt bei Überlegungen zur Abänderung der Rechtsnachfolgeregelung zur Schließung der verbliebenen Lücken der tatsächliche Handlungsbedarf abgesteckt werden. Falls Anpassungen notwendig sind, sollten diese unter Berücksichtigung des Verhältnismäßigkeitsgrundsatzes ausgestaltet werden. Quasi als Kompromiss könnte eine an der tatsächlichen

510 Gebot einer möglichst gleichmäßigen (Straf-) Rechtspflege.

511 Siehe im 3. Kapitel B. I. – IV.

512 Siehe Wiedmann/Funk, BB 2015, 2627 (2629).

513 Siehe zu § 30 Abs. 6 OWiG noch genauer im 4. Kapitel D.

Vermögensverschiebung orientierte Ausweitung der Ahndungs- bzw. Abschöpfungsmöglichkeiten in Betracht gezogen werden.[514]

C. § 130 OWiG als bedeutsamste Anknüpfungstat des § 30 OWiG

Im Folgenden soll nun § 130 OWiG als wichtigste Anknüpfungstat des § 30 OWiG zumindest kursorisch dargestellt werden.

I. Vorbemerkung

Sucht man außerhalb des Kartellrechts nach Zahlen, die die Bedeutung des § 130 OWiG in der Verfolgungspraxis darstellen, wird man nur schwer fündig.[515] Das Einsatzpotential des § 130 OWiG ist allerdings gewaltig, so dass dieser Paragraph genauer betrachtet werden sollte. So kommt der Norm § 130 OWiG im Wirtschaftsstrafrecht eine große Bedeutung zu, weil die Verletzung der Aufsichtspflicht eine betriebsbezogene Ordnungswidrigkeit und damit eine Anknüpfungstat i.S.d. § 30 OWiG ist.[516] Unternehmerisches Handeln ist von Arbeitsteilung und Delegation von Kompetenzen geprägt.[517] Daher werden den Pflichtenkreis eines Unternehmens betreffende Straftaten und Ordnungswidrigkeiten häufig nicht durch leitungsbefugte Personen begangen, sondern durch andere Mitarbeiter des Unternehmens.[518] Nach § 130 OWiG kann mit Geldbuße sanktioniert werden, wer als Inhaber eines Betriebes oder Unternehmens

---

514 Siehe Wiedmann/Funk, BB 2015, 2627 (2633); der gutgläubige Erwerb durch Dritte sollte im Rahmen von Unternehmenskäufen und im Rahmen einer neu zu entwerfenden Vorschrift berücksichtigt werden.

515 Fragebogenaktionen zur Vorbereitung von Dissertationen lässt sich entnehmen, dass dem § 130 OWiG außerhalb von Kartellverfahren allerdings nur eine untergeordnete Rolle zugewiesen wird; in maximal 5–8% der Fälle von Wirtschaftskriminalität kommt § 130 OWiG zur Anwendung; so z.B. Geismar, Der Tatbestand der Aufsichtspflichtverletzung bei der Ahndung von Wirtschaftsdelikten, S. 124. Interviewt wurden von ihr im Jahr 2011 97 Vertreter von 32 deutschen Schwerpunktstaatsanwaltschaften zur Frage der Anwendung und Effizienz des § 130 OWiG in der Praxis. An der Universität Konstanz wurden im Rahmen eines Projekts in den Jahren 2010 bis 2012 14 Experten hauptsächlich zu ihren Erfahrungen mit dem Sanktionsdurchgriff im Unternehmensverbund befragt, dazu Wiesenack/Klein, in: Eisele/Koch/Theile, Der Sanktionsdurchgriff im Unternehmensverbund, S. 5 (S. 9 ff.).

516 So v. Galen/Maass, in: Leitner/Rosenau, Wirtschafts- und Steuerstrafrecht, S. 953.

517 Vgl. v. Schreitter, NZKart 2016, 253 (254).

518 Vgl. v. Schreitter, NZKart 2016, 253 (254).

vorsätzlich oder fahrlässig die Aufsichtsmaßnahmen unterlässt, die erforderlich sind, um in dem Betrieb oder Unternehmen Zuwiderhandlungen gegen Pflichten zu verhindern, die den Inhaber treffen und deren Verletzung mit Strafe oder Geldbuße bedroht ist und welche durch gehörige Aufsicht verhindert oder wesentlich erschwert worden wären.[519] Ein wichtiges Ziel des § 130 OWiG ist es, sicherzustellen, dass in Betrieben und Unternehmen Vorkehrungen zur Verhinderung von betriebsbezogenen Zuwiderhandlungen getroffen werden.[520] So sorgt § 130 OWiG für normgerechtes Verhalten in Unternehmen.[521] Grundgedanke ist, dass Inhaber wirtschaftlich tätiger Verbände, die mit dem Betrieb bzw. dem Unternehmen eine Gefahrenquelle eröffnen, gleichzeitig aber nicht sämtliche sie betreffenden Pflichten selbst erfüllen können, durch eine sachangemessene Aufsicht zumindest dafür Sorge tragen müssen, dass aus ihrem Organisationskreis heraus möglichst keine Normverstöße begangen werden.[522]

Insgesamt wird der Bußgeldtatbestand der Aufsichtspflichtverletzung des § 130 OWiG ganz überwiegend als subsidiärer (Auffang-) Tatbestand angesehen.[523] Es ist allerdings umstritten, ob § 130 OWiG als abstraktes oder konkretes Gefährdungsdelikt einzustufen ist.[524]

II. Haftungsvoraussetzungen

Im Folgenden sollen die Sanktionsvoraussetzungen des § 130 OWiG nun kursorisch dargestellt werden.[525] § 130 OWiG statuiert sieben Haftungsvoraussetzungen:[526] Es muss eine Aufsichtspflicht durch den Inhaber des Betriebs oder des Unternehmens unterlassen worden sein. Diese Aufsichtspflicht muss für sich genommen notwendig sein, um in dem Betrieb oder Unternehmen

519 Siehe § 130 OWiG Abs. 1 OWiG.

520 Siehe hierzu auch Rogall, in: KK-OWiG, § 130 OWiG Rn. 1; als auch Beck, in: BeckOK-OWiG, § 130 Rn. 4.

521 Hierzu Achenbach NZWiSt 2012, 321 (323); v. Galen/Maass, in: Leitner/Rosenau, Wirtschafts- und Steuerstrafrecht, S. 953.

522 § 130 OWiG ist Ausdruck einer speziell ausgeformten Garantenhaftung; siehe Muders, Die Haftung im Konzern für die Verletzung des Bußgeldtatbestandes des § 130 OWiG, S. 44.

523 Siehe v. Galen/Maass, in: Leitner/Rosenau, Wirtschafts- und Steuerstrafrecht, S. 954.

524 Hierzu v. Galen/Maass, in: Leitner/Rosenau, Wirtschafts- und Steuerstrafrecht, S. 955.

525 Eine allumfassende Darstellung des § 130 OWiG würde wiederum den Rahmen der Arbeit sprengen und ist hier daher nicht angestrebt, vielmehr soll der Fokus der Arbeit auf der Darstellung des § 30 OWiG de lege lata und de lege ferenda liegen.

526 Vgl. zu den sieben Haftungsvoraussetzungen: v. Schreitter, NZKart 2016, 253 (254).

Zuwiderhandlungen zu verhindern (dies beinhaltet die Bestellung, sorgfältige Auswahl und Überwachung von Aufsichtspersonen). Die Zuwiderhandlungen müssen auf Pflichten bezogen sein, die gerade den Inhaber treffen. Die Verletzung dieser Pflicht muss ihrerseits mit Strafe oder Geldbuße bedroht sein. Die Zuwiderhandlung wäre bei adäquater Wahrung der Aufsichtspflicht zumindest wesentlich erschwert, wenn nicht gar verhindert worden. Der von § 130 OWiG adressierte Inhaber muss hierbei wenigstens fahrlässig handeln.

1. Normadressatenkreis

§ 130 OWiG begrenzt als Sonderdelikt den Normadressatenkreis auf die Inhaber von Betrieben und Unternehmen. Auf die Inhaberstellung wird später noch intensiv eingegangen.[527] Die Eigentümerstellung oder Kapitalbeteiligung spielt – jedenfalls nach der herrschenden Meinung – hierfür keine Rolle.[528] Grob gesagt ist Inhaber derjenige, dem die Erfüllung der den Betrieb oder das Unternehmen treffenden Pflichten obliegen.[529]

2. Das Zusammenspiel mit den §§ 9, 130 OWiG

Wenn Inhaber eines Betriebes eine juristische Person ist, dann ist § 130 OWiG zusammen mit § 9 OWiG anzuwenden.[530] Die §§ 9, 130 und 30 OWiG konstituieren also insgesamt den Kern des geltenden Unternehmens- oder Verbandstrafrechts auf der Leitungsebene. Für den Bereich des Ordnungswidrigkeitenrechts regelt § 9 OWiG nämlich die sog. Organ- und Vertreterhaftung.[531] Über § 9 OWiG kann daher auch dann eine Ordnungswidrigkeit nach § 130 OWiG begangen werden, wenn der Inhaber des Unternehmens oder des Betriebes selbst nicht eine Aufsichtspflichtverletzung begangen hat, dafür aber eine in § 9 OWiG aufgeführte Person.[532] Bei diesen sog. Pflicht- bzw. Sonderdelikten, bei denen Täter

---

527 Siehe zum Adressatenkreis insbesondere die Ausführungen im 5. Kapitel B. I.

528 Vgl. Rogall, in: KK-OWiG, § 130 OWiG Rn. 25; v. Galen/Maass, in: Leitner/Rosenau, Wirtschafts- und Steuerstrafrecht, S. 955.

529 Siehe v. Galen/Maass, in: Leitner/Rosenau, Wirtschafts- und Steuerstrafrecht, S. 956.

530 Siehe v. Galen/Maass, in: Leitner/Rosenau, Wirtschafts- und Steuerstrafrecht, S. 956.

531 Vgl. Theile/Petermann, JuS 2011, 496 (497); v. Galen/Maass, in: Leitner/Rosenau, Wirtschafts- und Steuerstrafrecht, S. 959.

532 Sachlich stimmt die Vorschrift mit § 14 StGB überein; vgl. hierzu Gürtler, in: Göhler OWiG, § 9 Rn. 6, § 130 Rn. 4 ff.; § 9 Abs. 1 OWiG und § 130 OWiG begründet im Zusammenspiel mit der Anknüpfungstat einen eigenständigen, sich unmittelbar an das Organ richtenden Tatbestand; siehe Schorn, BB 2010, 1345 (1346).

nur sein kann, wer eine besondere Eigenschaft aufweist, dehnt § 9 OWiG den personalen Anwendungsbereich der Pflichtdelikte aus.[533] Über § 30 OWiG kann dann dem Verband eine Verletzung der Aufsichtspflicht (§ 130 OWiG) und folglich auch eine Zuwiderhandlung, welche sich unterhalb der gesetzlichen Vertretung (Organschaft, Leitungsebene) befindet, zugerechnet werden.[534]

Bei Begehung einer Straftat bzw. einer Ordnungswidrigkeit durch einen Mitarbeiter unterhalb der Leitungs- und Kontrollebene ist immer zu prüfen, ob dies durch eine Leitungsperson gefördert wurde – etwa durch Beihilfe oder Unterlassen – und sich somit die Leitungsperson selbst strafbar gemacht bzw. sich ordnungswidrig verhalten hat.[535] Falls dies nicht der Fall ist, ist bei einer Verletzung der Aufsichtspflicht nach § 130 OWiG immer noch eine Verbandsgeldbuße möglich.[536]

3. *Objektiver Tatbestand und objektive Bedingung der Ahndung*

Der objektive Tatbestand von § 130 OWiG setzt das Unterlassen einer Aufsichtsmaßnahme voraus, welche erforderlich und zumutbar sein muss, um der Gefahr von Zuwiderhandlungen, welche betriebsbezogene Pflichten betreffen, entgegenzuwirken.[537] Sowohl sich aus Sonderdelikten ergebende Pflichten als auch Pflichten aus Allgemeindelikten werden erfasst, sofern sie im engen Zusammenhang mit der Führung des Betriebs stehen.[538] Im Folgenden sollen nun einzelne Aspekte des objektiven Tatbestandes genauer und auch die objektive Bedingung der Ahndung näher betrachtet werden.

---

533 Vgl. Engelhart, Sanktionierung von Unternehmen und Compliance, S. 344 f., Adressat bleibt zumeist der Inhaber des Betriebs oder Unternehmens trotz Arbeitsteilung und Dezentralisierung. Handlung und Verantwortung fallen daher vielfach auseinander. Um unangemessene Ahndungslücken zu vermeiden, erweitert § 9 OWiG (bzw. § 14 StGB) den Anwendungsbereich von Tatbeständen mit personenbezogenen Merkmalen auf die unmittelbar handelnden gesetzlichen und gewillkürten Vertreter, um diese straf- oder bußgeldrechtlich zur Verantwortung ziehen zu können; siehe Rogall, in: KK-OWiG, § 9 Rn. 7 ff. Über die Vorschrift des § 30 OWiG wird diese Haftung dann auch auf die Gesellschaft selbst erstreckt.

534 Vgl. Rogall, in: KK-OWiG, § 30 OWiG Rn. 12.

535 Vgl. Rogall, in: KK-OWiG, § 30 OWiG Rn. 13; zur Geschäftsherrenhaftung vgl. BGH, Urt. v. 20.10.2011 – 4 StR 71/11, NJW 2012, 1237.

536 Siehe hierzu auch Rogall, in: KK-OWiG, § 30 OWiG Rn. 13.

537 Vgl. hierzu Rogall, in: KK-OWiG, § 130 OWiG Rn. 38.

538 Siehe BT-Drs. 16/3656, S. 14 f.

a) Unterlassen von erforderlichen und zumutbaren Aufsichtsmaßnahmen

Im Gesetz werden die erforderlichen Aufsichtsmaßnahmen nicht weiter bestimmt.[539] Die sorgfältige Auswahl, Bestellung und Überwachung von Aufsichtspersonen erwähnt § 130 Abs. 1 S. 2 OWiG nur beispielhaft, so dass der Tatbestand insgesamt in hohem Maße unbestimmt ist. Für eine „gehörige Aufsicht" sind grundsätzlich alle Organisationsmaßnahmen zu ergreifen, die durchführbar, zumutbar und zur Beachtung der Rechtsordnung erforderlich und geeignet sind.[540] Die Aufsicht ist so auszuüben, dass die für den jeweiligen Betrieb geltenden Pflichten aller Voraussicht nach eingehalten werden.[541] In verfassungskonformer Auslegung des § 130 OWiG muss der Aufsichtspflichtige allerdings nur die Maßnahmen vornehmen, welche erforderlich sind, um die für den Betrieb typischen Zuwiderhandlungen zu verhindern.[542] Es dürfen die Anforderungen an die Aufsichtspflicht – aufgrund des Betriebsfriedens[543] und aufgrund des Verhältnismäßigkeitsprinzips – nicht überspannt werden.[544]

Das Tatbestandsmerkmal „erforderlich" bedeutet, dass die Maßnahme geeignet sein muss, als mildestes Mittel betriebsbezogene Verstöße zu verhindern.[545] In der Literatur wird herausgestellt, dass es auf den jeweiligen Einzelfall ankommt, welche Aufsichtsmaßnahmen situativ geboten sind.[546] Zudem sollen die erforderlichen Aufsichtsmaßnahmen nur dann der gehörigen Aufsicht i.S.v. § 130 OWiG unterfallen, wenn sie objektiv zumutbar sind und die Eigenverantwortung der Betriebsangehörigen beachten.[547] „Daraus ergibt sich einerseits, dass der Unternehmensinhaber nicht dazu verpflichtet ist, ein nahezu flächendeckendes Kontrollnetz aufzubauen und andererseits, dass er grundsätzlich auch

539 So Rogall, in: KK-OWiG, § 130 OWiG Rn. 39; v. Galen/Maass, in: Leitner/Rosenau, Wirtschafts- und Steuerstrafrecht, S. 960.

540 Vgl. v. Schreitter, NZKart 2016, 253 (254).

541 Vgl. v. Schreitter, NZKart 2016, 253 (254).

542 Siehe v. Galen/Maass, in: Leitner/Rosenau, Wirtschafts- und Steuerstrafrecht, S. 961.

543 So BGH, Beschl. v. 11.3.1986, KRB 7/85, wistra 1986, 222; Mutschler-Siebert/Dorschfeldt, BB 2015, 642 (648).

544 Siehe v. Schreitter, NZKart 2016, 253 (254, 255).

545 S. Rogall, in: KK-OWiG, § 130 Rn. 40, Rn. 50; v. Galen/Maass, in: Leitner/Rosenau, Wirtschafts- und Steuerstrafrecht, S. 961.

546 Vgl. v. Galen/Maass, in: Leitner/Rosenau, Wirtschafts- und Steuerstrafrecht, S. 960; Rogall, in: KK-OWiG, § 130 Rn. 42 m.V. u.a. auf Förster, in: RRH-OWiG, § 130 Rn. 14; Gürtler, in: Göhler OWiG, § 130 Rn. 10 und Beck, in: BeckOK-OWiG, § 130 Rn. 41.

547 Vgl. v. Galen/Maass, in: Leitner/Rosenau, Wirtschafts- und Steuerstrafrecht, S. 961 f.; BGH, Beschl. v. 25.6.1985 – KRB 2/85, NStZ 1986, 34 f.; BGH, Beschl. v. 11.3.1986 – KRB 7/85, wistra 1986, 222 (223); v. Schreitter, NZKart 2016, 253 (255).

darauf vertrauen darf, dass seine Mitarbeiter ihren Pflichten nachkommen."[548] Die Oberaufsicht obliegt immer dem Inhaber. Dieser ist zu keiner Zeit von einer entsprechenden Beaufsichtigung völlig befreit, auch nicht im Falle einer zulässigen Delegation.[549] Zur Wahrung der Aufsichtspflicht ist es aber ausreichend, wenn der Inhaber Vorkehrungen trifft und jeweils überwacht, welche die von ihm betrauten Personen in die Lage versetzen, den gesetzlichen Pflichten nachzukommen.[550] Einer „Rest-Aufsichtspflicht" kann der Inhaber sich aber nie entledigen.[551] Prinzipiell kann man sagen, dass eine gehörige Aufsicht Leitungs-, Koordinations-, Organisations- und Kontrollpflichten beinhaltet.[552] Da § 130 OWiG als Unterlassungsdelikt strukturiert ist, ergibt sich zudem, dass vom Unternehmensinhaber nur Aufsichtsmaßnahmen verlangt werden können, die ihm objektiv zumutbar und daher auch tatsächlich und rechtlich möglich sind.[553] Gerade wenn Konzerngesellschaften zum Normadressatenkreis hinzugezählt werden,[554] ist dies zu beachten.[555]

b) Zuwiderhandlung als objektive Bedingung der Ahndbarkeit

Die Ahndung einer Aufsichtspflichtverletzung in einem Unternehmen oder Betrieb ist nur unter der objektiven Bedingung möglich, dass nachweislich unter Verstoß gegen die Aufsichtspflicht eine mit Strafe bzw. Geldbuße bedrohte Zuwiderhandlung gegen eine betriebsbedingte Pflicht begangen wurde, welche den Unternehmens- bzw. Betriebsinhaber trifft und bei entsprechender ordnungsgemäßer Aufsichtspflicht verhindert oder zumindest erheblich erschwert worden wäre.[556] Nach § 130 OWiG handelt der Täter also nur dann ordnungswidrig, wenn eine Zuwiderhandlung auch tatsächlich begangen wurde.[557] Eine auf ein Unterlassen zurückführbare Zuwiderhandlungsgefahr allein begründet damit noch keine Bußbarkeit. Die Zuwiderhandlung ist eine objektive Bedingung der

---

548 Rogall, in: KK-OWiG, § 130 OWiG Rn. 42.
549 Siehe v. Schreitter, NZKart 2016, 253 (255).
550 Siehe auch v. Schreitter, NZKart 2016, 253 (255).
551 Siehe v. Schreitter, NZKart 2016, 253 (255).
552 Vgl. Rogall, in: KK-OWiG, § 130 Rn. 42; v. Galen/Maass, in: Leitner/Rosenau, Wirtschafts- und Steuerstrafrecht, S. 962 ff.
553 Vgl. v. Galen/Maass, in: Leitner/Rosenau, Wirtschafts- und Steuerstrafrecht, S. 962.
554 Dies ist umstritten, siehe hierzu die Ausführungen im 5. Kapitel.
555 Dazu Grundmeier, Rechtspflicht zur Compliance im Konzern, S. 82 ff.
556 Vgl. Rogall, in: KK-OWiG, § 130 Rn. 76; v. Galen/Maass, in: Leitner/Rosenau, Wirtschafts- und Steuerstrafrecht, S. 965.
557 Siehe hierzu auch Rogall, in: KK-OWiG, § 130 Rn. 76.

Ahndbarkeit.[558] Daher muss der aufsichtspflichtige Täter im Hinblick auf die Zuwiderhandlung des Mitarbeiters weder Vorsatz noch Fahrlässigkeit aufweisen.[559]

c) Betriebsbezogenheit der Pflicht

§ 130 OWiG regelt eine Haftung im Rahmen von Zuwiderhandlungen bei Pflichten, welche den Betriebs- bzw. Unternehmensinhaber (betriebsbezogene Pflichten) treffen.[560] Ein Bezug zum Betrieb kann „durch den inneren Zusammenhang der Tat mit der von dem Mitarbeiter zu erbringenden Tätigkeit hergestellt oder dadurch etabliert werden, dass sich in der Tat eine dem Betrieb oder Unternehmen spezifisch anhaftende Gefahr verwirklicht."[561] Betriebsbezogen ist damit eine Pflicht insbesondere dann, wenn sich Gesetze, Rechtsverordnungen usw. in Form von Geboten oder Verboten an den Inhaber als Normadressaten wenden und ihm dabei bestimmte Pflichten zuweisen, aber auch Jedermanns-Pflichten aus Allgemeindelikten können erfasst sein.[562]

d) Täter der Zuwiderhandlung und keine Erforderlichkeit der konkreten Bestimmung eines Täters

In der Regel ist die Betriebsangehörigkeit des Täters der Zuwiderhandlung die Voraussetzung für die Betriebsbezogenheit der Tat.[563] Allerdings ist mit der herrschenden Meinung davon auszugehen, um Umgehungen zu verhindern, dass es ausreichend ist, wenn ein Dritter bei der Wahrnehmung von Betriebsangelegenheiten eine Pflicht verletzt, welche originär dem Inhaber obliegt.[564]

558 Vgl. Rogall, in: KK-OWiG, § 130 Rn. 77; v. Galen/Maass, in: Leitner/Rosenau, Wirtschafts- und Steuerstrafrecht, S. 965.

559 Ebenso Rogall, in: KK-OWiG, § 130 Rn. 78 und Rn. 81; v. Galen/Maass, in: Leitner/Rosenau, Wirtschafts- und Steuerstrafrecht, S. 965.

560 Siehe hierzu Rogall, in: KK-OWiG, § 130 Rn. 81.

561 Rogall, in: KK-OWiG, § 130 Rn. 89; strittig, siehe beispielsweise BGH, Urt. v. 20.10.2011 – 4 StR 71/11, BGHSt 57, 42 (46 f.) = NJW 2012, 1237; Zu dem sehr umfangreichen Meinungsspektrum bzgl. der Definition des Begriffes der Betriebsbezogenheit, siehe Rogall, in: KK-OWiG, § 130 Rn. 88 -111, welcher sehr umfassend alle relevanten Aspekte beleuchtet.

562 Siehe v. Galen/Maass, in: Leitner/Rosenau, Wirtschafts- und Steuerstrafrecht, S. 966; hierzu auch im 3. Kapitel A. III. 1.

563 Vgl. Beck, in: BeckOK-OWiG, § 130 Rn. 88.

564 Vgl. OLG Hamm, Beschl. v. 27.2.1992 – Ss OWi 652/91, NStZ 1992, 499; BayObLG, Beschl. v. 8.4.1998 – 3 ObOWi 30–98, NStZ 1998, 575; Gürtler, in: Göhler OWiG,

Sonst wäre es dem Inhaber mit dieser Einschränkung möglich, „problematische Bereiche des Betriebs auf Externe zu übertragen und sich so einer Haftung zu entziehen.“[565] Jedoch ist zu beachten, dass im Sinne eines Subordinationsverhältnisses überhaupt eine Aufsichtsmöglichkeit des Inhabers denkbar sein muss. Dem Unternehmens- bzw. Betriebsinhaber muss also zumindest ein Direktions- und Weisungsrecht zustehen.[566] Bei Betriebsfremden ist somit die Frage des Bestehens von Aufsichtsmöglichkeiten und der erforderlichen Kausalität noch intensiver zu prüfen.[567]

Nach der herrschenden Meinung muss nicht konkret festgestellt werden, wer (bzw. welche Person) genau die Tat begangen hat[568] oder ob diese Person im Rahmen ihres Aufgabenbereichs gehandelt hat.[569] Dafür spricht, dass gerade die Verletzung der Aufsichtspflicht die Ursache für eine fehlende Identifizierung des konkreten verantwortlichen Mitarbeiters sein kann.[570] Oft beruht gerade die Unmöglichkeit der Feststellung einer bestimmten Person auf einem Organisations- oder Überwachungsverschulden.[571] So muss lediglich ein Sachverhalt festgestellt werden können, der sich auch im Bereich der inneren Tatseite als Zuwiderhandlung i.S.v. § 130 OWiG darstellt und bei dem feststeht, dass er von einem geeigneten Täter i.S.d. § 130 OWiG begangen wurde.[572] Es muss feststehen (d.h. mit an Sicherheit grenzender Wahrscheinlichkeit), dass die Tat volldeliktisch erfüllt wurde und dieser Verstoß bei einer angemessenen Aufsicht verhindert oder zumindest wesentlich erschwert worden wäre.[573] Klar ist allerdings,

§ 130 Rn. 19. Dass die handelnde Person nur vorübergehend Aufgaben des Betriebes wahrnimmt, kann ausreichend sein.

565 Beck, in: BeckOK-OWiG, § 130 Rn. 88.

566 Vgl. BayObLG, Beschl. v. 8.4.1998 – 3 ObOWi 30/98, NStZ 1998, 575; Allein aus dem Begriff „Aufsichtspflichtverletzung“ geht hervor, dass der unmittelbar handelnde Mitarbeiter unter der Aufsicht des Betriebsinhabers stehen muss – was wiederrum ein Subordinationsverhältnis voraussetzt (vgl. Rogall, in: KK-OWiG, § 130 Rn. 108).

567 Siehe hierzu auch Rogall, in: KK-OWiG, § 130 Rn. 108.

568 Siehe hierzu v. Galen/Maass, in: Leitner/Rosenau, Wirtschafts- und Steuerstrafrecht, S. 967; Rogall, in: KK-OWiG, § 130 Rn. 110; Förster, in: RRH-OWiG, § 130 Rn. 9; Schünemann, Unternehmenskriminalität und Strafrecht, S. 155, S. 122 ff.; Adam, wistra 2003, 285 (286).

569 Vgl. Gürtler, in: Göhler OWiG, § 130 Rn. Rn. 20.

570 Vgl. Schünemann, Unternehmenskriminalität und Strafrecht, S. 115.

571 Siehe hierzu Rogall, in: KK-OWiG, § 130 Rn. 110.

572 Vgl. Rogall, in: KK-OWiG, § 130 Rn. 110.

573 Siehe hierzu BGH, Beschl. v. 8.2.1994 – KRB 25/93, NStZ 1994, 346; Schmitt, FS Lange, S. 885.

dass ohne konkrete Bestimmung des Täters bereits die Nachweisbarkeit eines „natürlichen" Vorsatzes sowie eines Zusammenhangs der Zuwiderhandlung mit der Wahrnehmung betrieblicher Interessen schwierig bzw. nur in Einzelfällen möglich sein wird.[574]

Zudem ist fraglich, ob diese Feststellung auch noch möglich ist, wenn mehrere natürliche Personen, die nicht als Beteiligte i.S.v. § 14 OWiG handeln, in ihrem Verhalten so zusammenwirken, dass die Handlungen in ihrer Summe eine Zuwiderhandlung ergeben.[575] Generell darf es aber nicht darauf ankommen, wer den betriebsbezogenen Pflichten zuwider gehandelt hat, wenn feststeht, dass der Betriebsinhaber die Pflichtverletzung bei gehöriger Aufsicht hätte vermeiden oder wesentlich erschweren können.[576]

e) Subjektiver Tatbestand der Zuwiderhandlung

Ungeklärt sind zudem bis dato die Anforderungen an den subjektiven Tatbestand der Zuwiderhandlung.[577] Die wohl herrschende Meinung verlangt bei Zuwiderhandlungen, welche nur bei vorsätzlicher Begehungsweise mit Strafe oder Geldbuße bedroht sind, eine Handlung mit natürlichem Vorsatz.[578] Reicht bereits für die jeweilige Vorschrift eine fahrlässige Begehungsweise, soll auch für die Zuwiderhandlung Fahrlässigkeit genügen.[579] Nach anderer Ansicht muss die Zuwiderhandlung immer in der Weise verwirklicht werden, wie sie im Gesetz vorgesehen ist. Es müsste also der volle subjektive Tatbestand der Anknüpfungstat erfüllt werden.[580]

f) Risikoerhöhung

Unter Rückgriff auf den Gedanken der Risikoerhöhung bzw. Risikoverringerung genügt im Rahmen des § 130 OWiG die hypothetische wesentliche Erschwerung der Zuwiderhandlung.[581] Eine hypothetische Kausalität ist damit nicht

574 Vgl. Rogall, in: KK-OWiG, § 130 Rn. 110.
575 Siehe hierzu Rogall, in: KK-OWiG, § 130 Rn. 110.
576 Vgl. Gürtler, in: Göhler OWiG, § 130 Rn. 20; Förster, in: RRH-OWiG, § 130 Rn. 9.
577 Siehe v. Galen/Maass, in: Leitner/Rosenau, Wirtschafts- und Steuerstrafrecht, S. 966.
578 Siehe v. Galen/Maass, in: Leitner/Rosenau, Wirtschafts- und Steuerstrafrecht, S. 966.
579 Siehe v. Galen/Maass, in: Leitner/Rosenau, Wirtschafts- und Steuerstrafrecht, S. 966.
580 Vgl. v. Galen/Maass, in: Leitner/Rosenau, Wirtschafts- und Steuerstrafrecht, S. 967.
581 Zum Streit über das jeweils notwendige Maß der erforderlichen Risikoverringerung, siehe Rogall, in: KK-OWiG, § 130 OWiG Rn. 117. Die Absenkung des Kausalitätserfordernisses i.S.d. Risikoverminderungslehre zur Überwindung von Beweisschwierigkeiten stößt insbes. bei der Übertragung auf das Strafrecht auf dogmatische Widerstände insbes.. bzgl. des Grundsatzes in dubio pro reo.

erforderlich. Waren die Aufsichtsmaßnahmen unzureichend, muss geprüft werden, ob durch eine konkrete pflichtwidrig unterlassene Aufsichtsmaßnahme, die als solche zu identifizieren ist, die konkrete Zuwiderhandlung mit hinreichender Sicherheit vermieden oder zumindest erschwert worden wäre.[582]

4. *Subjektiver Tatbestand*

In subjektiver Hinsicht muss die Aufsichtspflichtverletzung schuldhaft, d.h. vorsätzlich oder fahrlässig, erfolgen.[583] Insgesamt ist es bei § 130 OWiG hierbei notwendig, dass der Täter die Gefahr einer betriebstypischen Zuwiderhandlung erkannt hat oder hätte erkennen können.[584] Ein eventueller Vorsatz muss sich hierbei auf die Aufsichtspflichtverletzung beziehen, nicht jedoch auf die Zuwiderhandlung.[585] Ausreichend ist daher für eine eventualvorsätzliche Begehung, wenn der Adressat der Vorschrift des § 130 OWiG (also der Inhaber bzw. eine in § 9 OWiG) genannte Person zumindest als möglich erkennt (aber billigend in Kauf nimmt), dass der Verzicht von Aufsichtsmaßnahmen dazu führen wird, dass Verstöße nicht verhindert oder nicht wenigstens wesentlich erschwert werden.[586] Es wird somit ermöglicht, in Fällen zu sanktionieren, in denen die Anknüpfungstat – wie häufig im Wirtschaftsstrafrecht – nur bei vorsätzlichem Handeln strafbar ist.

In den Fällen, bei denen sich der Vorwurf der Fahrlässigkeit nicht nur auf die Aufsichtspflichtverletzung, sondern auch auf die konkrete Zuwiderhandlung bezieht, wird im Rahmen der Verfolgung der aufsichtspflichtigen Person und seiner Taten aber nur die fahrlässige Zuwiderhandlung selbst verfolgt.[587] Die Verfolgung ist hierauf zu beschränken.

---

582 Ebenso v. Galen/Maass, in: Leitner/Rosenau, Wirtschafts- und Steuerstrafrecht, S. 968; Rogall, in: KK-OWiG, § 130 Rn. 117; siehe zudem Rogall, in: KK-OWiG, § 130 Rn. 118 bzgl. eines Pflichtwidrigkeits- bzw. Schutzzweckzusammenhangs zwischen der Aufsichtspflichtverletzung und der Zuwiderhandlung.

583 Siehe v. Galen/Maass, in: Leitner/Rosenau, Wirtschafts- und Steuerstrafrecht, S. 968; Rogall, in: KK-OWiG, § 130 Rn. 119; v. Schreitter, NZKart 2016, 253 (255).

584 Vgl. v. Galen/Maass, in: Leitner/Rosenau, Wirtschafts- und Steuerstrafrecht, S. 968; Rogall, in: KK-OWiG, § 130 Rn. 119.

585 Vgl. v. Schreitter, NZKart 2016, 253 (255).

586 Siehe v. Schreitter, NZKart 2016, 253 (255).

587 So auch Hunsmann, DStR 2014, 855 (856).

III. Rechtsfolge und Stellungnahme

Die für Aufsichtspflichtverletzungen in § 130 Abs. 3 OWiG angeordneten Geldbußen sind in der Höhe abhängig von der Bezugstat des Mitarbeiters.[588] Wird eine Verbandsgeldbuße verhängt, können bei vorsätzlicher Verletzung der Aufsichtspflicht, die zu Straftaten führt, sogar Bußgelder bis zu 10 Millionen Euro verhängt werden (§ 130 Abs. 3 S. 2 OWiG i.V.m. § 30 Abs. 2 S. 3 OWiG).[589] Wird von dem Mitarbeiter eine Ordnungswidrigkeit begangen, richtet sich die für die Aufsichtspflichtverletzung angedrohte Geldbuße nach dem für die Pflichtverletzung angedrohten Höchstmaß der Geldbuße (§ 130 Abs. 3 S. 3 OWiG). Weiter muss im Blick behalten werden, dass der Geldbuße – im Gegensatz zur Strafe – neben der Ahndungsfunktion auch eine Gewinnabschöpfungsfunktion zukommt, weshalb das gesetzliche Höchstmaß der Geldbuße in Gestalt des Ahndungsteils nach § 17 Abs. 4 OWiG überschritten werden kann. Dies führt oft auch im Zusammenwirken mit der Verbandsgeldbuße bei großen Unternehmen zur Abschöpfung von bis zu dreistelligen Millionenbeträgen.

Wie die Ausführungen gezeigt haben, besteht für Unternehmen über den § 130 OWiG in Zusammenspiel mit den § 9 OWiG und § 30 OWiG damit ein gewaltiges Haftungspotential.[590] § 130 OWiG ist gerade angesichts der doch geringen Voraussetzungen und der Möglichkeit der dann doch sehr hohen Sanktionen zudem ein scharfes Schwert bei der Bekämpfung von Unternehmenskriminalität. In vielen Fällen hat gerade der § 130 OWiG dazu geführt, dass in Unternehmen Compliance-Programme eingeführt und/oder ausgebaut wurden.[591]

Eine Aufsichtspflichtverletzung wird derzeit im Rahmen der Verbandssanktionierung über § 130 OWiG erfasst. Wie sich später noch zeigen wird, bestehen allerdings Differenzen im Täterkreis zwischen § 30 OWiG und § 130 OWiG.[592] Betrachtet man den Täterkreis in § 9 OWiG und in § 30 OWiG. Hier kann es zu Haftungslücken kommen. Vorzugswürdig erscheint, die beiden Tatbestände

588 Siehe zur Bußgeldbemessung v. Galen/Maass, in: Leitner/Rosenau, Wirtschafts- und Steuerstrafrecht, S. 971; Rogall, in: KK-OWiG, § 130 Rn. 121 ff.

589 So auch v. Galen/Maass, in: Leitner/Rosenau, Wirtschafts- und Steuerstrafrecht, S. 971.

590 Zu etwaigen Bußgeldern: Petermann, Die Bedeutung von Compliance-Maßnahmen für die Sanktionsbegründung und -bemessung im Vertragskonzern, S. 212.

591 Siehe zu den Auswirkungen von Compliance-Maßnahmen bei § 30 OWiG die Ausführungen im 3. Kapitel E.

592 Siehe hierzu im 7.Kapitel B. VI. und im 8. Kapitel C. IV. 3. c).

zusammenzuführen und eine neue Haftungsnorm für Verbände etwa entsprechend dem Gedanken im Kölner Entwurf in § 3 VerbSG-E zu kreieren. Es bedürfte dann nicht mehr der §§ 130, 30, 9 OWiG, um eine Haftung des Verbandes zu ermöglichen.[593]

§ 130 OWiG konnte hier zwar lediglich kursorisch dargestellt werden. Dennoch zeigt sich hierbei bereits, dass wiederum Unklarheiten zu beseitigen wären. Es seien nur einige Beispiele angeführt: So ist es immer noch strittig, welche Allgemeindelikte als betriebsbezogene Pflichten in den Anwendungsbereich des § 130 OWiG fallen. Weiter ist ungeklärt, ob es bei der Zuwiderhandlung im subjektiven Tatbestand lediglich eines natürlichen Vorsatzes des Zuwiderhandelnden bedarf oder ob der Zuwiderhandelnde den vollen subjektiven Tatbestand der Anknüpfungstat inklusive aller subjektiver Merkmale erfüllen muss. Unstimmigkeiten im Rahmen des § 130 OWiG ergeben sich zudem – wie sich noch zeigen wird – bei der Verjährung[594] und bei internationalen Sachverhalten[595]. Ungeklärt ist weiter – wie noch im 5. Kapitel dargestellt wird –, ob § 130 OWiG auch in Konzernrechtslagen greift und damit ebenfalls die Konzernobergesellschaft sanktioniert werden kann. Auch geklärt werden sollte im Rahmen des § 130 OWiG der Täterkreis der Zuwiderhandlung. So ist bis dato unklar, ob auch nicht Betriebsangehörige unter die Norm fallen oder nicht. Im Rahmen der Sanktionsbemessung ist insbesondere strittig, ob § 130 Abs. 3 S. 2 OWiG gleichfalls auf die Fälle des § 130 Abs. 3 S. 3 und S. 4 OWiG anzuwenden ist.[596]

D. Sanktionsbemessung bei § 30 OWiG

I. Höhe der Geldbuße

Liegen die Voraussetzungen des § 30 OWiG vor, so kann eine Geldbuße gegen das Unternehmen verhängt werden. Über die Festsetzung und Höhe der Geldbuße ist nach pflichtgemäßem Ermessen („kann") zu entscheiden.[597] Es gilt das Opportunitätsprinzip, § 47 OWiG.[598]

593 Siehe auch § 3 VerbSG-E des Kölner Entwurfs eines Verbandssanktionengesetzes
594 So auch v. Galen/Maass, in: Leitner/Rosenau, Wirtschafts- und Steuerstrafrecht, S. 972.
595 Siehe beispielsweise auch bei v. Galen/Maass, in: Leitner/Rosenau, Wirtschafts- und Steuerstrafrecht, S. 969 ff.
596 Siehe hierzu v. Galen/Maass, in: Leitner/Rosenau, Wirtschafts- und Steuerstrafrecht, S. 972.
597 Vgl. Meyberg, in: BeckOK-OWiG, § 30 Rn. 94.
598 So v. Galen/Maass, in: Leitner/Rosenau, Wirtschafts- und Steuerstrafrecht, S. 906; Meyberg, in: BeckOK-OWiG, § 30 Rn. 94.

Die Geldbuße setzt sich aus einem Ahndungs- und einem Abschöpfungsteil zusammen. Der Ahndungsteil ist in § 30 Abs. 2 OWiG geregelt.[599] In diesem Absatz wird der Bußgeldrahmen für die Geldbuße bestimmt, die gegen den Verband verhängt werden kann. Die Höhe der Geldbuße bestimmt sich danach, ob als Anknüpfungstat eine Straftat oder eine Ordnungswidrigkeit vorliegt (§ 30 Abs. 2 OWiG). Die Obergrenze kann aber auch spezialgesetzlich abgeändert werden, wie beispielsweise im Kartell- oder im Finanzmarktrecht.[600] Das dort vorgesehene variable Höchstmaß richtet sich u.a. nach dem konzernweiten Unternehmensumsatz (§ 81 Abs. 4 S. 2 GWB; § 120 Abs. 17–22 WpHG).[601]

1. *Höhe der Geldbuße bei Ordnungswidrigkeiten und bei Straftaten*

Bei Ordnungswidrigkeiten richtet sich das Höchstmaß der Geldbuße normalerweise nach dem für die Ordnungswidrigkeit angedrohten Höchstmaß der Geldbuße (§ 30 Abs. 2 S. 2 OWiG).[602] Hierbei ist wiederum § 17 Abs. 2 OWiG zu beachten.[603] Sollte die Bußgeldandrohung nicht zwischen vorsätzlichem und fahrlässigem Handeln differenzieren, ist nach § 17 Abs. 2 OWiG für fahrlässiges Handeln im Höchstmaß nur die Hälfte des angedrohten Höchstbetrages vorgesehen.[604] Diese Höchstgrenzen können aber nach § 30 Abs. 3 i.V.m. § 17 Abs. 4 OWiG überschritten werden, sofern dies im Rahmen der Sanktionierung notwendig ist, um den aus der Tat realisierten wirtschaftlichen Vorteil abzuschöpfen.[605]

---

599 Siehe hierzu auch Meyberg, in: BeckOK-OWiG, § 30 Rn. 96.

600 Siehe hierzu Baur, AG 2018, 457 (458). Abänderungen im Hinblick auf die Sanktionshöhe finden sich in verschiedenen Gesetzen. Dies folgt in den meisten Fällen daraus, dass EU-Richtlinien in Deutschland umgesetzt wurden, welche höhere Sanktionsvolumen gefordert haben. Oft wird die Sanktionshöhe umsatzbezogen bemessen (vgl. z.B. § 39 Abs. 4a S. 2 Nr. 1 WpHG: 15 Millionen Euro oder 15 Prozent des – näher definierten – Gesamtumsatzes). Siehe zu strittigen Punkten beim Höchstmaß der Verbandsgeldbuße wegen Kapitalmarkt-Straftaten: Achenbach, WM 2018, 1337 ff.

601 Zum Höchstmaß der Verbandsgeldbuße wegen Kapitalmarkt-Straftaten: Achenbach, WM 2018, 1337 ff.

602 So Rogall, in: KK-OWiG, § 30 Rn. 131.

603 Vgl. Rogall, in: KK-OWiG, § 30 Rn. 131.

604 Siehe Rogall, in: KK-OWiG, § 30 Rn. 131.

605 So auch Rogall, in: KK-OWiG, § 30 Rn. 131.

Nach § 30 Abs. 2 S. 3 OWiG tritt eine Verzehnfachung des Höchstmaßes der in Absatz 2 vorgesehenen Verbandsgeldbuße für die im Gesetz bezeichneten Tatbestände ein, sollte das jeweilige Gesetz auf § 30 Abs. 2 S. 3 OWiG verweisen.[606] § 30 Abs. 2 S. 3 OWiG ermöglicht es somit, eine Verbandsgeldbuße bis zu einer Höhe von 10 Millionen Euro auch dann zu verhängen, wenn die Anknüpfungstat der Leitungsperson lediglich als Ordnungswidrigkeit einzuordnen ist.[607] Gerade in Fällen des § 130 OWiG hat § 30 Abs. 2 S. 3 OWiG damit Bedeutung.[608] So ist in § 130 Abs. 3 S. 2 OWiG auch ein entsprechender Verweis auf § 30 Abs. 2 S. 3 OWiG hinzugefügt worden.[609] Das Bundesrecht enthält allerdings neuerdings Ordnungswidrigkeiten, bei welchen die Obergrenze der Geldbuße bei 5 Millionen Euro liegt,[610] so dass in manchen Konstellationen sogar höhere Sanktionen bei Ordnungswidrigkeiten verhängt werden können als bei Straftaten. Bei vorsätzlichen Straftaten beträgt die Geldbuße bis zu 10 Millionen Euro und bei fahrlässigen Straftaten bis zu 5 Millionen Euro (§ 30 Abs. 2 S. 1 OWiG).[611]

2. *Straftat und Ordnungswidrigkeit als Anknüpfungstat – § 30 Abs. 2 S. 4 OWiG*

Eine Besonderheit besteht in den Fällen, in denen als Anknüpfungstat sowohl eine Straftat als auch eine Ordnungswidrigkeit in Frage kommt. Hier ist die

606 Vgl. Rogall, in: KK-OWiG, § 30 Rn. 132.

607 Vgl. Rogall, in: KK-OWiG, § 30 Rn. 132; Meyberg, in: BeckOK-OWiG, § 30 Rn. 96b; die maximale Höhe der Geldbuße bei Ordnungswidrigkeiten des Bundesrechts beträgt meist eine Million Euro, was wiederrum dann auch das Höchstmaß für Verbandsgeldbußen darstellen würde (vgl. § 30 Abs. 2 S. 2 OWiG).

608 Den § 130 OWiG hatte der Gesetzgeber gerade bei der Einfügung des § 30 Abs. 2 S. 3 OWiG im Blick; vgl. Rogall, in: KK-OWiG, § 30 Rn. 132; BT-Drs. 17/11053, S. 21.

609 § 130 Abs. 3 S. 2 OWiG: „§ 30 Abs. 2 S. 3 OWiG ist anzuwenden".

610 Siehe hierzu z.B. die durch das Erste Gesetz zur Novellierung von Finanzmarktvorschriften auf Grund europäischer Rechtsakte (Erstes Finanzmarktnovellierungsgesetz – 1. FiMaNoG) vom 30.6.2016 (BGBl. I 2016, S. 1514) oder die geänderten Bußgeldvorschriften des WpHG (§ 39 Abs. 4a S. 1 WpHG), des KWG (§ 56 Abs. 6 Nr. 1 KWG) und des KAGB (§ 340 Abs. 7 Nr. 1 KAGB) (vgl. Szesny, DB 2016, 1420 ff.) sowie das SAG im § 172 Abs. 2 S. 1 Nr. 1 SAG, nach welchem eine Geldbuße in Höhe von bis zu 5 Millionen Euro verhängt werden kann. Da nun auch noch § 172 Abs. 2 S. 2 SAG explizit auf § 30 Abs. 2 S. 3 OWiG verweist, ergibt sich hier eine Bußgeldobergrenze von 50 Millionen Euro (Anordnung einer Verzehnfachung des Höchstbetrages).

611 Rogall, in: KK-OWiG, § 30 Rn. 130 mit Verweis auf Altenburg/Peukert, BB 2014, 649 (650).

Ordnungswidrigkeit zwar im Grundsatz subsidiär zur Straftat, so dass an der Straftat anzuknüpfen ist. Gem. § 30 Abs. 2 S. 4 OWiG kann sich die Höhe der Unternehmensgeldbuße jedoch nach der Ordnungswidrigkeit richten, wenn diese eine höhere Geldbuße vorsieht als die Straftat.[612]

II. Ablauf der Sanktionsbemessung

1. Einführung

In § 30 Abs. 3 OWiG gibt es nur eine Verweisung auf § 17 Abs. 4 OWiG. Es finden sich aber keine handhabbaren Kriterien, wonach sich der Ahndungs- und der Abschöpfungsteil der Geldbuße bemessen.[613] Dies führt dazu, dass die Bußgelder der Höhe nach einer gewissen Willkür unterliegen und die Aussichten einer Überprüfung im Rechtsmittelwege daher auch schlecht einschätzbar sind. Im Rahmen der Sanktionsbemessung muss bewertet werden, wie hoch die Verbandsgeldbuße im konkreten Einzelfall ausfällt und entschieden werden, welche Kriterien für die Zumessung der Geldbuße eine Rolle spielen.

Die Sanktionsbemessung erfolgt in mehreren Schritten. Es ist zwischen dem Ahndungs- und dem Abschöpfungsteil zu differenzieren. Zunächst wird der Bußgeldrahmen ermittelt. Sodann wird der zu ahndende Teil des Bußgeldes festgelegt. Im letzten Schritt wird der die Vorteile der Tat abschöpfende Teil bestimmt. Nur der ahndende Teil der Ordnungswidrigkeit ist nicht als Betriebsausgabe abzugsfähig.[614]

2. Bußgeldrahmen

Die Höchstgrenzen ergeben sich differenziert nach der Art der Anknüpfungstat aus § 30 Abs. 2 OWiG (siehe bereits oben) und aus § 17 Abs. 4 OWiG, wonach die Geldbuße auch Abschöpfungsfunktion hat und daher ggf. die Höchstgrenze (des nach § 30 Abs. 2 OWiG bestimmten Betrags) überschreiten darf. Gem. § 30 Abs. 3 OWiG, der auf § 17 Abs. 4 OWiG verweist, soll die Geldbuße den aus der Tat erlangten Vorteil übersteigen. Dabei kann somit der gesetzliche

---

612 Siehe Meyberg, in: BeckOK-OWiG, § 30 Rn. 96; v. Galen/Maass, in: Leitner/Rosenau, Wirtschafts- und Steuerstrafrecht, S. 906 f.

613 So auch v. Galen/Maass, in: Leitner/Rosenau, Wirtschafts- und Steuerstrafrecht, S. 907.

614 Vgl. § 4 Abs. 5 S. 1 Nr. 8 S. 1 und S. 4 EStG. Siehe hierzu Meyberg, in: BeckOK-OWiG, § 30 Rn. 96a und Rn. 102, welcher auf die weiteren Probleme hinweist, die aufgrund der steuerlichen Abzugsfähigkeit des Abschöpfungsteils entstehen.

Höchstrahmen der Geldbuße (also die in § 30 Abs. 2 OWiG genannten Höchstbeträge) überschritten werden, wenn das gesetzliche Höchstmaß nicht ausreicht. Der maximal zulässige Betrag ist danach der aus § 30 Abs. 2 OWiG ermittelte Betrag zuzüglich des erlangten wirtschaftlichen Vorteils.[615] Nach oben ist die Grenze damit offen. Die untere Grenze ergibt sich aus § 17 Abs. 1 OWiG (5 Euro).

3. *Ahndung*

Nach der Ermittlung des Bußgeldrahmens wird der Bußgeldanteil der Ahndung festgelegt. Er dient der Sanktionierung des Rechtsverstoßes (repressiv). § 30 OWiG enthält für die Bemessung des Ahndungsteils der Geldbuße keine ausdrückliche Regelung, aber dem § 30 Abs. 2 OWiG kann zumindest – wie bereits dargestellt – der allgemeine Grundsatz entnommen werden, dass sich die Geldbuße der Höhe nach an der von der Leitungsperson begangenen Anknüpfungstat zu orientieren hat.[616] In der Koppelungsvorschrift § 30 Abs. 2 S. 2 OWiG wird der Grundsatz, dass sich die Bemessung der Geldbuße gegen den Verband an der Bewertung der von dem Organ oder Vertreter begangenen Zuwiderhandlung zu orientieren hat, bestätigt.[617]

a) Sinngemäße Anwendung der Grundsätze des § 17 Abs. 3 OWiG

Nach wohl herrschender Meinung[618] sind bei der Bemessung der Geldbuße bei § 30 OWiG im Hinblick auf die Ahndungskomponente die Grundsätze des § 17 Abs. 3 OWiG anzuwenden, auch wenn § 30 OWiG keine Verweisung auf diese Bestimmung enthält.[619] Insgesamt sollte aber hier eine Klarstellung durch den Gesetzgeber erfolgen.

---

615 Vgl. Mitsch, in: KK-OWiG, § 17 Rn. 140.

616 Siehe Meyberg, in: BeckOK-OWiG, § 30 Rn. 103 ff.; v. Galen/Maass, in: Leitner/Rosenau, Wirtschafts- und Steuerstrafrecht, S. 907.

617 Siehe auch Förster, in: RRH-OWiG, § 30 Rn. 43a; davon ausgehend ebenfalls BGH, Urt. v. 14.2.2007 – 5 StR 323/06, NStZ-RR 2008, 13 (15); krit. Engelhart, Sanktionierung von Unternehmen und Compliance, S. 434.

618 Vgl. Meyberg, in: BeckOK-OWiG, § 30 Rn. 103 m.w.N. Nach a.A. gilt § 17 Abs. 3 OWiG mangels Verweisung nicht, stattdessen sollen die allgemeinen Zumessungskriterien der §§ 46 ff StGB anwendbar sein (siehe hierzu Trüg, ZWH 2011, 6 (9); wohl auch Korte NStZ 2001, 582 (584); Korte, NStZ 2010, 22 (25); Gürtler, in: Göhler OWiG, § 30 Rn. 36a).

619 Siehe Meyberg, in: BeckOK-OWiG, § 30 Rn. 103; Rogall, in: KK-OWiG, § 30 Rn. 134; zutreffend Engelhart, Sanktionierung von Unternehmen und Compliance, S. 431 f.; für eine sinngemäße Anwendung immerhin OLG Frankfurt a.M., Beschl.

Nach § 17 Abs. 3 OWiG soll die Geldbuße nach der Bedeutung der Ordnungswidrigkeit, dem Vorwurf, der den Täter trifft, und nach den wirtschaftlichen Verhältnissen des Täters bemessen werden. Die in § 17 Abs. 3 OWiG festgelegten Grundsätze bedürfen allerdings der sinngemäßen Übertragung auf den hier vorliegenden Fall einer Sanktionierung von Verbänden nach § 30 OWiG, da § 17 Abs. 3 OWiG auf die Bemessung der Geldbuße bei natürlichen Personen zugeschnitten ist.[620] So ist umstritten, was unter „Bedeutung der Ordnungswidrigkeit" und dem „Vorwurf gegenüber dem Täter" zu verstehen ist. Nach sinngemäßer Übertragung sind unter anderem maßgeblich der Unrechtsgehalt der Anknüpfungstat und deren Auswirkungen auf den geschützten Ordnungsbereich, die Häufigkeit, das Gewicht und Ausmaß der Pflichtverletzung, Dauer und Schwere der Zuwiderhandlung, die Höhe des eingetretenen Schadens sowie die wirtschaftlichen Verhältnisse des jeweiligen Verbands.[621]

b) Bestimmung der Begriffe des § 17 Abs. 3 OWiG bei § 30 OWiG

Richtig erscheint aufgrund der Doppelnatur des § 30 OWiG als Zurechnungsnorm und aufgrund der spezifischen Unternehmensverantwortlichkeit den Begriff der „Bedeutung der Ordnungswidrigkeit" danach zu beurteilen, wie sich die Anknüpfungstat im Unternehmenskontext darstellt.[622] Eine hohe Beeinflussung der Tat durch Unternehmensvorgaben kann sich daher erschwerend auswirken.[623]

Zu beachten ist zum einen, dass vorliegend die betriebliche Zuwiderhandlung sowohl eine Straftat als auch eine Ordnungswidrigkeit sein kann und dass diese Tat in irgendeiner Form eine eigene Verfehlung des Verbandes darstellen muss.[624] Der Begriff der „Bedeutung der Ordnungswidrigkeit" in § 17 Abs. 3 OWiG ist

---

v. 28.1.2010 – WpÜG 10/09, NZG 2010, 583 (584 f.); a.A. Gürtler, in: Göhler OWiG, § 30 Rn. 36a, welcher auf allgemeine Zumessungsgrundsätze abstellen will.

620 Siehe hierzu Rogall, in: KK-OWiG, § 30 Rn. 134.

621 Vgl. BUJ, Gesetzgebungsvorschlag zu §§ 30, 130 OWiG, S. 12; Meyberg, in: BeckOK-OWiG, § 30 Rn. 103.1.

622 So auch Engelhart, Sanktionierung von Unternehmen und Compliance, S. 434, wobei dieser speziell darauf abstellt, dass festzustellen ist, wie sich das Unternehmensumfeld konkret bei der Begehung der Anknüpfungstat ausgewirkt hat. Zum Teil wird allein auf die Bedeutung der Anknüpfungstat und den Vorwurf gegenüber dem Unternehmensmitarbeiter abgestellt (So der BGH, Urt. v. 14.2.2007 – 5 StR 323/06, NStZ-RR 2008, 13 (15) und wohl der Wille des Gesetzgebers BT-Drs. V/1269).

623 So auch Engelhart, Sanktionierung von Unternehmen und Compliance, S. 435.

624 Siehe Rogall, in: KK-OWiG, § 30 Rn. 134.

nach herrschender Meinung daher mit „Bedeutung der Straftat oder Ordnungswidrigkeit“ (Anknüpfungstat) zu übersetzen.[625] Soweit auf die Bedeutung der Anknüpfungstat (Straftat oder Ordnungswidrigkeit) und den „den Täter treffenden Vorwurf“ abzustellen ist, sind der Unrechtsgehalt der Tat,[626] Gewicht und Ausmaß der Pflichtverletzung, deren Häufigkeit, die Schuldform (Vorsatz oder Fahrlässigkeitstat), das Ausmaß des Schadens und die weiteren Auswirkungen des Verstoßes zu berücksichtigen.[627] Unternehmensbezogene Umstände können ebenfalls berücksichtigt werden.[628]

Weiter ist der „den Täter treffende Vorwurf“ schließlich derjenige Vorwurf, der sich gegen den Täter der Bezugstat (Anknüpfungstat) richtet.[629] Es geht nicht um ein „Organisationsverschulden“ des Verbandes oder um eine Art „Betriebsführungsschuld“.[630] Dennoch ist aber eine Unternehmensverantwortlichkeit zu berücksichtigen.[631] So ist auch der Vorwurf, den das Unternehmen trifft, zu untersuchen.[632] Auch wird die Richtlinie des Bundeskartellamtes für Kartellsanktionen herangezogen.[633] Danach können die aktive und passive Rolle des Unternehmens, das Nachtatverhalten oder die Förderung der Zuwiderhandlung durch staatliche Behörden berücksichtigt werden.[634] Weiter werden z.B. folgende Umstände berücksichtigt: wiederholte Begehung, objektives Unrecht, Bedeutung der verletzten Pflichten, Erheblichkeit der Beeinträchtigung der Rechtsordnung, Schwere des Schadens, Dauer und Folgen der Tat.[635] Bußgeldmindernd kann berücksichtigt werden, wenn die juristische Person oder die Personenvereinigung sich im Bußgeldverfahren kooperativ verhält. Positiv kann sich hierbei beispielsweise auswirken, wenn die juristische Person oder Personenvereinigung von sich aus an die Verfolgungsbehörden herangetreten ist

625 Siehe Rogall, in: KK-OWiG, § 30 Rn. 134.

626 Siehe BGH, Beschl. v. 24.4.1991 – KRB 5/90, wistra 1991, 268 (269).

627 So Roxin, ZIS 2018, 341 (347); Rogall, in: KK-OWiG, § 30 Rn. 136.

628 Zum Gesichtspunkt des Eigeninteresses des Täters an der Anknüpfungstat, vgl. Förster, in: RRH-OWiG, § 30 Rn. 43a.

629 Vgl. BGH, Urt. v. 14.2.2007 – 5 StR 323/06, NStZ-RR 2008, 13 (15).

630 Siehe hierzu Rogall, in: KK-OWiG, § 30 Rn. 134.

631 Vgl. Engelhart, Sanktionierung von Unternehmen und Compliance, S. 434 f.

632 Vgl. auch Mitsch, in: KK-OWiG, § 17 Rn. 38 ff, 54 ff; Rogall, in: KK-OWiG, § 30 Rn. 137.

633 Siehe hierzu Engelhart, Sanktionierung von Unternehmen und Compliance, S. 435.

634 So Meyberg, in: BeckOK-OWiG, § 30 Rn. 103.2; Förster, in: RRH-OWiG, § 17 Rn. 18; Engelhart, Sanktionierung von Unternehmen und Compliance, S. 435 mit Verweis auf eine Richtlinie des Bundeskartellamtes.

635 Siehe Bohnert/Kernberger/Krumm, in Krenberger/Krumm, OWiG, § 30 Rn. 41.

oder zumindest aktiv und uneingeschränkt an der Aufklärung der Bezugstaten mitgewirkt hat.[636] Bußgelderhöhend kann sich hingegen auswirken, wenn ähnliche Zuwiderhandlungen mehrfach vorkommen und/oder sich eine allgemeine Duldung von Rechtsübertretungen (z.B. Bestechung zur Auftragserlangung) im Unternehmen erkennen lässt.[637]

c) Compliance-Management-Systeme

Zudem ist nach herrschender Meinung[638] bei der Bemessung einer Geldbuße nach § 30 OWiG gegen ein Unternehmen zu berücksichtigen, ob es im Zeitpunkt von Gesetzesverstößen ein aus ex-ante-Sicht angemessenes und effektives Compliance-Management-System (CMS) installiert hatte.[639] Die Einrichtung eines effektiven Compliance-Systems kann sich bußgeldmindernd auswirken.[640] Weiter ist zu berücksichtigen, ob das Unternehmen die im Zuge der Aufklärung der durch Non-Compliance zu Tage getretenen Defizite des CMS behebt und Maßnahmen ergreift, um vergleichbare Normverletzungen in Zukunft zu verhindern oder zumindest wesentlich zu erschweren.[641] Insgesamt ist aber derzeit nicht geregelt inwiefern überhaupt und im welchem Umfang die Etablierung von Compliance-Programmen und die Beachtung von Compliance-Maßnahmen bei der Sanktionsbemessung zu berücksichtigen sind. Daher herrscht hier eine erhebliche Rechtsunsicherheit.

d) Sonstige Gesichtspunkte

Wenn tatunbeteiligte Mitglieder bzw. Gesellschafter der juristischen Person oder Personenvereinigung durch die Verbandsgeldbuße unangemessen hart getroffen werden, kann dies im Zuge der Festsetzung der Geldbuße gegen die juristische

---

636 Vgl. Meyberg, in: BeckOK-OWiG, § 30 Rn. 103.2; Die nach Meyberg zu bejahende Frage (vgl. auch Förster, in: RRH-OWiG, § 17 Rn. 18), ob das proaktive Herantreten des betroffenen Verbandes an die Verfolgungsbehörden oder zumindest die aktive Beteiligung an der Aufklärung mildernd berücksichtigt werden muss, ist nicht abschließend geklärt (vgl. Meyberg, in: BeckOK-OWiG, § 30 Rn. 103.2).

637 Vgl. Rogall, in: KK-OWiG, § 30 Rn. 137.

638 Siehe hierzu und zu dem gesamten Kontext Compliance ausführlich im 3. Kapitel E.

639 Siehe zu weiteren Hinweisen bzgl. der Berücksichtigung von Compliance-Programmen: Rogall, in: KK-OWiG, § 30 Rn. 137.

640 Siehe BT-Drs. 17/11053, S. 21; Grützner/Behr, CCZ 2013, 71 (73); Moosmayer/Gropp-Stadler, NZWiSt 2012, 241 (242).

641 So auch Jenne/Martens, CCZ 2017, 285 ff.

Person oder Personenvereinigung berücksichtigt werden.[642] Auch ist aufgrund des Doppelbestrafungsverbots zu berücksichtigen, ob Mitglieder bzw. Gesellschafter der juristischen Person oder Personenvereinigung tatbeteiligt sind.[643] So kann eine gleichzeitige Sanktionierung des Verbandes und der jeweiligen Leitungsperson eventuell zu unangemessen harten Folgen führen. Hier sind dann Feststellungen zu den Beteiligungsverhältnissen zu treffen, um eine möglicherweise gebotene Abstimmung bei der Sanktionierung vornehmen zu können.[644]

Der Rechtsprechung ist zuzustimmen, wenn diese im Rahmen der Sanktionsbemessung die Verbandsgeldbuße und die Sanktion gegen ein Organ oder andere Leitungspersonen in die Abwägung einstellt.[645] Ein Verstoß sollte nach allen Richtungen angemessen geahndet werden.[646] Zu beachten gilt es aber bei einer einseitigen Ahndung, dass im Falle einer Nichtverfolgung des anderen Teils (Individualtäter oder Verband) diese Nichtverfolgung nicht zusätzlich erschwerend bei der einseitigen Ahndung ins Gewicht fallen darf.[647]

e) *Wirtschaftliche Verhältnisse und rechtsstaatswidrige Verfahrensverzögerung*

Zudem bilden die wirtschaftlichen Verhältnisse des Unternehmens ein wesentliches Kriterium (§ 17 Abs. 3 S. 2 OWiG).[648] Es sind somit Feststellungen zur wirtschaftlichen Lage des Verbandes zu treffen.[649] Bei geringfügigen Ordnungswidrigkeiten bleiben die wirtschaftlichen Verhältnisse aber regelmäßig außer Betracht (§ 17 Abs. 3 S. 2 OWiG).[650] Eine rechtswidrige Verfahrensverzögerung (vgl. Art. 6 Abs. 1 S. 1 EMRK) wirkt sich ebenfalls bußgeldmindernd aus.

---

642 Siehe hierzu Förster, in: RRH-OWiG, § 30 Rn. 43a; Gürtler, in: Göhler OWiG, § 30 Rn. 36a.

643 Siehe Rogall, in: KK-OWiG, § 30 Rn. 42, Rn. 139.

644 Siehe Rogall, in: KK-OWiG, § 30 Rn. 139; OLG Frankfurt a.M., Beschl. v. 25.1.2012 – 1 Ss 63/11, wistra 2012, 203 (204).

645 So z.B. OLG Hamm, Beschl. v. 27.4.1973 – 5 Ss OWi 19/73, NJW 1973, 1851, (1853).

646 Vgl. Rogall, in: KK-OWiG, § 130 Rn. 135.

647 Vgl. Förster, in: RRH-OWiG, § 30 Rn. 43a.

648 Bei den wirtschaftlichen Verhältnissen handelt es sich dagegen um diejenigen des Verbandes, nicht um die des individuellen Täters, vgl. v. Galen/Maass, in: Leitner/Rosenau, Wirtschafts- und Steuerstrafrecht, S. 907; Rogall, in: KK-OWiG, § 30 Rn. 134 m.w.N.; OLG Hamm, Beschl. v. 28.6.2000 – 2 Ss OWi 604/99, wistra 2000, 393 (433).

649 Siehe hierzu OLG Frankfurt a.M., Beschl. v. 25.1.2012 – 1 Ss 63/11, wistra 2012, 203 (204).

650 Ebenso Rogall, in: KK-OWiG, § 130 Rn. 138.

f) Fazit

Wie sich gezeigt hat, existieren keine Bußgeldzumessungsvorschriften für Verbände. Zwar behilft sich die Praxis derzeit bei der Bußgeldzumessung mit dem § 17 Abs. 3 OWiG. Unglücklich ist diese Situation trotzdem. Zum einen verweist § 30 OWiG gar nicht auf diese Vorschrift und zum anderen ist § 17 Abs. 3 OWiG auf natürliche Personen zugeschnitten und nicht auf Verbände. Insgesamt bedarf es daher einer gesetzlichen Sanktionszumessungsvorschrift, welche explizit auf Verbände und deren Besonderheiten zugeschnitten ist. Auf die mittlerweile in der Praxis und im Schrifttum entwickelten Grundsätze der Zumessung kann bei einer Regelung de lege ferenda zurückgegriffen werden.

4. Abschöpfung

§ 30 Abs. 3 OWiG verweist klarstellend auf § 17 Abs. 4 OWiG, der allgemein für Bußgelder eine Abschöpfung ermöglicht. Die Höhe der Geldbuße soll über die Sanktion hinaus den erzielten Vorteil abschöpfen (§ 17 Abs. 4 S. 1 OWiG). Die primäre Abschöpfung erfolgt bei Unternehmen nicht über eine Einziehung, sondern mittels einer Erhöhung der Geldbuße nach §§ 30 Abs. 3, 17 Abs. 4 OWiG.[651] Hierbei sollen die Vorteile abgeschöpft werden, die dem Unternehmen zugeflossen sind.[652] Soweit die erlangten Vorteile die Höhe der Geldbuße übersteigen, kann der Höchstrahmen der Geldbuße überschritten werden (§ 17 Abs. 4 S. 2 OWiG).[653]

a) Opportunitätsprinzip

Da allerdings bereits das „ob" der Verfolgung einer Ordnungswidrigkeit nach Opportunitätsgesichtspunkten (§ 47 OWiG) entschieden werden kann, ist das „soll" des § 17 Abs. 4 S. 1 OWiG auch bei Verbandsgeldbußen als „kann" zu lesen.[654] Die Behörde ist somit auch dann nicht zur Abschöpfung angehalten, wenn sie zwar die Ordnungswidrigkeit ahnden, aber aus Opportunität keine

651 Vgl. Heerspink, AO-StB 2011, 283 ff.

652 Siehe Rogall, in: KK-OWiG, § 30 Rn. 140.

653 Vgl. Binder/Kraayvanger, BB 2015, 1219 (1220), so setzte sich der gegen die Siemens AG in der Schmiergeldaffäre erlassene Bußgeldbescheid aus einem Ahndungsteil von 1 Million Euro und einem Abschöpfungsteil von 200 Millionen Euro zusammen; vgl. auch Herr/Jahn, Siemens akzeptiert Millionenbuße. Später erfolgte noch ein Bußgeldbescheid mit Ahndungsteil in Höhe von 250.000,- Euro und Abschöpfungsteil von 394,75 Millionen Euro (vgl. Binder/Kraayvanger, BB 2015, 1219 (1220)).

654 Siehe Krenberger/Krumm, in: Krenberger/Krumm-OWiG, § 17 Rn. 28.

Abschöpfung vornehmen möchte. Umgekehrt kann im Rahmen der Bußgeldbemessung auch auf einen Sanktionsanteil verzichtet und lediglich der gezogene Vorteil abgeschöpft werden.[655]

b) Steuerliche Abziehbarkeit

Da sowohl der Ahndungsteil als auch der Abschöpfungsteil zur Bildung des Gesamtbetrages getrennt ermittelt werden müssen, sollte der Abschöpfungsanteil mit Blick auf § 4 Abs. 5 Nr. 8 S. 4 EStG im Bußgeldbescheid oder Urteil kenntlich gemacht werden, da dieser als Betriebsausgabe zu berücksichtigen ist.[656] Eine Bezifferung des Sanktionsanteils ist somit sinnvoll und sollte angeregt werden, denn nur so wird unnötiger Streit mit den Finanzbehörden bzw. dem Finanzgericht zur Höhe des Abschöpfungsanteils vermieden.

c) Netto- oder Bruttoprinzip?

Bei der Bemessung des Abschöpfungsanteils (§ 30 Abs. 3 i.V.m. § 17 Abs. 4 OWiG) würde man zunächst aufgrund der §§ 73 ff. StGB und des § 29a OWiG zu der Anwendung des Bruttoprinzips neigen.[657] Doch die herrschende Meinung hält zu Recht das Nettoprinzip für maßgebend.[658] Dies folgt zum einen aus dem Begriff des „Vorteils" und zum anderen folgt dies aus der Tatsache, dass der Gesetzgeber den Wortlaut des § 17 Abs. 4 OWiG bei der Einführung des „Bruttoprinzips" in § 29a OWiG unangetastet gelassen hat.[659] Der Gesetzgeber hielt eine Änderung

---

655 Siehe Krenberger/Krumm, in: Krenberger/Krumm-OWiG, § 17 Rn. 29.

656 Bei der Bemessung der Höhe der Geldbuße muss sich die Behörde bzw. der Richter über die einzelnen Faktoren der Bemessung des Gesamtbetrags der Geldbuße Klarheit verschaffen. Der Abschöpfungsanteil ist keine Geldbuße i.S.d. § 4 Abs. 5 S. 1 Nr. 8 EStG (vgl. BFH, Urt. v. 9.6.1999 - I R 100/97, BStBl. II 1999, 658) und als Betriebsausgabe abziehbar.

657 Vgl. Meyberg, in: BeckOK-OWiG, § 30 Rn. 100.

658 Vgl. Meyberg, in: BeckOK-OWiG, § 30 Rn. 100; a.A. Brenner, NStZ 2004, 256 (259). Strittig ist, ob das Bruttoprinzip oder das Nettoprinzip angewendet wird. Der Begriff des wirtschaftlichen Vorteils wurde im Gesetz nicht näher konkretisiert. Bei den Einziehungsvorschriften der §§ 73 StGB, 29a OWiG wird heute das Bruttoprinzip angewandt (vgl. BT-Drs. 11/6623, S. 13). Dies führt allerdings zu einer schwer vertretbaren Diskrepanz zwischen den Vorschriften der Tatertragseinziehung, bei denen das Bruttoprinzip gilt, und den §§ 17 Abs. 4, 30 Abs. 3 OWiG; vgl. hierzu Rogall, in: KK-OWiG, § 30 Rn. 141.

659 Vgl. Rogall, in: KK-OWiG, § 30 Rn. 141.

des Wortlauts des § 17 Abs. 4 OWiG für entbehrlich.[660] Nach anderer Auffassung soll im Rahmen von § 30 OWiG das „Bruttoprinzip" gelten.[661] Zur Begründung dient hierbei allerdings lediglich das Argument des Wertungswiderspruchs im Vergleich zu den Einziehungsvorschriften.[662] Die grammatikalischen und historischen Argumente der herrschenden Meinung werden insgesamt hierbei außer Betracht gelassen und der Wortlaut „Vorteil" spricht eindeutig für das Nettoprinzip. Es ist somit der herrschenden Meinung zu folgen.

d) Höhe des Abschöpfungsbetrages

Die Gewinnabschöpfung im Rahmen der Geldbuße erfolgt nach §§ 30 Abs. 3, 17 Abs. 4 OWiG, der lediglich die Abschöpfung des „wirtschaftlichen Vorteils" – nicht des Umsatzes – legitimiert. Es hat eine echte Saldierung zu erfolgen. Nur der Überschuss kann als Vermögensvorteil abgeschöpft werden. Es ist also der tatsächlich eingetretene Vorteil zugrunde zu legen.[663]

aa) Wirtschaftlicher Vorteil

Als abzuschöpfender wirtschaftlicher Vorteil gilt daher der – nach Berücksichtigung aller für die Tat gemachten Aufwendungen – erzielte Gewinn (nach Steuern).[664] Der Begriff des Vorteils ist insgesamt weit auszulegen.[665] Es wird praktisch jede wirtschaftliche Günstiger Stellung einbezogen, also der unmittelbare Gewinn, ein erhaltenes Tatentgelt, ersparte Aufwendungen, Verbesserung

---

660 Vgl. BT-Drs. 11/6623, S. 13. Nach strittiger Auffassung würde die Nettolösung systematisch im Widerspruch zur Anwendung des Bruttoprinzips bei §§ 73 StGB, 29a OWiG stehen. Das Bruttoprinzip ist zu überdenken, da dieses Prinzip Sanktionscharakter hat.

661 Siehe Brenner NStZ 2004, 256 (259); Gürtler, in: Göhler OWiG, § 17 Rn. 38a.

662 Siehe Brenner NStZ 2004, 256 (258 f.).

663 Siehe Förster, in: RRH-OWiG, § 17 Rn. 47; Mitsch, in: KK-OWiG, § 17 Rn. 114.

664 Von dem Erlangten, inklusive ersparter Aufwendungen sind die zur Erreichung des Erlangten eingesetzten Aufwendungen abzuziehen (vgl. Meyberg, in: BeckOK-OWiG, § 30 Rn. 100; als auch Krumm, NJW 2011, 196); Bei der Berechnung der Höhe des Vorteils sind auch etwa die auf den erlangten wirtschaftlichen Vorteil gezahlten Steuern in Abzug zu bringen (differenzierend hierzu Rogall, in: KK-OWiG, § 30 Rn. 143; zu dem Thema Steuer ebenfalls Wegner, wistra 2000, 361 (364); Ist das Besteuerungsverfahren noch nicht durch bestandskräftigen Bescheid beendet worden, bleibt die Steuerlast hingegen außer Betracht, da dann der Bruttoabschöpfungsbetrag gewinnmindernd geltend gemacht werden kann (siehe v. Galen/Maass, in: Leitner/Rosenau, Wirtschafts- und Steuerstrafrecht, S. 909 m.w.N.).

665 Vgl. Mitsch, in: KK-OWiG, § 17 Rn. 113 f.

der Marktposition[666], Gebrauchsvorteile.[667] Strittig ist, ob auch mittelbare Vorteile vom Begriff des Vorteils umfasst sind. Die herrschende Meinung bejaht dies.[668] Grundsätzlich mindert der nachträgliche Wegfall des erlangten Vorteils den wirtschaftlichen Vorteil nicht.[669] Im Rahmen des Ermessens soll aber der Wegfall berücksichtigt werden können.[670] Umstritten ist zudem, ob ein rechtmäßiges Alternativverhalten zu berücksichtigen ist.[671] Nicht erforderlich ist eine zahlenmäßig exakte Berechnung des wirtschaftlichen Vorteils. Soweit es möglich ist, ist der Gewinn aber konkret zu ermitteln.[672] Eine Berücksichtigung von Aufwendungen ist geboten, wenn sie aufgrund des Erwerbsvorgangs entstanden sind.[673] Sie sind wie aufgewandte Kosten zu behandeln. Nach dem BGH sind jedoch sog. Deckungskosten nicht abzugsfähig.[674]

bb) Hypothetische Gewinne und zivilrechtliche Erstattungsansprüche

Hypothetische Gewinne hingegen, welche beispielsweise aus der Fortsetzung legalen Verhaltens gewonnen werden[675], bleiben bei der Bemessung des Abschöpfungsanteils außer Betracht. Sonst könnte die Geldbuße ihr mit der Abschöpfung des wirtschaftlichen Vorteils verfolgtes Ziel, den Täter zu ordnungsgemäßem Handeln zu veranlassen, nicht erfüllen.[676] Nach herrschender Meinung bleiben

666 Ebenso Mitsch, in: KK-OWiG, § 17 Rn. 114.

667 Siehe Mitsch, in: KK-OWiG, § 17 Rn. 114; Rogall, in: KK-OWiG, § 30 Rn. 141 m.w.N.

668 Vgl. Wegner, wistra 2000, 361 (364); ohne Anwendung auf Surrogate auch Rogall, in: KK-OWiG, § 30 Rn. 142; ablehnend Schroth, wistra 1986, 158 (160).

669 Vgl. Rogall, in: KK-OWiG, § 30 Rn. 147 m.w.N.

670 Vgl. Rogall, in: KK-OWiG, § 30 Rn. 147 m.w.N.

671 Abl. Mitsch, in: KK-OWiG, § 17 Rn. 120; Rogall, in: KK-OWiG, § 30 Rn. 144 m.w.N.

672 Vgl. v. Galen/Maass, in: Leitner/Rosenau, Wirtschafts- und Steuerstrafrecht, S. 910 m.w.N. Oft muss zur Ermittlung des Vorteils aber eine Schätzung des Vorteils vorgenommen werden. Diese muss dann auf konkreten und nachvollziehbaren Anhaltspunkten beruhen, welche eine (Schlüssigkeits-) Nachprüfung ermöglicht (vgl. BVerfG, Beschl. v. 23.1.1990 – 1 BvL 4/87, 1 BvL 5/87, 1 BvL 6/87, 1 BvL 7/87, BVerfGE 81, 228 (242)).

673 Vgl. Rogall, in: KK-OWiG, § 30 Rn. 143 („notwendig ist daher eine Saldierung“) und v. Galen/Maass, in: Leitner/Rosenau, Wirtschafts- und Steuerstrafrecht, S. 909.

674 Vgl. BGH, Beschl. v. 17.10.2013 – 3 StR 167/13, NStZ 2014, 400; für eine Abzugsfähigkeit, wenn die Deckungskosten nur aufgrund des jeweiligen Auftrages entstanden sind und ohne diesen gar nicht angefallen wären, vgl. v. Galen/Maass, in: Leitner/Rosenau, Wirtschafts- und Steuerstrafrecht, S. 910).

675 Vgl. OLG Düsseldorf, Beschl. v. 3.4.1995 – 1 WS 223/95, wistra 1995, 362 ff.

676 Vgl. Rogall, in: KK-OWiG, § 30 Rn. 144; als auch Meyberg, in: BeckOK-OWiG, § 30 Rn. 100.

zudem mögliche zivilrechtliche Erstattungsansprüche Dritter außer Betracht.[677] Besser erscheint in diesem Zusammenhang allerdings eine Lösung in Anlehnung an § 99 Abs. 2 OWiG und somit eine vollstreckungsrechtliche Lösung. Dann wäre nur von der Abschöpfung abzusehen, wenn eine rechtskräftige Entscheidung oder ein Vergleich vorliegt, aus dem sich ein Anspruch ergibt oder der Betroffene den Anspruch des Verletzten bereits tatsächlich erfüllt hat.[678] Auch hier sollte am besten eine Klarstellung durch den Gesetzgeber erfolgen.

e) Fazit und Stellungnahme

Wie sich gezeigt hat, sind bei der Abschöpfung viele Dinge unklar und sollten noch detaillierter geregelt werden. Der Begriff des „wirtschaftlichen Vorteils" aus § 17 Abs. 4 OWiG lässt sich sehr unterschiedlich auslegen. Klarstellungen hierzu wären wünschenswert.

Zudem ergeben sich große Wertungswidersprüche zu den Vorschriften der Einziehung (§§ 73ff. StGB und § 29a OWiG). Gerade gegenüber Unternehmen erfolgt die Abschöpfung deliktisch erlangter Vorteile häufig nicht über die Einziehung, sondern mit Hilfe der Geldbuße nach § 30 Abs. 3 OWiG i.V.m. § 17 Abs. 4 OWiG. Hierbei regelt § 30 Abs. 5 OWiG den Vorrang der Abschöpfung bei der Verbandsgeldbuße.[679] Die Einziehung nach den §§ 73 ff. StGB ist im Falle einer Straftat bzw. nach § 29a OWiG[680] im Fall der Ordnungswidrigkeit (für beide gilt das Bruttoprinzip) unter den dort genannten Voraussetzungen bei derselben Tat ausgeschlossen.[681]

Teilweise führt dieser Vorrang der Abschöpfung gegenüber der Einziehung – wie sich zeigen wird – allerdings zu Wertungswidersprüchen.[682] Die neu eingeführten Regelungen § 73d Abs. 1 StGB und § 29a Abs. 3 OWiG werden zwar dazu beitragen, dass sich der Umfang der abzuschöpfenden Vermögenswerte bei der Einziehung (Bruttoprinzip) dem bei der Abschöpfung im Rahmen der

677 Vgl. Rogall, in: KK-OWiG, § 30 Rn. 145 f.; Meyberg, in: BeckOK-OWiG, § 30 Rn. 100.

678 Vgl. v. Galen/Maass, in: Leitner/Rosenau, Wirtschafts- und Steuerstrafrecht, S. 910; ebenso Rogall, in: KK-OWiG, § 30 Rn. 146 m.w.N.; Wegner, wistra 2000, 361 (364); siehe hierzu bei der Einziehung zudem § 73e Abs. 1 StGB.

679 Siehe zu diesem Aspekt nochmals ausführlich im 3. Kapitel G. I. 3.

680 Nach § 29a OWiG gilt das Bruttoprinzip auch für die dortige Einziehungsanordnung und es ist auch hier ausreichend, wenn ein rechtswidriges Verhalten vorliegt.

681 Siehe zur Einziehung im 3. Kapitel G.

682 Siehe hierzu und zur Einziehung im 3. Kapitel G.

Unternehmensgeldbuße (Nettoprinzip) annähert,[683] da aber für die Abschöpfung im Rahmen der Unternehmensgeldbuße das Nettoprinzip gilt,[684] wird es dennoch zu nicht vertretbaren Diskrepanzen kommen. Es dürfte sich aufgrund dessen anbieten, im Rahmen einer Neuregelung der Verbandsvorschriften die Abschöpfung von der Sanktion zu trennen und beispielsweise eine Abschöpfung von Taterträgen über die Einziehungsvorschriften zu ermöglichen[685] oder gar ganz neue Überlegungen für die Abschöpfung bei Verbänden anzustellen, was wünschenswert wäre.

Auch wäre zu klären, warum § 73b Abs. 1 Nr. 1 StGB oder § 29a OWiG nur ein rechtwidriges Verhalten hinsichtlich des Vertreterhandelns voraussetzen, während für § 30 OWiG der Schuldnachweis für die Anknüpfungstat gefordert wird. De lege ferenda sollte zumindest überlegt werden, hinsichtlich der 2. Alt. des § 30 Abs. 1 OWiG i.V.m. Abs. 3, § 17 Abs. 4 OWiG, also für den Abschöpfungsanteil, keinen Schuldnachweis zu fordern. Durch eine getrennte Darstellung im Bescheid könnte dann den unterschiedlichen Anforderungen an den Schuldnachweis Rechnung getragen werden. Eine solche Darstellung ist – wie bereits dargestellt – ohnehin aufgrund der Frage der steuerlichen Abzugsfähigkeit der beiden Teile der Geldbuße erforderlich.[686]

III. Tateinheit und Tatmehrheit bei Unternehmenssanktionen

Auch im Rahmen von unternehmensbezogenen Geldbußen ist von Relevanz[687], ob sanktionsrechtlich zu würdigendes Verhalten als eine einzige Handlung einzustufen ist oder mehrere Handlungen im Sinne des materiellen Sanktionsrechts darstellen oder ob eine Handlung den Tatbestand mehrerer Gesetze verwirklicht.[688] Regelungen zu dem Zusammentreffen mehrerer Gesetzesverletzungen

683 Vgl. Rogall, in: KK-OWiG, § 30 Rn. 141; heute wird ein Abzug nicht „bemakelter" Aufwendungen gleichermaßen zugelassen (vgl. §§ 73d Abs. 1 StGB, 29a Abs. 3; dazu Trüg, NJW 2017, 1914f.).

684 Vgl. BGH, Beschl. v. 8.12.2016 – 5 StR 424/15, wistra 2017, 242; Rogall, in: KK-OWiG, § 30 Rn. 141.

685 Nach Gürtler, in: Göhler OWiG, § 30 Rn. 38a dürften viele Gründe für eine Zugrundelegung des Bruttoprinzips auch bei § 30 Abs. 3 OWiG i.V.m. § 17 Abs. 4 OWiG sprechen.

686 Vgl. § 4 Abs. 5 S. 1 Nr. 8 EStG (grundlegend: BVerfG, Beschl. v. 23.1.1990 – 1 BvL 4/87, NJW 1990, 1900).

687 Z.B. für den Schuldspruch, die Höhe der Sanktion, die Rechtsmittel und die Wiederaufnahme des Verfahrens.

688 Siehe Meyberg, in: BeckOK-OWiG, § 30 Rn. 108 und Rn. 109

und zu der Bemessung der Sanktion finden sich in den §§ 19–21 OWiG. Hierbei regelt § 21 OWiG das Aufeinandertreffen von Ordnungswidrigkeiten und Straftaten und klärt ihre Rangstellung.[689] Bei der Bestimmung der Voraussetzungen von Tateinheit und -mehrheit kann auch im Ordnungswidrigkeitenrecht auf das Strafgesetzbuch (als Vorbild) zurückgegriffen werden.[690] Es können daher die Kommentierungen zum Strafrecht hierbei größtenteils übertragen werden.[691] Auf die Rechtsfolgen bezogen gilt dies nur bei der Idealkonkurrenz. Bei der Realkonkurrenz sind in § 20 OWiG starke Abweichungen von § 53 StGB zu finden.[692]

1. Tateinheit bei Unternehmenssanktionen (§ 19 OWiG)

Ob bzw. wann die Voraussetzungen einer unternehmensbezogenen (Sanktions-)Tateinheit vorliegen, ist an sich anhand der zu Grunde liegenden Anknüpfungstat bzw. den zugrundeliegenden Anknüpfungstaten zu bemessen. Ist lediglich eine Straftat i.S. des § 52 StGB oder eine Ordnungswidrigkeit i.S. des § 19 OWiG des jeweiligen Individualtäters (Leitungsperson) gegeben, kann auch gegen den Verband denknotwendigerweise nur ein Bußgeld festgesetzt werden. Werden Taten durch einen einzelnen Mitarbeiter bzw. Repräsentanten begangen, die gem. § 52 StGB, § 19 OWiG in (gleich- oder ungleichartiger) Tateinheit stehen und für den Mitarbeiter bzw. Repräsentanten nur eine Sanktion zur Folge hätten, wird auch gegen das Unternehmen nur eine Sanktion verhängt.[693] Auch dies ist noch relativ einfach zu ermitteln. Gegen den Verband wird aber nach wohl herrschender Meinung auch dann nur eine Sanktion verhängt, wenn eine Anknüpfungstat durch mehrere Aufsichtspflichtverletzungen ermöglicht wurde.[694]

Auch wenn mehrere Leitungspersonen an der Begehung einer Anknüpfungstat beteiligt sind, kann zudem trotzdem nur eine Verbandsgeldbuße gegen die juristische Person bzw. Personenvereinigung festgesetzt werden, selbst wenn mehrere Unternehmensmitarbeiter Tatbeteiligte i.S.v. §§ 25 ff. StGB, § 14 OWiG sind.[695] Dies soll auch dann gelten, falls mehrere Verbandsvertreter eine Tat begangen haben[696] bzw. ebenso, wenn z.B. nur gegen einen Individualtäter

689 Siehe Mitsch, in: KK-OWiG, § 19 Rn. 2.

690 Ebenfalls Mitsch, in: KK-OWiG, § 19 Rn. 4.

691 Vgl. Mitsch, in: KK-OWiG, § 19 Rn. 4; Wegner, wistra 2005, 313 (314).

692 Vgl. Mitsch, in: KK-OWiG, § 19 Rn. 4.

693 Siehe Meyberg, in: BeckOK-OWiG, § 30 Rn. 108.

694 Siehe hierzu Meyberg, in: BeckOK-OWiG, § 30 Rn. 108.

695 Vgl. Meyberg, in: BeckOK-OWiG, § 30 Rn. 108; Rogall, in: KK-OWiG, § 30 Rn. 154.

696 Vgl. Meyberg, in: BeckOK-OWiG, § 30 Rn. 108.

anschließend keine Sanktion festgesetzt wird. Nach allgemeiner Ansicht kommt in all diesen Fällen nur eine Geldbuße gegen das Unternehmen in Betracht, da lediglich ein geschichtlicher Vorgang vorliege. Dies gelte selbst dann, wenn mehrere Organmitglieder unabhängig voneinander als Nebentäter handeln.[697] Die dem Verband zuzurechnende Handlung kann sich nicht deshalb für ihn auf mehrere Taten ausweiten, weil mehrere Leitungspersonen daran beteiligt gewesen sind.[698] Nach der wohl herrschenden Meinung wird daher auch selbst bei einem Handeln von mehreren Mitarbeitern, die unabhängig voneinander Taten begehen, die aber auf das gleiche Defizit im Verband zurückzuführen sind, gegen den Verband nur eine Geldbuße verhängt.[699] So ist in jedem Einzelfall zu prüfen, ob gem. § 130 OWiG nicht entscheidende Gründe für das Anknüpfen an eine Daueraufsichtspflichtverletzung sprechen, so dass im Rahmen des § 30 OWiG nur eine betriebsbezogene Zuwiderhandlung vorliegt.[700] Werden auf Grund einer Aufsichtspflichtverletzung in einem gewissen zeitlichen Zusammenhang mehrerer Zuwiderhandlungen gegen dieselbe Vorschrift begangen, so wird für eine einheitliche Aufsichtspflichtverletzung lediglich eine Geldbuße festgesetzt.[701] Eine durch die Aufsichtspflichtverletzung i.S.v. § 130 OWiG ermöglichte Anknüpfungstat bildet zudem mit § 130 OWiG nach wohl herrschenden Meinung eine prozessuale Tat und sollte daher gleichfalls nur zu einer Verbandssanktion führen.[702]

2. *Tatmehrheit bei Unternehmenssanktionen (§ 20 OWiG)*

Problematisch erscheint allerdings bei der Annahme von Tatmehrheit (§ 53 StGB, § 20 OWiG) die Art und Weise der Festsetzung einer Unternehmenssanktion. So normiert der § 53 Abs. 1 StGB einerseits im Strafrecht, dass im Falle einer gleichzeitigen Aburteilung von mehreren Straftaten einer Person, eine

697 Sogar im Falle einer Nebentäterschaft kommt nur eine Unternehmensgeldbuße in Betracht; vgl. Rogall, in: KK-OWiG, § 30 Rn. 154. Ein entsprechender Hinweis sollte zur Klarstellung durch den Gesetzgeber erfolgen.

698 Vgl. Gürtler, in: Göhler OWiG, § 30 Rn. 27b.

699 Vgl. auch Engelhart, Sanktionierung von Unternehmen und Compliance, S. 443 m.w.N.

700 Siehe auch Cordes/Reichling, NJW 2015, 1335 (1337).

701 Siehe Gürtler, in: Göhler OWiG, § 130 Rn. 16, welcher davon spricht, dass dies Tatfrage ist und in jedem Einzelfall geprüft werden müsse und eine Aufsichtspflichtverletzung beispielsweise bejaht werden könnte, wenn die einzelnen Zuwiderhandlungen einzelner Mitarbeiter auf einem einheitlichen Organisationsmangel beruhen.

702 Vgl. Meyberg, in: BeckOK-OWiG, § 30 Rn. 108 m.w.N.

Gesamtstrafe nach § 54 Abs. 1 S. 2 StGB durch die Erhöhung der verwirkten höchsten Strafe (sog. „Asperationsprinzip“) gebildet wird.[703] § 20 OWiG anderseits legt dann aber für das Ordnungswidrigkeitenrecht fest, dass in dem Fall, wenn mehrere Geldbußen verwirkt sind, jede Geldbuße gesondert festgesetzt wird (sog. „Kumulationsprinzip“).[704] Das Ordnungswidrigkeitenrecht sieht somit im Gegensatz zum Strafrecht eine „Gesamtgeldbuße“ gerade nicht vor.[705] Daher können gegenüber dem Verband mehrere Geldbußen festgesetzt werden, sobald etwa ein vertretungsberechtigtes Organ eines solchen Verbandes unter den Voraussetzungen des § 20 OWiG mehrere selbstständige Ordnungswidrigkeiten begangen hat.[706]

§ 20 OWiG unterscheidet sich in seinem Wortlaut entscheidend von dem des § 53 StGB. Zum einen wird keine Gesamtgeldbuße gebildet, sondern die Einzelgeldbußen werden kumuliert und zum anderen muss § 20 OWiG in der Lage sein, den Fall mehrerer Geldbußen gegen einen Verband zu erfassen.[707] Der Verbandsgeldbuße liegt – wie gezeigt – keine eigene Ordnungswidrigkeit des Verbandes zugrunde.[708] Die unternehmensbezogene Geldbuße knüpft auch im Rahmen des § 20 OWiG an das Verhalten der Leitungsperson bzw. an die Verwirklichung der Anknüpfungstaten an. Maßgebend bei der Festsetzung realkonkurrierender Geldbußen sind deshalb nicht allein die §§ 19, 20 OWiG, sondern ob eine oder mehrere unternehmensbezogene Geldbußen verwirkt sind.

---

703 Siehe Kühl, in: Lackner/Kühl-StGB, § 53 Rn. 3; Cordes/Reichling, NJW 2015, 1335 (1336).

704 Vgl. Mitsch, in: KK-OWiG, § 20 Rn. 3; Cordes/Reichling, NJW 2015, 1335 (1336).

705 Siehe Rogall, in: KK-OWiG, § 30 Rn. 152.

706 Siehe Rogall, in: KK-OWiG, § 30 Rn. 152. Für Fälle, in denen an der Bezugstat gem. § 30 OWiG, wie etwa der Aufsichtspflichtverletzung gem. § 130 OWiG, mehrere Personen beteiligt sind; vgl. Niesler, in: Graf/Jäger/Wittig, Wirtschafts- und Steuerstrafrecht, § 30 OWiG Rn. 68: „So darf gegen einen Personenverband nur eine Geldbuße festgesetzt werden, wenn es sich um eine Pflichtverletzung handelt, an deren Begehung mehrere Personen beteiligt waren. Das ist anerkannt sowohl bei unmittelbarer Täterschaft von Leitungspersonen als auch dann, wenn eine Tat durch mehrere Aufsichtspflichtverletzungen nach § 130 OWiG ermöglicht wurde. Für das Zusammentreffen von Täterschaft und Aufsichtspflichtverletzung kann nichts anderes gelten, wenn sich beide Verfehlungen auf dieselben geschichtlichen Lebensvorgänge beziehen.“

707 Vgl. Wegner, Die Systematik der Zumessung unternehmensbezogener Geldbußen, S. 117 ff.; Mitsch, in: KK-OWiG, § 19 Rn. 5.

708 Vgl. Wegner, Die Systematik der Zumessung unternehmensbezogener Geldbußen, S. 49.

Ein Grund für mehrere Geldbußen nach § 30 OWiG können eine oder mehrere Ordnungswidrigkeit(en) zusammen mit einer oder mehreren Straftat(en) als Anknüpfungstaten sein.[709] In all diesen Fällen gilt § 20 OWiG.[710] Stehen die Handlungen, die der Mitarbeiter bzw. Repräsentant begangen hat, in Tatmehrheit, ist aber insgesamt zunächst zwischen dem Strafrecht und dem Ordnungswidrigkeitenrecht zu unterscheiden.

a) Bei Straftaten

Bei Straftaten wird für den Mitarbeiter eine Gesamtstrafe gebildet, in der die einzelnen Teilstrafen aufgehen.[711] Für das Unternehmen wird in diesem Fall eine Geldbuße verhängt.[712] Wurden durch das Organ mehrere realkonkurrierende Straftaten begangen, so wird auf eine nach dem Asperationsprinzip gebildete Gesamtstrafe erkannt.[713] Diese ist dann auch die Grundlage für die Bemessung der Verbandsgeldbuße.[714]

b) Bei Ordnungswidrigkeiten

Anders ist dies bei Ordnungswidrigkeiten. Begeht der Mitarbeiter mehrere Ordnungswidrigkeiten in Tatmehrheit ist keine Gesamtgeldbuße vorgesehen, so dass auch dem Unternehmen jeweils gesondert Geldbußen auferlegt werden.[715] Im Ordnungswidrigkeitenrecht gilt im Falle der Tatmehrheit das Kumulationsprinzip. Es wird also nicht eine „Gesamtgeldbuße" gebildet, sondern es wird gemäß § 20 OWiG für jede einzelne Ordnungswidrigkeit auch eine gesonderte Geldbuße festgesetzt.[716] Das OWiG enthält damit keine Möglichkeit einer Begrenzung der Gesamthöhe von Geldbußen, die bei der Ahndung mehrerer selbstständiger Handlungen zusammentreffen. Sobald mehrere Leitungspersonen zueinander in Tatmehrheit stehende Anknüpfungstaten begangen haben, kann individuell

---

709 Siehe Mitsch, in: KK-OWiG, § 19 Rn. 5.

710 Vgl. Mitsch, in: KK-OWiG, § 19 Rn. 5.

711 Siehe Rogall, in: KK-OWiG, § 30 Rn. 153.

712 Siehe Rogall, in: KK-OWiG, § 30 Rn. 153; Müller, Ordnungswidrigkeitenrecht, S. 80.

713 Siehe Rogall, in: KK-OWiG, § 30 Rn. 153; Das Strafrecht verwirklicht in §§ 54, 55 StGB das Asperationsprinzip.

714 Vgl. dazu auch Rogall, in: KK-OWiG, § 30 Rn. 153.

715 Ebenso Rogall, in: KK-OWiG, § 30 Rn. 152; dies ist aus Gerechtigkeitsgesichtspunkten durchaus problematisch, siehe auch Wegner, Die Systematik der Zumessung unternehmensbezogener Geldbußen, S. 178 ff.

716 Ebenso Rogall, in: KK-OWiG, § 30 Rn. 152; Der Betroffene wird also im Ergebnis mit der Summe der aufeinander gehäuften („kumulierten") Geldbußen belastet.

wegen jeder dieser Taten eine Verbandsgeldbuße verhängt werden.[717] Im Hinblick auf § 20 OWiG gilt dies auch bei der tatmehrheitlichen Verwirklichung mehrerer Anknüpfungstaten durch eine Leitungsperson.[718] Wenn nach Maßgabe von § 20 OWiG für die einzelnen Taten gesonderte Geldbußen festzusetzen sind, bestimmt sich die Bußgeldbemessung für jede einzelne Tat nach Maßgabe von § 17 OWiG.[719] Falls allerdings innerhalb einer nach § 20 OWiG selbstständig zu ahnenden Tat auch die Voraussetzungen des § 19 OWiG gegeben sind, sind zugleich die dafür vorgesehenen Maßgaben zu berücksichtigen.[720]

3. *Stellungnahme*

Wie sich gezeigt hat, bestehen bei der Bestimmung von Tateinheit oder Tatmehrheit bei Verbandssanktionen große Schwierigkeiten. So ist das „Handeln" eines Verbandes doch anders als das „Handeln" von natürlichen Personen. Es entstehen unterschiedliche Sachverhaltskonstellationen, weswegen andere Bewertungen vorzunehmen sind. Daher bedarf es dringend gesonderter Regelungen (unabhängig derer von natürlichen Personen) zur Bestimmung der Tateinheit und der Tatmehrheit. Es kann nicht einfach auf die Bestimmungen für natürliche Personen zurückgegriffen werden. Bislang überlässt der Gesetzgeber die Einordnung bezüglich der Tateinheit bzw. der Tatmehrheit in Verbandskonstellationen allerdings der Praxis und dem Schrifttum, ohne spezielle Vorgaben für Verbandskonstellationen vorzugeben. Im Rahmen einer Reform müssten hier gesonderte Vorschriften geschaffen werden, die sich explizit mit dem Phänomen Handeln des „Verbandes" und dem damit verbundenen Handeln durch seine Repräsentanten und seine Mitarbeiter auseinandersetzen. Auch bei der Bemessung der Verbandsgeldbuße stellen die speziellen Verbandskonstellationen für die Praxis eine Herausforderung dar. So soll bei der Beteiligung mehrerer Leitungspersonen an einer Anknüpfungstat zwar deren Handeln dem Verband nur einmal zugerechnet werden, so dass zwar gegen die jeweilige Leitungsperson gesondert jeweils eine Sanktion, gegenüber dem Verband aber dann nur eine

717 Vgl. Rogall, in: KK-OWiG, § 30 Rn. 152; Meyberg, in: BeckOK-OWiG, § 30 Rn. 109; kritisch dazu Wegner, Die Systematik der Zumessung unternehmensbezogener Geldbußen, S. 178 ff.

718 Vgl. Meyberg, in: BeckOK-OWiG, § 30 Rn. 109; kritisch Cordes/Reichling, NJW 2015, 1335 ff.

719 Siehe hierzu Sackreuther, in: BeckOK-OWiG, § 20 Rn. 6.

720 Siehe hierzu Sackreuther, in: BeckOK-OWiG, § 20 Rn. 6.

Sanktion insgesamt verhängt werden kann.[721] Bei der Bemessung der Geldbuße soll dann allerdings die Schuld aller Leitungspersonen berücksichtigt werden.[722] Besonders unglücklich ist zudem die vorgesehene Kumulation im Ordnungswidrigkeitenrecht, weswegen dieser Aspekt im folgenden Abschnitt nochmals genauer analysiert wird.

IV. Problem mehrfacher Tatbestandsverwirklichung bei Unternehmenssanktionen

1. Keine „Gesamtgeldbuße" im Ordnungswidrigkeitenrecht

Zu untersuchen sind die Fallkonstellationen, bei welchen eine Kumulierung mehrerer Verbandsgeldbußen stattfindet. Dies kann unter Gerechtigkeits- und Schuldaspekten äußerst problematisch sein.[723] Wie bereits geschildert, findet anders als im Strafrecht (§§ 53 ff. StGB) im Ordnungswidrigkeitenrecht bei Tatmehrheit keine Zusammenführung der mehreren gesondert festgesetzten Geldbußen statt und es wird keine „Gesamtgeldbuße" gebildet.[724] Anders als in §§ 53, 54 StGB (Asperationsprinzip)[725] lässt § 20 OWiG die Rechtsfolgen der einzelnen Taten unabhängig nebeneinander stehen, so dass Geldbußen und Nebenfolgen jeweils getrennt voneinander festgesetzt und anschließend addiert werden (Kumulationsprinzip).[726] So kann eine Kumulation oft zu übertriebenen Rechtsfolgenhäufungen und Geldsummen für Unternehmen führen, die mit den generellen Vorstellungen zu Schuld und Verantwortung sowie gerade auch mit dem Verhältnismäßigkeitsprinzip im Widerspruch stehen können. Dies erscheint ungerecht.[727] Die von § 20 OWiG vorgesehene Häufung der Rechtsfolgen kann auch bei den Nebenfolgen besondere Härten hervorrufen. Damit

---

721 Vgl. Meyberg, in: BeckOK-OWiG, § 30 Rn. 108; BGH BeckRS 2017, 114578 Rn. 112; Gürtler, in: Göhler OWiG, § 30 Rn. 27b.

722 Vgl. Meyberg, in: BeckOK-OWiG, § 30 Rn. 108; BGH BeckRS 2017, 114578 Rn. 113.

723 So auch Rogall, in: KK-OWiG, § 30 Rn. 152; siehe hierzu zudem Cordes/Reichling, NJW 2015, 1335 ff.

724 Siehe Mitsch, in: KK-OWiG, § 20 Rn. 1.

725 Sowie bei § 31 JGG (Einheitsprinzip).

726 Vgl. Mitsch, in: KK-OWiG, § 20 Rn. 3.

727 Siehe Mitsch, in: KK-OWiG, § 20 Rn. 3; Mitsch, in: KK-OWiG, § 19 Rn. 46; Rogall, in: KK-OWiG, § 30 Rn. 152 m.w.N.; bei häufig wiederholter Begehungsweise kann das Kumulationsprinzip aus § 20 OWiG das verfassungsrechtliche Gebot schuldangemessenen Strafens (Vorwerfbarkeit entsprechenden Ahndens) berühren (siehe BayObLG, Beschl. v. 29.6.1994 – 3 ObOWi 54/94, NJW 1994, 2303 (2304 f.)).

kann die Ordnungswidrigkeitsahndung insgesamt zu einer schlimmeren Sanktionierung führen als eine Ahndung nach dem Strafrecht (Gesamtstrafe nach § 53 StGB).

§ 20 OWiG ist somit aufgrund von sanktions- und verfassungsrechtlichen Gesichtspunkten zu überprüfen, insbesondere im Hinblick auf das verfassungsrechtliche Gebot eines schuldangemessenen Bestrafens bzw. der Vorwerfbarkeit entsprechenden Ahndens.[728] Auch die Verhängung der Geldbuße als einer strafähnlichen Sanktion unterliegt den Anforderungen des Schuldprinzips.[729] Dies gilt nicht nur allein für die Sanktionsbegründung, also für das „ob" der Geldbußverhängung, sondern ebenso für die Entscheidung über das Maß der Sanktion.[730] Der verfassungsrechtliche Schuldbegriff geht über den Schuldbegriff des Individualstrafrechts in dem Sinne hinaus, dass auch § 30 OWiG nur innerhalb der Grenzen des Art. 20 Abs. 3 GG eine gesicherte Legitimationsgrundlage für die Ahndung ist.[731] Die intensive Verschärfung und die Progression des Sanktionsübels aufgrund mehrerer Geldbußen (im Rahmen einer Kumulation) sind gerade auch bei Verbänden festzustellen.[732] Den von der Geldbuße betroffenen Unternehmen werden in einem gewissen Zeitraum die zur Verfügung stehenden Gelder entzogen. Damit fehlt es evtl. gar an der Möglichkeit, essenzielle Ausgaben (Lohnzahlungen, Investitionen etc.) zu tätigen. Eine Progression des Sanktionsübels ist somit gerade auch bei Unternehmen festzustellen. Der Schuldgrundsatz deckt sich wiederum mit dem allgemeinen verfassungsrechtlichen Übermaßverbot (dem Grundsatz der Verhältnismäßigkeit im weiteren Sinne). Die den Einzelnen treffenden Belastungen müssen noch in vernünftiger

728 Denken könnte man auch an einen Verstoß gegen den Art. 3 GG. Das Straf- und Ordnungswidrigkeitenrecht ist jedoch so unterschiedlich, dass es bereits an einem vergleichbaren Sachverhalt fehlt; siehe dazu näher Wegner, Die Systematik der Zumessung unternehmensbezogener Geldbußen, S. 182 ff.

729 Laut Bundesverfassungsgericht hat der Grundsatz der Schuldangemessenheit des Strafens Verfassungsrang. Der Grundsatz der Schuldangemessenheit ergibt sich aus Art. 1 Abs. 1 und Art. 2 Abs. 2 GG sowie aus dem Rechtsstaatsprinzip (Art. 20 Abs. 3 GG). Tatbestand und Rechtsfolge müssen sachgerecht aufeinander abgestimmt sein. Die Strafe muss im gerechten Verhältnis zur Schwere der Tat und zum Verschulden des Täters stehen (BVerfG, Urt. v. 21.6.1977 – 1 BvL 14/76, BVerfGE 45, 187 (259 f.); BVerfG, Beschl. v. 25.10.1978 – 1 BvR 983/78, BVerfGE 50, 5 (12)).

730 Siehe BVerfG, Urt. v. 21.6.1977 – 1 BvL 14/76, BVerfGE 45, 187 (259 f.); BVerfG, Beschl. v. 25.10.1978 – 1 BvR 983/78, BVerfGE 50, 5 (12).

731 Siehe dazu näher Wegner, Die Systematik der Zumessung unternehmensbezogener Geldbußen S. 193.

732 Das empfundene Übel lässt sich hierbei finanziell bzw. bilanziell feststellen.

Relation zu dem gewollten Zweck stehen.[733] Diesem Grundsatz trägt § 20 OWiG so nicht ausreichend Rechnung.[734]

2. Keine „Gesamtgeldbuße" – Lösungsmöglichkeiten de lege lata

Generell muss daher eine Möglichkeit geschaffen werden, eine Eingrenzung vorzunehmen, so dass in diesem Fall nicht ordnungswidrigkeitenrechtliche Sanktionen unbegrenzt verhängt werden. In der Literatur wurden und werden deshalb vor allem vier Lösungsmöglichkeiten vorgeschlagen:[735] So wird an eine partielle Fortgeltung des Fortsetzungszusammenhangs im Ordnungswidrigkeitenrecht gedacht. Weiter wird die Vermeidung etwaiger Härten durch die Anwendung des Opportunitätsprinzips des § 47 OWiG angeführt und zudem wird über eine Praktizierung des Asperations- und des Kumulationsprinzips nachgedacht. Andere wiederum schlagen eine Berücksichtigung dieses Sachverhalts bei § 17 Abs. 3 OWiG vor.

a) Fortgeltung des Fortsetzungszusammenhangs

Eine Möglichkeit, unter rechtlichem Gesichtspunkt verschiedene Delikte zu einer Tateinheit zusammenzuschließen, bot das Rechtsinstitut der fortgesetzten Handlung.[736] Mehrere natürliche Handlungen wurden zu einer rechtlichen Handlung zusammengefasst, wenn ein Tatbestand mehrfach verwirklicht wurde und diese Taten auf einem einheitlichen, sämtliche Teilakte umfassenden Gesamtvorsatz beruhten.[737] Durch die Entscheidung des Großen Senats des Bundesgerichtshofs wurde im Strafrecht die Rechtsfigur des Fortsetzungszusammenhanges aber weitestgehend aufgegeben.[738] Auch der Kartellsenat des BGH hat in einer

733 Siehe Achenbach, WuW 1997, 393 (396) m.w.N.; Das Übermaßverbot ist somit bei der Bußgeldbemessung zu beachten.

734 Siehe dazu näher Wegner, Die Systematik der Zumessung unternehmensbezogener Geldbußen S. 203.

735 Siehe zu der Thematik Cordes/Reichling, NJW 2015, 1335 (1336 ff.).

736 Siehe dazu näher Wegner, Die Systematik der Zumessung unternehmensbezogener Geldbußen, S. 153 ff. und S. 207; Gürtler, in: Göhler OWiG, Vor § 19 Rn. 11 ff.; Für den Täter war das Rechtsinstitut günstig. Er wurde nur wegen einer einzigen Tat belangt, welche allerdings erst mit dem letzten Teilakt verjährte (vgl. Mitsch, in: KK-OWiG, § 19 Rn. 45) und durch eine Teilqualifikation zur Gesamtqualifikation aufgestuft werden konnte.

737 Vgl. Gürtler, in: Göhler OWiG, Vor § 19 Rn. 11.

738 Vgl. Gürtler, in: Göhler OWiG, Vor § 19 Rn. 11; in den Entscheidungsgründen des Großen Senats für Strafsachen (BGH, Beschl. v. 3.5.1994 – GSSt 2/93, GSSt 3/93, BGHSt 40, 138 = NJW 1994, 1663) heißt es, dass eine allg. Aussage im Sinne

Entscheidung vom 19.12.1995[739] für den Bereich des Kartellordnungswidrigkeitenrechts die Rechtsfigur aufgegeben.[740] Zur Begründung hat er ausgeführt, dass die Überlegungen des Großen Senats für Strafsachen auf Ordnungswidrigkeiten übertragbar seien.[741] Bei Tatserien konnten unverhältnismäßige Gesamtsanktionen durch die fortgesetzte Handlung verhindert werden.[742] Eine differenzierte Fortgeltung bei § 19 OWiG würde zu schwer lösbaren Reibungen beim prozessualen Tatbegriff und beim Übergang des Tatvorwurfs vom Strafrecht zum Ordnungswidrigkeitenrecht und umgekehrt führen. Gegen eine Fortgeltung des Fortsetzungszusammenhangs im Ordnungswidrigkeitenrecht spricht damit das Auseinanderfallen des Handlungsbegriffes in beiden Rechtsgebieten (Strafrecht und Ordnungswidrigkeitenrecht); dies folgt nicht nur aus der tatbestandlichen Konformität der §§ 52 ff. StGB und §§ 19 f. OWiG, sondern ist Voraussetzung für eine in sich geschlossene Systematik des § 30 OWiG.[743] In der Literatur und der Rechtsprechung versucht man, die aus der Aufgabe der Rechtsfigur der fortgesetzten Handlung resultierenden Folgen des Kumulationsprinzips dadurch zu mildern, dass durch eine stärkere Anwendung anderer Rechtsinstitute Tatserien zu einer rechtlichen oder natürlichen Handlungseinheit zusammengefasst werden.[744] Letztendlich wird dadurch jedoch immer noch nicht das Problem des Kumulationsprinzips im Ordnungswidrigkeitenrecht beseitigt.

---

grundsätzlicher Verwerfung der fortgesetzten Handlung für alle Deliktsbereiche nicht veranlasst sei; vgl. BGH, Beschl. v. 3.5.1994 – GSSt 2/93, GSSt 3/93, BGHSt 40, 138 (165) = NJW 1994, 1663 (1669); Cordes/Reichling, NJW 2015, 1335 (1336).

739 Siehe BGH, Beschl. v. 19.12.1995 – KRB 33/95, BGHSt 41, 385 = NJW 1996, 1973 und auch OLG Düsseldorf, Beschl. v. 7.4.2006 – IV-2 Ss (OWi) 170/04 – (OWi) 15/06 III, NJW 2006, 2647 = NStZ 2007, 291 (291), wonach die Rechtsfigur der fortgesetzten Handlung nach der Grundsatzentscheidung des Großen Senats für Strafsachen des BGH auch im Ordnungswidrigkeitenrecht nicht mehr herangezogen werden könne; vgl. Cordes/Reichling, NJW 2015, 1335 (1336).

740 Vgl. Cordes/Reichling, NJW 2015, 1335 (1336); Gürtler, in: Göhler OWiG, Vor § 19 Rn. 13.

741 So Cordes/Reichling, NJW 2015, 1335 (1336); Gürtler, in: Göhler OWiG, Vor § 19 Rn. 13.

742 Vgl. Gürtler, in: Göhler OWiG, Vor § 19 Rn. 14 f.

743 Näher dazu Wegner, Die Systematik der Zumessung unternehmensbezogener Geldbußen, S. 153 ff.; generell wird man versuchen, die natürliche Handlungseinheit extensiver, alternativ die Bewertungseinheit stärker oder die Lehre von der fortdauernden Handlung einsetzen.

744 Siehe hierzu Gürtler, in: Göhler OWiG, Vor § 19 Rn. 17 ff. oder Sackreuther, in: BeckOK-OWiG, § 19 Rn. 22 ff.; dieser führt die Figur der fortdauernden Handlung, eine erweiterte Anwendung der natürlichen Handlungseinheit nach der Lehre

b) *Analogie zu §§ 52, 53 StGB – Asperationsprinzip*

Weiter könnte überlegt werden § 53 StGB analog anzuwenden.[745] Abweichend vom Kumulationsprinzip wären die mehreren verwirkten Geldbußen zu einer Gesamtgeldbuße zusammenzufassen. Analog den §§ 52, 53 StGB wäre die Gesamtgeldbuße durch eine angemessene Erhöhung der höchsten verwirkten Einzelgeldbuße zu ermitteln. Letztlich steht jedoch die Anwendung des Asperationsprinzips als Rechtsfolge des § 20 OWiG im eindeutigen Widerspruch zum Wortlaut der Norm des § 20 OWiG und ist deshalb de lege lata abzulehnen.[746]

c) *Verstärkte Anwendung des Opportunitätsprinzips*

Andere sehen eine mögliche Lösung des Problems in der verstärkten Anwendung des Opportunitätsprinzips.[747] Mögliche Nachteile auf Grund der Anwendung des Kumulationsprinzips sollen durch eine angemessene Handhabung des Opportunitätsprinzips (§ 47 OWiG) ausgeglichen werden.[748] Nach dem Opportunitätsprinzip ist die Verfolgungsbehörde nicht stets verpflichtet, ein Bußgeldverfahren einzuleiten und durchzuführen[749] und entscheidet über eine Einleitung eines Verfahrens nach pflichtgemäßem Ermessen. Speziell für die hier in Frage stehende unternehmensbezogene Sanktion ergeben sich allerdings Bedenken aus der Systematik des § 30 OWiG. Die an sich verwirklichten Geldbußen des Verbandes knüpfen an mehrere Straftaten an – unmittelbar, wenn die Straftat die Bezugstat des § 30 Abs. 1 OWiG darstellt oder mittelbar, wenn die Straftat die Bezugstat des § 130 OWiG ist. Hierbei hindert § 152 Abs. 2 StPO dann grundsätzlich ein Absehen von der Strafverfolgung und Sanktionierung bezüglich der Individualtaten.[750] Sind die Taten gleichzeitig Ausdruck fehlerhafter unternehmensinterner Kontroll- und Risikoprozesse, ist schwer erklärbar, wieso gerade auf die Verhängung einer Geldbuße gegenüber dem Verband allein auf Grund

---

von der natürlichen Handlung als Sinneinheit und eine weitergehende Anwendung der Grundsätze der Bewertungseinheit an. Zusätzlich erwähnt er den Gesichtspunkt der Verklammerung (rechtliche Handlungseinheit).

745 De lege ferenda auch Mitsch, in: KK-OWiG, § 19 Rn. 46.

746 Ebenso Geppert, NStZ 1996, 118 (119); zudem könnten sich unübersehbare Folgeprobleme ergeben, vgl. Mitsch, in: KK-OWiG, § 19 Rn. 46.

747 So Klusmann, WuW 1995, 271 (278); siehe hierzu auch Cordes/Reichling, NJW 2015, 1335 (1336, 1337).

748 Siehe Cordes/Reichling, NJW 2015, 1335 (1336) mit Verweis auf Göhler, wistra 1995, 300 (302).

749 Vgl. Cordes/Reichling, NJW 2015, 1335 (1337).

750 So auch Cordes/Reichling, NJW 2015, 1335 (1337).

von Opportunitätserwägungen verzichtet werden soll.[751] Zudem kann nicht jede Sanktionierung einer Ordnungswidrigkeit durch eine Korrektur auf Grund von Ermessenserwägungen beseitigt werden. Auch besteht auf eine Opportunitätseinstellung weder ein Anspruch noch ein Recht.[752]

d) Modifikation bei der Bemessung jeder einzelnen Geldbuße

Auch bestünde die Möglichkeit, in die Bemessung der einzelnen Geldbuße einzugreifen.[753] Dies schlägt z.B. Bangard[754] vor. Da eine reduzierte Gesamtgeldbuße nicht gebildet werden kann, solle bei einer Vielzahl von Einzelfällen jede einzelne Geldbuße ungewöhnlich niedrig angesetzt werden.[755] Es ist nicht ganz eindeutig, ob auch der BGH in diese Richtung tendiert.[756] Dieser schlägt vor, dass bei auf Wiederholung angelegten Handlungen im Rahmen der Bemessung der einzelnen Geldbußen hinreichend Rechnung getragen werden könnte, um denkbare Härten auszugleichen.[757] Allerdings müsste hierbei zumindest der Abschöpfungsteil voll erhalten bleiben. So sollten dem Täter zumindest die aus der Tat erlangten Vorteile nicht verbleiben.[758] Insgesamt bedeutet eine strikte Anwendung von § 20 OWiG lediglich, dass jede Geldbuße gesondert festgesetzt werden muss.[759] Bei der Bemessung der Geldbußen gem. § 17 Abs. 3 OWiG darf jedoch jeweils auf die anderen Taten Rücksicht genommen werden.[760] Dies kann zum einen eine negative Auswirkung (Verschärfung) und zum anderen

751 So auch Wegner, Die Systematik der Zumessung unternehmensbezogener Geldbußen, S. 209 f.; ähnlicher Gedanke bei Cordes/Reichling, NJW 2015, 1335 (1336, 1337).

752 Hierzu Mitsch, in: KK-OWiG, § 19 Rn. 46. Würde ein solches Recht bestehen, wenn die Nichteinstellung zu einer unerträglichen Härte führt, würde die Opportunität ihren Charakter verlieren. Es käme zu einer Einstellungspflicht und dann läge schon gar keine Verfolgbarkeit vor; so Mitsch, in: KK-OWiG, § 19 Rn. 46.

753 Siehe hierzu Gürtler, in: Göhler OWiG, Vor § 19 Rn. 14.

754 Siehe Bangard, wistra 1997, 161 (165).

755 Siehe Bangard, wistra 1997, 161 (165).

756 Ein ähnlicher Gedanke ist ebenfalls zu finden bei Mitsch, in: KK-OWiG, § 20 Rn. 3.

757 Siehe BGH, Beschl. v. 19.12.1995 – KRB 33/95, BGHSt 41, 385 (395) = NJW 1996, 1973 (1995); Gürtler, in: Göhler OWiG, Vor § 19 Rn. 14.

758 Dies ist auch ein Grundgedanke des Sanktionsrechts; so ebenfalls Wegner, Die Systematik der Zumessung unternehmensbezogener Geldbußen, S. 210.

759 Ebenfalls Mitsch, in: KK-OWiG, § 20 Rn. 3.

760 Siehe Mitsch, in: KK-OWiG, § 20 Rn. 3.

eine positive Auswirkung (Milderung) haben.[761] Auch so könnte den Folgen des unliebsamen Kumulationsprinzips entgegengewirkt werden.

3. Stellungnahme

Die schlichte Addition von einzelnen Geldbußen ruft derzeit unbillige Härten und Wertungswidersprüche hervor.[762] Sowohl ein zu großzügiger Umgang mit dem Opportunitätsprinzip, eine Fortgeltung der traditionellen Grundsätze der Rechtsfigur der fortgesetzten Handlung als auch die Anwendung eines für § 20 OWiG definierten Asperationsmodells sind abzulehnen. Auch die Modifikation einfach bei der Bemessung der Geldbuße (§ 17 Abs. 3 OWiG) vorzunehmen, ist systematisch verfehlt. Dennoch muss bei der Bemessung der Geldbuße eine Korrektur vorgenommen werden, da eine sture Anwendung der Kumulation de lege lata zu unbilligen Ergebnissen führen würde. Vorzugswürdig erscheint in diesem Zusammenhang entweder eine Korrektur über § 47 OWiG oder eine Korrektur bei der Zumessung der jeweiligen Einzelsanktion (§ 17 Abs. 3 OWiG). De lege ferenda wäre eine Aufgabe des Kumulationsprinzips zugunsten eines Asperationsprinzips vorzuschlagen.

Prozessual ist zudem noch Folgendes zu beachten: Richtigerweise kann sich eine Thematik des § 19 OWiG und des § 21 OWiG nur bei ordnungsgemäßer Rechtsanwendung in demselben Verfahren stellen.[763] Dies ist deswegen der Fall, da es nicht möglich ist, dass die von §§ 19, 21 OWiG thematisierten Gesetzesverletzungen Bestandteile verschiedener prozessualer Taten i.S.d. § 264 StPO sind.[764] § 20 OWiG ist hingegen eine Norm, deren Relevanz sich auf die Situation bezieht, dass die verschiedenen Handlungen Gegenstände verschiedener Verfahren sind (Realkonkurrenz). In der Regel sind Taten, die zueinander in Realkonkurrenz stehen, Bestandteile verschiedener prozessualer Taten.[765] Bei

761 Dies zum Beispiel, wenn die zuständigen Behörden aus der Häufung der Taten keine Konsequenzen gezogen haben; vgl. Mitsch, in: KK-OWiG, § 20 Rn. 3.

762 So auch Cordes/Reichling, NJW 2015, 1335 (1337).

763 Ebenso Mitsch, in: KK-OWiG, § 19 Rn. 3.

764 Siehe Mitsch, in: KK-OWiG, § 19 Rn. 3.

765 Generell ist die Tatmehrheit, also das Vorliegen mehrerer Taten im materiellen Sinne, allerdings vom Vorliegen mehrerer Taten im prozessualen Sinne abzugrenzen. Es können je nach den Umständen des Einzelfalls mehrere in Tatmehrheit stehende Taten im materiellrechtlichen Sinne eine prozessuale Tat darstellen; siehe hierzu Sackreuther, in: BeckOK-OWiG, § 20 Rn. 5.

größerem zeitlichem Abstand zwischen den Taten kommt es regelmäßig dann auch zu verschiedenen Verfahren.[766] Zu beachten ist hierbei, dass es im Ordnungswidrigkeitenrecht gerade keine Regelung wie die des § 55 StGB gibt.[767] Auch diese Situation ist misslich.

V. Fazit

1. Gefahren durch die Erhöhung des Bußgeldrahmens in § 30 Abs. 2 OWiG

Aufgrund der Erhöhung der Verbandsgeldbuße im Jahre 2013 und einer nun wohl bevorstehenden weiteren Anhebung des Bußgeldes für Verbände droht insgesamt eine weitere Entwicklung des Bußgeldes nach oben. Gerade mittelständischen Unternehmen und auch öffentlich-rechtlichen Körperschaften oder Anstalten drohen schnell erhebliche bis existenzbedrohende Bußgelder. Der Gesetzgeber hatte 2013 bei der Verzehnfachung vermutlich Fälle internationaler Marktabsprachen zwischen Großkonzernen im Blick, trifft mit seiner Änderung aber tatsächlich sehr oft kleine und mittelständische Unternehmen.[768] Hier müsste in hinreichendem Maß die unterschiedliche Unternehmensgröße etwa durch eine umsatzbezogene oder etwa eine auf den Gewinn des Unternehmens bezogene Sanktionierung berücksichtigt werden. Eine pauschale Erhöhung des Bußgeldrahmens trägt dem allein noch keine Rechnung.

---

766 Ebenso Mitsch, in: KK-OWiG, § 19 Rn. 3.

767 Nach Mitsch bedarf es einer solchen auch im Ordnungswidrigkeitenrecht nicht: Mitsch, in: KK-OWiG, § 19 Rn. 3.

768 So auch Altenburg/Peukert, BB 2014, 649 (651); siehe auch den Gesetzesantrag des Landes NRW – Verbandsstrafrecht, S. 28: „Derzeit gehen vor allem große Wirtschaftsunternehmen ein kalkulierbares Risiko ein, wenn sie Straftaten ihrer Mitarbeiter dulden oder begünstigen. Auch die im Zuge der 8. GWB-Novelle geplante Reform des § 30 OWiG (BT-Drs. 17/11053, S. 8) vermag daran nichts Grundlegendes zu ändern. Die Erhöhung des Bußgeldrahmens für juristische Personen und Personenvereinigungen bei Straftaten auf 5 Millionen Euro bzw. 10 Millionen Euro lässt vielmehr für die großen Wettbewerber das Risiko einer Bebußung weiterhin als berechenbar erscheinen. Für Unternehmen, die Milliardengewinne erwirtschaften, erzeugen selbst solche Bußgelder keine hinreichende Präventivwirkung, während sie für kleine Betriebe existenzvernichtend wirken können."

2. Ungleichgewicht zwischen derzeitigem Ordnungswidrigkeitenrecht und Strafrecht

Weiter hat sich gezeigt, dass oftmals Ordnungswidrigkeiten als Anknüpfungstaten höhere Bußgeldsanktionen hervorrufen als Straftaten.[769] So ist beispielsweise bei einem Unternehmen, welches einen jährlichen Gesamtumsatz von mehr als 100 Millionen Euro aufweist, die Bußgeldobergrenze aufgrund einer Kartellordnungswidrigkeit (§ 81 Abs. 4 S. 2 u. S. 3 GWB)[770] höher als bei einer Bestechung als Anknüpfungstat. Ähnlich ist das beispielsweise auch, wenn man die Bußgeldobergrenzen bei Verstößen gegen die Vorschriften zur Aufstellung von Jahres- und Konzernabschlüssen (§ 120 Abs. 20 S. 2 WpHG)[771] und die Bußgeldobergrenzen bei der Anknüpfungstat des Betruges betrachtet. So erscheint das finanzielle Risiko bei der Begehung einer Straftat als Anknüpfungstat oftmals überschaubarer als das Risiko der Begehung einer Ordnungswidrigkeit. Dies ist widersprüchlich. Hier bedarf es einer klaren Trennung zwischen Sanktionen für Verstöße des Ordnungswidrigkeitenrechts und des Strafrechts.

3. Fehlendes schlüssiges Konzept zur Berechnung einer Unternehmensgeldbuße

Zudem hat der Gesetzgeber im Zusammenhang mit der Erhöhung des Bußgeldrahmens im § 30 OWiG kein schlüssiges und umfassendes Konzept zur Berechnung einer Unternehmensgeldbuße präsentiert.[772] Derzeit bleibt daher nur die Möglichkeit auf die für die Sanktionsbemessung bei Verbandsgeldbußen unzureichende Vorschrift des – auf natürliche Personen abzielenden – § 17 OWiG zurückzugreifen.[773] Es bedarf hier eindeutiger gesetzlicher Regelungen zur Bemessung der Verbandgeldbuße.[774] Neue Vorschriften wären sowohl hinsichtlich des Ahndungs-, als auch hinsichtlich des Abschöpfungsteils der Verbandsgeldbuße zu empfehlen. So fehlt es beim Abschöpfungsteil der Geldbuße an

---

769 Siehe hierzu nur beispielsweise § 172 Abs. 2 S. 1 Nr. 1 SAG, nach welchem eine Geldbuße in Höhe von bis zu 5 Millionen Euro verhängt werden kann. Da nun auch noch § 172 Abs. 2 S. 2 SAG ausdrücklich auf § 30 Abs. 2 S. 3 OWiG verweist, also eine Verzehnfachung des Höchstbetrages erfolgen kann, ergibt sich hier eine Bußgeldobergrenze von 50 Millionen Euro.

770 Siehe hierzu Mäger/von Schreitter, NZKart 2017, 264 (268).

771 Siehe hierzu Buck-Heeb/Poelzig, BKR 2017, 485 (493, 494).

772 So auch Altenburg/Peukert, BB 2014, 649 (651).

773 Siehe auch Altenburg/Peukert, BB 2014, 649 (651).

774 Siehe auch Korte, NZWiSt 2018, 393 (398).

eindeutigen Vorgaben im Hinblick auf die Abzugsfähigkeit von Ausgaben. In der Praxis zeigt sich überdies bis dato eine uneinheitliche Rechtsanwendung – zumal die Bußgeldbescheide häufig das Ergebnis einer Verständigung sind und häufig nicht gerichtlich überprüft werden.[775] Weiter ist in Bezug auf die Abschöpfung umstritten, wie der Begriff des Vorteils auszulegen ist. Zudem ist nicht geregelt, wie mit Ersatzansprüchen Dritter umzugehen ist. Daher sollten durch den Gesetzgeber zumindest diesbezüglich Klarstellungen erfolgen.

4. *Gleichlauf zwischen den Einziehungsvorschriften und der Abschöpfung*

Insgesamt ist auch zu überlegen, möglichst einen Gleichlauf zwischen den Einziehungsvorschriften und der Abschöpfung im OWiG zu schaffen, da es sonst zu Wertungswidersprüchen kommt. Zudem können reine Zufälligkeiten zu unterschiedlichen Ergebnissen führen.[776] So regelt § 30 Abs. 5 OWiG den Vorrang der Abschöpfung über die Verbandsgeldbuße. Die Einziehung nach den §§ 73 ff. StGB ist im Falle einer Straftat bzw. nach § 29a OWiG[777] im Fall der Ordnungswidrigkeit (für beide gilt das Bruttoprinzip) unter den dort genannten Voraussetzungen bei derselben Tat ausgeschlossen. Da aber für die Abschöpfung im Rahmen der Unternehmensgeldbuße das Nettoprinzip gilt,[778] wird es zu nicht vertretbaren Diskrepanzen kommen. Weiter wäre zu klären, warum § 73b Abs. 1 Nr. 1 StGB hinsichtlich des Vertreterhandelns oder § 29a OWiG nur ein rechtswidriges Verhalten voraussetzen, während für § 30 OWiG der Schuldnachweis für die Anknüpfungstat gefordert wird. De lege ferenda sollte daher auch überlegt werden, hinsichtlich der 2. Alt. des § 30 Abs. 1 OWiG i.V.m. Abs. 3, § 17 Abs. 4 OWiG (dem Abschöpfungsanteil) zumindest keinen Schuldnachweis zu fordern.

5. *Notwendigkeit deutlicher Trennung von Abschöpfungs- und Ahndungsteil*

Insgesamt dürfte es sich sogar anbieten, im Rahmen einer Neuregelung der Verbandsverantwortlichkeit die Abschöpfung von der Sanktion zu trennen[779] und

775 So auch Leitner, FS Wessing, S. 147 (S. 148).

776 Siehe hierzu mehr im 3. Kapitel G.

777 Nach § 29a OWiG gilt das Bruttoprinzip ebenfalls für die dortige Einziehungsanordnung und es ist auch hier ausreichend, wenn ein rechtswidriges Verhalten vorliegt.

778 Vgl. BGH, Beschl. v. 8.12.2016 – 5 StR 424/15, wistra 2017, 242; Rogall, in: KK-OWiG, § 30 Rn. 141.

779 So auch Korte, NZWiSt 2018, 393 (398).

beispielsweise eine Abschöpfung von Taterträgen über die Einziehungsvorschriften zu ermöglichen[780] oder gar ganz neue Überlegungen für die Abschöpfung anzustellen. Es sollte eine deutlichere Trennung von Abschöpfungs- und Ahndungsteil vorgenommen werden, beispielsweise durch eine Aufsplittung auf zwei verschiedene Paragrafen, da diese beiden Elemente (Ahndung und Abschöpfung) ganz unterschiedliche Zielsetzungen verfolgen. So soll der ahnende Teil der Geldbuße dem Betroffenen aufzeigen, dass er für das von ihm begangene Unrecht einzustehen hat (repressiver Zweck der Geldbuße) und zum anderen soll der Betroffene zu künftiger Rechtstreue angehalten werden (spezialpräventiver Zweck der Geldbuße). Zudem sollen in ähnlicher Situation befindliche Normadressaten davon abgehalten werden, derartige Rechtsverstöße zu begehen und allgemein in ihrem Vertrauen auf die Geltung der verletzten Norm bestärkt werden (generalpräventiver Zweck der Geldbuße).[781] Durch die Abschöpfung sollen wiederum die mit der Anknüpfungstat erzielten Vorteile beseitigt werden.[782] Die Geldbuße de lege ferenda sollte sich auf den reinen Aspekt der Sanktion beschränken und eine etwaige Abschöpfung sollte getrennt geregelt werden.

6. *Asperationsprinzip bei Tatmehrheit de lege ferenda und passende Regelungen für Verbände bei Tateinheit und Tatmehrheit*

Die Konkurrenzvorschrift des § 20 OWiG ist generell zu reformieren bzw. zumindest im Rahmen der Sanktionierung von Unternehmen anzupassen und zu überdenken. Die de lege lata aufgezeigten Lösungsansätze sind alle entweder in rechtlicher Hinsicht oder auf Grund von systematischen Bedenken nicht überzeugend. De lege ferenda sollte bei der Zumessung der Gesamthöhe mehrerer Geldbußen eine Gesamtschau der Taten ermöglicht werden. Es ist ein Asperationsprinzip vorzuziehen, das anknüpft an die Höhe des tatbestandlichen Bußgeldrahmens. Zudem sollten für Verbände passende Regelungen zur Tateinheit und zur Tatmehrheit eingeführt werden.

780 Nach Gürtler, in: Göhler OWiG, § 30 Rn. 38a dürften viele Gründe für eine Zugrundelegung des Bruttoprinzips auch bei § 30 Abs. 3 OWiG i.V.m. § 17 Abs. 4 OWiG sprechen.

781 Siehe zum Zweck der Verbandsgeldbuße nach § 30 OWiG im 2. Kapitel A. II. 2. und bei Baur/Holle, NZG 2018, 14 (15).

782 Siehe hierzu beispielsweise Baur/Holle, NZG 2018, 14 (15).

7. *Vorgaben im Rahmen der Zumessung zu „Internal Investigations" und Compliance*

Auch mangelt es an gesetzlichen Vorgaben bezüglich einer positiven Berücksichtigung bereits vor einer Pflichtverletzung existenter oder aufgrund der Pflichtverletzung neu eingeführter Compliance-Programme. Zudem fehlen Vorschriften für eine positive Berücksichtigung im Rahmen der Sanktionsbemessung des Ahndungsteils bei Durchführung von sog. „Internal Investigations" durch das Unternehmen und bei einer effektiven Kooperation mit den Ermittlungsbehörden.[783] Dies führt alles dazu, dass die Bußgelder derzeit der Höhe nach einer gewissen Willkür unterliegen und die Aussichten einer Überprüfung im Rechtsmittelwege wenig einschätzbar sind.[784] So werden teilweise Compliance-Programme und eine Kooperation mit den Ermittlungsbehörden bußgeldmindernd berücksichtigt und teilweise nicht.

De lege ferenda wäre es wünschenswert, wenn konkrete Bemessungskriterien in das Gesetz aufgenommen würden. Insbesondere sollte die Einrichtung von effektiven Compliance-Systemen sich ausdrücklich bußgeldmindernd auswirken.[785] Der Gesetzgeber könnte dabei – z.B. nach dem Vorbild der „Sentencing Guidelines" in den USA – an den dort vorherrschenden Mindeststandards für die Einrichtung von Compliance-Systemen anknüpfen und so zu mehr Rechtssicherheit beitragen.[786] Hierbei könnten Anreize für Unternehmen geschaffen werden, ein effektives Compliance-System zu installieren.[787] Ein entsprechendes Nachtatverhalten durch z.B. unternehmensinterne Aufklärung könnte zu den vom Gesetzgeber zu benennenden Kriterien für eine Minderung der Geldbuße genannt werden. Der Gesetzgeber muss sich genaue Gedanken vor allem darüber machen, wie viel Vorgaben er zum Inhalt und zur Qualität von

783 Siehe zu der Thematik „Compliance" auch die Ausführungen im 3. Kapitel E; vgl. auch Moosmayer/Gropp-Stadler, NZWiSt 2012, 241 (242); siehe zudem die Erwägungen in BT-Drs. 17/11053, S. 27 f. und bei Jahn/Schmitt-Leonardy/Schoop, wistra 2018, 27 (31).

784 So auch v. Galen/Maass, in: Leitner/Rosenau, Wirtschafts- und Steuerstrafrecht, S. 907.

785 Siehe ebenfalls Moosmayer/Gropp-Stadler, NZWiSt 2012, 241 (242).

786 So vorgesehen etwa in den §§ 5, 6 Abs. 3 des Vorschlages des Landes NRW für ein Verbandsstrafrecht, siehe Gesetzesantrag des Landes NRW – Verbandsstrafrecht. Für einen Überblick über diverse Regelungen im Ausland: Moosmayer/Gropp-Stadler, NZWiSt 2012, 241 (243).

787 Siehe hierzu Moosmayer/Gropp-Stadler, NZWiSt 2012, 241 (242).

Frage nach dem „Wie“ und damit nach dem konkreten Instrumentarium, das die Geschäftsführung bzw. der Vorstand einführen muss, und welche rechtlichen Kriterien hierbei zu beachten sind. Auf dieser Seite wird dann unterschieden zwischen präventiven und repressiven Instrumenten.[804] Insgesamt gibt es sogar bereits national und international anerkannte Grundelemente für ein effektives CMS.[805] Um ein System im jeweiligen Einzelfall als effektiv zu bezeichnen, sollte es sich über einen gewissen Zeitraum als wirksam erwiesen haben und im Rahmen der notwendigen dokumentierten Kontrollen sollten sich keine signifikanten Rechtsgutsverletzungen ergeben haben.[806] Das jeweilige CMS muss also spezifisch auf das jeweilige Unternehmen abgestimmt sein. Die anerkannten nationalen und internationalen Grundelemente können nur eine gewisse Richtung vorgeben.

II. Rechtliche Grundlage einer Compliance-Verpflichtung

Generell ist zu fragen, ob ein Unternehmen Individualverstöße durch die Implementierung von CMS verhindern muss. Grundsätzlich existiert derzeit in der deutschen Rechtsordnung keine allgemeine Rechtspflicht für sämtliche Unternehmen zur Einrichtung umfassender CMS.[807] Es finden sich jedoch in dieser unterschiedliche Anknüpfungspunkte dafür, dass Führungsorgane eines Unternehmens ein Instrumentarium schaffen müssen, das die Rechtmäßigkeit des Handelns des Unternehmens sicherzustellen hat.[808] Leitungsorgane sind damit der Gesellschaft gegenüber verpflichtet, sich an die gesetzlichen Bestimmungen zu halten (Legalitätspflicht).[809] Dies wird mit Sanktionsandrohungen und

---

804 Vgl. Szesny, FS Wessing, S. 469 (S. 471); Die präventive Seite zielt auf die Vermeidung regelwidrigen Verhaltens im Unternehmen ab. Im Rahmen der repressiven Seite der Compliance wird die Einhaltung des Regelwerks durch die Mitarbeiter überprüft, es werden mutmaßliche Verstöße ermittelt sowie ein angemessenes Reaktionssystem etabliert.

805 Siehe hierzu Roxin, ZIS 2018, 341 (345) mit einer Auflistung der wichtigsten Elemente.

806 Ebenso Roxin, ZIS 2018, 341 (346).

807 Siehe Hauschka/Moosmayer/Lösler, in: Hauschka/Moosmayer/Lösler, Corporate Compliance, § 1 Rn. 31. m.w.N.; allerdings gibt es inzwischen eine Reihe von Vorschriften, die Compliance anordnen, siehe hierzu sehr ausführlich Michalke, ZIS 2018, 334 (334 ff.).

808 Vgl. Baur/Holle, NZG 2018, 14 (18); Szesny, FS Wessing, S. 469 (S. 472).

809 Mittels präventiver, repressiver und adaptiver Compliance-Maßnahmen oder ähnlicher Maßnahmen soll dann zugleich dafür Sorge getragen werden, dass auch auf

zivilrechtlichen Haftungsanordnungen abgesichert. So verpflichten beispielsweise die §§ 76 Abs. 1 S. 1, 93 Abs. 1 S. 1, 91 Abs. 2 AktG, 35 Abs. 1 S. 1, 43 Abs. 1 GmbHG die vom Regelungsbereich erfassten Kapitalgesellschaften[810] zu Aufsichts- und Überwachungsmaßnahmen durch die Organe.[811] Weitere Vorschriften sind z.B. § 80 Abs. 1 S. 2 Nr. 1 WpHG i.V.m. § 12 Abs. 1 WpD-VerOV; § 25a Abs. 1 S. 1 KWG; § 27 Abs. 1 S. 1 ZAG; § 29 Abs. 1 VAG; § 52b Abs. 2 BImSchG, § 58 Abs. 2 KrWG; § 28 Abs. 1 FSA Kodex und nach § 26 Abs. 1 VDGH Kodex sowie § 130 OWiG, welche zu Aufsichts- und Überwachungsmaßnahmen verpflichten.[812] Die (nicht abschließende) Aufzählung der gesetzlichen Regelungen von jeweils bereichsspezifischen Compliance-Pflichten zeigt aber nur, dass für bestimmte Unternehmensbranchen die Einrichtung von CMS verbindlich ist und deren Unterlassen als Ordnungswidrigkeit bzw. nach dem Kreditwesengesetz sogar als Straftat geahndet werden kann.[813] Eine allgemeingültige Pflicht zu einem speziellen Programm folgt aus diesen Vorschriften zumeist nicht.[814] In den nicht geregelten Fällen, ist sogar die Frage umstritten, ob überhaupt eine Verpflichtung zur Einrichtung eines CMS besteht.[815]

Ferner kann eine Rechtspflicht zu Compliance-Maßnahmen auch nicht dem Deutschen Corporate Governance Kodex (DCGK) entnommen werden.[816] Zumindest sind Vorstände aber nach dem DCGK ausdrücklich verpflichtet, Aufsichtsräte über Compliance-Programme zu informieren.[817] Der DCGK ist aber weder Gesetz im formellen noch materiellen Sinn.[818] Daher sind die Vorschriften

---

nachgeordneten Ebenen die gesetzlichen Vorgaben eingehalten werden (Legalitätskontrollpflicht); vgl. Baur/Holle, NZG 2018, 14 (18).

810 Diese Pflicht besteht auch für den Aufsichtsrat; Reichert/Ott, NZG 2014, 241 (244).

811 Siehe zum Regress des Verbandes bei der Geschäftsleitung aufgrund dieser Vorschriften im 6. Kapitel B.

812 Siehe hierzu auch Michalke, ZIS 2018, 334 (334 f.).

813 Siehe hierzu auch Michalke, ZIS 2018, 334 (335).

814 Maßstab im Rahmen der Vorschriften des AktG ist beispielsweise das Verhalten eines ordentlichen und gewissenhaften Geschäftsmanns (vgl. hierzu Szesny, FS Wessing, S. 469 (S. 472).

815 So Michalke, ZIS 2018, 334 (335); offen Niesler, in: Graf/Jäger/Wittig, Wirtschafts- und Steuerstrafrecht, § 130 Rn. 15.

816 Siehe Spießhofer, NZG 2018, 441 (442); v. Werder/Bartz, DB 2013, 885 (885 ff.).

817 Siehe Ziffern 4.1.3 und 3.4. des Deutscher Corporate Governance Kodex, DCGK, Kodex in der Fassung vom 7.2.2017.

818 Siehe Spießhofer, NZG 2018, 441 (442).

des DCGK lediglich deklaratorisch und enthalten gerade keine konstitutiv wirkende Verpflichtung zu Compliance-Maßnahmen.[819] Der Corporate Governance Kodex dient aber zumindest als Auslegungshilfe. Nach diesem hat der Vorstand auf die Einhaltung der gesetzlichen Bestimmungen zu achten.[820]

Nach herrschender Meinung bedarf es jedenfalls derzeit bei kleineren Unternehmen mit geringem Risiko nicht zwingend Compliance-Systeme, um die Regelbefolgung im Unternehmen sicherzustellen.[821] Selbst bei größeren Unternehmen ist man jedenfalls bezüglich konkreter Vorgaben noch zurückhaltend, sofern nicht ausnahmsweise spezialgesetzliche Regelungen die Umsetzung bestimmter Compliance-Maßnahmen explizit vorschreiben.[822] Dennoch sind derzeit aber viele Unternehmen bereits bestrebt, Compliance-Maßnahmen zu ergreifen, und in manchen Bereichen sind Compliance-Maßnahmen – wie gezeigt – sogar gesetzlich vorgeschrieben.[823] Auch aus dem Strafrecht lässt sich zudem teilweise eine Pflicht zur Einführung von Überwachungsmaßnahmen und Aufsichtsmaßnahmen und damit gewisser Compliance-Maßnahmen herleiten.[824]

---

819 So auch Spießhofer, NZG 2018, 441 (442). Der Kodex enthält als privates Regelwerk („soft law") und keine verbindlichen Pflichten für Vorstände und Aufsichtsräte (börsennotierter Gesellschaften). Dennoch kann er zur Auslegung bestehender Normen herangezogen werden; siehe aber zur Entsprechungserklärung § 161 AktG.

820 Vgl. Szesny, FS Wessing, S. 469 (S. 472). Streitig ist hingegen, ob in Bezug auf andere Gesellschaftsformen, insbes. hinsichtlich der GmbH, auch eine allgemeine Pflicht zur Einführung eines Compliance-Systems besteht (etwa nach § 43 GmbHG). Es wird vertreten, dass dem Geschäftsführer ein Ermessen zusteht und nur bei vergleichbarer Größe, Struktur und Komplexität eine dem Aktienrecht entsprechende Pflicht bzgl. der Compliance-Maßnahmen für den GmbH-Geschäftsführer besteht (vgl. Szesny, FS Wessing, S. 469 (S. 472); siehe auch Oetker, in: Henssler/Strohn, Gesellschaftsrecht, GmbHG, § 43 Rn. 25.

821 So jedenfalls Baur/Holle, NZG 2018, 14 (18 f.).

822 So jedenfalls Baur/Holle, NZG 2018, 14 (19).

823 Z.B. § 25a KWG, der in S. 1 die Anforderungen an eine Compliance-Struktur und deren Funktion beschreibt, ohne den Begriff Compliance zu benutzen. Die Verkehrssicherungspflicht aus § 823 BGB verlangt von dem Inhaber des Unternehmens zumindest die nach den Umständen erforderlichen organisatorischen Maßnahmen, um Schädigungen Dritter durch den Verband zu verhindern.

824 So können sich Repräsentanten am Delikt beteiligen (§§ 26 f. StGB), wenn sie die Taten dulden und sie dadurch ermöglichen oder sie sind gar Mittäter (§ 25 Abs. 2 StGB). Auch möglich ist eine Strafbarkeit wegen Unterlassens des Eingreifens bei Mitarbeiterstraftaten (§ 13 StGB).

Teilweise wird sogar eine Rechtspflicht zur Einführung eines Compliance-Systems aus den Vorschriften §§ 130, 30 OWiG hergeleitet.[825]

III. Compliance in Deutschland de lege lata – Auswirkung auf die Sanktionierung

Wie sich gezeigt hat, existiert im deutschen Recht keine ausdrückliche Bestimmung, inwiefern die Existenz von Compliance-Programmen bei der Frage des „Ob" oder auch des „Wie" der Sanktionierung zu berücksichtigen sind.[826] Effektive Compliance Maßnahmen können aber bereits – wie angedeutet – de lege lata Berücksichtigung finden, wenn die Verhängung einer Verbandsgeldbuße gem. § 30 OWiG im Raum steht.[827] Berücksichtigt werden können diese sowohl im Rahmen des Entschließungsermessens der zuständigen Behörde hinsichtlich der Frage, ob überhaupt eine derartige Sanktion verhängt wird und auch im Rahmen der allgemeinen Zumessungsgrundsätze bei der Bestimmung der konkreten Höhe des Bußgeldes.[828] Die Anwendungspraxis erweist sich hier aber als uneinheitlich.[829] Die Voraussetzungen einer sanktionsbefreienden bzw. -mildernden Wirkung von Compliance Maßnahmen sind sowohl hinsichtlich des „ob" als auch hinsichtlich des „wie" unklar und umstritten.[830] Es bedarf daher gewisser gesetzlicher Vorgaben, um die Rechtsunsicherheiten in der Praxis zu beseitigen.[831]

Um zum einen den Handlungsbedarf des Gesetzgebers als auch die Handlungsweise bei der Entwicklung der Vorschriften besser abstecken zu können, soll daher vorliegend untersucht werden, inwiefern Compliance-Maßnahmen bereits de lege lata Berücksichtigung finden können und inwieweit eine Berücksichtigung auch unter verfassungsrechtlichen Aspekten notwendig ist. Es soll

825 Vgl. dazu Szesny, WiJ 2013, 33 (37 f.) zur Pflicht des Unternehmens, Schäden von außenstehenden Dritten abzuwenden.

826 Hierzu Roxin, ZIS 2018, 341 (341).

827 Vgl. BGH, Urt. v. 9.5.2017 – 1 StR 265/16, ZIP 2017, 2205 (LS).BUJ, Gesetzgebungsvorschlag zu §§ 30, 130 OWiG, S. 12.

828 Siehe hierzu auch BGH, Urt. v. 9.5.2017 – 1 StR 265/16, ZIP 2017, 2205 (LS) = BB 2017, 1931 (LS); BUJ, Gesetzgebungsvorschlag zu §§ 30, 130 OWiG, S. 12.

829 Vgl. BUJ, Gesetzgebungsvorschlag zu §§ 30, 130 OWiG, S. 12.

830 Vgl. BUJ, Gesetzgebungsvorschlag zu §§ 30, 130 OWiG, S. 12; § 130 OWiG gibt dem Inhaber des Betriebs oder des Unternehmens lediglich die Pflicht auf, Aufsichtsmaßnahmen vorzunehmen, die erforderlich sind, um Zuwiderhandlungen zu verhindern. Welche Aufsichtsmaßnahmen dabei als erforderlich erachtet werden, ist unklar.

831 So auch BUJ, Gesetzgebungsvorschlag zu §§ 30, 130 OWiG, S. 19.

insbesondere untersucht werden, inwiefern Compliance-Maßnahmen de lege lata auf Tatbestandsseite und wann sie auf der Rechtsfolgenseite bereits im Rahmen der §§ 30, 130 OWiG Berücksichtigung finden bzw. inwiefern etwaige Compliance-Maßnahmen die Sanktionierung sonst beeinflussen (z.B. im Hinblick auf die Beweisbarkeit).[832]

1. Auswirkungen im Hinblick auf die Anknüpfungstat

a) Auswirkungen auf § 130 OWiG und damit auch auf § 30 OWiG

Heftig diskutiert wird die Frage, wie sich Compliance-Maßnahmen auf die Anwendung des § 130 OWiG und in der Folge auch auf die Verhängung einer Verbandsgeldbuße gemäß § 30 OWiG auswirken bzw. auswirken sollten.[833] Die Vorschrift wird von vielen als Grundnorm der Compliance bezeichnet.[834] Im Rahmen eines Konzerns könnte man sogar auch, sobald die Möglichkeit des Sanktionsdurchgriffs auf die Muttergesellschaft bejaht wird, sogar eine Überwachung der Tochtergesellschaft durch die Mutter im Konzern fordern.[835]

An sich stellt allerdings § 130 OWiG selbst keine Pflichten für Unternehmen auf, sondern ist eigentlich an den Inhaber des Betriebes bzw. dessen Vertreter (§ 9 OWiG) adressiert. Ein individuelles Aufsichtsversagen (nach § 130 OWiG, § 9 OWiG) kann aber dem Verband über § 30 OWiG zugerechnet werden,[836] ohne dass ein Organisationsverschulden oder gar eine kriminogene Verbandsattitüde Voraussetzung wäre.[837] Über § 30 OWiG haftet der Verband somit für die Folgen von Aufsichtspflichtverletzungen, ohne zusätzliche Haftungsvoraussetzungen

---

832 Die Ausführungen sind hierbei kursorisch und beinhalten keinen Anspruch auf Vollständigkeit. Sie dienen lediglich dazu, einen Überblick zu erhalten. Ausführungen finden sich hierzu auch bei Roxin, ZIS 2018, 341 (341 ff.).

833 Überblick bei Petermann, Die Bedeutung von Compliance-Maßnahmen für die Sanktionsbegründung und -bemessung im Vertragskonzern, S. 210 ff.; Petermann, in: Eisele/Koch/Theile, Der Sanktionsdurchgriff im Unternehmensverbund, S. 99 (S. 112 ff.); Rosinus, Haftungsvermeidung und -minimierung bei Aufsichtspflichtverletzung und Verbandsgeldbuße durch Compliance in der Praxis, S. 85 ff., 141 ff.

834 Siehe beispielsweise Koch, WM 2009, 1013 (1015).

835 Siehe hierzu mehr im 5. Kapitel und Arnold/Geiger, BB 2018, 2306 ff. zur Haftung für Compliance-Verstöße im Konzern.

836 Siehe hierzu bereits im 3. Kapitel C.

837 So auch Kubiciel, FS Wessing, S. 69 (S. 71). So schließen selbst Compliance-Management-Systeme eines Unternehmens, die den höchsten Standards genügen, nicht aus, dass ein Unternehmensvertreter seine Aufsichtspflicht verletzt.

vorzusehen.[838] Eine Implementierung von Compliance-Maßnahmen kann damit die Zurechnung nicht kategorisch ausschließen.[839] Dieses Ergebnis wäre aber kriminalpolitisch widersprüchlich. Wenn § 30 OWiG auch die Erreichung von Präventionszielen bezweckt,[840] kann es für die Anwendung der Vorschrift des § 30 OWiG nicht bedeutungslos sein, dass ein wirksames und effektives CMS implementiert wurde.[841] Im Wege der Auslegung ist es daher bereits derzeit notwendig, die Existenz von CMS anzuerkennen und bei der Sanktionierung zu berücksichtigen.[842] Würde die Existenz nicht im Rahmen von §§ 30, 130 OWiG gewürdigt, würden die §§ 30, 130 OWiG gegen die Verfassung verstoßen. Es würde an dem für einen Grundrechtseingriff legitimen Ziel fehlen.[843] Aus kriminalpolitischen und verfassungsrechtlichen Gründen sollte damit die Errichtung von CMS zumindest auf die Bemessung der Geldbuße Einfluss haben.[844] Aber auch haftungsbegrenzende Auswirkungen sollte ein wirksames Compliance-Programm bereits beinhalten.

Ordnungswidrig handelt nach § 130 OWiG derjenige, der „Aufsichtsmaßnahmen unterlässt, die erforderlich sind, um in dem Betrieb oder Unternehmen Zuwiderhandlungen gegen Pflichten zu verhindern, die den Inhaber treffen und deren Verletzung mit Strafe oder Geldbuße bedroht ist."[845] Die wichtigste Tatbestandsvoraussetzung des § 130 OWiG ist das (vorsätzliche oder fahrlässige) Unterlassen von Aufsichtsmaßnahmen, welche die Zuwiderhandlung verhindert oder wesentlich erschwert hätten.[846] Auf der Tatbestandsebene könnte man der Existenz eines CMS mithin schon nach der lex lata Bedeutung zukommen lassen.[847]

---

838 Vgl. Kubiciel, FS Wessing, S. 69 (S. 71).

839 So auch Kubiciel, FS Wessing, S. 69 (S. 71).

840 Siehe zu dem Zweck der Vorschrift bereits im 2. Kapitel A. II. 2.

841 Siehe hierzu auch Kubiciel, FS Wessing, S. 69 (S. 72). So lässt sich eine Sanktionierung nicht mit Präventionszwecken rechtfertigen, wenn eine Sanktionierung die Präventionszwecke nicht mehr ausreichend fördern kann.

842 So nun auch der BGH: BGH, Urt. v. 9.5.2017 – 1 StR 265/16, ZIP 2017, 2205 (LS).

843 Siehe auch Kubiciel, FS Wessing, S. 69 (S. 72). Die Sanktion wäre nicht erforderlich und daher unverhältnismäßig.

844 Vgl. Rogall, in: KK-OWiG, § 30 Rn. 137; Engelhart, Sanktionierung von Unternehmen und Compliance, S. 440 ff.

845 § 130 Abs. 1 S. 1 OWiG; zu § 130 OWiG ausführlicher im 3. Kapitel C.

846 Siehe Kuhlen, in: Kuhlen/Kudlich/Ortiz de Urbina, Compliance und Strafrecht, S. 1 (S. 6).

847 Bei § 130 OWiG kommt ein Tatbestandsausschluss wegen Beachtung der „gehörigen Aufsicht" und eine Berücksichtigung bei der Bußgeldbemessung in Betracht; siehe

So ist im Einzelfall zu prüfen, ob Compliance-Maßnahmen das Vorliegen des Tatbestandsmerkmals der Aufsichtspflichtverletzung ausschließen.[848] Käme man zu diesem Ergebnis, kann bereits der Tatbestand entfallen, sodass es an der Anknüpfungstat für die Verbandsgeldbuße nach § 30 OWiG fehlen würde.[849]

Ein Compliance-Programm kann aber auch von Bedeutung sein, wenn eine Aufsichtspflichtverletzung generell zu bejahen ist.[850] Das betrifft zum einen den Pflichtwidrigkeitszusammenhang zwischen der Aufsichtspflichtverletzung und der für § 130 OWiG notwendigen Anknüpfungstat eines Mitarbeiters des Verbandes.[851] Denn nur wenn die angemessene und ordnungsgemäße Aufsicht die Anknüpfungstat wesentlich erschwert hätte, ist der Zusammenhang zu bejahen. Zum anderen kann das Compliance-Programm auch zur Vermeidung des Fahrlässigkeitsvorwurfs führen. So kann ein Compliance-System entweder schon dazu beitragen, eine Aufsichtspflichtverletzung[852] abzulehnen oder es kann durch den Nachweis entsprechender Compliance-Maßnahmen widerlegt werden, dass die fremde Tat, auf welche sich der Vorwurf des § 130 OWiG stützt, durch eine strengere Überwachung wesentlich erschwert worden wäre.[853] Oft kommt es in diesem Zusammenhang zu einer Beweislastumkehr, so dass sich die Unternehmensverantwortlichen mit dem Nachweis von Compliance entlasten müssen.[854]

Da es aber häufig mehrere mögliche Präventionsmaßnahmen gibt und immer im Raum steht, dass der betroffene Unternehmensinhaber noch mehr hätte tun können, werden die Verfolgungsbehörden und Gerichte von einem Tatbestandsausschluss zumeist absehen und Compliance-Maßnahmen eher bei

---

hierzu Petermann, Die Bedeutung von Compliance-Maßnahmen für die Sanktionsbegründung und -bemessung im Vertragskonzern, S. 214 ff.; Kudlich/Wittig, ZWH 2013, 303 (306 ff.).

848 Vgl. dazu Palzer, ZRP 2013, 122 (123).

849 Der Vorwurf einer Aufsichtspflichtverletzung kann entfallen, wenn ein wirksam um- und durchgesetztes, effektives Compliance-Programm etabliert ist – insbes. wenn die Pflichtverletzung auf einen organisatorischen Mangel gestützt wird; siehe Kämpfer, FS Wessing, S. 55 (S. 58); Engelhart, Sanktionierung von Unternehmen und Compliance, S. 403.

850 Siehe hierzu Engelhart, Sanktionierung von Unternehmen und Compliance, S. 403.

851 Siehe hierzu Engelhart, Sanktionierung von Unternehmen und Compliance, S. 403.

852 Siehe zu den Pflichten: Roxin, ZIS 2018, 341 (346).

853 Vgl. Kämpfer, FS Wessing, S. 55 (S. 58); Engelhart, Sanktionierung von Unternehmen und Compliance, S. 403 f.; Piel, ZWH 2014, 13 (17 f.).

854 So auch Kämpfer, FS Wessing, S. 55 (S. 58).

der Zumessung des Bußgelds positiv berücksichtigen.[855] Denn nach den allgemeinen Zumessungsregeln (insbesondere des § 17 Abs. 3 OWiG) werden in der Regel sowohl das Ausmaß als auch das Gewicht der Aufsichtspflichtverletzung der Leitungsperson bei der Bußgeldbemessung nach § 130 Abs. 3 OWiG berücksichtigt.[856]

b) Compliance-Programme bei sonstigen Anknüpfungstaten

Weiter ist nun zu untersuchen, inwiefern Compliance-Programme auf sonstige Anknüpfungstaten Einfluss haben. So werden Compliance-Programme bei der Unterlassungsverantwortlichkeit hauptsächlich relevant, wenn sich die Garantenpflicht i.S.d. § 13 StGB, § 8 OWiG der Leitungsperson nicht bereits aus der Eigenschaft als Normadressat ergibt.[857] In diesen Fällen kann ein Compliance-Programm die Verantwortungsbereiche abstecken, sodass Klarheit darüber verschafft wird, wer als Garant für welchen Gefahrenbereich zuständig ist und daher für diesen Bereich auch einzustehen hat.[858] So hat die innerbetriebliche Aufgabenverteilung grundsätzlich Auswirkungen auf den Kreis der Verantwortlichen nach §§ 130, 9 OWiG.[859] Soweit nur pflichtwidriges Verhalten eine Garantenstellung begründet, kann das Compliance-Programm die Einzelpflichten

---

855 Siehe BT-Drs. 17/11053, S. 21, nach der das Vorhandensein eines effektiven Compliance-Systems als unternehmensbezogener Umstand bei der Bußgeldbemessung zu berücksichtigen ist. Für einen Tatbestandsausschluss bei effektiver Compliance: Palzer, ZRP 2013, 122 f.; Für eine sanktionsmindernde Berücksichtigung von Compliance-Bemühungen: Makowicz/Wüstemann, BB 2015, 1195 (1198); Rübenstahl/Skouph, wistra 2013, 209 (215).

856 Siehe Rogall, in: KK-OWiG, § 130 Rn. 122; so nun ebenfalls der BGH bei § 30 OWiG: BGH, Urt. v. 9.5.2017 – 1 StR 265/16, ZIP 2017, 2205 (LS); siehe hierzu 3. Kapitel E. III. 4.

857 Siehe hierzu Engelhart, Sanktionierung von Unternehmen und Compliance, S. 404: Bejaht worden ist eine Unterlassungsstrafbarkeit im Bereich der strafrechtlichen Produkthaftung (als Unterfall einer Garantenpflicht zur Überwachung von Gefahren; vgl. BGH, Urt. v. 6.7.1990 – 2 StR 549/89, BGHSt 37, 106 (119) (Lederspray)) sowie bei der mangelnden Verhinderung von Taten durch Unternehmensmitarbeiter. Die Pflichten erstrecken sich bis hin zum Aufsichtsrat, der die Überwachung der Geschäftsführung zur Aufgabe hat, vgl. insbes. BGH, Urt. v. 6.12.2001 – 1 StR 215/01, BGHSt 47, 187 (201).

858 Siehe hierzu Engelhart, Sanktionierung von Unternehmen und Compliance, S. 404.

859 So auch v. Galen/Maass, in: Leitner/Rosenau, Wirtschafts- und Steuerstrafrecht, S. 959 f.

Die Vorschrift des § 17 Abs. 3 OWiG ist hierbei wiederum der dogmatische Anknüpfungspunkt, welcher nach allgemeiner Ansicht zumindest sinngemäß auch bei § 30 OWiG Anwendung findet.[875] Ob hinsichtlich § 17 Abs. 3 OWiG allein auf die Anknüpfungstat oder zudem auf ein Organisationsverschulden des Verbands abzustellen ist, ist umstritten.[876] Jedenfalls sind nach herrschender Ansicht auch solche Aspekte mit einzubeziehen, die das Unternehmen selbst betreffen.[877] So können Compliance-Programme Auswirkungen auf eine Vielzahl von Faktoren haben, bei welchen anerkannt ist, dass sie im Rahmen der Sanktionsbemessung nach § 17 Abs. 3 OWiG zu berücksichtigen sind.[878] Der ahndende Teil bestimmt sich – wie bereits dargelegt – nach der Beurteilung der Anknüpfungstat im Unternehmenskontext. Ein Compliance-Programm kann deutlich machen, dass das Unternehmen explizit Maßnahmen ergriffen hat, um Verstöße zu vermeiden und die begangene Tat nicht vom Unternehmen geduldet wird.[879] Hat ein Unternehmen alles getan, was in seiner Macht steht, um Straftaten der Mitarbeiter zu verhindern, so wird dieses Unternehmen über § 30 OWiG letztlich allein für die Risikoschaffung aufgrund der Führung des Geschäftsbetriebs und für die Einstellung des Mitarbeitertäters belangt. Kann ein Compliance-System im Unternehmen trotz des Pflichtverstoßes als effektiv bewertet werden, dann ist die Tat nur als ein „Ausreißer"[880] oder als „Exzess" anzusehen.[881]

Zudem ist die Berücksichtigung des Maßes der dem Unternehmen vorwerfbaren objektiven Pflichtwidrigkeit im Rahmen des § 17 Abs. 3 OWiG als Zumessungsgesichtspunkt anerkannt.[882] Existierte zum Zeitpunkt der

875 Siehe hierzu bereits im 3. Kapitel D.; vgl. auch Rotsch/Bittmann, in: Rotsch, Criminal Compliance, S. 1394; Wegner, wistra 2000, 361 (362); Meyberg, in: BeckOK-OWiG, § 30 Rn. 103 und Rn. 103.1.; Kämpfer, FS Wessing, S. 55 (S. 59).

876 Vgl. Sieber, FS Tiedemann, S. 449 (S. 471 f.); Meyberg, in: BeckOK-OWiG, § 30 Rn. 103.1.; Kämpfer, FS Wessing, S. 55 (S. 59).

877 Vgl. Kämpfer, FS Wessing, S. 55 (S. 59); Engelhart, Sanktionierung von Unternehmen und Compliance, S. 440 f.; Meyberg, in: BeckOK-OWiG, § 30 Rn. 103.1.

878 Vgl. Kämpfer, FS Wessing, S. 55 (S. 59); bezüglich des ahndenden Teils kann einem Compliance-Programm daher ein bedeutender Anwendungsbereich zukommen; vgl. Sieber, FS Tiedemann, S. 449 (S. 471).

879 Siehe hierzu Eufinger, ZIP 2018, 615 (619), Engelhart, Sanktionierung von Unternehmen und Compliance, S. 441.

880 Vgl. Engelhart, Sanktionierung von Unternehmen und Compliance, S. 440.

881 Vgl. Kämpfer, FS Wessing, S. 55 (S. 59); Wegner, wistra 2000, 361 (362), Eufinger, ZIP 2018, 615 (618): „Exzesstaten".

882 So auch Kämpfer, FS Wessing, S. 55 (S. 59).

Zuwiderhandlung im Unternehmen bereits ein Compliance-Programm, so sollte je nach dessen Effizienz das Maß der dem Unternehmen vorwerfbaren Pflichtwidrigkeit entsprechend herabgestuft werden.[883] Ist das Compliance-Programm zwar gut, aber nicht optimal, kann und sollte dies zu einer mehr oder weniger großen Milderung der Sanktion führen.[884] Weiter kann auch das Nachtatverhalten Auswirkungen auf die Sanktionsbemessung haben, sofern es einen inneren Bezug zur Tat hat.[885] Nimmt das Unternehmen die Anknüpfungstat zum Anlass, erstmals Compliance-Maßnahmen zu implementieren, oder werden Mängel des bestehenden Compliance-Programms behoben, um künftige Verstöße zu verhindern, so ist dies strafmildernd zu berücksichtigen.[886]

Strafschärfend kann ein Compliance-Programm hingegen wirken, wenn eine klar mangelhafte Umsetzung des Compliance-Programms in Risikobereichen nicht gerade Maßnahmen gefördert hat, die Rechtsverstöße unterbinden sollen.[887]

§ 30 OWiG ist eine Ermessensvorschrift. Ein effektives Compliance-Programm kann daher dazu führen, von einer Unternehmenssanktion aus Ermessensgesichtspunkten abzusehen.[888] Teilweise wird sogar ein Nichteinleiten des Verfahrens in diesem Zusammenhang in Betracht gezogen, da auch hierbei eine Ermessensausübung stattzufinden hat. Es stehe sowohl das „Ob" als auch das „Wie" der Bußgeldverhängung im Ermessen der Verfolgungsbehörde.[889]

IV. Derzeitige Berücksichtigung von Compliance-Maßnahmen in Deutschland

Wie bereits geschildert, hat der 1. Strafsenat des BGH mit dem Urteil vom 9.5.2017 erstmalig entschieden, dass Compliance-Bemühungen zumindest bei der Bemessung des von staatlicher Seite gegen das Unternehmen verhängten Bußgelds zu berücksichtigen sind.[890] Behörden und Gerichte waren zuvor noch

883 Siehe hierzu auch Kämpfer, FS Wessing, S. 55 (S. 59, S. 60).

884 Vgl. auch Dreher, ZWeR 2004, 75 (92 f.).

885 Vgl. Mitsch, in: KK-OWiG, § 17 Rn. 66; Kämpfer, FS Wessing, S. 55 (S. 60).

886 Siehe hierzu Engelhart, Sanktionierung von Unternehmen und Compliance, S. 441.

887 Siehe auch Engelhart, Sanktionierung von Unternehmen und Compliance, S. 441 f.

888 Gerade, wenn das Unternehmen die Verhinderung von Gesetzesübertretungen ernst genommen hat; vgl. hierzu Sieber, FS Tiedemann, S. 449 (S. 472 f.); so auch Roxin, ZIS 2018, 341 (346 f.).

889 Siehe Roxin, ZIS 2018, 341 (346 f.).

890 Vgl. BGH, Urt. v. 9.5.2017 – 1 StR 265/16, ZIP 2017, 2205 (LS).

sehr zurückhaltend bei der Berücksichtigung von Compliance-Programmen.[891] Nach einem OECD-Bericht soll aber beispielsweise auch im Fall „MAN Nutzfahrzeugsparte“ ein Compliance-Programm bußgeldmindernd berücksichtigt worden sein.[892] Im Rahmen der Sanktionspraxis der BaFin wurde hingegen diskutiert, dass dem Umstand der Einrichtung eines Compliance-Systems „regelmäßig keine große Bedeutung zu[komme]“.[893] Auch über das Bundeskartellamt wurde mehrfach geschrieben, in den betroffenen Unternehmen vorhandene Compliance-Systeme würden in den Bußgeldentscheidungen keine Rolle spielen.[894] 2011 wurden zudem von Geismar insgesamt 97 Vertreter von 32 Schwerpunktstaatsanwaltschaften zu verschiedenen Aspekten des § 130 OWiG befragt.[895] Bei der Frage „Berücksichtigt die Staatsanwaltschaft bei der Frage nach der Anwendung der §§ 130, 30 OWiG Compliance-Programme, die insbesondere während oder nach den Ermittlungsmaßnahmen ausgeweitet und/oder verschärft wurden?“ erhielt sie von 37 Staatsanwälten keine Angabe, 28 gaben an, Compliance-Programme „nie“ oder nur „selten“ zu berücksichtigen und nur 15 gaben „häufig“ bzw. „immer“ an.[896] Ob das auch derzeit noch so ist, lässt sich schwer einschätzen, da es hierzu wenig Erhebungen gibt.

---

891 So zumindest Kämpfer, FS Wessing, S. 55 (S. 60) mit Verweis auf Moosmayer/Gropp-Stadler, NZWiSt 2012, 241 (242); Rübenstahl/Skoupil, wistra 2013, 209 (215); immerhin wurde – nach Jürgen Wessing – in einem nicht veröffentlichten Urteil des Landgerichts Mannheim darauf hingewiesen (vgl. Wessing, FS Volk, S. 867 (S. 875)), dass dem Entwurf des Bußgeldbescheids der Staatsanwaltschaft München I gegen die Siemens AG zu entnehmen ist, dass bußgeldmindernd berücksichtigt worden ist, dass mittlerweile ein neues, umfangreiches und ernstzunehmendes Compliance-Programm geschaffen wurde.

892 Siehe OECD, Bericht zu Phase 3: Deutschland, S. 43; siehe auch Roxin, ZIS 2018, 341 (348).

893 Siehe Becker/Canzler, NZG 2014, 1090 (1095); Eggers, BB 2015, 651 (654).

894 Siehe Jenne/Martens, CCZ 2017, 285 (288); van Vormizeele, CCZ 2009, 41 (44 f.); Dreher, ZWeR 2004, 75 (91 ff.); nach Geismar hat ein Mitarbeiter des Bundeskartellamts die Auskunft gegeben, dass bei der Bußgeldzumessung beim Bundeskartellamt vorhandene Compliance-Programme berücksichtigt werden, sofern sie schon im Zeitpunkt der Zuwiderhandlungen bestanden haben; so Geismar, Der Tatbestand der Aufsichtspflichtverletzung bei der Ahndung von Wirtschaftsdelikten, S. 131.

895 Siehe hierzu Geismar, Der Tatbestand der Aufsichtspflichtverletzung bei der Ahndung von Wirtschaftsdelikten.

896 Vgl. Geismar, Der Tatbestand der Aufsichtspflichtverletzung bei der Ahndung von Wirtschaftsdelikten, S. 165.

Eine Studie von PWC, welche im Jahr 2018 veröffentlicht wurde, gibt zumindest Anhaltspunkte über die Handhabung in der Praxis im Zusammenhang mit Wirtschaftsdelikten nach § 130 OWiG.[897] Von Ermittlungen nach § 130 OWiG berichteten hiernach 21 Unternehmen.[898] Von den betroffenen Unternehmen gab über ein Drittel (37%) an, dass ihr Compliance-Management-System (CMS) die Höhe der Geldbuße positiv beeinflusst hat und bei sogar 43% der Unternehmen beförderte das Vorhandensein eines CMS die Einstellung des Verfahrens.[899] Zudem wurde die nachträgliche Zusage, ein CMS einzuführen bzw. Verbesserungen vorzunehmen bei einem Teil der betroffenen Unternehmen als positives Nachtatverhalten aufgefasst.[900] Bei jedem dritten Unternehmen hat sich dies positiv auf die Höhe der Geldbuße ausgewirkt und beförderte bei fast jedem zweiten Unternehmen die Einstellung.[901] So scheint eine Berücksichtigung von Compliance-Programmen nunmehr vermehrt vorgenommen zu werden. Sicher ist zumindest (unabhängig von der derzeitigen Handhabung in der Praxis): Findet aufgrund neuer Vorschriften eine Normierung statt, in welcher die Berücksichtigung von Compliance-Maßnahmen klar vorgeschrieben wird, werden in der Praxis Compliance-Maßnahmen noch verstärkt Berücksichtigung finden.

V. Berücksichtigung von Compliance-Maßnahmen im internationalen Vergleich

Wirft man einen Blick auf die ausländischen Rechtsordnungen, ist insgesamt international eine zunehmende Anerkennung solcher „Anreizsysteme“ zu beobachten.[902] So finden sich entsprechende Regelungen in den Sentencing Guidelines der USA[903] und auch der UK Bribery Act 2010 sieht eine „Compliance Defense“ für Unternehmen im Fall von Verstößen vor.[904] Überdies hat das britische

897 Vgl. Bussmann/Nestler/Salvenmoser, Wirtschaftskriminalität 2018, S. 56.
898 Siehe Bussmann/Nestler/Salvenmoser, Wirtschaftskriminalität 2018, S. 56.
899 Siehe Bussmann/Nestler/Salvenmoser, Wirtschaftskriminalität 2018, S. 56.
900 So Bussmann/Nestler/Salvenmoser, Wirtschaftskriminalität 2018, S. 57.
901 Siehe Bussmann/Nestler/Salvenmoser, Wirtschaftskriminalität 2018, S. 57.
902 So bereits BUJ, Gesetzgebungsvorschlag zu §§ 30, 130 OWiG, S. 5.
903 Vgl. Meyberg, in: BeckOK-OWiG, § 30 Rn. 103.1.
904 Siehe Kämpfer, FS Wessing, S. 55 (S. 63); Im achten Abschnitt der U.S. Sentencing Guidelines existieren Vorschriften, nach denen „effective compliance and ethics programs“ ausdrücklich zu berücksichtigen sind (§ 8 B 2.1. U.S. Sentencing Guidelines). Es wird eine base fine festgesetzt, welche mit einem aufgrund verschiedener Aspekte berechneten culpability score multipliziert wird. So wird der culpability score beispielsweise nach § 8 B 2.1. (f) (1) um drei Punkte reduziert, wenn im Unternehmen ein effektives Compliance- und Ethik-Programm in Kraft war.

Justizministerium Grundsätze für ein „Deferred Prosecution Agreement" (DPA) veröffentlicht, die bei kooperierenden Unternehmen zur Anwendung kommen sollen.[905] Die Möglichkeit des DPA wurde 2014 eingeführt. Mittlerweile hat sich der „UK Bribery Act 2010", welcher am 1.7.2011 in Kraft getreten ist, zum internationalen Standard entwickelt und wurde durch die am 30.3.2011 veröffentlichten Richtlinien des britischen Justizministeriums konkretisiert.[906] Hiernach ist die Exkulpation des Unternehmens bei Vorliegen einer rechtswidrigen Tat nur möglich, wenn das Unternehmen die in der Richtlinie näher beschriebenen angemessenen Vorkehrungen getroffen hat, um die Tat zu verhindern.[907]

Mit Blick auf das US-Recht ist zu bedenken, dass Compliance-Maßnahmen bei der Zumessung von Unternehmensstrafen zu berücksichtigen sind.[908] Im Vereinigten Königreich können Unternehmen, deren Mitarbeiter sich wegen eines Bestechungsdelikts strafbar gemacht haben, gem. Art. 7 Abs. 2 Bribery Act 2010 sogar Straffreiheit erlangen, wenn sie nachweisen, dass sie über ein angemessenes Compliance-Programm verfügen.[909] Die US-amerikanischen und britischen Compliance-Pflichten sind auch für eine Vielzahl deutscher Unternehmen von Bedeutung und sollten nicht unterschätzt werden.[910] Das US-amerikanische Justizministerium hat sogar in jüngerer Zeit eine neue Richtlinie (vom 29.11.2017) veröffentlicht. Unter bestimmten Umständen können Unternehmen

905 Siehe BUJ, Gesetzgebungsvorschlag zu §§ 30, 130 OWiG, S. 5 und auch Hugger/Pasewaldt, RIW 2018, 115 ff.; betroffene Unternehmen können in Großbritannien einer Anklage durch den Abschluss eines DPA entgehen. Bedeutung können hierbei auch Bemühungen eines Unternehmens zur Schadenswiedergutmachung und die Einführung eines effektiven Compliance-Management-Systems haben.

906 Siehe hierzu BUJ, Gesetzgebungsvorschlag zu §§ 30, 130 OWiG, S. 19.

907 So bereits BUJ, Gesetzgebungsvorschlag zu §§ 30, 130 OWiG, S. 19.

908 Siehe Petermann, Die Bedeutung von Compliance-Maßnahmen für die Sanktionsbegründung und -bemessung im Vertragskonzern, S. 96 ff. m.w.N.

909 Dabei wird gem. Art. 9 Abs. 1 Bribery Act 2010 die Angemessenheit des Compliance-Programms durch die vom Justizministerium veröffentlichten Leitlinien bestimmt.

910 Siehe Hugger/Pasewaldt, RIW 2018, 115 ff.; Die Anwendungsbereiche des FCPA und des Bribery Act sind weit und erfassen eine Vielzahl deutscher Unternehmen. Unternehmen drohen nach beiden Gesetzen empfindliche Geldstrafen, eine Abschöpfung der erlangten Vorteile und der Ausschluss von öffentlichen Ausschreibungen. Eine Implementierung, Durchsetzung und fortlaufende Aktualisierung eines effektiven Compliance-Systems ist die sicherste Möglichkeit, einer Haftung nach dem FCPA und dem Bribery Act zu entgehen. Auch gibt es Kartellrechtsbestimmungen in Brasilien, Australien und Kanada, wonach Compliance-Programme bei der Strafzumessung positive Berücksichtigung finden; vgl. van Vormizeele, CCZ 2009, 41 (47).

bei Verstößen gegen das US-amerikanische Bundesgesetz zur Bekämpfung von Korruption (Foreign Corrupt Practices Act, FCPA) im öffentlichen Sektor mit einem Strafnachlass von bis zu 50% rechnen. Besonderes Gewicht für etwaige Strafnachlässe soll hierbei auch die Einführung angemessener Compliance-Maßnahmen haben, um vergleichbare Verstöße in Zukunft zu verhindern.[911]

Auch in anderen Ländern so z.B. in Spanien, Italien und auch in Österreich sind Regelungen zur Privilegierung im Hinblick auf die Sanktionierung von Unternehmen bei effektiven Compliance-Programmen vorgesehen.[912] Es spielen also Compliance-Maßnahmen auch in europäischen Nachbarstaaten bei der Unternehmenssanktionierung eine gewichtige Rolle.

VI. Stellungnahme für eine verstärkte Berücksichtigung und gesetzliche Vorschriften

Zwar können Compliance-Maßnahmen im Rahmen der Sanktionszumessung über § 17 Abs. 3 OWiG Berücksichtigung finden, ein gesetzlich vorgegebenes und hinreichendes Anreizsystem existiert in Deutschland für Verbände allerdings nicht. Spezielle Anreize, in die präventive Einführung von Compliance-Maßnahmen zu investieren, würden Unternehmen möglicherweise zu solchen Maßnahmen nochmals verstärkt motivieren.[913] Solche Anreize würden daher aufgrund der dann verstärkten Investitionen der Unternehmen in präventive Compliance-Maßnahmen bzw. in die Aufklärung von intern entdeckten Gesetzesverstößen vermutlich zu einem entscheidenden Fortschritt bei der Bekämpfung bzw. Verhinderung der Wirtschaftskriminalität führen.[914]

Ein Compliance-Anreizsystem zur Verhinderung von Wirtschaftskriminalität und zur Aufklärung von Wirtschaftsstraftaten sollte daher gesetzlich verankert werden.[915] Es besteht gerade im Rahmen der Sanktionsbemessung im Hinblick auf die Berücksichtigung von wirksamen CMS noch ein erheblicher Verbesserungsbedarf. So kann das ernsthafte Bemühen, unternehmensbezogene Straftaten und Ordnungswidrigkeiten durch effektive Organisations- und Aufsichtsmaßnahmen zu verhindern, nach derzeitiger Rechtslage eine Unternehmensgeldbuße

911 Siehe hierzu auch Hugger/Pasewaldt, RIW 2018, 115 (120).

912 Siehe hierzu ausführlicher Roxin, ZIS 2018, 341 (348) und Kämpfer, FS Wessing, S. 55 (S. 63) mit Verweis auf Compliance-Regelungen in Brasilien, Kanada und Australien.

913 So bereits BUJ, Gesetzgebungsvorschlag zu §§ 30, 130 OWiG, S. 5.

914 So auch BUJ, Gesetzgebungsvorschlag zu §§ 30, 130 OWiG, S. 5.

915 So auch Korte, NZWiSt 2018, 393 (398); BUJ, Gesetzgebungsvorschlag zu §§ 30, 130 OWiG, S. 5; vgl. BUJ, Gesetzgebungsvorschlag zu §§ 30, 130 OWiG, S. 6.

unter Umständen auf Grundlage des § 130 i.V.m. § 30 OWiG ausschließen, bei anderen Anknüpfungstaten (außerhalb des § 130 OWiG), sind Compliance-Programme bei der Bemessung der Verbandsgeldbuße von Gesetzes wegen aber nicht zwingend mildernd zu berücksichtigen.[916] Insgesamt ist hier die Rechtslage im Hinblick auf eine weitere Berücksichtigung sehr unklar.

Da keine gesetzlichen Regelungen existieren, wird von der Möglichkeit der Milderung des Bußgeldes im Rahmen der Sanktionsbemessung zudem seitens der jeweils zuständigen Behörde in unterschiedlicher, uneinheitlicher Weise Gebrauch gemacht, weshalb die Anreizwirkung geringer und damit beschränkt ist. Angesichts der uneinheitlichen Sanktionspraxis und des Fehlens einer gesetzlichen Regelung, welche die Voraussetzungen einer Bußgeldminderung bzw. gar eines Sanktionsverzichts im Einzelnen festlegt, besteht eine immense Unsicherheit auf Seiten der Unternehmen. Bestehende Spielräume werden von den Behörden und Gerichten noch unzureichend genutzt. Aus Gerechtigkeitsgründen und aus Gründen der Kriminalprävention erscheint eine Berücksichtigung aber nicht nur wünschenswert, sondern zwingend geboten. Umfassende, zielgerichtete und erfolgsversprechende Compliance- Bemühungen sollten daher zukünftig aufgrund gesetzlicher Vorgaben honoriert werden.[917]

Neben der Unternehmensreputation und der Furcht vor zivilrechtlichen Regressansprüchen der Unternehmensleitung[918] dürfte die Motivation für die Einführung von Compliance-Maßnahmen vor allem darin bestehen, das Unternehmen nicht zum Ziel staatlicher Sanktionen werden zu lassen.[919] Zudem verursachen schwere Wirtschaftsdelikte auch immense Kosten auf der Unternehmensseite.[920] Solche Schäden haben auch starke Auswirkungen auf die Wirtschaft in Deutschland. Aus mehreren Studien ergibt sich, dass Compliance-Programme tatsächlich Straftaten verhindern.[921] So sprechen Studien

916 So auch BUJ, Gesetzgebungsvorschlag zu §§ 30, 130 OWiG, S. 13.

917 Vertiefend Engelhart, Sanktionierung von Unternehmen und Compliance, S. 440 ff.; Sieber, FS Tiedemann, S. 449, S. 472 f.; Wessing, FS Volk, S. 867 (S. 876); siehe auch Henssler/Hoven/Kubiciel/Weigend, NZWiSt 2018, 1 (9).

918 So drohen Unternehmensleitern (Vorständen und Geschäftsführern) bei einem Gesetzesverstoß neben dem Verlust ihrer Position derzeit Schadensersatzforderungen und gegebenenfalls strafrechtliche Konsequenzen, siehe hierzu im 6. Kapitel B.

919 Siehe hierzu Kämpfer, FS Wessing, S. 55 (S. 65); Theile, in: Rotsch, Criminal Compliance, § 38 Rn. 1.

920 Siehe hierzu Bussmann/Nestler/Salvenmoser, Wirtschaftskriminalität 2018, S. 3.

921 Vgl. Sieber, FS Tiedemann, S. 449 (S. 474); siehe die weiterführenden Hinweise bei Kämpfer, FS Wessing, S. 55 (S. 65 ff.)

von PWC davon, dass sich der Anteil der Schadensfälle aufgrund von Compliance-Maßnahmen insgesamt reduziert hat.[922] Zudem ist es der Staat, der von einer Verbreitung effektiver Compliance-Programme profitiert. Er ist nämlich, wie Wessing anschaulich darstellt, auf das Engagement der Unternehmen angewiesen.[923] Ist eine Implementierung und Umsetzung von Compliance-Programmen damit für den Staat vorteilhaft, sollte er entsprechende Anreize schaffen.[924]

Der Gesetzgeber sollte dann auch darstellen, welche Anforderungen an ein Compliance-Programm im Einzelnen zu stellen sind.[925] Zusätzlich sollte dieser gewisse Bewertungshinweise bei der Berücksichtigung von CMS geben. Compliance-Programme etablieren sich mehr und mehr in Deutschland. So haben bereits drei Viertel der Unternehmen mit mehr als 500 Mitarbeitern ein CMS und bei weiteren (10%) befindet es sich in Planung.[926] Gerade aufgrund dieser Entwicklung sind Rechtsvorschriften zu Compliance-Maßnahmen aber notwendig, damit Unternehmen bei der Entwicklung der Compliance-Programme gesetzliche Handlungsvorgaben haben. So können die derzeit vorherrschenden Rechtsunsicherheiten beseitigt werden. Auch zum Zwecke der Kriminalitätsprävention erscheinen sowohl eine verstärkte Berücksichtigung von CMS als auch eine Regelung durch den Gesetzgeber nicht nur wünschenswert, sondern zwingend erforderlich.[927]

---

922 Siehe Bussmann/Nestler/Salvenmoser, Wirtschaftskriminalität 2018, S. 5; Bussmann/Nestler/Salvenmoser, Wirtschaftskriminalität und Unternehmenskultur 2013, S. 3.

923 Vgl. Wessing, FS Volk, S. 867 (S. 868).

924 Ähnlicher Gedanke auch bei Kämpfer, FS Wessing, S. 55 (S. 67)

925 Seit 2011 existiert vom Institut der Wirtschaftsprüfer ein Prüfungsstandard für Compliance-Systeme (IdW PS 980). Dieser Prüfungsstandard entfaltet keine rechtliche Verbindlichkeit. Weiter gibt es den internationalen Standard ISO 19600 „Compliance-Management-Systems“ vom Dezember 2014 und den internationalen Standard ISO 37001 „Anti-bribery management systems – Requirements with guidance for use“ vom Oktober 2016.

926 Siehe hierzu Bussmann/Nestler/Salvenmoser, Wirtschaftskriminalität 2018, S. 24.

927 Zur Ausgestaltung von gesetzlichen Vorschriften zur Berücksichtigung von Compliance, siehe im 8. Kapitel C. VI. 5.

F. Verfolgungsverjährung von Geldbußen nach §§ 30, 130 OWiG

Die Festsetzung einer Unternehmensgeldbuße unterliegt – wie die Ahndung jeder Straftat oder Ordnungswidrigkeit der Verfolgungsverjährung.[928] Ist die Verjährung eingetreten oder auch nur zweifelhaft, ist das Verfahren einzustellen.[929] Die Verjährung stellt damit ein Verfolgungshindernis dar.[930] „Die Unterbrechung der Verjährung führt – als Gegenstück zur eingetretenen Verjährung, die sich auf die Ordnungswidrigkeit als Ganzes bezieht – dazu, dass die prozessuale Tat insgesamt nicht verjährt."[931] Weiter ist zu erwähnen, dass verjährungsunterbrechende Maßnahmen auch gegenüber dem Rechtsnachfolger i.S.v. § 30 Abs. 2a S. 1 OWiG wirken.

Betrachtet man aber die Vorschriften, die nach dem Strafgesetzbuch und dem Ordnungswidrigkeitengesetz die Verfolgungsverjährung und deren Unterbrechung regeln, werfen diese Vorschriften eine Reihe von Fragen in Bezug auf die Verbandssanktionierung auf, da § 30 OWiG auf keine der Vorschriften verweist. Dadurch herrscht bei § 30 OWiG enorme Rechtsunsicherheit, auf welche Regelungen zurückgegriffen werden soll, weshalb auch dieser Punkt genauer analysiert werden sollte.

I. Grundsätzliche Verjährungsakzessorietät zur Anknüpfungstat

So enthält eigentlich sowohl das StGB als auch das OWiG eigenständige Regelungen zur Verfolgungsverjährung. Gem. § 78 StGB beträgt die Verjährungsfrist je nach Schwere des Delikts zwischen 3 und 30 Jahren.[932] Die Verjährung von Ordnungswidrigkeiten ist grundsätzlich in den §§ 31 ff. OWiG geregelt. Nach § 31 Abs. 2 OWiG beträgt das Höchstmaß drei Jahre, sofern das Gesetz nichts anderes bestimmt. Sowohl § 30 OWiG als auch § 130 OWiG setzen aber eine Anknüpfungstat voraus. Diese kann jeweils eine Straftat oder eine Ordnungswidrigkeit sein und unterliegt somit entweder den Verjährungsregeln des OWiG oder des StGB.

Nach der herrschenden Meinung richtet sich auch die Verjährungsfrist für die Verbandsgeldbuße grundsätzlich akzessorisch nach der Verjährung der

---

928 Diese ist von Amts wegen zu berücksichtigen.

929 Vgl. Fischer, in: Fischer StGB, Vor 78 Rn. 3.

930 Vgl. Rogall, in: KK-OWiG, § 30 Rn. 190.

931 Meyberg, in: BeckOK-OWiG, § 30 Rn. 141 mit Verweis auf BGH, Beschl. v. 28.6.2005 – KRB 2/05, NJW 2006, 163 (164).

932 Beziehungsweise gem. § 78 Abs. 2 StGB verjährt der Mord gar nicht.

Anknüpfungstat, für die der Verband haftet:[933] Löst eine natürliche Person die Haftung des Verbandes nach § 30 OWiG aus, so gelten im Verfahren gegenüber dem Verband die für die Anknüpfungstat der natürlichen Person maßgeblichen Vorschriften (des Strafrechts oder des Ordnungswidrigkeitenrechts) über die Verjährung.[934] Dies wird damit begründet, dass § 30 OWiG keinen eigenen Tatbestand beschreibt, sondern die Sanktionsfolge an die Verwirklichung einer anderen Tat knüpft. Es werden daher verjährungsrechtlich die Regeln der Anknüpfungstat der Leitungsperson angewendet.[935] Ist die Anknüpfungstat für die Verhängung der Geldbuße eine Ordnungswidrigkeit, gilt damit die Verjährungsvorschrift des § 31 Abs. 2 OWiG. Ist die Anknüpfungstat hingegen eine Straftat, ist umstritten, welche der genannten Verjährungsvorschriften (§ 78 StGB oder § 31 OWiG) für die Festsetzung einer Unternehmensgeldbuße maßgeblich ist. Nach der Auffassung des 1. Strafsenats und der wohl herrschenden Meinung soll aber auch hier von Verjährungsakzessorietät ausgegangen werden. Begründet wird dies hauptsächlich mit materiellen Erwägungen.[936] So umschreibe § 30 OWiG keinen eigenen Tatbestand, sondern knüpfe an eine Straftat oder Ordnungswidrigkeit einer Leitungsperson des Verbandes an.[937] Die Verbandsgeldbuße stellt inzwischen zwar keine Nebenfolge einer Straftat oder Ordnungswidrigkeit mehr dar,[938] so dass daraus keine Schlüsse mehr gezogen werden können.[939] Ebenso wenig regelt § 131 Abs. 3 OWiG die Frage der Verjährung. Allerdings handelt es sich bei der Bezugstat um eine Form der Eigendelinquenz des Verbandes, die Züge der Deliktsbeteiligung trägt.[940] Daher muss

933 So Asmus/Werneburg, DStR 2018, 1527 (1533); Rogall, in: KK-OWiG, § 30 Rn. 251; Meyberg, in: BeckOK-OWiG, § 30 Rn. 140.

934 Vgl. Asmus/Werneburg, DStR 2018, 1527 (1533); BGH, Urt. v. 5.12.2000 – 1 StR 411/00, BGHSt 46, 207 (211), also z.B. für die Steuerhinterziehung in einem besonders schweren Fall gem. §§ 370 Abs. 3, 78 Abs. 3 StGB zehn Jahre, so auch Rogall, in: KK-OWiG, § 30 Rn. 251; Meyberg, in: BeckOK-OWiG, § 30 Rn. 140.

935 Sog. akzessorische Verjährung, Asmus/Werneburg, DStR 2018, 1527 (1533); BGH, Urt. v. 5.12.2000 – 1 StR 411/00, BGHSt 46, 207 (211).

936 Auch die historische Entwicklung ist unklar; siehe Mehle, FS Wessing, S. 453 (S. 455 ff.). Der 1. Strafsenat hat sich in der Leitentscheidung v. 5.12.2000 (BGH, Urt. v. 5.12.2000 – 1 StR 411/00, BGHSt 46, 207 ff.) eindeutig zur Verjährungsakzessorietät bekannt. Vgl. Rogall, in: KK-OWiG, § 30 Rn. 251; Gürtler, in: Göhler OWiG, § 30 Rn. 43a; Förster, in: RRH-OWiG, § 30 Rn. 63.

937 Siehe hierzu Mehle, FS Wessing, S. 453 (S. 458).

938 Vgl. BT-Drs. 14/8998, S. 12.

939 § 31 Abs. 1 S. 1 OWiG gilt daher nicht.

940 Siehe hierzu bereits 2. Kapitel A. II. 1. und Rogall, in: KK-OWiG, § 30 Rn. 251.

sich die Verjährung akzessorisch nach den für die Verjährung der Bezugstat geltenden Verjährungsvorschriften richten.[941]

Mit Rogall[942] ist allerdings zu fordern, dass der Gesetzgeber eine klare und ausdrückliche Verjährungsregelung für den Fall einer Straftat als Anknüpfungstat des Leitungsorgans i.S.v. § 30 OWiG treffen sollte.[943] Es ist somit zu empfehlen, eine Klarstellung im Gesetzestext vorzunehmen.

II. Festsetzungsverjährung einer Geldbuße gem. § 130 OWiG bei einer Straftat des Mitarbeiters

Ob bei § 130 OWiG die nämliche Verjährungsakzessorietät wie bei § 30 OWiG besteht, ist sehr umstritten. Teilweise wird in der Kommentarliteratur[944] auch bei § 130 OWiG von verjährungsrechtlicher Akzessorietät ausgegangen.[945] Andere Stimmen im Schrifttum vertreten hingegen die Meinung, wonach sich die Verjährung der Ordnungswidrigkeit der Aufsichtsperson bei § 130 OWiG ausschließlich nach den Verjährungsvorschriften des OWiG regelt.[946] So gelangt auch der Beschluss des OLG Frankfurt a.M. vom 18.11.1991[947] zu dem Ergebnis, dass bei einer Organtat gem. § 130 OWiG die Verjährungsvorschriften des OWiG anzuwenden sind.[948] Weder in § 130 OWiG selbst noch in § 131 Abs. 3 OWiG ist „etwas anderes" i.S.v. § 31 OWiG im Hinblick auf die Verjährungsfristen geregelt, so dass der Meinung des OLG Frankfurt a.M. und den entsprechenden Stimmen im Schrifttum zu folgen ist und die Bestimmungen §§ 130, 31 OWiG sowie § 131 OWiG anzuwenden sind. Da diese Auffassung allerdings umstritten ist,[949] sollte der Gesetzgeber auch hier Klarstellungen im Gesetzestext vornehmen.[950]

---

941 So im Ergebnis die Rechtsprechung; ebenso Gürtler, in: Göhler OWiG, § 30 Rn. 43a; Förster, in: RRH-OWiG, § 30 Rn. 63 und Rogall, in: KK-OWiG, § 30 Rn. 251.

942 So auch Rogall, in: KK-OWiG, § 30 Rn. 251.

943 So auch Mehle, FS Wessing, S. 453 (S. 458).

944 Vgl. Gürtler, in: Göhler OWiG, § 130 Rn. 30 und § 131 Rn. 9.

945 Siehe hierzu auch Meyberg, in: BeckOK-OWiG, § 130 Rn. 122.1 m.w.N. Dieser lehnt diese Auffassung allerdings ab.

946 So etwa Asmus/Werneburg, DStR 2018, 1527 (1533); Rogall, in: KK-OWiG, § 130 Rn. 128; Meyberg, in: BeckOK-OWiG, § 130 Rn. 122.

947 Vgl. OLG Frankfurt a.M., Beschl. v. 18.11.1991 – 1 Ws 95/91, NStZ 1992, 193.

948 Bei einer Zuwiderhandlung, die sich als Straftat darstellt, beträgt die Frist für die Verfolgung der Aufsichtspflichtverletzung daher 3 Jahre (§ 31 Abs. 2 Nr. 1 OWiG). Unabhängig davon, ob die Straftat gem. § 78 Abs. 3 StGB ggf. erst später verjährt; siehe hierzu auch Rogall, in: KK-OWiG, § 130 Rn. 128.

949 Siehe zu den Meinungen Mehle, FS Wessing, S. 453 (S. 459 ff.).

950 Dies wurde auch bereits vom Bundesrat gefordert, vgl. BT-Drs. 13/9720, S. 78.

III. Festsetzungsverjährung bei § 30 OWiG bei Bejahung der Verjährungsakzessorietät bei § 130 OWiG

Wird eine Verjährungsakzessorietät bei § 130 OWiG verneint, ergeben sich keine Auswirkungen auf die Festsetzungsverjährung gem. § 30 OWiG, da die Anknüpfungstat der Leitungsperson (Verletzung seiner Überwachungspflichten gem. § 130 OWiG) stets Ordnungswidrigkeit bleibt. Wird eine Verjährungsakzessorietät bei § 130 OWiG allerdings bejaht, ist zu prüfen, ob unter dieser Prämisse die strafrechtlichen Verjährungsfristen ebenfalls für die Unternehmensgeldbuße gem. § 30 OWiG gelten. Dieses konkrete Problem wird bei den Befürwortern der Verjährungsakzessorietät im Rahmen von § 130 OWiG nicht thematisiert.[951] Zwar erschiene es konsequent, bei der Bejahung einer Verjährungsakzessorietät im Rahmen des § 130 OWiG, diese auch für die Festsetzungsfrist in Bezug auf eine Verbandsgeldbuße gem. § 30 OWiG anzunehmen. Es sprechen jedoch die erheblich besseren Argumente gegen eine solche Akzessorietät gerade im Hinblick auf verfassungsrechtliche Bedenken wegen fehlender Bestimmtheit der Norm. Da aber der Gesetzeswortlaut nicht eindeutig und sehr unbestimmt ist, sollte auch hier dringend eine Klarstellung erfolgen.

IV. Auswirkung verjährungsunterbrechender Handlungen gegenüber der Leitungsperson

Zusätzlich ist noch zu untersuchen, wie sich verjährungsunterbrechende Handlungen in Bezug auf die Leitungsperson gegenüber dem Verband im Hinblick auf die Verjährung bei § 30 OWiG auswirken. Folgt man der hier vertretenen Meinung[952], es bestehe zwischen Tat der Leitungsperson und Festsetzung der Verbandsgeldbuße Akzessorietät in verjährungsrechtlicher Hinsicht, so ist es konsequent, gleichfalls verjährungsunterbrechenden Handlungen gegenüber dem Organtäter Unterbrechungswirkung in Bezug auf den Verband beizumessen.[953]

951 So fehlt beispielsweise bei Gürtler, in: Göhler OWiG, § 30 Rn. 17 ein entsprechender Hinweis. Auch bei Rogall, in: KK-OWiG, § 30 Rn. 251 findet sich nichts darüber; zu dieser Thematik zumindest Mehle, FS Wessing, S. 453 (461 ff.).

952 Vgl. auch die Auffassung des Bundesgerichtshofs BGH, Urt. v. 5.12.2000 – 1 StR 411/00, BGHSt 46, 207 ff.

953 So Asmus/Werneburg, DStR 2018, 1527 (1533); BGH, Urt. v. 5.12.2000 – 1 StR 411/00, BGHSt 46, 207 (211), im Ergebnis auch Rogall, in: KK-OWiG, § 30 Rn. 251.

In der Situation, dass mehreren Leitungspersonen i.S.d. § 30 Abs. 1 OWiG eine die Haftung nach § 30 OWiG begründende Anknüpfungstat zur Last gelegt wird, kann eine Verjährungsunterbrechung, gerichtet gegen eine Leitungsperson, auch die Verjährung gegenüber dem Verband unterbrechen.[954] So wirken im verbundenen Verfahren die verjährungsunterbrechenden Handlungen (z.B. die Anordnung oder Durchführung der Vernehmung[955]) gegenüber der Leitungsperson auch gegenüber dem Verband,[956] selbst wenn zu einem späteren Zeitpunkt gegenüber dem Verband ein selbstständiges Verfahren wegen desselben Sachverhaltes geführt wird.[957]

Zu untersuchen ist allerdings, ob eine verjährungsunterbrechende Wirkung ebenfalls eintritt, wenn zunächst gegenüber der falschen Leitungsperson ermittelt worden ist, also eine andere Leitungsperson die Anknüpfungstat begangen hat, gegenüber welcher bis dato noch nicht ermittelt wurde. Eine Bejahung dieser Frage würde den Grundsätzen der personenbezogenen Wirkung verjährungsunterbrechender Handlungen widersprechen.[958] Wird gegen eine Leitungsperson eines Verbands ermittelt und stellt sich später heraus, dass tatsächlich eine andere Leitungsperson die Zuwiderhandlung begangen hat, der gegenüber die Tat verjährt ist, so wirkt die Unterbrechung der Verjährung nach streitiger Auffassung daher weder gegenüber ihr noch dem Verband.[959]

Dies ist meines Erachtens allerdings ein Aspekt, den es zu überdenken gilt. Der Gesetzgeber sollte für eine Klarstellung sorgen. Es ist zu überlegen, ob nicht auch eine Verjährungsunterbrechung eintreten sollte, wenn gegenüber der

---

954 So BGH, Beschl. v. 28.6.2005 – KRB 2/05, NJW 2006, 163 ff.; BGH, Urt. v. 5.12.2000 – 1 StR 411/00, NJW 2001, 1436 (1437); vgl. Meyberg, in: BeckOK-OWiG, § 30 Rn. 143.

955 Vgl. BayObLG, Beschl. v. 21.9.1995 – 1 ObOWi 460/95, NStZ-RR 1996, 46.

956 Siehe BGH, Beschl. v. 28.6.2005 – KRB 2/05, NJW 2006, 163 (164).

957 Vgl. BGH, Urt. v. 5.12.2000 – 1 StR 411/00, NJW 2001, 1436 (1437); zudem Meyberg, in: BeckOK-OWiG, § 30 Rn. 141.

958 Siehe BGH, Beschl. v. 13.6.1956 – 4 StR 197/56, BGHSt 9, 198; BGH, Beschl. v. 29.10.1996 – 4 StR 394/96, BGHSt 42, 283; verjährungsunterbrechende Handlungen gegenüber der falschen Person, können daher keine Verjährungsunterbrechung in Bezug auf die Festsetzung der Verbandsgeldbuße bewirken; siehe Rogall, in: KK-OWiG, § 30 Rn. 191; Mehle, FS Wessing, S. 453 (464).

959 Vgl. Rogall, in: KK-OWiG, § 30 Rn. 191; dies würde zu einem relativen Verjährungsbegriff führen, durch den die Festsetzung der Verbandsgeldbuße trotz tatsächlich eingetretener Verjährung möglich wäre. Dies widerspricht § 30 Abs. 4 S. 3 OWiG; vgl. Niesler, in: Graf/Jäger/Wittig, Wirtschafts- und Steuerstrafrecht, § 30 Rn. 96; a.A. Meyberg, in: BeckOK-OWiG, § 30 Rn. 143 mit Verweis auf Gürtler, in: Göhler OWiG, § 30 Rn. 43b.

falschen Leitungsperson ermittelt wurde, aber schon zu dieser Zeit zumindest sicher feststand, dass voraussichtlich eine Verbandsverfehlung vorliegt. Hier könnte man überlegen, eine spezielle Vorschrift zu konzipieren, die dies ermöglicht. Nach derzeitigem Gesetzesrecht sprechen allerdings in solchen Fällen die besseren Argumente (personenbezogene Wirkung verjährungsunterbrechender Handlungen) gegen eine Unterbrechung.[960]

V. Unterbrechung der Verjährung und das selbstständige Verfahren

Ist das selbstständige Verfahren noch nicht eingeleitet worden, so stellt die Verjährung der von der natürlichen Person begangenen Tat (Anknüpfungstat) auch ein rechtliches Verfolgungshindernis (im Sinne von § 30 Abs. 4 S. 3, 1. Hs. OWiG) für die Verbandstat dar, das dann auch der selbstständigen Festsetzung einer Verbandsgeldbuße entgegensteht, es sei denn die Ausnahmevorschrift des § 33 Abs. 1 S. 2 OWiG kommt zur Anwendung.[961]

Durch § 33 Abs. 1 S. 2 OWiG wird für das selbstständige Verfahren eine eigene, getrennte Verfolgungsverjährung begründet.[962] Für eine Unterbrechung der Verjährung reichen hierbei auch solche Handlungen aus, welche den in § 33 Abs. 1 S. 1 OWiG aufgezählten Unterbrechungstatbeständen entsprechen und sich nicht explizit gegen eine gegebenenfalls nicht individualisierte bzw. individualisierbare natürliche Person richten.[963] Zudem kann selbstverständlich dic Verjährung im Hinblick auf die Verbandsgeldbuße auch durch Unterbrechungshandlungen gegenüber den jeweiligen Repräsentanten bzw. den Leitungspersonen unterbrochen werden.[964]

960 Vgl. Rogall, in: KK-OWiG, § 30 Rn. 191; a.A. wohl Meyberg, in: BeckOK-OWiG, § 30 Rn. 143.

961 Vgl. Rogall, in: KK-OWiG, § 30 Rn. 190; Ellbogen, in: KK-OWiG, § 33 Rn. 105; BGH, Beschl. v. 5.7.1995 – KRB 10/95, NStZ-RR 1996, 147; Meyberg, in: Beck-OWiG, § 30 Rn. 142; OLG Dresden, Beschl. v. 20.3.1997 – 2 Ss (OWi) 71/97, NStZ 1997, 348.

962 Vgl. Asmus/Werneburg, DStR 2018, 1527 (1533); Meyberg, in: BeckOK-OWiG, § 30 Rn. 142; Gürtler, in: Göhler OWiG, § 33 Rn. 43a; Ellbogen, in: KK-OWiG, § 33 Rn. 105.

963 Siehe Meyberg, in: BeckOK-OWiG, § 30 Rn. 142; Ellbogen, in: KK-OWiG, § 33 Rn. 105.

964 So Asmus/Werneburg, DStR 2018, 1527 (1533); Meyberg, in: BeckOK-OWiG, § 30 Rn. 142; BGH, Urt. v. 5.12.2000 – 1 StR 411/00, NJW 2001, 1436 (1438); a.A. noch BFH, Beschl. v. 29.10.1986 – I B 28/86, wistra 1987, 115.

VI. Stellungnahme

Im Rahmen der Verjährung ergeben sich – wie dargestellt – viele strittige Fragen im Hinblick auf die Verbandssanktionierung nach § 30 OWiG. Auch hier bleibt der Gesetzgeber aufgerufen, diese zu klären und solch elementaren Fragen nicht der Exekutive und der Judikative zu überlassen. So sollte er neue Vorschriften schaffen, welche die Verjährung klar und eindeutig für die Sanktionierung nach § 30 OWiG oder einer vergleichbaren Vorschrift regeln. Auch sollte er hierbei die „Verjährungsunterbrechungsthematik" bei Ermittlungen gegenüber der falschen Leitungsperson eindeutig regeln. Im Übrigen kann auf die obigen Ausführungen verwiesen werden.[965]

G. Das Verhältnis des § 30 OWiG zur Einziehung

I. § 30 OWiG im Verhältnis zur Einziehung des StGB und des OWiG

1. Allgemeines

Als Nebenfolge der durch eine natürliche Person begangenen Straftat oder Ordnungswidrigkeit kann gegenüber einem Verband ferner die Einziehung von Taterträgen angeordnet werden (§§ 73 ff. StGB, § 29a OWiG), wenn gegenüber dem Verband keine Geldbuße festgesetzt wurde (vgl. § 30 Abs. 5 OWiG) und die dafür erforderlichen Voraussetzungen (§ 73 ff. StGB, § 29a OWiG) gegeben sind.[966] So muss die Unternehmensführung auch als zu vermeidendes Szenario die Einziehung von Taterträgen fest im Blick behalten.[967] Bei der Einziehung handelt es sich nicht um eine Strafe, sondern um Maßnahmen eigener Art (vgl. § 11 Abs. 1 Nr. 8 StGB). Allerdings liegt es zumindest durch die Einführung des Bruttoprinzips nahe, auch den Einziehungsregelungen einen strafähnlichen Charakter zuzuschreiben.[968] Das BVerfG ist allerdings der Auffassung, dass die §§ 73 ff. StGB und somit auch der § 29a OWiG ausschließlich präventive

---

965 Zur Ausgestaltung neuer Verjährungsvorschriften für Verbände siehe im 8. Kapitel C. IV. 7.

966 Vgl. dazu das Gesetz zur Reform der strafrechtlichen Vermögensabschöpfung v. 13.4.2017, BGBl. I 2017, S. 872.

967 Siehe hierzu Zimmer/Weigl, CCZ 2019, 21 (24).

968 Nach Meyberg, in: BeckOK-OWiG, § 29a Rn. 7 ist die Einziehung der Taterträge eine staatliche Eingriffsmaßnahme, sie sei eine präventiv-ordnende, kondiktionsähnliche Maßnahme eigener Art ohne Strafcharakter. § 29a OWiG sei damit eine „quasi-konditionelle Ausgleichsmaßnahme", vgl. Meyberg, in: BeckOK-OWiG, § 29a Rn. 7.

Zielsetzungen haben.[969] Dieser präventive Charakter wurde auch durch das Gesetz zur Reform der strafrechtlichen Vermögensabschöpfung (in Kraft getreten am 1.7.2017) nicht in Frage gestellt.[970]

Je nachdem, ob an eine Straftat oder eine Ordnungswidrigkeit angeknüpft wird, kommen entweder – soweit nicht §§ 30, 17 OWiG greift – die §§ 73 ff. StGB oder der § 29a OWiG zum Einsatz. Im Rahmen der Reform der strafrechtlichen Vermögensabschöpfung wurde unter anderem die Regelung des § 29a OWiG an die neuen abgeänderten §§ 73 ff. StGB angeglichen. Die Vorschriften des OWiG (§§ 17 Abs. 4, 29a Abs. 1 OWiG) gewähren der zuständigen Behörde de lege lata einen Ermessensspielraum.[971] Ob und in welcher Höhe die Einziehung angeordnet wird, bestimmt sich bei § 29a OWiG daher nach dem Opportunitätsprinzip.[972] Das gilt für Einziehungsanordnungen nach dem StGB (§§ 73 ff. StGB) nicht. Wenn also die Voraussetzungen gegeben sind und keine Ausschlussgründe existieren bzw. eingreifen, ist die strafrechtliche Einziehung nach §§ 73 ff. StGB zwingend anzuordnen.[973]

2. *Eigenständige Einziehung von Taterträgen*

Kommt mit Blick auf das begünstigte Unternehmen § 30 OWiG nicht zur Anwendung, scheitert diese Art der Abschöpfung. Dies ist insbesondere dann der Fall, wenn nicht feststeht, ob eine Leitungsperson den Normbruch begangen hat oder entweder feststeht, dass keine Leitungsperson den Normbruch begangen hat oder, dass ein Unternehmensfremder die Tat begangen hat oder trotz Normbruchs der Leitungsperson (§ 30 OWiG) in Ausübung des Ermessens („kann") von einer Geldbuße abgesehen werden soll. In diesem Fall können die dem Unternehmen aus der Tat erwachsenen Vorteile im Wege einer eigenständigen Einziehung („Verbandseinziehung" nach §§ 73 ff. StGB bzw. § 29a OWiG) entzogen werden. Allerdings bleibt zu erwähnen, dass die Variante, in der § 30 OWiG

969 Vgl. BVerfG, Beschl. v. 14.1.2004 – 2 BvR 564/95, wistra 2004, 255 (256 ff.).

970 Vgl. BT-Drs. 18/9525, S. 48; Anlass für eine Reformierung war die EU-Richtlinie vom 3.4.2014, die bis zum 4.10.2016 umgesetzt werden musste; RL 2014/42/EU des Europäischen Parlaments und des Rates über die Sicherstellung und Einziehung von Tatwerkzeugen und Erträgen aus Straftaten in der Europäischen Union vom 3.4.2014, ABl. EU L 127 v 3.4.2014, S. 39. Zudem findet sich eine Selbstverpflichtung im Koalitionsvertrag der CDU, CSU, und SPD, Koalitionsvertrag 2013, S. 145.

971 Vgl. hierzu Meyberg, in: BeckOK-OWiG, § 29a Rn. 77.

972 Vgl. hierzu Meyberg, in: BeckOK-OWiG, § 29a Rn. 77.

973 So auch v. Galen/Maass, in: Leitner/Rosenau, Wirtschafts- und Steuerstrafrecht, S. 900.

allein aus Opportunitätsgründen nicht angewendet wird, umstritten ist. So wird in der Literatur hier zum Teil die Auffassung vertreten, dass die entsprechende Behörde ein Wahlrecht habe.[974]

3. Subsidiarität der Einziehungsvorschriften gem. § 30 Abs. 5 OWiG

Die Anordnung der Einziehung von Taterträgen ist nicht möglich, wenn gegen das Unternehmen eine Geldbuße wegen derselben Tat festgesetzt wurde (§ 30 Abs. 5 OWiG).[975] Gem. § 30 Abs. 5 OWiG sind die Einziehungsvorschriften (§§ 73 ff. StGB, § 29a OWiG) subsidiär. Der Vorteil, den der Verband erlangt hat, soll bereits durch die Geldbuße abgeschöpft werden.[976] Die Geldbuße stellt die umfassendere und vorrangig anzuwendende Maßnahme dar und verfolgt daher neben der Gewinnabschöpfung weitergehende Zwecke.

a) Anwendung des § 30 Abs. 5 OWiG bei einer bereits festgesetzten Geldbuße

Die Festsetzung einer Geldbuße gegen den Verband schließt nach § 30 Abs. 5 OWiG die Anordnung der Einziehung von Taterträgen nach den §§ 73 ff. StGB, 29a OWiG wegen derselben Tat aus.[977] Für den Fall einer bereits festgesetzten Geldbuße regelt § 30 Abs. 5 OWiG somit ausdrücklich das Konkurrenzverhältnis zwischen Einziehung und Geldbuße. Die Geldbuße ist die weitergehende Maßnahme, weil sie den wirtschaftlichen Vorteil, den der Betroffene aus der Tat gezogen hat, übersteigen soll (§§ 30 Abs. 3, 17 Abs. 4 OWiG).[978] Der § 30 Abs. 5 OWiG bezweckt gerade eine unzulässige Doppelsanktionierung zu vermeiden.[979] Wird gegen den Verband keine Geldbuße festgesetzt, kann wegen derselben Tat die Einziehung angeordnet werden (vgl. § 30 Abs. 5 OWiG), wenn die dafür erforderlichen Voraussetzungen (§§ 73 ff StGB, 29a Abs. 2 OWiG) gegeben sind.[980]

---

974 Vgl. Brenner, NStZ 2004, 256 (258 f.).

975 Siehe hierzu Meyberg, in: BeckOK-OWiG, § 30 Rn. 107.

976 Beachte aber § 81 Abs. 5 GWB, wonach § 17 Abs. 4 OWiG im Kartellrecht als bloße Kann-Vorschrift anzuwenden ist, und die Geldbuße allein der Ahndung dienen darf.

977 Siehe Rogall, in: KK-OWiG, § 30 Rn. 155; v. Galen/Maass, in: Leitner/Rosenau, Wirtschafts- und Steuerstrafrecht, S. 921.

978 Vgl. Rogall, in: KK-OWiG, § 30 Rn. 155.

979 Vgl. Rogall, in: KK-OWiG, § 30 Rn. 155, zu den Problemen, die sich daraus ergeben, dass beim Verfall (jetzt Einziehung) das Bruttoprinzip gilt, während bei der Vorteilsabschöpfung das Nettoprinzip greift, vgl. Korte, FS Samson, S. 65 ff., S. 75 ff.

980 Siehe BGH, Urt. v. 14.2.2007 – 5 StR 323/06, NStZ-RR 2008, 13 (15).

Bei einem bereits verhängten Bußgeld darf nach der Rechtsprechung des BGH auch keine ergänzende Einziehungsanordnung erlassen werden – hinsichtlich eines Gewinnanteils, der noch nicht über die Geldbuße abgeschöpft wurde.[981] Dies soll auch dann gelten, wenn nur eine ahndende Geldbuße festgesetzt wurde.[982] Die in § 30 Abs. 5 OWiG enthaltene Ausschlussregel verlangt nur, dass eine Geldbuße festgesetzt wurde – wobei aber irrelevant ist, inwieweit der wirtschaftliche Vorteil durch das Bußgeld tatsächlich abgeschöpft wurde.[983]

b) Anwendung des § 30 Abs. 5 OWiG vor Festsetzung einer Geldbuße

Gesetzlich nicht geregelt ist hingegen das Konkurrenzverhältnis zwischen Geldbuße und Einziehung vor Festsetzung einer Geldbuße.[984] Hier wird diskutiert, ob ein Wahlrecht zwischen Einziehung und Geldbuße besteht oder ob eines der Instrumente vorrangig anzuwenden ist. Auch ist umstritten, ob nach Erlass einer Einziehungsanordnung nach § 29a OWiG oder nach §§ 73 ff. StGB (ergänzend) noch ein Bußgeld nach § 30 OWiG verhängt werden darf.[985] In beiden Fällen erfolgte noch keine abschließende Klärung.[986]

Besondere Bedeutung kommt dem Konkurrenzverhältnis zwischen Geldbuße und Einziehung vor allem vor dem Hintergrund des im Rahmen von § 30 OWiG anzuwendenden Nettoprinzips zu.[987] Bei einer Einziehungsanordnung kommt bei §§ 73 ff StGB und auch bei § 29a OWiG das Bruttoprinzip zur Anwendung.[988] So kann eine Einziehungsanordnung den betroffenen Verband im Einzelfall daher wesentlich schwerer treffen als eine Geldbuße.[989]

---

981 Vgl. BGH, Urt. v. 14.2.2007 – 5 StR 323/06, NStZ-RR 2008, 13.

982 Siehe BGH, Urt. v. 14.2.2007 – 5 StR 323/06, NStZ-RR 2008, 13 (15); Korte, FS Samson, S. 65 (S 74); Rogall, in: KK-OWiG, § 30 Rn. 123; Trüg, NJW 2017, 1913 (1916).

983 Siehe v. Galen/Maass, in: Leitner/Rosenau, Wirtschafts- und Steuerstrafrecht, S. 921.

984 Siehe v. Galen/Maass, in: Leitner/Rosenau, Wirtschafts- und Steuerstrafrecht, S. 921.

985 Siehe hierzu Meyberg, in: BeckOK-OWiG, § 30 Rn. 107.

986 So v. Galen/Maass, in: Leitner/Rosenau, Wirtschafts- und Steuerstrafrecht, S. 921.

987 Siehe v. Galen/Maass, in: Leitner/Rosenau, Wirtschafts- und Steuerstrafrecht, S. 921.

988 Vgl. Meyberg, in: BeckOK-OWiG, § 29a Rn. 3 m.w.N.; siehe hierzu Trüg, NJW 2017, 1913 (1914).

989 Siehe hierzu Korte, FS Samson, S. 65 (S. 76 ff.).

aa) Verhältnis des § 29a OWiG zu §§ 30, 17 Abs. 4 OWiG

Zunächst soll das Verhältnis von § 29a OWiG zu §§ 30, 17 Abs. 4 OWiG geklärt werden. Unstreitig ist, dass bei Verhängung einer Geldbuße nicht zusätzlich noch die Einziehung angeordnet werden darf (§ 30 Abs. 5 OWiG).[990] Dies dient der Vermeidung einer Doppelabschöpfung.

Ob aber trotz bzw. nach einer Einziehung nach § 29a OWiG noch eine Verbandsgeldbuße festgesetzt werden kann, ist nicht abschließend geklärt.[991] Meines Erachtens handelt es sich bei § 30 Abs. 5 OWiG um eine gesetzlich angeordnete Form der Spezialität, so dass der Verhängung einer Geldbuße gegenüber der Einziehung Vorrang einzuräumen ist.[992] Dem Verband dürfen aber aufgrund der Regelung des § 30 Abs. 5 OWiG keine Nachteile entstehen. Da die Verhängung einer Geldbuße den umfassenderen Zweck darstellt, muss daher zwar eine nachträgliche Verhängung einer Verbandsgeldbuße nach § 30 OWiG möglich sein. Die Einziehung muss dann allerdings voll bei der Bemessung der Geldbuße berücksichtigt werden, um eine doppelte Sanktionierung zu vermeiden. Von der eigentlich zu verhängenden Geldbuße ist daher der durch die Einziehung festgesetzte Betrag abzuziehen, und nur hinsichtlich des Restbetrages darf die Geldbuße noch verhängt werden.

bb) Verhältnis des § 30 OWiG zu §§ 73 ff. StGB

Aufgrund des zwingenden Charakters der strafrechtlichen Einziehung könnte man auf den Gedanken kommen, dass die §§ 73 ff. StGB bei Straftaten als Anknüpfungstaten im Vergleich zur Verbandsgeldbuße nach § 30 OWiG vorrangig anzuwenden wären.[993] Von einem Großteil der Literatur wird die Verbandsgeldbuße aber auch im Vergleich zur Einziehung nach den §§ 73 ff. StGB als die umfassendere Maßnahme angesehen, weil sie neben dem Abschöpfungs- einen Ahndungsteil beinhaltet.[994] Zum Teil wird aber auch davon ausgegangen,

---

990 Siehe Meyberg, in: BeckOK-OWiG, § 29a Rn. 11.

991 Offengelassen hat dies auch das OLG Koblenz, Beschl. v. 28.9.2006 – 1 Ss 247/06, BeckRS 2006, 11965.

992 Dies folgt bereits daraus, dass die Verbandsgeldbuße das umfassendere Verfahren darstellt, welches auch genau für diesen Zweck geschaffen wurde.

993 Siehe zu diesem Gedanken auch v. Galen/Maass, in: Leitner/Rosenau, Wirtschafts- und Steuerstrafrecht, S. 922.

994 Vgl. Rogall, in: KK-OWiG, § 30 Rn. 155; Korte spricht davon, dass dies nicht rechtswidrig sei aber der Konzeption des Gesetzgebers widerspreche; Korte, FS Samson, S. 65 (S. 75 f.).

dass die Einziehung gegenüber der Geldbuße insgesamt subsidiär sei.[995] Selbst der Gesetzgeber weise darauf hin, dass die Geldbuße die „umfassendere Nebenfolge" sei.[996] Es bestünde dann kein Wahlrecht und § 30 OWiG wäre dann vorrangig anzuwenden.[997] Hingegen scheint ein großer Teil der Literatur eine Art Wahlrecht zwischen der strafrechtlichen Einziehung und der Geldbuße nach § 30 OWiG anzunehmen.[998] § 30 Abs. 5 OWiG verbiete nur den umgekehrten Fall (Einziehung nach festgesetzter Geldbuße). So sei es zulässig, nach Anordnung der strafrechtlichen Einziehung §§ 73 ff. StGB noch eine Geldbuße gem. § 30 OWiG festzusetzen.[999] Die Einziehung müsse aber dann bei der Bemessung der Geldbuße berücksichtigt werden.[1000] So wäre es dann grundsätzlich möglich, zunächst über §§ 73 ff. StGB im Wege des Bruttoprinzips den Gewinn abzuschöpfen und dann über § 30 OWiG zusätzlich noch ein Bußgeld zu verhängen, welches sich allein auf den Ahndungszweck bezieht.[1001]

II. Strafrechtliche Maßnahmen und Maßnahmen im Ordnungswidrigkeitenrecht

In der Folge sollen nun in aller Kürze überblicksartig die relevanten Vorschriften für Verbände im Hinblick auf die Einziehung dargestellt werden, um ein umfassenderes Gesamtbild zu erhalten. Eine Bewertung der Reform der Vermögensabschöpfung wird hierbei nicht vorgenommen. Die Darstellung dient nur dazu, die Unterschiede zur Abschöpfung nach § 30 OWiG kurz aufzuzeigen und zudem dazu einen kursorischen Überblick über die für Verbände relevanten Einziehungsvorschriften zu erlangen.

---

995 Vgl. Achenbach, in: Achenbach/Ransiek/Rönnau, Handbuch des Wirtschaftsstrafrechts, S. 21 f.

996 Siehe BT-Drs. 7/550, S. 344; auch v. Galen/Maass, in: Leitner/Rosenau, Wirtschafts- und Steuerstrafrecht, S. 922.

997 So v. Galen/Maass, in: Leitner/Rosenau, Wirtschafts- und Steuerstrafrecht, S. 922.

998 Siehe hierzu Gürtler, in: Göhler OWiG, § 30 Rn. 37; Meyberg, in: BeckOK-OWiG, § 30 Rn. 107.

999 Siehe hierzu Gürtler, in: Göhler OWiG, § 30 Rn. 37; Meyberg, in: BeckOK-OWiG, § 30 Rn. 107.

1000 Vgl. Gürtler, in: Göhler OWiG, § 30 Rn. 37; Meyberg, in: BeckOK-OWiG, § 30 Rn. 107.

1001 So auch v. Galen/Maass, in: Leitner/Rosenau, Wirtschafts- und Steuerstrafrecht, S. 901.

1. *Einziehung von Taterträgen nach § 73 StGB und § 29a OWiG nach dem Bruttoprinzip*

Die Grundnorm der obligatorisch anzuordnenden Einziehung von Taterträgen ist § 73 Abs. 1 StGB.[1002] Da nach derzeitiger Regelung nur natürliche Personen rechtswidrige Taten (§ 11 Abs. 1 Nr. 5 StGB) begehen können, betrifft die Norm nur die Einziehungsanordnung gegenüber natürlichen Personen (so auch bei § 29a Abs. 1 OWiG als Grundnorm für das Ordnungswidrigkeitenrecht). Nach der Intention des Gesetzgebers ist das sog. „Bruttoprinzip"[1003] in § 73 Abs. 1 StGB (bzw. § 29a OWiG) anzuwenden.[1004] Daher ist jeder Vermögenswert grundsätzlich einzuziehen, den der Täter oder Teilnehmer „durch" oder „für" eine rechtswidrige Tat erlangt hat.[1005] Die Höhe des abzuschöpfenden Betrages ist zweistufig zu prüfen. In einem ersten Schritt ist die Bestimmung des „Erlangten" vorzunehmen. Die in irgendeiner Phase erlangten wirtschaftlichen Werte sollen hierbei in ihrer Gesamtheit abgeschöpft werden. Auf einer zweiten Stufe sind die „Aufwendungen" des Täters, Teilnehmers oder des Anderen dann abzuziehen (§ 73d Abs. 1 S. 1 StGB, § 29a Abs. 3 OWiG).[1006] Nach dem neuen § 73d Abs. 1 StGB findet also eine gewisse Abkehr vom Bruttoprinzip statt.[1007] Sowohl der Umfang und der Wert des Erlangten als auch die abzuziehenden Aufwendungen können unter den Voraussetzungen des § 73d Abs. 2 StGB (§ 29a Abs. 4 OWiG) geschätzt werden.[1008]

1002 Siehe hierzu Korte, wistra 2018, 1 (1); das Wort Verfall wurde in Anlehnung an die im Unionsrecht gebräuchliche Begrifflichkeit („confiscation") durch „Einziehung" von Taterträgen ersetzt, vgl. BMJV, Referentenentwurf 2016 zur Reform der strafrechtlichen Vermögensabschöpfung, S. 2, S. 53.

1003 Siehe Rogall, in: KK-OWiG, § 30 Rn. 125.

1004 Siehe BR-Drs. 418/16, S. 66. Nach § 73 StGB ist das Erlangte beim Täter oder Teilnehmer für eine rechtswidrige Straftat oder das aus der Tat Erlangte – das heißt das Tatentgelt oder der Taterlös (Tatfrüchte) – im Strafverfahren abzuschöpfen.

1005 Vgl. Köhler, NStZ 2017, 497 (502).

1006 Vgl. Rogall, in: KK-OWiG, § 30 Rn. 125; Trüg, NJW 2017, 1913 (1914 f.); abzugsfähig sind nach der Gesetzesbegründung etwa Gegenleistungen des Täters bei Betrugstaten, da der Täter nicht in ein verbotenes, sondern in ein wirksames Geschäft investierte. Nicht bewusst für Straftaten getätigte Aufwendungen sind abzugsfähig, vgl. BR-Drs. 418/16, S. 74. Nach § 29a Abs. 3 OWiG gilt auch die Regelung über den Abzug von Aufwendungen bei der Bestimmung des Wertes des Erlangten, soweit es sich nicht um Aufwendungen für die Begehung der Tat oder für ihre Vorbereitung handelt, siehe Korte, wistra 2018, 1 (4).

1007 Vgl. Barreto da Rosa, NZWiSt 2018, 215 (217).

1008 So auch Köhler, NStZ 2017, 497 (505).

2. *Einziehung von Taterträgen bei Dritten nach § 73b StGB und § 29a Abs. 2 OWiG*

§ 73b StGB (bzw. § 29a Abs. 2 OWiG) regelt die Einziehung des Tatertrages bei anderen („Dritten"), die nicht Täter oder Teilnehmer der Tat sind, und ersetzt die bisherige Regelung in § 73 Abs. 3 StGB a. F.[1009] Da der Verband nicht selbst Täter sein kann, ist er stets Dritter.[1010] Bei einem Verband muss bei Vorliegen der weiteren Voraussetzungen die Einziehung von Taterträgen angeordnet werden.[1011] Im Ordnungswidrigkeitenrecht liegt die Einziehung von Taterträgen bei Vorliegen der Voraussetzungen im Ermessen.

a) Einziehung bei Tathandlung von Organen und Mitarbeitern

aa) Vertretungsfälle

Im Regelfall ist für Unternehmen bzw. für Verbände vor allem die „Vertretung" im Sinne des § 73b Abs. 1 S. 1 Nr. 1 StGB (im Ordnungswidrigkeitenrecht: § 29a Abs. 2 S. 1 Nr. 1 OWiG) von Bedeutung. Die Regelung in § 73b Abs. 1 S. 1 Nr. 1 StGB (§ 29a Abs. 2 S. 1 Nr. 1 OWiG) ermöglicht die Abschöpfung bei anderen in den zuvor von der Rechtsprechung als „Vertretungsfälle" bezeichneten Fallkonstellationen.[1012] Erlangt ein anderer etwas aus einer Straftat und hat der Täter oder Teilnehmer für ihn gehandelt, kann beim anderen (also auch bei dem Verband) abgeschöpft werden, unabhängig davon, ob der andere bösgläubig ist.[1013] Der Vertreterfall ist dadurch gekennzeichnet, dass der Täter oder Teilnehmer „für" den Drittbegünstigten „gehandelt hat". Der Ertrag aus der rechtswidrigen Tat des Täters oder Teilnehmers fließt dem Drittbegünstigten direkt (also ohne Durchgangserwerb beim Tatbeteiligten) zu. Der Täter oder Teilnehmer muss

---

1009 Siehe hierzu Korte, wistra 2018, 1 (5).

1010 Vgl. Hiéramente/Schwerdtfeger, BB 2018, 834 (835). Anknüpfend an die rechtwidrige Tat eines Individualtäters kann gem. § 73b StGB die Einziehung gegenüber „einem anderen" angeordnet werden, wenn diesem durch die Tat ein Vorteil zugeflossen ist. Es kann hiermit also ebenfalls bei einem Dritten („einem anderen") abgeschöpft werden.

1011 Siehe hierzu Rogall, in: KK-OWiG, § 30 Rn. 123.

1012 Siehe hierzu Eser/Schuster, in: Schönke/Schröder-StGB § 73b Rn. 3 ff.

1013 Siehe hierzu auch Eser/Schuster, in: Schönke/Schröder-StGB § 73b Rn. 3; Rogall, in: KK-OWiG, § 30 Rn. 123, Rn. 124; Hiéramente/Schwerdtfeger, BB 2018, 834 (836); hierbei werden Fälle erfasst, bei denen der Täter als Mitarbeiter eines Unternehmens z.B. eine Bestechung gegenüber Geschäftspartnern oder Kunden begeht, wenn die Vorteile der Tat unmittelbar dem Unternehmen bzw. Verband zufließen.

nur faktisch für den Drittbegünstigten gehandelt haben, also faktisch für und im Interesse des Vertretenen.[1014] Für die Bestimmung des „Erlangten" bei Dritten gelten dieselben Grundsätze wie bei der Einziehung von Taterträgen beim Täter oder Teilnehmer, insbesondere findet das Bruttoprinzip Anwendung.[1015]

bb) Verschiebungsfälle

§ 73b Abs. 1 S. 1 Nr. 2 StGB (§ 29a Abs. 2 S. 1 Nr. 2 OWiG) regelt die vom BGH als Verschiebungsfälle bezeichneten Fallkonstellationen. In Verschiebungsfällen wendet der Täter oder Teilnehmer primär im eigenen Interesse einem Dritten Tatvorteile zu, um sie dem Zugriff des Geschädigten zu entziehen oder um die Tat zu verschleiern.[1016] Insbesondere das Gesellschaftsrecht bietet für Verschiebungsfälle zahlreiche Möglichkeiten. Ein Anwendungsfall ist beispielsweise die Gewinnausschüttung an die Muttergesellschaft, die meist unentgeltlicher Natur ist und damit unter § 73b Abs. 1 Nr. 2 lit. a StGB (§ 29a Abs. 2 S. 1 Nr. 2 lit. a OWiG) fallen kann.[1017] Erfasst werden nach dem Gesetzeswortlaut auch sogenannte „Verschiebungsketten", also mehrfache Verschiebungen, sofern nicht die Ausnahmeregelung des § 73b Abs. 1 S. 2 StGB (§ 29a Abs. 2 S. 2 OWiG) greift.[1018]

b) Berufung auf Entreicherung

Eintretende Härten können über einen Ausgleich nach § 73e Abs. 2 StGB im Strafrecht gemildert werden.[1019] Nach § 73e Abs. 2 StGB ist in den Fällen des § 73b StGB, auch in Verbindung mit § 73c StGB, die Einziehung darüber hinaus ausgeschlossen, soweit der Wert des Erlangten zur Zeit der Anordnung nicht

---

1014 Ein Organschaftsverhältnis (i.S.v. § 14 StGB bzw. § 9 OWiG), ein echtes Vertretungsverhältnis oder eine Beauftragung sind nicht erforderlich; siehe Köhler, NStZ 2017, 665 (666); Hiéramente/Schwerdtfeger, BB 2018, 834 (836); Rogall, in: KK-OWiG, § 30 Rn. 124.

1015 Zum Bruttoprinzip kann somit auf die obigen Ausführungen verwiesen werden.

1016 Siehe BGH, Urt. v. 19.10.1999 – 5 StR 336/99, BGHSt 45, 235 (246).

1017 Vgl. Hiéramente/Schwerdtfeger, BB 2018, 834 (837).

1018 Vgl. Hiéramente/Schwerdtfeger, BB 2018, 834 (837); zudem kommt in den Verschiebungsfällen eine Einziehung von Wertersatz nach § 73b Abs. 2, 3 StGB in Betracht. Ob der Drittbegünstigte gut- oder bösgläubig ist, spielt bei der Anordnung der (Wertersatz-) Einziehung nach § 73 b StGB nur im „Verschiebungsfall" i.S.d. § 73 b Abs. 1 S. 1 Nr. 2 b StGB eine Rolle.

1019 Siehe hierzu Rogall, in: KK-OWiG, § 30 Rn. 125.

mehr im Vermögen des Betroffenen vorhanden ist, es sei denn, dem Betroffenen waren die Umstände, welche die Anordnung der Einziehung gegen den Täter oder Teilnehmer ansonsten zugelassen hätten, zum Zeitpunkt des Wegfalls der Bereicherung bekannt oder infolge von Leichtfertigkeit unbekannt.[1020]

Im Ordnungswidrigkeitenrecht können eintretende Härten über die Anwendung des Opportunitätsprinzips abgemildert werden.

3. *Sogenannte erweiterte Einziehung*

Die sogenannte „erweiterte Einziehung", die Einziehung von Gegenständen des Täters oder Teilnehmers, die durch andere rechtswidrige Taten oder für sie erlangt worden sind, ist nach der Gesetzesreform auf alle Taten ausgeweitet worden (vgl. § 73a Abs. 1 StGB).[1021] Wenn beispielsweise im Rahmen von Durchsuchungen bei einem Beschuldigten oder in den Betriebsräumen des Unternehmens bzw. Verbandes Gegenstände aufgefunden werden, die nicht durch oder für die der Durchsuchung anlassgebende Tat erlangt worden sind, schließt dies dann die Einziehung nicht mehr aus.[1022] Nach § 76a Abs. 4 S. 1 StGB kann nun sogar eine Einziehung angeordnet werden, wenn der von der Sicherstellung Betroffene wegen der rechtswidrigen Tat nicht verfolgt oder verurteilt werden kann.[1023]

4. *Einziehung trotz Verjährung der zugrundeliegenden Tat*

Zu erwähnen bleibt noch § 76a Abs. 2 StGB. Es droht nun bei langjährigen Verfehlungen von Mitarbeitern eine Vermögensabschöpfung beim Unternehmen, die mehrere Jahrzehnte zurückgehen kann.[1024] Nach § 76a Abs. 2 StGB kann nämlich eine Einziehung von Taterträgen auch dann erfolgen, wenn die

1020 Näheres bei Hiéramente/Schwerdtfeger, BB 2018, 834 (837); Eser/Schuster, in: Schönke/Schröder-StGB § 73e Rn. 3 f.

1021 Näheres bei Trüg, NJW 2017, 1913 (1915).

1022 Sog. „non-conviction-based confiscation"; Näheres hierzu bei Hiéramente/Schwerdtfeger, BB 2018, 834 (835). Verfassungsrechtlich bedenklich erscheint ihm in diesem Zusammenhang vor allem die faktische Beweislastumkehr des § 437 StPO.

1023 Sog. „non-conviction-based confiscation"; näheres hierzu bei Hiéramente/Schwerdtfeger, BB 2018, 834 (835). Verfassungsrechtlich bedenklich erscheint ihm in diesem Zusammenhang vor allem die faktische Beweislastumkehr des § 437 StPO.

1024 So auch Hiéramente/Schwerdtfeger, BB 2018, 834 (835).

zugrundeliegende Straftat bereits verjährt ist.[1025] In § 76b Abs. 1 StGB ist aber dann eine eigenständige Verjährungsfrist für die Einziehung von 30 Jahren vorgesehen.

5. *Einziehung bei Verbänden nach § 74e StGB und § 29 OWiG*

Nach § 74e StGB (§ 29 OWiG) wird zudem das Handeln von Organen und Vertretern der jeweiligen juristischen Person bzw. dem jeweiligen Verband zugerechnet (vgl. hierzu nach altem Recht § 75 StGB a.F.).[1026] Allerdings müssen die Organe bzw. Vertreter hier fremdnützig für den Verband agiert haben also im Rahmen seines allgemeinen Geschäftsbereiches und im Interesse des Verbandes tätig geworden sein.[1027] Diese Norm (also § 74e StGB) bezieht sich aber nicht auf die Einziehung von Taterträgen, sondern aufgrund des Verweises auf die §§ 74 bis 74c StGB auf die Einziehung von Tatprodukten, Tatmitteln und Tatobjekten.[1028]

III. Stellungnahme

Insgesamt ist festzustellen, dass der Gesetzgeber auch an der Stelle des § 30 Abs. 5 OWiG Fragen offengelassen hat, die dringend zu regeln wären. Derzeit spricht vieles dafür, die Geldbuße nach § 30 OWiG wegen ihres umfassenden Charakters als vorrangig anzusehen.[1029]

Für die betroffenen Unternehmen bietet dies jedoch keine Rechtssicherheit, da es dennoch zu einer unterschiedlichen Handhabung der Einziehungs- und Abschöpfungsvorschriften in der Praxis kommt. Der Gesetzgeber ist daher aufgerufen, hier Klarheit zu schaffen.

Wird gegen den Verband aber keine Geldbuße festgesetzt, kann wegen derselben Tat nach neuem Recht (also nach der Reform 2017) die Einziehung von Taterträgen nach §§ 73, 73c StGB, 29a OWiG angeordnet werden (vgl. § 30 Abs. 5 OWiG), wenn die dafür erforderlichen Voraussetzungen (z.B. des §§ 73b Abs. 1 S. 1 Nr. 1 StGB, 29a Abs. 2 S. 1 Nr. 1 OWiG) gegeben sind.[1030] Auffällig und

1025 Vgl. Köhler, NStZ 2017, 497 (500).

1026 So auch Trüg, NJW 2017, 1916.

1027 Vgl. Eser/Schuster, in: Schönke/Schröder-StGB § 74e Rn. 10.

1028 Vgl. Eser/Schuster, in: Schönke/Schröder-StGB § 74e Rn. 1: „Verbandseigentum".

1029 So auch v. Galen/Maass, in: Leitner/Rosenau, Wirtschafts- und Steuerstrafrecht, S. 901.

1030 Vgl. Rogall, in: KK-OWiG, § 30 Rn. 123; zur nicht mehr erfolgenden Berücksichtigung von Opferansprüchen und zur Verweisung des Opfers auf den Entschädigungsweg, vgl. §§ 73e Abs. 1 StGB, §§ 459h ff. StPO, 99 Abs. 2 OWiG.

widersprüchlich ist aber dann, dass die „quasi-kondiktionelle Ausgleichsmaßnahme“[1031] der Einziehung von Taterträgen gegenüber § 30 OWiG von erleichterten Voraussetzungen (im StGB und im OWiG) abhängig gemacht wird.[1032] So ist z.B. nicht erforderlich, dass der Täter schuldhaft oder vorwerfbar gehandelt hat.[1033] „Anderer“ i.S.v. § 73b StGB oder § 29a OWiG kann außerdem ein Verband ohne Rücksicht auf die Trägerschaft oder die gewählte Organisationsform sein.[1034] Es besteht keine Beschränkung auf bestimmte Verbände (analog der Regelung § 30 OWiG).

Ebenso wenig ist der Kreis möglicher Täter eingeschränkt.[1035] Die Tatertragseinziehung kann somit nicht nur durch Leitungspersonen, sondern durch jeden Angehörigen eines Verbandes ausgelöst werden.[1036] Dies führt zu der merkwürdigen Konsequenz, dass bei Taten von Angestellten (über die Einziehungsvorschriften) das Bruttoprinzip anzuwenden ist, während bei der gleichen Tat eines Organs das Unternehmen infolge des § 30 OWiG nur auf der Basis des Nettoprinzips herangezogen werden könnte.

Dies erscheint inkonsequent. Daher sollte auch dieser Aspekt einheitlich geregelt werden. Insgesamt bietet sich deshalb an, einheitliche Einziehungsvorschriften zu entwickeln, welche unabhängig von der Verbandsgeldbuße (Ahndungsteil) angewendet werden können. Der Abschöpfungsteil/Einziehungsteil sollte außerhalb des § 30 OWiG (Ahndungsteil) getrennt geregelt werden.[1037] Auch eine Gleichstellung zu den Einziehungsregelungen ist anzuraten. Eigenartig mutet an, dass bei der Einziehung das Bruttoprinzip einschlägig sein soll, während für die Abschöpfung im Rahmen der Verbandsgeldbuße das günstigere Nettoprinzip gilt.[1038]

Weiter sollte sogar meines Erachtens für die Verbände ein separates Einziehungsverfahren konzipiert werden, welches speziell auf Verbände zugeschnitten

---

1031 Rogall, in: KK-OWiG, § 30 Rn. 124.

1032 Vgl. Rogall, in: KK-OWiG, § 30 Rn. 124.

1033 Siehe Rogall, in: KK-OWiG, § 30 Rn. 124.

1034 Siehe hierzu Rogall, in: KK-OWiG, § 30 Rn. 124.

1035 Ebenso Rogall, in: KK-OWiG, § 30 Rn. 124.

1036 Siehe Rogall, in: KK-OWiG, § 30 Rn. 124; ist der Dritte eine juristische Person, insbesondere ein Wirtschaftsunternehmen, bedarf es einer Organstellung des Handelnden nicht, zurechenbar sind auch Taten von Angestellten.

1037 Siehe zur möglichen Ausgestaltung de lege ferenda im 8. Kapitel C. VI. 4.

1038 So auch Engelhart/Rübenstahl/Tsambikakis, in: Esser/Rübenstahl/Saliger/Tsambikakis, Wirtschaftsstrafrecht, § 30 OWiG Rn. 11.

ist. Zumindest sollte der Gesetzgeber aber im Hinblick auf die Vorschrift des § 30 Abs. 5 OWiG Klarstellungen vornehmen.[1039]

H. Transnationaler Geltungsbereich für die Sanktionierung nach § 30 OWiG

I. Einleitung

Jeder grenzüberschreitende Sachverhalt unterliegt dem Anwendungsbereich von zumindest zwei Strafrechtsordnungen.[1040] Teilweise spielen sogar mehrere ausländische Rechtsordnungen eine Rolle.[1041] Im Strafrecht und auch im Ordnungswidrigkeitenrecht gibt es aber in der Regel keine Kollisionsnormen, die festlegen, für welchen Sachverhalt, welche Strafrechtsordnung anzuwenden ist.[1042] Grundsätzlich können daher bei ein und demselben Sachverhalt für die Strafverfolgung alle anwendbaren Strafrechtsordnungen anwendbar sein.[1043] So ist eine mehrfache Bestrafung in verschiedenen Jurisdiktionen wegen desselben Sachverhalts denkbar.[1044] Jedoch ist zumindest im Schengen-Raum aufgrund des Ne-bis-in-idem-Grundsatzes nach Art. 54 SDÜ eine mehrfache Bestrafung ausgeschlossen.[1045] Zudem schließt Art. 50 GRC in der Europäischen Union eine Doppelbestrafung aus.[1046] Echte Kollisionsnormen sind dies allerdings nicht und über die beiden Vorschriften lassen sich auch nicht alle Probleme lösen. So ist beispielsweise bereits ungeklärt, ob der Grundsatz „ne bis in idem" auch bei der Einziehung Anwendung findet.[1047]

1039 Insofern kann auf die obigen Ausführungen im 3. Kapitel G. I. verwiesen werden.

1040 Bei einer internationalen Geschäftstätigkeit von Unternehmen kommt ausländisches Strafrecht immer zumindest für diejenigen Handlungsteile zur Anwendung, die sich auf ausländischem Territorium abspielen.

1041 Siehe Bärlein/Englerth, FS Wessing, S. 33 (S. 50 f.).

1042 Zu diversen Strafrechtskollisionen Pelz, CCZ 2013, 234 (238 f.). Dieser unterscheidet zwischen „Scheinkonflikten", „unechten Konflikten" und „echten Konflikten".

1043 Siehe Pelz, CCZ 2013, 234 (238 f.).

1044 Hierzu Pelz, CCZ 2013, 234 (238 f.).

1045 Vgl. Hackner, NStZ 2011, 425 (426 f.); Schomburg/Suominen-Picht, NJW 2012, 1190 (1191); eine Doppelbestrafung ist im Verhältnis zu anderen Staaten und Regionen in einem anderen Land allenfalls ein Strafzumessungsgrund, vgl. BVerfG, Beschl. v. 4.12.2007, 2 BvR 38/06, BeckRS 2007, 32414; oder ein Anrechnungsgrund nach § 51 Abs. 3 StGB, vgl. Fischer, in: Fischer StGB, § 51 Rn. 15 ff.

1046 Siehe hierzu Zerbes/El-Ghazi NZWiSt 2018, 425 (432).

1047 Siehe hierzu Bärlein/Englerth, FS Wessing, S. 33 (S. 52).

Eine Harmonisierung von Strafvorschriften hat bisher generell kaum stattgefunden.[1048] So ist es weiterhin überwiegend eine Angelegenheit des nationalen Gesetzgebers über die Strafbarkeit oder die konkrete Ausgestaltung des Strafrechts zu entscheiden. Es fehlt hierzu auch insgesamt die allgemeine Strafrechtssetzungskompetenz der EU[1049] oder anderer supranationaler Organisationen.[1050] Lediglich in ein paar Bereichen sind strafrechtliche Mindeststandards vorgegeben[1051] und im Bereich des Ordnungswidrigkeitenrechts, aber auch im Bereich des Strafrechts wurden durch Richtlinien der EU und aufgrund von internationalen Abkommen bereits gewisse Harmonisierungen realisiert.[1052] Auch die OECD sorgt zudem für Harmonisierungen. Insbesondere im Bereich des Wirtschaftsstrafrechts und des Nebenstrafrechts sind aber dennoch in den verschiedenen Jurisdiktionen erhebliche Unterschiede in den Strafrechtsordnungen der einzelnen Länder zu finden.[1053]

II. Handeln der Unternehmen über Ländergrenzen hinweg

In einer globalisierten Welt werden durch international agierende Unternehmen Waren und Güter ins Ausland verkauft bzw. Dienstleistungen im Ausland erbracht.[1054] Zudem besitzen diese Unternehmen diverse Produktions- sowie Dienstleistungsstandorte, haben oft Vertriebsgesellschaften in vielen Staaten der Erde oder sind beispielsweise im Rahmen von Joint Ventures an ausländischen Unternehmen beteiligt. So werden auch Waren international über das Internet verkauft. Oft haben diese Unternehmen zudem multi-nationale Belegschaften, mit Mitarbeitern, die an den jeweiligen Konzernstandorten im In- und Ausland beschäftigt sind. Teilweise werden Mitarbeiter auch zu ausländischen

1048 Zu den Problemen allein in der EU: Bärlein/Englerth, FS Wessing, S. 33 (S. 50 ff.).

1049 Andere Ansicht etwa Böse, ZIS 2010, 76 (87 f.).

1050 Vgl. auch Pelz, CCZ 2013, 234 (235).

1051 So bspw. die Richtlinie 2008/99/EG des Europäischen Parlaments und des Rates vom 19.11.2008 über den strafrechtlichen Schutz der Umwelt, ABl. EU L 328 vom 6.12.2008, S. 28.

1052 Siehe zu den Einflüssen des Europarechts auf das Strafrecht und das Ordnungswidrigkeitenrecht und zu dem Bereich internationaler Vorgaben die weiteren Ausführungen im 7. Kapitel.

1053 Es finden sich gar Konstellationen, in denen Strafvorschriften eines Landes in der Rechtsordnung anderer Länder überhaupt keine Entsprechung finden, von einer starken Unterscheidung der Tatbestandsvoraussetzungen ganz zu schweigen.

1054 Siehe zur globalen Perspektive eines deutschen Unternehmens und ausländischen Unternehmensstrafrechtssystemen: Kubiciel, NZWiSt 2016, 178 (179).

Konzerngesellschaften entsandt oder sie haben eine weltweit aktive Rolle mit entsprechender Reisetätigkeit inne. Die meisten Unternehmen müssen daher nicht nur ihre nationalen Rechtsvorschriften, sondern auch ausländische Gesetze beachten. So muss die Criminal Compliance sich neben den deutschen Strafvorschriften zudem mit den ausländischen Vorschriften befassen. Grenzüberschreitende Unternehmenstätigkeiten haben in der Regel zur Folge, dass neben der nationalen Rechtsordnung auch ausländische Rechtsvorschriften fremder Jurisdiktionen von der Unternehmensaktivität betroffen sind und eingreifen.[1055]

III. Matrixstrukturen – Mehrliniensysteme in Unternehmen

Eine Unternehmenssteuerung erfolgt zudem fachlich sehr häufig in Matrixstrukturen bzw. in Mehrliniensystemen.[1056] Die fachliche Verantwortung orientiert sich dann oft an Geschäftseinheiten (Business Units) und/oder Regionen und/oder Kompetenzzentren oder ähnlichen Einheiten bzw. Zentren.[1057] Die disziplinarische Führung hingegen richtet sich in der Regel nach den vorherrschenden gesellschaftsrechtlichen oder arbeitsrechtlichen Vertragsbeziehungen.[1058] Das unmittelbar unternehmerische Handeln wird hierbei durch die fachliche Führung gesteuert. Geschäftseinheiten operieren allerdings über Ländergrenzen und Gesellschaftsformen hinweg und Kompetenzzentren bündeln spezielle Aufgabenbereiche und Funktionen, losgelöst von räumlichen oder gesellschaftsrechtlichen Bedingungen.[1059] Die Zurechnungskriterien der § 14 Abs. 1, 2 StGB, § 9 Abs. 1, 2 OWiG des Strafrechts und des Ordnungswidrigkeitsrechts werden damit der heutigen Unternehmenswirklichkeit nur noch bedingt gerecht.[1060] In geschaffenen Matrixorganisationen arbeiten oft mehrere Personen grenzüberschreitend zusammen. Hierbei leistet meist ein Mitarbeiter zu einem Geschehen

---

1055 Siehe Frank-Fahle/Schuldt, ZfBR 2018, 419 ff.; im Rahmen dieser Arbeit kann hier nicht detaillierter auf die rechtspolitischen Implikationen des US-Unternehmensstrafrechts mit grenzüberschreitenden Auswirkungen eingegangen werden; weiterführend dazu aber Buchen/Hermann, Wie ein deutscher Unternehmer auf Amerikas Terrorliste geriet und Buchen, Imperiales Gehabe: der lange Arm der US-Gesetze.

1056 So auch Pelz, CCZ 2013, 234 (236).

1057 So ebenfalls Pelz, CCZ 2013, 234 (236).

1058 So auch Pelz, CCZ 2013, 234 (236).

1059 Die Form der stark international verteilten Unternehmenssteuerung führt zu großen Problemen vor allem im Bereich der Criminal Compliance mit Blick auf die teilweise sehr weite Geltungserstreckung der Strafrechtsnormen (so auch Pelz, CCZ 2013, 234 (237).

1060 Ähnlich Pelz, CCZ 2013, 234 (236).

entweder mehrere aktive Beiträge oder greift in den Geschehensablauf nicht ein.[1061] Die Zuständigkeiten verschwimmen und oft ist unklar, wem eine eventuelle Anknüpfungstat zuzurechnen ist und wo diese durch wen genau begangen wurde.

IV. Geltungsbereich von Strafrechtsordnungen

Es ist für die meisten Strafrechtsordnungen der Ort der Vornahme der strafbaren Handlung bzw. des tatbestandlichen Erfolges bedeutend für die Anwendung des jeweiligen nationalen Strafrechts (Territorialitätsprinzip).[1062] So gilt das deutsche Strafrecht z.B. nach § 3 StGB zunächst für Taten, die im Inland begangen werden. Es findet somit das Territorialitätsprinzip Anwendung.[1063] Eine Tat ist hierbei an jedem Ort begangen, an dem der Täter gehandelt hat oder im Falle des Unterlassens hätte handeln müssen oder an dem der zum Tatbestand gehörende Erfolg eingetreten ist oder nach der Vorstellung des Täters eintreten sollte (§ 9 Abs. 1 StGB). Problematisch ist, dass an einer Handlung aber auch an einem Unterlassen oftmals – wie geschildert – mehrere Stellen und Personen beteiligt sein können, die in verschiedenen Ländern ansässig sind. So kann es dann Handlungsorte in verschiedenen Ländern geben.[1064] In Fällen der Mittäterschaft wird beispielsweise ein Handlungsort an jedem Ort angenommen, an dem einer der Mittäter irgendeine Mitwirkungshandlung begangen hat,[1065] sei es im Ausführungsstadium, aber auch bereits im Vorbereitungsstadium,[1066] noch bevor überhaupt das Versuchsstadium eingetreten ist.[1067] In Fällen mittelbarer Täterschaft ist nicht nur der Handlungsort des Hintermanns maßgeblich, sondern auch der Handlungsort des Tatmittlers begründet einen solchen beim Hintermann.[1068] Noch schwieriger ist dann die Bestimmung des Handlungsortes zum Beispiel bei Handlungen mittels Telekommunikationsmedien bzw. dem Internet

---

1061 Ähnlich Pelz, CCZ 2013, 234 (237).

1062 Siehe hierzu Frank-Fahle/Schuldt, ZfBR 2018, 419 (420); §§ 3, 9 Abs. 1 StGB (Deutschland), § 62 StGB (Österreich), § 3 schwStGB, Art. 3 StGB (Italien), Art. 113–2 Code Pénal (Frankreich), Art. 8 StGB (Türkei), siehe auch Pelz, CCZ 2013, 234 (237).

1063 Siehe Frank-Fahle/Schuldt, ZfBR 2018, 419 (420).

1064 Ähnlich Frank-Fahle/Schuldt, ZfBR 2018, 419 (420); Pelz, CCZ 2013, 234 (237).

1065 Siehe Rotsch, ZIS 2010, 168 (172); Pelz, CCZ 2013, 234 (237).

1066 Siehe BGH, Urt. v. 4.12.1992 – 2 StR 442/92, BGHSt 39, 88 (91).

1067 Ähnlich Pelz, CCZ 2013, 234 (237).

1068 Vgl. Rotsch, ZIS 2010, 168 (173).

zu beurteilen.[1069] So kann es bereits im Rahmen des Territorialitätsprinzips zu einer Multiplizierung der anwendbaren Rechtsordnungen kommen. Trotz eines inländischen Handlungsortes kann eine Strafbarkeit im Einzelfall aber dann ausscheiden, wenn vom Schutzzweck des Tatbestandes nur inländische und keine ausländischen Rechtsgüter umfasst sind.[1070]

Andererseits beansprucht nationales Recht sogar Geltung auch auf Sachverhalte, die sich ausschließlich im Ausland ereignet haben (Auslandserstreckung).[1071] Nach § 5 StGB beispielsweise gilt das deutsche Strafrecht, unabhängig vom Recht des Tatorts, für bestimmte Taten, die im Ausland begangen werden.[1072] Es gibt zudem diverse Strafrechtsordnungen, die auch den Schutz eigener Staatsangehöriger (passives Personalitätsprinzip) bezwecken und daher nationales Strafrecht auch auf Auslandstaten anwenden, wenn eigene Staatsangehörige oder Unternehmen von diesen Straftaten betroffen sind.[1073] In sehr vielen Strafrechtsordnungen ist zudem nach dem Grundsatz des aktiven Personalitätsprinzips nationales Strafrecht auch auf solche Straftaten anzuwenden, die eigene Staatsangehörige im Ausland begehen.[1074] Ein Einsatz deutscher Mitarbeiter im Ausland bringt also oft auch die Anwendbarkeit deutschen Strafrechts mit sich.[1075] Ausländische Geschäftspartner hingegen unterfallen regelmäßig nicht den deutschen Vorschriften des Straf- und Ordnungswidrigkeitenrechts bei Taten, welche im Ausland begangen wurden.[1076]

1069 Vgl. Pelz, CCZ 2013, 234 (237); Sieber, NJW 1999, 2065 (2070); auch bei Unterlassungsdelikten kann es zu einer Vervielfachung von Tatorten kommen; siehe Rotsch, ZIS 2010, 168 (170); Ambos, in: Joecks/Miebach, MüKomm-StGB 1, § 9 Rn. 14 (neben dem Aufenthaltsort und dem potentiellen Handlungsort bzw. dem „Vornahmeort").

1070 Vgl. Pelz, CCZ 2013, 234 (237).

1071 Vgl. Pelz, CCZ 2013, 234 (237), der danach differenziert, „ob sich eine derartige Auslandserstreckung nur auf die Auswirkungen einer Tathandlung bezieht, während es sonst bei der Geltung des Territorialitätsprinzips verbleibt, oder ob selbst die Vornahme einer Tathandlung im Ausland ausreicht" (Pelz, CCZ 2013, 234 (237)). In dem Fall einer Vornahme einer Tathandlung im Ausland müsse die entsprechende Auslandserstreckung allerdings immer explizit gesetzliche angeordnet sein.

1072 Siehe hierzu auch Frank-Fahle/Schuldt, ZfBR 2018, 419 (420).

1073 Siehe für das deutsche Strafrecht § 7 Abs. 1 StGB.

1074 Hierzu Frank-Fahle/Schuldt, ZfBR 2018, 419 (420); nach § 7 Abs. 2 Nr. 1 StGB ist in Deutschland aber Voraussetzung, dass auch am Tatort die Tat mit Strafe bedroht ist.

1075 Hierzu Frank-Fahle/Schuldt, ZfBR 2018, 419 (421).

1076 Hierzu Frank-Fahle/Schuldt, ZfBR 2018, 419 (421).

V. Auslandsbezug bei der Verbandssanktionierung nach § 30 OWiG

Aufgrund dieser komplexen internationalen Situation ist nun der Frage nachzugehen, wie Sachverhalte mit Auslandsbezug im Rahmen der Verbandssanktionierung zu behandeln sind, hierzu finden sich im Wortlaut des § 30 OWiG keine Anhaltspunkte. Zum einen ist im Zusammenhang mit § 30 OWiG zu fragen, ob die Unternehmensgeldbuße auch gegen einen ausländischen Unternehmensträger verhängt werden darf und zum anderen, ob auch eine Auslandstat als tatbestandliche Anknüpfungstat im Sinne des § 30 OWiG in Betracht kommt.

1. Ausländische Gesellschaft

Die Bezeichnung der sanktionsfähigen Verbände ist neutral gehalten und bezieht sich nicht auf spezifisch deutsche Verbandsformen, so dass es dem Wortlaut nach möglich wäre, ausländische Verbände mit Sanktionen zu belegen.[1077] Zudem bestimmt das Gesetz zum Teil, dass § 30 OWiG auch für Verbände gilt, die über eine Niederlassung in Deutschland verfügen oder im Wege des grenzüberschreitenden Dienstleistungsverkehrs im Inland tätig sind.[1078]

Der Tatbestand des § 30 OWiG ist nicht auf deutsche Unternehmen beschränkt, so dass auch ausländische Gesellschaften erfasst werden, wenn eine Tatbegehung im Anwendungsbereich des Ordnungswidrigkeitengesetzes gegeben ist (vgl. § 5 OWiG)[1079] und damit die Zuwiderhandlung, die als Anknüpfungstat dient, deutschem Sanktionsrecht unterliegt (§§ 3 ff. StGB, 5 OWiG).[1080]

Wird die Bezugstat im Inland begangen, wird der Sachverhalt im Ergebnis wohl immer dem deutschen Recht unterfallen.[1081] Eine Verhängung einer Geldbuße gegen ausländische Unternehmen wird allein aus praktischen Gründen

---

1077 Siehe Rogall, in: KK-OWiG, § 30 Rn. 33.

1078 Ebenso Rogall, in: KK-OWiG, § 30 Rn. 33 mit Verweis auf §§ 39 Abs. 6a S. 3 WpHG, 332 Abs. 9 S. 2 VAG, 340 Abs. 9 S. 2, 56 Abs. 6d S. 2, 59 KWG.

1079 Zur Geldbuße gegen ein polnisches Unternehmen, s. OLG Celle, Beschl. v. 30.11.2001 - 322 Ss 217/01, wistra 2002, 230.

1080 Vgl. dazu Grützner/Leisch, DB 2012, 787 (789).

1081 So v. Galen/Maass, Leitner/Rosenau, Wirtschafts- und Steuerstrafrecht, S. 924 m.V.a. die Entscheidung des LG Düsseldorf: So verurteilte das LG Düsseldorf eine Schweizer Großbank, weil diese ihre deutschen Kunden bei der Steuerhinterziehung unterstützte (LG Düsseldorf, Beschl. v. 21.11.2011 - 10 KLs 14/11, wistra 2013, 80). Die Zuwiderhandlung unterlag in diesem Fall der deutschen Sanktionsgewalt. Sowohl die Beschäftigung der Mitarbeiter als auch die Steuerhinterziehung fanden in Deutschland statt, so dass nach §§ 5, 7 OWiG bzw. §§ 3 ff. StGB die Tathandlung bzw. der Taterfolg im Inland lag.

gerade in Frage kommen, wenn das ausländische Unternehmen Sitz oder Vermögen im Inland hat oder dort Geschäftstätigkeit entfaltet.[1082] Weiter wird zu Recht einschränkend für eine Verbandssanktionierung gefordert, dass die Typologie des ausländischen Verbandes rechtlich mit derjenigen der juristischen Person oder Personenvereinigung vergleichbar sein muss.[1083] Sonst würde eine Ungleichbehandlung mit den deutschen juristischen Personen und Personenvereinigungen vorliegen, die nicht gerechtfertigt wäre.[1084] Auch hier wäre eine Klarstellung sinnvoll.

2. Auslandstat als tatbestandliche Anknüpfungstat des § 30 OWiG

Im umgekehrten Fall der im Ausland begangenen Zuwiderhandlung sind derzeit noch sehr viele Fragen offen, so dass der transnationale Geltungsbereich hier noch zu analysieren ist.

Wird eine Straftat oder Ordnungswidrigkeit im Ausland begangen, ist die Anwendbarkeit deutschen Rechts zu prüfen. So beinhaltet § 30 OWiG weder eine örtliche noch eine persönliche Einschränkung seines Geltungsbereichs.[1085] Damit ist auf die allgemeinen Regeln zurückzugreifen. Dabei kommen grundsätzlich drei Regelungsmöglichkeiten in Betracht: Der transnationale Geltungsbereich könnte sich nach § 5 OWiG richten, nach §§ 3 ff. StGB oder nach dem Geltungsbereich der Bezugstat.

1082 Ansonsten droht die Verfolgung z.B. aufgrund eines unbekannten Niederlassungsortes oder fehlender Rechtshilfeabkommen ins Leere zu laufen, so Hetzer, EuZW 2007, 75 (76); Rogall, in: KK-OWiG, § 30 OWiG, Rn. 33 m.w.N.; siehe auch § 59 KWG.

1083 Vgl. Rogall, in: KK-OWiG, § 30 Rn. 33 m.w.N.; siehe auch § 59 KWG. Die rechtliche Struktur des ausländischen Verbandes muss somit mit der Struktur einer der in § 30 Abs. 1 OWiG benannten Verbände rechtlich vergleichbar sein. Der BGH bejahte dies z.B. für die Sociedad Limitada des spanischen Rechts, s. BGH, Beschl. v. 2.11.2010 – 1 StR 544/09, NZWiSt 2012, 75 ff.).

1084 So v. Galen/Maass, Leitner/Rosenau, Wirtschafts- und Steuerstrafrecht, S. 923 m.V.a. die Entscheidung des OLG Celle (OLG Celle, Beschl. v. 30.11.2001 – 322 Ss 217/01, wistra 2002, 230 ff.). Das Gericht hatte z.B. im Jahre 2001 den in einem selbstständigen Verfahren gegen ein polnisches Unternehmen erlassenen Bußgeldbescheid zu überprüfen. Hierbei hat das Gericht gefordert, dass u.a. Feststellungen zur Struktur des Verbandes, zur Stellung der Leitungsverantwortlichen und zu dessen Pflichten im Unternehmen sowie zu dessen Betriebsabläufen zu treffen sind (OLG Celle, Beschl. v. 30.11.2001 – 322 Ss 217/01, wistra 2002, 230 (231)).

1085 Siehe Schneider, ZIS 2013, 488 (488).

a) *Anwendung von § 5 OWiG*

Zum Teil wird vertreten, dass sich die Verhängung einer Verbandsgeldbuße allein nach den Grundsätzen des Ordnungswidrigkeitengesetzes richtet.[1086] Bei Sachverhalten mit Auslandsbezug wäre die Ahndung des Verbandes im Ordnungswidrigkeitenrecht nur möglich, wenn einerseits der räumliche Geltungsbereich des Ordnungswidrigkeitengesetzes nach Maßgabe der §§ 5, 7 OWiG eröffnet ist und andererseits das vorwerfbare Verhalten dem tatbestandlichen Schutzbereich der konkret betroffenen Norm unterfällt.[1087] Es wird zum Ausdruck gebracht, dass die Verbandsgeldbuße nach § 30 OWiG als ordnungswidrigkeitsrechtliche Regelung eingeordnet werde, so dass konsequenterweise nur der Regelungsbereich des Ordnungswidrigkeitengesetzes in Betracht kommt.[1088] Es käme somit nicht darauf an, ob eine Ordnungswidrigkeit oder eine Straftat als Anknüpfungstat dient.

Gem. § 5 OWiG können, wenn das Gesetz nichts anderes bestimmt, nur Ordnungswidrigkeiten geahndet werden, die im räumlichen Geltungsbereich des Ordnungswidrigkeitengesetzes oder außerhalb dieses Geltungsbereichs auf einem Schiff oder in einem Luftfahrzeug begangen werden, das berechtigt ist, die Bundesflagge oder das Staatszugehörigkeitszeichen der Bundesrepublik Deutschland zu führen. Gem. § 7 Abs. 1 Var. 1 OWiG ist eine Handlung an jedem Ort begangen, an dem der Täter tätig geworden ist. In Bezug auf § 30 OWiG ist daher der Handlungsort des Verbandes zu ermitteln. Die Bestimmung des Handlungsortes eines Verbandes kann jedoch kompliziert sein.[1089] Aufgrund der generell anzunehmenden Akzessorietät solle aber zumindest der Handlungs- bzw. Erfolgsort des Unternehmens – nach der geschilderten Ansicht – im Ergebnis demjenigen der natürlichen Person entsprechen.[1090] Unter Rückgriff auf die natürliche Person (Leitungsperson) und nach deren Vorstellungen ist daher auch der Ort zu bestimmen, an dem das Unternehmen hätte tätig werden müssen (§ 7 Abs. 1 Var. 2 OWiG) und der Ort, an dem der Erfolg nach Vorstellung des Täters eintreten sollte (§ 7 Abs. 1 Var. 4 OWiG) bzw. der Ort, an dem der Erfolg der Tat der natürlichen Person eingetreten ist (§ 7 Abs. 1 Var. 3 OWiG).[1091]

1086 Siehe hierzu Schneider, ZIS 2013, 488 (492).

1087 Vgl. v. Galen/Maass, in: Leitner/Rosenau, Wirtschafts- und Steuerstrafrecht, S. 924; Schneider, ZIS 2013, 488 (488); Rogall, in: KK-OWiG, § 5 Rn. 1 ff., Rn. 23 ff.).

1088 Siehe Schneider, ZIS 2013, 488 (488); v. Galen/Maass, in: Leitner/Rosenau, Wirtschafts- und Steuerstrafrecht, S. 924.

1089 Siehe Schneider, ZIS 2013, 488 (488).

1090 Vgl. Schneider, ZIS 2013, 488 (489).

1091 Vgl. Schneider, ZIS 2013, 488 (489); Nach dieser Ansicht kann somit der Verband nicht geahndet werden, da sich der Anwendungsbereich des Ordnungswidrigkeitenrechts

b) Keine generelle Anwendung von §§ 3 ff. StGB

Auch könnte man auf die Idee kommen, die §§ 3 ff. StGB anzuwenden. Gem. Art. 1 Abs. 1 EGStGB gelten die Vorschriften des Allgemeinen Teils des Strafgesetzbuches für das gesamte bei seinem Inkrafttreten bestehende und das zukünftige Bundesrecht, soweit das Gesetz nichts anderes bestimmt. Allerdings regeln die §§ 3 ff StGB den Geltungsbereich des Strafrechts. Da § 30 OWiG keine strafrechtliche Regelung ist, können die §§ 3 ff. StGB zumindest pauschal keine Anwendung finden.[1092]

c) Geltungsbereich der Anknüpfungstat

Nach herrschender Meinung bestimmt sich der transnationale Geltungsbereich des § 30 OWiG in Abhängigkeit von der Bezugstat.[1093] Bei § 30 OWiG handele es sich weder um eine wirkliche Ordnungswidrigkeit noch um eine Straftat. Aufgrund der Akzessorietät zur Anknüpfungstat soll die Anknüpfungstat über den Geltungsbereich des § 30 OWiG entscheiden. Folgt man dieser Argumentation, wird der transnationale Geltungsbereich des § 30 OWiG über den Anwendungsbereich des deutschen Straf- bzw. Ordnungswidrigkeitenrechts bzgl. der Bezugstat bestimmt. So entscheiden über den transnationalen Geltungsbereich des § 30 OWiG die Vorschriften der §§ 3 ff. StGB im Falle einer Straftat als Anknüpfungstat, bzw. über die §§ 5, 7 OWiG, wenn die Auslandstat eine Ordnungswidrigkeit darstellt.[1094] Unterfällt die Bezugstat somit deutschem Strafrecht (§§ 3 ff. StGB) oder deutschem Ordnungswidrigkeitenrecht (§ 5 OWiG), kann eine Unternehmensgeldbuße verhängt werden, unabhängig davon, ob es sich um ein deutsches oder ausländisches Unternehmen handelt oder ob das Unternehmen seinen Sitz in Deutschland hat.[1095]

Im Gegensatz zu der oben dargestellten Meinung (unter a) führt die Anknüpfung an das StGB zu einem erweiterten Anwendungsbereich für die Ahndung

---

nur auf Deutschland bezieht, die nach deutschem Recht strafbare Handlung aber im Ausland begangen wurde und der Erfolg nicht im Inland eintrat (vgl. auch v. Galen/Maass, in: Leitner/Rosenau, Wirtschafts- und Steuerstrafrecht, S. 924).

1092 Siehe Schneider, ZIS 2013, 488 (489).

1093 Siehe Dörr, in: Kempf/Lüderssen/Volk, Unternehmensstrafrecht, S. 23 (S. 26); Grützner/Leisch, DB 2012, 787 (789); so auch v. Galen/Maass, in: Leitner/Rosenau, Wirtschafts- und Steuerstrafrecht, S. 925.

1094 Siehe Rogall, in: KK-OWiG, § 30 Rn. 88.

1095 Siehe Schneider, ZIS 2013, 488 (489); Ein Bezug des Verbandes zu Deutschland ist daher nicht notwendig.

nach § 30 OWiG um die im Vergleich zu §§ 5, 7 OWiG deutlich weiteren Tatbestände der §§ 3 ff StGB.[1096]

d) *Stellungnahme*

Stuft man § 30 OWiG dogmatisch als Zurechnungsnorm ein, spricht viel dafür, den Geltungsbereich nach der Anknüpfungstat zu bestimmen (aufgrund der Akzessorietät der Verbandsgeldbuße). Bestimmt man den Geltungsbereich aber nach der Anknüpfungstat, folgen daraus auch viele unstimmige Ergebnisse, so dass gute Gründe auch dafür sprechen, den Geltungsbereich generell nach dem Ordnungswidrigkeitenrecht (Anwendung der §§ 5, 7 OWiG) zu bestimmen.[1097] Taten, die zwar im Ausland begangen werden, deren Taterfolg jedoch (zumindest auch) im Inland eintritt, können sowohl nach §§ 3, 9 StGB als auch §§ 5, 7 OWiG eine Verbandsgeldbuße auslösen.[1098] Liegt schließlich eine reine Auslandstat vor, deren Handlungs- oder Erfolgsort im Ausland ist, wäre auch die Verhängung einer Sanktion für den inländischen Verband nach beiden Auffassungen ausgeschlossen.

Das Strafgesetzbuch erweitert den Anwendungsbereich des deutschen Strafrechts jedoch in den §§ 5–7 StGB, indem es an bestimmte Tatbestände (§ 5 StGB) bzw. an die Nationalität des Täters (§ 7 StGB) der Zuwiderhandlung anknüpft.[1099] Wird also der Geltungsbereich des § 30 OWiG nach der Anknüpfungstat bestimmt, kann auch eine reine Auslandstat, deren Handlungs- bzw. Erfolgsort nicht in Deutschland liegt, eine Sanktionierung nach deutschem Recht auslösen.[1100] Damit kann, sollte der transnationale Geltungsbereich des § 30 OWiG nach den §§ 3 ff. StGB bei Bezugstaten des Strafrechts bestimmt werden, das Personalitätsprinzip bewirken, dass das Handeln einer deutschen Leitungsperson

1096 Vgl. v. Galen/Maass, in: Leitner/Rosenau, Wirtschafts- und Steuerstrafrecht, S. 925; siehe zu dem dann anwendbaren Personalitätsprinzip bereits 3. Kapitel H. IV. Durch §§ 3 bis 7 StGB wird das deutsche Strafanwendungsrecht nicht abschließend geregelt. Es gibt eine Reihe weiterer Bestimmungen außerhalb des StGB, die §§ 3 bis 7 StGB ergänzen und als Spezialregelungen den §§ 3 bis 7 StGB vorgehen (leges speciales).

1097 Ähnlich v. Galen/Maass, in: Leitner/Rosenau, Wirtschafts- und Steuerstrafrecht, S. 925.

1098 Vgl. v. Galen/Maass, in: Leitner/Rosenau, Wirtschafts- und Steuerstrafrecht, S. 925.

1099 So auch v. Galen/Maass, in: Leitner/Rosenau, Wirtschafts- und Steuerstrafrecht, S. 925.

1100 So ebenfalls v. Galen/Maass, in: Leitner/Rosenau, Wirtschafts- und Steuerstrafrecht, S. 925.

im Ausland zu einer Verbandsgeldbuße für den inländischen Verband führt.[1101] Hingegen kann dann ein Verhalten einer ausländischen Leitungsperson nicht geeignet sein, eine Sanktionierung auszulösen.[1102] Auch ergibt sich eine Geltungserstreckung des deutschen Strafrechts aus der Strafbarkeit der Inlandsteilnahme bei Auslandstaten aus § 9 Abs. 2 S. 1 StGB.[1103]

Zu beachten ist hierbei insgesamt, dass die völkerrechtlichen Grundsätze über Art. 25 GG auch für den deutschen Gesetzgeber verbindlich sind, so dass diese Grundsätze auch im Rahmen der Verhängung einer Verbandsgeldbuße zu beachten sind.[1104] Ein wichtiges Prinzip des Völkerrechts ist der Souveränitätsgrundsatz mit dem Verbot, die Souveränität anderer Staaten zu verletzen. Aus diesem Grund ist[1105] allgemein anerkannt, dass ein Staat sein Strafrecht nur dann auf einen Sachverhalt erstrecken darf, wenn ein sinnvoller Anknüpfungspunkt zu ihm besteht,[1106] so dass eine Ausweitung des „Strafrechts" auf Sachverhalte, die keinen Bezug zum strafenden Staat aufweisen, völkerrechtswidrig ist.[1107]

Wann ein Bezug zu einem bestimmten Staat hinreichend ist, um die Anwendung von Bußgeldvorschriften wie die des § 30 OWiG zu rechtfertigen, ist dem Völkerrecht nicht genau zu entnehmen, so dass die Souveränitätsinteressen der beteiligten Staaten entsprechend abgewogen werden müssen.[1108] In diesem

1101 Ebenso v. Galen/Maass, in: Leitner/Rosenau, Wirtschafts- und Steuerstrafrecht, S. 925.

1102 Siehe auch v. Galen/Maass, in: Leitner/Rosenau, Wirtschafts- und Steuerstrafrecht, S. 925.

1103 § 9 Abs. 2 S. 1 StGB bestimmt, dass für den Teilnehmer an einer Auslandstat deutsches Strafrecht anzuwenden ist, wenn die Teilnahmehandlung im Inland erbracht wurde, obwohl die Haupttat nach dem Recht des Tatorts nicht mit Strafe bedroht ist. Dadurch kommt es zu einer Durchbrechung des Grundsatzes der Akzessorietät der Teilnahme. Da es in diesem Fall an einer strafbaren Haupttat fehlt. Dies führt zu einer weltweiten Anwendung des deutschen Strafrechts. Unter Umständen kann sogar passives Verhalten ausreichen, wenn dem eine motivierende Wirkung (Bestärken, in Sicherheit wiegen) zukommt, siehe zu § 9 Abs. 2 StGB: Pelz, CCZ 2013, 234 (238).

1104 Siehe Schneider, ZIS 2013, 488 (490).

1105 Spätestens seit der wegweisenden Lotus-Entscheidung (Lotus-Entscheidung des Ständigen Internationalen Gerichtshofs (StIGH) vom 7. September 1927, siehe STIGH, PCIJ Series A No. 10).

1106 Siehe Schneider, ZIS 2013, 488 (490): Diese Anknüpfungspunkte ergeben sich aus der staatlichen Gebiets- und Personalhoheit. Darüber hinaus erlauben bestimmte Fälle die Ausdehnung des Strafrechts – wie etwa bei Völkerrechtsgewohnheitsrecht (Weltrechtsprinzip) und allgemeine Grundsätze des Völkerrechts (Staatsschutzprinzip).

1107 Siehe Schneider, ZIS 2013, 488 (490).

1108 Siehe Schneider, ZIS 2013, 488 (491) m.w.N.

Zusammenhang ist anerkannt, dass der Inlandsbezug umso stärker ausgeprägt sein müsse, je mehr eine Norm einzelstaatlichen Interessen diene und umgekehrt darf der Bezug umso schwächer sein je mehr eine Norm Ausdruck internationaler Solidarität und übereinstimmender Rechtswerte ist.[1109] Verbandsgeldbußen sind nicht weltweit anerkannt, so dass es schwierig ist, die Bestrafung eines Verbandes als Akt internationaler Solidarität bzw. Verwirklichung übereinstimmender Rechtswerte zu begreifen.[1110] Ausgeschlossen werden kann dies aber auch nicht.[1111] Zudem ist auch aufgrund der Akzessorietät auch das Schutzgut der Anknüpfungstat zu beachten.[1112]

Daher könnte mit guten Gründen der Geltungsbereich der Verbandsgeldbuße über die Bezugstat bestimmt werden. Dann wäre § 30 OWiG aber – wie gezeigt – selbst in Konstellationen denkbar, in denen der Mitarbeiter über § 7 Abs. 2 Nr. 2 StGB (inländischer Ergreifungsort) oder in Anwendung des § 7 Abs. 2 Nr. 1 StGB den Anwendungsbereich auslöst.[1113] Dennoch sprechen gerade auch aufgrund der Akzessorietät die besseren Gründe dafür, de lege lata den Geltungsbereich nach der Anknüpfungstat zu bestimmen. Manchen unhaltbaren Ergebnissen können derzeit noch mit dem Opportunitätsgedanken des Ordnungswidrigkeitenrechts begegnet werden.[1114] Die Beispiele aus der Rechtsprechung zeigen

---

1109 Siehe Schneider, ZIS 2013, 488 (491): „Die weite Geltung des Schutzgrundsatzes (vgl. § 5 StGB) ist insoweit gerechtfertigt, als dadurch Werte geschützt werden, die in allen Staaten als schützenswert angesehen werden."

1110 Siehe Schneider, ZIS 2013, 488 (491): „Zwar ist nicht von der Hand zu weisen, dass die Einziehung bzw. Abschöpfung zugleich ein übergeordnetes Ziel verfolgt, nämlich dafür zu sorgen, dass „(…) Verbrechen sich nicht lohne (…). Problematisch ist aber, dass die Abschöpfung des Erlangten mit der Bereicherung des Staates einhergeht."

1111 Es bedürfte hier noch einer näheren Analyse, die den Rahmen dieser Arbeit sprengen würde. Der Gesetzgeber sollte die völkerrechtlichen Grundsätze bei einem Gesetz (de lege ferenda) beachten.

1112 Siehe zu dieser Diskussion auch v. Galen/Maass, in: Leitner/Rosenau, Wirtschafts- und Steuerstrafrecht, S. 969 ff. zu der Frage, wann im Rahmen von internationalen Sachverhalten im Zusammenhang mit § 130 OWiG deutsches Recht zur Anwendung kommt.

1113 So auch v. Galen/Maass, in: Leitner/Rosenau, Wirtschafts- und Steuerstrafrecht, S. 925; a.A. Schneider, ZIS 2013, 488 (492); Verneint man den Ausdruck internationaler Solidarität und Rechtswerte, sind andere Vorschriften zu finden, die eine Bestimmung des Geltungsbereichs des § 30 OWiG leisten können.

1114 So auch v. Galen/Maass, in: Leitner/Rosenau, Wirtschafts- und Steuerstrafrecht, S. 925. Dies könnte etwa der Fall sein bei Sachverhalten, die keinerlei oder einen nur sehr geringen Bezug zum Inland aufweisen. Hier könnte aus Opportunitätserwägungen von einer Sanktionierung des zuständigen Verbandes abgesehen werden.

zudem, dass § 30 OWiG in tatsächlicher Hinsicht derzeit bei Auslandsbezug eher restriktiv gehandhabt wird.[1115] In erster Linie wird im Ordnungswidrigkeitenrecht der Schutz von innerstaatlichen Gütern und Interessen bezweckt.[1116] Grundsätzlich ist die Geltung des Ordnungswidrigkeitenrechts auf das eigene Sachgebiet beschränkt.[1117] Generell ist es aber nach derzeitigem Gesetzesrecht zumindest möglich, dass international tätige deutsche Unternehmen ebenso für Auslandstaten ihrer Mitarbeiter nach § 30 OWiG geahndet werden.[1118] Auch eine Ahndung nach §§ 30, 130 OWiG ist in den meisten Konstellationen möglich.[1119]

Weiter ist die Frage zu untersuchen, ob eine Verbandsgeldbuße auch dann verhängt werden kann, wenn die Bezugstat zwar im Ausland, aber nicht im Inland einen Straf- oder Ordnungswidrigkeitentatbestand erfüllt. Im deutschen Strafrecht ist in solchen Fällen keine unmittelbare Anwendung von ausländischen Strafrechtsnormen vorgesehen. Entsprechendes gilt für das deutsche Ordnungswidrigkeitenrecht. Wenn dann die Zuwiderhandlung der natürlichen Person nach dem deutschen Recht nicht sanktionsfähig ist, kann auch keine Verbandsgeldbuße verhängt werden, da es an der Bezugstat fehlt.[1120] Zudem bestünden im Rahmen eines Zurechnungsmodells auch systematische Bedenken.[1121]

VI. Fazit und Stellungnahme

Insgesamt müssen sich Unternehmen darauf einstellen, dass nationales Strafrecht in vielen Fällen extraterritoriale Geltung beanspruchen kann, aber auch

1115 Wie bereits erläutert, ist eine gewisse Restriktion aus völkerrechtlicher Perspektive auch erforderlich. Zu Rechtsprechungsbeispielen: Schneider, ZIS 2013, 488 (492).

1116 Vgl. Rogall, in: KK-OWiG, § 5 Rn. 2.

1117 So auch v. Galen/Maass, in: Leitner/Rosenau, Wirtschafts- und Steuerstrafrecht, S. 925 m.w.N.

1118 So auch v. Galen/Maass, in: Leitner/Rosenau, Wirtschafts- und Steuerstrafrecht, S. 925.

1119 Siehe zu dieser Diskussion auch v. Galen/Maass, in: Leitner/Rosenau, Wirtschafts- und Steuerstrafrecht, S. 969 ff. und sehr ausführlich zu § 130 OWiG: Caracas, CCZ 2015, 218 ff.

1120 Wird nur gegen ausländische Normen verstoßen, reicht dies für die Annahme einer Anknüpfungstat nicht aus. Dafür spricht auch der Wortlaut des § 30 OWiG; so auch v. Galen/Maass, in: Leitner/Rosenau, Wirtschafts- und Steuerstrafrecht, S. 925.

1121 Will man die Personenvereinigung für Handlungen bestrafen, für die der Individualtäter nicht bestraft werden kann (in Deutschland), so müsste man einen, diese Strafbarkeit rechtfertigenden eigenen Anknüpfungspunkt finden (z.B. „eigenes“ Verhalten des (inländischen) Unternehmens).

umgekehrt, dass bei einem vermeintlichen Inlandsfall eine Vielzahl ausländischer Strafrechtsordnungen Anwendung finden.[1122]

Wie sich insgesamt gezeigt hat, wurden gerade im internationalen Kontext zum Geltungsbereich bzw. Anwendungsbereich der Verbandssanktionierung nach § 30 OWiG aber noch keine hinreichenden Klarstellungen getroffen. Hier muss der Gesetzgeber Abhilfe schaffen und klare Regelungen vorsehen. Insgesamt sollten de lege ferenda die Vorschriften im internationalen Kontext für die Verbandsgeldbuße stringent, klar und einheitlich geregelt werden. Derzeit herrscht hier enorme Rechtsunsicherheit. Bei einer Gesetzgebung de lege ferenda darf der Gesetzgeber das Völkerrecht nicht außer Acht lassen[1123] und muss genau abwägen, inwieweit eine Erstreckung des deutschen Strafrechts auf Auslandssachverhalte sinnvoll erscheint. Zudem sollten Einstellungsvorschriften bei bereits erfolgter Verurteilung (oder sicherer Verurteilung) im Ausland in bestimmten Fallkonstellationen entwickelt werden, insbesondere in dem Fall, wenn ein etwaiges Legalitätsprinzip bei Bezugstaten des Strafrechts in Deutschland eingeführt wird.

Weiter werden die „strafrechtlichen" Zurechnungskriterien der § 14 Abs. 1, 2 StGB, § 9 Abs. 1, 2 OWiG dem Phänomen der heutigen Unternehmenswirklichkeit u.a. aufgrund der heutigen Konzernrechtsebenen sowie der generellen Internationalisierung nur noch bedingt gerecht. Gerade in Matrixorganisationen werden mehrere Personen grenzüberschreitend zusammenwirken. Dann kann aber in der Person eines jeden unmittelbar oder mittelbar Beteiligten eine Strafbarkeit wegen Tuns oder Unterlassens als Täter (Mittäter oder mittelbarer Täter) oder als Teilnehmer in Betracht kommen. Auch im Rahmen der Zurechnungsvorschriften, sollte der Gesetzgeber daher nochmal reflektieren, ob hier alle gewünschten Konstellationen abgedeckt werden.

Zudem wird bezüglich des Anwendungsbereiches bzw. des Geltungsbereiches lediglich auf die Vorschriften, welche für natürliche Personen entwickelt wurden, verwiesen. Diese Kriterien passen oft auf die Konstellationen im Unternehmen nicht bzw. decken diese nur unzureichend ab, so dass sogar die Bestimmung des Anwendungsbereichs schwierig ist.[1124]

Weiter sehen viele ausländische Rechtsordnungen nicht nur deutlich härtere Strafen für juristische Personen und Personenvereinigungen vor, sondern auch

1122 Siehe hierzu Bärlein/Englerth, FS Wessing, S. 33 (S. 50, S. 51).

1123 Siehe die weiteren Überlegungen zur Ausgestaltung de lege ferenda bei Schneider, ZIS 2013, 488 (492 ff.)

1124 Ähnlicher Gedanke bei Bärlein/Englerth, FS Wessing, S. 33 (S. 50).

einen erheblich weiteren Anwendungsbereich der Verbandsstrafbarkeit. Bei einem Vergleich mit den Vorschriften der USA wird dies besonders deutlich. So müssen deutsche Verbände für Zuwiderhandlungen im internationalen Kontext mit harten und strengen Strafen durch ausländische Staaten rechnen. Die Verhängung einer Geldbuße nach § 30 OWiG kommt hingegen gegenüber ausländischen Unternehmen seltener in Betracht und erscheint vergleichsweise milde. Nimmt man weiter an, es sei richtig, dass das Unionsrecht eine Verbandssanktionierung für Anknüpfungstaten im Ausland immer dann vorsieht, wenn auch eine Pflicht zur Sanktionierung der natürlichen Person vorgeschrieben ist, dann ist zusätzlich zu fragen, inwieweit die deutschen Gesetze gerade auch deshalb entsprechend angepasst werden müssen:[1125] Der transnationale Geltungsbereich von § 30 OWiG richtet sich oft nach § 5 OWiG und damit in erster Linie nach dem Territorialitätsprinzip. Es könnte sich hier ein erheblicher Änderungsbedarf für § 5 OWiG ergeben.

1125 Siehe hierzu auch nochmal im 7. Kapitel.

4. Kapitel: Verfahrensrechtliche Fragen

A. Allgemeine verfahrensrechtliche Aspekte der Verbandssanktionierung

Unter dem Oberbegriff „Verfahrensrechtliche Fragen“ soll vorliegend zunächst der formelle Verfahrensablauf des Erlasses einer Verbandsgeldbuße analysiert und es sollen Fragen bezüglich der materiellen Verfahrensrechte des Verbandes und seiner Vertreter thematisiert werden. So wird insbesondere diskutiert, ob und inwieweit die Verteidigungsrechte eines Individualbeschuldigten auch für Verbände gelten beziehungsweise gelten sollten.

I. Die Nebenbeteiligung

Ein Verband kann nach derzeitigem Recht nicht Beschuldigter eines Ermittlungs- bzw. Strafverfahrens sein; er kann aber an einem Ermittlungsverfahren als Nebenbeteiligter beteiligt werden.[1126] In der StPO und im OWiG findet sich für den Begriff der Nebenbeteiligung aber keine Legaldefinition.[1127] Aus vielen verschiedenen Stellen der Gesetze lässt sich jedoch entnehmen, dass dem Nebenbeteiligten eine tragende, dem Beschuldigten bzw. Angeklagten vergleichbare prozessuale Rolle zukommen kann.[1128] Ein Unternehmen (bzw. Verband) kann als Nebenbeteiligter derzeit mit dem Strafprozess in Berührung kommen, wenn eine eventuelle Einziehung (Einziehungsbeteiligung, §§ 421 ff., 424 ff. StPO) und/oder eine eventuelle Geldbuße (§ 30 Abs. 1 oder Abs. 4 OWiG; § 444 Abs. 1 StPO, § 88 OWiG) im Raum steht.[1129] Die Nebenbeteiligung des Unternehmens ist sogar häufig das Hauptziel staatsanwaltschaftlicher Ermittlungen. Nach der Vorstellung des Gesetzgebers wird allerdings die Nebenbeteiligung, welche etwaige Verfahrensrechte gewährt, erst durch ein mit einer etwaigen Anklage befassten Gericht angeordnet.[1130] Dies führt praktisch dazu, dass es im

---

1126 Vgl. Krause, ZGR 2016, 335 (343).

1127 Nebenbeteiligten werden vor allem aufgrund einer eigenen Rechtsbeeinträchtigung oder aus Gründen des öffentlichen Interesses einzelne Beteiligungsrechte eingeräumt.

1128 So ist der Nebenbeteiligte im Protokoll der Hauptverhandlung anzuführen (§ 272 Nr. 4 StPO), ebenso im Strafbefehl (§ 409 Abs. 1 Nr. 1 StPO) und im Bußgeldbescheid (§ 66 Abs. 1 Nr. 1 OWiG); siehe Leitner, FS Wessing, 146 (148).

1129 Vgl. Krause, ZGR 2016, 335 (343).

1130 Vgl. v. Galen/Maass, in: Leitner/Rosenau, Wirtschafts- und Steuerstrafrecht, S. 915.

Ermittlungsverfahren streng formal nach geltendem Recht keine Nebenbeteiligung gibt.

II. Allgemeine Verfahrensgesichtspunkte

1. Einheitliches oder selbstständiges Verfahren

Zwei Verfahren sind bei der Sanktionierung von Verbänden zu unterscheiden: das verbundene (bzw. einheitliche) und das selbstständige Verfahren. Der gesetzliche Regelfall ist das einheitliche Verfahren (§ 30 Abs. 4 OWiG e contrario). Dieses liegt vor, wenn sowohl gegen die Leitungsperson wie auch gegen das Unternehmen eine Geldbuße festgesetzt wird. Das Unternehmen ist dann Beteiligter im Straf- bzw. Bußgeldverfahren gegen die Leitungsperson. Stehen sowohl ein einheitliches als auch ein selbstständiges Verfahren zur Auswahl, liegt die Entscheidung, welches Verfahren durchgeführt wird, im pflichtgemäßen Ermessen der Verfolgungsbehörde.[1131] Ein Übergang vom einheitlichen Verfahren zum selbstständigen Verfahren ist möglich, wenn die Voraussetzungen für ein selbstständiges Verfahren gegeben sind, das Unternehmen am einheitlichen Verfahren beteiligt ist und auf die Möglichkeit des selbstständigen Verfahrens hingewiesen wurde.[1132] Getrennte Verfahren gegen Mitarbeiter und Unternehmen sind nach § 30 Abs. 4 OWiG grundsätzlich unzulässig.[1133]

2. Voraussetzung für ein selbstständiges Verfahren

Ein selbstständiges Verfahren kann nach § 30 Abs. 4 OWiG nur geführt werden, wenn das Verfahren wegen der Straftat oder Ordnungswidrigkeit des Mitarbeiters bzw. des Repräsentanten nicht eingeleitet, das Verfahren eingestellt oder von der Strafe abgesehen wird.[1134] Zudem kann eine spezialgesetzliche Anordnung für ein selbstständiges Verfahren erfolgen. Dies soll nun kursorisch dargestellt werden.

1131 Siehe v. Galen/Maass, in: Leitner/Rosenau, Wirtschafts- und Steuerstrafrecht, S. 914.

1132 Vgl. Rogall, in: KK-OWiG, § 30 Rn. 224.

1133 Vgl. Rogall, in: KK-OWiG, § 30 Rn. 162 f.

1134 So auch v. Galen/Maass, in: Leitner/Rosenau, Wirtschafts- und Steuerstrafrecht, S. 914.

a) *Nichteinleitung und Einstellung eines Verfahrens gegenüber dem Unternehmensmitarbeiter*

Die Nichteinleitung eines Verfahrens bei Straftaten (Legalitätsprinzip § 152 Abs. 2 StPO) gegen den Unternehmensmitarbeiter erfolgt z.B. wenn ein offensichtliches Verfahrenshindernis besteht.[1135] Ein selbstständiges Verfahren kann dann erfolgen, wenn das Verfahrenshindernis nicht ein „rechtliches Hindernis" nach § 30 Abs. 4 S. 3 OWiG darstellt.[1136] Bei einer Ordnungswidrigkeit hat die Nichteinleitung des Verfahrens größere Bedeutung, da dort gem. § 47 OWiG das Opportunitätsprinzip gilt. Eine Einstellung kann hier aufgrund zwingender Vorschriften erfolgen oder aus Opportunitätsgründen.[1137] Neben den zwingenden Einstellungsgründen wird über die Opportunitätsvorschriften die Einstellung zahlreicher Wirtschaftsstraftaten und Wirtschaftsordnungswidrigkeiten erreicht.[1138] Je individueller die Einstellungsgründe sind, umso wahrscheinlicher ist die Verhängung einer Verbandsgeldbuße noch möglich.[1139]

b) *Absehen von der Strafe gegenüber dem Unternehmensmitarbeiter und spezialgesetzliche Anordnung des selbstständigen Verfahrens*

Diese Variante des Absehens von der Strafe des § 30 Abs. 4 OWiG hat zur Voraussetzung, dass gegenüber dem Mitarbeiter ein abschließendes Urteil ergangen ist, in welchem von der Strafe abgesehen wurde (z.B. §§ 46a, 60 StGB).[1140] Teilweise wird allerdings diese Möglichkeit nur zugelassen, wenn das Unternehmen bereits im Verfahren gegen den Mitarbeiter hinzugezogen wurde.[1141]

Eine Spezialregelung zum selbstständigen Verfahren i.S.v. § 30 Abs. 4 S. 2 OWiG, nach welcher durch Gesetz bestimmt werden kann, dass die Geldbuße auch in weiteren Fällen selbstständig festgesetzt werden kann, ist z.B. § 82 S. 1 GWB.[1142] Die Pflicht der Kartellbehörden, Verfahren mit Straftaten an die Staatsanwaltschaft abzugeben (§ 41 OWiG), ist insoweit eingeschränkt.

1135 Siehe Rogall, in: KK-OWiG, § 30 Rn. 167.

1136 Siehe zu den rechtlichen Hindernissen Rogall, in: KK-OWiG, § 30 Rn. 190.

1137 Siehe hierzu die §§ 153 ff. StPO, § 47 OWiG.

1138 Siehe Achenbach, FS Tiedemann, S. 47 (S. 55); Einstellung bei Bagatellsachen im Sinne von § 153 StPO; Einstellung gegen Auflagen im Sinne von § 153a StPO; Einstellung bei der Möglichkeit des Absehens von der Strafe gem. § 153b StPO; Einstellung gem. §§ 154, 154a StPO.

1139 So auch Engelhart, Sanktionierung von Unternehmen und Compliance, S. 451.

1140 Vgl. hierzu Rogall, in: KK-OWiG, § 30 Rn. 174.

1141 Im Sinne von § 444 Abs. 1 StPO, so beispielsweise Rogall, in: KK-OWiG, § 30 Rn. 174.

1142 Siehe hierzu Rogall, in: KK-OWiG, § 30 Rn. 175.

3. *Ausschluss des selbstständigen Verfahrens*

Die selbstständige Festsetzung einer Geldbuße gegen die juristische Person oder Personenvereinigung ist hingegen ausgeschlossen, wenn die Straftat oder Ordnungswidrigkeit aus rechtlichen Gründen nicht verfolgt werden kann; § 33 Abs. 1 S. 2 OWiG bleibt unberührt (§ 30 Abs. 4 S. 3 OWiG).[1143] Der Begriff des rechtlichen Hindernisses ist in § 30 Abs. 4 OWiG unglücklich gewählt. Gemeint sind als rechtliche Hindernisse solche Umstände, die in der zuzurechnenden Tat oder in der zugrunde gelegten Unternehmensverantwortlichkeit angelegt sind.[1144] Mangels einer Anknüpfungstat kommt z.B. dann kein selbstständiges Verfahren in Betracht, wenn das Verfahren gegen die Leitungsperson wegen des Fehlens eines ahnd- oder strafbaren Verhaltens nach § 170 Abs. 2 StPO nicht eingeleitet oder eingestellt wird.[1145] Hindernisse wie z.B. die Amnestie sind nur dann Hindernisse i.S.v. § 30 Abs. 4 OWiG, wenn diese tatbezogen sind.[1146] Der Tod des Individualtäters oder Immunität[1147] hindert hingegen das selbstständige Verfahren nicht.[1148]

4. *Opportunitätsprinzip*

Ob eine Verbandsgeldbuße nach Maßgabe des § 30 OWiG verhängt wird, also eine Anknüpfungstat auf Verbandsebene verfolgt wird, steht nach derzeitiger Gesetzeslage im pflichtgemäßen Ermessen der zuständigen Verfolgungsbehörde (vgl. § 47 OWiG). Es gilt also das weite ordnungswidrigkeitenrechtliche Opportunitätsprinzip und dies unabhängig davon, ob es sich bei der Anknüpfungstat um eine Ordnungswidrigkeit oder eine Straftat handelt.[1149]

1143 Vgl. BT-Drs. 10/318, S. 41; dies ist Ausdruck der Konnexität zwischen Individualtat und Unternehmenssanktion. Wird ein selbstständiges Verfahren eingeleitet, so unterbricht § 33 Abs. 1 S. 2 OWiG die Verjährung der Unternehmensgeldbuße. § 30 Abs. 4 S. 3 OWiG verweist auf diese Vorschrift.

1144 So auch Engelhart, Sanktionierung von Unternehmen und Compliance, S. 454. In Bezug auf den Individualtäter bestehende Faktoren sind hingegen nicht gemeint.

1145 Siehe v. Galen/Maass, in: Leitner/Rosenau, Wirtschafts- und Steuerstrafrecht, S. 914.

1146 So auch Engelhart, Sanktionierung von Unternehmen und Compliance, S. 455.

1147 Andere Ansicht wohl v. Galen/Maass, in: Leitner/Rosenau, Wirtschafts- und Steuerstrafrecht, S. 914.

1148 Siehe Engelhart, Sanktionierung von Unternehmen und Compliance, S. 455.

1149 Siehe Engelhart/Rübenstahl/Tsambikakis, in: Esser/Rübenstahl/Saliger/Tsambikakis, Wirtschaftsstrafrecht, § 30 OWiG Rn. 78 ff.; BUJ, Gesetzgebungsvorschlag zu §§ 30, 130 OWiG, S. 11.

Ein völliger Verzicht verlangt allerdings einen besonderen Nichtverfolgungsgrund, der aus der Sache selbst ersichtlich sein muss.[1150] Die Behörde muss somit bei ihrer Entscheidung innerhalb ihres pflichtgemäßen Ermessens entscheiden.[1151] Es handelt sich damit nicht um ein freies, sondern ein von sachlichen Umständen geleitetes Ermessen.[1152] Ein pflichtgemäßes Ermessen liegt vor, wenn die Entscheidung nicht willkürlich erfolgt oder den Gleichheitsgrundsatz verletzt.[1153] Im Hinblick auf mögliche Einstellungen werden häufig die den §§ 153 ff. StPO zugrundeliegenden Erwägungen zur Konkretisierung herangezogen.[1154] Zu beachten ist aber, dass das Opportunitätsprinzip weitergeht. Die Erwägungen bei § 47 OWiG sind gerade nicht auf die Einstellungsgründe der §§ 153 ff StPO begrenzt. Es wird eine Abwägung im Einzelfall vorgenommen. Weiter sind auch § 47 Abs. 2 und Abs. 3 OWiG zu berücksichtigen. Die Richtlinie für das Straf- und Bußgeldverfahren (RiStBV) gibt aber kaum konkrete Hinweise. Es findet sich hier lediglich in der Nummer 180a RiStBV eine gewisse Handlungsanleitung.[1155] Für die Fachbehörden bestehen wiederum bereichsspezifische interne Richtlinien und Weisungen.

Hier ist generell zu überlegen, ob nicht insgesamt gesetzliche Regelungen Rechtsklarheit und Rechtssicherheit schaffen würden.[1156] Insbesondere bei Straftaten als Anknüpfungstaten sollte an die Einführung des Legalitätsprinzips gedacht werden.[1157] Aufgrund der geringen Leitlinien führt das Opportunitätsprinzip im Rahmen der Verbandsgeldbuße zu sehr unterschiedlicher und ungleichmäßiger Handhabung der Vorschriften zur Verbandssanktionierung in der Praxis.

1150 Vgl. BGH, Urt. v. 3.12.1998 – 1 StR 240–98., NJW 1999, 1122 ff.; BUJ, Gesetzgebungsvorschlag zu §§ 30, 130 OWiG, S. 11.

1151 Siehe auch v. Galen/Maass, in: Leitner/Rosenau, Wirtschafts- und Steuerstrafrecht, S. 942.

1152 Vgl. BT-Drs. V/1269, S. 80.

1153 Entscheidend ist, dass weder unsachliche noch sachfremde Gründe herangezogen werden; siehe v. Galen/Maass, in: Leitner/Rosenau, Wirtschafts- und Steuerstrafrecht, S. 942.

1154 Siehe Mitsch, in: KK-OWiG, § 47 Rn. 107 ff.

1155 Siehe hierzu auch Korte, NZWiSt 2018, 393 (395).

1156 So auch Nell, ZRP 2008, 149 (150).

1157 Siehe hierzu auch im 4. Kapitel E III.

5. Verfahrensbeendende Absprachen

Auch verfahrensbeendende Absprachen sind möglich. Für das Ordnungswidrigkeitenrecht wurde § 78 Abs. 2 OWiG für das gerichtliche Verfahren geschaffen. § 78 Abs. 2 OWiG findet allerdings nur Anwendung, wenn § 30 OWiG an eine Ordnungswidrigkeit anknüpft.[1158] Auf eine Regelung für die Verwaltungsbehörden wurde verzichtet.[1159] Im Rahmen des § 78 Abs. 2 OWiG muss lediglich die Erörterung einer Absprachemöglichkeit in der Verhandlung mitgeteilt und protokolliert werden.[1160] Nicht ausdrücklich geregelt wurde durch den Gesetzgeber die Konstellation, dass § 30 OWiG an eine Straftat anknüpft. Nach § 444 StPO findet in diesem Fall das Strafverfahrensrecht Anwendung. Über § 427 StPO, auf welchen der § 444 StPO verweist, erlangt der Einziehungsberechtigte die gleichen Rechte wie der Angeklagte. Daher kann davon ausgegangen werden, dass auch die Regelung des § 257c StPO zur Anwendung kommt.[1161] Die Regelungen bezüglich etwaiger Absprachen sollen allerdings generell nach dem Gesetzgeber nicht zu einer Beschränkung der bisherigen Rechtslage führen, ein Verfahren unter Opportunitätsgesichtspunkten einzustellen.[1162]

III. Zuständigkeiten

Die Zuständigkeit für die Verfolgung und Ahndung ist bei Verbandsgeldbußen nach § 30 OWiG von der Anknüpfungstat des Repräsentanten abhängig. Wenn es sich bei der Anknüpfungstat um eine Ordnungswidrigkeit handelt, fällt sowohl die individuelle Verfolgung der Anknüpfungstat als auch die Sanktionierung bzw. die Festsetzung der Geldbuße (§ 88 OWiG) in die Zuständigkeit der jeweiligen Verwaltungsbehörde (§ 35 OWiG).[1163] Wenn es sich hingegen um eine Straftat handelt, ist grundsätzlich eine staatsanwaltliche Verfolgungszuständigkeit und eine gerichtliche Ahndungszuständigkeit (§ 444 StPO) begründet.[1164] Es soll ein Zuständigkeitsgleichlauf hergestellt werden, der divergierende

1158 Siehe dazu Engelhart, Sanktionierung von Unternehmen und Compliance, S. 466.
1159 Vgl. die Begründung der Bundesregierung, BT-Drs. 16/12310, S. 16.
1160 So auch Engelhart, Sanktionierung von Unternehmen und Compliance, S. 454.
1161 Siehe dazu Engelhart, Sanktionierung von Unternehmen und Compliance, S. 467.
1162 Vgl. die Begründung der Bundesregierung, BT-Drs. 16/12310, S. 15.
1163 Vgl. Engelhart/Rübenstahl/Tsambikakis, in: Esser/Rübenstahl/Saliger/Tsambikakis, Wirtschaftsstrafrecht, § 30 OWiG Rn. 115.
1164 Siehe Engelhart/Rübenstahl/Tsambikakis, in: Esser/Rübenstahl/Saliger/Tsambikakis, Wirtschaftsstrafrecht, § 30 OWiG Rn. 94; Meyberg, in: BeckOK-OWiG, § 30 Rn. 117.

Entscheidungen und unverhältnismäßige Mehrfachbelastungen vermeidet.[1165] Ausnahmeregelungen enthalten beispielsweise das Kartell- und Energiewirtschaftsrecht. So ist das Kartellamt nach § 82 GWB für die Festsetzung der Unternehmensgeldbuße auch dann zuständig, wenn die Anknüpfungstat eine Straftat (vor allem nach § 298 StGB) ist, die zugleich den Tatbestand einer Ordnungswidrigkeit nach dem GWB verwirklicht. Nach § 82 S. 2 GWB kann das Kartellamt das Verfahren allerdings an die Staatsanwaltschaft abgeben.[1166]

Auffällig ist, dass es zudem zu Zuständigkeitsüberschneidungen zwischen der Verfolgungsbehörde und der Staatsanwaltschaft kommt, die teilweise zu einer ineffizienten Verfolgung führen. So muss beispielsweise derzeit die Staatsanwaltschaft das Verfahren an die Verwaltungsbehörde abgeben, wenn sie in den Fällen des § 40 OWiG das Verfahren nur wegen der Straftat einstellt oder wenn sie in den Fällen des § 42 OWiG die Verfolgung nicht übernimmt, aber Anhaltspunkte dafür vorhanden sind, dass die Tat als Ordnungswidrigkeit verfolgt werden kann (§ 43 Abs. 1 OWiG). Zudem hat die Staatsanwaltschaft, solange das Verfahren noch nicht bei Gericht anhängig ist, die Sache abzugeben, wenn sie das Verfahren nur wegen der zusammenhängenden Straftat einstellt (§ 43 Abs. 2 OWiG). Hier gibt es Verbesserungspotential. Kann die Staatsanwaltschaft nach umfassenden Ermittlungen auch bereits über die Ordnungswidrigkeit entscheiden, so ist nicht nachvollziehbar, weshalb sie dennoch die Sache abzugeben hat. So ist beispielsweise die Regelung des § 43 Abs. 2, 2. Hs. OWiG[1167] zu überdenken. Eine Abgabe nach umfangreichen Ermittlungen im Rahmen eines Wirtschaftsstrafverfahrens ist ineffizient und nicht wünschenswert, sollte die Staatsanwaltschaft anhand der ermittelten Tatsachengrundlage bereits selbst im Hinblick auf die Ordnungswidrigkeit ohne weiteres entscheiden können. Dies sollte ihr zumindest ermöglicht werden. Auch wenn es sich bei der Anknüpfungstat beispielsweise um eine Aufsichtspflichtverletzung nach § 130 OWiG handelt, die an eine Straftat anknüpft, kann die Staatsanwaltschaft nach § 42 OWiG die Verfolgung übernehmen.[1168] Unterschiedlich wird wiederum beurteilt, was passiert, sollte das Verfahren wegen § 130 OWiG eingestellt werden.[1169]

1165 Vgl. BT-Drs. 5/1269, S. 61.

1166 Siehe für das Energiewirtschaftsrecht § 96 S. 2 EnWG.

1167 Die in § 43 Abs. 2 2. Hs. OWiG begründete Abgabepflicht betrifft die Fälle, in denen die Staatsanwaltschaft mit der Übernahme der Verfolgung ein Ermittlungsverfahren auch wegen der Ordnungswidrigkeit eingeleitet hat und das Verfahren nur wegen der zusammenhängenden Straftat einstellt.

1168 Siehe hierzu Meyberg, in: BeckOK-OWiG, § 30 Rn. 116.

1169 Siehe v. Galen/Maass, in: Leitner/Rosenau, Wirtschafts- und Steuerstrafrecht, S. 919.

So sehen sich über § 42 OWiG wohl die meisten Staatsanwaltschaften nach § 35 OWiG noch als die zuständige Behörde und erlassen einen Bußgeldbescheid im selbstständigen Verfahren (vgl. § 88 Abs. 2 OWiG).[1170] Allerdings lassen sich die §§ 35, 42, 45 OWiG auch durchaus anders verstehen. Es könnten diese Paragraphen so interpretiert werden, dass der Staatsanwaltschaft in diesem Fall zwar die Verfolgungs-, nicht aber die Ahndungsbefugnis zugeschrieben wird.[1171] Dann müsste die Staatsanwaltschaft in einem selbstständigen Verfahren einen Antrag an das zuständige Gericht nach § 46 OWiG i.V.m. §§ 444 Abs. 3, 435 Abs. 1, 2 StPO stellen.[1172] Auch an dieser Stelle ist durch den Gesetzgeber Klarheit zu schaffen.

B. Das Verfahren nach § 30 OWiG bei der Anknüpfung an Straftaten

Soweit die Anknüpfungstat des § 30 OWiG eine Straftat des Mitarbeiters ist oder in anderen Konstellationen, in denen die Staatsanwaltschaft die Verfolgung übernimmt, richtet sich das Hauptverfahren gegen das Unternehmen nach § 444 StPO und den dort in Bezug genommenen StPO-Regeln.[1173] Hierbei wird im Wesentlichen auf die strafverfahrensrechtlichen Regelungen der Einziehung verwiesen. Grundsätzlich wird das Unternehmen wie ein Einziehungsbeteiligter behandelt (§§ 421 ff. StPO, §§ 424 ff. StPO).[1174] Insgesamt kann schon festgestellt werden, dass eine gesetzliche Regelung vorteilhafter wäre, die dem Unternehmen gewährt, eine eigenständige Verfahrensstellung als Beschuldigter einzunehmen, da die Unternehmensgeldbuße auf eine Sanktionierung des Unternehmens als eigenständiges Sanktionssubjekt abzielt.[1175] Zunächst soll aber der Status quo des derzeitigen Verfahrensrechts überprüft werden, um abschätzen zu können, inwieweit dem Unternehmen de lege lata bereits Verfahrensrechte ähnlich einem Beschuldigten bzw. Angeklagten gewährt werden. Betrachtet wird sowohl das

1170 Vgl. v. Galen/Maass, in: Leitner/Rosenau, Wirtschafts- und Steuerstrafrecht, S. 919 m.w.N.

1171 Vgl. v. Galen/Maass, in: Leitner/Rosenau, Wirtschafts- und Steuerstrafrecht, S. 919 m.w.N.

1172 Vgl. v. Galen/Maass, in: Leitner/Rosenau, Wirtschafts- und Steuerstrafrecht, S. 919 m.w.N.; laut diesem wählt wohl die Staatsanwaltschaft Köln diesen Weg.

1173 Siehe Rogall, in: KK-OWiG, § 30 Rn. 192 ff.

1174 Vgl. Rogall, in: KK-OWiG, § 30 Rn. 192; Trüg, NJW 2017, 1917 f.

1175 Siehe hierzu Rogall, in: KK-OWiG, § 30 Rn. 193.

selbstständige Verfahren als auch das einheitliche Verfahren. Intensiv untersucht werden zudem derzeitige Lücken.

I. Einheitliches Verfahren

1. Staatsanwaltliches Ermittlungsverfahren

In einem Verfahren gegen den jeweiligen Mitarbeiter (Repräsentanten) müssen zur Verschaffung der notwendigen Beweismittel in der Regel Maßnahmen erfolgen, die zumindest auch Eingriffscharakter gegenüber dem Verband haben.[1176] Im Rahmen der Bewertung der rechtlichen Zulässigkeit der Eingriffsmaßnahmen muss dann zwingend berücksichtigt werden, ob eine Sanktionierung der juristischen Person bzw. Personenvereinigung selbst in Betracht kommt. Zu fragen ist dann auch, welche Vorschriften im Ermittlungsverfahren bei der Ermittlung gegenüber Verbänden in Betracht kommen.

Die Bestimmung des § 444 Abs. 1 StPO, nach der der Verband die Rechtsstellung eines Einziehungsbeteiligten hat, ist für das Ermittlungsverfahren und im Vorfeld behördlicher Ermittlungen nicht gerade hilfreich, denn die Anordnung der Nebenbeteiligung erfolgt noch nicht im Ermittlungsverfahren. Eigentlich wird nach dem Gesetz und der Vorstellung des Gesetzgebers die Nebenbeteiligung, welche entsprechende Verfahrensrechte mit sich bringt, erst durch das mit der Anklage befasste Gericht angeordnet (§ 444 Abs. 1 S. 1 StPO, § 424 Abs. 1 StPO).[1177]

Dies führt nach derzeitiger Gesetzeslage dazu, dass die Rechtsstellung der juristischen Person im Vorfeld von behördlichen Ermittlungen und im Ermittlungsverfahren weitgehend ungeregelt ist. Nach wohl herrschender Meinung stehen aber dem Verband auch im Ermittlungsverfahren bereits die Rechte aus §§ 444 Abs. 2 S. 2 StPO, 426 Abs. 2 StPO, §§ 136, 428 Abs. 2 S. 2 StPO, 148 StPO zu.[1178] Über § 444 Abs. 2 StPO i.V.m. § 426 StPO ist die Staatsanwaltschaft damit verpflichtet, den Verband anzuhören, sobald Anhaltspunkte dafür vorliegen, dass eine Sanktionierung desselben in Betracht kommt und die Anhörung ausführbar erscheint.[1179] Dies geschieht über die Vertreter der juristischen Person oder der Personenvereinigung.[1180]

1176 Vgl. hierzu auch Wimmer, NZWiSt 2017, 252 (254).

1177 Vgl. v. Galen/Maass, in: Leitner/Rosenau, Wirtschafts- und Steuerstrafrecht, S. 915.

1178 Siehe Rogall, in: KK-OWiG, § 30 Rn. 192 ff.

1179 So auch Leitner, FS Wessing, S. 147 (S. 149); Rogall, in: KK-OWiG, § 30 Rn. 195.

1180 Vgl. hierzu Nr. 180a RiStBV; Schmitt, in: Meyer-Goßner/Schmitt StPO, § 444 Rn. 3.

Die Regelung des § 426 StPO ist im vorbereitenden Verfahren dann sinngemäß anzuwenden.[1181] Das Unternehmen kann daher unter den Voraussetzungen des § 426 Abs. 2 StPO wie ein Beschuldigter vernommen werden (§§ 444 Abs. 2 S. 2, 426 Abs. 2, 163a Abs. 3 S. 2 StPO) und es kann wie ein Beschuldigter Beweisanträge stellen (§§ 444 Abs. 2 S. 2, 426 Abs. 2 StPO und § 163a Abs. 2 StPO).[1182] Der Verband befindet sich prozessual in einer Lage, die ganz der Lage eines Beschuldigten entspricht.[1183] Generell wäre es mit den verfassungsrechtlichen Anforderungen an ein faires Verfahren und mit dem Grundsatz des fairen Verfahrens nach Art. 6 EMRK nicht in Einklang zu bringen, wenn die Verteidigungsrechte des betroffenen Unternehmens erst im Zwischenverfahren zum Tragen kämen.[1184] Daher sollten diese dem Nebenbeteiligten bereits im Ermittlungsverfahren und vor der gerichtlichen Anordnung der Nebenbeteiligung zustehen.[1185] So sollte auch eine eigene Rechtsstellung im Verfahren bestehen und ein eigenes Akteneinsichtsrecht nach § 147 StPO.

Allerdings ergeben sich im Rahmen des Ermittlungsverfahrens bereits bei der Vorschrift des § 444 Abs. 2 StPO die ersten Probleme. So sind elementare Fragen nicht geregelt. Es fehlt beispielsweise an einer Regelung, ob eine förmliche Anordnung der Beteiligung des Verbandes zu erfolgen hat und falls ja, durch welchen Rechtsakt diese erfolgen soll und zu welchem Zeitpunkt. Weiter ist unklar, ob bei der Entscheidung, wann der Verband anzuhören ist, auch eine etwaige Gefährdung des Ermittlungserfolges berücksichtigt werden darf bzw. muss.

2. *Unternehmensanwalt, Unternehmensverteidiger und Ermittlungsmaßnahmen nach unternehmensinternen Untersuchungen*

Auch ist das Verhältnis zwischen einem Verband und seinem Anwalt bzw. seinem Verteidiger im Rahmen des Verfahrens bei der Verbandssanktionierung nicht bzw. nur unzureichend geregelt. Hierbei entstehen noch zusätzlich Probleme im

1181 Siehe Rogall, in: KK-OWiG, § 30 Rn. 195.

1182 Vgl. Rogall, in: KK-OWiG, § 30 Rn. 195 ff., Rn. 213.

1183 So Wimmer, NZWiSt 2017, 252 (253), welche davon spricht, dass ab einer Verfügung der Beteiligung der juristischen Person bzw. der Personenvereinigung am Ermittlungsverfahren dieser analog § 444 Abs. 2 S. 2 StPO, § 432 Abs. 2 StPO, §§ 136, 434 Abs. 2 S. 2 StPO, § 148 StPO die Beschuldigtenrechte zustehen.

1184 Zum Grundsatz des fairen Verfahrens nach Art. 6 EMRK im Unternehmenskontext: Schmitz, wistra 2016, 129 (130 ff.).

1185 Siehe Krause, ZGR 2016, 335 (344); Wessing, FS Mehle, S. 665 (S. 672).

Rahmen von unternehmensinternen Untersuchungen. Weiter sind im Rahmen von Ermittlungsmaßnahmen gegenüber Verbänden viele Dinge unklar. Es sollen daher gerade diese Themen nochmals intensiver beleuchtet werden.

a) Unternehmensanwalt und Unternehmensverteidiger

Nach Einleitung eines Ermittlungsverfahrens gegenüber dem Unternehmen ist der Unternehmensanwalt auch unstreitig Unternehmensverteidiger und die Verteidigung des Verbandes als Nebenbeteiligter richtet sich nach den § 444 Abs. 2 S. 2 i.V.m. § 428 Abs. 1 S. 2 StPO mit Verweis auf die allgemeinen Vorschriften der §§ 137 bis 139, 145a bis 149 und 218 StPO. Will die Staatsanwaltschaft auch das Unternehmen „anklagen", wird sie zusammen mit der Anklageerhebung gegenüber dem jeweiligen Täter der Anknüpfungstat in der Anklageschrift beantragen, die Nebenbeteiligung des Unternehmens anzuordnen (§ 444 Abs. 1 StPO). Im Zwischenverfahren nimmt das Unternehmen dann die Stellung eines Angeschuldigten ein. Die Verteidigung kann dann vortragen und beispielsweise beantragen, den Antrag der Staatsanwaltschaft zurückzuweisen.

b) Schutz des Verteidigungsverhältnisses des Verbandes im Vorfeld vor Ermittlungen gegenüber dem Verband

Da die Geldbuße aber Sanktionscharakter hat, muss auch sichergestellt werden, dass in den Situationen, in denen behördliche Ermittlungen noch nicht stattfinden, eine Verteidigung des Unternehmens ungestört von behördlichem Zugriff möglich ist. Dies sollte insbesondere dann ermöglicht werden, wenn der in Rede stehende Sachverhalt die Gefahr der Sanktion mit einer Verbandsgeldbuße beinhaltet und der vom Unternehmen beauftragte Anwalt seine Tätigkeit auch mit Blick auf diese Gefahr (als präventiver Unternehmensverteidiger) entfaltet.[1186] Der Schutz des Verteidigungsverhältnisses muss daher schon dann bestehen, wenn behördliche Ermittlungen gegenüber dem Unternehmen noch gar nicht begonnen haben bzw. der Verfolgungswille bei eingeleiteten Ermittlungen nicht auf die juristische Person bzw. Personenvereinigung gerichtet ist.[1187] In einer Entscheidung des LG Braunschweig zur Beschlagnahmefreiheit von Unterlagen gem. §§ 97, 148 StPO wird dieser Aspekt auch nochmal explizit hervorgehoben.[1188]

1186 So auch Leitner, FS Wessing, S. 147 (S. 152).

1187 So ebenfalls Wessing, FS Mehle, S. 665 (S. 672 f.); Leitner, FS Wessing, S. 147 (S. 151).

1188 Siehe LG Braunschweig, Beschl. v. 21.7.2015 – 6 Qs 116/15, BB 2015, 2771.

So findet sich oft die Situation, dass gegenüber einzelnen Mitarbeitern aus dem Unternehmen Ermittlungsverfahren anhängig sind, die sich noch nicht gegen das Unternehmen selbst richten. Das Unternehmen erfährt von diesen Ermittlungsverfahren aufgrund von Durchsuchungsmaßnahmen oder von den betroffenen Mitarbeitern. Die Individualstraftaten der Mitarbeiter haben häufig für § 30 OWiG als Anknüpfungstaten Bedeutung. Nach durchgeführten verjährungsunterbrechenden Maßnahmen gegenüber Individuen muss auch eine Verjährung im Hinblick auf eine Unternehmenssanktionierung nicht mehr befürchtet werden.[1189]

In diesem Fall handelt dann der Unternehmensverteidiger ebenfalls nach den Vorschriften der StPO und es sollte ein weitreichender Beschlagnahmeschutz für Verteidigerunterlagen sowohl für ihn als auch für das mandatierende Unternehmen gewährleistet werden, wenn es hierbei um die Verteidigung im Zusammenhang mit der Verbandsgeldbuße geht.[1190] Aber auch hier finden sich keine Vorschriften im Gesetz, welche das Unternehmen schützen.

c) Unternehmensanwalt bzw. Unternehmensverteidiger und die Beschlagnahmefähigkeit von Unterlagen aus „Internal Investigations“

Ein besonderes Augenmerk soll daher nun auch auf einen etwaigen Beschlagnahmeschutz bei Ermittlungsmaßnahmen nach unternehmensinternen Untersuchungen gesetzt werden, da dies derzeit besonders intensiv diskutiert wird. Der Umfang der Beschlagnahmefähigkeit von Unterlagen aus „Internal Investigations“ ist in der Rechtsprechung umstritten und wird in der Literatur kontrovers diskutiert.[1191] Die Meinungen, sollen in aller Kürze dargestellt werden.

Insgesamt ist im Hinblick auf den Beschlagnahmeschutz für den Verband nach strittiger Auffassung zwischen der Tätigkeit von Verteidigern und der Tätigkeit von Rechtsanwälten, die nicht als Verteidiger des Verbandes tätig sind, zu unterscheiden.[1192]

Anders als bei natürlichen Personen, bei welchen nach herrschender Meinung spätestens bei Einleitung des Ermittlungsverfahrens die Beschlagnahmefreiheit

1189 So BGH, Urt. v. 5.12.2000 – 1 StR 411/00, BGHSt 46, 207 = NJW 2001, 1436; siehe hierzu in 3. Kapitel F. V.

1190 Allerdings besteht hier noch viel Klärungsbedarf; siehe LG Hamburg, Beschl. v. 15.10.2010 – 608 Qs 18/10, NJW 2011, 942.

1191 Siehe hierzu beispielsweise Reuling/Schoop, ZIS 2018, 361 (365 f.).

1192 Siehe auch v. Galen/Maass, in: Leitner/Rosenau, Wirtschafts- und Steuerstrafrecht, S. 916.

im Zusammenhang mit Verteidigerunterlagen angenommen wird, werden oftmals für Unternehmen andere und strengere Maßstäbe angesetzt.[1193] So wird teilweise – wie bereits ausgeführt – ein Beschlagnahmeschutz im Zusammenhang mit der Verteidigung von Unternehmen erst bejaht, wenn das Unternehmen gemäß § 444 StPO eine förmliche Stellung als Nebenbeteiligter innehat.[1194] Es ist zu prüfen, ob dieser Auffassung gefolgt werden kann bzw. wann der Zeitpunkt der Beschlagnahmefreiheit im Zusammenhang mit der Verteidigertätigkeit des Unternehmens einsetzen kann und muss. Gerade wenn die dem Beschuldigten ähnliche Stellung betont wird.[1195] Generell sollte eine Beschlagnahmefreiheit spätestens zu Beginn des Ermittlungsverfahrens angenommen werden.[1196] Teilweise wird sogar vertreten, dass die gesamte Verteidigerkommunikation dem Beschlagnahmeschutz unterliegt, also auch bereits in einem Stadium vor dem Ermittlungsverfahren. Dem ist zuzustimmen, da gerade im Hinblick auf die Compliance-Verpflichtungen oft Verteidigungsaktivitäten bereits vor dem Ermittlungsverfahren stattfinden können.[1197] So wäre es sachgerecht, zumindest im Anbahnungsverhältnis, zur Vermeidung der Einleitung eines Ermittlungsverfahrens eine Beschlagnahmefreiheit anzunehmen.[1198]

Nach wohl herrschender Meinung in der Rechtsprechung und Literatur ist dann § 97 StPO im Hinblick auf den Beschlagnahmeschutz gegenüber § 160a StPO die speziellere Norm.[1199] § 160a StPO, welcher ein umfassendes Beweiserhebungs- und verwertungsverbot bezogen auf alle Rechtsanwälte hinsichtlich solcher Erkenntnisse, über die ein Zeugnisverweigerungsrecht besteht, enthält, laufe bei der Beschlagnahme leer, weil § 97 StPO als vorrangig betrachtet wird.[1200] Dies ergebe sich zum einen aus dem Wortlaut und zum anderen aus § 160a Abs. 5 StPO.

1193 So v. Galen/Maass, in: Leitner/Rosenau, Wirtschafts- und Steuerstrafrecht, S. 916.

1194 Vgl. Schmitt, in: Meyer-Goßner/Schmitt StPO, § 97 Rn. 10c, § 148 Rn. 3.

1195 Vgl. v. Galen/Maass, in: Leitner/Rosenau, Wirtschafts- und Steuerstrafrecht, S. 917.

1196 Siehe v. Galen/Maass, in: Leitner/Rosenau, Wirtschafts- und Steuerstrafrecht, S. 917.

1197 So auch v. Galen/Maass, in: Leitner/Rosenau, Wirtschafts- und Steuerstrafrecht, S. 917.

1198 So auch Reuling/Schoop, ZIS 2018, 361 (366).

1199 Vgl. so jüngst das BVerfG in dem Beschluss vom 27. Juni 2018 (BVerfG, Beschl. v. 27.6.2018 – 2 BvR 1405/17, 2 BvR 1780/17, CCZ 2018, 211); Schmitt, in: Meyer-Goßner/Schmitt StPO, § 160a Rn. 17.

1200 Vgl. v. Galen/Maass, in: Leitner/Rosenau, Wirtschafts- und Steuerstrafrecht, S. 918; so gleichfalls das BVerfG in dem Beschluss vom 27. Juni 2018 (BVerfG, Beschl. v. 27.6.2018 – 2 BvR 1405/17, 2 BvR 1780/17, CCZ 2018, 211). Es sei von Verfassungs

Eine andere Meinung will, soweit § 97 StPO keine Regelung trifft, § 160a StPO jedenfalls ergänzend anwenden.[1201] § 160a StPO solle somit ebenfalls bei Maßnahmen der Durchsuchung und der Beschlagnahme anwendbar sein,[1202] so dass auch Mandatsunterlagen, die sich beim beauftragten Rechtsanwalt befinden, nicht beschlagnahmt werden dürften. Sollte aufgrund der nach der herrschenden Meinung engen Auslegung des § 97 Abs. 1 Nr. 3 StPO wie z.B. im Verhältnis Nichtbeschuldigter/Rechtsanwalt § 97 StPO nicht einschlägig sein, so soll auf § 160a StPO zurückgegriffen werden können. § 160a StPO könnte dann beispielsweise einen Beschlagnahmeschutz bei Unterlagen aus internen Ermittlungen des beauftragten Rechtsanwalts gewähren.[1203]

Nach wohl herrschender Meinung soll durch § 97 Abs. 1 Nr. 3 StPO nur das besondere Vertrauensverhältnis zwischen dem im konkreten Ermittlungsverfahren Beschuldigten und seinem Verteidiger geschützt werden.[1204] Das Beschlagnahmeverbot würde damit nicht im Hinblick auf selbst recherchiertes Material und Unterlagen gelten, die im Wege interner Ermittlungen durch einen vom Unternehmen beauftragten Anwalt erlangt wurden.[1205] Nach anderer Ansicht soll § 97 Abs. 1 Nr. 3 StPO wiederum gleichfalls zwischen Nichtbeschuldigten und Rechtsanwälten gelten.[1206]

---

wegen nicht geboten, den absoluten Schutz des § 160a Abs. 1 S. 1 StPO auf den Bereich der Durchsuchungen einschließlich der vorläufigen Sicherstellung zum Zwecke der Durchsicht und auf Beschlagnahmen von Mandatsunterlagen eines Rechtsanwalts auszudehnen.

1201 Vergleiche hierzu beispielsweise das LG Mannheim, Beschl. v. 3.7.2012 – 24 Qs 1/12; 24 Qs 2/12, WM 2013 Heft 13, 616.

1202 Vgl. Ballo, NZWiSt 2013, 46 (49 f.) unter Verweis auf BR-Drs. 229/10, S. 2.

1203 Siehe hierzu Raum, StraFo 2012, 395 (398); zudem wird diskutiert, ob die Einschränkung des § 97 Abs. 2 StPO sinngemäß anzuwenden ist; siehe hierzu v. Galen/Maass, in: Leitner/Rosenau, Wirtschafts- und Steuerstrafrecht, S. 918.

1204 Vgl. jüngst das BVerfG in dem Beschluss vom 27. Juni 2018 (BVerfG, Beschl. v. 27.6.2018, 2 BvR 1405/17, 2 BvR 1780/17, CCZ 2018, 211), welches bekräftigt, dass Fachgerichte Verfassungsrecht nicht verletzen, wenn sie ein Beschlagnahmeverbot nach § 97 Abs. 1 Nr. 3 StPO nur im Rahmen eines Vertrauensverhältnisses zwischen einem Berufsgeheimnisträger und dem im konkreten Ermittlungsverfahren Beschuldigten annehmen; vgl. Schmitt, in: Meyer-Goßner/Schmitt StPO, § 97 Rn. 10a.

1205 Vgl. Schmitt, in: Meyer-Goßner/Schmitt StPO, § 97 Rn. 10b m.w.N.

1206 Vgl. LG Mannheim, Beschl. v. 3.7.2012 – 24 Qs 1/12; 24 Qs 2/12, BeckRS 2012, 15309; Milde, CCZ 2013, 78 (79).

d) *Fazit und Stellungnahme*

Allein diese kursorische Darstellung zeigt, dass im Rahmen des Beschlagnahmeverbotes bei unternehmensinternen Untersuchungen alles sehr strittig ist. Zudem ist das Vorgehen der staatlichen Ermittlungsbehörden in diesem Zusammenhang sehr uneinheitlich. Ebenso findet sich auch in der Justiz keine einheitliche Rechtsprechung hierzu.[1207] Das Verbot der Beschlagnahme von Verteidigerunterlagen schützt das Vertrauensverhältnis zwischen dem Beschuldigten und seinem Rechtsbeistand.[1208] Erst durch dieses Verbot werden ein rechtsstaatliches Verfahren und zugleich eine effektive Verteidigung ermöglicht. Meines Erachtens sollte hier der Schutz daher möglichst weitgehend sein.

Dennoch fehlen aber an dieser Stelle zu diversen Fragen derzeit belastbare Antworten, so dass der Gesetzgeber aufgerufen ist, zu folgenden Themen Regelungen zu treffen: Wann sind Unternehmensanwälte „Verteidiger“ i.S.v. § 148 StPO, wenn dem Unternehmen Sanktionen nach dem OWiG oder der Einziehungsanordnung drohen? Setzt ein Beschlagnahmeverbot nach § 148 StPO voraus, dass ein Ermittlungsverfahren gegen den möglichen Beschuldigten bereits förmlich eröffnet wurde? Was kennzeichnet „Verteidigerunterlagen“?[1209] Wann liegt ein „Verteidigungsverhältnis“ vor? Kann es für die Rechtmäßigkeit einer Beschlagnahme eine Rolle spielen, wo sich die Unterlagen befinden? Weiter ist hier nicht geklärt, wann und wie weit anwaltliche Tätigkeiten im Auftrag eines Unternehmens als Verteidigung zu qualifizieren sind und den weiteren Beschlagnahmeschutz genießen.[1210] So herrscht also u.a. keine Klarheit darüber, welche Informationen und Dokumente überhaupt unter den Beschlagnahmeschutz fallen und wann dieser zeitlich beginnt und ob bei dem Schutz nach dem

---

1207 Siehe hier nur die unterschiedlichen Auffassungen in der Justiz: LG Bonn, Beschl. v. 21.6.2012 – 27 Qs 2/12, NJW-Spezial 2012, 602 = NZWiSt 2013, 21 ff. (m. Anm. Jahn/Kirsch); LG Mannheim, Beschl. v. 3.7.2012 – 24 Qs 1/12; 24 Qs 2/12, NZWiSt 2012, 424 ff. (m. Anm. Schuster) = CCZ 2013, 78 ff. (m. Anm. Milde); LG Braunschweig, Beschl. v. 21.7.2015 – 6 Qs 116/15, NStZ 2016, 308 ff. (m. Anm. Schneider) = NZWiSt 2016, 37 ff. (m. Anm. Jahn/Kirsch); BVerfG (3. Kammer des Zweiten Senats), Beschl. v. 25.7.2017 – 2 BvR 1562/17, BeckRS 2017, 118600; BVerfG (3. Kammer des Zweiten Senats), Beschl. v. 25.7.2017 – 2 BvR 1287/17, 2 BvR 1583/17, NJW 2017, 2816.

1208 Vgl. Reuling/Schoop, ZIS 2018, 361 (366).

1209 Siehe hierzu beispielsweise Reuling/Schoop, ZIS 2018, 361 (366).

1210 Siehe zu dieser Problematik bereits: Leitner, FS Wessing, S. 147 (S. 153 ff.) und zu den neusten Entwicklungen nach den Entscheidungen des BVerfG: Rieder/Menne, CCZ 2018, 203 (203 ff.).

Fundort von Dokumenten zu differenzieren ist. Auch die neusten Entscheidungen des BVerfG über die Verfassungsbeschwerden von Volkswagen, Jones Day sowie drei weiterer Anwälte der Kanzlei konnten diese Fragen nur unzureichend klären und haben vielmehr neue Fragen aufgeworfen.[1211]

All diese Fragen müssen durch den Gesetzgeber nun beantwortet werden. Dabei ist ein angemessener Beschlagnahmeschutz für Verbände zu gewährleisten.[1212] Der Gesetzgeber ist aufgerufen, klare Lösungen zu entwickeln.[1213] Hierbei gilt es, ein angemessenes Kräfteverhältnis zwischen den Strafverfolgungsbehörden und den Betroffenen sowie Rechtssicherheit für die Beteiligten zu schaffen. § 18 Abs. 2 VerbSG-E des Kölner Entwurfs[1214] sieht z.B. ausdrücklich die Beschlagnahmefreiheit von Unterlagen aus „Internal Investigations“ vor. Auch in den Frankfurter Thesen wird eine Beschlagnahmefreiheit für Unterlagen aus „Internal Investigations“ gefordert.[1215]

3. *Ermittlungsmaßnahmen*

Im Folgenden sollen nun kursorisch noch ein paar Ermittlungsmaßnahmen untersucht werden.

a) Durchsuchung

Nach neuerer Rechtsprechung ist eine Durchsuchung bei einem Verband auf Basis von § 102 StPO[1216] möglich.[1217] Der Verband sei „wie ein Täter“ zu behandeln

---

1211 Siehe zu diesen Entscheidungen, der derzeitigen Rechtslage und den Klarstellungen des BVerfG sowie zu etwaigen Gestaltungsmöglichkeiten in der Zukunft: Rieder/Menne, CCZ 2018, 203 (203 ff.).

1212 Siehe zu der gesamten Thematik nun auch Pelz, CCZ 2018, 211 ff.

1213 Zum rechtspolitischen Handlungsbedarf auch Rieder/Menne, CCZ 2018, 203 (210 ff.).

1214 Siehe zu diesem Entwurf: Henssler/Hoven/Kubiciel/Weigend, NZWiSt 2018, 1 ff.

1215 Siehe Jahn/Schmitt-Leonardy/Schoop, wistra 2018, 27 (30).

1216 Nach Wimmer, NZWiSt 2017, 252 (254) kann vor Vorliegen eines „Anfangsverdachts“ analog § 152 Abs. 1 StPO in einem Ermittlungsverfahren gegen den Repräsentanten eine Durchsuchung im Unternehmen unter den Voraussetzungen des § 103 StPO durchgeführt werden. Hierbei könne sich der Verband nicht auf den Beschlagnahmeschutz des § 97 StPO berufen.

1217 So BGH, Beschl. v. 23.1.2014 – KRB 48/13, NZKart 2014, 236; siehe auch Wimmer, NZWiSt 2017, 252 (254).

und könne auch „Träger eines Tatverdachts“ sein.[1218] Auch eine Durchsuchung beim Rechtsanwalt nach unternehmensinternen Untersuchungen oder wenn kein Mandatsverhältnis vorliegt, ist nach dem BVerfG möglich.[1219]

b) Telefonüberwachung

Weiter ist nun zu untersuchen, ob gegenüber einem Verband eine Telefonüberwachung möglich ist. § 30 OWiG ist nämlich keine Katalogtat i.S.d. § 100a Abs. 2 StPO. Somit können Maßnahmen gegen das Unternehmen auf keinen Fall auf § 100a Abs. 3 1. Alt. StPO gestützt werden. Allenfalls kommt der Verband über seine Organe bzw. Vertreter als Nachrichtenmittler für die verfolgten Individualbeschuldigten gem. § 100a Abs. 3 2. Alt. StPO in Betracht. Möglich kann hier allerdings nur die Überwachung der Anschlüsse der Organe bzw. der Mitarbeiter sein, die konkret als Nachrichtenmittler in Betracht kommen. Dies muss in dem Anordnungsbeschluss begründet werden.[1220]

Ob die Ergebnisse aus Telekommunikationsüberwachungsmaßnahmen im Verfahren gegen die Leitungsperson bei der Festsetzung einer Geldbuße gemäß § 30 OWiG verwertbar sind, erscheint allerdings wegen § 477 Abs. 2 S. 2 StPO höchst fragwürdig, da § 30 OWiG keine Katalogtat im Sinne des § 100a Abs. 2 StPO darstellt. Auch hier sollte durch den Gesetzgeber Klarheit geschaffen bzw. eine passende Regelung gefunden werden.

c) Ergebnis

In a) und b) konnte nur kursorisch auf zwei Ermittlungsmaßnahmen eingegangen werden.[1221] Auch bei sämtlichen anderen Ermittlungsmaßnahmen stellen sich diverse Fragen. So zeigt sich, dass der Gesetzgeber bislang die Ermittlungsmaßnahmen gegenüber Verbänden kaum im Blick hatte.[1222]

1218 So BGH, Beschl. v. 23.1.2014 – KRB 48/13, NZKart 2014, 236; so v. Galen/Maass, in: Leitner/Rosenau, Wirtschafts- und Steuerstrafrecht, S. 916.

1219 Siehe hierzu Rieder/Menne, CCZ 2018, 203 (205).

1220 Siehe hierzu ebenfalls Wimmer, NZWiSt 2017, 252 (254).

1221 Eine Untersuchung sämtlicher Ermittlungsmaßnahmen, welche gegenüber Verbänden in Betracht kommen, würde den Rahmen der Arbeit sprengen, so dass die Ermittlungsmaßnahmen nur punktuell behandelt werden.

1222 Siehe zur Ausgestaltung de lege ferenda im 8. Kapitel C. VII. 5.

4. *Vertretung des Verbandes*

Für das Strafverfahren gelten generell die ebenfalls für das Zivilverfahren maßgeblichen Vertretungsgrundsätze.[1223] Wer durch Gesetz zur Vertretung des Verbandes befugt ist, kann den Verband auch gerichtlich vertreten,[1224] soweit er nicht z.B. durch Gesellschaftsvertrag von der Vertretung ausgeschlossen ist.[1225] Sollte eine Form der Gesamtvertretung z.B. durch Gesellschaftsvertrag vereinbart sein, vertreten die vertretungsberechtigten Personen den Verband zusammen, es sei denn beispielsweise ein vertretungsberechtigter Gesellschafter ist zur Einzelvertretung berechtigt. Ausgeschlossen von der Vertretung ist das Organ usw., gegen das sich das Verfahren (der Anknüpfungstat) richtet, da insoweit ein unauflösbarer Interessenkonflikt besteht.[1226] Für eine solche Konstellation muss aber eine Lösung bei Gesamtvertretungen gefunden werden. Zudem bleibt es dem Verband möglich, nach §§ 444 Abs. 2 S. 2, 428 Abs. 1 StPO einen Vertreter für das Strafverfahren zu wählen.[1227] Wird kein Vertreter gewählt, kann (und muss) ihm von Amts wegen ein Vertreter zur Wahrnehmung seiner prozessualen Rechte beigeordnet werden (§§ 444 Abs. 2 S. 2, 428 Abs. 2 StPO).

Insgesamt sollte die Vertretung des Verbandes allerdings deutlich klarer als bisher geregelt und gestaltet werden. Regelungsbedürftig ist insbesondere die Prozessvertretung als auch die generelle Vertretung des Verbandes im Verfahren. Gerade in den Situationen, in welchen unauflösbare Interessenskonflikte bestehen, sind noch Klarstellungen zu treffen.[1228]

5. *Verfahrensbeteiligung bei und nach Anklageerhebung*

Strebt die Staatsanwaltschaft eine Geldbuße auch gegenüber dem Verband an, muss sie dies – wie bereits geschildert – in der Anklage oder einem Strafbefehlsantrag (vgl. § 407 Abs. 2 Nr. 1 StPO)[1229] darlegen.[1230] Eine Beteiligung kann mit der Erhebung der öffentlichen Klage angeordnet werden.[1231] Eine

---

1223 Ebenso bei Rogall, in: KK-OWiG, § 30 Rn. 198.

1224 Vgl. v. Galen/Maass, in: Leitner/Rosenau, Wirtschafts- und Steuerstrafrecht, S. 919.

1225 Näheres hierzu bei Rogall, in: KK-OWiG, § 30 Rn. 198.

1226 Siehe Rogall, in: KK-OWiG, § 30 Rn. 200.

1227 Vgl. Rogall, in: KK-OWiG, § 30 Rn. 201.

1228 Siehe zur Ausgestaltung de lege ferenda im 8. Kapitel C. VII. 2. b) cc).

1229 Eine Verbandsgeldbuße kann nach §§ 444 Abs. 2 S. 2, 432 Abs. 1, 407 Abs. 2 Nr. 1 StPO auch im Strafbefehlsverfahren festgesetzt werden.

1230 Vgl. v. Galen/Maass, in: Leitner/Rosenau, Wirtschafts- und Steuerstrafrecht, S. 920.

1231 Vgl. Schmitt, in: Meyer-Goßner/Schmitt StPO, § 444 Rn. 4, 6.

Beteiligungsanordnung kann entweder auf Anordnung der Staatsanwaltschaft oder von Amts wegen durch das Gericht erfolgen, wenn zureichende tatsächliche Anhaltspunkte bestehen. Das Gericht kann gem. § 444 Abs. 1 StPO bei hinreichendem Tatverdacht die Beteiligung des Unternehmens anordnen. Großteils werden allerdings noch geringere Anforderungen an den Verdachtsgrad gestellt.[1232] Das Unternehmen erlangt mit der Beteiligungsanordnung formal die Stellung eines Beteiligten „soweit es die Tat betrifft"[1233] und damit auch die Befugnisse, die gleichfalls dem Angeklagten zustehen (§§ 444 Abs. 2 S. 2, 427 Abs. 1 S. 1 StPO).[1234] Allerdings wird das Unternehmen dadurch nicht zum Angeklagten im Rechtssinne.[1235] Das Unternehmen ist dann zu der Hauptverhandlung zu laden (§ 444 Abs. 2 S. 1 StPO; §§ 444 Abs. 2 S. 2, 427 Abs. 1 S. 1 StPO), es ist zu hören und ihm kommen die Rechte zu, die ein Beschuldigter geltend machen könnte. Allerdings kann auch in Abwesenheit eines Unternehmensvertreters verhandelt werden.[1236] Es besteht also keine Anwesenheitspflicht (§ 444 Abs. 2 S. 1 StPO).[1237]

Im Verfahren wird der Verband durch seine gesetzlichen Vertreter vertreten, welche die dem Verband zustehenden Befugnisse und Rechte ausüben.[1238] Hier kann auf die bereits im 4. Kapitel B. I. 4. geschilderten Schwierigkeiten im Rahmen der Vertretung verwiesen werden. Bei einzelnen Vertretungsorganen kann das Gericht das persönliche Erscheinen zudem anordnen (§§ 444 Abs. 2 S. 2, 427 Abs. 2 S. 2 StPO).[1239] Der Verband als Nebenbeteiligter bzw. das vertretende Organ kann, soweit die Beteiligung reicht, dann auch nicht als ein Zeuge verhört werden.[1240] Ob ein etwaiges Schweigerecht des Verbandes besteht und wie weit ein etwaiges Schweigerecht genügt, als auch welchen Mitarbeitern ein solches Recht zugunsten des Verbandes zustehen soll, ist wiederum umstritten. Daher

---

1232 Siehe hierzu Wimmer, NZWiSt 2017, 252 f.; Rogall, in: KK-OWiG, § 30 Rn. 203; OLG Celle, Beschl. v. 26.11.2004 – 1 Ws 388/04, NStZ-RR 2005, 82 (83): „nicht unwahrscheinlich(e)".

1233 Rogall, in: KK-OWiG, § 30 Rn. 205.

1234 So Rogall, in: KK-OWiG, § 30 Rn. 205.

1235 Siehe Leitner, in: Kempf/Lüderssen/Volk, Unternehmensstrafrecht, S. 373; v. Galen/Maass, in: Leitner/Rosenau, Wirtschafts- und Steuerstrafrecht, S. 920.

1236 Vgl. Rogall, in: KK-OWiG, § 30 Rn. 207.

1237 Näheres hierzu bei Rogall, in: KK-OWiG, § 30 Rn. 207.

1238 Siehe Meyberg, in: BeckOK-OWiG, § 30 Rn. 113; zur Vertretung auch im 4. Kapitel B. I. 4. und 8. Kapitel C. VII. 2. b) cc).

1239 Vgl. v. Galen/Maass, in: Leitner/Rosenau, Wirtschafts- und Steuerstrafrecht, S. 920.

1240 So v. Galen/Maass, in: Leitner/Rosenau, Wirtschafts- und Steuerstrafrecht, S. 920; Rogall, in: KK-OWiG, § 30 Rn. 208.

soll das Schweigerecht für Verbände nachfolgend nochmals weiter vertieft werden.

6. *Nemo tenetur-Grundsatz und das Schweigerecht für Verbände*

Sowohl dem Täter einer möglichen Anknüpfungstat als auch den Organen, welchen eine Aufsichtspflichtverletzung nach § 130 OWiG vorgeworfen wird, steht stets ein eigenes umfassendes Schweigerecht zu.[1241] Strittig ist allerdings, ob derzeit dem Verband ebenfalls ein eigenständiges Schweigerecht gewährt wird, welches von den (nichtbeschuldigten) Repräsentanten wahrgenommen wird.[1242] Die Selbstbelastungsfreiheit wird nach herrschender Meinung auf das allgemeine Persönlichkeitsrecht gestützt[1243] und ist daher an sich auf natürliche Personen zugeschnitten.

Leitet man die Selbstbelastungsfreiheit aber aus dem allgemeinen Persönlichkeitsrecht ab, liegt eine schlichte „Übernahme" für Verbände daher zunächst im Grundsatz nicht nahe.[1244]

a) *Einfach-gesetzlicher Schutz durch § 444 StPO*

In Deutschland ist nach herrschender Meinung ein entsprechender Schutz aber zumindest einfach-gesetzlich gewährleistet.[1245] Nach geltendem Recht verfügt der Verband im Ermittlungsverfahren und im gerichtlichen Verfahren über ein Schweigerecht (§§ 444 Abs. 2 S. 2, 426 Abs. 2, 163a Abs. 3 S. 2, 136 Abs. 1 S. 2 StPO für das Ermittlungsverfahren; §§ 444 Abs. 2 S. 2, 427 Abs. 1 S. 1, 243 Abs. 5

1241 Siehe Rogall, in: KK-OWiG, § 30 Rn. 208.

1242 Vgl. Rogall, in: KK-OWiG, § 30 Rn. 209; Zur Frage, ob der Grundsatz der Selbstbezichtigungsfreiheit auch für juristische Personen Geltung beanspruchen darf, vgl. Queck, Die Geltung des nemo tenetur-Grundsatzes zugunsten von Unternehmen; v. Freier, ZStW 122 (2010), 117 ff.; Drope, Strafprozessuale Probleme bei der Einführung einer Verbandsstrafe.

1243 Vgl. Fischer/Hoven, ZIS 2015, 32 (34); a. A.: Als Ausprägung des Rechtsstaatsprinzips bzw. des Rechts auf ein faires Verfahren vgl. Fischer/Hoven, ZIS 2015, 32 (34 Fn. 16) m.V.a. v. Freier, ZStW 122 (2010), 117 (131 f.).

1244 Siehe Fink, wistra 2014, 457 (460); in der Schweiz und Österreich wird der Schutz des Grundsatzes „Nemo tenetur se ipsum accusare" auch Verbänden gewährleistet. Das Schweigerecht kann von sämtlichen Vertretern (Art. 102a Abs. 2 schwStGB) bzw. Entscheidungsträgern in Anspruch genommen werden. In der Schweiz wird das Recht, die Herausgabe selbstbelastender Unterlagen zu verweigern, gleichfalls Unternehmen zugestanden (Art. 265 Abs. 1 lit. c schwStPO).

1245 Siehe Meyberg, in: BeckOK-OWiG, § 30 Rn. 114.

S. 1 StPO für das Hauptverfahren).[1246] Ein etwaiges Schweigerecht soll hierbei durch die Organe ausgeübt werden.[1247]

b) Schweigerecht aus anderen Gesetzen

Umstritten ist aber, ob dem Verband darüber hinaus auch ein übergeordnetes Schweigerecht zustehen kann, welches unabhängig von der prozessualen Situation der Nebenbeteiligung besteht.[1248] Relevant wird dies vor allem, wenn etwa bezüglich des gleichen Sachverhalts in verschiedenen Ermittlungsverfahren gegen verschiedene Individualbeschuldigte ermittelt wird und etwa der Verband nur in einem der Verfahren als Nebenbeteiligter geführt wird und die Organe dennoch in einem anderen Verfahren als Zeugen aussagen sollen.[1249]

aa) Verfassungsrechtliche Garantie?

Nach der Rechtsprechung des Bundesverfassungsgerichts ist der Grundsatz nicht für juristische Personen verfassungsrechtlich garantiert.[1250] Dies folge zum einen daraus, dass der Grundsatz sich aus der Menschenwürde ableite und zum anderen daraus, dass eine Geldbuße gegen juristische Personen gerade keinen Schuldvorwurf oder eine ethische Missbilligung enthalte.[1251]

Meines Erachtens hängt letztendlich die Geltung des nemo tenetur-Grundsatzes de lege lata für einen Verband aber von der dem Schweigerecht zu Grunde liegenden Ratio ab: So besteht kein Grund, dem Verband ein Schweigerecht zuzuerkennen, wenn man dem Grundgedanken der Selbstbelastungsfreiheit (Schutz vor dem inneren Konflikt) folgt. Versteht man jedoch den nemo tenetur-Grundsatz als Verfahrensgrundrecht (Recht auf Verteidigung) erscheinen

---

1246 Besonderheiten beim Schweigerecht bestehen im Kartellverfahrensrecht. Nach § 81b Abs. 1 S. 1, 2, Abs. 2 GWB muss ein Verband gegenüber der Kartellbehörde Auskunft über unternehmens- und marktbezogene Daten erteilen und ggf. darauf bezügliche Unterlagen herausgeben. Die Regelung dient der Einschränkung des Ermittlungsaufwandes der Kartellbehörden, siehe RegE, BT-Drs. 17/9852 S. 34 f.; zum jährlichen Einsparpotenzial, siehe RegE, BT-Drs. 17/9852, S. 19.

1247 Vgl. Rogall, in: KK-OWiG, § 30 Rn. 209.

1248 So auch v. Galen/Maass, in: Leitner/Rosenau, Wirtschafts- und Steuerstrafrecht, S. 915.

1249 Ähnlich auch v. Galen/Maass, in: Leitner/Rosenau, Wirtschafts- und Steuerstrafrecht, S. 915.

1250 Vgl. BVerfG, Beschl. v. 26.2.1997 – 1 BvR 2172/96, BVerfGE 95, 220 (242) = NJW 1997, 1841 (1843 f.).

1251 Siehe BVerfG, Beschl. v. 26.2.1997 – 1 BvR 2172/96, NJW 1997, 1841 (1843 f.).

juristische und natürliche Personen im Ausgangspunkt gleichermaßen schutzwürdig.[1252] So kann das Schweigerecht auch aus dem Rechtsstaatsprinzip, dem Gleichheitssatz oder dem Eigentumsgrundrecht abgeleitet werden.[1253]

bb) Schweigerecht auf Grund von Art. 14 Abs. 3g IPbpR oder von Art. 6 Abs. 1 EMRK

Der Gesetzesentwurf des Landes Nordrhein-Westfalen bejaht die Geltung des nemo tenetur-Grundsatzes für Verbände, verweist in § 13 Abs. 1 VerbStrG-E auf die Strafprozessordnung und gewährt damit auch dem Verband das in § 136 Abs. 1 S. 2 StPO vorausgesetzte Schweigerecht.[1254] Er begründet die Übertragung des nemo tenetur-Grundsatzes auf das Strafverfahren gegen Verbände an erster Stelle mit Art. 14 Abs. 3g IPbpR.[1255] Neben der Anerkennung des nemo tenetur-Grundsatzes für den Verband sieht § 18 Abs. 1 VerbStrG-E vor, dass die Entscheidungsträger als Beschuldigte zu vernehmen sind und § 136 StPO ausdrücklich anwendbar ist.

Zudem wird von dem EuGH und der EGMR juristischen Personen grundsätzlich ein eigenes Schweigerecht zugebilligt. Sowohl der EGMR als auch der EuGH leiten dieses Schweigerecht für Verbände aus Art. 6 Abs. 1 EMRK ab.[1256] Das Schweigerecht aus Art. 6 EMRK erfasst zudem die Vernehmung des Repräsentanten als Zeugen in einem anderen Verfahren, soweit es sich um den identischen Sachverhalt handelt.[1257]

1252 Siehe Böse, Wirtschaftsaufsicht und Strafverfolgung, S. 196 f.

1253 Siehe Rogall, in: KK-OWiG, § 30 Rn. 209; Kempf, in: Kempf/Lüderssen/Volk, Unternehmensstrafrecht, S. 347 ff.; zudem sind zwei Aspekte zu betrachten: der erhöhte Bußgeldrahmen des § 30 Abs. 2 OWiG und der Wille des Gesetzgebers, aus Gründen der Abschreckung über den bloßen Vorteilsausgleich hinauszugehen, BT-Drs. 17/11053, S. 21.

1254 Siehe NRW, Gesetzesantrag des Landes NRW – Verbandsstrafrecht, S. 73 ff.; siehe auch Fink, wistra 2014, 457 ff. im Detail.

1255 Nach Art. 14 Abs. 3g IPbpR darf der einer strafbaren Handlung Angeklagte nicht gezwungen werden, gegen sich selbst als Zeugen auszusagen oder sich schuldig zu bekennen. Umstritten ist, ob Art. 14 IPbpR als ein ausschließlich natürlichen Personen zustehendes Recht zu verstehen ist, siehe Fink, wistra 2014, 457 ff. m.w.N.

1256 Siehe v. Galen/Maass, in: Leitner/Rosenau, Wirtschafts- und Steuerstrafrecht, S. 916; Kempf, in: Kempf/Lüderssen/Volk, Unternehmensstrafrecht, S. 347 (S. 349 ff.).

1257 Siehe v. Galen/Maass, in: Leitner/Rosenau, Wirtschafts- und Steuerstrafrecht, S. 916.

cc) Ergebnis und Stellungnahme

Zumindest aufgrund von Art. 6 EMRK sollte de lege lata bereits ein umfassendes Schweigerecht von den nationalen Fachgerichten anerkannt werden. So sind die EMRK und die Rechtsprechung des EGMR und des EuGHs bei der Auslegung der nationalen Gesetze zu berücksichtigen.[1258] Jedenfalls besteht de lege lata zumindest ein solches Recht des Verbands im Rahmen der Nebenbeteiligung.[1259] Das Recht wird durch die berufenen Vertreter des Verbandes ausgeübt.[1260] Generell bestehen aber – wie sich gezeigt hat – im Rahmen des Schweigerechts für Verbände jedoch bezüglich des „ob" und „wie" noch zu viele Unsicherheiten. So zeigt sich an dem Schweigerecht exemplarisch, dass es einer Reform des Verfahrensrechts für Verbände bedarf.

Der Gesetzgeber sollte das Schweigerecht – also sowohl das Recht selbst als auch die Ausgestaltung für Verbände – ganz klar regeln. Es besteht derzeit eine erhebliche Rechtsunsicherheit. Diese Rechtsunsicherheit wird zudem noch dadurch verstärkt, dass der Gesetzgeber vereinzelt ausdrücklich Mitwirkungspflichten von Unternehmen bei ihrer eigenen Sanktionierung vorsieht (vgl. etwa § 81b GWB).[1261] De lege ferenda sollte der Gesetzgeber ein spezielleres und austariertes Schweigerecht für Verbände normieren. Das Recht des „Beschuldigten", die aktive Mitwirkung an dem gegen ihn gerichteten Verfahren abzulehnen, beruht eben gerade auch auf seiner Rolle im Verfahren und ist Ausdruck der Verfahrensfairness und der Waffengleichheit. So ist aus gutem Grund das Schweigerecht das entscheidende Gegengewicht des Beschuldigten gegen die Machtmittel der Ermittlungsbehörden.[1262]

c) Gesetzliche Vertreter bzw. Organe und Mitarbeiter als Zeugen

Besonders viel wird im Kontext des Schweigerechts natürlich über ein Schweige-, Zeugnis- oder Aussageverweigerungsrecht etwaiger Mitarbeiter diskutiert. Zum einen ist hier zu klären, welche Personen aus dem Unternehmen überhaupt

---

1258 Siehe ebenfalls v. Galen/Maass, in: Leitner/Rosenau, Wirtschafts- und Steuerstrafrecht, S. 916.

1259 So auch Rogall, in: KK-OWiG, § 30 Rn. 209.

1260 Vgl. Rogall, in: KK-OWiG, § 30 Rn. 209 m.V.a. BVerfG, Beschl. v. 26.2.1975 – 2 BvR 820/74, DB 1975, 1936 = BB 1975, 1315; Schuler, JR 2003, 270.

1261 Vgl. dazu BT-Drs. 17/9852, S. 34; Engelhart/Rübenstahl/Tsambikakis, in: Esser/Rübenstahl/Saliger/Tsambikakis, Wirtschaftsstrafrecht, § 30 OWiG Rn. 108 (noch zu § 81a KWG a.F.); siehe auch Rogall, in: KK-OWiG, § 30 Rn. 210.

1262 Vgl. auch Müller-Jacobsen, in: Hamm/Leipold, Beck'sches Formularbuch für den Strafverteidiger, XIII.C.1.

Jedoch kann das Unternehmen zu Aufzeichnungen gesetzlich (handelsrechtlich, steuerrechtlich u.a.) verpflichtet sein und in diesem Zusammenhang können dann auch gesetzliche Mitteilungs-, Anzeige- und Aufklärungspflichten bestehen.[1277] Diesen Pflichten darf sich das Unternehmen nicht entziehen können. Spezielle Dokumente bzw. Aufzeichnungen müssen daher womöglich an die jeweils gesetzlich vorgesehenen und daher zuständigen Behörden übergeben werden. Sollten die Verfolgungsbehörden dadurch jedoch auch an etwaige eventuell belastende Dokumente bzw. Aufzeichnungen gelangen, ist im Einzelfall ein Verwertungsverbot zu prüfen.[1278]

Auch hier sollte der Gesetzgeber klare Regelungen schaffen, so dass keine Unsicherheiten mehr für die Unternehmen, aber auch für die Verfolgungsbehörden bestehen.

b) Beweisantragsrecht

Das Beweisantragsrecht des Unternehmens ist stark dadurch eingeschränkt, dass das Gericht Beweisanträge formlos nach pflichtgemäßem Ermessen ablehnen kann.[1279] Nach §§ 444 Abs. 2 S. 2, 430 Abs. 2 StPO finden die Ablehnungsgründe des § 244 Abs. 3 S. 2, Abs. 4 bis 6 StPO keine Anwendung; so ist im Fall der Ablehnung des Antrages ein Gerichtsbeschluss (§ 244 Abs. 6 StPO) nicht erforderlich. Diese Vorschrift ist im Kontext der Verhängung einer Sanktion nach § 30 OWiG reformbedürftig, da hier nicht lediglich eine reine Vermögensabschöpfung stattfindet.[1280] Wegen der drohenden Geldbußen in beträchtlicher Höhe, sollte der Verband de lege ferenda in allen Beziehungen einem Angeklagten gleichzustellen sein.[1281] De lege lata sollten zumindest höchste Anforderungen an die gerichtliche Aufklärungspflicht nach § 244 Abs. 2 StPO gestellt werden.[1282] Es wird derzeit die Möglichkeit einer effektiven Einflussnahme stark beschnitten und das Verfahren bleibt zudem deutlich hinter dem Standard des

1277 So Engelhart, Sanktionierung von Unternehmen und Compliance, S. 706.

1278 So Engelhart, Sanktionierung von Unternehmen und Compliance, S. 479.

1279 Vgl. Rogall, in: KK-OWiG, § 30 Rn. 213; Engelhart, Sanktionierung von Unternehmen und Compliance, S. 472.

1280 Siehe Rogall, in: KK-OWiG, § 30 Rn. 213; so auch Engelhart, Sanktionierung von Unternehmen und Compliance, S. 472.

1281 So auch Rogall, in: KK-OWiG, § 30 Rn. 213.

1282 Siehe Rogall, in: KK-OWiG, § 30 Rn. 213; Engelhart, Sanktionierung von Unternehmen und Compliance, S. 472.

reinen Ordnungswidrigkeitsverfahrens zurück.[1283] So fordert § 77 OWiG zumindest einen begründeten Gerichtsbeschluss.[1284]

8. *Rechtsmittel*

Gegen die Festsetzung einer Geldbuße kann das Unternehmen dann unter den Voraussetzungen der §§ 444 Abs. 2 S. 2, 431 Abs. 1–3 StPO Rechtsmittel einlegen.[1285] Eine Beschränkung erfährt die Rechtsmitteleinlegung allerdings in den Konstellationen, in welchen nur das Unternehmen und nicht der Unternehmensmitarbeiter bzw. Repräsentant Rechtsmittel einlegt.[1286] Der Schuldspruch des Mitarbeiters wird nur dann geprüft, wenn zwei Voraussetzungen gegeben sind: zum einen muss das Unternehmen im Hinblick auf den Schuldspruch des Mitarbeiters Einwendungen vorbringen und zum anderen muss es im erstinstanzlichen Verfahren – ohne sein Verschulden – nicht gehört worden sein (vgl. §§ 444 Abs. 2 S. 2, 431 Abs. 1 S. 1 StPO).[1287] Hat sich der Verband bereits in der Tatsacheninstanz umfassend in Bezug auf die Anknüpfungstat verteidigt, steht dem Verband faktisch nur noch eine Instanz bezüglich der Schuldfrage zur Verfügung.[1288] Das erscheint nicht sachgerecht und angemessen.[1289] Gänzlich ausgeschlossen ist zudem die Geltendmachung der Verletzung von Verfahrensrechten. Dem Unternehmen wird faktisch eine Rechtsmittelinstanz bzw. zumindest eine Tatsacheninstanz verwehrt. Dies zeigt erneut, dass die Heranziehung dieser Vorschriften für die Unternehmensgeldbuße (angesichts der Tragweite dieser Geldbuße) äußerst bedenklich ist.[1290] Zumal die Höhe der Geldbuße regelmäßig auch von dem Schuldspruch gegen den Anklagten abhängig ist.[1291]

1283 So Engelhart, Sanktionierung von Unternehmen und Compliance, S. 472.

1284 So ebenfalls Engelhart, Sanktionierung von Unternehmen und Compliance, S. 472; siehe hierzu im 4. Kapitel C. I. 3.

1285 Vgl. Rogall, in: KK-OWiG, § 30 Rn. 214 f.; vgl. Meyberg, in: BeckOK-OWiG, § 30 Rn. 126.

1286 Siehe Engelhart, Sanktionierung von Unternehmen und Compliance, S. 480.

1287 So auch Rogall, in: KK-OWiG, § 30 Rn. 214. Erstreckt sich die Prüfung auf den Schuldspruch, legt das Gericht die zur Schuld getroffenen Feststellungen zugrunde, soweit nicht das Vorbringen des Unternehmens eine erneute Prüfung erfordert.

1288 Vgl. v. Galen/Maass, in: Leitner/Rosenau, Wirtschafts- und Steuerstrafrecht, S. 920; Rogall, in: KK-OWiG, § 30 Rn. 214

1289 So auch Rogall, in: KK-OWiG, § 30 Rn. 214.

1290 Siehe Rogall, in: KK-OWiG, § 30 Rn. 192, Rn. 222.

1291 Beispielsweise im Hinblick auf den Vorsatz oder die Fahrlässigkeit; siehe Rogall, in: KK-OWiG, § 30 Rn. 214.

Übt der Verband seine Rechtsmittelbefugnis aus, so wirkt das Rechtsmittel nicht zugunsten des Repräsentanten, welcher die Anknüpfungstat begangen hat.[1292] Der Verband kann nach §§ 444 Abs. 2 S. 2, 427 Abs. 1 S. 1, 359 StPO zudem die Wiederaufnahme des Verfahrens beantragen.

II. Selbstständiges Verfahren

Sollte kein einheitliches Verfahren, sondern ein selbstständiges Verfahren (§ 30 Abs. 4 OWiG) durchgeführt werden, stellt die Staatsanwaltschaft einen Antrag auf Festsetzung der Geldbuße an das zuständige Gericht, welches darüber mittels Beschluss oder Urteil entscheidet (§§ 444 Abs. 3, 435, 436 Abs. 1, 2 i.V.m. § 434 Abs. 2 oder Abs. 3 StPO).[1293] Das Verfahren wird – abgesehen von ein paar Besonderheiten – im Wesentlichen entsprechend den Vorschriften über das einheitliche Verfahren durchgeführt.[1294]

Im Grundsatz wird das selbstständige Verfahren als schriftliches Verfahren geführt und durch Beschluss beendet (§ 441 Abs. 2 StPO).[1295] Es kann aber auch eine mündliche Verhandlung durch das Gericht angesetzt werden (hierüber ist zu belehren §§ 436 Abs. 2, 434 Abs. 3 StPO).[1296] Das Unternehmen wird im selbstständigen Verfahren nicht automatisch Beteiligter, sondern erst mit Anordnung durch das Gericht. Auch im selbstständigen Verfahren ist die juristische Person oder Personenvereinigung nach der Anordnung der Beteiligung als Angeklagter anzusehen. Zuständig sowohl sachlich und örtlich ist nach §§ 444 Abs. 3 S. 1, 436 Abs. 1 S. 1 StPO das Gericht, das im Falle der Strafverfolgung einer bestimmten Person zuständig gewesen wäre.[1297] Zusätzlich ist nach § 444 Abs. 3 S. 2 StPO auch das Gericht zuständig, in dessen Bezirk der Verband entweder seinen Sitz oder seine Zweigniederlassung hat.[1298]

Bezüglich der Rechtsmittel ist bei einer erstinstanzlichen Entscheidung die sofortige Beschwerde (bei einem schriftlichem Verfahren mit Beschluss) und bei einem Urteil die Berufung oder Revision zulässig (§§ 444 Abs. 3 S. 1, 434 Abs. 2, Abs. 3 StPO).[1299] Die Möglichkeit, lediglich wahlweise Berufung oder Revision

---

1292 Vgl. hierzu Rogall, in: KK-OWiG, § 30 Rn. 215.

1293 So Gürtler, in: Göhler OWiG, § 30 Rn. 43.

1294 Siehe Engelhart, Sanktionierung von Unternehmen und Compliance, S. 481.

1295 Näheres hierzu bei Rogall, in: KK-OWiG, § 30 Rn. 221.

1296 Ebenso Rogall, in: KK-OWiG, § 30 Rn. 222.

1297 Ebenso Rogall, in: KK-OWiG, § 30 Rn. 220.

1298 Ebenso Rogall, in: KK-OWiG, § 30 Rn. 220.

1299 Siehe Rogall, in: KK-OWiG, § 30 Rn. 221; Engelhart, Sanktionierung von Unternehmen und Compliance, S. 481.

(§ 434 Abs. 3 StPO) einzulegen,[1300] beschränkt das Unternehmen wiederum in seinen Rechten. Da auf § 431 StPO nicht verwiesen wird, kann die Anknüpfungstat zumindest vollumfänglich geprüft werden.[1301] Die Schuld des Täters der Anknüpfungstat ist im Gegensatz zum einheitlichen Verfahren auch Gegenstand des Rechtsmittelverfahrens.[1302] Die §§ 444 Abs. 3 S. 1, 435 Abs. 3 S. 2 StPO verweisen gerade nicht auf § 431 StPO. Es bleibt offen, weswegen der Gesetzgeber diesbezüglich einen Unterschied zwischen dem selbstständigen und einheitlichen Verfahren vornimmt. Ein sachgerechter Grund ist nicht ersichtlich.

Generell ist auch im Rahmen eines selbstständigen Verfahrens eine Beschuldigtenstellung mit allen dann damit verbundenen Rechten (de lege ferenda) wünschenswert. Der Gesetzgeber ist also hier ebenfalls aufgerufen, andere Regelungen zu schaffen.

C. Das Verfahren nach § 30 OWiG bei der Anknüpfung an eine Ordnungswidrigkeit

Hat der Mitarbeiter im Rahmen der Anknüpfungstat eine Ordnungswidrigkeit begangen, richtet sich das Verfahren grundsätzlich nach dem Ordnungswidrigkeitengesetz.[1303] Zuständig für die Verhängung der Unternehmensgeldbuße sind dann die Verwaltungsbehörden (§§ 35 ff., 88 OWiG). Wie bei Straftaten kann gegen den Verband auch bei Ordnungswidrigkeiten im verbundenen (einheitlichen) Verfahren und – unter den Voraussetzungen des § 30 Abs. 4 OWiG – ebenfalls im selbstständigen Verfahren eine Geldbuße festgesetzt werden.

I. Einheitliches Verfahren

Gemäß §§ 88 Abs. 3, 87 Abs. 2 S. 1 OWiG hat das Unternehmen ab Erlass des Bußgeldbescheids die gleichen Rechte wie der Betroffene.[1304] Allerdings würde das heißen, dass § 55 OWiG, welcher dem Betroffenen das Recht zur Anhörung vor Erlass eines Bußgeldbescheides gewährt, keine Anwendung finden könnte.[1305] Dies wäre aber aufgrund des Grundsatzes des fairen Verfahrens nicht sachgerecht. Daher sind diese rudimentären Regelungen de lege lata durch eine

1300 Ebenso Rogall, in: KK-OWiG, § 30 Rn. 223.
1301 So auch Rogall, in: KK-OWiG, § 30 Rn. 223.
1302 So Rogall, in: KK-OWiG, § 30 Rn. 223.
1303 Siehe Rogall, in: KK-OWiG, § 30 Rn. 192 ff.
1304 Siehe Rogall, in: KK-OWiG, § 30 Rn. 227.
1305 Ebenso Rogall, in: KK-OWiG, § 30 Rn. 227.

sinngemäße Anwendung der Rechte der StPO (§§ 426 Abs. 1, 444 Abs. 2 S. 2 StPO, 46 Abs. 1 OWiG) zu ergänzen.[1306] Ansonsten würde zudem gegen das Gebot des rechtlichen Gehörs (Art. 103 Abs. 1 GG) verstoßen.[1307] Aufgrund der sehr lückenhaften Regelung im OWiG wird man darüber hinaus auch andere Vorschriften der StPO dem Sinn nach heranzuziehen haben.[1308] Dem Unternehmen bzw. dem Verband ist somit ebenfalls ein eigenes Beweisantragsrecht im Bußgeldverfahren vor der Verwaltungsbehörde zu gewähren.[1309] Besser wäre hier insgesamt eine Klarstellung durch den Gesetzgeber.

1. Verfahren

Auch der Verfahrensablauf ist in § 88 OWiG nur teilweise geregelt. Wenn die Festsetzung einer Geldbuße aller Wahrscheinlichkeit nach in Betracht kommt, also, wenn die Tatbestandsvoraussetzungen des § 30 Abs. 1 OWiG wahrscheinlich vorliegen und die Festsetzung einer Verbandsgeldbuße wahrscheinlich möglich ist, wird eine Beteiligung durch die Verwaltungsbehörde angeordnet.[1310] Nach den getroffenen Feststellungen der Verwaltungsbehörde müssen dabei ausreichende Anhaltspunkte für die Voraussetzungen des § 30 OWiG vorliegen.[1311] Wird gegen ein Unternehmen ein Bußgeldbescheid erlassen ohne vorherige Beteiligungsanordnung, so gilt die Bußgeldfestsetzung zugleich als Beteiligungsanordnung.[1312] In Analogie zu §§ 444 Abs. 1 S. 2, 424 Abs. 3 StPO i.V.m. § 46 Abs. 1 OWiG kann die Anordnung bis zur Festsetzung der Geldbuße im Bußgeldbescheid, spätestens jedoch bis zur Entscheidung im gerichtlichen Verfahren, erfolgen.[1313] Mit der vom Gericht ausgesprochenen Beteiligungsanordnung erlangt der Verband die Befugnisse eines Betroffenen (§§ 88 Abs. 3, 87 Abs. 2 S. 1 OWiG).

1306 So auch Rogall, in: KK-OWiG, § 30 Rn. 227; Meyberg, in: BeckOK-OWiG, § 30 Rn. 127.

1307 Vgl. Engelhart, Sanktionierung von Unternehmen und Compliance, S. 482; Rogall, in: KK-OWiG, § 30 Rn. 227; zur Anhörung als Verfahrensrecht siehe Mitsch, in: KK-OWiG, § 88 Rn. 6.

1308 So auch Rogall, in: KK-OWiG, § 30 Rn. 227.

1309 Siehe hierzu Rogall, in: KK-OWiG, § 30 Rn. 227; siehe § 163a Abs. 2 StPO, § 46 Abs. 1 OWiG.

1310 Hierzu Engelhart, Sanktionierung von Unternehmen und Compliance, S. 482; siehe Rogall, in: KK-OWiG, § 30 Rn. 229.

1311 Vgl. Rogall, in: KK-OWiG, § 30 Rn. 229; Mitsch, in: KK-OWiG, § 88 Rn. 4.

1312 So Engelhart, Sanktionierung von Unternehmen und Compliance, S. 482.

1313 Siehe Näheres hierzu bei Rogall, in: KK-OWiG, § 30 Rn. 230.

2. *Einspruch gegen den Bußgeldbescheid*

In der Regel wird im einheitlichen Verfahren eine Geldbuße in dem gegen den Unternehmensmitarbeiter erlassenen Bescheid ausgesprochen.[1314] Beide Adressaten können jeweils getrennt voneinander Einspruch erheben (§ 67 OWiG).[1315] Mangels Beschwer kann der persönlich betroffene Unternehmensmitarbeiter seinen Einspruch nicht auf den Teil des Bußgeldbescheides erstrecken, der sich auf den Verband bezieht.[1316] Ein Teil des Bescheides kann damit Rechtskraft erlangen und der andere Teil nicht. Die Teilrechtskraft ist durch § 84 Abs. 1 OWiG beschränkt (auch hinsichtlich der Unternehmensgeldbuße). Die Verwaltungsbehörde hat nach Einspruch zu entscheiden, ob sie den Bußgeldbescheid aufrechterhält oder zurücknimmt (§ 69 Abs. 2 S. 1 OWiG).[1317] Sie übersendet die Akten über die Staatsanwaltschaft an das Amtsgericht, wenn sie den Bescheid nicht zurücknimmt (§ 69 Abs. 3 S. 1 OWiG). Die Staatsanwaltschaft prüft dann wiederum (§ 69 Abs. 3, Abs. 4 OWiG), ob sie das Verfahren einstellt, weitere Ermittlungen durchführt oder die Akten dem Richter beim Amtsgericht vorlegt.[1318]

3. *Gerichtliches Verfahren nach Einspruch*

Nach dem Einspruch richtet sich der gerichtliche Fortgang gem. § 71 OWiG im Wesentlichen nach den Vorschriften der StPO, soweit im OWiG keine Sondervorschriften bestehen.[1319] Im gerichtlichen Verfahren nach Einspruch des Verbandes gilt § 444 StPO sinngemäß (§ 46 Abs. 1 OWiG) und die von der Verwaltungsbehörde angeordnete Beteiligung bleibt bestehen.[1320] Auch kann eine Beteiligung hier erst angeordnet werden.[1321]

Über § 46 OWiG finden die Vorschriften der StPO in Beweisfragen entsprechende Anwendung.[1322] Für die Beweisaufnahme gilt § 77 OWiG.[1323] Ein

1314 Vgl. § 87 Abs. 2 S. 2, 3 OWiG; vgl. Meyberg, in: BeckOK-OWiG, § 30 Rn. 128.
1315 Siehe Rogall, in: KK-OWiG, § 30 Rn. 231; siehe zur Beschränkung der Rechtskraft § 84 OWiG und § 81 OWiG.
1316 Vgl. Rogall, in: KK-OWiG, § 30 Rn. 231.
1317 Siehe Engelhart, Sanktionierung von Unternehmen und Compliance, S. 484.
1318 Vgl. Engelhart, Sanktionierung von Unternehmen und Compliance, S. 484; Rogall, in: KK-OWiG, § 30 Rn. 235.
1319 So auch Engelhart, Sanktionierung von Unternehmen und Compliance, S. 484.
1320 Siehe Rogall, in: KK-OWiG, § 30 Rn. 236.
1321 Hierzu Rogall, in: KK-OWiG, § 30 Rn. 236 f.
1322 Vgl. Engelhart, Sanktionierung von Unternehmen und Compliance, S. 485.
1323 Hierzu Engelhart, Sanktionierung von Unternehmen und Compliance, S. 485.

Beweisantrag ist demnach durch Gerichtsbeschluss abzulehnen. Die §§ 444 Abs. 2 S. 2, 430 Abs. 2 StPO i.V.m. § 46 Abs. 1 OWiG, die den § 244 Abs. 6 StPO für nicht anwendbar erklären und damit die Möglichkeit einer formlosen Ablehnung (ohne Gerichtsbeschluss) ermöglichen, gelten gerade nicht.[1324] Im Ordnungswidrigkeitenverfahren ist die Ablehnung daher schwieriger als im Strafverfahren. Dies erscheint widersprüchlich und unstimmig.

Hinsichtlich des nemo tenetur-Grundsatzes finden über § 46 Abs. 1 OWiG die strafrechtlichen Regelungen Anwendung, so dass sich hier keine Besonderheiten ergeben. Auch für die Zeugenvernehmung von Verbandsangehörigen im gerichtlichen Bußgeldverfahren gilt das zum Strafverfahren Erläuterte entsprechend.[1325] Es kann somit auf die obigen Ausführungen verwiesen werden.

In entsprechender Anwendung der §§ 444 Abs. 2 S. 2, 434 Abs. 2, 3 StPO i.V.m. § 46 Abs. 1 OWiG ergeht die Entscheidung grundsätzlich im schriftlichen Verfahren durch Beschluss, wenn nur die juristische Person oder Personenvereinigung Einspruch einlegt. Durch Urteil ergeht die Entscheidung nur dann, wenn einer der Beteiligten es beantragt oder das Gericht es nach seinem Ermessen anordnet. Das Gericht ist aber auch befugt, nach § 47 Abs. 2 OWiG das Verfahren einzustellen, wenn die Staatsanwaltschaft zustimmt.[1326]

4. Rechtsmittel

Eine gerichtliche Entscheidung wird mit der Rechtsbeschwerde nach § 79 OWiG angegriffen.[1327] Gegen einen Beschluss i.S.v. § 46 Abs. 1 OWiG, §§ 444 Abs. 2 S. 2, 3, 434 Abs. 2 StPO kann die sofortige Beschwerde erhoben werden.[1328] Eine starke Beschränkung könnte die Rechtsmitteleinlegung der Rechtsbeschwerde wiederum in den Fällen erfahren, in denen nur das Unternehmen und nicht der Unternehmensmitarbeiter bzw. Repräsentant Rechtsmittel einlegt, wendete man über § 46 Abs. 1 OWiG die Vorschriften §§ 444 Abs. 2 S. 2, 431 Abs. 1 S. 1 StPO an. Um den Preis einer unterschiedlichen Handhabung im Strafverfahren und im Ordnungswidrigkeitsverfahren, könnte man aber auch auf eine sinngemäße Anwendung der Vorschriften verzichten.[1329] Unter den Voraussetzungen des § 85 OWiG kann zudem eine Wiederaufnahme beantragt werden.

1324 Vgl. Rogall, in: KK-OWiG, § 30 Rn. 240.
1325 Ebenso Rogall, in: KK-OWiG, § 30 Rn. 241.
1326 Siehe Engelhart, Sanktionierung von Unternehmen und Compliance, S. 485.
1327 Vgl. Rogall, in: KK-OWiG, § 30 Rn. 243.
1328 Ebenfalls Rogall, in: KK-OWiG, § 30 Rn. 243.
1329 Vgl. Engelhart, Sanktionierung von Unternehmen und Compliance, S. 486; so wohl auch Rogall, in: KK-OWiG, § 30 Rn. 244.

II. Selbstständiges Verfahren

Die Unternehmensgeldbuße wird im selbstständigen Verfahren (siehe hierzu § 88 Abs. 2 OWiG) in einem selbstständigen Bußgeldbescheid festgesetzt.[1330] Im Wesentlichen kann bzgl. des Verfahrens und der Beteiligung auf das einheitliche Verfahren verwiesen werden.[1331] Die Befugnisse eines Betroffenen einschließlich des Einspruchsrechts stehen dem Verband vom Erlass des selbstständigen Bußgeldbescheides an zu (§§ 88 Abs. 3, 87 Abs. 2 S. 1).[1332] Nach Einspruchseinlegung wird das gerichtliche Verfahren grundsätzlich schriftlich geführt § 46 Abs. 1 OWiG, §§ 444 Abs. 3, 436 Abs. 1, Abs. 2 i.V.m. § 434 Abs. 2–4 StPO und endet durch Beschluss.[1333] Ein Urteil des Gerichts ergeht nur, wenn die Beteiligten darauf antragen oder das Gericht es anordnet.[1334] Die Anknüpfungstat kann im Rechtsmittelverfahren mangels Verweisung auf § 431 StPO vollumfänglich geprüft werden.[1335]

III. Ergebnis

Im Verfahren nach § 30 OWiG bei der Anknüpfung an eine Ordnungswidrigkeit zeigt sich sogar noch stärker, dass weiterer Regelungsbedarf besteht. § 88 OWiG ist eine rudimentäre Vorschrift (insbesondere was die Beteiligungsrechte betrifft), so dass entweder Analogien gebildet werden müssen oder über § 46 Abs. 1 OWiG auf die Vorschriften der StPO zurückgegriffen werden muss, um den Verband hinreichend zu schützen. Auch hier ist der Gesetzgeber angesichts der gewaltigen Summen, die im Ordnungswidrigkeitsverfahren gegenüber einem Verband per Bußgeldbescheid festgesetzt werden können, angehalten, die adäquaten Vorschriften zum Schutz des Verbandes zur Verfügung zu stellen.

D. Vollstreckung und Vermögensarrest

Die §§ 89 ff OWiG regeln die Vollstreckung der Verbandsgeldbuße. Auch, wenn die Entscheidung in einem Strafurteil getroffen wurde, handelt es sich materiell um eine Bußgeldentscheidung §§ 89, 91 ff., 99 OWiG.[1336] Für die Vollstreckungsverjährung ist unstrittig § 34 OWiG maßgeblich.

1330 Ebenso Rogall, in: KK-OWiG, § 30 Rn. 245.
1331 Siehe dazu auch Rogall, in: KK-OWiG, § 30 Rn. 226 ff.
1332 Vgl. Rogall, in: KK-OWiG, § 30 Rn. 246.
1333 Vgl. Rogall, in: KK-OWiG, § 30 Rn. 248.
1334 Ebenso Rogall, in: KK-OWiG, § 30 Rn. 248.
1335 Vgl. Engelhart, Sanktionierung von Unternehmen und Compliance, S. 486.
1336 Vgl. v. Galen/Maass, in: Leitner/Rosenau, Wirtschafts- und Steuerstrafrecht, S. 922.

Über § 30 Abs. 6 OWiG wird die Verhängung eines Vermögensarrestes nach § 111e Abs. 2 StPO ermöglicht.[1337] Es kann statt nach Ergehen eines gerichtlichen Urteils bereits nach Erlass des Bußgeldbescheids ein Vermögensarrest zur Sicherung des etwaigen staatlichen Zahlungsanspruchs angeordnet werden.[1338] Vermögensverschiebungen außerhalb der Gesamtrechtsnachfolge im Rahmen des § 30 Abs. 2a OWiG sollen so frühzeitig verhindert werden.[1339] Die Vorschrift wurde hauptsächlich geschaffen, um Vermögensverschiebungen unter Fortbestand des Verbands vorzubeugen.[1340] Zusätzlich sollte eine Annäherung an die Regelung der Tatertragseinziehung des § 29a OWiG hergestellt werden.[1341] Nach § 29a OWiG kann bereits vor dem Urteil im Ermittlungsverfahren eine Anordnung der Einziehung vorgenommen werden.[1342]

Für die Anordnung des Vermögensarrests nach § 30 Abs. 6 OWiG liegt die Zuständigkeit bei Gefahr im Verzug bei der Verwaltungsbehörde (§§ 35 f. OWiG), ansonsten beim Gericht (§ 46 Abs. 1 OWiG i.V.m. § 111j Abs. 1 S. 1, 2 StPO).[1343] Die Bußgeldbehörde beantragt dann, sollte sie den Vermögensarrest oder eine Beschlagnahme angeordnet haben, innerhalb einer Woche die gerichtliche Bestätigung der Anordnung (§ 46 Abs. 1 i.V.m. § 111j Abs. 2 S. 1 StPO).[1344] Die Anordnung des Vermögensarrestes nach § 111e Abs. 1, 2 StPO ist auch nach neuem Recht eine Ermessensentscheidung, bei der der Beachtung des Verhältnismäßigkeitsgrundsatzes, der Unschuldsvermutung und der Grundrechtspositionen aus Art. 14 GG des betroffenen Verbandes besondere Bedeutung zukommen.[1345] Nach der Gesetzesreform im Recht der Vermögensabschöpfung ist nun die Anordnung der vorläufigen Sicherung gem. § 111b Abs. 1 S. 2 StPO bzw. § 111e Abs. 1 S. 2 StPO der Regelfall („soll"), wenn „dringende Gründe"

1337 Siehe BT-Drs. 17/9852, S. 49.

1338 Vgl. v. Galen/Maass, in: Leitner/Rosenau, Wirtschafts- und Steuerstrafrecht, S. 922; unter Verweis auf Verjans, FS Schiller, S. 662 (S. 669) und Mühlhoff, NZWiSt 2013, 321 (328), der darauf hinweist, dass oft Jahre vergehen zwischen Eröffnung des Ermittlungsverfahrens und dem Erlass des Bußgeldbescheids und daher immer noch Zeit für Umgehungsmaßnahmen verbleibt; vgl. auch Rogall, in: KK-OWiG, § 30 Rn. 253.

1339 Vgl. Rogall, in: KK-OWiG, § 30 Rn. 253.

1340 Vgl. BT-Drs. 17/11053, S. 23; siehe hierzu auch Rogall, in: KK-OWiG, § 30 Rn. 253.

1341 Ebenso Rogall, in: KK-OWiG, § 30 Rn. 253.

1342 Siehe Achenbach, wistra 2013, 369 (373); Rogall, in: KK-OWiG, § 30 Rn. 253.

1343 Vgl. Rogall, in: KK-OWiG, § 30 Rn. 256; Meyberg, in: BeckOK-OWiG, § 30 Rn. 139d.

1344 Ebenfalls Rogall, in: KK-OWiG, § 30 Rn. 256.

1345 Vgl. Rogall, in: KK-OWiG, § 30 Rn. 255; so auch BT-Drs. 17/11053, S. 23.

für die Annahme vorliegen, dass die Voraussetzungen der Einziehung gegeben sind.[1346] Sonst „kann" vorläufig sichergestellt werden (§ 111e Abs. 1 S. 1 StPO).

Nach Streichung der Verweisung auf § 917 ZPO ergibt sich das Erfordernis eines Sicherungsgrundes nach dem Verständnis des Gesetzgebers unmittelbar aus der Strafprozessordnung, weil der Vermögensarrest gem. § 111e Abs. 1 StPO eben nur zur „Sicherung der Vollstreckung" einer Wertersatzeinziehung angeordnet werden darf. Die Anforderungen an den Sicherungsgrund sollen dadurch im Ergebnis nicht abgesenkt werden.[1347]

Eine Sicherstellung kann die Liquidität des jeweils betroffenen Unternehmens ganz erheblich in Gefahr bringen und damit oftmals die wirtschaftliche Existenz.[1348] Zudem ist die vorläufige Sicherstellung zeitlich unbegrenzt möglich. Nur „allgemeine Verhältnismäßigkeitserwägungen" begrenzen die Dauer. Gegen eine zu großzügige Anwendung der Vorschriften des Vermögensarrestes spricht sowohl Art. 14 GG als auch das Verhältnismäßigkeitsprinzip.[1349]

Andererseits ist fraglich, ob nicht das Bußgeldverfahren schon genügend Möglichkeiten und Zeit für Vermögensverschiebungen einräumt.[1350] Oft ist es für die Bußgeldbehörde schwierig frühzeitig zu erkennen, ob ein entsprechender Sicherungsgrund besteht. Es gibt eine Vielzahl von legitimen Gründen für Veräußerungsvorgänge oder gesellschaftliche Umstrukturierungen sowie Singularsukzessionen, um Vermögen zu verschieben. Bereits der Zeitpunkt, ab welchem die Anordnung ermöglicht würde, ist aufgrund der üblichen Verfahrensdauer in komplexen Ordnungswidrigkeitenverfahren sehr spät. Oft vergehen bis zum Erlass von Bußgeldbescheiden Jahre. Den betroffenen Verbänden verbleibt daher meist viel Zeit, um entsprechende Vermögensverschiebungen bzw. Umstrukturierungen vorzunehmen.[1351]

Angesichts der oftmals sehr langen Verfahren im Bereich der Verbandssanktionierung können aber andererseits wiederum mit der frühen Anordnung eines Vermögensarrestes empfindliche und nachhaltige finanzielle Schäden eintreten. Diese können auch nicht mittels eines letztlich positiven Verfahrensabschlusses

---

1346 Hierzu Madauß, NZWiSt 2018, 28 (30 f.).

1347 Siehe BT-Drs. 18/9525, S. 76 f.; zu Recht skeptisch Trüg, NJW 2017, 1913 (1917); Rogall, in: KK-OWiG, § 30 Rn. 254.

1348 So beispielsweise bei „Einfrierung von Konten".

1349 Vgl. OLG Köln, Beschl. v. 6.1.2010 – 2 Ws 636, 642/09, NStZ 2011, 174.

1350 Vgl. Bundeskartellamt, Stellungnahme 8. GWB-Novelle, S. 14 f.

1351 So auch Mühlhoff, NZWiSt 2013, 321 (328).

für das Unternehmen ausgeglichen werden.[1352] Umso weniger ist es vor diesem Hintergrund nachzuvollziehen, dass die Möglichkeit der Anregung einer Arrestanordnung, die erheblich in Grundrechte eingreift, nunmehr derart umfangreich in die Hände der Verwaltung gegeben wird, obwohl eine Einschränkung des Art. 14 GG grundsätzlich nur durch ein Gericht möglich sein sollte. Das den Arrest anordnende Gericht prüft nur formelle Voraussetzungen und gerade nicht die materiellen Hintergründe des Bußgeldbescheides (Vorliegen einer betriebsbezogenen Straftat oder Ordnungswidrigkeit). Zudem hat das Gericht dann im Rahmen des § 111j StPO nicht zu überprüfen, ob die Eilanordnung der Behörde zu Recht ergangen ist, sondern nur, ob die Anordnung zum Zeitpunkt der richterlichen Entscheidung gerechtfertigt ist. Zudem muss man sich vor Augen halten, dass der Hintergrund des Arrests hier gerade keine Straftat, sondern vielmehr nur die Ordnungswidrigkeit des § 30 OWiG ist, die womöglich auch nur an einer Ordnungswidrigkeit eines Mitarbeiters anknüpft.

E. Stellungnahme

Wird gegen einen Verband mit dem Ziel der Verhängung einer Geldbuße ermittelt, befindet er sich in einer ähnlichen Situation wie eine beschuldigte bzw. angeklagte natürliche Person. Derzeit sind allerdings die Beschuldigtenrechte, die für natürliche Personen gelten, nach der Konzeption des Gesetzes nicht in vollem Umfang auf Verbände anwendbar und im Hinblick auf die verfahrensrechtliche Stellung von Verbänden besteht Unsicherheit. So billigt zum Beispiel die herrschende Meinung Unternehmen recht umfangreiche Verfahrensrechte und insbesondere ein Recht auf Selbstbelastungsfreiheit zu,[1353] durch den Gesetzgeber klar geregelt sind diese jedoch nicht. Die Verfahrensrechte des Verbandes sind nur lückenhaft normiert und die Strafprozessordnung und auch das Verfahren nach dem Ordnungswidrigkeitenrecht sind maßgeblich auf Individualbeschuldigte zugeschnitten.[1354] Oft müssen daher Analogien zum Individualverfahrensrecht gebildet werden.[1355] Das materielle Verbandssanktionenrecht bedarf jedoch prozessualer Regelungen, die speziell das Verfahrensrecht für Verbände

1352 Siehe Mühlhoff, NZWiSt 2013, 321 (329), welcher unter anderem die Entschädigung für Strafverfolgungsmaßnahmen nach dem StrEG oder nach Amtshaftungsgrundsätzen thematisiert (§ 839 BGB i.V.m. Art. 34 GG).

1353 Vgl. hierzu Engelhart/Rübenstahl/Tsambikakis, in: Esser/Rübenstahl/Saliger/Tsambikakis, Wirtschaftsstrafrecht, § 30 OWiG Rn. 104.

1354 So auch Leitner, in: Kempf/Lüderssen/Volk, Unternehmensstrafrecht, S. 373 ff.

1355 Vgl. Leitner, FS Wessing, S. 147 (S. 148); hierzu auch Rogall, GA 2015, 260 ff.

festlegen. Da die Verfolgung von Verbänden einige Fragen aufwirft, die sich in einem Verfahren gegen Individuen nicht in derselben Weise stellen,[1356] so dass nicht ohne weiteres auf die Verfahrensvorschriften des Individualstrafverfahrensrechts verwiesen werden kann.

I. Notwendigkeit neuer Verfahrensregelungen, Normierung der Verfahrensrechte und des Schweigerechtes des Verbandes

Das Verfahren zur Durchsetzung von Sanktionen gegen Unternehmen ist unzureichend geregelt. Je schärfer und damit strafrechtsnäher eine Verbandssanktionierung ausfällt, desto mehr ist es grund- und verfassungsrechtlich geboten, das Verfahren mit strafprozessualen Garantien auszustatten.[1357] Die Generalverweisung des § 46 Abs. 1 OWiG auf die StPO im Verfahren nach dem Ordnungswidrigkeitenrecht reicht nicht aus.[1358] Die verfahrensrechtlichen Probleme müssen gesetzlich geregelt werden. Die Bußgeldbeträge können gerade nach den Gesetzesänderungen von 2013 mehr als erheblich sein. Die neuen Bußgeldhöchstsummen erfordern gerade ein angepasstes prozessuales Verfahren, das mehr Beschuldigtenrechte und strafprozessuale Garantien für den Verband bereithält. „Verwaltungssanktionen sind derzeit weitgehend unkontrollierte Sanktionen."[1359] Die Verfahrensrechte des Verbandes sollten somit an die Beschuldigtenrechte von natürlichen Personen angeglichen werden.[1360] Es bedarf sowohl eigener Verfahrensregelungen für das gerichtliche Verfahren als auch neuer Regelungen für das Ermittlungsverfahren.

In der Strafprozessordnung findet sich derzeit lediglich § 444 StPO, der partiell auf die Bestimmungen der Strafprozessordnung zum Verfahren bei der Einziehung verweist. Die Schutzfunktion des Strafprozesses greift nur sehr eingeschränkt.[1361] Der Verband ist lediglich „Beteiligter" und eben nicht „Beschuldigter".[1362] Hier kommt nach derzeitiger Gesetzeslage noch hinzu, dass die Rechtsstellung des Verbandes im Vorfeld von behördlichen Ermittlungen und im Ermittlungsverfahren weitgehend nicht geregelt ist.[1363]

1356 Siehe ebenfalls Henssler/Hoven/Kubiciel/Weigend, NZWiSt 2018, 1 (10).
1357 So bereits die BRAK, Stellungnahme der BRAK Nr. 46/2012, S. 8.
1358 Siehe auch BRAK, Stellungnahme der BRAK Nr. 46/2012, S. 8.
1359 Wessing, ZHW 2012, 301 (305).
1360 So auch Kempf, in: Kempf/Lüderssen/Volk, Unternehmensstrafrecht, S. 347 ff.
1361 So gleichfalls Korte, NZWiSt 2018, 393 (396).
1362 Ähnlich Korte, NZWiSt 2018, 393 (396).
1363 Siehe hierzu im 4. Kapitel B. I.

Auch die Regelungen des Gesetzes über Ordnungswidrigkeiten sind diesbezüglich leider nicht umfassender ausgestaltet. § 88 OWiG regelt im Wesentlichen die Zuständigkeit und verweist für das Verfahren ebenfalls auf die Regelungen zur Anordnung von der Einziehung (§§ 88 Abs. 3, 87 Abs. 2 S. 1 und 2 sowie Abs. 5 OWiG). Es existieren starke Defizite im Hinblick auf rechtstaatliche Erwägungen. Dies wird gerade bei einem Vergleich mit den Anforderungen, die im Strafverfahren gegenüber natürlichen Personen gelten, klar. Zwar sind die Bestimmungen der StPO im Ordnungswidrigkeitenverfahren sinngemäß, also angepasst an die Besonderheiten des OWiG anzuwenden (§ 46 Abs. 1 OWiG). Diese Besonderheiten bestehen jedoch gerade darin, dass zunächst eine Verwaltungsbehörde eine Sachentscheidung trifft und sich das Ordnungswidrigkeitenrecht zumeist mit Unrecht im Bagatellbereich befasst. Betrachtet man weiter etwa die unterschiedliche Handhabung (natürlicher Personen im Vergleich zu Verbänden) im Hinblick auf das Beweisantragsrecht und auch der Rechtsmittel, gebührt Verbänden lange nicht derselbe Schutz. Daher ist in diesem Zusammenhang zu fragen, ob das Ordnungswidrigkeitenverfahren überhaupt noch den rechtsstaatlichen Anforderungen genügt, die an ein Verfahren zu stellen sind, an dessen Ende eine Unternehmensgeldbuße in mehrstelliger Millionenhöhe verhängt werden kann.

Die für das Ordnungswidrigkeitenverfahren regelmäßig vorgesehene Zuständigkeit des Amtsgerichts (§ 68 OWiG) kommt im Regelfall eines Wirtschaftsstrafverfahrens zwar nicht zur Anwendung, da das gegen das Unternehmen geführte Ordnungswidrigkeitenverfahren mit dem gegen die Unternehmensverantwortlichen geführten Strafverfahren verbunden wird. In anderen Fällen ergibt sich aber die Zuständigkeit des Amtsgerichts. Für die Verfahren gegenüber Verbänden bedarf es eines gesicherten Verfahrens, (wirtschaftlich) verständiger Gerichte sowie erfahrener Spruchkörper mit entsprechenden Kenntnissen. Nur dann sind angemessene Urteile zu erwarten. Zu entscheiden wird daher sein, welches Gericht generell für die Entscheidung über eine Unternehmenssanktion zuständig sein soll. Eine Zuständigkeit des Amtsgerichts wird den sehr häufig komplexen Sachverhalten und der aufgrund der hohen Sanktionen doch sehr hohen Bedeutung der Verfahren nicht gerecht.[1364]

Betrachtet man zudem die hohen Bußgelder, hält die Ausgestaltung der Verfahrensrechte und des Verfahrens gegenüber Verbänden der Entwicklung im Rahmen der Verbandssanktionierung nicht mehr stand. Eine Reform des Prozessrechts ist daher mehr als dringend erforderlich.

1364 So auch Korte, NZWiSt 2018, 393 (396).

So müssen dem Verband auch angemessene Verfahrensrechte zustehen. Zu erwähnen seien hierbei insbesondere „die Verteidigungsgrundrechte"[1365], das Akteneinsichtsrecht (§ 147 StPO) und der Schutz der Verteidigungskommunikation (§ 148 StPO) sowie das Recht auf rechtliches Gehör, das Recht Beweisanträge zu stellen (auch schon im Ermittlungsverfahren) und eine bessere Ausgestaltung der Rechtsmittel.[1366] So sollte ein Unternehmen bereits im Ermittlungsverfahren gehört werden, wenn sich in diesem Verfahrensstadium Anhaltspunkte ergeben, dass eine Sanktion nach § 30 OWiG in Betracht kommt.[1367] Zudem sollte das Schweigerecht des Verbandes geregelt werden. Insbesondere müsste diesbezüglich normiert werden, wer dieses geltend machen kann und für wen dieses genau gilt. So muss geregelt werden, ob Aussageverweigerungsrechte in Verfahren gegen Unternehmen bestehen und wem diese gegebenenfalls zustehen sollen, sowie ob Auskunftspflichten nach dem Vorbild des § 81b GWB bestehen.[1368] Die Rechte des Verbandes sollten damit unter Berücksichtigung der jeweiligen Besonderheiten einer Verbandssanktionierung umfassend an die Rechte des Individualbeschuldigten angepasst werden.

II. Weitere Aspekte

Zudem sollte die Vertretung des Verbandes vor Gericht geklärt werden (insbesondere bei Involvierung der sonst vertretungsberechtigten Personen in die dem Verband vorgeworfene Verfehlung).

Weiter sollte sich der Gesetzgeber Gedanken machen, wie in Zukunft mit den Erkenntnissen aus internen Untersuchungen („Internal Investigations") umgegangen werden soll. Hierzu gibt es noch keine gesetzlichen Vorschriften.[1369] Hier ist ebenfalls die Frage zu klären, ob und gegebenenfalls wie die Strafverfolgungsbehörden auf die Ergebnisse von „Internal Investigations", die häufig auch von Anwaltskanzleien durchgeführt werden, zugreifen dürfen.[1370] Klarstellungen sollten hier insbesondere bei den Regelungen über die beschlagnahmefreien Gegenstände (§ 97 StPO), die Durchsuchung bei anderen Personen (§ 103 StPO)

1365 Vgl. Wessing, FS Mehle, S. 665 (S. 671).

1366 Ähnlichen Regelungsbedarf sieht Korte, NZWiSt 2018, 393 (396).

1367 Wenn der Verband zur Abwehr einer Einziehung oder einer Verbandsgeldbuße eigenständig oder mit anwaltlichem Beistand tätig wird, handelt es sich hierbei bereits um „Verteidigung"; siehe hierzu auch Wessing, FS Mehle, S. 665 und S. 667.

1368 Siehe auch Korte, NZWiSt 2018, 393 (396).

1369 Siehe hierzu auch im 8. Kapitel C. VII. 6.

1370 Siehe ebenfalls Korte, NZWiSt 2018, 393 (398).

und bei § 160a StPO (Schutz zeugnisverweigerungsberechtigter Berufsgeheimnisträger) geschaffen werden.[1371] Zudem müssen die Rechte der Arbeitnehmer, die im Rahmen von „Internal Investigations" befragt werden, geregelt werden.

Zu entscheiden hat der Gesetzgeber weiter darüber, inwieweit offene und verdeckte Ermittlungsmaßnahmen gegenüber Unternehmen zugelassen werden sollen. Zudem ist zu klären, ob die Ergebnisse aus Ermittlungsmaßnahmen gegenüber natürlichen Personen (z.B. gegenüber Mitarbeitern bzw. Repräsentanten) auch im Verfahren gegenüber dem Verband verwendet werden dürfen.[1372] Darüber hinaus ist zu regeln, unter welchen Voraussetzungen bzw. wann ein Beweisverwertungsverbot diesbezüglich anzunehmen ist. Etwaige Ermittlungsmaßnahmen sind zu normieren und entsprechend an die Umstände der Ermittlung bei einem Verband anzupassen. So ist klarzustellen, welche Ermittlungsmaßnahmen auch bei einem Verband angewandt werden können und wie diese anzuwenden sind. Die Ausgestaltung sollte genau geregelt werden, da sich hier Besonderheiten im Verhältnis zu Ermittlungsmaßnahmen gegenüber natürlichen Personen zeigen, die mit einer pauschalen Verweisung nicht geklärt werden können. Auch bei der Zuständigkeitsverteilung der Verfolgungsbehörden gibt es zudem Klarstellungsbedarf und Änderungsbedarf insbesondere aus Gründen der Effizienz.[1373]

III. Einführung einer Ermittlungspflicht und neuer Möglichkeiten der Verfahrenseinstellung

Ein zentraler Aspekt sollte zudem die Einführung einer Ermittlungspflicht der Verfolgungsbehörden nach §§ 152, 160 StPO sein – zumindest im Bereich von Straftaten als Anknüpfungstaten.[1374] Bei einem Anfangsverdacht der Verbandsverfehlung (bei Straftaten als Anknüpfungstaten) sollte die Staatsanwaltschaft zur Durchführung von Ermittlungen verpflichtet sein. Wenn daraus ein hinreichender Tatverdacht erwächst, sollte es im Ermessen der Staatsanwaltschaft liegen, ob sie Anklage erhebt oder von spezifischen noch zu regelnden Möglichkeiten einer Verfahrenseinstellung etwa auch unter Auflage etc. Gebrauch macht. Da es zudem bei Einführung eines Legalitätsprinzips nicht erforderlich und faktisch auch nicht umsetzbar ist, bei jeder einem Verband zurechenbaren

---

1371 Ähnlich Korte, NZWiSt 2018, 393 (398).

1372 Siehe insbesondere Korte, NZWiSt 2018, 393 (396).

1373 Siehe hierzu im 4. Kapitel A. III.

1374 Siehe die weiteren Ausführungen im 8. Kapitel C. VII. 7.

Straftat ein Verfahren gegenüber dem Verband durchzuführen, sind praxistaugliche Einstellungsmöglichkeiten vorzusehen.

IV. Verfahrenssichernde Maßnahmen

Zu überlegen wäre zudem, ob es nicht sinnvoller wäre, den Vermögensarrest zum Zwecke der Verfahrenssicherung schon während des Ermittlungsverfahrens zu ermöglichen.[1375] Zugleich sollten aber dann für den Verband die entsprechenden Rechtsschutzmaßnahmen bereitstehen, so dass bei unberechtigter Anwendung der Vorschriften der Verband nicht unverhältnismäßig belastet wird.[1376]

V. Regelungen zur Verteidigung und für verfahrensbedingte Interessensgegensätze

Nicht abschließend geklärt, ist zudem die Stellung des Unternehmensanwalts und Unternehmensverteidigers. Will der Verteidiger sowohl den Verband als auch ein Organ verteidigen, steht zwar nach wohl herrschender Meinung § 146 StPO nicht entgegen.[1377] Eine Doppelverteidigung wird jedoch zumeist aus standesrechtlichen und aufgrund von Strafrechtsvorschriften nicht möglich sein, da diese mit dem anwaltlichen Berufsrecht § 43a BRAO, § 3 BORA, wenn nicht sogar mit dem Strafrecht (§ 356 StGB), in Konflikt gerät.[1378] Oft wird sie daher aufgrund eines Verstoßes gegen das Berufsrecht unzulässig sein.[1379] Dennoch sollte auch hier durch den Gesetzgeber eine Klarstellung erfolgen.[1380] Es fehlen derzeit Regelungen über die Verteidigung von Unternehmen einschließlich etwaiger Regelungen über die Pflichtverteidigung und ein Verbot der Mehrfachverteidigung.[1381]

So gibt es gerade im Rahmen eines gemeinsamen Verfahrens aber auch im Rahmen von getrennten Verfahren unterschiedliche Individualinteressen und Unternehmensinteressen, welche aufeinandertreffen können.[1382] Ein Konfliktpotenzial entsteht nicht nur aus der zumeist unterschiedlichen Leistungsfähigkeit

---

1375 So im 8. Kapitel C. VIII.

1376 Siehe die weiteren Ausführungen im 8. Kapitel C. VII. 7.

1377 Vgl. v. Galen/Maass, in: Leitner/Rosenau, Wirtschafts- und Steuerstrafrecht, S. 919.

1378 Vgl. Rogall, in: KK-OWiG, § 30 Rn. 201; v. Galen/Maass, in: Leitner/Rosenau, Wirtschafts- und Steuerstrafrecht, S. 919.

1379 Siehe hierzu auch Rogall, in: KK-OWiG, § 30 Rn. 201.

1380 Vergleiche hierzu die Ausführungen im 8. Kapitel C. VII. 2. b) bb).

1381 Siehe hierzu auch Korte, NZWiSt 2018, 393 (396).

1382 Ausführlich hierzu beispielsweise Schumann/Knierim, NZWiSt 2016, 194 (199 ff.).

und den unterschiedlichen Verteidigungsmöglichkeiten von einem Verband und einer natürlichen Person (einem Individualbeschuldigten), sondern resultiert auch aus den Unterschieden im Tatvorwurf und aus einem verfahrensrechtlichen Ungleichgewicht bezüglich etwaiger Beendigungschancen. Zumeist kann man von vier Konfliktfeldern sprechen.[1383] So gibt es Tatkonflikte, Beweiskonflikte, Strategiekonflikte und Verfahrensfolgekonflikte zu berücksichtigen.[1384]

Auch für diese Konflikte müssen durch den Gesetzgeber de lege ferenda unter Herstellung einer materiellen Waffengleichheit und Verfahrensfairness Lösungen gefunden werden. Im Rahmen der Tatkonflikte müssen insbesondere Regelungen bezüglich des Beweiswertes und der Beweisführung des Unternehmens getroffen werden. Dies gilt umso mehr, wenn Ergebnisse aus Internal Investigations in den Prozess einfließen.[1385] Auch kann es unterschiedliche Pläne im Hinblick auf die Verfahrensstrategie geben. So könnte von einer Seite eine schnelle Verfahrensbeendigung gewünscht sein oder eine Seite möchte womöglich von einer etwaigen Kronzeugenregelung (z.B. des § 46b StGB) Gebrauch machen. Insgesamt müsste daher eine Regelung entsprechend des § 240 Abs. 2 S. 2 StPO getroffen werden, welche zumindest eine gegenseitige Befragung der angeklagten Individualperson und des Verbandes ausschließen sollte.[1386] Auch eine Verwertung etwaiger Protokolle von Aussagen des mitangeklagten Individuums von einer Befragung durch investigative Gutachter im Auftrag des Arbeitgebers sollte abgelehnt werden. Dies zumindest, wenn das mitangeklagte Individuum einer solchen Verwertung nicht zustimmt (ein etwaiger Beweiskonflikt). Auch sehr unterschiedlich können die Verfahrensfolgekonflikte sein (Regressansprüche des Unternehmens gegenüber dem Mitarbeiter oder Kündigungsprozess bzw. Arbeitsplatzverlust, welchen die angeklagte Individualperson fürchten muss).

De lege ferenda muss der Gesetzgeber all diese Dinge in Rechnung stellen und eine ausgewogene die gegenseitigen Interessen berücksichtigende Lösung entwickeln, um eine Verfahrensfairness im Verfahren herzustellen und eine Waffengleichheit im Verfahren zu ermöglichen.

1383 Hierzu beispielsweise Schumann/Knierim, NZWiSt 2016, 194 (201).

1384 Siehe auch Schumann/Knierim, NZWiSt 2016, 194 (201).

1385 Vgl. Schumann/Knierim, NZWiSt 2016, 194 (201).

1386 Vgl. Schumann/Knierim, NZWiSt 2016, 194 (201).

5. Kapitel: Verantwortlichkeit in Konzernstrukturen

A. Einführung

Es wäre fahrlässig und der heutigen Unternehmenswirklichkeit fern, würde man sich nicht auch die Verantwortlichkeit in Konzernstrukturen näher ansehen. Dies kann vorliegend nur kursorisch geschehen, aber es soll zumindest helfen, den Blick auf die dortigen Probleme zu schulen. So ist im Rahmen dieser Arbeit nun die strafrechtliche und ordnungswidrigkeitenrechtliche Konzernhaftung zu untersuchen.

Grund für die Unternehmenssanktionierung ist – wie bereits geschildert – unter anderem,[1387] dass eine reine Individualstrafe, bemessen an den Lebensverhältnissen des Täters, oft keine hinreichende Wirkung entfaltet. So könnte die Individualstrafe von dem Unternehmen, für welches der Täter gehandelt hat, übernommen werden. Für das Unternehmen wäre der übernommene Geldbetrag zumeist nicht hoch. Eine ähnliche Situation entsteht, wenn zwar ein Tochterunternehmen bestraft werden kann, dieses aber von einer Muttergesellschaft nur mit einer geringen Kapitalausstattung versehen wurde. Auch hier könnte eine Geldsanktionierung zunächst nur nach den Verhältnissen des untergeordneten Unternehmens bemessen werden, dessen Repräsentanten die Straftat begangen haben. In speziellen Fallkonstellationen sollte allerdings auch die Muttergesellschaft zur Verantwortung gezogen werden können.

Moderne Unternehmensführung erfolgt meist nicht mehr in „Gestalt" der Einzelgesellschaft, sondern im Rahmen eines Konzerns als unter wirtschaftlicher Leitung stehende Zusammenfassung mehrerer rechtlich selbstständiger Gesellschaften.[1388] Diese teilweise komplexen Unternehmensgeflechte führen zu unterschiedlichen Einfluss- und Abhängigkeitsverhältnissen im Unternehmensverbund. Der Gesetzgeber sollte auch im Sanktionsrecht diesem Phänomen gerecht werden. Fehlerhafte Abläufe in der Unternehmensorganisation lassen sich heutzutage im Konzern gar nicht mehr ohne Blick auf den gesamten Konzern rechtlich zutreffend behandeln.[1389]

1387 Siehe zu den Gründen der Sanktionierung von Unternehmen die Ausführungen im 1. Kapitel C.

1388 So van Vormizeele, WuW 2010, 1008 ff.; Vogt, Die Verbandsgeldbuße gegen eine herrschende Konzerngesellschaft, S. 24.

1389 Siehe auch Beck, AG 2017, 726 (726).

Entgegen der Anregung des Bundesrats[1390] hat der Gesetzgeber aber bis dato keine Regelungen zur Aufsichtspflicht der Konzernobergesellschaft gegenüber den ihr verbundenen Unternehmen getroffen. Vielmehr wies die damalige Bundesregierung in ihrer Gegenäußerung darauf hin, dass der bestehende Rechtsrahmen ausreiche, um Aufsichtspflichtverletzungen im Konzern zu erfassen und gegebenenfalls zu ahnden.[1391] Dies kann – wie sich später zeigen wird – bezweifelt werden.

In der Literatur ist die Anwendung des § 130 OWiG auf Konzernobergesellschaften umstritten.[1392] Oft wird die Anwendbarkeit des § 130 OWiG auf Konzernsachverhalte als kriminalpolitische Notwendigkeit[1393] und damit als wünschenswert angesehen.

B. Anwendbarkeit des § 130 OWiG auf Konzernsachverhalte

Ungeachtet etwaiger rechts- und/oder fiskalpolitischer Motive für eine Ausweitung des Haftungsdurchgriffs im Konzern stellt sich aber eigentlich zunächst die Frage, ob § 130 OWiG überhaupt diese Fallkonstellationen der Sanktionshaftung abdeckt.[1394] Es besteht derzeit – wie sich zeigen wird – eine aus Unternehmersicht nicht hinnehmbare Rechtsunsicherheit darüber, ob Vorstände etc. einer Konzernobergesellschaft für Zuwiderhandlungen in der Sphäre ihrer Tochtergesellschaft wegen unterlassener Aufsichtsmaßnahmen nach § 130 OWiG

1390 Der Bundesrat hatte angeregt, „klarzustellen, dass Konzernobergesellschaften kartellrechtlich zur Aufsicht über die Konzernunternehmen verpflichtet sind", Stellungnahme des Bundesrates, BT-Drs. 17/9852 Anlage 3, S. 40 zu Nr. 1 lit. b.

1391 Siehe BT-Drs. 17/9852, S. 49; Baumanns/Schlei, FS Wessing, S. 101 (S. 102).

1392 Zum Meinungsspektrum: Rogall, in: KK-OWiG, § 130 Rn. 27 m.w.N.; Caracas, Verantwortlichkeit in internationalen Konzernstrukturen nach § 130 OWiG, S. 65 ff.; Koch, AG 2009, 564 (565 ff.); sowie Tschierschke, Die Sanktionierung des Unternehmensverbundes, S. 53 ff.; kritisch Gehring/Kasten/Mäger, CCZ 2013, 1 (4); siehe auch Achenbach, NZWiSt 2012, 321 (325).

1393 Vgl. Caracas, Verantwortlichkeit in internationalen Konzernstrukturen nach § 130 OWiG, S. 52 ff.

1394 Die Vorschrift wurde geschaffen, da der Betriebs- und Unternehmensinhaber nicht in der Lage ist, die zahlreichen an ihn persönlich adressierten betriebsbezogenen Pflichten selbst einzuhalten, sondern oft darauf angewiesen ist, diese an andere Mitarbeiter zu delegieren. Nach Delegation bestehen Aufsichtspflichten des Betriebs- und Unternehmensinhabers im Hinblick auf dieselben betriebsbezogenen Pflichten.

sanktioniert werden können und ob dann auch die Konzernobergesellschaft zur Rechenschaft gezogen werden kann.[1395]

Das Meinungsspektrum zur Beantwortung dieser Haftungsfrage ist sehr weit. Es werden hierbei Lösungsansätze vertreten, die eher formalrechtliche Argumente anführen, aber auch solche, die sich auf eine primär faktische Betrachtungsweise stützen. Nachfolgend soll insgesamt analysiert werden, ob de lege lata ein Zugriff auf die übergeordneten Gesellschaften in Konzernstrukturen sowie deren Leitungsorgane und Repräsentanten rechtlich zulässig sein kann. Ausgangspunkt der Auslegung ist der Wortlaut des § 130 OWiG. Nach dem Wortlaut des § 130 Abs. 1 S. 1 OWiG handelt ordnungswidrig, „wer als Inhaber eines Betriebes oder Unternehmens vorsätzlich oder fahrlässig die Aufsichtsmaßnahmen unterlässt, die erforderlich sind, um in dem Betrieb oder Unternehmen Zuwiderhandlungen gegen Pflichten zu verhindern, die den Inhaber treffen und deren Verletzung mit Strafe oder Geldbuße bedroht ist (,…,), wenn eine solche Zuwiderhandlung begangen wird, die durch gehörige Aufsicht verhindert oder wesentlich erschwert worden wäre.“[1396]

Eine sanktionsrechtliche Verantwortlichkeit der Konzernobergesellschaft kann folglich nur dann angenommen werden, wenn die Konzernobergesellschaft (trotz Einbindung in den Konzern) als Betriebs- bzw. Unternehmensinhaber i.S.d. § 130 OWiG zu qualifizieren ist. Zu untersuchen ist zum einen die Subsumierbarkeit des Konzerns unter den Begriff des Unternehmens i.S.d. § 130 OWiG und zum anderen, ob die Konzernobergesellschaft als Unternehmensinhaber i.S.d. § 130 OWiG anzusehen ist.[1397]

I. Normadressat des § 130 OWiG

Nach § 130 Abs. 1 S. 1 OWiG sind die Inhaber von Betrieben und Unternehmen die Adressaten der Aufsichtspflichtverletzung.[1398] „Inhaber“ ist nach § 130 OWiG derjenige, dem die Erfüllung der den Betrieb oder das Unternehmen treffenden Pflichten obliegt, um deren sanktionsrechtliche Durchsetzung es bei § 130 geht.[1399] Es kommt weder auf die Eigentümerstellung noch auf die

---

1395 Zu Problemstellung und Meinungsstand: Koch, AG 2009, 564 ff.; Holle, Legalitätskontrolle im Kapitalgesellschafts- und Konzernrecht, S. 400 ff.; Caracas, Verantwortlichkeit in internationalen Konzernstrukturen nach § 130 OWiG, S. 64 ff.

1396 § 130 Abs. 1 S. 1 OWiG.

1397 So auch Caracas, Verantwortlichkeit in internationalen Konzernstrukturen nach § 130 OWiG, S. 52 ff.

1398 So auch Hunsmann, DStR 2014, 855 (857).

1399 Siehe hierzu Rogall, in: KK-OWiG, § 130 Rn. 25; Caracas, CCZ 2016, 44 (45).

Kapitalbeteiligung an.[1400] Sofern es sich bei dem Betriebsinhaber nicht um eine natürliche Person handelt, sondern um eine juristische Person oder Personenvereinigung, sind die vertretungsberechtigten Gesellschafter, Organe oder Organmitglieder die Adressaten der Aufsichtspflichtverletzung, da ausschließlich natürliche Personen taugliche Täter i.S.d. § 130 OWiG sein können.[1401] Fraglich ist, wer genau, d.h. welche natürlichen und juristischen Personen in Konzernrechtslagen, für ein und denselben Verstoß wegen einer Aufsichtspflichtverletzung in die Haftung genommen werden kann.

1. *Haftung der unmittelbar in den Pflichtenverstoß verwickelten Gesellschaft*

Ist ein Mitglied der Geschäftsführung der Gesellschaft in den Verstoß verwickelt, so folgt die Haftung dieser Person und der Gesellschaft unabhängig von § 130 OWiG schon aus §§ 9, 14, 30 OWiG.[1402] Auch wenn der jeweilige Geschäftsführer bzw. das jeweils aufsichtspflichtige Leitungspersonal nicht unmittelbar an dem Verstoß beteiligt ist, haftet der Geschäftsführer bzw. das zur Aufsichtspflicht verpflichtete Organ der Tätergesellschaft (also der Tochtergesellschaft), wenn es die objektiv gebotenen Aufsichtsmaßnahmen in Bezug auf die Gesellschaft unterlassen hat (§§ 9, 14, 130 OWiG).[1403] Die Haftung würde über § 30 OWiG dann auch auf die Tochtergesellschaft (Tätergesellschaft) erstreckt.[1404]

2. *Haftungserstreckung auf die Konzernmutter de lege lata*

Die Klärung, ob dann eine Konzernobergesellschaft wiederum für straf- oder bußgeldbewehrte Handlungen der abhängigen Tochtergesellschaft gem. § 130 OWiG wegen Verletzung der Aufsichtspflicht zur Verantwortung gezogen werden kann, hängt schließlich davon ab, ob dieser Tatbestand überhaupt auf Konzernsachverhalte Anwendung findet.[1405] Bejaht man dies, würden nicht nur die betroffenen natürlichen Personen über § 130 OWiG (also z.B. die einzelnen

---

1400 Siehe hierzu Rogall, in: KK-OWiG, § 130 Rn. 25.

1401 Vgl. Hunsmann, DStR 2014, 855 (857); Entsprechendes gilt gem. § 9 Abs. 2 OWiG für Beauftragte. Gemäß § 9 Abs. 3 OWiG kommt es auf die Wirksamkeit des Bestellungsaktes nicht an.

1402 Siehe hierzu auch v. Schreitter, NZKart 2016, 253 (256).

1403 Vgl. auch v. Schreitter, NZKart 2016, 253 (256).

1404 So auch v. Schreitter, NZKart 2016, 253 (256).

1405 Es handelt sich hierbei um eine sehr umstrittene Thematik, siehe Bock, ZIS 2009, 68 (71).

Vorstandsmitglieder) haften, sondern es würde aufgrund der Zurechnungsnorm des § 30 OWiG auch die Muttergesellschaft als solche mit einem Bußgeld belegt werden können.[1406] Im Folgenden soll daher ergebnisoffen der Frage nachgegangen werden, ob in Konzernsachverhalten auch die Konzernobergesellschaft die Tatbestandsmerkmale des § 130 Abs. 1 OWiG (dann in Verbindung mit § 30 OWiG) erfüllen kann.[1407]

a) Bundeskartellamt

Zunächst soll hierbei ein Blick auf das Kartellrecht gelenkt werden, da dort die Frage der Haftung der Konzernmutter besonders häufig diskutiert wurde und auch in diesem Zusammenhang § 30 OWiG die Ausgangsnorm ist, welche durch das GWB dann an bestimmten Stellen konkretisiert und modifiziert wird.

aa) Vor der 9. GWB-Novelle

Das Bundeskartellamt verhängte vor der 9. GWB-Novelle beispielsweise in der Etex-Entscheidung vom 9.2.2009 ein Bußgeld gegen die Konzernobergesellschaft und stützte den Bußgeldbescheid auf die Vorschrift des § 130 OWiG (die Verantwortlichkeit des Betriebs- und Unternehmensinhabers).[1408] Gegen die Konzernobergesellschaft wurde ein Bußgeld wegen Verletzung der Aufsichtspflicht gem. § 130 OWiG (i.V.m. § 30 OWiG) verhängt, da diese nachweislich Kenntnis von den kartellrechtswidrigen Absprachen der Tochterunternehmen gehabt habe.[1409] Die Ermittlungen des Bundeskartellamtes hatten ergeben, dass der für das Geschäft in Europa verantwortlich leitende Manager des Etex-Konzerns (also eine Leitungsperson der Etex-Holding GmbH der Konzernobergesellschaft) über die wettbewerbsbeschränkenden Absprachen der Tochtergesellschaften

---

1406 So auch v. Schreitter, NZKart 2016, 253 (256).

1407 Siehe hierzu ebenso Arnold/Geiger, BB 2018, 2306 (2309).

1408 Siehe hierzu Koch, AG 2009, 564 (564); Im genannten Fall waren gegen neun Hersteller von Tondachziegeln und zwölf Personen Geldbußen in Höhe von insgesamt ca. 188 Millionen Euro verhängt worden, darunter auch gegen die Konzernobergesellschaft, die Etex Holding GmbH; siehe hierzu auch v. Schreitter, NZKart 2016, 253 (256).

1409 Die Konzernobergesellschaft (sowie ihr Geschäftsführer) wurde mit Blick auf einen aus zweien ihrer Tochtergesellschaften (Creaton und Pfleiderer) heraus begangenen Kartellrechtsverstoß wegen einer vorsätzlichen Aufsichtspflichtverletzung mit einem Bußgeld im zweistelligen Millionenbereich belegt, siehe Bundeskartellamt, Bußgeldverfahren gegen Unternehmen der Tondachziegelbranche, Az. B1–200/06; siehe hierzu auch v. Schreitter, NZKart 2016, 253 (256).

informiert war und nichts gegen die Umsetzung der Absprache bei den Tochterunternehmen unternommen hatte.[1410] Diese Entscheidung beschränkt sich zwar auf einen kartellrechtlichen Sachverhalt, § 130 OWiG ist aber eine allgemeine Vorschrift des Ordnungswidrigkeitenrechts und gilt daher bei sämtlichen straf- und ordnungswidrigkeitenrechtlichen Sachverhalten.[1411] Die Einordnung des herrschenden Unternehmens als Betriebsinhaber i.S.d. § 130 OWiG wurde damit begründet, dass ein Konzern faktisch nicht anders organisiert sei als ein Unternehmen bzw. ein einheitlicher Betrieb.[1412] Die Konzernmutter müsse daher dieselbe Verantwortung treffen wie ein Unternehmensinhaber, wenn sie bestimmte Aufgaben an die von ihr beherrschten Gesellschaften abgebe und delegiere.[1413] Die herrschende Gesellschaft (Holding bzw. Muttergesellschaft) treffe dann auch eine Aufsichtspflicht gegenüber den von ihr abhängigen Gesellschaften – trotz deren rechtlicher Selbstständigkeit.[1414] Bei der Bußgeldbemessung wurde dann insbesondere berücksichtigt, dass bereits die beiden Tochtergesellschaften für das Unrecht der Kartellabsprache bebußt worden waren.[1415]

bb) Nach der 9. GWB-Novelle

Im Kartellrecht wurde nun sogar im Rahmen des Neunten Gesetzes zur Änderung des Gesetzes gegen Wettbewerbsbeschränkungen (9. GWB-Novelle) vom 1.6.2017[1416] das europäische Konzept der Unternehmensverantwortlichkeit zugrunde gelegt. In diesem Zusammenhang ist nach der neuen Gesetzeslage sogar eine bußgeldrechtliche Haftung in Konzernstrukturen explizit vorgesehen (§ 81 Abs. 3a GWB). Es wird ein Zugriff auf das lenkende Mutterunternehmen unabhängig von § 130 OWiG ermöglicht. In Anlehnung an das europäische

1410 Siehe zum Sachverhalt v. Schreitter, NZKart 2016, 253 (257).

1411 So Koch, AG 2009, 564 (565); Caracas, Verantwortlichkeit in internationalen Konzernstrukturen nach § 130 OWiG, S. 49.

1412 Siehe v. Schreitter, NZKart 2016, 253 (257); Koch, AG 2009, 564 (565); Caracas, Verantwortlichkeit in internationalen Konzernstrukturen nach § 130 OWiG, S. 64.

1413 So auch v. Schreitter, NZKart 2016, 253 (257); Koch, AG 2009, 564 (565).

1414 Siehe v. Schreitter, NZKart 2016, 253 (257). Das gelte zumindest dann, wenn steuernde Eingriffe in die Geschäftstätigkeit erfolgten, siehe hierzu das Bundeskartellamt, Tätigkeitsbericht 2011/2012, BT-Drs. 17/13675, S. 67 sowie Bundeskartellamt, Aufhebung der Bußgeldbescheide Dachziegelbranche, Az. B1–200/06-P2 und B1–200/06-U13; siehe Koch, AG 2009, 564 (565).

1415 Siehe Bundeskartellamt, Tätigkeitsbericht 2007/2008, BT-Drs. 16/13500, S. 83 sowie Bundeskartellamt, Bußgeldverfahren gegen Unternehmen der Tondachziegelbranche, Az. B1–200/06.

1416 Siehe BGBl. I 2017, S. 1416.

Kartellrecht wurde im GWB somit eine Konzernhaftung etabliert.[1417] Eine solche Novellierung führt nun dazu, dass die Konzernmuttergesellschaft für die Ordnungswidrigkeiten ihrer Tochtergesellschaft ohne weitere Auslegung des § 130 OWiG zur Verantwortung gezogen werden kann. Im Übrigen existiert im Kartellrecht sowie im weiteren Ordnungswidrigkeitenrecht weiter auch die Haftung nach § 130 OWiG bei Vorliegen einer vorwerfbaren Aufsichtspflichtverletzung, wobei hier – wie bereits dargestellt wurde – umstritten ist, ob die Konzernmutter eine Aufsichtspflicht in Bezug auf ihre Tochtergesellschaft ausüben muss.[1418]

Anhand eines Umkehrschlusses könnte man nun aber daran denken, dass der Gesetzgeber gewillt ist, explizite Regelungen zur Konzernhaftung zu treffen. Da im GWB an sich auf die Normen des §§ 30, 130 OWiG immer zurückgegriffen wurde und nun extra eine Regelung im Kartellrecht geschaffen worden ist, drängt sich die Überlegung auf, dass §§ 30, 130 OWiG gerade keine Konzernhaftung normiert und auch nicht laut dem Gesetzgeber normieren soll[1419] und daher auch die im Kartellrecht praktizierte Rechtsprechung auf andere Konstellationen außerhalb des Kartellrechts keine Anwendung (mehr) finden soll.

b) Bundesgerichtshof

Der BGH selbst hat die Frage der Anwendbarkeit des § 130 OWiG (Konzernmutter als Unternehmensinhaber i.S.d. § 130 OWiG) innerhalb eines Konzerns – soweit ersichtlich – bislang nicht entschieden. Er erkennt diese Problematik in seiner Entscheidung im Jahre 1981, lässt sie aber offen.[1420] Er führte aus, dass der Anwendung des § 130 OWiG auf die vertretungsberechtigten Organe der Muttergesellschaft entgegenstehen könnte, dass die Tochtergesellschaft „mit eigener Rechtspersönlichkeit ausgestattet und als solche auch Inhaberin des Gesellschaftsunternehmens ist.“[1421] Der BGH äußerte somit Bedenken, ob die Konzernobergesellschaft bzw. ihre vertretungsberechtigten Organe überhaupt

1417 Konzernmütter können zukünftig zusätzlich zu ihren kartellbeteiligten Tochtergesellschaften selbst Adressat eines kartellbehördlichen Bußgeldbescheids sein (vgl. § 81 Abs. 3a GWB).

1418 Strittig von der wohl herrschenden Meinung wird eine Aufsichtspflicht wohl abgelehnt, vgl. v. Schreitter, NZKart 2016, 253 (256) m.w.N.; a.A. Bundeskartellamt, Tätigkeitsbericht 2011/2012, BT-Drs. 17/13675, S. 67.

1419 Einen ähnlichen Gedanken formuliert auch Beck, AG 2017, 726 (727).

1420 Vgl. BGH, Beschl. v. 1.12.1981, KRB 3/79, WuW 82, 213 (Mixbeton).

1421 BGH, Beschl. v. 1.12.1981 – KRB 3/79, WuW 82, 213 (Mixbeton).

Täter nach § 130 OWiG sein können. Er ließ diese Frage aber letztendlich ausdrücklich offen.[1422]

c) *Argumente gegen eine Haftungserstreckung de lege lata*

Anknüpfend an die skeptische Haltung des BGH[1423] gibt es viele Stimmen in der Literatur, die die Anwendbarkeit des § 130 OWiG in Konzernkonstellationen verneinen.[1424] Im Folgenden sollen daher zunächst die wichtigsten Argumente für diese verneinende Auffassung kurz dargestellt werden.

aa) Vertrauensgrundsatz

Zum einen wird argumentiert, eine pauschale Bejahung einer Haftung nach § 130 OWiG stünde insbesondere mit dem sog. Vertrauensgrundsatz in einem unauflösbaren Konflikt.[1425] Nach dem Vertrauensgrundsatz darf die Konzernspitze grundsätzlich von der Zuverlässigkeit der Leitungspersonen der abhängigen Unternehmen ausgehen.[1426] Die Konzernleitung sei daher zu einer expliziten Nachprüfung nicht verpflichtet, solange nicht spezielle Umstände die Zuverlässigkeit der Leitungspersonen der abhängigen Unternehmen in Frage stellen.[1427]

bb) Trennungsgrundsatz, Rechtsträgerprinzip und Schuldprinzip

Gegen eine Haftung spreche auch der gesellschaftsrechtliche Trennungsgrundsatz[1428] (bzw. das kapitalgesellschaftliche Trennungsprinzip), aufgrund dessen selbst in Konzernstrukturen die rechtliche Selbstständigkeit (und eigene

---

1422 In einer späteren Entscheidung stellt er allerdings „bei einer von einem Mehrheitsgesellschafter beherrschten Gesellschaft als Unternehmensinhaber auf den „Unternehmensträger“ ab, also auf die Gesellschaft von der aus das Unternehmen betrieben wird“ (Koch, AG 2009, 564 (565 f.)); zusätzlich hierzu Koch, WM 2009, 1013 (1017); Löbbe, ZHR 177 (2013), 518 (543); zur Ablehnung einer Konzernhaftung im Falle der Rechtsnachfolge: BGH, Beschl. v. 10.8.2011 – KRB 55/10, BGHSt 57, 193 (200) = NJW 2012, 164 (m. Anm. Reichling).

1423 Vgl. BGH, Beschl. v. 1.12.1981 - KRB 3/79, WuW 82, 213 (Mixbeton).

1424 Der BGH selbst hat die Rechtsfrage bis dato somit offengelassen; vgl. auch Paefgen, WM 2016, 433 (441); Koch, WM 2009, 1013 (1019); Pelz, DB 2015, 2739 (2740 f.). Mit Verweis auf die fehlende Inhaberstellung des herrschenden Konzernunternehmens - ebenfalls verneinend: Beck, AG 2017, 726 (727).

1425 Siehe v. Schreitter, NZKart 2016, 253 (258).

1426 So auch v. Schreitter, NZKart 2016, 253 (258, 259).

1427 Siehe Rogall, in: KK-OWiG, § 130 Rn. 28; v. Schreitter, NZKart 2016, 253 (259).

1428 Siehe zur Bedeutung des Trennungsgrundsatzes allg. BGH, Urt. v. 24.1.2006 – XI ZR 384/03, NJW 2006, 830 ff.

Rechtsträgerschaft) der diversen Konzerngesellschaften anerkannt wird.[1429] Eine juristische Person hafte danach auch im Konzernverbund nur für ihr jeweils eigenes Verschulden.[1430] Ansonsten würde das im Rechtsstaatsprinzip verankerte Schuldprinzip verletzt, welches auch für Verbandsgeldbußen gelte.[1431] Da die Haftung der Konzernmuttergesellschaft dann nicht von ihrem eigenen schuldhaften Verhalten abhänge, sondern fremdes Verschulden zugerechnet werde, nämlich das Verschulden der Leitungsperson der Tochtergesellschaft.[1432] Bei der Konzernhaftung handele es sich vielmehr um die verschuldensabhängige akzessorische Verantwortlichkeit der Konzernmuttergesellschaft für ein Fehlverhalten von Leitungspersonen der Tochtergesellschaft. Die Leitungspersonen der Tochtergesellschaft seien aber gerade keine Organe bzw. keine Repräsentanten der Muttergesellschaft.[1433] Der Verbandsgeldbuße nach § 30 OWiG liege eben das Rechtsträgerprinzip zugrunde.[1434] Nach dem Verständnis des Ordnungswidrigkeitenrechts wird ein Unternehmen nicht von sich selbst, sondern von den hinter ihm stehenden Personen getragen.[1435] Eine Haftung eines Verbandes kann danach nur begründet werden, wenn natürliche Personen mit einer Repräsentantenstellung für konkret diesen Verband eine Ordnungswidrigkeit/Straftat begehen.[1436] Die Tochtergesellschaft sei aber gerade nicht satzungsmäßig berufene Vertreterin der Muttergesellschaft und die Organe und Mitarbeiter der Tochtergesellschaft würden ihre Befugnisse aus der Organisationsstruktur der Tochtergesellschaft ableiten und eben nicht aus der der Muttergesellschaft.[1437] Die rechtlich selbstständige Tochtergesellschaft sei daher als alleiniger

---

1429 Vgl. v. Schreitter, NZKart 2016, 253 (259).

1430 Vgl. v. Schreitter, NZKart 2016, 253 (259); Bischke/Brack, NZG 2016, 99 (102); Thomas/Legner, NZKart 2016, 155 (159).

1431 Vgl. BVerfG, Beschl. v. 25.10.1966 – 2 BvR 506/63, NJW 1967, 195.

1432 Siehe v. Hülsen/Kasten, NZKart 2015, 296 (303) m.w.N.; auch das Argument des Effektivitätsgrundsatzes des EU-Rechts rechtfertige die Einführung der Konzernhaftung nicht.

1433 Vgl. Thomas/Legner, NZKart 2016, 155 ff.

1434 Siehe hierzu v. Schreitter, NZKart 2016, 253 (259).

1435 Siehe v. Schreitter, NZKart 2016, 253 (259).

1436 Siehe v. Schreitter, NZKart 2016, 253 (259).

1437 So v. Schreitter, NZKart 2016, 253 (259); Thomas/Legner, NZKart 2016, 155 ff. Unter Verweis auf die Selbstständigkeit der einzelnen operativen Gesellschaften wird die Haftung der Konzernobergesellschaft oft abgelehnt; vgl. Verse, ZHR 175 (2011), 401 (409 ff.); Koch, WM 2009, 1013 (1017 u. 1020); Thomas/Legner, NZKart 2016, 155 (160).

Unternehmensträger und Betriebsinhaber anzusehen. Es bestehe keine gruppenweite Überwachungspflicht.[1438]

cc) Gesetzesübergreifender systematischer Vergleich und keine Rückschlüsse aus dem Neubürger-Urteil

Des Weiteren zeige ein gesetzesübergreifender systematischer Vergleich, dass die deutsche Rechtsordnung auch die Normierung von gruppenweiten Sorgfalts- bzw. Compliance-Pflichten[1439] kennt.[1440] § 25a Abs. 3 KWG, § 64a Abs. 2 VAG, § 10 a Abs. 8 KWG sehen beispielsweise ausdrücklich vor, dass die dort geregelten Verpflichtungen sowohl für eine bestimmte Konzerngesellschaft als auch sogar für gewisse Unternehmensgruppen insgesamt gelten.[1441] Nur in diesen Fällen bestehe aber dann eine gruppenweite Pflicht zur Durchführung von Compliance-Maßnahmen im Umfang der entsprechenden spezialgesetzlichen Tatbestände.[1442] Im Umkehrschluss könnte man daher annehmen, dass abseits solcher Spezialregelungen eine Konzernerstreckung im Hinblick auf gruppenweite Sorgfalts- und Compliance-Pflichten im „Normalfall" gerade nicht angedacht ist.[1443]

Auch aus dem Neubürger-Urteil[1444] können keine Schlüsse auf eine Haftung für lenkende Muttergesellschaften nach § 130 OWiG gezogen werden.[1445] Angesichts der unterschiedlichen gesetzlichen Zielsetzungen von AktG und OWiG wäre es verfehlt, den zivilrechtlichen Haftungsmaßstab der Neubürger-Rechtsprechung zu übertragen.[1446] Aus den Haftungsvorschriften des Aktienrechts

---

1438 Siehe v. Schreitter, NZKart 2016, 253 (260).

1439 Siehe zu den Compliance-Pflichten in Deutschland insgesamt die Ausführungen im 3. Kapitel E. II.

1440 Vgl. v. Schreitter, NZKart 2016, 253 (260).

1441 Siehe v. Schreitter, NZKart 2016, 253 (260).

1442 So auch v. Schreitter, NZKart 2016, 253 (260).

1443 Siehe hierzu beispielsweise v. Schreitter, NZKart 2016, 253 (259); Schneider, NZG 2009, 1321 (1324).

1444 Vgl. LG München I, Urt. v. 10.12.2013 – 5 HK O 1387/10, NZG 2014, 345 (Siemens/ Neubürger).

1445 So auch v. Schreitter, NZKart 2016, 253 (260).

1446 Vgl. v. Schreitter, NZKart 2016, 253 (260). Der Vorstand soll nach diesem Urteil bei unzureichender gruppenweiter Compliance seine Organpflichten verletzen. Allerdings handelte es sich hier um einen zivilrechtlichen Haftungsprozess; siehe v. Schreitter, NZKart 2016, 253 (260).

(hier die §§ 76, 91 Abs. 2 und 93 AktG) würde sich kein Schluss auf die Reichweite des § 130 OWiG ziehen lassen.[1447]

dd) Unverhältnismäßige Mehrfachbelastung des Konzerns

Im Übrigen würde eine unkontrollierte Haftung nach § 130 OWiG auch die Tür zu einer unverhältnismäßigen Mehrfachbelastung öffnen.[1448] Es würde dadurch nämlich die Möglichkeit einer parallelen Inanspruchnahme von Tochter- und Muttergesellschaft eröffnet.[1449] So hätte der Gesetzgeber auch gleichzeitig regeln müssen, was bei einer eventuell gleichzeitig eintretenden Haftung passiert.

ee) Muttergesellschaft nicht Inhaber i.S.v. § 130 OWiG

Weiter wird argumentiert, dass die Sanktionsfolge des § 130 OWiG den Inhaber des Betriebs bzw. des Unternehmens treffen soll. Wird ein Unternehmen durch eine juristische Person betrieben, so ist diese der Inhaber und nicht etwa der Gesellschafter dieser juristischen Person.[1450] Die Konzernobergesellschaften befänden sich aber gerade in einer solchen Gesellschafterstellung. Zudem sei der Begriff des Betriebs- oder Unternehmensinhabers gerade nur von den betriebs- und unternehmensbezogenen Pflichten her zu bestimmen.[1451] Die unternehmens- und betriebsbezogenen Pflichten werden durch den spezifischen Unternehmensgegenstand skizziert. Der Unternehmensgegenstand wiederum beziehe sich allein aber auf die Markttätigkeit der operativ tätigen Tochtergesellschaft. So kann argumentiert werden, dass für eine auf § 130 OWiG gestützte Haftung einer Gesellschaft grundsätzlich nur die Tochtergesellschaft selbst in Betracht kommt, aus der heraus ein etwaiger Verstoß begangen wurde.[1452]

1447 Siehe v. Schreitter, NZKart 2016, 253 (260); Grützner/Leisch, DB 2012, 787 (790); Grützner, BB 2014, 850 (852).

1448 Siehe v. Schreitter, NZKart 2016, 253 (261).

1449 Vgl. v. Schreitter, NZKart 2016, 253 (261).

1450 Siehe Rogall, in: KK-OWiG, § 130 Rn. 25 m.w.N.: „So sind etwa die Aktionäre in ihrer Gesamtheit zwar Inhaber der Aktiengesellschaft, aber gewiss weder einzeln noch in ihrer Gesamtheit Normadressaten einer Aufsichtspflicht nach § 130 OWiG. Auf die Eigentümerstellung, Kapitalbeteiligung usw. kann nicht abgestellt werden."

1451 Vgl. Rogall, in: KK-OWiG, § 130 Rn. 25 m.w.N.

1452 Man könnte mit guten Gründen auch argumentieren, dass § 130 OWiG nur Haftungslücken vorbeugen soll, wenn in die Pflichtverletzung i.S.d. §§ 30, 9 OWiG keine leitungsverantwortliche Person involviert ist und lediglich eine Haftungslücke in derselben Gesellschaft (Tochtergesellschaft) geschlossen werden soll und keine über die Gesellschaft hinausgehende Lücke.

d) *Muttergesellschaft als Inhaber eines Betriebes oder Unternehmens?*

Das letzte Argument der Gegner einer Haftungserstreckung der Konzernobergesellschaft trifft meines Erachtens den Kern der Diskussion. Die zentrale Fragestellung muss trotz all dieser Vorüberlegungen sein, ob es sich bei der Konzernobergesellschaft um einen Inhaber eines Betriebes oder Unternehmens im Sinne des § 130 OWiG handeln kann oder nicht.[1453] Die anderen Argumente sprechen meines Erachtens nicht zwingend gegen eine Haftung der Obergesellschaft. Die Subsumtion unter § 130 OWiG muss allein davon abhängen (und damit eine Haftungserstreckung auf die Konzernobergesellschaft), ob eine betriebs- oder unternehmensbezogene Pflicht vom Inhaber des Betriebes oder Unternehmens verletzt wird. Nach dem Gesetz ist damit nur der Unternehmensinhaber Normadressat. Daher ist allein entscheidend für eine Haftungserstreckung und daher zu prüfen, ob die Konzernobergesellschaft unter den Begriff des Unternehmens- bzw. Betriebsinhabers fallen kann.

aa) Unternehmen i.S.v. § 130 OWiG

Eine Definition des Wortes „Unternehmen" findet sich weder in § 130 OWiG noch enthält das sonstige Ordnungswidrigkeitenrecht eine solche Definition.[1454] So ist der Unternehmensbegriff vielmehr nach dem jeweiligen Norm- und Regelungszweck her zu ermitteln und nicht auf eine bestimmte Rechtsform beschränkt.[1455] Generell kann gesagt werden, dass es sich bei einem Unternehmen um eine Einheit von Personen und Sachmitteln handelt, die unter einer einheitlichen Leitung steht, auf eine kaufmännische Tätigkeit gerichtet und auf gewisse Dauer angelegt ist.[1456] Betrachtet man die Regelungen im Aktienrecht (besonders der §§ 15 ff AktG) und insbesondere die Regelung in § 18 AktG und

---

1453 Ähnlicher Gedanke bei Baumanns/Schlei, FS Wessing, S. 101 (S. 103); Die Bundesregierung ging allerdings von einer Anwendbarkeit des § 130 OWiG aus; vgl. BT-Drs. 17/9852, S. 49.

1454 Siehe hierzu auch Baumanns/Schlei, FS Wessing, S. 101 (S. 103).

1455 Vgl. Caracas, Verantwortlichkeit in internationalen Konzernstrukturen nach § 130 OWiG, S. 60 m.w.N.; maßgeblich für das Begriffsverständnis ist damit der Sachzusammenhang.

1456 Vgl. Krenberger/Krumm, in: Krenberger/Krumm-OWiG, § 130 Rn. 4; Gürtler, in: Göhler OWiG, § 9 Rn. 43 f.; Baumanns/Schlei, FS Wessing, S. 101 (S. 103); zu dem Unterschied zwischen Betrieb und Unternehmen, vgl. Rogall, in: KK-OWiG, § 130 Rn. 23 f.

stellt man weitere systematische Erwägungen an, ist eine Fassung des Konzerns unter den Unternehmensbegriff des § 130 OWiG eher zu verneinen.[1457]

bb) Inhaber

Für die Subsumierung von Konzernsachverhalten unter die §§ 30, 130 OWiG kann es somit nur darauf ankommen, ob die Konzernobergesellschaft als Inhaber des Tochterunternehmens angesehen werden kann.[1458] Wer Inhaber eines Betriebes oder Unternehmens ist, wird von § 130 OWiG als feststehend vorausgesetzt. Dieses Merkmal ist allerdings alles andere als eindeutig.[1459]

(1) Wortlaut, Historie und Gesetzessystematik

Die Konzernobergesellschaft müsste als Betriebs- bzw. Unternehmensinhaber angesehen werden können. Nach dem allgemeinen Sprachgebrauch kann Unternehmensinhaber sowohl derjenige sein, der das Unternehmen betreibt (funktionales Verständnis) als auch derjenige, dem das Unternehmen im Sinne eines wirtschaftlichen Eigentümers gehört (wirtschaftliches Verständnis).[1460] Eine historische Betrachtung spricht eher für ein funktionales Verständnis des Inhaberbegriffs, da die Vorgängerregelung auf den Gewerbetreibenden abgestellt hat.[1461]

Im Gesellschaftsrecht wird aber die Unternehmensinhaberschaft eher mit der Unternehmensträgerschaft gleichgesetzt. Dieser Terminologie folgend kann die an der abhängigen Gesellschaft beteiligte Obergesellschaft als (Teil-) Inhaberin der Gesellschaft gesehen werden, nicht aber unbedingt als Unternehmensinhaber.[1462] Nach Gürtler ist der Betriebs- und Unternehmensinhaber die juristische Person oder Personenvereinigung, der das Unternehmen oder der Betrieb gehört.[1463] Nach Rogall wiederum ist Inhaber derjenige, dem die Erfüllung der

---

1457 Den §§ 15 ff. AktG kann entnommen werden, dass der aktienrechtliche Unternehmensbegriff von einer Einheit mit eigener Rechtspersönlichkeit ausgeht. Ein Konzern als solcher besitzt aber gerade keine eigene Rechtspersönlichkeit; vgl. Caracas, Verantwortlichkeit in internationalen Konzernstrukturen nach § 130 OWiG, S. 52; Baumanns/Schlei, FS Wessing, S. 101 (S. 105); siehe Beck, in: BeckOK-OWiG, § 130 Rn. 31, der ohne Begründung Konzerne unter den Unternehmensbegriff des § 130 OWiG fallen lässt.

1458 So auch Baumanns/Schlei, FS Wessing, S. 101 (S. 105).

1459 Siehe Rogall, in: KK-OWiG, § 130 Rn. 25.

1460 Siehe hierzu Baumanns/Schlei, FS Wessing, S. 101 (S. 105).

1461 Die Vorgängerregelung § 151 Abs. 1 S. 2 GewO (RGBl. 1900, S. 871) in der Fassung vom 26.7.1900 stellte auf den „Gewerbetreibenden“ und damit auf den funktionalen Betrieb des Unternehmens ab; siehe hierzu Koch, AG 2009, 564 (568).

1462 So auch Koch, AG 2009, 564 (567).

1463 Siehe Gürtler, in: Göhler OWiG, § 30 Rn. 17.

den Betrieb oder das Unternehmen treffenden Pflichten obliegt, um deren sanktionsrechtliche Durchsetzung es bei § 130 OWiG geht.[1464] Der Begriff des Betriebs- und Unternehmensinhabers sei nur von den betriebs- und unternehmensbezogenen Pflichten her zu bestimmen.[1465]

Der Wortlaut ist somit leider insgesamt nicht eindeutig und man kommt auch durch Auslegung des Wortlauts nicht zu einem eindeutigen Ergebnis. Eine Bestimmung hiernach hilft also nicht unbedingt weiter. Selbst die Gesetzessystematik und die Historie helfen bei der Bestimmung des materiellen Gehalts der Inhaberstellung nicht viel.[1466] Auch die Literatur und Rechtsprechung ist sich uneinig.

(2) Telos

Da weder der Wortlaut noch die Gesetzessystematik genaue Rückschlüsse auf das Begriffsverständnis des Inhaberbegriffs ergeben und auch die Gesetzesmaterialien insofern keine eindeutigen Schlüsse zulassen, muss für die Auslegung vornehmlich der Gesetzeszweck (Telos) maßgeblich sein.

Der BGH umschreibt die Funktion des § 130 OWiG wie folgt: „Das Hauptanliegen des § 130 OWiG besteht darin, die Lücke auszufüllen, die sich daraus ergibt, dass betriebsbezogene Pflichten infolge von Delegation und Arbeitsteilung oftmals von Personen zu erfüllen sind, für die der Unternehmensträger nicht ohne weiteres einzustehen hat, obwohl er der eigentliche Normadressat und derjenige ist, dem die Vorteile zufallen, die sich aus der Erweiterung der Betätigungsmöglichkeiten durch den arbeitsteiligen Einsatz seiner „Leute“ ergeben. § 130 OWiG beseitigt diese „Strafbarkeitslücke“, indem der Durchgriff auf das „Unternehmen“, also den Unternehmensträger zugelassen wird (...).“[1467] § 130 OWiG soll somit dem Umstand Rechnung tragen, dass ein Unternehmensinhaber nicht alle Pflichten allein erfüllen kann. Dieser ist im Rahmen der Pflichtenerfüllung darauf angewiesen, diese im Wege der Dezentralisierung und Delegation auf Mitarbeiter zu übertragen.[1468] Trotz der Delegierung der betriebsbezogenen Pflichten ist der Unternehmensinhaber über den § 130 OWiG und

1464 Vgl. Rogall, in: KK-OWiG, § 130 Rn. 25.

1465 Vgl. Rogall, in: KK-OWiG, § 130 Rn. 25.

1466 Siehe Holle, Legalitätskontrolle im Kapitalgesellschafts- und Konzernrecht, S. 407 f.; nach den Gesetzesmaterialien könnte der Gesetzgeber beim Inhaber i.S.v. § 130 OWiG an den „Geschäftsherrn“ gedacht haben; siehe BT-Drs. V/1269, S. 67 ff.

1467 BGH, Urt. v. 13.4.1994 – II ZR 16/93, NJW 1994, 1801 (1803); Der Sinn und Zweck des § 130 OWiG ist damit unter anderem für die Schließung von Sanktionslücken zu sorgen.

1468 Ähnlich Koch, AG 2009, 564 (568).

über die Normierung einer ebenfalls sanktionsbewehrten Aufsichtspflicht wieder in der Haftung.[1469] Gedanke des § 130 OWiG ist es somit, dass der Unternehmensinhaber nicht allein deshalb aus seiner Verantwortung entlassen werden soll, weil er andere für sich tätig werden lässt.[1470] Die den Inhaber treffenden betriebsbezogenen Pflichten wandeln sich dann in die von § 130 OWiG vorausgesetzten Aufsichtspflichten um.[1471]

Gedanklicher Ausgangspunkt der Pflichtenbegründung in § 130 OWiG ist somit eine schon zuvor bestehende Pflichtenstellung des Unternehmensinhabers. Hat man zum Ziel, den § 130 OWiG auf die Konzernobergesellschaft anzuwenden, so müsste diese Obergesellschaft nach dem Wortlaut und dem Normzweck des § 130 OWiG auch entsprechende betriebsbezogene Pflichten innehaben, denen sie sich wiederum durch Delegation entziehen könnte.[1472] Grundsätzlich obliegen die Pflichten, die sich aus dem Betrieb des Tochterunternehmens ergeben, aber der Tochtergesellschaft selbst, so dass dieser Gesellschaft ebenfalls eine Aufsichtspflicht i.S.d. § 130 OWiG obliegt, welche durch unternehmensinterne Delegation dieser Pflichten entstanden ist.[1473]

Dies schließt jedoch nicht zwingend die Aufsichtspflicht der Muttergesellschaft bzw. ihrer Repräsentanten aus. Eine Aufsichtspflicht kann sich aus dem Rechtsgedanken einer „Garantenstellung kraft Organisationszuständigkeit"[1474] ergeben. Es ist daher zu prüfen, ob die Gefahr der Begehung von Zuwiderhandlungen im Tochterunternehmen (auch) im Organisationskreis der Muttergesellschaft liegt.[1475]

Das Bestehen eines Konzernverbundes alleine kann daher noch keine Aufsichtspflicht der Obergesellschaft begründen, da keine generelle ordnungswidrigkeitenrechtliche Verantwortung der Konzernobergesellschaft für ihre Tochtergesellschaft in dem Sinne angenommen werden kann, dass sie ungeachtet der Organisationsform und des Konzernzuschnitts stets eine Verpflichtung träfe, für sämtliche Tätigkeitsbereiche der Tochtergesellschaft Aufsichtsmaßnahmen

1469 So auch Koch, AG 2009, 564 (569).
1470 Vgl. hierzu Rogall, in: KK-OWiG, § 130 Rn. 2 ff.
1471 Siehe hierzu Rogall, in: KK-OWiG, § 130 Rn. 1.
1472 So auch Koch, AG 2009, 564 (569), zunächst bedarf es hierfür einen Akt der Delegation. Durch diesen wird eine Umwandlung der originären betriebsbezogenen Pflichten in eine Aufsichtspflicht bewirkt.
1473 So auch Baumanns/Schlei, FS Wessing, S. 101 (S. 107).
1474 Siehe hierzu Rogall, in: KK-OWiG, § 130 Rn. 1.
1475 Ähnlicher Gedanke bei Baumanns/Schlei, FS Wessing, S. 101 (S. 107).

zu ergreifen.[1476] Es kommt vielmehr maßgeblich auf die Konzernstruktur sowie auf die Möglichkeiten der Einflussnahme und auf die tatsächliche Einflussnahme an. So existieren zentral organisierte Vertragskonzerne als auch dezentral organisierte Holdingkonzerne.[1477] Inhaber im Sinne des § 130 OWiG kann aber nur derjenige sein, der die Organisationshoheit innehat und als Geschäftsherr mittels arbeitsteiligen Einsatzes der Mitarbeiter das Unternehmen betreibt.[1478]

(3) Stellungnahme

Generell lässt sich aber damit de lege lata auch nicht ausschließen, dass eine Konzernobergesellschaft ebenfalls als „Unternehmensinhaber" anzusehen ist und damit einer ordnungswidrigkeitenrechtlichen Haftung aufgrund von Aufsichtspflichtverletzungen nach §§ 130, 30 OWiG ausgesetzt ist. Wie bereits geschildert, sind nach § 130 OWiG die vertretungsberechtigten Gesellschafter, Organe oder Organmitglieder der Konzernobergesellschaft die Adressaten der Aufsichtspflichtverletzung. Dies folgt daraus, dass ausschließlich natürliche Personen taugliche Täter i.S.d. § 130 OWiG sein können.[1479]

Über § 9 OWiG und § 30 OWiG kann dann aber gegenüber der Konzernobergesellschaft selbst eine Geldbuße verhängt werden, sofern das Mutterunternehmen in einer der in § 30 OWiG genannten Gesellschaftsformen organisiert ist.[1480] Die Betriebsbezogenheit der Pflichten, von der § 130 OWiG spricht, ist hierbei auf die Konzernspitze zu beziehen.[1481] Diese kann in speziellen Fällen neben den Organen der Tochtergesellschaft ebenfalls als Normadressat angesehen werden.[1482]

Auch wenn also die Konzernobergesellschaft als Haftungsadressat de lege lata bereits in Betracht kommt, sollte der Gesetzgeber aber das „ob", „wann" und „wie" der ordnungswidrigkeitenrechtlichen Haftung der Konzernobergesellschaft genauestens festlegen. Derzeit kann hierüber nur spekuliert werden und daher herrscht enorme Rechtsunsicherheit.

1476 So ebenfalls Arnold/Geiger, BB 2018, 2306 (2309); Baumanns/Schlei, FS Wessing, S. 101 (S. 108).

1477 Siehe hierzu Arnold/Geiger, BB 2018, 2306 (2309).

1478 Ähnlicher Gedanke bei Baumanns/Schlei, FS Wessing, S. 101 (S. 107).

1479 So auch Hunsmann, DStR 2014, 855 (857).

1480 Vgl. Rogall, in: KK-OWiG, § 130 Rn. 27.

1481 So Rogall, in: KK-OWiG, § 130 Rn. 29; Caracas, Verantwortlichkeit in internationalen Konzernstrukturen nach § 130 OWiG, S. 67.

1482 So auch Rogall, in: KK-OWiG, § 130 Rn. 29.

e) Anforderungen an den steuernden Eingriff

Genauestens sollten damit die Anforderungen vom Gesetzgeber abgesteckt werden unter denen eine Konzernobergesellschaft als Unternehmensinhaber angesehen werden kann. Wie bereits beschrieben, kommt es für eine Haftungserstreckung de lege lata maßgeblich auf die Struktur des Konzerns und auf den Einfluss der Konzernobergesellschaft auf die Tochtergesellschaft – also auf die tatsächlichen Verhältnisse im Konzern – an.[1483] Im Folgenden soll daher genauer untersucht werden, welche Anforderungen bzgl. einer Haftungserstreckung de lege lata zu stellen sind. Ob eine Haftung der Konzernobergesellschaft bzw. ihrer Vertreter oder Beauftragten i.S.d. § 9 OWiG besteht, sollte de lege lata in jedem Einzelfall immer speziell geprüft werden. Eine pauschale Aussage kann nicht getroffen werden.

Erteilt die Muttergesellschaft gegenüber der Tochtergesellschaft aber jedenfalls Weisungen und bestimmt sie auf diese Art mit, könnte – meiner Ansicht nach – auch eine Aufsichtspflicht für den von ihr beherrschten Geschäftsbereich bejaht werden. Eine Muttergesellschaft übernimmt die Verantwortung für eine aus ihrer Leitung/Weisung resultierende Gefahrenquelle, wenn sie steuernd in das Tochterunternehmen eingreift.[1484] Die Umsetzung wird dem die Weisungen erhaltenden Tochterunternehmen überlassen. Hierin liegt zugleich ein Akt der Delegation. Hier kann dann auch eine Haftung der Muttergesellschaft in Betracht kommen. Dadurch kann eine eigene, möglicherweise gar neben der Inhaberstellung der Tochtergesellschaft bestehende Inhaberstellung der Konzernobergesellschaft begründet werden.[1485]

Die Entstehung und Reichweite muss sich hierbei dann nach der Art und dem Ausmaß der tatsächlichen Einflussnahme der Konzernobergesellschaft auf die Tochtergesellschaft richten.[1486] Eine einheitliche Leitung i.S.d. § 18 AktG ist hierbei nicht zwingende Voraussetzung, um Einfluss auf die Tochtergesellschaft auszuüben.[1487] Auch ein beherrschender Einfluss i.S.d. § 17 AktG kann ausreichend sein. Entscheidend muss aber sein, ob das herrschende Unternehmen Handlungen und Geschäftspolitik des abhängigen Unternehmens in irgendeiner

1483 Siehe hierzu Arnold/Geiger, BB 2018, 2306 (2309); v. Schreitter, NZKart 2016, 253 (262).

1484 So auch Baumanns/Schlei, FS Wessing, S. 101 (S. 108).

1485 So ebenfalls Caracas, Verantwortlichkeit in internationalen Konzernstrukturen nach § 130 OWiG, S. 84.

1486 So ebenfalls Caracas, Verantwortlichkeit in internationalen Konzernstrukturen nach § 130 OWiG, S. 84.

1487 So auch Baumanns/Schlei, FS Wessing, S. 101 (S. 109).

Form bestimmen kann.[1488] Ob die Möglichkeit der Einflussnahme der Obergesellschaft dann rechtlich – in Form eines Beherrschungsvertrages besteht i.S.d. § 291 AktG – oder aber nur faktisch existiert, kann dann jedoch keinen Unterschied machen.[1489]

Allerdings kann es bei einem rein faktischen Konzernverhältnis ohne Direktionsrecht der Konzernobergesellschaft nur darauf ankommen, ob die Muttergesellschaft tatsächlich Einfluss nimmt oder nicht.[1490] So hatte das OLG-München[1491] bereits 2014 über die Anwendbarkeit des § 130 OWiG in Konzernsachverhalten zu entscheiden. Kernaussage des OLG München war hierbei, dass § 130 OWiG auf Konzernsachverhalte grundsätzlich anwendbar sei. Die Anwendbarkeit im konkreten Fall hänge aber von den Umständen des Einzelfalles ab. Dem ist – wie bereits erwähnt – zuzustimmen.[1492] Für den Umfang der Aufsichtspflicht im Sinne des § 130 OWiG können lediglich die tatsächlichen Verhältnisse im Konzern maßgeblich sein.

Nach dem OLG und meines Erachtens ist auf die tatsächliche Einflussnahme der Konzernmutter auf die Tochtergesellschaft abzustellen.[1493] Nur wenn

---

1488 Siehe hierzu Caracas, Verantwortlichkeit in internationalen Konzernstrukturen nach § 130 OWiG, S. 85.

1489 Ebenfalls Baumanns/Schlei, FS Wessing, S. 101 (S. 109); Im Rahmen eines Beherrschungsvertrages in der Konstellation des „Vertragskonzerns“ hat die Muttergesellschaft bereits ein Durchgriffsrecht nach § 308 AktG. Vereinzelt wird eine Haftung nur zugelassen, wenn es sich um eine 100%ige Tochtergesellschaft handelt, vgl. Tiedemann, NJW 1979, 1849 (1852) oder wenn die herrschende Gesellschaft den Verantwortlichen der Tochtergesellschaft die Aufsichtshoheit entzieht, vgl. Wirtz, WuW 2001, 342 (348 f.), siehe hierzu insgesamt Koch 2009, 1013 (1017). Andere bejahen eine gruppenweite Aufsichtspflicht erst dann, wenn das Mutterunternehmen tatsächlich eine zentrale Leitung innehat, vgl. Grundmeier, Rechtspflicht zur Compliance im Konzern, S. 59 ff.; Bosch, ZHR 177 (2013), 454 (466).

1490 Siehe hierzu auch Rogall, in: KK-OWiG, § 130 Rn. 27; Baumanns/Schlei, FS Wessing, S. 101 (S. 109, S. 110).

1491 Siehe die Anmerkung von Behr zu der Entscheidung vom OLG München vom 23. September 2014, OLG München, Beschl. v. 23.9.2014 – 3 Ws 599, 600/14, BB 2015, 2004 (m. Anm. Behr).

1492 Siehe auch Arnold/Geiger, BB 2018, 2306 (2309).

1493 Das OLG München entschied damit, dass § 130 OWiG über die Grenzen einer Gesellschaft hinaus Anwendung finden könne. Die Voraussetzungen und die Reichweite der Konzernverantwortlichkeit im Rahmen des § 130 OWiG ließ das OLG München unbeantwortet (siehe zu der Thematik Helck, juris-Compl 2/2015 Anm. 1, „Verletzung betriebsbezogener Aufsichtspflichten im Konzern“); hierzu auch Gürtler, in: Göhler OWiG, § 130 Rn. 5a; Krenberger/Krumm, in: Krenberger/Krumm-OWiG,

der Tochtergesellschaft von der Konzernmutter Weisungen erteilt werden und die Konzernmutter dadurch auf das Handeln der Tochtergesellschaft Einfluss nimmt und dadurch die Gefahr der betriebsbezogenen Pflichten begründet wird, besteht im Umfang dieser konkreten Einflussnahme eine gesellschaftsrechtliche Aufsichtspflicht der Konzernmutter.[1494] Unverzichtbar ist hierbei zumindest der Nachweis etwaiger erfolgter Weisungen. Hierbei können bereits Weisungen als ausreichend angesehen werden, die steuernd oder beschränkend auf die Tochtergesellschaft und auf ihre Geschäftstätigkeit sowie auf ihre Entscheidungsfindung einwirken.[1495] Dies kann sich zum Beispiel in der Festlegung von verbindlichen Richtlinien oder Handlungsanweisungen manifestieren.[1496]

Umgekehrt darf die bloße Kenntnis von strafbaren Handlungen in der Sphäre der Tochtergesellschaft nicht ausreichend sein, um eine Haftung der Muttergesellschaft zu begründen.[1497] Wenn die Tochtergesellschaft in ihrer eigenen Willensbildung und Handlungsfreiheit nicht durch die Weisungen der Konzernmutter beeinflusst wird und daher frei von Weisungen entscheiden und handeln kann, sollte die ordnungswidrigkeitenrechtliche Verantwortlichkeit zur Einhaltung der betriebsbezogenen Pflichten und die damit korrespondierende besondere Aufsichtspflicht im Sinne des § 130 OWiG trotz einer Konzernrechtslage bei den Repräsentanten der rechtlich selbstständigen Tochtergesellschaft verbleiben.[1498] Für die Annahme einer Aufsichtspflicht der Muttergesellschaft sollte insgesamt eine umfassende Ausübung der Leitungsmacht im Rahmen des konkret betroffenen Geschäftsbereiches gefordert werden. So muss die Muttergesellschaft

§ 130 Rn. 7: „Ist der Konzern faktisch so strukturiert, dass die Muttergesellschaft in einzelne Entscheidungen hineinwirken kann, gilt § 130 zudem für die Vorstände der Muttergesellschaft betreffs der Zuwiderhandlungen innerhalb einer Tochtergesellschaft."

1494 So auch Rogall, in: KK-OWiG, § 130 Rn. 27 und OLG München, Beschl. v. 23.9.2014 – 3 Ws 599, 600/14, StV 2016, 35.

1495 So auch Caracas, CCZ 2016, 44 (47).

1496 Siehe Caracas, CCZ 2016, 44 (47); Caracas, Verantwortlichkeit in internationalen Konzernstrukturen nach § 130 OWiG, S. 55 f., S. 86 f.

1497 Bereits Caracas, CCZ 2016, 44 (47).

1498 So Rogall, in: KK-OWiG, § 130 Rn. 27 und das OLG, OLG München, Beschl. v. 23.9.2014 – 3 Ws 599, 600/14, BB 2015, 2004 (m. Anm. Behr) und bereits Caracas, Verantwortlichkeit in internationalen Konzernstrukturen nach § 130 OWiG, S. 86 f. Es besteht nicht grdsl. eine gesellschaftsrechtliche Aufsichtspflicht der Muttergesellschaft gegenüber dem Tochterunternehmen.

maßgeblich in die innere Organisationsstruktur und Geschäftstätigkeit eingreifen.[1499]

Nach Caracas[1500] bietet das Kriterium der faktischen Leitungsausübung „einen von Konzernrechtsverhältnissen rechtlich konstruierten Verantwortungsmatrixen und kapitalbezogenen Beteiligungsverhältnissen unabhängigen Beurteilungsmaßstab, der dem, auch im Ordnungswidrigkeitenrecht geltenden „Schuldprinzip“ am ehesten gerecht wird“[1501]. Eine Konzernobergesellschaft sollte also dann haften, wenn die Tochtergesellschaft trotz eigener Rechte und Pflichten faktisch durch die Muttergesellschaft gesteuert wird.[1502] Durch eine Begrenzung der Aufsichtsverantwortlichkeit auf den Umfang und Gegenstand der konkreten Leitungsausübung werde die erforderliche Kongruenz zwischen Einfluss und Verantwortlichkeit am ehesten gewährleistet.[1503]

3. *Ergebnis und Überlegungen für eine Regelung de lege ferenda*

Dieser Ansicht von Caracas ist zu folgen. Die Tatsache, dass die einzelnen abhängigen Unternehmen rechtlich selbstständig bleiben und daher der Konzern nicht dem aktienrechtlichen Unternehmensbegriff unterfällt, muss somit im Bereich der Aufsichtspflichtverletzung unbeachtet bleiben. Der Umfang der Aufsichtspflicht kann nur davon abhängig sein, welchen Spielraum die einzelnen Unternehmen für die eigene Willensbildung haben und davon in welchem Umfang die jeweilige Konzernspitze von faktischen Durchgriffsmöglichkeiten tatsächlich Gebrauch macht. Nur so kann die notwendige Kongruenz zwischen Einfluss

---

1499 Vgl. Bock, ZIS 2009, 68 (71) und Caracas, Verantwortlichkeit in internationalen Konzernstrukturen nach § 130 OWiG, S. 85.

1500 Siehe Caracas, CCZ 2015, 167 ff.

1501 Caracas, CCZ 2015, 167 (168).

1502 Der Normzweck des § 130 OWiG lässt es nach Caracas sinnvoll erscheinen, den Begriff des Unternehmensinhabers und seiner Pflichten autonom auszulegen. Die Lösung liege in der am Normzweck des § 130 OWiG orientierten Auslegung der Begriffe Unternehmen und Unternehmensinhaber. Unternehmensinhaber i.S.d. § 130 OWiG sei „diejenige Gesellschaft, die aufgrund tatsächlicher Einflussnahme die einheitliche Leitung über eine andere Konzerngesellschaft faktisch ausübt, und damit innerhalb dieser Organisationseinheit als juristische Person für die Erfüllung ihrer Aufgaben zuständig ist, also zum Unternehmensträger (Betreiber der Organisationseinheit) wird.“ (Caracas, CCZ 2015, 167 (169)).

1503 Vgl. Caracas, CCZ 2015, 167 (169). So kann eine konzernbezogene Aufsichtspflicht auch nicht ohne Grenzen bestehen, da sie in Ansehung des Bestimmtheitsgebotes (Art. 103 Abs. 2 GG, § 3 OWiG) auf das Ausmaß der tatsächlichen Leitungsausübung zu begrenzen ist.

und Verantwortlichkeit, also zwischen Herrschaft und Haftung, geschaffen bzw. hergestellt werden.[1504] Um eine Haftungserstreckung zu bewirken, muss die Muttergesellschaft maßgeblich in die innere Organisationsstruktur und Geschäftstätigkeit eingegriffen haben.

Wie sich gezeigt hat, ist die derzeitige Gesetzeslage jedoch im Hinblick auf die Haftung der Konzernmutter und damit insgesamt die Haftung in Konzernstrukturen im Hinblick auf das „Ob“ und auch auf das „Wie“ nach § 130 OWiG i.V.m. § 30 OWiG unklar. Es besteht keinerlei Rechtssicherheit für die Konzerne, so dass eine gar willkürliche und daher auch sehr unterschiedliche Anwendung ermöglicht wird. Dies ist sehr unbefriedigend und sollte daher durch den Gesetzgeber zeitnah geklärt werden.

a) Notwendigkeit der gesetzlichen Klarstellung

So ist nach derzeitigem Gesetzesstand fraglich, ob die Konzernmutter nach § 130 OWiG in die Haftung genommen werden kann. Es ist aber nicht ausgeschlossen und von Gesetzes wegen begründbar. Sollte man eine Haftung der Muttergesellschaft durch Auslegung bejahen, so sind zumindest hohe Hürden für eine etwaige Erstreckung der Haftung vorzusehen.[1505] Es ist eine Einzelfallbetrachtung der tatsächlichen Verhältnisse im Konzern vorzunehmen. Der Umfang der Aufsichtspflicht ist davon abhängig zu machen, welchen Spielraum einzelne Unternehmen für eine eigene Willensbildung haben, beziehungsweise in welchem Umfang die Konzernspitze von faktischen Durchgriffsmöglichkeiten dann tatsächlich Gebrauch macht.[1506] Nur dadurch kann eine Kongruenz zwischen Einfluss und Verantwortlichkeit, also zwischen Herrschaft und Haftung, hergestellt werden.[1507] Der Gesetzgeber ist hier dringend aufgerufen, eine

---

1504 So ähnlich auch Caracas, Verantwortlichkeit in internationalen Konzernstrukturen nach § 130 OWiG, S. 86 f., S. 266.

1505 Siehe hierzu auch v. Schreitter, NZKart 2016, 253 (262).

1506 Vgl. Rogall, in: KK-OWiG, § 130 Rn. 28.

1507 Siehe hierzu Caracas, Verantwortlichkeit in internationalen Konzernstrukturen nach § 130 OWiG, S. 86 f., S. 266. Nach dem Beschluss des OLG München (vgl. OLG München, Beschl. v. 23.9.2014 – 3 Ws 599, 600/14, BB 2015, 2004 (m. Anm. Behr)) wiederum soll eine Aufsichtspflicht allenfalls dann bestehen, wenn die Obergesellschaft tatsächlich „durchregieren“ (d.h. Weisungen erteilen) kann, die das Handeln der Tochtergesellschaft beeinflussen. Liegt nur ein faktischer Konzern vor, so sei das Tochterunternehmen, aus dem heraus die Ordnungswidrigkeit begangen wurde, als selbstständig anzusehen. Eine Aufsichtspflicht sei in solchen Fällen nur anzunehmen, wenn die Konzernmutter tatsächlich die Tochtergesellschaft beeinflusst hat und dadurch die Gefahr einer Verletzung betriebsbezogener Pflichten begründet wurde,

Klarstellung zu formulieren. Zudem muss das Verhältnis geregelt werden, sollten Tochtergesellschaft und Muttergesellschaft in die Haftung genommen werden können, da es gar zu einer Doppelung der Unternehmensinhaber kommen könnte.[1508] Zugleich ist die Bußgeldobergrenze bei der Haftung der Muttergesellschaft fraglich. Weiter muss die Bußgeldlastverteilung geregelt werden.[1509]

b) Notwendigkeit einer Regelung für Doppelmandatsträger

Zu untersuchen wäre zudem, ob sich bei einer Doppelmandatsträgerschaft an dem gefundenen Ergebnis etwas ändert. Eine Doppelmandatsträgerschaft ist anzunehmen, wenn z.B. ein aufsichtspflichtiger Geschäftsführer der Vertriebstochtergesellschaft zugleich Vorstand der Obergesellschaft ist.[1510] Würde ein Verstoß durch den aufsichtspflichtigen Geschäftsführer begangen, so könnte man aufgrund des doppelfunktionalen Fehlverhaltens erwägen, eine Haftung der Obergesellschaft nach § 130 OWiG anzunehmen. Hier wäre ebenfalls eine Regelung durch den Gesetzgeber gefragt.[1511]

II. Notwendigkeit der sanktionsrechtlichen Erfassung der Konzernobergesellschaft

Unabhängig von der derzeitigen Auslegung des § 130 OWiG bestehen aus kriminalpolitischer Sicht zudem gute Gründe dafür, die Muttergesellschaft in bestimmten Fallkonstellationen haften zu lassen. Weswegen viel dafür spricht, dass der Gesetzgeber diese Haftung explizit normiert. Die wesentlichen Gründe sollen im Folgenden kurz erläutert werden:[1512]

Generell sollten zum einen Herrschaft und Haftung zusammenfallen.[1513] Zudem könnten bei der Bebußung der größeren Einheit, die aus der Verfolgung

---

siehe hierzu auch v. Schreitter, NZKart 2016, 253 (262); Wiedmann/Funk, BB 2015, 2627 (2630).

1508 Diese Problematik wurde bereits durch Koch erkannt, siehe Koch, AG 2009, 564 (571).

1509 Siehe hierzu v. Schreitter, NZKart 2016, 253 (264).

1510 Siehe hierzu v. Schreitter, NZKart 2016, 253 (262).

1511 Siehe hierzu v. Schreitter, NZKart 2016, 253 (262).

1512 Siehe Caracas, Verantwortlichkeit in internationalen Konzernstrukturen nach § 130 OWiG, S. 52 ff.; siehe auf Experteninterviews gestützte Motivationen für den Sanktionsdurchgriff bei Theile, in: Eisele/Koch/Theile, Der Sanktionsdurchgriff im Unternehmensverbund, S. 73 (S. 86 ff.).

1513 Siehe Caracas, Verantwortlichkeit in internationalen Konzernstrukturen nach § 130 OWiG, S. 266.

von Individuen bekannten Zurechnungsprobleme kleiner werden. Weiter könnte dadurch auch die Sanktionspraxis insgesamt effizienter werden. Darüber hinaus werden Anreize für eine konzernübergreifende Compliance geschaffen.[1514] Hieraus lassen sich dann – ohne Kosten für den Staat – Präventionsgewinne erzielen.[1515] Durch einen solchen Zugriff auf die Mutter würden außerdem teilweise höhere Bußgelder in den Staatshaushalt fließen.

Bei einer klaren Regelung der Konzernhaftung im strafrechtlichen bzw. ordnungswidrigkeitenrechtlichen Sinne würde der Gesetzgeber weiter endlich Klarheit für die Konzerne, aber auch für die Verfolgungsbehörden schaffen. So erscheint derzeit im Lichte des ausgeklügelten und abgestuften Gläubigerschutzsystems der §§ 291 ff., 311 ff. AktG die Geldbuße nach den §§ 30 Abs. 1 Nr. 1, 130 Abs. 1 OWiG bei Fehlverhalten auf Ebene von Konzerngliedern geradezu „grobschlächtig".[1516]

Aus Sicht der Verfolgungsbehörden wird zudem die Frage des Sanktionsdurchgriffs dann besonders interessant, wenn eine unmittelbar in den Ordnungswidrigkeitenverstoß verstrickte Tochtergesellschaft ordnungswidrigkeitenrechtlich nicht (mehr) mit einer Geldbuße belegt werden kann.[1517] Dies dürfte insbesondere in Fällen der Gesamtrechtsnachfolge passieren.[1518] Gibt es die in den Verstoß verwickelte Gesellschaft durch gesellschafts- und umwandlungsrechtliche Maßnahmen nicht mehr und gelangt auch § 30 Abs. 2a OWiG nicht zur Anwendung oder bleibt die Gesellschaft als „leere Hülle" beispielsweise insolvent zurück, so geht ein gegen diese Gesellschaft verhängtes Bußgeld ins Leere.[1519]

Weiter kann es zudem insgesamt aus spezial- oder generalpräventiven Erwägungen heraus günstig sein, bei der Verfolgung von Ordnungswidrigkeiten bzw.

1514 Siehe zur Haftung für Compliance-Verstöße im Konzern de lege lata: Arnold/Geiger, BB 2018, 2306 ff.

1515 Siehe zu diversen Problematiken Ruchatz, AG 2015, 1 ff.; Lutter, FS Goette, S. 289 ff.; Habersack, FS Möschel, S. 1175 (S. 1187 ff.). Nicht zufriedenstellend sind für die Beteiligten die unzureichend geklärten Fragen wie z.B. ob die aufsichtsrechtlichen Anforderungen nur im Rahmen des gesellschaftsrechtlich Möglichen zu berücksichtigen und umzusetzen sind; siehe Binder, ZGR 2015, 667 ff.

1516 So ebenfalls Habersack, AG 2016, 691 ff.

1517 Siehe mit Beispiel auf die Kartellverfolgungsbehörde: v. Schreitter, NZKart 2016, 253 (254).

1518 Siehe v. Schreitter, NZKart 2016, 253 (254).

1519 So v. Schreitter, NZKart 2016, 253 (254). Siehe zur Haftung bei der Rechtsnachfolge die Ausführungen im 3. Kapitel B.

Straftaten den Kreis der Haftungssubjekte zu erweitern und beispielsweise nicht nur gegenüber der Tochtergesellschaft ein Ordnungswidrigkeitenverfahren einzuleiten, sondern auch gegenüber der Muttergesellschaft und deren Organen aktiv zu werden.[1520]

1. *Faktische Einbindung der Tochtergesellschaft*

Im heutigen Wirtschaftsleben finden sich viele und unterschiedlich starke Verflechtungen von Unternehmen.[1521] Sowohl eine faktische Einbindung einzelner Tochtergesellschaften in den Konzern als auch ein etwaiger Einfluss der Leitung des Konzerns auf die Tochtergesellschaft müssen daher berücksichtigt werden.[1522] Wenn die Konzernmutter die Handlungen und die Geschäftspolitik der Tochtergesellschaft bzw. der jeweiligen Organe tatsächlich beeinflusst bzw. gar bestimmt, muss die Konzernmutter auch selbst verantwortlich gemacht werden können.[1523] Sonst könnte die eigentlich verantwortliche Konzernmutter aufgrund der rechtlichen Selbstständigkeit der Tochtergesellschaft die Haftung vermeiden.[1524] Die Konzernobergesellschaft könnte sonst die sanktionsrechtlich relevanten Handlungen, die Konzernzielen dienen, jedoch gegen bußgeldbewehrte betriebsbezogene Pflichten verstoßen, durch die Tochtergesellschaft ausführen lassen und würde sich so ihrer sanktionsrechtlichen Verantwortlichkeit entziehen.[1525] Zudem könnten eventuelle Haftungslücken dann entstehen, wenn

---

1520 So auch v. Schreitter, NZKart 2016, 253 (254). Ein solches Verfahren kann die Behörde entweder zur gleichen Zeit mit den Ermittlungen gegen die Tochtergesellschaft als auch nach den Ermittlungen gegenüber dieser betreiben (jeweils bei Einhaltung der Grenze der absoluten Verjährungsfrist), vgl. v. Schreitter, NZKart 2016, 253 (254).

1521 So Caracas, Verantwortlichkeit in internationalen Konzernstrukturen nach § 130 OWiG, S. 53; Dreher, ZWeR 2004, 75 (101).

1522 Vgl. Caracas, Verantwortlichkeit in internationalen Konzernstrukturen nach § 130 OWiG, S. 53; Vogt, Die Verbandsgeldbuße gegen eine herrschende Konzerngesellschaft, S. 24.

1523 So Caracas, Verantwortlichkeit in internationalen Konzernstrukturen nach § 130 OWiG, S. 53; Alexander, Die strafrechtliche Verantwortlichkeit für die Wahrung der Verkehrssicherungspflichten in Unternehmen, S. 303.

1524 Ähnlicher Gedanke bei Caracas, Verantwortlichkeit in internationalen Konzernstrukturen nach § 130 OWiG, S. 53.

1525 Vgl. Vogt, Die Verbandsgeldbuße gegen eine herrschende Konzerngesellschaft, S. 24 f.; Caracas, Verantwortlichkeit in internationalen Konzernstrukturen nach § 130 OWiG, S. 53.

die Leitung durch die Muttergesellschaft so organisiert ist, dass die Leitungspersonen der Tochter eine eigene Aufsichtspflicht gar nicht erfüllen können.[1526]

2. Keine direkte Haftung der Konzernmutter nach § 30 OWiG

Würde man bei Zuwiderhandlungen in der Sphäre der Tochtergesellschaft die Anwendbarkeit des § 130 Abs. 1 OWiG auf die Konzernmutter und ihre Vertreter i.S.d. § 9 Abs. 1 OWiG mangels einer Unternehmensinhaberschaft für nicht anwendbar erklären, würde zudem die Aufsichtspflichtverletzung gem. § 130 OWiG also die Anknüpfungstat des § 30 Abs. 1 OWiG wegfallen.[1527] Eine Verhängung einer Verbandsgeldbuße gegen die Konzernmutter wäre dann nur noch möglich, wenn deren Repräsentanten i.S.d. § 30 Abs. 1 OWiG die Zuwiderhandlung in der Sphäre der Tochtergesellschaft als Anknüpfungstat (Straftat oder Ordnungswidrigkeit) zurechenbar ist.[1528]

Mögliche Anknüpfungstat i.S.d. § 30 OWiG für eine Haftung der Konzernmutter ist aber vor allem die Aufsichtspflichtverletzung gem. § 130 OWiG.[1529] Zumeist scheidet eine Zurechnung der Zuwiderhandlung aufgrund eigener aktiver Mitwirkung des verantwortlichen Repräsentanten der Konzernmutter an den in der Sphäre der abhängigen Tochtergesellschaft begangenen Zuwiderhandlungen aus.[1530]

Nach § 30 Abs. 1 OWiG wäre ein Haftungsdurchgriff auf die herrschende Konzernmutter nur dann möglich, wenn deren Repräsentanten als Unterlassungstäter i.S.v. § 13 StGB bzw. § 8 OWiG, in Bezug auf die in der Sphäre der Tochtergesellschaft begangene Zuwiderhandlung, anzusehen sind.[1531] Allerdings ist die in § 13 StGB bzw. § 8 OWiG geforderte Garantenstellung schwer zu begründen.[1532] Weiter setzt ein Unterlassungsdelikt eine Kausalität des Unterlassens für

---

1526 Siehe Achenbach, NZWiSt 2012, 321 (327).

1527 Siehe Caracas, Verantwortlichkeit in internationalen Konzernstrukturen nach § 130 OWiG, S. 55.

1528 So auch Caracas, Verantwortlichkeit in internationalen Konzernstrukturen nach § 130 OWiG, S. 55.

1529 So Gürtler, in: Göhler OWiG, § 30 Rn. 17.

1530 Ähnlich Caracas, Verantwortlichkeit in internationalen Konzernstrukturen nach § 130 OWiG, S. 55, Koch, ZHR 2007, 554 (569).

1531 Ähnlicher Gedanke bei Baumanns/Schlei, FS Wessing, S. 101 (S. 114); Caracas, Verantwortlichkeit in internationalen Konzernstrukturen nach § 130 OWiG, S. 56.

1532 Siehe Baumanns/Schlei, FS Wessing, S. 101 (S. 114); Caracas, Verantwortlichkeit in internationalen Konzernstrukturen nach § 130 OWiG, S. 56: Es besteht bereits

die Realisierung der Gefahr voraus. In den meisten Fällen dürfte es allerdings schwer nachweisbar sein, dass das Ergreifen der Aufsichtsmaßnahmen die konkrete Zuwiderhandlung mit an Sicherheit grenzender Wahrscheinlichkeit verhindert hätte. Zudem würde eine Sanktionierung des Unternehmensinhabers aufgrund eines Unterlassungsdelikts nach § 13 StGB bzw. § 8 OWiG Vorsatz und damit zumindest eine Kenntnis von der konkreten Zuwiderhandlung erfordern.[1533] Dies wird in einem Konzern schwer nachweisbar sein.[1534]

3. *Eventuelle Sanktionslücken bei Tochtergesellschaften im Ausland*

Zudem besteht die Gefahr, wenn die Anwendbarkeit des § 130 Abs. 1 OWiG nur auf die rechtlichen Grenzen der Einzelgesellschaft beschränkt werden, in deren Sphäre die Zuwiderhandlung stattfindet, dass ein verantwortungsfreier Bereich entsteht.[1535] Hat die Tochtergesellschaft beispielsweise ihren verwaltungsmäßigen Sitz im Ausland und erfolgt die Zuwiderhandlung als reine Auslandstat ohne Inlandsbezug, sind sowohl die Tochtergesellschaft als auch ihre Vertreter i.S.d. § 9 Abs. 1 OWiG wegen unterlassener Aufsichtsmaßnahmen gem. § 130 OWiG nicht ahndbar, weil das Ordnungswidrigkeitengesetz gem. § 5 OWiG nur für Handlungen innerhalb dessen räumlichen Geltungsbereichs Anwendung findet.[1536]

---

keine Einigkeit darüber, ob dem originär zuständigen Betriebsinhaber selbst eine Garantenstellung zukommt, siehe hierzu Koch, ZHR 2007, 554, (574). Zudem ist zweifelhaft, ob eine gegebenenfalls bestehende Aufsichtspflicht der Leitungsperson eine solche Garantenstellung begründet. Fraglich ist weiter, ob der Leitungsperson der Konzernobergesellschaft i.S.d. § 9 Abs. 1 OWiG überhaupt eine Aufsichtspflicht obliegt, welche unter Umständen zu einer Garantenstellung führen könnte, ablehnend bzgl. der Garantenpflicht für die Obergesellschaft Koch, ZHR 2007, 554 (572) und Koch, AG 2009, 564 (569 und 574 m.w.N.).

1533 So auch Baumanns/Schlei, FS Wessing, S. 101 (S. 114).

1534 Siehe hierzu Caracas, Verantwortlichkeit in internationalen Konzernstrukturen nach § 130 OWiG, S. 57.

1535 Vgl. Caracas, Verantwortlichkeit in internationalen Konzernstrukturen nach § 130 OWiG, S. 54.

1536 Siehe zum transnationalen Geltungsbereich die Ausführungen im 3. Kapitel H.; Rogall, in: KK-OWiG, § 5 Rn. 4; Dieses Beispiel bringt Caracas, Verantwortlichkeit in internationalen Konzernstrukturen nach § 130 OWiG, S. 54; siehe zu dem Thema auch sehr ausführlich Caracas, CCZ 2015, 218 ff.

So versagt die Inanspruchnahme der Konzernobergesellschaft nach § 30 OWiG, wenn es sich bei der Anknüpfungstat i.S.d. § 30 OWiG um eine reine Auslandstat handelt.[1537] Eine Verbandsgeldbuße kann nur gem. § 30 OWiG verhängt werden, wenn die Anknüpfungstat dem Geltungsbereich des deutschen Strafrechts gem. §§ 3 ff. StGB oder des Ordnungswidrigkeitenrechts gem. § 5 OWiG unterliegt.[1538] Nimmt man an, dass die deutsche Konzernobergesellschaft auch für Zuwiderhandlungen in der Sphäre der Tochtergesellschaft gem. § 130 OWiG verantwortlich ist, würde durch diese Annahme ein Bezugspunkt zu Deutschland bestehen, der die Verhängung der Verbandsgeldbuße gegen die Muttergesellschaft nach § 30 Abs. 1 OWiG (i.V.m. § 130 OWiG als Anknüpfungstat) auch bei Zuwiderhandlungen im Ausland ermöglichen würde.[1539]

4. *Unterschiedlicher Bußgeldrahmen*

Zudem ist bzw. wäre der Bußgeldrahmen sowie die Bußgeldhöhe sehr unterschiedlich zu betrachten. Bei der Bestimmung der jeweiligen Bußgeldhöhe gem. § 17 Abs. 3 S. 2 OWiG sind auch die wirtschaftlichen Verhältnisse des Täters und damit entweder die der Tochtergesellschaft oder – bei Bejahung der Haftung – die der Muttergesellschaft relevant.[1540]

III. Rechtsfolgenbetrachtung und Stellungnahme

Abschließend lässt sich zusammenfassend somit sagen: Derzeit droht der Konzernobergesellschaft eine Haftung aus § 130 OWiG i.V.m. § 30 OWiG.[1541] Allerdings führt die Bejahung der Anwendbarkeit des § 130 OWiG auf

---

1537 So Caracas, Verantwortlichkeit in internationalen Konzernstrukturen nach § 130 OWiG, S. 57.

1538 Siehe bereits im 3. Kapitel H. V. 2.; Rogall, in: KK-OWiG, § 30 Rn. 88; Caracas, Verantwortlichkeit in internationalen Konzernstrukturen nach § 130 OWiG, S. 58.

1539 Vgl. Caracas, Verantwortlichkeit in internationalen Konzernstrukturen nach § 130 OWiG, S. 58; Die tatbestandliche Reichweite des § 130 OWiG in Bezug auf Auslandssachverhalte ist anhand einer inzidenten Vorabprüfung der tatbestandlichen Reichweite des durch die Zuwiderhandlung jeweils betroffenen Tatbestands vorzunehmen, siehe zu der Thematik: Caracas CCZ 2015, 218 ff.

1540 Siehe Caracas, Verantwortlichkeit in internationalen Konzernstrukturen nach § 130 OWiG, S. 58; Förster, in: RRH-OWiG, § 17 Rn. 26.

1541 So ebenfalls Bosch, ZHR 177 (2013), 454 (466).

Konzernsachverhalte (also auf die Konzernobergesellschaft) zu beträchtlichen Folgeproblemen.[1542] So ist noch zu klären, ob die Aufsichtspflichten von der Konzernobergesellschaft und Tochtergesellschaft gleichrangig nebeneinanderstehen oder die Annahme einer durch den Eingriff in das Tochterunternehmen begründeten Aufsichtspflicht der Muttergesellschaft gar die Folgerung zulässt, dass die Aufsichtspflicht der Muttergesellschaft die Aufsichtspflicht der Tochtergesellschaft verdrängt. Es ist zu bedenken, dass die Tochtergesellschaft auch nach Einfügung in eine Konzernstruktur fraglos als Unternehmensinhaber im Sinne des § 130 Abs. 1 OWiG angesehen werden könnte. Dies könnte dazu führen, dass es sozusagen zwei Unternehmensinhaber geben könnte.[1543]

Sanktionen könnten in diesem Zusammenhang nach dem jeweiligen Grad der Verantwortlichkeit verhängt werden. Die Pflichtenverteilung könnte gemäß dem Verantwortungsprinzip und/oder der Organisationsherrschaft aber auch vom Umfang der Einflussnahme auf die Tochtergesellschaft abhängig gemacht werden. Entscheidend für den Umfang der Aufsichtspflicht könnte ebenfalls der der Tochtergesellschaft verbleibende Handlungs- und Entscheidungsspielraum sein.[1544] Wenn jedoch der Handlungs- und Entscheidungsspielraum durch die Muttergesellschaft der Tochtergesellschaft vollständig entzogen ist und die Muttergesellschaft die Aufsicht komplett an sich zieht, so könnte eine parallele Aufsichtspflicht der Tochtergesellschaft generell zu verneinen sein.[1545]

Insgesamt zeigt sich nach näherer Betrachtung, dass es dringend notwendig ist, neue Regelungen zu schaffen. Bis dato ist sowohl unklar wie und wann eine Konzernobergesellschaft haften soll und falls ja, wie bei zwei Unternehmensinhabern (Tochtergesellschaft, Muttergesellschaft) haftungstechnisch zu verfahren ist. Diese Klarstellungen sind zwingend vorzunehmen. Ebenfalls klärungsbedürftig ist die Frage, inwieweit die Muttergesellschaft überhaupt selbst in der Lage ist, die notwendigen Aufsichtsmaßnahmen zu treffen und in

1542 Überblick bei Grundmeier, Rechtspflicht zur Compliance im Konzern, S. 59 ff.; Muders, Die Haftung im Konzern für die Verletzung des Bußgeldtatbestandes des § 130 OWiG, S. 40 ff.

1543 So auch Baumanns/Schlei, FS Wessing, S. 101 (S. 113).

1544 Vgl. Caracas, Verantwortlichkeit in internationalen Konzernstrukturen nach § 130 OWiG, S. 84 (S. 86 f.).

1545 Ähnlicher Gedanke bei Baumanns/Schlei, FS Wessing, S. 101 (S. 113); in diesem Augenblick kann die Tochtergesellschaft eine Aufsichtspflicht nicht mehr erfüllen, siehe hierzu Achenbach, NZWiSt 2012, 321 (327).

welchen Konstellationen daher überhaupt eine Haftung in Frage kommt und zumutbar ist.[1546]

Zu klären ist weiter, ob es einer Sanktionslücke bei § 130 OWiG bedarf, um die Muttergesellschaft haften zu lassen.[1547] So stößt ein Modell, das die Konzernobergesellschaft als (zusätzliche) Inhaberin des verbundenen Unternehmens (also der Tochtergesellschaft) ansieht,[1548] auf ein anderes Modell, nach dem die Konzernobergesellschaft Inhaberin des aus Mutter- und Tochtergesellschaft (als wirtschaftliche Einheit) gebildeten Unternehmensverbundes ist.[1549] Es kommt hier jeweils zur Kollision von Aufsichtspflichten und der Frage nach der Zuständigkeit für deren Erfüllung.

Weiter müssten beispielsweise bei einem Modell wie dem von Grundmeier, der die Konzernobergesellschaft als den eigentlichen Normadressaten ansieht, deren Aufsichtspflichten, die Pflichten der Tochtergesellschaft überlagern,[1550] Kriterien entwickelt werden unter welchen Voraussetzungen eine solche Situation der Überlagerung überhaupt eintritt. Im Hinblick auf die Reichweite der Aufsichtspflicht muss zudem angegeben werden, welche Dimension der faktische Einfluss aufweisen muss und welche Art der Aufsichtspflicht zu fordern ist.[1551] Angesichts der unterschiedlichsten Konzerntypen ist dies nicht leicht. Zumindest muss eine Grundvoraussetzung sein, dass überhaupt eine Handlungsmöglichkeit bestand.

1546 Einem bloßen Gesellschafter einer GmbH oder AG wäre dies in der Regel nicht möglich; vgl. Koch, AG 2009, 564 (572).

1547 Nach einer Ansicht kann § 130 OWiG so gelesen werden, dass Adressat des § 130 OWiG jeder Inhaber ist. Der Wortlaut stünde einer Doppelung der Aufsichtspflicht bzw. einer Aufspaltung des Pflichtenkreises des Unternehmensinhabers auf zwei verschiedene Adressaten nicht entgegen, so Löbbe ZHR (2013), 518 (546). Nach der Gegenmeinung soll § 130 OWiG Sanktionslücken schließen, die durch Delegation innerhalb des Einzelunternehmens entstehen. Die Haftungserstreckung auf den Verband (Tochtergesellschaft) erfolgt über § 30 OWiG, Sanktionslücken seien dann ausgeschlossen, siehe Koch, AG 2009, 564 (568 ff., 571); Vogt, Die Verbandsgeldbuße gegen eine herrschende Konzerngesellschaft, S. 287 f.

1548 Vgl. Rogall, in: KK-OWiG, § 130 Rn. 27.

1549 So etwa Grundmeier, Rechtspflicht zur Compliance im Konzern, S. 59 ff.; S. 77 ff.; Muders, Die Haftung im Konzern für die Verletzung des Bußgeldtatbestandes des § 130 OWiG, S. 68 ff.; Caracas, Verantwortlichkeit in internationalen Konzernstrukturen nach § 130 OWiG, S. 84 f.

1550 Siehe hierzu Grundmeier, Rechtspflicht zur Compliance im Konzern, S. 76.

1551 Siehe hierzu Grundmeier, Rechtspflicht zur Compliance im Konzern, S. 82 ff.; Muders, Die Haftung im Konzern für die Verletzung des Bußgeldtatbestandes des § 130 OWiG, S. 85 ff.

Betont werden muss daher nochmals, dass das „Ob", „Wann" und „Wie" des Bestehens einer Sanktionsdrohung für die Konzernobergesellschaft derzeit nicht hinreichend sicher zu überblicken ist.[1552] Damit aber das Sanktionsrecht seine Aufgaben (etwa den Rechtsgüterschutz oder etwaige Präventionswirkungen) erfüllen kann, muss für die Unternehmen, also sowohl für die Konzernobergesellschaft als auch für die Tochtergesellschaft, klar und eindeutig sein, welches Verhalten von Ihnen verlangt wird.[1553] Zusätzlich müssen diese zudem einschätzen können, wann sie sich in den Bereich ahndungsrechtlich relevanter Verhaltensweisen begeben. Derzeit herrscht aber für konzernangehörige Gesellschaften und ihre Geschäftsführung ein erhebliches Maß an Rechtsunsicherheit.[1554] Zudem muss berücksichtigt werden, dass bei Annahmen einer konzernweiten Compliance-Pflicht der Konzernobergesellschaft eine arbeitsteilige und dezentralisierte Leitung im Unternehmensverbund bzw. im Konzern eventuell dann nicht mehr möglich wäre.[1555] Was insgesamt nicht gewünscht sein kann. Eine Delegation von Pflichten ist sowohl von öffentlichem als auch von wirtschaftlichem Interesse.[1556] Dies spiegelt sich auch in dem § 130 Abs. 1 S. 2 OWiG wieder, der die Option der Pflichtendelegation als bestehend voraussetzt.[1557]

De lege ferenda müssen Regelungen geschaffen werden, die die Voraussetzungen für eine Haftung klar herausarbeiten.[1558] Bei den Überlegungen sind auch zivilrechtliche und gesellschaftsrechtliche Aspekte einzubeziehen. So muss, um einem übergeordneten Unternehmen die Straftat oder Ordnungswidrigkeit zurechnen zu können, dieses Unternehmen zwingend entsprechende Einwirkungsmöglichkeiten haben.[1559] Andernfalls würde die Bestrafung als ungerecht empfunden werden. Anhaltspunkte können hier eventuell die Regelungen des

---

1552 So auch Baumanns/Schlei, FS Wessing, S. 101 (S. 115).

1553 Siehe hierzu Baumanns/Schlei, FS Wessing, S. 101 (S. 115).

1554 Hierzu gehört auch die Unsicherheit über die konkreten Verfahrensrechte der betroffenen Unternehmen in einem gegen sie geführten Verfahren.

1555 Vgl. Koch, AG 2009, 564 (565); zur Haftung f. Compliance-Verstöße im Konzern: Arnold/Geiger, BB 2018, 2306 ff; Caracas, Verantwortlichkeit in internationalen Konzernstrukturen nach § 130 OWiG, S. 50.

1556 Vgl. Rogall, KK-OWiG, § 130 Rn. 3.

1557 Vgl. Gürtler, in: Göhler OWiG, § 130 Rn. 15.

1558 Gestaltungsüberlegungen für einen zukünftigen Durchgriffstatbestand finden sich bei: Tschierschke, Die Sanktionierung des Unternehmensverbundes, S. 149 ff.; Holle, Legalitätskontrolle im Kapitalgesellschafts- und Konzernrecht, S. 414 ff.

1559 Siehe zu den Einwirkungsmöglichkeiten im faktischen Aktien-Konzern: Arnold/Geiger, BB 2018, 2306 (2307); zu den Möglichkeiten im Vertragskonzern und GmbH-Konzern Arnold/Geiger, BB 2018, 2306 (2308).

Aktienrechts geben. Insgesamt ist generell im deutschen Recht bei der Ausgestaltung zu beachten, dass sich eine doppelte Sanktionierung von Mutter und Tochter nach dem Grundsatz des „ne bis in idem" verbieten könnte[1560] oder zumindest Einschränkungen im Rahmen der Sanktionierung erfordert.[1561] Auch die Möglichkeiten eines Innenregresses müssten bedacht und geregelt werden.[1562] Zudem sollte der Gesetzgeber etwaige konzerndimensionale Compliance-Pflichten genau abstecken, sollte er diese fordern.[1563]

Wie sich im Rahmen der Ausführungen gezeigt hat, ist jedenfalls nach der derzeitigen Rechtslage eine Sanktionierung der Konzernobergesellschaft in Konstellationen der Aufsichtspflichtverletzung angesichts der Tragweite und der Sanktionsvolumina kaum tragbar.

1560 So z.B. Mansdörfer/Timmerbeil, WM 2004, 362 (368).

1561 So ist eine Berücksichtigung der den Sachverhalt betreffenden – womöglich identischen – Zumessungstatsachen zumindest bei der Bußgeldverhängung geboten, siehe hierzu Rogall, in: KK-OWiG, § 30 Rn. 87.

1562 Siehe zur Haftung für Compliance-Verstöße im Konzern: Arnold/Geiger, BB 2018, 2308 ff.

1563 Hierzu etwa Löbbe, ZHR (2013), 518 (546); Koch, WM 2009, 1013 ff.

6. Kapitel: Maßnahmen des Verwaltungs-, Zivil- und Unionsrechts sowie der Regress bei der Geschäftsleitung

A. Maßnahmen des Verwaltungs-, Zivil- und Unionsrechts

Nun soll noch ein kurzer Überblick über die weiteren Maßnahmen bzw. Sanktionsmöglichkeiten des Verwaltungs-, Zivil- und des Unionsrechts gegeben werden.[1564] Insbesondere soll der Blick darauf geschärft werden, dass auch weitere Maßnahmen im Verwaltungsrecht, Zivilrecht und im Unionsrecht existieren und daher gewisse Überschneidungen bei der Sanktionierung zu beachten sind. So erscheint nicht immer eine Sanktionierung der Verbände im klassischen Sinne erforderlich; vielmehr können viele Maßnahmen zur Steuerung von Verbänden auch durch das Verwaltungsrecht und das Zivilrecht ermöglicht werden. Teilweise ist dies gar effizienter, da z.B. eine sachnähere Behörde über gewisse Maßnahmen entscheiden kann.

I. Verwaltungsrechtliche Maßnahmen

1. Zwangsgeld, Ersatzvornahme und unmittelbarer Zwang

Meistens werden öffentlich-rechtliche Vorgaben auch gegenüber Verbänden von den zuständigen Verwaltungsbehörden durchgesetzt.[1565] Die Einhaltung der Pflicht kann bei Vorliegen der Vollstreckungsvoraussetzungen etwa durch Zwangsgeld, die Beauftragung des Dritten mit der Vornahme der Maßnahme (Ersatzvornahme) oder durch die Vornahme der Maßnahme durch die Vollstreckungsbehörde selbst (unmittelbarer Zwang) durchgesetzt werden.[1566]

2. Betätigungserlaubnisentzug, Verbote, Beschränkungen und Betriebsuntersagungen

Die Vornahme einer bestimmten Betätigung bedarf zudem oftmals einer Erlaubnis, Genehmigung oder Konzession von der jeweils zuständigen

---

1564 Dieser Überblick ist exemplarisch sowie kursorisch und beinhaltet daher keinen Anspruch auf Vollständigkeit.

1565 So auch Engelhart, Sanktionierung von Unternehmen und Compliance, S. 424.

1566 Siehe §§ 10 ff. BVwVG sowie die entsprechenden Vorschriften in den Bundesländern und Engelhart, Sanktionierung von Unternehmen und Compliance, S. 424.

Verwaltungsbehörde.[1567] Bei Verstößen gegen Vorschriften (wie z.B. Straftaten) können etwaige Zulassungsakte z.B. nach §§ 48, 49 BVwVfG widerrufen werden. Ist bei Pflichtverstößen kein Entzug der Betätigungserlaubnis möglich – so beispielsweise bei erlaubnisfreien Tätigkeiten – besteht die Möglichkeit der Untersagung eines Gewerbes oder des Betriebs bestimmter Anlagen als typisches verwaltungsrechtliches Sanktionsmittel (z.B. § 35 GewO). Zudem kann eine Beschränkung bestimmter Geschäftsarten angeordnet werden (z.B. § 45b KWG).[1568] Weiter kann auch die Ausübung eines Gewerbes im öffentlichen Interesse untersagt (z.B. § 35 GewO, § 16 Abs. 3 HandwO) oder eine öffentlich-rechtliche Erlaubnis aufgehoben werden (z.B. § 15 GastG).

3. *Ausschluss von Aufträgen*

Öffentliche Aufträge werden nach § 122 GWB nur an fachkundige und leistungsfähige (geeignete) Unternehmen vergeben, die nicht nach den §§ 123 GWB oder 124 GWB ausgeschlossen worden sind. Straftaten und Ordnungswidrigkeiten von Unternehmensmitarbeitern und gegen das Unternehmen verhängte Ordnungswidrigkeiten können ein wesentliches Kriterium für einen Ausschluss des Unternehmens in Vergabeverfahren sein (§ 123 GWB).[1569] Zudem gibt es beispielsweise Regelungen auf Bundesebene im § 21 Abs. 1 des Gesetzes zur Bekämpfung der Schwarzarbeit und illegalen Beschäftigung (SchwArbG) und im § 21 des Arbeitnehmer-Entsendegesetzes (AEntG).

4. *Entfernung von Leitungspersonen und Auflösung*

Zusätzlich finden sich viele Rechtsvorschriften, welche die Möglichkeit der „Entfernung“ von Leitungspersonen durch die Verwaltungsbehörde vorsehen.[1570]

1567 Ebenso auch Engelhart, Sanktionierung von Unternehmen und Compliance, S. 424.

1568 So auch Engelhart, Sanktionierung von Unternehmen und Compliance, S. 424, S. 425; die Maßnahmen dienen der Gefahrenabwehr (kein repressiver Charakter). Neben der Beschränkung und Untersagung einer Tätigkeit bestehen Möglichkeiten eines anlagebezogenen Verbots (z.B. §§ 20, 25 BImSchG; § 51 GewO; § 37 KWG).

1569 Der Ausschluss kann abschreckend wirken und Ausschreibungsverfahren vor delinquenten Unternehmen schützen. Durch die Möglichkeit organisatorischer Selbstreinigungsmaßnahmen zur Vermeidung oder Verkürzung dieses Ausschlusses (§ 125 GWB) werden zugleich Besserungsanreize gesetzt. Vergaberechtliche Sanktionen sollen allerdings keinen strafähnlichen Charakter haben. Der Ausschluss erfolgt aus präventiven Gründen.

1570 So auch Engelhart, Sanktionierung von Unternehmen und Compliance, S. 426; z.B. § 36 KWG (Die Bundesanstalt kann die Abberufung der verantwortlichen

Zudem gibt es Vorschriften, welche der Verwaltungsbehörde ermöglichen, die Auflösung eines Unternehmens anzuordnen.[1571] Wegen des Grundsatzes der Verhältnismäßigkeit kommt eine Auflösung aber nur in seltenen Ausnahmefällen in Betracht.[1572] Gem. § 396 AktG können Aktiengesellschaften und Kommanditgesellschaften auf Aktien durch Urteil aufgelöst werden, wenn ihre Verwaltungsträger das Gemeinwohl durch gesetzeswidriges Verhalten gefährden und diese nicht durch Aufsichtsrat und Hauptversammlung abgesetzt werden. Gem. § 62 GmbHG ist die Auflösung einer GmbH und gem. § 81 GenG die Auflösung einer Genossenschaft zulässig.[1573] Die Vorschriften haben insgesamt indessen keine große praktische Bedeutung erlangt, weil die Folgen ihrer Anwendung in sozialer, arbeitsrechtlicher oder wirtschaftspolitischer Beziehung kaum überschaubar sind.[1574]

II. Publizitätssanktionen, Register und ähnliche Maßnahmen

1. Allgemeines

Im Grundsatz kennt das heutige deutsche Recht[1575] keine Sanktion, die unmittelbar auf die Publizität des Verfahrens oder seiner Entscheidung setzt (außer z.B. §§ 165, 200 StGB).[1576] Der Gesetzgeber hat aber von der Möglichkeit des sog. „Naming and Shaming" Gebrauch gemacht, indem er beispielsweise im § 60c KWG die Bekanntmachung von Maßnahmen und Verstößen auf der

Geschäftsleiter verlangen und diesen Geschäftsleitern auch die Ausübung untersagen).

1571 Siehe Engelhart, Sanktionierung von Unternehmen und Compliance, S. 426 f.

1572 Die Auflösung ist für das Sanktionssystem zur Bekämpfung der Unternehmenskriminalität kaum von Relevanz; siehe Hirsch, ZStW 107 (1995), 285 (302).

1573 Siehe auch §§ 43, 44 BGB, §§ 3, 17 VereinsG. Zudem kann die BaFin einem Kredit- oder Finanzdienstleistungsinstitut wegen einer Straftat gem. §§ 35 Abs. 2 Nr. 3, 33 Abs. 1 Nr. 2 KWG die Erlaubnis entziehen und gem. § 38 Abs. 1 S. 1 KWG die Abwicklung bestimmen. Diese Entscheidung wirkt gem. § 38 Abs. 1 S. 2 KWG wie ein Auflösungsbeschluss.

1574 Hierzu beispielsweise Koch, in: Hüffer/Koch, Komm-AktG, § 396 Rn. 1 m. w. N.; Außerdem sind die genannten Vorschriften eng gefasst. Selten liegen alle tatbestandlichen Voraussetzungen für diese Maßnahme vor, vgl. Müller, Die Stellung der juristischen Person im Ordnungswidrigkeitenrecht, S. 13; Gem. § 39 Abs. 2 BVerfGG i.V.m. Art. 18 GG, § 39 Abs. 1 BVerfGG kann das BVerfG die Auflösung einer juristischen Person anordnen.

1575 Anders aber noch § 19 WiStG 1949.

1576 Siehe Engelhart, Sanktionierung von Unternehmen und Compliance, S. 427.

Internetseite der BaFin ermöglicht hat. Soweit generalpräventive Effekte der Sanktionierung infrage stehen, weil die verwaltungsbehördliche Verhängung der Verbandsgeldbuße nicht bekannt wird, gleichen Veröffentlichungspflichten (z.B. auch § 53 Abs. 5 GWB, 123 WpHG) diesen Mangel aus.[1577]

2. *Bestehende öffentliche Register*

Zudem bestehen in bestimmten Fällen öffentliche Register, in die eine Entscheidung gegen Unternehmen eingetragen wird. Das bedeutendste Register ist das Gewerbezentralregister, das beim Bundesamt für Justiz geführt wird. Das Gewerbezentralregister erfasst allerdings nur eine beschränkte Anzahl von Rechtsverstößen.[1578] Zudem liegt dem Eintrag keine Prüfung zugrunde, ob der Rechtsverstoß einer natürlichen Person dem Unternehmen zurechenbar ist.[1579] Auch bestehen auf Landesebene Korruptionsregister[1580], welche aufgrund der Defizite der bestehenden Bundesregister eingerichtet wurden. Allerdings unterscheiden sich diese hinsichtlich ihrer Rechtsgrundlage, der einzutragenden Delikte, der Eintragungsvoraussetzungen sowie der Melde- und Abfragepflichten teilweise erheblich und es werden in den Landesregistern nur Rechtsverstöße eingetragen, die in dem jeweiligen Bundesland bekannt werden. Viele Unternehmen werden aber bundeslandübergreifend tätig, so dass Landesregister im Ansatz wenig geeignet sind.[1581]

1577 Im Kartellrecht werden das Verfahren und die Entscheidung allerdings öffentlich bekannt gegeben. Dabei sollen etwaige Veröffentlichungspflichten auch die Geltendmachung zivilrechtlicher Schadensersatzansprüche fördern.

1578 Siehe § 149 Abs. 2 Nr. 4 GewO.

1579 Siehe hierzu auch Fülling/Freiberg, NZBau 2018, 259 (259).

1580 Etwa in NRW: Am 15.12.2004 hat der Landtag ein Antikorruptionsgesetz verabschiedet. Bei einer Auftragsvergabe durch Land und Kommunen soll die Seriosität der beauftragten Firmen geprüft werden (Pflicht bei einem Auftragsvolumen ab 25.000 Euro); weiter wurde z.B. in Berlin das „Gesetz über die Einrichtung und Führung eines Registers über korruptionsauffällige Unternehmen in Berlin – Korruptionsregistergesetz" – (KRG) am 3.5.2006 im Gesetz- und Verordnungsblatt für Berlin, Nr. 16/2006, S. 358 verkündet. Auch andere Bundesländer haben Regelungen getroffen, z.B. die Richtlinie zur Verhütung und Bekämpfung der Korruption in der öffentlichen Verwaltung der Bayerischen Staatsregierung vom 13.5.2004.

1581 So auch Fülling/Freiberg, NZBau 2018, 259 (259); Siehe zudem den Gesetzentwurf der Abgeordneten Ströbele u.a. und der Fraktion Bündnis 90/Die Grünen, BT-Drs. 17/11415. Am 26.6.2013 wurde die Abschlussberatung des Gesetzentwurfes im Ausschuss für Wirtschaft und Technologie von den Mehrheitsfraktionen blockiert.

Der Deutsche Bundestag hat schließlich am 1.6.2017 einen Entwurf eines Gesetzes zur Einführung eines Wettbewerbsregisters und zur Änderung des Gesetzes gegen Wettbewerbsbeschränkungen beschlossen, mit dem ein Wettbewerbsregister beim Bundeskartellamt eingerichtet wird.[1582] Am 28.7.2017 wurde das Gesetz verkündet[1583] und am darauffolgenden Tag ist es in Kraft getreten.[1584] Eine solche Eintragung kann im Ergebnis zum Ausschluss von Vergabeverfahren führen. Unter anderem können Unternehmen eingetragen werden, gegen die rechtskräftige Bußgeldentscheidungen nach § 30 OWiG (auch in Verbindung mit § 130 OWiG) ergangen sind.[1585] Zur Eintragung führen alle rechts- bzw. bestandskräftig festgestellten Verstöße gegen solche Rechtsnormen, bei denen ein Ausschluss vom Vergabeverfahren grundsätzlich zwingend ist. Dazu zählen beispielsweise Korruptionsdelikte, Steuerstraftaten und weitere schwere Rechtsverstöße, wie etwa Menschenhandel und Zwangsarbeit.[1586]

Im Hinblick auf die fakultativen Ausschlussgründe führen im Wesentlichen diejenigen Delikte zur Eintragung, die bisher im Gewerbezentralregister für die Zwecke der öffentlichen Auftragsvergabe erfasst wurden. Weiter existiert eine Sonderregelung für kartellrechtliche Bußgeldentscheidungen. Derartige Rechtsverstöße werden bereits ab Festsetzung der Bußgeldentscheidung und Erreichen der Wertgrenze von 50.000 Euro eingetragen. Für die Öffentlichkeit ist das Register nicht einsehbar, so dass keine „Prangerwirkung" für die betroffenen Unternehmen entsteht. Eine etwaige Eintragung ins Wettbewerbsregister (§ 2 WRegG) kann durch Selbstreinigungsmechanismen verkürzt werden

1582 Siehe den Regierungsentwurf eines Gesetzes zur Einführung eines Wettbewerbsregisters, BT-Drs. 18/12051 u. 18/12497 sowie die Beschlussempfehlung und den Bericht des Ausschusses für Wirtschaft u. Energie, BT-Drs. 18/12583.

1583 Siehe BGBl. I 2017, S. 2739.

1584 Siehe zu dem Gesetz Fülling/Freiberg, NZBau 2018, 259 ff.

1585 Zur Eintragung in das Wettbewerbsregister führen damit auch Bußgeldentscheidungen gegen ein Unternehmen nach § 30 OWiG wegen einer der im Wettbewerbsregister genannten Straftaten oder Ordnungswidrigkeiten.

1586 Es werden Verstöße gegen das SchwArbG, das AÜG, das MiLoG und das AentG und kartellrechtliche Bußgeldentscheidungen eingetragen. Bei Straftaten, die zwingend zum Ausschluss aus einem Vergabeverfahren führen, erfolgt die Eintragung unabhängig vom Strafmaß mit rechtskräftiger strafgerichtlicher Verurteilung oder Erlass eines Strafbefehls. Bei fakultativen Ausschlussgründen wird ein Unternehmen erst dann eingetragen, wenn auf eine Freiheitsstrafe von mehr als drei Monaten oder Geldstrafe von mehr als 90 Tagessätzen erkannt oder eine Geldbuße von wenigstens 2500,- Euro festgesetzt wurde.

(§ 8 WRegG).[1587] Seit dem Inkrafttreten des WRegG im Juli 2017 baut das Bundeskartellamt das Register auf.[1588] Derzeit ist das Wettbewerbsregister insgesamt darauf ausgelegt, Unternehmen im Rahmen von Vergabeverfahren bzw. im Rahmen der Vergabe von Aufträgen auszuschließen. Ein weitergehendes Register wäre wünschenswert.

III. Zivilrechtliche Sanktionen

Verbände haben zudem für fahrlässiges und vorsätzliches Verhalten ihrer handlungsberechtigten Organe einzustehen.[1589] Insbesondere kann gegen den Verband ein Schadensersatzanspruch ggf. vertraglich oder deliktisch nach § 823 Abs. 1, Abs. 2 BGB[1590] und § 831 BGB oder auch nach § 826 BGB entstehen.[1591] Zusätzlich existiert noch die Vorschrift § 817 S. 2 BGB bei sittenwidrig geleisteten Zahlungen.[1592]

Verbände haften nicht unmittelbar nach den deliktsrechtlichen Vorschriften des BGB für die Straftaten ihrer Beschäftigten. Es ist eine Haftungsüberleitung nach § 31 BGB oder § 831 BGB erforderlich.[1593] § 31 BGB gilt sowohl für Vereine als auch für alle anderen juristischen Personen des Privatrechts und des öffentlichen Rechts (vgl. z.B. §§ 86 S. 1, 89 Abs. 1 BGB) und findet auch auf Personengesellschaften entsprechende Anwendung sowie ebenfalls auf die GbR. § 31 BGB statuiert eine Repräsentantenhaftung.[1594] Das Unternehmen haftet demnach für jede zum Schadensersatz verpflichtende Handlung, die ein verfassungsmäßig berufener Vertreter in Ausführung der ihm zustehenden Verrichtung begangen hat.[1595] Dem Beschäftigten muss als verfassungsmäßiger Vertreter eine für das

---

1587 Siehe hierzu Gottschalk/Lubner, NZWiSt 2018, 96 (101).

1588 Parallel zum technischen Aufbau des Registers müssen noch die Einzelheiten des Melde- und Abfrageverfahrens per Rechtsverordnung geregelt werden. Das elektronische Register soll im Jahr 2020 funktionsfähig sein und für öffentliche Auftraggeber zur Verfügung stehen.

1589 Siehe Engelhart, Sanktionierung von Unternehmen und Compliance, S. 429; zur zivilrechtlichen Haftung im Konzern siehe Habersack/Zickgraf, ZHR 182 (2018), 252 ff.

1590 Siehe hierzu Wagner, NZWiSt 2018, 399 (404).

1591 Zumindest Teilrechtsfähigkeit ist hierbei erforderlich und es muss ein Schaden im Sinne der Vorschriften entstanden sein.

1592 Siehe Engelhart, Sanktionierung von Unternehmen und Compliance, S. 429.

1593 Siehe Habersack/Zickgraf, ZHR 182 (2018), 252 (257).

1594 Vgl. Schöpflin, in: Bamberger/Roth/Hau/Poseck, BeckOK-BGB, § 31 Rn. 3.

1595 Siehe hierzu Wagner, NZWiSt 2018, 399 (400).

Unternehmen wesensgemäße Funktion zur selbstständigen, eigenverantwortlichen Erfüllung zugewiesen sein. Es kommt auf die tatsächliche Repräsentation des Verbandes durch eine entsprechende Befugnisse wahrnehmende Person an.[1596] Nach der Lehre vom Organisationsmangel muss das Unternehmen zudem für alle wichtigen Aufgabengebiete einen Vertreter im Sinne des § 31 BGB bestellen.[1597] § 31 BGB setzt zudem voraus, dass der jeweilige Vertreter in Ausführung der ihm zustehenden Verrichtung gehandelt hat. Es muss ein sachlicher Zusammenhang zwischen seinem Aufgabenkreis und der schädigenden Handlung bestehen. Unternehmen haben dann für fahrlässiges und vorsätzliches Verhalten ihrer handlungsberechtigten Organe etwa nach § 823 BGB einzustehen.

§ 831 BGB regelt hingegen die deliktische Haftung für bloße Verrichtungsgehilfen. Hierbei haftet das Unternehmen für eigenes Verschulden.[1598] Dem sog. Geschäftsherrn wird das rechtswidrige Verhalten des Verrichtungsgehilfen zugerechnet, doch dieser haftet nur, wenn er selbst gegen Auswahl-, Instruktions- oder Überwachungspflichten verstoßen hat.[1599] Zudem existieren Regelungen in Spezialgesetzen, die eine Schadensersatzhaftung des Unternehmens entstehen lassen.[1600]

Die §§ 249 ff. BGB normieren dann den Umfang des Schadensersatzanspruches nach dem BGB. Der Geschädigte soll so gestellt werden, als wäre das schädigende Ereignis nicht eingetreten.[1601]

1596 Siehe hierzu Wagner, NZWiSt 2018, 399 (403) m.w.N.

1597 Siehe zur Lehre vom Organisationsmangel: Wagner, in: Habersack, MüKomm-BGB, § 823 Rn. 103.

1598 Die Unternehmen haften für Schäden, die ihre Verrichtungsgehilfen in Ausführung der Verrichtung (innerer Zusammenhang zwischen aufgetragener Verrichtung und der schädigenden Handlung) rechtswidrig verursachen. Nach § 831 S. 2 BGB ist eine Exkulpation möglich bei sorgfältiger Auswahl und Überwachung des Verrichtungsgehilfen oder wenn der eingetretene Schaden auch bei Anwendung der erforderlichen Sorgfalt eingetreten wäre.

1599 Siehe Wagner, NZWiSt 2018, 399 (404).

1600 So statuiert § 1 ProdHaftG einen Anspruch gegen den Hersteller. Hersteller kann nach § 4 ProdHaftG auch ein Unternehmen sein. Regelungen finden sich zudem z.B. in den §§ 1, 2, 3 HPflG, § 1 UmweltHG, §§ 25, 25a AtG, § 89 WHG.

1601 Einen Schadensersatz, der die zur Wiederherstellung erforderliche Summe übersteigt, kennt das deutsche Zivilrecht mit Ausnahme des Schmerzensgeldanspruchs nicht, siehe BGH, Urt. v. 4.6.1992 – IX ZR 149/91, BGHZ 118, 312 (338 ff.). Das Schmerzensgeld erfüllt zwei Funktionen: Ausgleichsfunktion und Genugtuungsfunktion.

IV. Sanktionen nach dem Unionsrecht

Im Primärrecht der EU finden sich zudem vereinzelt ausdrückliche Ermächtigungen, für den Rat der Union supranationale Geldbußen einzuführen.[1602] Zu nennen sind hier zum Beispiel der Art. 103 AEUV als auch Art. 132 Abs. 3 AEUV. Das Unionsrecht enthält somit auch Möglichkeiten, um juristische Personen für Zuwiderhandlungen zur Verantwortung zu ziehen.

1. Verantwortlichkeit für Zuwiderhandlungen im Unionsrecht und Rechtsnatur der Sanktionen

Praktische Bedeutung kommt insbesondere den Bußgeldvorschriften des europäischen Wettbewerbsrechts zu. Die Beachtung der Verbote wettbewerbswidrigen Verhaltens (Art. 101 Abs. 1 und Art. 102 AEUV) ist nach Art. 103 Abs. 1 AEUV insbesondere durch die Einführung von Geldbußen und Zwangsgeldern zu gewährleisten. So obliegt also die Durchsetzung des EU-Wettbewerbsrechts sowohl den Mitgliedsstaaten als auch und vor allem der Kommission.[1603] Diese kann bei vorsätzlich oder fahrlässig begangenen Wettbewerbsverstößen Geldbußen gegen Unternehmen und Unternehmensvereinigungen verhängen. Der EuGH geht heute im Rahmen des EU-Wettbewerbsrechts von einem autonomen, funktionalen Unternehmensbegriff aus, so dass beispielsweise im Wettbewerbsrecht vom Begriff des Unternehmens jede wirtschaftliche Tätigkeit ausübende Einheit, unabhängig von ihrer Rechtsform und der Art der Finanzierung, umfasst ist.[1604] So ist hier allein entscheidend, dass die wirtschaftliche Einheit am Markt tätig ist und Einfluss auf das Wettbewerbsgeschehen nehmen kann.[1605]

Auf die Ausgestaltung der Rechtssubjekte in den nationalen Rechtsordnungen, ihre Rechtsformen und Haftungsregelungen kommt es nicht an. So kann im EU-Wettbewerbsrecht also die wirtschaftliche Einheit „Unternehmen" also auch ein Konzern für den Kartellverstoß verantwortlich gemacht werden.[1606]

1602 Siehe Dannecker/Dannecker, NZWiSt 2016, 162 (166).

1603 Vgl. Art. 23 Kartellverordnung, Verordnung (EG) Nr. 1/2003 des Rates vom 16. Dezember 2002 zur Durchführung der in den Artikeln 81 und 82 des Vertrages niedergelegten Wettbewerbsregeln, ABl. EU L 1 v. 4.1.2003, S. 1.

1604 Siehe hierzu auch Dannecker/Dannecker, NZWiSt 2016, 162 (167) mit Verweis auf EuGH, Urt. v. 23.4.1991 – Rs C-41/90, NJW 1991, 2891 (2891, 2892) (Höfner und Elser).

1605 Hierzu auch Dannecker/Dannecker, NZWiSt 2016, 162 (167).

1606 Siehe Dannecker/Dannecker, NZWiSt 2016, 162 (167).

Durch die rechtsformunabhängige und gesellschaftsübergreifende Unternehmenskonzeption werden Zurechnungsprobleme zwischen den Rechtsträgern des Unternehmens vermieden. Jeder Verstoß, der innerhalb der wirtschaftlichen Einheit begangen wurde, kann als Rechtsverstoß „des Unternehmens" begriffen werden und die wirtschaftliche Einheit bleibt im Falle der Rechtsnachfolge erhalten.[1607]

2. *Einfluss des EU-Rechts auf das innerstaatliche Recht*

Zu erwähnen ist noch, dass das EU-Recht das innerstaatliche Recht stark beeinflusst.[1608] Das EU-Bußgeldrecht hat beispielsweise die jüngere Entwicklung des deutschen Kartellordnungswidrigkeitenrechts maßgeblich geprägt: So sind insbesondere der umsatzbezogene Bußgeldrahmen (§ 81 Abs. 4 S. 2 GWB) und die Auskunftspflicht juristischer Personen im Ordnungswidrigkeitsverfahren (§ 81b GWB) auf den Einfluss des Unionsrechts zurückzuführen.[1609] § 30 Abs. 2a OWiG wurde zudem mit der 8. GWB-Novelle[1610] eingeführt und ist dem unionsrechtlichen Effektivitätsgebot geschuldet.[1611] Auch die Änderungen im Rahmen der 9. GWB-Novelle des nationalen Rechts sind auf das EU-Recht zurückzuführen. Weiter waren und sind die Mitgliedsstaaten z.B. nach der Marktmissbrauchsverordnung[1612] verpflichtet, im innerstaatlichen Recht Verwaltungssanktionen für Zuwiderhandlungen einzuführen, die auch Geldbußen gegen juristische Personen umfassen. Je nach Art der Zuwiderhandlung soll als Obergrenze ein Betrag zwischen 1 Million und 15 Millionen Euro oder zwischen 2% und 15% des Jahresumsatzes vorgesehen werden.[1613] Auch finden sich Vorgaben zu den

---

1607 So auch Dannecker/Dannecker, NZWiSt 2016, 162 (168).

1608 Siehe hierzu auch die Ausführungen im 7. Kapitel.

1609 Siehe Böse, in: Jahn/Schmitt-Leonardy/Schoop, Das Unternehmensstrafrecht und seine Alternativen, S. 88 (S. 104 f.).

1610 Vgl. Gesetz vom 26.6.2013 (BGBl. I 2013, S. 1738).

1611 Siehe hierzu Böse, in: Jahn/Schmitt-Leonardy/Schoop, Das Unternehmensstrafrecht und seine Alternativen, S. 88 (S. 105); Der EuGH entwickelt zudem das Effektivitätsgebot (Art. 4 Abs. 3 AEUV) zu einem Homogenitätsgebot, welches auf eine Angleichung von europäischem und nationalem Recht gerichtet ist.

1612 Vgl. Verordnung (EU) Nr. 596/2014 des Europäischen Parlaments und des Rates vom 16.4.2016 über Marktmissbrauch, ABl. EU L 173 v. 16.4.2016, S. 1 – S. 61.

1613 Siehe Art. 30 Abs. 2 lit. j Marktmissbrauchsverordnung; eine ähnliche Regelung findet sich in Art. 111 Abs. 2 lit. d Richtlinie 2014/59/EU des Europäischen Parlaments und des Rates vom 15.5.2014 zur Festlegung eines Rahmens für die Sanierung und Abwicklung von Kreditinstituten und Wertpapierfirmen, ABl. EU L 173 v. 12.6.2014,

Rahmen eines neuen Sanktionengesetzes für Verbände die erforderlichen Regelungen vorsehen.

B. Bußgeldregress des Unternehmens gegenüber der Geschäftsleitung

Weiter stellt sich die Frage, ob die gegen die Unternehmen festgesetzten, mitunter sehr hohen Geldbußen von Leitungsorganen ersetzt werden müssen, wenn das mit dem Bußgeld geahndete Verhalten auf deren Pflichtverletzung zurückzuführen ist.[1623] Hierzu wird sehr kontrovers diskutiert.[1624] Vor allem wird darüber gestritten, ob und in welchem Umfang dieser Regress zulässig sein sollte bzw. bereits zulässig ist.[1625] Auch die Rechtsprechung hat bisher noch nicht abschließend entschieden, ob Geschäftsleiter einer Kapitalgesellschaft für verhängte Bußgelder in Regress genommen werden können. Aufgrund der zum Teil exorbitant hohen Verbandsgeldbußen hat diese Thematik für die Verbände aber hohe wirtschaftliche und für die Organe sogar existentielle Bedeutung. Im Folgenden soll daher auch dieser Aspekt zumindest kursorisch beleuchtet werden.

I. Grundsätze der Haftung von Geschäftsleitern und Anspruchsdurchsetzung

Ob die Gesellschaft im Innenverhältnis bei ihren Organmitgliedern Rückgriff nehmen kann, bestimmt sich danach, ob ihre Organmitglieder überhaupt eine Pflichtverletzung begangen haben. Das sanktionierte Verhalten kann gleichzeitig eine Pflichtverletzung (im zivilrechtlichen Sinne) des Vorstands, des Aufsichtsrats oder anderer Organmitglieder darstellen und der Gesellschaft können daher Schadensersatzansprüche gegenüber dem jeweiligen Organmitglied zustehen.[1626] Als Pflichtverletzung kommt insbesondere die Mitwirkung

1623 Hierzu Binder/Kraayvanger, BB 2015, 1219 ff. mit Verweis zur historischen Entwicklung auf Horn, ZIP 1997, 1129 (1136).

1624 Zum Meinungsspektrum beispielsweise Baur/Holle, ZIP 2018, 459 (460 f.).

1625 So schließt z.B. der Kölner Entwurf in § 10 VerbSG-E den Regress aus. In Frankreich wird die Geldstrafe wegen der Höchstpersönlichkeit der Strafe nicht als ersatzfähiger Schaden angesehen (Tricot, ZStW 126 (2014), 55 (62); in Österreich ist der Rückgriff des Verbands ausdrücklich ausgeschlossen (§ 11 östVbVG). In der Schweiz fehlt eine Regelung und in den USA haftet das Organ bei gegen die Gesellschaft verhängten Geldstrafen.

1626 Zur Haftung von Führungskräften und den Konsequenzen für die Praxis: Große Vorholt/Dimarch, NZA-Beilage 2018, 108 ff.

an Gesetzesverstößen oder die mangelhafte Einrichtung und Überwachung eines Compliance-Management-Systems in Betracht. Vorstandsmitglieder oder andere Organmitglieder, die schuldhaft ihre Pflichten verletzen, sind der Gesellschaft zum Ersatz des daraus entstehenden Schadens als Gesamtschuldner verpflichtet (bei Vorstandsmitgliedern aufgrund von § 93 Abs. 2 S. 1 AktG).[1627] Über § 116 S. 1 AktG gilt § 93 Abs. 2 S. 1 AktG auch sinngemäß für Aufsichtsratsmitglieder.[1628] Der GmbH-Geschäftsführer haftet wiederum nach § 43 Abs. 2 GmbHG gegenüber der Gesellschaft.

Nach § 93 Abs. 1 AktG bzw. § 43 Abs. 1 GmbHG haben die Geschäftsleiter bei ihrer Tätigkeit die Sorgfalt eines ordentlichen und gewissenhaften Geschäftsleiters anzuwenden und hierbei alle Rechtsvorschriften, welche das Unternehmen treffen können, einzuhalten (Legalitätspflicht).[1629] Durch geeignete organisatorische Maßnahmen haben die Geschäftsleiter zudem dafür Sorge zu tragen, dass die Mitarbeiter des jeweiligen Verbandes nicht gegen Rechtsvorschriften verstoßen[1630] und der Verband so organisiert und beaufsichtigt wird, dass keine Gesetzesverstöße erfolgen können (Legalitätspflicht).[1631] Bei entsprechender Gefährdungslage müssen zudem Compliance-Management-Systeme eingerichtet und fortlaufend kontrolliert werden.[1632] Hierbei richtet sich die jeweilige Ausgestaltung sowohl nach der Art und Größe des Unternehmens bzw. der Gesellschaft, als auch nach der mit der Geschäftstätigkeit verbundenen Gefährdungslage.[1633] Es besteht eine fortlaufende Überwachungspflicht des Vorstandes bzw. der Geschäftsführer (also der Geschäftsleitung) und bei Bekanntwerden von Gesetzesverstößen, muss die Effizienz des Compliance-Systems erneut unter die Lupe genommen werden.[1634] Zu beachten ist ferner, dass bei der Einhaltung von Rechtsvorschriften die Business Judgment Rule gerade keine Anwendung

1627 Hierzu Binder/Kraayvanger, BB 2015, 1219 (1221).
1628 Hierzu Binder/Kraayvanger, BB 2015, 1219 (1221).
1629 Ebenso auch Binder/Kraayvanger, BB 2015, 1219 (1221); Wilsing, in: Krieger/Schneider, Handbuch Managerhaftung, § 31 Rn. 31.19 ff.
1630 Vgl. Binder/Kraayvanger, BB 2015, 1219 (1221); Ballo/Reischl, CB 2018, 189 (193); Fleischer, NZG 2014, 321 (322).
1631 Siehe LG München I, Urt. v. 10.12.2013 – 5 HK O 1387/10, NZG 2014, 345 (Siemens/Neubürger), Grützner, BB 2014, 850 ff.; Binder/Kraayvanger, BB 2015, 1219 (1221).
1632 So Binder/Kraayvanger, BB 2015, 1219 (1221).
1633 Siehe LG München I, Urt. v. 10.12.2013 – 5 HK O 1387/10, NZG 2014, 345 (Siemens/Neubürger), Grützner, BB 2014, 850 ff.; Binder/Kraayvanger, BB 2015, 1219 (1221).
1634 Siehe LG München I, Urt. v. 10.12.2013 – 5 HK O 1387/10, NZG 2014, 345 (Siemens/Neubürger), Grützner, BB 2014, 850 ff.; Binder/Kraayvanger, BB 2015, 1219 (1221).

findet,[1635] so dass den Geschäftsleitern grundsätzlich kein Beurteilungs- oder Ermessensspielraum zukommt.[1636] Aufgrund der Komplexität vieler gesetzlicher Vorschriften gerade in regulierten Bereichen werden aber unter dem Stichwort der Haftung bei unsicherer Rechtslage Einschränkungen im Hinblick auf die Haftung vertreten.[1637] So ist im Innenverhältnis zugunsten des Geschäftsleiters zu berücksichtigen, dass dieser eine Entscheidung in fremdem Interesse trifft.[1638] Dem Geschäftsleiter soll daher nicht das volle Risiko der rechtlichen Fehleinschätzung aufgebürdet werden,[1639] sondern er muss nur entsprechend einer Legal Judgment Rule die Chancen und Risiken abwägen, die sich unter Berücksichtigung verschiedener Rechtspositionen ergeben.[1640] Anschließend kann er sich nach umfassender Erkundigung und Abwägung für eine vertretbare Meinung entscheiden.[1641] Dann liegt keine Pflichtverletzung vor.

II. Bußgeldrückgriff – Ersatzfähigkeit einer unternehmensbezogenen Geldbuße im Wege des Innenregresses

Liegt hingegen nach dem Dargestellten eine Pflichtverletzung vor und sind auch die weiteren Anspruchsvoraussetzungen der jeweiligen Haftungsnorm generell erfüllt, ist zu prüfen, ob nicht ein Regress aus Wertungsgesichtspunkten bzw.

1635 Siehe hierzu § 93 Abs. 1 S. 2 AktG und vgl. Fleischer, in: Spindler/Stilz, AktG, § 93, Rn. 67; Paefgen, AG 2014, 554, 557.

1636 Vgl. Binder/Kraayvanger, BB 2015, 1219 (1221).

1637 Siehe Binder/Kraayvanger, BB 2015, 1219 (1221); zu dem Thema auch Wilsing, in: Krieger/Schneider, Handbuch Managerhaftung, § 31 Rn. 31.26; vgl. zu den dogmatischen Begründungsansätzen Buck-Heeb, BB 2013, 2247 (2250 ff.).

1638 Vgl. Binder/Kraayvanger, BB 2015, 1219 (1221).

1639 Vgl. Binder/Kraayvanger, BB 2015, 1219 (1221). Buck-Heeb, BB 2013, 2247 (2250). Es gelten die Sorgfaltsanforderungen aus der Rspr. zur Entschuldbarkeit des Verbotsirrtums. Ein Irrtum, trotz umfassender, sorgfältiger Erkundigung und Prüfung (notfalls unter Hinzuziehung eines sachkundigen Beraters), ist entschuldigt, siehe hierzu: BGH, Urt. v. 20.9.2011 – II ZR 234/09, BB 2011, 2960 ff. (m. Anm. Fedtke); Führt die Prüfung zu dem Ergebnis, dass die Rechtslage unklar ist, muss dem Geschäftsleiter ein Entscheidungsspielraum zustehen, siehe Bürkle, VersR 2013, 792f.; Paefgen, AG 2014, 554 (560).

1640 Vgl. Binder/Kraayvanger, BB 2015, 1219 (1221).

1641 Vgl. Binder/Kraayvanger, BB 2015, 1219 (1221). Dies schließt die Pflichtwidrigkeit seines Handelns (so Hasselbach/Ebbinghaus, AG 2014, 873, 875; Fleischer, in: Spindler/Stilz, AktG, § 93 Rn. 32, Rn. 35; Bürkle, VersR 2013, 792 (796)), jedenfalls aber sein Verschulden aus, so Buck-Heeb, BB 2013, 2247 (2254); Paefgen, AG 2014, 554 (560).

aufgrund des Schutzzwecks der Norm ausgeschlossen ist. Im Folgenden soll daher am Beispiel einer Aktiengesellschaft bzw. einer Gesellschaft mit beschränkter Haftung untersucht werden, ob diese wegen verhängter Bußgelder gem. § 93 Abs. 2 AktG bzw. gem. § 43 Abs. 2 GmbHG Rückgriff bei jenen Geschäftsleitern nehmen können, die den betreffenden Rechtsverstoß schuldhaft mitverursacht haben.[1642]

1. Meinungsspektrum

Im Bereich des Kartellrechts lehnte das LAG Düsseldorf in seiner Entscheidung zum Schienen-Kartell den Regress beim Organmitglied für Bußgelder ab.[1643] Es war der Ansicht, ein Regress würde den Sanktionszweck vereiteln. Zweck der Unternehmensbuße sei es, das Unternehmen selbst zu sanktionieren. Die Ahndung des Unternehmens würde ins Leere laufen, sollte die Geldbuße an die Organmitglieder weitergereicht werden können. Zudem würde im deutschen Kartellrecht extra zwischen Bußgeldern, die gegen natürliche Personen verhängt werden können, und solchen, die gegen Unternehmen verhängt werden (gerade auch im Hinblick auf die Höhe des Bußgeldes), unterschieden. In der Literatur scheint aber das Meinungsbild bezüglich einer etwaigen Geschäftsleiterhaftung wegen Verbandsgeldbußen noch nicht sehr gefestigt zu sein.[1644] So ist zwar ein beachtlicher Teil des zivilrechtlichen Schrifttums gegen einen Regress,[1645] aber die wohl herrschende Meinung eher für einen Regress.[1646] Die Stimmen, die einen Bußgeldrückgriff generell ablehnen, machen geltend,

1642 Die Verbandsgeldbuße stellt nach der wohl h.M. grundsätzlich. einen abwälzungsfähigen Schaden dar. Strittig ist, ob die Differenzhypothese bei Bußgeldern wertend zu korrigieren ist, vgl. Wilsing, in: Krieger/Schneider, Handbuch Managerhaftung, § 31 Rn. 31.29 ff.

1643 So Grunewald, NZG 2016, 1121 (1121 ff.); LAG Düsseldorf, (Teil-)Urt. v. 20.1.2015 – 16 Sa 459/14, CCZ 2015, 185 (m. Anm. Schwarz). Wegen Mängeln in der Zuständigkeit hat das BAG (BAG, Urt. v. 29.6.2017 – 8 AZR 189/15, ZIP 2017, 2424) die Entscheidung aufgehoben und zurückverwiesen, ohne in der Sache abschließend zu entscheiden.

1644 Zum Meinungsstand auch Labusga, VersR 2017, 394 (396 ff.). Der Aufsichtsrat ist zur Prüfung und Geltendmachung von Regressforderungen zudem grdsl. verpflichtet (siehe BGH, Beschl. v. 21.4.1997 – II ZR 175/95, NJW 1997, 1926).

1645 Siehe hierzu Baur/Holle, ZIP 2018, 459 (460) mit Nachweisen der Gegner des Regresses.

1646 Siehe hierzu Baur/Holle, ZIP 2018, 459 (460) mit Nachweisen der Befürworter des Regresses.

dass der Schutzzweck des § 93 AktG bzw. dann auch des § 43 GmbHG eine Geschäftsleiterhaftung für Verbandsgeldbußen nicht mehr umfasse.[1647] Es wird vertreten, dass ein Regressanspruch der Gesellschaft gegen das Organ aufgrund des ausdifferenzierten Sanktions- und Zumessungsregimes des Ordnungswidrigkeitenrechts ausgeschlossen sein müsse.[1648] Andere Autoren stellen auf den Zweck einer Geldstrafe oder Geldbuße ab.[1649] Handele es sich um eine Sanktion, die gerade zulasten der Gesellschaft und zulasten ihres Vermögens gehen solle, so widerspreche eine solche Entlastung der Gesellschaft durch die Inanspruchnahme von Organmitgliedern diesem Zweck.[1650] Es wird die Auffassung vertreten, der Sanktionszweck der Geldbuße könne nur erreicht werden, wenn das Bußgeld auch im wirtschaftlichen Ergebnis von dem sanktionierten Verband selbst getragen werde.[1651] Daher könne sie auch nicht auf die Geschäftsleitung abgewälzt werden[1652] – zumal die Unternehmen sonst über den Umweg des Binnenregresses die Geldbuße teilweise auf D&O-Versicherer abwälzen und sich letztlich selbst gegen Sanktionen absichern könnten.[1653]

2. *Stellungnahme*

Der Argumentation, der Sanktionszweck der Geldbuße könne nur erreicht werden, wenn diese im wirtschaftlichen Ergebnis von dem bebußten Verband selbst getragen werde, ist so nicht zuzustimmen. Die Sanktion selbst verbleibt immer beim Verband und wird gerade nicht an das Organ weitergegeben. Adressat des Bußgeldbescheids ist der Verband, welcher für die Geldbuße in voller Höhe gegenüber dem Staat haftet.[1654] So können Geschäftsleiter nur dann erfolgreich

1647 Siehe Lotze, NZKart 2014, 162 (168) mit Verweis auf Dreher, FS Konzen, S. 85 (S. 103 ff.).

1648 Siehe Dreher, FS Konzen, S. 85 (S. 105); Horn, ZIP 1997, 1129 (1136).

1649 So Grunewald, NZG 2016, 1121 (1122).

1650 Vgl. hierzu Baur/Holle, ZIP 2018, 459 (460); sie sprechen von einem austarierten System, das bewusst zwischen der Sanktionierung der juristischen Person und der Sanktionierung der natürlichen Person unterscheide.

1651 Siehe Baur/Holle, ZIP 2018, 459 (460); Der Straf- und Erziehungscharakter des Bußgeldes gehe verloren, wenn die Gesellschaft bei Geschäftsleitern Rückgriff für verhängte Bußgelder nehmen könnte.

1652 Siehe hierzu Baur/Holle, ZIP 2018, 459 (460); Binder/Kraayvanger, BB 2015, 1219 (1225).

1653 Vgl. Thomas, NZG 2015, 1409 (1416 ff.).

1654 Hierzu Binder/Kraayvanger, BB 2015, 1219 (1225): Weder ein etwaiger generalpräventiver noch ein spezialpräventiver Sanktionszweck des Bußgelds würde vereitelt. Das Unternehmen trage das Prozess- und Bonitätsrisiko.

in Anspruch genommen werden, wenn sie selbst durch ihr pflichtwidriges, adäquat-kausales und schuldhaftes Verhalten die Sanktion hervorgerufen bzw. diese nicht verhindert haben.[1655] Die allgemeine organschaftliche Sorgfaltspflicht zur ordentlichen Geschäftsleitung nach § 93 Abs. 1 AktG bzw. § 43 Abs. 1 GmbHG umfasst gerade auch die Pflicht, die Gesellschaft vor der Begehung von Gesetzesverstößen und von Ordnungswidrigkeiten zu bewahren (sog. Legalitäts- und Legalitätskontrollpflicht).[1656] Gelingt dies nicht und wird dadurch gegen eine organschaftliche Verpflichtung verstoßen, muss es der Gesellschaft möglich sein, eine Erstattung von der Geschäftsleitung zu erlangen.[1657] Der spezial- bzw. generalpräventive Sanktionszweck einer Geldbuße gebietet nicht, dass der durch die Bußgeldzahlung ausgelöste Vermögensnachteil dauerhaft bei der Gesellschaft verbleibt.[1658] Mit der herrschenden Lehre ist die Ersatzfähigkeit eines Bußgeldschadens im Rahmen des § 93 Abs. 2 AktG und des § 43 GmbHG damit grundsätzlich zu bejahen.[1659] Die hiergegen erhobenen Bedenken unter Berufung auf entgegenstehende Wertungen des Straf- und Ordnungswidrigkeitenrechts sind allerdings auch nicht außer Acht zu lassen. Jedenfalls steht zumindest die wortlautgetreue Anwendung zivil- und gesellschaftsrechtlicher Haftungsnormen einer Einstandspflicht pflichtwidrig handelnder Organmitglieder nicht entgegen.[1660]

1655 Vgl. Binder/Kraayvanger, BB 2015, 1219 (1225). Eine Orientierungshilfe kann zudem die Rspr. in den „Beraterfällen“ liefern; siehe hierzu Baur/Holle, ZIP 2018, 459 (461); Für eine Übertragbarkeit dieser Grundsätze z.B. auch Binder/Kraayvanger, BB 2015, 1219 (1225); siehe zu den Beraterfällen: BGH, Urt. v. 31.1.1957 – II ZR 41/56, BGHZ 23, 222; BGH, Urt. v. 14.11.1996 – IX ZR 215/95, NJW 1997, 518; BGH, Urt. v. 15.4.2010 – IX ZR 189/09, BeckRS 2010, 11952.

1656 Vgl. Binder/Kraayvanger, BB 2015, 1219 (1226); Baur/Holle, ZIP 2018, 459 (461); Fleischer, DB 2014, 345 (347).

1657 So auch Baur/Holle, ZIP 2018, 459 (461); ähnlicher Gedanke bei Binder/Kraayvanger, BB 2015, 1219 (1226).

1658 Vgl. Binder/Kraayvanger, BB 2015, 1219 (1226); Baur/Holle, ZIP 2018, 459 (461) m.w.N.

1659 So im Ergebnis Binder/Kraayvanger, BB 2015, 1219 (1224 ff.); es sei vielmehr zwischen staatlicher Sanktion und zivilrechtlicher Inanspruchnahme zu trennen.

1660 Ebenso Baur/Holle, ZIP 2018, 459 (467); gute Argumente gegen die Ersatzfähigkeit bei: Labusga, VersR 2017, 394 (398 ff.).

III. Bußgeld als Schaden

Ist eine schuldhafte Pflichtverletzung eines Organs festgestellt worden, so haftet dieses grundsätzlich gem. § 93 Abs. 2 AktG bzw. § 43 Abs. 2 GmbHG auf Ersatz des verursachten Schadens. Nach der wohl herrschenden Meinung[1661] kann – wie soeben beschrieben – das verhängte Bußgeld auch als eine ersatzfähige Schadensposition angesehen werden.[1662]

1. Umfang des ersatzfähigen Bußgeldschadens

Die Art und der Umfang des Schadensersatzes nach § 249 BGB bestimmen sich dann nach der Differenzhypothese.[1663] Hierbei ist jedoch fraglich, ob die Bußgeldzahlung in voller Höhe oder nur zum Teil ersatzfähig ist.[1664] Dabei muss man sich nochmals vor Augen führen, dass ein Bußgeld nach deutschem Ordnungswidrigkeitenrecht aus zwei Teilen besteht: einem sog. Abschöpfungsteil, der den durch die Tat erzielten wirtschaftlichen Vorteil abschöpft (§§ 17 Abs. 4, 30 Abs. 3 OWiG), und einem sog. Ahndungsteil, der eine darüber hinaus gehende Sanktion enthält (§ 30 Abs. 2 und Abs. 4 OWiG). Der Gewinnabschöpfungsteil der Geldbuße wird nach herrschender Meinung nicht als ersatzfähiger Schaden im Rahmen des § 93 Abs. 2 AktG bzw. des § 43 Abs. 2 GmbHG oder entsprechender sonstiger Vorschriften angesehen.[1665] Dieser beseitige nur den wirtschaftlichen Vorteil, den die Gesellschaft aus der Pflichtverletzung erlangt habe. Werde das strafbare oder ordnungswidrige Verhalten der Vorstandsmitglieder hinweggedacht, wie es die Differenzhypothese gebiete, hätte die Gesellschaft auch den Gewinn nicht erlangt. Hierbei bleibt fraglich, ob die herrschende Meinung auch zu demselben Ergebnis käme, wenn das Bruttoprinzip anzuwenden wäre. Dies erscheint zweifelhaft.

1661 Insgesamt wird argumentiert, dass die Geldbuße ihren höchstpersönlichen Charakter verloren habe und daher auch einen ersatzfähigen Schaden darstellen könne; vgl. Fleischer, BB 2008, 1070 (1073); Kapp/Gärtner, CCZ 2009, 168 (170).

1662 Zu der Frage, ob die Gesellschaft das gegen ein Organmitglied verhängte Bußgeld erstatten darf, siehe BGH, Urt. v. 8.7.2014 – II ZR 174/13, CCZ 2015, 91 ff. (m. Anm. Rahlmeyer/v. Eiff).

1663 Siehe hierzu Binder/Kraayvanger, BB 2015, 1219 (1225); Ballo/Reischl, CB 2018, 189 (193); hierunter ist der Vergleich zwischen der Vermögenslage vor und nach dem schädigenden Ereignis zu verstehen; Karbaum, AG 2013, 863 (867); vgl. auch Fleischer, DB 2014, 345 (347 f.) m.w.N.; Labusga, VersR 2017, 394 (400).

1664 Ausführungen hierzu bei: Labusga, VersR 2017, 394 (400 ff.).

1665 Vgl. Ballo/Reischl, CB 2018, 189 (193); wobei Details wiederum strittig sind.

Nach der Differenzhypothese liegt ein Schaden i.S. des § 249 Abs. 1 BGB vor, wenn das Gesellschaftsvermögen infolge des haftungsbegründenden Ereignisses weniger wert ist als ohne dieses Ereignis.[1666] Die Gesellschaft ist demnach so zu stellen, wie sie stünde, wenn die Geschäftsleiter keine Pflichtverletzung begangen hätten, welche zu einer Bußgeldsanktionierung geführt hat. Dies erfordert eine Gegenüberstellung der tatsächlichen Vermögenslage mit der hypothetischen Situation bei pflichtgemäßem Verhalten.[1667]

2. *Höhenmäßige Begrenzung des Bußgeldrückgriffs*

Zu fragen ist weiter, ob der Bußgeldrückgriff gegen Geschäftsleiter unter Fürsorge- oder Verhältnismäßigkeitsgesichtspunkten zusätzlich auf einen angemessenen Betrag beschränkt werden muss.[1668] Nach herrschender Lehre ist nicht nur das Organmitglied dem Unternehmen bzw. der Gesellschaft gegenüber zu besonderer Treue verpflichtet, sondern auch umgekehrt die Gesellschaft dem Organmitglied gegenüber. Zum Teil wird die Haftung daher der Höhe nach auf den für das Organ geltenden Bußgeldrahmen begrenzt.[1669] Dies wäre zumindest zu begrüßen. Generell ist zu bedenken, dass über einen Regress eine Umverteilung der mit der Individual- und Verbandsgeldbuße festgesetzten Sanktionen stattfände, die letztlich zu einer Belastung des Organs führt, die außer Verhältnis zu dem individuellen Schuldvorwurf steht. Allerdings sind Verhältnismäßigkeitsüberlegungen der zivilrechtlichen Haftung eher fremd.[1670] Daher hält ein Großteil der Literatur eine Beschränkung nicht für möglich. Zumindest wird aber von der wohl überwiegenden Lehre eine Anrechnung nicht abgeschöpfter Vorteile im Wege der Vorteilsausgleichung anerkannt[1671] und zu überlegen wäre

---

1666 Siehe Labusga, VersR 2017, 394 (400).

1667 Ebenso Labusga, VersR 2017, 394 (400); zu berücksichtigen bleibt allerdings, dass der ersatzfähige Schaden nach § 252 BGB auch den entgangenen Gewinn umfasst, der nach regelmäßigen Umständen zu erwarten war.

1668 Ablehnend Binder/Kraayvanger, BB 2015, 1219 (1227).

1669 Vgl. zum Meinungsstand Baur/Holle, ZIP 2018, 459 (461); Für eine Begrenzung: Lotze, NZKart 2014, 162 (167 f.); Fleischer, BB 2008, 1070 (1073); Thole, ZHR 173 (2009), 504 (532 f.); siehe auch Dreher, FS Konzen, S. 85 (S. 105).

1670 Vgl. auch Binder/Kraayvanger, BB 2015, 1219 (1227) m.w.N.

1671 § 93 Abs. 2 AktG und § 43 Abs. 2 GmbHG diene der Schadenskompensation. Diese Kompensations- und Ausgleichfunktion spreche dafür, das Organ nur für den Schaden haften zu lassen, der bei einer wirtschaftlichen Gesamtbetrachtung tatsächlich übrigbleibe; vgl. Fleischer, DB 2014, 345 (348); Seibt, NZG 2015, 1097 (1101).

auch eine Einschränkung aus dem Gesichtspunkt der Adäquanz bei unvorhersehbaren Schäden bzw. absolut atypischen Schadensverläufen.[1672]

IV. Fazit und Stellungnahme

Zusammenfassend lässt sich sagen, dass ein Großteil der Stimmen wohl eher für einen Regress plädiert. Allerdings ist diese Frage noch nicht höchstrichterlich geklärt.

In der Sache spricht viel dafür, einen gesellschaftsrechtlichen Innenregress eher kritisch zu sehen.[1673] Die Unternehmensbuße bemisst sich an den unternehmensbezogenen Umständen, insbesondere den wirtschaftlichen Verhältnissen des Unternehmens, nicht jedoch an den Verhältnissen des Organmitglieds, das in Regress genommen werden könnte. Die Grundsätze der individuellen Sanktionszumessung würden hierdurch praktisch unterlaufen. Die Organmitglieder wären zudem häufig aufgrund der hohen Summen überfordert.[1674] Mit einer Begrenzung des zivilrechtlichen Regressanspruchs auf eine dem Organmitglied gegenüber maximal zulässige Geldbuße wurden in der Literatur teilweise die Wertungen des Straf- bzw. Ordnungswidrigkeitenrechts übernommen.[1675]

Ein Regress führt in Summe oft zu einer Doppelbelastung des Organs. Da die Bußgeldbescheide an unterschiedliche Adressaten (Organ und Verband) ergehen und der Regress keine hoheitliche Bestrafung darstellt, verstößt dies auch nicht unmittelbar gegen den Grundsatz „ne bis in idem“ (Art. 103 Abs. 3 GG).[1676] Nach der Rechtsprechung gebietet es dieser Grundsatz jedoch, bei der Sanktionierung von Organ und Gesellschaft jeweils die wirtschaftlichen Auswirkungen der Verbandsgeldbuße auf das Organ zu berücksichtigen.[1677] Demnach wären sowohl die Verbandsgeldbuße als auch die Geldbuße gegen das Organ so zu bemessen, dass sie das Organ bei einem Regress des Verbandes nicht überfordern. Dies erscheint absurd. Die Frage des Regresses ist für die Praxis von entscheidender Bedeutung.[1678] Dennoch ist hier sehr vieles ungeklärt. Insbesondere für die Aufsichtsräte, die im Falle einer Bebußung der Gesellschaft Regressansprüche zu prüfen haben, aber auch für die Organe bzw. Geschäftsleiter, die

---

1672 Ähnlicher Gedanke bei Binder/Kraayvanger, BB 2015, 1219 (1227).
1673 So auch Baur/Holle, ZIP 2018, 459 (467).
1674 Vgl. Ballo/Reischl, CB 2018, 189 (193).
1675 Siehe die entsprechende Kritik bei Koch, FS Winter, S. 327 (S. 346 ff.).
1676 Hierzu Koch, FS Winter, S. 327 (S. 336).
1677 Vgl. OLG Frankfurt a.M., Beschl. v. 25.1.2012 – 1 Ss 63/11, wistra 2012, 203 (204).
1678 Siehe auch Baur/Holle, ZIP 2018, 459 (467).

solchen Ansprüchen ausgesetzt sein können, ist diese Situation unbefriedigend. Es wäre zu begrüßen, wenn der Gesetzgeber die umfassenden Erwägungen in der Literatur zu diesem Thema bei der Überarbeitung des Sanktionsrechts für Unternehmen berücksichtigen und klare und widerspruchsfreie Regelungen schaffen würde.[1679] Meines Erachtens sollte eine Regresshaftung kraft Gesetzes ausgeschlossen werden.

1679 Ähnlicher Apell bei Baur/Holle, ZIP 2018, 459 (467).

7. Kapitel: Europäische, internationale und verfassungsrechtliche Vorgaben

A. Unternehmensstrafrecht im Kontext völker- und unionsrechtlicher Vorgaben

I. Einführung

Das nationale Strafrecht ist schon lange europäischen Einflüssen ausgesetzt[1680] und auf europäischer Ebene gab und gibt es viele Diskussionen darüber, Verbandsverantwortlichkeit strafrechtlich zu sanktionieren.[1681] Eine einheitliche Regelung zum Thema „Sanktionierung von Unternehmen" existiert auf europäischer Ebene allerdings bislang nicht.[1682] Aber das Wirtschaftsstrafrecht wird auf vielfältige Weise durch das Recht der Europäischen Union bestimmt und beeinflusst. Dennoch ist die Bundesrepublik bislang nicht durch europarechtliche Vorgaben verpflichtet, eine strafrechtliche Sanktionierung von Unternehmen vorzunehmen[1683] und kann dies wohl auch nicht werden.[1684] Die EU beschränkt sich derzeit ebenfalls darauf, einen materiell-rechtlichen Rahmen vorzugeben, die Wahl der Sanktionen aber den Mitgliedsstaaten zu überlassen.[1685] In den letzten Jahren bzw. Jahrzehnten zeichnet sich allerdings ein deutlicher Trend zur Einführung eines Verbands- und Unternehmensstrafrechts ab.[1686] Teilweise wird sogar vertreten, dass Deutschland kriminalpolitisch den Anschluss verliert, würde es sich hier nicht weiterentwickeln.[1687]

1680 Zur Entwicklung: Böse, in: Schwarze/Becker/Hatje/Schoo, EU-Kommentar, Art. 82 AEUV Rn. 1 ff.; weitere Beiträge zu dem Thema des europäischen Strafrechts bei Meyer, wistra 2017, 209 ff. und Meyer, wistra 2017, 249 ff.

1681 Vgl. Rogall, in: KK-OWiG, § 30 Rn. 258 ff.; Brodowski, ZIS 2011, 940 (944).

1682 So Bärlein/Engelberth, FS Wessing, S. 33 (S. 34). In diversen Rechtsakten wird die Sanktionierung jedoch ausdrücklich thematisiert; Überblick bei Rönnau/Wegner, ZRP 2014, 158 ff.

1683 Vgl. Rogall, in: KK-OWiG, § 30 Rn. 280 m.w.N.

1684 Vgl. BVerfG, Urt. v. 30.6.2009 – 2 BvE 2/0, BVerfGE 123, 267 (Rn. 364 ff.); kritisch Kelker, FS Krey, S. 221 ff.: „Schuldgrundsatz ist zentrales Legitimations- und Limitationsprinzip des Strafrechts"; siehe aber Dannecker/Dannecker, NZWiSt 2016, 162 (165) zu Art. 325 AEUV.

1685 Siehe hierzu Dannecker/Dannecker, NZWiSt 2016, 162 (162).

1686 Siehe hierzu in der Begründung des NRW-Entwurfs zu einem Verbandsstrafgesetzbuch, Gesetzesantrag des Landes NRW – Verbandsstrafrecht, S. 26.

1687 So Hetzer, EuZW 2007, 75 (76).

II. Sanktionierung von Unternehmen in Europa

So wird oft darauf verwiesen, dass Deutschland mit seinem ordnungswidrigkeitenrechtlichen Ansatz mittlerweile in Europa isoliert dastehe. Dies bestätigt sich allerdings bei genauerer Betrachtung nicht.[1688] So haben sich viele Länder für eine Zwischenlösung entschieden.[1689] In diesen Ländern wird zwar an strafrechtsrelevante Verstöße mit Unternehmensbezug eine direkte Haftung des Unternehmens geknüpft, die Verantwortlichkeit des Verbandes wird aber nicht rein strafrechtlich eingestuft.[1690] Ein solches „Quasi-Strafrecht", findet sich beispielsweise in Griechenland[1691] und Italien[1692].[1693] Eine etwaige Stellung Deutschlands in der EU mit seinem Verbandssanktionenrecht im Ordnungswidrigkeitenrecht soll aber hier nicht weiter thematisiert werden. Im Folgenden soll vielmehr der Fokus auf den inhaltlichen Vorgaben der EU und auf den Vorgaben aus völkerrechtlichen Verträgen für das deutsche Verbandssanktionsrecht liegen.[1694]

III. Keine zwingenden Vorgaben zur Einführung eines Unternehmensstrafrechts, aber Mindeststandards bei der Unternehmenssanktionierung

So enthält eine Reihe von völkerrechtlichen Verträgen und Rechtsakten der Europäischen Union Verpflichtungen zur Begründung einer Verbandsverantwortlichkeit von juristischen Personen bzw. Verbänden, aber eben keine zwingenden Vorgaben zu strafrechtlichen Sanktionen.

1688 So zutreffend Bärlein/Engelberth, FS Wessing, S. 33 (S. 35) und die BRAK, Stellungnahme der BRAK Nr. 15/2014, S. 7 f.
1689 So Bärlein/Engelberth, FS Wessing, S. 33 (S. 35).
1690 Ähnlich auch Bärlein/Engelberth, FS Wessing, S. 33 (S. 35).
1691 Vgl. Kelker, FS Krey, S. 221 (S. 240 f.).
1692 In Italien wollte der Gesetzgeber beispielsweise einen Verstoß gegen den verfassungsrechtlich verbürgten Schuldgrundsatz vermeiden, indem er eine „dritte Gattung von Verantwortlichkeit" neben der straf- und verwaltungsrechtlichen einführte; vgl. Trüg, StraFo 2011, 471 ff.; ausführlich zur italienischen Regelung, Rübenstahl, RIW 2012, 505 ff.
1693 So bei Bärlein/Engelberth, FS Wessing, S. 33 (S. 35); Rogall, in: KK-OWiG, § 30 Rn. 268 m.w.N.
1694 Vgl. Pieth, in: Kempf/Lüderssen/Volk, Unternehmensstrafrecht, S. 395 (S. 401).

Weder die OECD[1695] noch das Europarecht sehen solche Vorgaben zwingend vor. So findet sich im Unionsrecht keine einheitliche Regelung über die Sanktionierung von Verbänden und auch ein entsprechendes internationales Abkommen existiert nicht.[1696] Vorgaben zur Verbandssanktionierung finden sich auf beiden Ebenen in zahlreichen verschiedenen Rechtsakten. Diese Vorgaben beziehen sich aber zumeist nur auf spezielle Kriminalitätsphänomene (z.B. Umwelt- oder Korruptionsdelikte). Eine gewisse Einheitlichkeit im Rahmen der Regelungen der EU ergibt sich zumindest daraus, dass sich viele Rechtsakte an das Zweite Zusatzprotokoll zur PIF-Konvention[1697] (ZP-PIF) anlehnen.[1698] In diesem befinden sich Vorgaben zur Sanktionierung von Verbänden im Falle von Delikten zu Lasten der finanziellen Interessen der Union. Das Protokoll hat daher eigentlich nur einen relativ engen Regelungsbereich.[1699]

Da es sich aber um den ersten Rechtsakt handelt, der einen Rahmen zur Einführung von Verbandssanktionen beinhaltet, hat sich das ZP-PIF allerdings zu einem Regelungsvorbild entwickelt[1700] und hat eine besondere Bedeutung erlangt.[1701] Durch das Zweite Protokoll werden die Mitgliedstaaten der EU verpflichtet, einen Mindeststandard bei Unternehmenssanktionen zu garantieren. Hiernach soll jeder Mitgliedsstaat die erforderlichen Maßnahmen treffen, um sicherzustellen, dass eine juristische Person für Betrugs-, Bestechungs- und Geldwäschehandlungen sanktioniert werden kann, die zu ihren Gunsten von einer Leitungsperson begangen wurde (Art. 3 Abs. 1 ZP-PIF).[1702] Eine Pflicht

1695 Siehe OECD, Bericht zu Phase 3: Deutschland, S. 45 f., hier wird Deutschland gerade nicht dazu aufgefordert strafrechtliche Normen zu erlassen; auch der OECD-Bericht – OECD, Bericht zu Phase 4: Deutschland – stellt auf der S. 60 klar, dass kein Verbandsstrafrecht von dem OECD-Übereinkommen gefordert wird.

1696 So Rönnau/Wegner, ZRP 2014, 158 (158).

1697 Siehe Zweites Protokoll aufgrund von Artikel K. 3 des Vertrags über die EU zum Übereinkommen über den Schutz der finanziellen Interessen der EG v. 19.6.1997 (ABl. EG C 221, 12), welches von der BRD mit Wirkung zum 21.10.2002 ratifiziert wurde (siehe BGBl. II 2002, S. 2722).

1698 Vgl. dazu Engelhart, eucrim 3/2012, 110 ff.; Rönnau/Wegner, ZRP 2014, 158 (158).

1699 Siehe hierzu ebenso Rönnau/Wegner, ZRP 2014, 158 (158).

1700 Vgl. Rönnau/Wegner, ZRP 2014, 158 (158).

1701 Siehe hierzu auch Dannecker/Dannecker, NZWiSt 2016, 162 (164 f.); Rogall, in: KK-OWiG, § 30 Rn. 282; Zweites Protokoll aufgrund von Artikel K.3 des Vertrags über die EU zum Übereinkommen über den Schutz der finanziellen Interessen der EG v. 19.6.1997 (ABl. EG C 221, 12; BGBl. II 2002, S. 2722).

1702 Siehe hierzu Rogall, in: KK-OWiG, § 30 Rn. 282 und Korte, NJW 1998, 1464 (1464 ff.).

zur Verhängung einer Kriminalstrafe lässt sich allerdings weder aus diesem Zweiten Zusatzprotokoll zur PIF-Konvention noch aus anderen europäischen Rechtsakten ableiten.[1703] Die Vorgaben zur Verbandssanktionierung aus diesem Protokoll[1704] wurden nahezu identisch in Sekundärrechtsakten[1705] zur Strafrechtsangleichung aufgenommen.

Weiter sieht zwar das „Corpus Juris der strafrechtlichen Regelungen zum Schutz der finanziellen Interessen der Europäischen Union“ in der überarbeiteten Fassung aus dem Jahr 2000 eine strafrechtliche Verantwortlichkeit von Vereinigungen ausdrücklich vor (Art. 13),[1706] allerdings kommt dem Corpus Juris keine Bindungswirkung für die Mitgliedsstaaten zu.[1707]

Auch eine Reihe völkerrechtlicher Verträge sowie weitere Rechtsakte der Europäischen Union enthalten zwar Verpflichtungen zur Begründung einer Verbandsverantwortlichkeit, die zwingende Einführung einer Kriminalstrafe ist darin allerdings nicht vorgesehen.[1708] So wurden von Deutschland eine Reihe völkerrechtlicher Verträge ratifiziert, die neben der Kriminalisierungspflicht in Bezug auf bestimmte Handlungen auch die Verpflichtung begründen, im

---

1703 Vgl. Rogall, in: KK-OWiG, § 30 Rn. 283 (zum Zweiten Protokoll) und Trüg, StraFo 2011, 471 (478); Siehe zu einer Auflistung etwaiger Rechtsakte bis 2014 beispielsweise bei Rönnau/Wegner, ZRP 2014, 158 (162 f.).

1704 Siehe dazu Zweites Protokoll aufgrund von Artikel K.3 des Vertrags über die EU zum Übereinkommen über den Schutz der finanziellen Interessen der EG v. 19.6.1997 (ABl. EG C 221, 12; BGBl. II 2002, S. 2722).

1705 Siehe z.B. Art. 8 und Art. 9 der Marktmissbrauchsrichtlinie 2014/57/EU des Europäischen Parlaments und des Rates vom 16.4.2014 über strafrechtliche Sanktionen bei Marktmanipulation (ABl. EU L 173 v. 12.6.2014, S. 179); siehe auch Art. 7 und Art. 8 Richtlinie 2014/62/EU des Europäischen Parlaments und des Rates vom 15.5.2014 zum strafrechtlichen Schutz des Euro und anderer Währungen gegen Geldfälschung und zur Ersetzung des Rahmenbeschlusses 2000/383/JI des Rates (ABl. EU L 151 v. 21.5.2014, S. 1).

1706 Vgl. Rogall, in: KK-OWiG, § 30 Rn. 284; Das sog. Corpus Juris enthält in seinem Art. 13 eine Vorschrift über die Verbandsverantwortlichkeit. Eine strafrechtliche Verantwortlichkeit ist bei juristischen Personen und Vereinigungen vorgesehen, die nach dem Gesetz Rechtssubjekt und Inhaber eigener Vermögenswerte sein können.

1707 Vgl. Bärlein/Engelberth, FS Wessing, S. 33 (S. 35); Kelker, FS Krey, S. 240 f.

1708 Vergleiche etwa Art. 10 des Übereinkommens gegen die grenzüberschreitende organisierte Kriminalität vom 15.11.2000 (BGBl. II 2005, S. 954) und Art. 26 des Übereinkommens gegen die Korruption vom 31.10.2003 (BGBl. II 2014, S. 762).

Hinblick auf diese Straftaten die Voraussetzungen für eine Verbandsverantwortlichkeit zu schaffen.[1709]

IV. Analyse und Fazit

Eine Pflicht Deutschlands, wirksame und abschreckende Sanktionen gegen juristische Personen vorzusehen, erfordert keineswegs zwingend die Einführung einer Verbandsstrafe.[1710] Zwingende Vorgaben aufgrund von völkerrechtlichen Vorschriften zur Einführung eines Verbandsstrafrechts gibt es nicht.[1711] Teilweise wird noch darauf verwiesen, die Kommission habe mit der Mitteilung vom 20.9.2011 zur Europäischen Strafrechtspolitik[1712] erneut eine sorgfältige Prüfung auch der strafrechtlichen Ahndung von Unternehmen angemahnt. Diese Mahnung findet sich in der Mitteilung so allerdings nicht. Vielmehr wird ausdrücklich festgestellt, dass die geltenden Rechtsvorschriften den Mitgliedstaaten freistellen, wie und auf welcher juristischen Grundlage deren juristische Personen haften sollen.[1713] In der Regel können die Mitgliedsstaaten die Art der Sanktion wählen, wobei es sich nicht um eine strafrechtliche Sanktion handeln muss, sondern es sich auch um eine Verwaltungssanktion handeln kann.[1714] Die Rechtsfolgen müssen aber zumindest der Mindesttrias (wirksamer, angemessener und abschreckender Sanktionen) gerecht werden. Die ordnungswidrigkeitenrechtliche Lösung des deutschen Rechts ist aus europarechtlicher und völkerrechtlicher Sicht nicht zu beanstanden.

Die Europäische Gemeinschaft kann außerdem weder Kriminalstraftatbestände setzen noch können Organe der Gemeinschaft eine Kriminalstrafe verhängen.[1715] Die EU besitzt nur eine Bußgeldkompetenz.[1716] Einer verpflichtenden

---

1709 Hierzu Rönnau/Wegner, ZRP 2014, 158 ff; Engelhart, eucrim 3/2012, 110 ff.; Böse, in: Jahn/Schmitt-Leonardy/Schoop, Das Unternehmensstrafrecht und seine Alternativen, S. 88 (S. 89).

1710 Vergleiche hierzu zusammenfassend: Rönnau/Wegner, ZRP 2014, 158 ff.

1711 So auch Rönnau/Wegner, ZRP 2014, 158 (158).

1712 Europäische Kommission, KOM (2011) 573 endgültig.

1713 Siehe Europäische Kommission, KOM (2011) 573 endgültig, S. 10.

1714 Siehe Europäische Kommission, KOM (2011) 573 endgültig, S. 11; Dannecker/Dannecker, NZWiSt 2016, 162 (170); Böse, in: Jahn/Schmitt-Leonardy/Schoop, Das Unternehmensstrafrecht und seine Alternativen, S. 88 (S. 93).

1715 Vgl. Tiedemann, NJW 1993, 23 (24, 27).

1716 Siehe hierzu Art. 103 i.V.m. Art. 101, 102 AEUV.

Einführung eines Unternehmensstrafrechts dürfte zudem immer noch der Art. 83 Abs. 3 AEUV entgegenstehen. Hier sind „grundlegende Aspekte" (zumindest der deutschen) Strafrechtsordnung berührt.[1717]

B. Europäische, internationale und verfassungsrechtliche Vorgaben zur Verbandssanktionierung

Unabhängig davon, ob der Gesetzgeber wirklich ein Verbandsstrafrecht einführen wird oder ob es nur zu einer Reform der bestehenden Regelungen kommt: Im Rahmen von einer solchen Reform der Verbandssanktionierung und einer damit verbundenen gesetzlichen Neuregelung muss der deutsche Gesetzgeber, auf den vorgegebenen europäischen und internationalen Rechtsrahmen achten.[1718] Bereits erfolgte Gesetzesänderungen im Rahmen der deutschen Verbandssanktionen wurden maßgeblich durch europarechtliche Vorgaben beeinflusst. Auch auf internationaler Ebene werden in neueren Verträgen zur strafrechtlichen Zusammenarbeit zunehmend Verpflichtungen der Vertragsstaaten aufgenommen, in ihrem innerstaatlichen Recht die Grundlagen dafür zu schaffen, dass ebenfalls Verbände für die Beteiligung an einer Straftat zur Verantwortung gezogen werden können. In etwaigen Rahmenbeschlüssen und Richtlinien der Europäischen Union gehören zudem Vorgaben zur Verantwortlichkeit juristischer Personen inzwischen zur Regel.

Weiter ist im Hinblick auf eine Verbandssanktionierung im europäischen Kontext zu erwähnen, dass hier eine Grundsatzdebatte über angemessene Unternehmensethik bzw. Corporate Social Responsibility (CSR) geführt wird. Dazu gibt es auch eine entsprechende Richtlinie der EU.[1719] Der deutsche Gesetzgeber hat diese Vorgaben der Richtlinie am 19.4.2017 durch das Gesetz zur Stärkung der nichtfinanziellen Berichterstattung der Unternehmen in ihren Lage- und Konzernlageberichten umgesetzt.[1720] So können die Unternehmensethik und

---

1717 Siehe hierzu Rogall, in: KK-OWiG, § 30 Rn. 279 m.w.N.: „Insofern ist es nicht verwunderlich, dass in aktuellen Rechtsakten der Union lediglich die Sicherstellung von „Sanktionen" gegen juristische Personen gefordert wird (vgl. z.B. Art. 8 und 9 der Richtlinie 2014/57/EU des Europäischen Parlaments und des Rates vom 16. April 2014 über strafrechtliche Sanktionen bei Marktmanipulation – Marktmissbrauchsrichtlinie, ABl. EU L 173 v. 12.6.2014, S. 179 ff.)."

1718 Siehe hierzu auch Dannecker/Dannecker, NZWiSt 2016, 162 (163 f.).

1719 Vgl. RL 2014/95/EU (ABl. EU L 330 v. 22.10.2014, S. 1), sog. CSR-Richtlinie.

1720 Siehe hierzu Klene, WM 2018, 308 (308) mit genaueren Erläuterungen.

auch die Vorgaben der Ausgestaltung der Unternehmensorganisation im Sinne einer Corporate Governance auch strafrechtspräventive Auswirkungen haben.[1721] Umfassende unternehmensinterne Systeme zur Gewährleistung der Rechtstreue der Unternehmen und ihrer Corporate Compliance setzen sich zudem mehr und mehr – sowohl in Konzernen als auch im Mittelstand – durch.

I. Allgemeine Vorgaben des Unionsrechts und des internationalen Rechts

Zwar machen sowohl das Unionsrecht als auch das internationale Recht zur Rechtsnatur der Verbandssanktion keine Vorgaben, aber es gibt zahlreiche Detailvorgaben zur Ausgestaltung des Verbandssanktionsrechts. Diese sollen im Folgenden näher betrachtet werden.

1. Vorgaben zu den Sanktionstatbeständen und zu den Sanktionen

Der Gesetzgeber ist nämlich insgesamt bei der Umsetzung seiner völker- und europarechtlichen Verpflichtungen bei der Ausgestaltung der Verbandssanktionierung an die jeweiligen (ratifizierten) völkerrechtlichen und europäischen Regelungen gebunden. Zumeist steht den Mitgliedstaaten bei der Sanktionierung von Verbänden hierbei ein erheblicher Beurteilungsspielraum zu. So bestehen oft erhebliche Gestaltungsfreiräume sowohl hinsichtlich der materiell-rechtlichen Anforderungen als auch hinsichtlich der anzudrohenden Sanktionen.[1722] Insgesamt ist aber das Effektivitätsgebot des Europarechts zu beachten.[1723] Zudem fordert die Europäische Union die Einführung von Sanktionen gegen juristische Personen und nicht die bloße Verhängung als Nebenfolge im Rahmen einer Nebenbeteiligung.[1724] In den letzten Jahren hat sich außerdem der europäische Einfluss auf das deutsche Strafrecht erheblich vergrößert.[1725] Eine neue Entwicklung der unionsrechtlichen Vorgaben zeichnet sich vor allem in

1721 Vgl. Wiesenack/Klein, in: Eisele/Koch/Theile, Der Sanktionsdurchgriff im Unternehmensverband, S. 5 (S. 45 ff., S. 71).

1722 Siehe hierzu auch Dannecker/Dannecker, NZWiSt 2016, 162 (168 f.).

1723 Vgl. Dannecker/Dannecker, NZWiSt 2016, 162 (169).

1724 Siehe hierzu Dannecker/Dannecker, NZWiSt 2016, 162 (169).

1725 Hierzu Rogall, in: KK-OWiG, § 30 Rn. 279.

der Datenschutzgrundverordnung[1726] ab. Hier wurden die Mitgliedsstaaten ausdrücklich verpflichtet, Bußgeldvorschriften gegen „Unternehmen“, d.h. in diesem Fall gegen Konzerne, einzuführen.

Insgesamt muss man leider sagen, dass das Europäische Wirtschaftsstrafrecht und auch die Vorgaben bezüglich einer etwaigen Unternehmenssanktionierung mehr einem Flickenteppich aus Mindestvorgaben zu Sanktionstatbeständen und etwaigen Sanktionen gleichen. Die Umsetzung und der Vollzug dieser Vorgaben sollen dann auf mitgliedstaatlicher Ebene über die nationalen Strafrechtssysteme erfolgen. Durch dieses Modell des indirekten Vollzugs wird die Normklarheit als auch die Anwendungssicherheit spürbar beeinträchtigt.[1727]

Mit der aufgezeigten Rechtszersplitterung aufgrund der unterschiedlichen europäischen und internationalen Vorgaben – also dem derzeitigen „Flickenteppich“ – kann unterschiedlich umgegangen werden: So können zum einen die unterschiedlichen Vorgaben einfach umgesetzt werden, indem für jeden der verschiedenen Rechtsakte jeweils ein spezieller Sanktionstatbestand geschaffen wird oder alternativ könnte ein allgemeiner Sanktionstatbestand bzw. ein ganzes Gesetz geschaffen werden, das zur Umsetzung aller einschlägigen Rechtsakte dient. De lege lata wurde zunächst versucht, mit einem Generaltatbestand, nämlich mit § 30 OWiG, zu arbeiten. Der Gesetzgeber hat sich hier zumindest teilweise für die zweite Lösung entschieden. Aber er musste aufgrund diverser Vorgaben durch die EU (so zum Beispiel im Kapitalmarktrecht) bereits Sondertatbestände schaffen. Sollte z.B. nur ein einziger Rahmenbeschluss einen weiteren Anwendungsbereich als der des § 30 OWiG oder als ein zukünftiges Gesetz haben, ergibt sich hieraus bereits ein (unions-)rechtswidriger Zustand und es müsste entweder der jeweilige Generaltatbestand angepasst oder es müssten jeweils Sondertatbestände geschaffen werden. Umgekehrt besteht hingegen grundsätzlich nicht die Gefahr, dass die deutsche Rechtslage aus der Perspektive des Unionsrechts oder des internationalen Rechts zu weit gefasst wäre, denn alle einschlägigen Rechtsakte geben nur Mindestsanktionen vor.

1726 Siehe die Verordnung (EU) 2016/679 des Europäischen Parlaments und des Rates vom 27.4.2016 über Datenschutz-Grundverordnung, ABl. EU L 119 v. 27.4.2016, S. 1 – S. 88.

1727 Hierzu genauer sowie zu weiteren Problemen bei der Umsetzung europäischer Vorgaben: Meyer, wistra 2017, 209 ff.

2. *Mindesttrias: wirksame, angemessene und abschreckende Sanktionen*

Die Verbandssanktionen in den Mitgliedsstaaten müssen aber insgesamt den so genannten Mindesttrias[1728] „wirksamer, angemessener und abschreckender" Sanktionen für Verbände gerecht werden, um den europäischen oder internationalen Vorgaben zu genügen. Die sogenannten Mindesttrias werden von fast allen einschlägigen Rechtsakten gefordert.[1729] Die Sanktionsandrohung darf daher beispielsweise nicht zu einer kalkulierbaren Größe werden, damit die Abschreckungsdimension der Mindesttrias erfüllt wird.[1730] Werden aber effektive Compliance-Maßnahmen vom Unternehmen ergriffen, um für eine Verhinderung von Straftaten oder Ordnungswidrigkeiten zu sorgen, kann aber durchaus von der Verhängung einer Verbandssanktion abgesehen werden.

3. *Kumulative Verantwortlichkeit*

Aufgrund der Mindesttrias ist allerdings ein Modell der kumulativen Verbandsverantwortlichkeit vorgegeben. Im Falle einer rein subsidiären Verbandshaftung wäre nämlich das Risiko für den Verband im Hinblick auf eine eigene Sanktionierung kalkulierbar. Die eigene Haftung des Verbandes könnte dadurch vermieden werden, indem etwa die Sanktionslast auf nur eine Leitungsperson abgewälzt wird.[1731] Das Europarecht sowie das Völkerrecht schreibt also eine kumulative Verantwortlichkeit natürlicher und juristischer Personen vor[1732], und daher ist ein solches Modell auch vom Gesetzgeber zu wählen.[1733]

1728 Begriff nach Gröblinghoff, Verpflichtung des deutschen Strafgesetzgebers, S. 13.

1729 Bereits im griechischen Maisurteil wurde dies vom EuGH dargelegt, EuGH, Urt. v. 21.9.1989, Rs. 68/88, Slg. 1989, 2965 = NJW 1990, 2245 (Kommission/Griechische Republik); näheres zu dem griechischen Maisurteil bei Dannecker/Dannecker, NZWiSt 2016, 162 (163 f.) und bei Meyer, wistra 2017, 209 (211).

1730 Ähnlich Rönnau/Wegner, ZRP 2014, 158 (160).

1731 Ähnlicher Gedanke bei Rönnau/Wegner, ZRP 2014, 158 (160).

1732 Siehe hierzu Bärlein/Engelberth, FS Wessing, S. 33 (S. 41, S. 42); Rönnau/Wegner, ZRP 2014, 158 (160).

1733 So widerspräche eine lediglich subsidiäre Verantwortlichkeit den internationalen und europäischen Vorgaben, wonach die Verantwortlichkeit der juristischen Person die strafrechtliche Verantwortlichkeit der natürlichen Personen unberührt lässt, siehe z.B. Art. 8 Abs. 3 Marktmissbrauchsrichtlinie (2014/57/EU); so auch bei Rönnau/Wegner, ZRP 2014, S. 158 (S. 160) und bei Böse, in: Jahn/Schmitt-Leonardy/Schoop, Das Unternehmensstrafrecht und seine Alternativen, S. 88 (S. 94).

II. Materielle Vorgaben des Europarechts

Im Hinblick auf die materiellen Aspekte gibt die EU die folgenden Elemente vor:[1734] Es müssen zumindest Straftaten führender Mitarbeiter der „juristischen Person“[1735] zugerechnet werden. Weiter muss der Führungsperson formal Vertretungsfunktion eingeräumt sein oder sie muss funktional zumindest die Möglichkeit haben, Entscheidungen für das Unternehmen zu treffen und Kontrolle auszuüben. Außerdem muss sie die Tat entweder selbst begehen oder die Tat von Angestellten muss durch mangelnde Überwachung oder Kontrolle der bzw. einer Führungsperson ermöglicht worden sein. Einige Details sollen im Folgenden nun noch näher betrachtet werden.[1736]

1. Sanktionsadressaten

Welche Verbände sanktioniert werden sollen, obliegt größtenteils der Definitionsmacht des nationalen Gesetzgebers des Mitgliedsstaates.[1737] Nach den völkerrechtlichen Übereinkommen und dem Unionssekundärrecht soll eine Verbandstrafe gegen „juristische Personen“[1738] verhängt werden.[1739]

Jeder Verband, der nach nationalem Recht Träger eines subjektiven Rechts und damit rechtsfähig sein kann, soll nach dem unionsrechts- bzw.

1734 Siehe zu den materiellen Elementen: Dannecker/Dannecker, NZWiSt 2016, 162 (164).

1735 Siehe zu diesem Begriff im 7. Kapitel B. II. 1.

1736 Die folgenden Darstellungen beinhalten keinen Anspruch auf Vollständigkeit. Sie sollen nur den Blick schärfen, inwiefern auch gerade europarechtliche und internationale Vorgaben das deutsche Verbandssanktionenrecht prägen. Der Gesetzgeber muss hier selbstverständlich viel tiefer „einsteigen“, als dies die vorliegende Arbeit bewerkstelligen kann.

1737 Siehe hierzu Dannecker/Dannecker, NZWiSt 2016, 162 (169).

1738 Siehe hierzu Dannecker/Dannecker, NZWiSt 2016, 162 (164); Korte, NJW 1998, 1464 (1465) und vgl. Art. 12 Abs. 1 des Übereinkommens über Computerkriminalität und Art. 8 Abs. 1 der Marktmissbrauchsrichtlinie: „Legal persons“ und Art. 5 Abs. 1 S. 1 des UN-Übereinkommens zur Bekämpfung der Finanzierung des Terrorismus: „Legal entities“; im Art. 1 lit. d des Zweiten Zusatzprotokolls zum Übereinkommen über den Schutz der finanziellen Interessen der EG wird der Begriff „juristische Person“ folgendermaßen präzisiert: „jedes Rechtssubjekt, das diesen Status nach dem jeweils geltenden innerstaatlichen Recht besitzt, mit Ausnahme von Staaten oder sonstigen Körperschaften des öffentlichen Rechts in der Ausübung ihrer hoheitlichen Rechte und der öffentlich-rechtlichen internationalen Organisationen.“

1739 Vgl. Rönnau/Wegner, ZRP 2014, 158 (159).

völkerrechtsautonomen Verständnis erfasst sein.[1740] Dies sind alle juristischen Personen, einschließlich wirtschaftlich tätiger Unternehmen der öffentlichen Hand, nicht hingegen Staaten, internationale Organisationen und hoheitlich tätige Körperschaften des öffentlichen Rechts.[1741] Meist wird also der Adressatenkreis insofern eingeschränkt, dass Staaten, internationale Organisationen und öffentlich-rechtliche Körperschaften „in Ausübung ihrer hoheitlichen Rechte" als Verbandstäter ausscheiden.[1742] Die Definition der juristischen Person bleibt hingegen dem nationalen Recht vorbehalten. Eine etwaige Rechtsfähigkeit wird auf der Grundlage des innerstaatlichen Rechts ermittelt, so dass beispielsweise auch rechtsfähige Personengesellschaften in den Kreis der Verbandstäter einbezogen werden.[1743] Der völkerrechtliche bzw. europarechtliche Begriff der juristischen Person wird autonom ausgelegt und setzt auch keine unternehmerische Betätigung voraus,[1744] so dass der Gesetzgeber folglich für alle rechtsfähigen Verbände die Möglichkeit einer Sanktionierung einführen muss.[1745] Der Gesetzgeber hat somit keinen Spielraum, beispielsweise nicht-wirtschaftliche Verbände von einer Sanktionierung auszuschließen.[1746] Insgesamt bildet den kleinsten gemeinsamen Nenner in den Gesetzen der EU-Mitgliedsstaaten die juristische Person des Privatrechts.[1747] Kein Land bleibt jedoch bei dieser engen Definition.[1748] Weiter ist zu beachten, dass nicht nur Täterschaft, sondern auch Anstiftung und Beihilfe erfasst sein sollen.[1749] Auch

1740 Vgl. Bärlein/Engelberth, FS Wessing, S. 33 (S. 36); Rönnau/Wegner, ZRP 2014, 158 (159).

1741 Siehe hierzu Dannecker/Dannecker, NZWiSt 2016, 162 (164); Rönnau/Wegner, ZRP 2014, 158 (159).

1742 Siehe insoweit den erläuternden Bericht zum Zweiten Zusatzprotokoll, ABl. EG C 91 v. 31.3.1999, S. 8 und S. 9; siehe auch Art. 2 lit. b der Richtlinie 2014/62/EU des Europäischen Parlaments und des Rates vom 15.5.2014 zum strafrechtlichen Schutz des Euro und anderer Währungen gegen Geldfälschung, ABl. EU L 151 v. 21.5.2014, S. 1.

1743 Vgl. Bahnmüller, Strafrechtliche Unternehmensverantwortlichkeit im europäischen Gemeinschafts- und Unionsrecht, S. 163 f.

1744 So auch Böse, in: Jahn/Schmitt-Leonardy/Schoop, Das Unternehmensstrafrecht und seine Alternativen, S. 88 (S. 100).

1745 Vgl. Rönnau/Wegner, ZRP 2014, 158 (159).

1746 Siehe hierzu auch Rönnau/Wegner, ZRP 2014, 158 (159).

1747 So Bärlein/Engelberth, FS Wessing, S. 33 (S. 36 und S. 37 f. enthält einen Überblick über die Unterschiede).

1748 Siehe hierzu Bärlein/Engelberth, FS Wessing, S. 33 (S. 36).

1749 Siehe hierzu Dannecker/Dannecker, NZWiSt 2016, 162 (169) m.w.N.

Rechtsnachfolger juristischer Personen bzw. Unternehmen sind in die straf- und bußgeldrechtliche Verantwortung einzubeziehen.[1750] Eine Einführung eines Unternehmenssanktionsrechts[1751] im Sinne einer Konzernsanktionierung hingegen, wie es auf dem Gebiet des Kartellrechts oder im Rahmen der Datenschutzgrundverordnung bereits existiert, ist derzeit noch nicht vorgeschrieben. Hier bestehen noch viele ungelöste Probleme.[1752]

2. *Modell der Repräsentation und Zurechnung*

Die internationalen und europäischen Vorgaben orientieren sich zudem in erster Linie an dem Zurechnungs- bzw. Repräsentationsmodell (Identifikations- bzw. Zurechnungsmodell).[1753] Nach dem Gedanken der akzessorischen Haftung hat der Verband für die Taten seiner Mitarbeiter oder bestimmter Repräsentanten einzustehen.[1754] In der Europäischen Union sind entsprechende Vorgaben – soweit ersichtlich – erstmals in dem zweiten Zusatzprotokoll zu dem Übereinkommen zum Schutz der finanziellen Interessen der EU vom 19.6.1997 formuliert worden.[1755] Aufgebaut wird auf dem Grundsatz, dass die juristische Person nur für eigenes Verhalten straf- und bußgeldrechtlich verantwortlich sein kann.[1756] Daher soll und wird auch nur auf Handlungen und Unterlassungen

1750 Siehe hierzu Dannecker/Dannecker, NZWiSt 2016, 162 (169).

1751 Der EuGH geht heute von einem autonomen, funktionalen Unternehmensbegriff aus, so dass beispielsweise im Kartellrecht vom Begriff des Unternehmens jede wirtschaftliche Tätigkeit ausübende Einheit, unabhängig von ihrer Rechtsform und der Art der Finanzierung, umfasst ist, siehe hierzu Uebele EuZW 2018, 440 (441), welcher im Ergebnis dazu kommt, dass auch der Begriff „Unternehmen" im Art. 83 DSGVO im Sinne des kartellrechtlichen Unternehmensbegriffs zu verstehen ist, vgl. Uebele EuZW 2018, 440 (446).

1752 Siehe hierzu Dannecker/Dannecker, NZWiSt 2016, 162 (169) mit weiterführenden Hinweisen auf der Seite 168; auch richtet sich beispielsweise das europäische Kartellrecht in Art. 101 AEUV bereits direkt an „Unternehmen" als wirtschaftlich-organisatorische Einheit, siehe Bärlein/Engelberth, FS Wessing, S. 33 (S. 37).

1753 Vgl. hierzu Böse, ZStW 126(1) 2014, 132 (140).

1754 Siehe hierzu Bärlein/Engelberth, FS Wessing, S. 33 (S. 38, S. 39).

1755 Der Kreis der Repräsentanten, die durch Begehung einer Straftat zugunsten einer juristischen Person deren sanktionsrechtliche Verantwortlichkeit auslösen sollen, wurde hier festgelegt. Zugleich wurde die Verantwortlichkeit der juristischen Person auf Aufsichtspflichtverletzungen ausgedehnt, siehe hierzu Korte, NJW 1998, 1464 (1465).

1756 Vgl. Dannecker/Dannecker, NZWiSt 2016, 162 (164) m.w.N.

der Organe und Vertreter mit Leitungsfunktion abgestellt.[1757] Zudem muss der Repräsentant oder Vertreter auf Rechnung bzw. zu Gunsten des Verbandes gehandelt oder Pflichten des Verbandes verletzt haben.[1758] Neben dem Zurechnungsmodell existiert das Modell der originären Verbandsstrafbarkeit.[1759] Innerhalb der Europäischen Union dominieren aber von der konkreten Mitarbeitertat ausgehende Zurechnungsmodelle.[1760] Meist werden diese Modelle jedoch noch in unterschiedlich starkem Maße um ein kollektives Element also ein Element des Unternehmensunrechts bzw. der Unternehmensschuld erweitert.[1761] Die internationalen und europäischen Vorgaben lassen aber zumindest nicht zu, die Verantwortlichkeit des Verbandes allein über eine originäre Verbandsschuld zu begründen.[1762]

3. *Haftungsauslösender Personenkreis*

Weiter ist nun der haftungsauslösende Personenkreis nach den europäischen Vorgaben zu bestimmen. Hier müssen gemäß Art. 3 Abs. 1 ZP-PIF und diversen Folgevorschriften alle Personen in Führungsposition zum haftungsauslösenden Personenkreis innerhalb des Verbandssanktionenrechts zählen, wobei die Führungsposition durch die Merkmale der Vertretungsbefugnis, Entscheidungsbefugnis oder Kontrollbefugnis noch näher gekennzeichnet wird.[1763] Es kann sich somit eine solche Führungsposition beispielsweise aus einer Kontrollbefugnis ergeben, soweit diese „die Möglichkeit zur Einflussnahme auf die Verwaltung der juristischen Person beinhaltet."[1764]

Die meisten anderen einschlägigen Rechtsakte haben diese Formulierung des ZP-PIF weitestgehend in der Vergangenheit übernommen.[1765] Daher wurde auch

---

1757 Vgl. Dannecker/Dannecker, NZWiSt 2016, 162 (164).

1758 Die Regelungen in den Mitgliedsstaaten unterscheiden sich hier aber, siehe Bärlein/Engelberth, FS Wessing, S. 33 (S. 40).

1759 Hierzu Böse, in: Jahn/Schmitt-Leonardy/Schoop, Das Unternehmensstrafrecht und seine Alternativen, S. 88 (S. 95 f.).

1760 Siehe hierzu Bärlein/Engelberth, FS Wessing, S. 33 (S. 39) m.w.N.

1761 Siehe Bärlein/Engelberth, FS Wessing, S. 33 (S. 39) m.w.N.

1762 Siehe hierzu Böse, in: Jahn/Schmitt-Leonardy/Schoop, Das Unternehmensstrafrecht und seine Alternativen, S. 88 (S. 99).

1763 Siehe hierzu Korte, NJW 1998, 1464 (1465); Rönnau/Wegner, ZRP 2014, 158 (160).

1764 Rönnau/Wegner, ZRP 2014, 158 (160); siehe auch Korte, NJW 1998, 1464 (1465); erläuternder Bericht zum ZP-PIF (ABl. EG C 91 v. 31.3.1999, S. 8), Abschn. 3.2.

1765 Vgl. Rönnau/Wegner, ZRP 2014, 158 (160); zur Einordnung der teilweise verwendeten Formulierung „leitende Position" siehe Engelhart, eucrim 3/2012, 110 (112).

§ 30 OWiG insofern mit der Einführung von § 30 Abs. 1 Nr. 5 OWiG vor längerer Zeit angepasst.[1766] Hierbei wurde allerdings übersehen, dass Art. 3 Abs. 2 ZP-PIF zusätzlich verlangt, dass Sanktionsregeln für den Fall eingeführt werden, wenn eine Leitungsperson eine Aufsichtspflichtverletzung begeht.[1767] Nach Art. 3 Abs. 2 ZP-PIF muss die juristische Person zur Verantwortung gezogen werden, wenn mangelnde Überwachung oder Kontrolle eines der genannten Delikte ermöglicht hat.[1768]

Für Aufsichtspflichtverletzungen wird in der deutschen Rechtsordnung der § 130 OWiG angewandt, der dann – wie bereits dargestellt – häufig Anknüpfungstat i.S.v. § 30 OWiG ist. Bei § 130 OWiG ist aber der Verband selbst eigentlich der Betriebs- bzw. Unternehmensinhaber.[1769] Erst über § 9 OWiG wird eine Haftung für die Führungspersonen nach § 130 OWiG ermöglicht. § 9 OWiG findet allerdings in dem Fall keine Anwendung, in welchem durch eine Person eine mittlere Führungsposition unterhalb der Betriebsleitung eingenommen und diese Person nicht explizit dazu beauftragt wurde.[1770] Es ergibt sich derzeit eine Lücke in den Situationen, in welchen Führungspersonen i.S.v. Art. 3 Abs. 1 ZP-PIF Aufsichtspflichtverletzungen begehen, aber nicht unter den § 9 OWiG fallen und infolgedessen nicht nach § 130 OWiG verfolgt werden können.[1771] Art. 3 Abs. 2 ZP-PIF i.V.m. Art. 3 Abs. 1 ZP-PIF verlangt allerdings eine Haftung nach §§ 30, 130 OWiG auch in solchen Situationen, so dass diese Lücke noch durch den deutschen Gesetzgeber zu schließen wäre.[1772] Sollte der Gesetzgeber keine große Reform anstreben, so könnte er zumindest den in § 9 OWiG erfassten Personenkreis auf den haftungsauslösenden Personenkreis gem. § 30 OWiG erweitern.

4. *Behandlung von Auslandstaten*

Im Falle der Begehung einer Anknüpfungstat der natürlichen Person im Ausland stellt sich die naheliegende Frage, ob nach Maßgabe des europäischen oder

1766 Siehe BGBl. I 2002, S. 3387 u. BT-Drs. 14/8998, S. 10.

1767 Vgl. Rönnau/Wegner, ZRP 2014, 158 (160); Korte NJW 1998, 1464 (1465).

1768 Siehe hierzu Bärlein/Engelberth, FS Wessing, S. 33 (S. 34).

1769 Vgl. Rogall, KK-OWiG, § 30 Rn. 20 f.

1770 Ähnlich auch Rönnau/Wegner, ZRP 2014, 158 (160).

1771 Siehe hierzu Rönnau/Wegner, ZRP 2014, 158 (160).

1772 Siehe ebenfalls Rönnau/Wegner, ZRP 2014, 158 (160); Achenbach, wistra 2002, 441 (445) und den Gesetzesantrag des Landes NRW – Verbandsstrafrecht, S. 36.

internationalen Rechts auch zugleich eine Verbandssanktionierung angeordnet werden müsste.[1773] Generell muss hier durch den Gesetzgeber geprüft werden, welche einschlägigen Rechtsakte zur Sanktionierung von Auslandstaten zwingende Vorgaben machen.[1774] Sollten Vorschriften die Mitgliedstaaten verpflichten, die Verfolgung von Auslandstaten zu ermöglichen, beispielsweise wenn Taten durch eigene Staatsangehörige begangen wurden,[1775] kommt die Frage auf, ob gleichzeitig auch der Verband zu sanktionieren ist.

Betrachtet man beispielsweise die RL 2014/62/EU[1776] – und hier Art. 8 Abs. 1 lit. b der RL 2014/62/EU, welcher alle Mitgliedstaaten dazu verpflichtet, sicherzustellen, dass Taten i.S.v. Art. 3 und Art. 4 der RL 2014/62/EU, die ihre jeweiligen Staatsangehörigen im Ausland begehen, im eigenen Land verfolgt werden können.[1777] Ob hier auch die Verbände bestraft werden sollen, scheint eine Auslegungsfrage zu sein.[1778] Generell könnte man folgern, dass in dem vorliegenden Fall bei Auslandstaten nur die Sanktionierung der natürlichen Person vom Gesetzgeber zwingend geregelt werden muss, nicht aber die des Verbandes.[1779] Systematisch könnte man dem aber entgegnen, dass z.B. die RL 2014/62/EU mit Blick auf das Gesamtkonzept der Richtlinie eine Sanktionierung von Verbänden eher akzessorisch zur Sanktionierung von natürlichen Personen ausgestaltet hat.[1780] Die Pflicht der Mitgliedsstaaten zur Verbandssanktionierung bzw. der Sanktionierung von Unternehmen könnte also immer dort bestehen, wo auch eine Sanktionierung der natürlichen Person gefordert wird.[1781] Damit würde der transnationale Anwendungsbereich von Verbandssanktionen

---

1773 Siehe hierzu auch Rönnau/Wegner, ZRP 2014, 158 (160).

1774 So ebenso Rönnau/Wegner, ZRP 2014, 158 (160) mit Verweisen auf diverse Rechtsakte der EU.

1775 Vgl. Rönnau/Wegner, ZRP 2014, 158 (160) mit Verweis auf Art. 9 I lit. d des Rahmenbeschlusses 2002/475/JI des Rates der EU v. 13.7.2002 (ABl. EU L 164 v. 22.6.2002, S. 6), welcher die Verfolgung von Auslandstaten zusätzlich für den Fall verlangt, dass die Tat zu Gunsten einer juristischen Person mit Sitz im Inland begangen wurde.

1776 Siehe RL 2014/62/EU (ABl. EU L 151 v. 15.5.2014, S. 1).

1777 Siehe hierzu auch Rönnau/Wegner, ZRP 2014, 158 (160).

1778 Siehe hierzu ausführlich den Fall bei Rönnau/Wegner, ZRP 2014, 158 (160).

1779 Vgl. Rönnau/Wegner, ZRP 2014, 158 (161).

1780 Siehe Rönnau/Wegner, ZRP 2014, 158 (161).

1781 Vgl. auch Beisheim/Jung, CCZ 2018, 63 (65) und den deutlich weiteren Anwendungsbereich im Kölner Entwurf zum Verbandssanktionengesetz § 2 Nr. 2–4 VerbSG.

allerdings sehr weit gezogen.[1782] Hier können sich bei schwachem Inlandsbezug dann möglicherweise zudem völkerrechtliche Friktionen ergeben.[1783]

Der Gesetzgeber ist also aufgerufen, insgesamt die Frage zu klären, inwieweit europäische oder internationale Rechtsakte es erforderlich machen, Verbandssanktionen auch dann zu verhängen, wenn eine Anknüpfungstat vorliegt, die im Ausland begangen wurde.[1784] Kommt er zu dem Ergebnis, dass im Rahmen des Unionsrechts immer dann zugleich eine Sanktionierung des Verbandes zu erfolgen hat, wenn nach Maßgabe des Unionsrechts eine Sanktionierung der natürlichen Person verpflichtend ist, muss geklärt werden, inwieweit das deutsche Recht angepasst werden muss.[1785] Hier könnte sich größerer Änderungsbedarf ergeben.[1786]

5. *Vorgaben im Hinblick auf die Form der Sanktionierung*

Eine zwingende Folge soll nach dem EU-Recht oft eine finanzielle Sanktion (Geldstrafe bzw. Geldbuße) sein.[1787] Bei Straftaten einer Führungsperson zugunsten der juristischen Person werden auch meist Geldsanktionen gefordert.[1788] So folgten die einschlägigen europäischen und internationalen Rechtsakte[1789] auf Sanktionsebene häufig dem Vorbild von Art. 4 Abs. 1 ZP-PIF:[1790] Dieser macht die Vorgabe, dass die Einführung von Geldsanktionen zwingend ist und andere Sanktionsarten verhängt werden können. Meist enthalten die europäischen Vorgaben im Hinblick auf nicht-finanzielle Sanktionen zumindest keine zwingenden Vorgaben,[1791] aber im Hinblick auf Geldsanktionen schon. Man findet

---

1782 Vgl. Rönnau/Wegner, ZRP 2014, 158 (161).

1783 Siehe hierzu bereits im 3. Kapitel H.; zu den völkerrechtlichen Grenzen der transnationalen Geltung eines Verbandssanktionenrechts siehe auch Schneider, ZIS 2013, 488 (490 ff.).

1784 Dieser Aspekt bedarf einer sehr tiefgehenden Analyse und kann hier nicht abschließend geklärt werden. Prüfbedarf sah hier auch die Kommission zur Reform des strafrechtlichen Sanktionensystems 2000, vgl. Korte, NZWiSt 2018, 393 (394).

1785 Ähnliche Einschätzung bei Rönnau/Wegner, ZRP 2014, 158 (161).

1786 Siehe hierzu auch im 3. Kapitel H. V. 2. d) u. VI.

1787 Siehe Art. 4 Abs. 1 des Zweiten Zusatzprotokolls zum Übereinkommen zum Schutz der finanziellen Interessen der EG, ABl. EG C 221 v. 19.6.1997 und zu Regelungen der Mitgliedsstaaten der EU: Bärlein/Engelberth, FS Wessing, S. 33 (S. 42, S. 43).

1788 Siehe hierzu Dannecker/Dannecker, NZWiSt 2016, 162 (164).

1789 Siehe etwa den Bericht der OECD, Bericht zu Phase 3: Deutschland, in welchem die Arbeitsgruppe der OECD Deutschland empfiehlt, neben der Geldbuße auch andere Sanktionen gegen juristische Personen zu erwägen.

1790 Vgl. Rönnau/Wegner, ZRP 2014, 158 (161).

1791 Hierzu Rönnau/Wegner, ZRP 2014, 158 (161).

bzgl. nicht-finanzieller Sanktionen lediglich beispielhafte Aufzählungen (z.B. Ausschluss von öffentlichen Zuwendungen und Aufträgen, Verbot der gewerblichen Betätigung, richterliche Aufsicht, Auflösung und öffentliche Bekanntgabe von Verstößen).[1792] Manche Rechtsakte verlangen aber explizit gerade auch nicht-finanzielle Sanktionen.[1793] So wird in Rechtsakten zwingend eine öffentliche Bekanntmachung vorgeschrieben. Dies zeigt die Einführung z.B. des § 40d WpHG a.F. (jetzt § 125 WpHG n.F.) im Rahmen des 1. FiMaNoG[1794] sowie des § 40c WpHG a.F. (jetzt § 124 WpHG n.F.), der im Zuge der Umsetzung der Transparenzrichtlinie II[1795] geschaffen wurde.[1796] Der Gesetzgeber hat die nach § 40b WpHG a.F. (jetzt § 123 WpHG n.F.) bereits seit dem 30.10.2014 bestehende Möglichkeit, Verstöße gegen Ver- oder Gebote des WpHG im Internet öffentlich bekannt zu machen, sogar noch deutlich ausgeweitet. Mittlerweile wurden die §§ 40b-40d WpHG a.F. mit Wirkung vom 3.1.2018 im Zuge des 2. FiMaNoG[1797] in die §§ 123–125 WpHG n.F. verschoben und dabei auch inhaltlich verändert. Zudem wurde der Veröffentlichungstatbestand nach § 4 Abs. 3k WpHG a.F. zunächst mit Wirkung vom 1.1.2018 durch § 4 Abs. 4c Nr. 3 lit. b WpHG a.F. erweitert und daraufhin ohne weitere inhaltliche Änderungen in § 6 Abs. 9 WpHG n.F. verankert (zum 3.1.2018). Zudem wurde § 126 WpHG n.F. mit Wirkung vom 3.1.2018 als neuer Veröffentlichungstatbestand in das Gesetz integriert. Im anglo-amerikanischen Rechtsraum werden derartige Maßnahmen unter dem Stichwort „naming & shaming“ bereits seit langer Zeit eingesetzt.[1798] Auf Grund von unionsrechtlichen Vorgaben gibt es nun auch vermehrt Regelungen in der deutschen Rechtsordnung.[1799]

1792 Siehe hierzu Dannecker/Dannecker, NZWiSt 2016, 162 (164) und Korte, NJW 1998, 1464 (1465); vgl. zu den Regelungen in den einzelnen Mitgliedsstaaten der EU: Bärlein/Engelberth, FS Wessing, S. 33 (S. 42 ff.).

1793 Zum Beispiel in Art. 7 RL 2009/52/EG (Ausschluss von Subventionen und öffentlichen Ausschreibungen).

1794 Siehe Erstes Finanzmarktnovellierungsgesetz – 1. FiMaNoG, BT-Drs. 18/7482.

1795 Siehe RL 2013/50/EU v. 22.10.2013 (ABl. EU L 294 v. 22.10.2013, S. 13).

1796 Siehe hierzu Rönnau/Wegner, in: Meyer/Veil/Rönnau, Handbuch zum Marktmissbrauchsrecht, § 30 Rn. 1.

1797 Siehe Zweites Finanzmarktnovellierungsgesetz – 2. FiMaNoG, BGBl. I 2017, S. 1693.

1798 Siehe hierzu Rönnau/Wegner, in: Meyer/Veil/Rönnau, Handbuch zum Marktmissbrauchsrecht, § 30 Rn. 1

1799 Vgl. hierzu Rönnau/Wegner, in: Meyer/Veil/Rönnau, Handbuch zum Marktmissbrauchsrecht, § 30 Rn. 1, mit Verweis auf folgende unionsrechtlichen Vorgaben: Art. 14 Abs. 4 MAD 2003, Art. 36 Abs. 2 EU-Rating-VO, Art. 12 Abs. 2 S. 1, 88 Abs. 2 EMIR, Art. 28b Abs. 1 lit. a, 29 Abs. 1 TransparenzRL oder Art. 34 MAR.

Weiter zeichnet sich insbesondere Änderungsbedarf im Ordnungswidrigkeitenrecht möglicherweise in Bezug auf die neuen Mindestbußgeldtatbestände zum Beispiel in der Marktmissbrauchsverordnung (MAR)[1800] ab.[1801] Durch die beiden Finanzmarktnovellierungsgesetze von 2016 und 2017 wurde das Höchstmaß der Geldbuße für Kapitalmarkt-Ordnungswidrigkeiten, insbesondere gegenüber juristischen Personen und Personenvereinigung erheblich erhöht.[1802] Einfacher war hier die Einführung einer gesonderten kapitalmarktrechtlichen Sanktionsvorschrift für Verbände (separat von § 30 OWiG).[1803] So wurden durch das 1. und 2. FiMaNoG für Verbandsgeldbußen gegenüber juristischen Personen und Personenvereinigungen mittlerweile ein z.T. deutlich erhöhter Bußgeldrahmen vorgesehen.[1804]

III. Sanktionsfreiheit bei bestimmtem Nachtatverhalten

Zu untersuchen ist weiter, ob die Einführung von Regelungen, die die Sanktionierung eines Verbands im Falle eines bestimmten Nachtatverhaltens mildern oder sogar ausschließen können, mit den Vorgaben des EU-Rechts kompatibel sind.[1805] Hier ist zu prüfen, ob eine Regelung, welche z.B. eine weitreichende Selbstanzeigevorschrift beinhaltet noch den geltenden Mindesttrias „wirksamer, angemessener und abschreckender" Sanktionen genügt. Zumindest Vorschriften, die basierend auf dem Nachtatverhalten Sanktionsminderungen bzw. -ausschlüsse in Aussicht stellen, könnten zugleich die abschreckende Wirkung der Sanktion konterkarieren, da potenzielle Täter diese Selbstanzeigevorschrift

---

1800 Siehe Verordnung (EU) Nr. 596/2014 des Europäischen Parlaments und des Rates vom 16.4.2016 über Marktmissbrauch, ABl. EU L 173 v. 16.4.2016, S. 1 – S. 61.

1801 Vgl. zu diesem Fall Rönnau/Wegner, ZRP 2014, 158 (161), welcher darauf hinweist, dass früher die Verbandsgeldbuße auch im Kapitalmarktrecht auf § 30 OWiG gestützt wurde. Hätte man dieses Modell aufrechterhalten wollen, hätte die maximale Bußgeldhöhe in § 30 OWiG erheblich heraufgesetzt werden müssen.

1802 Siehe Achenbach, WM 2018, 1337 (1337).

1803 Siehe zu den Entwicklungen im Kapitalmarktrecht Roth, GWR 2016, 67 ff. und zum 2. Finanzmarktnovellierungsgesetz (FiMaNoG) vom 23.6.2017 und den umfangreichen europäischen Vorgaben: Buck-Heeb/Poelzig, BKR 2017, 485 (485 ff.).

1804 „Damit sind jetzt auch im Bereich des Marktmissbrauchsrechts Verbandsgeldbußen im sechs- bis achtstelligen Bereich möglich, wie sie bisher nur aus dem Kartellbußgeldrecht im Zusammenhang mit der dort einschlägigen Parallelvorschrift § 81 Abs. 4 S. 2 GWB bekannt waren." Rönnau/Wegner, in: Meyer/Veil/Rönnau, Handbuch zum Marktmissbrauchsrecht, § 29 Rn. 38; siehe auch Achenbach, WM 2018, 1337 (1337 ff.).

1805 Siehe zu diesem Punkt auch Rönnau/Wegner, ZRP 2014, 158 (161).

eventuell im Rahmen einer Kosten-Nutzen-Kalkulation mit einkalkulieren könnten.[1806]

Weiter wäre die Abschreckungsdimension selbstverständlich noch stärker beeinträchtigt bei zwingenden Regeln zur Milderung oder zum Sanktionsausschluss als bei rein fakultativen Vorschriften. Quasi als Ausgleich zum verminderten Abschreckungseffekt sind aber zugleich auch Regelungen denkbar, die als Gegenpol auf andere Weise dem Rechtsgüterschutz dienen (etwa Wiedergutmachungsvorschriften).[1807] Auch präventive Maßnahmen, wie etwa die verpflichtende Etablierung eines Compliance-Management-Systems, könnten in Betracht kommen, um den verminderten Abschreckungseffekt auszugleichen.[1808] Grundvorausetzung für das Eingreifen von Vorschriften zum Sanktionsausschluss sollte aber immer sein, dass die Tat nicht vorsätzlich und kalkuliert durchgeführt wurde.[1809] Zu erwähnen bleibt, dass in Bezug auf die Maßstäbe der Mindesttrias eine Selbstanzeigeregelung[1810] kritisch zu betrachten ist. Wird eine solche Regelung anvisiert, sollte diese auf minderschwere Anknüpfungstaten beschränkt und fakultativ ausgestaltet werden sowie auf Fälle begrenzt sein, bei denen eine Schadenswiedergutmachung möglich ist, um so den europäischen und internationalen Vorgaben Rechnung zu tragen.[1811]

1806 Ähnlich Rönnau/Wegner, ZRP 2014, 158 (161).

1807 Siehe hierzu auch Rönnau/Wegner, ZRP 2014, 158 (162), so muss z.B. bei der Selbstanzeigevorschrift des § 371 AO der gesamte entstandene Steuerschaden beglichen werden, nebst Zinsen und Strafzuschlag.

1808 Siehe zu diesem Punkt Rönnau/Wegner, ZRP 2014, 158 (162).

1809 Siehe hierzu auch Rönnau/Wegner, ZRP 2014, 158 (162), welcher die Fälle mit einer wohl kalkulierten Tat eben als besonders sanktionswürdig empfindet und daher die bloße Auferlegung von Präventionsbemühungen als Rechtsfolge als unbefriedigend ansieht.

1810 Eine Art Selbstanzeige bzw. Kronzeugenregelung findet man im Kartellrecht (sog. „Leniency"-Mitteilung der EU-Kommission im Kartellbußrecht). Der betroffene Verband muss hier über die Selbstanzeige hinaus bei der Aufdeckung des gesamten Kartells mithelfen (siehe ABl. EU C 298 v. 8.12.2006, S. 17 ff.; spätere Änderung siehe ABl. EU C 256 v. 5.8.2015, S. 1).

1811 So im Ergebnis auch Rönnau/Wegner, ZRP 2014, 158 (162), welcher zusätzlich eine (Teil-)Schadenswiedergutmachung als Voraussetzung verlangt und/oder zumindest nur eine fakultative Ausgestaltung realisieren möchte.

C. Stellungnahme

Würde der deutsche Gesetzgeber ein Verbandsstrafrecht einführen oder im Rahmen des Ordnungswidrigkeitenrechts die Vorschriften reformieren bzw. neue Vorschriften entwerfen, wäre er zumindest – soweit der sachliche Anwendungsbereich des jeweiligen Übereinkommens bzw. Rechtsaktes reicht – an die jeweiligen Vorgaben des Europarechts und des internationalen Rechts gebunden. Wie aber gezeigt wurde, lassen die völker- und europarechtlichen Vorgaben auch zu, Verbände durch die Verhängung verwaltungs- und zivilrechtlicher Maßnahmen zur Verantwortung zu ziehen, wenn diese Maßnahmen wirksam, abschreckend und angemessen sind.[1812]

Noch zu klären ist, ob und inwieweit sich aus dem Effektivitätsgebot weitergehende Vorgaben für die bußgeldrechtliche Verantwortlichkeit von Verbänden ergeben. Die Übereinkommen und Rechtsakte enthalten zwar im Detail durchaus unterschiedliche Vorgaben zur Verbandsverantwortlichkeit, dennoch lassen sich aber Grundzüge eines einheitlichen Modells entnehmen. Der deutsche Gesetzgeber sollte daher – soweit möglich – insgesamt an einem einheitlichen materiell–rechtlichen und prozessualen Modell festhalten. Hierbei müsste sich die Ausgestaltung dann allerdings an den strengsten Anforderungen orientieren.[1813]

Generell ist zu sagen, dass der Gesetzgeber im Rahmen der Ausgestaltung eines Verbandssanktionenrechts immer stärker die Vorgaben des europäischen und internationalen Rechts im Blick haben und bei der Ausgestaltung des nationalen Rechts berücksichtigen muss. Die aktuellen Gesetze (vor allem der § 30 OWiG) werden derzeit diesen Anforderungen womöglich noch gerecht. Bei § 9 OWiG und gegebenenfalls auch bei § 5 OWiG besteht allerdings bereits Anpassungsbedarf.[1814] In bestimmten Bereichen – wie beispielsweise im Kapitalmarktrecht bereits geschehen – wird es das EU-Recht erfordern, gesonderte Vorschriften einzuführen. Dies wird sich nicht vermeiden lassen. Auch hierzu und zu deren Ausgestaltung muss sich der Gesetzgeber Gedanken machen, um ein stringentes System zu gewährleisten.

1812 Vgl. hierzu Böse, ZStW 126(1) 2014, 132 (141); Für die Ausgestaltung verwaltungsrechtlicher Geldbußen enthält das Unionsrecht nur in einzelnen Bereichen Vorgaben.

1813 So auch Böse, in: Jahn/Schmitt-Leonardy/Schoop, Das Unternehmensstrafrecht und seine Alternativen, S. 88 (S. 111).

1814 So auch bei Rönnau/Wegner, ZRP 2014, 158 (162).

Entscheidend ist zudem, dass das eingeführte materielle Recht konsequent Anwendung findet und so auch die europäischen und internationalen Vorgaben erfüllt werden.[1815] Bestehende Durchsetzungsdefizite[1816] müssen beseitigt werden.[1817] Ein stringenter Vollzug der Vorschriften und eine konsequente Verfolgung sind hier zu fordern. Sollte der Gesetzgeber zudem Sanktionsausschließungstatbestände einsetzen wollen, muss er zumindest die Mindesttrias des Europarechts im Auge behalten.

Zu berücksichtigen ist weiter, dass auch die europäischen Grundrechte (nicht nur die Grundrechte der Mitgliedsstaaten) und das Gesetzlichkeitsprinzip – der Schuldgrundsatz, der Verhältnismäßigkeitsgrundsatz sowie das Subsidiaritätsprinzip – zu beachten sind.[1818] Zudem sind insgesamt die Wirkungen der unionsrechtlichen Grundprinzipien, insbesondere die Bindungen aus der Grundrechtecharta (GRC) und die Vollzugsprinzipien zu beachten.[1819] Umgekehrt sind die strafverfassungsrechtlichen Garantien des deutschen Rechts einzuhalten. Hier ergeben sich verfassungsrechtliche Schranken insbesondere aus dem Grundsatz „nullum crimen sine lege", dem Verhältnismäßigkeitsgrundsatz, dem Grundsatz „ne bis in idem" und der Unschuldsvermutung.[1820]

1815 Hierzu ebenso Rönnau/Wegner, ZRP 2014, 158 (162).

1816 So auch Rönnau/Wegner, ZRP 2014, 158 (162) m.w.N.: Für empirische Nachweise s. Kirch-Heim, Sanktionen gegen Unternehmen, S. 68 ff.; Kutschaty, ZRP 2013, 74 ff.; OECD, Bericht zu Phase 3: Deutschland, S. 24 ff.

1817 Ebenfalls Rönnau/Wegner, ZRP 2014, 158 (162) m.w.N.: Kirch-Heim, Sanktionen gegen Unternehmen, S. 92 ff.; Kutschaty, ZRP 2013, 74 (75).

1818 Siehe aber Dannecker/Dannecker, NZWiSt 2016, 162 (165).

1819 Hierzu Meyer, wistra 2017, 209 (209).

1820 Siehe hierzu Dannecker/Dannecker, NZWiSt 2016, 162 (169) mit weiterführenden Aspekten. Insbesondere weisen sie darauf hin, dass der EuGH die verfassungsrechtlichen Gewährleistungen der Mitgliedstaaten auf das Niveau des unionsrechtlichen Grundrechtsschutzes begrenzt, wenn er dies aufgrund des Effektivitätsgebots für notwendig erachtet.

8. Kapitel: Defizite der bisherigen Verbandssanktionierung, Reformvorschläge sowie eigene Optimierungsansätze

Die Ausführungen in der Arbeit haben gezeigt, dass in vielen Bereichen der Sanktionierung von Unternehmen noch Rechtssicherheit für die Unternehmen, aber auch für die Verfolgungsbehörden, geschaffen werden muss. Zudem gewinnen das Europarecht und auch internationale Vorgaben mehr und mehr Einfluss. Durch beispielsweise europäische Richtlinien oder internationale Verträge werden in immer mehr Bereichen dem Gesetzgeber gewisse Mindestvorgaben zur Regelung der Verbandssanktionierung auferlegt. Dies alles gilt es bei einer Gesetzesfortentwicklung zu berücksichtigen. Das strafrechtliche Ultima-ratio-Prinzip gebietet es hierbei, in einem komplexen Regelungsgefüge diejenigen Lücken aufzuzeigen, die nur durch eine Verbandssanktionierung sinnvoll geschlossen werden können. In speziellen Bereichen, insbesondere bei der Umsetzung von europäischen Vorgaben, wird der Gesetzgeber zudem nicht umhinkommen, teilweise separate Vorschriften fernab von einem etwaigen Generaltatbestand (derzeit § 30 OWiG) zu entwickeln.

Ablehnungsreflexe gegen eine Reform des Verbandssanktionsrechts an sich sind aber insgesamt fehl am Platz. Die Verbandssanktionierung ist in den letzten Jahren dem Ordnungswidrigkeitenrecht und seinen Strukturen sichtlich entwachsen. Generell empfiehlt es sich, spezielle materielle und auch prozessuale Vorgaben zu entwickeln, die dann allgemein als Generalvorschriften das Phänomen Sanktionierung von Unternehmen abdecken. Der Gesetzgeber ist aufgerufen, nach einer sorgfältigen Bestandsaufnahme der zivil-, öffentlich- und strafrechtlichen Möglichkeiten eine allseits austarierte Gesamtlösung zu entwickeln. Hier gibt es noch viel zu tun.

A. Defizite der bisherigen Verbandssanktionierung und vorzunehmende Klarstellungen durch den Gesetzgeber

Um anschließend über mögliche weitere Optimierungen der Verbandssanktionierung und etwaige zusätzliche Vorschriften nachzudenken, sollen zunächst nochmals die Schwächen des bisherigen Rechts erläutert und hierbei gleichzeitig der Klarstellungsbedarf durch den Gesetzgeber aufgezeigt werden. Ob die Verbandsgeldbuße nach § 30 OWiG in Ihrer aktuellen Form ein geeignetes Sanktionsinstrument darstellt, ist hierbei in mehrerlei Hinsicht fraglich.[1821]

I. Probleme im Rahmen des Tatbestandes der Sanktionierung

So ist im Rahmen der Prüfung der derzeitigen Vorschriften (§§ 30, 130 OWiG) aufgefallen, dass es bereits im Rahmen des Tatbestandes der §§ 30, 130 OWiG viele strittige Punkte gibt. Hier bedarf es an vielen Stellen einer Klarstellung durch die Legislative.

1. Klarstellungsbedürfnis im Hinblick auf den Sanktionsadressaten

Probleme ergeben sich bereits bei dem Merkmal der Sanktionsadressaten. So ist beispielsweise die Frage zu klären, inwieweit bei der Gründung von Kapitalgesellschaften, die nach herrschender Sonderrechtstheorie Vereinigungen eigener Art darstellen, die „Nachfolgegesellschaft" für die Vorgängerin also für die Gründungsgesellschaft haftet.[1822] Hier sollte beispielsweise eine klarere Regelung getroffen werden. Weiter müsste der Gesetzgeber definieren, wann ausländische Gesellschaften[1823] und juristische Personen des öffentlichen Rechts[1824] auch als Sanktionsadressaten in Frage kommen sollen. Hier herrscht derzeit Unklarheit. Zudem ist zu überlegen, wie bei der Einmann-GmbH im Verhältnis zum Einzelunternehmer verfahren werden soll.[1825]

2. Probleme bei dem Sanktionsdurchgriff auf die Obergesellschaft im Konzern

Weiter ergeben sich Probleme in Konzernstrukturen. Beispielsweise ist ein Sanktionsdurchgriff auf die Obergesellschaft im Konzern derzeit zwar bereits anhand des § 130 OWiG möglich, sollte auf Basis des geltenden Rechts aber nicht stattfinden bzw. wirft zu viele Fragen auf, welche noch durch den Gesetzgeber geklärt

---

1821 Siehe hierzu bereits BRAK, Stellungnahme der BRAK Nr. 46/2012, S. 1 ff.

1822 Siehe hierzu 3. Kapitel A. I. 5.; Gründungsgesellschaften gehen häufig in kurzer Zeit in der angestrebten Rechtsform auf.

1823 Auch hier fehlen Kriterien für eine mögliche Inanspruchnahme, siehe hierzu Näheres im 3. Kapitel H. V. 1.

1824 Hier könnten sowohl der Staat selbst als auch internationale Organisationen und hoheitlich tätige Körperschaften des öffentlichen Rechts ausscheiden, siehe hierzu Näheres im 3. Kapitel A. I.

1825 Siehe hierzu im 3. Kapitel A. I. 6.; siehe hierzu auch bei Schünemann, ZIS 2014, 1 (9).

werden müssten.[1826] Es gibt jedoch diskutable Gründe, einen Durchgriff auf die Obergesellschaft[1827] durch ein Gesetz zukünftig rechtssicher zu gestalten. Hierzu bedarf es allerdings einer Klarstellung bzgl. der Aufsichtspflichten von Konzernobergesellschaften über Konzernunternehmen und eine klare Zuteilung im Hinblick auf das „ob“ und „in welchen Fällen“ eine Sanktionierung stattfinden soll und bzgl. des „wie“ (also der Sanktionszumessung) der Sanktionierung der Konzernobergesellschaft (Muttergesellschaft) im Verhältnis zur Tochtergesellschaft.[1828]

3. *Probleme bei der Rechtsnachfolge*

Weiter ist die Regelung zur „Rechtsnachfolge“ in die Verbandsgeldbuße alles andere als gelungen.[1829] Der Gesetzgeber hat für Fälle in denen die „Tätergesellschaft“ weiterbesteht, keine Rechtsnachfolge nach § 30 Abs. 2a S. 1 OWiG angeordnet, sondern nur in Fällen, in denen der übertragende Rechtsträger liquidationslos erlischt. Dies gilt es zu überdenken. Auch ist fraglich, ob § 30 Abs. 2a OWiG mit dem Schuldgrundsatz und dem Verhältnismäßigkeitsprinzip vereinbar ist. Es werden auch Rechtsnachfolger eines Verbandes, die keine eigene Verantwortung für die Anlasstaten tragen, bußgeldverantwortlich gemacht. Die in § 30 Abs. 2a OWiG eingeführte Regelung geht zudem deutlich über das gesetzgeberische Ziel, die vom BGH aufgezeigte Sanktionslücke zu schließen, hinaus.[1830] Hier wäre eine Einschränkung des § 30 Abs. 2a OWiG auf Fälle der gezielten gesellschaftsrechtlichen Umstrukturierung zur Haftungsabschottung denkbar.

Problematisch erscheint zudem das Fehlen von gesetzlichen Vorgaben für die verwaltungsbehördliche oder gerichtliche Entscheidung z.B. im Falle der

1826 Siehe hierzu die ausführlichen Darstellungen im 5. Kapitel.

1827 Zu der Sanktionierung des Konzerns selbst siehe die weiterführenden Hinweise im 8. Kapitel C. IV. 1 b) und c).

1828 Siehe hierzu auch die weiterführenden Hinweise im 8. Kapitel C. IV. 1 sowie die ausführlichen Darstellungen im 5. Kapitel bezüglich der noch klarstellungsbedürftigen Punkte etwa bei der Doppelmandatsträgerschaft oder im Hinblick auf die Sanktionsbemessung (Tochtergesellschaft und Muttergesellschaft). Es müsste noch geklärt werden, ob in bestimmten Konstellationen dann eine Sanktionierung sowohl der Tochtergesellschaft als auch der Obergesellschaft erfolgen soll und ob dann etwa eine Aufteilung der Sanktion vorzunehmen ist.

1829 Siehe hierzu ausführlich im 3. Kapitel B.

1830 Siehe zum gesetzgeberischen Ziel: BT-Drs. 17/9852, S. 40 (S. 49); 17/11053, S. 26 (S. 28 f.) und die weiteren Ausführungen im 3. Kapitel B. V. 2.

partiellen Gesamtrechtsnachfolge, wie die Teilrechtsnachfolger in Anspruch zu nehmen sind. Die Grundsätze einer solchen Entscheidung sollten zumindest durch den Gesetzgeber festgelegt werden.[1831] Auch ist es aus rechtsstaatlicher Sicht nicht unbedenklich, dass – sollte bereits ein Verfahren begonnen worden sein – dieses Verfahren einfach auf den Rechtsnachfolger übergeht.[1832] Zudem relevant ist die Frage, ob und ggf. in welchen Fällen über eine entsprechende Anwendung des § 17 Abs. 4 OWiG eine Abschöpfung auch beim Rechtsnachfolger möglich ist.[1833]

4. *Weitere strittige Punkte bei § 30 OWiG*

Darüber hinaus sind die Kriterien sehr vage, anhand welcher die betriebsbezogene Pflichtverletzung bei § 30 Abs. 1 OWiG bestimmt werden soll.[1834] Auch bei der Frage der Auslegung des Merkmals „Handeln als Organ" herrscht Unklarheit. Weiter ist ungeklärt, wie der Zusammenhang zwischen der Anknüpfungstat und dem Handeln als Repräsentant (in Wahrnehmung der Angelegenheiten des Verbandes) herzustellen ist. Zudem bestehen Streitigkeiten darüber, wie der Zusammenhang zwischen Anknüpfungstat und Bereicherung sowie der Zusammenhang zwischen Anknüpfungstat und Pflichtverletzung hergestellt werden soll. Darüber hinaus ist strittig, wie das Merkmal „vertretungsberechtigt" auszulegen ist.[1835] Eine Aufsichtspflichtverletzung i.S.v. § 130 OWiG als Anknüpfungstat nach § 30 OWiG wird zudem derzeit im Rahmen der Verbandssanktionierung nur über § 130 OWiG i.V.m. § 9 OWiG und § 30 OWiG dem Verband zugerechnet. Betrachtet man den Täterkreis in § 9 OWiG und in § 30 OWiG, erkennt man, dass es hier zu Haftungslücken kommen kann. Vorzugswürdig wäre, die beiden Tatbestände (§§ 130, 30 OWiG) zu kombinieren und eine neue Haftungsnorm für Verbände zu kreieren oder zumindest den Täterkreis in § 9 OWiG an den Täterkreis des § 30 OWiG anzupassen.[1836]

5. *Probleme im Rahmen des § 30 Abs. 6 OWiG*

Auch ist zweifelhaft, ob durch § 30 Abs. 6 OWiG wirklich Vermögensverschiebungen im Wege der Einzelrechtsnachfolge vermieden werden können und

1831 Siehe hierzu im 3. Kapitel B. II. 2.
1832 Siehe hierzu im 3. Kapitel B. V. 1.
1833 Siehe hierzu Peukert, BB 2014, 649 (654).
1834 Siehe auch Peukert/Altenburg, BB 2015, 2822 (2826).
1835 Siehe zu all diesen Aspekten die Ausführungen im 3. Kapitel A. V.
1836 So schon Ausführungen im 3. Kapitel C. III.

ob die Vorschrift dem Verhältnismäßigkeitsgrundsatz und dem Anspruch auf gerichtlichen Rechtsschutz genügt.[1837] Es fehlt beispielsweise einerseits an einer Regelung, die an eine bereits erfolgte Vermögensverschiebung anknüpft und § 30 Abs. 6 OWiG ordnet andererseits einen „Vermögensarrest" an, obwohl nur ein nicht bestandskräftiger Bußgeldbescheid einer Staatsanwaltschaft oder Verwaltungsbehörde nachgewiesen ist.[1838] Hierbei muss dem Verband ein wirksamer gerichtlicher Rechtsschutz (Art. 19 Abs. 4 GG) und ein Schutz für das Eigentumsgrundrecht (Art. 14 GG) gewährt werden.[1839] Die Maßnahme kann faktisch zur Handlungsunfähigkeit des Verbandes führen.[1840]

6. *Probleme bei der dogmatischen Einordnung der Verbandsgeldbuße*

Die dogmatische Einordnung der Verbandsgeldbuße nach § 30 OWiG ist zudem umstritten.[1841] Laut den Gesetzesmaterialien ist die Verbandsgeldbuße eine bußgeldrechtliche Sanktion eigener Art und der gesetzgeberischen Intention entsprechend ist sie nicht nur „Nebenfolge", sondern eine eigenständige Sanktion.[1842] Nicht abschließend geklärt ist hierbei aber, ob § 30 OWiG als Folge einer Verantwortlichkeit des Verbandes für eigene Delinquenz eine eigene täterschaftliche Haftung begründet, oder ob § 30 OWiG „lediglich" fremde Delinquenz (die der Leitungsperson) dem Verband zurechnet.[1843] Da dieser Aspekt viele Folgefragen aufwirft, sollte durch den Gesetzgeber hier Klarheit geschaffen werden.

1837 Siehe hierzu im 4. Kapitel D.

1838 Siehe Rogall, in: KK-OWiG, § 30 Rn. 253.

1839 Siehe BRAK, Stellungnahme der BRAK Nr. 46/2012, S. 8.

1840 Hierbei verstärken sich die Wirkungen mit der Dauer der Verfügungsbeschränkungen; siehe hierzu Rogall, in: KK-OWiG, § 30 Rn. 255. Zumindest ist die Anordnung durch ein Gericht vorgesehen (§ 162 StPO) und nur bei Gefahr im Verzug durch die Bußgeldbehörde (§§ 35 f. OWiG; § 46 Abs. 1 OWiG i.V.m. § 111j Abs. 1 S. 1, 2 StPO) zu erlassen. Bei der Anordnung durch eine Behörde hat diese von sich aus innerhalb einer Woche die gerichtliche Bestätigung der Anordnung zu beantragen (§ 46 Abs. 1 OWiG, § 111j Abs. 2 S. 1 StPO), siehe hierzu Rogall, in: KK-OWiG, § 30 Rn. 256.

1841 Siehe hierzu im 2. Kapitel A. II. 1.

1842 Vgl. BT-Drs. 12/192, 33; BGH, Urt. v. 5.12.2000 – 1 StR 411/00, NJW 2001, 1436 (1438).

1843 Vor allem jeweils im Kontext zu Überlegungen zum rechtfertigenden Grund einer Unternehmenssanktion.

II. Defizite und Probleme im Rahmen der Bußgeldbemessung

1. Starre Bußgeldobergrenze

Probleme ergeben sich auch bei der Bußgeldbemessung. So ist zunächst fraglich, ob die starren Bußgeldobergrenzen des § 30 Abs. 2 OWiG sinnvoll sind. Starre Sanktionsgrenzen erlauben nicht in jedem Fall eine wirksame Sanktionierung, weil der wirtschaftlichen Leistungsfähigkeit großer und umsatzstarker Unternehmen nicht hinreichend Rechnung getragen werden kann. Dies widerspricht zum einen der Sanktionsgerechtigkeit im Allgemeinen[1844] und zum anderen sollte eine Sanktionierung immer spürbar sein und deswegen stets an der individuellen Sanktionsempfindlichkeit ausgerichtet sein.[1845]

2. Unzureichende gesetzliche Vorgaben für die Bußgeldzumessung

Zudem fehlen hinreichend bestimmte, verhältnismäßige gesetzliche Vorgaben zur Zumessung von Bußgeldern gegenüber Verbänden.[1846] Dies schreibt bei einem bis zu zehn Millionen Euro reichenden Bußgeldrahmen bereits das Bestimmtheitsgebot (Art. 103 Abs. 2 GG) vor.[1847] Etwaige Bußgeldleitlinien der Verfolgungsbehörden können dieses Defizit nur unvollkommen ausgleichen. Diese sind nur behördenintern verbindlich und schaffen daher keine Rechtssicherheit sowie keine überregionale Gleichbehandlung.

3. Kumulierung bei Tatmehrheit im Ordnungswidrigkeitenrecht

Auch die Kumulierung bei Tatmehrheit im Ordnungswidrigkeitenrecht ist sehr unbefriedigend.[1848] Da im Strafrecht das Asperationsprinzip gilt, kann es teilweise besser sein, wenn eine Leitungsperson eine Straftat (als Anknüpfungstat) begangen hat als eine Ordnungswidrigkeit. Bedenkt man hierbei die hohen Bußgelder, die einem Unternehmen im Ordnungswidrigkeitenrecht auferlegt

---

1844 Siehe hierzu beispielsweise Kubiciel/Gräbner, ZRP 2016, 137 ff.

1845 Insbes. nach der Erhöhung des Bußgeldrahmens ist vermehrt eine Benachteiligung von kleinen und mittelständischen Unternehmen und eventuell auch von Parteien und Körperschaften des öffentlichen Rechts zu befürchten. Zudem wird nicht berücksichtigt, dass auch Parteien und nicht rechtsfähige Vereine bzw. Körperschaften des öffentlichen Rechts von der Regelung betroffen sind; ähnlich bereits BRAK, Stellungnahme der BRAK Nr. 46/2012, S. 9.

1846 Siehe hierzu 3. Kapitel D.

1847 Siehe BRAK, Stellungnahme der BRAK Nr. 46/2012, S. 7 f.

1848 Siehe hierzu 3. Kapitel D. IV.

werden können, ist dies und auch, da es keine Regelung wie die des § 55 StGB gibt, höchst bedenklich. Eine Kumulation kann oft zu übertriebenen Rechtfolgenhäufungen führen, welche mit den Vorstellungen von Schuld und Verantwortung und gerade auch mit dem Verhältnismäßigkeitsprinzip im Widerspruch stehen.[1849] Die von § 20 OWiG gewollte Häufung der Rechtsfolgen kann auch bei den Nebenfolgen dazu führen, dass die Ahndung nach dem Ordnungswidrigkeitengesetz zu einem schärferen Instrument als die Ahndung nach dem Strafgesetz (Gesamtstrafe nach § 53 StGB) wird.[1850] Die Konkurrenzvorschrift des § 20 OWiG ist daher zu reformieren.[1851]

4. *Fehlen von Vorgaben zur Berücksichtigung von Compliance-Maßnahmen, Aufklärungsbemühungen und von Selbstreinigungsprozessen*

Generell fehlen Vorgaben zu der Berücksichtigung von Compliance-Maßnahmen.[1852] De lege ferenda sollten gewisse Mindeststandards für notwendige Aufsichtsmaßnahmen bzw. Compliance-Maßnahmen vorgegeben werden. Wird darauf im Rahmen eines unternehmensbezogenen risikoadäquaten Compliance-Programms reagiert, sollte den Maßnahmen tatbestandsausschließende, jedenfalls aber bußgeldmindernde Wirkung zukommen. So ist also die Einführung eines Haftungsausschließungsgrundes und von Strafmilderungsgründen bei angemessenen Vorkehrungsmaßnahmen zur Vermeidung von Straftaten und Ordnungswidrigkeiten in § 30 OWiG oder einer vergleichbaren Vorschrift zu fordern.[1853] Nicht jedes strafbare oder ordnungswidrige Verhalten einer Leitungsperson des Verbandes rechtfertigt eine strikte Haftung des Verbandes.[1854] Auch fehlen Vorgaben, inwiefern Aufklärungsbemühungen und

1849 Siehe Mitsch, in: KK-OWiG, § 20 Rn. 3; Achenbach, WuW 1997, 393 (395).

1850 Es kann zu unguten Kumulationen kommen, welche nicht durch eine nachträgliche Gesamtstrafenbildung in Analogie zu §§ 53, 54 StGB ausgeglichen werden können.

1851 Die de lege lata aufgezeigten Lösungsansätze sind entweder in rechtlicher Hinsicht oder aufgrund von systematischen Bedenken nicht überzeugend. De lege ferenda muss bei der Zumessung der Gesamthöhe mehrerer Geldbußen eine Gesamtschau der Taten vorgenommen werden.

1852 Siehe hierzu 3. Kapitel E und 3. Kapitel D. V. 7.

1853 Derzeit regelt § 30 OWiG eine strikte, von Organisationsverschulden unabhängige Haftung des Verbandes für Straftaten oder Ordnungswidrigkeiten von Leitungspersonen; siehe BRAK, Stellungnahme der BRAK Nr. 46/2012, S. 8.

1854 So auch BRAK, Stellungnahme der BRAK Nr. 46/2012, S. 9.

Selbstreinigungsprozesse im Rahmen der Strafzumessung oder sogar bei einem etwaigen Absehen von der Sanktion zu berücksichtigen sind.[1855]

5. *Probleme im Hinblick auf unschuldige Mitglieder des Verbandes und bei der Sanktionierung von am Gesellschaftsvermögen beteiligten Individualtätern*

Bei der Sanktionierung von Unternehmen können sich zudem unter dem Aspekt der Gerechtigkeit zwei Probleme ergeben: Zum einen könnte zweifelhaft sein, ob eine strafrechtliche Sanktion gerecht im Hinblick auf das unschuldige Mitglied im Unternehmen (z.B. den beschäftigten Arbeitnehmer) bzw. die am Gesellschaftsvermögen beteiligte Person (z.B. den nicht operativ tätigen Mitgesellschafter einer GmbH) ist. Zudem setzt der in Art. 103 Abs. 3 GG postulierte Grundsatz „ne bis in idem“ (Verbot der Doppelbestrafung) verfassungsrechtliche Grenzen. Bedenken bestehen insbesondere für die Konstellationen, in denen etwa der sanktionierte Individualtäter am Gesellschaftsvermögen beteiligt ist.[1856] Gegebenenfalls sollte der Gesetzgeber daher im Rahmen der Strafzumessung diese Probleme in Rechnung stellen und hier Lösungsmöglichkeiten anbieten.[1857]

III. Probleme im Rahmen der Verjährung

Auch im Rahmen der Verjährung ergeben sich viele strittige Fragen.[1858] Handlungen nach § 30 OWiG unterliegen nicht automatisch der Verfolgungsverjährung nach § 31 OWiG. Ebenso wenig regelt § 131 Abs. 3 OWiG die Frage der Verjährung. Es fehlt somit eine eindeutige und ausdrückliche Verjährungsregelung für

---

1855 Siehe hierzu 3. Kapitel E und 3. Kapitel D. V. 7.

1856 Insbes. bei der OHG und der KG bestehen insoweit Zweifel an der Legitimität einer parallelen Unternehmenssanktion.

1857 So ist zu berücksichtigen, dass bei der Festsetzung einer Geldbuße gegen einen Verband die Verbandsgeldbuße im Regelfall auch denjenigen treffen kann, dessen Zuwiderhandlung die Geldbuße ausgelöst hat. Womöglich ist dieser als Gesellschafter am Gesellschaftsvermögen finanziell beteiligt; siehe hierzu Rogall, in: KK-OWiG, § 30 Rn. 42 m.w.N.; Eventuell sollte hier zur Vermeidung einer „Doppelbestrafung“ geprüft werden, ob es erforderlich ist, gegen die Leitungsperson und gegen die Personengesellschaft eine Geldbuße zu verhängen. In vielen Situationen könnte es ausreichen nur eine Verbandssanktion oder aber nur eine Individualsanktion zu verhängen, vgl. Rogall, in: KK-OWiG, § 30 Rn. 42.

1858 Siehe hierzu umfassender im 3. Kapitel F.

§ 30 OWiG. Nach der wohl herrschenden Meinung richtet sich die Verjährung de lege lata akzessorisch nach den für die Verjährung der Bezugstat geltenden Verjährungsvorschriften. Eine Klarstellung durch den Gesetzgeber wäre hier wünschenswert. Ebenfalls sollte geregelt werden, wie bei einer Anknüpfungstat nach § 130 OWiG zu verfahren ist.[1859] Ob bei § 130 OWiG die nämliche Verjährungsakzessorietät wie bei § 30 OWiG besteht, ist derzeit sehr umstritten.[1860] Da hier der Gesetzeswortlaut nicht eindeutig und sehr unbestimmt ist, sollte auch hier dringend eine Klarstellung erfolgen, da sich aus der Ungewissheit zudem Folgefragen ergeben.[1861] Weiter bedarf es im Hinblick auf verjährungsunterbrechende Maßnahmen gegenüber dem Organtäter noch einer Klarstellung durch den Gesetzgeber. Dieser müsste regeln, ob und (bei Bejahung) in welchen Fällen auch dann die Verjährung unterbrochen wird, wenn gegenüber der „falschen" Leitungsperson ermittelt wird.

IV. Probleme im Rahmen des transnationalen Geltungsbereiches und der Zurechnung insbesondere in Konzernstrukturen

Auch und gerade in internationalen Zusammenhängen ist außerdem vieles klärungsbedürftig.[1862] Der Gesetzgeber müsste insbesondere festlegen, ob sich der Geltungsbereich nach den OWiG-Vorschriften richtet oder jeweils nach den Vorschriften abhängig von der Anknüpfungstat (Strafrecht oder Ordnungswidrigkeitenrecht). Die nach §§ 3 ff. StGB bei Straftaten über die Anknüpfungstat in § 30 OWiG nach wohl herrschender Meinung anzuwendenden Bestimmungen (transnationaler Geltungsbereich) können durch das Personalitätsprinzip bewirken, dass das Handeln einer deutschen Leitungsperson im Ausland zu einer Verbandsgeldbuße für das Unternehmen in Deutschland führt.[1863] Hingegen kann dann ein Verhalten eines ausländischen Mitarbeiters in derselben Position nicht geeignet sein, eine Sanktionierung auszulösen.[1864] Zudem werden oft in Unternehmen (gerade auch in Konzernstrukturen) mehrere Personen grenzüberschreitend zusammenwirken, sei es, dass mehrere Mitarbeiter bzw. Unternehmensangehörige aktive Beiträge

1859 Siehe hierzu auch Rogall, in: KK-OWiG, § 30 Rn. 251.
1860 Siehe hierzu 3. Kapitel F. III.
1861 Siehe hierzu im 3. Kapitel F. IV.
1862 Siehe zu den folgenden Problemen die weiterführenden Hinweise im 3. Kapitel H.
1863 Vgl. v. Galen/Maass, in: Leitner/Rosenau, Wirtschafts- und Steuerstrafrecht, S. 925.
1864 Vgl. v. Galen/Maass, in: Leitner/Rosenau, Wirtschafts- und Steuerstrafrecht, S. 925.

zu einem Geschehen leisten, sei es, dass einzelne in einen Geschehensablauf nicht eingreifen. Hier stoßen die Zurechnungsvorschriften der § 14 Abs. 1, Abs. 2 StGB, § 9 Abs. 1, Abs. 2 OWiG an ihre Grenzen. Zudem sind an einer Handlung in Unternehmen bzw. in Konzernkonstellationen oftmals mehrere Stellen (Zweigstellen, Niederlassungen, Zentralen) und Personen beteiligt, die in verschiedenen Ländern ansässig sind. In einem derartigen mehraktigen Geschehen kann es Handlungsorte in verschiedenen Ländern geben. Zu der Frage, wie Sachverhalte mit Auslandsbezug zu behandeln sind, schweigt der Wortlaut des § 30 OWiG bislang.[1865] Es bedarf Normen zur Abgrenzung und Anrechnungsvorschriften (etwa bei rechtskräftiger Sanktionierung im Ausland) sowie auch Regelungen zum Anwendungsbereich der deutschen Rechtsordnung, die diesen Phänomenen gerecht werden.[1866]

V. Defizite auf der verfahrensrechtlichen Seite

Auch auf verfahrensrechtlicher Seite müssten zahlreiche praktische Probleme geregelt werden.[1867] Hier finden sich derzeit noch erhebliche Defizite. Das Verfahrensrecht ist in sich nicht schlüssig und wirft noch viel zu viele ungeklärte Fragen auf.

1. Passende Regelungen für Verbände erforderlich

So sollte ein auf Unternehmen abgestimmtes, in sich stimmiges Verfahrensrecht konstruiert werden. Die Vorschriften der Nebenbeteiligung sind als Verfahrensregelungen für die Verbandssanktionierung nicht geeignet und eine Generalverweisung des § 46 Abs. 1 OWiG auf die StPO reicht keinesfalls aus. Vielmehr müssen zahlreiche praktische Probleme gesetzlich geregelt werden. So fehlen beispielsweise Regelungen zu „Internal Investigations“ und eine etwaige Kronzeugenregelung sui generis, um dem Unternehmen mehr Rechtssicherheit zu geben. Auch ein Schweigerecht für Verbände müsste geregelt werden – sowohl das Recht selbst als auch die Ausgestaltung für Verbände.[1868] Hier besteht derzeit eine erhebliche Rechtsunsicherheit. Diese Rechtsunsicherheit wird zudem

1865 Vgl. hierzu Schneider, ZIS 2013, 488 (488).

1866 Siehe beispielsweise § 2 VerbSG-E des Kölner Entwurfs zum Anwendungsbereich und § 8 VerbSG-E des Kölner Entwurfs zur Anrechnung ausländischer Sanktionen.

1867 Siehe hierzu die weiterführenden Hinweise im 4. Kapitel und BRAK, Stellungnahme der BRAK Nr. 46/2012, S. 8.

1868 Siehe hierzu die weiteren Ausführungen im 4. Kapitel B. I. 7.

noch dadurch verstärkt, dass vereinzelt ausdrücklich Mitwirkungspflichten von Unternehmen bei ihrer eigenen Sanktionierung vorgesehen sind (vgl. etwa § 81b GWB).

Zudem erfordern die Unterschiede zwischen natürlichen und juristischen Personen bzw. Verbänden auf der verfahrensrechtlichen Ebene unterschiedliche Regelungen. Dies ergibt sich bereits aus der Tatsache, dass eine juristische Person im Verfahren vertreten werden muss (hierbei sind z.B. die Interessenkonflikte des Organs, welches selbst Beschuldigter ist, zu berücksichtigen[1869]). Auch sind z.B. bzgl. der Anwesenheitspflicht andere Regelungen möglich (Zulässigkeit von Abwesenheitsverfahren[1870]). Weiter ist das geltende Ordnungswidrigkeitengesetz im verfahrensrechtlichen Teil auf den Umgang mit solch großen Ordnungswidrigkeiten (Sanktionierung von Verbänden) nicht hinreichend ausgerichtet. So ist das OWiG an sich eher auf kleinere Fälle zugeschnitten.[1871] Es ist anzuregen, für „große Ordnungswidrigkeiten" und hohe Bußgeldsanktionen ein Verfahren einzuführen, das sich stärker an den rechtsstaatlichen Garantien des Kriminalprozesses orientiert und auf die Art der Ordnungswidrigkeit besser vorbereitet ist.[1872] Auch ist zu fragen, ob in jeder Konstellation das Opportunitätsprinzip greifen sollte.

2. *Defizite bei der Zuständigkeitsverteilung*

Werden mit Ordnungswidrigkeiten zusammenhängende Straftaten verfolgt, ist zumeist die Staatsanwaltschaft zuständig (§§ 40 ff. OWiG). Oft werden durch die Staatsanwälte hohe Geldbußen und Bußgeldbescheide ausgehandelt, ohne dass Richter in den Verfahren mitgewirkt haben. Eine Kontrolle findet nicht statt[1873]

1869 Zum deutschen Recht, vgl. Queck, Die Geltung des nemo tenetur-Grundsatzes zugunsten von Unternehmen, S. 236; zu Regelungen de lege ferenda: Drope, Strafprozessuale Probleme bei Einführung einer Verbandsstrafe, S. 131 ff.; entsprechende Regelung in Österreich (§ 16 Abs. 2 östVbVG).

1870 Siehe dagegen zur Rechtslage de lege lata Schlüter, Die Strafbarkeit von Unternehmen in einer prozessualen Betrachtung 2000, S. 196 ff.; entsprechende Regelung in Österreich (§ 23 östVbVG).

1871 Siehe hierzu Schmitz, wistra 2016, 129 ff.; Achenbach, in: Kempf/Lüderssen/Volk, Unternehmensstrafrecht, S. 271 (275); Salditt, FS Achenbach, S. 433 (S. 434 ff.).

1872 Siehe hierzu auch Achenbach, in: Kempf/Lüderssen/Volk, Unternehmensstrafrecht, S. 271 (275 f.); Schmitz, wistra 2016, 129 ff. (137); BRAK, Stellungnahme der BRAK Nr. 46/2012, S. 2 f. (S. 8).

1873 Siehe hierzu BRAK, Stellungnahme der BRAK Nr. 9/2013 vom Mai 2013 zur Einführung einer Unternehmensstrafe, S. 5 f.; Salditt, FS Achenbach, S. 433 (S. 435 f.).

und es entsteht somit eine „Schattenjustiz". Dies ist aus rechtstaatlichen Gesichtspunkten nicht wünschenswert. Auffällig ist auch, dass es zu Zuständigkeitsüberschneidungen zwischen der Verfolgungsbehörde und der Staatsanwaltschaft kommt, die teilweise zu einer ineffizienten Verfolgung führt. So muss beispielsweise derzeit die Staatsanwaltschaft das Verfahren an die Verwaltungsbehörde abgeben, wenn sie in den Fällen des § 40 OWiG das Verfahren nur wegen der Straftat einstellt oder wenn sie in den Fällen des § 42 OWiG die Verfolgung nicht übernimmt, aber Anhaltspunkte dafür vorhanden sind, dass die Tat als Ordnungswidrigkeit verfolgt werden kann (§ 43 Abs. 1 OWiG).[1874]

Auch die sachliche Zuständigkeit des Gerichts im gerichtlichen Verfahren müsste neu geregelt werden. Ein Verfahren vor dem Amtsrichter kann aufgrund des Umfangs solcher Verfahren zur Verbandssanktionierung, aber auch aufgrund der Höhe der Sanktionen nicht passend sein. Auch aufgrund der zumeist erforderlichen Spezialkenntnisse bedarf es somit passender Zuständigkeitsvorschriften vor Gericht.[1875]

3. Unklare Rechtslage bezüglich der Rechtsstellung des Verbandes im Vorfeld von behördlichen Ermittlungen und im Ermittlungsverfahren

Die Rechtsstellung des Verbandes im Vorfeld von behördlichen Ermittlungen und im Ermittlungsverfahren ist sowohl im Ordnungswidrigkeitenrecht als auch im Strafrecht kaum geregelt.[1876] So fehlen Vorschriften zur Anhörung des Verbandes und damit auch eine Regelung, ob vor der Anhörung eine förmliche Anordnung der Beteiligung des Verbandes zu erfolgen hat und falls ja, durch welchen Rechtsakt und zu welchem Zeitpunkt. Weiter ist unklar, ob bei der Entscheidung, wann die juristische Person anzuhören ist, auch eine etwaige Gefährdung des Ermittlungserfolges berücksichtigt werden darf bzw. muss.

Zudem muss der Schutz des Verteidigungsverhältnisses schon dann bestehen, wenn behördliche Ermittlungen noch gar nicht begonnen haben bzw. der Verfolgungswille bei eingeleiteten Ermittlungen nicht auf die juristische Person gerichtet ist.[1877] Dies gilt es durch den Gesetzgeber zu regeln. Auch Regelungen

1874 Zu diesen Aspekten und diversen anderen Punkten siehe 4. Kapitel A. III.

1875 Siehe hierzu die Ausführungen im 8. Kapitel C. VII. 3.

1876 Siehe hierzu insbes. die Ausführungen im 4. Kapitel B. I. und im 4. Kapitel C. I.

1877 Vgl. Wessing, FS Mehle, S. 665 (S. 672 f.); Leitner, FS Wessing, S. 147 (S. 151). Da die Geldbuße eigenständigen Sanktionscharakter hat, muss sichergestellt werden, dass auch in den Fällen, in denen behördliche Ermittlungen noch nicht stattfinden, eine Verteidigung des Unternehmens ungestört von behördlichem Zugriff möglich ist,

für Ermittlungsmaßnahmen gegenüber dem Verband bedarf es. Zudem müssen spezielle Beschlagnahmeverbote und Beweisverwertungsverbote geregelt werden. So ist im Rahmen des Beschlagnahmeverbotes bei unternehmensinternen Untersuchungen vieles umstritten.[1878] Das Vorgehen der staatlichen Ermittlungsbehörden in diesem Zusammenhang ist sehr uneinheitlich. Zudem findet sich keine einheitliche Rechtsprechung hierzu.[1879] Folgende bis dato ungeregelte Fragen drängen sich in diesem Kontext insbesondere auf: Wann sind Unternehmensanwälte „Verteidiger" i.S.v. § 148 StPO, wenn dem Unternehmen Sanktionen nach dem OWiG oder der Einziehungsanordnung drohen, wann liegt ein Verteidigungsverhältnis vor und was kennzeichnet Verteidigerunterlagen? Kann es für die Rechtmäßigkeit einer Beschlagnahme eine Rolle spielen, wo sich die Unterlagen befinden? Setzt ein Beschlagnahmeverbot voraus, dass ein Ermittlungsverfahren gegen den möglichen Beschuldigten bereits förmlich eröffnet wurde?

Es ist insgesamt nicht geklärt, wann und wie weit anwaltliche Tätigkeiten im Auftrag eines Unternehmens als Verteidigung zu qualifizieren sind und den weiteren Beschlagnahmeschutz genießen. Keine Klarheit herrscht auch darüber, welche Informationen und Dokumente überhaupt unter den Beschlagnahmeschutz fallen und wann dieser zeitlich beginnt und ob bei dem Schutz nach dem Fundort von Dokumenten zu differenzieren ist. Es obliegt hier dem Gesetzgeber diese Fragen zu beantworten.

---

wenn der vom Unternehmen beauftragte Anwalt seine Tätigkeit auch mit Blick auf diese Gefahr hin ausübt, so Leitner, FS Wessing, S. 147 (S. 152).

1878 Siehe hierzu bereits im 4. Kapitel B. I. 2.

1879 Siehe hier nur die unterschiedlichen Auffassungen in der Justiz: LG Hamburg, Beschl. v. 15.10.2010 – 608 Qs 18/10, NJW 2011, 942 ff. (m. Anm. v. Galen); LG Bonn, Beschl. v. 21.6.2012 – 27 Qs 2/12, NJW-Spezial 2012, 602 ff.; LG Mannheim, Beschl. v. 3.7.2012 – 24 Qs 1/12; 24 Qs 2/12, NZWiSt 2012, 424 ff. (m. Anm. Schuster); LG Braunschweig, Beschl. v. 21.7.2015 – 6 Qs 116/15, NStZ 2016, 308 ff. (m. Anm. Schneider); BVerfG (3. Kammer des Zweiten Senats), Beschl. v. 25.7.2017 – 2 BvR 1287/17, 2 BvR 1583/17, NJW 2017, 2816. Das Verbot der Beschlagnahme von Verteidigerunterlagen schützt das Vertrauensverhältnis zwischen dem Beschuldigten und seinem Rechtsbeistand. Durch dieses Verbot werden ein rechtsstaatliches Verfahren und eine effektive Verteidigung erst ermöglicht.

4. *Weitere Defizite aufgrund der Gleichstellung des Verbandes mit einem Nebenbeteiligten*

Nach Überprüfung der deutschen derzeitigen Gesetzeslage zeigt sich, dass die Gleichstellung des Verbandes mit einem Nebenbeteiligten nicht sachgerecht ist und in zahlreichen Punkten Defizite hinsichtlich der Beteiligungs- und der Mitwirkungsrechte des Verbandes am Verfahren aufweist. Insbesondere wäre es wünschenswert, den Verband gleich einem Beschuldigten zu behandeln und diesem dieselben Rechte zu gewähren. Zudem wird mit Einleitung des selbstständigen Verfahrens das Unternehmen nicht automatisch Beteiligter, sondern erst durch Anordnung des Gerichts. Eine so schwache Verfahrensbeteiligung ist angesichts der sehr hohen Verbandssanktionen nicht nachvollziehbar.

Zudem werden im einheitlichen Verfahren nicht dieselben Rechtsmittelbefugnisse gewährt, wie im selbstständigen Verfahren. Teilweise werden in den jeweiligen Verfahren – wie gezeigt – auch die Rechtsmittelbefugnisse (lediglich wahlweise Berufung oder Revision (§ 434 Abs. 3 S. 2 StPO)) eingeschränkt und es werden Verteidigungsmöglichkeiten abgeschnitten. Im einheitlichen Verfahren (Strafrecht) gegen die Festsetzung einer Geldbuße kann das Unternehmen zwar nach § 431 Abs. 1 bis Abs. 3 StPO Rechtsmittel einlegen,[1880] eine starke Beschränkung erfährt die Rechtsmitteleinlegung in den Konstellationen, in welchen nur das Unternehmen Rechtsmittel einlegt.[1881]

Im Strafverfahren ist das Beweisantragsrecht des Unternehmens zudem stark dadurch eingeschränkt, dass das Gericht Beweisanträge formlos nach pflichtgemäßem Ermessen ablehnen kann.[1882] Nach §§ 444 Abs. 2 S. 2, 430 Abs. 2 StPO

1880 Vgl. Rogall, in: KK-OWiG, § 30 Rn. 214 f.

1881 Wie bereits in Kapitel 4. B. 1. erwähnt, wird der Schuldspruch des Mitarbeiters nur dann geprüft, wenn zum einen das Unternehmen insoweit Einwendungen vorbringt und es zum anderen ohne sein Verschulden im erstinstanzlichen Verfahren nicht gehört wurde (§§ 444 Abs. 2 S. 2, 431 Abs. 1 StPO), vgl. Rogall, in: KK-OWiG, § 30 Rn. 214 f.; Erstreckt sich hiernach die Prüfung auch auf den Schuldspruch, so legt das Gericht die zur Schuld getroffenen Feststellungen zugrunde, soweit nicht das Vorbringen des Unternehmens eine erneute Prüfung erfordert; vgl. v. Galen/Maass, in: Leitner/Rosenau, Wirtschafts- und Steuerstrafrecht, S. 920; ausgeschlossen wird zudem die Geltendmachung der Verletzung von Verfahrensrechten; siehe auch Rogall, in: KK-OWiG, § 30 Rn. 192, welcher die Vorschriften des Einziehungsbeteiligten unpassend findet und darauf hinweist, dass der Verband mit einem Beschuldigten vergleichbar ist.

1882 Vgl. Rogall, in: KK-OWiG, § 30 Rn. 213.

finden die Ablehnungsgründe des § 244 Abs. 3 S. 2, Abs. 4 bis 6 StPO keine Anwendung.[1883] Diese Vorschrift ist im Kontext des § 30 OWiG reformbedürftig, da hier nicht lediglich eine reine Vermögensabschöpfung stattfindet.[1884] Wegen der drohenden hohen Geldbußen, sollte der Verband de lege ferenda in allen Beziehungen einem Individualtäter gleichgestellt werden.[1885]

Im Verfahren über Ordnungswidrigkeiten im einheitlichen Verfahren ergibt sich Folgendes: Über § 46 OWiG finden die Vorschriften der StPO in Beweisfragen entsprechende Anwendung. Für die Beweisaufnahme gilt § 77 OWiG. Ein Beweisantrag ist demnach durch Gerichtsbeschluss abzulehnen. Im Ordnungswidrigkeitenverfahren ist die Ablehnung daher schwieriger als im Strafverfahren.[1886] Eine gerichtliche Entscheidung wird mit der Rechtsbeschwerde nach § 79 OWiG angegriffen. Gegen einen Beschluss i.S.v. § 46 Abs. 1 OWiG, § 444 Abs. 2 S. 2, 3 StPO kann die sofortige Beschwerde erhoben werden. Legt lediglich das Unternehmen Rechtsmittel ein, könnte man über eine sinngemäße Anwendung der §§ 444 Abs. 2 S. 2, 431 Abs. 1–3 StPO über die Verweisung § 46 Abs. 1 OWiG nachdenken.[1887] Auf diese wird aber nach der wohl h.M. verzichtet, so dass eine Überprüfung der Anknüpfungstat vollumfänglich möglich ist. Auch hier besteht damit eine unterschiedliche Handhabung zum Strafverfahren.

5. *Keine flexiblen Lösungen im Hinblick auf die Einstellung des Verfahrens und das Absehen von Sanktionen*

Das Ordnungswidrigkeitenrecht sieht zudem derzeit neben der Einstellung lediglich den Bußgeldbescheid oder die Einziehung als Möglichkeiten der Verfahrensbeendigung vor. Flexible Möglichkeiten eines Absehens von der Sanktion oder der Verfahrenseinstellung, insbesondere im Einvernehmen zwischen der Verfolgungsbehörde und dem Unternehmen sind nicht vorgesehen, wären aber wünschenswert. Auch spezifischere Regelungen zur Verfahrenseinstellung gibt es nicht.

1883 Auch ist im Fall der Ablehnung des Antrages ein Gerichtsbeschluss (§ 244 Abs. 6 StPO) nicht erforderlich.

1884 Siehe auch Rogall, in: KK-OWiG, § 30 Rn. 193.

1885 So auch Rogall, in: KK-OWiG, § 30 Rn. 213.

1886 Siehe auch KK-OWiG, § 30 Rn. 213.

1887 Siehe auch Rogall, in: KK-OWiG, § 30 Rn. 244.

6. *Umsetzungs- und Vollzugsdefizite*

Ein zentraler Kritikpunkt an der bisherigen Verbandssanktionierung ist zudem das bestehende Umsetzungs- und Vollzugsdefizit.[1888] Die Verfolgungsdichte variiert bereichsspezifisch. Ein starkes Abweichen von Verfolgungspraktiken ist auch verfassungsrechtlich bedenklich.

7. *Unklares Verhältnis zwischen Zuwiderhandlung und der Verbandsverfehlung*

Der Gesetzgeber sollte zudem auch genau regeln, unter welchen Umständen er – trotz Einstellung des Verfahrens der Individualtat des Mitarbeiters oder trotz etwaiger rechtlicher Hindernisse zur Verfolgung der Individualtat – ein Verfahren gegenüber dem Unternehmen bzw. dem Verband weiterhin verfolgen möchte. Sollte der Gesetzgeber an einer Konnexität festhalten, sind hier Klarstellungen zu treffen. Auch ist nicht nachvollziehbar, weswegen gegenüber dem Verband eine Verfolgung aufgrund von Verfolgungsverjährung nicht mehr möglich ist, obwohl bereits gegenüber dem Verband seit längerer Zeit ermittelt wird, aber zunächst das falsche Organmitglied im Rahmen eines einheitlichen Verfahrens verfolgt wurde.[1889] Dies gilt es zu überdenken.[1890]

1888 Siehe auch Korte, NZWiSt 2018, 393 (396).

1889 Siehe hierzu Rogall, in: KK-OWiG, § 30 Rn. 191: „Werden in einem einheitlichen Verfahren das Vorstandsmitglied A und die JP verfolgt, stellt sich aber nach Eintritt der Verfolgungsverjährung heraus, dass das Vorstandsmitglied B die Bezugstat begangen hat, so kann weder gegen B noch gegen die JP eine Geldbuße verhängt werden. Gegen B nicht, weil die Unterbrechung der Verfolgungsverjährung nach § 33 Abs. 4 OWiG nur gegenüber demjenigen wirkt, gegen den sich die Unterbrechungshandlung richtet; das ist im Beispielsfall der A. Gegen die JP nicht, weil die „entsprechende Handlung“ i.S.v. § 33 Abs. 1 S. 2 OWiG nur die Verjährung unterbricht, wenn ein selbstständiges Verfahren eingeleitet wurde; daran fehlt es aber, solange gegen A ermittelt wird.“

1890 Siehe hierzu die Ausführungen im 3. Kapitel F. IV.

VI. Probleme bei der Gewinnabschöpfung und bei § 30 Abs. 5 OWiG

1. Allgemeines

Auch die derzeitigen Regelungen der Gewinnabschöpfung sind so nicht tragbar.[1891] Die Gewinnabschöpfung bei Verbänden muss von der Bebußung klar getrennt, gesetzlich hinreichend bestimmt geregelt werden. Derzeit ist festzustellen, dass der Gesetzgeber auch an dieser Stelle Fragen offengelassen hat, die im Rahmen der Ahndung und Abschöpfung von Verbänden zu regeln wären.[1892]

Vieles spricht dafür, die Geldbuße nach § 30 OWiG de lege lata wegen ihres umfassenden Charakters als vorrangig (vor der Einziehung) anzusehen. § 30 Abs. 5 OWiG regelt den Vorrang der Abschöpfung über die Verbandsgeldbuße. Die Einziehung nach den §§ 73 ff. StGB bzw. nach § 29a OWiG (für beide gilt das Bruttoprinzip) ist dann bei derselben Tat ausgeschlossen. Allerdings ist beispielsweise das Konkurrenzverhältnis zwischen Geldbuße und Einziehung vor Festsetzung einer Geldbuße gesetzlich nicht geregelt.[1893] Es wird diskutiert, ob ein Wahlrecht zwischen Einziehung und Geldbuße besteht oder ob eine der Maßnahmen vorrangig anzuwenden ist. Auch ist umstritten, ob nach Erlass einer Einziehungsanordnung nach § 29a OWiG oder nach §§ 73 ff. StGB (ergänzend) noch ein Bußgeld nach § 30 OWiG verhängt werden darf. In beiden Fällen steht eine abschließende Klärung aus.[1894]

Teilweise ergeben sich auch widersprüchliche Ergebnisse: Ist der Dritte beispielsweise eine juristische Person (insb. ein Wirtschaftsunternehmen), bedarf es bei der Einziehung keiner Organstellung des Handelnden. Zurechenbar sind auch Taten von Angestellten. Dies führt dazu, dass bei Taten von Angestellten das Bruttoprinzip (§§ 73 ff StGB oder § 29a OWiG) anzuwenden ist, während bei der gleichen Tat eines Organs das Unternehmen nach herrschender Meinung infolge des § 30 OWiG nur auf der Basis des Nettoprinzips herangezogen werden kann. Dies ist widersprüchlich. Durch § 73d Abs. 1 StGB und § 29a Abs. 3 OWiG hat sich der Umfang der abzuschöpfenden Vermögenswerte bei der Einziehung

---

1891 Siehe die Ausführungen hierzu im 3. Kapitel D. II. und V. 5. sowie die Ausführungen zur Einziehung im 3. Kapitel G.

1892 So auch v. Galen/Maass, in: Leitner/Rosenau, Wirtschafts- und Steuerstrafrecht, S. 922.

1893 So auch v. Galen/Maass, in: Leitner/Rosenau, Wirtschafts- und Steuerstrafrecht, S. 921.

1894 So auch v. Galen/Maass, in: Leitner/Rosenau, Wirtschafts- und Steuerstrafrecht, S. 921 f.

(Bruttoprinzip) dem Umfang bei der Abschöpfung im Rahmen der Unternehmensgeldbuße (Nettoprinzip) zwar angenähert,[1895] dennoch ist die Abschöpfung im Rahmen des § 30 OWiG nach dem Nettoprinzip immer noch günstiger als eine Einziehung nach dem Bruttoprinzip.[1896]

Zudem wäre zu klären, warum § 73b Abs. 1 Nr. 1 StGB oder § 29a OWiG hinsichtlich des Vertreterhandelns nur ein rechtwidriges Verhalten voraussetzen, während für § 30 OWiG der Schuldnachweis für die Anknüpfungstat gefordert wird. De lege ferenda sollte daher auch überlegt werden, zumindest hinsichtlich des Abschöpfungsanteils keinen Schuldnachweis zu fordern.

2. *Klarstellung im Hinblick auf den Begriff des Vorteils im § 17 Abs. 4 OWiG*

Da bis dato auch umstritten ist, wie der Begriff des Vorteils im § 17 Abs. 4 OWiG auszulegen ist, sollte auch hier durch den Gesetzgeber eine Klarstellung erfolgen.[1897] So ist beispielsweise strittig, ob nach § 17 Abs. 4 OWiG nur diejenigen Gewinne abgeschöpft werden dürfen, die dem Täter unmittelbar aus der Tat zugeflossen sind.[1898] Weiter ist nicht geregelt, wie mit Ersatzansprüchen Dritter[1899] oder mit einem rechtmäßigen Alternativverhalten umzugehen ist.[1900]

VII. Ungleichgewicht zwischen derzeitigem Ordnungswidrigkeitenrecht und Strafrecht

Weiter zeigt sich, dass oftmals Ordnungswidrigkeiten als Anknüpfungstaten höhere Bußgeldsanktionen hervorrufen als Straftaten.[1901] So ist beispielsweise

1895 Die Problematik ist heute infolge der Reform der strafrechtlichen Vermögensabschöpfung insofern abgemildert, als ein Abzug nicht „bemakelter“ Aufwendungen gleichermaßen zugelassen worden ist, vgl. §§ 73d Abs. 1 StGB, 29a Abs. 3; s. dazu Trüg, NJW 2017, 1914 f. sowie Rogall, in: KK-OWiG, § 30 Rn. 141.

1896 Vgl. BGH, Beschl. v. 8.12.2016 – 5 StR 424/15, wistra 2017, 242; Rogall, in: KK-OWiG, § 30 Rn. 141.

1897 Siehe hierzu die weiterführenden Hinweise im 3. Kapitel D. II. 4.

1898 Siehe hierzu beispielsweise Rogall, in: KK-OWiG, § 30 Rn. 142.

1899 Siehe hierzu beispielsweise Rogall, in: KK-OWiG, § 30 Rn. 145.

1900 Ablehnend Mitsch, in: KK-OWiG, § 17 Rn. 120 f. m.w.N.

1901 Siehe hierzu die Ausführungen im 3. Kapitel D VI. 2 und beispielsweise § 172 Abs. 2 S. 1 Nr. 1 SAG nach welchem eine Geldbuße in Höhe von bis zu 5 Millionen Euro verhängt werden kann. Da nun auch noch § 172 Abs. 2 S. 2 SAG ausdrücklich auf § 30 Abs. 2 S. 3 OWiG verweist, also eine Verzehnfachung des Höchstbetrages erfolgen kann, ergibt sich hier eine Bußgeldobergrenze von 50 Millionen Euro.

bei einem Unternehmen, welches einen jährlichen Gesamtumsatz von mehr als 100 Millionen Euro aufweist, die Bußgeldobergrenze aufgrund einer Kartellordnungswidrigkeit höher als bei einer Bestechung als Anknüpfungstat. Ähnlich ist das beispielsweise auch, wenn man die Bußgeldobergrenzen bei Verstößen gegen die Vorschriften zur Aufstellung von Jahres- und Konzernabschlüssen und die Bußgeldobergrenzen bei der Anknüpfungstat des Betruges betrachtet. So erscheint das finanzielle Risiko bei der Begehung einer Straftat als Anknüpfungstat oftmals überschaubarer als das Risiko der Begehung einer Ordnungswidrigkeit. Dies ist widersprüchlich.

Zudem bietet dann das Verfahren nach dem Ordnungswidrigkeitenrecht den Unternehmen weniger Schutz.[1902] So werden Sanktionen nach einer Ordnungswidrigkeit als Anknüpfungstat nicht von Gerichten verhängt, sondern von Verwaltungsbehörden. Auch erscheint das Abstandsgebot zwischen Geldstrafe und Geldbuße nicht gewahrt. Bei den vorgesehenen Bußgeldhöhen drängt sich das Stichwort „Etikettenschwindel" auf.[1903] Auch die Kumulierung bei der Tatmehrheit im Ordnungswidrigkeitenrecht ist sehr unbefriedigend, da im Strafrecht das Asperationsprinzip gilt. Unter all diesen Aspekten kann es gar teilweise besser für den Verband sein, wenn der Mitarbeiter eine Straftat begangen hat (im Vergleich zu einer Ordnungswidrigkeit als Anknüpfungstat). Zu überdenken wäre die bestehende Regelung in § 30 OWiG somit jedenfalls insoweit, als sie bei der Verfolgung von Verbänden die Unterschiede zwischen Straftaten und Ordnungswidrigkeiten nivelliert.[1904]

VIII. Sonstige Mängel

1. Vernachlässigung spezialpräventiver Sanktionszwecke

Generell lässt die ordnungswidrigkeitenrechtliche Sanktionssystematik den Schluss zu, dass jedenfalls Spezialprävention eine eher untergeordnete

1902 Siehe hierzu bereits Schmitz, wistra 2016, 129 ff.

1903 Bei Straftaten entspricht der Bußgeldrahmen bereits dem Geldstrafrahmen (§ 40 Abs. 1, 2 StGB bis zu 360 Tagessätze zu höchstens 30.000,- Euro also in Summe höchstens 10,8 Millionen Euro); so BRAK, Stellungnahme der BRAK Nr. 46/2012, S. 6.

1904 Skeptisch zur Bedeutung der Unterscheidung von Geldbuße und Strafe: Ransiek, NZWiSt 2012, 45 (47); Über eine Anwendung des § 30 OWiG (insbes. im Zusammenspiel mit § 130 OWiG) sind zudem Rechtsfolgen möglich, die „den Rechtsabteilungen, Revisionsabteilungen und Geschäftsleitungen Kopfzerbrechen bereiten und für Angst und Schrecken sorgen": Grützner/Leisch, DB 2012, 787 ff.

Rolle spielt.[1905] So sind nach einem Fehlverhalten des Verbandes durch seine Repräsentanten weder spezialpräventive Weisungen noch die Aussetzung einer Sanktion oder eines Sanktionsteils zur Bewährung vorgesehen. Spezialpräventive Wirkungen lassen sich allenfalls im Bereich der Sanktionszumessung erkennen. Da hier zugelassen wird, dass etwaige nach einem Rechtsverstoß ergriffene Compliance-Maßnahmen sanktionsmildernd berücksichtigt werden und dadurch Besserungsanreize gesetzt werden. Allerdings war dies lange umstritten, wird auch heute noch strittig diskutiert und ist gesetzlich nirgendwo festgeschrieben. Zudem ist ein schwieriger Aspekt, dass mit der Bezahlung der Verbandsgeldbuße die Sanktionierung derzeit abgeschlossen ist. Es lässt sich daher nicht kontrollieren, ob das unternehmerische Verhalten (der Umsetzung von Compliance-Maßnahmen) allein aufgrund des Druckes der Sanktionierung erfolgte.

2. *Grenzverwischungen zur verwaltungsrechtlichen Aufsicht und Fehlen eines bundesweiten Registers*

Zu berücksichtigen ist zudem insgesamt, dass das Verbandssanktionsrecht der verwaltungsrechtlichen Aufsicht an vielen Stellen ungeordnet ist und es zu Grenzverwischungen und Zuständigkeitsüberschneidungen kommen kann. Häufig dürften daher Kooperationspflichten und Mitwirkungspflichten der Aufsichtsbehörden erforderlich werden. Zudem fehlt es an einem bundesweiten Register, das über das Wettbewerbsregister hinaus Eintragungen zulässt.[1906]

3. *Fehlende Regelungen zum Regress – Wechselwirkungen zwischen Individual- und Unternehmensverantwortung*

Weiter muss dringend der gesellschaftsinterne Bußgeldregress geregelt werden.[1907] Es ist bis dato noch unklar, ob und in welcher Höhe, die mit dem Fehlverhalten für die Verhängung der Verbandsgeldbuße verantwortlichen Repräsentanten zivilrechtlich in Regress genommen werden können. Auch ist

---

1905 Zu den Zwecken der Verbandsgeldbuße siehe beispielsweise Niesler, in: Graf/Jäger/Wittig, Wirtschafts- und Steuerstrafrecht, § 30 OWiG Rn. 1; siehe zudem die Ausführungen im 2. Kapitel A. II. 2.

1906 Siehe hierzu die Ausführungen im 6. Kapitel A. II.

1907 Siehe hierzu die Ausführungen im 6. Kapitel B; § 10 VerbSG-E des Kölner Entwurfs und auch § 11 östVbVG lehnen beispielsweise den Innenregress im Einklang mit sanktionsrechtlichen Wertungen zu Recht ab.

nicht geklärt, bis zu welchem Punkt dieses Schadensrisiko der Repräsentanten versicherbar ist.[1908]

Zu berücksichtigen ist weiter, dass sich bei der unternehmensinternen Aufklärung von Fehlverhalten des Repräsentanten Wechselwirkungen zwischen der Individual- und Unternehmensverantwortung zeigen. Es ist gar so, dass Repräsentanten und Mitarbeiter dem Verband gegenüber zur Kooperation verpflichtet sind und sich nach herrschender Meinung in diesem Verhältnis nicht auf den Grundsatz der Selbstbelastungsfreiheit berufen können.[1909] Auch hierfür sollte der Gesetzgeber Lösungen bereitstellen. Hier kann es insbesondere zu Problemen im Rahmen von internen Untersuchungen und einer späteren Verfolgung des Repräsentanten/Mitarbeiters kommen. Dabei ist dann auch fraglich, wann eine Verwertung von Unterlagen und Aussagen, welche bei internen Untersuchungen durch das Unternehmen gesammelt wurden, im Rahmen eines eventuell anschließenden Strafverfahrens gegenüber dem Beschuldigten bzw. dem dann angeklagten Mitarbeiter verwertet werden dürfen.[1910]

Auch bei einem gemeinsamen Prozess oder bei der Auswahl des Verteidigers kann es zu Interessenkonflikten kommen.[1911] So gibt es gerade im Rahmen eines gemeinsamen Verfahrens aber auch bei getrennten Verfahren unterschiedliche Individualinteressen und Unternehmensinteressen, welche aufeinandertreffen können.[1912] Hierfür wurden bislang noch keine Regelungen durch den Gesetzgeber vorgesehen. Dies gilt es nun anzugehen. Auch fehlen derzeit Regelungen über die Verteidigung von Unternehmen einschließlich etwaiger Regelungen über die Pflichtverteidigung und ein Verbot der Mehrfachverteidigung.[1913]

B. Reformvorschläge und Gesetzesentwürfe

Angesichts der aufgezeigten Defizite ist eine Reformierung dringend erforderlich und wird auch oftmals gefordert. Laut dem von Union und SPD am 7.2.2018 vorgelegten Koalitionsvertrag sollen Unternehmen stärker sanktioniert werden.[1914] Weiter sind „konkrete und nachvollziehbare Zumessungsregeln für

---

1908 Vgl. Baur/Holle, ZIP 2018, 459 ff.; siehe zudem zum Regress die Ausführungen im 6. Kapitel B.

1909 Siehe hierzu Krug/Skoupil, NJW 2017, 2374 (2375).

1910 Siehe hierzu bereits im 4. Kapitel B. I.

1911 Siehe hierzu bereits im 4. Kapitel E. V.

1912 Ausführlich hierzu beispielsweise Schumann/Knierim, NZWiSt 2016, 194 (199 ff.).

1913 Siehe hierzu auch Korte, NZWiSt 2018, 393 (396).

1914 Siehe hierzu CDU, CSU und SPD, Koalitionsvertrag 2018, S. 126.

Unternehmenssanktionen", Anreize zur Kooperation mit Ermittlungsbehörden und Regelungen zu internen Untersuchungen geplant.[1915] Es gibt auch aus der Wissenschaft und Praxis bereits diverse Vorschläge zur Verbesserung der Sanktionierung von Verbänden.[1916] Viele Vorschläge basieren auf der Prämisse, dass der gesetzliche Status quo ein Regelungsdefizit aufweist. Im Folgenden sollen daher einige Vorschläge und Gesetzesentwürfe punktuell und überblicksartig erläutert werden.[1917] Auch die jeweils anschließenden Stellungnahmen erfolgen hier zunächst nur überblicksartig. Im nächsten Abschnitt (8. Kapitel C.) werden dann unter teilweiser Bezugnahme auf die Reformvorschläge eigene Optimierungsansätze einer möglichen Ausgestaltung einer Verbandssanktionierung de lege ferenda dargestellt.

I. Deutscher Anwaltverein

Der Deutsche Anwaltverein (DAV) hat zum Beispiel im Jahre 2012 den Vorschlag gebracht, § 30 OWiG durch eine Klausel zu ergänzen, der zufolge von der Festsetzung der Geldbuße abgesehen werden soll, wenn die juristische Person oder Personenvereinigung vor der Tatentdeckung angemessene Verfahren eingerichtet hat, um Straftaten oder Ordnungswidrigkeiten vorzubeugen oder zu vermeiden.[1918] Die Formulierung war allerdings nicht ausreichend, da sie ein Absehen von der Festsetzung einer Geldbuße auch dann erlaubte, wenn die abstrakt angemessenen Verfahren auf die Begehung der in Rede stehenden konkreten Zuwiderhandlung keinerlei, d.h. auch keine erschwerende, Wirkung hatten.[1919] Zudem fehlte es hier an einem abgestimmten Gesamtkonzept der Verbandssanktionierung.

1915 Siehe hierzu Hugger/Pasewaldt, BB 2018, Heft 10, Umschlagteil, I.

1916 Zu den verschiedenen „Wellen" bzgl. der Frage nach der Einführung und Ausgestaltung von Verbandssanktionen und der Frage nach der Strafbarkeit juristischer Personen, welche in der Bundesrepublik Deutschland seit über 60 Jahren immer wieder diskutiert wird, Schünemann, StraFo 2018, 317 (317 ff.).

1917 Im Rahmen der Arbeit werden nur einzelne Beispiele (Vorschläge und Gesetzesentwürfe) dargestellt ohne den Anspruch auf Vollständigkeit. Auch eine umfassende Darstellung dieser Vorschläge und Entwürfe kann nicht gewährleistet werden, da dies den Rahmen der Arbeit sprengen würde. Vielmehr erfolgen die Darstellungen punktuell und kursorisch.

1918 Vergleiche Stellungnahme des DAV Nr. 75/2012, S. 4 ff. und S. 6; siehe auch zum Thema Verbandssanktionierung die Stellungnahme des Deutschen Anwaltvereins (Stellungnahme des DAV Nr. 54/2013); Kubiciel, FS Wessing, S. 69 (S. 73).

1919 Ähnlicher Gedanke bei Kubiciel, FS Wessing, S. 69 (S. 73).

II. Vorschlag des damaligen Justizministers von NRW

1. *Vorstellung des Entwurfs*

Der nordrhein-westfälische Justizminister Thomas Kutschaty hat am 18.9.2013 den „Entwurf eines Gesetzes zur Einführung der strafrechtlichen Verantwortlichkeit von Unternehmen und sonstigen Verbänden – VerbStrG" vorgelegt.[1920] Diesen Entwurf hat die Justizministerkonferenz am 14.11.2013[1921] als Grundlage für weitere Erörterungen begrüßt.[1922]

Der Entwurf des VerbStrG (VerbStrG-E) sieht in seinem Artikel 1 die Schaffung eines VerbStrG vor.[1923] Er begründet eine „echte" strafrechtliche Haftung von Unternehmen für Straftaten ihrer Mitarbeiter. In materieller und prozessualer Hinsicht regelt er die Strafbarkeit von Unternehmen und schafft hierfür erstmals eine eigenständige gesetzliche Grundlage. Vorgesehen sind als Teil des Unternehmensstrafrechts sog. Verbandssanktionen, die gegen juristische Personen, nicht rechtsfähige Vereine und rechtsfähige Personengesellschaften verhängt werden können. Eine Verbandssanktion setzt hierbei eine Verbandsstraftat voraus.[1924]

Unternehmen seien in zwei Fällen strafwürdig: So soll eine von einem Entscheidungsträger (Leitungsperson) des Verbands begangene verbandsbezogene Straftat dem Verband unmittelbar strafrechtlich zugerechnet werden, wenn durch die Tat verbandsbezogene Pflichten verletzt wurden oder der Verband durch die Tat bereichert wurde (§ 2 Abs. 1 VerbStrG-E)[1925] und ein Verband strafrechtlich verantwortlich sein, wenn auf Mitarbeiterebene eine entsprechende Straftat begangen wurde und Leitungspersonen des Verbands vorsätzlich oder fahrlässig zumutbare Aufsichtsmaßnahmen unterlassen haben, welche die

1920 Siehe Gesetzesantrag des Landes NRW – Verbandsstrafrecht.

1921 Siehe JuMiKo, Herbstkonferenz 2013, Top II.5.

1922 Zu dem Entwurf gibt es diverse Stellungnahmen sowie Alternativvorschläge, deren Darstellung den Rahmen der Arbeit sprengen würde; siehe auch Schünemann, ZIS 2014, 1 (7 ff.).

1923 Zu den Einzelheiten der geplanten Regelungen siehe Witte/Wagner, BB 2014, 643; Der Vorschlag beruht auf der Feststellung, dass das Ordnungswidrigkeitenrecht für die Verhängung von Sanktionen gegen juristische Personen und auch die für geboten erachtete Erweiterung des Sanktionskataloges nicht so geeignet ist.

1924 Bei den Verbandsstraftaten handelt es sich im Wesentlichen um die bereits heute im OWiG geregelten Verfehlungen, die so in den Bereich des Strafrechts übernommen werden.

1925 Vgl. Gesetzesantrag des Landes NRW – Verbandsstrafrecht, S. 45.

Straftat zumindest wesentlich erschwert hätten (§ 2 Abs. 2 VerbStrG-E). Hier ist dann ein Organisationsmangel der Haftungsgrund.[1926]

Nach § 5 Abs. 1 VerbStrG-E kann von Sanktionen abgesehen werden, wenn der Verband ausreichende personelle und organisatorische Maßnahmen getroffen hat, um für die Zukunft vergleichbare Verbandsstraftaten zu vermeiden und kein bedeutender Schaden entstanden ist oder dieser zum überwiegenden Teil wiedergutgemacht ist.[1927] Es soll ein Haftungsausschließungsgrund infolge angemessener Compliance-Vorkehrungen geschaffen werden.[1928] § 5 Abs. 2 VerbStrG-E sieht ein Absehen von der Strafe vor, wenn der Verband durch freiwilliges Offenbaren wesentlich dazu beigetragen hat, dass eine Verbandsstraftat aufgedeckt werden konnte und den Ermittlungsbehörden Beweismittel zur Verfügung stellt, die geeignet sind, die Tat nachzuweisen. In diesen Fällen kann ein Gericht von der Strafe absehen, wenn der Verband ausreichende organisatorische und personelle Maßnahmen getroffen hat, um vergleichbare Verbandsstraftaten in Zukunft zu vermeiden.

Hinterfragt werden kann hier, weshalb lediglich Vorkehrungen für die Zukunft und nicht bereits bestehende Compliance-Management-Systeme honoriert werden. Auch ist nicht ganz klar, was unter den „geeigneten Maßnahmen" zu verstehen ist.

Weitere Regelungen betreffen die Ausgestaltung des Sanktionskatalogs durch die Bestimmung von Verbandsstrafen (Geldstrafe, Verwarnung mit Strafvorbehalt, öffentliche Bekanntmachung der Verurteilung, § 4 Abs. 1 VerbStrG-E) und Verbandsmaßregeln (Ausschluss von Subventionen, Ausschluss von öffentlichen Aufträgen, Verbandsauflösung, § 4 Abs. 2 VerbStrG-E) sowie die Ausgestaltung des Verfahrens gegen Verbände durch Ergänzungen bzw. Modifikationen der Regelungen in der StPO und dem GVG. Die Verbandsgeldstrafe wird in Tagessätzen nach der Ertragslage des Verbandes und unter Berücksichtigung seiner sonstigen wirtschaftlichen Leistungsfähigkeit bemessen.[1929] In Summe soll die

1926 Vgl. Gesetzesantrag des Landes NRW – Verbandsstrafrecht, S. 45.

1927 Siehe hierzu auch Beisheim/Jung, CCZ 2018, 64 und Grützner, CCZ 2015, 56 (57).

1928 Es soll internationalen Entwicklungen, gesetzlich bestimmte Anreizsysteme zu schaffen, entsprochen werden; Die Entwurfsverfasser bemängeln die gegenwärtig für Unternehmen fehlende Anreizwirkung zur Entwicklung und Pflege einer Kultur von Compliance-Systemen, siehe Gesetzesantrag des Landes NRW – Verbandsstrafrecht, S. 2; zur sanktionsmildernden Berücksichtigung in den USA die Sentencing Guidelines und im Vereinigten Königreich der Bribery Act und einem Vergleich mit Deutschland, siehe Gesetzesantrag des Landes NRW – Verbandsstrafrecht, S. 53 und S. 54.

1929 Siehe Schünemann, ZIS 2014, 1 (8).

Verbandsgeldstrafe auf 10% des Gesamtumsatzes des Unternehmens oder der Unternehmensvereinigung begrenzt sein (§ 6 Abs. 4 S. 3 VerbStrG-E).

Weitere Regelungen des Gesetzesentwurfs betreffen Änderungen des Bundeszentralregistergesetzes, des Gesetzes über die Entschädigung für Strafverfolgungsmaßnahmen und des Einkommensteuergesetzes. Das OWiG soll offenbar nicht geändert werden. Eine erhebliche Haftungserweiterung sieht der Entwurf im Rahmen der Rechtsnachfolge vor. So werden nicht nur die Gesamtrechtsnachfolge und die partielle Rechtsnachfolge i.S.d. § 123 UmwG vom Anwendungsbereich erfasst, sondern auch andere Arten der Umwandlung sowie insbesondere auch die Einzelrechtsnachfolge, wenn der Erwerber alle wesentlichen Wirtschaftsgüter des Rechtsvorgängers übernimmt und der Erwerber diese im Wesentlichen in gleicher Weise einsetzt.

Die Anwendbarkeit des Gesetzes bei Zuwiderhandlungen mit Auslandsbezug wird auch normiert. Der Entwurf ermöglicht sogar die Sanktionierung von Verbänden mit Sitz im Inland auch dann, wenn deren Entscheidungsträger im Ausland hätten aktiv werden müssen, um Zuwiderhandlungen von Mitarbeitern gegen die deutschen Strafgesetze zu verhindern.

Das Verfahren soll in Anlehnung an das Strafverfahren gegen natürliche Personen ausgestaltet werden, dies betrifft u.a. die Bindung an das Legalitätsprinzip (Verfolgungspflicht) und die gerichtliche Zuständigkeit (i.d.R. der Wirtschaftsstrafkammer) und die Beschuldigtenrechte.

2. *Stellungnahme*

Eine Einführung eines Unternehmensstrafrechts nach dem Vorbild des nordrhein-westfälischen VerbStrG-E wäre meiner Einsicht nach allerdings nicht sachgerecht und wohl mit den darin vorgesehenen Ausprägungen so auch nicht mehr zu erwarten.[1930] Die vorgeschlagenen Sanktionsinstrumente sind nicht verhältnismäßig und können letztlich wirtschaftsschädigende Folgen herbeiführen. Die vorgesehenen Verbandsmaßregeln (Ausschluss von Subventionen, Ausschluss von der Vergabe von öffentlichen Aufträgen und die Verbandsauflösung) sind in der Sache alle geeignet, die Zerstörung des Verbandes zu bewirken. So begründet die generelle öffentliche Bekanntmachung der Verurteilung im Sinne eines „naming and shaming" etwa eine Prangerwirkung (und etwa eine Friktion mit dem Übermaßverbot) und es ist sehr fraglich ob die vorgesehene Verbandsauflösung sinnvoll ist. Eine spezialpräventive Wirkung ist durch diese Sanktionen in keiner Weise zu erwarten.

1930 Siehe auch die Kritik von Schünemann, ZIS 2014, 1 (7 ff.).

Zudem hilft der Entwurf nicht dabei, die bestehenden Rechtsunsicherheiten für Unternehmen zu beseitigen. Die zahlreichen unbestimmten Rechtsbegriffe des Entwurfs genügen vielmehr den Bestimmtheitsanforderungen an ein Strafgesetz nicht und würden die bestehenden Rechtsunsicherheiten eher noch verstärken. Der Entwurf kann daher bei der Ausgestaltung neuer Vorschriften für die Verbandssanktionierung helfen und ist generell, wie bereits bei der Justizministerkonferenz am 14.11.2013[1931] erwähnt wurde, als Grundlage für weitere Erörterungen zu begrüßen, für die Praxis gute Lösungen bietet er allerdings nur teilweise an. So kann die eine oder andere Überlegung in anderer Ausgestaltung durchaus in Erwägung gezogen werden. Beispielsweise ist § 5 VerbStrG-E eine moderne Rechtsfolgennorm. Es ist zu begrüßen, dass bei einer Schadenswiedergutmachung ein Absehen von der Sanktionierung möglich ist (ähnlich § 46a StGB).

III. Vorschlag des Bundesverbands der Unternehmensjuristen e.V.

Der Bundesverband der Unternehmensjuristen e.V.[1932] (BUJ) hat im April 2014[1933] zudem einen „Gesetzesvorschlag" für eine Änderung der §§ 30, 130 OWiG unterbreitet.[1934] Dieser Vorschlag lehnt die Einführung eines originären Unternehmensstrafrechts ab und spricht sich für eine Änderung der §§ 30, 130 OWiG aus.[1935] Konkret geht es dem BUJ darum, Compliance-Management-Systeme inhaltlich im Gesetz zu verankern. Zusätzlich soll für deren Ausgestaltung ein Rahmen festgelegt werden. Im Fall der Einhaltung dieses Rahmens soll den Unternehmen bzw. deren Verantwortlichen Strafmilderung bzw.

1931 So JuMiKo, Herbstkonferenz 2013, Top II. 5.

1932 Bei dem im März 2011 gegründeten Bundesverband der Unternehmensjuristen e.V. (BUJ) handelt es sich um die erste und größte eigenständige berufsständische Vereinigung für Juristen in Rechtsabteilungen von Unternehmen, Institutionen und Körperschaften.

1933 So BUJ, Gesetzgebungsvorschlag zu §§ 30, 130 OWiG.

1934 Vgl. BUJ, Gesetzgebungsvorschlag zu §§ 30, 130 OWiG, S. 6 ff.; weiterführende Ausführungen dazu in Beisheim/Jung, CCZ 2018, 63 (65) und in Beulke/Moosmayer, CCZ 2014, 146 ff.; Erarbeitet hat den Vorschlag die Fachgruppe Compliance unter Leitung von Dr. Moosmayer (Chief Compliance Officer Siemens AG) gemeinsam mit Prof. Dr. Beulke.

1935 Der BUJ sieht Defizite in der organisatorischen Prävention und schlägt die Modifizierung der bestehenden Regelungen in §§ 30, 130 OWiG durch umfassende Ergänzungen vor. Nähere Erläuterungen des Vorschlags des BUJ finden sich bei Beulke/Moosmeyer, CCZ 2014, 146 ff.

sogar Sanktionsfreiheit gewährt werden können, wenn – entsprechend der kartellrechtlichen Bonusregelung – freiwillig ein Verstoß zur Anzeige gebracht und an dessen Aufklärung umfassend mitgewirkt wird.[1936] Auch im Hinblick auf die Möglichkeit des Verfalls (jetzt der Einziehung) schlägt der BUJ Konturierungen des gesetzlichen Rahmens vor.[1937] Generell reiche aber eine Änderung des OWiG aus.[1938] Nach dem BUJ sollen lediglich die folgenden neuen Absätze bzw. Paragraphen eingeführt werden:

1. *Gesetzlicher Milderungsgrund und Absehen von der Geldbuße*

a) *Gesetzlicher Milderungsgrund*

In § 30 Abs. 7 OWiG n.F. soll ein gesetzlicher Milderungsgrund in den Fällen vorgesehen werden, in denen es trotz bestehender Compliance zu Fehlverhalten gekommen ist oder in denen die Unternehmensleitung als Reaktion auf eine unternehmensbezogene Zuwiderhandlung (weitere) geeignete Maßnahmen ergreift und dies auf Verlangen darlegt.[1939] Berücksichtigt werden soll, ob die Zuwiderhandlung trotz angemessener Compliance-Strukturen geschah und ob das Unternehmen geeignete und angemessene organisatorische oder personelle Maßnahmen ergreift, um vergleichbare Zuwiderhandlungen künftig zu verhindern. Das Wort „trotz" ermöglicht eine Unterscheidung bzw. Differenzierung zwischen dem Fall, in dem irgendein Compliance-Management-System existiert, und jenem Fall, in dem ein solches System existierte, welches tatsächlich das Potenzial hatte, die Zuwiderhandlung zu unterbinden oder zu erschweren.

1936 Siehe hierzu BUJ, Gesetzgebungsvorschlag zu §§ 30, 130 OWiG, S. 16 ff.; Kubiciel, FS Wessing, S. 69 (S. 74).

1937 Damit die Anreize zur Schaffung von geeigneten Compliance Maßnahmen bzw. zur Anzeige von intern entdecktem Fehlverhalten nicht ins Leere laufen, wird die Anordnung des Verfalls (jetzt Einziehung) nach dem StGB und dem OWiG bei Anwendung der neuen Vorschriften ausdrücklich ausgeschlossen, siehe § 30 Abs. 8 S. 2 OWiG n.F.

1938 Da das Strafrecht die Ultima Ratio der staatlichen Sanktionsmöglichkeiten darstelle, müsse der Staat weniger einschneidende, aber gleich wirksame Maßnahmen vorrangig ergreifen; vgl. BUJ, Gesetzgebungsvorschlag zu §§ 30, 130 OWiG, S. 5.

1939 Vgl. zur Begründung des § 30 Abs. 7 OWiG n.F.: BUJ, Gesetzgebungsvorschlag zu §§ 30, 130 OWiG, S. 11 ff.

b) Absehen von der Geldbuße

Zusätzlich wird im Rahmen des Entwurfs des BUJ eine Möglichkeit des Absehens von der Sanktion offeriert:[1940] Zum einen soll hier ein Absehen von der Sanktionierung möglich sein, wenn das Unternehmen bereits hinreichende Compliance-Maßnahmen ergriffen hat und kein bedeutender Schaden durch die Zuwiderhandlung zu verzeichnen ist bzw. das Unternehmen diesen bereits wiedergutgemacht hat.[1941] Zum anderen ist die Einführung einer bußgeldbefreienden Selbstanzeige (§ 30 Abs. 8 OWiG n.F.) vorgesehen.[1942] Nach § 30 Abs. 8 OWiG n.F. soll die Festsetzung einer Verbandsgeldbuße – unbeschadet kartellrechtlicher Sonderregelungen – unterbleiben, wenn (1) das Unternehmen der zuständigen Behörde die Zuwiderhandlung umfassend anzeigt, (2) es geeignete und angemessene Maßnahmen zur Verhinderung vergleichbarer Zuwiderhandlungen ergreift, darlegt und glaubhaft macht und (3) die zuständige Behörde zum Zeitpunkt der Anzeige gegenüber dem Unternehmen die Einleitung von Ermittlungen noch nicht bekannt gegeben hat. Auch die Möglichkeit des Verfalls (bzw. jetzt Einziehung) wäre nach § 30 Abs. 8 S. 2 OWiG n.F. bei Eingreifen der Voraussetzungen des § 30 Abs. 8 n.F. OWiG ausgeschlossen.

c) Begründung der Aufnahme in § 30 OWiG

Die Aufnahme gerade in § 30 OWiG soll den Behörden zugleich ermöglichen, Compliance-Bemühungen von Unternehmen bei der Bemessung der Verbandsgeldbuße auch dann mildernd zu berücksichtigen, wenn es „jenseits der § 130 OWiG“ zu unternehmensbezogenen Zuwiderhandlungen kommt, die eine taugliche Anknüpfungstat im Sinne des § 30 OWiG darstellen.[1943] Die Möglichkeit einer mildernden Berücksichtigung sei gegenwärtig allenfalls bei einer Verbandsgeldbuße wegen einer möglichen Aufsichtspflichtverletzung (§§ 30. 130 OWiG) möglich.[1944]

1940 Vgl. zur Begründung des § 30 Abs. 8 OWiG n.F.: BUJ, Gesetzgebungsvorschlag zu §§ 30, 130 OWiG, S. 16 ff.

1941 Siehe dazu in Beisheim/Jung, CCZ 2018, 63 (65).

1942 § 30 Abs. 8 OWiG n.F. enthält eine Kronzeugenregelung; siehe dazu in Beisheim/Jung, CCZ 2018, 63 (65).

1943 So BUJ, Gesetzgebungsvorschlag zu §§ 30, 130 OWiG, S. 14 m.w.N.

1944 So BUJ, Gesetzgebungsvorschlag zu §§ 30, 130 OWiG, S. 14 m.w.N.

2. *Konkretisierung der Aufsichts- und Organisationspflichten*

Weiter legt der Entwurf gesetzliche Aufsichts- und Organisationspflichten – also Compliance-Maßnahmen – im Unternehmen (§ 130 OWiG n.F.) fest.[1945] § 130 OWiG n.F. soll den Inhalt der Aufsichts- und Organisationspflichten konkretisieren. Gegenwärtig begründet die Vorschrift des § 130 OWiG eine Pflicht zu Aufsichtsmaßnahmen, beschreibt aber keine inhaltlichen Anforderungen an solche Pflichten. Die neu formulierte Vorschrift des § 130 Abs. 1 S. 3 OWiG n.F. enthält geeignete Maßnahmen im Sinne eines nicht abschließenden Regelkatalogs, die zur Prävention vom Unternehmen betrieben werden können. Genannt werden die sorgfältige Auswahl und Instruktion sowie Überwachung und Kontrolle von Mitarbeitern und Aufsichtspersonen (Nr. 1), die regelmäßige Gefahrenermittlung und -bewertung (Nr. 2), Mitarbeiterschulungen (Nr. 3), die Einführung von Hinweisgebersystemen (Nr. 4), die Aufklärung von Verdachtsmomenten und die Ahndung entsprechenden Fehlverhaltens (Nr. 5).

Die erwähnten fünf Grundelemente eines effektiven Compliance-Systems orientieren sich an anerkannten internationalen und nationalen Standards, sind aber nicht als zwingend abschließender Maßnahmen-Katalog zu verstehen.[1946] Ausdrücklich wird im Rahmen des Gesetzgebungsvorschlags darauf hingewiesen, dass die Maßnahmen in einem angemessenen Verhältnis zur Größe des Betriebs und des von ihm ausgehenden Risikos stehen müssen.[1947]

3. *Stellungnahme*

An § 30 Abs. 7 OWiG n.F. wird vor allem kritisiert, dass sich Unternehmen einfach „freikaufen" könnten, wenn das bloße Ergreifen von geeigneten Präventionsmaßnahmen das zu verhängende Bußgeld obligatorisch mildere.[1948] Dieser vom BUJ entwickelte Vorschlag ist an sich aber zu begrüßen, und die Regelungen verdienen Anerkennung. Meines Erachtens bedarf es allerdings einer umfangreicheren Reform, so dass es nicht bei einer Veränderung nur von § 30 OWiG

1945 Siehe hierzu BUJ, Gesetzgebungsvorschlag zu §§ 30, 130 OWiG, S. 18 ff.

1946 Hierzu BUJ, Gesetzgebungsvorschlag zu §§ 30, 130 OWiG, S. 6.

1947 Hierzu BUJ, Gesetzgebungsvorschlag zu §§ 30, 130 OWiG, S. 6; Wortlaut 130 Abs. 1 S. 1, S. 2 OWiG n.F.: Der Inhaber eines Betriebes oder Unternehmens ist verpflichtet, Maßnahmen zu ergreifen, die geeignet sind, Zuwiderhandlungen gegen ihn treffende straf- oder bußgeldbewehrte Pflichten zu verhindern. Die Maßnahmen müssen in angemessenem Verhältnis zur Größe des Betriebes oder Unternehmens und den von ihm ausgehenden Gefahren stehen.

1948 Siehe hierzu Grützner, CCZ 2015, 56 ff.; Kubiciel, FS Wessing, S. 69 (S. 74).

und § 130 OWiG bleiben kann. Die Überlegungen, welche im Rahmen des Gesetzesvorschlages aber angestellt wurden, sind durchaus sinnvoll und sollten bei der Gesetzesfortentwicklung berücksichtigt werden. Eher abzulehnen ist der Ausschluss der Anordnung des Verfalls (bzw. jetzt Einziehung genannt) nach dem OWiG und dem StGB im Falle der Selbstanzeige nach § 30 Abs. 8 OWiG n.F., da das Unternehmen so mit dem Gewinn aus der kriminellen Handlung belohnt wird. Der Ausschluss ist somit nicht sachdienlich.[1949]

IV. Gesetzesentwurf des Deutschen Instituts für Compliance

1. *Allgemeines zum Entwurf*

Zusätzlich hat das Deutsche Institut für Compliance – DICO e.V. – einen weiteren Entwurf für ein „Gesetz zur Schaffung von Anreizen für Compliance-Maßnahmen in Betrieben und Unternehmen (Compliance-Anreiz-Gesetz, CompAG)“[1950] vorgelegt. Damit wird die Änderung der bestehenden gesetzlichen Regelungen §§ 30, 130 OWiG vorgeschlagen. Hierbei soll der Sanktionsdruck hochgehalten werden und zugleich sollen die Bemühungen der Unternehmen zur Bekämpfung von Wirtschaftskriminalität in angemessener Weise bei der Sanktionierung Berücksichtigung finden.[1951] Dieser Entwurf hat das Ziel, „Anreize für Präventionsmaßnahmen in Unternehmen und Betrieben zu schaffen und damit Wirtschaftskriminalität besser bekämpfen zu können.“[1952]

Es werden hierbei die folgenden punktuellen Ergänzungen vorgeschlagen: Bei unzureichenden Compliance-Maßnahmen soll eine volle Haftung des Unternehmens bestehen, die Haftung bei ausreichenden Maßnahmen soll ausgeschlossen und im Fall ernsthaften und nachhaltigen Bemühens um ausreichende Compliance-Maßnahmen soll von einer Sanktion abgesehen oder die Sanktion gemildert werden können.[1953] Ein Nachtatverhalten soll im Rahmen des Entwurfs zu einer Sanktionsminderung oder -aufhebung führen können, wenn dieses „ein ernsthaftes und nachhaltiges Bemühen belegt, für die Zukunft die erforderlichen Aufsichtsmaßnahmen (vollständig) zu ergreifen.“[1954] § 30 Abs. 1 OWiG soll um die Möglichkeit ergänzt werden, von der Verhängung einer Geldbuße abzusehen

1949 Siehe auch Beisheim/Jung, CCZ 2018, 63 (65) mit weitergehender Fundstelle.
1950 Kubiciel, FS Wessing, S. 69 (S. 73).
1951 Siehe hierzu Kubiciel, FS Wessing, S. 69 (S. 73).
1952 DICO, Gesetzesentwurf CompAG, S. 2 f.
1953 Siehe hierzu Kubiciel, FS Wessing, S. 69 (S. 74) und DICO, Gesetzesentwurf CompAG, S. 7.
1954 DICO, Gesetzesentwurf CompAG, S. 9.

oder diese zu mindern, wenn „im Zeitpunkt der Zuwiderhandlung Maßnahmen im Sinne von § 130 Abs. 1 S. 2 OWiG bestanden oder unverzüglich getroffen wurden.“[1955] So kann nicht nur das Bestehen eines Compliance-Management-Systems zum Zeitpunkt der Zuwiderhandlung honoriert werden, sondern das Unternehmen wird auch zur Nachbesserung von Compliance-Management-Systemen motiviert, sollten sich diese als verbesserungsbedürftig erwiesen haben.

2. *Kritik und Stellungnahme*

Zum einen wird wiederum kritisiert, dass auch Compliance-Systeme honoriert werden, die keinen (erschwerenden) Einfluss auf die Begehung der Zuwiderhandlung gehabt haben.[1956] Zum anderen wird kritisiert, dass auch Unternehmen in den Genuss der Sanktionsminderung kommen, die bis dato vergleichsweise geringe Compliance-Anstrengungen unternommen haben und größere (d.h. kostenträchtige) Aufwendungen erst im Gegenzug für eine Bußgeldminderung vornehmen.[1957] Unternehmen, die bereits umfassende und daher teurere Compliance-Management-Systeme aufgebaut haben, würden benachteiligt. Dem könnte meines Erachtens dadurch abgeholfen werden, dass Unternehmen, welche erst im Nachhinein geeignete Compliance-Maßnahmen erarbeitet haben, auch nicht die gleichen Milderungsmöglichkeiten bekommen im Vergleich zu jenen Unternehmen, bei welchen bereits ein geeignetes Compliance-System installiert war.[1958]

In Summe ist jedoch auch dieser Vorschlag zu begrüßen. Allerdings ist er wiederum nur auf den Ausbau der §§ 30, 130 OWiG beschränkt, ohne ein auf die Verbandssanktionierung abgestimmtes Gesamtkonzept in materieller und prozessualer Hinsicht zu entwickeln.

V. Kölner Entwurf eines Verbandssanktionengesetzes

Am 6.12.2017 hat schließlich eine Forschungsgruppe den „Kölner Entwurf eines Verbandssanktionengesetzes“ veröffentlicht.[1959] Dieser spezialpräventiv

1955 DICO, Gesetzesentwurf CompAG, S. 3.

1956 Ebenso Kubiciel, FS Wessing, S. 69 (S. 74).

1957 So auch Kubiciel, FS Wessing, S. 69 (S. 74).

1958 Siehe auch DICO, Gesetzesentwurf CompAG, S. 8 („zumindest kein Tatbestandsausschluss“).

1959 Siehe Henssler/Hoven/Kubiciel/Weigend, Kölner Entwurf eines Verbandssanktionengesetzes; Köllner/Mück, NZI 2018, 311 ff.; kritisch zu dem Kölner Entwurf Schünemann, StraFo 2018, 317 (317 ff.).

Teilweise schränken diese den Gesetzgeber allerdings auch bei der Ausgestaltung ein.[1976]

1. Große Lösung – Sanktionsrecht sui generis

Insgesamt sprechen die Besonderheiten, welche bei der Sanktionierung und Verfolgung von juristischen Personen und Personenvereinigungen zu beachten sind, durchaus dafür, die Sanktionierung und Verfolgung unabhängig von den Vorschriften für natürliche Personen eigenständig als „aliud" zu regeln.[1977] Für ein solches Reformprojekt spricht insbesondere, dass sich die Grundsätze des Individualstrafrechts nicht immer auf eine Sanktionierung von Verbänden übertragen lassen. So erscheinen im Rahmen von Verbandssanktionen teilweise abweichende und teilweise auch weitergehende oder umfangreichere Regelungen erforderlich. Zudem wäre ein „aliud", also ein Gesetz „sui generis", nicht mehr zwingend den auf das Institut der „Strafe" bezogenen dogmatischen Einwänden ausgesetzt.[1978] Weiter gilt es einen den Besonderheiten juristischer Personen angemessenen verfahrensrechtlichen Rahmen zu entwickeln.[1979] Generell steht fest, dass durch vereinzelte Änderungen innerhalb des Ordnungswidrigkeitenrechts den Schwächen der bestehenden Rechtslage nur unzureichend entgegengetreten werden kann. Es sollte daher – angesichts der aufgedeckten Defizite – eine große Lösung angestrebt werden, die sich nicht nur mit einzelnen Verbesserungen zufrieden gibt. Ein nicht-strafrechtliches „aliud"-Modell erscheint vorzugswürdig, welches sowohl Regelungen bei ordnungswidrigkeitenrechtlichen Anknüpfungstaten als auch bei strafrechtlichen Anknüpfungstaten trifft.

Entscheidet sich der Gesetzgeber dennoch nur für ein neues eventuell „strafrechtliches Modell" bei strafrechtlichen Anknüpfungstaten, ist aber ebenfalls eine Reform des bestehenden Verbandssanktionenrechts vorzunehmen. Es ist zu beachten, dass ein solches Modell eben nur für solche Anknüpfungstaten Geltung

1976 Siehe hierzu bereits im 7. Kapitel.

1977 Siehe hierzu auch Wohlers, NZWiSt 2018, 412 (418), welcher für ein Verbandssanktionenrecht als „aliud" plädiert, da er der Auffassung ist, dass in Deutschland strafrechtliche Schuld nicht zugerechnet werden kann und auch der Verband selbst keine Schuld im strafrechtlichen Sinne als persönliches Fehlverhalten auf sich nehmen kann.

1978 Siehe zu den dogmatischen Einwänden beispielsweise Wohlers, NZWiSt 2018, 412 (412 ff.).

1979 Ansätze dazu findet man z.B. bei Schlüter, Die Strafbarkeit von Unternehmen in einer prozessualen Betrachtung.

beanspruchen kann, die selbst Straftaten sind. Sind die Anknüpfungstaten Ordnungswidrigkeiten, kann auch nur eine verbandsbezogene Ordnungswidrigkeit vorliegen. Für diese bliebe es dann bei § 30 OWiG. Sollte der Gesetzgeber aber nur für Anknüpfungstaten des Strafrechts neue Regelungen kreieren, also bei einer Schaffung eines „Unternehmensstrafrechts“[1980], sollte das Verbandssanktionenrecht bei Ordnungswidrigkeiten nicht gänzlich aus dem Blick geraten. Sonst würde eventuell erneut ein Sanktionsungleichgewicht geschaffen und es würden neue Wertungswidersprüche im Rahmen der Sanktionierung von Verbänden im Ordnungswidrigkeitenrecht und Strafrecht auftreten. So wären vorab die Beziehungen eines etwaigen „Unternehmensstrafrechts zum fortbestehenden Unternehmensordnungswidrigkeitenrecht“[1981] zu klären und etwaige Wertungswidersprüche vorab auszuräumen.

2. Regelungsort – Sanktionsrecht sui generis

Für die Verbandssanktionierung sollte ein eigenständiges Gesetz geschaffen werden (außerhalb des StGB und des OWiG). Dadurch lässt sich die Verbandssanktionierung am einfachsten und in sich konsistent regeln. Mit einem solchen Gesetz würde sich auch leichter darstellen lassen, dass das Individual- und das Unternehmenssanktionsrecht nicht identisch sind und als jeweils unterschiedliche eigene Instrumentarien der Sanktionierung zu sehen sind. Das Wort „Strafrecht“ bei strafrechtlichen Anknüpfungstaten sollte dann auch nicht fallen, vielmehr sollte von der Sanktionierung von Verbänden gesprochen werden.

Ein solches Gesetz „sui generis“ ermöglicht zudem, straf- und ordnungswidrigkeitenrechtliche Regelungen in dann unterschiedlichen Abschnitten des Gesetzes zusammen zu erfassen und die Besonderheiten für das Verfahrensrecht gesondert darzustellen. Ein eigenständiges Verbandssanktionengesetzes erscheint damit sinnvoll.

II. Unternehmensstrafrecht als Alternative?

Generell soll aber nun zunächst untersucht werden, ob eine strafrechtliche Lösung der Verbandssanktionierung auch möglich wäre. So stellte der BGH 1953 fest, dass eine Verhängung einer Kriminalstrafe gegen juristische Personen

1980 Bzw. eines Verbandssanktionenrechts sui generis nur für Anknüpfungstaten des Strafrechts.

1981 Der Koalitionsvertrag der 19. Legislaturperiode (CDU, CSU und SPD, Koalitionsvertrag 2018) erwähnt den Begriff des Unternehmensstrafrechts nicht. Die Rede ist vielmehr von „Unternehmenssanktionen“ und „Sanktionsrecht für Unternehmen“.

nicht zu dem im deutschen Recht entwickelten sozialethischen Schuld- und Strafbegriff passe.[1982] Daher hat auch der deutsche Gesetzgeber versucht, den Bedenken gegen eine strafrechtliche Sanktionierung von Verbänden dadurch Rechnung zu tragen, dass er die Verbandsgeldbuße als Sanktion des Ordnungswidrigkeitenrechts ausgestaltet hat, die im Unterschied zur Strafe keinen echten Schuldvorwurf (i.S. einer sozialethischen bzw. sittlichen Missbilligung) voraussetzt.[1983] Jedoch enthält auch die Geldbuße im Ordnungswidrigkeitenrecht einen Vorwurf (§ 1 Abs. 1 OWiG).[1984]

Seit vielen Jahren wird in Deutschland vor allem aufgrund des im deutschen Recht entwickelten sozialethischen Schuld- und Strafbegriffs über die Notwendigkeit eines Unternehmensstrafrechts mehr oder minder anhaltend diskutiert.[1985] Gegner einer Unternehmensstrafe argumentieren, dass diese mit dem Grundverständnis von Schuld und Strafe unvereinbar sei.[1986] Befürworter einer Unternehmensstrafe argumentieren hingegen, § 30 OWiG sei dogmatisch verfehlt und unzureichend.[1987] Die mit der Einordnung ins Ordnungswidrigkeitenrecht verbundene Anwendung des Opportunitätsprinzips führe zu ungerechtfertigter Nichtverfolgung.[1988] Mit einer Unternehmensstrafe lasse sich zudem – wegen des damit verbundenen Imageverlustes – eine größere Präventivwirkung erzielen.[1989] Argumentiert wird weiter, dass eine Strafandrohung einen größeren Abschreckungseffekt habe als die geltenden Bußgeldvorschriften

---

1982 Siehe BGH, Urteil vom 27. Oktober 1953 – 5 StR 723/52, NJW 1953, 1838 (1839).

1983 Siehe die Gesetzesbegründung zur ursprünglichen Fassung des heutigen § 30 OWiG: BT-Drs. V/1269, S. 58f.

1984 Siehe zur entsprechenden Kritik („Etikettenschwindel") Schünemann, Unternehmenskriminalität und Strafrecht, S. 175 m.w.N. Zudem wird konstatiert, dass sich über § 30 OWiG „praeter legem längst ein Unternehmensstrafrecht eingerichtet" hat, vgl. Leitner, StraFo 2010, 323 (328).

1985 Der „vielleicht meist diskutierte Komplex des Wirtschaftsstrafrechts", Schünemann, FS Tiedemann, S. 429 ff.; vgl. zur Ahndbarkeit von juristischen Personen im Wandel: Dannecker, FS Böttcher, S. 465 ff.

1986 Siehe Wohlers, NZWiSt 2018, 412 (414 ff.); Strafe setze ein reflexionsfähiges Subjekt voraus, vgl. Peglau, ZRP 2001, 406 (408); so v. Freier, Kritik der Verbandsstrafe, S. 120 ff.; siehe zum Lissabon-Urteil des BVerfG und dem Schuldprinzip bei Meyberg, in: BeckOK-OWiG, § 30 Rn. 1, Rn. 2; Schünemann, StraFo 2018, 317 (317 ff.).

1987 Vgl. Meyberg, in: BeckOK-OWiG, § 30 Rn. 3.2.

1988 Vgl. Meyberg, in: BeckOK-OWiG, § 30 Rn. 3.2.

1989 Vgl. Meyberg, in: BeckOK-OWiG, § 30 Rn. 3.2: Eine Kriminalsanktion gegen Unternehmen befürwortend z.B. Hetzer, wistra 1999, 361 ff.; Dannecker, GA 2001, 101 ff.; Salditt, FS Achenbach, 2011, S. 433 (S. 443).

und daher etwaige Compliance-Anstrengungen der Unternehmen stärke.[1990] Auch wird angeführt, dass gerade durch das Strafrecht die Macht großer Unternehmen gesteuert und kontrolliert werden kann, um einen effektiven Schutz kollektiver Rechtsgüter zu gewährleisten.[1991] Dem wird die „Unmöglichkeit einer generalpräventiven Begründung der Verbandstrafe“[1992] entgegengehalten. Andere Strafbegründungen sehen wiederum in der Strafe in erster Linie einen Ausgleich für begangenes Unrecht und erkennen spezial- oder generalpräventive Zwecke nur auf einer zweiten Stufe an.[1993]

Hinzuweisen ist insgesamt darauf, dass die nationalen wie die internationalen Tendenzen ganz deutlich in die Richtung eines eigenständigen Verbandsstrafrechts gehen,[1994] so dass gewiss auch vor diesem Hintergrund ein Überdenken der bisherigen Positionen notwendig werden wird.[1995] Daher soll zumindest untersucht werden, ob eine solche Konstruktion des Verbandsstrafrechts möglich ist.

1. Klärung der Kernfragen im Hinblick auf ein Unternehmensstrafrecht

Ob ein Strafrecht für Verbände in Betracht kommt ist – wie bereits dargestellt wurde – umstritten. Die wesentlichen Kernfragen sollen im Folgenden zumindest überblicksartig untersucht werden. Insbesondere folgende Aspekte prägen die Auseinandersetzung um die Schaffung eines unternehmensbezogenen Kriminalstrafrechts: Sind Unternehmen handlungsfähig im strafrechtlichen Verständnis? Sind Unternehmen schuldfähig nach strafrechtlichem Verständnis? Können Unternehmen Strafe „empfinden“ und sind sie deshalb straffähig?

1990 Siehe hierzu Kubiciel, ZRP 2014, 133 ff.; Alwart, ZStW 105 (1993), 752 (772).

1991 So Ackermann, Die Strafbarkeit juristischer Personen im deutschen Recht und in ausländischen Rechtsordnungen, S. 194.

1992 Schünemann, ZIS 2014, 1 (2 ff.); Schünemann, Zur Frage der Verfassungswidrigkeit und der Folgen eines Strafrechts für Unternehmen, S. 11.

1993 Siehe hierzu Kubiciel, ZRP 2014, 133 (136).

1994 Vgl. dazu Wegner, ZRP 1999, 186 ff.; Hetzer, wistra 1999, 361 ff.; Dannecker, GA 2001, 106 f.; Trüg, StraFo 2011, 471 ff.; Frisch, FS Wolter, S. 351 f.; Zieschang, GA 2014, 91 (97).

1995 Zu den prozessualen Folgeproblemen: Schlüter, Die Strafbarkeit von Unternehmen in einer prozessualen Betrachtung nach dem geltenden Strafprozessrecht; Drope, Strafprozessuale Probleme bei der Einführung einer Verbandsstrafe.

a) Strafrechtliche Handlungsfähigkeit von Unternehmen

Das klassische Strafrecht sanktioniert die Herbeiführung eines bestimmten tatbestandlich umschriebenen Erfolges. Erforderlich ist ein für den Erfolg kausales, objektiv zurechenbares Täterverhalten. Sollte man zusätzlich noch Selbstbestimmung, Intelligenz und beispielsweise Freiheit als die für den Handlungsbegriff wesentlichen Merkmale erachten, so wäre die Schaffung eines unternehmensbezogenen Kriminalstrafrechts zumindest mit der derzeitigen Strafrechtslehre nicht vereinbar. Der Verband ist aber ein „eigenständiges Subjekt der sozialen Realität“[1996] und ist auch Hauptadressat von Strafgesetzen und Bußgeldvorschriften, die Verhaltensregeln normieren.[1997] Auch ein Verband kann damit zumindest als „Handelnder“ angesehen werden,[1998] wenn der Gesetzgeber den jeweiligen Verband als eigenständiges Rechtssubjekt anerkennt und dieser durch seine Organe und bzw. oder Vertreter aktiv werden kann.[1999] Er ist dann handlungsfähig und kann insoweit am Rechtsleben teilnehmen.[2000] So wird dies auch bereits im Zivilrecht bzw. im Gesellschaftsrecht gehandhabt. Verbände (also juristische Personen und Personenvereinigungen) stellen selbstständige Einheiten dar und handeln im Rechtsverkehr durch ihre natürlichen Personen.[2001] Das Verhalten eines Verbandes bzw. Unternehmens besteht nicht lediglich aus der Summe der Individualverhaltensweisen ihrer Mitglieder und Organe, sondern wird infolge der Organisationssteuerung und von Gruppeneffekten auch als selbstständig verstanden und wird von der Gesellschaft auch so wahrgenommen. Etwaige Normbefehle müssen, sollten und können daher an die Verbände bzw. Unternehmen selbst gerichtet werden, um deren Verhalten im Sinn der Normanforderungen zu beeinflussen.[2002]

1996 Hetzer, EuZW 2007, 75 (78); vgl. Dannecker, GA 2001, 101 (108); Eidam, wistra 2003, 447 (449).

1997 Vgl. Hetzer, EuZW 2007, 75 (78).

1998 Vgl. Scholz, ZRP 2000, 435 (439); zust. auch Hetzer, EuZW 2007, 75 (78).

1999 Siehe Gesetzesantrag des Landes NRW – Verbandsstrafrecht, S. 30.

2000 Verbände sind somit grundsätzlich handlungsfähig, wenn der Gesetzgeber sie zur Person erklärt hat.

2001 Maßgebend sind insoweit u.a. die § 78 AktG (AG), § 35 Abs. 1 GmbHG (GmbH), §§ 278 AktG, 170 HGB (KGaA), § 125 HGB (OHG, EWiV), §§ 161 Abs. 2, 170, 125 HGB (KG), §§ 714 f. i.V.m. §§ 709 ff. BGB (GbR, PartG), § 24 GenG (e.G.), §§ 80, 86, 26 BGB (Stiftung). Es soll hierbei untersucht werden, inwiefern Unternehmen überhaupt tatbestandliche Normadressaten sind.

2002 Vgl. Hetzer, EuZW 2007, 75 (78); So können gewisse Anforderungen gar nicht von Einzelpersonen gefordert werden.

b) Schuldfähigkeit von Unternehmen

Auch die verfassungsrechtlichen Bedenken, dass die Strafbarkeit von Verbänden mit dem aus dem Rechtsstaatsprinzip gem. Art. 20 Abs. 3 GG und der Menschenwürde gem. Art. 1 GG hergeleiteten Schuldprinzip unvereinbar sei, lassen sich überwinden.[2003] Der auf natürliche Personen ausgerichtete Schuldbegriff des Strafrechts, wonach Schuld interpretiert wird als persönliche Vorwerfbarkeit, ist so auf Unternehmen nicht zu übertragen.[2004] Richtigerweise kann der Verband dennoch auch Schuld auf sich laden.[2005] Zumindest kann aber darauf abgestellt werden, dass jede Strafe ein Unwerturteil über die Tat enthält. Verletzt ein Verband seine ihn treffenden Pflichten, so verdient er den Tadel. In diesem Fall enthält der Tadel dann kein individuelles Unwerturteil, sondern ein korporatives Unwerturteil.[2006] Dies kann im Falle der Verletzung von betrieblichen Pflichten oder bei Bereicherungstaten zugunsten des Verbandes stets angenommen werden, sofern der individuelle Täter über die Kompetenz „zur kollektiven Sinnbestimmung" verfügt[2007] (was bei den in § 30 OWiG bezeichneten Leitungsorganen der Fall ist) und nicht etwa eine Exzesstat vorliegt,[2008] so dass generell eine Art Schuld konstruiert werden könnte.[2009]

Zudem könnte unter verfassungsrechtlichen Gesichtspunkten ein Verbandsstrafrecht im Hinblick auf den Gesichtspunkt der Schuld nur beanstandet werden, wenn dem Strafrecht ein naturalistischer Handlungs- und Schuldbegriff von Verfassungs wegen zwingend vorgegeben wäre. Das ist aber nicht der Fall.[2010] Der Schuldgrundsatz („nulla poena sine culpa") hat zwar Verfassungsrang, aber

---

2003 Siehe hierzu auch Soyer/Schumann, wistra 2018, 321 (322, 323); Hetzer, EuZW 2007, 75 (78).

2004 Ähnlich auch Wohlers, NZWiSt 2018, 412 (414 ff.).

2005 So auch Hetzer, EuZW 2007, 75 (78); Lampe, ZStW 106 (1994), 683 (732); Scholz, ZRP 2000, 435 (439); Frisch, FS Wolter, S. 362.; kritisch Zieschang, GA 2014, 91 (95 f.); Gesetzesantrag des Landes NRW – Verbandsstrafrecht, S. 30; ablehnend Haase/Brouwer, CCZ 2018, 276 (278).

2006 Ähnlicher Gedanke bei Dannecker/Dannecker, NZWiSt 2016, 162 (173).

2007 Siehe hierzu Hetzer, EuZW 2007, 75 (78); zur „kriminellen Verbandsattitüde" Schünemann, Unternehmenskriminalität und Strafrecht, S. 158; Bottke, wistra 1997, 241 (252); vgl. auch Dannecker, GA 2001, 101 (112 ff.).

2008 Vgl. v. Freier, GA 2009, 98 (108 f.); Jakobs, FS Lüderssen, S. 570 ff.; Klesczewski, FS Seebode, S. 179 (S. 183).

2009 Siehe auch Hetzer, EuZW 2007, 75 (78)

2010 So auch Dannecker/Dannecker, NZWiSt 2016, 162 (173).

das heißt nicht, dass sein Inhalt an die Maßstäbe des strafrechtlichen Schuld- und Strafbegriffs[2011] gebunden ist. Im Falle von Verbandsdelinquenz kann die Schuld der für den Verband handelnden natürlichen Personen maßgeblich sein.[2012] Ist diese festgestellt, so wird gegen den Verband keineswegs eine Strafe „ohne Schuld" verhängt.[2013] Wenn der Gesetzgeber die Strafbarkeit juristischer Personen einführt, entscheidet er sich außerdem zugleich für einen erweiterten, eigenständigen Schuldvorwurf, der nicht mit dem des Individualstrafrechts identisch ist. Der Gesetzgeber kann den Begriff der Schuld also auch neu definieren.[2014]

c) Straffähigkeit und -empfindlichkeit von Unternehmen

Fraglich ist weiter, ob einem Unternehmen wirklich jegliche Strafempfindlichkeit und Straffähigkeit abzusprechen ist.[2015] Verbände sind sinnkonstituierte Gebilde.[2016] Die Strafzwecke[2017] können somit gegenüber einem Verband genauso realisiert werden.[2018] Die verschiedenen Sanktionen (Verbandsstrafe, Ausschluss von öffentlichen Aufträgen und Subventionen etc.) treffen das Unternehmen als solches. Die mit der Sanktion verbundenen Nachteile sind für den Verband selbst spürbar und können ihn zu normkonformem Verhalten veranlassen.[2019] Generell kann gesagt werden, dass der Zweck der „Verteidigung der Rechtsordnung" im Sinne positiver Generalprävention bzw. die Abschreckung der Allgemeinheit im Sinne negativer Generalprävention auch auf Verbandsebene begründbar

---

2011 Zu diesem Begriff BGH, Beschl. v. 18.3.1952 – GSSt. 2/51, BGHSt 2, 194 = NJW 1952, 593.

2012 So bereits BVerfG, Beschluss vom 25.10.1966 – 2 BvR 506/63, NJW 1967, 195 (197).

2013 Andere Ansicht Wohlers, NZWiSt 2018, 412 (414 ff.); auch das BVerfG hält die Verhängung einer Geldbuße gegen Verbände lediglich deshalb für unbedenklich, weil diese keine ethische Missbilligung und keinen Schuldvorwurf enthalte; vgl. BVerfG, Beschl. v. 26.2.1997 – 1 BvR 2172/96, NJW 1997, 1841 (1844).

2014 Vgl. Gesetzesantrag des Landes NRW – Verbandsstrafrecht, S. 29.

2015 Vgl. Dannecker, GA 2001, 101 (114 f.); Volk, JZ 1993, 429 (430 ff.); ablehnend Lang-Hinrichsen, FS Mayer, S. 49 (S. 54); Frisch, FS Wolter, S. 349 (S. 370 f.).

2016 Vgl. Gesetzesantrag des Landes NRW – Verbandsstrafrecht, S. 30; Hetzer, EuZW 2007, 75 (78).

2017 Zu den unterschiedlichen Vorstellungen über den Zweck von Strafe vergleiche Frisch, FS Wolter, S. 349 (S. 371 ff.).

2018 Im Ergebnis ebenso Dannecker, GA 2001, 101 (114); Hetzer, EuZW 2007, 75 (78).

2019 So auch Dannecker/Dannecker, NZWiSt 2016, 162 (173).

ist.[2020] Ein sanktioniertes Unternehmen wird wie eine natürliche Person einen Rückfall bzw. eine Wiederholungstat zu vermeiden versuchen (negative Spezialprävention).[2021] Auch die Betonung der Normgeltung kann auf Unternehmensebene eine Rolle spielen (positive Spezialprävention).[2022]

2. Stellungnahme

Tatsächlich sind dogmatische Grundsätze nicht unveränderlich.[2023] Das Recht hat nicht die Funktion, gesellschaftliche Entwicklungen zurückzudrängen, sondern muss auf diese reagieren können.[2024] Dass man mit der Einführung einer Unternehmensstrafbarkeit den Boden zulässiger rechtlicher Gestaltung nicht verlässt, wurde durch diverse Autoren auch bereits überzeugend dargelegt.[2025] Sogar die Etablierung einer schuldgelösten Präventionsstrafe wäre konstruktiv möglich, könnte aber ungewollte Auswirkungen auf das Individualstrafrecht auslösen.[2026] Hinzuweisen ist generell darauf, dass es bis dato immer noch unklar ist, ob es eines Unternehmensstrafrechts respektive Verbandssanktionsrechts in Deutschland überhaupt bedarf.[2027] Eine entsprechende Datengrundlage existiert nicht und mit diesem „Ob" wollte sich selbst die Forschungsgruppe des Kölner Entwurfs nicht auseinandersetzen. Eine durchgeführte Untersuchung zur Anwendungspraxis des § 30 OWiG ergab zwar ein deutliches Defizit,[2028] allerdings hat dieses Projekt nicht die Frage beantwortet, ob es sich tatsächlich um ein Gesetzes- oder nicht doch um ein Vollzugsdefizit handelt. Bereits de lege lata kennt das deutsche Recht eine Menge einschneidender strafrechtlicher sowie

---

2020 Siehe auch Wohlers, in: Kempf/Lüderssen/Volk, Unternehmensstrafrecht, S. 231 (S. 242).

2021 Vgl. Ehrhardt, Unternehmensdelinquenz und Unternehmensstrafe, S. 138 ff. mit Blick auf Amerika.

2022 Vgl. Dannecker, GA 2001, 101 (115); Hetzer, EuZW 2007, 75 (78).

2023 Siehe hierzu auch Leipold, StraFo 2017, 217 (219).

2024 Hier wird befürwortet, die Verbandsstrafe als eine von der Strafe gegen natürliche Person verschiedene Sanktion selbstständig zu legitimieren; siehe bereits Schünemann, Unternehmenskriminalität und Strafrecht, S. 234 f.

2025 So z.B. Leipold, StraFo 2017, 217 (217 ff.); Dannecker/Dannecker, NZWiSt 2016, 162 (171); Zur Begründung der strafrechtlichen Verantwortung siehe Vogel, in: Kempf/Lüderssen/Volk, Unternehmensstrafrecht, S. 205 (S. 210); Achenbach, in: Kempf/Lüderssen/Volk, Unternehmensstrafrecht, S. 271 (S. 273).

2026 Ähnlich auch Wohlers, NZWiSt 2018, 412 (416).

2027 So auch Leipold, StraFo 2017, 217 (221).

2028 Siehe hierzu Henssler/Hoven/Kubiciel/Weigend, NZWiSt 2018, 1 (6 f.).

nicht strafrechtlicher Regeln, die einzuhalten sind bzw. von Behörden nur angewandt werden müssten.[2029] So sind außerhalb der §§ 30, 130 OWiG in diversen Gesetzen Bußgeldvorschriften zu finden.[2030] Weiter ist zu bedenken, dass eine solche kriminalpolitische Entscheidung dazu führt, dass in die Freiheitssphäre der Verbände stark eingegriffen wird. Sollte ein Unternehmensstrafrecht eingeführt werden, so sollten den Verbänden daher umso mehr Verfahrensgarantien bzw. Verfahrensrechte – ähnlich einem Beschuldigten im Individualstrafrecht – gewährt werden.[2031] Vorzugswürdiger erscheint aber im Übrigen meiner Einsicht nach ein nicht-strafrechtliches „aliud"-Modell zu konstruieren (also die Schaffung eines neuen Gesetzes sui generis).[2032]

III. Modelle der Verbandssanktionierung und Zweck der Sanktionierung

Die EU gibt den Mitgliedstaaten vor, dass eine Verbandssanktionierung jedenfalls dann vorzusehen ist, wenn ein Organ oder Unternehmensangehöriger kraft seiner Stellung als Leitungsperson eine Zuwiderhandlung begangen hat, die die Pflichten des Unternehmens verletzt oder zu einer Bereicherung des Unternehmens geführt hat bzw. führen sollte.[2033]

Dafür eignen sich Zurechnungs- und Repräsentationsmodelle. Es ist hierbei Sache des Gesetzgebers zu entscheiden, ob eine repressive Sanktion gegenüber Unternehmen auf einer „originären Verbandsschuld" oder auf einem Zurechnungsmodell beruhen sollte.[2034] Dies ist eine normative Entscheidung.[2035] Die internationalen und europäischen Vorgaben lassen aber wohl zumindest nicht zu, die Verantwortlichkeit des Verbandes allein über eine originäre

2029 Siehe zu den nicht-strafrechtlichen Maßnahmen bereits im 6. Kapitel A.

2030 Beispielsweise im Handelsgesetzbuch, Kapitalanlagegesetz, Versicherungsaufsichtsgesetz, Wertpapierhandelsgesetz, Gesetz gegen Wettbewerbsbeschränkungen, Kartellrecht, Börsengesetz, Energiewirtschaftsgesetz, Geldwäschegesetz sowie in der Datenschutz-Grundverordnung.

2031 So z.B. auch Dannecker/Dannecker, NZWiSt 2016, 162 (171).

2032 Siehe hierzu 8. Kapitel C. I.

2033 Siehe zu den Vorgaben im 7. Kapitel B.

2034 Schünemann möchte hingegen nicht individuelles Verhalten zurechnen, sondern bei den kollektiven Steuerungsmechanismen ansetzen, Schünemann, in: Unternehmenskriminalität, S. 137 ff.

2035 Vgl. Schmitt-Leonardy, in: Henssler/Hoven/Kubiciel/Weigend, Grundfragen eines modernen Verbandsstrafrechts, S. 71 ff.

Verbandsschuld zu begründen,[2036] so dass das Ausgangsmodell ein Zurechnungsmodell sein sollte. Die beiden Schuldbegründungskonzepte[2037] unterscheiden sich insgesamt grundlegend voneinander und die Entscheidung, für die eine oder andere Variante hat weitergehende Auswirkungen auch auf das Gesamtkonzept der Sanktionierung von Verbänden. So hat das jeweilige Konzept auch Auswirkungen bei der Berücksichtigung von etwaigen Compliance-Maßnahmen des Verbandes im Rahmen der Strafzumessung oder dabei, ob überhaupt ein Strafausschließungsgrund (bzw. zumindest ein Grund von der Strafe abzusehen[2038]) vorliegen kann.[2039] Der Gesetzgeber muss sich im Hinblick auf das Konzept zunächst festlegen und dieses auch klar kommunizieren.

Da oft Zurechnungsprobleme bestehen können, so etwa bei Kollektiventscheidungen oder wenn sich die Entscheidungsverläufe „arbeitsteilig in unentwirrbaren Verkettungen" verlieren,[2040] kann es aber zumindest nicht nur auf eine Zurechnung von individuellem Verschulden einer natürlichen Person ankommen. Im sogenannten „Zurechnungsmodell" wird der juristischen Person das Verschulden einer natürlichen Person zugerechnet. Konzepte originärer Verbandsschuld formulieren hingegen einen Schuldvorwurf gegenüber dem „Unternehmen an sich".[2041] Die meisten Mitgliedsstaaten der EU kombinieren wohl beide Modelle miteinander.[2042] Dies scheint auch für Deutschland am sinnvollsten zu sein.[2043] Insgesamt sollte im Rahmen des Modells zwischen Straf- und

2036 Siehe hierzu Böse, in: Jahn/Schmitt-Leonardy/Schoop, Das Unternehmensstrafrecht und seine Alternativen, S. 88 (S. 99) und im 7. Kapitel B. II. 2.

2037 Vgl. zu anderen mögl. Modellen zur Begründung eines Strafvorwurfs: Mansdörfer, in: Jahn/Schmitt-Leonardy/Schoop, Das Unternehmensstrafrecht und seine Alternativen, S. 113 (S. 120 ff.).

2038 Dies würde auch nicht gegen unionsrechtliche Vorgaben verstoßen, siehe Böse, in: Jahn/Schmitt-Leonardy/Schoop, Das Unternehmensstrafrecht und seine Alternativen, S. 88 (S. 99).

2039 Siehe hierzu bereits im 3. Kapitel E.

2040 Siehe hierzu auch Kölbel, NZWiSt 2018, 407 (408) m.w.N.

2041 So Bärlein/Engelberth, FS Wessing, S. 33 (S. 39 ff.).

2042 Siehe zu der Handhabung in den anderen Mitgliedsstaaten der EU: Bärlein/Engelberth, FS Wessing, S. 33 (S. 39 ff.).

2043 Zu der Idee eines Organisationsmodells, bei welchem Voraussetzung für eine Unternehmenssanktion ein eigener Tatbeitrag des Unternehmens sein soll: Haase/Brouwer, CCZ 2018, 276 (278). Der Legitimationsgrund für den Sanktionseingriff solle nach diesen künftig nur eine fehlende oder mangelhafte Unternehmensorganisation sein, die das unternehmensbezogene Fehlverhalten des Individualtäters ermöglicht oder wesentlich erleichtert hat. Beispiel für einen solchen Ansatz ist das schweizerische Sanktionsrecht (Art. 102 Abs. 2 schwStGB).

Ordnungswidrigkeitenrecht kein wesentlicher Unterschied angenommen werden. Daher ist die Verantwortlichkeit des Verbandes in Bezug auf die Handlungs- und Schuldfähigkeit ähnlich zu konstruieren. Zudem bedarf es meines Erachtens eines Kriteriums, mit welchem ein Versagen eines Individuums von einer vorwerfbaren und pflichtwidrigen Organisation des Verbandes bzw. des Unternehmens abgegrenzt werden kann. Hier könnte auch an eine Exkulpationsmöglichkeit gedacht werden. Der Kölner Entwurf schlägt zumindest in § 3 Abs. 1 S. 2 VerbSG-E für eine Exzesstat eines Entscheidungsträgers, ein Modell des möglichen Absehens von Strafe vor.[2044]

Darüber hinaus muss der Gesetzgeber sich weiter entscheiden, ob er insgesamt mehr auf Abschreckung oder auf Besserung setzt oder beides so gut als möglich umsetzen möchte. Bei einem auf Abschreckung ausgelegten Modell sollten vor allem die Entdeckungswahrscheinlichkeit von Fehlverhalten, die Verfolgungsdichte und die Sanktionshöhe in den Vordergrund rücken. Ein spezialpräventives Besserungsmodell hingegen wäre vor allem auf unternehmensinterne Strukturverbesserungen nach einem Rechtsverstoß ausgerichtet. In einem solchen Fall wäre auch auf Compliance-Maßnahmen nach dem Verstoß zur Vermeidung zukünftiger Rechtsverstöße ein großes Augenmerk zu richten. Meines Erachtens sollte ein Modell de lege ferenda primär spezialpräventiv ausgerichtet sein und auf eine Verbesserung der Unternehmenskultur abzielen. Eine Sanktionierung sollte hierbei lediglich ultima ratio sein. Der Gesetzgeber muss bei der Wahl des Modelles berücksichtigen, dass eine Sanktionierung des Verbandes zumeist vor allem die Anteilseigner, Gesellschafter, Gläubiger bzw. Vertragspartner, Arbeitnehmer und eventuell gar die Endkunden des jeweiligen Verbandes trifft,[2045] so dass prinzipiell mehr der Fokus auf das Präventionsziel gesetzt werden sollte.[2046]

2044 Siehe hierzu auch 8. Kapitel C. IV. 3. d) und 5.

2045 So auch Wagner, NZWiSt 2018, 399 (401).

2046 Ebenso Wagner, NZWiSt 2018, 399 (401, 402). Dieser setzt u.a. darauf, dass die Gesellschafter/Anteilseigner aufgrund einer Sanktionserwartung einen Anreiz bekommen, das Leitungspersonal/die Geschäftsleitung sorgfältig auszuwählen.

IV. Konstruktion einer Verantwortlichkeit

Aus dem Bestimmtheitsgrundsatz folgt überdies, dass der Gesetzgeber im Hinblick auf Unrecht und Schuld vorgeben muss, welche Verbände für welche Taten unter welchen Voraussetzungen wie verantwortlich sind.[2047]

1. Sanktionssubjekt

a) Der Verband bzw. das „Unternehmen" als Rechtssubjekt und Sanktionssubjekt

So muss durch den Gesetzgeber festgelegt werden, welche Verbände, Unternehmen bzw. wirtschaftliche Einheiten einer Bestrafung unterfallen sollen. Der deutsche Gesetzgeber ist bei dieser Festlegung zumindest an die europäischen und internationalen Vorgaben gebunden.[2048] Jeder Mitgliedsstaat der EU kann dabei selbst entscheiden, welche Verbände also etwa juristische Personen, Personengesellschaften, nicht rechtsfähige Vereine, Personenvereinigungen, Konzerne oder andere wirtschaftliche Einheiten für verantwortlich erklärt werden.[2049] Zudem muss allerdings gefragt werden, ob ein Verband bzw. ein Unternehmen – bedenkt man die unterschiedlichen Wissens- und Verantwortungsebenen[2050] – als Adressat potenzieller Sanktionen erreicht oder gar abgeschreckt werden kann.[2051] Das Unternehmen bzw. der Verband wird schon lange als Rechtssubjekt thematisiert und bezüglich des Strafrechts als Normadressat in Betracht gezogen.[2052] Ein Unternehmen stellt mehr dar als seine einzelnen Teile.[2053]

2047 Siehe hierzu Vogel, in: Kempf/Lüderssen/Volk, Unternehmensstrafrecht, S. 205 (S. 210); Vogel, StV 2012, 427 (429).

2048 Hierzu bereits im 7. Kapitel B. II.

2049 Siehe zu den Unterschieden in den Mitgliedsstaaten: Bärlein/Engelberth, FS Wessing, S. 33 (S. 36 ff.).

2050 Vgl. Rehm, in: Henssler/Hoven/Kubiciel/Weigend, Grundfragen eines modernen Verbandsstrafrechts, S. 147 (S. 150 ff.).

2051 So etwa Köllner/Mück, NZI 2018, 311 (313): „Erwägt die Geschäftsführung im Vorfeld eines Fehlverhaltens oder des Unterlassens einer Kontrollpflicht tatsächlich die spezialpräventive Verbandsstrafe respektive die Entdeckungswahrscheinlichkeit, oder sind die Entscheidungsprozesse in einem Unternehmen nicht viel komplexer?"

2052 Vgl. Schmitt-Leonardy, ZIS 2015, 11 (16); Schroth, Unternehmen als Normadressaten und Sanktionssubjekte, Eine Studie zum Unternehmensstrafrecht, S. 21 f. m.w.N.

2053 In einem Unternehmen handeln Individuen in definierten Funktionsbereichen und in Ausrichtung auf ein genuines Unternehmensinteresse; vgl. Schmitt-Leonardy, ZIS 2015, 11 (17).

Sanktionssubjekt sollte jede Vereinigung von natürlichen Personen sein, in der gruppendynamische Effekte ablaufen können und sich Macht ansammelt. Um von einem Unternehmen bzw. von einem Verband sprechen zu können, sollte in materieller Hinsicht zudem ein bedeutender Punkt die Rechtsfähigkeit sein, aber auch Teilrechtsfähigkeit kann ausreichen.

Aufgrund der Erforderlichkeit von gruppendynamischen Effekten, kann ein Ein-Personen-Unternehmen schwer verantwortlich gemacht werden.[2054] Gegen einen Einzelkaufmann sollte daher auch keine Geldbuße verhängt werden, wenn ein Mitarbeiter eine Zuwiderhandlung begeht.[2055] Ob dieses Konzept auch auf die Einmann-GmbH sinnvoll anzuwenden ist, wird – soweit ersichtlich – bislang nicht diskutiert. Generell sollte der Gesetzgeber hier Klarstellungen schaffen und auch darüber nachdenken, ob wirklich in jeder Konstellation die Nichthaftung des Einzelkaufmanns für seine Mitarbeiter gerechtfertigt ist oder ob nicht auch hier eine Haftung in bestimmten Fallkonstellationen (etwa bei Auftreten von gruppendynamischen Effekten) angeordnet werden sollte.

Weiter sollten nicht nur privatrechtliche Verbände, sondern auch öffentlich-rechtliche Verbände erfasst werden, wenn diese wie privatrechtliche am Markt teilnehmen. Nicht erfasst werden sollte hingegen eine staatliche Körperschaft, die primär hoheitliche Aufgaben wahrnimmt.[2056] Klarstellungen des Gesetzgebers wären hier wünschenswert. Verbände im Sinne eines Gesetzes sollten somit zumindest juristische Personen, nicht rechtsfähige Vereine und rechtsfähige Personengesellschaften des privaten und öffentlichen Rechts sein. Dies wäre auch mit den Vorgaben des Unionsrechts vereinbar.[2057] Ausgenommen sollten

2054 Nicht erfasst ist der Einzelkaufmann, vgl. hierzu auch Eidam, wistra 2003, 447 (449). Dies ist z.B. in der Schweiz anders geregelt. Dort können nach Art. 102 Abs. 4 d. schwStGB auch Einzelfirmen bestraft werden.

2055 Siehe hierzu Bahnmüller, Strafrechtliche Unternehmensverantwortlichkeit im europäischen Gemeinschafts- und Unionsrecht, S. 57 f.

2056 Das östVbVG versteht unter Verbänden hingegen u.a. juristische Personen sowie Personenhandelsgesellschaften (OHG, KG), nicht aber die GbR, die nach österreichischem Recht keine Rechtspersönlichkeit besitzt. Keine Täterqualität haben nach diesem Gesetz zudem Bund, Länder, Gemeinden und andere juristische Personen, sofern sie in Vollziehung der Gesetze handeln. Auch seelsorgerisch tätige Kirchen und Religionsgemeinschaften haben keine Täterqualität.

2057 Siehe hierzu im 7. Kapitel B. II. 1.

hingegen Körperschaften und Anstalten des öffentlichen Rechts sein, soweit sie in Ausübung hoheitlicher Befugnisse tätig werden.

Zudem sollte der Gesetzgeber klären, welche ausländischen Verbände haftbar sein sollen, wenn diese ansonsten in den Anwendungsbereich des Gesetzes fallen. Meines Erachtens spricht nichts gegen eine Haftung auch von ausländischen Verbänden, wenn diese mit den deutschen Verbänden vergleichbar sind. Auch sollte der Gesetzgeber für den Fall beispielsweise der Auflösung des Verbandes vor der Sanktionierung (bzw. der Verurteilung) Lösungen zur Verfügung stellen.

b) Konzernobergesellschaft als Sanktionssubjekt

Weiter ist zu überlegen, ob man nicht auch einen Sanktionsdurchgriff auf das Mutterunternehmen in Konzernrechtslagen zulässt.[2058] Dafür gibt es im Einzelfall gute Argumente, so dass der Gesetzgeber aufgerufen ist, auch diesen Fall eindeutig und klar zu regeln.[2059] Hier müssten dann auch im Hinblick auf die Strafzumessung (z.B. im Hinblick auf die Haftungsverhältnisse zwischen der Tochter- und der Muttergesellschaft) und auch in prozessualer Hinsicht klare Regelungen geschaffen werden. Weiter wäre die zeitnahe gesetzliche Regelung des Bestehens und des konkreten Umfangs von Aufsichtspflichten im Konzern (§ 130 OWiG) äußerst wünschenswert. Soweit die Bundesregierung die bestehenden Regelungen im OWiG als sachgerecht erachtet hat,[2060] kann dies angesichts des völlig ungeklärten Rechtszustandes[2061] nicht überzeugen. Sollte der Gesetzgeber eine Haftung der Muttergesellschaft bejahen, so sind zumindest hohe Hürden für eine etwaige Erstreckung der Haftung vorzusehen. Es ist eine Einzelfallbetrachtung der tatsächlichen Verhältnisse im Konzern vorzunehmen. Der

2058 Siehe hierzu auch die weiterführenden Hinweise im 8. Kapitel A. I. 2. und die ausführlichen Darstellungen im 5. Kapitel bezüglich der noch klarstellungsbedürftigen Punkte etwa bei der Doppelmandatsträgerschaft oder im Hinblick auf die Sanktionsbemessung (Tochtergesellschaft und Muttergesellschaft).

2059 Siehe hierzu auch die Ausführungen im 5. Kapitel.

2060 Vgl. die Gegenäußerung der Bundesregierung vom 31.5.2012, BT-Drs. 17/9852, S. 49.

2061 Gürtler, in: Göhler OWiG, § 130 OWiG Rn. 5a: „Von einer Klärung weit entfernt ist die durch den BGH bislang nicht abschließend und eindeutig entschiedene Frage der Aufsichtspflicht im Konzern. Klar ist zunächst, dass die Verantwortlichen der Konzernobergesellschaft eine Aufsichtspflicht im Konzernbereich trifft. Eine originäre Aufsichtspflicht gegenüber Tochterunternehmen dürfte regelmäßig hingegen nicht bestehen.“; vgl. auch Achenbach, NZWiSt 2012, 321 ff.

Umfang der Aufsichtspflicht ist davon abhängig zu machen, welchen Spielraum einzelne Unternehmen für eine eigene Willensbildung haben, beziehungsweise davon, ob und in welchem Umfang die Konzernspitze von etwaigen faktischen Durchgriffsmöglichkeiten tatsächlich Gebrauch macht.[2062] Ein Durchgriff auf die Konzernobergesellschaft sollte nur Ultima Ratio sein und eine Sanktionierung auch des Mutterunternehmens für Straftaten, die aus anderen Konzerngesellschaften heraus begangen werden, sollte nur dort erfolgen, wo das Mutterunternehmen mit Hilfe seiner Möglichkeiten der Einflussnahme (wie beispielsweise mit Weisungs- und Zustimmungsrechten) die Begehung des Rechtsverstoßes auf unteren Konzernebenen maßgeblich beherrscht hat.

c) *Sanktionierung von Unternehmensvereinigungen bzw. Konzernen*

Ein Sonderproblem stellen weiter die Konzerne bzw. die Unternehmensvereinigungen als solche dar, da hier zwar rechtlich verschiedene Gesellschaften vorliegen, diese aber in einem Abhängigkeitsverhältnis stehen.

Eine Sanktionierung von Unternehmensvereinigungen bzw. von Konzernen wie es beispielsweise das Kartellrecht vorsieht, empfiehlt sich (zum derzeitigen Zeitpunkt) meines Erachtens allerdings – anders als ein Durchgriff auf die Obergesellschaft – nicht. Denn Konzerne (als wirtschaftliche Einheit) sollten nur erfasst werden, wenn sowohl eine Verrechtlichung stattgefunden hat als auch eine Verletzung konzernspezifischer Pflichten vorliegt.[2063] Eine konzernweite und verschuldensunabhängige Mithaftung des Konzerns bzw. der Muttergesellschaft für Rechtsverstöße, die aus der Tochter- oder Enkelgesellschaft heraus begangen werden, ist daher abzulehnen. Auch ist die Vorschrift des § 4 Abs. 2 S. 2 VerbSG-E des Kölner Entwurfs abzulehnen. Diese Regelung berücksichtigt im Rahmen der Umsatzberechnung für eine etwaige Sanktionsobergrenze auch den Umsatz von natürlichen Personen und Verbänden, mit denen der Verband eine wirtschaftliche Einheit bildet. Bemessungsgrundlage für eine Geldsanktion sollte aber derzeit nur der Umsatz der sanktionsbetroffenen juristischen Einheit sein.[2064]

2062 Vgl. Rogall, in: KK-OWiG, § 130 Rn. 28.

2063 Eine Einführung eines Unternehmenssanktionsrechts – im Sinne der Sanktionierung einer wirtschaftlichen Einheit anstatt etwa eines Rechtssubjekts (wie es auf dem Gebiet des Kartell- und des Bankrechts diskutiert wird) empfiehlt sich angesichts der noch ungelösten Probleme (noch) nicht, ähnlich auch Dannecker/Dannecker, NZWiSt 2016, 162 (173).

2064 Ähnlicher Gedanke bei Haase/Brouwer, CCZ 2018, 276 (279).

d) Entscheidungskompetenz des Gesetzgebers und eigene Empfehlung

Klar ist, dass der Gesetzgeber selbst die Kompetenz hat, zu entscheiden wer „Sanktionssubjekt“ sein soll. Grenzen sind ihm hier nur durch die Verfassung, das EU-Recht und das internationale Recht gesetzt.[2065] Zudem ist der Gesetzgeber gehalten, der sozialen Realität Rechnung zu tragen, um sinnvolle Regelungen zu entwickeln.

Ein Verbandsverantwortlichkeitsregime, das an eine rechtlich anerkannte Organisationsform des Verbandes anknüpft, ist hierbei allerdings vorzugswürdig. So sollten nur rechtlich selbstständige Kollektive wie juristische Personen oder ähnliche rechtliche Organisationen als Adressaten und Zurechnungssubjekte anerkannt werden. Bei dem Fehlen einer institutionellen Form ergeben sich ansonsten Probleme insbesondere im Hinblick auf strafprozessuale Fragen.[2066] So wäre z.B. unklar, wer den Verband im Strafverfahren vertritt, wem rechtliches Gehör zu gewähren ist etc. Daher empfiehlt sich ein gewisser Gleichlauf der strafrechtlichen/ordnungswidrigkeitenrechtlichen Rechtsfähigkeit mit der zivilrechtlichen Rechtsfähigkeit sowie den Vorschriften des Gesellschaftsrechts.[2067]

2. Regelung für den Rechtsnachfolger

Bei der Rechtsnachfolge kann im Wesentlichen nur das wiederholt werden, was bereits ausführlich in den vorherigen Kapiteln und Abschnitten dargestellt wurde.[2068]

a) Umfassendere und klarere Regelungen für den Rechtsnachfolger

Da ein Unternehmen sich nicht durch einen Übergang auf einen Rechtsnachfolger seiner Verantwortlichkeit entziehen können soll, ist eine solche Regelung für den Rechtsnachfolger auch künftig vorzusehen.[2069] Der Gesetzgeber sollte hierbei allerdings auch Rechtsnachfolgeregelungen für Fälle vorsehen, in denen die Tätergesellschaft weiterbesteht.[2070] Auch für die Übertragung im Wege der Einzelrechtsnachfolge sollte eine Vorschrift vorgesehen werden, sofern der

2065 So auch Dannecker/Dannecker, NZWiSt 2016, 162 (172).

2066 Ähnlicher Gedanke bei Dannecker/Dannecker, NZWiSt 2016, 162 (172).

2067 Ähnlich Dannecker/Dannecker, NZWiSt 2016, 162 (172).

2068 Siehe bereits im 3. Kapitel B. und im 8. Kapitel A. I. 3. und 4. Es wird hier daher etwas knapper dargestellt.

2069 Siehe hierzu bereits im 3. Kapitel B.

2070 Siehe bereits im 3. Kapitel B. und im 8. Kapitel A. I. 3. und 4.; vgl. auch Mühlhoff, NZWiSt 2013, 321 (327) und Reichling, NJW 2012, 164 (167). Zur

Rechtsnachfolger die wesentlichen Wirtschaftsgüter des Rechtsvorgängers übernimmt und dessen Tätigkeit im Wesentlichen in gleicher Weise fortführt. Es sollte insgesamt aber eine Beschränkung der Rechtsnachfolgehaftung auf Fälle überlegt werden, in denen durch Verschmelzung oder Aufspaltung die Bußgeldverantwortlichkeit umgangen werden soll.[2071]

Bei einem Formwechsel des einzelkaufmännischen Unternehmens in eine Personengesellschaft oder juristische Person, sowie bei der Übernahme des Unternehmens durch einen Einzelkaufmann besteht auch eine eventuelle Sanktionslücke.[2072] Auch hier sollte über deren Erweiterung gerade im 2. Fall nachgedacht werden.

b) Regelungen zur partiellen Gesamtrechtsnachfolge

Im Falle der partiellen Gesamtrechtsnachfolge bedarf es zudem gesetzlicher Vorgaben für die verwaltungsbehördliche oder gerichtliche Entscheidung z.B. wie die Teilrechtsnachfolger in Anspruch zu nehmen sind. Bei der Aufspaltung braucht die Verwaltungsbehörde bzw. das Gericht gesetzlich festgelegte Auswahlkriterien, gegen welchen oder gegen welche Rechtsnachfolger die Geldbuße festgesetzt wird.[2073] In Anbetracht der Sanktionsvolumina, welche im Rahmen einer Verbandssanktionierung verhängt werden können, sollte der Gesetzgeber hier einem etwaigen Gericht oder einer Behörde bessere Orientierungshilfen an die Hand geben.[2074]

---

gesamtschuldnerischen Mithaftung der übernehmenden Gesellschaft, vgl. auch Löbbe, ZHR 177 (2013), 518 (537 f.).

2071 Eventuell könnte auch die Herausnahme von M&A-Fällen überlegt werden – jedenfalls sofern eine angemessene „due diligence“ Prüfung stattgefunden hat, ähnliche Überlegungen bei BRAK, Stellungnahme der BRAK Nr. 46/2012, S. 9.

2072 Siehe Wiedmann/Funk, BB 2015, 2627 (2629).

2073 Vgl. BT-Drs. 17/11053, S. 28. Derzeit sollen sie nach dem Vorbild des § 133 UmwG für alle Verbindlichkeiten, die vor Wirksamwerden der Aufspaltung begründet worden sind, gesamtschuldnerisch haften; vgl. BT-Drs. 17/11053, S. 22. Nach der gesamtschuldnerischen Haftung gemäß 133 UmwG haften die an der Spaltung beteiligten Rechtsträger als Gesamtschuldner für die Verbindlichkeiten des übertragenden Rechtsträgers, welche vor dem Wirksamwerden der Aufspaltung begründet worden sind, vgl. BT-Drs. 17/11053, S. 28 f., Kahlenberg/Neuhaus, BB 2013, 131 (135).

2074 Vgl. BT-Drs. 17/11053, S. 22; kritisch Achenbach, wistra 2012, 413 (417); vgl. zu der Thematik auch Meyberg, in: MHdB GesR VIII, § 71 Straf- und Ordnungswidrigkeitenrecht Rn. 68.

c) Etwaiger Neubeginn des Verfahrens bei der Rechtsnachfolge

Weiter tritt gem. § 30 Abs. 2a S. 3 OWiG der Rechtsnachfolger oder treten die Rechtsnachfolger mit dem Wirksamwerden der Nachfolge in die Verfahrensposition (bzw. die verfahrensrechtliche Stellung) des Rechtsvorgängers ein. Verfahrenshandlungen des Rechtsvorgängers und damit auch solche gegen diesen, wirken damit gegen den Nachfolger.[2075] Hier sollte der Gesetzgeber angesichts der Gefahren, welche von einer Verbandsgeldbuße ausgehen, zumindest überdenken, ob nicht ein Neubeginn des Verfahrens rechtsstaatlich geboten ist.[2076]

d) Begrenzung der Haftung des Rechtsnachfolgers im Rahmen etwaiger Abschöpfungsvorschriften

Weiter wird zu prüfen sein, ob eine Begrenzung der Haftung des Rechtsnachfolgers im Hinblick auf eine Abschöpfung bzw. eine Einziehung vorgenommen werden sollte. Auch hier sollte eine Klarstellung durch den Gesetzgeber erfolgen.

3. Täter der Anknüpfungstat

Im Hinblick auf den Täter geht es insbesondere um die Frage, ob hier das ordnungswidrige oder strafbare Handeln bzw. Unterlassen sämtlicher Unternehmensmitarbeiter dem Verband angelastet wird oder nur dasjenige der Repräsentanten.

a) Unternehmensmitarbeiter

Gruppendynamische Effekte bzw. Taten, welche Verbandsbezug haben bzw. verbandstypisch sind, können auf allen Ebenen stattfinden und auch Auswirkungen haben. Wichtig ist aber, dass der Täter in die Verbandsorganisation eingebunden ist, da er nur dann in den gruppendynamischen Ablauf integriert ist. Diese Einbindung muss von gewisser Dauer sein. Täter einer etwaigen Anknüpfungstat im Rahmen der Verbandssanktionierung kann daher nur sein, wer aufgrund eines Rechtsverhältnisses für das Unternehmen verantwortlich handelt und/ oder Arbeitsleistungen erbringt. Zudem muss dieser tatsächlich auf Dauer in die Unternehmensorganisation eingebunden sein. Mitarbeiter in diesem Sinne können daher Personen sein, die Arbeitsleistungen für den Verband aufgrund eines Arbeits-, Leiharbeits-, Dienst- oder Ausbildungsverhältnisses oder im Rahmen

2075 Vgl. Förster, in: RRH-OWiG, § 30 Rn. 50d.
2076 So auch Heinichen, WRP 2012, 159 (165).

d) Klare Regelungen für Exzesstaten

Zudem muss der Mitarbeiter bzw. die Leitungsperson im Rahmen der Anknüpfungstat als Repräsentant des Unternehmens gehandelt haben. Er muss also in Wahrnehmung der Angelegenheiten des Verbandes gehandelt haben.[2087] Zu unterscheiden ist zwischen dem Handeln „in Wahrnehmung" der Funktion „als Organ" etc. und dem bloßen Handeln „bei Gelegenheit".[2088]

Der Mitarbeiter sollte „als Teil des Unternehmens" und nicht nur als „Privatperson" gehandelt haben.[2089] Nicht jedes Entscheidungsträgerversagen kann zur Verbandsverantwortlichkeit führen.[2090] So sind generell auch Fälle denkbar, in denen trotz Einhaltung der gebotenen und zumutbaren Sorgfaltspflichten durch die dafür bestimmten Leitungspersonen einzelne Entscheidungsträger Exzesstaten begehen, für die dem Unternehmen kein Vorwurf gemacht werden kann. Wenn etwa ein Entscheidungsträger, zwar unternehmensbezogen, aber außerhalb seines Zuständigkeitsbereichs agiert oder gegen eine konkrete Weisung und unter Umgehung von Sicherungsmaßnahmen handelt, sollte dieses Verhalten nicht dem Verband zugerechnet werden.[2091] Für solche Fälle sollte ein deutsches Gesetz zumindest die Möglichkeit einer Milderung bzw. eines Absehens von Strafe vorsehen.[2092] Ansonsten wäre es dem Verband selbst bei Einhaltung der größtmöglichen Sorgfalt nicht möglich, eine Haftung für etwaiges exzesshaftes Handeln eines Entscheidungsträgers zu vermeiden.[2093] Wenn aber jedes schuldhafte Handeln eines beliebigen Entscheidungsträgers zugleich ein schuldhaftes Handeln des Verbandes darstellte bzw. diesem zugerechnet werden könnte,

---

2087 Siehe hierzu bereits im 3. Kapitel A. IV. und Rogall, in: KK-OWiG, § 30 Rn. 107.

2088 Vgl. Förster, in: RRH-OWiG, § 30 Rn. 33. Zum Teil wird zusätzlich subjektiv gefragt, ob der Mitarbeiter im Interesse des Verbandes handelt oder ob private Interessen im Vordergrund stehen; siehe hierzu Rogall, in: KK-OWiG, § 30 Rn. 108, Rn. 110. Teilweise wird vertreten, dass ein funktionaler Bezug dann entfällt, wenn sich die Tat gegen das Unternehmen selbst richtet, vgl. Rogall, in: KK-OWiG, § 30 Rn. 110.

2089 Vgl. Förster, in: RRH-OWiG, § 30 Rn. 33.

2090 Ähnlich Schünemann, in: Unternehmenskriminalität, S. 138, der sich bei einem „optimal organisierten Unternehmen mit optimal funktionierender Konzernaufsicht" die Frage stellt, warum die Anteilseigner des Unternehmens für etwas einstehen müssen, mit dem diese nichts zu tun gehabt haben und was für diese nicht beeinflussbar war.

2091 So auch Kubiciel/Gräbner, ZRP 2016, 137 (139).

2092 Siehe hierzu beispielsweise § 3 Abs. 1 S. 2 des VerbSG-E des Kölner Entwurfs.

2093 Eine Haftung für jegliches Exzessverhalten würde auf eine Zufallshaftung hinauslaufen und wäre zudem kriminalpolitisch kontraindiziert. So auch Schünemann, in: Unternehmenskriminalität, S. 138.

wären diesbezügliche Compliance-Anstrengungen sinnlos.[2094] Hier müsste durch den Gesetzgeber somit eine sinnvolle Regelung gefunden werden, unter welchen Umständen eine Exzesstat nicht mehr dem Unternehmen zurechenbar ist. In diesem Bereich sollte keine weitere Rechtsunsicherheit herrschen.[2095]

4. *Art der Anknüpfungstat*

Zudem muss der Gesetzgeber bei der Wahl der Art der Anknüpfungstat/ Zuwiderhandlung eine Entscheidung treffen. Welche Tat eine strafrechtliche Einstandspflicht bzw. eine Einstandspflicht nach dem Ordnungswidrigkeitenrecht des Unternehmens auslösen sollte,[2096] ist sehr umstritten und schwer zu beantworten. Es kann kaum ein Delikt von vornherein ausgeschlossen werden. Die „typische Gefahr", auf die man mit Verbandssanktionen reagieren will, lässt sich eben nicht erfassen, achtete man nur auf Außenwirkungen wie den Tätigkeitsbereich, deliktische Abläufe, etc.[2097] Vielmehr hängt die spezifische Gefahr zusammen mit den jeweiligen Interna des Unternehmens und mit der Struktur des Unternehmens. Eine betriebstypische Gefahr kann nicht anhand eines Deliktkataloges[2098], sondern nur bei einer Betrachtung des Einzelfalles festgestellt werden.[2099] Auch aus Sonderdelikten unter Einschluss der Aufsichtspflichtverletzung nach § 130 OWiG ergibt sich oft eine Anknüpfungstat, weil sie sich mit Geboten und Verboten an die Unternehmensträger richten.[2100] Grundsätzlich sollten daher zunächst alle Straftaten oder Ordnungswidrigkeiten erfasst sein. So ist dies auch in Frankreich[2101]

2094 Siehe z.B. die Regelung im Kölner Entwurf in § 3 Abs. 1 S. 2 VerbSG-E, welche diesem Gedanken Rechnung trägt.

2095 Siehe hierzu beispielsweise § 3 Abs. 1 S. 2 VerbSG-E des Kölner Entwurfs: „Setzt sich die Leitungsperson durch die Begehung der Zuwiderhandlung über eine ausdrückliche und konkrete Anweisung der Verbandsleitung hinweg und umgeht sie Sicherungsvorkehrungen, die geeignet sind, derartige Zuwiderhandlungen zu verhindern, kann von einer Sanktionierung abgesehen werden."

2096 Siehe hierzu Kudlich, in: Kempf/Lüderssen/Volk, Unternehmensstrafrecht, S. 217 ff.

2097 Siehe auch Volk, JZ 1993, 429 (433).

2098 So der Versuch von Kudlich, in: Kempf/Lüderssen/Volk, Unternehmensstrafrecht, S. 217 ff.

2099 Insofern wird als Anknüpfungstat nach dem östVbVG jede Anlasstat als ausreichend erachtet, soweit diese zu Gunsten des Verbands begangen worden ist oder durch die Tat Pflichten des Verbands verletzt worden sind.

2100 Vgl. Rogall, in: KK-OWiG, § 30 Rn. 90 f.

2101 Siehe. Art. 121 – 2 franz. CP.

und Österreich[2102] geregelt. Da Unternehmen in unterschiedlichen Branchen tätig sind, ist eine Eingrenzung auf ganz bestimmte Taten auch nicht sinnvoll.[2103] Bei der Erfassung von Auslandstaten muss dann auf die Regelungen zurückgegriffen werden, die den Geltungsbereich des deutschen Straf- und Ordnungswidrigkeitenrechts festlegen.[2104]

Auch eine dem § 130 OWiG entsprechende Vorschrift ist wichtig.[2105] Innerhalb der Arbeitsteilung eines Unternehmens werden Sonderaufgaben auf Mitarbeiter delegiert. Überlegt werden sollte in diesem Zusammenhang, ob die §§ 30, 130, 9 OWiG im Verbandskontext nicht in einer einheitlichen Vorschrift geregelt werden sollten (entsprechend § 3 VerbSG-E des Kölner Entwurfs). So könnten etwaige derzeit bestehende Haftungslücken und unpassende Ergebnisse vermieden werden.

Weiter muss die Tat verbandsbezogen sein. Eine Verbandsbezogenheit ist dann anzunehmen, wenn durch die Tat der Verband bereichert wurde oder bereichert werden sollte oder eine Pflicht verletzt wurde, die den Verband trifft, sofern dieser durch die Tat nicht unmittelbar selbst geschädigt ist.[2106]

5. *Kollektiver Kontext – Tat als Ausdruck eines defizitären Verbandsklimas*

Zu überlegen ist noch, ob zusätzlich ein weiteres Kriterium einzufügen ist, dass die Tat als Ausdruck eines defizitären Verbandsklimas charakterisiert. Ein solches defizitäres Klima wird etwa bei der Nichtvornahme oder bei schlechter Vornahme von Maßnahmen deutlich, die bei der Verhinderung bzw. Vermeidung und bei der Aufdeckung von Rechtsverstößen helfen.[2107] Ein Verband wäre somit sanktionsrechtlich verantwortlich, wenn ein Verbandsmitarbeiter eine tatbestandsmäßige, rechtswidrige und schuldhafte Tat begeht, die bei hinreichender Aufsicht eines Repräsentanten und durch zureichende unternehmensinterne Maßnahmen zur Prävention und Aufdeckung von Taten verhindert oder

2102 Vgl. § 3 Abs. 1 östVbVG.

2103 Anders ist dies z.B. in Italien geregelt (Art. 24–26 D.Lgs. 231/2001).

2104 Siehe zum räumlichen Anwendungsbereich de lege lata im 3. Kapitel H. und de lege ferenda im 8. Kapitel C. IV. 8.

2105 Siehe hierzu Achenbach, NZWiSt 2012, 321 (324); zu § 130 OWiG siehe bereits im 3. Kapitel C.

2106 So nun auch § 1 Abs. 3 VerbSG-E des Kölner Entwurfs; ähnlicher Gedanke auch bei Haase/Brouwer, CCZ 2018, 276 (276).

2107 So z.B. Engelhart, Sanktionierung von Unternehmen und Compliance, S. 685.

wesentlich erschwert worden wäre.[2108] Dem Verband ist ein anderer Vorwurf zu machen als dem handelnden Mitarbeiter.[2109] Dem Verband wird eine unzureichende interne Organisation vorgeworfen, deren Folge die Verwirklichung eines Straftatbestandes oder eines Ordnungswidrigkeitstatbestandes durch einen Mitarbeiter ist.[2110] Allerdings sind bei einer solchen Einschränkung und deren Ausgestaltung die Vorgaben des Europarechts nochmals genauer unter die Lupe zu nehmen. Insgesamt sollten in jedem Verbandssanktionengesetz zudem Taten von Mitarbeitern ausscheiden, die zwar im Unternehmen oder etwa aus diesem heraus begangen wurden, die jedoch nur zufällig in Zusammenhang mit dem Unternehmen begangen werden. Die Taten müssen also „als Repräsentant" bzw. „als Mitarbeiter" begangen worden sein.

6. *Anonyme Verbandsgeldbuße und Regelungen für Probleme der Rückverfolgbarkeit eines Fehlverhaltens bis zur Leitungsebene*

Weiter ist zu beachten, dass die Rückverfolgbarkeit eines Fehlverhaltens gerade innerhalb größerer Organisationsstrukturen schwerfällt. Ein etwaiges Zurechnungsmodell würde damit Unternehmen mit diversen Hierarchien und vielschichtigen horizontalen und vertikalen Verantwortungsabgrenzungen bzw. etwaigen Matrixstrukturen privilegieren. Hieraus können sich Sanktionslücken ergeben etwa in den Fällen, in welchen ein Verhalten nicht mehr so leicht einer spezifischen Individualperson zugeordnet werden kann. Eine solche Lücke kann schwer durch die benannte Konstruktion einer Aufsichtspflichtverletzung bzw. durch eine Organisationspflichtverletzung geschlossen werden.[2111]

Eine Lösung für solche Zurechnungsprobleme stellt das Gesetz bereits derzeit in § 30 Abs. 4 OWiG bereit. Hiernach genügt es in solchen Konstellationen (für

---

2108 A.A. Kubiciel/Gräbener, ZRP 2016, 137 (138). Dieser will auf das Schulderfordernis beim Mitarbeiter verzichten und begründet es damit, dass es auf die Verletzung der Sorgfaltspflicht auf Entscheidungsträgerebene ankommt, auf der dem (Verbands-) Schulderfordernis über die einschränkenden Kriterien der Gebotenheit und Zumutbarkeit Rechnung getragen wird.

2109 Dies ist auch genau der Gedanke, welcher die Vertreter der originären Verbandsschuld beschäftigt.

2110 Das etwaige Thema könnte aber auch unter dem Aspekt der „Exzesstat" abgedeckt werden; siehe hierzu bereits oben unter dem Punkt klare Regelungen für Exzesstaten im 8. Kapitel C. IV. 3. c).

2111 Siehe hierzu auch Baur, AG 2018, 457 (464); Weimann, in: Jahn/Schmitt-Leonardy/Schoop, Das Unternehmensstrafrecht und seine Alternativen, S. 227 (S. 245).

eine Verbandssanktionierung im selbstständigen Verfahren) zumindest, dass mit an Sicherheit grenzender Wahrscheinlichkeit feststeht, dass einer aus dem für § 30 OWiG möglichen Täterkreis die Tat begangen hat und bei jedem ein schuldhaftes/vorwerfbares Handeln vorliegt (§ 30 Abs. 4 OWiG).[2112] Eine Vorschrift, die genaue Vorgaben zu einer etwaigen „anonymen Verbandsgeldbuße" macht, sollte bei einer etwaigen Reformierung des Verbandssanktionenrechts auch weiterhin vorgesehen werden,[2113] um bei Zurechnungs- und Verantwortungsabgrenzungsproblemen eine Verbandssanktionierung realisieren zu können. Feststehen sollte im Rahmen einer solchen Regelung, dass eine Leitungsperson bzw. ein tauglicher Täter die Zuwiderhandlung schuldhaft begangen hat. Überlegt werden könnte aber auch, um Nachweisschwierigkeiten entgegen zu wirken,[2114] bei Vorsatzdelikten den Nachweis eines natürlichen Vorsatzes genügen zu lassen.[2115]

7. Klarstellungen bei der Verjährung

Auch im Rahmen der Verjährung müssten generell eindeutige Regelungen durch den Gesetzgeber geschaffen werden.[2116] Weiter bedarf es im Hinblick auf verjährungsunterbrechende Maßnahmen gegenüber dem Organtäter und gegenüber dem Verband noch Klarstellungen durch den Gesetzgeber.[2117] Dieser müsste etwa regeln, ob und (bei Bejahung) in welchen Fällen auch dann die Verjährung unterbrochen wird, wenn gegenüber der „falschen" Leitungsperson ermittelt wird oder ob etwa für eine Verjährungsunterbrechung nur noch auf Ermittlungsmaßnahmen gegenüber dem Verband abgestellt werden soll. Der Gesetzgeber hat sich also zu fragen wie streng er sich bei der Verjährung und etwaigen Verjährungsunterbrechungen an der Anknüpfungstat anlehnt.

2112 Siehe zu weiteren Beispielen die Ausführungen zur anonymen Verbandsgeldbuße im 3. Kapitel A. II. 3. b).

2113 Hier soll es ausreichend sein, dass ein im Sinne von § 30 OWiG Verantwortlicher die Zuwiderhandlung vorwerfbar begangen hat; vgl. Meyberg, in: BeckOK-OWiG, § 30 Rn. 57.

2114 Diese Nachweisprobleme tauchen wohl oft bei Vorsatzdelikten in der Praxis auf; siehe hierzu mit anschaulichen Beispielsfällen: Weimann, in: Jahn/Schmitt-Leonardy/Schoop, Das Unternehmensstrafrecht und seine Alternativen, S. 227 (S. 242).

2115 So Weimann, in: Jahn/Schmitt-Leonardy/Schoop, Das Unternehmensstrafrecht und seine Alternativen, S. 227 (S. 244).

2116 Siehe hierzu bereits 3. Kapitel F.

2117 Siehe hierzu im 3. Kapitel F. und im 8. Kapitel A. III.

Alternativ könnte er mehr die Verfehlung des Verbandes in den Vordergrund rücken. So knüpft § 21 S. 1 VerbSG-E des Kölner Entwurfs beispielsweise im Hinblick auf die Verfolgungs- und Vollstreckungsverjährung an die Verbandsverfehlung[2118] an und nicht an die Zuwiderhandlung des Individualtäters (§ 1 Abs. 3 VerbSG-E) selbst. Dies erscheint sinnvoll. Bezüglich der Verjährungsfristen wird wiederum auf die Zuwiderhandlung[2119] (also auf die Anknüpfungstat) abgestellt (§ 21 S. 2 VerbSG-E). Der Kölner Entwurf weist allerdings einfach auf die Vorschriften des StGB des Individualstrafrechts hin. Hierbei ist zumindest kritisch zu hinterfragen, ob diese Vorschriften immer auf Verbandskonstellationen entsprechend angewendet werden können oder ob gewisse Sondervorschriften bei Verbandssanktionen zu entwickeln sind.[2120] Auch bei § 21 VerbSG-E bleiben daher noch zu viele Unklarheiten. Besser wäre es, eigene Verjährungsvorschriften für Verbandsverfehlungen zu entwickeln, diese könnten sich auch teilweise an den Vorschriften des Individualstrafrechts orientieren. Pauschale Verweisungen sind meines Erachtens gefährlich zumal ein Gesetz sui generis entwickelt werden sollte.

8. *Räumlicher Anwendungsbereich*

Auch der räumliche Anwendungsbereich ist genauestens abzustecken.[2121] Derzeit bestehen hier noch zu viele Unsicherheiten. Die Frage, inwieweit europäische oder internationale Rechtsakte es erfordern, Verbandssanktionen auch dann zu verhängen, wenn die Anknüpfungstat im Ausland begangen wurde, kann in dieser Arbeit letztlich nur offengelassen werden – sie bedarf noch tiefergehender Analyse und kann hier nicht abschließend geklärt werden.[2122] Der Gesetzgeber ist allerdings aufgerufen, diese Frage vor einer Neuregelung der Sanktionierung abschließend zu überprüfen.[2123] Bei der Erschaffung neuer Vorschriften sollte ein neuer auf Verbandssanktionen abgestimmter und eventuell weiterer Anwendungsbereich abgesteckt werden. Generell könnte man sich an § 2 des VerbSG-E des Kölner Entwurfs orientieren. Nach diesem findet das VerbSG-E Anwendung, wenn (1.) eine Zuwiderhandlung (also eine etwaige Anknüpfungstat) im

2118 Siehe zur Verbandsverfehlung § 3 VerbSG-E.
2119 Siehe hierzu § 1 Abs. 3 VerbSG-E.
2120 Passend erscheinen z.B. nicht: § 79a Nr. 3 StGB, § 78c Abs. 1 S. 1 Nr. 5 StGB.
2121 Siehe hierzu bereits im 3. Kapitel H. und im 8. Kapitel A. IV.
2122 Siehe zu dieser schwierigen Frage bereits die Ausführungen im 7. Kapitel B. II. 4.
2123 Siehe hierzu bereits im 7. Kapitel B. und C.

Inland begangen worden ist, (2.) die erforderliche Maßnahme nach § 3 Abs. 2 des VerbSG-E im Inland hätte vorgenommen werden müssen, (3.) der Verband seinen Verwaltungssitz im Inland hat oder (4.) die Zuwiderhandlung gegen die Bundesrepublik Deutschland, gegen einen Deutschen oder gegen einen Verband mit Sitz im Inland begangen wurde. So könnte die Sanktionierung von Unternehmen mit Sitz im Inland auch dann ermöglicht werden, wenn deren Entscheidungsträger im Ausland hätten aktiv werden müssen, um Zuwiderhandlungen von Mitarbeitern gegen die deutschen Strafgesetze zu verhindern. Klarer zu definieren wäre allerdings insgesamt meines Erachtens noch durch den Gesetzgeber jeweils, was genau die Worte „begangen worden ist" beziehungsweise „begangen wurde" bedeuten sollen.[2124]

V. Sanktionen, weitere Maßnahmen und die Aussetzung zur Bewährung

Im Folgenden soll nun näher auf mögliche Sanktionen gegen Verbände eingegangen werden. Bei der Sanktionierung von Verbänden gibt es zunächst zwei Alternativen: Entweder entscheidet man sich für den Weg der Sanktionierung in der Hoffnung, dass das Unternehmen selbst Konsequenzen ziehen wird („Chicago View"), oder für die Sanktionierung mit und durch Einmischung in die inneren Angelegenheiten.[2125]

Für eine Beschränkung auf den Druck von außen sprechen sowohl kriminalpolitische als auch straftheoretische Argumente.[2126] Dem Unternehmen fällt es in der Regel leichter, das Fehlverhalten zu entdecken.[2127] Zudem ist dies oft billiger, schneller und wirkungsvoller und damit effizienter.[2128] Im Grunde erscheint es aber sogar sinnvoll, beide benannten Alternativen zu kombinieren. Neben der monetären Sanktion, die eine Selbstregulierung des Unternehmens bezweckt, könnten je nach Sachlage auch externe Steuerungsmechanismen nützlich sein.[2129] Durch diese könnte auf die Betätigung eines Unternehmens unmittelbar von außen eingewirkt werden. Eine Verpflichtung zur Umstrukturierung oder eine vorübergehende Zwangsa ufsicht wären

2124 Siehe hierzu die deutlich ausführlicheren Vorschriften der §§ 3 ff. StGB.
2125 So Volk, JZ 1993, 429 (434).
2126 So Volk, JZ 1993, 429 (434).
2127 Siehe Volk, JZ 1993, 429 (434).
2128 Ähnlich Volk, JZ 1993, 429 (434).
2129 So auch Heine, Die strafrechtliche Verantwortlichkeit von Unternehmen, S. 315.

denkbare Methoden.[2130] Diese Möglichkeiten würden allerdings sehr stark in das unternehmerische Handeln eingreifen.

Vor der Bewertung der einzelnen Sanktionsarten bzw. der Sanktionsmöglichkeiten sei erwähnt, dass in allen Staaten, welche „Verbandssanktionen" kennen, die Geldsanktion als Hauptsanktion der Verbandssanktionierung eingesetzt wird.[2131] Ein weiterer Schwerpunkt wird auf präventive Maßnahmen gesetzt, die einer angemessenen Gefahrenregulierung dienen. Damit soll sichergestellt werden, dass in der Zukunft keine Verstöße mehr begangen werden. Auch die europäischen Rechtsakte schlagen parallel zur Geldsanktion verschiedene andere Sanktionen vor.[2132] Die Sanktionsmöglichkeiten und Maßnahmen sollen nun kurz dargestellt werden.

1. *Monetäre Sanktionen*

Die erste Möglichkeit ist eine monetäre Sanktionierung. Diese hat allerdings eine entscheidende Schwachstelle: Eine Sanktion trifft als eine Geldstrafe bzw. Geldbuße immer auch Unschuldige, z.B. Aktionäre, Gläubiger, die Belegschaft, den Anteilseigner und womöglich auch den Käufer.[2133] Zwar kann man einem Anteilseigner noch ein „allgemeines finanzielles Haftungsrisiko"[2134] attestieren, nicht jedoch dem Arbeitnehmer.[2135] So dient ein Arbeitsplatz zumeist dem Erhalt der Lebensgrundlage und schafft damit Abhängigkeiten.[2136] Insgesamt stellt sich daher nach wie vor die Legitimationsfrage.[2137] Dennoch ist die monetäre Sanktion generell anderen Sanktionen vorzuziehen. Sie kann sowohl general- als auch

2130 Eine Aushandlung von betrieblichen Reorganisationen oder Sicherheitsprogrammen findet bereits im Rahmen von Deals mit der Staatsanwaltschaft statt; siehe Heine, in: Alwart, Verantwortung und Steuerung von Unternehmen in der Marktwirtschaft, S. 92.

2131 Siehe dazu bereits Heine, in: Eser/Heine/Huber, Criminal Responsibility of Legal and Collective Entities, S. 239 ff.

2132 Siehe Bärlein/Englerth, FS Wessing, S. 33 (S. 34, S. 35).

2133 So auch Volk, JZ 1993, 429 (434) und Schünemann, welcher sich daher andere Alternativen zur Geldzahlung wünscht, da die Verantwortung zumeist das Management träfe und nicht die Anteilseigner. Er bevorzugt die Maßregel der Unternehmenskuratel, Schünemann, StraFo 2018, 317 (322 ff.) und Schünemann, in: Unternehmenskriminalität, S. 138 f.

2134 Schünemann, in: Madrid-Symposium für Klaus Tiedemann, S. 265 (S. 286).

2135 Siehe hierzu auch Schmitt-Leonardy, ZIS 2015, 11 (21).

2136 Siehe hierzu auch Schmitt-Leonardy, ZIS 2015, 11 (21).

2137 So auch Schünemann, in: FS Tiedemann, S. 429 (S. 439).

spezialpräventive Zwecke erfüllen.[2138] Zentrale Frage im Rahmen der monetären Sanktion ist die Sanktionsbemessung und hierbei auch die Ausgestaltung, weshalb diese beiden Aspekte später noch genauer behandelt werden.[2139]

Abschließend sei angemerkt, dass in manchen Fällen Geldsanktionen womöglich nicht helfen. Dies ist beispielsweise der Fall, wenn es sich bei dem jeweiligen Unternehmen um eine Briefkastenfirma[2140] oder um ein insolventes Unternehmen handelt. Die Wirkung der Unternehmenssanktion versagt dort, wo das Unternehmen selbst keinen materiellen oder ideellen Wert hat. Für diese Fälle müssen andere Sanktionsmöglichkeiten vorhanden sein und sind damit vom Gesetzgeber vorzusehen.

2. *Auflösung*

Eine Auflösung wäre für ein Unternehmen in der Regel die stärkste Sanktion.[2141] Zu überlegen ist hierbei aber aufgrund der Schärfe der Sanktion, ob eine Auflösung als Sanktion lediglich bei Straftaten erfolgen soll. Weiter ist zu bedenken, dass die Unternehmensauflösung sich als eine Art „Kollektivstrafe“ auf das gesamte Unternehmen auswirken würde, da damit nicht nur die Sanktionierung des eigentlichen Täters, sondern vor allem eine Bestrafung aller Arbeitnehmer erfolgt: Denn durch die Auflösung des Verbandes würden sämtliche Mitarbeiter ihre Arbeitsplätze verlieren. Zudem kann die Verbandsauflösung womöglich unverhältnismäßig in das grundgesetzlich geschützte Recht auf Eigentum (Art. 14 GG) eingreifen. Die Auflösung eines größeren Unternehmens (beispielsweise einer Bank) hätte zudem auch gravierende Auswirkungen auf die Gesellschaft als solche.[2142] Eine Auflösung als Sanktionsmöglichkeit kann daher nur in Extremsituationen in Frage kommen. Beispielsweise bei kriminellen Vereinigungen (i.S.v. § 129 StGB), wenn ein Unternehmen somit per se auf die fortgesetzte Begehung von Rechtsbrüchen ausgerichtet ist, wäre die Auflösung eine Sanktionsmöglichkeit. Auch die Sanktionsmöglichkeit der Schließung von Betriebsteilen ist aus ähnlichen Gründen eher abzulehnen.[2143]

2138 Siehe z.B. Tiedemann, NJW 1988, 1169 (1172).

2139 Siehe hierzu im 8. Kapitel C. VI.

2140 Vgl. König, in: Hettinger, Reform des Sanktionsrechts, Band 3, Verbandsstrafe, S. 39 (47).

2141 Zu den bereits vorhandenen Möglichkeiten der Auflösung siehe bereits im 6. Kapitel A. I. 4.

2142 So auch Beckemper, NZWiSt 2018, 420 (422).

2143 So aber vorgesehen in Spanien Art. 33.7d CP.

3. *Compliance-Sanktion, Compliance-Weisungen und Auflagen*

Es wäre weiter zu überlegen, ob eine Verpflichtung eines Unternehmens, ein Compliance-Programm zu erstellen, als Sanktionsart in Betracht kommt. Zu beachten wäre hierbei aber, dass etwaige Verpflichtungen zur Vornahme von Compliance-Maßnahmen, um auf kriminogene Defizite sinnvoll reagieren zu können, umfassendes Wissen über die Organisationstruktur des Unternehmens voraussetzen. Dies erscheint schwierig, da die Abläufe im Unternehmen und die Charakteristika der Unternehmensorganisation häufig hochkomplex und oft von außen nicht klar erkennbar sind.[2144] Weiter ist stets zu berücksichtigen, dass solche Weisungen Eingriffe in die unternehmerische Freiheit bedeuten und damit eine gewisse Freiwilligkeit bei der Vornahme etwaiger Maßnahmen vorbehalten bleiben sollte.[2145] Zudem ist zu beachten, dass ein dann noch hinzugefügtes etwaiges Compliance-Monitoring eine längerfristige Begleitung und Aufsicht voraussetzen.[2146] Eine Compliance-Verpflichtung bzw. Compliance Weisung kann daher nur in ganz seltenen Ausnahmesituationen sinnvoll sein. Eine Compliance-Weisung sollte wiederum allein der Verbesserung eines Compliance-Programms dienen, um zukünftig weitere Anknüpfungstaten hinsichtlich des im Unternehmen festgestellten und sanktionierten Mangels zu vermeiden.

4. *Öffentliche Bekanntmachung einschließlich Register*

a) *Öffentliche Bekanntmachung*

Bezüglich der öffentlichen Bekanntmachung kann im Wesentlichen zunächst auf die Ausführungen im 6. Kapitel A. II. (Publizitätssanktionen) verwiesen werden.[2147] Es erscheint nicht sinnvoll, in jeglichem Bereich der Verbandssanktionierung öffentliche Bekanntmachungen vorzusehen. Die generelle öffentliche Bekanntmachung der Verurteilung im Sinne eines „naming and shaming“ würde eine Art „Prangerwirkung“ erzeugen und eventuell sogar eine Friktion mit dem Übermaßverbot darstellen.[2148] Die Auswirkungen der Publizität sind

---

2144 Siehe hierzu auch Baur, AG 2018, 457 (463).

2145 Siehe hierzu auch Baur, AG 2018, 457 (463).

2146 Siehe hierzu auch Baur, AG 2018, 457 (463).

2147 Siehe auch die Zielsetzung der Bundesregierung im Koalitionsvertrag 2018, CDU, CSU und SPD, Koalitionsvertrag 2018, S. 126: „Die Sanktionen sollen auf geeignetem Weg öffentlich bekannt gemacht werden.“

2148 Siehe die Ausführungen im 6. Kapitel A. II; siehe auch Stellungnahme des DAV Nr. 54/2013, S. 4.

insgesamt kaum einschätzbar. Die öffentliche Bekanntmachung von Sanktionen dürfte erhebliche Reputationsrisiken für die betroffenen Unternehmen zur Folge haben. Auch können anderweitige Nachteile drohen (etwa gravierende Nachteile in internationalen Vergabeverfahren). Überlegenswert ist eine Publikationspflicht aber in einem Bereich, in welchem die Veröffentlichung der Verurteilung dazu dient, etwaige betroffene Opfer zu informieren. Insgesamt ist aber im Hinblick auf eine öffentliche Bekanntmachung Vorsicht geboten.

b) Register

Grundsätzlich wäre allerdings die Erfassung sanktionierter Unternehmen in einem speziellen Register sinnvoll.[2149] Dieses sollte nicht auf negative Publizität setzen. Ziel sollte sein, etwaige Registeranfrager über das Unternehmen zu informieren, so dass diese dessen Zuverlässigkeit bei bestimmten Vorgängen feststellen können. Allerdings ist zu überlegen, ob der Zugang zu einem derartigen Register auf (öffentliche und private) Anfrager zu beschränken ist, die ein besonderes Interesse geltend machen können.

Für den Bereich des § 30 OWiG existiert bereits das Gewerbezentralregister. Das Gewerbezentralregister erfasst allerdings nur eine beschränkte Anzahl von Rechtsverstößen.[2150] Zudem liegt dem Eintrag keine Prüfung zugrunde, ob der Rechtsverstoß einer natürlichen Person dem Unternehmen zurechenbar ist.[2151] Nun wurde auf Bundesebene auch bereits ein Wettbewerbsregister eingeführt.[2152] Unabhängig davon sollte im Bereich der Unternehmensgeldbuße über ein weiteres Register nachgedacht werden oder das Wettbewerbsregister entsprechend angepasst werden. Derzeit ist das Wettbewerbsregister nämlich primär darauf ausgelegt, gewisse Unternehmen im Rahmen von Vergabeverfahren bzw. im Rahmen der Vergabe von Aufträgen auszuschließen.[2153]

5. Weitere Maßnahmen bzw. Sanktionen

Das Verbot oder die Beschränkung bestimmter Tätigkeiten, das vorübergehende Verbot der Handelstätigkeit, der Entzug von Lizenzen etc., das Vorenthalten möglicher Vorteile (insbesondere der Ausschluss von öffentlichen Aufträgen und öffentlichen Subventionen etc.) erfordern eine sehr komplexe Beurteilung.

2149 Siehe die Ausführungen im 6. Kapitel A. II.
2150 Siehe die Ausführungen im 6. Kapitel A. II.
2151 Siehe hierzu auch Fülling/Freiberg, NZBau 2018, 259 (259).
2152 Siehe hierzu bereits ausführlich im 6. Kapitel A. II.
2153 Siehe hierzu auch im 6. Kapitel A. V.

Es sind im Grunde präventive Maßnahmen (gefahrenabwehrrechtliche Maßnahmen) und sollten damit den Fachbehörden als differenziertes verwaltungsrechtliches Instrumentarium überlassen werden. Hierbei kann eine flexiblere Handhabung gewährleistet werden.

Eine ausreichende Information der Behörden über ein rechtswidriges Verhalten der Unternehmen muss allerdings wiederum ermöglicht werden. Dies kann durch ein Unternehmensregister (s.o.) erreicht werden, wenn alle Sanktionen an das Register gemeldet werden müssen und zudem die jeweiligen Behörden Zugriff darauf erhalten. Für das Unternehmen kann durch den Ausschluss von öffentlichen Vergaben und die teilweise erheblichen Erschwernisse im privatwirtschaftlichen Bereich die unternehmerische Tätigkeit deutlich erschwert werden.[2154] Hierdurch soll u.a. eine abschreckende Wirkung erzielt werden.[2155] In einzelnen Spezialbereichen mag das sinnvoll sein, so z.B. im Kartellrecht oder eventuell im Bereich des Wertpapierhandels und des Subventionsbereichs. Insgesamt erscheinen solche Maßnahmen aber aus spezialpräventiver Sicht eher kontraproduktiv,[2156] da sie den Verband schädigen und damit auch andere Beteiligte[2157] und sind daher als Verbandssanktionen eher abzulehnen bzw. nur in Ausnahmefällen vorzusehen.

6. *Aussetzung zur Bewährung*

Sinnvoll erscheint es in manchen Fällen auch eine Möglichkeit der Aussetzung der Sanktion zur Bewährung einzuräumen.[2158] So könnte beispielsweise eine etwaige Geldzahlung unter Auflage zur Bewährung ausgesetzt werden.[2159] Sollten sich Unternehmen bereits von sich aus vor der Sanktionierung entschieden haben, gegen etwaige Vorfälle vorzugehen und haben diese eventuell bereits umfangreiche Reformen ergriffen (etwa Einführung von effektiven Compliance-Maßnahmen), sollte überlegt werden, zwar eine Sanktion festzulegen und den begangenen Rechtsverstoß festzustellen, aber die Sanktionierung zur Bewährung auszusetzen.

Generell sollte eine Bewährungsmöglichkeit dann allerdings für alle Verbandsverfehlungen eingeführt werden. Der Verband sollte nicht bei Anknüpfungstaten

---

2154 So Ballo/Reischl, CB 2018, 189 (192).

2155 So Ballo/Reischl, CB 2018, 189 (192) mit dem Verweis auf Behringer, ZRP 2016, 20 ff.

2156 So auch Haase/Brouwer, CCZ 2018, 276 (279).

2157 Beispielsweise Mitarbeiter, Vertragspartner, Gläubiger und etwaige Anteilseigner.

2158 Ähnlicher Gedanke bei Haase/Brouwer, CCZ 2018, 276 (279).

2159 Als Auflage käme beispielsweise auch eine Wiedergutmachung bei einer Strafaussetzung zur Bewährung in Betracht.

des Strafrechts im Verhältnis zu Anknüpfungstaten des Ordnungswidrigkeitenrechts privilegiert werden. Allerdings ist dem Ordnungswidrigkeitenrecht eine Aussetzung zur Bewährung eher fremd. Ein Gesamtkonzept sui generis müsste gefunden werden. Bei positiver Sozialprognose und etwaigen weiteren Voraussetzungen wäre eine Aussetzung der Geldbuße zur Bewährung dann sicher sinnvoll,[2160] da die Aussetzung für den Verband günstig und spezialpräventiv auch wertvoll sein könnte. Eine Aussetzung zur Bewährung wird beispielsweise auch im Kölner Entwurf in § 5 VerbSG-E vorgesehen. An dieser Vorschrift könnte man sich orientieren. Vor dem Hintergrund hoher Geldsanktionen dürfte auch auf der Unternehmensseite eine Möglichkeit der Bewährung positiv aufgenommen werden. Zudem ist darauf hinzuweisen, dass beispielsweise in den USA die „probation" für Unternehmen seit den 1980er Jahren allgemein anerkannt ist. Ein Unternehmen gilt als resozialisiert, wenn die internen Kontrollmaßnahmen und Kommunikationswege optimiert worden sind und dadurch die Gefahr einer erneuten Verbandsverfehlung beseitigt worden ist. So lässt sich der Gedanke der Resozialisierung durchaus auf Unternehmen übertragen, etwa indem der Fokus auf eine Reform kriminalitätsbegünstigender Strukturen in einem Unternehmen gerichtet wird. Insgesamt könnte dabei der Reform des Managements als Basis einer anderen Mitarbeiterkultur eine besondere Bedeutung eingeräumt werden. Überwacht werden kann die „Resozialisierung" durch eine regelmäßige Berichterstattung und / oder eine Überwachung anhand eines Monitors bzw. Kurators.

7. Unternehmenskuratel und Bestellung eines Monitors

So sollte überlegt werden, zur Überwachung eines Unternehmens anlässlich einer Verbandsverfehlung einen Monitor – wie im § 5 Abs. 4 VerbSG-E des Kölner Entwurfs vorgesehen[2161] – oder einen Kurator einzusetzen.[2162] Eine Art Monitorship ist auch aus dem US-amerikanischen Rechtsraum bekannt. Die Bestellung eines Monitors erfolgt hier vor allem im Zusammenhang mit „Deferred oder Non-Prosecution Agreements" durch das U.S. Department of Justice. Aber nicht nur das U.S. Department of Justice macht von diesem Instrument

---

2160 Siehe hierzu § 59 StGB – Verwarnung mit Strafvorbehalt.

2161 Auch eher ablehnend Haase/Brouwer, CCZ 2018, 276 (279). Diese sind dafür eine Schwerpunktstaatsanwaltschaft für das Monitoring zu gründen, welche eine etwaige Überwachung übernehmen soll. Ein positiver Aspekt wäre hierbei zumindest ein enger Austausch zwischen der Staatsanwaltschaft und der Unternehmenspraxis.

2162 Zu der Unternehmenskuratel siehe Schünemann, in: Unternehmenskriminalität, S. 141 f.

Gebrauch. So nutzen auch die amerikanische Börsenaufsicht und andere amerikanische Aufsichtsbehörden, wie z.B. das New York State Department of Financial Services und die Environmental Protection Agency das Rechtsinstitut des Monitorships. Die Aufgabe des Monitors ist in diesem Zusammenhang in erster Linie zu überprüfen und sicherzustellen, dass die Compliance-Strukturen des Unternehmens mit den Vorgaben des US-amerikanischen Rechts übereinstimmen. Aber auch europäische Strafverfolgungsbehörden verwenden seit einigen Jahren die Anordnung von Compliance-/Präventiv-Auflagen ebenfalls unter Einsetzung von einem Compliance Monitor.

a) Unternehmenskuratel

Nach dem Konzept der Unternehmenskuratel[2163] soll bei Feststellung organisatorischer Mängel anlässlich einer unternehmensbezogenen Straftat durch Gerichtsurteil ein Kurator bestellt werden, wenn die Gefahr weiterer Zuwiderhandlungen besteht.[2164] Eine Gefahr soll in der Regel bejaht werden, wenn die begangene Zuwiderhandlung nach dem Ausmaß der Pflichtverletzung oder des angerichteten Schadens erheblich ist.[2165] Anders als der Monitor des Kölner Entwurfs soll der Kurator nicht nur im Falle einer Bewährungsentscheidung eingesetzt werden können.[2166] Vielmehr soll die Sanktion der Unternehmenskuratel selbst zur Bewährung aussetzbar sein.[2167]

Zweck der Unternehmenskuratel ist es, zu beaufsichtigen, ob bei dem Unternehmen, welches unter Kuratel gestellt worden ist, die für die Anordnung maßgeblichen Gründe dauerhaft beseitigt werden.[2168] Hierbei kann eine Kuratel einerseits nur auf Teile eines Betriebes oder auf Betriebseinheiten beschränkt werden andererseits können aber sogar weitere Konzernunternehmen in die Unternehmenskuratel einbezogen werden, wenn die Konzernaufsicht unzulänglich war.[2169] Durch eine umfassende Ausgestaltung mit Informationsrechten soll der Kurator befähigt werden, den Informationsfluss im Unternehmen zu

2163 Siehe zu dem gesamten Entwurf „Entwurf eines Gesetzes zur Bekämpfung der Unternehmenskriminalität" des Arbeitskreises „Wiederherstellung der deutschen Rechtseinheit: Strafrecht": Schünemann, in: Unternehmenskriminalität, S. 143 ff.

2164 Siehe Schünemann, in: FS Tiedemann, S. 429 (S. 446).

2165 Siehe Schünemann, in: Unternehmenskriminalität, S. 173.

2166 Siehe Schünemann, in: Unternehmenskriminalität, S. 173.

2167 Dazu Schünemann, in: Unternehmenskriminalität, S. 177.

2168 Dazu Schünemann, in: Unternehmenskriminalität, S. 177.

2169 Siehe Schünemann, in: Unternehmenskriminalität, S. 177.

verbessern bzw. zu optimieren.[2170] Ihm soll gerade keine Entscheidungskompetenz gegeben werden.[2171] Er erhält allerdings ein Anwesenheits-, Auskunfts- und Informationsrecht.[2172] Wesentliche Veränderungen in der Organisationsstruktur müssen dem Kurator angezeigt werden. Dadurch wird dem Kurator die Möglichkeit gegeben die Schädlichkeit oder die Nützlichkeit der Maßnahme zum Ausdruck zu bringen, auch wenn seine Aussage – da keine Entscheidungskompetenz – nur faktisches Gewicht hat.[2173] Der Kurator soll befähigt werden, zu überprüfen, ob die Ursachen für die im Leitungsbereich des Unternehmens begangene Anknüpfungstat beseitigt wurden.[2174] Bei wichtigem Grund und spätestens nach Ablauf eines jeden Geschäftsjahres hat er dem Gericht Bericht über seine Aufsichtstätigkeit zu erstatten.[2175]

Nach Schünemann soll die Kuratel zudem aufgrund von generalpräventiven Aspekten publiziert werden.[2176] So sieht Schünemann beispielsweise vor, dass die Unternehmenskuratel in der Unternehmensfirma zum Ausdruck kommen sollte (etwa GmbH & Co. KG u.K = unter Kuratel).[2177] Er ist der Auffassung, dass eine derartige Minderung des Prestiges, die Unternehmensführung von weiterer Unternehmensdelinquenz abhält.[2178] Die Unternehmenskuratel ist damit eine spezialpräventive Maßnahme mit repressiven Zügen aufgrund der Veröffentlichung. Die Kosten der Unternehmenskuratel soll das jeweilige Unternehmen übernehmen.[2179] Die Existenz des Kurators soll nach den Vorstellungen der Befürworter der Unternehmenskuratel den Selbstreinigungsprozeß im Unternehmen anstoßen.[2180] Zugleich soll die Ermittlung nach individuellen Tätern bei zukünftigen Unternehmensdelikten erleichtert werden. Ein Unternehmenskuratel kann nach den Vorstellungen der Entwurfsverfasser nur nach einer mündlichen Verhandlung verhängt werden und niemals im Rahmen eines Bußgeldbescheides. Jedoch kann eine Unternehmenskuratel per Beschluss des Richters vorläufig angeordnet werden, wenn es dringende Gründe für die Annahme

---

2170 Siehe Schünemann, in: FS Tiedemann, S. 429 (S. 446).
2171 Siehe Schünemann, in: Unternehmenskriminalität, S. 175, S. 178.
2172 Vgl. Schünemann, in: Unternehmenskriminalität, S. 179.
2173 Vgl. Schünemann, in: Unternehmenskriminalität, S. 181.
2174 Vgl. Schünemann, in: Unternehmenskriminalität, S. 178.
2175 Vgl. Schünemann, in: Unternehmenskriminalität, S. 179.
2176 Dazu Schünemann, in: FS Tiedemann, S. 429 (S. 447).
2177 Dazu Schünemann, in: FS Tiedemann, S. 429 (S. 447).
2178 Dazu Schünemann, in: FS Tiedemann, S. 429 (S. 447).
2179 Vgl. Schünemann, in: Unternehmenskriminalität, S. 181.
2180 Siehe Schünemann, in: Unternehmenskriminalität, S. 182.

gibt, dass die Unternehmenskuratel angeordnet werden wird.[2181] Im Rahmen der vorläufigen Anordnung wird noch kein Zusatz „u.K" geführt.

b) Bestellung eines Monitors nach dem Kölner Entwurf

Im Kölner Entwurf eines Verbandssanktionengesetzes wird aus dem Gedanken heraus, dass bei der Sanktionierung von Unternehmen nicht der Vergeltungsgedanke im Vordergrund stehen sollte, sondern in erster Linie auf die Beseitigung kriminogener Faktoren innerhalb des Unternehmens hingewirkt werden sollte,[2182] entsprechend ein Monitor vorgeschlagen. Dieser soll als Auflage zum einen bei der Verfahrenseinstellung und zum anderen bei der Aussetzung einer Geldsanktion zur „Verbandsbewährung" eingesetzt werden.[2183] Anders als bei dem Vorschlag der Unternehmenskuratel wird der Monitor nach § 5 VerbSG-E des Kölner Entwurfs also nur im Falle einer Bewährungsentscheidung[2184] oder nach § 14 Abs. 4 VerbSG-E bei der Überwachung der Erfüllung von Auflagen im Rahmen einer Einstellung des Verfahrens eingesetzt. Das Ziel für die Einsetzung ist ähnlich: Durch Überwachung und Anleitung des Unternehmens anhand eines sachkundigen und unabhängigen Monitors soll eine Verbesserung der organisatorischen und personellen Struktur des Verbandes bewirkt werden. Unmittelbare Leitungs- oder Entscheidungsbefugnisse im Unternehmen werden dem Monitor auch im Rahmen des Kölner Entwurfs nicht eingeräumt. Die Aufgabe des Monitors ist die Überwachung und Unterstützung der Auflagenerfüllung des Verbandes sowie eine Berichterstattung an das Gericht.

Der Monitor soll durch das Gericht (§ 5 Abs. 4 VerbSG-E) bzw. bei der Einstellung nach § 14 Abs. 4 VerbSG-E durch die Staatsanwaltschaft bestellt werden.[2185] Das Unternehmen kann den Monitor allerdings wegen Besorgnis der Befangenheit ablehnen. Gibt das Gericht dem Antrag statt, hat es einen anderen Monitor zu bestellen.

2181 Vgl. Schünemann, in: Unternehmenskriminalität, S. 186.

2182 Vgl. Henssler/Hoven/Kubiciel/Weigend, NZWiSt 2018, 1 (8).

2183 Vgl. Henssler/Hoven/Kubiciel/Weigend, NZWiSt 2018, 1 (8).

2184 Siehe hierzu Schünemann, StraFo 2018, 317 (324). Dieser will die Unternehmenskuratel auch und gerade dann einsetzen, wenn die Sanktion nicht zur Bewährung ausgesetzt wird. In diesem Fall – also bei schlechter Prognose – sei das Instrument der Kuratel umso wichtiger.

2185 Die Idee einer Art „Zwangscompliance" wurde bereits im Thyssen-Entwurf entwickelt und als Maßregel eingeordnet. Dort wird allerdings nicht der missverständliche Begriff des Monitors verwendet, sondern der Begriff Unternehmenskuratel, siehe hierzu Schünemann, StraFo 2018, 317 (322 ff.).

c) Stellungnahme zur Bestellung eines Monitors oder Kurators

Einerseits erscheint der Einsatz eines Kurators bzw. eines Monitors sehr sinnvoll. Andererseits ist bei dem Einsatz meines Erachtens große Vorsicht geboten. So könnte sich ein solcher Einsatz leicht als „bürokratische Blase“[2186] erweisen. Zum einen kann hierin leicht noch eine weitere Bestrafung gesehen werden, da das „ob“ der Bestellung eines Monitors und des Kurators im Ermessen des Gerichts liegen soll und das Unternehmen z.B. nach dem Kölner Entwurf und den Vorstellungen der Entwurfsverfassers zur Unternehmenskuratel die Kosten für einen Monitor bzw. Kurator zu übernehmen hätte.[2187] Zum anderen kann je nach Sachlage die Investition in verbesserte Compliance-Maßnahmen anstelle der Zahlung einer Vergütung an einen Monitor oder einen Kurator für das Unternehmen und auch für die Gesellschaft wirtschaftlich deutlich nützlicher sein. So muss sich ein Monitor oder Kurator, um sinnvolle Vorschläge etwa zur Verbesserung beispielsweise der Compliance-Maßnahmen machen zu können, zunächst umfassend mit den Zuwiderhandlungen und dem gesamten Unternehmen auseinandersetzen.[2188] Deshalb wird eine solche Maßnahme vermutlich sehr teuer und wird daher sogar das eigentlich repressive Element sein.[2189] Weiter wird der Monitor, aber auch ein Kurator die Erwartungshaltung haben, dass seine Vorschläge ohne Diskussion über Eignung, Nutzen und günstigere Alternativen umgesetzt werden.[2190] Nicht zu unterschätzen ist daher hierbei seine doch sehr mächtige Stellung. Meines Erachtens wäre dies ein nicht unerheblicher Eingriff in die unternehmerische Entscheidungsfreiheit, der nicht leicht begründbar ist. Es besteht die Gefahr, dass sowohl der Monitor als auch der Kurator zu sehr an unternehmerischen Entscheidungen teilhaben möchte. Nach der Vorstellung von Schünemann soll einem Kurator zwar gerade keine Entscheidungskompetenz, sondern nur Informationsrechte gewährt werden, um den Informationsfluss im Unternehmen zu optimieren, dessen Mängel eine ganz wesentliche Ursache der Unternehmenskriminalität darstellen würden. Dies ist zu begrüßen. Dennoch besteht die Gefahr, dass der Kurator sich zu sehr in die Belange des Unternehmens einmischt. Unter anderem auch deswegen müssten Möglichkeiten bei Befangenheit des Monitors bzw. des Kurators geschaffen werden.

2186 Beckemper, NZWiSt 2018, 420 (424).

2187 In dem Entwurf blieb völlig unklar, wie intensiv der Monitor in das operative Geschäft des Unternehmens einbezogen werden soll.

2188 Vgl. Köllner/Mück NZI 2018, 311 (315).

2189 Vgl. Köllner/Mück NZI 2018, 311 (315).

2190 So Köllner/Mück NZI 2018, 311 (315).

Auch stellen sich zahlreiche praktische Fragen wie etwa die Auswahl, die etwaige personelle Besetzung, die Bestellung und welche Rechtsgrundlagen im Hinblick auf den Daten- und Arbeitnehmerschutz für den Einsatz im Unternehmen noch zu schaffen sind.[2191]

So müsste der Monitor zum einen öffentliches Vertrauen genießen und hinreichend qualifiziert sein und zum anderen frei von Interessenskonflikten und unabhängig. Auch muss er über genügend Kapazitäten und Ressourcen verfügen. Weiter wäre zu überlegen, ob nicht das Unternehmen geeignete Kandidaten vorschlagen kann. Ein wesentlicher Faktor für eine gute Zusammenarbeit des Monitors/Kurators mit dem Unternehmen ist Vertrauen und eine gute Kooperation. So spricht viel dafür, dass das Unternehmen sich einen geeigneten Monitor zunächst auswählen darf. Hierbei können dann der Behörde/dem Gericht Vetorechte/Zustimmungsvorbehalte zugebilligt werden.

Weiter müsste durch das Gesetz der Prüfungsmaßstab des Kurators bzw. des Monitors festgelegt werden. So müssten wichtige Grundfragen der Zusammenarbeit zwischen Unternehmen und Monitor/Kurator geregelt werden. Anzusprechen sind hier vor allem das Datenschutzrecht, die Arbeitnehmerrechte und die Arbeitnehmermitbestimmung sowie die Unternehmensrechte auf Geheimnisschutz und die rechtsanwaltliche Vertraulichkeit. Es ist fraglich, welche Unterlagen der Monitor einsehen darf und welche Unterlagen beispielsweise nur geschwärzt zur Verfügung gestellt werden dürfen oder sollten und welche Informationen generell zur Verfügung gestellt werden. Auch ist fraglich, an welchen unternehmensinternen Veranstaltungen und Gremiensitzungen der Monitor ohne weiteres teilnehmen darf und in welchem Umfang oder unter welchen Bedingungen beispielsweise Führungskräfte oder Mitarbeiter für Befragungen zur Verfügung stehen müssen oder ob beispielsweise allgemeine Befragungen durchgeführt werden dürfen. Sicher sind hier nicht für alle Grundfragen gesetzliche Regelungen zu erwarten und auch nicht sinnvoll. Es muss sich über die Jahre eine entsprechende Verfahrenspraxis herausbilden. Ein Grundgerüst sollte allerdings zumindest durch den Gesetzgeber vorgegeben werden.

Auch der Fokus für den Monitor sollte durch den Gesetzgeber klar herausgearbeitet werden. So sollte es Aufgabe des Monitors eher sein, zu beobachten und zu bewerten, wie das Unternehmen selbst relevantes Fehlverhalten identifiziert, aufarbeitet und adressiert. Ziel eines Compliance-Monitors sollte es sein, das Unternehmen zu befähigen, ein Compliance-Programm zu installieren, das

2191 Ausführlich zu den Regelungen der Unternehmenskuratel siehe Schünemann, StraFo 2018, 317 (322 ff.) und Schünemann, in: Unternehmenskriminalität, S. 141 f.

vergleichbarem Fehlverhalten zukünftig entgegenwirkt. Dabei geht es um das Compliance-Programm des Unternehmens im Ganzen. Hierbei kann es nicht allein entscheidend sein, ob adäquate Strukturen und Prozesse überhaupt vorhanden sind, sondern vielmehr um deren tatsächliche Umsetzung und Effektivität. Zudem bedarf ein effektives und über die Dauer der Kuratel oder des Monitorships weiter bestehendes Compliance-Programm eine von Integrität und Ethik geprägte Unternehmenskultur und ein darauf aufbauendes Managementverhalten.

Zudem sollte eine Unternehmenskuratel oder der Einsatz eines Monitors nur dann in Betracht kommen, wenn eine Wiederholungsgefahr der Zuwiderhandlung in Betracht kommt und der Einsatz sollte auf bestimmte Bereiche des Unternehmens beschränkt werden können.[2192] Auch müssten der Umfang des Informationsrechts des Monitors/Kurators und etwaige Anzeigepflichten des Monitors/Kurators geregelt werden. Weiter sollte der Monitor/Kurator keine unternehmerischen Entscheidungen treffen können.[2193] Näher zu betrachten wäre auch, ob die Maßregel der Unternehmenskuratel bereits während des Verfahrens als vorläufige Maßregel in Betracht kommt.[2194]

Bevor der Gesetzgeber somit einen Monitor oder Kurator als Sanktionsinstrument einsetzen möchte, müssen noch umfassende Überlegungen und Abwägungen getroffen werden. Insbesondere sind genaue Regelungen für den Monitor/Kurator zu treffen, was und wie der Monitor bzw. Kurator eingesetzt werden darf und kann. Für das Unternehmen müssen zudem umfassende Schutzmechanismen bei etwaiger Befangenheit des Kurators bereitstehen. Es muss eine umfassende Abwägung getroffen werden, wann und in welchem Ausmaß eine solche Maßnahme verhängt werden darf und sollte.

8. *Stellungnahme zu den Sanktionsintrumentarien*

Obwohl die Erwägung anderer Sanktionen wichtig erscheint, bleibt die Geldsanktion zunächst meines Erachtens die wirkungsvollste und sinnvollste Sanktion.[2195] Diese ermöglicht eine besondere Präventionswirkung. Zudem ist durch das EU-Recht diese Sanktionsform zwingend vorgeschrieben. Es wird zwar eingewandt, dass hohe Geldsanktionen die im Unternehmen beschäftigten Arbeitnehmer treffen, da eine solche Sanktion in bestimmten Fällen eine Gefährdung

---

2192 Siehe Schünemann, in: Unternehmenskriminalität, S. 141 f.
2193 So auch Schünemann, in: Unternehmenskriminalität, S. 141.
2194 Gute Argumente hierfür bei Schünemann, in: Unternehmenskriminalität, S. 141.
2195 Andere Ansicht Schünemann, in: Unternehmenskriminalität, S. 138 f.

des Arbeitsplatzes bewirken könnte. Dieses Gegenargument kann meines Erachtens aber nicht greifen, weil jede Sanktion indirekte Folgen auch für Dritte verursachen kann und ein solches Argument daher nicht per se zu einer Unzulässigkeit der Sanktionsform führen kann. Betrachtet man beispielsweise im Individualstrafrecht die Sanktionierung eines Täters mit einer Geldstrafe, so kann dies zu negativen wirtschaftlichen Folgen für die gesamte Familie führen, ohne dass dies sich per se auf die Zulässigkeit der Geldstrafe im Individualstrafrecht auswirken würde.

Eine Geldsanktion für Unternehmen sollte sowohl im Ordnungswidrigkeitenrecht als auch bei Straftaten als Anknüpfungstaten vorgesehen werden. Sie ist auch die Sanktionsart, welche am Besten in den Kontext der Sanktionierung von Unternehmen passt. Dennoch zeigt ein Rechtsvergleich, dass die Erweiterung des Sanktionsspektrums der Verbandssanktionen zu mehr Effektivität im Rahmen der Verbandssanktionierung verhelfen könnte.[2196] Im Einzelnen werden die unterschiedlichsten Sanktionsformen (wie z.B. Verweis, Warnung, Werbeverbot, Ausschluss von öffentlichen Zuwendungen, Schadenersatz, Veröffentlichung eines Urteils, Zwangsaufsicht und Kuratel[2197], Tätigkeitsbeschränkungen sowie die Auflösung des Verbandes) diskutiert.[2198] So ist die Geldsanktion zwar die typische und in allen Ländern mit einem „Verbandssanktionenrecht“ vermutlich vorgesehene Sanktion[2199] und bezweckt eine Selbstregulierung des Unternehmens.

Daneben könnten aber je nach Sachlage auch externe Steuerungsmechanismen sinnvoll sein. Diese würden auf die Betätigung eines Unternehmens unmittelbar von außen einwirken.[2200] So wäre ein abgestuftes Sanktionssystem denkbar und am effizientesten, welches die Reaktionsmöglichkeiten der Ermittlungsbehörden und der Gerichte erweitert und beispielsweise auch bei mehrfach delinquentem

2196 Siehe hierzu auch Beckemper, NZWiSt 2018, 420 (421, 422).

2197 Siehe zu den Regelungen der Unternehmenskuratel Schünemann, StraFo 2018, 317 (322 ff.). Anders als beim Kölner Entwurf, der in § 5 Abs. 4 VerbSG-E einen Monitor erst im Bewährungsfall vorsieht, ist im Rahmen des Konzepts der Unternehmenskuratel die Kuratel bereits als Maßregel vorgesehen, siehe Schünemann, StraFo 2018, 317 (324).

2198 Vgl. dazu die Antwort der Bundesregierung auf die Große Anfrage der SPD-Fraktion, BT-Drs. 13/11425, S. 2 ff.; Volk, JZ 1993, 429 ff.; Wegner, ZRP 1999, 186 ff.; Dannecker, GA 2001, 100, 124 ff.; Dannecker, FS Böttcher, S. 465 (S. 484); Jäger, FS Imme Roxin, S. 43 (S. 54).

2199 So Beckemper, NZWiSt 2018, 420 (421).

2200 So auch Heine, Die strafrechtliche Verantwortlichkeit von Unternehmen, S. 315.

Verhalten von Unternehmen angewendet werden könnte.[2201] Vorstellbar ist hier vor allem, dass ein Unternehmen für einen gewissen Zeitraum unter Aufsicht gestellt wird. Hierfür wäre insbesondere die Maßregel der Unternehmenskuratel einer Art „Zwangscompliance", wie es der Thyssen-Entwurf bereits vorsah[2202] oder es wäre auch die Einsetzung eines Monitors im Sinne des Kölner Entwurfs denkbar. Eine solche Maßnahme hätte sowohl positive generalpräventive als eventuell auch spezialpräventive Effekte, wenn die Einsetzung des Kurators bzw. Monitors zur Verbesserung oder Wiederherstellung einer ordnungsgemäßen Unternehmenskultur führt. Der Gesetzgeber sollte aber immer eher auf eine Selbstregulierung bauen, statt mit Zwangsmaßnahmen auf das Unternehmen einzuwirken. Zudem sollten die Sanktionen verhältnismäßig sein und die Organisationshoheit der Unternehmen berücksichtigen. Eine Auflösung als Sanktionsmöglichkeit kann nur in Extremsituationen in Frage kommen. Sie ist sonst weder aus spezialpräventiven noch aus generalpräventiven Aspekten heraus verantwortbar.

VI. Sanktionsbemessung bei der monetären Sanktion

Generell ist der Gesetzgeber aufgerufen, den Verfolgungsbehörden und den Gerichten ausreichende Leitlinien für die Bußgeldbemessung bei der Verbandssanktionierung an die Hand zu geben.[2203]

1. Bußgeldbemessung

Eine monetäre Sanktion sollte hierbei das Unternehmen treffen und dort nicht nur als „Kostenfaktor" behandelt und abgewälzt werden können. Eine bessere Anpassung der Sanktion an die Leistungsfähigkeit des Verbandes ist hierbei geboten, um den unterschiedlichen Sanktionsempfindlichkeiten gerecht werden zu können. Orientieren kann der Gesetzgeber sich an § 17 Abs. 3 OWiG einerseits und § 46 StGB andererseits. Tragend berücksichtigt werden sollte zum einen die Frage eines etwaigen Organisationsversagens und zum anderen die wirtschaftliche Leistungsfähigkeit des Verbandes. Insgesamt sichergestellt

2201 Ähnlicher Gedanke bei Beckemper, NZWiSt 2018, 420 (422). Sie erwähnt beispielsweise die Möglichkeit einer Kuratel oder eines Verbots der Tätigkeit auf bestimmten Geschäftsfeldern als Instrumentarien.

2202 Diese Maßregel wurde durch Schünemann weiter ausgebaut, siehe Schünemann, StraFo 2018, 317 (323 ff.).

2203 Siehe zu den Defiziten bei der Bußgeldbemessung im Rahmen der Verbandssanktionierung de lege lata die Ausführungen im 3. Kapitel D. V. und im 8. Kapitel A. II. und zur allg. Sanktionsbemessung de lege lata die Ausführungen im 3. Kapitel D.

werden sollte zudem, dass eine Geldsanktion nicht zur Insolvenz des Unternehmens führt (einzuführen wäre daher eine Vorschrift ähnlich dem § 42 StGB).

a) Allgemeine Zumessungskriterien

Bei der Bußgeldbemessung kann man sich an den für natürliche Personen bereits entwickelten Grundsätzen orientieren. Die Besonderheit, dass vorliegend ein Unternehmen sanktioniert wird, ist hierbei selbstverständlich zu beachten. Bei der Abwägung sollen sowohl erschwerende als auch mildernde Umstände berücksichtigt werden. Der Gesetzgeber sollte einen (nicht abschließenden) Zumessungskatalog normieren. Insbesondere die freiwillige Wiedergutmachung des durch die Verbandsverfehlung entstandenen Schadens sollte strafmildernd bei der Geldsanktion zu berücksichtigen sein. In die Bemessung eingestellt werden sollte im positiven Sinne, wenn der Verband den verursachten Schaden kompensiert und geeignete technische, organisatorische und personelle Vorkehrungen bzw. Maßnahmen getroffen hat, um künftige Verbandsverfehlungen zu vermeiden. Auch positiv berücksichtigt werden sollten Maßnahmen, die die Zusammenarbeit des Verbandes mit den Verfolgungsbehörden optimieren.

Bei der Bemessung sollten weiter eine Rolle spielen die Art, Schwere und die Auswirkungen der Verbandsverfehlung und der aus der Verbandsverfehlung gezogene Gewinn sowie die Strukturen innerhalb des Verbandes, die die Begehung von Verbandsverfehlungen eventuell erleichtert haben. Außerdem zu berücksichtigen sind – wie bei natürlichen Personen – frühere Sanktionierungen des Verbandes. Auch die Auswirkungen der Sanktion auf die wirtschaftliche Existenz des Verbandes sollten Bedeutung haben.

Zudem setzt der in Art. 103 Abs. 3 GG postulierte Grundsatz „ne bis in idem" (Verbot der Doppelbestrafung) verfassungsrechtliche Grenzen. Bedenken bestehen außerdem im Rahmen von Konstellationen, in denen die zwischen dem Verband und der natürlichen Person gegebene Vermögenstrennung zumindest faktisch eingeschränkt ist, weil etwa der sanktionierte Individualtäter am Gesellschaftsvermögen beteiligt ist.[2204] Gegebenenfalls sollte der Gesetzgeber daher im Rahmen der Strafzumessung auch dieses Problem in Rechnung stellen und hier Lösungsmöglichkeiten anbieten.[2205] Zusätzlich müssen Bemessungsvorschriften für eine Verbandsanktionierung in Konzernstrukturen (Bußgeldlastverteilung zwischen Tochtergesellschaft und Muttergesellschaft) und für

2204 Siehe hierzu bereits im 8. Kapitel A. II. 5.

2205 Siehe Rogall, in: KK-OWiG, § 30 Rn. 42 m.w.N.; siehe hierzu bereits im 8. Kapitel A. II. 5.

Rechtsnachfolgekonstellationen (Bußgeldlastverteilung im Rahmen der partiellen Gesamtrechtsnachfolge) eingeführt werden.

b) Umsatzbezogene Bußgeldobergrenze statt starrer Bußgeldobergrenze

Weiter ist zu überlegen, ob eine umsatzbezogene Bußgeldobergrenze eingeführt werden sollte.[2206] Insgesamt ist es sinnvoll, dass die Höhe der Geldsanktion sich künftig an der Wirtschaftskraft des Unternehmens orientiert.[2207] Eine flexible Begrenzung in der Höhe der Geldbuße also bei der Maximalsanktionierung ist generell zu begrüßen. Der bis dato im Ordnungswidrigkeitenrecht geltende Bußgeldrahmen von bis zu 10 Millionen Euro ist teilweise nicht ausreichend, um Fehlverhalten auf Unternehmensseite angemessen zu sanktionieren.[2208] Im Wettbewerbsrecht kann nach § 81 Abs. 4 S. 2, 1. Hs. GWB bereits gegen ein Unternehmen oder eine Unternehmensvereinigung eine die Höhe der Geldbuße nach § 81 Abs. 4 S. 1 GWB übersteigende Geldbuße verhängt werden. Diese Geldbuße darf aber 10 vom Hundert des im letzten Geschäftsjahr erzielten Gesamtumsatzes nicht übersteigen.[2209] Auch einige Gesetzesentwürfe sehen eine Abkehr von der starren Sanktionsobergrenze und eine Ausrichtung der Sanktionierung am Umsatz und damit an der wirtschaftlichen Leistungsfähigkeit des Unternehmens vor.[2210] Eine Festlegung der maximalen Geldzahlung auf 15% des Umsatzes – wie es der Kölner Entwurf vorsieht[2211] – erscheint allerdings generell zu

---

2206 So auch die Bundesregierung im Koalitionsvertrag 2018, CDU, CSU und SPD, Koalitionsvertrag 2018, S. 126: „Die geltende Bußgeldobergrenze von bis zu 10 Millionen ist für kleinere Unternehmen zu hoch und für große Konzerne zu niedrig. Wir werden sicherstellen, dass sich die Höhe der Geldsanktion künftig an der Wirtschaftskraft des Unternehmens orientiert. Bei Unternehmen mit mehr als 100 Millionen Euro Umsatz soll die Höchstgrenze bei 10 Prozent des Umsatzes liegen."

2207 So auch die Bundesregierung im Koalitionsvertrag 2018, CDU, CSU und SPD, Koalitionsvertrag 2018, S. 126.

2208 Siehe hierzu bereits im 8. Kapitel A. II. 1.

2209 Entsprechende umsatzbezogene Geldbußen finden sich auch im Finanzmarktrecht. Die Obergrenze der Geldbuße hängt dort von einem Vergleich eines im Gesetz ausdrücklich genannten Höchstbetrages und des ermittelten umsatzbezogenen Höchstbetrages ab (vgl. § 120 Abs. 17 -22 WpHG).

2210 § 6 Abs. 4 VerbStrG-E Gesetzesentwurf der NRW, § 4 Abs. 2 VerbSG-E des Kölner Entwurfs.

2211 Siehe im Kölner Entwurf § 4 Abs. 2 VerbSG-E: „Die Höhe der Geldzahlung darf 15 Prozent des Umsatzes des Verbandes nicht überschreiten; dabei ist der durchschnittliche Umsatz der letzten drei Geschäftsjahre vor dem Ende der Hauptverhandlung, in der die tatsächlichen Feststellungen letztmals geprüft werden können, zugrunde zu legen. Hierbei ist auch der Umsatz von natürlichen Personen und

hoch[2212] und könnte ertragsschwächere Unternehmen in ihrer Existenz bedrohen. Insbesondere Start-Ups sowie kleine und mittelgroße Unternehmen, die oftmals über nur geringe Mittel und Ressourcen verfügen, hätten hier Schwierigkeiten die Geldbuße überhaupt zu finanzieren.

Im Rahmen der Sanktionierung muss also berücksichtigt werden, dass das Unternehmen nicht in seiner Existenz bedroht wird, um Arbeitsplätze nicht zu gefährden und die Wirtschaft nicht zu schwächen. Auch eine womöglich geplante Anhebung des Bußgeldrahmens auf 10 Prozent des Umsatzes des jeweiligen Verbandes birgt noch das Risiko, dass unverhältnismäßig hohe Geldbußen verhängt werden. So besteht die Gefahr, dass die Höhe der Geldbuße ohne Rücksicht auf den wirtschaftlichen Vorteil des Unternehmens und damit in vielen Fällen unverhältnismäßig hoch festgesetzt würde, so dass der Gesetzgeber durch hinreichende Klarstellungen dieser Gefahr begegnen sollte. Der Umsatz des Unternehmens kann und darf insgesamt nicht der einzige wirtschaftliche Bemessungsfaktor für die Höhe der Geldsanktion sein.

Aus dem Umsatz kann nicht zwingend auf die maßgebliche Wirtschaftskraft eines Unternehmens geschlossen werden.[2213] Auch der Gewinn und die Umsatzrendite sind zu berücksichtigen.[2214] So sollte nicht nur eine umsatzbezogene gesetzliche Höchstgrenze festgelegt werden, sondern es müssen auch die wirtschaftlichen Verhältnisse des Unternehmens als Zumessungskriterium geregelt werden. Weiter ist fraglich, ob es nicht generell besser ist auf die Ertragslage statt auf den Umsatz abzustellen.[2215] Allerdings ist die Ertragslage eines Unternehmens nicht so einfach festzustellen, insbesondere wenn es weltweit agiert.[2216] Der Umsatz ist einfacher zu ermitteln. Zudem wird es schwierig Lösungen für Verbände in Konzernrechtslagen zu finden, da hier Umverteilungen des Vermögens stattfinden können, die womöglich die Bußgeldobergrenze des zu

Verbänden zu berücksichtigen, mit denen der Verband eine wirtschaftliche Einheit bildet. Der Umsatz kann geschätzt werden."

2212 So auch Schünemann, StraFo 2018, 317 (323 f.). Dieser stellt eine „dreifache Draufsattelung" zum § 81 GWB fest und in StraFo 2018, 317 (325) spricht er von einer „Erdrosselungsnorm".

2213 Vgl. Korte 2018, 393 (397); so ist nach dem Koalitionsvertrag die Wirtschaftskraft der entscheidende Faktor, siehe die Bundesregierung im Koalitionsvertrag 2018, CDU, CSU und SPD, Koalitionsvertrag 2018, S. 126.

2214 Siehe Korte 2018, 393 (397).

2215 Siehe Korte 2018, 393 (397).

2216 Siehe auch Beckemper, NZWiSt 2018, 420 (423).

sanktionierenden Verbandes beeinflussen können. Auch diesem Phänomen muss Rechnung getragen werden.

Allgemein ist außerdem das verfassungsrechtliche Übermaßverbot bzw. der Grundsatz der Verhältnismäßigkeit im weiteren Sinne zu beachten. Das Bundesverfassungsgericht verlangt hierbei ein angemessenes Verhältnis strafprozessualer Maßnahmen zur Schwere der Straftat bzw. fordert, dass die den Einzelnen treffenden Belastungen noch in einem vernünftigen Verhältnis zu dem gewollten Zweck stehen.[2217] Die Geldsanktion sollte zudem insgesamt angemessen sein und etwaige Unternehmensgelder sollten lieber in den Ausbau von Compliance-Systemen fließen,[2218] statt in den Staatshaushalt.

Weiter sollte daran gedacht werden eine umsatzbezogene Obergrenze nur bei Wirtschaftsunternehmen zu ziehen und bei sonstigen Verbänden eine andere Art der Obergrenze zu fixieren beispielsweise bei Gewerkschaften, da hier eine umsatzbezogene Obergrenze unpassend wäre. All diese Belange müssen somit durch den Gesetzgeber berücksichtigt werden und bei der Normierung einer Sanktionsobergrenze in Rechnung gestellt werden.

2. *Kein Tagessatzsystem bei monetären Sanktionen*

Man könnte auch daran denken etwa für die monetäre Sanktion ein Tagessatzsystem einzuführen.[2219] Allerdings nur fürs Strafrecht, fürs Ordnungswidrigkeitenrecht sollte weiterhin eine Höchstgeldbuße gelten. Im Rahmen des Tagessatzsystems könnten Tagessatzhöhen vorgesehen werden, die eine entsprechend hohe Sanktion zulassen. Der Tagessatz könnte sich dann an der wirtschaftlichen Leistungsfähigkeit des Unternehmens orientieren.[2220] Allerdings ist insgesamt sowohl eine Bezugnahme auf die zugrundeliegende Anknüpfungstat, wie es das österreichische Verbandsverantwortlichkeitsgesetz löst (§ 4 Abs. 3 östVbVG), als auch eine Eingrenzung durch spezifische Sanktionsrahmen

---

2217 So Achenbach, WuW 1997, 393 (396) m.w.N.; Das Übermaßverbot ist somit auch bei der Bußgeldbemessung zu beachten.

2218 So auch Haase/Brouwer, CCZ 2018, 276 (279).

2219 Siehe hierzu auch § 4 östVbVG im österreichischen Recht; so Engelhart, Sanktionierung von Unternehmen und Compliance, S. 692.

2220 Bei der Bestimmung der Leistungsfähigkeit könnte vom durchschnittlichen Jahresgewinn der letzten drei Jahre ausgegangen werden. Bei Unternehmen ohne Gewinnerzielungsabsicht könnte das frei verfügbare Vermögen herangezogen werden. Eine evtl. vorgesehene Freiheitsstrafe im Straftatbestand (Anknüpfungstat) wäre in Tagessätze umzurechnen. Eine Mindestzahl müsste festgelegt werden und die Höchstzahl ergäbe sich jeweils aus dem Gesetz (Straftatbestand der Anknüpfungstat).

(siehe beispielsweise § 120 Abs. 17–22 WpHG, der je nach Anknüpfungstat verschiedene Höchstgrenzen vorsieht) nicht sinnvoll.[2221] Gegen spezifische unternehmensbezogene Sanktionsvorgaben für einzelne Delikte spricht bereits der immense Regelungsaufwand. Gegen eine pauschalisierte in Bezugnahme auf die Sanktionsdrohung der Anknüpfungstat spricht wiederum, dass das vom Gesetzgeber für natürliche Personen vorgesehene Sanktionsmaß keine zwingenden Schlüsse auf die unternehmensbezogene Sanktionsbedürftigkeit ermöglicht.[2222] Ein Tagessatzsystem oder auch eine Eingrenzung durch spezifische Sanktionsrahmen ist aus den genannten Gründen daher eher abzulehnen.

3. *Klarstellung für Tateinheitskonstellationen, Einführung eines Asperationsprinzips bei Tatmehrheit oder Einführung von Sanktionszumessungsregelungen*

Mehrere Klarstellungen sollten durch den Gesetzgeber in etwaigen Tateinheitskonstellationen vorgenommen werden: So sollte gegen einen Verband nur eine Sanktion verhängt werden (so wohl auch die herrschende Meinung), wenn eine Anknüpfungstat durch mehrere Aufsichtspflichtverletzungen ermöglicht wurde.[2223] Auch für den Fall, dass über einen längeren Zeitraum betriebsbezogene (Aufsichts-)Pflichten[2224] verletzt worden sind, wird eine Regelung erforderlich (etwa bei Daueraufsichtspflichtverletzungen). Es ist festzulegen, ob in diesem Fall wirklich ordnungswidrigkeitenrechtliche Sanktionen unbegrenzt verhängt werden können. Auch hier sollte eine Tateinheit in bestimmten Konstellationen angenommen und nur auf eine Sanktion erkannt werden können. So liegt nur ein einheitlicher Kernvorwurf vor, wenn mehrere Unternehmensmitglieder Taten begehen, die auf demselben defizitären Unternehmensklima beruhen.[2225] Bislang haben sich zwar bezüglich dieser Fragen in Verbandskonstellationen schon herrschende Meinungen gebildet, gesetzliche Klarstellungen sollten aber auch hier nicht ausbleiben.

Weiter ist die Konkurrenzvorschrift des § 20 OWiG generell zu reformieren beziehungsweise zumindest im Rahmen der Sanktionierung von Verbänden abzuändern.[2226] So ist die Kumulierung bei Tatmehrheit im

---

2221 Siehe hierzu auch Baur, AG 2018, 457 (464).

2222 Siehe hierzu auch Baur, AG 2018, 457 (464).

2223 Siehe hierzu Meyberg, in: BeckOK-OWiG, § 30 Rn. 108.

2224 Zur Betriebsbezogenheit der Tat, Rogall, in: KK-OWiG, § 130 Rn. 81 ff.; umfassend am Beispiel der Korruptionsstraftaten Groß/Reichling, wistra 2013, 89 ff.

2225 Siehe 3. Kapitel D. III.1.

2226 Siehe hierzu im 3. Kapitel D IV. und im 8. Kapitel A. II. 3.

Ordnungswidrigkeitenrecht sehr unbefriedigend.[2227] Es sollte de lege ferenda bei der Zumessung der Gesamthöhe mehrerer Geldbußen auf eine Gesamtschau der Taten nicht verzichtet werden. Hier könnte ein Asperationsprinzip eingeführt werden, dass an die Höhe des tatbestandlichen Bußgeldrahmens anknüpft.

Es empfiehlt sich bei einer Neuregelung der Verbandsverantwortlichkeit diese Aspekte zu regeln und eventuell auch für die Unternehmenssanktionierung im Ordnungswidrigkeitenrecht bzw. Strafrecht je nach Regelungsort ein Asperationsprinzip bei der Tatmehrheit einzuführen oder zumindest klare Sanktionszumessungsregelungen hierzu einzuführen.[2228]

4. *Klare Abtrennung von Ahndungs- und Abschöpfungsteil und Regelung der Einziehung*

Es dürfte sich anbieten, im Rahmen einer Neuregelung der Verbandsverantwortlichkeit die Abschöpfung von der Sanktion klar zu trennen und beispielsweise eine Abschöpfung von Taterträgen über die Einziehungsvorschriften zu ermöglichen[2229] oder gar ganz neue Überlegungen für die Abschöpfung anzustellen. So sollte ein Gleichlauf zwischen den Einziehungsvorschriften des StGB und der Abschöpfung im OWiG geschaffen werden, da es sonst zu Wertungswidersprüchen kommt und auch reine Zufälligkeiten zu unterschiedlichen Ergebnissen führen können. Es sollte überlegt werden, ein System der Einziehung nur für Unternehmen passend auf deren Besonderheiten zu konzipieren. Bei der Erstellung der Vorschriften ist das Gebot der Verhältnismäßigkeit zu beachten. Die Geldbuße sollte sich de lege ferenda auf den reinen Aspekt der Sanktion beschränken und die Einziehung bzw. eine etwaige Abschöpfung separat regeln.[2230] Eine klare Trennung ist hier wünschenswert.

Die Einziehung bzw. Abschöpfung stellt eine wichtige weitere Maßnahme dar und eine Anordnung sollte neben der Geldbuße (Ahndungsteil) möglich sein. Hier sollte ein System der Einziehung nur für Unternehmen passend zu deren Besonderheiten konzipiert werden. Zudem sollte anstatt des Abschöpfungsteils im Rahmen des § 30 OWiG ein einheitliches Konzept der Einziehung

---

2227 Siehe hierzu 3. Kapitel D. IV.

2228 Weiter kann hier auch auf die Ausführungen im 3. Kapitel D. verwiesen werden.

2229 Nach Gürtler, in: Göhler OWiG, § 30 Rn. 38a dürften viele Gründe für eine Zugrundelegung des Bruttoprinzips auch bei § 30 Abs. 3 OWiG i.V.m. § 17 Abs. 4 OWiG sprechen.

2230 Siehe zu der Problematik der Abschöpfung und Einziehung de lege lata bereits im 8. Kapitel A. VI.

entwickelt werden. Es sollte dann entweder geschlossen das Nettoprinzip oder das Bruttoprinzip angewendet werden.[2231] Im Rahmen neuer Einziehungsvorschriften/Abschöpfungsvorschriften für Unternehmen sollten flexiblere Lösungen angeboten werden, die es auch erlauben beispielsweise die wirtschaftlichen Verhältnisse des Unternehmens noch besser berücksichtigen zu können. Eine übermäßige „Sanktionierung" durch eine zu hohe Abschöpfung/Einziehung sollte vermieden werden.

5. *Berücksichtigung von Compliance de lege ferenda bei der Sanktionsbemessung*

Auch wäre eine ausdrückliche gesetzliche Klarstellung zu begrüßen, inwieweit die Einführung wirklich effektiver Compliance- und Selbstreinigungsmechanismen bußgeldmindernd Berücksichtigung finden können.[2232] Meines Erachtens hängt das „ob" und das „inwieweit" vor der Tatbegehung ergriffene Compliance-Maßnahmen strafmildernd zu berücksichtigen sind, maßgeblich von dem der Verbandssanktion zugrunde gelegten Modell ab.

Compliance-Maßnahmen können entlastende Wirkung als Ausgleich für eine ausufernde strafrechtliche Verantwortlichkeit haben[2233] oder den Vorwurf des Organisationsversagens mindern (Schweiz)[2234]. Anerkannt werden derartige Präventionsmaßnahmen aber auch in der österreichischen Regelung bei der Sanktionsbemessung (§ 5 Abs. 3 Nr. 1 östVbVG). Auch im US-Recht werden Compliance-Maßnahmen bei der Zumessung von Unternehmensstrafen berücksichtigt.[2235] Im Vereinigten Königreich können Unternehmen, deren

2231 Siehe zu der Problematik der Abschöpfung und Einziehung de lege lata bereits im 8. Kapitel A. VI.

2232 Vgl. Moosmayer/Gropp-Stadler, NZWiSt 2012, 241 ff. Allein der Hinweis in den Gesetzesmaterialien zur 8. GWB-Novelle, wonach es nach geltendem Recht möglich sei, das Vorhandensein eines effektiven Compliance-Systems bei der Bußgeldbemessung zu berücksichtigen, vgl. BT-Drs. 17/11053, S. 21 und auch Bosch/Fritzsche, NJW 2013, 2225 (2228), genügt nicht, um die Streitfragen im Hinblick auf die Compliance-Themen zu beenden.

2233 Etwa auf der Grundlage beispielsweise einer respondeat-superior-Doktrin dienen (wie in den USA); siehe § 8 C. 2 (f) U. S. Sentencing Commission Guidelines Manual 2012 und Beale, ZStW 126 (2014), S. 27 (S. 50).

2234 Vgl. Forster, Die strafrechtliche Verantwortlichkeit des Unternehmens nach Art. 102 StGB, S. 243.

2235 Siehe Petermann, Die Bedeutung von Compliance-Maßnahmen für die Sanktionsbegründung und -bemessung im Vertragskonzern, S. 96 ff. m.w.N.

Entscheidung zwischen dem Zurechnungs- und Verbandsschuldmodell ab. Anschließend muss er regeln wie ein Compliance-System bei der Sanktionsbemessung Berücksichtigung finden soll. Meines Erachtens darf ein solches Compliance-Management-System nur berücksichtigt werden, wenn es als effektiv anzusehen ist. Zusätzlich sollte es als positives Nachtatverhalten auch berücksichtigt werden, wenn ein solches effektives System nach der Anknüpfungstat vom Unternehmen eingeführt wird, um in Zukunft Rechtsverstöße im Unternehmen zu vermeiden.

b) Leitlinien durch den Gesetzgeber

Steht das Modell fest, sollten anschließend durch den Gesetzgeber in etwaigen Compliance-Vorschriften gewisse Leitlinien an die Hand gegeben werden, was genau „geeignete Compliance-Maßnahmen" nach dessen Vorstellung sein könnten. Von einer konkreten gesetzlichen Festlegung profitieren sowohl die Verfolgungsbehörden, die Gerichte und vor allem die Unternehmen, da diese Leitlinien als Orientierungshilfe der bestehenden Rechtsunsicherheit entgegenwirken.[2250] So äußert sich das Bundeskartellamt nicht zu Unrecht besorgt, dass eine Würdigung der Compliance-Bemühungen im Einzelfall schwierige Fragen der Bewertung der Qualität der konkreten Programme aufwerfe.[2251] Daher kann auch nicht jegliche Compliance-Bemühung für eine Sanktionsminderung oder gar für einen Sanktionsausschluss ausreichen.[2252] Generell könnte sich der Gesetzgeber hier an dem BUJ-Vorschlag orientieren.[2253] Dieser enthält einen nicht abschließenden Katalog geeigneter Compliance-Maßnahmen. Angeführt werden die wesentlichen Grundelemente einer funktionsfähigen und effektiven Compliance.

Zudem dürfen durch die Belohnung wirkungsloser Compliance-Maßnahmen keine Fehlanreize gesetzt werden, weshalb nur ein effizientes Compliance-System durch den Gesetzgeber honoriert werden sollte. Unternehmen könnten sonst dazu neigen, unreflektiert standardisierte Compliance-Maßnahmen zu implementieren, die dann von den Gerichten und Behörden unreflektiert

---

2250 So auch Beisheim/Jung, CCZ 2018, 63 (66).

2251 Siehe Bundeskartellamt, Tätigkeitsbericht 2013/2014, BT-Drs. 18/5210, S. 13; siehe auch Baur/Holle, NZG 2018, 14 (15).

2252 Fraglich ist zudem, ob die bloße Erfüllung bereits bestehender gesetzlicher Pflichten überhaupt in jedem Fall als unrechtsmildernder Umstand gewertet werden kann; so auch bei § 130 OWiG, Baur/Holle, NZG 2018, 14 (15).

2253 Siehe hierzu die Ausführungen im 8. Kapitel B. III.

akzeptiert werden.[2254] Der Gefahr, dass ineffektive Compliance-Maßnahmen belohnt werden, lässt sich im Einzelfall nur durch eine sorgfältige Würdigung der Compliance-Bemühungen entgegenwirken.[2255] Es darf nicht die Möglichkeit bestehen, sich hinter Standard-Compliance zu verstecken. Es müssen Compliance-Maßnahmen von den Repräsentanten ergriffen werden, welche erforderlich und zweckmäßig sind.[2256]

Bei der Gesetzesvorbereitung ist allerdings generell immer im Blick zu behalten, dass die geforderten Compliance-Maßnahmen je nach Größe des Unternehmens auch finanzierbar bleiben müssen. Sonst würde dies wiederum zu Wettbewerbsverzerrungen und Marktvorteilen größerer Unternehmen führen. Es blieben vor allem die kleinen und mittelständischen Unternehmen oft auf der Strecke.[2257] Auch ist in Rechnung zu stellen, dass Compliance-Maßnahmen eventuell auch in manchen Verbänden gar nicht realisierbar sind, also nicht durchführbar oder auch nicht sinnvoll. Zudem ist eine zu hohe Regelungsdichte in Unternehmen auch nicht wünschenswert, da dies ein effektives Arbeiten im Unternehmen behindern könnte.[2258]

Abschließend sollte berücksichtigt werden, dass selbst auf das Unternehmen perfekt abgestimmte Compliance-Programme nicht jedes individuelle Fehlverhalten verhindern können. Die Gefahr der Begehung von Straftaten oder Ordnungswidrigkeiten durch einen Mitarbeiter ist nie ganz ausschließbar.[2259] Hier stellt sich dann die Frage, ob ein Unternehmen in solch einer Situation überhaupt haftbar sein sollte (siehe beispielsweise die Regelung des Absehens von der Sanktion in § 3 Abs. 1 S. 2 VerbSG-E des Kölner Entwurfs). Auch hierzu

2254 Bei dem Thema Compliance ist eine gewisse Eigendynamik zu beobachten, siehe Baur/Holle, NZG 2018, 14 (15).

2255 Siehe hierzu die Beschlussempfehlung und den Bericht des Ausschusses für Wirtschaft und Technologie (9. Ausschuss) zu dem Gesetzentwurf der Bundesregierung – Drs. 17/9852, BT-Drs. 17/11053, S. 21: „Die Frage, unter welchen Umständen und in welchem Umfang ein entsprechendes Compliance-System bußgeldmindernd wirkt, ist durch die Behörde bzw. das Gericht im Einzelfall zu beurteilen."

2256 Siehe hierzu auch Baur, AG 2018, 457 (463).

2257 Siehe hierzu auch Köllner/Mück, NZI 2018, 311 (316).

2258 Siehe hierzu auch Köllner/Mück, NZI 2018, 311 (316). Im Hinblick auf Compliance-Maßnahmen ist weiter zu beachten, dass bereits bei der Einrichtung von Compliance-Maßnahmen verschiedenste Rechtsvorschriften zu berücksichtigen sind.

2259 Vgl. hierzu BRAK, Stellungnahme der BRAK Nr. 15/2014, S. 9.

sollte der Gesetzgeber Klarstellungen treffen und den Behörden Leitlinien an die Hand geben.

VII. Prozessuale Ausgestaltung

Neben materiell-rechtlichen Fragen müssen durch den Gesetzgeber auch die Verfahrensfragen geklärt werden und bestehende Verfahrensvorschriften verändert bzw. ergänzt werden.[2260] Die unionsrechtlichen Regelungen enthalten hierzu keine speziellen Vorgaben, so dass die Mitgliedstaaten das Verfahren (innerhalb der Mindesttrias[2261]) grundsätzlich nach eigener Einschätzung ausgestalten können.[2262] Die Mitgliedstaaten sind jedoch an die Vorgaben der EMRK sowie an die nationalen Garantien gebunden.

Im Rahmen der prozessualen Ausgestaltung sollte das Unternehmen als Adressat der Sanktionierung eine Rolle ähnlich einem Beschuldigten mit all seinen Rechten einnehmen. Es muss eine effektive Verteidigung möglich sein. Zudem müssen dem Verband transparente Verfahrensrechte, die fair-trial-Standards entsprechen, garantiert werden. Es muss ein Verfahren eingeführt werden, das sich an den rechtsstaatlichen Garantien eines Strafprozesses anlehnt.[2263] Im Ausland orientieren sich nationale Gesetzgeber weitgehend am Strafverfahren bei der Ausgestaltung des verfahrensrechtlichen Rahmens zur Verbandssanktionierung.[2264] Diese Regelungen werden direkt (USA) oder mit Modifikationen

---

2260 Vgl. hierzu unter anderen Brodowski, in: Brodowski/Espinoza de los Monteros de la Parra/Tiedemann/Vogel, Regulating Corporate Criminal Liability, S. 211 ff.; Schlüter, Die Strafbarkeit von Unternehmen in einer prozessualen Betrachtung, S. 81 ff.; siehe auch Koalitionsvertrag 2018, CDU, CSU und SPD, Koalitionsvertrag 2018, S. 126: „Durch klare Verfahrensregelungen erhöhen wir zudem die Rechtssicherheit der betroffenen Unternehmen. Zugleich werden wir spezifische Regelungen über Verfahrenseinstellungen schaffen, um der Justizpraxis die notwendige Flexibilität in der Verfolgung einzuräumen."

2261 Begriff nach Gröblinghoff, Verpflichtung des deutschen Strafgesetzgebers, S. 13; „wirksame, angemessene und abschreckende" Sanktionen: Siehe bereits EuGH, Urt. v. 21.9.1989 – Rs. 68/88, Slg. 1989, 2965 = NJW 1990, 2245 (Kommission/Griechische Republik) (Griechisches Maisurteil); siehe Näheres hierzu bei Dannecker/Dannecker, NZWiSt 2016, 162 (163 f.).

2262 Siehe zu den Vorgaben des Europarechts und des internationalen Rechts die Ausführungen im 7. Kapitel.

2263 Siehe hierzu auch Achenbach, in: Kempf/Lüderssen/Volk, Unternehmensstrafrecht, S. 271 (275 f.); Schmitz, wistra 2016, 129 ff. (137); BRAK, Stellungnahme der BRAK Nr. 46/2012, S. 2 f. (S. 8).

2264 Vgl. Hilf, ZStW 126 (2014), 73 (81); Tricot, ZStW 126 (2014), 55 (62).

(Frankreich, Schweiz) angewandt.[2265] Auch in Österreich wird im § 14 östVbVG auf das allgemeine Strafverfahrensrecht verwiesen.[2266] Der Verband genießt damit im Strafverfahren grundsätzlich die Rechte, die sich aus dem Beschuldigtenstatus bei natürlichen Personen ergeben.[2267] Dies ist derzeit in Deutschland nicht der Fall, da ihm hier nur die Rechte eines Nebenbeteiligten zustehen.[2268]

1. Einheitliches Verfahren versus eigenständiges Verfahren

Generell muss der Gesetzgeber überlegen, ob weiterhin in den meisten Fällen ein einheitliches Verfahren stattfinden soll, wie dies gegenwärtig im Rahmen der Nebenbeteiligung vorgesehen ist. Nur ausnahmsweise findet derzeit ein selbstständiges Bußgeldverfahren gegenüber dem Verband statt (§ 30 Abs. 4 OWiG).[2269] Die Alternative wäre eine weitgehende Verselbstständigung des Verfahrens gegenüber dem Verband. Dies wäre wünschenswert. So sieht es auch der Kölner Entwurf vor. In § 12 Abs. 3 VerbSG-E wird aber dann ein Zusammenhang im Sinne von § 3 StPO normiert zwischen der Verbandsverfehlung und einer verbandsbezogenen Zuwiderhandlung, auf die sich diese Verbandsverfehlung bezieht.

Der Verband und die natürliche Person sind zwei unterschiedliche Rechtssubjekte und sollten daher meines Erachtens auch eine jeweils eigene Verfahrensstellung erhalten. Zwar kann es aus Gründen der Prozessökonomie sinnvoll sein, aufgrund desselben Sachverhalts das Verfahren der natürlichen Person und des Verbandes gemeinsam zu führen. Aber nicht alle Voraussetzungen bei der Prüfung der jeweiligen Verantwortlichkeit sind identisch. Über § 3 StPO i.V.m. § 12 Abs. 3 VerbSG-E wird z.B. eine hinreichende Verknüpfung zwischen dem Verfahren des Verbandes und dem Verfahren der Anknüpfungstat hergestellt, um eine flexible Handhabung z.B. aus Gründen der Prozessökonomie zu ermöglichen.

Sollte der Gesetzgeber aber an der bisherigen Systematik festhalten oder zumindest nur bei strafrechtlichen Anknüpfungstaten ein neues Verfahren einführen, sind Klarstellungen zu treffen – analog etwa zu der Regelung des § 30 Abs. 4 OWiG. Bekanntlich ist nach § 30 Abs. 4 S. 1 OWiG die Durchführung eines selbstständigen Verfahrens – vereinfacht gesagt – nur zulässig, wenn das

2265 Vgl. Hilf, ZStW 126 (2014), 73 (81); Tricot, ZStW 126 (2014), 55 (62).
2266 Siehe weiter die §§ 13 ff. östVbVG.
2267 Siehe Tricot, ZStW 126 (2014), 55 (62).
2268 Siehe hierzu die Ausführungen im 4. Kapitel.
2269 Siehe hierzu die Ausführungen im 4. Kapitel A., B., C.

Verfahren gegen den Individualtäter nicht eingeleitet oder eingestellt worden ist, sofern nicht die Nichtverfolgung auf rechtlichen Gründen beruht. Im Grundsatz soll somit die Verbandstat im verbundenen Verfahren mit der Individualtat verfolgt werden. Ratio legis ist in erster Linie die Vermeidung einer Doppelbestrafung des Individuums durch eine nicht aufeinander abgestimmte Sanktionierung (Art. 103 Abs. 3 GG).[2270] Der Gesetzgeber muss hier aber genau regeln, unter welchen Umständen er ein Verfahren – trotz Einstellung der Individualtat des Mitarbeiters oder etwaiger rechtlicher Hindernisse zur Verfolgung der Individualtat – gegenüber dem Verband weiterhin verfolgen möchte. Er sollte genau festlegen, in welchen Fällen ein selbstständiges Verfahren gegenüber dem Verband anzunehmen ist.[2271]

2. Prozessuale Stellung des Unternehmens

a) Beschuldigtenrechte und Gleichstellung mit einem Angeklagten

Dem Verband sollten im Verfahren zudem die Rechte eines Beschuldigten zugebilligt werden. Zudem sollte er generell soweit als möglich einem Beschuldigten bzw. einem Angeklagten im Verfahren gleichgestellt werden.[2272] Der Verband sollte also im Verfahren kein Objekt sein, sondern als Subjekt mit echten Verteidigungsrechten behandelt werden. Dies impliziert, dass dem Unternehmen zumindest folgende Rechte zuzubilligen sind:

aa) Nemo tenetur-Grundsatz und keine aktive Mitwirkungspflicht

Dem Verband muss ein Schweigerecht gewährleistet werden.[2273] Der nemo tenetur-Grundsatz ist als Verfahrensgrundsatz auf Verteidigung anzusehen. Generell darf das Unternehmen nicht gezwungen sein, eine Sanktionierung durch eigene Angaben herbeizuführen. Dem Unternehmen muss daher eine Selbstbelastungsfreiheit zukommen.[2274] Zusätzlich müssen die Ergebnisse des Unternehmens, welche im Rahmen von Internal Investigations gewonnen wurden,

---

2270 Vgl. Rogall, in: KK-OWiG, § 30 Rn. 177 zu dem Aspekt der Vermeidung einer „Doppelbestrafung".

2271 Siehe hierzu bereits im 4. Kapitel B. II.

2272 Siehe hierzu bereits im 4. Kapitel B.

2273 Siehe hierzu im 4. Kapitel B. I. 6.; ebenso Zerbes/El-Ghazi, NZWiSt 2018, 425 (427 ff.) m.w.N.

2274 So Engelhart, Sanktionierung von Unternehmen und Compliance, S. 705.

beschlagnahmefrei bleiben.[2275] Dies hat unabhängig davon zu gelten, ob das Unternehmen von seinem Schweigerecht Gebrauch macht oder nicht. Eine solche interne Aufklärung dient immer auch einer effektiven Verteidigung.[2276] So sollte über ein Verwertungsverbot bei einem Verstoß gegen den nemo tenetur-Grundsatz nachgedacht werden.[2277]

Weiter regelungsbedürftig ist die Vernehmung von Unternehmensangehörigen als Zeugen und der Umfang der Zeugenpflicht, insbesondere auch von Organmitgliedern. Bei Zeugenaussagen von Unternehmensmitgliedern, ist danach zu differenzieren, ob ein vertretungsberechtigtes Organ oder ein anderes Unternehmensmitglied aussagt.[2278] Dem vertretungsberechtigten Organ als Repräsentant des Verbandes ist ein Schweigerecht zu gewähren. Da das Unternehmen selbst nicht handlungsfähig ist, sind den gesetzlichen Vertretern des Verbandes in jedem Fall sowohl Auskunfts-, Zeugnis- als auch Mitwirkungsverweigerungsrechte einzuräumen.[2279] Das Schweigerecht des Verbandes hat zudem nur einen Sinn, wenn es von allen gesetzlichen Vertretern des Verbandes ausgeübt werden kann.[2280] Dies muss unabhängig davon geschehen, ob sie den Verband in Sanktionsverfahren vertreten dürfen oder nicht.[2281]

Weiter ist zu überlegen, ob auch anderen Repräsentanten des Unternehmens im Einzelnen ein Schweigerecht zukommen soll, wenn sie zum etwaigen Tatzeitpunkt eine Leitungsfunktion innehatten,[2282] da sich auch hier unternehmerisches

---

2275 Siehe hierzu im 4. Kapitel B. I. 2. c) und ausführlich im 8. Kapitel C. VII. 6.; vgl. nun auch § 18 VerbSG-E des Kölner Entwurfs; de lege lata wird eine Beschlagnahmefreiheit von internen Untersuchungsergebnissen zum Teil auf § 97 Abs. 1 Nr. 3 StPO gestützt.

2276 Siehe hierzu 4. Kapitel B. I. 2.

2277 Vgl. Dannecker, ZStW 127 (2015), 991 (999 f.); Engelhart, Sanktionierung von Unternehmen und Compliance, S. 706.

2278 Siehe bereits die Ausführungen im 4. Kapitel B. I. 6. und 7. b); so Engelhart, Sanktionierung von Unternehmen und Compliance, S. 705.

2279 Siehe hierzu auch Haase/Brouwer, CCZ 2018, 276 (280) mit dem Hinweis, dass dieses Recht auch den „Bereichsvorständen" in bestimmten Fallkonstellationen (z.B. bei faktischer Geschäftsführung) zustehen sollte; siehe auch § 17 Abs. 1 des VerbSG-E des Kölner Entwurfs.

2280 Ebenso Zerbes/El-Ghazi, NZWiSt 2018, 425 (429).

2281 Daher gilt es, § 16 Abs. 1 S. 2 VerbSG-E des Kölner Entwurfs zu überdenken; ähnlich bei Zerbes/El-Ghazi, NZWiSt 2018, 425 (429).

2282 Siehe hierzu § 17 östVbVG, nach welchem alle „Entscheidungsträger" als Beschuldigte zu laden und zu vernehmen sind und die schweizerische Vorschrift Art. 178 lit. g schwStPO, nach welcher ein Schweigerecht allen Unternehmensvertretern zusteht und auch ein Schweigerecht für sämtliche Mitarbeiter des aktuellen als auch der

Wissen sammelt. Der Gesetzgeber sollte daher genauestens abstecken, welchen natürlichen Personen ein etwaiges Schweigerecht gewährt werden sollte.[2283] Eventuell müsste zudem über ein Zeugnisverweigerungsrecht bzw. zumindest ein Aussageverweigerungsrecht für bestimmte Mitarbeiter (z.B. bei Unternehmensvertretern, Syndikusrechtsanwälten) nachgedacht werden, welche nicht an den im Raum stehenden Straftaten bzw. Ordnungswidrigkeiten beteiligt waren.[2284] So spielen meines Erachtens beispielsweise Syndikusrechtsanwälte eine zentrale Rolle bei der Aufarbeitung von Fehlverhalten in Unternehmen.[2285] Diesen sollte daher auch ein Zeugnisverweigerungsrecht zustehen. Anderen Unternehmensmitgliedern sollte eventuell ein Aussageverweigerungsrecht i.S.v. § 55 StPO gewährt werden.

Eine Herausgabe von Gegenständen und Daten muss das Unternehmen nicht von sich aus vornehmen. Es sollte keine aktive Mitwirkungspflicht bestehen.[2286]

bb) Recht auf Verteidigung

Weiter sollte dem Unternehmen ein Recht auf Verteidigung und dem Unternehmensverteidiger ein umfassendes Akteneinsichtsrecht zustehen, da nur auf Basis der Kenntnis sämtlicher Vorwürfe eine effektive Verteidigung möglich ist.[2287] Dem Unternehmensverteidiger muss das Recht gewährt werden, analog § 168c StPO bei einer richterlichen Vernehmung anwesend sein zu dürfen. Auch die Kommunikation zwischen dem Verband und dem Verteidiger sollte geschützt werden (§ 148 StPO).[2288]

---

potenziellen Unternehmensvertreter vorsieht (Auskunftspersonen ohne Auskunftspflicht).

2283 Näheres hierzu auch bei Zerbes/El-Ghazi, NZWiSt 2018, 425 (429), welche davon sprechen, dass das „Wissen des Unternehmens" auch einfach von anderen Leitungspersonen abgefragt werden könnte (Aufsichtsräten, Syndikusanwälten). Dadurch würde das Schweigerecht des Verbandes dann deutlich entwertet oder gar ausgehebelt.

2284 Siehe hierzu auch die weiterführenden Hinweise bei Zerbes/El-Ghazi, NZWiSt 2018, 425 (429).

2285 Für die Einführung eines Legal Privilege für Syndikusrechtsanwälte: Haase/Brouwer, CCZ 2018, 276 (280).

2286 Siehe hierzu auch § 17 Abs. 1 S. 2 VerbSG-E.

2287 De lege lata ist das Akteneinsichtsrecht des Unternehmens an (straf-)prozessuale Erschwernisse gekoppelt (z.B. die Darlegung eines berechtigten Interesses i.S.d. § 475 Abs. 1 StPO).

2288 Siehe hierzu bereits die Ausführungen im 4. Kapitel B. I. 2.; siehe auch § 17 Abs. 2 VerbSG-E.

cc) Anhörungs- und Beteiligungsrechte

Das Unternehmen sollte gem. Art. 103 Abs. 1 GG i.V.m. Art. 19 Abs. 3 GG im ganzen Verfahren Anspruch auf rechtliches Gehör haben.[2289] Dies erfordert, dass dem Unternehmen bereits im Ermittlungsverfahren Anhörungs- und Beteiligungsrechte zugestanden werden.[2290] Entscheidend kann hier de lege lata nur die abstrakte Möglichkeit einer Sanktionierung des Unternehmens sein, nicht der formelle Akt der Beteiligung, der oftmals erst nach Abschluss des Ermittlungsverfahrens erfolgt. De lege ferenda sollte dieser Zeitpunkt genauestens durch den Gesetzgeber festgelegt werden, so dass auch hier keinerlei Rechtsunsicherheit besteht. Dies sollte entsprechend der Regelungen für natürliche Personen geschehen.

Dem Unternehmen ist zudem bereits im Ermittlungsverfahren die Möglichkeit einzuräumen, die Aufnahme von Beweisen zu beantragen (vgl. § 163a Abs. 2 StPO).[2291]

b) Verfahren gegen Unternehmen und Individualbeschuldigte

Dem Verband müssen dieselben Rechtsmittelbefugnisse, Beweisantragsrechte und Verteidigungsrechte zukommen analog zu den Rechten der natürlichen Person im Strafverfahren. Dies sollte nun auch normiert werden.

aa) Verhältnis zum Verfahren gegen den Täter der Anknüpfungstat

Der Verband und der Mitarbeiter, welcher die etwaige Anknüpfungstat begangen hat, sind – wie bereits dargestellt – getrennte Rechtssubjekte und daher auch getrennt und im Verfahren wie zwei Beschuldigte bzw. Angeklagte zu betrachten. Diejenigen Entscheidungsträger des Verbands sowie jene Mitarbeiter, die im Verdacht stehen, die Anknüpfungstat begangen zu haben, sind als Beschuldigte zu vernehmen und müssen sich daher nicht selbst belasten.

bb) Keine Mehrfachverteidigung und notwendige Verteidigung im Verfahren

Weiter sollte ein Verteidiger nicht das Unternehmen und den Mitarbeiter zugleich vertreten dürfen, da Interessenkollisionen nicht auszuschließen sind.[2292]

2289 Die praktischen Fragen der Ausübung dieses Rechts bedürfen noch der weiteren Klärung.

2290 Siehe hierzu die Ausführungen im 4. Kapitel B. I.

2291 Wohl bereits auch schon de lege lata anerkannt; siehe hierzu im 4. Kapitel B. I. 1.

2292 Vgl. hierzu bereits die Anmerkungen im 4. Kapitel E. V.; siehe hierzu auch § 19 Abs. 2 VerbSG-E des Kölner Entwurfs.

Dies sollte explizit gesetzlich geregelt werden. In einer Vielzahl von Verfahrenskonstellationen werden die Verbandsorgane ein Interesse daran haben, nicht persönlich in eine Verfolgung von Zuwiderhandlungen des Verbandes involviert zu werden.[2293] Zusätzlich besteht das Interesse, die Verantwortlichkeit des Verbandes als möglichst gering darzustellen und zudem die Zuwiderhandlung der natürlichen Person als einen Akt eines Individualtäters ohne Verbandsbezug hinzustellen.[2294] Nicht zu vernachlässigen ist hierbei, die hinter all diesen Punkten stehende Frage des Regresses.[2295] Auch gerade im Hinblick auf die Sanktionsbemessung sind die Interessen eines etwaigen Täters der Anknüpfungstat und des Verbandes konträr. So kann für den Verband sanktionsmildernd berücksichtigt werden, wenn der Mitarbeiter bzw. Anknüpfungstäter mit hoher persönlicher krimineller Energie gehandelt hat. Bei dem Anknüpfungstäter hingegen wäre sanktionsmildernd zu berücksichtigen, dass im Verband ein besonders kriminelles Verbandsklima geherrscht hat.[2296]

Denknotwendig darf diese konfliktbehaftete Konstellation nicht nur von einem Verteidiger gemanagt werden.[2297] § 146 StPO untersagt zwar bereits derzeit einem Verteidiger, in einem Verfahren mehrere Beschuldigte bzw. Angeklagte zu vertreten.[2298] Der Gesetzgeber sollte aber dennoch eine Klarstellung hierzu vornehmen. Konsequenterweise schlägt dies auch der Kölner Entwurf in § 19 Abs. 2 VerbSG-E vor.

§ 19 Abs. 1 VerbSG-E des Kölner Entwurfs ordnet weiter an, dass in Verfahren wegen einer Verbandsverfehlung die Mitwirkung eines Verteidigers notwendig ist. Auch eine Regelung zur notwendigen Verteidigung erscheint sinnvoll.

cc) Vertretung

Regelungsbedürftig ist insbesondere die Prozessvertretung wie auch die generelle Vertretung des Verbandes im Verfahren.[2299] An sich wird ein Unternehmen durch seine gesetzlichen Vertreter[2300], also seine vertretungsberechtigten

---

2293 So auch Fischer/Hoven, ZIS 2015, 32 (34).

2294 So auch Fischer/Hoven, ZIS 2015, 32 (34).

2295 Hierzu Fischer/Hoven, ZIS 2015, 32 (34).

2296 Siehe zu diversen anderen Interessenkonflikten bereits die Ausführungen im 4. Kapitel E. V.

2297 Siehe Fischer/Hoven, ZIS 2015, 32 (34).

2298 Siehe hierzu BVerfG, Beschl. v. 21.6.1977 – 2 BvR 70/75; 2 BvR 361/75, BVerfGE 45, 272 (Doppelmandat).

2299 Siehe hierzu die Ausführungen im 4. Kapitel B. I. 4.

2300 Siehe hierzu beispielsweise den Kölner Entwurf in § 16 VerbSG-E und im Zivilrecht den § 51 ZPO.

Organe, vertreten. Für das Verfahren könnten somit die auch für das Zivilverfahren maßgeblichen Vertretungsgrundsätze gelten. Wer durch Gesetz zur Vertretung des Verbandes befugt ist, könnte dann den Verband ebenfalls gerichtlich vertreten, soweit er nicht z.B. durch Gesellschaftsvertrag von der Vertretung ausgeschlossen ist.[2301] Zu beachten ist aber insgesamt, dass sowohl eine Gesamt- und auch eine Einzelvertretung Konfliktpotentiale bergen.[2302] Ist eine Form der Gesamtvertretung (z.B. durch Gesellschaftsvertrag) vereinbart, müssten die vertretungsberechtigten Personen den Verband zusammen vertreten, es sei denn beispielsweise eine vertretungsberechtigte Person ist zur Einzelvertretung berechtigt. Eine Gesamtvertretung im Prozess ist misslich und erscheint im Prozess schwer vorstellbar. Schwierig erscheinen hier auch die Konstellationen der Gesamtvertretung, in dem eine der vertretungsberechtigten Personen ausgeschlossen ist.

So muss ein gesetzlicher Vertreter dann von der Vertretung ausgeschlossen werden, wenn er selbst Beschuldigter/Angeklagter der Anknüpfungstat ist.[2303] Dies sollte bereits per Gesetz definiert werden. Zudem müssten dann die Konsequenzen festgelegt werden. Hier müsste insbesondere nach dem Ausschluss eines Organs von der Vertretung geregelt werden, wer den Verband anschließend vertritt. Soweit Organe bzw. Vertreter Beschuldigte der Anknüpfungstat sind, müsste entweder amtlicherseits ein Übergangsvertreter bestellt werden[2304] oder es müsste normiert werden, dass in solch einer Konstellation ein Gesellschafterbeschluss bezüglich der weiteren Vertretung herbeigeführt werden muss.

Zum Beispiel § 16 Abs. 1 S. 3 VerbSG-E sieht für Fälle, in welchen der Verband keinen gesetzlichen Vertreter hat oder in denen ein gesetzlicher Vertreter einer verbandsbezogenen Zuwiderhandlung beschuldigt ist und deswegen an der Wahrnehmung der Rechte und Pflichten des Verbandes im Verfahren gehindert ist, vor, dass das Amtsgericht, in dessen Bezirk der Verband seinen Sitz oder seine Zweigniederlassung hat, einen Sachwalter bestellt, der die Aufgaben des Vertreters wahrnimmt. § 142 StPO gilt hierbei entsprechend.

Am elegantesten erscheint, eine Regelung ähnlich der Vorschrift des Art. 102 Abs. 1 schwStPO einzuführen. Diese zwingt den Verband von

2301 Näheres hierzu bei Rogall, in: KK-OWiG, § 30 Rn. 198.

2302 Hierzu ebenso Zerbes/El-Ghazi, NZWiSt 2018, 425 (426) mit etwaigen Beispielen.

2303 Siehe hierzu auch § 16 VerbSG-E des Kölner Entwurfs. Ausgeschlossen von der Vertretung ist diejenige vertretungsberechtigte Person, gegen die sich das Verfahren (im Hinblick auf die Anknüpfungstat) richtet, da insoweit ein unauflösbarer Interessenkonflikt besteht; siehe hierzu beispielsweise auch Rogall, in: KK-OWiG, § 30 Rn. 200.

2304 Ähnlich § 16 Abs. 2 östVbVG.

vornherein eine Vertretungsperson zu benennen, die uneingeschränkt zur Vertretung des Verbandes in zivilrechtlichen Angelegenheiten befugt ist. Geschieht diese Bestimmung durch den Verband nicht innerhalb einer angemessenen Frist, so ordnet das Gericht an, wer von den zur zivilrechtlichen Vertretung befugten Personen den Verband im Sanktionsverfahren vertritt.[2305] Eine solche Vorschrift würde voraussichtlich sowohl zu einer gewissen Klarheit als auch zu einer Beschleunigung des Verfahrens beitragen.[2306]

3. *Zuständiges Gericht*

a) *Örtliche Zuständigkeit*

Generell sollte die örtliche Zuständigkeit im Rahmen einer Reform durch den Gesetzgeber klar geregelt werden. Je nachdem welche Spur gewählt wird, könnte es im Strafverfahren und im Verfahren bei Ordnungswidrigkeiten bei der aktuellen örtlichen Zuständigkeitsverteilung bleiben, solange kein separates Verfahren gegen das Unternehmen geführt wird. Ein Gerichtsstand richtet sich dann nach der Anknüpfungstat. Wird das Unternehmen separat verfolgt, sollte zum einen weiterhin der Gerichtsstand der Anknüpfungstat eröffnet bleiben. Zum anderen sollte allerdings zusätzlich noch der Gerichtsstand am Hauptsitz des Unternehmens bzw. der Niederlassung des Betriebes herangezogen werden können. Den Ort der Niederlassung eines Betriebs bedarf es vor allem in Konstellationen, in denen kein Hauptsitz der Gesellschaft in Deutschland besteht. Für das Ordnungswidrigkeitenrecht gelten dieselben Überlegungen entsprechend.

Auch § 15 VerbStrG-E lässt alle Gerichtsstände der §§ 7 ff. StPO unberührt und ergänzt sie noch um den Ort des Sitzes oder einer „Zweigniederlassung" des Verbandes.[2307] Die §§ 7 ff StPO knüpfen an den Individualverstoß, also an die Zuwiderhandlung, an. Tatort i.S.v. § 7 StPO ist hiernach jedenfalls der Ort der Zuwiderhandlung, nicht aber der Ort des verbandsspezifischen Organisationsmangels.[2308] Nach § 12 VerbSG-E des Kölner Entwurfs wiederum wird denknotwendig an den Ort der Verbandsverfehlung i.S.v. § 3 VerbSG-E angeknüpft. Der Gerichtsstand des Tatortes im Sinne von § 7 StPO ist also an dem Ort begründet, an dem die Verbandsverfehlung begangen worden ist (§ 12 Abs. 1 VerbSG-E).

2305 Siehe hierzu auch Zerbes/El-Ghazi, NZWiSt 2018, 425 (426).

2306 Ähnlicher Gedanke bei Zerbes/El-Ghazi, NZWiSt 2018, 425 (426).

2307 Siehe hierzu Fischer/Hoven, ZIS 2015, 32 (33), welche bezweifeln, dass auch der Ort der Zweigniederlassung als Anknüpfungspunkt sinnvoll ist.

2308 Siehe hierzu Fischer/Hoven, ZIS 2015, 32 (33).

Nach § 12 Abs. 2 VerbSG-E ist ein Gerichtsstand auch bei dem Gericht begründet, in dessen Bezirk der Verband seinen Sitz oder eine Zweigniederlassung hat.

b) Sachliche Zuständigkeit

In sachlicher Hinsicht empfiehlt es sich, die Wirtschaftsstrafkammer der Landgerichte (§ 74c GVG) (in Fällen der Wirtschaftskriminalität mit gewissen Sanktionsvolumen) für zuständig zu erklären.[2309] Im Ordnungswidrigkeitenrecht kann zwar zunächst die Sanktionszuständigkeit bei den jeweiligen Fachbehörden verbleiben. Sollte es zu einem gerichtlichen Verfahren kommen, sollte aber ebenfalls die Zuständigkeit bei der Wirtschaftsstrafkammer bzw. einer hierfür spezialisierten Kammer sein (zumindest ab einem gewissen Sanktionsvolumen). Eine Zuständigkeit einer etwaigen Kammer für alle Verfahren ist aber auch nicht erforderlich und würde womöglich die Praxis überfordern. Es würde sich daher anbieten, die Zuständigkeit des Landgerichts nach der Höhe der drohenden Geldsanktion und/oder der Art der Komplexität zu bestimmen.

Weiter könnte auch überlegt werden (insbesondere bei komplexen oder wirtschaftlich sehr schwierigen Fällen), das Verfahren gegen das Unternehmen und gegen Individualbeschuldigte vor einer spezialisierten Kammer zu führen, deren Schöffen zumindest durch gutachterlichen Vorschlag der Industrie- und Handelskammern ernannt werden (ähnlich § 108 GVG) oder es könnte eine „Verbandssanktionskammer“ eingerichtet werden.

Für ein Verfahren gegen den Täter der Anknüpfungstat könnte es bei einem separaten Verfahren bei der Zuständigkeit de lege lata verbleiben, also eine Sanktionsverfolgung in Abhängigkeit von der jeweiligen Anknüpfungstat vor den ordentlichen Gerichten. Soweit allerdings das Verfahren verbunden geführt wird, sollte auch das Verfahren gegen den Täter der Anknüpfungstat bei der Wirtschaftsstrafkammer geführt werden.

Eine dem § 12 Abs. 3 VerbSG-E entsprechende Vorschrift sollte auch normiert werden. Damit würde ein Zusammenhang im Sinne von § 3 StPO zwischen der Verbandsverfehlung und einer verbandsbezogenen Anknüpfungstat hergestellt, auf die sich diese Verbandsverfehlung bezieht.

2309 In § 12 Abs. 4 VerbSG-E wird auch die Wirtschaftsstrafkammer für zuständig erklärt. In § 15 Abs. 3 VerbStrG-E sind die Strafkammern als erkennende Gerichte des ersten Rechtszuges zuständig.

4. *Vorsicht bei Verweisungen auf den Sinngehalt eines anderen Regelwerks*

Bei einer Verweisung auf andere Vorschriften (etwa die Strafprozessordnung), wie dies beispielsweise § 13 Abs. 1 VerbStrG-E[2310] oder § 11 VerbSG-E vorsehen, ist darauf zu achten, dass eine Verweisung auf den Sinngehalt eines anderen Regelwerks den Rechtsanwender nicht vor die Frage stellt, was der „Sinn" des Gesetzes überhaupt ist.[2311] Zudem sollte man sich stets fragen, ob die Ratio den gesetzgeberischen Wertungen der Vorschrift entspricht, auf deren „Sinn" verwiesen wird.[2312] Den etwaigen Sinn müsste der Entwurfsverfasser daher klar herausstellen und zudem für einige Bereiche selbstständige Regelungen vorsehen.

Der Gesetzgeber sollte nicht leichtfertig auf Vorschriften der StPO oder gar des GVG verweisen. Er muss sich bei jeder einzelnen Vorschrift und bei jedem einzelnen Absatz bzw. sogar Wort die Frage stellen, ob die Transferleistung für den Rechtsanwender gut zu leisten ist oder der Rechtsanwender bei der Anwendung zu vielen Unklarheiten ausgesetzt ist. Bei einer Verweisung auf die StPO ist beispielsweise besonders zu beachten, dass diese das Verfahren gegen individuelle Personen regelt und daher immer eine schwierige Transferleistung des Rechtsanwenders zu erbringen wäre, da hier eben keine natürliche Person, sondern ein Verfahren gegenüber einem Verband geführt wird.[2313] Generell ist davon auszugehen, dass etwaige Verweisungen Rechtsunsicherheiten verursachen. Diese gilt es zu vermeiden. So können etwaige Verweisungen immer zu nicht vorhersehbaren rechtswissenschaftlichen Diskussionen führen.[2314] Weiter

---

2310 Der Gesetzesentwurf verweist in § 13 Abs. 1 VerbStrG-E auf die „allgemeinen Gesetze über das Strafverfahren, namentlich die StPO und das GVG [...], es sei denn, dass sie ausschließlich auf natürliche Personen angewendet werden können oder dieses Gesetz etwas anderes bestimmt." Nach den Vorstellungen der Entwurfsverfasser sollen „lediglich solche Vorschriften, die ihrer Natur nach ausschließlich auf natürliche Personen angewendet werden können (wie etwa Vorschriften über die körperliche Untersuchung eines Beschuldigten, über die Untersuchungshaft, die einstweilige Unterbringung oder das Absehen von Vollstreckung in Ansehung einer Erkrankung), [...] im Verbandstrafverfahren nicht herangezogen werden", Gesetzesantrag des Landes NRW – Verbandsstrafrecht, S. 65 und dazu Fischer/Hoven, ZIS 2015, 32 (32).

2311 Siehe hierzu Fischer/Hoven, ZIS 2015, 32 (32).

2312 Siehe hierzu Fischer/Hoven, ZIS 2015, 32 (32).

2313 Siehe hierzu auch Zerbes/El-Ghazi, NZWiSt 2018, 425 (425, 426).

2314 So auch Zerbes/El-Ghazi, NZWiSt 2018, 425 (426).

sollten etwaige Lücken vermieden werden und bei einem Nebeneinander von Verweisungen und eigenen Regelungen sollte geklärt werden, ob die Normen abschließend oder ergänzend zu verstehen sind. Außerdem ist zu beachten, dass beispielsweise die StPO, die auf natürliche Personen zugeschnitten ist, nicht für jedes Problem eines zukünftigen Sanktionsverfahrens gegen Verbände adäquate Antworten bereithalten kann.[2315]

5. *Ermittlungsmaßnahmen direkt gegen den Verband*

Insgesamt wäre es konsequent, die Ermittlungsmaßnahmen unmittelbar gegen den Verband zu richten.[2316] Gerade sollte die Verbandssanktionierung je nach Reform nicht mehr als Annex zur Strafverfolgung individueller Täter anzusehen sein.[2317]

So lautet § 20 VerbSG-E des Kölner Entwurfs beispielsweise wie folgt: „Eine in der Strafprozessordnung vorgesehene Ermittlungsmaßnahme kann gegen den Verband angeordnet werden, soweit sie in einem Strafverfahren wegen der verbandsbezogenen Zuwiderhandlung gegen eine natürliche Person zulässig wäre. Ist eine Ermittlungsmaßnahme nach der Strafprozessordnung nur gegen Beschuldigte zulässig, so gilt für die Durchführung dieser Maßnahme jede Leitungsperson des Verbandes (§ 1 Abs. 4) als Beschuldigter. Die Anordnung von Untersuchungshaft ist nicht zulässig."[2318]

Eine Zuwiderhandlung bzw. die Anknüpfungstat zum Ausgangspunkt der Ermittlungsmaßnahme zu machen, ist mit den Wertungen der StPO gut vereinbar, da diese bestimmte Maßnahmen überhaupt nur bei schweren Straftaten zulässt.[2319] Zudem bestimmt sich die Schwere der Verbandsverfehlung unter anderem auch durch den in der Anknüpfungstat nach außen getretenen Erfolg.[2320] Ermittlungsmaßnahmen bzw. Zwangsmaßnahmen sollten wie bei natürlichen Personen möglich sein, soweit sie auf Unternehmen anwendbar sind.[2321]

2315 Ähnlicher Gedanke bei Zerbes/El-Ghazi, NZWiSt 2018, 425 (426).

2316 So auch Fischer/Hoven, ZIS 2015, 32 (32).

2317 Vgl. Fischer/Hoven, ZIS 2015, 32 (33).

2318 § 20 VerbSG-E.

2319 So auch Fischer/Hoven, ZIS 2015, 32 (33).

2320 Ähnlich Fischer/Hoven, ZIS 2015, 32 (33).

2321 Analog § 20 VerbSG-E des Kölner Entwurfs könnte, wenn eine Ermittlungsmaßnahme nach der StPO nur gegen Beschuldigte zulässig ist, für die Durchführung dieser Maßnahme jede Leitungsperson des Verbandes als Beschuldigter gelten. Allerdings schafft § 20 VerbSG-E des Kölner Entwurfs auch viele Unsicherheiten, so dass

Durch den Gesetzgeber sollte ein Katalog der Verbandsermittlungsmaßnahmen ausformuliert werden, um Unklarheiten zu vermeiden.[2322] So ist oftmals unklar, wie die Ermittlungsmaßnahmen der StPO auf Verbände entsprechend angewendet werden sollen, da die Vorschriften nicht auf Ermittlungen in Verbandskonstellationen zugeschnitten sind.[2323]

6. Regelungen zu „Internal Investigations"

„Internal Investigations", also die unternehmensinterne Aufklärung von Unregelmäßigkeiten, sind heute Teil der deutschen Unternehmenswirklichkeit.[2324] Trotzdem fehlt es derzeit an gesetzlichen oder höchstrichterlich gefestigten rechtlichen Rahmenbedingungen für die Durchführung dieser internen Aufklärungsbemühungen.[2325] So findet sich widersprüchliche Rechtsprechung dazu, ob und in welchem Umfang Arbeitsergebnisse interner Ermittlungen dem „legal privilege" unterliegen und auch ob und in welcher Weise eine Kooperation mit Strafverfolgungsbehörden honoriert wird.

a) Gesetzliche Vorgaben zu „Internal Investigations"

Hoch umstritten ist beispielsweise die Frage, ob Angaben von Mitarbeitern, die sie gegenüber ihrem Arbeitgeber im Rahmen von internen Befragungen machen, in möglichen Strafverfahren gegenüber demselben Mitarbeiter verwertet werden dürfen.[2326] Zum Schutze der Selbstbelastungsfreiheit

---

die Vorschrift – in der vorliegenden Form – nicht übernommen werden sollte; vgl. die kritischen Ausführungen bei Zerbes/El-Ghazi, NZWiSt 2018, 425 (431, 432). Siehe zudem zu „Ermittlungsmaßnahmen" die Ausführungen im 4. Kapitel B. I. 2. und 3.

2322 Ähnlich Zerbes/El-Ghazi, NZWiSt 2018, 425 (432).

2323 Siehe auch bereits die Ausführungen im 4. Kapitel B. I. 3.; ähnlich Zerbes/El-Ghazi, NZWiSt 2018, 425 (432).

2324 Siehe hierzu beispielsweise Krug/Skoupil, NJW 2017, 2374 (2374).

2325 Siehe bereits die Ausführungen im 4. Kapitel B. I. 2.; zur Ausgestaltung vgl. Momsen/Grützner, CCZ 2017, 242 ff. Auch der Koalitionsvertrag 2018 erkennt dieses Defizit: „Um Rechtssicherheit für alle Beteiligten zu schaffen, werden wir gesetzliche Vorgaben für „Internal Investigations" schaffen, insbesondere mit Blick auf beschlagnahmte Unterlagen und Durchsuchungsmöglichkeiten. Wir werden gesetzliche Anreize zur Aufklärungshilfe durch „Internal Investigations" und zur anschließenden Offenlegung der hieraus gewonnenen Erkenntnisse setzen." (CDU, CSU und SPD, Koalitionsvertrag 2018, S. 126).

2326 Siehe hierzu beispielsweise Krug/Skoupil, NJW 2017, 2374 (2375) m.w.N.

der Unternehmensmitarbeiter sollten diese Aussagen zur Strafverfolgung der jeweiligen Mitarbeiter im Individualstrafverfahren zumindest nur mit deren Zustimmung verwertbar sein.[2327] Strittig ist auch, ob und inwieweit im Rahmen interner Untersuchungen angefertigte anwaltliche Arbeitsprodukte (z.B. Berichte, Interview-Protokolle) von den Ermittlungsbehörden beschlagnahmt werden können.[2328] Generell wäre zu all diesen Themen eine gesetzliche Regelung wünschenswert. Interne Aufklärungsmaßnahmen und Compliance-Kontrollen sind wesentliche Instrumente, um Wirtschaftsstraftaten in Unternehmen zu verhindern. Sind jedoch die Untersuchungsergebnisse aus den internen Compliance-Kontrollen bzw. aus den Aufklärungsbemühungen nicht vor dem Zugriff Dritter geschützt, wird den internen Aufklärungsbemühungen der Anreiz genommen.[2329]

In § 18 VerbSG-E des Kölner Entwurfs sind Regelungen zu der Durchführung interner Untersuchungen festgelegt. Der Kölner Entwurf definiert interne Untersuchungen als Maßnahmen zur Aufklärung verbandsbezogener Zuwiderhandlungen, die im Auftrag des Verbandes durchgeführt werden (§ 18 Abs. 1 S. 1 VerbSG-E).

Eine Definition von „Internal Investigations" erscheint im ersten Schritt als besonders wichtig, da hier Rechtsklarheit geschaffen werden muss. Allerdings ist die Festlegung des Begriffs im Rahmen einer vorangestellten gesetzlichen Definition in einer Vorschrift über „Internal Investigations" auch gleichzeitig besonders heikel, da hier ungewollt auch schnell Sachverhaltskonstellationen ausgeschlossen werden könnten, die aufgrund des Sinns und Zwecks der Vorschrift ebenso unter diese fallen sollten und damit schützenswert sind. So wird durch die eben benannte Definition beispielsweise schon die Konstellation ausgeschlossen, in welcher eine Konzernobergesellschaft den Auftrag zu internen Ermittlungen bei der Tochtergesellschaft erteilt. Dieser Fall sollte aber als genauso schützenswert angesehen werden. Eine gute Definition ist der Schlüssel für den Erfolg der weiteren zu regelnden Aspekte im Rahmen der internen Ermittlungen.

Weiter schließt die obige Definition eventuell nicht die Fälle mit ein, in denen zunächst aufgrund von anderen Aspekten (also nicht wegen einer spezifischen

2327 Siehe hierzu Frister/Brinkmann, in: Henssler/Hoven/Kubiciel/Weigend, Grundfragen eines modernen Verbandsstrafrechts, S. 103 (S. 112 ff.).

2328 Siehe hierzu Ballo/Reischl, CB 2018, 189 (191) m.w.N.

2329 So auch Haase/Brouwer, CCZ 2018, 276 (280).

verbandsbezogenen Zuwiderhandlung) mit den Ermittlungen begonnen wurde und sich im Rahmen der Ermittlungen erst herausgestellt hat, dass eine verbandsbezogene Zuwiderhandlung vorliegt. Der Gesetzgeber muss also genau überlegen, welche Konstellationen er in diesem Zusammenhang erfassen will. So gibt es Verfechter, welche eine deutlich weitere Definition bevorzugen.[2330] Sie sprechen hier auch lieber von internen Ermittlungen als von internen Untersuchungen und definieren diese folgendermaßen: Interne Ermittlungen sind danach inhaltlich „auf Veranlassung von Unternehmensverantwortlichen darauf gerichtet, einen (vergangenen) Sachverhalt zu erforschen und aufzubereiten, in den mindestens ein Unternehmensangehöriger involviert ist und aus welchem dem Unternehmen unmittelbar oder mittelbar ein aus Gesetz oder Vertrag begründeter Nachteil droht."[2331] Diese Definition ist deutlich weiter und erscheint sinnvoller. Der Gesetzgeber muss den Rahmen hier besonders gut abstecken und eine gute und möglichst weite womöglich sogar eine nicht abschließende Definition wählen.

Des Weiteren regelt § 18 VerbSG-E, dass Rechtsanwälten und Unternehmensjuristen des Verbandes ein Zeugnisverweigerungsrecht über den Ablauf und die Ergebnisse der internen Untersuchung zusteht. Diese Vorschrift des Kölner Entwurfs ist zu begrüßen. Allerdings bestehen im Rahmen des § 18 Abs. 1 S. 2 VerbSG-E des Kölner Entwurfs auch Unklarheiten. So gewährt dieser ein Zeugnisverweigerungsrecht gerade nur Rechtsanwälten und Syndikusanwälten. Dies führt dazu, dass Unklarheit darüber herrscht, ob anderen natürlichen Personen – etwa Steuerberatern, Wirtschaftsprüfern, die mit den internen Untersuchungen betraut sind, gerade kein Zeugnisverweigerungsrecht zugestanden werden sollte.[2332] Dies gilt es klarzustellen. Der Gesetzgeber sollte hier umfassender abwägen, welchen Personen er genau Zeugnisverweigerungsrechte zugestehen möchte, wenn diese interne Untersuchungen betreiben. Zu überlegen ist auch, wem etwa eine Stellung als Hilfsperson mit einer Möglichkeit eines Zeugnisverweigerungsrechts nach § 53a StPO eingeräumt werden könnte.[2333]

2330 Siehe beispielsweise die Definition bei Bittmann/Brockhaus/von Coelln/Heuking, NZWiSt 2019, 1 (2).

2331 Bittmann/Brockhaus/von Coelln/Heuking, NZWiSt 2019, 1 (2).

2332 Siehe hierzu auch Zerbes/El-Ghazi, NZWiSt 2018, 425 (430), welche unter anderem auf § 53 Abs. 1 Nr. 3 StPO in diesem Zusammenhang verweisen.

2333 Vgl. Bittmann/Brockhaus/von Coelln/Heuking, NZWiSt 2019, 1 (10).

Weiter dürfen Aufzeichnungen, welche die interne Untersuchung betreffen, nicht beschlagnahmt werden (so auch § 18 Abs. 2 VerbSG-E des Kölner Entwurfs).[2334] Unter das Beschlagnahmeverbot sollten hierbei auch frühzeitige interne Untersuchungen/Ermittlungen fallen, welche aufgrund einer bloßen Befürchtung vorgenommen wurden, aber zukünftig einem Ermittlungsverfahren ausgesetzt sind.[2335] Bei Konzernen sollte es zudem keinen Unterschied machen, welche Konzerngesellschaft den Auftrag zur internen Ermittlung erteilt hat.[2336]

Zudem sollten Angaben, die Mitarbeiter im Rahmen von internen Untersuchungen gemacht haben, in einem Verfahren gegen den Mitarbeiter nicht verwertet werden dürfen. Folgerichtig unterliegen nach § 18 Abs. 3 VerbSG-E des Kölner Entwurfs selbstbelastende Äußerungen, die ein Zeuge (Mitarbeiter) gegenüber einem mit der internen Ermittlung Beauftragten gemacht hat, einem Beweisverwertungsverbot in einem späteren Verfahren gegenüber dem jeweiligen Mitarbeiter, sofern der Zeuge (dann beschuldigter Mitarbeiter) der Verwertung nicht zustimmt.[2337] Diese Vorschrift ist zu begrüßen.[2338] Zu erwähnen bleibt aber, dass dadurch der Mitarbeiter/Anknüpfungstäter womöglich noch nicht hinreichend geschützt sein könnte. So ist es den Strafverfolgungsbehörden noch möglich, die Auskunft etwa als Spurenansatz zur weiteren Aufklärung des Sachverhalts zu verwenden. Ob das Schutzniveau hier noch weiter anzuheben ist, obliegt dem Ermessen des Gesetzgebers.[2339]

2334 Kritisch Zerbes/El-Ghazi, NZWiSt 2018, 425 (430); für ein Beschlagnahmeverbot: Haase/Brouwer, CCZ 2018, 276 (280).

2335 So auch Haase/Brouwer, CCZ 2018, 276 (280).

2336 So auch Haase/Brouwer, CCZ 2018, 276 (280).

2337 Vergleichbar der Regelung in § 97 Abs. 1 S. 3 InsO; siehe hierzu Haase/Brouwer, CCZ 2018, 276 (280); Momsen/Grützner, CCZ 2017, 242 (251), die vorschlagen den nemo tenetur-Grundsatz auf das arbeitsrechtliche Pflichtenprogramm (arbeitsvertragliches „Aussageverweigerungsrecht“) zu erweitern.

2338 Kritisch und mit weiterführenden Überlegungen zu § 18 Abs. 3 des VerbSG-E des Kölner Entwurfs, vgl. Zerbes/El-Ghazi, NZWiSt 2018, 425 (430, 431).

2339 Vgl. Bittmann/Brockhaus/von Coelln/Heuking, NZWiSt 2019, 1 (10). Sie schlagen als Alternative ein Beweiserhebungsverbot oder ein Verwendungsverbot nach dem Muster des § 97 Abs. 1 S. 3 InsO vor.

b) Anreize zur Aufklärungshilfe durch „Internal Investigations"

Die Kooperation mit den Strafverfolgungsbehörden bei der Aufklärung der Anknüpfungstat bzw. „Verbandstat" wird in den meisten untersuchten Rechtsordnungen in der Regel zu Gunsten des Verbandes berücksichtigt.[2340] Auch in Deutschland sollte eine positive Berücksichtigung solcher Kooperationen im Gesetz verankert werden. So sollte zum einen durch eine Erhöhung von Transparenz und Rechtssicherheit für Verbände der Anreiz verstärkt werden, mit den Behörden zu kooperieren. Zum anderen sollten präventive Anreize für Verbände entwickelt werden, um durch die Schaffung und Überprüfung von Compliance-Strukturen bereits die Begehung von Straftaten aus dem Verband heraus zu verhindern.[2341]

So kann ein gut funktionierendes Compliance-System auch bei einem dennoch begangenen Verstoß eines Mitarbeiters anschließend bei der Sachverhaltsaufklärung helfen. Gerade im Bereich der Wirtschaftskriminalität ist von einer hohen Dunkelziffer auszugehen[2342] und der Nachweis korporativer Delikte erfordert in der Regel die Aufdeckung komplexer unternehmerischer Zusammenhänge und Prozesse.[2343] Daher gestaltet sich dieser in erheblichem Maße sowohl zeit- als auch ressourcenintensiv.[2344] Ohne eine Kooperation der Verbände wird deshalb eine umfassende Sachverhaltsaufklärung oftmals scheitern. Anreize zur Offenlegung interner Untersuchungen sind daher gerade auch aus Sicht der Ermittlungsbehörde sinnvoll.

Dennoch ist in Deutschland derzeit unklar, wie die Durchführung und die Offenlegung der Ergebnisse aus internen Untersuchungen (z.B. bei der Bemessung von Unternehmenssanktionen) in concreto berücksichtigt werden können und sollten. Es gibt hierzu aber bereits diverse Vorschläge aus dem Schrifttum und der Praxis. Der Kölner Entwurf ermöglicht beispielsweise eine Berücksichtigung von „Internal Investigations" und die Zusammenarbeit mit den Behörden neben dem Compliance-Management-System (CMS) zum Zeitpunkt des Verstoßes bei der Zumessung der Sanktion und als Voraussetzung für eine Verfahrenseinstellung.[2345] Der im Kölner Entwurf so gesetzte Anreiz zur Kooperation

---

2340 Siehe z.B. die ausdrückliche Regelung in § 5 Abs. 3 Nr. 3 östVbVG und § 8 C. 2 (g) U.S. Sentencing Commission Guidelines Manual 2012.

2341 Vgl. Gesetzesantrag des Landes NRW – Verbandsstrafrecht, S. 55 f.; ähnlich auch BUJ, Gesetzgebungsvorschlag zu §§ 30, 130 OWiG, S. 16.

2342 Siehe KPMG, Wirtschaftskriminalität in Deutschland 2012, S. 9; Theile, Wirtschaftskriminalität und Strafverfahren, S. 238.

2343 So Fischer/Hoven, ZIS 2015, 32 (37).

2344 Siehe Fischer/Hoven, ZIS 2015, 32 (37).

2345 Siehe hierzu §§ 4 Abs. 3 e) VerbSG-E und § 14 Abs. 1 Nr. 2 VerbSG-E.

erscheint sinnvoll und sollte so auch in einem zukünftigen Gesetz zur Verbandssanktionierung zu finden sein.

c) Sanktionsbefreiende Selbstanzeige

Meines Erachtens ist in diesem Zusammenhang gar eine sanktionsbefreiende Selbstanzeige insgesamt zu begrüßen. Trotz der rechtspolitischen Bedenken bezüglich der Rechtfertigung einer sanktionsbefreienden Selbstanzeige,[2346] ist positiv anzumerken, dass eine große Anreizwirkung von diesem Instrumentarium ausgeht.[2347] Derartige Regelungen bestehen bereits im Steuerrecht (§ 371 AO)[2348] und auch in anderen Rechtsgebieten. So wurde mit § 22 Abs. 4 AWG[2349] eine entsprechende Vorschrift ins Außenwirtschaftsrecht eingefügt.[2350] Der Gesetzesentwurf des Landes Nordrhein-Westphalen ermöglichte ebenfalls das Absehen von Sanktionen (also eine strafbefreiende Selbstanzeige), wenn das Unternehmen freiwillig zur Aufdeckung beiträgt und den Ermittlungsbehörden entsprechende Beweismittel zur Verfügung stellt sowie zukünftig ein effektives CMS betreibt (§ 5 Abs. 2 VerbStrG-E).[2351] Auch der Gesetzgebungsvorschlag des BUJ sieht vor, dass die Festsetzung einer Geldbuße unterbleibt, wenn

2346 Siehe Beulke/Moosmayer, CCZ 2014, 146 (149) mit Verweis auf Burwitz, NZG 2014, 494 ff.; Kemper, DStR 2014, 928 ff. u. Wittig, Jura 2014, 567 ff.

2347 So Utz, NZWiSt 2015, 377 ff.; auch Haase/Brouwer, CCZ 2018, 276 (279, 280); Beulke/Moosmayer, CCZ 2014, 146 (149).

2348 Siehe hierzu Thompson, „Modelle" der Selbstanzeige im Wirtschaftsordnungswidrigkeitenrecht, S. 47 ff.

2349 Siehe hierzu Thompson, „Modelle" der Selbstanzeige im Wirtschaftsordnungswidrigkeitenrecht, S. 153 ff.

2350 Siehe BGBl. I 2013, S. 1482; Beulke/Moosmayer, CCZ 2014, 146 (149); Krause/Prieß, NStZ 2013, 688 ff.; Pelz/Hofschneider, wistra 2014, 1 ff.; siehe dazu auch Utz, NZWiSt 2015, 377 (377).

2351 Vgl. Gesetzesantrag des Landes NRW – Verbandsstrafrecht, S. 55; Nach § 5 Abs. 1 VerbStrG-E genügt die Einführung von Präventionskonzepten, wenn ein „bedeutender Schaden nicht entstanden oder dieser zum überwiegenden Teil wieder gut gemacht ist". Für den Fall, dass ein solcher Schaden eingetreten ist und nicht kompensiert wurde, müssen zur Vermeidung einer Strafe nach § 5 Abs. 2 VerbStrG-E folgende zwei Voraussetzungen gegeben sein: erstens, der Verband muss durch freiwilliges Offenbaren wesentlich zur Aufdeckung der Verbandstraftat beitragen und zweitens muss der Verband den Ermittlungsbehörden zum Nachweis der Tat geeignete Beweismittel zur Verfügung stellen. Zudem muss nach § 5 Abs. 4 VerbStrG-E (Präklusionsvorschrift) die Offenlegung der Beweise vor Eröffnung des Hauptverfahrens erfolgen; vgl. hierzu Fischer/Hoven, ZIS 2015, 32 (32).

Zuwiderhandlungen unverzüglich angezeigt und entsprechende präventive Maßnahmen ergriffen werden. Es soll sogar die Anordnung des Verfalls (heute wäre es die Einziehung) ausgeschlossen werden (§ 30 Abs. 8 OWiG n.F.).[2352] Zudem findet sich bereits eine Regelung im Kartellrecht. Auch hier ist allgemein bekannt, welch wirksames Instrument zur Aufdeckung rechtswidriger Kartelle die vom Bundeskartellamt erlassene Bonusregelung[2353] darstellt.[2354]

Durch die Einführung einer Selbstanzeigemöglichkeit für Unternehmen kommt es zwar an diesem speziellen Punkt zu einer Privatisierung der Strafverfolgung,[2355] dies erscheint womöglich aber sogar notwendig, um den aktuellen Herausforderungen bei der Bekämpfung von Unternehmenskriminalität effektiv zu begegnen.[2356] Über die Einführung der Möglichkeit der sanktionsbefreienden Selbstanzeige sollte daher ernsthaft nachgedacht werden.[2357] Bei Einführung einer solchen Option, sollten die jeweiligen Voraussetzungen festgelegt werden, bei deren Vorliegen Unternehmen mit einer gänzlichen Sanktionsfreiheit oder mit einer „Sanktionsmilderung" rechnen können.[2358]

Generell sollte aber eine sanktionsbefreiende Selbstanzeige nur möglich sein, wenn der durch das Unternehmen im Rahmen der Verbandsverfehlung verursachte Schaden in irgendeiner Form wiedergutmachbar ist und auch wiedergutgemacht wurde beziehungsweise in absehbarer Zeit wiedergutgemacht wird.[2359] Auch über die Möglichkeit einer sanktionsbefreienden Selbstanzeige für gegenwärtige und ehemalige Organmitglieder und für Unternehmensangestellte sollte nachgedacht werden.[2360] Zu überlegen ist zudem, ob eine Regelung entsprechend des § 46b StGB als vertypter Milderungsgrund eines im Ermessen des Gerichts

---

2352 Siehe hierzu Beisheim/Jung, CCZ 2018, 63 (65); siehe auch bereits Beulke/Moosmayer, CCZ 2014, 146 ff.

2353 Bundeskartellamt, Bekanntmachung Nr. 9/2006 – Bonusregelung.

2354 Siehe zu dieser Thompson, „Modelle" der Selbstanzeige im Wirtschaftsordnungswidrigkeitenrecht, S. 123 ff.

2355 Vgl. zur Privatisierung Knauer, NStZ 2013, 192 ff.

2356 Siehe hierzu Utz, NZWiSt 2015, 377 (381) mit weiterem Nachweis Witte/Wagner, BB 2014, 643 (647).

2357 Bejahend auch Utz, NZWiSt 2015, 377 ff., zu den kritischen Gesichtspunkten Utz, NZWiSt 2015, 377 (380 ff.).

2358 Zu den unterschiedlichen Modellen: Thompson, „Modelle" der Selbstanzeige im Wirtschaftsordnungswidrigkeitenrecht, S. 212 ff.

2359 Siehe zu den unionsrechtlichen Vorgaben aufgrund der Mindesttrias auch die Ausführungen im 7. Kapitel B. III.

2360 So gewünscht von der VCI und dem BCM, siehe Haase/Brouwer, CCZ 2018, 276 (280).

stehenden Absehens von Strafe (§ 46b Abs. 1 S. 4 StGB) auch auf die Verbandssanktion übertragbar wäre.

d) Stellungnahme

Generell erscheint eine Berücksichtigung von „Internal Investigations" also sowohl als Grund für eine Verfahrenseinstellung als auch als Grund für ein Absehen von einer Sanktion sinnvoll. Zumindest aber sollten solche „Internal Investigations" bei der Sanktionsbemessung eine Rolle spielen. Zudem kann gar als Anreiz für eine Sachverhaltsaufklärung eine sanktionsbefreiende Selbstanzeige ein wirksames Mittel sein.

Wünschenswert wären außerdem gesetzliche Vorgaben im Rahmen der „Internal Investigations". So bedarf es umfassender gesetzlicher Regelungen etwa zum Beschlagnahmeschutz. Weiter wäre zu regeln, welche Dokumente und Daten unter ein etwaiges „Anwaltsprivileg" fallen. Zudem könnten durch den Gesetzgeber verbindliche Anreize für Unternehmen gesetzt werden, mit den Strafverfolgungsbehörden zu kooperieren. In diesem Zusammenhang dürfen dann auch die Rechte Dritter (vor allem der Arbeitnehmer/Mitarbeiter) nicht außer Acht gelassen werden. Einem befragten Mitarbeiter könnte es beispielsweise vorhersehbar strafmildernd angerechnet werden, dass er mit dem Unternehmen kooperiert und diesem ermöglicht seinerseits die Vorteile der Offenlegung der Ergebnisse zu sichern.[2361]

Insgesamt darf weiter nicht verkannt werden, dass Unternehmen nach wie vor auch die Wahl haben müssen, welche Art der Verteidigung im Unternehmenswohl angezeigt ist. Klarzustellen ist daher, dass es keine Rechtspflicht zur Kooperation gibt.[2362] So muss dem jeweiligen Unternehmen eine echte Wahlmöglichkeit zukommen, ob es mit den Ermittlungsbehörden kooperieren will oder nicht.[2363]

Zu bedenken ist ebenfalls im Rahmen der Aufklärung von Verstößen insbesondere, dass z.B. das Arbeits-, das Datenschutz- und das Telekommunikationsrecht den Ermittlungsbemühungen des Unternehmens rechtliche Grenzen

---

2361 Kooperiert der Mitarbeiter gar vollständig, käme hier auch ein Absehen von der Strafe, eine Einstellung des Verfahrens oder eine Strafmilderung unterhalb des Mindeststrafrahmens in Betracht. Alternativ müsste eventuell eine Verwertungsbeschränkung in den gegen die Mitarbeiter gerichteten Strafverfahren ermöglicht werden; siehe hierzu Momsen/Grützner, CCZ 2017, 242 (253).

2362 Vgl. Bittmann/Brockhaus/von Coelln/Heuking, NZWiSt 2019, 1 (3); Süße, ZIS 2018, 350 (352).

2363 Ähnlicher Gedanke bei Haase/Brouwer, CCZ 2018, 276 (279).

setzen.[2364] Bezüglich der Handhabung existiert bis dato leider auch noch keine einheitliche sowie klare Rechtsprechung und Gesetzgebung.[2365] Beispielsweise ist strittig, wie die Aufklärungsinteressen des Unternehmens mit den Interessen des Arbeitnehmers, die sich gegenseitig belasten können, in Einklang zu bringen sind.[2366] Durch eine klare Gesetzgebung ist daher auch vor allem das Spannungsverhältnis zwischen der Aufklärungspflicht des Arbeitnehmers gegenüber dem Arbeitgeber bezüglich seiner Verfehlungen einerseits und dem strafprozessualen Schweigerecht des Beschuldigten Arbeitnehmers andererseits aufzulösen.[2367] So sollten beispielsweise auch die Pflichten und Obliegenheiten des Arbeitnehmers im Hinblick auf Interviewfragen des Arbeitgebers bei internen Untersuchungen normiert werden.[2368]

7. Opportunitätsprinzip versus Legalitätsprinzip

Bislang sieht § 47 OWiG einen Ermessensspielraum bei der Verfolgung von Unternehmenskriminalität vor. Das Opportunitätsprinzip wird vielfach als ein wesentliches Hindernis für die konsequente und bundesweit einheitliche Anwendung von Sanktionen gegen Unternehmen angesehen.[2369] Eine Ermessensausübung im Rahmen des Verfolgungsermessens sollte sich daher zukünftig an normativ klar vorgegebenen Leitlinien orientiert.[2370]

Ein gesetzlich verankerter Verfolgungszwang bei strafrechtlichen Anknüpfungstaten bzw. Zuwiderhandlungen würde eine einheitliche Verfolgungspraxis

---

2364 So ist z.B. der Zugriff auf die E-Mail-Kommunikation durch die strafbewehrte Telekommunikationsfreiheit beschränkt, wenn das Unternehmen seinen Mitarbeitern gegenüber als Telekommunikationsdienstleister auftritt (§ 206 StGB). Weiter bedarf z.B. die Einrichtung einer Whistle-Blower-Hotline oder eines Ombudsmannsystems in mitbestimmten Unternehmen den Abschluss einer Betriebsvereinbarung, siehe hierzu insgesamt z.B. Mengel, NZA 2017, 1494 ff.; Bittmann/Brockhaus/von Coelln/Heuking, NZWiSt 2019, 1 (5 ff.)

2365 Siehe hierzu ausführlich Mengel, NZA 2017, 1497 ff.

2366 Siehe auch Mengel, NZA 2017, 1497 (1498).

2367 Vgl. Bittmann/Brockhaus/von Coelln/Heuking, NZWiSt 2019, 1 (7 ff.).

2368 Hierzu auch Mengel, NZA 2017, 1497 (1499).

2369 Siehe hierzu beispielsweise Henssler/Hoven/Kubiciel/Weigend, NZWiSt 2018, 1 (10) und auch CDU, CSU und SPD, Koalitionsvertrag 2018, S. 126: „Durch die Abkehr vom Opportunitätsprinzip des bislang einschlägigen Ordnungswidrigkeitenrechts sorgen wir für eine bundesweit einheitliche Rechtsanwendung."

2370 So auch Jahn/Schmitt-Leonardy/Schoop, wistra 2018, 27 (31) mit weiterem Nachweis Trüg, FS Schlothauer, S. 65 (S. 68 f.).

ermöglichen.[2371] Dies hätte den positiven Effekt der Stärkung der Rechtssicherheit und Gleichbehandlung. Überlegenswert ist daher, ob nicht zumindest bei strafrechtlichen Anknüpfungstaten das Legalitätsprinzip eingeführt werden sollte.

Zu bedenken ist hierbei allerdings, dass viele Staatsanwaltschaften mit knappen Personalressourcen kämpfen. Eine Einführung des Legalitätsprinzips würde zugleich eine Aufstockung der Personalressourcen voraussetzen. Zudem müssten die jeweiligen Staatsanwälte entsprechend ausgebildet werden, um Verbandsverfehlungen effektiv verfolgen zu können. So fehlt es derzeit oft an Spezialkenntnissen der Staatsanwaltschaft. Allein die Einführung eines Legalitätsprinzips reicht somit nicht. Vielmehr muss dann auch an dieser Stelle durch den Staat aufgestockt werden, um eine konsequente und bundesweit einheitliche Anwendung von Sanktionen gegen Unternehmen zu gewährleisten.

Generell sollten allerdings – bei tatsächlicher Einführung eines Legalitätsprinzips – auch zugleich genügend Mittel vorgesehen werden, um dennoch eine gewisse Flexibilität zu gewährleisten (etwa spezielle Regelungen alternativer Verfahrenseinstellungen). So sollte beispielsweise sichergestellt werden, dass eine Bebußung des betroffenen Unternehmens nur als allerletztes Mittel erfolgt. Es müssten daher genügend Möglichkeiten zur Verfügung stehen, entsprechend auf verschiedenste Situationen zu reagieren. Informiert beispielsweise das Unternehmen die Behörde von sich aus über ein Fehlverhalten und kooperiert es vollumfänglich mit der Behörde, erscheint es womöglich nicht gerechtfertigt, gegen das Unternehmen Sanktionen zu verhängen.[2372] Der Kölner Entwurf unterscheidet daher zwischen der Ermittlungs- und der Anklagepflicht. Die Staatsanwaltschaft ist hiernach bei einem entsprechenden Anfangsverdacht zur Aufnahme von Ermittlungen verpflichtet. Ergibt sich im Rahmen der Ermittlungen ein hinreichender Tatverdacht, liegt es im Ermessen der Staatsanwaltschaft, Anklage zu erheben oder von speziellen Regelungen alternativer Verfahrenseinstellungen Gebrauch zu machen.[2373] Dies erscheint sinnvoll, so dass dem Gesetzgeber eine ähnliche Vorgehensweise bei Einführung des Legalitätsprinzips bei Anknüpfungstaten des Strafrechts zu empfehlen ist.

2371 Zum Opportunitätsprinzip siehe auch die Ausführungen im 4. Kapitel A. II. 4.

2372 Siehe bereits im 8. Kapitel C. VII. 6.

2373 Siehe hierzu Henssler/Hoven/Kubiciel/Weigend, NZWiSt 2018, 1 (10).

8. *Spezifische Regelungen für Verfahrenseinstellungen, Verfolgungsaussetzung und für das Absehen von Sanktionen*

Es fehlen derzeit allerdings flexiblere Möglichkeiten der Verfahrensbeendigung,[2374] Verfolgungsaussetzung, der Verfahrenseinstellung oder des Absehens von der Sanktionierung, welche, sollte das Legalitätsprinzip insbesondere bei Straftaten eingeführt werden, aber dringend notwendig wären.

Es wird beispielsweise die Berücksichtigung von Compliance-Maßnahmen und von internen Untersuchungen als Voraussetzung etwa einer Einstellung[2375] oder eines Absehens von der Strafe kontrovers diskutiert.[2376] Sinnvoll erscheinen zudem Instrumente zur Verfolgungsaussetzung oder auch Regelungen für das Absehen von einer Sanktionierung für Situationen, in denen kein hinreichender Anlass für eine Sanktionierung besteht oder zumindest nicht mehr besteht. Zwar würde mit diesen Möglichkeiten das Legalitätsprinzip abgeschwächt, die Ermessensausübung würde aber anders als derzeit durch eine Reihe von konkreten Tatschuld- und Präventionsgesichtspunkten gelenkt.[2377] So würden bei einer Normierung etwaiger Regelungen der Praxis wesentliche Anhaltspunkte geliefert und zugleich die Verfolgungsorgane rechtlich gebunden. Es empfiehlt sich daher Regelungen vorzugeben, die relevante Entscheidungskriterien festlegen.

a) *Einstellungs- und Rücktrittsmöglichkeiten*

So sollten diverse Einstellungsmöglichkeiten zur Verfügung stehen. Hier könnte sich der Gesetzgeber an den Vorschriften § 14 VerbSG-E und § 15 VerbSG-E des Kölner Entwurfs orientieren. Eventuell könnten zudem Einstellungsvorschriften des Individualstrafverfahrens übernommen werden, für den Fall, dass diese Möglichkeiten entsprechend bei Verbandsverfehlungen Anwendung finden können und auch bei Verbandsverfehlungen passen.

Auch sollte eine Möglichkeit der Diversion[2378] zur Verfügung stehen, wenn der Verband den aus der Tat entstandenen Schaden wiedergutmacht,

---

2374 Das Ordnungswidrigkeitenrecht sieht neben der Einstellung lediglich den Bußgeldbescheid oder die Einziehung als Möglichkeiten der Verfahrensbeendigung vor.

2375 Bejahend Haase/Brouwer, CCZ 2018, 276 (281).

2376 Kritisch Schünemann, ZIS 2014, 1 (17); siehe hierzu bereits im 8. Kapitel C. VII. 6.

2377 Siehe auch Kubiciel/Gräbener, ZRP 2016, 137 (139) zum östVbVG.

2378 Diese Möglichkeit sieht das östVbVG vor, siehe Kubiciel/Gräbener, ZRP 2016, 137 (139).

andere Tatfolgen beseitigt und die Verhängung einer Geldbuße nicht geboten erscheint, um der Begehung von „Verbandsverfehlungen“ durch den belangten Verband und durch andere Verbände entgegenzuwirken. So sollte die Verfolgungsbehörde von der Verfolgung des Verbandes zurücktreten oder absehen können, wenn eine Verfolgung und Sanktionierung nicht wichtig erscheint.[2379] Hierbei können die Schwere der Tat, das Gewicht der Pflichtverletzung, die Folgen der Tat und das Verhalten des Verbandes nach der Tat berücksichtigt werden. Als zusätzliche zu berücksichtigende Kriterien kämen die zu erwartende Höhe einer zu verhängenden Geldbuße und bereits eingetretene oder unmittelbar absehbare rechtliche Nachteile des Verbandes oder seiner Eigentümer in Betracht.

b) Absehen von Sanktionsmaßnahmen

Eine Möglichkeit des Absehens von der Sanktion ist immer auch ein Zeichen für ein spezialpräventives Anliegen.[2380] Das Nachtatverhalten sowie insbesondere etwaige Bemühungen um einen Ausgleich werden sowohl als Indikatoren für eine Distanzierung von der Tat als auch für eine geringere Rückfallwahrscheinlichkeit angesehen.[2381] Durch das (nachträgliche) Ergreifen von Compliance-Maßnahmen zeigt der Verband seine etwaige Bereitschaft zur Veränderung der Organisationsstrukturen (sowohl in organisatorischer als auch in personeller Hinsicht), die das Verbandsunrecht begünstigt haben.[2382] Gerade bei Delikten, die zu Gunsten des Verbandes begangen werden, sind eine kriminogene Verbandsattitüde und fehlende interne Kontrollprozesse mitentscheidend für die Möglichkeit der Begehung etwaiger Zuwiderhandlungen.[2383] So wird Verbandsdelinquenz zumeist maßgeblich durch die Haltung des Unternehmens zur Befolgung strafrechtlicher Verhaltensregelungen bedingt.[2384] Eine Regelung

2379 Ähnlich im östVbVG, siehe Kubiciel/Gräbener, ZRP 2016, 137 (139).

2380 Siehe Fischer/Hoven, ZIS 2015, 32 (36). §§ 46, 46a StGB enthalten vergleichbare Regelungen für den Individualstraftäter.

2381 Siehe Fischer/Hoven, ZIS 2015, 32 (36); Miebach/Maier, in: Joecks/Miebach, MüKomm-StGB 2, § 46a Rn. 36 ff.

2382 So Fischer/Hoven, ZIS 2015, 32 (36).

2383 So auch Fischer/Hoven, ZIS 2015, 32 (36).

2384 Siehe hierzu Kölbel, ZIS 2014, 552 (553). Fischer/Hoven, ZIS 2015, 32 (37): „Eine wirksame Kriminalprävention muss daher auf die innere Organisation des Verbandes und eine Verbesserung der Unternehmensethik zielen.“

für das Absehen von der Sanktionierung für spezifische Fallkonstellationen erscheint daher aus spezialpräventiver Sicht sinnvoll.[2385]

c) *Verfahrenseinstellung bei Auslandstaten und vorläufiges Absehen von der Verfolgung*

Zudem wäre eine ähnliche Vorschrift entsprechend der Vorschrift des § 153c StPO wünschenswert,[2386] da diese Vorschrift aber einen sehr engen Anwendungsbereich hat, allerdings mit deutlich erweiterten Anwendungsbereich.[2387] Auch der Kölner Entwurf sieht eine solche Vorschrift in § 15 VerbSG-E vor. Nach § 15 S. 1 VerbSG-E kann eingestellt werden, wenn die Verbandsverfehlung oder Zuwiderhandlung ausschließlich im Ausland begangen[2388] und dort rechtskräftig sanktioniert wurde, sobald die Sanktion zur Einwirkung auf den Verband als ausreichend erscheint. Gemäß § 15 S. 2 VerbSG-E kann die Staatsanwaltschaft sogar von einer Verfolgung vorläufig absehen, wenn eine solche Sanktion im Ausland zu erwarten ist.

d) *Vorgabe eines Compliance-Programms als Einstellungsvoraussetzung*

Zu überlegen ist weiter, ob eine Einstellungsvorschrift ähnlich dem § 153a StPO (angepasst auf Verbandsverfehlungen) eingeführt werden sollte und um den Aspekt der Vorgabe eines Compliance-Programms ergänzt werden könnte.[2389] Hierbei sollte aber lediglich die Verbesserung eines bestehenden Compliance-Programms vorschreibbar sein.[2390] Eine Einstellung gegen Compliance-Auflage kann nur bedingt für zulässig erachtet werden.[2391] Die Auflage sollte allein der

---

2385 In Anlehnung an die §§ 46, 46a StGB; der Kölner Entwurf sieht hingegen ein Absehen von einer Sanktionierung in § 3 Abs. 1 S. 2 VerbSG-E nur vor, wenn sich die Leitungsperson durch die Begehung der Zuwiderhandlung über eine ausdrückliche und konkrete Anweisung der Verbandsleitung hinwegsetzt und Sicherungsvorkehrungen umgeht, die geeignet sind, derartige Zuwiderhandlungen zu verhindern.

2386 Weiterführende Hinweise zu § 14 Abs. 3 VerbStrG-E finden sich z.B. bei Fischer/Hoven, ZIS 2015, 32 (35).

2387 Siehe den missglückten § 14 Abs. 3 VerbStrG-E und den Gesetzesantrag des Landes NRW – Verbandsstrafrecht, S. 67.

2388 Siehe zu den im Ausland begangenen Taten die Ausführungen im 3. Kapitel H.

2389 So Engelhart, Sanktionierung von Unternehmen und Compliance, S. 706.

2390 Siehe hierzu bereits im 8. Kapitel C. V. 3.

2391 Siehe dazu Engelhart, Sanktionierung von Unternehmen und Compliance, S. 464, S. 706

Verbesserung eines Compliance-Programms hinsichtlich eines die Anknüpfungstat betreffenden Mangels dienen.[2392]

e) Diversion, Bewährung und Deferred Prosecution Agreements

Auch die Einführung von verfahrensrechtlichen Instrumentarien vergleichbar mit den insbesondere aus dem angelsächsischen Raum bekannten Deferred Prosecution Agreements (DPAs) oder Non-Prosecution Agreements (NPAs) wären erwägenswert. Der Staatsanwaltschaft/Verfolgungsbehörde wäre dann die Möglichkeit eröffnet, sog. Deferred Prosecution Agreements abzuschließen, mit welchen die amerikanischen[2393] und auch die britischen[2394] Behörden gute Erfahrungen gesammelt haben. Diese sind ein flexibles Instrument der Verfahrensbeendigung und geben den Verfolgungsbehörden die Möglichkeit, die Verfolgung einzustellen bzw. aufzuschieben. Dabei können dem Unternehmen eine Reihe von Auflagen erteilt werden.

Dem Unternehmen kann beispielsweise auferlegt werden, neben der Zahlung eines Bußgeldes bzw. einer Vorteilsabschöpfung einen bestimmten Sachverhalt als richtig zu akzeptieren, einen längeren Zeitraum mit den Behörden zu kooperieren und etwa das eigene Compliance-Management-System zu optimieren, um gleichartige Verstöße künftig zu vermeiden.[2395] Um diese Auflagen zu überwachen, kann in einigen Jurisdiktionen ein Monitor eingesetzt werden.[2396] Auch Frankreich hat mit dem Sapin II-Gesetz die Möglichkeit sogenannter Convention judiciaire d'intérêt public (CJIP) zu schließen, eingeführt. Diese ähneln einem DPA US-amerikanischer Prägung.[2397]

f) Regelungen auch für das Ordnungswidrigkeitenrecht

Im Ordnungswidrigkeitenrecht kann bereits derzeit durch das Opportunitätsprinzip von der Einleitung eines Verfahrens abgesehen werden. Bei Anknüpfungstaten des Ordnungswidrigkeitenrechts empfiehlt es sich im Rahmen von Verbandssanktionen dennoch, da in § 47 OWiG ermessenslenkende Vorschriften fehlen, den Sanktionsbehörden einige relevante Anhaltspunkte bezüglich einer etwaigen Einstellung an die Hand zu geben. § 47 OWiG enthält nämlich

2392 So Engelhart, Sanktionierung von Unternehmen und Compliance, S. 464, S. 706.

2393 Vgl. hierzu Beale, ZStW 126 (2014), 27 (47 ff.).

2394 Vgl. Nolte, jurisPR-Compl. 2/2016, Anm. 5.

2395 Siehe hierzu Ballo/Reischl, CB 2018, 189 (192) mit weiterem Nachweis v. Busekist/Hein, CCZ 2013, 185 ff.

2396 Siehe hierzu Ballo/Reischl, CB 2018, 189 (192).

2397 Siehe hierzu Querenet-Hahn/Kettenberger, CB 2017, 8 (13).

bislang keine Kriterien, welche ein Ermessen bei der Einstellung lenken könnten.[2398] Daher behilft man sich derzeit mit den §§ 153 ff. StPO.[2399]

Sinnvoller wäre es den jeweiligen Verfolgungsbehörden konkrete Anhaltspunkte für die Entscheidung einer Einstellung und eines Absehens von der Verfolgung an die Hand zu geben. Entscheidende Kriterien für oder gegen eine Einstellung oder ein Absehen von der Sanktion könnten etwa die Folgen der Tat, das Verhalten des Unternehmens nach der Tat, die Schwere der Tat, das Ausmaß einer Schuld des Unternehmens, rechtliche Folgen für das Unternehmen und womöglich die zu erwartende Sanktion sein. Auch die Relation zwischen dem zu erwartenden Aufwand der Verfolgung und der Bedeutung des Falls könnte zu berücksichtigen sein. Eventuell wäre noch überlegenswert, eine Einstellung gegen Auflage zu ermöglichen. Auch Auflagen zur Wiedergutmachung oder etwa zur Beseitigung eines Mangels eines eigentlich effektiven Compliance-Programmes würden sich anbieten.

g) Stellungnahme

Generell ist nach alledem zu sagen, dass, unabhängig von der konkreten Ausgestaltung einer flexiblen Verfahrensbeendigung und etwaiger spezifischer Regelungen zur Verfahrenseinstellung, eine professionelle Zusammenarbeit des Unternehmens und der Unternehmensverteidiger mit den Strafverfolgungsbehörden weiter an Bedeutung gewinnen wird. Gegen die Einführung von einer Aussetzung zur Bewährung, diverser auf Unternehmen abgestimmter Einstellungsvorschriften und auch gegen ein Absehen von der Sanktion in spezifischen Fallkonstellationen ist nichts einzuwenden.

Dem Verband darf aber hierbei unter keinen Umständen faktisch die Möglichkeit genommen werden, sich gegen die Vorwürfe der Strafverfolgungsbehörden zu verteidigen. Der Gesetzgeber muss insgesamt genau abwägen, welche Möglichkeiten der Ausgestaltung diesem wichtigen Aspekt nicht zuwiderlaufen. Insgesamt sollte der Aspekt der Spezialprävention im Fokus stehen, wobei auch der Aspekt der Generalprävention nicht ganz vernachlässigt werden kann.

2398 Siehe zum Opportunitätsprinzip bereits die Ausführungen im 4. Kapitel A. II. 4.

2399 Siehe zum Opportunitätsprinzip bereits die Ausführungen im 4. Kapitel A. II. 4.

VIII. Vermögensarrest

Bei dringendem Verdacht einer Verbandsverfehlung und bei Vereitelungsgefahr sollte auch an die Möglichkeit eines Vermögensarrestes gedacht werden.[2400] Hier findet sich beispielsweise eine Regelung im § 22 VerbSG-E des Kölner Entwurfs. So ist derzeit zweifelhaft, ob durch § 30 Abs. 6 OWiG wirklich Vermögensverschiebungen im Wege der Einzelrechtsnachfolge vermieden werden können. Die derzeitige Regelung des § 30 Abs. 6 OWiG knüpft erst an den Bußgeldbescheid an. Der Gesetzgeber ist hiermit aufgerufen, nachzubessern und noch einmal den tatsächlichen Handlungsbedarf zu bestimmen. So ist zu überlegen, ob es nicht sinnvoller wäre, den Vermögensarrest zum Zwecke der Verfahrenssicherung schon während des Ermittlungsverfahrens zu ermöglichen.

Gleichzeitig sollten dann aber entsprechende Vorschriften für den Rechtsschutz des Verbandes angeboten werden, so dass bei unberechtigter Anwendung der Vorschriften der Verband nicht unverhältnismäßig belastet wird. Die Regelung des § 22 VerbSG-E scheint hier ein guter Anknüpfungspunkt zu sein. Sie verlangt keinen Bußgeldbescheid mehr, sondern nach § 22 VerbSG-E kann der Vermögensarrest zur Sicherung der Vollstreckung einer Geldzahlung nach § 4 des VerbSG-E auch vor Erlass eines Urteils gegen den Verband angeordnet werden, wenn (1.) dieser einer Verbandsverfehlung dringend verdächtig ist und (2.) auf Grund bestimmter Tatsachen zu befürchten ist, dass Entscheidungsträger das Vermögen des Verbandes beiseiteschaffen oder die Auflösung des Verbandes in der Absicht betreiben, den Verband dem Verfahren zu entziehen oder die Vollstreckung einer Geldzahlung zu verhindern oder zu erschweren (Vereitelungsgefahr). Es kann zur Sicherung der Vollstreckung einer Geldzahlung ein Vermögensarrest von bis zu 10 % des jährlichen Verbandsumsatzes im Durchschnitt der vergangenen 3 Jahre angeordnet werden. Auf diese Regelung könnte der Gesetzgeber bei Straftaten aber auch bei Ordnungswidrigkeiten als Anknüpfungstaten aufsetzen. Gleichzeitig sollten dann aber auch entsprechende Rechtsschutzvorschriften für den Verband bereitstehen.

Generell spricht gegen eine zu großzügige Anwendung der Vorschriften des Vermögensarrestes sowohl Art. 14 GG (i.V.m. Art. 19 Abs. 3 GG) als auch das Verhältnismäßigkeitsprinzip. So muss bedacht werden, dass die Anordnung eines Vermögensarrestes oftmals die wirtschaftliche Existenz des Verbandes bedroht. Insbesondere angesichts oftmals sehr langer Verfahren im Bereich der Wirtschaftsdelinquenz können mit der frühen Anordnung eines Vermögensarrestes

2400 Siehe hierzu im 4. Kapitel D. und im 8. Kapitel A. I. 4.

empfindliche und nachhaltige finanzielle Schäden eintreten, die für das Unternehmen auch nicht mittels eines letztlich positiven Verfahrensabschlusses ausgeglichen werden können.

Daher sollte eine Arrestanordnung, die erheblich in Grundrechte eingreift, auch möglichst nicht in die Hände der Verwaltung gegeben werden. Eine Einschränkung des Eigentumsgrundrechts sollte grundsätzlich nur durch ein Gericht möglich sein. Das letztlich den Arrest anordnende Gericht müsste gerade die materiellen Hintergründe (Vorliegen einer betriebsbezogenen Straftat oder Ordnungswidrigkeit) prüfen. Wünschenswert wäre daher insgesamt zum einen eine noch flexiblere Möglichkeit der Verhängung eines Vermögensarrestes. Zugleich aber sollte durch ein kompetentes Gericht der Vermögensarrest überprüft oder gar angeordnet werden. Das Gericht sollte die materiellen Hintergründe der Anordnung zu prüfen haben. Zudem fehlt derzeit eine Regelung, die an eine bereits erfolgte Vermögensverschiebung anknüpft. Auch hier sollten entsprechende Vorschriften entwickelt werden.

IX. Regelungen zum Regressausschluss beziehungsweise der Organhaftung

Generell sollte der Gesetzgeber zudem den Regress regeln.[2401] § 10 VerbSG-E des Kölner Entwurfs sieht beispielsweise einen Regressausschluss vor. Diese Regelung ist zu begrüßen. Handelt es sich doch um eine Sanktion, die gerade zulasten des Verbandes und zulasten seines Vermögens gehen soll.[2402] Dies gilt umso mehr, wenn die Organmitglieder selbst wegen des der Verbandsgeldbuße zugrundeliegenden Sachverhalts sanktioniert werden. Weiter ist je nach Modell[2403] für welches der Gesetzgeber sich entscheidet, dem Verband etwa ein anderer Vorwurf zu machen, als dem jeweiligen Individualtäter der Anknüpfungstat.

Sollte der Gesetzgeber einen Ausschluss nicht regeln wollen, sollte zumindest eine Begrenzung des Regresses der Höhe nach eingeführt werden oder auch nur eine Möglichkeit des Regresses bei Vorsatz oder grober Fahrlässigkeit des Geschäftsleiters. Ein Bußgeldregress führt in vielen Fällen letztendlich zu einer Doppelbelastung des Organtäters. Da die Bußgeldentscheidungen an unterschiedliche Adressaten (Organtäter und Verband) ergehen und der Regress keine hoheitliche Bestrafung darstellt, verstößt dies zwar nicht unmittelbar gegen den

---

2401 Siehe zu der Situation de lege lata im 6. Kapitel B.

2402 So auch Haase/Brouwer, CCZ 2018, 276 (281).

2403 Vgl. Zurechnungsmodell oder originäres Verbandsschuld.

Grundsatz „ne bis in idem“ (Art. 103 Abs. 3 GG)[2404], aber nach der Rechtsprechung gebietet es der Grundsatz, bei der Sanktionierung von Organ und juristischer Person die wirtschaftlichen Auswirkungen der Verbandsgeldbuße auf den Organtäter zu berücksichtigen.[2405] Demnach wären die Verbandsgeldbuße und die Geldbuße gegen das Organ von vornherein so aufeinander abzustimmen, dass sie das Organ bei einem Regress des Verbandes nicht überfordern. Dadurch konterkariert man aber zugleich die Möglichkeit der getrennten Sanktionierung von der natürlichen Person und dem Verband.

Zu berücksichtigen ist zudem, dass die Gefahren, die der jeweilige Geschäftsleiter im Rahmen der Geschäftsführung auf sich nimmt, derzeit sehr hoch sind, da er im Zweifelsfall für immense Verbandsgeldbußen haften muss.[2406] Einem Geschäftsleiter muss aber gleichzeitig ermöglicht werden, ein Unternehmen sinnvoll und fortschrittlich zu führen. Dem Geschäftsleiter müsste daher wiederum die Möglichkeit offeriert werden, dass eine etwaige D&O-Versicherung auch die Fälle der Bußgeldhaftung abdeckt.[2407] Diese Versicherung würde wiederum vom Unternehmen gezahlt, was aufgrund der höheren Haftungssumme zu einer zusätzlichen Belastung des Unternehmens führen würde, aber zugleich dann im wirtschaftlichen Ergebnis zu einer Deckung des Schadens der ursprünglich an das Unternehmen adressierten Buße führen würde.[2408] „Die Folge wäre ein inkonsistentes Sanktionssystem, in dem immer höher werdende Unternehmensbußen mit dem Bedürfnis nach notwendiger Abschreckung begründet werden, das Gesetz aber zugleich die Möglichkeit böte, diese Sanktionsfolgen über den Umweg des Regressanspruchs zu versichern.“[2409] Die Möglichkeit des Innenregress ist daher kraft Gesetzes auszuschließen.

2404 Vgl. Koch, FS Winter, S. 327 (S. 336).

2405 Vgl. OLG Hamm, Beschl. v. 27.4.1973 – 5 Ss OWi 19/73, NJW 1973, 1851 (1857 f.); OLG Frankfurt a.M., Beschl. v. 25.1.2012 – 1 Ss 63/11, wistra 2012, 203 (204).

2406 Siehe Fleischer, NZG 2014, 321 ff., welcher sich mit den Schadens- und Kausalitätsfragen bei der Verletzung der Compliance-Pflicht eines Vorstands beschäftigt (Beispiel: Siemens/Neubürger-Urteil des LG München I); vgl. Lüneborg/Resch, NZG 2018, 209 ff. zu dem Thema der Ersatzfähigkeit von Kosten interner Ermittlungen und sonstiger Rechtsberatung im Rahmen der Organhaftung.

2407 Siehe zum Bußgeldregress und D&O-Versicherungen etwa Thomas, NZG 2015, 1409 ff.

2408 So auch Thomas, NZG 2015, 1409 (1418).

2409 Thomas, NZG 2015, 1409 (1418).

9. Kapitel: Schlussbemerkung und Ausblick

A. Schlussbemerkung – De lege lata und de lege ferenda

I. Schaffung eines eigenständigen Gesetzes „sui generis" mit spezialpräventiver Ausrichtung

Nach meiner Einschätzung kann der Gesetzgeber des deutschen Rechts nicht durch eine punktuelle Änderung des OWiG dem Reformbedarf abhelfen. So sollte die Verbandssanktionierung insgesamt neu geregelt werden und insbesondere passende Regelungen für folgende Themen gefunden werden: einheitliche unternehmensbezogene Bußgeldzumessungskriterien, neue Sanktionsobergrenzen, neue Rechtsnachfolgehaftungsregelungen, neue Regelungen für den räumlichen Geltungsbereich und für Konzernstrukturen. Auch das Verfahrensrecht für Verbände sollte insgesamt angepasst und verändert werden. Insbesondere sind neue und umfangreichere Verfahrensrechte für Verbände und Vorschriften für interne Ermittlungen erforderlich. Eine Legalitätspflicht bei Anknüpfungstaten, welche Straftaten sind, passt auch nicht ins OWiG. Zudem sollten entsprechende Verfahren von einem spezialisierten Gericht, bestenfalls der Kammer für Wirtschaftsstrafsachen oder einer anderen spezialisierten Kammer am Landgericht geführt werden – zumindest ab bestimmten Bußgeldhöhen.

Angesichts dieses Reformbedarfs spricht eine Vielzahl von Gründen dagegen, nur das Ordnungswidrigkeitenrecht punktuell zu verändern. Ein entscheidender Aspekt ist hierbei, dass aufgrund der Vielzahl komplexer materieller, verfahrensrechtlicher und ökonomischer Fragestellungen, die bei der Sanktionierung des Unternehmens zu berücksichtigen sind, eine Einordnung ins derzeitige Ordnungswidrigkeitenrecht gar nicht passt. Weiter sind die diversen Wechselwirkungen zum individualstrafrechtlichen Sanktionssystem zu beachten. Meiner Ansicht nach sollte daher ein Gesetz „sui generis" speziell für Verbände geschaffen werden.[2410] Sowohl die Verbandssanktionen als auch das Verfahrensrecht selbst sollte speziell auf die Sanktionierung von Verbänden zugeschnitten sein.[2411] Die Vorschriften des Individualstrafrechts als auch die Vorschriften des Ordnungswidrigkeitenrechts für natürliche Personen sind für Verbände ungeeignet.

2410 Siehe hierzu bereits im 8. Kapitel C. I. 2.

2411 Siehe beispielsweise Kölbel, NZWiSt 2018, 407 (411, 412), welcher für eine (nichtstrafrechtliche) Verbandssanktionierung, integriert in des Recht der Wirtschaftsaufsicht, plädiert.

Daher wäre es insgesamt am sinnvollsten, die Sanktionierung von Verbänden von dem gesetzlichen Leitbild der Individualsanktionierung zu lösen und eine auf Verbände abgestimmte Sanktionierung zu ermöglichen. Hierbei muss eine sachgerechte, die prozessualen Abwehrrechte von Individuum und Verband gleichermaßen verwirklichende Lösung gefunden werden. Dies dürfte zu den größten Herausforderungen gehören.[2412] In einem eigenständigen Gesetz (sowohl für Anknüpfungstaten des Ordnungswidrigkeitenrechts als auch des Strafrechts) könnten für die Verbandssanktionierung passende Regelungen geschaffen werden, so dass die im Vergleich zu natürlichen Personen erforderlichen Differenzierungen besser herausgearbeitet werden können. Eine Formulierung transparenter, eigenständiger Regelungen würde zudem zur Rechtssicherheit und Vorhersehbarkeit beitragen, sofern diese gut durchdacht werden. Auf kurz oder lang erscheint daher die Schaffung eines eigenständigen Gesetzes die beste Option zu sein: Dieses ermöglicht eine Aufstellung eines Regelsystems, welches die (den bisherigen Vorschriften des OWiG vergleichbaren) Tatbestände mit neuen Rechtsfolgen versieht und um verfahrensrechtliche Vorschriften ergänzt. Hierbei muss ein systematisch klares Konzept[2413] entwickelt werden, welches zudem auch immer einen Blick auf die Folgen in der Praxis wirft. Der Gesetzgeber kann sich bei der Entwicklung eines solchen Konzepts unter anderem rechtsvergleichend am Ausland orientieren.[2414] Insbesondere lohnt sich ein Vergleich mit Österreich, da Deutschland mit Österreich rechtskulturell vergleichbar ist. So hat sich das österreichische Verbandsverantwortlichkeitsgesetz (östVbVG) von 2006 beispielsweise an den deutschen OWiG-Regeln orientiert und zugleich etwas Eigenständiges geschaffen. Insbesondere deswegen wurde im Rahmen dieser Dissertation des Öfteren ein Blick auf dieses Gesetz gelenkt. Aber auch ein Blick in die USA, nach Frankreich oder nach England kann trotz der rechtskulturellen Unterschiede nicht schaden. Zudem muss im Zusammenhang mit der Verbandssanktionierung beachtet werden, dass ein insolventes Unternehmen, welches seine Sanktion nicht mehr bezahlen kann, auch dem Gemeinwohl nicht mehr von Nutzen ist. Eine Existenzvernichtung oder aber auch eine sehr starke Schädigung von Unternehmen kann daher nicht gewollt sein. So ist für

---

2412 Siehe hierzu bereits im 4. Kapitel E. V.

2413 Siehe zu den Modellen und dem NRW-Entwurf: Kubiciel/Hoven, in: Jahn/Schmitt-Leonardy/Schoop, Das Unternehmensstrafrecht und seine Alternativen, S. 160 (S. 165 ff.).

2414 Eine gute Übersicht zur Verbandssanktionierung in den anderen Mitgliedsstaaten der EU findet man in: Deutscher Bundestag, Eine Übersicht zum Unternehmensstrafrecht in den Mitgliedstaaten der Europäischen Union, WD 7 – 3000 – 070/17, 2017.

die deutsche Debatte im Hinblick auf die Sanktionierung von Unternehmen insbesondere die strikt spezialpräventive Ausrichtung bedeutsam. Durch eine maßvolle und zukunftsorientierte sowie auf Spezialprävention ausgerichtete Sanktionierung sollten die Wirtschaftskraft des Unternehmens und sein Beitrag zum ökonomischen Gesamtsystem weiterhin erhalten bleiben. In erster Linie muss auf die Beseitigung kriminogener Faktoren innerhalb des Verbandes für die Zukunft hingewirkt werden. Wesentliche Elemente zur Erreichung dieser Ziele könnten beispielsweise Auflagen bei der Verfahrenseinstellung und bei der Aussetzung der Geldsanktion zur Bewährung sein, die auf eine Verbesserung der organisatorischen und personellen Struktur des Verbandes abzielen.

II. Entdeckungswahrscheinlichkeit und effektive Bekämpfung von Wirtschaftskriminalität

Im Rahmen einer Risikoabwägung sollte dennoch die Gefahr der drohenden Sanktionierung für Verbände schwerer wiegen als die durch eine Tat erzielbaren Vorteile.[2415] Ob dies der Fall ist, hängt nicht nur von der Art der angedrohten Sanktion, sondern gerade auch maßgeblich von der Entdeckungswahrscheinlichkeit ab. So ist generell zu fragen, ob sowohl Richter als auch Staatsanwälte über ausreichende Ressourcen verfügen, um den durch die Neukriminalisierung im Bereich des Verbandssanktionenrechts erhöhten Arbeitsaufwand angemessen zu bewältigen – auch aufgrund einer etwaigen Einführung eines Legalitätsprinzips. Es darf nicht unterschätzt werden, welch hohe Bedeutung eine professionelle Bearbeitung von Verbandsverfehlungen sowohl im Stadium der Ermittlungen als auch bei der Vollstreckung der Verbandssanktionen hat.[2416] Nur wenn geschulteres Personal eingesetzt wird und durch verbesserte organisatorische Strukturen die Fähigkeit zur effektiven Bekämpfung solcher Taten deutlich gemacht wird, werden die betroffenen Wirtschaftsunternehmen das Risiko einer Sanktionierung auch ernst nehmen.[2417]

Das derzeit bestehende System wird den Herausforderungen der heutigen Wirtschaftskriminalität zumindest nicht mehr gerecht. Auch die weitgehend „wildwuchernde, informelle Praxis der Unternehmenssanktionierung“[2418], welche sich mittlerweile entwickelt hat, ist nicht zu begrüßen. So bedarf es einer gesetzgeberischen Gesamtstrategie, die auch Wechselwirkungen in Rechnung

2415 Vgl. Ransiek, NZWiSt 2012, 45 (47).
2416 So auch Henssler/Hoven/Kubiciel/Weigend, NZWiSt 2018, 1 (8).
2417 So ebenfalls Henssler/Hoven/Kubiciel/Weigend, NZWiSt 2018, 1 (8).
2418 So Wessing, ZWH 2012, 301 (305).

stellt.[2419] Wie auch immer eine gesetzgeberische Entscheidung in diesem Kontext ausfällt, „sie sollte berücksichtigen, dass das Strafrecht mit seiner starken normativen Orientierungskraft durch den beliebigen Einsatz als Instrument sozialer Kontrolle selbst beliebig"[2420] sein kann.[2421] § 30 OWiG bzw. eine andere Sanktionsnorm darf beispielsweise nicht als „staatliche Geldgenerierungsmaschine" missverstanden werden.[2422] So sagte z.B. bereits Hassemer: „Kriminalpolitische Entscheidungen müssen nicht nur ihre Gerechtigkeit gewährleisten, sie müssen auch rechtfertigen, dass sie ihrem Gegenstand nach angemessen sind, dass sie ihn zur Kenntnis genommen und verstanden haben."[2423]

B. Ausblick

In der 17. Wahlperiode des Deutschen Bundestages (2007–2013) hatte die Fraktion der SPD einen Antrag vorgelegt, der u.a. zum Inhalt hatte, die Einführung eines Unternehmensstrafrechts zu prüfen und bis dahin das Ordnungswidrigkeitenrecht in bestimmten Bereichen zu überarbeiten.[2424] In dem für die 18. Wahlperiode geschlossenen Koalitionsvertrag zwischen CDU/CSU und SPD (2013) hieß es: „Mit Blick auf strafbares Verhalten im Unternehmensbereich bauen wir das Ordnungswidrigkeitenrecht aus. Wir brauchen konkrete und nachvollziehbare Zumessungsregeln für Unternehmensbußen. Wir prüfen ein Unternehmensstrafrecht für multinationale Konzerne."[2425] Für den Rest der 18. Legislaturperiode deutete sich allerdings dann eine unübersehbare rechtspolitische Zurückhaltung an.

2419 So auch Schmitt-Leonardy, ZIS 2015, 11 (22).

2420 Schmitt-Leonardy, ZIS 2015, 11 (22).

2421 So auch Schmitt-Leonardy, ZIS 2015, 11 (22).

2422 Ähnlich auch Meyberg, in: BeckOK-OWiG, § 30 OWiG Rn. 5.1.

2423 Hassemer, in: Kempf/Lüderssen/Volk, Die Handlungsfreiheit des Unternehmers, S. 29 (S. 32).

2424 Auf eine Kleine Anfrage hieß es in der Antwort der Bundesregierung: „In Umsetzung des Koalitionsvertrages prüft die Bundesregierung derzeit, wie das zur Verfügung stehende Instrumentarium der Verbandsverantwortlichkeit – das sich aus der Sicht der Bundesregierung im Grundsatz bewährt hat – weiter verbessert werden kann. Dabei werden sowohl ein Ausbau des Ordnungswidrigkeitenrechts als auch die Einführung eines Unternehmensstrafrechts in den Blick genommen und Zumessungsregeln für Verbandssanktionen geprüft." Vgl. dazu den Antrag der Abgeordneten Christine Lambrecht et al. und der Fraktion der SPD, Wirtschaftskriminalität effektiv bekämpfen, BT-Drs. 17/13087, S. 4, S. 11 ff.

2425 CDU, CSU und SPD, Koalitionsvertrag 2013, S. 101.

Der neue Koalitionsvertrag zwischen CDU, CSU und SPD der 19. Legislaturperiode, der nach der Bundestagswahl 2017 ausgehandelt und am 7. Februar 2018 beschlossen wurde, enthält nun einen unmissverständlichen Regelungsauftrag. Es ist deshalb zu erwarten, dass der Gesetzgeber das Sanktionsregime gegenüber Unternehmen in der aktuellen Legislaturperiode reformieren wird. Dafür spricht auch, dass einige der für eine Reform der Unternehmenssanktionierung maßgeblichen Themenfelder im Koalitionsvertrag ausdrücklich erwähnt werden.[2426] Unter der Überschrift „Unternehmenssanktionen"[2427] heißt es nun: „Wir wollen sicherstellen, dass Wirtschaftskriminalität wirksam verfolgt und angemessen geahndet wird. Deshalb regeln wir das Sanktionsrecht für Unternehmen neu. Wir werden sicherstellen, dass bei Wirtschaftskriminalität grundsätzlich auch die von Fehlverhalten von Mitarbeiterinnen und Mitarbeitern profitierenden Unternehmen stärker sanktioniert werden."[2428] Neben der Abkehr vom Opportunitätsprinzip sehen die Parteien spezifische Regelungen über Verfahrenseinstellungen und interne Untersuchungen vor. Außerdem sollen sich Geldsanktionen künftig an der Wirtschaftskraft des Unternehmens orientieren, neue Sanktionsinstrumente geschaffen und Zumessungsregelungen für Unternehmenssanktionen entwickelt werden. Geplant ist zudem eine öffentliche Bekanntmachung von Sanktionen gegen Unternehmen.

Ob die Einführung eines spezifischen Unternehmensstrafrechts, oder lediglich eine Reform des Ordnungswidrigkeitenrechts geplant ist, lassen die Koalitionspartner offen. Welche Änderungen im deutschen Unternehmenssanktionsrecht verabschiedet werden, ist somit noch ungewiss, dass aber bald Änderungen eintreten werden, ist mehr als wahrscheinlich. In neuerer Zeit scheint es auch mehr und mehr Befürworter für eine solche Reformierung zu geben. Viele dieser Befürworter halten gar eine gänzliche Neuregulierung für sinnvoll. Diesbezüglich war in der Vergangenheit mehr Zurückhaltung zu spüren.

Es erscheint somit nicht unwahrscheinlich, dass zumindest bei Anknüpfungstaten des Strafrechts die Verbandssanktionierung sowohl in materieller als auch in prozessualer Hinsicht gänzlich neu durch den Gesetzgeber geregelt wird. Insgesamt wäre aber – wie dargestellt – eine noch umfangreichere Reform sinnvoll. Im Rahmen einer solchen Neuregelung sollten speziell auf Unternehmen zugeschnittene Instrumente entwickelt werden.

2426 Siehe CDU, CSU und SPD, Koalitionsvertrag 2018.

2427 Siehe hierzu CDU, CSU und SPD, Koalitionsvertrag 2018, S. 126.

2428 CDU, CSU und SPD, Koalitionsvertrag 2018, S. 126.

Literaturverzeichnis

Achenbach, Hans, Die Sanktionen gegen die Unternehmensdelinquenz im Umbruch, JuS 1990, S. 601–608.

– Diskrepanzen im Recht der ahndenden Sanktionen gegen Unternehmen, in: Küper, Wilfried/Welp, Jürgen (Hrsg.), Walter Stree und Johannes Wessels zum 70. Geburtstag, 1993, S. 545–562, (zitiert als: Achenbach, in: FS Stree/Wessels).

– Bußgeldverhängung bei Kartellordnungswidrigkeiten nach dem Ende der fortgesetzten Handlung, WuW 1997, S. 393–404.

– Die steuerliche Absetzbarkeit mehrerlösbezogener Kartellgeldbußen, BB 2000, S. 1116–1121.

– Ausweitung des Zugriffs bei den ahndenden Sanktionen gegen die Unternehmensdelinquenz, wistra 2002, S. 441–445.

– Die wirtschaftsstrafrechtliche Reformbewegung – ein Rückblick, in: Sieber, Ulrich / Dannecker, Gerhard / Kindhäuser, Urs / Vogel, Joachim / Walter, Tonio (Hrsg.), Strafrecht und Wirtschaftsstrafrecht – Dogmatik, Rechtsvergleich, Rechtstatsachen, Festschrift für Klaus Tiedemann zum 70. Geburtstag, 2008, S. 47–60, (zitiert als: Achenbach, in: FS Tiedemann).

– Gedanken zur strafrechtlichen Verantwortlichkeit des Unternehmens, in: Kempf, Eberhard / Lüderssen, Klaus / Volk, Klaus (Hrsg.), Unternehmensstrafrecht, 2012, S. 271–276, (zitiert als: Achenbach, in: Kempf/Lüderssen/Volk, Unternehmensstrafrecht).

– Haftung und Ahndung, Wider die Vertauschung zweier disparater Rechtsfolgenmodelle, in: Schulz, Lorenz / Reinhart, Michael / Sahan, Oliver (Hrsg.), Festschrift für Imme Roxin zum 75. Geburtstag am 15. Mai 2012, 2012, S. 3–11, (zitiert als: Achenbach, in: FS Imme Roxin).

– Verbandsgeldbuße und Aufsichtspflichtverletzung (§§ 30 und 130 OWiG) – Grundlagen und aktuelle Probleme, NZWiSt 2012, S. 321–328.

– Das Schicksal der Verbandsgeldbuße nach § 30 OWiG bei Erlöschen des Täter-Unternehmensträgers durch Gesamtrechtsnachfolge, wistra 2012, S. 413–417.

– Die 8. GWB-Novelle und das Wirtschaftsstrafrecht, wistra 2013, S. 369–374.

– Das Höchstmaß der Verbandsgeldbuße wegen Kapitalmarkt-Straftaten, WM 2018, S. 1337–1384.

Achenbach, Hans / Ransiek, Andreas / Rönnau, Thomas *(Hrsg.)*, Handbuch Wirtschaftsstrafrecht, 4. Auflage, 2015.

Ackermann, Bruni, Die Strafbarkeit juristischer Personen im deutschen Recht und in ausländischen Rechtsordnungen, 1984.

Adam, Dirk H. V., Die Begrenzung der Aufsichtspflichten in der Vorschrift des § 130 OWiG, wistra 2003, S. 285–292.

Alexander, Thorsten, Die strafrechtliche Verantwortlichkeit für die Wahrung der Verkehrssicherungspflichten in Unternehmen, 2005.

Altenburg, Johannes / Peukert, Matthias, Neuerungen in § 30 OWiG – Haftungsrisiken und -vermeidung vor dem Hintergrund gesetzgeberischen Überschwangs, BB 2014, S. 649–655.

Alwart, Heiner, Strafrechtliche Haftung des Unternehmens – vom Unternehmenstäter zum Täterunternehmen, ZStW 105 (1993), S. 752–773.

Arnold, Michael / Geiger, Jan-David, Haftung für Compliance-Verstöße im Konzern, BB 2018, S. 2306–2312.

Asmus, Thomas / Werneburg, Martin, Cum/Ex-Geschäfte: Die Verjährungsfrage, DStR 2018, S. 1527–1535.

Bahnmüller, Marc, Strafrechtliche Unternehmensverantwortlichkeit im europäischen Gemeinschafts- und Unionsrecht, 2004.

Ballo, Emanuel H. F., Beschlagnahmeschutz im Rahmen von Internal Investigations – Zur Reichweite und Grenzen des § 160a StPO, NZWiSt 2013, S. 46–52.

Ballo, Emanuel H. F. / Reischl, Marcus, Der Koalitionsvertrag 2018 – Neue Impulse für die Reform des Sanktionsrechts für Unternehmen, CB 2018, S. 189–193.

Bamberger, Heinz Georg / Roth, Herbert / Hau, Wolfgang / Poseck, Roman *(Hrsg.)*, Kommentar zum Bürgerlichen Gesetzbuch: BGB, 47. Edition, 2018, (zitiert als: Bearbeiter, in: Bamberger/Roth/ Hau/Poseck, BeckOK-BGB).

Bangard, Annette, Aktuelle Probleme der Sanktionierung von Kartellabsprachen, wistra 1997, S. 161–172.

Bärlein, Michael / Englerth, Markus, De pluribus unum?, – Unternehmensstrafrecht in Europa, in: Ahlbrecht, Heike / Dann, Matthias / Wessing, Helga / Frister, Helmut / Bock, Dennis (Hrsg.), Unternehmensstrafrecht, Festschrift für Jürgen Wessing zum 65. Geburtstag, 2016, S. 33–54, (zitiert als: Bärlein/ Englerth, in: FS Wessing).

Barreto da Rosa, Steffen, Die Reform der Vermögensabschöpfung: Offene Fragen des neuen Sicherstellungsrechts, NZWiSt 2018, S. 215–219.

Baumanns, Silke / Schlei, Miriam, Aufsichtspflichten im Konzern, – Die Haftung der Muttergesellschaft nach den §§ 30, 130 OWiG -, 2016, in: Ahlbrecht,

Heike / Dann, Matthias / Wessing, Helga / Frister, Helmut / Bock, Dennis (Hrsg.), Unternehmensstrafrecht, Festschrift für Jürgen Wessing zum 65. Geburtstag, 2016, S. 101–118, (zitiert als: Baumanns/Schlei, in: FS Wessing).

Baumbach, Adolf / Hopt, Klaus J., Handelsgesetzbuch Kommentar, 38. Auflage, 2018.

Baumbach, Adolf / Hueck, Alfred, Gesetz betreffend die Gesellschaften mit beschränkter Haftung: GmbHG, 21. Auflage, 2017, (zitiert als: Bearbeiter, in: Baumbach/Hueck, GmbHG).

Baur, Alexander, Kommt jetzt das Unternehmensstrafrecht? – Eine Bestandsaufnahme anlässlich der anstehenden Reform der Verbandssanktionierung, AG 2018, S. 457–466.

Baur, Alexander / Holle, Maximilian Philipp, Compliance-Defense bei der Bußgeldbemessung und ihre Einpassung in das gesellschaftsrechtliche Pflichtenprogramm, NZG 2018, S. 14–19.

– Bußgeldregress im Kapitalgesellschaftsrecht nach der (Nicht-)Entscheidung des BAG, ZIP 2018, S. 459–467.

Beale, Sara Sun, Die Entwicklung des US-amerikanischen Rechts der strafrechtlichen Verantwortlichkeit von Unternehmen, ZStW 126 (2014), S. 27–54.

Bechtold, Rainer / Bosch, Wolfgang, Der Zweck heiligt nicht alle Mittel – Eine Erwiderung auf Ackermann, ZWeR 2011, S. 160–168.

Beck, Lukas, Konzernrecht für die Konzernwirklichkeit, AG 2017, S. 726–740.

BecKOK-OWiG, – siehe Graf, Jürgen Peter.

Beckemper, Katharina, Der Kölner Entwurf eines Verbandssanktionengesetzes – Sanktionen und Einstellungsmöglichkeiten, NZWiSt 2018, S. 420–425.

Becker, Ralf / Canzler, Sabine, Die WpHG-Bußgeldleitlinien der BaFin – Eine Übersicht unter Berücksichtigung erster praktischer Erfahrungen, NZG 2014, S. 1090–1096.

Behr, Nicolai, Anmerkung zu OLG München, Beschl. v. 23.9.2014 – 3 Ws 599, 600/14, Anwendbarkeit des § 130 OWiG auf Konzernsachverhalte, BB 2015, S. 2004.

Behringer, Stefan, Korruptionsregister auf Bundesebene – Empfehlungen für die Gesetzgebung, ZRP 2016, S. 20–22.

Beisheim, Carsten / Jung, Laura, Unternehmensstrafrecht: Der neue Kölner Entwurf eines Verbandssanktionengesetzes (VerbSG-E), CCZ 2018, S. 63–66.

Beulke, Werner / Moosmayer, Klaus, Der Reformvorschlag des Bundesverbandes der Unternehmens-juristen zu den §§ 30, 130 OWiG – Plädoyer für ein modernes Unternehmenssanktionenrecht -, CCZ 2014, S. 146–152.

Beuthien, Volker, Zur Theorie der Stellvertretung im Gesellschaftsrecht, in: Lieb, Manfred / Noack Ulrich / Westermann, Harm Peter (Hrsg.), Festschrift für Wolfgang Zöllner, Zum 70. Geburtstag, 1998, S. 87–109, (zitiert als: Beuthien, in: FS Zöllner).

Binder, Jens-Hinrich, Organisationspflichten und das Finanzdienstleistungs-Unternehmensrecht: Bestandsaufnahme, Probleme, Konsequenzen, ZGR 2015, S. 667–708.

Binder, Ulrike / Kraayvanger, Jan, Regress der Kapitalgesellschaft bei der Geschäftsleitung für gegen das Unternehmen verhängte Geldbußen, BB 2015, S. 1219–1230.

Bischke, Alf-Henrik / Brack, Sebastian, Neuere Entwicklungen im Kartellrecht – Was bringt 2016? Die 9. GWB-Novelle, NZG 2016, S. 99–102.

Bittmann, Folker / Brockhaus, Matthias / von Coelln, Sibylle / Heuking, Christian, Regelungsbedürftige Materien in einem zukünftigen „Gesetz über Interne Ermittlungen", NZWiSt 2019, S. 1–10.

Bock, Dennis, Strafrechtliche Aspekte der Compliance-Diskussion – § 130 OWiG als zentrale Norm der Criminal Compliance, ZIS 2009, S. 68–81.

– Criminal Compliance, 2. Auflage, 2013.

Bosch, Wolfgang, Verantwortung der Konzernobergesellschaft im Kartellrecht, ZHR 177 (2013), S. 454–474.

Bosch, Wolfgang / Fritzsche, Alexander, Die 8. GWB-Novelle-Konvergenz und eigene wettbewerbspolitische Akzente, NJW 2013, S. 2225–2230.

Böse, Martin, Wirtschaftsaufsicht und Strafverfolgung: die verfahrensübergreifende Verwendung von Informationen und die Grund- und Verfahrensrechte des Einzelnen, 2005.

– Die Strafbarkeit von Verbänden und das Schuldprinzip, in: Pawlik, Michael / Zaczyk, Rainer (Hrsg.), Festschrift für Günther Jakobs zum 70. Geburtstag, 2007, S. 15–27, (zitiert als: Böse, in: FS Jakobs).

– Die Entscheidung des Bundesverfassungsgerichts zum Vertrag von Lissabon und ihre Bedeutung für die Europäisierung des Strafrechts, ZIS 2010, S. 76–91.

– Strafbarkeit juristischer Personen – Selbstverständlichkeit oder Paradigmenwechsel im Strafrecht, ZStW 126 (2014), S. 132–165.

– Das Unternehmensstrafrecht im Spiegel völker- und unionsrechtlicher Vorgaben, in: Jahn, Matthias / Schmitt-Leonardy, Charlotte / Schoop, Christian (Hrsg.), Das Unternehmensstrafrecht und seine Alternativen, 2016, S. 88–112, (zitiert als: Böse, in: Jahn/Schmitt-Leonardy/Schoop, Das Unternehmensstrafrecht und seine Alternativen).

Bottke, Wilfried, Standortvorteil Wirtschaftskriminalrecht: Müssen Unternehmen strafmündig werden? Bemerkungen zum Stand des Wirtschaftskriminalrechts in der Bundesrepublik Deutschland, wistra 1997, S. 241–253.

Brand, Christian, Untreue und Bankrott in der KG und der GmbH & Co. KG – Zugleich ein Beitrag zum Gesamthandsprinzip, 2009.

Brand, Christian / Vogt, Bianca, Betrug und Wissenszurechnung bei juristischen Personen des privaten und öffentlichen Rechts – zugleich Besprechung von BGH wistra 2006, 185 -, wistra 2007, S. 408–415.

Brender, Markus, Die Neuregelung der Verbandstäterschaft im Ordnungswidrigkeitenrecht, 1989.

Brenner, Karl, Das Bruttoprinzip gilt für den Einzeltäter und für Unternehmen, nicht nur für den unschuldigen Täter oder Dritten, NStZ 2004, S. 256–259.

Brodowski, Dominik, Strafrechtsrelevante Entwicklungen in der Europäischen Union – ein Überblick, ZIS 2011, S. 940–954.

– Minimum Procedural Rights for Corporations in Corporate Criminal Procedure, in: Brodowski, Dominik / Espinoza de los Monteros de la Parra, Manuel / Tiedemann, Klaus / Vogel, Joachim (Hrsg.), Regulating Corporate Criminal Liability, 2014, S. 211–225, (zitiert als: Brodowski, in: Brodowski/Espinoza de los Monteros de la Parra/Tiedemann/Vogel, Regulating Corporate Criminal Liability).

Buchen, Stefan, Imperiales Gehabe: der lange Arm der US-Gesetze, 2016, abrufbar unter <https: //daserste.ndr.de/panorama/archiv/2016/Imperiales-Gehabe-der-lange-Arm-der-US-Gesetze, wirt-schaftskrieg100.html> (letzter Abruf 19.10.2018).

Buchen, Stefan/ Hermann, Rainer, Wie ein deutscher Unternehmer auf Amerikas Terrorliste geriet, Geschäfte mit Iran, 2016, abrufbar unter <http://www.faz.net/aktuell/politik/deutscher-auf-usa-terrorliste-wegen-exporten-nach-iran-14552747.html> (letzter Abruf 19.10.2018).

Buck-Heeb, Petra, Die Haftung von Mitgliedern des Leitungsorgans bei unklarer Rechtslage – Notwendigkeit einer Legal Judgment Rule, BB 2013, S. 2247–2257.

Buck-Heeb, Petra / Poelzig, Dörte, Die Verhaltenspflichten (§§ 63 ff. WpHG n.F.) nach dem 2. FiMaNoG – Inhalt und Durchsetzung, BKR 2017, S. 485–495.

Bundeskartellamt, Bekanntmachung Nr. 9/2006 über den Erlass und die Reduktion von Geldbußen in Kartellsachen – Bonusregelung – vom 7. März 2006, 2006, abrufbar unter <http://www.bundeskar-tellamt.de/SharedDocs/Publikation/DE/Bekanntmachungen/Bekanntmachung%20-%20Bonusre-gelung.pdf?__blob = publicationFile&v = 7> (letzter Abruf 14.09.2018), (zitiert als: Bundeskartellamt, Bekanntmachung Nr. 9/2006 – Bonusregelung).

- Bußgeldverfahren gegen Unternehmen der Tondachziegelbranche, Az. B1–200/06, 2009, abrufbar. unter <https://www.bundeskartellamt.de/SharedDocs/Entscheidung/DE/Fallberichte/Kartellver-bot/2009/B1-200-06.pdf?__blob = publicationFile&v = 4> (letzter Abruf 08.10.2018)
- Bericht des Bundeskartellamtes über seine Tätigkeit in den Jahren 2007/2008 sowie über die Lage und Entwicklung auf seinem Aufgabengebiet und Stellungnahme der Bundesregierung, Drucksache 16/13500, 2009, (zitiert als: Bundeskartellamt, Tagesbericht 2007/2008, BT-Drs. 16/13500).
- Bericht des Bundeskartellamtes über seine Tätigkeit in den Jahren 2011/2012 sowie über die Lage und Entwicklung auf seinem Aufgabengebiet und Stellungnahme der Bundesregierung, Drucksache 17/13675, 2013, (zitiert als: Bundeskartellamt, Tagesbericht 2011/2012, BT-Drs. 17/13675).
- Aufhebung der Bußgeldbescheide gegen die Etex Holding und Einstellung des Bußgeldverfahrens gegen einen persönlich Betroffenen, 2012, Az. B1–200/06-P2 und B1–200/06-U13, <https://www.bundeskartellamt.de/SharedDocs/Entscheidung/DE/Fallberichte/Kartellverbot/2012/B1-200-06.pdf?__blob = publicationFile&v = 5> (letzter Aufruf 01.06.2018), (zitiert als: Bundeskartellamt, Aufhebung der Bußgeldbescheide Dachziegelbranche, Az. B1–200/06-P2 und B1–200/06-U13).
- Bericht des Bundeskartellamtes über seine Tätigkeit in den Jahren 2013/2014 sowie über die Lage und Entwicklung auf seinem Aufgabengebiet und Stellungnahme der Bundesregierung, Drucksache 18/5210, 2014, (zitiert als: Bundeskartellamt, Tagesbericht 2013/2014, BT-Drs. 18/5210).
- Stellungnahme des Bundeskartellamts zum Regierungsentwurf zur 8. GWB-Novelle, 2012, abrufbar unter <http://www.bundeskartellamt.de/SharedDocs/Publikation/DE/Stellungnahmen/Stellung-nahme-Regierungsentwurf_GWB8.pdf?_blob = publicationFile&v = 2> (letzter Abruf 14.08.2018), (zitiert als: Bundeskartellamt, Stellungnahme 8. GWB-Novelle).

Bundesministeriums der Justiz und für Verbraucherschutz (BMJV), Entwurf eines Gesetzes zur Reform der strafrechtlichen Vermögensabschöpfung, Referentenentwurf, 2016, abrufbar unter <https:// www.bmjv.de/SharedDocs/Gesetzgebungsverfahren/Dokumente/RefE_Reform_strafrechtliche_ Vermoegensabschoepfung.pdf; jsessinid = 4E8D767C028FEBA1FB31FE0D7A4750FC.1_cid334?__ blob = publicationFile&v = 2> (letzter Abruf 01.10.2018), (zitiert als: BMJV, Referentenentwurf 2016 zur Reform der strafrechtlichen Vermögensabschöpfung).

Bundesrechtsanwaltskammer (BRAK), Stellungnahme Nr. 46/2012, Stellungnahme der Bundesrechtsanwaltskammer zu Artikel 4 des Achten Gesetzes zur Änderung des Gesetzes gegen Wettbewerbs-beschränkungen (E-8. GWB-ÄndG) – Änderung der §§ 30, 130 des Gesetzes über Ordnungswidrigkeiten

(OWiG) 2012, abrufbar unter <https://www. brak.de/zur-rechtspolitik/stellungnahmen-pdf/stellungnahmen-deutschland/2012/oktober/stellungnahme-der-brak-2012-46.pdf> (letzter Abruf 08.10.2018), (zitiert als: BRAK, Stellungnahme der BRAK Nr. 46/2012).

- Stellungnahme Nr. 9/2013, Einführung einer Unternehmensstrafe, 2013, abrufbar unter <https://www.brak.de/zur-rechtspolitik/stellungnahmen-pdf/stellungnahmen-deutschland/2013/mai/stellungnahme-der-brak-2013-09. pdf> (letzter Abruf 09.10.2018), (zitiert als: BRAK, Stellungnahme der BRAK Nr. 9/2013).
- Stellungnahme Nr. 15/2014, 2014, Zum Entwurf eines Gesetzes zur Einführung der strafrechtlichen Verantwortlichkeit von Unternehmen und sonstigen Verbänden abrufbar unter <https:// www.brak.de/zur-rechtspolitik/stellungnahmen-pdf/stellungnahmen-deutschland/2014/april/stellungnahme-der-brak-2014-15. pdf> (letzter Abruf 09.10.2018), (zitiert als: BRAK, Stellungnahme der BRAK Nr. 15/2014).

Bundesverband der Unternehmensjuristen (BUJ), Gesetzgebungsvorschlag für eine Änderung der §§ 30, 130 des Ordnungswidrigkeitengesetzes (OWiG), 2014, abrufbar unter <http://www.arbeitsrecht-summit.de/resources/Server/BUJ-Stellungnahmen/BUJ_Gesetzgebungsvorschlag_OWiG.pdf> (letzter Abruf 19.09.2018), (zitiert als: BUJ, Gesetzgebungsvorschlag zu §§ 30, 130 OWiG).

Burghart, Axel, Das erlangte „Etwas" (§73 Abs. 1 Satz 1 StGB) nach strafbarer Vertragsanbahnung, wistra 2011, S. 241–249.

Bürkle, Jürgen, Aufsichtsrechtliches Legal Judgment: Sachlicher Anwendungsbereich und prozedurale Voraussetzungen, VersR 2013, S. 792–802.

Burwitz, Gero, Neuere Entwicklungen im Steuerrecht – Pladoyer fur die Selbstanzeige, NZG 2014, S. 494–495.

Busch, Richard, Grundfragen der strafrechtlichen Verantwortlichkeit der Verbände, 1933, (zitiert als: Busch, Grundfragen der strafrechtlichen Verantwortlichkeit).

Busekist, Konstantin von / Hein, Oliver, Ein praktischer Compliance Standard in den USA? Eine Analyse von Prosecution Agreements mit dem Department of Justice, CCZ 2013, S. 185–191.

Bussmann, Kai-D. / Nestler, Claudia / Salvenmoser, Steffen, Wirtschaftskriminalität und Unternehmenskultur 2013, 2013, (zitiert als: Bussmann/Nestler/Salvenmoser, Wirtschaftskriminalität 2013).

- Wirtschaftskriminalität 2018, Mehrwert von Compliance – forensische Erfahrungen, 2018, (zitiert als: Bussmann/Nestler/Salvenmoser, Wirtschaftskriminalität 2018).

Caracas, Christian, Verantwortlichkeit in internationalen Konzernstrukturen nach § 130 OWiG: am Beispiel der im Ausland straflosen Bestechung im geschäftlichen Verkehr, 2014.

– § 130 OWiG – Das lange Schwert der Korruptionsbekämpfung im privaten Sektor – Teil 1, CCZ 2015, S. 167–170.

– § 130 OWiG – Das lange Schwert der Korruptionsbekämpfung im privaten Sektor – Teil 2, CCZ 2015, S. 218–224.

– OLG München: Zur Anwendbarkeit von § 130 OWiG auf Konzernsachverhalte, CCZ 2016, S. 44–48.

CDU, CSU und SPD, Deutschlands Zukunft gestalten, Koalitionsvertrag zwischen CDU, CSU, und SPD, 18. Legislaturperiode, 2013, abrufbar unter < https://www.cdu.de/sites/default/files/media/dokumente/koalitionsvertrag.pdf> (letzter Abruf 05.06.2018), (zitiert als: CDU, CSU und SPD, Koalitionsvertrag 2013).

– Ein neuer Aufbruch für Europa, Eine neue Dynamik für Deutschland, Ein neuer Zusammenhalt für unser Land, Koalitionsvertrag zwischen CDU, CSU und SPD, 19. Legislaturperiode, 2018, abrufbar unter <https://www.bundesregierung.de/resource/blob/975226/847984/5b8bc23590d4cb2892b31c987ad672b7/2018-03-14-koalitionsvertrag-data.pdf?download = 1> (letzter Abruf 10.10.2018), (zitiert als: CDU, CSU und SPD, Koalitionsvertrag 2018).

Cordes, Malte / Reichling, Tilman, Grenzen ordnungswidrigkeitenrechtlicher Sanktionierung bei Verbandsgeldbußen, NJW 2015, S. 1335–1338.

Dannecker, Christoph, Konturierung prozessualer Gewährleistungsgehalte des nemo tenetur-Grundsatzes anhand der Rechtsprechung des EGMR, ZStW 127 (2015), S. 991–1017.

Dannecker, Gerhard, Zur Notwendigkeit der Einführung kriminalrechtlicher Sanktionen gegen Verbände – Überlegungen zu den Anforderungen und zur Ausgestaltung eines Verbandsstrafrechts, GA 2001, S. 101–130.

– Die Ahndbarkeit von juristischen Personen im Wandel, in: Schöch, Heinz / Dölling, Dieter / Helgerth, Roland / König, Peter (Hrsg.), Recht gestalten – dem Recht dienen Festschrift für Reinhard Böttcher zum 70. Geburtstag am 29. Juli 2007, 2007, S. 465–489, (zitiert als: Dannecker, in: FS Böttcher).

Dannecker, Gerhard / Dannecker, Christoph, Europäische und verfassungsrechtliche Vorgaben für das materielle und formelle Unternehmensstrafrecht, NZWiSt 2016, S. 162–177.

Deruyck, Filiep, Probleme der Verfolgung und Ahndung von Verbandskriminalität im deutschen und belgischen Recht, ZStW 103 (1991), S. 705–731.

Deutscher Industrie- und Handelskammertag (DIHK), Stellungnahme zum Entwurf zur Überarbeitung der MaRisk, 2012, abrufbar unter <https://www.bundesbank.de/resource/blob/598882/70e980e03b89d8e1dfa32fb1eb0304e3/mL/2012-06-04-stellungnahme-dihk-data.pdf> (letzter Abruf: 31.05. 2018), (zitiert als: Stellungnahme des DIHK vom 04.06.2012).

Deutscher Anwaltverein (DAV), Stellungnahme des Deutschen Anwaltvereins durch den Strafrechts-ausschuss zum Entwurf eines Gesetzes zur Änderung des Gesetzes über Ordnungswidrigkeiten (Diskussionsentwurf zur Regelung der Rechtsnachfolge bei Bußgeldverfahren gegen juristische Personen und Personenvereinigungen und zur Anhebung des Bußgeldrahmens für juristische Personen (§§ 30, 130 OWiG, Bearbeitungsstand 29.03.2012)) und zu Art. 1 Nr. 38 des Entwurfes eines Achten Gesetzes zur Änderung des Gesetzes gegen Wettbewerbsbeschränkungen (8. GWB-ÄndG), Einfügung eines § 81a GWB, Stellungnahme Nr. 75/2012, 2012, (zitiert als: Stellungnahme des DAV Nr. 75/2012).

– Stellungnahme des Deutschen Anwaltvereins durch den Ausschuss Strafrecht zum Entwurf eines Gesetzes zur Einführung der strafrechtlichen Verantwortlichkeit von Unternehmen und sonstigen Verbänden des Landes Nordrhein-Westfalen, Stellungnahme Nr. 54/2013, 2013, (zitiert als: Stellungnahme des DAV Nr. 54/2013).

Deutscher Bundestag, Eine Übersicht zum Unternehmensstrafrecht in den Mitgliedstaaten der Europäischen Union, WD 7 – 3000 – 070/17, 2017.

Deutscher Corporate Governance Kodex (DCGK), in der Fassung vom 7. Februar 2017 mit Beschlüssen aus der Plenarsitzung vom 7. Februar 2017, abrufbar unter <https://dcgk.de//files/dcgk/usercontent/de/download/kodex/170424 Kodex.pdf> (letzter Abruf 16.10.2018), (zitiert als: DCGK, Kodex in der Fassung vom 7.2.2017).

Deutscher Richterbund, Stellungnahme des Deutschen Richterbundes zum Diskussionsentwurf des Bundesministeriums der Justiz für ein Gesetz zur Regelung der Rechtsnachfolge bei Bußgeldverfahren gegen juristische Personen und Personenvereinigungen und zur Anhebung des Bußgeldrahmens für juristische Personen (§§ 30, 130 OWiG), Stellungnahme Nr. 18/12, 2012, abrufbar unter <https://www.drb.de/fileadmin/pdf/Stellungnahmen/2012/DRB_120525_Stn_Nr_18_DiskE_AEnderung_____30_130_OWiG.pdf> (letzter Abruf: 28.06.2018), (zitiert als: Stellungnahme des deutschen Richterbundes Nr. 18/12).

Deutsches Institut für Compliance (DICO), Compliance-Anreiz-Gesetz, Ein Vorschlag des Deutschen Instituts für Compliance – DICO e.V. für den Entwurf eines Gesetzes zur Schaffung von Anreizen für Compliance-Maßnahmen in Betrieben und Unternehmen (Compliance-Anreiz-Gesetz, CompAG), 2014, (zitiert als: DICO, Gesetzesentwurf CompAG).

Dörr, Felix, Die Haftung von Unternehmen nach dem Gesetz über Ordnungswidrigkeiten, in: Kempf, Eberhard / Lüderssen, Klaus / Volk, Klaus (Hrsg.), Unternehmensstrafrecht, 2012, S. 23–37, (zitiert als: Dörr, in: Kempf/Lüderssen/Volk, Unternehmensstrafrecht).

Dreher, Meinrad, Die kartellrechtliche Bußgeldverantwortlichkeit von Vorstandsmitgliedern, Vorstandshandeln zwischen aktienrechtlichem Legalitätsprinzip und kartellrechtlicher Unsicherheit, in: Dauner-Lieb, Barbara / Hommelhoff, Peter / Jacobs, Matthias / Kaiser, Dagmar / Weber, Christoph (Hrsg.), Festschrift für Horst Konzen zum 70. Geburtstag, 2006, S. 85–109, (zitiert als: Dreher, in: FS Konzen).

– Kartellrechtscompliance, ZWeR 2004, S. 75–106.

Drope, Katharina, Strafprozessuale Probleme bei der Einführung einer Verbandsstrafe, 2002.

Ebenroth, Carsten Thomas / Boujong, Karlheinz / Joost, Detlev / Strohn, Lutz *(Hrsg.)*, Handelsgesetzbuch: HGB, Band 1, §§ 1–342e, 3. Auflage, 2014, (zitiert als: Bearbeiter, in: Ebenroth/Boujong/ Joost/Strohn, HGB).

Eggers, Tobias, Bußgeldleitlinien der BaFin – großer Wurf oder Stolperstein?, BB 2015, S. 651–654.

Ehrhardt, Anne, Unternehmensdelinquenz und Unternehmensstrafe, Sanktionen gegen juristische Personen nach deutschem und US-amerikanischem Recht, 1994.

Eidam, Gerd, Die Verbandsgeldbuße des § 30 Abs. 4 OWiG – eine Bestandsaufnahme, wistra 2003, S. 447–456.

Eisele, Jörg, Gesamtschuldnerische Haftung – Eine neue Rechtsfigur im deutschen Sanktionenrecht?, wistra 2014, S. 81–87.

Eisele, Jörg / Koch, Jens / Theile, Hans, Der Sanktionsdurchgriff im Unternehmensverbund, 2014.

Emmerich, Volker / Habersack, Mathias, Konzernrecht, 10. Auflage, 2013.

Engelhart, Marc, Sanktionierung von Unternehmen und Compliance, 2. Auflage, 2012.

– Unternehmensstrafbarkeit im europäischen und internationalen Recht, eucrim 2012, S. 110–115.

– Verbandsverantwortlichkeit – Dogmatik und Rechtsvergleichung, NZWiSt 2015, S. 201–210.

Engisch, Karl, Empfiehlt es sich, die Strafbarkeit der juristischen Person gesetzlich vorzusehen?, in: Engisch, Karl / Hartung, Fritz, Referat für den 40. Deutschen Juristentages, 1954, S. 7–40.

Esser, Robert / Rübenstahl, Markus / Saliger, Frank / Tsambikakis, Michael *(Hrsg.)*, Wirtschaftsstrafrecht: Kommentar mit Steuerstrafrecht und Verfahrensrecht, 2017.

Eufinger, Alexander, Verbandsgeldbuße nach § 30 OWiG und Compliance, ZIP 2018, S. 615–621.

Europäische Kommission, Mitteilung der Kommission an das europäische Parlament, den Rat, den europäischen Wirtschafts- und Sozialausschuss und den Ausschuss der Regionen, Auf dem Weg zu einer europäischen Strafrechtspolitik: Gewährleistung der wirksamen Durchführung der EU-Politik durch das Strafrecht, KOM(2011) 573 endgültig, 2011, abrufbar unter <https://eurlex.europa.eu/LexUriServ/LexUriServ.do?uri = COM:2011:0573: FIN: DE: PDF> (letzter Abruf 09.10.2018), (zitiert als: Europäische Kommission, KOM (2011) 573 endgültig).

Fedtke, Jorg, Anmerkung zu BGH, Urt. v. 20.09.2011 – II ZR 234/09, Keine Einbringung eigener Aktien der Gesellschaft als Sacheinlage, BB 2011, S. 2960–2964.

Fink, Gudrun, Gilt nemo tenetur se ipsum accusare auch für juristische Personen? Zum Problem der Selbstbelastungsfreiheit anlässlich des Entwurfs eines Verbandsstrafgesetzbuchs, wistra 2014, S. 457–463.

Fischer, Thomas, Strafgesetzbuch mit Nebengesetzen, 65. Auflage, 2018, (zitiert als: Bearbeiter, in: Fischer StGB).

Fischer, Thomas / Hoven, Elisa, Unternehmen vor Gericht? Einige Anmerkungen zu prozessualen Fragen, ZIS 2015, S. 32–39.

Fleischer, Holger *(Hrsg.)*, Handbuch des Vorstandsrechts, 2006.

- Corporate Compliance im aktienrechtlichen Unternehmensverbund, CCZ 2008, S. 1–6.
- Kartellrechtsverstöße und Vorstandsrecht, BB 2008, S. 1070–1076.
- Aktienrechtliche Compliance-Pflichten im Praxistest: Das Siemens/Neubürger – Urteil des LG München I., NZG 2014, S. 321–329.
- Regresshaftung von Geschäftsleitern wegen Verbandsgeldbußen, DB 2014, S. 345–352.

Fleischer, Holger / Goette, Wulf *(Hrsg.)*, Münchener Kommentar zum Gesetz betreffend die Gesellschaften mit beschränkter Haftung: GmbHG, Band 3: §§ 53–85, 3. Auflage, 2018, (zitiert als: Bearbeiter, in: Fleischer/Goette, MüKomm-GmbHG)

Forster, Matthias, Die strafrechtliche Verantwortlichkeit des Unternehmens nach Art. 102 StGB, St. Gallen, Universität Dissertation, 2006.

Frank-Fahle, Constantin / Schuldt, Lasse, Geschäftspartner-Compliance und Korruptionsprävention im internationalen Anlagenbau: Rechtliche Rahmenbedingungen, Auswirkungen von Compliance-Verstößen und Schutzmaßnahmen, ZfBR 2018, S. 419–431.

Freiberger, Harald, Kaum zu fassen, Verfahren gegen Banker, abrufbar unter <https://www.sued-deutsche.de/wirtschaft/verfahren-gegen-bayernlb-kaum-zu-fassen-1.1742331> (letzter Abruf 22.8. 2018).

Freier, Friedrich von, Kritik der Verbandsstrafe, 1998.

– Zurück hinter die Aufklärung: Zur Wiedereinführung von Verbandsstrafen, GA 2009, S. 98–116.

– Selbstbelastungsfreiheit für Verbandspersonen?, ZStW 122 (2010), S. 117–154.

Freiwillige Selbstkontrolle für die Arzneimittelindustrie (FSA), Kodex für die Zusammenarbeit der pharmazeutischen Industrie mit Ärzten, Apothekern und anderen Angehörigen medizinischer Fachkreise, 2018, abrufbar unter <https://www.fsa-pharma.de/fileadmin/Downloads/Pdf_s/Kodizes__Empfehlungen/2018-03-14_FSA-Kodex_Fachkreise_2018.pdf> (letzter Abruf 10.04.2018).

Frisch, Wolfgang, Strafbarkeit juristischer Personen und Zurechnung. Gesamte Strafrechtswissenschaft in internationaler Dimension, in: Zöller, Mark A. / Hilger, Hans / Küper, Wilfried / Roxin, Claus (Hrsg.), Gesamte Strafrechtswissenschaft in internationaler Dimension, Festschrift für Jürgen Wolter zum 70. Geburtstag am 7. September 2013, 2013, S. 349–375, (zitiert als: Frisch, in: FS Wolter).

Frister, Helmut/Brinkmann, Sara, Rechtsstaatliche Schranken bei der Verfolgung von Straftaten, die aus einem Verband begangen werden, in: Henssler, Martin / Hoven, Elisa / Kubiciel, Michael / Weigend, Thomas (Hrsg.), Grundfragen eines modernen Verbandsstrafrechts, 2017, S. 103–127, (zitiert als: Frister/Brinkmann, in: Henssler/Hoven/Kubiciel/Weigend, Grundfragen eines modernen Verbandsstrafrechts).

Fülling, Daniel / Freiberg, Tobias, Das neue Wettbewerbsregister, NZBau 2018, S. 259–263.

Galen, Margarete von, Anmerkung zu LG Hamburg, Beschl. v. 15.10.2010 – 608 Qs 18/10, Beschlagnahme von Interviewprotokollen nach „Internal Investigations" – HSH Nordbank, NJW 2011, S. 942–945.

Gehring, Stefan / Kasten, Boris / Mäger, Thorsten, Unternehmensrisiko Compliance? – Fehlanreize für Kartellprävention durch EU-wettbewerbsrechtliche Haftungsprinzipien für Konzerngesellschaften, CCZ 2013, S. 1–11.

Geismar, Anne-Gwendolin, Der Tatbestand der Aufsichtspflichtverletzung bei der Ahndung von Wirtschaftsdelikten, Eine Untersuchung zu § 130 OWiG unter Berücksichtigung des Kartellordnungswidrigkeitenrechts, 2012.

Geppert, Klaus, Zur straf- und strafverfahrensrechtlichen Bewältigung von Serienstraftaten nach Wegfall der Rechtsfigur der fortgesetzten Handlung – 2. Teil, NStZ 1996, S. 118–120.

Gesetzesantrag des Landes Nordrhein-Westfalen, Entwurf eines Gesetzes zur Einführung der strafrechtlichen Verantwortlichkeit von Unternehmen und sonstigen Verbänden, 2013, abrufbar unter <https://www.strafrecht.de/media/files/docs/Gesetzentwurf.pdf> (letzter Abruf 06.10.2018), (zitiert als: Gesetzesantrag des Landes NRW – Verbandsstrafrecht).

Goette, Wolf / Habersack, Mathias / Kalss, Susanne *(Hrsg.)*, Münchener Kommentar zum Aktiengesetz: AktG, Band 1: §§ 1–75, 4. Auflage, 2016, (zitiert als: Bearbeiter, in: Goette/Habersack/Kalss, MüKomm-AktG).

Göhler, Erich, Zur bußgeldrechtlichen Verantwortung der juristischen Person bei aufgespaltener Zuständigkeit ihrer Organe, wistra 1991, S. 207–209.

– Ist die fortgesetzte Handlung mit der Entscheidung des Großen Senats in Strafsachen auch in Bußgeldsachen praktisch verabschiedet?, wistra 1995, S. 300 – S. 302.

– *(Hrsg.)*, Gesetz über Ordnungswidrigkeiten: OWiG, 17. Auflage, 2017, (zitiert als: Bearbeiter, in: Göhler OWiG).

Gottschalk, Eckart / Lubner, Saskia Marieke, Die Einführung des bundesweiten Wettbewerbsregisters – ein komplizierter rechtlicher Dreiklang, NZWiSt 2018, S. 96–102.

Graf, Jürgen Peter *(Hrsg.)*, Beck'scher Online-Kommentar OWiG, 19. Edition, 2018, (zitiert als: Bearbeiter, in: BecKOK-OWiG).

Graf, Jürgen Peter / Jäger, Markus / Wittig, Petra *(Hrsg.)*, Wirtschafts- und Steuerstrafrecht, 2. Auflage, 2017.

Gröblinghoff, Stefan, Die Verpflichtung des deutschen Strafgesetzgebers zum Schutz der Interessen der Europäischen Gemeinschaften, 1996, (zitiert als: Gröblinghoff, Verpflichtung des deutschen Strafgesetzgebers).

Groß, Bernd / Reichling, Tilman, Weshalb sich Korruption nicht mit den Mitteln des Ordnungswidrigkeitenrechts bekämpfen lässt, wistra 2013, S. 89–93.

Große Vorholt, André / Dimarch, Verena, Haftung von Führungskräften und die Konsequenzen für die Praxis, NZA-Beilage 2018, S. 108–114.

Grundmeier, Charlotte Elisabeth, Rechtspflicht zur Compliance im Konzern, 2011.

Grunewald, Barbara, Die Abwälzung von Bußgeldern, Verbands- und Vertragsstrafen im Wege des Regresses, NZG 2016, S. 1121–1124.

Grützner, Thomas, Compliance 2.0 – LG München I verpflichtet Vorstände zu „Compliance", BB-Kommentar zu LG München I, Urteil vom 10.12.2013 – 5 HK O 1387/10, BB 2014, S. 850–852.

– Unternehmensstrafrecht vs. Ordnungswidrigkeitenrecht, CCZ 2015, S. 56–62.

Grützner, Thomas / Behr, Nicolai, Effektives Compliance Programm verhindert Bestrafung von Investmentbank wegen Verstößen gegen FCPA, CCZ 2013, S. 71–74.

Grützner, Thomas / Leisch, Franz Clemens, §§ 130, 30 OWiG Probleme für Unternehmen, Geschäftsleitung und Compliance Organisation, DB 2012, S. 787–794.

Haase, Mirko / Brouwer, Tobias: VCI/BCM-Position für ein moderneres Unternehmenssanktionsrecht, CCZ 2018, S. 276–281.

Habersack, Mathias, Gedanken zur konzernweiten Compliance-Verantwortung des Geschäftsleiters eines herrschenden Unternehmens, in: Bechtold, Stefan / Jickeli, Joachim / Rohe, Mathias (Hrsg.), Recht, Ordnung und Wettbewerb, Festschrift zum 70. Geburtstag von Wernhard Möschel, 2011, S. 1175–1192, (zitiert als: Habersack, FS Möschel).

– Aktienkonzernrecht – Bestandsaufnahme und Perspektiven, AG 2016, S. 691–697.

– *(Hrsg.)*, Münchener Kommentar zum Bürgerlichen Gesetzbuch, Band 6: Schuldrecht – Besonderer Teil IV, §§ 705–853, Partnerschaftsgesellschaftsgesetz, Produkthaftungsgesetz, 2017, (zitiert als: Bearbeiter, in: Habersack, MüKomm-BGB).

Habersack, Mathias / Zickgraf, Peter, Deliktsrechtliche Verkehrs- und Organisationspflichten im Konzern, ZHR 182 (2018), S. 252–295.

Habetha, Jörg, Bankrott und Untreue in der Unternehmenskrise, Konsequenzen der Aufgabe der „Interessentheorie" durch den BGH, NZG 2012, S. 1134–1140.

Hackner, Thomas, Das teileuropäische Doppelverwertungsverbot insbesondere in der Rechtsprechung des Gerichtshofs der Europäischen Union, NStZ 2011, S. 425–430.

Hamm, Rainer / Leipold, Klaus *(Hrsg.)*, Beck'sches Formularbuch für den Strafverteidiger, 6. vollständig neubearbeitete Auflage, 2018, (zitiert als: Bearbeiter, in: Hamm/Leipold, Beck'sches Formularbuch für den Strafverteidiger).

Haspl, Rüdiger, „Bußgeldrechtliche Haftung" des Rechtsnachfolgers nach der Verschmelzungsrichtlinie?, EuZW 2013, S. 888–892.

Hasselbach, Kai / Ebbinghaus, Felix, Anwendung der Business Judgement Rule bei unklarer Rechtslage, AG 2014, S. 873–883.

Hassemer, Winfried, Die Basis des Wirtschaftsstrafrechts, in: Kempf, Eberhard / Lüderssen, Klaus / Volk, Klaus (Hrsg.), Die Handlungsfreiheit des Unternehmers: wirtschaftliche Perspektiven, strafrechtliche und ethische Schranken, 2009, S. 29–44, (zitiert als: Hassemer, in: Die Handlungsfreiheit des Unternehmens).

Haubner, Nadine, Der Gesetzesentwurf Nordrhein-Westfalens zur Einführung eines Unternehmensstrafrechts, DB 2014, S. 1358–1364.

Hauschka, Christoph / Moosmayer, Klaus / Lösler, Thomas *(Hrsg.)*, Corporate Compliance, Handbuch der Haftungsvermeidung im Unternehmen, 3. Auflage, 2016.

Heerspink, Frank, Einführung in das Unternehmensstrafrecht (Teil 2) – Die Sanktionierung juristischer Personen und Personengesellschaften (§ 30 OWiG), AO-StB 2011, S. 283–287.

Heine, Günter, Die strafrechtliche Verantwortlichkeit von Unternehmen, von individuellem Fehlverhalten zu kollektiven Fehlentwicklungen, insbesondere bei Großrisiken, 1995, (zitiert als: Heine, Die strafrechtliche Verantwortlichkeit von Unternehmen).

– Plädoyer für ein Verbandsstrafrecht als zweite Spur, in: Alwart, Heiner (Hrsg.), Verantwortung und Steuerung von Unternehmen in der Marktwirtschaft, 1998, S. 90–113, (zitiert als: Heine, in: Alwart, Verantwortung und Steuerung von Unternehmen in der Marktwirtschaft).

– Sanctions in the Field of Corporate Criminal Liability, in: Eser, Albin / Heine, Günter / Huber, Barbara (Hrsg.), Criminal Responsibility of Legal and Collective Entities – International Colloquium Berlin, May 4–6, 1998, 1999, (zitiert als: Heine, in: Eser/Heine/Huber, Criminal Responsibility of Legal and Collective Entities).

Heinichen, Christian, Kartellbußgeldhaftung des Rechtsnachfolgers im Lichte des Analogieverbots, ZIS 2012, S. 68–76.

– Rechtsnachfolge im deutschen Kartellordnungswidrigkeitenrecht, WRP 2012, S. 159–166.

Helck, Thomas, Anmerkung zu OLG München, Beschl. v. 23.09.2014 – 3 Ws 600/14, 3 Ws 599/14, Verletzung betriebsbezogener Aufsichtspflichten im Konzern, jurisPR-Compl 2/2015 Anm. 1.

Henssler, Martin / Hoven, Elisa / Kubiciel, Michael / Weigend, Thomas *(Hrsg.)*, Grundfragen eines modernen Verbandsstrafrechts, 2017.

– Kölner Entwurf eines Verbandssanktionengesetzes, 2017, abrufbar unter <http://www.verbands-strafrecht.jura.uni-koeln.de/sites/fg_verbandsstrafrecht/user_upload/Koelner_Entwurf_eines_ Verbandssanktionengesetzes__2017.pdf> (letzter Abruf 22.10.2018).

– Kölner Entwurf eines Verbandssanktionengesetzes, NZWiSt 2018, S. 1–10.

***Henssler, Martin / Strohn, Lutz** (Hrsg.)*, Gesellschaftsrecht, BGB, HGB, PartGG, GmbHG, AktG, GenG, UmwG, InsO, AnfG, IntGesR, 4. Auflage, 2019, (zitiert als: Bearbeiter, in: Henssler/Strohn, Gesellschaftsrecht, GmbHG / UmwG).

Herr, Joachim / Jahn, Joachim, Siemens akzeptiert Millionenbuße, Auch Unternehmen können bestraft werden, 2017, abrufbar unter <http://www.faz.net/aktuell/wirtschaft/recht-steuern/auch-unter-nehmen-koennen-bestraft-werden-siemens-akzeptiert-millionenbusse-1485778.html> (letzter Abruf 27.4.2015).

Hetzer, Wolfgang, Schuldlose Sanktionssubjekte?, Unternehmenskriminalität und Verbandsstrafe, wistra 1999, S. 361–367.

– Verbandsstrafe in Europa – Wettbewerbsverzerrung durch Korruption, EuZW 2007, S. 75–80.

Hiéramente, Mayeul / Schwerdtfeger, Max, Das Unternehmen im Fokus der Vermögensabschöpfung im Wirtschaftsstrafrecht – Risiken und Chancen der Gesetzesreform, BB 2018, S. 834–839.

Hilf, Marianne Johanna, Die Strafbarkeit juristischer Personen im schweizerischen, österreichischen und liechtensteinischen Recht, ZStW 126 (2014), S. 73–104.

– Grundkonzept und Terminologie des österreichischen strafrechtlichen Verbandsverantwortlichkeitsgesetzes (VbVG), NZWiSt 2016, S. 189–193.

Hirsch, Hans Joachim, Strafrechtliche Verantwortung von Unternehmen, ZStW 107 (1995), S. 285–323.

Höll, Christian / Reichling, Tilman, Verschärfung der Sanktionsmöglichkeiten gegen juristische Personen und Personenvereinigungen, PStR 2012, S. 167–170.

Holle, Philipp Maximilian, Legalitätskontrolle im Kapitalgesellschafts- und Konzernrecht, 2014.

Horn, Norbert, Die Haftung des Vorstands der AG nach § 93 AktG und die Pflichten des Aufsichtsrats, ZIP 1997, S. 1129–1139.

Huber, Nikolaus, Die Reichweite konzernbezogener Compliance-Pflichten des Mutter-Vorstands des AG-Konzerns, 2013.

Hüffer, Uwe / Koch, Jens, Aktiengesetz: Kommentar zum AktG, 13. Auflage, 2018, (zitiert als: Bearbeiter, in: Hüffer/Koch, Komm-AktG).

Hugger, Heiner / Pasewaldt, David, Koalitionsvertrag: schärfere Sanktionen und Compliance-Anreize für Unternehmen, BB 2018, Heft 10, Umschlagteil, I.

– UK Bribery Act und Korruptionsermittlungen britischer Strafverfolgungsbehörden, RIW 2018, S. 115–120.

Hülsen, Philipp von / Kasten, Boris, Passivlegitimation von Konzernen im Kartell-Schadensersatzprozess? – Gedanken zur Umsetzung der Richtlinie 2014/104/EU, NZKart 2015, S. 296–307.

Hunsmann, Daniel, Die Aufsichtspflichtverletzung (§ 130 OWiG) unter besonderer Berücksichtigung des Steuerrechts, DStR 2014, S. 855–860.

Jäger, Christian, Die Unternehmensstrafe als Instrument zur Bekämpfung der Wirtschaftsdelinquenz, in: Schulz, Lorenz / Reinhart, Michael / Sahan, Oliver (Hrsg.), Festschrift für Imme Roxin zum 75. Geburtstag am 15. Mai 2012, 2012, S. 43–57, (zitiert als: Jäger, in: FS Imme Roxin).

Jahn, Matthias / Kirsch, Stefan, Anmerkung zu LG Bonn, Beschl. vom 21.06.2012 – 27 Qs 2/12, Kartellrechtliches Ermittlungsverfahren, NZWiSt 2013, S. 28–31.

– Anmerkung zu LG Braunschweig, Beschl. vom 21.07.2015 – 6 Qs 116/15, Zur Frage der Beschlagnahmefreiheit von Verteidigungsunterlagen bereits vor der Einleitung eines Ermittlungsverfahrens, NZWiSt 2016, S. 37–39.

Jahn, Matthias / Schmitt-Leonardy, Charlotte / Schoop, Christian, Unternehmensverantwortung für Unternehmenskriminalität – Frankfurter Thesen, wistra 2018, S. 27–32.

Jakobs, Günther, Strafbarkeit juristischer Personen, in: Prittwitz, Cornelius / Baurmann, Michael / Günther, Klaus / Kuhlen, Lothar / Merkel, Reinhard / Nestler, Cornelius / Schulz, Lorenz (Hrsg.), Festschrift für Klaus Lüderssen, Zum 70. Geburtstag am 2. Mai 2002, 2002, S. 559–576, (zitiert als: Jakobs, in: FS Lüderssen).

Jenne, Moritz / Martens, Jan Henning, Anmerkung zu BGH, Urteil vom 9.5.2017 – 1 StR 265/16, Compliance-Management-Systeme sind bei der Bußgeldbemessung nach § 30 OWiG zu berücksichtigen, CCZ 2017, S. 285–287.

Joecks, Wolfgang / Miebach, Klaus *(Hrsg.)*, Münchener Kommentar zum Strafgesetzbuch: StGB, Band 1: §§ 1– 37, 2017, (zitiert als: Bearbeiter, in: Joecks/Miebach, MüKomm-StGB 1).

– Münchener Kommentar zum Strafgesetzbuch: StGB, Band 2: §§ 38–79b, 2016, (zitiert als: Bearbeiter, in: Joecks/Miebach, MüKomm-StGB 2).

Justizministerkonferenz (JuMiKo), Herbstkonferenz der Justizministerinnen und Justizminister, am 14. November 2013 in Berlin, 2013, abrufbar unter <https://www.justiz.nrw.de/JM/jumiko/beschluesse/2013/herbstkonferenz13/TOP_II_5.pdf> (letzter Abruf 04.09.2018), (zitiert als: JuMiKo, Herbstkonferenz 2013).

Kahlenberg, Harald / Neuhaus, Kai, Die Achte GWB-Novelle: Reform des deutschen Kartellrechts, BB 2013, S. 131–137.

Kaiser, Volker, Verbandssanktionen des Ordnungswidrigkeitengesetzes, Ein Beitrag zu einem Teilproblem der Wirtschaftskriminalität, 1975.

Kämpfer, Simone, Sanktionsausschließende und -mildernde Wirkung von Compliance-Programmen de lege lata, in: Ahlbrecht, Heike / Dann, Matthias / Wessing, Helga / Frister, Helmut / Bock, Dennis (Hrsg.), Unternehmensstrafrecht, Festschrift für Jürgen Wessing zum 65. Geburtstag, 2016, S. 55–68, (zitiert als: Kämpfer, in: FS Wessing).

Kapp, Thomas / Gärtner, Daniel, Die Haftung von Vorstand und Aufsichtsrat bei Verstößen gegen das Kartellrecht, CCZ 2009, S. 168–174.

Kappel, Jan / Ehling, Jan, Wie viel Strafe ist genug? – Deutsche Unternehmen zwischen UK Bribery Act, FCPA und StGB, BB 2011, S. 2115–2121.

Karbaum, Christian, Kartellrechts-Compliance – Mehr Fragen als Antworten nach einer Dekade intensiver Diskussion der Compliance-Verantwortung des Vorstands?, AG 2013, S. 863–874.

Kelker, Brigitte, Die Strafbarkeit juristischer Personen unter europäischem Konvergenzdruck, in: Amelung, Knut / Günther, Hans-Ludwig / Kühne, Hans-Heiner (Hrsg.), Festschrift für Volker Krey, Zum 70. Geburtstag am 9. Juli 2010, 2010, S. 221–247, (zitiert als: Kelker, in: FS Krey).

Kemper, Martin, Wieder ein neuer § 371 AO? – Mögliche Einschränkungen der Regelung zur Abgabe einer strafbefreienden Selbstanzeige und deren Folgen, DStR 2014, S. 928–934.

Kempf, Eberhard, Die Beschuldigtenrechte in einem Strafverfahren gegen Unternehmen, in: Kempf, Eberhard / Lüderssen, Klaus / Volk, Klaus (Hrsg.), Unternehmensstrafrecht, 2012, S. 347–361, (zitiert als: Kempf, in: Kempf/Lüderssen/Volk, Unternehmensstrafrecht).

Kempf, Eberhard / Lüderssen, Klaus / Volk, Klaus (Hrsg.), Die Handlungsfreiheit des Unternehmers: Wirtschaftliche Perspektiven, strafrechtliche und ethische Schranken, 2009.

– Unternehmensstrafrecht, 2012.

Kindhäuser, Urs / Neumann, Ulfrid / Paeffgen, Hans-Ullrich *(Hrsg.)*, Strafgesetzbuch, 5. Auflage, 2017, (zitiert als: Bearbeiter, in: Kindhäuser/Neumann/Paeffgen-StGB).

Kirch-Heim, Claudio, Sanktionen gegen Unternehmen: Rechtsinstrumente zur Bekämpfung unternehmensbezogener Straftaten, 2007.

KK-OWiG, – siehe Mitsch, Wolfgang.

Klene, Victor, Corporate Social Responsibility – Richtlinie, Umsetzung und Konsequenzen, WM 2018, S. 308–314.

Klesczewski, Diethelm, Gewinnabschöpfung mit Säumniszuschlag – Versuch über die Rechtsnatur der Verbandsgeldbuße (§ 30 OWiG), in: Schneider, Hendrik / Kahlo, Michael / Klesczewski, Diethelm (Hrsg.), Festschrift für Manfred Seebode zum 70. Geburtstag am 15. September 2008, 2008, S. 179–197, (zitiert als: Klesczewski, in: FS Seebode).

Klusmann, Martin, Das Ende der fortgesetzten Handlung im Kartellrecht? Der Beschluss des Großen Strafsenats des BGH vom 3.5.1994, WuW 1995, S. 271–284.

Knauer, Gaul, Internal investigations und fair trial – Überlegungen zu einer Anwendung des Fairnessgedankens –, NStZ 2013, S. 192–194.

Koch, Birgit, Die Strafbarkeit juristischer Personen nach dem neuen französischen Code pénal, ZStW 107 (1995), S. 405–416.

Koch, Jens, Der kartellrechtliche Sanktionsdurchgriff im Unternehmensverbund, ZHR 171 (2007), S. 554–580.

– Die Konzernobergesellschaft als Unternehmensinhaber i.S.d. § 130 OWiG?, AG 2009, S. 564–574.

– Compliance-Pflichten im Unternehmensverbund?, WM 2009, S. 1013–1020.

– Beschränkungen des gesellschaftsrechtlichen Innenregresses bei Bußgeldzahlungen, in: Hoffmann-Becking, Michael / Hüffer, Uwe / Reichert, Jochem (Hrsg.), Liber amicorum für Martin Winter – Festschrift für Martin Winter, 2011, S. 327–350, (zitiert als: Koch, in: FS Winter)

Köhler, Marcus, Die Reform der strafrechtlichen Vermögensabschöpfung – Teil 1/2 – Überblick und Normverständnis für die Rechtspraxis, NStZ 2017, S. 497–512.

Köhler, Marcus / Burkhard, Christiane, Die Reform der strafrechtlichen Vermögensabschöpfung – Teil 2/2 – Überblick und Normverständnis für die Rechtspraxis -, NStZ 2017, S. 665–682.

Kölbel, Ralf, Criminal Compliance – ein Missverständnis des Strafrechts?, ZStW 125 (2013), S. 499–535.

– Corporate Crime, Unternehmenssanktion und kriminelle Verbandsattitüde, ZIS 2014, S. 552–557.

– Kriminologischer Kommentar zum Kölner Entwurf eines Verbandssanktionengesetzes, NZWiSt 2018, S. 407–412.

Köllner, Rolf E. / Mück, Jörg, Praxiskommentar zum Kölner Entwurf eines Verbandssanktionengesetzes – VerbSG-E, NZI 2018, S. 311–316.

König, Peter, Zur Einführung strafrechtlicher Verantwortlichkeit für juristische Personen und Personenverbände, in: Hettinger, Michael (Hrsg.), Reform des Sanktionenrechts, Band 3, Verbandsstrafe, 2002, S. 39–70, (zitiert als: König, in: Hettinger, Reform des Sanktionsrechts, Band 3, Verbandsstrafe)

Korte, Matthias, Der Schutz der finanziellen Interessen der Europäischen Gemeinschaften mit den Mitteln des Strafrechts – Das Zweite Protokoll, NJW 1998, S. 1464–1466.

– Aus der Rechtsprechung zum Gesetz über Ordnungswidrigkeiten – 2000 -, NStZ 2001, S. 582–587.

– Aus der Rechtsprechung zum Gesetz über Ordnungswidrigkeiten – 2008 -, NStZ 2010, S. 22–29.

– Verfallsanordnung gegen juristische Personen – Abschöpfung oder Unternehmensstrafe? in: Joecks, Wolfgang / Ostendorf, Heribert / Rönnau, Thomas / Rotsch, Thomas / Schmitz Roland (Hrsg.), Recht – Wirtschaft – Strafe, Festschrift für Erich Samson zum 70. Geburtstag, 2010, S. 65–79, (zitiert als: Korte, in: FS Samson).

– Verbandsstrafrecht zwischen Wissenschaft und Politik, NZWiSt 2018, S. 393–398.

– Vermögensabschöpfung reloaded, wistra 2018, S. 1–13.

KPMG, Wirtschaftskriminalität in Deutschland 2012, 2012, abrufbar unter <http://www.kpmg.de /Themen/33581.htm> (letzter Abruf 19.01.2017).

Krause, Daniel M., Unternehmen und Organmitglieder im Strafverfahren, ZGR 2016, S. 335–361.

Krause, Daniel M. / Prieß, Hans-Joachim, Die bußgeldbefreiende Selbstanzeige bei fahrlässigen Verstößen im neuen Außenwirtschaftsrecht (§ 22 IV AWG n.F.), NStZ 2013, S. 688–693.

Krause-Ablaß, Anna-Elisabeth, Kooperationsmöglichkeiten des Unternehmens bei staatsanwaltschaftlichen Ermittlungen zu Compliance-Verstößen, BB 2018, S. 1323–1327.

Krenberger, Benjamin / Krumm, Carsten, Ordnungswidrigkeitengesetz: OWiG, 5. Auflage, 2018, (zitiert als: Bearbeiter, in: Krenberger/Krumm-OWiG).

Krieger, Gerd / Schneider, Uwe H., Handbuch Managerhaftung, 3. Auflage, 2017.

Krohs, Christian / Timmerbeil, Sven, Die Durchsetzung von Kartellbußen gegen Rechtsnachfolger, BB 2012, S. 2447–2453.

Krug, Björn / Skoupil, Christoph, Befragungen im Rahmen von internen Untersuchungen – Vorbereitung, Durchführung und Umgang mit den Ergebnissen, NJW 2017, S. 2374–2379.

Krumm, Carsten, Gewinnabschöpfung durch Geldbuße, NJW 2011, S. 196–197.

Kubiciel, Michael, Verbandsstrafe – Verfassungskonformität und Systemkompatibilität, ZRP 2014, S. 133–137.

– Die deutschen Unternehmensgeldbußen: Ein nicht wettbewerbsfähiges Modell und seine Alternativen, NZWiSt 2016, S. 178–181.

– Compliance als Strafausschlussgrund in einem künftigen Unternehmensstrafrecht, in: Ahlbrecht, Heike / Dann, Matthias / Wessing, Helga / Frister, Helmut / Bock, Dennis (Hrsg.), Unternehmensstrafrecht, Festschrift für Jürgen Wessing zum 65. Geburtstag, 2016, S. 69–79, (zitiert als: Kubiciel, in: FS Wessing).

Kubiciel, Michael / Gräbener, Niklas, Grundlinien eines modernen Verbandssanktionenrechts, ZRP 2016, S. 137–140.

Kubiciel, Michael / Hoven, Elisa, Der Entwurf eines Verbandsstrafgesetzes aus Sicht der Rechtswissenschaft – Bedeutung, Zurechnungsmodelle, Prozessrecht, in: Jahn, Matthias / Schmitt-Leonardy, Charlotte / Schoop, Christian (Hrsg.), Das Unternehmensstrafrecht und seine Alternativen, 2016, S. 160–184, (zitiert als: Kubiciel/Hoven, in: Jahn/Schmitt-Leonardy/Schoop, Das Unternehmensstrafrecht und seine Alternativen).

Kudlich, Hans, Deliktskataloge für eine Verbandsstrafbarkeit, in: Kempf, Eberhard / Lüderssen, Klaus / Volk, Klaus (Hrsg.), Unternehmensstrafrecht, 2012, S. 217–230, (zitiert als: Kudlich, in: Kempf/Lüderssen/Volk, Unternehmensstrafrecht).

Kudlich, Hans / Wittig, Petra, Strafrechtliche Enthaftung durch juristische Präventionsberatung?, Teil 2: Präventionsberatung, Compliance und gehörige Aufsicht, ZWH 2013, S. 303–310.

Kühl, Kristian / Lackner, Karl (Hrsg.), Strafgesetzbuch: StGB, Kommentar, 29. Auflage, 2018, (zitiert als: Bearbeiter, in: Lackner/Kühl-StGB).

Kuhlen, Lothar, Grundfragen von Compliance und Strafrecht, in: Kuhlen, Lothar / Kudlich, Hans / Ortiz de Urbina, Inigo (Hrsg.), Compliance und Strafrecht, 2013, S. 1–25, (zitiert als: Kuhlen, in: Kuhlen/Kudlich/Ortiz de Urbina, Compliance und Strafrecht).

Kutschaty, Thomas, Deutschland braucht ein Unternehmensstrafrecht, ZRP 2013, S. 74–75.

Labusga, Katja, Die Ersatzfähigkeit von Unternehmensgeldbußen im Innenregress gegen verantwortliche Vorstandsmitglieder, VersR 2017, S. 394–402.

Lampe, Ernst-Joachim, Systemunrecht und Unrechtssysteme, ZStW 106 (1994), S. 683–745.

Lang-Hinrichsen, Dietrich, Verbandsunrecht. Zugleich ein Beitrag zur Lehre von den Ordnungswidrigkeiten, in: Geerds, Friedrich / Naucke, Wolfgang (Hrsg.), Beiträge zur gesamten Strafrechtswissenschaft, Festschrift für

Hellmut Mayer zum 70. Geburtstag am 1. Mai 1965, 1966, S. 49–79, (zitiert als: Lang-Hinrichsen, in: FS Mayer).

Leipold, Klaus, Braucht Deutschland ein Unternehmensstrafrecht?, StraFo 2017, S. 217–222.

Leitner, Werner, Unternehmensstrafrecht in der Revision, StraFo 2010, S. 323–328.

– Die Hauptverhandlung gegen ein Unternehmen, in: Kempf, Eberhard / Lüderssen, Klaus / Volk, Klaus (Hrsg.), Unternehmensstrafrecht, 2012, S. 373–379, (zitiert als: Leitner, in: Kempf/Lüderssen/Volk, Unternehmensstrafrecht).

– Die Nebenbeteiligung des Unternehmens, Das Unternehmensmandat als Verteidigungsverhältnis, in: Ahlbrecht, Heike / Dann, Matthias / Wessing, Helga / Frister, Helmut / Bock, Dennis (Hrsg.), Unternehmensstrafrecht, Festschrift für Jürgen Wessing zum 65. Geburtstag, 2016, S. 147–158, (zitiert als: Leitner, in: FS Wessing).

Leitner, Werner / Rosenau, Henning *(Hrsg.)*, Wirtschafts- und Steuerstrafrecht, 2017.

Lemke, Michael / Mosbacher, Andreas, Ordnungswidrigkeitengesetz: OWiG, Kommentar, 2. Auflage, 2005.

Löbbe, Marc, Konzernverantwortung und Umwandlungsrecht – Vermeidung von Verantwortlichkeit am Beispiel des Kartellordungswidrigkeitenrechts –, ZHR 177 (2013), S. 518–554.

Lotze, Andreas, Haftung von Vorständen und Geschäftsführern für gegen Unternehmen verhängte Kartellbußgelder, NZKart 2014, S, 162–170.

Lüdeke, Ralf / Skala, Felix, Bildung von Rückstellungen für EU-Geldbußen, BB 2004, S. 1436–1441.

Lüneborg, Cäcilie / Resch, André Pierre, Die Ersatzfähigkeit von Kosten interner Ermittlungen und sonstiger Rechtsberatung im Rahmen der Organhaftung, NZG 2018, S. 209–217.

Lutter, Marcus, Konzernphilosophie vs. konzernweite Compliance und konzernweites Risikomanagement, in: Habersack, Mathias / Hommelhoff, Peter (Hrsg.), Festschrift für Wulf Goette zum 65. Geburtstag, 2011, S. 289–297, (zitiert als: Lutter, FS Goette).

Madauß, Norbert, Das neue Recht der strafrechtlichen Vermögensabschöpfung und Steuerstrafverfahren, Fragen aus der Sicht der Praxis, NZWiSt 2018, S. 28–35.

Mäger, Thorsten / von Schreitter, Florian, Die kartellrechtliche Bußgeldhaftung nach der 9. GWB-Novelle – Überblick und Kritik, NZKart 2017, S. 264–278.

Makowicz, Bartosz / Wüstemann, Sonja, Betriebswirtschaftlicher und juristischer Nutzen der Ausgestaltung von Compliance-Management-Systemen nach dem globalen Leitfaden ISO 19600, BB 2015, S. 1195–1199.

Mansdörfer, Marco, Die rechtsdogmatische Diskussion um ein Unternehmensstrafrecht im Kontext aktueller Corporate Governance, in: Jahn, Matthias / Schmitt-Leonardy, Charlotte / Schoop, Christian (Hrsg.), Das Unternehmensstrafrecht und seine Alternativen, 2016, S. 113–133, (zitiert als: Mansdörfer, in: Jahn/Schmitt-Leonardy/Schoop, Das Unternehmensstrafrecht und seine Alternativen).

Mansdörfer, Marco / Timmerbeil, Sven, Zurechnung und Haftungsdurchgriff im Konzern, Eine rechts-übergreifende Betrachtung, WM 2004, S. 362–370.

Mehle, Volkmar, Verjährungsprobleme bei der Verhängung von Geldbußen gegen Unternehmen und Leitungspersonen (§§ 30, 130 OWiG), in: Ahlbrecht, Heike / Dann, Matthias / Wessing, Helga / Frister, Helmut / Bock, Dennis (Hrsg.), Unternehmensstrafrecht, Festschrift für Jürgen Wessing zum 65. Geburtstag, 2016, S. 453–465, (zitiert als: Mehle, in: FS Wessing).

Mengel, Anja, Internal Investigations – Arbeitsrechtliche Lessons Learned und Forderungen an den Gesetzgeber, NZA 2017, S. 1494–1499.

Meyberg, Alexander, § 71 Straf- und Ordnungswidrigkeitenrecht, in: Lieder, Jan / Wilk, Cornelius / Ghassemi-Tabar, Nima (Hrsg.), Münchener Handbuch des Gesellschaftsrechts Band 8, 5. Auflage, 2018, S. 2081–2112, (zitiert als: Meyberg, in: MHdB GesR VIII, § 71 Straf- und Ordnungswidrigkeitenrecht).

Meyer, Frank, Europäisches Wirtschaftsstrafrecht – Die praktische Bedeutung des Europäischen Rechts für das geltende Wirtschaftsstrafrecht (Teil 1) –, wistra 2017, S. 209–214.

– Europäisches Wirtschaftsstrafrecht – Die praktische Bedeutung des Europäischen Rechts für das geltende Wirtschaftsstrafrecht (Teil 2) –, wistra 2017, S. 249–255.

***Meyer, Andreas / Veil, Rüdiger / Rönnau, Thomas** (Hrsg.)*, Handbuch zum Marktmissbrauchsrecht, 1. Auflage, 2018.

Meyer-Goßner, Lutz / Schmitt, Bertram, Strafprozessordnung: Gerichtsverfassungsgesetz, Nebengesetze und ergänzende Bestimmungen, 61. Auflage, 2018, (zitiert als: Bearbeiter, in: Meyer-Goßner/Schmitt StPO).

Michalke, Regina, „Best Criminal Compliance" im Unternehmen – eine „Falle" für Beschuldigte und Betroffene im Straf- und Bußgeldverfahren?, ZIS 2018, S. 334–340.

Milde, Oliver, Anmerkung zu LG Mannheim, Beschl. v. 03.07.2012 – 24 Qs 1/12, CCZ 2013, 78, Zur Beschlagnahmefähigkeit von Unterlagen im Gewahrsam eines Zeugen, CCZ 2013, S. 78–80.

Mitsch, Wolfgang, Täterschaft und Teilnahme bei der Verbandsstraftat, NZWiSt 2014, S. 1–5.

– *(Hrsg.)*, Karlsruher Kommentar zum Gesetz über Ordnungswidrigkeiten: OWiG, 5. Auflage, 2018, (zitiert als: Bearbeiter, in: KK-OWiG).

Momsen, Carsten / Grützner, Thomas, Gesetzliche Regelung unternehmensinterner Untersuchungen – Gewinn an Rechtsstaatlichkeit oder unnötige Komplikation?, CCZ 2017, S. 242–253.

Moosmayer, Klaus / Gropp-Stadler, Susanne, Der Diskussionsentwurf des Bundesministeriums der Justiz zur Änderung der §§ 30, 130 OWiG: Ein Zwischenruf, NZWiSt 2012, S. 241–243.

Muders, Christian, Die Haftung im Konzern für die Verletzung des Bußgeldtatbestandes des § 130 OWiG, Eine Studie zum Umfang der ordnungswidrigkeitenrechtlichen Verantwortlichkeit in Konzernrechtslagen, 2014.

Mühlhoff, Uwe, Lieber der Spatz in der Hand… oder: Nach der Novelle ist vor der Novelle! Zu den wesentlichen Änderungen des allgemeinen Ordnungswidrigkeitenrechts durch die 8. GWB-Novelle, NZWiSt 2013, S. 321–332.

Müller, Ekkehard, Die Stellung der juristischen Person im Ordnungswidrigkeitenrecht, 1985.

Mutschler-Siebert, Annette / Dorschfeldt, Dorian, Vergaberechtliche Selbstreinigung und kartellrechtliche Compliance – zwei Seiten einer Medaille, BB 2015, S. 642–650.

Nell, Mathias, Korruptionsbekämpfung ja – aber richtig!, Reformüberlegungen zur Unternehmenshaftung nach OWiG, ZRP 2008, S. 149–151.

Nolte, Norbert, Erstes Deferred Prosecution Agreement in UK, jurisPR-Compl 2/2016, Anm. 5.

Organisation for Economic Co-operation and Development (OECD), Deutschland: Phase 3, Bericht über die Anwendung des Übereinkommens über die Bekämpfung der Bestechung ausländischer Amtsträger im internationalen Geschäftsverkehr und der Empfehlung des Rats zur weiteren Bekämpfung der Bestechung ausländischer Amtsträger im internationalen Geschäftsverkehr, 2011, abrufbar unter <https://www.oecd.org/daf/anti-bribery/anti-bribery-convention/48967037.pdf> (letzter Abruf 11.10.2018), (zitiert als: OECD, Bericht zu Phase 3: Deutschland).

– Anti-Corruption Ethics and Compliance Handbook for Business, 2013, abrufbar unter <https://www.oecd.org/corruption/Anti-CorruptionEthicsComplianceHandbook.pdf.> (letzter Abruf 22.8. 2018).

– Umsetzung des OECD-Übereinkommens über die Bekämpfung der Bestechung, Bericht zu Phase 4: Deutschland, 2018, abrufbar unter <http://www.oecd.org/corruption/anti-bribery/Germany-Phase-4-Report-GER.pdf>

(letzter Abruf: 08.10.2018), (zitiert als: OECD, Bericht zu Phase 4: Deutschland).

Ost, Konrad / Kallfaß, Gunnar / Roesen, Katrin, Einführung einer Unternehmensverantwortlichkeit im deutschen Kartellsanktionenrecht – Anmerkungen zum Entwurf der 9. GWB-Novelle, NZKart 2016, S. 447–458.

Osterloh, Franziska, Strafrechtsdogmatische und strafprozessuale Probleme bei der Einführung und Umsetzung einer Verbandsstrafbarkeit: Untersuchung des Entwurfs eines Gesetzes zur Einführung strafrechtlicher Verantwortlichkeit von Unternehmen und sonstigen Verbänden, 2016.

Otto, Harro, Die Strafbarkeit von Unternehmen und Verbänden, Vortrag gehalten vor der Juristischen Gesellschaft zu Berlin am 26. Mai 1993, Schriftenreihe der Juristischen Gesellschaft zu Berlin, Band 133, 1993.

Paefgen, Walter G., Organhaftung: Bestandsaufnahme und Zukunftsperspektiven – Ein kritischer Werkstattbericht vor dem Hintergrund der Beratungen des 70. Deutschen Juristentages 2014, AG 2014, S. 554–584.

– Compliance als gesellschaftsrechtliche Organpflicht? WM 2016, S. 433–444.

Palandt-BGB, – siehe Palandt, Otto / Brudermüller, Gerd / Ellenberger, Jürgen / Götz, Isabell

Palandt, Otto / Brudermüller, Gerd / Ellenberger, Jürgen / Götz, Isabell, Bürgerliches Gesetzbuch: BGB, 77. Auflage, 2018, (zitiert als: Bearbeiter, in: Palandt-BGB).

Palzer, Christoph, Unternehmensstrafrecht – Eine rechtspolitische Notwendigkeit?, ZRP 2013, S. 122–123.

Pampel, Gunnar, Die Bedeutung von Compliance-Programmen im Kartellordnungswidrigkeitenrecht, BB 2007, S. 1636 1639.

Peglau, Jens, Unbeantwortete Fragen der Strafbarkeit von Personenverbänden, ZRP 2001, S. 406–409

Pelz, Christian, We observe local law – Strafrechtskonflikte in internationalen Compliance Programmen, CCZ 2013, S. 234–240.

– Aufsichtspflichten im Konzern – Zur Verantwortlichkeit der Konzernobergesellschaft i.S.d. Ordnungswidrigkeitenrechts, DB 2015, S. 2739–2741.

– Die Beschlagnahmefähigkeit von Unterlagen aus Internal Investigations – zugleich eine Besprechung von BVerfG, Beschluss vom 27.6.2018 – Az. 2 BvR 1405/17, 2 BvR 1780/17, CCZ 2018, S. 211–218.

Pelz, Christian / Hofschneider, Yvonne, Die Selbstanzeige im neuen Außenwirtschaftsrecht – Chance oder Risiko?, wistra 2014, S. 1–6.

Petermann, Stefan, Konzernweite Compliance-Maßnahmen und die angezogenen unternehmensstrafrechtlichen Daumenschrauben, in: Eisele, Jörg /

Koch, Jens / Theile, Hans (Hrsg.), Der Sanktionsdurchgriff im Unternehmensverbund, 2014, S. 99–115, (zitiert als: Petermann, in: Eisele/Koch/Theile, Der Sanktionsdurchgriff im Unternehmensverbund).

– Die Bedeutung von Compliance-Maßnahmen für die Sanktionsbegründung und -bemessung im Vertragskonzern, 2015.

Peukert, Matthias / Altenburg, Johannes, Bestimmung tauglicher Anknüpfungsnormen für Unternehmensgeldbußen, BB 2015, S. 2822–2827.

Piel, Hannah Milena, Strafrechtliche Folgen von Non-Compliance, ZWH 2014, S. 13–20.

Pieth, Mark, Ein europäisches Unternehmensstrafrecht?, in: Kempf, Eberhard / Lüderssen, Klaus / Volk, Klaus (Hrsg.), Unternehmensstrafrecht, 2012, S. 395–401, (zitiert als: Pieth, in: Kempf/Lüderssen/Volk, Unternehmensstrafrecht)

Podolsky, Johann / Brenner, Tobias, Vermögensabschöpfung im Straf- und Ordnungswidrigkeitenverfahren, Leitfaden für die Praxis, 5. Auflage, 2012.

Poller, Stefan, Verbandsgeldbuße und der Steueranspruch, 2004.

Queck, Nadine, Die Geltung des nemo-tenetur-Grundsatzes zugunsten von Unternehmen, 2005.

Querenet-Hahn, Bénédicte / Kettenberger, Karoline, Länderreport Frankreich: Das Gesetz zur Transparenz, zum Kampf gegen die Korruption und zur Modernisierung der Wirtschaft vom 9.12.2016 (Loi Sapin II), CB 2017, S. 8–14.

Rahlmeyer, Niklas / Eiff, Christoph von, Anmerkung zu BGH, Urt. v. 8.7.2014, II ZR 174/13, BGH zum Erfordernis der Zustimmung der Hauptversammlung zur Übernahme einer Geldsanktion für Vorstandsmitglieder durch eine Aktiengesellschaft, CCZ 2015, S. 91–94.

Ransiek, Andreas, Zur strafrechtlichen Verantwortung von Unternehmen, NZWiSt 2012, S. 45–51.

Raum, Rolf, Vorteilsabschöpfung im Kartellrecht – Viele Wege zu einem Ziel, in: Müller, Gerda / Osterloh, Eilert / Stein, Tor (Hrsg.), Festschrift für Günter Hirsch zum 65. Geburtstag, 2008, S. 301–310, (zitiert als: Raum, in: FS Hirsch).

– Die Verwertung unternehmensinterner Ermittlungen, StraFo 2012, S. 395–399.

Rebmann, Kurt / Roth, Werner / Herrmann, Siegfried, Gesetz über Ordnungswidrigkeiten: Kommentar, Loseblattwerk mit 25. Aktualisierung, 2017, (zitiert als: Bearbeiter, in: RRH-OWiG).

Rehm, Rebekka, Die Folgen eines Unternehmensstrafrechts für mittelständische Unternehmen – eine ökonomische Betrachtung, in: Henssler, Martin / Hoven, Elisa / Kubiciel, Michael / Weigend, Thomas (Hrsg.), Grundfragen eines modernen Verbandsstrafrechts: Tagungen und Kolloquien, 2017, S. 147–170, (zitiert als: Rehm, in: Henssler/Hoven/Kubiciel/Weigend, Grundfragen eines modernen Verbandsstrafrechts).

Reichert, Jochem / Ott, Nicolas, Die Zuständigkeit von Vorstand und Aufsichtsrat zur Aufklärung von Non-Compliance in der AG, NZG 2014, S. 241–251.

Reichling, Tilman, Bußgeldrechtliche Haftung bei Gesamtrechtsnachfolge – Versicherungsfusion, NJW 2012, S. 164–167.

– Anmerkung zum BGH, Beschl. v. 10. 8. 2011 – KRB 55/10, Bußgeldrechtliche Haftung bei Gesamtrechtsnachfolge – Versicherungsfusion, NJW 2012, S. 164–167.

Rettenmaier, Felix / Palm, Lisa, Das Ordnungswidrigkeitenrecht und die Aufsichtspflicht von Unternehmensverantwortlichen, NJOZ 2010, S. 1414–1419.

Reuling, Hendrik / Schoop, Christian, „Internal Investigations“ im Lichte des Koalitionsvertrages 2018 – Notwendige Inhalte einer gesetzlichen Regelung, ZIS 2018, S. 361–367.

Reuter, Alexander, Unternehmensbußen – Verfassungsrechtlicher Holzweg, ZIP 2018, S. 2298–2305.

Reyhn Nadège / Rübenstahl, Markus, Der 3. Evaluierungsbericht zur OECD-Anti-Korruptionskonvention – Gesetzgeberischer Handlungsbedarf und strengere Compliance Anforderungen?, CCZ 2011, S. 161–170.

Rieder, Markus S. / Menne, Jonas, Internal Investigations – Rechtslage, Gestaltungsmöglichkeiten und rechtspolitischer Handlungsbedarf, CCZ 2018, S. 203–211.

Rogall, Klaus, Kriminalstrafe gegen juristische Personen?, GA 2015, S. 260–266.

Rönnau, Thomas / Wegner, Kilian, Reform des Rechts der Verbandssanktionen – europäische und internationale Vorgaben, ZRP 2014, S. 158–164.

Rosinus, Christian, Haftungsvermeidung und -minimierung bei Aufsichtspflichtverletzung und Verbandsgeldbuße durch Compliance in der Praxis, 2015.

Röske, Marcus / Böhme, Frank, Zur Haftung des Unternehmensträgers gem. § 30 Abs. 1 Nr. 5 OWiG für deliktisches Handeln auf Betriebsebene, wistra 2013, S. 48–52.

Roth, Günter H. / Altmeppen, Holger, Gesetz betreffend die Gesellschaften mit beschränkter Haftung: GmbHG, Kommentar, 8. Auflage, 2015, (zitiert als: Bearbeiter, in: Roth/Altmeppen, GmbHG).

Roth, Hans-Peter, Aktuelle Entwicklungen des Kapitalmarktrechts – Ein Überblick, GWR 2016, S. 67–71.

Rotsch, Thomas, Individuelle Haftung in Großunternehmen: Plädoyer für den Rückzug des Umweltstrafrechts, 1998.

– Der Handlungsort i.S.d. § 9 Abs. 1 StGB – Zur Anwendung deutschen Strafrechts im Falle des Unterlassens und der Mittäterschaft, ZIS 2010, S. 168–174.

– Compliance und Strafrecht – Fragen, Bedeutung, Perspektiven – Vorbemerkungen zu einer Theorie der sog. Criminal Compliance, ZStW 125 (2013), S. 481–498.

– *(Hrsg.)*, Criminal Compliance, Handbuch, 2015, (zitiert als: Bearbeiter, in: Rotsch, Criminal Compliance).

Roxin, Imme, Compliance-Maßnahmen und Unternehmenssanktionierung de lege lata, ZIS 2018, S. 341–349.

RRH-OWiG, – siehe Rebmann, Kurt / Roth, Werner / Herrmann, Siegfried.

Rübenstahl, Markus, Strafrechtliche Unternehmenshaftung in Italien – das Legislativdekret Nr. 231 vom 8.6.2001, RIW 2012, S. 505–513.

Rübenstahl, Markus / Skoupil, Christoph, Anforderungen der US-Behörden an Compliance-Programme nach der FCPA und deren Auswirkungen auf die Strafverfolgung von Unternehmen – Modell für Deutschland, wistra 2013, S. 209–217.

Ruchatz, Ulrich, Auskunftspflichten der Aktiengesellschaft bei Organhaftungsverfahren im Verhältnis zum Anspruchsgegner und gegenüber dem D&O-Versicherer, AG 2015, S. 1–10.

Sachs, Bärbel / Krebs, David, Quid pro Quo im Außenhandel: Compliance gegen Verfahrensprivilegien, CCZ 2013, S. 12–18.

Salditt, Franz, Normativ ansprechbar: Börsennotierte Kapitalgesellschaften, in: Schröder, Christian / Hellmann, Uwe (Hrsg.), Festschrift für Hans Achenbach, 2011, S. 433–446, (zitiert als: Salditt, in: FS Achenbach).

Schlüter, Jan, Die Strafbarkeit von Unternehmen in einer prozessualen Betrachtung, nach dem geltenden Strafprozeßrecht, 2000.

Schmidt, Karsten, Zur Verantwortung von Gesellschaften und Verbänden im Kartell-Ordnungswidrigkeitenrecht / Diskussionsbeitrag eines Wirtschaftsrechtlers zu § 30 OWiG und zum Verständnis der Bußgeldpraxis nach dem GWB, wistra 1990, S. 131–138.

– Gesellschaftsrecht, 4. Auflage, 2002.

Schmitt, Joachim / Hörtnagl, Robert / Stratz, Rolf-Christian *(Hrsg.)*, Umwandlungsgesetz, Umwandlungssteuergesetz: UmwG, UmwStG, 8. Auflage, 2018, (zitiert als: Bearbeiter, in: Schmitt/Hörtnagl/Stratz, Umwandlungsgesetz, Umwandlungssteuergesetz).

Schmitt, Rudolf, Strafrechtliche Maßnahmen gegen Verbände, 1958.

- Wie weit reicht § 30 des Ordnungswidrigkeitengesetzes? in: Warda, Günter / Waider, Heribert / Hippel, Reinhard von / Meurer, Dieter (Hrsg.), Festschrift für Richard Lange zum 70. Geburtstag, 1976, S. 877–888, (zitiert als: Schmitt, in: FS Lange).

Schmitt-Leonardy, Charlotte, Unternehmenskriminalität ohne Strafrecht?, 2013.

- Zurück in die Zukunft? Zur neuen alten Diskussion um die Unternehmensstrafe und zu dem immer noch unzureichenden Verständnis des Problems, ZIS 2015, S. 11–22.
- Originäre Verbandsschuld oder Zurechnungsmodell?, in: Henssler, Martin / Hoven, Elisa / Kubiciel, Michael / Weigend, Thomas (Hrsg.), Grundfragen eines modernen Verbandsstrafrechts, 2017, S. 71–96, (zitiert als: Schmitt-Leonardy, in: Henssler/Hoven/Kubiciel/Weigend, Grundfragen eines modernen Verbandsstrafrechts).

Schmitz, Roland, Kartellordnungswidrigkeitenverfahren des BKartA und der Grundsatz des Fairen Verfahrens nach Art. 6 EMRK, wistra 2016, S. 129–137.

Schneider, Anne, Der transnationale Geltungsbereich des deutschen Verbandsstrafrechts de lege lata und de lege ferenda, ZIS 2013, S. 488–499.

Schneider, Hartmut, Anmerkung zu LG Braunschweig, Beschl. v. 21.07.2015 – Az. 6 Qs 116/15, Beschlagnahmefreie Unterlagen, NStZ 2016, S. 308–312.

Schneider, Hendrik, Wirtschaftskriminalität, Wirtschaftsstrafrecht und Wirtschaftskriminologie. Über die Erstarrung der deutschen Kriminologie zwischen atypischem Moralunternehmertum und Bedarfswissenschaft, in: Kempf, Eberhard / Lüderssen, Klaus / Volk, Klaus (Hrsg.), Die Handlungsfreiheit des Unternehmers, wirtschaftliche Perspektiven, strafrechtliche und ethische Schranken, 2009, S. 61–79, (zitiert als: Schneider, in: Kempf/Lüderssen/Volk, Die Handlungsfreiheit des Unternehmens).

Schneider, Uwe H, Compliance im Konzern, NZG 2009, S. 1321–1326.

Scholz, Rupert, Strafbarkeit juristischer Personen?, ZRP 2000, S. 435–440.

Schomburg, Wolfgang / Suominen-Picht, Irene, Verbot der mehrfachen Strafverfolgung, Kompetenzkonflikte und Verfahrenstransfer, NJW 2012, S. 1190–1194.

Schönke, Adolf / Schröder, Horst, Strafgesetzbuch: Kommentar, 30. Auflage, 2019, (zitiert als: Bearbeiter, Schönke/Schröder-StGB).

Schorn, Martin, Die straf- und ordnungswidrigkeitenrechtliche Verantwortlichkeit im Arbeitsschutz-recht und deren Abwälzung, BB 2010, S. 1345–1349.

Schreitter, Florian von, Die kartellordnungswidrigkeitenrechtliche Haftung nach § 130 OWiG – ein Risiko für Konzernobergesellschaften?, NZKart 2016, S. 253–264.

Schroth, Hans-Jürgen, Der Regelungsgehalt des 2. Gesetzes zur Bekämpfung der Wirtschaftskriminalität im Bereich des Ordnungswidrigkeitenrechts, wistra 1986, S. 158–165.

– Unternehmen als Normadressaten und Sanktionssubjekte – eine Studie zum Unternehmensstrafrecht, 1993.

Schuler, Patrick, Zur Diskussion um ein Aussageverweigerungsrecht juristischer Personen, JR 2003, S. 265–270.

Schumann, Stefan / Knierim, Thomas, Wettbewerb im Unternehmensstrafrecht: Individual- vs. Verbandsverteidigung, NZWiSt 2016, S. 194–202.

Schünemann, Bernd, Unternehmenskriminalität und Strafrecht, Eine Untersuchung der Verantwortlichkeit der Unternehmen und ihrer Führungskräfte nach geltendem und geplantem Straf- und Ordnungswidrigkeitenrecht, 1979.

– Die Strafbarkeit der juristischen Person aus deutscher und europäischer Sicht, in: Bausteine des europäischen Wirtschaftsstrafrechts, Madrid-Symposium für Klaus Tiedemann, 1994, S. 265–295, (zitiert als: Schünemann, in: Madrid-Symposium für Klaus Tiedemann).

– Plädoyer zur Einführung einer Unternehmenskuratel, in: Schünemann, Bernd, Deutsche Wiedervereinigung – Die Rechtseinheit – Arbeitskreis Strafrecht, Band III, Unternehmenskriminalität, 1996, S. 129–142 (zitiert als: Schünemann, in: Unternehmenskriminalität).

– Strafrechtliche Sanktionen gegen Wirtschaftsunternehmen? in: Sieber, Ulrich / Dannecker, Gerhard / Kindhäuser, Urs / Vogel, Joachim / Walter, Tonio (Hrsg.), Strafrecht und Wirtschaftsstrafrecht – Dogmatik, Rechtsvergleich, Rechtstatsachen, Festschrift für Klaus Tiedemann zum 70. Geburtstag, 2008, S. 429–447, (zitiert als: Schünemann, in: FS Tiedemann).

– Die großen wirtschaftsstrafrechtlichen Fragen der Zeit. Eine Vorschau auf die Zürcher Strafrechtslehrertagung, GA 2013, S. 193–205.

– Zur Frage der Verfassungswidrigkeit und der Folgen eines Strafrechts für Unternehmen, Rechtsgutachten zum Gesetzesantrag des Landes Nordrhein-Westfalen, 2013.

– Die aktuelle Forderung eines Verbandsstrafrechts – Ein kriminalpolitischer Zombie, ZIS 2014, S. 1–18.

– Der Kampf ums Verbandsstrafrecht in dritter Neuauflage, der „Kölner Entwurf eines Verbandssanktionengesetzes“ und die Verwandlung von Kuratoren in Monitore – much ado about something, StraFo 2018, S. 317–327.

Schuster, Frank Peter, Anmerkung zu LG Mannheim, Beschl. v. 03.07.2012 – 24 Qs 1/12; 24 Qs 2/12, Beschlagnahme von Interviewprotokollen nach „Internal Investigations“ II, NZWiSt 2012, S. 424–427.

Schwarz, Volker, Anmerkung zu LAG Düsseldorf, Urt. v. 20.1.2015, 16 Sa 459/14, Keine Haftung des Geschäftsführers einer GmbH für gegen das Unternehmen verhängte kartellrechtliche Geldbußen, CCZ 2015, S. 185–190.

Schwarze, Jürgen / Becker, Ulrich / Hatje, Armin / Schoo, Johann *(Hrsg.)*, EU-Kommentar, 3. Auflage, 2012.

Schwinge, Christina, Strafrechtliche Sanktionen gegenüber Unternehmen im Bereich des Umweltstrafrechts, 1996.

Seelmann, Kurt, Kollektive Verantwortung im Strafrecht, Vortrag gehalten vor der Juristischen Gesellschaft zu Berlin am 18. April 2001, 2002.

Seibt, Christoph H, 20 Thesen zur Binnenverantwortung im Unternehmen im Lichte des reformierten Kapitalmarktsanktionsrechts, NZG 2015, S. 1097–1103.

Sieber, Ulrich, Internationales Strafrecht im Internet – Das Territorialitätsprinzip der §§ 3, 9 StGB im globalen Cyberspace, NJW 1999, S. 2065–2073.

– Compliance-Programme im Unternehmensstrafrecht, ein neues Konzept zur Kontrolle von Wirtschaftskriminalität, in: Sieber, Ulrich / Dannecker, Gerhard / Kindhäuser, Urs / Vogel, Joachim / Walter, Tonio (Hrsg.), Strafrecht und Wirtschaftsstrafrecht – Dogmatik, Rechtsvergleich, Rechtstatsachen, Festschrift für Klaus Tiedemann zum 70. Geburtstag, 2008, S. 449–484, (zitiert als: Sieber, in: FS Tiedemann).

Soyer, Richard / Schumann, Stefan, Die „Frankfurter Thesen“ zum Unternehmensstrafrecht unter Einbeziehung der Erfahrungen in Österreich, wistra 2018, S. 321–326.

Spießhofer, Birgit, Compliance und Corporate Social Responsibility, NZG 2018, S. 441–446.

Spindler, Gerald / Stilz, Eberhard *(Hrsg.)*, Kommentar zum Aktiengesetz, AktG, Band 1: §§ 1–149, 3. Auflage, 2015.

Stratenwerth, Günter, Strafrechtliche Unternehmenshaftung?, in: Geppert, Klaus / Bohnert, Joachim / Rengier, Rudolf (Hrsg.), Festschrift für Rudolf Schmitt zum 70. Geburtstag, 1992, S. 295–307, (zitiert als: Stratenwerth, in: FS Schmitt).

Süße, Sascha, Gesetzliche Vorgaben für interne Untersuchungen, Ein Weg zur Beseitigung von Rechtsunsicherheiten bei der Kooperation in Wirtschaftsstrafverfahren?, ZIS 2018, S. 350–360.

Szesny, André-M., Keine Garantenpflicht von Vorstandsmitgliedern oder Geschäftsführern gegenüber Dritten zur Verhinderung von Vermögensschäden, WiJ 2013, S. 33–38.

– Mindestanforderungen an Compliance aus Gesetzgebung und Rechtsprechung, in: Ahlbrecht, Heike / Dann, Matthias / Wessing, Helga / Frister, Helmut / Bock, Dennis (Hrsg.), Unternehmensstrafrecht, Festschrift für Jürgen Wessing zum 65. Geburtstag, 2016, S. 469–480, (zitiert als: Szesny, in: FS Wessing).

– Das Sanktionsregime im neuen Marktmissbrauchsrecht, DB 2016, S. 1420–1425.

Taschke, Jürgen, Zur Entwicklung der Verfolgung von Wirtschaftsstrafsachen in der Bundesrepublik Deutschland Teil 2: Zur strafrechtlichen Haftung des Managements, NZWiSt 2012, S. 41–45.

Theile, Hans, Wirtschaftskriminalität und Strafverfahren, 2009.

– Die wirtschaftliche Betrachtungsweise als Ansatz zur Sanktionierung der Obergesellschaft im Unternehmensverbund nach § 130 OWiG, in: Eisele, Jörg / Koch, Jens / Theile, Hans (Hrsg.), Der Sanktionsdurchgriff im Unternehmensverbund, 2014, S. 73–97, (zitiert als: Theile, in: Eisele/Koch/ Theile, Der Sanktionsdurchgriff im Unternehmensverbund).

Theile, Hans / Petermann, Stefan, Die Sanktionierung von Unternehmen nach dem OWiG, JuS 2011, S. 496–501.

Thole, Christoph, Managerhaftung für Gesetzesverstöße – Die Legalitätspflicht des Vorstands gegenüber seiner Aktiengesellschaft, ZHR 173 (2009), S. 504–535.

Thomas, Stefan, Bußgeldregress, Übelszufügung und D&O-Versicherung, NZG 2015, S. 1409–1419.

Thomas, Stefan / Legner, Sarah, Die wirtschaftliche Einheit im Kartellzivilrecht, NZKart 2016, S. 155–160.

Thompson, Viviana E., „Modelle" der Selbstanzeige im Wirtschaftsordnungswidrigkeitenrecht und ihre strafrechtlichen Vorbilder, 2018

Tiedemann, Klaus, Strafrechtliche Grundprobleme im Kartellrecht, NJW 1979, S. 1849–1856.

– Die „Bebußung" von Unternehmen nach dem 2. Gesetz zur Bekämpfung der Wirtschaftskriminalität, NJW 1988, S. 1169–1174.

– Europäisches Gemeinschaftsrecht und Strafrecht, NJW 1993, S. 23–31.

Többens, Hans W, Die Bekämpfung der Wirtschaftskriminalität durch die Troika der §§ 9, 130 und 30 des Gesetzes über Ordnungswidrigkeiten, NStZ 1999, S. 1–8.

Tricot, Juliette, Unternehmensstrafbarkeit in Frankreich – Auf der verzweifelten Suche nach einem Modell, ZStW 126 (2014), S. 55–72.

Trüg, Gerson, Zu den Folgen der Einführung eines Unternehmensstrafrechts, wistra 2010, S. 241–249.

– Die Verbandsgeldbuße gegen Unternehmen / Ist-Zustand und Reformbewegung, ZWH 2011, S. 6–13.

– Sozialkontrolle durch Strafrecht – Unternehmensstrafrecht, StraFo 2011, S. 471–485.

– Die Reform der strafrechtlichen Vermögensabschöpfung, NJW 2017, S. 1913–1918.

– Unternehmensstrafverfahrensrecht, in: Barton, Stephan / Fischer, Thomas / Jahn, Matthias / Park, Tido (Hrsg.), Festschrift für Reinhold Schlothauer zum 70. Geburtstag, 2018, S. 65–80, (zitiert als: Trüg, in: FS Schlothauer).

Tschierschke, Anja, Die Sanktionierung des Unternehmensverbundes, Bestandsaufnahme, Perspektiven und Europäisierung, 2013.

Uebele, Fabian, Das „Unternehmen" im europäischen Datenschutzrecht, EuZW 2018, S. 440–446.

Uhlenbruck, Wilhelm *(Hrsg.)*, Insolvenzordnung: InsO, 15. völlig neu bearbeitete Auflage, 2019, (zitiert als: Bearbeiter, in: Uhlenbruck, Insolvenzordnung: InsO).

Utz, Maximilian, Die Selbstanzeige im Unternehmenssanktionsrecht, NZWiSt 2015, S. 377–381.

Verband der Diagnostica-Industrie (VDGH), KODEX für die Mitglieder des VDGH, die IVD-Medizinprodukte nach § 3 Nr. 5 MPG herstellen, die auch zur Eigenanwendung bestimmt sind (Eigenanwendungs-IVD), 2013, abrufbar unter <https://www.vdgh.de/media/file/3064.Kodex-fuer-die-Mitglieder-des-VDGH_2016.pdf> (letzter Abruf 01.06.2018).

Verjans, Renate, Rechtsnachfolge in die Verbandsgeldbuße – Zur Neufassung des § 30 OWiG im Rahmen der 8. GWB-Novelle, in: Lüderssen, Klaus / Volk, Klaus / Wahle, Eberhard (Hrsg.), Festschrift für Wolf Schiller, zum 65. Geburtstag am 12. Januar 2014, 2014, S. 662–672, (zitiert als: Verjans, in: FS Schiller).

Verse, Dirk A., Compliance im Konzern: Zur Legalitätskontrollpflicht der Geschäftsleiter einer Konzerngesellschaft, ZHR 2011, S. 401–424.

Vogel, Joachim, Unrecht und Schuld in einem Unternehmensstrafrecht, in: Kempf, Eberhard / Lüderssen, Klaus / Volk, Klaus (Hrsg.), Unternehmensstrafrecht, 1. Auflage, 2012, S. 205–216, (zitiert als: Vogel, in: Kempf/Lüderssen/Volk, Unternehmensstrafrecht).

www.ingramcontent.com/pod-product-compliance
Ingram Content Group UK Ltd.
Pitfield, Milton Keynes, MK11 3LW, UK
UKHW021826290926
8980IPUK00004B/288

9 783631 807415

aufzuerlegen, zur Klage aufgefordert, mithin provoziert, wurde, weshalb sie seit dem 17. Jahrhundert auch meist als Provokationen bezeichnet wurden[75].

(1) remedium ex lege diffamari

Das remedium ex lege diffamari war vom 15. Jahrhundert bis zum Inkrafttreten der CPO das bedeutendste Sicherungsmittel mit Feststellungsfunktion[76]. Sein Grundgedanke ist noch heute im feststellungsähnlichen Aufgebotsverfahren nach §§ 946 ff. ZPO enthalten[77]. Berühmte sich jemand absichtlich oder irreführend eines Anspruchs gegen einen anderen, wodurch diesem ein Nachteil drohte, konnte er durch den Richter dazu aufgefordert werden, binnen einer Frist Klage zu erheben[78]. Anderenfalls lief er Gefahr, daß ihm hinsichtlich seiner Behauptung ewiges Stillschweigen auferlegt wurde. Diese Provokation diente vornehmlich der Abwehr des Mißbrauchs der Klagebefugnis des Diffamanten, was man als Bedrohung des Rechtsfriedens empfand und die man darin sah, daß dieser mit der Erhebung seiner Klage auf einen dem Gegner ungünstigen Zeitpunkt wartete[79]. Im Laufe der Zeit handhabte die Praxis diese Provokation immer freier und dehnte sie generell auf (auch nicht böswillige) Berühmungen aus, die sich nachteilig für den Provokanten auswirkten. Der Schutz vor Willkür trat in den Hintergrund, wurde nicht mehr auf Statusfragen beschränkt und an seine Stelle rückte der Schutz bestehender Zustände vor Rechtsgefährdung, womit im Wesentlichen die Aufgabe der heutigen negativen Feststellungsklage übernommen wurde[80].

---

75 Vgl. *Jacobs*, Feststellungsverfahren, S. 105; *Kadel*, Feststellungsklage, S. 26 f.; *Wetzell*, System, S. 103 ff.

76 Vgl. *Kadel*, Feststellungsklage, S. 26.

77 Vgl. *Jacobs*, Feststellungsverfahren, S. 105. Wie *Kadel*, Feststellungsklage, S. 27, darlegt, ist es schon bei den Glossatoren erwähnt und wahrscheinlich von ihnen entwickelt. Es leitet sich aus einer Stelle des römischen Rechts ab, wonach ein freier Bürger, von dem behauptet wurde, er sei lediglich Freigelassener, sich an den Statthalter einer Provinz wandte, um mit der Praejudicialklage seinen „status libertatis“ feststellen zu lassen. Der Gegner war zum angesetzten Termin mit der Auflage geladen, seine Behauptung zu beweisen, erschien aber nicht. Deshalb wurde auf die Freiheit des Klägers erkannt und dem Diffamanten untersagt, dessen Status weiter anzuzweifeln. Da die Glossatoren allgemein die Notwendigkeit empfanden, der Rechtsungewißheit und –unsicherheit vorzubeugen, ließen sie unter Berufung auf diese Stelle in Fällen solcher Art den Klagezwang zu.

78 Ausführlich zu dem Verfahren und seinen Änderungen im Wandel der Zeit: *Kadel*, Feststellungsklage, S. 28 ff.

79 Vgl. *Jacobs*, Feststellungsverfahren, S. 106.

80 Vgl. *Jacobs*, Feststellungsverfahren, S. 106; *Kadel*, Feststellungsklage, S. 29 f.; *Vorsmann*, Arbeitsgerichtliche Feststellung, S. 14.

(2) remedium ex lege si contendat

Mittels des remedium ex lege si contendat konnte Rechtsschutz zur Erhaltung von Einreden erlangt werden[81]. Wenn der Provokant befürchtete, daß ihm Einreden durch zu späte Klage verloren gingen[82], konnte er den Gegner dazu zwingen, die Klage nicht länger aufzuschieben, was bei Nichterhebung der Klage zum Verlust des Klagerechts führte, indem dem Gegner ebenfalls ewiges Stillschweigen auferlegt wurde. Die fragliche Einrede galt damit praktisch als festgestellt, der Anspruch dementsprechend in der Wirkung als nicht bestehend[83]. Auch hier kam es zunehmend zu einer freieren Anwendung.

Beide Provokationen waren zwar keine Feststellungsklagen im heutigen Sinne, sie enthielten in ihrer ursprünglichen Form auch keine Feststellung, sondern führten zu einer Präklusion, wurden aber teilweise selbst unmittelbar zum Zweck negativer Feststellung benutzt[84]. Nicht zuletzt verfolgten sie ein ähnliches Ziel wie die heutigen Feststellungsklagen, nämlich die Beseitigung von Rechtsgefährdung und Schaffung von Rechtsgewißheit[85].

3. *Feststellungsmittel des Gemeinen Rechts*

Die dargestellten Feststellungsmittel blieben auch im Gemeinen Recht noch Einzelerscheinungen, denen die allgemeine Anerkennung versagt blieb[86]. Dennoch versuchte man, dem vorhandenen und steigenden Bedürfnis der Praxis nach gerichtlicher Feststellung mit verschiedenartigen Einrichtungen und Begründungen gerecht zu werden[87]. Aus diesem Grund ließen die Gerichte in zunehmendem Maße Feststellungsmittel unterschiedlichster Art zu, wobei die aus dem kanonischen und italienischen Recht mit ihren römischrechtlichen Wurzeln überkommenen Institute an die zeitgenössischen Verhältnisse angepaßt wurden[88].

---

81 Vgl. *Immerwahr*, Actio praejudicialis, S. 34; *Jacobs*, Feststellungsverfahren, S. 106; *Kadel*, Feststellungsklage, S. 31 ff.; *Weismann*, Feststellungsklage, S. 95; *Wetzell*, System, S. 111.

82 Wie die Einrede des Bürgen, daß die Mitbürgen solvent seien, die ihm zwar momentan zustand, die er aber verlieren konnte, wenn erst später gegen ihn geklagt wurde, vgl. *Immerwahr*, Actio praejudicialis, S. 34.

83 Vgl. *Kadel*, Feststellungsklage, S. 32.

84 Vgl. *Degenkolb*, Einlassungszwang, S. 216 Fußn. 2; *Kadel*, Feststellungsklage, S. 32.

85 Vgl. *Jacobs*, Feststellungsverfahren, S. 106.

86 Vgl. *Jacobs*, Feststellungsverfahren, S. 107; *Kadel*, Feststellungsklage, S. 35.

87 Vgl. *Kadel*, Feststellungsklage, S. 35.

88 Vgl. *Jacobs*, Feststellungsverfahren, S. 107. Zahlreiche Nachweise finden sich bei *Bähr*, Anerkennung², S. V f., 314 ff.; *Ho*, Anspruchsbegriff, S. 5 ff.; *Kadel*, Feststellungsklage, S. 38 ff.

a) Praeiudicialklagen

Nach wie vor waren in Statusfragen die römisch-rechtlichen Praeiudicialklagen in Übung[89].

Man bemühte sich, diese als Rechtschutzform für möglichst viele Rechtsverhältnisse verfügbar zu machen und weiterzuentwickeln. Beispielsweise wurden Praeiudicialklagen bei bedingten und befristeten Forderungen oder im Prätendentenstreit zugelassen[90]. So wurde auch eine Ausweitung dieses Instituts in Form einer allgemeinen Anerkennungsklage befürwortet, dies vor allem von *Windscheid*[91]. Er lehrte, das Praeiudicium verlange nicht die Realisierung, sondern nur die Anerkennung eines Rechts oder Rechtsverhältnisses. Allerdings stand die herrschende Meinung in der Wissenschaft einer Ausweitung auf schuldrechtliche Verhältnisse eher ablehnend gegenüber und ließ eine Leistungsklage zusammen mit der Klage auf „Anerkennung" des Forderungs- oder Realrechts lediglich bei künftig wiederkehrenden Leistungen zu[92]. Hinzu kommt, daß überwiegend noch – verhaftete im aktionenrechtlichen Denken – an dem bislang unumstrittenem Grundsatz festgehalten wurde, daß die Klagemöglichkeit eine Rechtsverletzung voraussetze[93]. Nichtsdestotrotz zeigen sich bereits Anfänge der später kodifizierten Präjudizial-Inzidentklage.

b) Kautions- und Liberationsklagen

Auch die Kautions- und Liberationsklagen wurden weiterhin praktiziert[94]. Gerade in ihnen sah *Bähr* diejenige römischrechtliche Einrichtung, in denen die von ihm vertretene Anerkennungsklage ihren Ursprung habe[95]. Ähnlich dem römischen Recht ließ die Praxis die Klage auf Anerkennung vor dem Verfallstermin eines Forderungsrechts oder vor Bedingungseintritt zu, um dem Kläger die spätere

89 Vgl. *Seidel*, Feststellungsklage, S. 10; *Kadel*, Feststellungsklage, S. 35. *Weismann*, Feststellungsklage, S. 99 ff., und *Immerwahr*, Actio praejudicialis, S. 43 ff., betonen hingegen den deutschrechtlichen Ursprung.

90 Vgl. *Jacobs*, Feststellungsverfahren, S. 108.

91 Vgl. *Windscheid*, Actio, S. 16 ff.

92 Vgl. *Kadel*, Feststellungsklage, S. 42.

93 Vgl. *Jacobs*, Feststellungsverfahren, S. 108.

94 Näher zur gerichtlichen Praxis: *Jacobs*, Feststellungsverfahren, S. 108 f.

95 Vgl. *Bähr*, Anerkennung^2, S. 315 ff.: Im heutigen Recht trete jedoch an die Stelle der Stipulation „bei uns die Anerkennung, welche dann wiederum, als Gegenstand einer Klage gedacht, in dem Judicat selbst ein Surrogat findet", S. 319. Dies bedeute, es könne „auch vor dem Verfalltag der Leistung auf Anerkennung (Feststellung) des Rechtsverhältnisses ex justa causa geklagt werden", S. 319. Wo ein „wirkliches Bedürfniß" vorliege, mithin eine justa causa, müsse auch auf Nichtbestehen geklagt werden können, S. 320.

Einklagung des streitig gewordenen Forderungsrechtes nicht grundlos zu erschweren oder zu vereiteln[96].

c) Provokationen

Ebenso fanden die Provokationsklagen in der gemeinrechtlichen Praxis ab Beginn des 19. Jahrhunderts zunehmende Verbreitung[97]. Im Zuge dessen nahm man immer mehr davon Abstand, eine absichtliche bzw. willkürliche Berühmung als Voraussetzung der Provokationen zu verlangen; vielmehr ließ man bereits einen bloßen Nachteil genügen, der dem Kläger aus der Berühmung erwachse[98]. Hierdurch nahmen sie schließlich die merkwürdige Gestalt einer „actio poenalis"[99] an, die dem Diffamanten aufgab, seiner Verpflichtung nachzukommen und den Anspruch dessen er sich berühmte durch Klage geltend zu machen[100]. Vielfach wurde hierin ein Verstoß gegen das Prinzip der freien Ausübung des Klagerechts gesehen[101].

Als Ergebnis läßt sich festhalten, daß es den unumstrittenen Vorläufer der zivilprozessualen (Zwischen-) Feststellungsklage nicht gibt. Am nächsten dürften dem Zweck, den die Zwischenfeststellungsklage verfolgt, und ihrer Bedeutung im Rahmen der Hauptklage noch die Präjudizialklagen gekommen sein, wenn auch der dahinter stehende Gedanke der Rechtskrafterstreckung noch nicht, insbesondere für das eine negative Feststellungsklage abweisende Urteil[102], vollends ausgeformt war. Zumal in der gemeinrechtlichen Doktrin das Erfordernis der einer Feststellung oder Anerkennung vorausgehenden Rechtsverletzung erst langsam auflockerte. Insgesamt fehlte noch ein allgemeines Prinzip, welches der Anwendung der Feststellungsmittel zu Grunde gelegen hätte[103]. Unter dem Druck der durch die Judikatur – speziell bei Dauerschuldverhältnissen – zahlreich zugelassenen und unterschiedlich gehandhabten Präjudizialklagen und Anerkennungsklagen, der Zersplitterung des materiellen Rechts in den verschieden Territorien und bereits erfolgter Regelungen in den Prozeßordnungen verschiedener Staaten wurde der Ruf nach dem Gesetzgeber und einer einheitlichen Prozeßordnung für das Deutsche Reich immer lauter und führte so zur Kodifizierung der Feststellungsklagen in § 231 und § 253 CPO[104].

---

96 Vgl. *Jacobs*, Feststellungsverfahren, S. 108 f.

97 Vgl. *Jacobs*, Feststellungsverfahren, S. 108.

98 Vgl. *Kadel*, Feststellungsklage, S. 29.

99 Vgl. *Muther*, Diffamationsklage, 53 (125).

100 Vgl. *Muther*, Diffamationsklage, 53 (127); *Schumann*, GS Michelakis, 553 (572).

101 Vgl. *Schumann*, GS Michelakis, 553 (572) unter Hinweis auf *Degenkolb*, Einlassungszwang, S. 277.

102 Dazu *Schumann*, GS Michelakis, 553 (572 f.).

103 Vgl. *Rocholl*, ZZP 8 (1885), 329 (359).

104 Vgl. *Jacobs*, Feststellungsverfahren, S. 111 ff.

B. Die Regelung durch die Reichscivilprozeßordnung[105]

Die Zwischenfeststellungsklage gehört seit Verkündung der „Civil-Prozeß-Ordnung für das Deutsche Reich“ im Jahre 1877[106] zum Kernbestand der die Klagearten betreffenden Regelungen. Hierbei ist sie *inhaltlich* nicht nur unverändert geblieben, auch *sprachlich* hat sie lediglich minimale Änderungen erfahren, einzig die *Bezifferung* wechselte[107]: Aus § 253 CPO (im Entwurf noch § 243) wurde durch die Novelle im Jahre 1898 § 280 ZPO; mit der Vereinfachungsnovelle des Jahres 1976 verschob der Gesetzgeber die Vorschrift zu § 256 ZPO, dem er sie als neugeschaffenen zweiten Absatz anfügte[108]. In den seither vergangenen fast drei Jahrzehnten ist § 256 ZPO unverändert geblieben.

1. Feststellungsanspruch

Rechtsdogmatisch hingegen waren die Feststellungsklagen des § 256 Abs. 1 und 2 ZPO seit der Kodifizierung gewaltigen Umwälzungen unterworfen. Die CPO selbst ging noch wie selbstverständlich von der Existenz eines Anerkennungs- bzw. Feststellungsanspruchs aus, sah die Feststellungsklage nicht als selbständige Form prozessualen Rechtsschutzes durch Feststellung an, sondern im materiellen Recht verhaftet und als Reaktion auf die Verletzung des materiellen Feststellungsanspruchs[109].

---

105 Nicht näher eingegangen wird an dieser Stelle auf die Genese der Reichscivilprozeßordnung. Eine lesenswerte Zusammenstellung hierzu findet sich in der Allgemeinen Begründung der „Begründung des Entwurfs einer Deutschen Civilprozeßordnung und des Einführungsgesetzes“, Entwurf II, Berlin 1872, S. 1-56; sowie bei *Petersen/Remele*, Einleitung S. 11 ff.; *Stein/Jonas/Schumann*[20], Einleitung vor § 1 Rdnr. 99 ff.

106 Das Gesetz wurde nach Zustimmung des Bundesrats am 30. Januar 1877 durch den Kaiser vollzogen und mit Gesetzeskraft vom 1. Oktober 1879 in der Nr. 6 des Reichsgesetzblatts vom 19. Februar 1877 verkündet, vgl. *Wach*, Handbuch, § 11 sub IV, S. 155.

107 Vgl. *Schumann*, FS Georgiades, 543 (544).

108 Vgl. *Jacobs*, Feststellungsverfahren, S. 117; *Rocholl*, ZZP 8 (1885), 329 (360 ff.); *Stein/Jonas/Roth*[22], § 256 „Gesetzesgeschichte“; *Schumann*, FS Georgiades, 543 (544).

109 Vgl. MünchKomm ZPO/*Becker-Eberhard*[4], § 256 Rdnr. 3; *Kadel*, Feststellungsklage, S. 53 ff.; *Jacobs*, Feststellungsverfahren, S. 115 f., 124 ff.; *Moser*, Zulässigkeitsvoraussetzungen, S. 8 f.; *Nikisch*, Zivilprozeßrecht, § 39 I 3, S. 151; *Rimmelspacher*, Anspruch, S. 4 ff.; *Stein/Jonas/Roth*[22], § 256 Rdnr. 14 und vor § 253 Rdnr. 8. In der Begründung zum Entwurf des § 223 [= § 231 CPO] heißt es unter expliziter Berufung auf *Bähr* insoweit: „In vielen Fällen ist es ein dringendes, ja unabweisbares Bedürfniß, den Bestand eines Rechtsverhältnisses, bevor noch die materiellen Folgen desselben in Anspruch genommen werden, festzustellen, indem nur auf Grund einer solchen Feststellung die Betheiligten ihre Handlungsweise ohne Gefahr wesentlicher Verluste bestimmen können (vgl. *Bähr*, die Anerkennung als Verpflichtungsgrund, Ed. II., S. 315).“ [...] „Die Voraussetzungen zu regeln, unter denen eine Klage erhoben werden kann, ist Sache des materiellen Rechts. Nicht die Civilprozeßordnung, sondern das Civilgesetzbuch würde daher der Ort sein,

Die Rechtsprechung ließ daher auch lange Zeit Klagen auf „Verurteilung zur Anerkennung" zu[110].

Aber bereits kurze Zeit nach Inkrafttreten der CPO mehrten sich die Stimmen, die einen materiellrechtlichen Feststellungsanspruch ablehnten, und in Fortentwicklung der Lehre *Windscheids* das Klagerecht nicht als bloßen Reflex eines verletzten subjektiven Rechts ansahen[111]. Insbesondere *Wach* trat der Theorie von der Anerkennungsklage entschieden entgegen und propagierte die Loslösung prozessualer Institute vom materiellen Recht; die Feststellungsklage sei als rein prozessuales Institut zu betrachten, das keine Rechtsverletzung erfordere[112]. Statt dessen entwickelte er die Theorie vom Rechtsschutzanspruch

---

zu bestimmen, ob und inwieweit Klagen auf Feststellung zu gestatten seien; aus diesem Grunde ist die Aufnahme einer desfalligen Vorschrift in den hannoverschen Entwurf (…) sowie in die bayerische Prozeßordnung (…) abgelehnt. Wenn dessen ungeachtet der Entwurf im § 223. den § 195 Abs. 1 des norddeutschen Entwurfs reproduziert, so war hierfür nicht allein die Rücksicht auf Beseitigung der in der Praxis herrschenden Unsicherheit und auf Herbeiführung der Rechtseinheit maßgebend, es waren daneben auch gewichtige prozessuale Erwägungen von entscheidendem Einflusse.", vgl. *Hahn*, Materialien II, S. 255 f. Diese „gewichtigen prozessualen Erwägungen" waren zum einen, die gesetzliche Regelung des Klagerechts in Einklang mit der Lehre der Rechtskraft des Urteils zu bringen; zum anderen die für den Prozeßzweck des Rechtsfriedens unzweckmäßigen Provokationen abzuschaffen, vgl. dazu *Rocholl*, ZZP 8 (1885), 329 (361), dort auch Fußn. 29; *Schumann*, GS Michelakis, 553 (572). Zum „*Feststellungsanspruch*" heißt es in der Begründung weiter: „Die Mehrzahl der oben aufgeführten Gesetze und Entwürfe hebt hervor, daß die Feststellungsklage Platz greife „ohne vorausgegangene Rechtsverletzung". Das sächsische Civilgesetzbuch und der norddeutsche Entwurf haben sich einer derartigen Formulierung enthalten. Dem Vorgange derselben hat sich der Entwurf angeschlossen. Denn wenn das Gesetz neben der Klage auf die dem Rechtsverhältnisse entsprechende Leistung eine Klage auf Feststellung einräumt, so erkennt es damit an, daß aus dem Rechtsverhältnisse neben dem Anspruch auf Leistung ein weiterer selbständig verfolgbarer Anspruch auf Feststellung erwächst. Wie der Anspruch auf Leistung, so kann auch der Anspruch auf Feststellung verletzt werden – und nur, wenn er verletzt ist liegt Anlaß zur Erhebung einer Klage auf Feststellung vor. Die Aufnahme der fraglichen Worte in das Gesetz erscheint daher nicht gerechtfertigt.", vgl. *Hahn*, Materialien II, S. 257. *Struckmann/Koch*, § 253 Anm. 1, spricht daher von *Anerkennungs- (Feststellungs-) Klage*. *Westerburg* bezeichnete diese Sichtweise als „Zwei-Seelen-Theorie", vgl. *Westerburg*, Gruchot 26 (1882), 450 (453).

110 Nachweise bei *Ho*, Anspruchbegriff, S. 15 ff.; *Moser*, Zulässigkeitsvoraussetzungen, S. 9 Fußn. 18. Ebenso wurden Anträge auf Feststellung zugelassen, was zeigt, wie unsicher die Praxis im Umgang mit der Feststellungsklage zunächst verfuhr.

111 Vgl. *de Boor*, Gerichtsschutz, S. 55 Fußn. 94; *Langheineken*, Urteilsspruch, S. 15 ff., 127; *Stein*, Urkundenprozeß, S. 5 ff.; *Weismann*, Feststellungsklage, S. 113 ff.

112 Vgl. *Wach*, Feststellungsanspruch, S. 15 ff., 34 ff. Im Hinblick auf die auf *Bährs* Anerkennungsanspruch rekurrierenden Motive zur CPO stellt *Wach* fest (S. 5 f.): „Motivenanbeter sind nun befriedigt. Für solche, welche in den Motiven einen maßgebenden Ausdruck des gesetzgeberischen Gedankens finden, steht es jetzt fest, daß § 231 ein materielles Recht auf Anerkennung im Falle des rechtlichen Interesses giebt, daß dieses Recht verletzbar ist und in der

als konkretes publizistisches Recht[113]. Auch wenn die Lehre vom Anspruch einer Partei auf eine ihr günstige Rechtsschutzhandlung[114], mithin ein günstiges Urteil, sich nicht durchsetzte[115], ist es das große Verdienst von *Wach*, die Feststellungsklage als rein prozessuales Rechtsinstitut bestimmt zu haben.

2. *Prozeßantizipation*

Für das Institut der Zwischenfeststellungsklage und seine Anwendbarkeit war eine weitere aus dem Gemeinen Recht stammende und von der CPO übernommene Auffassung bedeutsam, die auch heute noch – wie insbesondere bei den besonderen Prozeßvoraussetzungen zu zeigen sein wird[116] – nachwirkt und besonders in der Rechtsprechung zur Zwischenfeststellungsklage nahezu unreflektiert ihren Niederschlag gefunden hat: Der Gedanke der *Prozeßantizipation.*

Die im Gemeinen Recht entwickelte Anerkennungsklage verstand man zunehmend als erweiterte Zulassung der allmählichen Erledigung eines Rechtsstreits durch Feststellung der Existenz einer Forderung oder ihres Umfangs, wodurch die Klage auf bestimmte Leistung vorbereitet werden sollte[117]. Der Feststellungsprozeß wurde als antizipierter Prozeß verstanden[118]. Dem schloß

Klage auf Feststellung verfolgt wird. [...] Es wäre müßig, an dieser Stelle noch einmal den zweifellos richtigen Satz ausführen zu wollen, daß die Motive der CPO. keine autoritative Kraft haben, ja daß die dogmatische Konstruktion, selbst wenn sie im Gesetz auftritt, nicht bindet." Er weist im Folgenden auch darauf hin, daß die erste Fassung der Motive gerade keine Rechtsverletzung forderte und auch keinen Feststellungsanspruch enthielt (S. 6). Das überzeugende Argument gegen einen materiellen Anspruch auf Feststellung/Anerkennung ist aber: „Die Feststellungsklage ist nicht Klage auf Verurteilung zur Abgabe einer Willenserklärung, – anderenfalls wäre sie eine unter den § 230 fallende Leistungsklage." (S. 6 f.). Gäbe es eine materiellrechtliche Verpflichtung auf Anerkennung, so wäre tatsächlich eine Leistungsklage gegeben, bei deren Erfolg die Anerkennungserklärung des Beklagten mit Rechtskraft nach § 894 ZPO n. F. fingiert würde, und § 256 ZPO n. F. wäre überflüssig, vgl. *Stein/Jonas/Roth*[22], § 256 Rdnr. 3.

113 Ausführlich zur Rechtsschutzanspruchslehre *Wachs* und seiner Nachfolger: *Binder*, Prozeß, S. 142 ff.; *Herbst*, Rechtsschutzanspruch, S. 103 ff.; instruktiv zur Entwicklung des prozessualen Streitgegenstandsverhältnisses auch *Althammer*, Streitgegenstand, S. 42 ff.

114 Vgl. *Wach*, Feststellungsanspruch, S. 32.

115 Vgl. *Stein/Jonas/Brehm*[22], vor § 1 Rdnr. 239 ff. und *Stein/Jonas/Schumann*[20], Einleitung vor § 1 Rdnr. 214 ff. mit Nachweisen zur ablehnenden Auffassung in Fußn. 36. Zum Wiederaufleben des Rechtsschutzanspruchs in der neueren Lehre *Herbst*, Rechtsschutzanspruch, S. 163 ff., 278 ff.

116 Dazu unten Text bei Fußn. 896 ff.

117 Vgl. *Jacobs*, Feststellungsverfahren, S. 110 f. unter Verweis auf *Seidel*, Feststellungsklage, S. 8, 20, 34 f.

118 So insbesondere *Bähr*, Urteile, S. 152 f.; *Kroll*, Klage, S. 56 („Mit Recht hat man sie daher als eine Prozeßanticipation bezeichnet"); *Weismann*, Feststellungsklage, S. 114, 150 ff.; *Rocholl*, ZZP 8 (1885), 329 (345): „Die Motive haben [...] unter „Anspruch" auf Leistung oder

sich anfangs auch die Rechtsprechung an[119]. In diesem Bedürfnis der Praxis nach antizipatorischem Rechtsschutz nach Art der Praejudicialklagen lag einer der Hauptgründe für die Kodifikation der Feststellungsklage in § 231 CPO[120]. Einige vertraten sogar, der Anwendungsbereich der Feststellungsklage sei auf die Fälle der Antizipation einer Leistungsklage zu beschränken[121]. Als Gegenstand der Feststellungsklage nach § 231 CPO sollten demnach nur Rechtsverhältnisse in Betracht kommen, aus denen Leistungsansprüche entstehen könnten, was ebenfalls in den Motiven zur CPO anklingt[122].

Auch gegen diese Theorie hat *Wach* entschieden Stellung bezogen[123]. Unbestreitbar tritt die Feststellungsklage in vielen Fällen als eine solch „antizipierende" Klage auf[124], aber weder erschöpfen sich hierin ihre Eigenschaften und ihr Anwendungsbereich noch ist die Prozeßantizipation ihr alleiniger Zweck, weshalb sich diese Auffassung – jedenfalls für die prinzipale Feststellungskla-

Feststellung das „Recht" auf Leistung oder Feststellung gemeint, wie die Vergleichung mit Bährs Anerkennung [...], dem diese Theorie entnommen ist, deutlich erkennen läßt. Das Gesetz statuiert also einen Feststellungsstreit nur unter denselben Personen, zwischen denen der Streit über die Leistung statthaben würde. Dieses ist auch *nicht anders möglich, weil* [...] der *Feststellungsstreit nur einen künftigen Leistungsstreit in irgend einer Beziehung antizipiert*, seine Erfolge sichert oder vorbereitet, vielleicht auch ihn unnöthig macht, aber *stets nur in Erwartung desselben angestellt wird*; weil die Einlassungspflicht des Beklagten nur aus der rechtlichen Beziehung hergeleitet werden kann, in welcher derselbe zum Kläger steht" [Herv. d. Verf.]. Die Prämisse der Prozeßantizipation veranlaßt *Rocholl* im Hinblick auf die Zwischenfeststellungsklage zu folgender Äußerung (S. 379): „Es wird z. B. *keine* Erweiterung des Klageantrags und keine Widerklage behufs *Inzidentfeststellung des Bestehens oder Nichtbestehens eines Darlehensvertrages statthaft* sein, wenn die erhobene *Klage die Rückzahlung der ganzen Darlehensschuld* zum Gegenstand hat. Denn das *Leistungsurtheil*, gleichviel ob es kondemnatorisch oder absolutorisch lautet, *erschöpft das Rechtsverhältniss derartig, dass ein künftiger Leistungsprozess aus demselben nicht mehr denkbar* ist." [Herv. d. Verf.]

119 Vgl. *RGZ* 4, 437 f.; 10, 413 (414); 13, 386 (387).

120 Vgl. *Jacobs*, Feststellungsverfahren, S. 111.

121 Nachweise bei *Jacobs*, Feststellungsverfahren, S. 111 Fußn. 62.

122 Vgl. hierzu das Zitat aus der Begründung des Entwurfs oben in Fußn. 109 („dringendes, ja unabweisbares Bedürfniß, den Bestand eines Rechtsverhältnisses, bevor noch die materiellen Folgen desselben in Anspruch genommen werden, festzustellen"). So auch *Jacobs*, Feststellungsverfahren, S. 111.

123 Vgl. *Wach*, Feststellungsanspruch, S. 50: „Vollends haltlos ist die Begründung obiger Thesis aus der präparatorischen Natur der Feststellungsklage, ihrer Bestimmung der zukünftigen Leistungsklage den Boden zu bereiten, aus dem Satze, der Gegenstand der Feststellungsklage sei eine rechtliche Beziehung, aus welcher ein Anspruch auf Leistung entstehen könne. Das alles sind willkürliche, bodenlose Behauptungen, die ihren gebrechlichen Anhalt in Worten der Motive finden und nur falsche Anschauungen über das Wesen des Feststellungsinteresses paraphrasieren. Es ist nach meinen früheren Ausführungen gleichgültig, ob überhaupt das fragliche Rechtsverhältnis geeignet ist, je einen klagbaren Anspruch zu erzeugen."

124 Dazu eingehend *Stoll*, FS Bötticher, 341 (345 ff.).

ge – nicht durchgesetzt hat[125]. Eine andere Sichtweise wäre auch schwerlich mit der negativen Feststellungsklage vereinbar, bei der es dem Feststellungskläger gerade nicht darauf ankommt, künftige Ansprüche vorzubereiten, da er den Bestand des Rechtsverhältnisses in Abrede stellt.

C. Die jetzige Vorschrift des § 256 Abs. 2 ZPO

Seit Inkrafttreten des ZPO-Reformgesetzes am 1. Januar 2002[126] hat § 256 ZPO die amtliche Überschrift „Feststellungsklage". Die Feststellungsklagen sind seit 1976 in einem einzigen Paragraphen geregelt: Absatz 1 erfaßt die selbständige (prinzipale) Feststellungsklage, Absatz 2 die Zwischenfeststellungsklage (Inzidentfeststellungsklage). Der Vorzug der Zusammenfassung in einer einzigen Vorschrift ist augenfällig: Der gemeinsame Standort erleichtert zum einen die einheitliche Interpretation der zentralen Begriffe des „Rechtsverhältnisses" und des „Feststellens"[127]. Zum anderen erscheinen die Feststellungsklagen als ein gleichartiges Institut mit jeweiligen zusätzlichen prozessualen Voraussetzungen, die von den anderen Klagearten (Leistungs- und Gestaltungsklage) verschieden sind[128]:

Einerseits das *Feststellungsinteresse* für die selbständige Feststellungsklage, andererseits die *Vorgreiflichkeit* für die Zwischenfeststellungsklage. Beiden Voraussetzungen ist gemein, daß sie eine unbeschränkte Zulässigkeit von Feststellungsanträgen verhindern sollen. Für die prinzipale Feststellungsklage ist anerkannt, daß durch das Erfordernis des Feststellungsinteresses die Popularklage ausgeschlossen werden soll[129]. Nicht anders will das Gebot der Vorgreiflichkeit bei der Zwischenfeststellungsklage verhindern, daß sich ein Prozeß uferlos auf verfahrensfremde Streitgegenstände ausweitet[130].

Die Entsprechung dieser beiden Voraussetzungen macht es möglich, von der einen auf die andere Feststellungsklage überzugehen[131]: So kann ein Zwischenfeststellungsantrag in eine prinzipale Feststellungsklage umgedeutet werden, falls es an der Vorgreiflichkeit des festzustellenden Rechtsverhältnisses fehlt,

---

125 Vgl. *Moser*, Zulässigkeitsvoraussetzungen, S. 11; *Stein/Jonas/Roth*[22], § 256 Rdnr. 3.

126 Gesetz zur Reform des Zivilprozeßrechts vom 27. Juli 2001, BGBl. I, S. 1887, vgl. *Oberheim*, Reform, S. 2 sub A.

127 Vgl. *Schumann*, FS Georgiades, 543 (544 f.). Zur Terminologie unten Text bei Fuß. 134 ff.

128 Vgl. *Schumann*, FS Georgiades, 543 (545).

129 Vgl. *Stein/Jonas/Roth*[22], § 256 Rdnr. 7. Zur Frage der Unzulässigkeit von Prozessen über fremde Rechtsverhältnisse und damit der insbesondere von der Rechtsprechung zugelassenen Feststellungsklage über Drittrechtsverhältnisse *Schumann*, FS Musielak, 457 (465 ff.) sowie unten Text bei Fußn. 341 ff.

130 Vgl. *Schumann*, FS Georgiades, 543 (545).

131 Vgl. *Schumann*, FS Georgiades, 543 (545). Dazu eingehend unten Text bei Fußn. 1035 ff.

aber gleichzeitig ein Feststellungsinteresse besteht[132], während es umgekehrt möglich ist, eine selbständige Feststellungsklage, der das Feststellungsinteresse fehlt, als eine Zwischenfeststellungsklage zu behandeln, sofern das festzustellende Rechtsverhältnis vorgreiflich ist[133].

II. Terminologie

Das Wesen einer Klage besteht in dem Gesuch an das Gericht um Rechtsschutz[134]. Um dieses Rechtsschutzbegehren im Fall des § 256 Abs. 2 ZPO sachgerecht zu formulieren, haben sich im Laufe der Zeit unterschiedliche Bezeichnungen für diese Klageform herausgebildet: *Zwischenfeststellungsklage, Inzidentfeststellungsklage, Inzidentklage, Zwischenklage, Präjudizialinzidentfeststellungsklage* und *Präjudizialinzidentklage*[135]. Die Begründung des Entwurfs der CPO selbst verwendete sowohl den Ausdruck „*Präjudizial-Inzidentklage*“[136] in Anlehnung an den römischen Begriff „praeiudicialis actio“[137], als auch „*Inzidentfeststellungsklage*“[138].

Bergerhoff favorisiert den in der heutigen Literatur und Rechtsprechung überwiegend anzutreffenden Begriff „Zwischenfeststellungsklage“, um eine Häufung von Fremdwörtern zu vermeiden, zumal dies auf ihre Eigenschaft als Feststellungsklage hinweise und zugleich durch die Silbe „zwischen“ andeute, daß sie selbständiger Natur entbehre[139]. *Enders* kritisiert an der Bezeichnung

---

132 Vgl. *BGH* NJW 2008, 69 (71); *BayObLGZ* 2003, 61 (66 sub b 2): „Ein unzulässiger Zwischenfeststellungsantrag kann nämlich als gewöhnlicher Feststellungsantrag zulässig sein“; *OLG Köln* FamRZ 2006, 1768; *Baumbach/Lauterbach/Albers/Hartmann*, § 256 Rdnr. 116 („Umdeutung“); *Stein/Jonas/Roth*[22], § 256 Rdnr. 104.

133 Der Bundesgerichtshof führt diesbezüglich in *BGHZ* 139, 116 (118) aus: „Der Kläger hat in der Berufungsinstanz ausdrücklich einen Feststellungsantrag gestellt. Dieser ist jedenfalls hilfsweise im Sinne des hier allein zulässigen Antrags gemäß § 256 Abs. 2 ZPO auszulegen.“ Hierzu auch *Baumbach/Lauterbach/Albers/Hartmann*, § 256 Rdnr. 24 („Zwischenfeststellungsklage“); *Schumann*, FS Georgiades, 543 (545); *Stein/Jonas/Roth*[22], § 256 Rdnr. 18; *Thomas/Putzo/Reichold*, § 256 Rdnr. 4, 13 a. E.

134 So bereits *Hellwig*, System I, § 97, S. 243 ff.

135 Vgl. *Bergerhoff*, Zwischenfeststellungsklage, S. 10 Fußn. 3; *v. Braun*, Inzidentfeststellungsklage, S. 18 ff.; *Loening*, ZZP 4 (1882), 1 (14); *Oertmann*, ZZP 22 (1896), 11 (12 f.); *Schumann*, FS Georgiades, 543 (546); *Stein/Jonas/Roth*[22], § 256 Rdnr. 9, 11; *Wieczorek/Schütze/Assmann*[3], § 256 Rdnr. 344; *Wilmowski/Levy*[3], § 253 Anm. 1.

136 Vgl. *Hahn*, Materialien II, S. 158 (Begründung zu § 33 CPO [Widerklage]) und S. 274 (Begründung zu § 243 des Entwurfs = § 253 CPO [Zwischenfeststellungsklage]). So auch das *Reichsgericht*, vgl. *RGZ* 9, 337 (339).

137 Vgl. *v. Braun*, Inzidentfeststellungsklage, S. 19.

138 Vgl. *Hahn*, Materialien II, S. 291.

139 Vgl. *Bergerhoff*, Zwischenfeststellungsklage, S. 10 Fußn. 3.

„Inzidentfeststellungsklage“, daß „inzident“ lediglich eine rechtliche Mitüberprüfung suggeriere, wohingegen durch § 256 Abs. 2 ZPO eine Teilfrage aus der bloßen inzidenten Prüfung herausgelöst und mit einem eigenen Ausspruch versehen werde, weshalb durch „Inzidentfeststellungsklage“ fälschlich Assoziationen geweckt würden, die der Aufgabe dieses Rechtsinstitutes entgegen stünden[140]. *Oertmann* andererseits möchte gerade den Begriff „Inzidentfeststellungsklage“ beibehalten, da er die charakteristischen Momente präzise wiedergebe[141] Hingegen ist *von Braun* der Auffassung, daß der Ausdruck „Präjudizialinzidentfeststellungsklage“ der Eigenart dieser Klageform am besten entspräche, da er sie zum einen als Feststellungsklage kennzeichne und zum anderen durch die Verwendung der Silben „Präjudizial“ sowie „inzident“ klarstelle, daß ein vorgreifliches Rechtsverhältnis im Rahmen eines anhängigen Rechtsstreits festgestellt werden soll[142].

Ich bevorzuge im Folgenden aus sprachlichen Gründen die Ausdrücke *Zwischenfeststellungsklage, Inzidentfeststellungsklage* oder kurz *Inzidentklage*[143]. Sofern es um die Widerklage des Beklagten im Rahmen von § 256 Abs. 2 ZPO geht, spreche ich demzufolge von Zwischenfeststellungswiderklage, Inzidentfeststellungswiderklage oder kurz Inzidentwiderklage[144].

Durch die Bezeichnung als *Zwischenfeststellungsklage* bzw. *Inzident*feststellungsklage wird nicht weniger zum Ausdruck gebracht, daß diese Klage in der Rechtsschutzform der Feststellung im Laufe eines schon anhängigen Rechtsstreites erhoben wird und damit unselbständiger Natur ist[145]. Soweit die Bezeichnung Inzidentklage den Hinweis auf die Klageart der Feststellungsklage vermissen läßt, ergibt sich dies jedoch aus dem Gegenstand der vorliegenden Untersuchung. Ebenso ist in der Weglassung der Silbe „Präjudizial“ nicht der Verzicht auf den Gegenstand dieser Feststellungsform, das vorgreifliche Rechtsverhältnis, zu sehen, da dies ohnehin Frage ihrer Zulässigkeit ist und somit nicht notwendigerweise in der Terminologie ausgedrückt werden muß.

Wenn im Zusammenhang mit der Zwischenfeststellungsklage von demjenigen Verfahren die Rede ist, in welchem das Rechtsverhältnis „streitig geworden“ ist,

---

140 Vgl. *Enders*, ZAP 1996, 455 (456).

141 Vgl. *Oertmann*, ZZP 22 (1896), 11 (12 f.).

142 Vgl. *v. Braun*, Inzidentfeststellungsklage, S. 19.

143 So auch *Schumann*, FS Georgiades, 543 (546).

144 Wenn auch *Loening*, ZZP 4 (1882), 1 (14), bemerkt: „Die Bezeichnung der Widerklage des § 253 als einer „incidenten“ ist daher jedenfalls überflüssig; denn es gibt nach Reichsprozessrecht keine Widerklage, welche nicht incident wäre.“

145 Vgl. *Bergerhoff*, Zwischenfeststellungsklage, S. 10 Fußn. 3; *Nikisch*, Zivilprozeßrecht, § 44 I 1, S. 169, der darauf hinweist, daß der Begriff Inzidentklage die Zwischenfeststellungsklage sowie die gewöhnliche Widerklage umfaßt, da beide inzident erhoben würden.

hat sich in Wissenschaft und Praxis ferner der Ausdruck *„Hauptklage"* oder *„Hauptprozeß"* eingebürgert[146]. Bisweilen findet sich auch der Ausdruck „Erstklage"[147]. Diese Hauptklage kann eine Leistungs-, Gestaltungs- oder Feststellungsklage sein. Für die Entscheidung über sie verwende ich die Begriffe *„Hauptsacheentscheidung"* oder kurz *„Hauptentscheidung"*.

III. Zusammenfassung

1. Betrachtet man die rechtshistorische Entwicklung, kann man feststellen, daß bereits im römischen Recht Feststellungsmittel in begrenztem Umfang ausgebildet waren, die vorgreifliche Rechtsverhältnisse zum Gegenstand haben konnten; insbesondere die Praejudicialklagen in Statusfragen. Jedoch mangelte es an einer eigenständigen Feststellungsklageform nach unserem heutigen Verständnis. Im Recht des Mittelalters trat der Schutz vor Berühmung, vergleichbar dem Rechtsschutz durch heutige negative Feststellungsklage, in den Vordergrund, wie die Entwicklung der Provokationsklagen (mit dem Ziel, dem Gegner „ewiges Stillschweigen" aufzuerlegen) zeigt. Im Gemeinen Recht war man bemüht, dem steigenden Bedürfnis der Praxis nach gerichtlicher Feststellung mit verschiedenartigen Einrichtungen gerecht zu werden. Aus diesem Grund ließen die Gerichte in zunehmendem Maße Feststellungsmittel unterschiedlichster Art zu. Speziell die Praejudicialklagen wollte man als Rechtschutzform für möglichst viele Rechtsverhältnisse verfügbar machen. Beispielsweise wurden sie bei bedingten und befristeten Forderungen oder in Prätendentenstreitigkeiten zugelassen, wenn auch der dahinter stehende Gedanke der Rechtskrafterstreckung noch nicht, insbesondere für das die negative Feststellungsklage abweisende Urteil, vollends ausgeformt war. Den unumstrittenen Vorläufer der zivilprozessualen (Zwischen-) Feststellungsklage gibt es jedoch nicht. Insgesamt fehlte noch ein allgemeines Prinzip, welches der Anwendung der Feststellungsmittel zu Grunde gelegen hätte.
2. Unter dem Druck der durch die Judikatur zahlreich zugelassenen und unterschiedlich gehandhabten Präjudizialklagen und Anerkennungsklagen, der Zersplitterung des materiellen Rechts in den verschieden Territorien und bereits erfolgter Regelungen in den Prozeßordnungen verschiedener Staaten wurde der Ruf nach dem Gesetzgeber und einer einheitlichen Prozeßordnung für das Deutsche Reich in der zweiten Hälfte des 19. Jahrhunderts immer lauter und führte so zur Kodifizierung der selbständigen Feststellungsklage in § 231

146 Vgl. *RGZ* 170, 328 (330); *BGHZ* 69, 37 (43); 125, 251 (257 sub bb) *Schumann*, FS Georgiades, 543 (546) m. w. N. aus der Literatur.

147 So *Wieczorek*^{2}, § 280 Anm. B III b.

CPO und der Zwischenfeststellungsklage in § 253 CPO. Allerdings ging man zu dieser Zeit noch überwiegend von der Existenz eines materiellrechtlichen Anerkennungs- bzw. Feststellungsanspruchs aus, sah die Feststellungsklage nicht als selbständige Form prozessualen Rechtsschutzes durch Feststellung an, sondern als Reaktion auf die Verletzung des materiellen Feststellungsanspruchs. Insbesondere *Adolf Wach* trat dem entschieden entgegen und propagierte die Loslösung prozessualer Institute vom materiellen Recht; die Feststellungsklage sei als rein prozessuales Institut zu betrachten, das keine Rechtsverletzung erfordere. Ebenso wandte er sich gegen die Auffassung, der Anwendungsbereich der Feststellungsklage sei auf die Fälle der Antizipation einer Leistungsklage zu beschränken.

3. Die Feststellungsklagen sind heute in einem einzigen Paragraphen, § 256 ZPO, geregelt: Absatz 1 erfaßt die selbständige (prinzipale) Feststellungsklage, Absatz 2 die Zwischenfeststellungsklage (Inzidentfeststellungsklage). Der gemeinsame Standort erleichtert zum einen die einheitliche Interpretation der zentralen Begriffe des „Rechtsverhältnisses" und des „Feststellens". Zum anderen erscheinen die Feststellungsklagen als ein gleichartiges Institut mit jeweiligen zusätzlichen prozessualen Voraussetzungen, die von den anderen Klagearten (Leistungs- und Gestaltungsklage) verschieden sind: Einerseits das *Feststellungsinteresse* für die selbständige Feststellungsklage, andererseits die *Vorgreiflichkeit* für die Zwischenfeststellungsklage. Beiden Voraussetzungen ist gemein, daß sie eine unbeschränkte Zulässigkeit von Feststellungsanträgen verhindern sollen.

§ 2 Sinn und Zweck der Zwischenfeststellungsklage

I. Die Grenzen der Rechtskraft

Wie *Ekkehard Schumann* zutreffend bemerkt, lassen sich Sinn und Zweck der Zwischenfeststellungsklage nur erkennen, wenn man sich vergegenwärtigt, daß das deutsche Zivilprozeßrecht der *Rechtskraft bewußt enge Grenzen* setzt[148]. Nach § 322 Abs. 1 ZPO ist das Urteil der Rechtskraft nur insoweit fähig, als über den durch die Klage oder Widerklage erhobenen Anspruch selbst, den unmittelbaren Gegenstand des Urteils, entschieden ist. Hingegen wird die *Entscheidung über präjudizielle Rechtsverhältnisse nicht rechtskräftig*, mag sie auch in

148 Vgl. *Schumann*, FS Georgiades, 543 (547). So auch *BGH* NJW 1995, 967; 2010, 2210 Rdnr. 9; *Stein/Jonas/Leipold*[22], § 322 Rdnr. 69.

der Entscheidungsformel oder in den Gründen des Urteils stehen[149]. Es sei denn, die Feststellung des bedingenden Rechtsverhältnisses ist nach § 256 Abs. 1 ZPO von vornherein im Wege der Klageverbindung verlangt[150]. Beispielsweise erwächst bei einer (auf § 985 BGB gestützten) erfolgreichen Klage auf Herausgabe einer Sache nur die Entscheidung über den Herausgabeanspruch in Rechtskraft, nicht jedoch die in den Gründen (notwendig) enthaltene Entscheidung, daß der Kläger Eigentümer ist[151].

Die Formulierung „nur insoweit" in § 322 Abs. 1 ZPO war Folge der Ablehnung gemein- und partikularrechtlicher Auffassungen, nach denen nicht nur der Tenor eines Urteils, sondern auch die Entscheidungsgründe in Rechtskraft erwachsen sollten[152]. *Friedrich Carl von Savigny*[153] hatte noch für das gemeine

---

149 Vgl. *BGH* NJW-RR 1999, 376 (377); *Musielak/Musielak*, § 322 Rdnr. 2 und 16; *Zöller/Greger*, § 256 Rdnr. 21; *Zöller/Vollkommer*, Vor § 322 Rdnr. 36. So schon *Gaupp/Stein/Jonas*, § 280 Anm. I.

150 Vgl. *Gaupp/Stein/Jonas*, § 280 Anm. I.

151 Das ist herrschende Meinung, vgl. *RG* WarnRspr 36, Nr. 173; *BGH* MDR 1999, 218; 2008, 815 f. (Rdnr. 19); *BGH* NJW 1981, 1517; 1983, 164 (165); 1985, 1553; 2003, 3058 (3059); *BGH* NJW–RR 1999, 376 (377); *Blomeyer*, Erkenntnisverfahren[2], § 89 V 4d, S. 495; *MünchKomm* ZPO/*Gottwald*[4], § 322 Rdnr. 102; *Hellwig*, Lehrbuch III, S. 26; *Henckel*, Prozeßrecht, S. 184; *Jauernig/Hess*, § 63 Rdnr. 18; *Palandt/Bassenge*, § 985 Rdnr. 17; *Rosenberg/Schwab/Gottwald*[17], § 152 Rdnr. 15; *Staudinger/Gursky*, § 985 Rdnr. 155 f.; *Thomas/Putzo/Reichold*, § 322 Rdnr. 28 f.; *Zöller/Vollkommer*, vor § 322 Rdnr. 36; *Stein/Jonas/Leipold*, § 322 Rdnr. 82 (m. w. N. für bedingende Rechtsverhältnisse in Rdnr. 81 ff.); a. A. *Zeuner*, Sinnzusammenhänge, S. 143 ff., 151, der dies mit der *intendierten Ordnung* der festgestellten Rechtsfolgen begründet. Seiner Auffassung nach sei die Rechtskraft anhand des vom objektiven Recht vorgegebenen, *rechtlichen Sinnzusammenhangs* zwischen der festgestellten Rechtsfolge und der im neuen Prozeß in Frage stehenden Rechtsfolge zu bestimmen. Wenn sich damit auch „gerechtere" Ergebnisse konstruieren lassen, hat *Zeuners* Theorie doch die Schwäche, daß der „rechtliche Sinnzusammenhang" und die „intendierte Ordnung" zu unbestimmt sind, um im Sinne der Rechtssicherheit die Grenzen der Rechtskraft festzulegen. Eine derartige Ausweitung läßt sich nur schwer mit der bewußt engen Fassung der Rechtskraftgrenzen in Einklang bringen, vgl. *BGHZ* 183, 77 (80 ff.); *BGH* NJW 2003, 3058; *Stein/Jonas/Leipold*[22], § 322 Rdnr. 205; *Althammer*, Streitgegenstand, S. 554 ff. Zudem ist für viele Fälle, in denen *Zeuner* die Rechtskraftgrenzen erweitert, die Zwischenfeststellungsklage das vom Gesetzgeber hierfür vorgesehene Institut. Dazu sogleich.

152 Hierzu *Kerameus*, AcP 167 (1967), S. 241 (243 ff., 255 ff.).

153 Vgl. *v. Savigny*, System VI, § 291, S. 350 ff., insbesondere S. 358: „Aus diesen Erwägungen folgt, daß in der That die Rechtskraft auch die Gründe des Urtheils mit umfaßt, d. h. daß das Urtheil als rechtskräftig anzusehen ist nur in unzertrennlicher Verbindung mit den vom Richter bejahten oder verneinten Rechtsverhältnissen, wovon der rein praktische Theil des Urtheils (die dem Beklagten auferlegte Handlung, oder die Abweisung des Klägers) abhängig ist. In diesem Sinn des Ausdrucks: Gründe, behaupte ich die Rechtskraft derselben. Um aber der Gefahr von Mißverständnissen zu entgehen, die aus der Vieldeutigkeit jenes Ausdrucks entsteht, will ich die in diesem Sinn aufgefaßten Gründe: Elemente der streitigen Rechtsverhältnisse und des (den Streit entscheidenden) Urtheils, nennen, und nunmehr den aufgestellten Satz so ausdrücken: Die Elemente des Urtheils werden rechtskräftig." Weitere Nachweise zu dieser Lehre bei *Windscheid/*

Recht gelehrt, die Rechtskraft ergreife ebenfalls die Urteilselemente, also die das Urteil bedingenden Rechte und Gegenrechte, d. h. die die Entscheidung tragenden tatsächlichen Feststellungen und die rechtliche Beurteilung vorgreiflicher Rechtsverhältnisse.

Mit dem Prozeßverständnis der Schöpfer der CPO waren solche Ansichten nicht vereinbar[154]. In liberaler Denkweise begrenzten sie die Wirkung des staatlichen Urteils auf die von den Parteien gestellten Anträge[155]. Der Rechtskraft dürfe kein darüber hinausgehender Umfang beigemessen werden, weil sonst die Prozeßbeteiligten mit Ergebnissen konfrontiert werden könnten, mit denen sie nicht gerechnet und über die sie nicht gestritten hätten[156]: „Das Urtheil darf nicht weiter gehen, als die Absicht der Parteien gegangen ist, und darf nicht Folgen erzeugen, deren sich die Parteien im Laufe des Prozesses gar nicht bewußt geworden sind"[157].

Da somit bei der Leistungsklage unmittelbar nur die gerichtliche Entscheidung über das Bestehen der geltend gemachten konkreten Rechtsfolge in materieller Rechtskraft (verkürzt: der Tenor als Ausspruch über den Klageanspruch) erwächst[158], besteht die Gefahr, daß die Entscheidung über ein vorgreifliches Rechtsverhältnis in einem Zweitprozeß abweichend getroffen wird[159]. Den erfah-

---

Kipp, Pandektenrecht[8], § 130, S. 575 Fußn. 20. *Windscheid* war noch weiter gegangen und ließ sogar die Feststellung von Tatsachen von der Rechtskraft erfassen, vgl. *Windscheid*, Pandektenrecht[4], § 130, S. 388.

154 In der Begründung des Entwurfs zu § 283 (§ 293 CPO [=§ 322 ZPO]) heißt es diesbezüglich: „Die nach v. Savigny's Vorgange aufgestellte Formel verhütet, daß über dieselbe Rechtsfrage unter denselben Parteien in verschiedenen Prozessen widersprechend entschieden wird, welcher Vorzug nicht hoch genug angeschlagen werden kann, weil widersprechende Urtheile im Volke als ein schwerer Uebelstand empfunden werden müssen. Sie führt aber weit über die Aufgabe des einzelnen Prozesses und über die Absicht der Parteien hinaus, welche den Gegenstand ihres Streits im Petitum ausgedrückt und begrenzt haben und in diesem Prozesse nur über diesen Streitpunkt eine richterliche Entscheidung erwarten. (Unger a. a. O. II. S. 628) Das Urtheil darf nicht weiter gehen, als die Absicht der Parteien gegangen ist, und darf nicht Folgen erzeugen, deren sich die Parteien im Laufe des Prozesses gar nicht bewußt geworden sind [...]. Die Rücksicht auf den Willen der Parteien, die Rücksicht auf das Richteramt fordern daher eine Beschränkung des Umfangs der Rechtskraft.", vgl. *Hahn*, Materialien II, S. 291.

155 Vgl. *Schumann*, FS Georgiades, 543 (547).

156 Vgl. *Grunsky*, Grundlagen, § 47 IV 2, S. 514; *Schumann*, FS Georgiades, 543 (547 f.); *Stein/Jonas/Leipold*, § 322 Rdnr. 69. So bereits *Endemann*, § 293 Anm. I vor A, S. 136.

157 Oben Fußn. 154. Zu der Kontroverse zwischen *v. Savigny* (System, Band VI, §§ 291-294) einerseits und *Wetzell* (System, S. 518 ff., 532 ff.) sowie *Unger* (System, S. 615-649) andererseits zur Frage der materiellen Rechtskraft der Entscheidungsgründe, die von der ZPO im Sinne *Wetzells* und *Ungers* entschieden wurde, vgl. *Simshäuser*, Entwicklung, S. 57; *Gaul*, AcP 168 (1968), 27 (31) Fußn. 19a.

158 Statt vieler *Stein/Jonas/Leipold*[22], § 322 Rdnr. 90.

159 Vgl. *Zöller/Greger*, § 256 Rdnr. 21. So schon *Reincke*, § 293, S. 320 f.: „Ist mit dieser Regelung der von dem v. Savignyschen Systeme erstrebte Vortheil, welcher wesentlich auf Verhütung

renen Juristen, die über den Entwurf der CPO berieten, entgingen natürlich nicht die Folgen, die sich aus einem engen Umfang der Rechtskraft ergaben. Ihnen stellte sich die Frage, wie sich die Prozeßlage gestaltet, wenn z. B., um über die eingeklagte Zinsen- oder Schuldrate zu entscheiden, über das Bestehen der ganzen Schuld zu urteilen ist[160].

II. Die Zwischenfeststellungsklage als Weg der Rechtskrafterstreckung

Die Antwort bestand in der Schaffung eines neuen[161] Prozeß-Instituts, der Zwischenfeststellungsklage. Sowohl der Kläger als auch der Beklagte haben die Möglichkeit, einen rechtskräftigen Ausspruch über das für die Hauptsache vorgreifliche Rechtsverhältnis zu erreichen, da besagtes Rechtsverhältnis zwangsläufig im Rahmen der Hauptsache geklärt werden muß[162]. Gleichzeitig werden hiermit mehrfache Prozesse vermieden. Die Zwischenfeststellungsklage gibt jeder der beiden Parteien die Möglichkeit, die Feststellung des gesamten Rechtsverhältnisses zum Streitgegenstand zu machen, wenn die Hauptklage nur einen Teil, etwa die Zinsen- oder Schuldrate, betrifft. Die Herausbildung einer derartigen Zwischenfeststellungsklage war allerdings nur möglich, indem man zuvor

widersprechender Entscheidungen unter den gleichen Parteien hinauslief, geopfert, so hat die CPO diesen Verlust doch auf andere Weise auszugleichen gesucht."

160 Vgl. *Schumann*, FS Georgiades, 543 (548).

161 Zum Rechtszustand vorher vgl. etwa *Oberappellationsgericht Darmstadt*, SeuffArch 27 (1873), Nr. 68 (S. 121 [123 a. E.]): Ein Institut der Präjudicialklage im weiteren Sinn habe sich in der Praxis „als Regel noch nicht ausgebildet" und dafür sei „auch – bei richtiger Anwendung der v. Savigny'schen Theorie – gar kein Bedürfniß"; ferner *Simshäuser*, Entwicklung, S. 110; *Weismann*, Feststellungsklage, S. 2-110.

162 So die Begründung des Entwurfs zu § 283 (§ 293 CPO [=§ 322 ZPO]): „Indem der Entwurf aber gleichzeitig im § 223 die Feststellungsklage sanktionierte, gewann er die Möglichkeit, die Bedenken zu beseitigen, welche von dem durch v. Savigny vertretenen Standpunkte aus gegen die Vorschrift des § 283 Abs. 1 erhoben werden können [...] gestattete er nach dem Vorbilde des nordd. Entw. § 196 jeder Partei durch die im § 243 geregelten Inzidentfeststellungsklagen [...] eine der Rechtskraft fähige Entscheidung zu erwirken, gelangte also auf diesem Wege zu einem Ergebnisse, welches im Wesentlichen dem v. Savigny'schen Standpunkte entspricht, nur daß er nicht das Gesetz, sondern den Willen der Parteien darüber bestimmen läßt, was mit einer über den Bereich des Prozesses hinausreichenden Rechtskraft entschieden werden soll", vgl. *Hahn*, Materialien II, S. 291 f. Ebenso *BGH* NJW 2010, 2210 Rdnr. 10; MünchKomm ZPO/*Becker-Eberhard*[4], § 256 Rdnr 75; *Foerste*, ZZP 108 (1995), 167 (168); *Hager*, KTS 54 (1993), 39 (40); *Schumann*, FS Georgiades, 543 (548); *Reincke*, § 253 Anm. 2., S. 275.

die Klageart der Feststellungsklage, die es vor Inkrafttreten der CPO nicht gab[163], „erfunden" hatte[164].

Mit der Einführung der Zwischenfeststellungsklage blieb das Zivilprozeßrecht dem dargestellten Grundsatz treu, die Grenzen der Rechtskraft möglichst eng zu ziehen. Die Motive zur CPO bringen die getroffene liberale Regelung auf die einprägsame und überzeugende Formel[165]: „Nicht das Gesetz, sondern der Wille der Parteien" bestimme, „was mit einer über den Bereich des Prozesses hinausreichenden Rechtskraft entschieden werden soll."[166] Dies ist um so bedeutsamer, als in der gemeinrechtlichen Lehre des 19. Jahrhunderts die Erstreckung der Rechtskraft auf alle im Prozeß bestrittenen und dementsprechend entschiedenen Rechtsfolgen der Lehre *v. Savignys* folgend nahezu einhellig anerkannt war und der Ausgangspunkt seiner Lehre in der Maßgeblichkeit des *richterlichen Willens* für das, „was der Richter infolge der spruchreif gewordenen Verhandlung entscheiden *will*"[167], lag[168]. *Endemann* faßte noch vor Inkrafttreten der CPO diesen Zusammenhang zwischen der objektiven Grenze der Rechtskraft und der Inzidentfeststellungsklage folgendermaßen zusammen: „Mit der Grenze, welche Abs. 1 [des heutigen § 322 ZPO, d. Verf.] zieht, steht § 253 [§ 256 Abs. 2 ZPO n. F., d. Verf.] im innigsten Zusammenhang"[169]. Dadurch werden die Parteien nicht mit Urteilsfolgen belastet, die sie nicht erwartet haben[170]. Zugleich gewährte die CPO beiden Prozeßseiten die Freiheit, eine rechtskraftfähige Entscheidung zu

---

163 Siehe dazu das Zitat aus der Begründung des Entwurfs in der vorigen Fußnote. Ferner *Blomeyer*, Erkenntnisverfahren, § 37 I (S. 176); *Rosenberg/Schwab/Gottwald*[17], § 90 Rdnr. 4.

164 Vgl. *Schumann*, FS Georgiades, 543 (548); *Struckmann/Koch*, § 293 Anm. 2: „Durch gleichzeitige Aufnahme der Feststellungsklage und im Anschlusse an dieselbe der Inzident-Feststellungsklage (§§ 231, 253) nähert sich die C.P.O. im Resultate aber wiederum der Ansicht v. Savignys, mit dem Unterschiede, daß für die Rechtskraft präjudizieller Ansprüche in den formellen Erfordernissen des § 253 ein äußeres Kennzeichen gewonnen ist" und § 253 Anm. 1: „Es genügt aber nicht, daß die Absicht, gewisse Präjudizial-Punkte mit entscheiden zu lassen, überhaupt erkennbar sei; sondern dieselbe muß – abgesehen von § 293 Abs. 2 – gerade in der in § 253 bestimmten Form in die Erscheinung getreten sein."

165 Vgl. *Schumann*, FS Georgiades, 543 (549).

166 Oben Fußn. 162. So auch *v. Braun*, Inzidentfeststellungsklage, S. 18; *Kroll*, Klage, S. 311; *Stein/Jonas/Leipold*[22], § 322 Rdnr. 72; *Oertmann*, ZZP 22 (1896), 11 (11 f.); *Schumann*, FS Georgiades, 543 (548 f.).

167 *v. Savigny*, System VI, S. 359 f.; ebenso auf S. 379: „die Absicht des Richters".

168 Vgl. *Kerameus*, AcP 167 (1967), 241 (251).

169 *Endemann*, § 293 Anm. I A (S. 137). Auch für *Hager*, KTS 54 (1993), 39 (39), hängt der Sinn des § 256 Abs. 2 ZPO „aufs engste mit dem Verständnis der Rechtskraft zusammen". *Gaupp*, § 253 Anm. I, spricht gleichfalls vom „engsten Zusammenhang"; *Oertmann*, ZZP 22 (1896), 11 (11), vom „unmittelbaren Zusammenhang".

170 Vgl. *Grunsky*, Grundlagen, § 47 IV 2, S. 514 (Schutz vor „Überraschungseffekten").

beantragen. Die gleichzeitig damit bewirkte Stärkung der Dispositionsmaxime ist unübersehbar[171].

Zweck der Zwischenfeststellungsklage ist mit den Worten des *Reichsgerichts* „die Ausdehnung der Rechtskraftwirkung auf den Grund der Klage“[172]. Sie ist ein Ersatz dafür, daß die Grundlagen der Entscheidung nicht in Rechtskraft erwachsen[173]. So kann im Fall der Vindikationsklage der Kläger positive Zwischenfeststellungsklage auf Bestehen seines Eigentums, der Beklagte negative Zwischenfeststellungswiderklage auf Nichtbestehen des Eigentums des Klägers erheben und dieses rechtskräftig feststellen lassen. Im Lichte dieses Zwecks der Zwischenfeststellungsklage – der Rechtskrafterstreckung auf den Rechtsgrund – sind auch die Sachurteilsvoraussetzungen zu verstehen, wie noch zu zeigen ist.

III. Zusammenfassung

1. In Folge der Ablehnung gemein- und partikularrechtlicher Auffassungen, insbesondere der Lehre *Friedrich Carl von Savignys*, nach der auch die Entscheidungsgründe in Rechtskraft erwachsen sollten, ist das Urteil gemäß § 322 Abs. 1 ZPO der Rechtskraft nur insoweit fähig, als über den durch die Klage oder Widerklage erhobenen Anspruch selbst entschieden ist. Hingegen wird die *Entscheidung über präjudizielle Rechtsverhältnisse nicht rechtskräftig*. In liberaler Denkweise begrenzten die Schöpfer der CPO die Wirkung des staatlichen Urteils auf die von den Parteien gestellten Anträge, damit die Prozeßbeteiligten nicht mit Ergebnissen konfrontiert würden, mit denen sie nicht gerechnet und über die sie nicht gestritten hätten.
2. Da somit bei der Leistungsklage unmittelbar nur die gerichtliche Entscheidung über das Bestehen der geltend gemachten konkreten Rechtsfolge in

171 Vgl. *Schumann*, FS Georgiades, 543 (549). Für die österreichische Zivilprozeßordnung formuliert *Astrid Deixler-Hübner* dies so: „Der Zwischenfeststellungsantrag verkörpert somit neben der Klage das stärkste Angriffsmittel des Klägers und dient zudem – weil er einen Zweitprozess vermeidet – sowohl Zwecken der Prozessökonomie als auch der Rechtssicherheit“, *Fasching/Deixler-Hübner*, § 236 ZPO Rdnr. 1.

172 *RGZ* 170, 328 (330).

173 Vgl. *RGZ* 126, 234 (237); 144, 54 (59); 170, 328 (330); *RG* JW 1899, 256 Nr. 2; *RG* ZZP 59 (1935), 424 (428); *BGHZ* 42, 340 (350); 43, 144 (146 f.); *BGH* LM § 280 ZPO Nr. 2; *BGH* NJW 1992, 1897; 2007, 82 (83); 2010, 2210 Rdnr. 9 f.; *BGH* JR 1995, 157 (159 f.); *BAGE* 18, 29 (36); *BAG* NJW 1967, 647 (648); MünchKomm ZPO/*Becker-Eberhard*[4], § 256 Rdnr. 75; *Hager*, KTS 54 (1993), 39 (40); *Jacobs*, Feststellungsverfahren, S. 221; *Planck*, Lehrbuch, § 19 Fußn. 22, S. 73 („Surrogat der beseitigten Rechtskraft der Entscheidungsgründe“); *Petersen/Anger*, § 280 Anm. 1; *Stein/Jonas/Roth*[22], § 256 Rdnr. 102; *Schneider*, MDR 1973, 270 (271); *Schumann*, FS Georgiades, 543 (551); *Wilmowski/Levy*[3], § 253 Anm. 1.

materieller Rechtskraft erwächst, besteht die Gefahr, daß die Entscheidung über ein vorgreifliches Rechtsverhältnis in einem Zweitprozeß abweichend getroffen wird. Die Antwort bestand für den Gesetzgeber in der Schaffung des neuen Prozeß-Instituts der Zwischenfeststellungsklage. Mit ihrer Einführung blieb das Zivilprozeßrecht dem dargestellten Grundsatz treu, die Grenzen der Rechtskraft möglichst eng zu ziehen. Nicht das Gesetz, sondern der *Wille der Parteien* soll bestimmen, was mit einer über den Bereich des Prozesses hinausreichenden Rechtskraft entschieden werden soll. *Sinn und Zweck* der Zwischenfeststellungsklage ist daher die *Ausdehnung der Rechtskraftwirkung auf den Grund der Klage*. Sie ist ein Ersatz dafür, daß die Grundlagen der Entscheidung nicht in Rechtskraft erwachsen.

Zweites Kapitel: Die Sachurteilsvoraussetzungen der Zwischenfeststellungsklage

Die Inzidentfeststellungsklage ist ihrem Wesen nach zwar eine unselbständige (weil von einer Hauptklage abhängig[174]), aber dennoch echte Klage[175], nicht etwa nur Angriffs- oder Verteidigungsmittel, weshalb sie auch nicht als verspätet zurückgewiesen werden darf[176]. Dies ist allerdings im älteren Schrifttum von *Wendt*[177] bestritten worden. Er vertrat die Ansicht, die Zwischenfeststellungsklage führe zu „keiner neuen, sonst nicht erforderlichen Kognition und Entscheidung", sondern stelle lediglich einen prozessualen Antrag dar, um die Rechtskraft des Urteils auf das vorgreifliche Rechtsverhältnis zu erstrecken.

Diese Auffassung ist weder mit dem Wortlaut des Gesetzes noch mit dem Sinn und Zweck der Inzidentfeststellungsklage vereinbar: Indem § 256 Ab. 2 ZPO bestimmt, daß die Feststellung des inzident zu klärenden Rechtsverhältnisses vom Kläger durch Erweiterung des *Klage*antrags vom Beklagten durch Erhebung einer Wider*klage* beantragt werden kann, hat der Gesetzgeber unmißverständlich zum Ausdruck gebracht, daß er die Inzidentfeststellungsklage als wirkliche Klage aufgefaßt haben will[178].

Zudem liegt der Sinn der Zwischenfeststellungsklage darin, eine rechtkraftfähige Entscheidung über das bedingende Rechtsverhältnis herbeizuführen. Diese „richterliche Entscheidung" setzt aber eine echte Klage voraus, da anderenfalls das

---

174 Dazu sogleich.

175 Vgl. *RG* JW 1932, 650; *Bergerhoff*, Zwischenfeststellungsklage, S. 44 f.; Stein/Jonas/*Schumann*[21], § 256 Rdnr. 6; *Wieczorek*[2], § 280 Anm. A II; *Stein/Jonas/Roth*[22], § 256 Rdnr. 9. In diesem Sinne schon *Oertmann*, ZZP 22 (1896), 11 (66 f.) (der die Inzidentklage dessenungeachtet untechnisch als „Rechtsmittel" bezeichnet); *v. Braun*: Inzidentfeststellungsklage, S. 15 ff.

176 So bereits *LG Berlin I* JW 1930, 3008.

177 Vgl. *Wendt*, AcP 70 (1866), 39 (39).

178 Vgl. *Bergerhoff*, Zwischenfeststellungsklage, S. 45; *Oertmann*, ZZP 22 (1896), 11 (67). In der Begründung des Entwurfs zu § 243 [§ 253 CPO = § 256 Abs. 2 ZPO n. F.] heißt es daher auch: „Die Präjudizial-Inzidentklage ist ebenso wie die Präjudizial-Inzident-widerklage in Betreff der prozessualen Geltendmachung, der Rechtshängigkeit und des Zeitpunktes, bis zu welchem ihre Erhebung gestattet ist, der Widerklage gleichgestellt (...). Von selbst versteht sich, daß auch für die Widerklage und die Klage des § 243 die Bestimmungen des Entwurfs über die Vorbereitung der mündlichen Verhandlung durch Schriftsätze gelten", vgl. *Hahn*, Materialien II, S. 274.

Rechtsverhältnis nur als Element in den Urteilsgründen auftauchen würde und damit für den Inzidentkläger ein „Muster ohne Wert" wäre[179].

§ 3 Die besonderen Sachurteilsvoraussetzungen der Zwischenfeststellungsklage

Entsprechend ihrer Natur als Klage unterliegt die Zwischenfeststellungsklage, soweit nicht § 256 Abs. 2 ZPO eine abweichende Regelung trifft, allen Vorschriften, über die Klage, insbesondere denen über die allgemeinen und besonderen Prozeßvoraussetzungen[180] und Prozeßhindernisse[181]. Das Hauptaugenmerk der Untersuchung liegt auf den besonderen Voraussetzungen dieses Instituts. Im Rahmen der allgemeinen Sachurteilsvoraussetzungen werden lediglich die Unterschiede zur prinzipalen Feststellungsklage herausgestellt[182].

I. Erfordernis einer Hauptklage

Die Zwischenfeststellungsklage hat keine selbständige Bedeutung, sondern kann nur im Rahmen eines anderweitig schwebenden Rechtsstreits erhoben werden[183], sie erfordert somit stets eine Hauptklage.

179 Vgl. *Loening*, ZZP 4 (1882), 1 (17).

180 Diese Terminologie hat sich im Anschluß an *Oskar Bülow* durchgesetzt, vgl. *Bülow*, Prozeßeinreden, S. 5 ff.; ferner *Nikisch*, Zivilprozeßrecht, § 56 I 1 f., S. 222 f.; *Simshäuser*, Entwicklung, S. 16 f.: „Dabei werden die *von Amts wegen* zu beachtenden Voraussetzungen, von denen die Zulässigkeit der Sachverhandlung und Sachentscheidung in einem bestimmten gerichtlichen Verfahren abhängt, heute im Anschluß an *Oskar Bülow* unter dem Namen *Prozeßvoraussetzungen* zusammengefaßt; bedarf es zu ihrer Beachtung der Rüge seitens einer Partei, so nennt man sie, ebenfalls der Terminologie *Oskar Bülows* folgend, *Prozeßhindernisse*". Um Prozeßhindernisse handelt es sich z. B. bei § 113 S. 2, § 269 Abs. 6, § 1032 Abs. 1 ZPO, vgl. *Musielak*, Grundkurs, Rdnr. 133; *Stein/Jonas/Schumann*[20], Einleitung vor § 1 Rdnr. 317; *Schumann*, ZPO-Klausur, Rdnr. 223 Fußn. 6.

181 Vgl. *Rosenberg/Schwab/Gottwald*[17], § 96 Rdnr. 46.

182 Zum Vorrang der Prüfung der Voraussetzungen der Zwischenfeststellungsklage als solcher samt den Voraussetzungen der Verbindung vor der Prüfung der allgemeinen Sachurteilsvoraussetzungen im Prozeß, vgl. *Stein/Jonas/Roth*[22], § 256 Rdnr. 10 und 102.

183 Vgl. MünchKomm ZPO/*Becker-Eberhard*[4], § 256 Rdnr. 75; *Stein/Jonas/Schumann*[21], § 256 Rdnr. 6; *Stein/Jonas/Roth*[22], § 256 Rdnr. 9; *Wieczorek*[2], § 280 Anm. A.

A. Unselbständigkeit der Inzidentfeststellungsklage

Bergerhoff ist – bezüglich der Inzidentklage des § 280 ZPO a. F. – der Ansicht, daß diese Unselbständigkeit schon aus der Stellung im Gesetz folge[184], da die Vorschrift nicht ohne Grund in den Abschnitt „Verfahren bis zum Urteil" eingefügt worden sei. Daraus gehe hervor, daß die Zwischenfeststellungsklage nur in einem bereits schwebenden Verfahren Bedeutung gewinnen könne[185]. Dieser Sichtweise kann jedoch nicht gefolgt werden. Andernfalls müßte die (unzweifelhaft[186]) selbständige Feststellungsklage nach § 256 Abs. 1 ZPO, die ebenfalls in diesem Abschnitt steht, desgleichen nur in einem bereits schwebenden Verfahren Bedeutung gewinnen können.

Wenn man schon die Stellung im Gesetz anführen will, könnte man allenfalls argumentieren, daß in der ZPO n. F. die Unselbständigkeit der Zwischenfeststellungsklage durch die Anfügung als Absatz 2 zur selbständigen Feststellungsklage des § 256 Abs. 1 ZPO zum Ausdruck kommt.

Mehr noch streitet der *Wortlaut der Norm*[187] für eine Unselbständigkeit: Nach § 256 Abs. 2 ZPO kann bis zum Schluß derjenigen mündlichen Verhandlung, auf die das Urteil ergeht, der Kläger durch *Erweiterung des Klageantrags*, der Beklagte durch *Erhebung einer Widerklage* beantragen, daß ein *im Laufe des Prozesses* streitig gewordenes Rechtsverhältnis, von dessen Bestehen oder Nichtbestehen die *Entscheidung des Rechtsstreits* ganz oder zum Teil abhängt, festgestellt wird. Sowohl die „Klageerweiterung" als auch die „Widerklage" setzen begrifflich wie dogmatisch eine bestehende Klage voraus. Zwar ist die „gewöhnliche", d. h. nicht nach § 256 Abs. 2 ZPO erhobene, Widerklage insofern eine selbständige, als mit ihrer Rechtshängigkeit sie – insbesondere bei Rücknahme oder sonstiger

---

184 Vgl. *Bergerhoff*, Zwischenfeststellungsklage, S. 10, der dieses Charakteristikum schon in der Bezeichnung „Zwischenfeststellungsklage" angedeutet sieht. Meines Erachtens kommt diese Unselbständigkeit jedoch noch stärker in dem Terminus „*Inzident*feststellungsklage" zum Ausdruck.

185 Vgl. *Bergerhoff*, Zwischenfeststellungsklage, S. 10.

186 Vgl. *Stein/Jonas/Schumann*[21], § 256 Rdnr. 4.

187 Nach der allgemeinen juristischen Methodenlehre (der die Auslegung der Prozeßgesetze grundsätzlich folgt, vgl. *Rosenberg/Schwab/Gottwald*[17], § 7 Rdnr. 8 und *Stein/Jonas/Brehm*[22], vor § 1 Rdnr. 53) hat die Auslegung vom Wortlaut auszugehen und erfährt gleichzeitig ihre Begrenzung durch ihn. Der Wortlaut hat also eine doppelte Aufgabe, vgl. *Larenz*, Methodenlehre, S. 322. Bei den Prozeßgesetzen ist zu beachten, daß die Reichsjustizgesetze aus einer Zeit stammen, in der die begriffliche Gesetzgebungstechnik, wie sie vor allem das BGB zeigt, noch nicht ausgebildet war. Sie haben daher nicht die Sorgfalt des Ausdrucks und der systematischen Durcharbeitung, die das BGB aufweist. Die Wortbedeutung kann sich daher im Einzelfall von Norm zu Norm unterscheiden, vgl. *Stein/Jonas/Schumann*[20], Einleitung vor § 1 Rdnr. 53; *Rosenberg/ Schwab/Gottwald*[17], § 7 Rdnr. 9. Dennoch beginnt auch hier jede Auslegung mit dem Wortsinn.

Erledigung – vom Fortbestand der Klage unabhängig ist[188]. Dies liegt aber in der Natur der Widerklage begründet: Hauptklage und Widerklage sind nur zu gemeinsamer Verhandlung und Entscheidung in einem Verfahren verbunden, nicht aber notwendig das Schicksal der beiden Prozesse[189]. Bei der Zwischenfeststellungswiderklage als besonderer Fall der Widerklage[190] hingegen ist durch das Erfordernis der Abhängigkeit ein rechtlicher Zusammenhang gegeben, der eine Trennung (vgl. § 145 Abs. 2 ZPO) unstatthaft macht[191]. Auch die Formulierungen „im Laufe des Prozesses" und „Entscheidung des Rechtstreits" verdeutlichen, daß die Inzidentfeststellungsklage nur dort Platz greifen kann, wo eine Hauptklage, ein Hauptprozeß, ein Rechtsstreit besteht[192]. Der Lauf des Prozesses muß also bereits begonnen haben[193]. Unabhängig davon hat die Zwischenfeststellungsklage keine Existenzberechtigung.

Dies entspricht ihrem *Sinn und Zweck*, welchem gerade bei den Prozeßgesetzen entscheidende Bedeutung zukommt[194]: Die *ratio legis* des § 256 Abs. 2 ZPO ist – wie bereits dargelegt – die Erstreckung der Rechtskraft auf ein für die Hauptsache vorgreifliches Rechtsverhältnis, da besagtes Rechtsverhältnis zwangsläufig im Rahmen der Hauptsache geklärt werden muß. Wo folglich ein Hauptprozeß nicht stattfindet, kann die Inzidentfeststellungsklage somit nicht Platz greifen. In diesem Fall ist vielmehr nur der Weg der prinzipalen Feststellungsklage gangbar.

Sofern der Kläger zunächst eine prinzipale Feststellungsklage über eine Vorfrage (z. B. Vertragsnichtigkeit) erhebt und der Beklagte widerklagend Leistung aus diesem Rechtsverhältnis fordert, sieht *Roth*[195] hierin eine Ausnahme vom Grundsatz der Unselbständigkeit, da die negative Feststellungsklage in dieser Situation vom Typus her zur Inzidentklage gehöre, jedoch eine selbständige Feststellungsklage sei, die ein Rechtsschutzinteresse erfordere. Daran zeige sich,

---

188 Vgl. *LG München I* NJW 1978, 953; *Jauernig/Hess*, § 46 Rdnr. 3; *Rosenberg/Schwab/Gottwald*[17], § 96 Rdnr. 26; *Thomas/Putzo/Hüßtege*, § 33 Rdnr. 23; *Zöller/Vollkommer*, § 33 Rdnr. 7, 17. So bereits *Schollmeyer*, Zwischenstreit, S. 22.

189 Vgl. *Rosenberg/Schwab/Gottwald*[17], § 95 Rdnr. 26.

190 Vgl. *Stein/Jonas/Roth*[22], § 256 Rdnr. 9.

191 Vgl. *Stein/Jonas/Roth*[22], § 256 Rdnr. 119.

192 Dies mag ein Grund für die zum Teil sprachlich ungenaue Prozeßvoraussetzung der „Anhängigkeit einer Hauptklage" sein, dazu sogleich.

193 So bereits *Oertmann*, ZZP 22 (1896), 11 (14). Dies schließt freilich nicht aus, daß die Inzidentklage zusammen mit der Hauptklage erhoben wird. Dazu näher unten Text bei Fußn. 804 ff.

194 Vgl. *BGHZ* 43, 100; 44, 48 und die in Fußn. 187 zitierten Autoren. Hierbei ist stets zu berücksichtigen, daß der Zivilprozeß und die Anwendung des Prozeßrechts kein Selbstzweck ist, sondern der Verwirklichung des materiellen Rechts dient, worauf insbesondere *Schumann* hingewiesen hat, vgl. *Stein/Jonas/Schumann*[20], Einleitung vor § 1 Rdnr. 68 ff. und *Schumann*, FS Larenz, S. 571 ff.

195 Vgl. *Stein/Jonas/Roth*[22], § 256 Rdnr. 11 a. E. zu *BGH* NJW 2002, 751.

daß eine Inzidentfeststellungsklage abweichend vom gesetzgeberischen Modell des § 256 Abs. 2 ZPO durchaus nicht immer als unselbständige Feststellungsklage vorkommen müsse. Wenn *Roth* auch darin Recht zu geben ist, daß in dieser Konstellation die prinzipale Feststellungsklage als Inzidentklage erscheint, wird dennoch hierdurch das Erfordernis der Unselbständigkeit meines Erachtens nicht berührt. Vielmehr ist das zeitliche Moment[196] der Zulässigkeit der Inzidentklage betroffen. Denn würde die Feststellung der Vertragsnichtigkeit zeitlich nach der Leistungsklage erhoben, läge eine für die Inzidentklage – so sie beantragt wird – erforderliche Hauptklage vor. Die Parteien sind jedoch nicht gehalten, von der Möglichkeit der Zwischenfeststellungsklage Gebrauch zu machen[197]. Wenn eine Partei ohne vorliegende Hauptklage die Feststellung eines (vorgreiflichen) Rechtsverhältnisses begehrt, steht ihr nur der Weg über § 256 Abs. 1 ZPO offen.

B. Rechtshängigkeit der Hauptklage

1. Anhängigkeit einer Hauptklage nicht ausreichend

Bei einigen Autoren[198] findet sich die Formulierung, daß eine Hauptklage über den Anspruchsgrund noch in einer Tatsacheninstanz[199] *anhängig* sein muß.

---

196 Zum Erfordernis der Rechtshängigkeit sogleich.

197 Vgl. *Stein/Jonas/Roth*[22], § 256 Rdnr. 8 a. E. und 9.

198 Etwa MünchKomm ZPO/*Lüke*[2], § 256 Rdnr. 77, sowie an selber Stelle in der Folgeauflage *Becker-Eberhard*. Anders *Bergerhoff*, Zwischenfeststellungsklage, S. 11, der zwar ebenfalls von der Anhängigkeit eines anderweitigen Rechtsstreits spricht, allerdings darauf hinweist, daß von einem Rechtsstreit nur die Rede sein könne, wenn eine Klage oder Widerklage *rechtshängig* sei, und im übrigen für die Erhebung der Zwischenfeststellungsklage die Rechtshängigkeit eines anderen Prozesses fordert. So auch *Zöller/Greger*, § 256 Rdnr. 22, und in der älteren Literatur *Förster/Kann*, § 280 Anm. 2 a (beide „Anhängigkeit eines Rechtsstreits").

199 Wenngleich hierdurch im Instanzenzug die Abgrenzung zur Revisionsinstanz ausgedrückt werden soll, erscheint es mit Rücksicht auf die durch das ZPO-Reformgesetz vom 27. Juli 2001 (BGBl. 2001 I, Nr. 40, S. 1887 ff.) geänderte Funktion der Berufungsinstanz als primäre Fehlerkontrollinstanz (vgl. hierzu RegE vom 24. November 2000, BT-Drs. 14/4722, S. 94 zu § 513; *BGH* NJW 2010, 376; *OLG München* MDR 2003, 952; *Thomas/Putzo/Reichold*, § 513 Rdnr. 1) trotz der beschränkten Novenzulassung vorzugswürdig, von „erster oder zweiter Instanz" zu sprechen. Eingehend zur Anwendbarkeit des § 256 Abs. 2 ZPO in der Berufungsinstanz und zur Frage, ob die Inzidentfeststellungsklage noch in der Revisionsinstanz erhoben werden kann, siehe unten Text bei Fußn. 778 ff.

Im Zivilprozeß[200] ist die *Anhängigkeit*[201] eines Verfahrens bei einem Gericht von der *Rechtshängigkeit*[202] (sog. Litispendenz) zu unterscheiden.

Erstere tritt im Urteilsverfahren mit *Einreichung* der Klage bei Gericht (§§ 496, 253 Abs. 5 ZPO) ein, letztere hingegen erst mit Erhebung der Klage, d. h. *Zustellung* der Klageschrift an den Beklagten (§ 261 Abs. 1, § 253 Abs. 1, § 498 ZPO)[203].

Maßgeblicher Zeitpunkt für das Vorliegen sämtlicher Sachurteilsvoraussetzungen ist grundsätzlich der Schluß der letzten mündlichen Verhandlung (§ 296a ZPO)[204].

Für die Zwischenfeststellungsklage ist eine *rechtshängige* Hauptklage zu fordern[205].

2. *Zulässigkeit trotz nicht ordnungsgemäßer Klageerhebung oder Fehlens von Prozeßvoraussetzungen der Hauptklage*

Vor allem in der älteren Literatur zur Präjudizialinzidentklage findet sich die Diskussion, ob die Rechtshängigkeit der Hauptklage erfordere, daß diese ordnungsgemäß erhoben sei und alle sonstigen Prozeßvoraussetzungen vorlägen[206]:

---

200 Anders bei Klagen zum Verwaltungsgericht, Sozialgericht oder Finanzgericht, da nach der VwGO (§ 81 Abs. 1 Satz 1, § 90 Abs. 1 VwGO), dem SGG (§§ 90, 94 Abs. 1 SGG) und der FGO (§ 66 FGO) die Rechtshängigkeit bereits mit Klageeinreichung eintritt, vgl. *Stein/Jonas/Schumann*[21], Fußn. 7 zu § 253 Rdnr. 9.

201 Diesen Terminus verwendet die ZPO unter anderem in §§ 147, 172 Abs. 1, § 261 Abs. 3 Nr. 1, § 281 Abs. 2 Satz 3, § 486 Abs. 1, § 696 Abs. 1 Satz 4. Jedoch differenziert die ZPO nicht konsequent zwischen den Begriffen Rechtshängigkeit und Anhängigkeit und gebraucht in §§ 64, 66 Abs. 1, §§ 176, 217 die Formulierung „Anhängigkeit", versteht aber darunter das gleiche wie Rechtshängigkeit. Eingehend hierzu *Stein/Jonas/Roth*[22], § 261 Rdnr. 4. In diesem Sinne sind die in Fußn. 198 genannten Autoren wohl auch zu verstehen; etwa wenn *Greger* postuliert, daß ein „Urteilsverfahren über die Hauptklage" noch in einer Tatsacheninstanz anhängig sein muß, vgl. *Zöller/Greger*, § 256 Rdnr. 22.

202 Vgl. dazu *Stein/Jonas/Roth*[22], § 261 Rdnr. 5 ff.

203 Vgl. *BGH* NJW 2006, 2782; *W. Lüke*, Zivilprozessrecht, § 15 I Rdnr. 166; *Rosenberg/Schwab/Gottwald*[17], § 98 Rdnr. 2 und 4; *Stein/Jonas/Schumann*[21], § 253 Rdnr. 9; *Stein/Jonas/Roth*[22], § 261 Rdnr. 5; *Zöller/Greger*, § 253 Rdnr. 4.

204 Vgl. *BGH* NJW 1980, 520; ZIP 2001, 124; *Thomas/Putzo/Reichold*, vor § 253 Rdnr. 11; *Zöller/Greger*, vor § 253 Rdnr. 9. Veränderungen bei den den Rechtsweg oder die Zuständigkeit begründenden Umständen bleiben nach § 17 Abs. 1 S. 1 GVG bzw. § 261 Abs. 3 Nr. 2 ZPO (perpetuatio fori) außer Betracht, *Zöller/Greger*, vor § 253 Rdnr. 11a.

205 So zu Recht *Wieczorek*[2], § 280 Anm. C I. In der Folgeauflage *Wieczorek/Schütze/Assmann*[3], § 256 Rdnr. 375, findet sich allerdings die Formulierung, daß die Zwischenfeststellungsklage ein „anhängiges Hauptverfahren in der Tatsacheninstanz" voraussetze.

206 Vgl. *Bergerhoff*, Zwischenfeststellungsklage, S. 11 ff.

Loening[207], ihm insoweit folgend *Oertmann*[208], und *Krantz/Triebel*[209] vertreten, daß – soweit dies nicht der Fall sei – eine Rechtshängigkeit nicht begründet werde, da in diesen Fällen überhaupt keine Klage im Rechtssinne vorläge. Aus diesem Grund sei auch die Inzidentfeststellungsklage nicht zulässig.

Diese Ansicht ist abzulehnen. Die prozessualen Wirkungen der Rechtshängigkeit werden nicht dadurch ausgeschlossen, daß die Klage nicht ordnungsgemäß erhoben ist[210] oder die Prozeßvoraussetzungen für den Erlaß eines Urteils in der Hauptsache nicht vorliegen[211]. Denn über Mängel eines anhängigen Prozesses kann nur das erkennende Gericht selbst, nicht der Vorsitzende entscheiden[212]. Zudem sind diese Mängel späterer Heilung fähig[213]. Scheitert eine Heilung oder Nachholung (unter Umständen auch Berichtigung oder Ergänzung[214]) ist die (Haupt-)Klage zwar durch Prozeßurteil abzuweisen[215], läßt die Rechtshängigkeit jedoch nicht entfallen[216].

3. *Ursprünglich fehlende Rechtshängigkeit*

Soweit *Bergerhoff*[217] postuliert, daß für die Inzidentfeststellungsklage der anderweitige Rechtsstreit nicht nur rechtshängig gewesen sein, sondern *im Zeitpunkt ihrer Erhebung* fortbestehen müsse, ist dies zwar richtig, aber zu kurz gegriffen.

---

207 Vgl. *Loening*, ZZP 4 (1882), 1 (36), (170), der in einem solchen Fall die (Inzident-)Widerklage allerdings nur auf Parteiantrag abgewiesen wissen will.

208 Vgl. *Oertmann*, ZZP 22 (1896), 11 (14).

209 Vgl. *Sydow/Busch/Krantz/Triebel*, § 280 Anm. 1 unter Verweis auf *OLGR* 40, 367.

210 Bei fehlender Zustellung läßt *BGHZ* 25, 66 (72, 75) die Rechtshängigkeit zu dem Zeitpunkt eintreten, in welchem dieser Mangel nicht mehr gerügt werden kann, vgl. *Stein/Jonas/Roth*[22], § 261 Rdnr. 17. Anderer Auffassung ist *Thomas/Putzo/Reichold*, § 253 Rdnr. 21, wonach eine gänzlich unterbliebene Zustellung – soweit kein Verzicht auf sie vorliege – nicht heilbar sei, da es dann an der Klageerhebung überhaupt fehle; so bereits früher *OLG Darmstadt* ZZP 52 (1927), 322 (324). Richtig erscheint mir erstere Ansicht, da zwar mangels Zustellungswillen des Gerichts ein Heilung nach § 189 ZPO ausscheidet, aber nach § 295 ZPO Heilung ex nunc eintritt, wenn der Beklagte rügelos verhandelt, vgl. *BGH* NJW 1996, 1351 (1352); 1984, 926; 1974, 1557; *Stein/Jonas/Roth*[22], § 253 Rdnr. 65.

211 Vgl. *RG* JW 1917, 225; *BGH* NJW 1967, 2304; 2011, 2193 (2194); *OLG Frankfurt a. M.* FamRZ 1980, 710 (711); MünchKomm ZPO/*Becker-Eberhard*[4], § 261 Rdnr. 18; *Stein/Jonas/Roth*[22], § 261 Rdnr. 5 und insbesondere Rdnr. 17 mit weiteren Nachweisen aus der Rechtsprechung in Fußn. 49 ff.

212 Vgl. *Rosenberg/Schwab/Gottwald*[17], § 95 Rdnr. 7; *Stein/Jonas/Roth*[22], § 261 Rdnr. 17.

213 Vgl. *Stein/Jonas/Roth*[22], § 253 Rdnr. 58 ff.; *Zöller/Greger*, § 253 Rdnr. 22 ff.

214 Vgl. *Stein/Jonas/Roth*[22], § 253 Rdnr. 63 f.

215 Vgl. *RGZ* 13, 337; 45, 398; MünchKomm ZPO/*Becker-Eberhard*[4], § 253 Rdnr. 155.

216 Zur Frage, wie sich ein die Hauptklage als unzulässig abweisendes Prozeßurteil auf die Zulässigkeit der Zwischenfeststellungsklage, insbesondere im Hinblick auf die Voraussetzung der Vorgreiflichkeit, auswirkt, siehe sogleich und unten Text bei Fußn. 577.

217 Vgl. *Bergerhoff*, Zwischenfeststellungsklage, S. 12.

Zuzustimmen ist ihm jedenfalls, daß die Hauptklage zum Zeitpunkt der Erhebung der Inzidentklage noch rechtshängig sein muß, insbesondere nicht zurückgenommen sein oder sich sonst[218] erledigt haben darf. Anderenfalls ist die Zwischenfeststellungsklage von Anfang an unzulässig.

a) Bei der Zwischenfeststellungswiderklage

Für die Zwischenfeststellungswiderklage ist dies ohne weiteres einsichtig, da bei nicht mehr rechtshängiger Hauptklage die Erhebung einer Widerklage nach deren besonderen Sachentscheidungsvoraussetzungen begrifflich wie logisch ausgeschlossen ist[219], was auch für die Inzidentwiderklage gilt[220]. Jene kann aber nur erhoben werden, wenn die Hauptklage schon und noch rechtshängig ist[221].

Haben etwa die Parteien die Vindikationsklage in der Hauptsache übereinstimmend für erledigt erklärt und wird in mündlicher Verhandlung über die Kosten des Rechtsstreits entschieden (vgl. § 91a ZPO), so kann der Beklagte in der mündlichen Verhandlung nicht mehr die Inzidentfeststellung seines Rechts zum Besitz aufgrund Leihvertrages verlangen, da die Hauptklage trotz ausstehender Kostenentscheidung nicht mehr rechtshängig ist[222]. Hieran ändert auch die Tatsache nichts, daß der Richter über die Kosten nach billigem Ermessen unter Berücksichtigung des bisherigen Sach- und Streitstandes zu entscheiden hat. Dies rechtfertigt genauso wenig die Möglichkeit zur Erhebung einer Widerklage wie bei der Situation nach Klagerücknahme[223].

Ebenfalls läßt sich nicht sagen, daß die Kostenentscheidung vom Bestehen oder Nichtbestehen des Rechtsverhältnisses (hier: Recht zum Besitz aufgrund Leihvertrages) abhinge. Zwar ist im Rahmen der Kostenentscheidung neben den allge-

---

218 Etwa durch Erlaß eines rechtskräftigen (Anerkenntnis-)Urteils, übereinstimmende Erledigungserklärung oder Abschluß eines gerichtlichen Vergleichs.

219 Vgl. *RGZ* 22, 419; 34, 366; *RG* Gruchot 52, 1129; *BGH* NJW-RR 2001, 60; *Rosenberg/Schwab/Gottwald*[17], § 96 Rdnr. 10; *Stein/Jonas/Roth*[22], § 33 Rdnr. 18; *Thomas/Putzo/Hüßtege*, § 33 Rdnr. 23; *Zöller/Vollkommer*, § 33 Rdnr. 17.

220 Vgl. *Bergerhoff*, Zwischenfeststellungsklage, S. 49 ff., 59 ff. Dazu näher unten Text bei Fußn. 817 ff. Hingewiesen sei an dieser Stelle bereits darauf, daß die Zwischenfeststellungswiderklage nichtsdestotrotz eine besondere Form der Widerklage darstellt, insbesondere im Hinblick auf ihre Unselbständigkeit.

221 Siehe hierzu die Zitate in Fußn. 219 und *BGHZ* 40, 185 (187); *Jauernig/Hess*, § 46 Rdnr. 13; *Nikisch*, Zivilprozeßrecht, § 44 III 4 b, S. 172; MünchKomm ZPO/*Patzina*[4], § 33 Rdnr. 12; *Stein/Jonas/Roth*[22], § 33 Rdnr. 16.

222 Vgl. zu dieser Fallgestaltung hinsichtlich der gewöhnlichen Widerklage *Stein/Jonas/Roth*[22], § 33 Rdnr. 18 mit Nachweisen für beide Ansichten in Fußn. 63; *Stein/Jonas/Schumann*[21], § 33 Rdnr. 11.

223 Vgl. *Stein/Jonas/Roth*[22], § 33 Rdnr. 18; *Thomas/Putzo/Hüßtege*, § 33 Rdnr. 23; *Zöller/Vollkommer*, § 33 Rdnr. 17; a. A. *RG* JW 1902, 182; *OLG München* OLGZ 65, 40; *Bork*, JA 1981, 387.

meinen Grundgedanken des Kostenrechts der ZPO auf den voraussichtlichen Ausgang des Rechtsstreits („bisheriger Sach- und Streitstand") abzustellen, wenn die Hauptsache nicht erledigt erklärt worden wäre[224], allerdings stellt die Kostenentscheidung keine „Entscheidung des Rechtsstreits" i. S. v. § 256 Abs. 2 ZPO dar[225], da der Beschluß gem. § 91a ZPO mangels Entscheidung über den Anspruch keine materielle Rechtskraft hinsichtlich der erledigten Hauptsache erlangt[226]. Wiederum hilft der Blick auf die *ratio legis* der Inzidentklage. Sie soll den Parteien als Ersatz dafür, daß die Entscheidung über das bedingende Rechtsverhältnis im Rahmen der Hauptklage nicht an der Rechtskraft teilnimmt, ein Mittel an die Hand geben, die Rechtskraft hierauf zu erstrecken, sofern die Entscheidung des Rechtsstreits vom (Nicht-) Bestehen des Rechtsverhältnisses abhängt und der Richter hierüber ohnehin zu befinden hat[227]. In der Kostenentscheidung findet jedoch keine Entscheidung *über den Rechtsstreit* statt. Dieser hat sich ja gerade erledigt. Zudem genügt im Rahmen der Kostenentscheidung eine summarische Prüfung der Erfolgsaussichten der Parteien nach überwiegender Wahrscheinlichkeit[228], weshalb der Richter ein eventuell bestehendes präjudizielles Rechtsverhältnis nicht einmal umfassend zu prüfen hat.

b) Bei der Zwischenfeststellungsklage

Für den Inzidentfeststellungsantrag des Klägers gilt nichts anderes. Dies entspricht zum einen dem Grundsatz der Waffengleichheit im Prozeß, jedenfalls soweit es um die Erhebung der Klage geht[229]. Es ist nicht einzusehen, daß für die Inzidentklage des Beklagten Rechtshängigkeit der Hauptklage erforderlich, für die des Klägers bloße Anhängigkeit genügen soll. Zumal der Beklagte auf die Rechtshängigkeit der Hauptklage keinerlei Einfluß hat. Zum anderen ist es nicht Aufgabe der Zwischenfeststellungsklage, eine dem § 256 Abs. 1 ZPO entsprechende Rechtskraftwirkung unter Umgehung von dessen Voraussetzungen herbeizuführen. Will der Kläger die Feststellung eines Rechtsverhältnisses unabhängig von einer Leistungsklage erreichen, ist er auf den Weg der selbständigen Feststellungs-

---

224 Vgl. *BGH* LM § 91a Nr. 1; *BAG* BB 1985, 2180; *Thomas/Putzo/Hüßtege*, § 91a Rdnr. 47 f.; *Zöller/Vollkommer*, § 91a Rdnr. 24.

225 Ausführlich zur Unterscheidung zwischen Streitgegenstand und Urteilsgegenstand als Bezugspunkt der Entscheidung unten Text bei Fußn. 470 ff.

226 Vgl. *BGH* NJW 1991, 2280; 1999, 1337; *BGH* NJW-RR 1992, 999; *OLG Celle* FamRZ 1998, 684; *Becker-Eberhard*, FG BGH III, S. 284 ff.; *Musielak/Lackmann*, § 91a Rdnr. 19; *Thomas/ Putzo/Hüßtege*, § 91a Rdnr. 50; *Zöller/Vollkommer*, § 91a Rdnr. 28.

227 Dazu oben Text bei Fußn. 148 ff.

228 Vgl. *BGHZ* 67, 345; *BGH* BB 2000, 482 (483); *OLG München* OLGR 1999, 281; *OLG Stuttgart* MDR 1997, 1138; *Zöller/Vollkommer*, § 91a Rdnr. 24 und 26a.

229 So bereits *Planck*, Lehrbuch I, S. 39.

klage verwiesen. Dem steht nicht entgegen, daß die Zwischenfeststellung schon in der Klage selbst begehrt werden kann[230]. Denn zum Zeitpunkt ihrer Erhebung, d. h. mit Zustellung an den Beklagten, ist auch die Hauptklage zugestellt und damit nach § 253 Abs. 1, § 261 Abs. 1 ZPO rechtshängig. Wo es aber keine rechtskraftfähige Entscheidung über den Hauptanspruch gibt, kann es keine Erstreckung der Rechtskraft auf ein in den Gründen ohnehin zu befindendes Rechtsverhältnis geben. Hinzu kommt, daß bei nicht rechtshängiger Hauptklage eine „Erweiterung des Klageantrags" i. S. v. § 256 Abs. 2 ZPO ausscheidet.

Sofern sich die bereits mangels rechtshängiger Hauptklage von Anfang an unzulässige Inzidentfeststellungsklage nicht als prinzipale Feststellungsklage aufrecht erhalten läßt, ist sie durch Prozeßurteil abzuweisen[231].

4. Erfordernis fortbestehender Rechtshängigkeit

Da die (besonderen und allgemeinen) Sachurteilsvoraussetzungen grundsätzlich zum Zeitpunkt des Schlusses der letzten mündlichen Verhandlung vorliegen müssen[232], muß auch die Rechtshängigkeit der Hauptklage noch zum Zeitpunkt der Entscheidung über die Inzidentfeststellungsklage fortbestehen. Es reicht somit nicht aus, daß sie lediglich ursprünglich im Zeitpunkt der Erhebung des Inzidentantrags vorlag.

Gerade für die Zeit *nach* Erhebung der Inzidentfeststellungswiderklage zeigt sich jedoch ein grundlegender Unterschied: Ist die gewöhnliche[233] Widerklage einmal rechtswirksam erhoben, dauert ihre Rechtshängigkeit ebenso fort wie die Zuständigkeit des Prozeßgerichts (perpetuation fori, § 261 Abs. 3 Nr. 2 ZPO). Gleichgültig ist somit, ob die Hauptklage wegen nachträglicher Unzuständigkeit abgewiesen, sie nach wirksamer Erhebung der Widerklage zurückgenommen wird oder die Rechtshängigkeit durch Erledigung bzw. (Teil-)Vergleich endet. Die rechtshängige Hauptklage ist nur Bedingung für die Erhebung der Widerklage, nicht aber für ihren Fortbestand[234].

Nicht so bei der Inzidentwiderklage. Aufgrund ihrer Unselbständigkeit kann sie nicht losgelöst von der Hauptklage existieren. Ihr Zweck der Rechtskrafterstreckung erfordert vielmehr die *fortbestehende* Rechtshängigkeit der Hauptklage

---

230 Vgl. *RGZ* 41, 372; 73, 273 (274); 113, 410 (413); 150, 189 (191); *BGH* LM § 280 a. F. Nr. 2; *BGH* NJW-RR 1990, 318 (320); *Stein/Jonas/Schumann*[21], § 256 Rdnr. 6; *Stein/Jonas/Roth*[22], § 256 Rdnr. 10. Eingehend dazu unten Text bei Fußn. 811 ff.

231 Vgl. *Schumann*, FS Georgiades, 543 (558 f.).

232 Statt vieler *Rosenberg/Schwab/Gottwald*[17], § 93 Rdnr. 37.

233 Dies soll lediglich ausdrücken, daß es sich nicht um eine Zwischenfeststellungswiderklage nach § 256 Abs. 2 ZPO handelt.

234 Vgl. *Stein/Jonas/Roth*[22], § 33 Rdnr. 17.

bis zum Zeitpunkt der Entscheidung über die Zwischenfeststellungswiderklage. Sie ist ein Ersatz dafür, daß die Grundlagen der Entscheidung nicht in Rechtskraft erwachsen. Wo aber diese Entscheidung nicht mehr stattfindet, der Richter in den Entscheidungsgründen nicht ohnehin über das streitige Rechtsverhältnis zu befinden hat, besteht weder Veranlassung noch Bedarf, eine Inzidentfeststellungswiderklage zuzulassen.

Aus diesem Grund ist bei Rücknahme der Hauptklage die Inzidentklage durch Prozeßurteil abzuweisen, sofern sie nicht als selbständige Feststellungsklage nach § 256 Abs. 1 ZPO aufrechterhalten werden kann.[235] Zu einem anderen Ergebnis gelangen die Befürworter der Ansicht, daß der Inzidentantrag ohnehin nur unter der auflösenden Bedingung erhoben sei, daß eine Entscheidung zur Hauptsache erfolge[236].

Als Ergebnis läßt sich somit festhalten, daß die Inzidentfeststellungsklage des § 256 Abs. 2 ZPO sowohl im Zeitpunkt ihrer Erhebung als auch im Zeitpunkt der Entscheidung über sie eine *schon und noch rechtshängige Hauptklage* voraussetzt[237].

II. Das streitig gewordene Rechtsverhältnis

§ 256 Abs. 2 ZPO gibt den Parteien eines Rechtsstreits die Möglichkeit, ein für die Entscheidung in der Hauptsache präjudizielles „streitig gewordenes Rechtsverhältnis" rechtskräftig feststellen zu lassen.

---

235 So auch im Ergebnis MünchKomm ZPO/*Becker-Eberhard*[4], § 256 Rdnr. 82; *Stein/Jonas/Roth*[22], § 256 Rdnr. 105; *Schumann*, FS Georgiades, S. 566, die in diesem Fall die „Abhängigkeit" weggefallen sehen. Meines Erachtens ist dies jedoch keine Frage der Abhängigkeit/Präjudizialität/ Vorgreiflichkeit, sondern der besonderen Prozeßvoraussetzung einer rechtshängigen Hauptklage, wie dies gerade am Beispiel der Inzidentwiderklage deutlich wird. Widersprüchlich ist insoweit die Auffassung von *Anger*, der zwar bei Abweisung der Hauptklage durch Prozeßurteil die Hinfälligkeit nicht bloß der Inzidentwiderklage, sondern auch der Inzidentklage postuliert, „weil dann eine der notwendigen Voraussetzungen (die Rechtshängigkeit des Klageanspruchs)" fehle; andererseits habe die nämliche Wirkung regelmäßig auch die nachträgliche Zurücknahme der Klage, „weil es nun an dem erforderlichen Abhängigkeitsverhältnisse" fehle, vgl. *Petersen/ Anger*, § 280 Anm. 4.

236 So *Seuffert/Walsmann*, § 280 Anm. 7b; *Gaupp/Stein/Jonas*, § 280 Anm. IV 2.

237 Aus diesem Grund ist die Erhebung der Zwischenfeststellungsklage im Mahnverfahren auch nicht zulässig, da die Zustellung eines Mahnbescheides gem. § 693 Abs. 2 ZPO keine Rechtshängigkeit begründet, vgl. *AG Lübeck* NJW-RR 1990, 1152; *Stein/Jonas/Roth*[22], § 33 Rdnr. 1; *Zöller/Vollkommer*, § 33 Rdnr. 17. Darüber hinaus sind Anträge nach § 256 Abs. 2 ZPO im Mahnverfahren ausgeschlossen, weil § 688 Abs. 1 ZPO nur Ansprüche auf Zahlung zuläßt, vgl. *Bergerhoff*, Zwischenfeststellungsklage, S. 13; *Stein/Jonas/Roth*[22], § 256 Rdnr. 111. Näher dazu unten § 3 V „Geeignete Prozeßart" Fußn. 760 ff.

A. Rechtsverhältnis

Der Begriff des Rechtsverhältnisses ist wesentliches Merkmal der auf Feststellung gerichteten Klagen[238], da er nicht nur ihren Gegenstand bestimmt[239], sondern zugleich Voraussetzung dieser Klage ist[240]. Die Feststellung des Rechtsverhältnisses wird entweder in der Klage behauptet (sog. positive Feststellungsklage) oder geleugnet (sog. negative Feststellungsklage)[241]. Der Begriff des Rechtsverhältnisses im Sinne von § 256 Abs. 2 ZPO ist derselbe wie in § 256 Abs. 1 ZPO[242]. Die folgende Darstellung beschränkt sich daher auf Erläuterungen, soweit diese für die Zwischenfeststellungsklage ebenfalls relevant sind oder von der prinzipalen Feststellungsklage abweichen.

1. Definition

In der ZPO selbst sowie den Motiven zur CPO findet sich keine Definition des Terminus „Rechtsverhältnis"[243], die Konkretisierung dieses unbestimmten Rechtsbegriffs[244] ist somit der Rechtsprechung und Rechtslehre überlassen[245]. Der Begriff selbst war bereits den Pandektisten bekannt[246] und ist daher keine Neuschöpfung

---

238 Vgl. *Schumann*, GS Michelakis, 553 (554), für die prinzipale Feststellungsklage. So auch *Stein/Jonas/Roth*[22], § 256 Rdnr. 7.

239 Vgl. *RGZ* 104, 303 (304); *Stein/Jonas/Roth*[22], § 256 Rdnr. 20.

240 Vgl. *RGZ* 107, 305; *Kadel*, Feststellungsklage, S. 66; *Trzaskalik*, Rechtsschutzzone, S. 21.

241 Vgl. *Stein/Jonas/Roth*[22], § 256 Rdnr. 11.

242 Vgl. *RGZ* 50, 399 (402, dort aber beiläufig); 126, 234 (237); *BGHZ* 86, 331 (331); *BGH* WM 1989, 1546 (1549 f.); *BGH* NJW-RR 1990, 320; *BGH* NJW 2011, 2195 (2196) Rdnr. 19; *OLG Schleswig* NJW-RR 1991, 190; *OLG Düsseldorf* NJW-RR 1998, 283; *Bergerhoff*, Zwischenfeststellungsklage, S. 14 f.; MünchKomm ZPO/*Becker-Eberhard*[4], § 256 Rdnr. 79; *Musielak/Foerste*, § 256 Rdnr. 41; *Stein/Jonas/Roth*[22], § 256 Rdnr. 103; *Zöller/Greger*, § 256 Rdnr. 24. So auch schon *Wilmowski/Levy*[3], § 253 Anm. 1; *Gaupp/Stein/Jonas*, § 280 Anm. II 1; *Wieczorek*[2], § 280 Anm. A I a.

243 Vgl. *Chern*, Feststellungsklage, S. 108; *Moser*, Zulässigkeitsvoraussetzungen, S. 22. Dazu bereits oben Text bei Fußn. 105 ff. In der Begründung des Entwurfs zu § 223 (§ 231 CPO) heißt es insofern lediglich: „Zwischen dinglichen und obligatorischen Rechtsverhältnissen ist nicht unterschieden, weil das Bedürfniß nach einer Feststellungsklage für beide Arten von Rechtsverhältnissen in gleichem Maaße besteht", vgl. *Hahn*, Materialien II, S. 257. *Zeuner* weist völlig zu Recht darauf hin, daß der Akzent deutlich auf der Zulassung der Feststellungsklage und nicht auf der Begrenzung ihres Gegenstandes lag, vgl. *Zeuner*, FS Schumann, 595 (602).

244 Vgl. *Jacobs*, Feststellungsverfahren, S. 245.

245 Vgl. *Chern*, Feststellungsklage, S. 108.

246 Vgl. *Kadel*, Feststellungsklage, S. 66 unter Hinweis auf *Dernburg*, *Hölder*, *Windscheid* und *Regelsberger* in Fußn. 3 f.; *Chern*, Feststellungsklage, S. 108.

und keine Eigentümlichkeit des Zivilprozeßrechts[247], nicht einmal des Prozeßrechts[248]. Vielmehr findet sich der Begriff in weiteren Gesetzen, etwa im Bürgerlichen Gesetzbuch[249], im Verwaltungsverfahrensgesetz[250], im Strafgesetzbuch[251], im Handelsgesetzbuch[252], in der Insolvenzordnung[253], in der Verwaltungsgerichtsordnung[254] oder der Abgabenordnung[255].

Die herrschende Meinung faßt unter den Begriff des Rechtsverhältnisses in Anlehnung an das Bürgerliche Recht jede durch die Herrschaft einer Rechtsnorm über einen konkreten vorgetragenen Sachverhalt entstandene *rechtlich geregelte Beziehung einer Person zu einer anderen Person oder zu einem Sachgut* (Rechtsobjekt)[256].

2. Gegenstand des Rechtsverhältnisses

Die Rechtsverhältnisse haben danach Beziehungen von Personen zu Personen (Vertrag, Vereinsmitgliedschaft, Ehe, Verwandtschaft) und Beziehungen einer

---

247 Dort findet sich der Begriff außer in § 256 in § 21 Abs. 2, § 40 Abs. 1, § 62 Abs. 1, § 69, § 76 Abs. 1 Satz 1 und Abs. 3 Satz 2, §§ 148, 254, 385 Abs. 1 Nr. 4, § 506 Abs. 1, §§ 940, 1029 Abs. 1.

248 Vgl. *Moser*, Zulässigkeitsvoraussetzungen, S. 22.

249 Vgl. §§ 168, 183, 369 Abs. 1, § 417 Abs. 1 und Abs. 2, § 503 Abs. 2 Satz 5, § 1070 Abs. 1, § 1098 Abs. 1, § 1156 Satz 1, §§ 1157, 1158, 1159 Abs. 1, § 1497 Abs. 2, §§ 1976, 2143, 2175, 2218 Abs. 1, § 2377 BGB.

250 Vgl. § 3 Abs. 1 Nr. 1, § 54 VwVfG.

251 Vgl. § 35 Abs. 1 Satz 2, § 271 Abs. 1 StGB.

252 Vgl. § 16 Abs. 1 Satz 1, § 52 Abs. 1, §§ 109, 156, § 444 Abs. 3, § 490, § 656 Abs. 1 HGB.

253 Vgl. § 84 Abs. 1 Satz 2 InsO.

254 Vgl. § 43 Abs. 1, § 52 Nr. 1 und Nr. 4, § 65 Abs. 2, § 67 Abs. 1 Satz 5, §§ 94, 123 Abs. 1 Satz 2, § 159 Satz 2 VwGO.

255 Vgl. § 155 Abs. 3 Satz 3, § 360 Abs. 3 Satz 1, § 363 Abs. 1 AO.

256 Vgl. mit z. T. variierender Wortwahl *RGZ* 84, 390; 107, 303 (304); 144, 54 (56); *BGHZ* 22, 43 (47); 37, (334); 92, 275 (278); 99, 344 (356); *BAG* NZA 1989, 687; *BSGE* 31, 226; *Baltzer*, Negative Feststellungsklage, S. 90; *Baumbach/Lauterbach/Albers/Hartmann*, § 256 Rdnr. 5; *E. Habscheid*, ZZP 112 (1999), 37 (45); *W. Lüke*, Zivilprozessrecht, Rdnr. 127; *Rosenberg/Schwab/Gottwald*[17], § 90 Rdnr. 6; *Stein/Jonas/Roth*[22], § 256 Rdnr. 21 wie auch *Schumann* in der Vorauflage an selber Stelle mit anderer Wortwahl; *Thomas/Putzo/Reichold*, § 256 Rdnr. 5; *Zöller/Greger*, § 256 Rdnr. 3. In diesem Sinne schon *Förster/Kann*, § 256 Anm. 2 a; *Hellwig*, Anspruch, S. 1 ff.; *v. Thur*, Allgemeiner Teil, S. 125; in diesem Sinne auch *Rocholl*, ZZP 22 (1885), 329 (347): „Unter einem solchen versteht man, sobald man die sogenannten Statusrechte ausser Betracht läßt, die vermögensrechtliche Bezeichnung einer Person zu einer Sache oder zu einer anderen Person, welche durch eine Norm des Privatrechts geregelt ist." Wesentlich weiter faßt *Trzaskalik* den Begriff des Rechtsverhältnisses, wonach es für die Annahme desselben genügen soll, wenn das begehrte Urteil Verhaltensrichtschnur für die Parteien oder die Grundlage für einen gegenseitigen Anspruch sein könne, da eine wesentliche Aufgabe der Feststellungsklage darin liege, den Parteien Rechtsklarheit für ihr zukünftiges Verhalten zu vermitteln, vgl. *Trzaskalik*, Rechtsschutzzone, S. 20 ff., 57, 130.

Person zu einem Rechtsobjekt (so besonders im Sachenrecht) zum Inhalt[257]. Weithin unstreitig gehören hierher *absolute*[258] *und relative subjektive Rechte aller Art*[259]. Auch die Schöpfer der CPO gingen von einem bereits bestehenden Begriff aus und befaßten sich lediglich mit der Reichweite des Rechtsverhältnisses; darunter faßten sie obligatorische sowie dingliche Rechtsverhältnisse[260].

Hinsichtlich der absoluten Rechte, insbesondere des Eigentums als dingliches Recht[261], warfen einige Autoren die Frage auf, ob Beziehungen zwischen Personen und Sachen überhaupt Gegenstand eines Rechtsverhältnisses sein könnten oder ob es sich nur um Rechtsverhältnisse zwischen Personen handele[262], eine genauere

---

257 Vgl. *BGH* LM § 2100 BGB Nr. 5; *Kadel*, Feststellungsklage, S. 66; *Stein/Jonas/Roth*[22], § 256 Rdnr. 21 a. E.

258 Durch eine Leistungsklage kann nur ein einzelner aus dem absoluten Recht entspringender Anspruch, aber nicht das absolute Recht selbst, erfaßt werden, so daß die Feststellung meist die einzige Möglichkeit ist, das absolute Recht umfassend zu schützen, vgl. *Hellwig*, Anspruch, S. 408 ff.

259 Vgl. *Stein/Jonas/Roth*[22], § 256 Rdnr. 23; MünchKomm ZPO/*Becker-Eberhard*[4], § 256 Rdnr. 11; a. A. *Flechtheim*, ZZP 25 (1899), 405 (432 f.) (zwischen den Parteien des Feststellungsprozesses bräuchten keine subjektiven Rechte bestehen); *Stoll*, FS Bötticher, 341 (350) (es sei nicht notwendig, daß die rechtliche Unsicherheit des Klägers, um die es bei der Feststellungsklage gehe, den Bestand oder den Inhalt eines subjektiven Rechts betreffe). Zutreffend ist, daß das festzustellende Rechtsverhältnis über die subjektiven Rechte hinaus auch nicht selbständige Befugnisse, Rechtspflichten und Obliegenheiten umfaßt. Denn es ist nicht erforderlich, daß es sich um ein selbständiges Rechtsverhältnis handelt; auch einzelne rechtliche Beziehungen, die nur Ausfluß eines weitergehenden Rechtsverhältnisses sind, sind feststellungsfähig. Dazu sogleich.

260 „Zwischen dinglichen und obligatorischen Rechtsverhältnissen ist nicht unterschieden, weil das Bedürfniß nach einer Feststellungsklage für beide Arten von Rechtsverhältnissen in gleichem Maße besteht. Und daß der Besitz mit zu den § 223 beregten Rechtsverhältnisses zu zählen sei, daß mithin auch für den Besitz eine Präjudizialklage durch § 223 eingeräumt werde, ist als unzweifelhaft nicht zum Ausdruck gebracht (vgl. Bruns die Besitzklagen des römischen und heutigen Rechts S. 1-7). Ebenso ist die in den preuß. Entw. aufgenommene Bestimmung, daß die Klage auf Feststellung auch bei noch nicht fälligen oder bei bedingten Forderungen stattfinde, als selbstverständlich weggelassen", vgl. Begründung CPO Entwurf S. 184 nach *Hahn*, Materialien II, S. 257.

261 Vgl. *Palandt/Bassenge*, Einl vor § 854 Rdnr. 2.

262 Letztgenannter Auffassung sind beispielsweise *Goldschmidt*, Rechtslage, S. 141; *Jacobs*, Feststellungsverfahren, S. 241 ff.; *Larenz*, Allgemeiner Teil, § 12 I, S. 195; *Röhl*, Rechtslehre, § 47 I, S. 380. Eine Sichtweise des Rechtsverhältnisses als „Sozialverhältnis", welches als rechtlich gestaltete Beziehung immer nur unter Personen als Rechtssubjekten bestehen könne, vertreten ebenfalls *Achterberg* und *Henke* mit zum Teil unterschiedlicher Akzentuierung, vgl. *Achterberg*, Rechtsverhältnisse, S. 144; *Henke*, JA 1965, 466. *Neussel* geht davon aus, daß die Natur des rechtlichen Moments postuliere, daß lediglich Menschen, nicht aber Tiere und Gegenstände, Subjekte von Rechtsverhältnissen sein könnten, da diese Verhältnisse unter dem Normensystem des Rechts also nur zwischen Normadressaten bestehen können. Normadressat sei aber nur, wer rechtsfähig sei, vgl. *Neussel*, Anspruch, S. 27 f. Im Ergebnis schließen auch diese Autoren die Beziehung zu Sachgütern nicht aus, sondern behelfen sich der Konstruktion einer mittelbaren Beziehung zu anderen Personen. Umgekehrt verfährt *Rocholl*, wenn er annimmt, daß der Zweck jedes privaten Vermögensrechtsverhältnisses die Herrschaft über eine Sache sei, da eine Person nicht unmittelbar das Herrschaftsobjekt bilden könne. Er läßt dabei z. B. Unterhaltsansprüche

Untersuchung dieser Thematik, die sich im Ergebnis nicht auswirkt[263], würde jedoch den Rahmen der vorliegenden Arbeit sprengen.

Einigkeit besteht darüber, daß nicht nur umfassende Rechtsverhältnisse wie Dienst-, Arbeits-, Miet- oder Pachtverhältnisse feststellungsfähig sind, sondern auch einzelne daraus fließende Ansprüche bzw. einzelne Rechte und Pflichten[264]. Hierzu zählen auch *Einrederechte* des BGB[265] sowie *Gestaltungsrechte*[266].

Im Übrigen ist die Reichweite des offenen Tatbestandsmerkmals „Rechtsverhältnis" sehr umstritten[267].

a) Ausschluß der Feststellungsfähigkeit

aa) Keine Feststellung von Tatsachen

Unumstritten ist, daß die Feststellung von Tatsachen ausgeschlossen ist, selbst wenn sie als Elemente eines Tatbestands rechtlich erheblich sind[268], wie etwa die Unwahrheit einer Behauptung[269], die Kenntnisse oder Fähigkeiten einer Person

---

vollkommen außer Betracht. Er faßt das Rechtsverhältnis lediglich als Herrschaftsverhältnis auf. So wenn er annimmt, daß andernfalls die unmittelbare Herrschaftsbefugnis der einen Person als Rechtssubjekt zu der anderen als Rechtsobjekt zugelassen „und damit eine Art von Sklaverei inauguriert" werde, vgl. *Rocholl*, ZZP 22 (1885), 329 (348). Die Entscheidung des Streits hängt davon ab, ob man das Wesen einer Rechtsnorm in der Begründung von Pflichten sieht (dann nur zwischen Personen möglich) oder auch andere Funktionen für wesensgemäß hält, vgl. *Mittenzwei*, Aussetzung, S. 36.

263 Vgl. *Mittenzwei*, Aussetzung, S. 36.

264 Vgl. *E. Habscheid*, ZZP 112 (1999), 37 (45); MünchKomm ZPO/*Becker-Eberhard*[4], § 256 Rdnr. 11 und 14; *Stein/Jonas/Roth*[22], § 256 Rdnr. 26 und 23 m. w. N. insbesondere aus der Rechtsprechung in Fußn. 107.

265 Vgl. *RGZ* 74, 292; *Goldschmidt*, Zivilprozessrecht, S. 57; *Schumann*, FS Georgiades, 543 (560 f.) m. w. N. in Fußn. 81; *Stein/Jonas/Roth*[22], § 256 Rdnr. 26.

266 Vgl. *RGZ* 92, 7; *Goldschmidt*, Zivilprozessrecht, S. 57; *Grunsky*, Grundlagen, S. 371.

267 Ausführlich hierzu *Jacobs*, Feststellungsverfahren, S. 9 ff.

268 Vgl. *RGZ* 85, 440 (441 f.); 144, 54 (56); *BGHZ* 68, 331 (334 f.); *BGH* NJW 200, 2280 („Mahnung" als nicht feststellungsfähige Tatsache); *BGH* NJW-RR 1992, 252; *BAG* AP Nr. 113 zu Art. 9 GG Arbeitskampf (Bl. 8); *BayObLG* ZMR 1985, 422 f.; *KG* ZMR 2004, 752 (bzgl. tatsächliche Größe der Mietfläche); *Baltzer*, Negative Feststellungsklage, S. 92; MünchKomm ZPO/*Becker-Eberhard*[4], § 256 Rdnr. 26; *Stein/Jonas/Roth*[22], § 256 Rdnr. 29; *Thomas/Putzo/Reichold*, § 256 Rdnr. 10; *Zeuner*, FS Schumann, 595 (602 f.); *Zöller/Greger*, § 256 Rdnr. 3 und 5. So schon *Loening*, ZZP 4 (1882), 1 (46) Fußn. 44, (56). Anderer Auffassung war noch *Windscheid*, der die Rechtskraft eines Urteils nicht nur wie *v. Savigny* auf die den Klageanspruch bedingenden Rechte (Vorfrage, Elemente) erstrecken wollte, sondern darüber hinaus auch auf Entscheidungen über Tatsachen ausgedehnt sehen wollte, vgl. *Windscheid*, Lehrbuch des Pandektenrechts, § 130, 5b.

269 Vgl. *BGHZ* 68, 331 (334 f.); BGH NJW 1977, 1288; *OLG Frankfurt a. M.* JZ 1974, 61; MünchKomm ZPO/*Becker-Eberhard*[4], § 256 Rdnr. 26; *Stein/Jonas/Roth*[22], § 256 Rdnr. 29; *Thomas/Putzo/Reichold*, § 256 Rdnr. 10. Anderer Auffassung sind insbesondere *Leipold*, ZZP

oder die Geeignetheit technischer Einrichtungen[270]. Denn der Zivilprozeß dient nicht der historischen, psychologischen oder technischen Untersuchung[271]. Gerichte sind weder zu Gutachtern noch zu Ermittlungsbehörden berufen[272]. Weder der Gesetzeswortlaut noch der Umkehrschluß aus der Ausnahmevorschrift des § 256 Abs. 1 Var. 2 ZPO, die als einzig feststellbare Tatsache die (Un-)Echtheit einer Urkunde zuläßt, lassen eine andere Beurteilung zu[273]. Im Rahmen der Inzidentklage ist hingegen nach allgemeiner Meinung selbst eine Feststellung der (Un-) Echtheit einer Urkunde anders als bei § 256 Abs. 1 ZPO unstatthaft[274]. Anderer Auffassung waren noch *Gaupp*[275] und *Reincke*[276], die eine analoge bzw. entsprechende Anwendung auf Feststellung von Urkunden trotz des Wortlauts – allerdings ohne nähere Begründung – befürworteten. Sofern eine Urkundenfeststellungsklage nach § 256 Abs. 1 ZPO rechtshängig ist, ist jedoch die Erhebung einer Inzidentklage über das durch die Urkunde zu erweisende Rechtsverhältnis möglich[277].

bb) Unzulässigkeit abstrakter Rechtsfragen

Da die Gerichte gemäß ihrer Rechtsprechungsfunktion prinzipiell zur konkreten Streitentscheidung, nicht aber zu theoretischen Rechtsbelehrungen und gutachterlicher Tätigkeit berufen sind[278], sind Anträge auf Feststellung bloßer Rechtsfragen oder nur gedachter rechtlicher Beziehungen – wie die Anwendbarkeit einer Vorschrift, die Rechts- oder Geschäftsfähigkeit einer Person, die Qualität einer Sache als Zubehör oder Scheinbestandteil [279]– unstatthaft[280]. Ferner geht es

---

84 (1971), 150 (158), und – mit rechtsvergleichender Argumentation – *Stoll*, FS Bötticher, 341 (359 ff.). Differenzierend *Musielak/Foerste*, § 256 Rdnr. 20 a. E.

270 Vgl. *Stein/Jonas/Roth*[22], § 256 Rdnr. 29.

271 Vgl. *Stein/Jonas/Roth*[22], § 256 Rdnr. 29.

272 Vgl. *Reinhard Bork*, Der Vergleich, Berlin 1988, S. 102 f.

273 Vgl. *E. Habscheid*, ZZP 112 (1999), 37 (46); *Jacobs*, Feststellungsverfahren, S. 44; *Musielak/Foerste*, § 256 Rdnr. 6; *Stein/Jonas/Roth*[22], § 256 Rdnr. 29; *Zeuner*, FS Schumann, 595 (602 f.).

274 Vgl. *RGZ* 148, 29 (31); MünchKomm ZPO/*Becker-Eberhard*[4], § 256 Rdnr. 75; *Stein/Jonas/Roth*[22], § 256 Rdnr. 103; *Wieczorek/Schütze/Assmann*[3], § 256 Rdnr. 351; *Zöller/Greger*, § 256 Rdnr. 24.

275 Vgl. *Gaupp*, § 253 Anm. II 1 a. E.

276 Vgl. *Reincke*, § 253 Anm. 2: „Diese Klage bezieht sich nach dem Wortlaute des § 253 nur auf Feststellung von Rechtsverhältnissen; doch dürfte der entsprechenden Anwendung auf Feststellung von Urkunden nichts entgegenstehen."

277 Vgl. *RG* JW 1896, 171 f.; *Stein/Jonas/Roth*[22], § 256 Rdnr. 42, 103.

278 Vgl. *Jacobs*, Feststellungsverfahren, S. 14; *Schumann*, GS Michelakis, 553 (554); *ders.*, Verfassungs- und Menschenrechtsbeschwerde, S. 65.

279 Vgl. *Chern*, Feststellungsklage, S. 118 f.; *Rosenberg/Schwab/Gottwald*[17], § 90 Rdnr. 9.

280 Vgl. *BVerfGE* 2, 79 (86); 4, 358 (363); *RGZ* 144, 54 (56); 148, 81 (100); *BGH* NJW 2006, 377 (378); 2003, 2676 (2677); 2001, 445 (447); *BGH* GRUR 1985, 571; *BAGE* 30, 189 (203);

bei allen Klagearten um konkrete rechtliche Beziehungen, die sich aus bestimmten Sachverhalten ergeben[281].

Die Unzulässigkeit einer auf Feststellung einer abstrakten Rechtsfrage gerichteten Inzidentklage ergibt sich hierbei nicht etwa aus der mangelnden Vorgreiflichkeit, sondern schon aus dem Fehlen des Tatbestandsmerkmals Rechtsverhältnis.

Die Unterscheidung zwischen Rechtsverhältnissen und Rechtsfragen wird allerdings *problematisch*, falls es sich um *konkrete Rechtsbeziehungen* handelt[282]. Im Anwendungsbereich der Inzidentfeststellungsklage kann dies etwa der Fall sein, wenn vom Richter die Feststellung verlangt wird, daß ein zwischen den Parteien unstreitig bestehendes Vertragsverhältnis – aus dem Ansprüche im Rahmen der rechtshängigen Leistungsklage verfolgt werden – bestimmter Art sei, z. B. ein Dienst- und kein Gesellschaftsverhältnis[283]. Hier dient die (Zwischen)Feststellung der Qualifikation des Rechtsverhältnisses, weshalb die Praxis mit Blick auf die Gewährleistung effektiven Rechtsschutzes ausnahmsweise eine Feststellungsklage zuläßt[284]. Diese ausnahmsweise Zulassung steht meines Erachtens unter dem Vorbehalt, daß die Rechtsordnung an die Qualifikation im konkreten Fall unterschiedliche Folgen knüpft, da anderenfalls wieder eine gutachterliche Tätigkeit des Richters im Raume stünde. In dem der Entscheidung *RGZ* 144, 54 ff. zugrunde liegen Sachverhalt hatte die Qualifikation des Vertrages (Gesellschafts- oder Dienstvertrag) unterschiedliche konkrete Rechtsfolgen bzgl. Rechnungslegung und Auseinandersetzung, weshalb das *Reichsgericht* zu Recht von einem feststellungsfähigen Rechtsverhältnis ausging.

Auch das Kapitalanleger-Musterverfahrensgesetz (KapMuG[285]) bildet hiervon nur scheinbar[286] eine Ausnahme, da ausweislich der Begründung zu § 1 des

---

MünchKomm ZPO/*Becker-Eberhard*[4], § 256 Rdnr. 22; *Musielak/Foerste*, § 256 Rdnr. 2; *Rosenberg/Schwab/Gottwald*[17], § 90 Rdnr. 6; *Stein/Jonas/Roth*[22], § 256 Rdnr. 30; *Thomas/Putzo/Reichold*, § 256 Rdnr. 11.

281 Vgl. *Zeuner*, FS Schumann, 595 (603).

282 Vgl. *Chern*, Feststellungsklage, S. 119 f.; MünchKomm ZPO/*Becker-Eberhard*[4], § 256 Rdnr. 22.

283 Vgl. *RGZ* 144, 54 (56): Der Kläger verlangte aus gesellschaftsrechtlichen Vorschriften Rechnungslegung und Mitwirkung bei der Vermögensauseinandersetzung sowie Zahlung des aus der Rechnungslegung folgenden Gewinnanteils. Da der Beklagte behauptete, es habe ein Dienstvertrag vorgelegen und der Kläger sei sein Angestellter gewesen, erhob letztere Inzidentklage, daß ein Gesellschaftsvertrag zwischen ihnen bestanden habe. In diesem Sinne auch MünchKomm ZPO/*Becker-Eberhard*[4], § 256 Rdnr. 22.

284 Vgl. MünchKomm ZPO/*Becker-Eberhard*[4], § 256 Rdnr. 22 unter Hinweis auf *RGZ* 144, 54 (57). Daneben muß freilich auch die Voraussetzung der Präjudizialität tatsächlich gegeben sein. Hieran würde es beispielsweise fehlen, sofern der Inzidentkläger die Feststellung als Arbeitsverhältnis beantragt, der Richter dies jedoch offen läßt, da in jedem Fall eine wirksame Kündigung aus wichtigem Grund vorliegt. Dazu näher unten Text bei Fußn. 481 ff.

285 Gesetz vom 16. August 2005, BGBl. I, S. 2437.

286 So auch *Stein/Jonas/Roth*[22], § 256 Rdnr. 30.

Entwurfs[287] auch reine Rechtsfragen geklärt werden können. Allerdings definiert der Entwurf diese Rechtsfragen als „solche, die der Konkretisierung einer anspruchsbegründenden oder anspruchsausschließenden Voraussetzung dienen, wenn diese in der jeweiligen Norm durch einen unbestimmten Rechtsbegriff beschrieben ist". Meines Erachtens handelt es sich insoweit nicht um eine abstrakte oder nur gedachte Rechtsfrage, diese soll ja gerade zur Konkretisierung dienen. Nicht zuletzt wird über die Bindungswirkung nach § 16 Abs. 1 KapMuG die Rechtsungewißheit beseitigt und zwischen den Parteien der Streit verbindlich entschieden, sodaß eine reine Gutachtertätigkeit des Gerichts nicht bezweckt und betrieben wird.

b) Behandlung von Vorfragen und Elementen

Den feststellungsfähigen (Teil-)Rechtsverhältnissen stellen sowohl die Rechtsprechung[288] als auch weite Teile der Literatur[289] einzelne rechtserhebliche

---

287 *BT-Drs.* 15/5091, S. 20: „Ziel des Musterfeststellungsantrags nach Satz 1 ist es, eine in verschiedenen Prozessen zu klärende Musterfrage einheitlich mit Breitenwirkung feststellen zu lassen. Abweichend vom Anwendungsbereich des § 256 ZPO können dabei auch einzelne Elemente oder Vorfragen eines Rechtsverhältnisses oder einer Anspruchsgrundlage, z. B. die Richtigkeit einer Ad-hoc-Meldung, sowie die Pflichtverletzung festgestellt werden. Nicht feststellungsfähig sind dagegen der individuelle Schaden eines Klägers, Fragen der Kausalität, soweit ihnen ein individueller Tatsachenverlauf zugrunde liegt, ein Mitverschulden des Anlegers. Der Musterfeststellungsantrag kann sowohl auf Feststellung einer Anspruchsvoraussetzung als auch auf Feststellung des kontradiktorischen Gegenteils gerichtet werden. Satz 2 stellt klar, dass in den Fällen des Satzes 1 auch reine Rechtsfragen für eine Vielzahl von Rechtsstreiten geklärt werden können. Feststellfähige Rechtsfragen sind solche, die der Konkretisierung einer anspruchsbegründenden oder anspruchsausschließenden Voraussetzung dienen, wenn diese in der jeweiligen Norm durch einen unbestimmten Rechtsbegriff beschrieben ist."

288 Vgl. *BGHZ* 22, 43 (47 f.); 37, 331 (333); 68, 331 (332); 109, 275 (276); *BGH* NZBau 2005, 163 (164) (explizit zu Inzidentklage; unzulässige Feststellung einzelner Abrechnungselemente); *BGH* NJW 2001, 3789; 2010, 2794; 2011, 2195 (2196); *BAG* AP Nr. 12 zu § 256 ZPO (Bl. 1 f.); AP Nr. 19 zu § 256 ZPO (Bl. 2); AP Nr. 24 zu § 256 ZPO; *BAG* NZA 2010, 51; 2011, 706; *BAG* NJW 2012, 1245; *BayObLGZ* 1987, 291 (294); 1988, 90 (91); *OLG Düsseldorf* NJW-RR 1998, 283; *OLG Karlsruhe* FamRZ 1989, 184 f.; *OLG Schleswig* NJW-RR 2010, 1333.

289 Vgl. *Baltzer*, Negative Feststellungsklage, S. 92 bei Fußn. 14; *Baumbach/Lauterbach/Albers/Hartmann*, § 256 Rdnr. 7 („Element", „Vorfrage"), 113; *Chern*, Feststellungsklage, S. 117 f.; *Goldschmidt*, Zivilprozessrecht, S. 57; MünchKomm ZPO/*Lüke*[2], § 256 Rdnr. 10, 24; *W. Lüke*, Zivilprozessrecht, § 11 II Rdnr. 128; *Rosenberg/Schwab/Gottwald*[17], § 90 Rdnr. 6 f.; *Stein/Jonas/Schumann*[21], § 256 Rdnr. 27; *Thomas/Putzo/Reichold*, § 256 Rdnr. 10; *Wieczorek*[2], § 256 Anm. B II; *Wieczorek/Schütze/Assmann*[3], § 256 Rdnr. 350; *Zöller/Greger*, § 256 Rdnr. 3; a. A. *Assmann*, ZZP 111 (1998), 357 (360); MünchKomm ZPO/*Becker-Eberhard*[4], §256 Rdnr. 25; *Brehm*, FG BGH III, S. 105; *Musielak/Foerste*, § 256 Rdnr. 2; *Grunsky*, Grundlagen, § 38 II 2, S. 372; *E. Habscheid*, ZZP 112 (1999), 37 (46 ff.); *Stein/Jonas/Roth*[22], § 256 Rdnr. 27 ff.; *Trzaskalik*, Rechtsschutzzone, S. 131; *Zeuner*, FS Schumann, 595 (597 ff.).

Elemente oder Vorfragen eines Rechtsverhältnisses gegenüber und schließen sie von der gerichtlichen Feststellung aus. Zu den Elementen eines Rechtsverhältnisses zählen danach z. B. einzelne Tatbestandsmerkmale eines Anspruchs wie Rechtswidrigkeit oder Verschulden im Rahmen von § 823 BGB[290], das Vorliegen von Schuldnerverzug[291] oder rechtlich erhebliche Eigenschaften einer Sache (z. B. Zubehör) oder Person (z. B. Geschäftsfähigkeit), die damit gleichfalls einer Feststellungsklage prinzipiell nicht zugänglich sein sollen[292]. Begründet wird diese Ansicht damit, daß das Wesen des Feststellungsprozesses nicht in der Vorklärung von Einzelfragen eines künftigen Leistungsprozesses bestünde[293]. Zudem hätten die Gerichte prinzipiell eine umfassende Vorfragenkompetenz[294], so daß regelmäßig keine Notwendigkeit gegeben sei, einzelne Vorfragen gesondert vorab zu klären. Die Rechtsprechung hat deshalb Feststellungsklagen als unzulässig abgewiesen, mit denen die Wirksamkeit einer Vermächtnisanfechtung[295], die Wirksamkeit von Willenserklärungen generell[296], die Rechtmäßigkeit eines bestimmten Verhaltens[297], etwa von Arbeitskampfmaßnahmen[298], oder die isolierte Feststellung, daß der Beklagte sich im Annahmeverzug[299] befunden habe, begehrt wurde[300].

Nicht immer ist das Element oder die bloße Vorfrage vom (Teil-)Rechtsverhältnis exakt abgrenzbar. Es ist häufig zu beobachten, daß rechtliche Regelungen in der Gestalt eines mehrstufigen Normengefüges auftreten. Was Rechtsfolge einer ersten Rechtsnorm ist, kann zugleich Tatbestandsvoraussetzung einer zweiten sein[301]. Gerade am Beispiel der Zwischenfeststellungsklage zeigt sich, daß Rechtsverhältnissen in diesem Sinne die Bedeutung einer Vorfrage zukommen kann. So ist bei einer Klage auf Mietzinszahlung Vorfrage, ob ein Mietverhältnis besteht, bei einer Schadensersatzklage wegen Eigentumsverletzung, ob sich die betreffende Sache im Eigentum des Klägers befindet[302].

---

290 Vgl. *BGH* NJW 1977, 1288; *Thomas/Putzo/Reichold*, § 256 Rdnr. 10.

291 Vgl. *BGH* NJW 2000, 2280 (2281).

292 Vgl. MünchKomm ZPO/*Becker-Eberhard*[4], § 256 Rdnr. 25; *Stein/Jonas/Schumann*[21], § 256 Rdnr. 27; *Thomas/Putzo/Reichold*, § 256 Rdnr. 10; *Zöller/Greger*, §256 Rdnr. 3 und 5.

293 Vgl. *Stein/Jonas/Schumann*[21], § 256 Rdnr. 2.

294 Vgl. *Stein/Jonas/Schumann*[20], Einleitung vor § 1 Rdnr. 350.

295 Vgl. *BGHZ* 37, 331 (333).

296 Vgl. *BGHZ* 109, 306 (308).

297 Vgl. *BGH* NJW 2001, 3789.

298 Vgl. *BAGE* 46, 322 (328).

299 Vgl. *BGH* NJW 2000, 2663 (2664).

300 Vgl. *Jacobs*, Feststellungsverfahren, S. 36 m. w. N. aus der Rechtsprechung. In den meisten Fällen behilft sich die Rechtspechung mit einer Umdeutung des Antrags, was den Eindruck verstärkt, daß lediglich das Prinzip der Unzulässigkeit der Feststellung von Vorfragen und Elementen aufrecht erhalten werden soll.

301 Vgl. *Zeuner*, FS Schumann, 595 (597).

302 Vgl. *Zeuner*, FS Schumann, 595 (597).

Probleme bereitet des weiteren die Begriffsbestimmung. Die Diktion schwankt zwischen „unselbständigen Elementen“, „Teile“ eines Rechtsverhältnisses, „Rechtstatsachen“ und „Vorfragen“[303]. „Elemente des streitigen Rechtsverhältnisses und des den Streit entscheidenden Urteils“ hat *v. Savigny* diejenigen Urteilsgründe genannt, auf die sich nach seiner Lehre die Rechtskraft erstrecken sollte[304]. Inhaltlich sind damit hauptsächlich bedingende Rechtsverhältnisse gemeint[305]. In diesem Zusammenhang steht der Begriff des Rechtsverhältnisses nicht in einem Gegensatz zu dem des Elements.

Hinzu kommt, daß die Praxis im Interesse lückenlosen gerichtlichen Rechtschutzes und aus Zweckmäßigkeitserwägungen zahlreiche Ausnahmen zuläßt[306]. Speziell in arbeitsgerichtlichen Verfahren werden mit Blick auf die Prozeßökonomie vermehrt derartige Feststellungsklagen zugelassen[307]. Auch im Hinblick auf die Vollstreckungserleichterung nach §§ 756, 765 ZPO erachtet die Rechtsprechung Klagen auf Feststellung des Annahmeverzugs als zulässig, wenn sie mit einem Antrag auf Zug-um-Zug-Leistung verbunden werden[308]. Insbesondere werden Klagen zur Feststellung der Unwirksamkeit von Gesellschafterbeschlüssen oder Ungültigkeit von Vereinsbeschlüssen, vornehmlich über den Ausschluß eines Mitglieds, zugelassen[309].

Statthaft ist ferner die gesonderte Klage auf Feststellung, daß ein rechtskräftig titulierter Anspruch auch aus dem Gesichtspunkt des Schadensersatzes wegen unerlaubter Handlung begründet sei, um damit das Pfändungsprivileg des § 850 f Abs. 2 ZPO (Bestimmung des pfändungsfreien Betrags ohne Rücksicht auf Grenzen des § 850 c ZPO) zu erreichen[310]. Der Gläubiger hat zudem die Möglichkeit, bereits im Erkenntnisverfahren neben dem Leistungsantrag auf Schadensersatz die Feststellung zu begehren, daß der Anspruch aus dem Gesichtspunkt

303 Vgl. *Jacobs*, Feststellungsverfahren, S. 36.

304 Vgl. *v. Savigny*, System VI, S. 291 ff., 358.

305 Vgl. *Zeuner*, FS Schumann, 595 (598); Begründung des Entwurfs zu § 283 CPO (322 ZPO n. F.) bei *Hahn*, Materialien II, S. 290. Dazu oben Text bei Fußn. 153 ff.

306 Vgl. MünchKomm ZPO/*Becker-Eberhard*[4], § 256 Rdnr. 24.

307 Vgl. *BAG* AP Nr. 134 zu § 242 BGB Ruhegehalt (Bl. 3 R); AP Nr. 1 zu § 19 BAT (Bl. 2 f.); AP Nr. 20 zu § 7 BetrAVG (Bl. 1 R); AP Nr. 22 zu § 19 BAT-O (Bl. 2 R f.); AP Nr. 1 zu § 6 BMT-G II (Bl. 2 R); *LAG Berlin* LAGE § 256 ZPO Nr. 6 (S. 3); *ThürLAG* LAGE § 256 ZPO Nr. 8 (S. 1 f.).

308 Vgl. *BGH* NJW 2000, 2663; *BGH* WM 1987, 1496 (1498); so schon *RG* JW 1909, S. 463 Nr. 23.

309 Vgl. *RGZ* 78, 134 (137); 122, 266 (269); *RG* JW 1914, 460 (461); *BGHZ* 45, 314 (317); *BGH* NJW 1991, 485; 1994, 43; 1999, 3113 (3114); 2006, 374 (375); *BGH* NJW-RR 1992, 227; *BGH* WM 1966, 1036. Bezeichnenderweise ist in *BGH* NJW-RR 1992, 227 auch die Feststellung enthalten, daß es gekünstelt wäre anzunehmen, der Beschluß begründe zwar ein Rechtsverhältnis im Sinne des § 256 Abs. 1 ZPO, sei aber selbst kein solches, vgl. dazu auch *Zeuner*, FS Schumann, 595 (601).

310 Vgl. *BGHZ* 109, 275 (280 f.); 152, 166; *BGH* NJW 2005, 1663 (1664); NJW 2006, 2922 (2923) Rdnr. 12; MünchKomm ZPO/*Becker-Eberhard*[4], § 256 Rdnr. 18; *Brehm*, FG BGH III, 89 (105); *Zöller/Stöber*, § 850 f Rdnr. 9a.

einer vorsätzlichen unerlaubten Handlung gerechtfertigt ist[311]. Die Zwischenfeststellungsklage ist hierfür das geeignete prozessuale Instrument.

Eine ebensolche Feststellungsklage ist im Hinblick auf § 302 Nr. 1 InsO möglich, wenn der Schuldner der Einordnung einer zur Insolvenztabelle angemeldeten Forderung als aus vorsätzlich unerlaubter Handlung stammend widerspricht[312]. Die Frage, ob die Rechtskraft eines Leistungsurteils – dessen Forderung zu Tabelle als aus vorsätzlich unerlaubter Handlung stammend angemeldet wurde – daher auch die rechtliche Einordnung des streitgegenständlichen Anspruchs selbst erfaßt, wenn der Ausspruch nach materiellem Recht ein Vorsatzdelikt (z. B. § 826 BGB, § 823 Abs. 2 BGB i. V. m. § 263 StGB) voraussetzt, hat der *Bundesgerichtshof* mit Urteil vom 5. November 2009[313] unter Hinweis auf Entstehungsgeschichte und Zweck der Rechtskraftbeschränkung auf den Streitgegenstand sowie den Zusammenhang mit der Inzidentklage ausdrücklich verneint[314].

Wie *Brehm*[315] daher zu Recht konstatiert, ist die Abgrenzung zwischen nicht feststellungsfähigen Elementen eines Rechtsverhältnisses und dem feststellungsfähigen Rechtsverhältnis vom Ergebnis diktiert. Was im Prozeß als Vorfrage in Erscheinung tritt, hängt nicht zuletzt davon ab, wie der Kläger den Streitgegenstand bestimmt[316]. Deshalb sollte es auch in seinem Belieben stehen, die rechtlichen Beziehungen festzulegen, über die er eine Entscheidung begehrt, jedenfalls soweit eine Begrenzung nicht durch der Dispositionsfreiheit übergeordnete rechtliche Prinzipien gerechtfertigt ist[317].

---

311 Vgl. *BGHZ* 109, 275 (276); *Zöller/Stöber*, § 850f Rdnr. 9a.

312 Vgl. *BGH* NJW 2006, 2922 (2923); *BGH* WM 2008, 650 (652) Rdnr. 12; *BGH* NJW 2008, 3285; MünchKomm ZPO/*Becker-Eberhard*[4], § 256 Rdnr. 18.

313 *BGH* NJW 2010, 2210 (IX ZR 239/07).

314 Vgl. *BGH* NJW 2010, 2210 (2211), Rdnr. 15: „Die Erwägungen, welche zur engen Rechtskraftkonzeption des § 322 Abs. 1 ZPO geführt haben, sprechen auch im vorliegenden Zusammenhang für einen restriktiven Bindungsumfang rechtskräftiger Entscheidungen. Wie bereits die Begründung des Entwurfs zu § 283 CPO ausführt, soll das Urteil keine Folgen erzeugen, die über die Absicht der Parteien hinausgingen und deren sich die Parteien während des Prozesses nicht bewusst gewesen seien. Dem Bedürfnis, im Rechtsstreit zugleich rechtliche Vorfragen verbindlich zu entscheiden, werde durch die Zulässigkeit von Inzidentfeststellungsklagen Rechnung getragen (Hahn, Materialien aaO S. 291). Während ein zugleich mit dem Leistungsantrag anhängig gemachter Feststellungsantrag gemäß § 256 Abs. 2 ZPO dem Beklagten verdeutlicht, dass die Folgen seines Unterliegens über die Titulierung einer Verbindlichkeit hinausgehen können, ist dies bei einem bloßen Leistungsantrag nicht klar ersichtlich. Gerade die Gefahr, gemäß § 302 Nr. 1 InsO keine Restschuldbefreiung erlangen zu können, spricht daher dagegen, dem Schuldner allein aufgrund einer Verurteilung zur Zahlung das künftige Bestreiten des Rechtsgrundes einer vorsätzlich begangenen unerlaubten Handlung zu versagen."

315 Vgl. *Brehm*, FG BGH III, 89 (105).

316 Vgl. *Brehm*, a. a. O.

317 So ausdrücklich *Trzaskalik*, Rechtsschutzzone, S. 134.

Grunsky[318] vertritt deshalb einen weiten Anwendungsbereich, indem er darauf abstellt, ob den Parteien mit der Feststellung eines einzelnen Elements gedient ist. Wenn dies zu bejahen sei, solle die Klage (sog. *Elementenfeststellungsklage*) zugelassen werden. So insbesondere, wenn das Rechtsverhältnis lediglich in einem Punkt umstritten sei[319].

Angesichts der mangelnden Unterscheidungs- und Abgrenzungskriterien zum Rechtsverhältnis sowie des rechtsstaatlichen Erfordernisses einer umfassenden Bereitstellung effektiven Rechtsschutzes plädiert auch *Zeuner* für eine Orientierung an konkreten Rechtsfolgen[320]. Als Mittel zur Abwehr unsachgemäßer Belästigungen des Gegners und des Gerichts bliebe das Interesse an alsbaldiger Feststellung[321]. Im Rahmen der Zwischenfeststellungsklage reicht meines Erachtens eine restriktive Handhabung des Erfordernisses der Vorgreiflichkeit vollauf aus, um mißbräuchlichen Klagen vorzubeugen.

Letztlich scheint der Ausschluß von Vorfragen und Elementen von der Feststellungsfähigkeit auf eine am Anspruch orientierte, den präparatorischen Charakter der Feststellungsklage betonende Denkweise zurückzuführen zu sein[322].

Speziell das Institut der Zwischenfeststellungsklage zeigt, daß eine derartige Einschränkung nicht gerechtfertigt ist: Wenn die Hauptklage auf positive Feststellung des Bestehens z. B. eines Kaufvertrages gerichtet ist, wäre eine Inzidentfeststellung logisch ausgeschlossen, weil jeglicher Teil des Rechtsverhältnisses „Kaufvertrag" nur eine Vorfrage bzw. ein Element und damit von der Feststellung ausgeschlossen wäre. Eine derartige Beschränkung des Anwendungsbereichs der Inzidentfeststellungsklage ist den Motiven zur CPO[323] nicht zu entnehmen. Für die Zulassung der Zwischenfeststellungsklage spricht zudem deren Zweck. Gerade weil sie als Ersatz dafür gedacht war, daß man die Lehre *v. Savignys* ablehnte, und die Rechtskraft nicht, wie dieser vertrat, auf Elemente und Vor-

318 Vgl. *Grunsky*, Grundlagen, S. 372.

319 Vgl. *Grunsky*, Grundlagen, S. 372, unter Berufung auf *BAG* AP § 242 BGB Nr. 134, 143 und *BSGE* 31, 226.

320 Vgl. *Zeuner*, FS Schumann, 595 (610). Ebenso MünchKomm ZPO/*Becker-Eberhard*[4], § 256 Rdnr. 25 m. w. N. aus der Literatur; *Stein/Jonas/Roth*[22], §256 Rdnr. 27.

321 Vgl. *Zeuner*, FS Schumann, 595 (610).

322 Vgl. *Moser*, Zulässigkeitsvoraussetzungen, S. 52; *Trzaskalik*, Rechtsschutzzone, S. 131, mit dem Hinweis, daß nach herrschender Meinung nicht erforderlich ist, daß das Rechtsverhältnis zwischen den Parteien besteht, weshalb der Feststellungsstreit seinen Sinn nicht aus der präjudiziellen Wirkung für einen Anspruch erfahren könne, da er sonst stets nur zwischen den Parteien geführt werden könne. Die herrschende Meinung scheint in diesem Punkt noch vom Gedanken der Prozeßantizipation, wie ihn *Weismann*, Feststellungsklage, S. 153, zum Grundsatz erhob, nicht ganz frei zu sein.

323 Vgl. *Hahn*, Materialien II, S. 255 ff. (Begründung des Entwurfs zu § 223 CPO); *Stein/Jonas/Roth*[22], § 256 Rdnr. 27 bei Fußn. 122.

fragen erstrecken wollte, sollten die Parteien nach ihrem Willen mittels der Inzidentklage eine rechtskräftige Entscheidung hierüber erreichen können[324].

Die Abgrenzung sollte nicht (willkürlich) anhand von Begrifflichkeiten erfolgen, die noch dazu die nötige Abgrenzungsschärfe vermissen lassen[325], sondern sich meines Erachtens daran ausrichten, *Tatsachen* und *Rechtsverhältnisse ohne konkrete Rechtsfolgen* sowie *reine Rechtsfragen* auszuscheiden[326].

3. *Zeitlicher Aspekt*

Das festzustellende Rechtsverhältnis muß darüber hinaus *gegenwärtig* sein[327]. Soweit auf die zeitliche Begrenzung verzichtet wird, bezieht sich die Feststellung gegebenenfalls auf bloß hypothetische Rechtsverhältnisse[328].

a) Künftige Rechtsverhältnisse

Die Hoffnung auf ein künftig entstehendes Rechtsverhältnis oder die Befürchtung eines solchen gewährt noch kein Recht auf gerichtlichen Schutz[329]. Daher kann der voraussichtliche gesetzliche Erbe nicht auf Feststellung der Ungültigkeit des Testaments klagen[330]. Anders ist dies nur, wenn sich der künftige Anspruch als Folge eines bereits bestehenden Rechtsverhältnisses darstellt[331]. Dies ist etwa der Fall, wenn der in einem gemeinschaftlichen Testament Bedachte gegen den überlebenden Ehegatten auf Feststellung klagt, daß das Testament wirksam sei[332] oder der Testator auf Feststellung eines Rechts zur Pflichtteilsentziehung klagt[333].

---

324 Dazu bereits oben Text bei Fußn. 161 ff.

325 Wann handelt es sich um eine Vorfrage, wann um ein bloßes Element? Inwiefern unterscheiden sie sich? Was unterscheidet die Vorfrage vom bedingenden Rechtsverhältnis?

326 In diesem Sinne *Assmann*, ZZP 111 (1998), 357 (360); MünchKomm ZPO/*Becker-Eberhard*[4], § 256 Rdnr. 25; *Brehm*, FG BGH III, S. 105, *Musielak/Foerste*, § 256 Rdnr. 2; *Grunsky*, Grundlagen, § 38 II 2, S. 372; *E. Habscheid*, ZZP 112 (1999), 37 (46 ff.); *Stein/Jonas/Roth*[22], § 256 Rdnr. 27 ff.; *Trzaskalik*, Rechtsschutzzone, S. 131; *Zeuner*, FS Schumann, 595 (597 ff.).

327 Vgl. *RGZ* 49, 370 (372); 92, 1 ff.; *BGHZ* 28, 225 (233 f.); 37, 137 (144); *BGH* NJW 2001, 445 (447); 2004, 1874; *BGH* GRUR 2001, 1036 (1037); MünchKomm ZPO/*Becker-Eberhard*[4], § 256 Rdnr. 28; *W. Lüke*, Zivilprozessrecht, § 11 II Rdnr. 128; *Rosenberg/Schwab/Gottwald*[17], § 90 Rdnr. 14 ff.; *Stein/Jonas/Roth*[22], § 256 Rdnr. 37; *Zöller/Greger*, § 256 Rdnr. 3a.

328 Vgl. *Jacobs*, Feststellungsverfahren, S. 272.

329 Vgl. *BGHZ* 120, 239 (253); *BGH* MDR 1960, 371; *BGH* NJW 1992, 697 f.; *Stein/Jonas/Roth*[22], § 256 Rdnr. 37; a. A.: *Trzaskalik*, Rechtsschutzzone, S. 59 ff.; *Zeuner*, FS Schumann, 595 (605 ff.).

330 Vgl. *RGZ* 49, 372.

331 Vgl. *BGHZ* 4, 135; 100, 228 (232); *Stein/Jonas/Roth*[22], § 256 Rdnr. 38 mit weiteren Beispielen.

332 Vgl. *BGHZ* 37, 331 (334 f.); *Stein/Jonas/Roth*[22], § 256 Rdnr. 38 mit diesbezüglich kritischen Stimmen in Fußn. 215.

333 Vgl. *RGZ* 92, 1 (2 ff.); *BGHZ* 109, 306 (309); *BGH* NJW 2004, 1874. Interessanterweise wird die Entscheidung des Reichsgerichts, soweit ersichtlich, nur hinsichtlich der Abgrenzung gegen-

Im Rahmen der Inzidentklage dürfte dies jedoch nur selten der Fall sein, da hierfür eine Hauptklage rechtshängig sein muß, wofür regelmäßig – sieht man von den „Zukunftsklagen"[334] nach §§ 257-259 ZPO ab – künftige Ansprüche nicht ausreichen. Im Falle einer Zukunftsklage handelt es sich genau genommen bei dem vorgreiflichen Rechtsverhältnis nicht um ein zukünftiges, sondern ein bestehendes, gegenwärtiges, aus dem der zukünftige Anspruch abgeleitet wird.

Dagegen ist die Feststellung bedingter oder betagter Rechtsverhältnisse, etwa die Verpflichtung zum Ersatz eines noch zu erwartenden Schadens, zulässig, sofern die rechtserzeugenden Tatsachen, abgesehen von dem bedingenden Ereignis oder dem Zeitablauf, schon gegeben sind[335].

b) Vergangene Rechtsverhältnisse

Andererseits kann die Feststellung vergangener Rechtsverhältnisse – der Anspruch ist z. B. durch Erfüllung erloschen – nicht begehrt werden[336], weshalb grundsätzlich Klagen auf Feststellung eines Anspruchs als verjährt unzulässig sind[337].

Anders ist dies nur, wenn sich aus dem vergangenen Rechtsverhältnis n*och Rechtsfolgen für die Gegenwart oder Zukunft* ableiten lassen[338]. Dies ist insbesondere bei Präjudizialität des vergangenen Rechtsverhältnisses der Fall[339]:

---

wärtiger zu zukünftigen Rechtsverhältnissen zitiert, obwohl dort ausdrücklich die Feststellung von Elementen eines Rechtsverhältnisses zugelassen wird: „Solche Rechte des rechtlichen Könnens erscheinen in der Regel als Bestandteile eines bereits bestehenden Rechtsverhältnisses und sind dazu bestimmt, dieses zu einer weiteren Entwicklung zu bringen. Dies gilt auch von dem Recht zur Entziehung des Pflichtteils, das dem Erblasser die Befugnis gewährt, ein bereits bestehendes Rechtsverhältnis, kraft dessen er verpflichtet ist, gewissen ihm nahe stehenden Personen einen gewissen Teil seines Vermögens zu hinterlassen, zum Erlöschen zu bringen. Feststellbar ist nun aber nicht allein ein selbständiges Rechtsverhältnis im ganzen, sondern sind auch die einzelnen Berechtigungen, die nur Ausflüsse eines weitergehenden Rechtsverhältnisses sind", *RGZ* 92, 1 (7).

334 So *Stein/Jonas/Roth*[22], § 257 Rdnr. 1.

335 Vgl. *RGZ* 13, 374; *BGHZ* 4, 134; 109, 306 (308 f.); MünchKomm ZPO/*Becker-Eberhard*[4], § 256 Rdnr. 29; *Hellwig*, Anspruch, S. 403 f., *Stein/Jonas/Roth*[22], § 256 Rdnr. 39 m. w. N. aus der Rechtsprechung in Fußn. 220; *Thomas/Putzo/Reichold*, § 256 Rdnr. 8. So auch die Begründung des Entwurfs zu § 223 CPO: „Ebenso ist die in den preuß. Entw. aufgenommene Bestimmung, daß die Klage auf Feststellung auch bei noch nicht fälligen oder bei bedingten Forderungen stattfinde, als selbstverständlich weggelassen", vgl. *Hahn*, Materialien II, S. 257. Hingegen sind *unklagbare* und *unvollständige* Ansprüche von der gerichtlichen Geltendmachung ausgenommen, ausführlich hierzu *Stein/Jonas/Roth*[22], vor § 253 Rdnr. 126 ff.

336 Vgl. *BGH* MDR 1961, 305; *BAG* AP Nr. 43 m. Anm. *Schumann*; MünchKomm ZPO/*Becker-Eberhard*[4], § 256 Rdnr. 28; *Stein/Jonas/Roth*[22], § 256 Rdnr. 40.

337 Vgl. *Stein/Jonas/Roth*[22], § 256 Rdnr. 40 bei Fußn. 228.

338 Vgl. *RGZ* 27, 205; 107, 305; *BGHZ* 27, 190 (196); *BAG* NJW 1994, 1751; *Goldschmidt*, Zivilprozessrecht, S. 57; *Hellwig*, Anspruch, S. 424; *Jauernig/Hess*, § 34 Rdnr. 7; *Stein/Jonas/Roth*[22], § 256 Rdnr. 40 m. w. N. in Fußn. 231; *Thomas/Putzo/Reichold*, § 256 Rdnr. 8.

339 Vgl. *Jacobs*, Feststellungsverfahren, S. 276 f.

Beispiel[340]: K und B haben einen Vertrag über die Lieferung von Orangen getroffen. Da B nicht termingerecht liefert, heben die Parteien schließlich in gegenseitigem Einvernehmen den Vertrag auf. Später erhebt K wegen nicht rechtzeitig erfolgter Lieferung Schadensersatzklage, während B meint, ein Vertrag sei nie zustande gekommen, und deshalb widerklagend Zwischenfeststellung begehrt, daß kein Vertrag bestanden habe.

Obwohl ein Vertrag unstreitig nicht mehr besteht, ist er wegen Präjudizialität Grundlage für die Schadensersatzforderung des K, so daß aus diesem Rechtsverhältnis gegenwärtige Rechtsfolgen abgeleitet werden können.

4. *Personaler Aspekt – Feststellungsfähigkeit von Drittrechtsverhältnissen*

a) Erscheinungsformen

Die vor allem im Rahmen der prinzipalen Feststellungsklage diskutierte Frage, ob Drittrechtsverhältnisse[341] (d. h. Rechtsbeziehungen an denen entweder nur eine oder keine der Prozeßparteien selbst beteiligt ist) feststellungsfähig sein sollen, stellt sich nicht anders für die Inzidentklage, so daß die folgenden Ausführungen sich im wesentlichen auf die Besonderheit der Zwischenfeststellungsklage beschränken. Davon zu trennen, ist die Frage, wer zur Erhebung der Inzidentklage berechtigt ist[342].

Im Grunde lassen sich die für die selbständige Feststellungsklage diskutierten Fälle auf die Inzidentklage ohne Schwierigkeiten übertragen.

aa) Prätendentenstreitigkeiten

In Anlehnung an den vom *Reichsgericht*[343] entschiedenen Prätendentenstreit[344] zwischen zwei Jagdpächtern, von denen jeder das Jagdrecht für dieselbe Zeit im selben Bezirk in Anspruch nahm, wäre denkbar, daß der auf Unterlassung oder Schadensersatz wegen unerlaubter Jagd verklagte Jagdpächter widerklagend die Feststellung der Nichtigkeit des Pachtvertrages zwischen dem Kläger und dem Verpächter und die Feststellung seines eigenen Pachtrechts beantragt.

---

340 Nach *Grunsky*, Grundlagen, § 38 II 2, S. 373.

341 Die von *Schumann*, Verfassungs- und Menschenrechtsbeschwerde, S. 78 f., gewählte Bezeichnung „Drittrechtsverhältnisse“ ist terminologisch für die zu untersuchenden Fallkonstellationen dem ebenfalls anzutreffenden Ausdruck „Drittrechtsbeziehung“ vorzuziehen, da hierdurch der Gegenstand des Zwischenfeststellungsverfahrens exakter wiedergegeben wird. So auch *Bauer*, Drittrechtsverhältnisse, S. 3.

342 Dazu unten Text bei Fußn. 790 ff.

343 *RGZ* 41, 345 ff.

344 Eingehend zu Prätendentenstreitigkeiten *Bauer*, Drittrechtsverhältnisse, S. 4 f., 46 ff., 91 f.; *Jacobs*, Feststellungsverfahren, S. 136 ff., 367 ff.; *W. Lüke*, Beteiligung Dritter, S. 38 f.

Desgleichen könnte ein Zessionar gegen einen zweiten prätendierenden Zessionar auf Herausgabe der vom Schuldner an diesen geleisteten Summe und daneben auf negative Feststellung der Rechtsinhaberschaft des Beklagten klagen[345].

bb) Absolute Rechte

Ein Vollstreckungsgläubiger möchte gegen seinen Schuldner eine Eintragung im Grundbuch erreichen und verklagt den eingetragenen (Buch-) Eigentümer als Dritten auf Zustimmung zur Berichtigung und beantragt daneben die Feststellung des Eigentums seines Schuldners[346].

cc) Relative Rechte

Denkbar ist, daß ein Zessionar den Schuldner klageweise in Anspruch nimmt und dieser widerklagend die Feststellung begehrt, daß der zwischen dem Kläger und dem Zedenten geschlossene Abtretungsvertrag nichtig ist.

Ferner wenn der Vermieter gegen den Untermieter auf Herausgabe der Mietsache klagt und dieser widerklagend die Feststellung begehrt, daß das Hauptmietverhältnis besteht.

b) Stellungnahme

Daß das Rechtsverhältnis zwischen den Parteien der Inzidentklage besteht, ist nach herrschender Meinung[347] ebensowenig erforderlich wie im Fall des § 256 Abs. 1 ZPO[348]. Die gegenteilige Auffassung[349] wendet hiergegen ein, daß eine

---

345 Vgl. *Stein/Jonas/Roth*[22], § 256 Rdnr. 36.

346 Vgl. *Goldschmidt*, Zivilprozeßecht, S. 57 bei Fußn. 10; *Hahn/Mugdan*, Materialien V, Denkschrift zur alten GBO (zu § 38), S. 164.

347 Vgl. *RG* SeuffArch 68, 206 (208); *BGHZ* 69, 37 (40); 123, 44; 164, 249 (255) („Mangusta Commerzbank II"); *BGH* NJW 2011, 2195 (2196) Rdnr. 20; 1990, 2627 (2628); 1993, 2539 (2540); *BGH* FamRZ 1998, 226; *BGH* WM 1997, 2403; *Baltzer*, Negative Feststellungsklage, S. 91; *Baumbach/Lauterbach/Albers/Hartmann*, § 256 Rdnr. 27 f., 113; *Brehm*, FG BGH III, 89 (106); *Henckel*, Parteilehre, S. 108 ff.; *Hellwig*, Anspruch, S. 432 f.; *Kisch*, Feststellungsurteil, S. 47; *Musielak*, Grundkurs, Rdnr. 65; *Nikisch*, Zivilprozessrecht, § 39 II 2, S. 152; *Rosenberg/Schwab/Gottwald*[17], § 90 Rdnr. 11 ff.; *Schilken*, Zivilprozessrecht, Rdnr. 185; *Thomas/Putzo/Reichold*, § 256 Rdnr. 28, 9; *Wieczorek/Schütze/Assmann*[3], § 256 Rdnr. 359; *Stein/Jonas/Roth*[22], § 256 Rdnr. 103 bei Fußn. 576, Rdnr. 33 m. w. N. aus Rspr. und Lit. in Fußn. 160, auch zur Gegenansicht.

348 Dort mit der Einschränkung, sofern ein rechtliches Interesse an der begehrten Feststellung *gerade dem Beklagten gegenüber* gegeben ist, vgl. *BGHZ* 34, 159 (165); 96, 174 (177); *BGH* NJW 1994, 459 f.; MünchKomm ZPO/*Becker-Eberhard*[4], § 256 Rdnr. 33; Stein/*Jonas/Roth*[22], § 256 Rdnr. 35.

rechtskräftige Feststellung mit Bindungswirkung gegenüber dem Dritten gerade nicht ergehe und die Prozeßführungsbefugnis übergangen werde, soweit keine Prozeßstandschaft vorliege.

Im Grunde lassen sich die Bedenken gegen die Feststellungsklage über Drittrechtsverhältnisse auf eine Fixierung auf das materielle Recht bzw. Scheu vor der Anerkennung als eigenes Institut des Prozeßrechts zurückführen[350]. *Loening*[351] lehnte daher eine Inzidentwiderklage über Drittrechtsverhältnisse im Hinblick auf Aktiv- und Passivlegitimation, das materielle Recht, sogar bei bestehender Vorgreiflichkeit ab[352]. Das Rechtsverhältnis muß aber – wie die absoluten Rechte zeigen – nicht geeignet sein, einen Leistungsanspruch gerade gegen den Beklagten zu begründen[353]. Die Feststellungsklage findet ihre Rechtfertigung gleichfalls nicht darin, einen Leistungsprozeß vorzubereiten; mit ihr wird kein

---

349 Vgl. *Häsemeyer*, ZZP 101 (1988), 385 (396 f.); MünchKomm ZPO/*Becker-Eberhard*[4], § 256 Rdnr. 34 (so auch *G. Lüke* in der Vorauflage an selber Stelle); *G. Lüke*, FS Henckel, 567 (576); *Michaelis*, FS Larenz, 443 (452 ff.); *Musielak/Foerste*, § 256 Rdnr. 5; *Trzaskalik*, Rechtsschutzzone, S. 156 ff.; *Zöller/Greger*, § 256 Rdnr. 3b. Kritisch auch *Schumann*, FS Musielak, 457 (465 ff.). Ebenso bereits *Planck*, Lehrbuch II, S. 14 f., der unter Rechtsverhältnis das „zwischen diesem Kläger und diesem Beklagten obwaltende, der rechtlichen Ordnung bedürftige Verhältnis" verstand. Ebenfalls ablehnend *Rocholl*, ZZP 8 (1885), 329 (344 f., 405 ff.), der diese von ihm als „Konfliktlagen" bezeichneten Streitverhältnisse weder zu den Feststellungs- oder Leistungsklagen zählen will und von der Prämisse ausgeht, daß der Feststellungsstreit nur einen künftigen Leistungsstreit antizipiere und die Einlassungspflicht des Beklagten nur aus der rechtlichen Beziehung hergeleitet werden könne, in welcher derselbe zum Kläger stehe, *Rocholl*, a. a. O., S 345.

350 Vgl. *Bauer*, Drittrechtsverhältnisse, S. 23; *Stein/Jonas/Roth*[22], § 256 Rdnr. 34 unter Hinweis auf die diesbezügliche Kritik von *Zöller/Greger*, § 256 Rdnr. 3b. Die Statuierung als prozeßrechtliches Institut eigener Art nahm schon *Wach*, Feststellungsanspruch, S. 24 ff., vor. Unter beifälliger Bezugnahme auf *Wach*, Handbuch, S. 13 f., und *Weismann*, Hauptintervention, § 20 f., kritisierte auch *Stein*, Urkundenprozeß, S. 3: „Die Prozeßdogmatik aber leidet an dem Erbübel [...] die ordentliche Leistungsklage als den Urtypus [...] des Prozesses überhaupt herauszuheben, dem dann alle Definitionen und Grundprinzipien angepaßt werden, auf den allein die von der Doctrin beherrschte Gesetzgebung ihr Augenmerk richtet und neben dem die Feststellungs- [...] Klagen [...] als ‚ausserordentliche' verächtlich von dem System ausgeschlossen werden, gleichviel, ob die so gebildeten Grundbegriffe auf sie passen oder nicht. [...] Der Wissenschaft des Prozessrechts kann kein Heil werden, so lange nicht die verschiedenen Klagetypen [...] organisch in das System eingefügt sind und ihnen der gebührende Antheil an der Begriffsbildung gewährt wird."

351 Vgl. *Loening*, ZZP 4 (1882), 1 (64 ff.).

352 Vgl. *Loening*, ZZP 4 (1882), 1 (66 f.): „Daher kann auch die sogenannte Präjudizial-Inzident-Widerklage nur dann mit Erfolg erhoben werden, wenn das präjudizielle Rechtsverhältnis ebenso wie das bedingte selbst zwischen den Parteien des Hauptprozesses besteht, wogegen dieselbe dann zu verwerfen ist, wenn das Rechtsverhältnis des Hauptprozesses von dem Recht des Dritten abhängt: eine Beschränkung, welche, weil materieller Natur, durch die allgemeine Fassung des § 253 nicht beseitig wird."

353 Vgl. *Stein/Jonas/Roth*[22], § 256 Rdnr. 33.

Anspruch im materiellen Sinne verfolgt, der sich gegen einen bestimmten Gegner richtet[354].

Wie *Brehm*[355] ferner betont, führen bei der Gestaltungsklage die Klage eines Nichtberechtigten zu einem dem Zivilrecht grundsätzlich fremden Eingriff in ein fremdes Rechtsverhältnis und bei der Leistungsklage die Klage des Rechtsfremden zu einer Einmischung in fremde Rechtsangelegenheiten, weil die formelle Partei das Urteil exekutieren kann. Bei der Feststellungsklage existiert diese Gefahrenlage jedoch nicht, da sich die Urteilswirkung in der Rechtskraft erschöpft, die noch dazu auf die Parteien und die Rechtsnachfolger beschränkt ist. Dritte, über deren Rechtsverhältnis gestritten wird, werden daher von der Entscheidung nicht berührt. Der von der Gegenmeinung angeführte Einwand der mangelnden Bindungswirkung ist zwar insoweit zutreffend (subjektive Rechtskraft), spricht aber nicht gegen die Zulässigkeit, da es dem (Inzident-) Feststellungskläger ohnehin nur um autoritative Klärung und nicht um Vollstreckung geht.

Ebenfalls nicht überzeugend ist die Kritik der Übergehung der Prozeßführungsbefugnis. Zum einen macht der Feststellungskläger in diesen Konstellationen kein fremdes Recht im eigenen Namen wie bei der Prozeßstandschaft geltend, weshalb er auch kein besonderes Interesse am Schutz des Dritten darlegen muß. Zum anderen zielt die Feststellung über Drittrechtsverhältnisse gerade auf den Schutz des Klägers, der seine eigene Rechtsposition verteidigen will[356]. Damit ist er auch die „richtige" Partei[357]. Das rechtliche Interesse an der Feststellung gerade dem Beklagten gegenüber folgt bei der Zwischenfeststellungsklage aus der Vorgreiflichkeit für die Entscheidung der Hauptklage. Zudem stellen sich bei genauer Betrachtung manche angeblichen Drittrechtsverhältnisse als Rechtsverhältnisse dar, die im Kern zumindest auch Rechtsbeziehungen der Parteien zum Gegenstand haben und lediglich durch das streitige Drittrechtsverhältnis beeinflußt werden[358].

Auch wenn die Einwände in der Literatur nicht vollends überzeugen, sollten sie dennoch Anlaß zu einer restriktiven Handhabung in der Praxis geben. Im

---

354 Zu der überkommenen Sichtweise der Feststellungsprozesse als „antizipierte Prozesse" auch *Stoll*, FS Bötticher, 341 (345 f.).

355 Vgl. *Brehm*, FG BGH III, 89 (106 f.).

356 Vgl. *Stein/Jonas/Roth*[22], § 256 Rdnr. 34.

357 Vgl. *Bauer*, Drittrechtsverhältnisse, S. 58. Einen anderen Weg geht *E. Habscheid*, ZZP 112 (1999), 37 (50 f.): Er spricht sich dafür aus, daß mit der Feststellungsklage ein materielles Recht auf Feststellung geltend gemacht werde. Deshalb ließe sich das Feststellungsinteresse auch zwanglos als materielles Tatbestandsmerkmal denken, so daß bei gegebenem rechtlichen Interesse, wenn das Rechtsverhältnis also in den Rechtsbereich des Klägers hineinreiche, eine Feststellung über das Drittrechtsverhältnis zulässig sei.

358 Vgl. *Jauernig/Hess*, § 34 Rdnr. 6; *Stein/Jonas/Roth*[22], § 256 Rdnr. 33; *Trzaskalik*, Rechtsschutzzone, S. 156 ff.

Anwendungsbereich der Inzidentfeststellungsklage dürfte es den in der Literatur kritisierten Fällen vielfach ohnehin an der Vorgreiflichkeit fehlen.

So beispielsweise im Urteil des *Bundesgerichtshofs* vom 15. Juni 2005[359]: Er entschied, die Zwischenfeststellungswiderklage sei unzulässig, weil zum einen der Antrag des Beklagten entgegen § 256 Abs. 2 ZPO nicht auf die Feststellung eines Rechtsverhältnisses ziele[360]. Zum anderen wäre er aber selbst bei Umdeutung in die Feststellung, daß kein Mietverhältnis bestanden habe, unzulässig. Zwar könne Gegenstand einer Zwischenfeststellungsklage nach § 256 Abs. 2 ZPO auch ein *Rechtsverhältnis* sein, das *zwischen einer Partei und einem Dritten* bestehe. *Voraussetzung der Zulässigkeit* sei jedoch, daß dieses Rechtsverhältnis *für die Entscheidung der Hauptsache präjudiziell* sei. Dies sei hier jedoch nicht der Fall. Vielmehr sei es für die Entscheidung der Hauptsache (Mietzinszahlungspflicht der Beklagten gegenüber der Klägerin) ohne Bedeutung, ob zwischen dem Beklagten und den nicht am Rechtsstreit beteiligten Personen (den Gesellschaftern der Klägerin) ein Mietverhältnis bestehe. Die Zwischenfeststellungswiderklage des Beklagten sei daher insoweit als unzulässig abzuweisen.

Ist die *Entscheidung des Rechtsstreits* in der Hauptsache aber *tatsächlich abhängig* vom Bestehen des Drittrechtsverhältnisses, sollte meines Erachtens die Zulassung der Inzidentklage über das Drittrechtsverhältnis im Sinne umfassender Streitbereinigung nicht an allgemeinen Einwänden scheitern.

5. Entscheidungskompetenz der ordentlichen Gerichte

Feststellungsfähig sind nur Rechtsverhältnisse des *Privatrechts* sowie diejenigen *öffentlich-rechtlichen Verhältnisse*, hinsichtlich derer der ordentliche Rechtsweg zulässig ist[361].

---

359 *BGH* MDR 2005, 1398 (XII ZR 82/02): Die Klägerin, eine Gesellschaft bürgerlichen Rechts, verlangte vom Beklagten, einem eingetragenen Verein, Mietzins aus einem gewerblichen Mietverhältnis. Der Beklagte begehrte widerklagend die Feststellung, daß zwischen den Parteien sowie zwischen den beiden Gesellschaftern der Klägerin und dem Beklagten kein Mietvertrag geschlossen worden sei. Wenn auch die Entscheidung im Hinblick auf die hier vertretene Auffassung zur Feststellungsfähigkeit von Vorfragen/Elementen kritisch zu würdigen ist, verdienen die Ausführungen des *BGH* zur Präjudizialität Zustimmung.

360 Zur Auffassung der Rechtsprechung, Vorfragen und Elemente seien nicht feststellungsfähig, vgl. oben die Nachweise in Fußn. 288.

361 Vgl. *BGHZ* 95, 109 (111); *BGH* MDR 1960, 485; MünchKomm ZPO/*Becker-Eberhard*[4], § 256 Rdnr. 10; *Stein/Jonas/Roth*[22], § 256 Rdnr. 32; *Thomas/Putzo/Reichold*, § 256 Rdnr. 6; *Zöller/Greger*, § 256 Rdnr. 3. So bereits *Wach*, Feststellungsanspruch, S. 51.

a) Öffentlich-rechtliche Rechtsverhältnisse

Hinsichtlich öffentlich-rechtlicher Verhältnisse ist dies der Fall, wenn Leistungsklagen des öffentlichen Rechts den ordentlichen Gerichten zugewiesen sind[362] (z. B. Art. 34 Satz 1 und 3 GG i. V. m. § 839 BGB, § 40 Abs. 2 VwGO, Art. 14 Abs. 3 Satz 4 GG)[363]. Demzufolge ist für die Klage auf Feststellung der Verpflichtung zum Schadensersatz aus Amtspflichtverletzung der Rechtsweg zu den ordentlichen Gerichten eröffnet.

Die ordentlichen Gerichte sind befugt, über rechtswegfremde (öffentlich-rechtliche) Vorfragen, insbesondere präjudizielle Rechtsverhältnisse, nach § 17 Abs. 2 GVG den Rechtsstreit zu entscheiden, da die Natur eines Rechtsverhältnisses nur einheitlich bestimmt werden kann und die Gerichte eines jeden Rechtswegs die ihnen zugewiesenen Aufgaben grundsätzlich unabhängig voneinander erledigen[364]. Weil die Entscheidung über die Vorfrage nicht an der Rechtskraft teilnimmt, ergibt sich aus dieser „Vorfragenkompetenz" der Zivilgerichte keine Überprüfung der Verwaltung[365]. Dies gilt allerdings nur für den *einheitlichen prozessualen Anspruch*[366]. Werden daher im Wege der Klagenhäufung (§ 260 ZPO) mehrere Streitgegenstände gemeinsam geltend gemacht, muß der Rechtsweg für jeden von ihnen gegeben sein, um Mißbrauch zu vermeiden[367]. Dies gilt gleichfalls

362 Ist für einen Streitgegenstand der Zivilrechtsweg eröffnet, gilt dies für alle Klageformen einschließlich der Feststellungsklage, *RGZ* 123, 181 (183); *BGHZ* 95, 109 (111); *BGH* LM ZPO § 256 Nr. 59.

363 Vgl. *Stein/Jonas/Roth*[22], § 256 Rdnr. 4. Gemäß § 71 Abs. 2 Nr. 2 GVG sind die Landgerichte sachlich ausschließlich zuständig.

364 Vgl. *BGHZ* 73, 114 (117); 57, 96; 95, 109; *BVerwG* MDR 1960, 527; *Rosenberg/Schwab/ Gottwald*[17], § 14 Rdnr. 34 ff.; *Zöller/Lückemann*, § 13 GVG Rdnr. 31 und § 17 GVG Rdnr. 5. Sofern allerdings über die Vorfrage ein Verfahren vor dem hierfür zuständigen (Verwaltungs-) Gericht anhängig ist oder ein Rechtsbehelf eingelegt ist, hat das (ordentliche) Gericht (nach pflichtgemäßem Ermessen) nach § 148 ZPO auszusetzen und die Entscheidung abzuwarten, vgl. *BGH* NJW-RR 1988, 39; *Grunsky*, Zivilprozessrecht, § 5 Rdnr. 59; *Rosenberg/Schwab/Gottwald*[17], § 14 Rdnr. 35; *Zöller/Lückemann*, § 13 GVG Rdnr. 31. Wegen der über den jeweiligen Rechtsweg hinaus wirkenden Rechtshängigkeitssperre des § 17 Abs. 1 Satz 2 GVG ist eine Klage über denselben Streitgegenstand unzulässig, vgl. *BGH* NJW 1998, 231; *VGH* Mannheim NJW 1996, 1298; *Thomas/Putzo/Hüßtege*, § 17 GVG Rdnr. 4; MünchKomm ZPO/*Zimmermann*[3], § 17 GVG Rdnr. 8; *Zöller/Greger*, § 17 GVG Rdnr. 3. Einer Inzidentklage über die (öffentlich-rechtliche) Vorfrage würde in diesem Fall das Prozeßhindernis anderweitiger Rechtshängigkeit entgegenstehen, unabhängig davon, ob das zuerst angerufene Verwaltungsgericht zuständig ist.

365 Vgl. *Zöller/Lückemann*, § 13 GVG Rdnr. 31.

366 Vgl. *Jauernig/Hess*, § 4 Rdnr. 21; *Thomas/Putzo/Hüßtege*, § 17 GVG Rdnr. 5, 7; *Zöller/ Lückemann*, § 17 GVG Rdnr. 6.

367 Vgl. *BGHZ* 114, 1 (2) („Rechtswegmanipulation durch beliebige Klagenhäufung ersichtlich Tür und Tor geöffnet"); *BGH* NJW 1998; 826; 2003, 282; *BVerwG* NVwZ-RR 2004, 551; *OLG Frankfurt a. M.* NJW-RR 1995, 319 (für einfache Streitgenossenschaft); *Grunsky*, Zivilprozess-

für die Widerklage[368]. Soweit der Rechtsweg für den zweiten Streitgegenstand nicht eröffnet ist, ist das Verfahren nach § 145 ZPO zu trennen und nach § 17a Abs. 2 GVG zu verweisen.

Da es aber Zweck und Wirkung der Zwischenfeststellungsklage ist, die Rechtskraft auf die Vorfrage zu erstrecken, und mit ihr, auch in Form der Widerklage, ein neuer prozessualer Anspruch erhoben wird, scheidet eine Inzidentfeststellung öffentlich-rechtlicher Vorfragen gem. § 256 Abs. 2 ZPO grundsätzlich aus, wenn diese nicht ohnehin der ordentlichen Gerichtsbarkeit (z. B. durch Art. 14 Abs. 3 Satz 4 GG) zugewiesen sind[369].

Dies wird allerdings von *Zimmermann*[370] bestritten: Eine einheitliche Zuständigkeit sei nach dem Zweck von § 17 Abs. 2 Satz 1 GVG grundsätzlich auch anzunehmen, wenn eine Vorfrage, über die das Gericht entscheiden müsse, durch Zwischenfeststellungsklage zu einem selbständigen Entscheidungsgegenstand gemacht werde, da anderenfalls die Gefahr widersprechender Entscheidungen und doppelter Belastung entstehe und eine Aussetzung dem Vereinfachungs- und Beschleunigungsinteresse widerspreche.

Meines Erachtens verdient diese Auffassung keine Zustimmung. Es ist nicht Aufgabe der Inzidentklage, dem Antragsteller eine Rechtsweg zu eröffnen, den ihm die prinzipale Feststellung nicht ebenfalls gewähren würde. Anderenfalls würde hierdurch in der Diktion des *Bundesgerichtshofs*[371] tatsächlich der „Rechtswegmanipulation ersichtlich Tür und Tor geöffnet". *§ 17 Abs. 2 Satz 1 GVG* begründet zwar eine Gesamtzuständigkeit kraft Sachzusammenhangs für verschiedene Anspruchsgrundlagen mit eigentlich unterschiedlicher Rechtswegzuständigkeit. Dies aber nur deshalb, weil *gerade keine der Rechtskraft fähige Entscheidung über die Vorfrage selbst* ergeht. Die (rechtswegüberschreitende) Entscheidungsbefugnis nach § 17 Abs. 2 Satz 1 GVG ist somit streitgegenstandsimmanent und *nicht streitgegenstandsübergreifend.* Würde man die Inzidentklage ohne Sonderzuweisung für die Vorfrage zulassen, würde das ordentliche Gericht rechtskräftig über öffentlich-rechtliche Rechtsverhältnisse entscheiden. Dies stellt einen nicht zu rechtfertigender Eingriff in die Selbständigkeit des anderen Gerichtszweigs dar. Angesichts der Aussetzungsmöglichkeit nach § 148 ZPO besteht

---

recht, § 5 Rdnr. 59a; *Thomas/Putzo/Hüßtege*, § 17 GVG Rdnr. 8; MünchKomm ZPO/*Zimmermann*³, § 17 GVG Rdnr. 13; *Zöller/Lückemann*, § 17 GVG Rdnr. 6.

368 Vgl. *Kissel*, § 17 GVG Rdnr. 50; *Schilken*, ZZP 105 (1992), 83 (88); *Thomas/Putzo/Hüßtege*, § 17 GVG Rdnr. 8.

369 Vgl. *Zöller/Lückemann*, § 13 GVG Rdnr. 31 a. E., allerdings sehr apodiktisch und generell für den Fall, daß die Hauptklage ein privatrechtliches Rechtsverhältnis zum Gegenstand hat.

370 Vgl. MünchKomm ZPO/*Zimmermann*³, § 17 GVG Rdnr. 13, so auch *Manfred Wolf* in der Vorauflage an selber Stelle.

371 Vgl. *BGHZ* 114, 1 (2).

hierfür auch kein Anlaß. Ein Beschleunigungsinteresse ist nicht stichhaltig genug, um einen Eingriff in die Gerichtszweigtrennung zu rechtfertigen. Daß demzufolge die Zulässigkeit des Rechtswegs für Haupt- und Inzidentklage verschieden zu beurteilen ist, ist weder ungewöhnlich noch unzumutbar[372].

Daher kommt eine *Inzidentfeststellung öffentlich-rechtlicher Rechtsverhältnisse* nach § 256 Abs. 2 ZPO vor den ordentlichen Gerichten nur in Betracht, sofern für das festzustellende Rechtsverhältnis eine *Sonderzuweisung besteht und auch für die Hauptklage* der Rechtsweg zu den *ordentlichen Gerichten* eröffnet ist.[373].

Beispiel: Der Kläger macht gegen die Beklagte einen Entschädigungsanspruch wegen Enteignung geltend, da sein Grundstück zu großem Teil von einer Bausperre der Beklagten betroffen sei. Daneben beantragt er im Wege der Inzidentklage festzustellen, daß die Verhängung der Bausperre eine Enteignung darstelle, da die Beklagte angekündigt habe, auch für den Rest des Grundstücks eine Bausperre anzuordnen.

Der Rechtsweg zu den *ordentlichen Gerichten* ist hier *nicht nur hinsichtlich der Höhe* des Entschädigungsanspruchs selbst (Art. 14 Abs. 3 Satz 4 GG), sondern auch dann *eröffnet*, wenn über den Anspruch dem Grunde nach, mithin über die Frage gestritten wird, *ob überhaupt eine Enteignung vorliegt*, *nicht* dagegen über die *Rechtmäßigkeit* der Enteignung[374]. Das Landgericht ist also ausnahmsweise befugt, das Bestehen einer Enteignung rechtskräftig zu entscheiden. Damit ist eine Inzidentklage möglich. Zwar handelt es sich bei der Frage, ob die Verhängung der Bausperre eine Enteignung darstellt, um ein Element bzw. eine Vorfrage des Entschädigungsanspruchs, nach dem oben Gesagten[375] reicht dies zur Bejahung eines Rechtsverhältnisses jedoch aus.

b) Prozeßrechtliche Rechtsverhältnisse

Des weiteren sind nach herrschender Meinung[376] auch Rechtsverhältnisse des *Prozeßrechts* feststellungsfähig, z. B. die Klage auf Feststellung der Nichtigkeit eines

372 Vgl. die Nachweise aus der Rechtsprechung des *Reichsgerichts* bei *Wieczorek*, § 280 Anm. B I d 2.

373 Praktisch läuft dies darauf hinaus, daß sowohl für die Haupt- als auch Inzidentklage eine Sonderzuweisung existiert.

374 Vgl. *BVerwGE* 39, 169 (171 ff.); *Maunz/Dürig/Papier*, Art. 14 Rdnr. 646; *Stein/Jonas/Schumann*[20], Einleitung vor § 1 Rdnr. 391 a. E. Das Zivilgericht muß die Frage des „Ob" einer Enteignung auch rechtskräftig entscheiden können, da eine solche ja auch nicht gegeben sein könnte und es sich statt dessen um Aufopferung oder enteignungsgleichen Eingriff handelt.

375 Text bei Fußn. 301 ff.

376 Vgl. *BGHZ* 36, 11 (14); *BGH* NJW 1972, 2268; 1977, 583 (584); 1997, 2320 (2321); *BGH* MDR 1997, 863 (864); *Baumbach/Lauterbach/Albers/Hartmann*, § 256 Rdnr. 6; MünchKomm ZPO/*Becker-Eberhard*[4], § 256 Rdnr. 17; *Musielak/Foerste*, § 256 Rdnr. 28 („Prozessvergleich"), Rdnr. 32 („Urteil"); *Rosenberg/Schwab/Gottwald*[17], § 90 Rdnr. 8; *Stein/Jonas/Roth*[22], § 256 Rdnr. 32; *Thomas/Putzo/Reichold*, § 256 Rdnr. 6; *Zöller/Greger*, § 256 Rdnr. 3.

Urteils[377] oder eines im Verfahren der freiwilligen Gerichtsbarkeit erlassenen Beschlusses[378]. Ebenso werden Klagen auf Feststellung des Inhalts eines rechtskräftigen Urteils oder Schiedsspruches zugelassen[379]. Unter gewissen Voraussetzungen auch die Feststellung der Wirksamkeit eines Prozeßvergleichs[380].

Die Gegenansicht wendet hiergegen zum einen ein, daß § 256 ZPO ausschließlich Rechtsverhältnisse des materiellen Rechts erfasse[381], zum anderen, daß einer solchen Klage das Rechtsschutzbedürfnis fehle, weil die Frage nach der Wirksamkeit eines Urteils kein geeigneter Streitgegenstand sei und nur die Möglichkeit bestehe, den alten Anspruch erneut einzuklagen, um festzustellen, ob das erste Urteil wirkungslos sei oder seine materielle Rechtskraft einer neuen Entscheidung entgegenstehe[382].

Der Kritik ist insoweit zuzustimmen, daß ein Feststellungsprozeß hinsichtlich prozessualer Verhältnisse nur in Betracht kommen sollte, wenn die Unsicherheit nicht schon im anhängigen Verfahren geklärt werden kann[383]. Überdies ist zu beachten, daß vorrangig ordentliche Rechtsmittel oder sonstige Rechtsbehelfe gegen die Entscheidung auszuschöpfen sind[384].

Für die Zwischenfeststellungsklage möchte ich mich der herrschenden Meinung anschließen. Zum einen ergibt sich aus dem Wortlaut des § 256 Abs. 2 ZPO keine Beschränkung auf materielle Rechtsverhältnisse, da die Entscheidung des Rechtsstreits durchaus vom Bestehen oder Nichtbestehen eines prozessualen Rechtsverhältnisses abhängen kann. Zum anderen sind der ZPO Feststellungsklagen über prozessuale Rechtsverhältnisse nicht fremd, wie etwa § 1032 Abs. 2 ZPO zeigt. Auch ein Vergleich mit der Aussetzung nach § 148 ZPO, die wegen prozessualer Rechtsverhältnisse erfolgen kann[385], spricht hierfür.

Denkbar wäre folgende, an das Urteil des *Bundesgerichtshofs* vom 4. Mai 1983[386] angelehnte, Konstellation:

---

377 Vgl. *Stein/Jonas/Roth*[22], § 256 Rdnr. 32 mit weiteren Nachweisen in Fußn. 156.

378 Vgl. *BGHZ* 29, 223 (229).

379 Vgl. *BGHZ* 5, 189 (194); 36, 11 (14); *BGH* NJW 1972, 2268.

380 Vgl. *BGH* NJW 1983, 2034; *BAG* 1982, 526.

381 So *Hellwig*, Anspruch, S. 488.

382 Vgl. *v. Mettenheim*, Prozeßökonomie, S. 43 Fußn. 90; so auch *Jauernig*, Zivilurteil, S. 92 und 188; *Blomeyer*, Erkenntnisverfahren[2], § 81 III 2 a.

383 Vgl. MünchKomm ZPO/*Becker-Eberhard*[4], § 256 Rdnr. 17.

384 Vgl. *Stein/Jonas/Roth*[22], § 256 Rdnr. 32. Bei wirkungslosen Urteilen ist regelmäßig eine prozessuale Gestaltungsklage wegen fehlender Vollstreckungsfähigkeit analog § 767 ZPO der statthafte Rechtsbehelf, *BGH* FamRZ 2006, 261 (262); *BGH* NJW 2005, 1576 f.

385 Vgl. *Mittenzwei*, Aussetzung, S. 42.

386 *BGHZ* 87, 227 (VIII ZR 94/82).

Beispiel: Aus der Sanierung eines Altbaus bestehen zwischen Unternehmer U und Besteller B zahlreiche Differenzen. U klagt daher den für den Keller veranschlagten Werklohn ein. In einem Prozeßvergleich verpflichtet sich schließlich B zur Zahlung von 18.000 €. Am Ende des Vergleichs heißt es: „Damit sind alle gegenseitigen Ansprüche der Parteien erledigt." Später klagt U auf Zahlung weiterer 5.000 € für die Reparatur des Dachs. B bestreitet die Forderung nicht, beruft sich aber auf die Ausgleichsklausel des Prozeßvergleichs. U meint, diese erfasse den jetzt geltend gemachten Anspruch nicht, hilfsweise fechte er den Vergleich insoweit wegen Irrtums an und beantragt die Unwirksamkeit des Vergleichs im Wege der Inzidentklage festzustellen.

Geht man davon aus, daß der Prozeßvergleich die rechtshängige Forderung des Klägers (Dachreparatur) umfaßt, so enthält er eine über den Streitgegenstand des Erstprozesses hinausgehende Regelung. Grundsätzlich ist zur Klärung der Frage der Wirksamkeit des Prozeßvergleichs und damit der Erledigung des Prozesses der bisherige Rechtsstreit fortzusetzen[387]. Einer neuen Klage steht deshalb der Einwand der Rechtshängigkeit aus dem bei Unwirksamkeit des Vergleichs noch rechtshängigen Prozeß entgegen[388].

Unabhängig davon, ob die Anfechtung des Klägers auf diesen Teil des Vergleichs beschränkt werden kann, ist eine Partei, die einen Prozeßvergleich geschlossen hat, allerdings *dann nicht gehindert*, dessen Anfechtung in einem *neuen Verfahren* geltend zu machen, wenn in dem Prozeßvergleich eine über den *Streitgegenstand hinausgehende Regelung* getroffen worden ist und *ausschließlich deren Unwirksamkeit* geltend gemacht wird[389]. Dann wird nicht um den Gegenstand des mit dem Vergleich beendeten Prozesses gestritten und auch nicht diese Beendigung selbst in Frage gestellt, sondern der Streit geht um einen im Erstprozeß nicht rechtshängigen Anspruch und um die materiell-rechtliche Auswirkung des Vergleichs auf diesen Anspruch.

Im Beispielsfall ist die Frage der Unwirksamkeit des Prozeßvergleichs somit der Inzidentfeststellung zugänglich[390]. Die Entscheidung der Hauptklage hängt

387 Vgl. *Jauernig/Hess*, § 48 Rdnr. 26.

388 Vgl. *BGHZ* 28, 171; 51, 141; 86, 184 (187 f.); *BAGE* 3, 43; 11, 57; *W. Lüke*, Zivilprozessrecht, § 21 III 4 Rdnr. 285; *Musielak*, Grundkurs, Rdnr. 286; *Palandt/Sprau*, § 779 Rdnr. 31 (jedoch wegen fehlenden Rechtsschutzbedürfnisses); *Rosenberg/Schwab/Gottwald*[17], § 130 Rdnr. 48 f.; *Zöller/Stöber*, § 794 Rdnr. 15a.

389 Vgl. *BGHZ* 87, 227; *BGH* NJW 1982, 2034 (2035); *BAGE* 36, 105 (109 ff.); *BAG* NZA 2010, 1250; *OLG Frankfurt a. M.* FamRZ 1990, 178; *Bonin*, Prozeßvergleich, S. 111; *Grunsky*, Grundlagen, S. 101; *Henckel*, Prozeßrecht, S. 91; *Palandt/Sprau*, § 779 Rdnr. 31; *Rosenberg/Schwab/Gottwald*[17], § 130 Rdnr. 53; *Zöller/Stöber*, § 794 Rdnr. 15a a. E.

390 So auch *BGHZ* 87, 227; *BGH* MDR 1974, 567; *BAGE* 36, 105 (111); *BAG* NZA 2010, 1250 (1252) Rdnr. 17; *Palandt/Sprau*, § 779 Rdnr. 31. In der dem Beispiel (bei Fußn. 386) zugrunde liegenden Entscheidung führte der *BGH* insofern aus: „Damit ist die *Frage der Unwirksamkeit des Prozeßvergleichs lediglich eine Vorfrage für den Anspruch*, dessen Bestehen in dem vorliegenden Prozeß behauptet oder geleugnet wird. Der Senat verkennt nicht, daß in diesen Fällen die *Frage der Wirksamkeit des Prozeßvergleichs von verschiedenen Gerichten unterschiedlich beantwortet*

hiervon auch ab. Wenn der Vergleich bezüglich der Ausgleichsklausel auch über die Dachreparatur unwirksam ist, dann ist die Klage des U begründet; ist der Vergleich insoweit wirksam, ist die Forderung des U erloschen und die Hauptklage unbegründet.

B. Merkmal der Bestrittenheit

Nach dem Wortlaut von § 256 Abs. 2 ZPO, muß das Rechtsverhältnis *im Laufe des Prozesses streitig geworden* sein.

1. Bedeutung der Streitigkeit

Als streitig ist das Rechtsverhältnis anzusehen, wenn die Parteien in ihrem gesamten Vorbringen irgendwie, ausdrücklich oder stillschweigend[391], ihre widersprechenden Ansichten hinsichtlich des fraglichen Rechtsverhältnisses zum Ausdruck gebracht haben[392]. Hierbei ist unerheblich, ob das Rechtsverhältnis auf Seiten des Antragstellers oder des Gegners streitig geworden ist[393], da das durch diese Konfliktlage hervorgerufene Bedürfnis nach rechtskräftiger Feststellung auf beiden Seiten bestehen kann, weshalb § 256 Abs. 2 ZPO sowohl dem Kläger als auch dem Beklagten die Inzidentfeststellung ermöglichen will.

Hingegen vertritt neuerdings *Foerste*[394], daß in der Regel – er bezieht sich dabei auf Fälle der rechtlichen Sinn- und Ausgleichszusammenhänge[395] – sogar die Feststellung unstreitiger Rechtsverhältnisse zugelassen werden sollte, da andernfalls das Normziel, die Erweiterung der engen Rechtskraftgrenzen den Parteien zu überlassen, kaum erreichbar wäre. Letztlich läuft diese Ansicht auf einen Verzicht auf die tatbestandliche Voraussetzung der Bestrittenheit[396] hinaus. Um jedoch die besonderen Voraussetzungen der Inzidentklage des § 256 Abs. 2 ZPO (auch methodologisch) zutreffend zu erfassen, müssen diese vom begehrten Urteil her und von den Wirkungen dieses Urteils aus betrachtet werden:

---

werden könnte, wenn es um mehrere Ansprüche geht. Diese Gefahr muß jedoch, *soweit ihr nicht überhaupt durch eine Zwischenfeststellungsklage entgegengewirkt werden kann* [...], hingenommen werden“, *BGHZ* 87, 227 (232) [Herv. d. Verf.].

391 Ebenso *Baltzer*, Negative Feststellungsklage, S. 71, wonach sich die gegenläufigen Ansichten der Parteien als Erscheinungsbild des Konfliktgrunds ausdrücklich oder konkludent manifestieren.

392 Vgl. *Bergerhoff*, Zwischenfeststellungsklage, S. 16.

393 So schon *Gaupp*, § 253 Anm. 2.

394 Vgl. *Musielak/Foerste*, § 256 Rdnr. 41.

395 Anknüpfend an die Studien *Albrecht Zeuners* über die objektiven Grenzen der Rechtskraft, vgl. *Zeuner*, Sinnzusammenhänge, S. 44 ff., 59 ff., 151 ff. Dazu auch oben Fußn. 151 und unten Text bei Fußn. 911.

396 So die Bezeichnung durch *Degenkolb*, Einlassungszwang, S. 185.

Das Feststellungsurteil verschafft den Parteien ausschließlich Rechtsgewißheit durch autoritative gerichtliche Klärung. Wie *Wach*[397] es für die prinzipale Feststellungsklage ausgedrückt hat: „In den Wirkungen des Urteils liegt sein Wert für den Kläger und zwar nicht in nebensächlichen, zufälligen nachträglich mittelbar sich entwickelnden, sondern in den begrifflich dem Feststellungsurteil, dem Urteil des gewünschten Inhalts für den Kläger gegenüber dem Beklagten zukommenden Wirkungen. Das aber sind Rechtskraftwirkungen." Durch die Rechtskraft des Urteils soll grundsätzlich Rechtsgewißheit geschaffen und damit Rechtsfrieden erreicht werden[398]. Weil unstreitige Rechtsverhältnisse nicht den Rechtsfrieden stören, fragt sich, ob Rechtsgewißheit auch in unstreitigen Rechtsverhältnissen notwendig sein kann. Für die selbständige Feststellungsklage setzt der Feststellungsstreit in jedem Fall eine zu bereinigende Ungewißheit über die Rechtslage voraus[399]. Das in § 256 Abs. 1 ZPO erforderlichen Feststellungsinteresses läßt sich regelmäßig nur für tatsächlich gefährdete, weil bestrittene, Rechtsbeziehungen bejahen[400]. Allerdings ist selbst für die prinzipale Feststellungsklage anerkannt, daß die Gefährdung der Rechtslage des Feststellungsklägers nicht notwendig ein Bestreiten voraussetzt; schon der Ablauf der Verjährungsfrist kann bei einem unbestrittenen Anspruch das Feststellungsinteresse rechtfertigen[401].

Bei der Zwischenfeststellungsklage ist jedoch nach allgemeiner Meinung ein Feststellungsinteresse nicht erforderlich, dieses wird vielmehr durch die Vorgreiflichkeit ersetzt[402]. Denn der Zweck der Inzidentklage besteht in der Rechtskrafterstreckung auf das vom Gericht im Rahmen der Hauptklage ohnehin zu prüfende vorgreifliche Rechtsverhältnis. Die *Vorgreiflichkeit* des festzustellenden Rechtsverhältnisses kann aber *auch* vorliegen, *ohne* daß die Parteien darüber im *Streit*

---

397 Vgl. *Wach*, Feststellungsanspruch, S. 57, allerdings auf die selbständige Feststellungsklage des § 231 CPO [= § 256 Abs. 1 ZPO] bezogen. In diesem Sinne für die prinzipale Feststellungsklage auch *Pagenstecher*, Rechtskraft, S. 488; *Schumann*, GS Michelakis, 553 (555 f.) Fußn. 11.

398 Instruktiv zum Rechtsfriedenszweck der Feststellungsklage und dessen Erreichen durch die materielle Rechtskraft, insbesondere durch Feststellungswirkung auch des die Feststellungsklage abweisenden Urteils, *Schumann*, GS Michelakis, 553 (571 ff.).

399 So *Trzaskalik*, Rechtsschutzzone, S. 175.

400 Vgl. *Wach*, Feststellungsanspruch, S. 54: „Die Sonnenklarheit der Rechtslage, die Unmöglichkeit, dieselbe durch Bestreiten oder Berühmen irgendwie zweifelhaft zu machen, schliesst den Angriff aus"; so ebenfalls *Schumann*, GS Michelakis, 553 (555 f.). Dies sahen auch die Schöpfer der CPO, freilich noch im materiellen Recht verwurzelt, nicht anders: „Wie der Anspruch auf Leistung, so kann auch der Anspruch auf Feststellung verletzt werden – und nur, wenn er verletzt ist, liegt Anlaß zur Erhebung einer Klage auf Feststellung vor", vgl. *Hahn*, Materialien II, (Begründung des Entwurfs zu § 223 [§ 231 CPO]), S. 257.

401 Vgl. *BGHZ* 100, 228 (232); *BGH* NJW 1999, 1867 (1870); MünchKomm ZPO/*Becker-Eberhard*[4], § 256 Rdnr. 40; *Stein/Jonas/Roth*[22], § 256 Rdnr. 47 bei Fußn. 282, Rdnr. 57 m. w. N. in Fußn. 347.

402 Dazu ausführlich unten Text bei Fußn. 891 ff.

sind. So etwa, wenn der Käufer vom vorleistungsverpflichteten Verkäufer die Übereignung der Sache einklagt und der Vertragsabschluß zwischen beiden Parteien unstrittig ist. Strittig ist lediglich die Wirksamkeit der anschließend vom Verkäufer erklärten Anfechtung[403]. Wenn das Gericht den Verkäufer zur Leistung verurteilt, weil es fälschlich von der Unwirksamkeit der Anfechtung ausgeht, ist das Kriterium der Präjudizialität hinsichtlich des Rechtsverhältnisses „Kaufvertrag" erfüllt. In seinen Entscheidungsgründen muß das Gericht notwendig darauf eingehen, daß der Kaufvertrag besteht, um der Leistungsklage des Käufers stattgeben zu können[404]. Läßt man in dieser Situation eine Zwischenfeststellungsklage über den Bestand des Kaufvertrages nicht zu, dann kann der Käufer im Folgeprozeß über die Kaufpreisklage des Verkäufers den Bestand des Kaufvertrages wieder in Frage stellen. Bewertet das Zweitgericht die Wirksamkeit der Anfechtung abweichend vom Erstgericht und geht es demzufolge von einem unwirksamen Vertrag aus, muß es die Kaufpreisklage des Verkäufers als unbegründet abweisen. Der Beklagte erhält die Sache, muß sie aber nicht bezahlen. Daß dieses Ergebnis befremdlich erscheint, ist selbstverständlich. Der mit § 256 Abs. 2 ZPO intendierte *Rechtsschutz durch Rechtskrafterstreckung* wäre für den Verkäufer *nicht mehr erreichbar*[405]. Sofern man – anders als *Zeuner* – bei diesen Ausgleichszusammenhängen mit der h. M. keine Rechtskrafterstreckung des ersten Urteils annimmt[406], sind die Parteien darauf *angewiesen*, zur Rechtskrafterstreckung auf das präjudizielle Rechtsverhältnis von der Möglichkeit der Zwischenfeststellungsklage Gebrauch machen zu können. Selbst wenn der Bestand des Rechtsverhältnisses vom Inzidentbeklagten *nicht bestritten* wird. Denn der Wunsch nach Rechtsgewißheit muß nicht notwendigerweise seinen Ursprung in der Bestrittenheit des Rechtsver-

403 Freilich ließe sich sagen, daß wegen des Streits über die Wirksamkeit der Anfechtung die Parteien auch über den Bestand des Rechtsverhältnisses „Kaufvertrag" streiten. Genaugenommen streiten sie aber lediglich über eine rechtsvernichtende Einwendung und nicht das zugrunde liegende, anspruchsbegründende Rechtsverhältnis.

404 Dazu ausführlich unten Text bei Fußn. 533 ff.

405 Zwar hätte der ursprüngliche Beklagte im ersten Prozeß möglicherweise die Einrede nach § 320 BGB erheben können, dies jedoch nur, soweit er nicht vorzuleisten verpflichtet war, vgl. *Palandt/Grüneberg*, § 320 Rdnr. 5. Im übrigen würde, wie *Foerste* darlegt, eine Zug um Zug Verurteilung in vielen Fällen die Gefahr nur verschieben, vgl. *Foerste*, ZZP 108 (1995), 167 (171). Zumal die Feststellung der Gegenforderung im Rahmen der Prüfung von § 320 nicht in Rechtskraft erwächst, vgl. *BGHZ* 117, 1 (2 f.); *Stein/Jonas/Leipold*[22], § 322 Rdnr. 86. Zur Reichweite der materiellen Rechtskraft näher unten Text bei Fußn. 1072. Auch eine anschließende Bereicherungsklage des Verkäufers wäre wegen des Einwands entgegenstehender Rechtskraft (exceptio rei iudicatae) unzulässig, da er aufgrund desselben Sachverhalts (anders mag dies bei nachträglich eingetretenen Tatsachen und neuem Lebenssachverhalt sein) das kontradiktorische Gegenteil geltend machen würde.

406 Vgl. oben Fußn. 151. Zum Wechselspiel zwischen Rechtskraft und Inzidentklage auch unten Text bei Fußn. 906 ff.

hältnisses haben. Vielmehr kann er schlicht darin begründet sein, daß der Inzidentkläger seine aus dem Rechtsverhältnis resultierenden Ansprüche auf einer rechtskräftig festgestellten Grundlage absichern möchte, um zukünftigem Streit gerade vorzubeugen. Da das Gericht dieses Rechtsverhältnis ohnehin zwingend in den Entscheidungsgründen zu prüfen hat, ist damit auch kein Mehraufwand verbunden. Ebenso wird der Inzidentbeklagte nicht in einen neuen Prozeß „gezwungen", lediglich die Feststellungen des bereits laufenden Prozesses zum präjudiziellen Rechtsverhältnis werden nutzbar gemacht.

Für die Ansicht von *Foerste* spricht eine weitere Überlegung: Das Merkmal der Bestrittenheit soll vor allem dem Schutz des Beklagten vor überflüssigen, weil nicht veranlaßten, Klagen dienen. Der Beklagte hat ein berechtigtes Interesse, keinen Prozeß zu führen[407]. Regelmäßig wird auch keine der Parteien der Hauptklage Veranlassung sehen, ein unstrittiges Rechtsverhältnis zur Feststellung über § 256 Abs. 2 ZPO zu bringen. Soweit der Gegner den Bestand des Rechtsverhältnisses nicht bestreitet, der Inzidentkläger aber das vorgreifliche Rechtsverhältnis – etwa um eine Rechtskrafterstreckung zur Sicherung weiterer Ansprüche herbeizuführen – zur Feststellung bringen will, ist der Inzidentbeklagte durch das *Regulativ des § 93 ZPO* ausreichend geschützt. Da er den Bestand nie bestritten hat, wird er sofort anerkennen und damit die *Kostentragung für die Inzidentfeststellung* dem Zwischenfeststellungskläger aufbürden[408]. Aufgrund des Kostentragungspflicht des § 93 ZPO wird sich jede Partei ohnehin genau überlegen, ob sie ein unstreitiges Rechtsverhältnis feststellen lassen will. Wenn sie sich dennoch dafür entscheidet, spricht dies entschieden für das Vorhandensein einer rechtlichen Ungewißheit dieser Partei. Letztlich wird die Auffassung *Foerstes* der gesetzgeberischen Intention und der ratio des § 256 Abs. 2 ZPO, *nach dem Willen der Parteien* die Feststellung eines ohnehin in den Gründen zu verbescheidenden Rechtsverhältnisses zu ermöglichen und damit die *Rechtskraft hierauf zu erstrecken*, eher gerecht.

Daher sollte man auch die Feststellung unstreitiger Rechtsverhältnisse zulassen. Als Regulativ zum Schutz des Inzidentbeklagten ist § 93 ZPO ausreichend. Um der ratio des § 256 Abs. 2 ZPO gerecht zu werden, ist folglich der Wortlaut in Bezug auf das Merkmal der Bestrittenheit zu reduzieren[409].

---

407 Vgl. *Jacobs*, Feststellungsverfahren, S. 418 f., 448; *Musielak/Foerste*, § 256 Rdnr. 10; *Stein/Jonas/Roth*[22], § 256 Rdnr. 7, 45.

408 Hierauf sollt der Anwalt des Inzidentbeklagten zur Vermeidung eigener Haftung unbedingt achten.

409 Methodologisch betrachtet handelt es sich um eine teleologische Extension.

2. *Zeitpunkt der Streitigkeit*

a) Aufkommen der Streitigkeit

Sofern man sich der Ansicht von *Foerste* nicht anschließen will, stellt sich die Frage nach dem Zeitpunkt des Aufkommens der Streitigkeit. Obwohl der Wortlaut („im Laufe des Prozesses streitig *geworden*“) nahe legt, daß das festzustellende Rechtsverhältnis erst nach Einleitung des Rechtsstreits (Hauptklage) streitig geworden sein darf, schließt dies nach *herrschender Meinung*[410] nicht aus, daß *schon vor Klageerhebung* darüber Streit zwischen den Parteien bestanden hat. In diesem Fall könne die Feststellung bereits in der Klage beantragt werden. Durch die Gesetzesformulierung sollte lediglich sichergestellt werden, daß der Streit der Parteien in dem Prozeß durch die wechselseitigen Erklärungen zum Ausdruck komme. Dann sei das erstmalige Aufkommen des Streits ohne Bedeutung[411].

Anderer Auffassung war noch *Klöppel*[412]. Er vertrat, daß streng nach dem Wortlaut der Streit erst im Laufe des Prozesses entstanden sein müsse[413]. In diesem Sinne ist auch *Reinke*[414] zu verstehen, der davon ausging, daß der Unterschied zwischen der prinzipalen und der unselbständigen Feststellungsklage darin bestünde, daß erstere nur zur Einleitung des Rechtsstreits stattfinde, wohingegen letztere für im Laufe eines Prozesses streitig gewordene, präjudizielle Rechtsverhältnisse Anwendung fände.

Diese einschränkenden Sichtweisen konnten sich zu Recht nicht durchsetzen. Es ist nicht einzusehen, weshalb den Parteien eine rechtskräftige Entscheidung

---

410 Vgl. *RGZ* 41, 372; 73, 272 (273 f.); 113, 410; 126, 234 (237); 150, 189; *RG* JW 1908, S. 202 Nr. 20; *BGH* NJW-RR 1990, 318 (319 f.); *BGH* WM 1992, 2142 (2143); *BayObLG* WuM 1995, 552 (554); *OLG Hamm* NJW-RR 1998, 424; *Baumbach/Lauterbach/Albers/Hartmann*, § 256 Rdnr. 113; MünchKomm ZPO/*Becker-Eberhard*[4], § 256 Rdnr. 78; *Enders*, ZAP 1996, 455 (459 f.); *Musielak/Foerste*, § 256 Rdnr. 41; *Rosenberg/Schwab/Gottwald*[17], § 96 Rdnr. 43; *Schneider*, MDR 1973, 270; *Stein/Jonas/Roth*[22], § 256 Rdnr. 102; *Thomas/Putzo/Reichold*, § 256 Rdnr. 30; *v. Braun*, Inzidentfeststellungsklage, S. 61 f.; *Wieczorek/Schütze/Assmann*[3], § 256 Rdnr. 352. So bereits *OLG Braunschweig* ZZP 7 (1885), S. 102; *Oertmann*, ZZP 22 (1896), 11 (23 f.); *Petersen/Anger*, § 280 Anm. 2 bei Fußn. 8 (es genügt, daß sich im Laufe des Prozesses die Veranlassung ergab, den Streit zur Entscheidung zu bringen); *Sydow/Busch/Krantz/Triebel*, § 280 Anm. 4 (mit der Einschränkung, daß der Streit der Parteien über das Rechtsverhältnis durch die im Prozeß abgegebenen Erklärungen zutage getreten sein muß); *Wilmowski/Levy*[3], § 253 Anm. 1 b.

411 Vgl. *Enders*, ZAP 1996, 455 (459).

412 Vgl. *Klöppel*, Rechtskraft, S. 110.

413 Dies hängt mit *Klöppels* Auffassung zusammen, durch die CPO sei an der sachlichen Frage nach dem Umfang der Rechtskraft nichts geändert worden, es sei insbesondere durch § 253 CPO lediglich der äußerste Umfang der Rechtskraft bestimmt. Im Übrigen hängt er der gemeinrechtlichen Lehre von der Rechtskraft an, vgl. *Klöppel*, Rechtskraft, S. 39 ff., S. 44 ff.

414 Vgl. *Reinke*, § 253 Anm. 2.

versagt bleiben soll, weil der Streit über das Rechtsverhältnis bereits vor Prozeßbeginn bestanden hat. Anderenfalls entscheidet der Zufall über die Zulässigkeit der Inzidentklage. Je nachdem, wann das Rechtsverhältnis zwischen den Parteien das erste Mal streitig war, wäre die Klage zulässig oder nicht. Wie *Enders*[415] zutreffend bemerkt, würde eine andere Sichtweise den Feststellungskläger zur außerprozessualen Zurückhaltung seiner Auffassung veranlassen oder die Gerichte zur Beweisaufnahme über das erstmalige Aufkommen des Streites über das Rechtsverhältnis zwingen. Beides wäre nicht prozeßökonomisch und würde den Anwendungsbereich des § 256 Abs. 2 ZPO unangemessen einschränken sowie das Zusammenspiel zwischen den beiden Absätzen des § 256 ZPO verletzen. Auch ist die selbständige Feststellungsklage nicht, wie *Reinke* noch meinte, lediglich zur Einleitung des Rechtsstreits statthaft.

b) Wegfall der Bestrittenheit

Daran anschließend stellt sich die Frage[416], ob die Bestrittenheit bis zum Schluß der mündlichen Verhandlung über die Inzidentklage fortdauern muß, oder ob es ausreicht, daß sie bei Antragstellung vorgelegen hat.

Für die verwaltungsgerichtliche Zwischenfeststellungsklage vertritt *Bergmann*[417], daß es genüge, wenn zur Zeit der Erhebung der Inzidentklage zwischen den Beteiligten des Hauptverfahrens das Rechtsverhältnis streitig gewesen sei. Auch *Schumann*[418] und *Roth*[419] sind der Auffassung, daß – unabhängig von der Begründetheit – ein späteres Geständnis oder Anerkenntnis in der Hauptsache nicht zur Unzulässigkeit der Zwischenfeststellungsklage führe, wenn über das Rechtsverhältnis *zur Zeit des Antrags* auf Feststellung Streit bestanden habe.

Sofern man an der Voraussetzung der Bestrittenheit festhält ist die Ansicht von *Schumann* und *Roth* vorzugswürdig. Unabhängig von der Frage, durch welches Verhalten des Beklagten die Bestrittenheit im Laufe des Prozesses entfallen kann[420], führt dies jedenfalls nicht zur Unzulässigkeit der Inzidentklage.

---

415 Vgl. *Enders*, ZAP 1996, 455 (460).

416 Wenn man nicht wie *Foerste* die Zulassung unbestrittener Rechtsverhältnisse zur Erreichung des Normzwecks befürwortet.

417 Vgl. *Bergmann*, DÖV 1959, 570 (574 sub c).

418 Vgl. *Stein/Jonas/Schumann*[21], § 256 Rdnr. 140.

419 Vgl. *Stein/Jonas/Roth*[22], § 256 Rdnr. 105.

420 In der Rechtsprechung wurde dies für die prinzipale Feststellungsklage angenommen, wenn der Beklagte ein konstitutives Anerkenntnis abgab, welches ein rechtskräftiges Feststellungsurteil ersetzen sollte, da für derartige Fälle die 30-jährige Verjährung des § 197 Nr. 4 BGB (§ 218 Abs. 1 Satz 2 BGB a. F.) Anwendung fand, vgl. *BGHZ* 10, 333 (335); *BGH* NJW 1985, 791; 2001, 3414; *BGH* VersR 1974, 601 (602); 2001, 876 (877); *OLG Karlsruhe* MDR 2000, 1014. Allein das nicht-mehr-Bestreiten bzw. ein Geständnis durch den Beklagten oder dessen Erklä-

Hierfür spricht zum einen der Wortlaut des Gesetzes, der lediglich erfordert, daß das Rechtsverhältnis streitig *geworden* ist, nicht aber, daß es streitig *bleibt.* Zum anderen läßt sich eine abweichende Auffassung nur schwer mit dem Normzweck des § 256 Abs. 2 ZPO vereinbaren. Dieser besteht in der Erstreckung der Rechtskraft auf das vorgreifliche, weil ohnehin zu prüfende, Rechtsverhältnis, weil eine der Parteien hierauf anträgt. Würde man fordern, daß die Bestrittenheit bis zum Urteilserlaß fortzudauern habe, würde man die Bedeutung des Vorliegens der Präjudizialität zu gering schätzen. Die Besonderheit der Zwischenfeststellungsklage liegt darin, daß unabhängig von einer Aufgabe des Bestreitens sich die Parteien weiterhin in einem Rechtsstreit befinden, dessen Entscheidungsgründe der Feststellungskläger für sich nutzbar machen will, weil das Rechtsverhältnis notwendigerweise im Rahmen der Hauptentscheidung zu prüfen ist.

Anders als die Voraussetzung der Präjudizialität[421] muß die Bestrittenheit – so man daran als Voraussetzung festhält – lediglich zum Zeitpunkt der Antragstellung vorliegen.

III. Abhängigkeit

Nach dem Gesetzeswortlaut kann nicht jedes beliebige streitig gewordene Rechtsverhältnis zur Feststellung gebracht werden, sondern lediglich ein solches, *„von dessen Bestehen oder Nichtbestehen die Entscheidung des Rechtsstreits ganz oder zum Teil abhängt."*

A. Abhängigkeit, Präjudizialität und Vorgreiflichkeit

So klar und verständlich der Wortlaut des § 256 Abs. 2 ZPO auf den ersten Blick wirkt, so schwierig gestaltet es sich, das Abhängigkeitsverhältnis exakt zu bestimmen und seine Grenzen festzulegen[422].

---

rung, künftig nicht mehr bestreiten zu wollen, beseitigt nicht die Bestrittenheit des Rechtsverhältnisses im Sinne des Feststellungsinteresses, vgl. *Stein/Jonas/Roth*[22], § 256 Rdnr. 98. Auf die Frage, ob dies auch vor Erlaß eines Anerkenntnisurteils zu prüfen ist, soll hier nicht näher eingegangen werden. Nach einer Auffassung soll dies nicht der Fall sein, da es sich beim Feststellungsinteresse lediglich um eine bedingte Sachurteilsvoraussetzung handele, vgl. *Stein/Jonas/Leipold*[22], § 307 Rdnr. 47 ff. und Fußn. 64; *Stein/Jonas/Roth*[22], vor § 253 Rdnr. 162; *Stein/Jonas/Schumann*[20], Einleitung vor § 1 Rdnr. 333 f.; *Schumann*, GS Michelakis, 553 (563 ff.).

421 Dazu sogleich.

422 Nicht näher eingegangen wird im Rahmen dieser Arbeit auf die Implikationen des vom *EuGH* herausgearbeiteten, präjudizielle Rechtsverhältnisse einbeziehenden, Streitgegenstandsbegriff („Kernpunktlehre") bei grenzüberschreitenden Sachverhalten, wie etwa im Rahmen der Rechtshängigkeit oder der Rechtskrafterstreckung bei Sinnzusammenhängen. Ausführlich dazu *Althammer*, Streitgegenstand, S. 115 ff., 617 ff.

1. Untersuchung des Abhängigkeitsverhältnisses

In *Rechtsprechung*[423] und *Literatur*[424] wird dieses Tatbestandsmerkmal durchweg mit *Präjudizialität* sowie *Vorgreiflichkeit* gleichgesetzt[425], das nach § 256 Abs. 2 ZPO feststellungsfähige Rechtsverhältnis wird als *präjudizielles Rechtsverhältnis* bezeichnet. Der Entwurf selbst bezeichnet diese Klage als *Präjudizial-*Inzidentklage.

Eine einheitliche Definition von Präjudizialität oder präjudiziellem Rechtsverhältnis existiert nicht[426]. Teilweise versteht man unter einem solchen Rechtsverhältnis, daß es ein notwendiges Glied für den Subsumtionsschluß des Gerichts im Zweitprozeß bilde[427] bzw. von notwendiger und entscheidender Bedeutung für den Subsumtionsschluß des Gerichts im Zweitprozeß sei[428]. Für den *Bundesgerichtshof* liegt Präjudizialität vor, wenn die im Erstprozeß festgestellte Rechtsfolge für das den Gegenstand des Zweitprozesses bildende Begehren ein „bedingendes Rechtsverhältnis" („Voraussetzung") sei[429]. Ferner findet sich das Verständnis, daß das Bestehen oder Nichtbestehen der im Vorprozeß zu- oder aberkannten Rechtsfolge zum Tatbestand einer im zweiten Prozeß anzuwendenden Rechtsnorm gehöre[430].

---

423 Vgl. *RGZ* 9, 339 (343); 50, 399 (403); 73, 274; *RG* JW 1893, 306 Nr. 5; 1925, 2350; *BGHZ* 69, 37 (41); 124, 321 (322); 125, 251 (255); 169, 151 (156); *BGH* MDR 1968, 313 f.; *BGH* NJW 1961, 75; 2004, 3330 f. (sub II 4); *BGH* NJW-RR 1994, 1272 (1273); *BAG* NJW 2003, 991 (sub II 2a); *BAG* NZA 1997, 50 (51); *BayObLG* NZM 1999, 33 (34); *OLG Bremen* MDR 1986, 765; *OLG Köln* MDR 1981, 678.

424 Vgl. *Baumbach/Lauterbach/Albers/Hartmann*, § 256 Rdnr. 114; *v. Braun*, Inzidentfeststellungsklage, S. 54; MünchKomm ZPO/*Becker-Eberhard*[3], § 256 Rdnr. 75, 80; *Enders*, ZAP 1996, 455 (458); *Musielak/Foerste*, § 256 Rdnr. 41; *Goldschmidt*, Zivilprozeßrecht, § 14 2b, S. 58; *Rosenberg/Schwab/Gottwald*[17], § 96 Rdnr. 35, 41 f.; *Hager*, KTS 54 (1993), 39 (40 f.); *Jauernig/Hess*, § 35 Rdnr. 24; *Stein/Jonas/Roth*[22], § 256 Rdnr. 9, 102; *Schumann*, FS Georgiades, 543 (557); *Thomas/Putzo/Reichold*, § 256 Rdnr. 32 ff.; *Wieczorek/Schütze/Assmann*[3], § 256 Rdnr. 353; *Zöller/Greger*, § 256 Rdnr. 25. So schon *Gaupp*, § 253 Anm. II 2; *Reincke*, § 253 Anm. 2; *Struckmann/Koch*, § 253 Anm. 1; *Wilmowski/Levy*[3], § 253 Anm. 1a; *Seuffert/Walsmann*, § 280 Anm. 5a.

425 Soweit ersichtlich weicht lediglich *Blomeyer* von diesem synonymen Sprachgebrauch ab und verwendet den Begriff „Vorgreiflichkeit" statt dessen im Zusammenhang mit dem (angeblichen, dazu näher unten Text bei Fußn. 896) Erfordernis, daß die Zwischenfeststellung über den Prozeß hinaus Bedeutung haben müsse, vgl. *Blomeyer*, Erkenntnisverfahren[2], § 37 IV, S. 218.

426 Vgl. *Jox*, Bindung, S. 58.

427 Vgl. *K. H. Schwab*, ZZP 77 (1964), 124 (145).

428 Vgl. *Jox*, Bindung, S. 59.

429 Vgl. *BGHZ* 42, 341 (351 f.). So bereits *RGZ* 9, 337 (343); *Nikisch*, Zivilprozeßrecht, S. 170; *Gaupp/Stein/Jonas*, § 280 Anm. I; *Sydow/Busch/Krantz/Triebel*, § 280 Anm. 1.

430 Vgl. *Zeuner*, Sinnzusammenhänge, S. 13 f.

Andere stellen das materielle Recht in den Vordergrund[431]. Präjudizialität sei der prozessuale Ausdruck für die Beziehung zweier Rechtsverhältnisse nach *materiellem* Recht. Der Bestand des einen bilde die Voraussetzung für den Bestand des zweiten; die zweite Rechtslage sei von der präjudiziellen materiell abhängig[432]. In Anbetracht der Möglichkeit, auch prozessuale Rechtsverhältnisse zur Feststellung zu bringen[433], ist eine Reduzierung des Abhängigkeitsverhältnisses auf materielle Rechtsverhältnisse jedoch nicht angezeigt.

Jedes richterliche Urteil besteht aus einer Kette logisch-wertender Denkvorgänge[434]. Um eine Entscheidung über eine Rechtsfolge treffen zu können, ist es notwendig, Vorfragen zu stellen und zu beantworten[435]. Der Herausgabeanspruch nach § 985 BGB etwa ist nur gerechtfertigt, wenn der Kläger Eigentümer ist, der Anspruch auf Kaufpreiszahlung nach § 433 Abs. 2 BGB nur, wenn ein Kaufvertrag besteht, der Erbschaftsanspruch nach § 2018 BGB nur, wenn der Anspruchsteller Erbe ist. Unerheblich für den Erfolg einer Herausgabeklage nach § 985 BGB ist dagegen, ob der Kläger sein Eigentum aufgrund Universalsukzession oder aufgrund Veräußerung erlangt hat, wenngleich diese Frage im Rahmen der Eigentumsfeststellung und des Tatsachenvortrags auftaucht.

Je nachdem, in welchem Stadium, welcher Rechtslage, sich der Prozeß befindet, können noch weitere Vorfragen hinzukommen. Der Zinsanspruch ist begründet, wenn die Kapitalforderung besteht und ein Zinsversprechen oder eine gesetzliche Zinspflicht begründet und fällig ist, die verlangten Zinsen noch nicht ausbezahlt sind und die Einrede der Verjährung nicht begründet oder Aufrechnung erklärt ist. Legt man die Klageschrift zugrunde, stellt sich der Kreis der notwendig (damit das Gericht die vom Kläger begehrte Rechtsfolge zusprechen kann) zu beantwortenden Vorfragen anders dar, als wenn man von der Prozeßlage nach Klageerwiderung, Replik oder Duplik ausgeht. Somit läßt sich feststellen, daß die Begründetheit der Hauptsacheklage eine mehr oder minder lange Reihe von Punkten positiven Inhalts (z. B. Eigentum des Klägers) und negativen Inhalts (Nichtvorhandensein rechtshindernder und –vernichtender Einwendungen, z. B. kein Recht des Beklagten zum Besitz i. S. v. § 986 BGB) unbedingt voraussetzt, mithin von ihnen abhängt. Da eine Entscheidung über das Eigentum für die sachliche

---

431 So bereits *Reincke*, § 253 Anm. 2 („Inwieweit dies der Fall ist, bestimmt sich nach materiellem Recht").

432 Vgl. *Blomeyer*, ZZP 75 (1962), 1 (9).

433 Dazu bereits oben Text bei Fußn. 376.

434 Wobei „Logik" nicht als exakt formallogische Operation, sondern als „Denkrichtigkeit im weiteren Sinne" zu verstehen ist, vgl. *Mittenzwei*, Aussetzung, S. 23. *Enders* spricht daher davon, daß die Vorgreiflichkeit ein gedanklich-logisches Verhältnis zwischen dem Hauptantrag und dem Inzidentantrag betreffe, vgl. *Enders*, ZAP 1996, 455 (458).

435 Vgl. *Mittenzwei*, Aussetzung, S. 31.

Begründetheit des Herausgabeanspruchs nach § 985 BGB (so er in einem zweiten Prozeß gelten gemacht wird) bedingend ist, handelt es sich diesbezüglich um eine präjudizielle Frage. Genauer – da es sich nicht nur um eine Tatsache, sondern ein Rechtsverhältnis handelt – um ein im Sinne der dargestellten Definitionen präjudizielles und damit[436] vorgreifliches Rechtsverhältnis.

In einer solchen Kette ist der Zusammenhang zwischen den einzelnen Vorfragen und der Hauptsache aber nicht nur *logisch-wertender* Natur, sondern kann ebenso *prozessualer* Natur sein, weil neben jene die Hauptsache selbst betreffende Vorfragen noch andere, sich aus den verfahrensregelnden Prozeßgesetzen ergebende, hinzutreten[437].

Dazu folgende Fallgestaltung:

Beispiel: Zwischen A und B ist vertraglich eine Vielzahl gegenseitiger Forderungen geregelt. Daneben haben sie hinsichtlich jeweils fünf bestimmter gegenseitiger Forderungen vertraglich ein *pactum de non petendo*[438] geregelt, mithin die Klagbarkeit ausgeschlossen. Nachdem A das pactum de non petendo angefochten hat, klagt er die drei fälligen Forderungen ein. B, der der Meinung ist, daß A kein Anfechtungsrecht hatte, aber befürchtet, daß A auch noch die restlichen zwei Forderungen gelten machen wird, beantragt im Wege der Inzidentwiderklage festzustellen, daß der Vertrag über den Klagbarkeitsausschluß Bestand hat.

Nach herrschender Meinung[439] handelt es sich bei der *Klagbarkeit* als Rechtsschutzvoraussetzung um eine Prozeßvoraussetzung, deren Nichtvorliegen zur *Unzulässigkeit* der Klage führt. Um der Zahlungsklage des A stattgeben zu können, ist es folglich notwendig, daß der Richter zuvor den Bestand der Vereinbarung über den Klagbarkeitsausschluß negiert. Kommt er zu dem Ergebnis, die Anfechtung greife nicht durch und die Vereinbarung sei wirksam und bestehe, müßte er die Klage durch Prozeßurteil als unzulässig abweisen. Die Entscheidung über die Hauptklage hängt damit von der Beantwortung einer Vorfrage ab, die eine *Prozeßvoraussetzung* betrifft, ist also prozessualer Natur.

Freilich sind die Prozeßvoraussetzungen von Amts wegen zu prüfen, dies hindert jedoch nicht eine klageweise Feststellung; dem Prozeßrecht sind Feststel-

---

436 Vgl. *Creifelds*, Rechtswörterbuch, Stichwort „Präjudizielles Rechtsverhältnis" (Verweis auf „Vorgreifliches Rechtsverhältnis").

437 Vgl. *Mittenzwei*, Aussetzung, S. 24.

438 Dazu *Stein/Jonas/Roth*[22], vor § 253 Rdnr. 129.

439 Vgl. *RGZ* 160, 204 (208 f.); *BGHZ* 25, 73; *BGH* NJW 1980, 520; 1984, 669 (670); *BGH* WM 1964, 1253; *BAG* AP § 322 ZPO Nr. 1; *OLG München* JZ 1991, 370; *Jauernig/Hess*, § 33 Rdnr. 12 a. E.; *Musielak*, Grundkurs, Rdnr. 123; *Rosenberg/Schwab/Gottwald*[17], § 89 Rdnr. 21; *Stein/Jonas/Schumann*[21], vor § 253 Rdnr. 87; *Thomas/Putzo/Reichold*, vor §253 Rdnr. 33; *Zöller/Greger*, vor § 253 Rdnr. 19 (bei Ausschluß der gerichtlichen Geltendmachung). Nach a. A. führt das Nichtvorliegen zur Abweisung als „unbegründet", vgl. *Blomeyer*, Erkenntnisverfahren[2], § 35 II, S. 201; *Stein/Jonas/Roth*[22], vor § 253 Rdnr. 126 m. w. N.

lungsklagen über Prozeßvoraussetzungen nicht gänzlich fremd, wie das Feststellungsverfahren über die (Un-) Zulässigkeit eines Schiedsverfahrens (§ 1032 Abs. 2 ZPO) zeigt.

Bei Streit über das Vorliegen von Prozeßvoraussetzungen wäre auch ein Zwischenurteil nach § 280 ZPO möglich, allerdings erwächst hierbei die Entscheidung über den Bestand der Vereinbarung nicht in materielle Rechtskraft, es tritt lediglich für das weitere Verfahren nach § 318 ZPO die Bindungswirkung ein[440]. Dem B kommt es aber gerade auf die materielle Rechtskrafterstreckung an, er muß sogar befürchten von A noch wegen der zwei restlichen Forderungen in Anspruch genommen zu werden. Auf dieser erst später fällig werdenden Forderungen erstreckt sich auch die Rechtskraft des Prozeßurteils (bzgl. des konkreten prozessualen Mangels[441]) nicht. Somit wäre das für eine prinzipale Feststellungsklage erforderliche Feststellungsinteresse gegeben, weshalb kein Grund ersichtlich ist, dem B den Weg über die Inzidentwiderklage zu versperren. Die Entscheidung über das Rechtsverhältnis „Vereinbarung des Klagbarkeitsausschlusses" ist notwendiges Glied für den Subsumtionsschluß des Gerichts in der Hauptsache.

Die erforderliche Abhängigkeit (Präjudizialität, Vorgreiflichkeit) ist folglich gegeben, wenn das betreffende Rechtsverhältnis eine Vorfrage für die Entscheidung über den Klagegrund, vor allem für die Sachbefugnis, für die Entscheidung über eine Einwendung oder erhobene Einrede oder eine Prozeßvoraussetzung darstellt[442].

Insofern verwendet *Schumann*[443] zu Recht den Begriff „*Entscheidungserheblichkeit*" synonym zu Abhängigkeit und Präjudizialität. Denn entscheidungserheblich kann nicht nur das materielle Recht sein.

2. *Identität von bedingendem und bedingtem Rechtsverhältnis*

Unbestritten sind aus dem Kreis der feststellbaren Rechtsverhältnisse von vornherein streitgegenstandsidentische Rechtsverhältnisse auszuschließen.

a) Anderweitige Rechtshängigkeit

Natürlich läßt sich sagen, daß die Abhängigkeit der Hauptsacheentscheidung von dem Rechtsverhältnis eine Identität des festzustellenden Rechtsverhältnisses mit

---

440 Vgl. *Stein/Jonas/Roth*[22], § 280 Rdnr. 19. Auf die enge Ausnahme materieller Rechtskraftfähigkeit bei Zwischenurteilen im Verhältnis zu Dritten kommt es hier nicht an.

441 Vgl. *Stein/Jonas/Leipold*[22], § 322 Rdnr. 126.

442 Ähnlich *Stein/Jonas/Roth*[22], § 148 Rdnr. 22 für die zu § 256 Abs. 2 wortgleiche Formulierung in § 148 ZPO. Freilich mit dem Unterschied, daß nach herrschender Meinung dort (Aussetzung) anders als für die Inzidentklage eine Rechtskrafterstreckung nicht erforderlich ist.

443 Vgl. *Schumann*, FS Georgiades, 543 (557).

dem Gegenstand der Hauptklage ausschließe[444] oder der Wortlaut („Erweiterung des Klageantrags", „Erhebung der Widerklage") bereits Streitgegenstandsverschiedenheit erfordere. Die Unzulässigkeit einer Zwischenfeststellungsklage, mit der *dasselbe Rechtsverhältnis*, das schon Gegenstand des Hauptprozesses ist – der ja auch eine Feststellung zum Gegenstand haben kann –, folgt indessen schon aus der negativen Sachurteilsvoraussetzung[445] der *anderweitiger Rechtshängigkeit*[446]. Denn § 261 Abs. 3 Nr. 1 ZPO verbietet, während der Dauer der Rechtshängigkeit, denselben Streitgegenstand nochmals anhängig zu machen. Entsprechend der Rechtskraftwirkung erfaßt der Rechtshängigkeitseinwand nicht nur den wortgleichen zweiten Antrag, sondern ebenso den Fall, daß der Beklagte den Streit in seiner Umkehrung anhängig macht. Denn mit jedem Urteil wird zugleich das Nichtvorliegen des kontradiktorischen Gegenteils festgestellt[447].

Beispielsweise kann bei einer Hauptklage auf Bestehen des Mietverhältnisses der Beklagte nicht eine kontradiktorische negative Inzidentfeststellungswiderklage auf Nichtbestehen des Mietverhältnisses erheben und umgekehrt. In beiden Fällen wird *bei Abweisung* der prinzipalen (Haupt) Feststellungsklage genau diejenige Feststellung getroffen, auf die der Inzidentantrag zielt. Die mit dem Inzidentantrag beabsichtigte Feststellung ist bereits im Klageabweisungsantrag enthalten[448]. *Bei Erfolg* der Hauptklage wird andererseits das Gegenteil dessen entschieden, was der Inzidentantrag erstrebt[449]. Völlig verfehlt ist daher die Behauptung *Schneiders*[450], daß der Beklagte, wenn der Kläger Zwischenfeststellungsklage zur Klärung eines vorgreiflichen Rechtsverhältnisses erhebe, dadurch nicht gehindert sei, wegen desselben streitigen Rechtsverhältnisses seinerseits Zwischenfeststellungswiderklage mit entgegengesetztem Antrag zu erheben.

Sofern man der Auffassung ist, daß bei einem Urteil auf eine Vindikationsklage nach § 985 BGB[451] oder über die Grundbuchberichtigungsklage nach § 894 BGB[452] auch das Bestehen oder Nichtbestehen des Eigentums rechtskräftig

---

444 Vgl. *RG* JW 1887, 38; 1933, 1259; *RAG* 1, 42 (47); *BGHZ* 69, 37 (49); *Gaupp*, § 253 Anm. II 2; *Gaupp/Stein/Jonas*, § 280 Anm. II 2; *Wieczorek/Schütze/Assmann*[3], § 256 Rdnr. 353 a. E.

445 Vgl. *Rosenberg/Schwab/Gottwald*[17], § 98 Rdnr. 18; *Stein/Jonas/Roth*[22], § 261 Rdnr. 22.

446 Vgl. *Schumann*, FS Georgiades, 543 (552). So bereits *Oertmann*, ZZP 22 (1896), 11 (22), (24). Eingehend zum Rechtshängigkeitseinwand *Rosenberg/Schwab/Gottwald*[17], § 98 Rdnr. 18 ff.; *Stein/Jonas/Roth*[22], § 261 Rdnr. 20 ff.

447 Vgl. *Stein/Jonas/Leipold*[22], § 322 Rdnr. 186; *Stein/Jonas/Roth*[22], § 256 Rdnr. 121 m. w. N. aus Rspr. und Lit. in Fußn. 624.

448 Vgl. *Stein/Jonas/Roth*[22], § 256 Rdnr. 62.

449 Vgl. *Schumann*, FS Georgiades, 543 (553).

450 Vgl. *Schneider*, MDR 1973, 270 (271).

451 Die h. M. verneint eine Rechtskrafterstreckung, vgl. bereits oben Fußn. 151 und *Stein/Jonas/Leipold*[22], § 322 Rdnr. 82 m. w. N. in Fußn. 85.

452 Für eine rechtkräftige Entscheidung über das Eigentum: *RGZ* 158, 40 (43); *RG* JW 1936, 3047; *BGH* LM § 322 ZPO Nr. 79; *BGH* WM 1978, 194 (195); *OLG Naumburg* OLGR 1998, 387;

festgestellt werde, darf man demzufolge eine Inzidentklage mit dem Antrag, das Bestehen oder Nichtbestehen des Eigentums festzustellen, nicht zu lassen[453].

b) Ausnahme bei Verjährungshemmung

Eine rein prozessuale Betrachtung der Streitgegenstandsidentität kann Ausnahmen von dem dargestellten Ergebnis nicht zulassen. Doch führt dies zu untragbaren Ergebnissen, wenn der Inzidentkläger *aus materiell-rechtlichen Gründen* auf diesen Angriff trotz Streitgegenstandsidentität angewiesen ist[454].

Beispiel: A und B streiten seit annähernd drei Jahren außergerichtlich über die Ersatzpflicht des A für mögliche Spätschäden des B aufgrund eines von A verursachten Unfalls. A erhebt deshalb negative Feststellungsklage mit dem Antrag festzustellen, daß dem B aus dem Unfall keine weiteren Ansprüche zustünden und daneben Klage auf Unterlassung der öffentlich wiederholt geäußerten Behauptung, B habe berechtigte Forderungen gegen A, die dieser nicht begleiche. B erhebt Inzidentwiderklage mit dem Antrag festzustellen, daß A verpflichtet sei, sämtliche aus dem Unfall resultierende Schäden zu ersetzen[455].

Für *Ekkehard Schumann*[456] stellt das Zusammentreffen einer Klage auf Feststellung, der Beklagte habe keine Forderungen gegen den Kläger, mit der Zwischenfeststellungswiderklage, daß dem Beklagten Ansprüche gegen den Kläger zustünden, einen „klassischen Ausnahmefall“ dar. Eine solche Zwischenfeststellungswiderklage müsse man *trotz der Identität der Streitgegenstände zulassen*,

---

OLG Jena FGPrax 2001, 56; MünchKomm ZPO/*Gottwald*[4], § 322 Rdnr. 50 f.; *Staudinger/Gursky*, § 894 Rdnr. 166; *Stein/Jonas/Leipold*[22], § 322 Rdnr. 83, 209 m. w. N. in Fußn. 331 (auch zur Gegenansicht). Die Grundbuchberichtigungsklage ist danach lediglich die technische Form, in der der Streit um die Existenz oder Nichtexistenz eines bestimmten dinglichen Rechts ausgetragen wird, weshalb ein Urteil über den Grundbuchberichtigungsanspruch rechtskräftig auch über das Bestehen oder Nichtbestehen des geltend gemachten dinglichen Rechts entscheidet. Nach a. A. stellt die dingliche Rechtslage für die Entscheidung über den Grundbuchberichtigungsanspruch nur eine (präjudizielle) Vorfrage dar, die nicht an der Rechtskraft teilnimmt. Ebenso wie das Ziel einer Vindikationsklage die Herausgabe des Besitzes und nicht die Feststellung der präjudiziellen Vorfrage des Eigentums sei, habe die Grundbuchberichtigungsklage nicht die Feststellung eines dinglichen Rechts an einem Grundstück zum Gegenstand, sondern wolle dem Berechtigten nur die (dem Besitz bei beweglichen Sachen entsprechende und in erster Linie als Rechtsscheinträger und Publizitätsmerkmal des Veräußerungstatbestandes dienende) Buchposition wieder verschaffen, vgl. *BGH* MDR 2002, 393 (394); 2008, 815 f (Rdnr. 19); *BGH* WM 2000, 320 (321) m. w. N.; *Musielak/Musielak*, § 322 Rdnr. 24; *Nikisch*, Zivilprozeßrecht, § 106 II 1b; *Thomas/Putzo/Reichold*, § 322 Rdnr. 10; *Zöller/Vollkommer*, vor § 322 Rdnr. 36.

453 Vgl. *Schumann*, FS Georgiades, 543 (552).

454 Vgl. *Schumann*, FS Georgiades, 543 (553).

455 Für die Behandlung des Falles soll nicht näher auf die Voraussetzungen der Unterlassungsklage wegen Berühmung von Geldforderungen eingegangen werden, dazu *Pawlowski*, BB 1965, 849 ff. und *Jacobs*, Feststellungsverfahren, S. 471 ff.

456 Vgl. *Schumann*, FS Georgiades, 543 (553 f.).

wenn zwei Voraussetzungen vorlägen: Der Forderung des Beklagten müsse die *Verjährung drohen*, und dem Beklagten eine *Bezifferung* seiner Forderung derzeit (noch) *nicht möglich* sein. Dieser Ausnahme ist zuzustimmen.

aa) Keine Verjährungshemmung durch negative Feststellungsklage des Schuldners

Hintergrund der ersten Voraussetzung ist, daß nach § 204 Abs. 1 Nr. 1 BGB die Verjährung gehemmt wird durch „die Erhebung der Klage auf Leistung oder auf Feststellung des Anspruchs", wozu nach herrschender Meinung aber nicht die *negative* Feststellungsklage (des angeblichen Schuldners) auf Nichtbestehen des Anspruchs zählt, da § 204 Abs. 1 Nr. 1 BGB nur die Klage des Berechtigten erfasse[457]. Man könnte meinen, daß die Verjährung dann gehemmt wird, wenn sich der Beklagte (vermeintliche Gläubiger) gegen die negative Feststellungsklage mit dem Vorbringen verteidigt, er habe sehr wohl Ansprüche gegen den Kläger. Aber die *bloße Verteidigung* ohne Widerklage *hemmt die Verjährung nicht*[458]. Um die Verjährung zu verhindern, muß es daher zu einer eigenständigen Klageerhebung des (angeblich) Berechtigten kommen[459]. Ein solcher Gegenangriff darf deshalb nicht aus „rein prozessualen" Erwägungen der Streitgegenstandsidentität verhindert werden[460].

---

457 Vgl. *RGZ* 75, 302 (305); 90, 290 (292); *BGH* NJW 1999, 3707; 2010, 2270 (Rdnr. 38); *Palandt/Ellenberger*, § 204 Rdnr. 9; *Stein/Jonas/Roth*[22], § 256 Rdnr. 57; *Schumann*, FS Georgiades, 543 (554). Sofern Teilzahlungen geleistet wurden, kommt ein Neubeginn der Verjährung gem. § 212 Abs. 1 Nr. 1 BGB in Betracht, dies hindert jedoch nicht die Verjährung der Spätschäden. Zu den auch ohne Erhebung der Einrede eintretenden Rechtswirkungen der Verjährung vgl. *Roth*, Einrede, S. 150 ff.

458 Vgl. *RGZ* 60, 387 (391); 71, 68 (73); 75, 302 (305); 90, 290 (292); 153, 375 (382); *BGHZ* 72, 23 (28); *BGH* NJW 1963, 341; 1972, 157 (159); *KG* NJW 1961, 33; *Rosenberg/Schwab/Gottwald*[17], § 98 Rdnr. 25; *Palandt/Ellenberger*, § 204 Rdnr. 3; *Schumann*, FS Georgiades, 543 (554); a. A. *Baltzer*, Negative Feststellungsklage, S. 50 ff. (m. w. N. zur Gegenmeinung in Fußn. 108 f.), 161 ff.

459 Erforderlich ist nach h. M. die positive Betätigung des Willens zur Rechtsverfolgung; ein aktives auf Zusprechung eigenen Rechts gerichtetes Vorgehen, vgl. *Baltzer*, Negative Feststellungsklage, S. 51 f.

460 Vgl. *Schumann*, FS Georgiades, 543 (554). Man könnte zwar sagen, daß hierfür kein Bedürfnis besteht, da nach h. M. bei Klageabweisung der negativen Feststellungsklage des Schuldners aus sachlichen Gründen (weil der Anspruch des Gläubigers besteht) das kontradiktorische Gegenteil i. S. v. § 197 Abs. 1 Nr. 3 BGB rechtskräftig festgestellt wird. Damit erfolgt (jedenfalls bei durch die negative Feststellungsklage konkret umrissenem Anspruch) ein Neubeginn der 30-jährigen Verjährungsfrist, wodurch der Gläubiger nicht schlechter gestellt wird. Vgl. zum Meinungsstand hinsichtlich des Verjährungsneubeginns *Dichtl*, Negative Feststellungsklage, S. 110 ff. Unabhängig davon, ob man der h. M. folgen mag oder dies ablehnt (weil der Schuldner so mit seiner Klage zur Perpetuierung des Anspruchs beiträgt), muß der Gläubiger dennoch

bb) Unmöglichkeit der Bezifferung

Wenn der Beklagte in solch einer Situation den Gegenangriff in Form einer *Leistungswiderklage* mit einem bezifferten Antrag durchführen kann, entstehen nach der herrschenden Meinung aufgrund der unterschiedlichen Rechtsschutzziele freilich keine Probleme aus Sicht der Streitgegenstandsidentität und anderweitigen Rechtshängigkeit[461]. In vielen Fällen ist einer Partei die Bezifferung derzeit noch nicht möglich. Seit langem wird dann die *Feststellungsklage* zugelassen[462]. Auch sie hemmt die Verjährung, ist also materiell-rechtlich ein vollwertiges Mittel, den Eintritt der Verjährung zu unterbinden. Damit sind wir bei der Ausnahmesituation: Der Beklagte erhebt trotz negativer Feststellungsklage die positive Zwischenfeststellungswiderklage, die er im Augenblick noch nicht beziffern (daher keine Leistungsklage erheben) kann, die aber auch nicht unterbleiben darf, weil sonst die Verjährung der Forderungen des Beklagten droht. Wollte man einem Beklagten, der seinen Anspruch nicht beziffern kann,

---

die Möglichkeit haben, seinen Anspruch klageweise geltend zu machen. Anderenfalls besteht die Gefahr, daß der Schuldner vor Verjährungsende negative Feststellungsklage erhebt und diese anschließend zurücknimmt.

461 Die h. M. geht mit dem prozessual zweigliedrigen Streitgegenstandsbegriff davon aus, daß es sich um zwei (teilweise identische) Streitgegenstände handelt. Um aber hinsichtlich der identischen Feststellungswirkung beider Urteile widersprüchliche Entscheidungen zu verhindern, können nicht beide Klagen rechtshängig bleiben. Nach h. M. erlischt daher das rechtliche Interesse für die negative Feststellungsklage, sobald (§ 269 Abs. 1 ZPO) die Leistungswiderklage nicht mehr einseitig zurückgenommen werden kann, vgl. dazu die Nachweise bei *Stein/Jonas/Roth*[22], § 256 Rdnr. 92 in Fußn. 530 und bei *Althammer*, Streitgegenstand, S. 458 in Fußn. 1347, dort auch zu den verschiedenen Ansichten S. 457 ff. Sein negatives Feststellungsbegehren erhalte der ursprüngliche Feststellungskläger daher durch seinen Klageabweisungsantrag zur Leistungsklage aufrecht. Denn das klageabweisende Sachurteil ist in seiner Wirkung ein negatives Feststellungsurteil; es wird rechtskräftig festgestellt, daß der geltend gemachte Anspruch nicht besteht, vgl. *RGZ* 50, 416 (417); so bereits früher schon *Rocholl*, ZZP 8 (1885), 329 (365). Dem Feststellungskläger werde auch kein zusätzliches Kostenrisiko aufgebürdet, da er seine Klage für erledigt erklären könne. Selbst wenn man entgegen der h. M. im Rahmen der Rechtshängigkeit mit der Theorie vom *relativen Streitgegenstand* einen eingliedrigen Streitgegenstand (nur Antrag ist entscheidend) zugrunde legt, um so auf breiter Basis Parallelprozessen vorzubeugen, ist die nachfolgende (weitergehende) Leistungswiderklage zulässig, vgl. *Stein/Jonas/Roth*[22], § 256 Rdnr. 92; *Stein/Jonas/Schumann*[21], § 261 Rdnr. 62, beide mit unterschiedlicher Argumentation. Anderer Auffassung sind jedoch *Bettermann*, Rechtshängigkeit, S. 28 ff., 36 ff., und *Baltzer*, Negative Feststellungsklage, S. 142 ff., 152 ff., die eine Rechtshängigkeitssperre gegenüber der Leistungswiderklage befürworten und das Feststellungsinteresse auch nicht entfallen sehen, dafür allerdings zur Verjährungshemmung die negative Feststellungsklage bzw. die Verteidigung dagegen ausreichen lassen. Ausführlich zur Rechtskraft unten Text bei Fußn. 1072 ff.

462 Vgl. *Schumann*, FS Georgiades, 543 (555); vgl. die Nachweise aus der Rspr. bei *Stein/Jonas/Roth*[22], § 256 Rdnr. 66 f. in Fußn. 423, 428 und 429.

die Zulässigkeit der positiven Zwischenfeststellungswiderklage verwehren, würde man ihn um seinen materiell-rechtlichen Anspruch bringen[463].

Ausnahmsweise ist im Fall der verjährungshemmenden Zwischenfeststellungswiderklage die Streitgegenstandsidentität *kein Prozeßhindernis*[464].

cc) Die materiellrechtsfreundliche Auslegung als dogmatischer Grund

Entgegen der Auffassung *Becker-Eberhards*[465] handelt es sich nicht um „dogmatisch bedenkliche" Überlegungen, sondern beruht auf der engen Verflechtung von Zivilrecht und Zivilprozeßrecht, genauer, der dem materiellen Recht *dienenden Funktion des Zivilprozeßrechts*[466]. Methodologisch stellt sich die Zulassung dieser Zwischenfeststellungswiderklage, wie *Schumann*[467] bemerkt, als *teleologische Reduktion* dar, nämlich als Restriktion des Einwandes der Rechtshängigkeit. Damit werden keine uferlosen Einbrüche vorgenommen. Denn der Dispens des Rechtshängigkeitseinwands ist nur unter den zwei genannten Voraussetzungen zulässig. Dogmatische Grundlage dieser Ausnahme ist die Verpflichtung zu einer *materiellrechtsfreundlichen Auslegung des Zivilprozeßrechts*[468], die verhindert, daß im materiellen Recht angesiedelte Regelungen vom Prozeßrecht zerstört werden. Darauf liefe es aber hinaus, wenn im vorliegenden Ausnahmefall der Beklagte keine prozessuale Möglichkeit hätte, die Verjährung zu hemmen[469].

In dem oben dargestellten Beispiel ist daher die Inzidentwiderklage des Beklagten zur Verjährungshemmung zulässig.

---

463 Vgl. *Schumann*, FS Georgiades, 543 (555), in dessen Beispiel allerdings als Hauptklage die positive Feststellungsklage des Schuldners fungiert. Da insoweit jedoch Streitgegenstandsidentität besteht, liegt Präjudizialität gerade nicht vor. Daher wurde in obigem Beispiel die Unterlassungsklage als Hauptklage gewählt, weil die Entscheidung hierüber davon abhängt, ob B einen Anspruch auf Ersatz der Spätschäden hat, sei es, daß die Behauptung dann nicht unwahr ist oder B berechtigte Interessen wahrnimmt.

464 Vgl. *Schumann*, FS Georgiades, 543 (555); *Zöller/Greger*, § 256 Rdnr. 17; *Stein/Jonas/Schumann*[21], § 256 Rdnr. 170 Fußn. 358 m. w. N.

465 Vgl. MünchKomm ZPO/*Becker-Eberhard*[4], § 256 Rdnr. 67; an selber Stelle in der Vorauflage so bereits *G. Lüke*.

466 Dazu *Stein/Jonas/Brehm*[22], vor § 1 Rdnr. 5, 92; *Rosenberg/Schwab/Gottwald*[17], § 7 Rdnr. 13 m. w. N. in Fußn. 15; eine eingehende Untersuchung findet sich bei *Schumann*, FS Larenz II, S. 571 ff. Im Rahmen der Erörterung der Rechtshängigkeit bei Anspruchskonkurrenz lehnt *Georgiades* daher eine absolute Geltung des Rechtshängigkeitseinwands als „formalistisch und unhaltbar" ab, vgl. *Georgiades*, Anspruchskonkurrenz, S. 118.

467 Vgl. *Schumann*, FS Georgiades, 543 (556).

468 Dazu *Rosenberg/Schwab/Gottwald*[17], § 7 Rdnr. 13; *Stein/Jonas/Brehm*[22], vor § 1 Rdnr. 92.

469 Vgl. *Schumann*, FS Georgiades, 543 (556).

B. Urteilsgegenstand als Bezugspunkt der Abhängigkeit

Bevor untersucht werden kann, welche inhaltlichen Anforderungen an die Abhängigkeit zu stellen sind, hat zunächst eine Bestimmung dessen zu erfolgen, was Bezugspunkt der Abhängigkeit ist.

I. „Entscheidung" des Rechtsstreits statt Streitgegenstand

Liest man § 256 Abs. 2 ZPO, wird deutlich, welchen Bezugspunkt der Gesetzgeber für die Abhängigkeit gewählt hat: „Die Entscheidung des Rechtsstreits" muß vom Bestehen oder Nichtbestehen des in der Zwischenfeststellungsklage genannten Rechtsverhältnisses abhängig sein. Anders als in § 145 Abs. 2 und 3 sowie an anderen Stellen[470] stellt die ZPO also nicht auf den „rechtlichen Zusammenhang" „mit dem *in der Klage geltend gemachten Anspruch*" ab. Wenn eine solche Formulierung vorliegt, wird der Zusammenhang einer Prozeßhandlung (z. B. Aufrechnung, Widerklage) zum *Streitgegenstand* der Klage gesehen[471]. Statt dessen stellt das Gesetz auf „die Entscheidung des Rechtsstreits" ab und damit – so *Schumann*[472] – auf den *Urteilsgegenstand.* Von dem in der Zwischenfeststellungsklage genannten Rechtsverhältnis müsse der *Urteilsgegenstand* ganz oder teilweise abhängen; ob dies auch für den *Streitgegenstand* zuträfe, sei gleichgültig[473]. Es ist nicht Aufgabe dieser Arbeit, den Streit um die Verschiedenheit von Streit- und Urteilsgegenstand zu entscheiden[474], für die hier zu untersuchende Frage ist die Argumentation von *Schumann* allerdings zutreffend[475].

470 Beispielweise §§ 33, 147 ZPO.

471 Vgl. *Baumbach/Lauterbach/Albers/Hartmann*, § 33 Rdnr. 5; *Stein/Jonas/Leipold*[22], § 145 Rdnr. 5. Zum uneinheitlichen Sprachgebrauch der ZPO, wenn der Streitgegenstand gemeint ist, *Stein/Jonas/Roth*[22], vor § 253 Rdnr. 6.

472 Vgl. *Schumann*, FS Georgiades, 543 (560).

473 Vgl. *Schumann*, FS Georgiades, 543 (560).

474 Eingehend hierzu *Stein/Jonas/Leipold*[22], § 322 Rdnr. 88 ff. Für eine übereinstimmende Definition und Deckungsgleichheit von Streit- und Urteilsgegenstand: *Habscheid*, Streitgegenstand, S. 285; *Jauernig/Hess*, § 37 Rdnr. 38, § 63 Rdnr. 27; *Rosenberg/Schwab/Gottwald*[17], § 153 Rdnr. 1 ff.; *Zöller/Vollkommer*, vor § 322 Rdnr. 38 ff.; a. A. *Blomeyer*, Erkenntnisverfahren[2], § 89 II, S. 479; *Georgiades*, Anspruchskonkurrenz, S. 252 ff.; *Henckel*, Parteilehre, S. 293; *Schwab*, Streitgegenstand, S. 139; *Stein/Jonas/Schumann*[20], Einleitung vor § 1 Rdnr. 382 ff., 294; *Zeuner*, Sinnzusammenhänge, S. 175 ff.

475 Für die Aussetzung nach § 148 ZPO, die ebenfalls nur möglich ist, „wenn die Entscheidung des Rechtsstreits ganz oder zum Teil von dem Bestehen oder Nichtbestehen eines Rechtsverhältnisses abhängt", wird von *Mittenzwei*, Aussetzung, S. 51, ebenfalls eine Anknüpfung an den Urteilsgegenstand befürwortet.

2. *Zweckerreichung durch Anknüpfung an Urteilsgegenstand*

Der Grund, weshalb § 256 Abs. 2 ZPO nicht von dem „mit der Klage geltend gemachten Anspruch“, sondern von „Entscheidung“ spricht, liegt in dem *Zweck der Regelung über die Zwischenfeststellungsklage*. Als Ersatz für die fehlende Rechtskraft der Entscheidungsgründe gibt sie beiden Prozeßparteien die Möglichkeit, ein vorgreifliches Rechtsverhältnis feststellen zu lassen. Damit ist nicht (nur) der dem Klagebegehren zu Grunde liegende Anspruch – also der *Streitgegenstand* – gemeint. Denn die Entscheidung des Rechtsstreits in der Hauptsache hängt nicht nur davon ab, ob ein das klägerische Begehren stützender Anspruch besteht, sondern auch, ob seitens des Beklagten *Einwendungen* und *Einreden* geltend gemacht werden[476]. In diesem Sinne formulierte *Wolfram Henckel*: „Denn Präjudizialität setzt voraus, daß im zweiten Prozeß gerade diejenige Frage als Vorfrage zu beantworten ist, die den Urteilsgegenstand des Vorprozesses ausmachte“[477].

Bei der Vindikationsklage hängt die Entscheidung des Rechtsstreits in der Hauptsache nicht nur davon ab, ob der Kläger Eigentümer im Sinne von § 985 BGB ist, sondern auch, ob der Beklagte ein Recht zum Besitz im Sinne von § 986 BGB hat. Sowohl die Frage des Eigentums als auch die Frage des Rechts zum Besitz sind damit feststellungsfähige Rechtsverhältnisse, von deren Bestehen bzw. Nichtbestehen die Entscheidung des Rechtsstreits der Hauptsache abhängt, so daß mittels der Zwischenfeststellungs(wider)klage im Rahmen der Vindikationsklage bindend über Eigentum, Besitz oder Besitzrecht entschieden werden kann[478]. Über § 256 Abs. 2 ZPO kann folglich nicht nur das der Hauptsacheklage zu Grunde liegende Rechtsverhältnis, sondern auch ein Einwendungen oder Einreden begründendes Rechtsverhältnis zur Feststellung gebracht werden[479]. Der *Bundesgerichtshof* hat dies hinsichtlich einer Inzidentklage über das (Nicht-)Zustandekommen des Kausalverhältnisses als Voraussetzung einer persönlichen Einwendung der Beklagten gegen die Wechselansprüche der Klägerin so formuliert: „Für

476 Vgl. *Schumann*, FS Georgiades, 543 (560).

477 *Henckel*, Prozeßrecht, S. 154.

478 Vgl. *Musielak/Foerste*, § 256 Rdnr. 39.

479 Dies ist einhellige Meinung, vgl. *BGHZ* 125, 251 (255 f.); *Bergerhoff*, Zwischenfeststellungsklage, S. 19; *Bruns*, Zivilprozeßrecht, § 44 II 3, S. 415 („Für selbständige, durch prozessuale Einrede oder Gegeneinrede vorgebrachte Rechtsverhältnisse ist die Rechtskraftwirkung von einem Zwischenfeststellungsantrag […] abhängig gemacht“); *Musielak/Foerste*, § 256 Rdnr. 39; *Rosenberg/Schwab/Gottwald*[17], § 96 Rdnr. 41; *Thomas/Putzo/Reichold*, § 256 Rdnr. 33; *Stein/Jonas/Roth*[22], § 256 Rdnr. 104; *Wieczorek*[2], § 280 Anm. B II a 1; *Wieczorek/Schütze/Assmann*[3], § 256 Rdnr. 354; *Zöller/Greger*, § 256 Rdnr. 25. So bereits *RG* SeuffArch 74, Nr. 150; Nr. 268; *OLG Dresden* OLGRspr 13, 137; *OLG Jena* SeuffArch 43 (1888), S. 98 ff. Nr. 64; *Gaupp*, § 253 Anm. II 2; *Oertmann*, Aufrechnung, S. 150 f.; *Reincke*, § 253 Anm. 2; *Petersen/Anger*, § 280 Anm. 2.

die Zulässigkeit der Zwischenfeststellungsklage genügt es jedoch, daß das Nichtbestehen des Kausalverhältnisses einen Einwand oder eine Einrede gegenüber dem Hauptanspruch begründet"[480].

C. Inhaltliche Anforderungen an die Präjudizialität

Damit gelangen wir zu der bei der Zwischenfeststellungsklage meist diskutierten Frage, welche inhaltlichen Anforderungen an die Voraussetzung der Abhängigkeit zu stellen sind.

1. Behauptung reicht nicht

Einigkeit besteht zumindest darin, daß eine bloße Behauptung der Abhängigkeit nicht genügt, vielmehr muß sie wirklich bestehen[481]. Sonst wäre die Inzidentklage sogar dann zulässig, wenn es sich bei ihrem Gegenstand um ein gänzlich irrelevantes Rechtsverhältnis handelt. Der Kläger müßte lediglich die Identität behaupten. So etwa, wenn der Beklagte der Kaufpreisklage widerklagend die Inzidentfeststellung begehrt, der Kläger sei nicht Erbe oder gegenüber der Vindikationsklage den Inzidentantrag stellt, es solle festgestellt werden, daß der Kläger aus der Geschäftsbeziehung keine Ansprüche gegen den Beklagten habe[482].

An diesem Ergebnis ändert auch die Lehre von den doppelrelevanten Tatsachen[483] nichts. Die *Vorgreiflichkeit* ist *keine doppelrelevante Tatsache.* Denn die Entscheidung über die Begründetheit der Zwischenfeststellungsklage hängt nicht davon ab, ob das Rechtsverhältnis vorgreiflich ist, sondern ob es besteht oder nicht. Daher muß der Richter für die Zulässigkeit der Inzidentklage prüfen, ob Vorgreiflichkeit vorliegt und kann diese nicht unterstellen. Erst wenn er dies bejaht hat, kann er sich der Begründetheit zuwenden[484]. Die Präjudizialität kann daher weder behauptet noch unterstellt werden, sie muß statt dessen nachgewiesen sein[485]. Falls die Vorgreiflichkeit zu *bejahen* ist, bedarf es nicht einmal der Behauptung, so daß z. B. die nach § 256 Abs. 1 ZPO erhobene selbständige Fest-

480 *BGHZ* 125, 251 (255).

481 Vgl. *BGH* LM § 280 a. F. ZPO Nr. 2; *BGH* NJW-RR 1990, 318 (319 f.); *Rosenberg/Schwab/Gottwald*[17], § 96 Rdnr. 41; *Schumann*, FS Georgiades, 543 (558); *Stein/Jonas/Roth*[22], § 256 Rdnr. 105; *Thomas/Putzo/Reichold*, § 256 Rdnr. 33. So bereits *RG* ZZP 59, 411; *KG* OLGRspr 3, 213; *Kroll*, Klage, S. 58 bei Fußn. 21; *Gaupp*, § 253 Anm. II 2; *Wilmowski/Levy*[3], § 253 Anm. 1 a; *Petersen/Anger*, § 280 Anm. 2; *Wieczorek*, § 280 Anm. B II a 5.

482 Vgl. *Schumann*, FS Georgiades, 543 (557) Fußn. 70.

483 Dazu *RGZ* 29, 371 (373); *BGHZ* 7, 184 (186); *BAG* MDR 1961, 1046; *Stein/Jonas/Roth*[22], § 1 Rdnr. 24 ff. m. w. N. aus Rspr. und Lit. in Fußn. 40 f.

484 Vgl. *Schumann*, FS Georgiades, 543 (558). So auch *Hager*, KTS 54 (1993), 39 (46).

485 Vgl. *RG* ZZP 59, 411.

stellungsklage, wenn ihr das Feststellungsinteresse fehlt, ohne weiteres in eine Zwischenfeststellungsklage umgedeutet werden kann, sofern sie für eine Hauptklage präjudiziell ist[486].

2. *Erfordernis tatsächlicher Abhängigkeit*

Hieran schließt sich sogleich die Frage an, ob sämtliche streitigen präjudiziellen Rechtsverhältnisse über § 256 Abs. 2 ZPO zur Feststellung gebracht werden dürfen oder nur jene, die die *konkrete* Entscheidung in der Hauptsache bedingen. Die Frage wird im Schrifttum und in der Rechtsprechung unterschiedlich beantwortet.

Beispiel 1: Der Kläger erhebt nach 35 Jahren eine auf § 985 BGB gestützte Herausgabeklage verbunden mit einer Zwischenfeststellungsklage auf Feststellung seines Eigentums. Der Beklagte bestreitet das Eigentum des Klägers und beruft sich zusätzlich auf ein Recht zum Besitz aus Leihvertrag, weswegen er seinerseits Inzidentwiderklage erhebt. Außerdem erhebt er die Einrede der Verjährung. Das Gericht läßt in den Entscheidungsgründen die Eigentumsfrage sowie das Recht zum Besitz dahingestellt und weist die Hauptklage wegen Verjährung ab.

Beispiel 2: Im Prozeß über den Erbschaftsanspruch nach § 2018 BGB beantragt der Kläger die Inzidentfeststellung seines bestrittenen Erbrechts. Der Richter weist die Klage jedoch unabhängig von einem etwaigen Erbrecht ab, weil der Beklagte bereits nichts aus der Erbschaft erlangt hat.

Beispiel 3: Wie Beispiel 1, allerdings erhebt der Kläger die Herausgabeklage nach zwei Jahren, sie wird jedoch im Hinblick auf §§ 288, 138 Abs. 3 ZPO abgewiesen, da das Recht zum Besitz des Beklagten vom Kläger nicht bestritten wurde.

Schon die Fragestellung selbst ist nicht einheitlich, was daran liegt, daß sie unter verschiedenen Gesichtspunkten betrachtet werden kann und – speziell in der älteren Literatur nicht immer leicht verständlich – wurde[487].

Oertmann formulierte das Problem dergestalt: „Es fragt sich nun aber, in welchem Sinne die Präjudizialität verlangt wird. Genügt es, dass die Feststellung des inzidenten Rechtsverhältnisses im Sinne des Beklagten *eine*, oder ist erfordert, dass sie gerade *die* negative Bedingung für den Bestand des Klageanspruchs bildet? Oder, mit anderen Worten, muss nur die *Existenz* des Anspruchs durch das Bestehen oder Nichtbestehen des Inzidentverhältnisses bedingt sein, oder aber auch seine *Nichtexistenz* durch die *entgegengesetzte Alternative*?“[488]

486 Vgl. *BGHZ* 139, 116 (118).

487 Dies konstatierte bereits *Bergerhoff*, Zwischenfeststellungsklage, S. 19.

488 *Oertmann*, ZZP 22 (1896), 11 (27) (Hervorhebung im Original gesperrt).

Prägnanter drückte es dann *Walsmann*[489] aus: Genügt es zur Zulassung des Inzidentantrags, „daß der Klage nicht *stattgegeben* werden kann, ohne über das andere Rechtsverhältnis zu entscheiden oder ist auch erforderlich, daß die Klage nicht *abgewiesen* werden kann, ohne daß über das andere Rechtsverhältnis entschieden wird?“

Kann hat diese Frage unter dem zeitlichen Aspekt folgendermaßen betrachtet: „Welches Prozeßstadium ist der Bestimmung des Abhängigkeitsverhältnisses zugrunde zu legen?“[490]

a) Meinungsstand

Folgt man der *ersten* (nach *Walsmanns* Darstellung), *minder strengen Auffassung*, wonach es für die Zulässigkeit der Zwischenfeststellungsklage ausreicht, daß der Hauptklage nicht stattgegeben werden kann, ohne über das fragliche Rechtsverhältnis zu entscheiden, so wären in den Beispielsfällen *sämtliche Inzidentanträge zulässig*, da die Entscheidung davon abhängt: Der Klage aus § 985 BGB in *Beispielsfall 1* und *3* kann nicht stattgegeben werden, ohne über das Eigentum und das Recht zum Besitz zu entscheiden. Der Klage aus § 2018 BGB in *Beispielsfall 2* kann nicht stattgegeben werden, ohne über das Erbrecht des Klägers zu entscheiden. Ob *tatsächlich* eine Entscheidung hierüber ergeht, ist nach dieser Ansicht *unerheblich*. Es müßte darüber entschieden werden, auch wenn die Klage unabhängig hiervon abgewiesen wird.

Folgt man der *zweiten, strengen Auffassung*, wonach erforderlich ist, daß eine Abweisung der Klage nicht ohne Entscheidung über das präjudizielle Rechtsverhältnis erfolgen kann, so tritt der Unterschied offen zu Tage: In *Beispiel 1* erfolgt die Klageabweisung unabhängig von der Entscheidung über das Erbrecht sowie das Recht zum Besitz, allein aufgrund Verjährung. Beide Inzidentanträge wären danach unzulässig, weil die Entscheidung nicht hiervon abhängt. In *Beispiel 2* erfolgt die Klageabweisung ebenfalls unabhängig vom Bestand des Erbrechts, sondern allein aufgrund des mangelnden Erbschaftsbesitzes. Auch hier wäre also eine Zwischenfeststellung des Erbrechts nicht vorgreiflich für die Entscheidung in der Hauptsache.

Anders in *Beispiel 3*: Die Klageabweisung erfolgt gerade *wegen* des Rechts zum Besitz, das der Beklagte der Inzidentfeststellung widerklagend zuführen wollte. Nach der strengen Auffassung wäre die Inzidentwiderklage zulässig. Hingegen ist die Frage des Eigentums vom Gericht offen gelassen worden, hierauf

489 Vgl. *Seuffert/Walsmann*, § 280 Anm. 5a.
490 *Förster/Kann*, § 280 Anm. 2b cc).

kam es nicht an, die Klageabweisung erfolgte unabhängig hiervon, weshalb die diesbezügliche Inzidentfeststellung unzulässig wäre.

Ob die Entscheidung des Rechtsstreits vom Bestehen oder Nichtbestehen des streitigen Rechtsverhältnisses abhängt, beantwortet sich folglich danach, ob man es ausreichen läßt, daß die Entscheidung *möglicherweise* abhängt, oder ob man fordert, daß sie *tatsächlich* abhängt.

b) Begründung einer „möglichen" Präjudizialität

Speziell im älteren Schrifttum finden sich mannigfaltige Begründungsversuche, einer Zulassung von Inzidentklagen das Wort zu reden, sofern die Entscheidung möglicherweise hiervon abhängt.

Loening vertrat die Meinung, es könnten ausnahmslos alle streitigen präjudiziellen Rechtsverhältnisse Gegenstand der Zwischenfeststellungsklage sein. Die Entscheidung des bedingten Rechtsverhältnisses hänge immer nur möglicherweise von dem bedingenden ab; wirklich bedingt sei immer nur das Rechtsverhältnis selbst, seine Existenz, nicht jedoch seine Nichtexistenz. Daher sei entgegen des Wortlauts nur erforderlich, daß der geltend gemachte Anspruch von dem Rechtsverhältnis abhinge[491].

Oertmann hielt jedes in einem Rechtsstreit auftauchende, bestrittene präjudizielle Rechtsverhältnis der Inzidentfeststellung für zugänglich. Zum einen verrate das Gesetz „mit keiner Silbe", daß es eine weitergehende Abhängigkeit fordere; Bedingung bleibe Bedingung, selbst wenn neben ihr noch andere zur Herstellung des Erfolges mitwirkten, denn von jeder einzelnen sei der Erfolg der Klage in bestimmter Weise, wenn auch nicht ausschließlich, abhängig[492]. Zum anderen würde die strenge Auslegung zu praktisch unhaltbaren Ergebnissen führen: Beispielsweise müsse in einem Rechtsstreit über eine Zinsforderung, bevor man über den Inzidentantrag des Beklagten, das Nichtbestehen der Kapitalforderung festzustellen, urteilen könne, über sämtliche Einreden wie Verjährung und Aufrechung verhandeln. Erst danach wisse man ja, ob das endgültige Schicksal des Prozesses gerade von dieser Feststellung und nichts anderem bedingt sei. Hierdurch würde der Beklagte gezwungen, seine Einreden sämtlich mit einem Schlag vorzubringen, bevor er wisse, ob er Inzidentwiderklage erheben könne[493].

Im Hinblick darauf, daß sich im Zeitpunkt der Erhebung der Zwischenfeststellungsklage niemals mit Bestimmtheit voraussagen ließe, ob das Urteil der

491 Vgl. *Loening*, ZZP 4 (1882), 1 (53 ff.), insbesondere Fußn. 57.

492 Vgl. *Oertmann*, ZZP 22 (1896), 11 (31).

493 Vgl. *Oertmann*, ZZP 22 (1896), 11 (3 f.).

Klage stattgeben werde oder nicht, müsse es – so *Kann*, *Walsmann* und *v. Braun*[494] – genügen, wenn die Präjudizialität zum Zeitpunkt der Antragstellung vorläge.

c) Restriktive Auslegung

Wenn auch diese Einwände auf den ersten Blick nicht unberechtigt erscheinen, überzeugen sie angesichts der *ratio legis* und des *Wortlauts* des § 256 Abs. 2 ZPO sowie der Eigenschaft der Abhängigkeit als *Sachurteilsvoraussetzung* nicht.

aa) Der Zweck der Rechtskrafterstreckung

Wie bereits ausgeführt[495] ist Zweck der Zwischenfeststellungsklage die Ausdehnung der Rechtskraft auf den Grund der Klage; sie sollte nach dem Willen des historischen Gesetzgebers unter Ablehnung der Lehre *v. Savignys* ein Ersatz dafür sein, daß die Grundlagen der Entscheidung nicht in Rechtskraft übergehen. Nach dieser Lehre wurden allerdings die Gründe nur insofern rechtskräftig, als sie Entscheidungen enthielten, welche der Richter fällen *mußte*, um zur Endentscheidung gelangen zu können[496]. Nicht anders ist der Anwendungsbereich der Inzidentklage zu bestimmen:

Das Rechtsverhältnis, dessen Inzidentfeststellung begehrt wird, steht nach herrschender Meinung[497] *nur dann* in dem geforderten Abhängigkeitsverhältnis, wenn *ohnehin* in den Gründen der Hauptklage über den Gegenstand der Inzidentklage *entschieden* wird. Das Tatbestandsmerkmal, das allein die erleichterte Zulässigkeit der Zwischenfeststellungs(wider)klage rechtfertigt, besteht darin, „daß das Gericht über sie in dem vorgelegten Rechtsstreit ohnedies als Vorfrage

---

494 Vgl. *Förster/Kann*, § 280 Anm. 2b; *Seuffert/Walsmann*, § 280 Anm. 5a; *v. Braun*, Inzidentfeststellungsklage, S. 55 ff.

495 Dazu oben Text bei Fußn. 161 ff.

496 Vgl. *v. Savigny*, System VI, S. 352 ff.

497 Vgl. *RGZ* 9, 339 (343); *RG* JW 1939, 366; *RG* WarnRsp 1913, Nr. 28; Nr. 120; *BGHZ* 125, 251 (257); *BGH* LM § 280 a. F. ZPO Nr. 2; Nr. 4; Nr.5; Nr. 16; § 256 ZPO Nr. 113; *BGH* MDR 1969, 313; 1994, 111; *BGH* NJW 1961, 75; 1968, 699; 1992, 1897; 2004, 1960 f.; *BGH* NJW-RR 1990, 318 (320); 1994, 1272 (1273); *BGH*, ZZP 74 (1961), 226 (227); *OLG Hamburg*, MDR 1951, 741 (742); *OLG Köln* MDR 1981, 678; *OLG Koblenz* AnwBl 1989, 48 (49); *Baumbach/Lauterbach/Albers/Hartmann*, § 256 Rdnr. 114; MünchKomm ZPO/*Becker-Eberhard*[4], § 256 Rdnr. 78; *Bergerhoff*, Zwischenfeststellungsklage, S. 22 f.; *Enders*, ZAP 1996, 455 (458); *Hager*, KTS 54 (1993), 39 (41); *Musielak/Foerste*, § 256 Rdnr. 41; *Schumann*, FS Georgiades, 543 (562 ff.); *Stein/Jonas/Roth*[22], § 256 Rdnr. 104; *Thomas/Putzo/Reichold*, § 256 Rdnr. 33; *Wieczorek/Schütze/Assmann*[3], § 256 Rdnr. 353; *Zöller/Greger*, § 256 Rdnr. 25. So bereits *Gaupp*, § 253 Anm. II 2; *Schollmeyer*, Compensationseinrede, S. 30 f. und in Fußn. 2: „Präjudiciell ist jedes Rechtsverhältniß, über welches der Richter entscheiden muß, um über den unmittelbaren Gegenstand des Streites entscheiden zu können".

entscheiden muß“[498]. Wird indessen die Klage zur Hauptsache unabhängig davon abgewiesen, ob das zwischen den Parteien streitige Rechtsverhältnis besteht, dann ist dessen beantragte Feststellung nicht vorgreiflich. Entscheidungen über Rechtsverhältnisse, die für die Entscheidung des Rechtsstreits in der Hauptsache somit gänzlich belanglos sind oder geworden sind und daher in den Urteilsgründen nicht (mehr) berücksichtigt werden, sollen nach dem Sinn und Zweck des § 256 Abs. 2 ZPO gerade nicht rechtskräftig gemacht werden können[499].

Kann also über die Klage in der Hauptsache ungeachtet des festzustellenden Rechtsverhältnisses entschieden werden, dann *fehlt* es an der für § 256 Abs. 2 ZPO erforderlichen *Abhängigkeit*[500]. Die Situation ist dann nicht anders, als hätte der Zwischenfeststellungskläger von vornherein ein *bloß behauptetes* Rechtsverhältnis festzustellen beantragt. Eine solche Zwischenfeststellungsklage ist unzulässig; sie muß mit Prozeßurteil abgewiesen werden[501]. Der Verzicht auf das ansonsten zu prüfende Feststellungsinteresse ist nur gerechtfertigt, wenn bei der Zwischenfeststellungsklage die Entscheidung wirklich vom (Nicht-) Bestehen des Rechtsverhältnisses abhängt[502]. Die Inzidentklage kann nicht beliebige Rechtsverhältnisse zum Gegenstand erheben und sich als Popularklage verstehen[503].

Durch die Inzidentklage soll dem Gericht nämlich *nicht zusätzliche Arbeit* auferlegt werden, vielmehr soll nach dem Willen der Parteien lediglich die Entscheidung des Hauptprozesses für das tatsächlich präjudizielle Rechtsverhältnis nutzbar gemacht werden[504]. Die Inzidentfeststellungsklage ist *nur dann zulässig*, wenn sich das *Gericht tatsächlich* schon *in den Gründen* des Hauptsacheurteils mit dem Rechtsverhältnis beschäftigt hat. Braucht sich das Gericht um das festzustellende Rechtsverhältnis in seinem Urteil in keiner Weise zu kümmern, so büßt das Privileg des § 256 Abs. 2 ZPO seine innere Berechtigung ein[505].

Hier zeigt sich, daß der Einwand *Oertmanns*, der Richter sei genötigt, zunächst über alle Streitpunkte oder Einreden zu verhandeln und zu entscheiden, bevor er wisse, ob das endgültige Schicksal des Rechtsstreits gerade von der beantragten Feststellung abhänge, nicht greift. Wenn es dem Richter zweckdienlich

---

498 *RG* JW 39, 366.

499 Vgl. *RGZ* 9, 339 (343); *RG* Recht 1930, 117; *KG* OLG Rsp 3, 213; *Bergerhoff*, Zwischenfeststellungsklage, S. 22; *Schumann*, FS Georgiades, 543 (563).

500 Vgl. *BGH* LM § 280 a. F. ZPO Nr. 2; *Hager*, KTS 54 (1993), 39 (41); *Schumann*, FS Georgiades, 543 (563); *Stein/Jonas/Roth*[22], § 256 Rdnr. 105.

501 Vgl. *Schumann*, FS Georgiades, 543 (563).

502 Vgl. *RGZ* 113, 410 (413 f.); 126, 234 (237); 170, 328 (330); *BGH* LM § 280 a. F. ZPO Nr. 4; *Hager*, KTS 54 (1993), 39 (41) m. w. N. in Fußn. 13.

503 Vgl. *Schumann*, FS Georgiades, 543 (557).

504 Vgl. *BGH* NJW 1961, 75 (rechte Spalte).

505 Vgl. *Gomille*, NJW 2008, 274 (276); *Hager*, KTS 54 (1993), 39 (46).

erscheint, die Klage ohne Rücksicht auf die Eigentumsfrage (und ohne zeit- und kostenintensive Beweisaufnahme) wegen eindeutiger Verjährung abzuweisen, so erübrigt sich ein weiteres Eingehen auf das Rechtsverhältnis[506]. Ihn jetzt zu zwingen, zusätzlich doch noch dieses Rechtsverhältnis zu entscheiden, läuft dem Zweck des § 256 Abs. 2 ZPO zuwider. Will der Inzidentkläger dennoch einen rechtskräftigen Ausspruch über das Rechtsverhältnis, ist er auf den Weg der prinzipalen Feststellungsklage verwiesen.

Ebenso unzutreffend ist *Oertmanns* Ansicht, der Beklagte würde dadurch gezwungen, seine Einwendungen und Einreden sämtlich mit einem Schlag vorzubringen. Dieser hat es vielmehr selbst in der Hand, eine mögliche Klageabweisung der Hauptklage herbeizuführen, indem er weitere Einreden vorbringt. Ist etwa ungewiß, ob im *Beispielsfall 1* das Gericht ein Recht zum Besitz bejaht, so hat der Beklagte in erster Linie kaum Interesse daran, diese Frage geklärt zu wissen, sondern die unzweifelhaft durchgreifende Einrede der Verjährung zu erheben, um in der Hauptsache eine Klageabweisung zu erreichen. Wenn er damit riskiert, daß es auf das Recht zum Besitz nicht mehr ankommt, so geschieht ihm dadurch auch kein Unrecht, da er sein primäres Ziel, die Abweisung in der Hauptsache jedenfalls erreicht. Will er daneben auch auf eine rechtskräftige Feststellung des Rechts zum Besitz nicht verzichten, bleibt ihm weiterhin die Feststellung nach § 256 Abs. 1 ZPO[507].

bb) Der Wortlaut

Des weiteren ist zu berücksichtigen, daß der Wortlaut des § 256 Abs. 2 ZPO fordert, daß die Hauptsacheentscheidung „abhängt". Der Gesetzgeber hat es vermieden, nur zu fordern, daß die Entscheidung „abhängen kann", „könnte" bzw. „möglicherweise abhängt"[508].

Der Gesetzgeber hat zudem eine Abhängigkeit der „*Entscheidung*" in der Hauptsache vom Bestehen bzw. Nichtbestehen des Rechtsverhältnisses statuiert und bei den Änderungen der Vorschrift von § 253 a. F. ZPO zu § 280 a. F. ZPO zu § 256 Abs. 2 n. F. ZPO keinen Anlaß gesehen, den Wortlaut zu ändern. Einer Auslegung wie *Loening* sie vornimmt, die darauf hinausläuft, daß es genügen solle, wenn das streitige Rechtsverhältnis lediglich den geltend gemachten Anspruch bedinge[509], ist durch den Gesetzgeber deutlich eine Absage erteilt worden. Ein Abstellen auf eine *mögliche* Abhängigkeit würde daher den unzutref-

506 Vgl. *Bergerhoff*, Zwischenfeststellungsklage, S. 24 f.

507 Ebenso *Bergerhoff*, Zwischenfeststellungsklage, S. 25.

508 So auch *Bergerhoff*, Zwischenfeststellungsklage, S. 21 f.

509 Vgl. *Loening*, ZZP 4 (1882), 1 (54) und dort Fußn. 57.

fenden Bezug zum *Streitgegenstand* enthalten; es kommt aber wie dargestellt[510] für die Zulässigkeit der Zwischenfeststellungsklage auf den *Urteilsgegenstand* an[511].

cc) Maßgeblicher Zeitpunkt

Selbst wenn man die Problematik wie *Kann*, *Walsmann* und *v. Braun* unter dem *zeitlichen Aspekt* betrachtet, so führt dies zu keinem anderen Ergebnis:

(1) Zeitpunkt der Inzidentklageerhebung ist irrelevant

Die Präjudizialität ist unbestritten besondere Prozeßvoraussetzung der Zwischenfeststellungsklage. Wie jede andere Prozeßvoraussetzung muß sie daher im Zeitpunkt der letzten mündlichen Verhandlung in der Tatsacheninstanz vorliegen[512].

Bezeichnenderweise begründen die Autoren des älteren Schrifttums, die den Zeitpunkt der Klageerhebung für maßgeblich erachten, dieses Ergebnis gerade damit, daß es sich „um eine Frage der Zulässigkeit handelt"[513].

Da jeder Prozeß aus sich ständig wandelnden Rechtslagen besteht, liegt es in der Natur der Sache, daß sich niemals mit Bestimmtheit vorhersagen läßt, ob ein streitig gewordenes Rechtsverhältnis schließlich auch für die Entscheidung über den Klageanspruch bedingend sein wird. Wie die eingangs dargestellten Beispiele zeigen, stellt sich die Situation nach der Einlassung des Beklagten (der evtl. rechtsvernichtende Einwendungen und Einreden erhebt) anders dar als wenn man für die Beurteilung der Vorgreiflichkeit allein auf die Klageschrift abstellt. Hieraus allerdings zu folgern, daß es für die Beurteilung des Abhängigkeitsverhältnisses genügen müsse, daß dieses im Zeitpunkt der Erhebung der Inzidentklage vorliegt[514], läuft nicht nur darauf hinaus, die Eigenschaft der Vorgreiflichkeit als Sachurteilsvoraussetzung nicht ernst zu nehmen, sondern den *Inzidentkläger auf Kosten des Inzidentbeklagten zu bevorzugen*. Denn letzterer hat ein berechtigtes Interesse an der Abweisung einer unzulässig gewordenen Klage. Der *Verzicht auf* das ansonsten zu prüfende *Feststellungsinteresse*, das gleichfalls bis zum Schluß der mündlichen Verhandlung vorliegen muß[515], ist nur

510 Dazu oben Text bei Fußn. 470 ff.

511 Vgl. *Schumann*, FS Georgiades, 543 (563).

512 Vgl. *BGH* LM § 280 a. F. ZPO Nr. 2; Nr. 5; *BGH* NJW-RR 1990, 318 (320); MünchKomm ZPO/*Becker-Eberhard*[4], § 256 Rdnr. 82; *Stein/Jonas/Roth*[22], § 256 Rdnr. 105. So schon *RG* JW 1919, S. 573 Nr. 9; *RG* Recht 1930, 117; *Gaupp*, § 253 Anm. II 2; *Sydow/Busch/Krantz/Triebel*, § 280 Anm. 1 a. E.; *Gaupp/Stein/Jonas*, § 280 Anm. II 2.

513 So *Seuffert/Walsmann*, § 280 Anm. 5a. Ebenso *Förster/Kann*, § 280 Anm. 2b.

514 So auch neben den in Fußn. 494 genannten Autoren: *Hellwig*, Lehrbuch III, S. 50; *Mittenzwei*, Aussetzung, S. 30 Fußn. 37; *Wieczorek*[2], § 280 Anm. B II a 6.

515 Vgl. *RGZ* 71, 68 (73); *BGHZ* 18, 106; *Zöller/Greger*, § 256 Rdnr. 7c m. w. N.

gerechtfertigt, wenn das Gericht über das Rechtsverhältnis tatsächlich zu befinden hat[516]. Anderenfalls würde die Zwischenfeststellungsklage Erleichterungen gewähren, die weder mit den Interessen des Beklagten vereinbar noch prozeßökonomisch sind.

Im Hinblick darauf bemerkt *Schumann*: „Welchen Sinn hätte es denn, so muß man sich ferner fragen, daß das Gericht auf eine Inzidentklage hin eine Feststellung über ein Rechtsverhältnis treffen soll, von dem es selbst meint, es sei nicht vorgreiflich. Soll denn das Gericht, obwohl es die Vindikationsklage mangels Eigentum des Klägers abweist, jetzt auch noch über das Recht des Beklagten zum Besitz befinden, nur weil dieses Recht *möglicherweise* Gegenstand einer Entscheidung hätte sein können?“[517]

(2) Zeitpunkt der Hauptentscheidung ist maßgeblich

Die Feststellung, daß es im Hinblick auf die tatsächlich erforderliche Abhängigkeit nicht auf den Zeitpunkt der Klageerhebung ankommen kann, enthält noch keine Aussage darüber, ob es ausreicht, daß die Vorgreiflichkeit im Zeitpunkt der *Entscheidung über* die *Zwischenfeststellungsklage* vorliegt, oder ob es erforderlich ist, daß sie im Zeitpunkt der Entscheidung über die *Hauptklage* (immer noch) besteht.

Sofern die Entscheidung über Inzident- und Hauptklage zeitlich zusammenfällt, also in einem Endurteil erfolgt (bzw. der Schluß der letzten mündlichen Verhandlung über beide zeitgleich erfolgt), wirkt sich diese Differenzierung ohnehin nicht aus. Relevant wird sie aber, wenn das Gericht über die Zwischenfeststellungsklage vorab durch *Teilurteil* gem. § 301 ZPO entscheidet, was nach überwiegender Meinung aus Zweckmäßigkeitsgründen regelmäßig möglich sein soll, ohne die Entscheidungsreife der Hauptfrage abwarten zu müssen[518].

---

516 Vgl. *Hager*, KTS 54 (1993), 39 (41), der zu Recht dazu auffordert, den Satz, daß das Interesse an alsbaldiger Feststellung durch die Vorgreiflichkeit ersetzt werde, in allen seinen Punkten ernst zu nehmen.

517 *Schumann*, FS Georgiades, 543 (563).

518 Vgl. *RGZ* 102, 174 (175); 170, 328 (330); *BGH* LM § 280 a. F. ZPO Nr. 5; Nr. 6; Nr. 9; *BGH* NJW 1955, 587; 1956, 1755; 1961, 75; 2006, 915; *BGH* MDR 1968, 36; *Baumbach/Lauterbach/Albers/Hartmann*, § 256 Rdnr. 119; *Rosenberg/Schwab/Gottwald*[17], § 96 Rdnr. 35; *Rüßmann/Eckstein-Puhl* JuS 1998, 442 (444) (sub V.3.a); *Schellhammer*, Zivilprozess, Rdnr. 194; *Stein/Jonas/Roth*[22], § 256 Rdnr. 119; *Thomas/Putzo/Reichold*, § 256 Rdnr. 35; *Zöller/Greger*, § 256 Rdnr. 22; a. A. *Bergerhoff*, Zwischenfeststellungsklage, S. 25 f., Fußn. 59, 69 f.; *Hager*, KTS 54 (1993), 39 (43 f., sub III); *Schumann*, FS Georgiades, 543 (564) („Zeitpunkt der Hauptentscheidung“); einschränkend auch *Wieczorek/Schütze/Assmann*[3], § 256 Rdnr. 386 Fußn. 1181; *Oertmann*, ZZP 22 (1896), 11 (71 f.)

Nach der hier vertretenen Auffassung, ist hingegen grundsätzlich der *Zeitpunkt der Hauptentscheidung* maßgeblich für die Beurteilung des Abhängigkeitsverhältnisses. Denn erst im Zeitpunkt der letzten mündlichen Verhandlung über die Hauptklage weiß der Richter sicher, ob das Rechtsverhältnis im Sinne einer strengen Vorgreiflichkeit für die Hauptsacheentscheidung auch wirklich bedingend ist. Andernfalls würde unter Umständen über solche Rechtsverhältnisse entschieden werden, auf die es schließlich für die Entscheidung des Rechtsstreits gar nicht mehr ankommt[519]. Damit würde man jedoch dem eigentlichen Zweck der Inzidentklage zuwider handeln und die prozessuale Einrichtung über das zulässige Maß hinaus in Anwendung bringen. Sie ist Ersatz für das Fehlen der Rechtskraft der Grundlagen der Entscheidung. Wo aber diese Grundlagen selbst fehlen, weil eine Entscheidung hierüber nicht (mehr) erfolgt, da besteht nicht nur kein Bedürfnis für die Inzidentfeststellung, mehr noch, sie ist unzulässig. Nur über solche Rechtsverhältnisse, auf die es für die Entscheidung wirklich ankommt und ohne welche man nicht zur Entscheidung gelangen kann, darf mittels des § 256 Abs. 2 ZPO befunden werden[520]. Ob diese Bedingung, das Abhängigkeitsverhältnis, tatsächlich vorliegt, kann regelmäßig frühestens in dem Zeitpunkt festgestellt werden, in welchem die Entscheidung über den (ganzen) Rechtsstreit gefällt wird. Denn es ist nicht ausgeschlossen, daß der (nicht anwaltlich vertretene) Beklagte der Hauptsache z. B. im *Beispielsfall 1* die Einrede der Verjährung erst erhebt, nachdem ein Teilurteil über die vom Kläger begehrte Feststellung des Eigentums ergangen ist. Ebensowenig ist ausgeschlossen, daß der Kläger im *Beispielsfall 1* nach Teilurteil über die vom Beklagten begehrte Inzidentfeststellung des Rechts zum Besitz seine Klage in der Hauptsache zurücknimmt. Um das Zustandekommen derart überflüssiger Entscheidungen zu verhüten, ist es unerläßlich, den Zeitpunkt abzuwarten, bis Klarheit besteht, ob es für die Hauptentscheidung überhaupt auf die begehrte Zwischenfeststellung ankommt oder nicht[521].

Eine weniger strikte und konsequente Handhabung der Sachurteilsvoraussetzung der Vorgreiflichkeit führt letztlich zur *Entscheidung nicht entscheidungserheblicher und -bedürftiger Rechtsfragen.* Das Privileg des § 256 Abs. 2 ZPO hängt vom *tatsächlich bestehenden Rationalisierungseffekt* ab; wo er fehlt und das Gericht sich auf zusätzliche, für die Hauptklage *nicht notwendige Überprüfungen* einzulassen hätte, hat die Zwischenfeststellungsklage daher *keinen Platz*[522]. Damit weist auch die immer wieder im Zusammenhang mit der Inzidentklage

---

519 Vgl. *Bergerhoff*, Zwischenfeststellungsklage, S. 69.

520 Vgl. *Bergerhoff*, Zwischenfeststellungsklage, S. 69; *Hager*, KTS 54 (1993), 39 (41, 43); *Schumann*, FS Georgiades, 543 (563 f.).

521 Vgl. *Bergerhoff*, Zwischenfeststellungsklage, S. 70.

522 Vgl. *Hager*, KTS 54 (1993), 39 (43).

bemühte Prozeßökonomie geradewegs in die soeben dargestellte Richtung: „Muß das Gericht bei der Abweisung der Hauptklage mangels deutscher internationaler Zuständigkeit über eine negative Zwischenfeststellungswiderklage sachlich entscheiden, für die zwar die deutschen Gerichte international zuständig sind, deren Rechtsverhältnis aber wegen der Unzuständigkeit für die Hauptklage überhaupt nicht vorgreiflich ist? Die Antwort [...] kann nur verneinend sein, weil die Vorgreiflichkeit (wie auch die anderen Sachurteilsvoraussetzungen) im *Zeitpunkt der Hauptentscheidung* vorliegen muß und ferner nicht vorliegen kann, sofern die Hauptentscheidung noch nicht getroffen worden ist“[523].

Sollte die Partei dennoch ein rechtliches Interesse an der Feststellung haben, so bleibt ihr immer noch die Möglichkeit des § 256 Abs. 1 ZPO im Wege der Umdeutung[524]. Sollte das rechtliche Interesse zu verneinen sein, ist nicht ersichtlich, warum die Partei in diesem Fall über den Weg des § 256 Abs. 2 ZPO ein nicht präjudizielles Rechtsverhältnis zur Feststellung bringen können soll.

Aus diesem Grund ist eine Inzidentfeststellung über das einer *hilfsweise erklärten Aufrechnung*[525] zugrunde liegende Rechtsverhältnis solange unzulässig, solange nicht feststeht, daß der mit der Hauptklage verfolgte Anspruch gerechtfertigt ist und damit die innerprozessuale Bedingung der Eventualaufrechnung eintritt[526]. Daher hat der *Bundesgerichtshof*[527] konsequent den Erlaß eines Teilurteils abgelehnt und insoweit ausgeführt:

---

523 *Schumann*, FS Georgiades, 543 (563 f.).

524 Vgl. *BGH* NJW 2008, 69 (71); *BayObLGZ* 2003, 61 (66); *OLG Dresden* OLGRspr 13, 137; *OLG Köln* FamRZ 2006, 1768; *OLG Oldenburg* SeuffArch 46, 100; *Stein/Jonas/Roth*[22], § 256 Rdnr. 104; *Baumbach/Lauterbach/Albers/Hartmann*, § 256 Rdnr. 112, 116 („Umdeutung“); *Zöller/Greger*, § 256 Rdnr. 29; *Schumann*, FS Georgiades, 543 (563) Fußn. 93, allerdings mit dem Hinweis, daß im Fall der Abweisung der Vindikationsklage mangels Eigentum des Klägers eine Umdeutung in eine *selbständige* Feststellungsklage kaum in Frage kommen werde; denn ein rechtliches Interesse des Beklagten an der Feststellung des Rechts zum Besitz werde kaum bestehen. Um so ernster müsse man deshalb die aufgeworfene Frage nehmen, ob denn im Wege der Zwischenfeststellungsklage eine solche Feststellung nach Abweisung der Hauptklage mangels Eigentum möglich sei.

525 Dies ist z. B. der Fall wenn der Beklagte die Klageforderung (Werklohn) bestreitet und für den Fall, daß das Gericht der Klage statt gibt, die Aufrechnung mit einer Gegenforderung (Kaufpreis) erklärt und widerklagend die Feststellung des hierfür präjudiziellen Rechtsverhältnisses (Bestehen des Kaufvertrags) beantragt. Nicht anders ist es, wenn in diesem Fall der Kläger Inzidentfeststellung des Nichtbestehens des Kaufvertrages beantragt.

526 Vgl. *BGH* NJW 1961, 75; *BGH* NZBau 2005, 163 (164); *OLG Dresden* OLGRspr 13, 137; *Baumbach/Lauterbach/Albers/Hartmann*, § 256 Rdnr. 115 („Hilfsaufrechnung“); *Stein/Jonas/Roth*[22], § 256 Rdnr. 105; *Wieczorek/Schütze/Assmann*[3], § 256 Rdnr. 364; *Zöller/Greger*, § 256 Rdnr. 22. Einer Abweisung als unzulässig kann der Inzidentantragsteller jedoch entgehen, indem er die Zwischenfeststellungsklage selbst nur hilfsweise für den Fall erklärt, daß über die zur Aufrechnung gestellte Gegenforderung entschieden werden muß, vgl. *Stein/Jonas/Roth*[22], § 256

„In dem Fall der Vorabentsch. über die Zwischenfeststellungsklage muß jedoch zur Zeit ihrer Entsch. stets die rechtliche Möglichkeit bestehen, über das Rechtsverhältnis der Zwischenfeststellungs(Wider)klage im Hauptprozeß zu entscheiden. Bei der Eventualaufrechnung aber besteht diese rechtliche Möglichkeit so lange nicht, als noch nicht klargestellt ist, daß die Ansprüche des Hauptprozesses begründet sind und deshalb die Eventualaufrechnung zum Zuge kommt; hier besteht also nur im Fall des Zum-Zuge-Kommens der Aufrechnung die rechtliche Möglichkeit, daß auch im Hauptprozeß über das Rechtsverhältnis, dessen Feststellung begehrt wird, entschieden werden kann. Wollte man allein schon im Hinblick auf eine Eventualaufrechnung, ohne Rücksicht, ob sie zum Zuge kommt, die Abhängigkeit [...] bejahen, so würde das mit Sinn und Zweck der Zwischenfeststellungsklage nicht zu vereinbaren sein."

dd) Zusammenfassung

1. Angesichts des Zwecks der Zwischenfeststellungsklage, Rechtsverhältnisse, die als Vorfrage der Hauptklage ohnehin zu entscheiden sind, nach dem Willen der Parteien in Rechtskraft erwachsen zu lassen, und des Wortlauts ist ein *wirkliches, nicht nur behauptetes oder mögliches Abhängigkeitsverhältnis* der Entscheidung des Rechtsstreits zu fordern. Dies ist nur dann der Fall, wenn das Gericht tatsächlich gezwungen ist, sich hierzu in den Entscheidungsgründen zu äußern. Sofern dies infolge veränderter Umstände, insbesondere veränderten Vorbringens der Parteien oder veränderter Auffassung des Gerichts, nicht der Fall ist, es mithin auf das Rechtsverhältnis nicht (mehr) ankommt, ist die Zwischenfeststellungsklage mangels Vorgreiflichkeit unzulässig und durch Prozeßurteil abzuweisen, wenn sie sich nicht als selbständige Feststellungsklage aufrecht erhalten läßt.
2. In Anbetracht des unter 1. gefundenen Ergebnisses und angesichts der Tatsache, daß es sich bei der Präjudizialität um eine Sachurteilsvoraussetzung handelt, kommt es für ihr Vorliegen nicht auf den Zeitpunkt der Klageerhebung an, sondern auf den Zeitpunkt der letzten mündlichen Tatsachenverhandlung über die Inzidentklage. Der Schluß der mündlichen Verhandlung über die Inzidentklage hat grundsätzlich jedoch mit dem über die Hauptklage zusammenzufallen, die Entscheidung über sie mit der Entscheidung über die Hauptklage einheitlich zu erfolgen. Denn erst zu diesem Zeitpunkt weiß das Gericht sicher, ob tatsächlich die Entscheidung des Rechtsstreits (noch) von dem (streitigen) Rechtsverhältnis abhängt oder ob das Rechtsverhältnis ohne Relevanz für die Entscheidung ist. Daß hierdurch Teilurteile über die Zwi-

---

Rdnr. 105; MünchKomm ZPO/*Becker-Eberhard*[4], § 256 Rdnr. 88; *Wieczorek/Schütze/Assmann*[3], § 256 Rdnr. 364; *Zöller/Greger*, § 256 Rdnr. 22. Ausführlich zum Verhältnis von Zwischenfeststellungsklage und (hilfsweiser) Aufrechung unten Text bei Fußn. 690 ff.

527 *BGH* NJW 1961, 75.

schenfeststellungsklage regelmäßig unzulässig sind, liegt in der Vorschrift des § 256 Abs. 2 ZPO begründet, da nur so der ratio und dem Wortlaut der Norm Rechnung getragen werden kann und prozeßunökonomische Folgen vermieden werden[528].

d) Die sog. „Möglichkeits-Rechtsprechung"

An der Unzulässigkeit einer nicht tatsächlich präjudiziellen Zwischenfeststellungs(wider)klage ändert sich auch nichts, wenn man die Rechtsprechung von *Reichsgericht* und *Bundesgerichtshof* zur bloßen „Möglichkeit"[529] einer Bedeutung der Präjudizialität heranzieht. Diese Rechtsprechung wird bisweilen dahin mißverstanden, daß die *Möglichkeit der Präjudizialität* genüge[530]. Doch hält die höchst- und obergerichtliche Rechtsprechung an der *strikten Notwendigkeit der Präjudizialität* fest. Allerdings fordert sie zusätzlich[531] für die Zulässigkeit einer Zwischenfeststellungsklage als Ausprägung des allgemeinen Rechtschutzbedürfnisses, daß das präjudizielle Rechtsverhältnis auch außerhalb des konkreten Prozesses *möglicherweise Bedeutung* hat. Bei ihr geht es um das Problem, ob die tatsächlich bestehende präjudizielle Rechtsfrage möglicherweise in der Zukunft relevant ist. Mit der Frage, ob es ausreicht, daß die präjudizielle Rechtsfrage *nicht tatsachlich*, sondern nur möglicherweise besteht, hat dies nichts zu tun[532]. Beide Problemkreise sind strikt zu trennen.

---

528 Ausführlich zur Problematik des Teilurteils unten Text bei Fußn. 950 ff.

529 Dazu ebenfalls unten Text bei Fußn. 918 ff.

530 Wie *Schumann*, FS Georgiades, 543 (574), nachgewiesen hat. So heißt es beispielsweise bei MünchKomm ZPO/*Becker-Eberhard*[4], § 256 Rdnr. 81 (wie schon *G. Lüke* in der Vorauflage an selber Stelle): „Die Rspr. geht aus prozessökonomischen Erwägungen erheblich weiter: Sie läßt die bloße Möglichkeit genügen, dass das inzidenter ohnehin zu klärende Rechtsverhältnis zwischen den Parteien noch über den gegenwärtigen Streitgegenstand hinaus Bedeutung hat oder gewinnen kann". In diesem Sinne auch *Baumbach/Lauterbach/Albers/Hartmann*, § 256 Rdnr. 114: „Das Gericht muß daher über die Frage mindestens in den Gründen des Urteils nach § 313 III entscheiden. [...] Es genügt die Möglichkeit einer Bedeutung über den gegenwärtigen Streitstand hinaus". Auch *Gomille* scheint diese Rechtsprechung mißzuverstehen: „Die Rechtsprechung schließlich tendiert dazu, den Begriff der Vorgreiflichkeit auf Grund prozessökonomischer Erwägungen auszudehnen. Es reiche hin, dass das fragliche Rechtsverhältnis über den aktuellen Streit hinaus Bedeutung gewinnen könne", *Gomille*, NJW 2008, 274 (276).

531 Wie *Schumann*, FS Georgiades, 543 (571 ff.), weiter nachweist, stellt sie damit eine ungeschriebene Tatbestandsvoraussetzung auf.

532 Vgl. *Schumann*, FS Georgiades, 543 (564).

3. *Folgerungen*

a) Klagestattgebende Entscheidung über Hauptklage

Betrachtet man die vorstehend gefundenen Ergebnisse, so zeigt sich, daß die divergierenden Auffassungen über eine tatsächlich erforderliche bzw. eine möglicherweise bestehende Präjudizialität sich nur im Fall der Klageabweisung in der Hauptsache auswirken[533]. Anders bei klagestattgebenden Entscheidungen:

Wird der Klage in der Hauptsache stattgegeben, so stellen sich notwendigerweise alle Rechtsverhältnisse, die den Klageanspruch begründen, sowie die vorgebrachten Einwendungen und erhobenen Einreden – sofern es sich um Rechtsverhältnisse handelt – als vorgreiflich für die Entscheidung des Rechtsstreits dar. Dies gilt jedenfalls, sofern es sich um ein und *dieselbe Anspruchsgrundlage* handelt[534]. Denn in den Entscheidungsgründen ist zwingend auf jedes einzugehen, damit das Urteil auf Klagestattgabe lauten kann. An der Zulässigkeit einer Zwischenfeststellungs(wider)klage kann kein Zweifel bestehen. Der Klage im *Beispielsfall 1* etwa kann nur entsprochen werden, wenn der *Kläger Eigentümer* ist, der *Beklagte kein Recht zum Besitz* hat und der Anspruch *noch nicht verjährt* ist[535].

Im Fall einer klagestattgebenden Entscheidung ist folglich *jedes streitig gewordene Rechtsverhältnis tatsächlich vorgreiflich* für die Entscheidung des Rechtsstreits und somit im Wege der Zwischenfeststellungsklage feststellbar. Unabhängig davon, ob die Feststellung vom Kläger oder Beklagten begehrt wird, und unabhängig davon, ob das Bestehen oder Nichtbestehen festgestellt werden soll.

b) Klageabweisende Entscheidung über Hauptklage

Anders stellt sich die Situation im Fall einer Klageabweisung in der Hauptsache dar:

Da eine Klage bereits abgewiesen werden kann, wenn es an *einer* unerläßlichen Anspruchsvoraussetzung mangelt oder *eine* Einwendung oder Einrede des Beklagten durchgreift, ist die Entscheidung des Rechtsstreits *nur von demjenigen* Rechtsverhältnis *tatsächlich abhängig*, welches die *Klageabweisung konkret*

533 Vgl. *Bergerhoff*, Zwischenfeststellungsklage, S. 22.

534 So etwa § 985 BGB im schon zitierten Fall der Vindikationsklage. Anders ist dies, wenn z. B. das Unfallopfer aus Gefährdung, Delikt und Vertrag (Taxifahrt) geklagt hat und das Gericht aus Gefährdungshaftung zuspricht und die anderen Anspruchsgrundlagen dahingestellt sein läßt. Für einen Inzidentantrag auf Feststellung des Bestehens eines Beförderungsvertrages fehlt es dann an der erforderlichen Abhängigkeit, auch wenn die Parteien noch so sehr darüber gestritten haben, ob ein solcher Vertrag bestand. Ausführlich dazu unten Text bei Fußn. 543 ff.

535 Zur Klarstellung sei angemerkt, daß die „Verjährung" nicht als feststellungsfähiges Rechtsverhältnis aufzufassen ist. Es soll lediglich aufgezeigt werden, daß, um der Klage entsprechen zu können, jegliche positive und negative Anspruchsvoraussetzung nebst Einwendungen und Einreden vom Richter zu prüfen ist.

bedingt. Rechtsverhältnisse, auf die es für die Entscheidung nicht (mehr) ankommt, sind der Inzidentfeststellung nicht (mehr) zugänglich. Wird etwa die Klage im *Beispielsfall 1* deshalb abgewiesen, weil der Kläger nicht Eigentümer ist, und kommt es daher auf das Recht zum Besitz des Beklagten nicht mehr an, so ist lediglich die Vorfrage des Eigentums tatsächlich vorgreiflich. Wird sie wegen Verjährung abgewiesen, so ist weder die Eigentumsfrage noch die des Rechts zum Besitz vorgreiflich.

Erneut macht es hierbei keinen Unterschied, ob die Feststellung des wirklich vorgreiflichen Rechtsverhältnisses vom Kläger oder vom Beklagten begehrt wird und ob sie auf Bestehen oder Nichtbestehen gerichtet ist.

c) Konsequenz in der Anspruchsprüfung

Damit ergibt sich folgende Konsequenz in der Anspruchsprüfung, was anhand zweier Konstellationen verdeutlicht werden soll:

Beispiel: K verklagt B auf Kaufpreiszahlung. Eine der Parteien beantragt im Wege der Inzidentklage die Feststellung des (Nicht)Bestehens des Kaufvertrages. B behauptet, der Kaufvertrag sei sittenwidrig und erklärt darüber hinaus, daß er den Kaufpreis längst bezahlt habe, wofür er die entsprechenden Kontobelege überreicht.

Alternative: B erklärt statt der erfolgten Zahlung, daß er den Kaufvertrag wegen arglistiger Täuschung anfechte.

aa) Abhängigkeit von Anspruchsgrundlage und/oder rechtshindernder Einwendung

Weist das Gericht die Klage ab, weil es im *Beispiel* entweder den Bestand des Kaufvertrages mangels übereinstimmender Willenserklärungen verneint oder die rechtshindernde Einwendung der Sittenwidrigkeit für gegeben erachtet, so hat es zwangsweise in den Entscheidungsgründen zum Bestand des Kaufvertrages Stellung zu nehmen. Denn nach § 138 Abs. 1 BGB ist das Rechtsgeschäft (Kaufvertrag) bei Sittenwidrigkeit nichtig.

Wenn folglich die Entscheidung vom Vorliegen der Anspruchsgrundlage und/oder einer rechtshindernden Einwendung abhängt, dann wird damit zugleich (notwendigerweise) vom Gericht über das Bestehen des anspruchsbegründenden Rechtsverhältnisses entschieden, weshalb die Zwischenfeststellungsklage darüber zulässig ist. Dies unabhängig davon, ob sie auf Bestehen oder Nichtbestehen lautet und welche Partei den Antrag gestellt hat[536].

---

536 So auch *Hager*, KTS 54 (1993), 39 (49 f.); *Wieczorek/Schütze/Assmann*[3], § 256 Rdnr. 356. Auf die von *Hager* angesprochene Problematik, ob in dem Fall, daß gerade der Kläger negative Inzidentfeststellung des Kaufvertrages begehrt, ein Verstoß gegen Treu und Glauben liegen

bb) Abhängigkeit von rechtsvernichtender Einwendung

Weist das Gericht im *Beispiel* die Kaufpreisklage ab, weil es von der (urkundlich belegten) rechtsvernichtenden Einwendung der Erfüllung ausgeht, so braucht das anspruchsbegründende Rechtsverhältnis, der Bestand des Kaufvertrages, nicht mehr geprüft zu werden. Mehr noch, das Gericht wird die Frage dahingestellt sein lassen, da es hierauf nicht (mehr) ankommt, die Entscheidung hängt nicht davon ab. Die Inzidentfeststellungsklage des Klägers, gerichtet auf Feststellung des Bestehens des Kaufvertrages, ist damit mangels Präjudizialität unzulässig[537].

Sowohl *Hager*[538] als auch ihm folgend *Assmann*[539] halten jedoch die negative Zwischenfeststellungsklage des Beklagten für zulässig, „da mit dem Erlöschen des Rechtsverhältnisses zugleich sein Nichtbestehen feststeht“. Dieser Aussage kann meines Erachtens in ihrer Allgemeinheit nicht gefolgt werden. Erloschen ist nämlich nicht das anspruchsbegründende Rechtsverhältnis selbst (Kaufvertrag), sondern lediglich der daraus folgende *Anspruch*, der mit der Leistungsklage geltend gemacht wurde (Anspruch auf Kaufpreiszahlung). Dieser Anspruch ist zwar ein Rechtsverhältnis[540], aber dessen Feststellung wird gerade nicht begehrt und könnte es auch wegen anderweitiger Rechtshängigkeit nicht. Wenn auch der aus dem Rechtsverhältnis „Kaufvertrag“ fließende Anspruch auf Kaufpreiszahlung erloschen ist, läßt dies den Bestand des Kaufvertrages jedoch unberührt. Anderenfalls würden sämtliche weiteren aus dem Kaufvertrag resultierenden unerledigten Ansprüche gleichfalls erlöschen.

Entgegen der Ansicht von *Hager* und *Assmann* ist daher gleichfalls die negative Inzidentklage des Beklagten unzulässig, da sich das Gericht mit dem Bestehen des dem Anspruch zugrunde liegenden Rechtsverhältnisses nicht mehr befassen muß.

Anders ist dies jedoch in der Konstellation des *Alternativbeispiels*: Wenn das Gericht die Kaufpreisklage abweist, weil der Beklagte den Kaufvertrag *wirksam angefochten* hat, dann ist aufgrund der Rechtsnatur der Anfechtung als ex tunc wirkendes[541] Gestaltungsgeschäft der Kaufvertrag gem. § 142 Abs. 1 BGB von Anfang an nichtig. Damit ist nicht nur der in der Hauptsache geltend gemachte Anspruch auf Kaufpreiszahlung untergegangen, sondern zugleich das Nichtbestehen des Kaufvertrages festgestellt. Das Gericht trifft damit in den Entschei-

---

könnte, was in der von ihm besprochenen Entscheidung *BGH* NJW 1992, 1897, „fast mit Händen zu greifen“ war, braucht hier nicht näher eingegangen werden.

537 Ebenso *Hager*, KTS 54 (1993), 39 (50); *Wieczorek/Schütze/Assmann*[3], § 256 Rdnr. 356.

538 Vgl. *Hager*, KTS 54 (1993), 39 (51 sub 3).

539 Vgl. *Wieczorek/Schütze/Assmann*[3], § 256 Rdnr. 356.

540 Dazu bereits oben Text bei Fußn. 264.

541 Und damit in seiner Wirkung der rechtshindernden Einwendung vergleichbar.

dungsgründen zugleich eine Entscheidung über den Bestand des Kaufvertrages. Daher ist in diesem Fall sowohl die *Zwischenfeststellungsklage des Klägers* als auch die *des Beklagten zulässig*, mit dem einzigen Unterschied, daß die des Klägers unbegründet und die des Beklagten begründet ist.

d) Präkludierte Angriffs- und Verteidigungsmittel

Beispiel: Der Beklagte der Vindikationsklage behauptet im schriftlichen Vorverfahren erst nach (unentschuldigtem) Ablauf der Klageerwiderungsfrist des § 276 Abs. 1 Satz 2 ZPO in seiner Klageerwiderung ein Recht zum Besitz und beantragt im Wege der Inzidentfeststellungswiderklage, dieses feststellen zu lassen. Der Kläger bestreitet ein Recht des Beklagten zum Besitz.

Sofern das Gericht den Einwand des Rechts zum Besitz nach § 296 Abs. 1 ZPO als präkludiert zurückweist, da die Erledigung des Rechtsstreits durch die hierüber erforderliche Beweisaufnahme verzögert würde und der Beklagte die Verspätung auch nicht genügend entschuldigen kann, ist auch die Inzidentwiderklage hierüber unzulässig[542]. Denn aufgrund der Präklusion des Einwands des Rechts zum Besitz muß sich das Gericht mit dieser Frage nicht mehr beschäftigen, um über die Hauptklage entscheiden zu können. Die Entscheidung des Rechtsstreits hängt damit nicht vom Bestehen des Rechts zum Besitz ab.

e) Alternative Begründungsmöglichkeit

Der Frage nach der Zulässigkeit einer Zwischenfeststellung bei alternativer Begründungsmöglichkeit liegt ein Urteil des *OLG Köln*[543] zugrunde. Soweit dessen Sachverhalt trotz des fehlenden Tatbestands und der Kürze der wiedergegebenen Urteilsgründe der Entscheidung entnommen werden kann, konnte der Klageantrag, anscheinend auf Auskunft gerichtet, entweder auf die Anspruchsgrundlage § 260 BGB oder alternativ auf §§ 2027, 2314 BGB gestützt werden[544]. Die Inzidentfeststellungswiderklage, gerichtet auf Feststellung der Nichtbeteiligung der Klägerin am Nachlaß, erfüllte die Voraussetzung der Vorgreiflichkeit lediglich bei *einer* der Anspruchsgrundlagen. Das *OLG Köln* hat seine Entscheidung auf besagte Grundlage gestützt und die Vorgreiflichkeit bejaht. Hierbei hat es ausgeführt:

> „Dieser sog. Präjudizialität steht nicht entgegen, daß der Senat seine Entscheidung alternativ hätte begründen können. [...] Daraus folgt, daß die gewiß bestehende Freiheit des Gerichts zur alternativen Begründung nicht eingeschränkt werden darf, auch nicht, um das Zulässigkeitsmoment der Präjudizialität einer Inzidentklage aus § 256 Abs. 2 ZPO zu verneinen."

542 Vgl. *Enders*, ZAP 1996, 455 (464); *Rosenberg/Schwab/Gottwald*[17], § 96 Rdnr. 42.

543 *OLG Köln* MDR 1981, 678 f.

544 Vgl. *Enders*, ZAP 1996, 455 (467).

Zunächst einmal ist dem *OLG Köln* sowohl in seiner Entscheidung über die Inzidentklage als auch in seiner Begründung recht zu geben. Da sich das Gericht für eine Anspruchsgrundlage entschieden hat, für welche das festzustellende Rechtsverhältnis vorgreiflich war, weil hierüber in den Gründen zwangsläufig entschieden werden mußte, war die Zwischenfeststellungswiderklage zulässig. Daran ändert auch die Möglichkeit einer alternativen Begründung, bei der über das Rechtsverhältnis nicht hätte entschieden werden müssen, nichts. Denn das Gericht mußte bei seiner gewählten Rechtsfindung ohnehin in den Gründen auf das Rechtsverhältnis eingehen, weshalb nach dem Sinn und Zweck der Inzidentklage die Rechtskraft hierauf erstreckt werden konnte. Dem ist auch die Literatur beigetreten[545].

Nicht behandelt wurde dagegen vom *OLG Köln* die Frage, ob die Inzidentklage auch im umgekehrten Fall zulässig ist: Kann Vorgreiflichkeit angenommen werden, wenn im Fall alternativer Begründungsmöglichkeit das Gericht seine Entscheidung auf diejenige Anspruchsgrundlage stützt, bei der das *festzustellende Rechtsverhältnis nicht entschieden* werden muß?

Dies wird von *Becker-Eberhard*[546] sowie *Enders*[547] bejaht. Letzterer begründet diese Ansicht damit, daß das Ermessen des Gerichts bei der Entscheidung, auf welche Anspruchsgrundlage es die Urteilsbegründung stützen wolle, nicht die Zulässigkeit der Inzidentklage beeinflussen dürfe; das Gericht sei nicht gezwungen, die von ihm bevorzugte Anspruchsgrundlage aufzudecken. Zu Beginn des Rechtsstreits sei außerdem oft nicht absehbar, welche Anspruchsgrundlage sich einfacher begründen ließe. Die Partei wisse daher – käme es auf die konkrete Urteilsbegründung an – bis zum Vorliegen der schriftlichen Urteilsbegründung nicht, zu welcher Anspruchsgrundlage sie vorgreifliche Rechtsverhältnisse hätte feststellen lassen können.

Bei näherer Betrachtung zeigt sich jedoch, daß die von *Enders* angeführten Argumente nicht gegen die Anwendung der hier vertretenen restriktiven Präjudizialität sprechen:

Entsprechend dem Zweck des § 256 Abs. 2 ZPO ist die Inzidentklage nur dort gerechtfertigt, wo sich das Gericht tatsächlich in den Gründen mit dem festzustellenden Rechtsverhältnis zu befassen hat. Es macht keinen Unterschied,

---

545 Vgl. MünchKomm ZPO/*Becker-Eberhard*[4], § 256 Rdnr. 80; *Enders*, ZAP 1996, 455 (467); *Stein/Jonas/Roth*[22], § 256 Rdnr. 104 a. E.; *Wieczorek/Schütze/Assmann*[3], § 256 Rdnr. 353; *Zöller/Greger*, § 256 Rdnr. 21.

546 Vgl. MünchKomm ZPO/*Becker-Eberhard*[4], § 256 Rdnr. 80: „Umgekehrt reicht es aus, dass es bei mehreren Begründungsmöglichkeiten für die Hauptentscheidung einen Subsumtionsschluss gibt, für den das Rechtsverhältnis ein notwendiges Glied ist, auch wenn er nicht vom Gericht gewählt worden ist." So auch schon *G. Lüke* an selber Stelle in der Vorauflage.

547 Vgl. *Enders*, ZAP 1996, 455 (467).

ob das inzident festzustellende Rechtsverhältnis unerledigt bleibt, weil das Gericht aufgrund einer Einwendung oder Einrede des Beklagten nicht mehr darauf eingehen muß oder weil es seine Entscheidung auf eine alternative Anspruchsgrundlage stützt. Weder die eine noch die andere Situation ist zu Beginn des Rechtsstreits absehbar. Eine Ungleichbehandlung ist nicht gerechtfertigt. Dem Inzidentkläger geschieht dadurch auch kein Unrecht, denn an der Aufrechterhaltung einer unzulässigen (gewordenen) Klage besteht kein schützenswertes Interesse.

Um auf das bereits[548] angesprochene Beispiel zurück zu kommen, wenn das Unfallopfer aus Gefährdung, Delikt und Vertrag (Taxifahrt) klagt: Falls das Gericht dem Unfallopfer Schadensersatz aus Gefährdung zuspricht und die anderen Anspruchsgrundlagen dahingestellt sein läßt, ist für den Inzidentantrag auf Feststellung des Bestehens eine Beförderungsvertrages wegen der Taxifahrt keine Grundlage gegeben. Denn der Sinn und Zweck der Zwischenfeststellungsklage – Rechtskrafterstreckung auf das vom Gericht ohnehin zu prüfende Rechtsverhältnis – steht dem entgegen. Die Frage, ob ein Beförderungsvertrag besteht, wurde vom Gericht gerade nicht geprüft. Dem Gericht würde anderenfalls eine Prüfung aufgezwungen, die es nicht vornehmen mußte und wollte. Sofern der Inzidentkläger ein rechtliches Interesse i. S. v. § 256 Abs. 1 ZPO hat, steht ihm hierfür die prinzipale Feststellungsklage zur Verfügung. Wenn aber selbst ein rechtliches Interesse für die Prinzipalfeststellung nicht vorliegen sollte, ist nicht einzusehen, weshalb eine Inzidentfeststellung zugelassen werden sollte, obwohl die Entscheidung des Rechtsstreits *ungeachtet* des Rechtsverhältnisses zu treffen ist. Denn wie bereits ausgeführt, ist der Verzicht auf das ansonsten zu prüfende Feststellungsinteresse nur gerechtfertigt, wenn bei der Zwischenfeststellungsklage die Entscheidung *tatsächlich* vom (Nicht-) Bestehen des Rechtsverhältnisses abhängt.

Daher ist im Fall alternativer Begründungsmöglichkeit die Inzidentklage nur dann zulässig, wenn das Gericht bei der Wahl seiner Begründung ohnehin über das festzustellende Rechtsverhältnis zu entscheiden hat[549].

548 Oben in Fußn. 534.

549 So auch *Musielak/Foerste*, § 256 Rdnr. 41: „Dabei kommt es auf die realen Entscheidungsgründe an [...]; dass ein Sachurteil bei alternativer Begründung vorgreifliche Fragen behandeln *müsste*, rechtfertigt ebenfalls keine ergänzende Inanspruchnahme des Gerichts“ Ebenso *Baumbach/ Lauterbach/Albers/Hartmann*, § 256 Rdnr. 115 („Mehrere Begründungen“) und *Gomille*, NJW 2008, 274 (276), der einen weiteren interessanten Gedanken zur Begründung anführt: Demnach sei die *Interventionswirkung nach § 68 ZPO* funktionell der Zwischenfeststellungsklage insoweit vergleichbar, als sie eine rechtskraftähnliche Wirkung auch über präjudizielle Rechtsverhältnisse entfalte (vgl. dazu *BGH* NJW 1969, 1480, § 68 Rdnr. 5; *Thomas/Putzo/Hüßtege*, § 68 Rdnr. 1, 7). Sogenannte überschießende Feststellungen, solche also, auf denen die gerichtliche Entscheidung objektiv nach zutreffender Rechtsauffassung nicht beruht, seien von der Bindungswirkung des § 68 ZPO jedoch nicht erfaßt (vgl. *BGHZ* 157, 97 (99); *OLG Köln* NJW-RR 1992, 120; *Thomas/Putzo/*

Der Zwischenfeststellungskläger ist zudem ausreichend dadurch geschützt, daß er im Fall alternativer Anspruchsgrundlagen seinen *Inzidentantrag hilfsweise* für den Fall stellen kann, daß das Gericht diejenige Anspruchsgrundlage wählt, für die das Rechtsverhältnis vorgreiflich ist[550]. Bei der Vorgreiflichkeit handelt es sich um eine besondere Sachurteilsvoraussetzung und damit um einen von Amts wegen zu berücksichtigenden Punkt. Sollte das Gericht sich daher für die Anspruchsgrundlage entscheiden wollen, die zur Unzulässigkeit der Inzidentklage führt, ist es *nach § 139 Abs. 3 ZPO* verpflichtet, darauf *hinzuweisen*[551].

Sofern in dieser Situation der unbedingte Inzidentfeststellung beantragende Kläger ein rechtliches Interesse i. S. v. § 256 Abs. 1 ZPO hat, kann der Zwischenfeststellungsantrag als prinzipaler Feststellungsantrag aufrecht erhalten bleiben. Anderenfalls könnte der Inzidentkläger nur mit Zustimmung des Beklagten seinen Zwischenfeststellungsantrag gem. § 269 Abs. 1 ZPO und der Kostenfolge des § 269 Abs. 3 Satz 2 ZPO zurücknehmen[552]. Dies gilt jedenfalls nach Verhandlung des Beklagten zur Hauptsache. Nach h. M. soll die Erörterung von Zulässigkeitsfragen noch keine Verhandlung zur Hauptsache darstellen[553]. Demnach könnte eine Rücknahme der Inzidentklage ohne Einwilligung des Beklagten möglich sein, wenn vom Gericht auf deren Unzulässigkeit hingewiesen wird. Allerdings würde eine solche Sichtweise außer Acht lassen, daß die Erörterung der Zulässigkeit der Zwischenfeststellungsklage gerade vor dem Hintergrund der Begründetheit der Hauptklage und der Entscheidung des Gerichts für eine bestimmte Anspruchsgrundlage erfolgt. Vorzugswürdig erscheint mir daher, die Einwilligungsbedürftigkeit davon abhängig

---

Hüßtege, § 68 Rdnr. 5; *Zöller/Vollkommer*, § 68 Rdnr. 10 m. w. N.). Parallel dazu sei dieses Ergebnis auch bei der Inzidentklage im Fall alternativer Begründungsmöglichkeit gerechtfertigt.

550 Im soeben angesprochenen Verkehrsunfall-Beispiel etwa könnte der Antrag lauten: „Für den Fall, daß das Gericht dem Kläger Ansprüche aufgrund Beförderungsvertrags zuspricht, beantragt der Kläger im Wege der Inzidentklage die Feststellung des Bestehens dieses Vertrages zwischen den Parteien". Auf die Frage, ob ein solcher Hilfsantrag unter kostenrechtlichen Gesichtspunkten notwendig ist, wird im Rahmen der Gebührenfragen (unten Text bei Fußn. 1094 ff.) noch genauer eingegangen werden.

551 Vgl. *RGZ* 68, 186; *Baumbach/Lauterbach/Albers/Hartmann*, § 256 Rdnr. 118; *Stein/Jonas/Leipold*[22], § 139 Rdnr. 91. *Wagner* ist der Auffassung, daß bei Unzulässigkeit der Klage insoweit der Rat, die Klage zurückzunehmen, „üblich und empfehlenswert (Arbeitsersparnis, Kosten!)" sei, vgl. MünchKomm ZPO/*Wagner*[4], § 139 Rdnr. 54 a. E.

552 Fraglich ist insoweit, ob die Kosten dem Kläger aufzuerlegen sind. Meines Erachtens ist dies zu verneinen. Statt dessen sind die Kosten dem Beklagten durch reziproke Anwendung des § 93 ZPO im Rahmen von § 269 Abs. 3 Satz 2 Halbsatz 2 ZPO aufzuerlegen, da er durch sein Verhalten („streitig gewordenes Rechtsverhältnis") Anlaß zur Inzidentklageerhebung gegeben hat. Eine ähnliche Lösung schlägt *Roth* im Fall der Stufenklage vor, wenn sich nach der Auskunftserteilung herausstellt, daß ein Zahlungsanspruch nicht besteht, vgl. *Stein/Jonas/Roth*[22], § 254 Rdnr. 25.

553 Vgl. zu diesem Meinungsstreit MünchKomm ZPO/*Becker-Eberhard*[4], § 269 Rdnr. 22, mit Nachweisen zur h. M. in Fußn. 37.

zu machen, ob der Beklagte sich bereits auf Erörterungen zum Streitgegenstand der Haupt- oder Inzidentklage eingelassen hat[554].

f) Verbundverfahren

Im Zuge der neueren Rechtsprechung des *Bundesgerichtshofes* wurden zunehmend Zwischenfeststellungsklagen über die Nichtigkeit von Eheverträgen erhoben[555]. Dabei ist die hier interessierende Frage, ob es mit dem Zweck des § 256 Abs. 2 ZPO vereinbar ist, die Feststellung der Nichtigkeit des Ehevertrags *im Ganzen* zu beantragen.

Zur Veranschaulichung soll folgender, dem Urteil des *Bundesgerichtshofs*[556] vom 12. Januar 2005 zu Grunde liegender Sachverhalt dienen:

Die Parteien sind geschiedene Ehegatten; sie streiten über die Wirksamkeit eines von ihnen geschlossenen Ehevertrags, in dem sie Gütertrennung vereinbarten, den Versorgungsausgleich ausschlossen und wechselseitig auf nachehelichen Unterhalt verzichteten. Der Antragsteller verpflichtete sich für den Fall der Scheidung, an die Antragsgegnerin für jedes vollendete Ehejahr eine „Unterhaltsabfindung" zu zahlen. Das Amtsgericht – Familiengericht – hat die Ehe der Parteien geschieden und festgestellt, daß ein Versorgungsausgleich nicht stattfindet; den hilfsweise gestellten Antrag der Antragsgegnerin festzustellen, daß der Ehevertrag wegen Sittenwidrigkeit nichtig ist, hat es abgewiesen. Die Berufung der Antragsgegnerin wurde vom Oberlandesgericht zurückgewiesen. Mit der zugelassenen Revision verfolgt die Antragsgegnerin nur noch ihr Begehren auf Feststellung der Nichtigkeit des Ehevertrages und auf Durchführung des Versorgungsausgleichs weiter.

Der *Bundesgerichtshof* hat in dieser Entscheidung hinsichtlich der Zulässigkeit der Inzidentklage ausgeführt:

> „Das Oberlandesgericht hat den Feststellungsantrag der Antragsgegnerin zu Recht für zulässig erachtet. Zwar schließt § 610 Abs. 2 Satz 1 ZPO Widerklagen aus, die auf andere als die in § 610 Abs. 1 ZPO genannten Ziele gerichtet sind. Die Möglichkeit, im Verbund Folgesachen geltend zu machen, bleibt jedoch nach § 610 Abs. 2 Satz 2 in Verbindung mit § 623 ZPO unberührt. Dies schließt die Befugnis ein, im Zusammenhang mit dem Scheidungsverfahren – auch widerklagend – eine Zwischenfeststellungsklage zu erheben, sofern deren Voraussetzungen [...] erfüllt sind. Das ist hier der Fall. Im Verbund mit der Scheidung war über den Versorgungsausgleich zu befinden. Dieser war nur dann nicht durchzuführen, wenn die Parteien ihn wirksam ausgeschlossen haben. An einem wirksamen Ausschluß des Versorgungsausgleichs fehlt es,

554 In diesem Sinne auch MünchKomm ZPO/*Patzina*[4], § 39 Rdnr. 6, im Rahmen der Frage, ob und wann ein rügeloses Verhandeln zur Hauptsache i. S. v. § 39 ZPO vorliegt.

555 Vgl. *Gomille*, NJW 2008, 274. Ausgangspunkt der neueren Rechtsprechung ist die Entscheidung *BGHZ* 158, 81 ff.

556 *BGH* NJW 2005, 1370 (XII ZR 238/03).

wenn – wie die Antragsgegnerin festzustellen begehrt – der von den Parteien geschlossene Ehevertrag nichtig ist. Die geltend gemachte Nichtigkeit des Ehevertrags betrifft [...] ein Rechtsverhältnis, das für die Entscheidung über den Versorgungsausgleich vorgreiflich ist.“

Die Entscheidung des *BGH* erging noch unter Anwendung des vor Einführung des FamFG[557] zum 1. September 2009 geltenden Rechts.

Seit Einführung des FamFG sind insoweit § 126 Abs. 2, § 137 und § 113 FamFG zu beachten. Gem. § 113 Abs. 1 Satz 2 FamFG gelten in Ehesachen (§ 111 Nr. 1 FamFG) und Familienstreitsachen (§ 112 FamFG) die Allgemeinen Vorschriften der ZPO und die Vorschriften der ZPO über das Verfahren vor den Ladgerichten entsprechend. Über diese Verweisung findet folglich auch § 256 Abs. 2 ZPO Anwendung. Da das einschlägige Verfahrensgesetz für Familiensachen zunächst das FamFG ist, Ehesachen und Familienstreitsachen jedoch kontradiktorische Verfahren darstellen, verweist § 113 diesbezüglich in weitem Umfang auf die ZPO[558].

Abweichend von § 113 Abs. 1 Satz 2 FamFG (i. V. m. §§ 33, 147 260 ZPO) besteht gem. § 126 Abs. 2 Satz 1 FamFG jedoch grundsätzlich ein Verbindungsverbot einer Ehesache mit einer anderen Familiensache als einer Ehesache[559]. Auch eine Verbindung mit einer Nichtfamiliensache ist unzulässig[560]. Eine Ausnahme hiervon besteht gem. § 126 Abs. 2 Satz 2 i. V. m. § 137 FamFG, wonach zwischen einer Scheidungssache und einer Familiensache als Folgesache grundsätzlich ein Entscheidungs- und Verfahrensverbund zu bestehen hat[561]. Damit muß das Familiengericht nach neuem Recht über jede Folgesache grundsätzlich gleichzeitig und zusammen mit der Scheidungssache verhandeln und bei der Scheidung entscheiden (vgl. § 142 FamFG)[562].

Hierzu zählen unter anderem nach § 137 Abs. 2 Nr. 1 FamFG Versorgungsausgleichssachen (§ 217 FamFG). Soweit die Ehegatten nach den §§ 6 bis 8 VersAusglG eine Vereinbarung über den Versorgungsausgleich treffen, handelt es sich um ein Versorgungsausgleichsverfahren[563]. Ebenso unter dem Gesichtspunkt

---

557 Verkündet als Art. 1 Gesetz zur Reform des Verfahrens in Familiensachen und in den Angelegenheiten der freiwilligen Gerichtsbarkeit (FGG-Reformgesetz) vom 17. Dezember 2008 (BGBl. I 2008, S. 2586).

558 Vgl. MünchKomm ZPO/*Fischer*[3], FamFG § 113 Rdnr. 1.

559 Vgl. *Baumbach/Lauterbach/Albers/Hartmann*, FamFG § 126 Rdnr. 1 (in der 70. Auflage noch mit dem Hinweis, daß § 126 Abs. 2 FamFG inhaltlich und weitgehend wörtlich den früheren § 610 Abs. 2 ZPO übernimmt).

560 Vgl. MünchKomm ZPO/*Hilbig*[3], FamFG § 126 Rdnr. 7.

561 Vgl. MünchKomm ZPO/*Hilbig*[3], FamFG § 126 Rdnr. 8. Die Vorschrift des § 137 FamFG übernimmt hierbei inhaltlich weitgehend den früheren § 623 ZPO, vgl. *Baumbach/Lauterbach/Albers/Hartmann*, 70. Auflage, FamFG § 137 Rdnr. 1.

562 Verhandlungs- und Entscheidungsverbund, vgl. *Baumbach/Lauterbach/Albers/Hartmann*, FamFG § 137 Rdnr. 7.

563 Vgl. MünchKomm ZPO/*Stein*[3], FamFG § 217 Rdnr. 6.

des Sachzusammenhangs bei Streitigkeiten, die sich im Hinblick auf einen Vertrag zwecks Regelung des Versorgungsausgleichs oder bei dessen Durchführung und Abwicklung ergeben[564].

Da nach richtiger[565] Auffassung des *BGH* sämtliche Verbundsachen gem. § 623 ZPO a.F. die Möglichkeit einschlossen, im Verbundverfahren eine entsprechende Inzidentklage zu erheben, sofern die Voraussetzungen des § 256 Abs. 2 ZPO vorliegen, ist die entscheidende Frage in dieser (und den gleich gelagerten) Konstellationen auch nach neuem Recht:

Hängt die Entscheidung über die Hauptklage (besser: Antrag) wirklich vom Bestehen bzw. Nichtbestehen des *gesamten* Ehevertrages ab? Oder anders formuliert: Ist für die Entscheidung in der Hauptsache *zwangsläufig* die Nichtigkeit des *gesamten Ehevertrages* zu prüfen?

Die Antwort muß grundsätzlich verneinend sein[566].

aa) Separate Wirksamkeitsprüfung der einzelnen Klausel

Normativer Maßstab für die Bewertung der Wirksamkeit ist regelmäßig § 138 Abs. 1 BGB[567]. Der *BGH* betonte zunächst die Gesamtwürdigung sämtlicher Teile des Ehevertrages und stellte fest, aus dieser könne die Totalnichtigkeit eines (mehrere Scheidungsfolgen regelnden) Vertrages folgen[568]. Da das Sittenwidrigkeitsurteil sich indes stets auf den Inhalt des fraglichen Rechtsgeschäfts bezieht, müssen inhaltlich selbständige Regelungsgegenstände im Ausgangspunkt auch selbständig zu würdigen sein. Die gewillkürte Zusammenfassung mehrerer Scheidungsfolgen zu einem einheitlichen Vertrag sorgt demgegenüber überhaupt erst dafür, daß die Nichtigkeit der einen Teilregelung gem. § 139 BGB Auswirkungen auf die übrigen zeitigen kann. Folgerichtig hat der *BGH* in den zwischenzeitlich ergangenen weiteren Entscheidungen den Sittenverstoß für jede der mehreren im einheitlichen Ehevertrag geregelten Scheidungsfolgen gesondert geprüft[569].

---

564 Vgl. MünchKomm ZPO/*Stein*[3], FamFG § 217 Rdnr. 10.

565 Dem stimmen gleichfalls *OLG Frankfurt a. M.* FamRZ 1983, 176; *OLG Köln* FamRZ 2006, 1768; *Gomille*, NJW 2008, 274; *Stein/Jonas/Roth*[22], § 256 Rdnr. 111; *Stein/Jonas/Schumann*[21], § 256 Rdnr. 143, zu.

566 So auch *Gomille*, NJW 2008, 274 ff.

567 So beispielsweise für den Versorgungsausgleich, vgl. MünchKomm ZPO/*Stein*[3], FamFG Vor §§ 217 ff. Rdnr. 30: In § 8 VersAusglG sind nunmehr die materiellen Voraussetzungen für die Wirksamkeit der Vereinbarung geregelt. Sie muß wie bislang einer Inhalts- und Ausübungskontrolle standhalten. Bei der Inhaltskontrolle ist auf eine mögliche Unwirksamkeit der Vereinbarung, insbesondere wegen Sittenwidrigkeit nach § 138 BGB, abzustellen und dabei die höchstrichterliche Rechtsprechung zu beachten.

568 Vgl. *BGHZ* 158, 81 (100 ff.).

569 Vgl. *Gomille*, NJW 2008, 274 (275) unter Verweis auf *BGH* NJW 2005, 2386 (2388); 2006, 3142.

Demnach ist jede Scheidungsfolgenregelung für sich anhand von § 138 Abs. 1 BGB auf ihre Wirksamkeit hin zu überprüfen. Erweist sie sich als sittenwidrig und damit unwirksam, beeinflußt dies den Rest des Vertrages lediglich über § 139 BGB.

bb) Konsequenz für das Abhängigkeitsverhältnis

Ist die im Hauptantrag streitgegenständliche Scheidungsfolgenregel (z. B. Versorgungsausgleich) bereits aus sich heraus wegen § 138 Abs. 1 BGB unwirksam, so bedarf es zur Entscheidung über die Hauptklage (Anspruch auf Versorgungsausgleich) keiner weiteren Feststellung über die Wirksamkeit der restlichen Bestimmungen des Ehevertrages[570]. Denn das Gericht kann der Hauptklage bereits deshalb stattgeben, weil die diesbezügliche Regelung (Ausschluß des Versorgungsausgleichs) unwirksam ist[571]. Ob daneben die Regelungen über den nachehelichen Unterhalt oder den Zugewinnausgleich gleichfalls unwirksam sind, ist für die Entscheidung über den Versorgungsausgleich ohne Relevanz[572]. Wie bereits dargestellt, scheiden derartige Rechtsverhältnisse von der Inzidentfeststellung aus, weil über sie nicht ohnehin in den Entscheidungsgründen zu befinden ist. Vorgreiflich ist damit *lediglich dasjenige* Rechtsverhältnis, welches der den Hauptantrag betreffenden Scheidungsfolgenregelung zugrunde liegt[573].

Eine *Ausnahme* ist nur für den Fall anzunehmen, wenn die für die Hauptsache vorgreifliche Scheidungsfolgenregelung gerade nicht für sich unwirksam ist, sondern sich deren *Unwirksamkeit erst daraus* ergibt, daß der *Vertrag im Ganzen nichtig* ist. Etwa aufgrund des *Summierungseffekts* mehrerer jeweils an sich zulässiger Regelungen oder weil die Unwirksamkeit aus einem *Beurkundungsmangel* des Vertrages folgt[574], die geltend gemachte Scheidungsfolgenregelung ansonsten aber wirksam wäre.

Grundsätzlich ist damit nur die *einzelne*, geltend gemachte *Rechtsfolge*, *nicht* aber der *Ehevertrag im Ganzen* vorgreiflich für die Entscheidung des Rechtsstreits.

---

570 Vgl. *OLG Frankfurt a. M.* FamRZ 1983, 176 (177); *Gomille*, NJW 2008, 274 (275).

571 Sofern die sonstigen Voraussetzungen für einen Anspruch auf Versorgungsausgleich gegeben sind. Nicht anders ist es im umgekehrten Fall, wenn die Scheidungsfolgenregelung im Ehevertrag wirksam ist. Dann ist die Hauptklage über den Anspruch auf Versorgungsausgleich unabhängig vom Schicksal der übrigen Scheidungsfolgenregelungen abzuweisen.

572 Ebenso *OLG Köln* FamRZ 2006, 1768; *Stein/Jonas/Roth*[22], § 256 Rdnr. 111.

573 Vgl. *Gomille*, NJW 2008, 274 (275), der zudem anführt, daß das Ergebnis auch dem Zweck des Scheidungsverbundes entspreche, die Rechtskraft nur den im Verbund ausgewählten Folgesachen zukommen zu lassen, vgl. *Gomille*, NJW 2008, 274 (276 f.).

574 Nach § 7 VersAusglG beispielsweise müssen Vereinbarungen über den Versorgungsausgleich grundsätzlich notariell beurkundet oder gerichtlich protokolliert werden, vgl. MünchKomm ZPO/*Stein*[3], FamFG Vor §§ 217 ff. Rdnr. 29.

cc) Kein Fall „teilweiser“ Abhängigkeit

Unabhängig davon, wie das Merkmal „teilweiser“ Abhängigkeit zu verstehen ist[575], vermag dies an dem gefundenen Ergebnis nichts zu ändern, da der Ehevertrag in den hier erörterten Konstellationen mehrere Regelungsgegenstände in sich vereint, von denen für die Hauptsache lediglich einer entscheidungserheblich ist[576]. Deshalb hängt die Entscheidung des Rechtsstreits in der Hauptsache über die einzelne Scheidungsfolge (regelmäßig) weder ganz noch teilweise, sondern überhaupt nicht von der Feststellung der Unwirksamkeit des Ehevertrages im Ganzen ab.

Die Zwischenfeststellungsklage ist daher regelmäßig lediglich über die einzelne Scheidungsfolgenregelung im Ehevertrag zulässig.

D. Reaktionen bei fehlender Präjudizialität

Die bisherigen Ausführungen lassen erkennen, daß es zwei unterschiedliche Konstellationen gibt, in denen die Zwischenfeststellungsklage nicht vorgreiflich ist. Die eine Situation kann man als „stabil“, die andere als „labil“ bezeichnen[577].

1. Ursprünglich fehlende Vorgreiflichkeit

Stabil ist die Prozeßlage bei derjenigen Inzidentfeststellungsklage, die auf ein Rechtverhältnis zielt, von dessen Bestehen oder Nichtbestehen die Entscheidung über die Hauptklage *von vornherein nicht abhängen kann*. Als Beispiel dient etwa der Fall, daß der Beklagte gegenüber der Vindikationsklage die Zwischenfeststellung begehrt, der Kläger habe aus der Geschäftsbeziehung keine Ansprüche gegen den Beklagten, oder gegenüber der Kaufpreisklage begehrt der Beklagte die Feststellung, daß dem Bruder des Klägers keine Ansprüche gegen den Beklagten aus Werkvertrag zustehen.

Die Unzulässigkeit einer solchen Klage ist schon bei Klageerhebung deutlich erkennbar, weil vom Nichtbestehen der Ansprüche des Klägers aus der Geschäftsbeziehung niemals die Entscheidung über den Herausgabeanspruch abhängen kann[578]. Ebenso wenig kann die Entscheidung über die Kaufpreisklage davon abhängen, ob dem Bruder des Klägers aus einem anderen Vertrag Ansprüche zustehen. In diesen Fällen stabiler Unzulässigkeit ist die Unmöglichkeit einer Abhängigkeit evident. Sie sind nicht anders zu behandeln als die Konstellationen, in

575 Dazu unten Text bei Fußn. 611 ff.

576 Vgl. *Gomille*, NJW 2008, 274 (275 f.).

577 So die Terminologie von *Schumann*, FS Georgiades, 543 (564).

578 Vgl. *Schumann*, FS Georgiades, 543 (565).

denen die Inzidentklage sonst von vornherein unzulässig ist, etwa, weil die Inzidentklage nicht auf die Feststellung eines Rechtsverhältnisses gerichtet ist.

Die Zwischenfeststellungs(wider)klage ist bei stabiler Unzulässigkeit vielmehr durch *Prozeßurteil* abzuweisen, sofern sie sich nicht als *prinzipale Feststellungsklage* aufrecht erhalten läßt[579].

2. *Wegfall der Vorgreiflichkeit im Laufe des Prozesses*

Labil hingegen ist die prozessuale Situation bei den Zwischenfeststellungsklagen, die *im Zeitpunkt ihrer Erhebung* keineswegs ein gegenüber der Hauptklage evident nichtbedingendes Rechtsverhältnis zum Gegenstand hatten. Hier bestand in diesem Zeitpunkt eine durchaus offene Prozeßlage mit der Aussicht, daß das Gericht seine Entscheidung auf das Rechtsverhältnis gründet, das Gegenstand der Inzidentklage ist[580]. Mit der „stabilen" Prozeßlage sind diese Konstellationen nicht zu vergleichen. Gemeinsam ist diesen Fällen, daß die Vorgreiflichkeit aufgrund einer für die Hauptklage relevanten Entwicklung im Laufe des Prozesses weggefallen ist und es daher für die Entscheidung der Hauptklage nicht mehr auf das „präjudizielle" Rechtsverhältnis ankommt.

a) Prozeßabweisung der Hauptklage

Einer dieser „labilen" Fälle ist die Prozeßabweisung der Hauptklage. Als Beispiel wählt *Schumann*[581] hierfür die Inzidentwiderklage auf Feststellung des Nichtbestehens der Gesamtforderung und Abweisung der Hauptklage auf einen Teilbetrag mangels deutscher internationaler Zuständigkeit. *Schollmeyer*[582] führte den Fall an, daß die Klageforderung nach Erhebung der Inzidentfeststellungswiderklage wegen Unzulässigkeit des Rechtswegs abgewiesen wird. Die Prozeßabweisung in der Hauptsache ist ersichtlich nicht von dem Bestehen oder Nichtbestehen des Inzidentrechtsverhältnisses abhängig. Etwas anderes gilt allenfalls dann, wenn gerade die Prozeßabweisung vom Bestehen eines Rechtsverhältnisses, dessen Feststellung mittels Inzidentklage begehrt wird, abhängt[583].

---

579 Vgl. *Stein/Jonas/Roth*[22], § 256 Rdnr. 104 m. w. N. in Fußn. 584.

580 Vgl. *Schumann*, FS Georgiades, 543 (565).

581 Vgl. *Schumann*, a. a. O.

582 Vgl. *Schollmeyer*, Compensationseinrede, S. 30. Nach seiner Auffassung ist die Inzidentklage daher generell nur bedingt erhoben: „In der Erhebung des Feststellungsantrages liegt eben nur ein Begehren rechtskräftiger Entscheidung für den Fall, daß es auf den fraglichen Punkt bei der Entscheidung des Rechtsstreits ankommen sollte", vgl. *Schollmeyer*, a. a. O.

583 Denkbar wäre etwa eine Zwischenfeststellungsklage über die Nichtigkeit eines Urteils, weil sich der Beklagte diesbezüglich für die Hauptklage auf den Einwand entgegenstehender Rechtskraft (res judicata) beruft. Wenn das erste Urteil nicht nichtig ist und der zweiten Klage daher die

b) Sachabweisung der Hauptklage

Der wohl häufigste Fall dürfte sein, daß die Hauptklage in der Sache unabhängig vom Bestehen oder Nichtbestehen des Rechtsverhältnisses abgewiesen wird. So, wenn die Vindikationsklage wegen fehlenden Eigentums abgewiesen wird und es nicht mehr auf das dem Zwischenfeststellungswiderklageantrag zugrunde liegende Recht zum Besitz des Beklagten ankommt[584]. Oder im Rechtsstreit um eine Grunddienstbarkeit das Eigentum des Klägers am herrschenden Grundstück bestritten und Gegenstand der Inzidentfeststellung ist, die Klage aber unabhängig davon abgewiesen wird, weil der Beklagte urkundlich belegt darlegt, daß die Grunddienstbarkeit gem. §§ 875, 876 BGB rechtsgeschäftlich bereits aufgehoben sei[585]. Oder die Hauptklage wird wegen Verjährung abgewiesen, ohne daß das Gericht das Rechtsverhältnis überhaupt prüft[586].

c) Zurücknahme der Hauptklage

Gemeinhin wird hierzu auch der Fall gerechnet, daß die Hauptklage zurückgenommen wird, wodurch die Vorgreiflichkeit beseitigt und die Zwischenfeststellungs(wider)klage unzulässig werde[587]. Nach der hier vertretenen Ansicht folgt dagegen die Unzulässigkeit der Inzidentklage primär nicht aus einem fehlenden Abhängigkeitsverhältnis, sondern bereits aus dem Fehlen der besonderen Prozeßvoraussetzung einer rechtshängigen Hauptklage[588].

d) Stattgabe der Hauptklage

Seltener sind die Fälle, daß der Hauptklage stattgegeben wird, es aber dennoch nicht mehr auf das festzustellende Rechtsverhältnis ankommt. Dazu zählt die bereits dargelegte alternative Begründungsmöglichkeit[589].

Rechtskraft entgegensteht, wäre sie als unzulässig abzuweisen. Diese Fälle dürften jedoch äußerst selten sein.

584 Vgl. *Schumann*, FS Georgiades, 543 (565 f.).

585 Vgl. *Schollmeyer*, Compensationseinrede, S. 30.

586 So oben Text nach Fußn. 486 im *Beispiel 1*.

587 Beispielhaft *Baumbach/Lauterbach/Albers/Hartmann*, § 256 Rdnr. 115 („Klagerücknahme"); MünchKomm ZPO/*Becker-Eberhard*[4], § 256 Rdnr. 82; *Schumann*, FS Georgiades, 543 (566); *Stein/Jonas/Roth*[22], § 256 Rdnr. 105; *Thomas/Putzo/Reichold*, § 256 Rdnr. 34; *Wieczorek/Schütze/Assmann*[3], § 256 Rdnr. 358.

588 Dazu oben Text bei Fußn. 232 ff.

589 Dazu oben Text bei Fußn. 543 ff. Denkbar wäre auch im Verbundverfahren die Feststellung der Nichtigkeit des Ehevertrags im Ganzen, weil sich nach dem Vortrag des Inzidentklägers nur daraus die Unwirksamkeit der eigentlich präjudiziellen Rechtsfolgenregelung ergebe. Das Gericht gelangt jedoch zur Überzeugung, daß die betroffene Regelung aus sich heraus bereits unwirksam ist, vgl. oben Text bei Fußn. 566 ff.

3. *Lösungen*

Wie *Schumann*[590] anmerkt, ist die Gleichbehandlung des „anfänglichen“ und des „nachträglichen“ Wegfalls der Vorgreiflichkeit nicht gerade glücklich, da der Inzidentkläger bis zur Entscheidung über die Haupt- und Inzidentklage davon ausgeht, daß seine Klage zulässig ist. Zwar ist insoweit vom Gericht nach § 139 Abs. 3 ZPO ein Hinweis zu erteilen, wenn es zur Auffassung gelangt, daß es bei seiner Entscheidung auf das festzustellende Rechtsverhältnis nicht mehr ankommen wird[591]. Dies hindert aber nicht die Unzulässigkeit der Inzidentklage an sich. Zumal eine Aufrechterhaltung als prinzipale Feststellungsklage nicht in Frage kommt, wenn ein rechtliches Interesse nicht (mehr) gegeben sein sollte.

Freilich gibt es kein schützenswertes Interesse an der Zulassung und sachlichen Verbescheidung unzulässiger Klagen, dennoch stellt sich die Frage, wie dem Interesse des Zwischenfeststellungsklägers Rechnung getragen werden kann, um einer für ihn möglicherweise überraschenden Prozeßabweisung zu entgehen.

Auf jeden Fall muß der bereits eindeutig abgelehnte Weg ausscheiden, am Gesetzestext und Gesetzeszweck vorbei nicht auf den *wirklichen* Urteilsgegenstand abzustellen, sondern die *Möglichkeit* einer Vorgreiflichkeit des Rechtsverhältnisses genügen zu lassen[592].

a) Keine „perpetuatio litis“

Man könnte auf den Gedanken verfallen, von einer Art perpetuatio fori (§ 261 Abs. 3 Nr. 2 ZPO, § 17 Abs. 1 Satz 1 GVG) auszugehen. Doch ist eine solche Lösung bereits aus dem Grund zu verwerfen, daß es sich hier *nicht* um die Frage einer (weiterhin bestehenden) *gerichtlichen Kompetenz* (Zuständigkeit oder Rechtsweg) handelt[593]. Eine „perpetuatio litis“ – eine allgemeine Fortdauer der Zulässigkeit der Klage – kennt das deutsche Zivilprozeßrecht nämlich nicht[594]. Für den Kläger ist das Unzulässigwerden der Klage in der Regel auch erträglich, weil grundsätzlich der Beklagte (wegen der Möglichkeit der Erledigungserklärung durch den Kläger) das Risiko trägt, daß eine erfolgreiche Klage unzulässig wird[595].

590 Vgl. *Schumann*, FS Georgiades, 543 (566).
591 Dazu oben Text bei Fußn. 551.
592 Vgl. *Schumann*, FS Georgiades, 543 (566).
593 Vgl. *Schumann*, FS Georgiades, 543 (567); *Stein/Jonas/Roth*[22], § 256 Rdnr. 105.
594 Vgl. *Stein/Jonas/Roth*[22], § 261 Rdnr. 41.
595 Vgl. *Stein/Jonas/Roth*[22], § 261 Rdnr. 42.

b) Erledigungserklärung

Fraglich ist, ob in den oben dargestellten Konstellationen eine *Erledigungserklärung* zuzulassen ist. Dies wird von *Schumann* bestritten mit dem Hinweis, zu erledigen vermöge sich nur die zulässige und begründete Klage, wohingegen man hier vor Entscheidung des Rechtsstreits aber nicht wisse, ob die Zwischenfeststellungsklage überhaupt zulässig sei[596]. Dies sei die Konsequenz, da die Zwischenfeststellungsklage nicht auf dem Zusammenhang mit dem Streitgegenstand der Hauptklage, sondern dem Urteilsgegenstand aufbaue. Die Abhängigkeit des Urteilsgegenstands von dem festzustellenden Rechtsverhältnis liege erst in dem Zeitpunkt vor, in welchem das Gericht die „Entscheidung des Rechtsstreits" getroffen habe, weshalb es vorher keine Zulässigkeit der Inzidentklage geben könne.

Ich teile die Auffassung von *Schumann*, daß erst zu diesem Zeitpunkt die Abhängigkeit tatsächlich vorliegt und vorliegen muß, weshalb grundsätzlich nur eine einheitliche Entscheidung über Haupt- und Inzidentklage zulässig ist und es *vorher keine Zulässigkeit der Zwischenfeststellungsklage* geben kann. Ebenfalls sprechen gegen die Zulassung einer einseitigen Erledigungserklärung der Zweck der Zwischenfeststellungsklage und der Grund ihrer Unzulässigkeit selbst:

Die Unzulässigkeit resultiert daraus, daß sich das Gericht in den Entscheidungsgründen nicht mehr mit dem Rechtsverhältnis befassen muß; der Rationalisierungseffekt, der mit § 256 Abs. 2 ZPO verfolgt wird, kann folglich nicht eintreten, da eine Erstreckung der Rechtskraft auf die Gründe nicht stattfinden kann. Würde man eine einseitige Erledigungserklärung (d. h. gem. § 264 Nr. 2 ZPO[597] die Änderung der Klage in die Feststellung, daß die ursprünglich zulässige und begründete Klage durch ein nach Rechtshängigkeit eintretendes Ereignis unzulässig wurde) zulassen, müßte das Gericht sich im Rahmen der Begründetheit der geänderten Klage mit dem Rechtsverhältnis befassen. Der zusätzliche Aufwand, der vermieden werden sollte, fällt jetzt gerade an. Obwohl sich das Gericht in den Gründen zur Hauptsache nicht mehr mit dem Rechtsverhältnis befassen muß, nach der Theorie von *v. Savigny* gleichfalls keine Rechtskraft einträte, wird dem Gericht nunmehr eine Prüfung aufgenötigt, deren Fehlen gerade Ursache der Unzulässigkeit der Inzidentklage ist. Mittels der einseitigen Erledigungserklä-

---

596 Vgl. *Schumann*, FS Georgiades, 543 (567) Fußn. 108. Allerdings mit der Einschränkung auf einseitige Erledigungserklärungen, da bei übereinstimmender Erledigungserklärung (§ 91a ZPO) nicht erforderlich ist, daß tatsächlich eine Erledigung vorliegt.

597 So die Klageänderungstheorie der herrschenden Meinung, vgl. *BGH* NJW 1994, 2363 (2264); 2002, 442; *BGH* NJW-RR 1993, 1319 (1320); *Baumbach/Lauterbach/Albers/Hartmann*, § 91a Rdnr. 168; *Stein/Jonas/Schumann*[21], § 264 Rdnr. 66 a. E.; *Thomas/Putzo/Hüßtege*, § 91a Rdnr. 32; *Zöller/Vollkommer*, § 91a Rdnr. 34 m. w. N.; a. A. *Stein/Jonas/Roth*[22], § 264 Rdnr. 15 a. E.; *Rosenberg/Schwab/Gottwald*[17], § 131 Rdnr. 22 (beide präferieren § 264 Nr. 3 ZPO); *Blomeyer*, Erkenntnisverfahren[2], § 64 I, S. 333 ff. (Klagerücknahmetheorie).

rung würde folglich der Zweck der Zwischenfeststellungsklage, die innere Rechtfertigung für ihre Unzulässigkeit, geradezu konterkariert. Eine (einseitige) Erledigungserklärung scheidet demnach als Lösung aus.

c) Die Eventual-Zwischenfeststellungsklage

Verfahrensgerechte Ergebnisse bei den behandelten Fallgruppen werden aber über die *Eventualzwischenfeststellungsklage* erreicht[598]. Sie stellt ebenso wie der Hilfsantrag und die hilfsweise Widerklage ein klassisches prozessuales Mittel dar[599]. Da eine nicht bedingte Hauptklage vorliegt, besteht zwischen den Prozeßparteien ein festes Prozeßrechtsverhältnis, in dessen Rahmen die innerprozessual bedingte Prozeßhandlung – etwa der Hilfsantrag des Klägers und die Eventualwiderklage des Beklagten – grundsätzlich zulässig ist[600]. Transponiert auf die Zwischenfeststellungsklage ist es der *Eventualzwischenfeststellungsantrag des Klägers* (der Vindikationsklage z. B. ist der hilfsweise Inzidentantrag auf Feststellung des Eigentums des Klägers beigefügt) und *die Eventualzwischenfeststellungswiderklage des Beklagten* (der Klageabweisungsantrag ist von der Eventualinzidentwiderklage begleitet, daß festgestellt werde, der Beklagte habe ein Recht zum Besitz)[601].

Eine *ausdrücklich bedingte* Erhebung der Zwischenfeststellungsklage ist freilich dann nicht erforderlich, wenn man – wie im älteren Schrifttum vertreten – von vornherein annimmt, diese Klage sei ohnehin durch eine Sachentscheidung der Hauptklage unter Prüfung des Rechtsverhältnisses bedingt, so z. B. *Schollmeyer*[602], *Jonas*[603], *Walsmann*[604] oder *Bergerhoff*[605].

598 Vgl. *Schumann*, FS Georgiades, 543 (568).

599 Vgl. *BGH* NJW 1998, 3117; *BGH* NJW-RR 1994, 1272 (1273); *Schumann*, FS Georgiades, 543 (568).

600 Vgl. *BGH* WM 1995, 701; *Rosenberg/Schwab/Gottwald*[17], § 65 Rdnr. 25 ff.; *Schumann*, FS Georgiades, 543 (568); *Schumann*, ZPO-Klausur, Rdnr. 60, 241; *Stein/Jonas/Leipold*[22], vor § 128 Rdnr. 268.

601 Vgl. *Schumann*, FS Georgiades, 543 (568). Bei beiden Anträgen liegt ein sog. *unechtes Eventualverhältnis* vor, da sie jeweils für den Fall gestellt sind, daß der in der Hauptsache verfolgte Prinzipalantrag Erfolg hat, vgl. dazu und zur Terminologie *BGH* NJW 2001, 1285; *Rosenberg/Schwab/Gottwald*[17], § 65 Rdnr. 30; *Stein/Jonas/Roth*[22], § 260 Rdnr. 12, 21. Der Kläger stellt seinen Inzidentantrag also für den Fall der *Begründetheit* der *Hauptklage*, der Beklagte seinen Inzidentantrag für den Fall, daß sein *Klagabweisungsantrag erfolgreich* ist.

602 Vgl. *Schollmeyer*, Compensationseinrede, S. 30. Siehe dazu das Zitat oben in Fußn. 582.

603 Vgl. *Gaupp/Stein/Jonas*, § 280 Anm. IV 2: „Durch die Inzidentklage wird die Rechtshängigkeit [...] begründet, und zwar unter der auflösenden Bedingung, daß das Gericht die Entscheidung ablehnt, weil die Hauptentscheidung von dem Rechtsverhältnis nicht abhängig ist".

604 Vgl. *Seuffert/Walsmann*, § 280 Anm. 7: „Einer besonderen Zurückweisung des Inzidentantrags bedarf es in diesem Falle nicht; denn der Antrag ist unter der Voraussetzung erhoben, daß ein Urteil zur Hauptsache erlassen wird."

605 Vgl. *Bergerhoff*, Zwischenfeststellungsklage, S. 63: „Daher läßt sich mit Fug und Recht sagen, daß durch die Erhebung einer Zwischenfeststellungsklage Rechtshängigkeit nur unter der auflösenden

Es fragt sich lediglich, wie die jeweilige Bedingung formuliert wird. Letztlich geht es darum, die erst im Endurteil tatsächlich vorliegende Präjudizialität des festzustellenden Rechtsverhältnisses zur Bedingung der Klageerhebung zu machen[606]. Die Eventualinzidentfeststellungs(wider)klage wird dann mit ihrer Erhebung *auflösend bedingt rechtshängig*; doch entfällt ihre Rechtshängigkeit *rückwirkend* wieder, wenn die auflösende Bedingung endgültig eintritt, weil es für die Entscheidung in der Hauptsache auf das festzustellende Rechtsverhältnis nicht mehr ankommt[607]. Möglich wäre, den Inzidentantrag unter der auflösenden Bedingung zu erheben, daß die Hauptentscheidung auch ohne Entscheidung des (streitigen) Rechtsverhältnisses ergehen kann.

Wird jetzt die *Hauptklage* (z. B. wegen fehlender internationaler Zuständigkeit oder Unzulässigkeit des Rechtswegs) *als unzulässig abgewiesen*, kann es zur Abweisung der Zwischenfeststellungsklage nicht kommen, weil ihre Rechtshängigkeit aufgrund Bedingungseintritts entfallen ist[608].

Nicht anders ist es, wenn die *Sachabweisung* unabhängig von dem festzustellenden Rechtsverhältnis erfolgt. Es handelt sich also z. B. um die gegen die Vindikationsklage gerichtete Inzidentwiderklage, die auf die Feststellung zielt, der Beklagte habe ein Recht zum Besitz der streitgegenständlichen Sache. Auch für diese Prozeßlage hilft die Eventualstellung. Der Beklagte macht den rückwirkenden Wegfall der Rechtshängigkeit seiner Zwischenfeststellungswiderklage von der Bedingung abhängig, daß das Gericht nicht über das Bestehen seines behaupteten Rechts zum Besitz entscheidet. Tritt diese Bedingung ein, weil das Gericht bereits das Eigentum des Hauptklägers verneint und das Recht zum Besitz dahingestellt läßt, kommt es nicht zur Abweisung der Zwischenfeststellungswiderklage. Anders ist es, wenn das Gericht das Eigentum des Hauptklägers bejaht. Weist es die Vindikationsklage wegen des Rechts zum Besitz des Beklagten ab, wird zugleich auf die erhobene Zwischenfeststellungswiderklage festgestellt, daß der Beklagte ein Recht zum Besitz hat. Gibt das Gericht der Hauptklage statt, wird die Zwischenfeststellungswiderklage als unbegründet abgewiesen und damit deren kontradiktorische Gegenteil festgestellt[609]: Der Beklagte hat kein Recht zum Besitz.

Bedingung begründet wird, daß die Hauptentscheidung auch ohne Entscheidung über das streitige Rechtsverhältnis ergehen kann.“

606 Vgl. *Schumann*, FS Georgiades, 543 (569).

607 Vgl. zu dieser Konstruktion für die (echte) Eventualwiderklage *BGHZ* 21, 13 (16); *Stein/Jonas/Roth*[22], § 33 Rdnr. 37. Für die (echte) Eventualklagenhäufung, d. h. den echten Hilfsantrag, vgl. *Rosenberg/Schwab/Gottwald*[17], § 65 Rdnr. 32 m. w. N.

608 So auch *Schumann*, FS Georgiades, 543 (569): „kann es zur Abweisung der Zwischenfeststellungsklage nicht kommen, weil sie mangels Bedingungseintritts nicht erhoben ist“.

609 Vgl. *Schumann*, FS Georgiades, 543 (569 f.).

Der *Bundesgerichtshof* hat in seinem Urteil vom 21. Februar 1992[610] daher auch betont, daß die Eventualzwischenfeststellungsklage dieser Prozeßlage Rechnung trägt:

> „An dieser Voraussetzung [der Vorgreiflichkeit, d. Verf.] fehlt es […] allerdings nicht schon deswegen, weil der Feststellungsantrag hilfsweise gestellt worden ist und daher erst mit Abweisung des Hauptantrages zur Entscheidung anfallen konnte. [...] Ob die Feststellung durch einen Haupt- oder durch einen Hilfsantrag herbeigeführt wird, ist gleichgültig. Der Hilfsantrag trägt der Verfahrenslage Rechnung, weil der Kläger in erster Linie Vertragserfüllung verlangt. Ist für die Entscheidung darüber die Feststellung vorgreiflich, ob der Vertrag wirksam ist, so ist auch der auf die negative Feststellung zielende Hilfsantrag zulässig."

IV. Teilweise Abhängigkeit

Nach dem Wortlaut des § 256 Abs. 2 ZPO reicht es aus, wenn die Entscheidung des Rechtsstreits „teilweise" vom Bestehen oder Nichtbestehen des streitig gewordenen Rechtsverhältnisses abhängt. Die Möglichkeit einer bloß teilweisen Präjudizialität ist nahezu unbestritten[611].

A. Beispiele

In Betracht kommen unterschiedliche Situationen teilweiser Abhängigkeit, je nachdem, ob das Inzidentrechtsverhältnis den Streitgegenstand der Hauptklage, der Widerklage oder eine Einwendung des Beklagten der Hauptklage betrifft.

Beispielsweise hängt die Entscheidung des Rechtsstreits teilweise vom (Nicht) Bestehen eines Rechtsverhältnisses ab, das für einen von *mehreren Streitgegenständen* der Hauptklage vorgreiflich ist. So etwa, wenn der Kläger vom Beklagten Zahlung i. H. v. 10.000 € verlangt; 5.000 € aus Kaufpreis und

---

610 *BGH* NJW 1992, 1897.

611 Vgl. *RGZ* 29, 361 (363); 95, 36 (39); *RG* JW 1891, 387 f. Nr. 11; *RG* WarnRspr 1918, 283; *BGHZ* 69, 37 (41); *Baumbach/Lauterbach/Albers/Hartmann*, § 256 Rdnr. 114; MünchKomm ZPO/*Becker-Eberhard*[4], § 256 Rdnr. 80; *Blomeyer*, Erkenntnisverfahren[2], § 37 IV, S. 217 f.; *Enders*, ZAP 1996, 455 (462), (465 f.); *Hager*, KTS 54 (1993), 39 (40 f.); *Rosenberg/Schwab/Gottwald*[17], § 96 Rdnr. 37; *Stein/Jonas/Roth*[22], § 256 Rdnr. 107; *Schumann*, FS Georgiades, 543 (557); *Thomas/Putzo/Reichold*, § 256 Rdnr. 29; *Wieczorek/Schütze/Assmann*[3], § 256 Rdnr. 353; *Zöller/Greger*, § 256 Rdnr. 25; Fußn. 59, 69 f.; so bereits die Protokolle zur CPO (S. 90), vgl. *Hahn*, Materialien II, S. 594; *Oertmann*, ZZP 22 (1896), 11 (32 f.); *Rocholl*, ZZP 8 (1885), 329 (379); *Wilmowski/Levy*[3], § 253 Anm. 1a; a. A. *Klöppel*, Rechtskraft, S. 110, 142 (bei ihm dient die Inzidentklage aber nicht zur Rechtskrafterweiterung, da er noch von einer Rechtskraft der Entscheidungsgründe ausging); *v. Braun*, Inzidentfeststellungsklage, S. 31 ff. (für ihn ist der Hauptanspruch immer einheitlich und daher der Inzidentanspruch entweder für den ganzen Hauptanspruch präjudiziell oder nicht).

5. 000 € aus Darlehen. Der Beklagte beantragt widerklagend, die Nichtigkeit des Kaufvertrages festzustellen.

Ferner zählt hierzu die sog. Zwischenfeststellungswider*wider*klage (reconventio reconventionis[612]). So, wenn der Kläger Kaufpreiszahlung i. H. v. 10.000 € fordert, der Beklagte widerklagend Schadensersatzzahlung wegen Sachmängeln fordert und der Kläger hierauf widerklagend beantragt festzustellen, daß ein wirksamer Gewährleistungsausschluß vorliegt. In diesem Fall ist der Präjudizialpunkt (wirksamer Gewährleistungsausschluß) allein für die Widerklage vorgreiflich, nicht aber für den Streitgegenstand der Hauptklage (Kaufpreisanspruch). Es gibt aber auch Fälle, in denen der Präjudizialpunkt der Widerklage zusätzlich einen Präjudizialpunkt für die Hauptklage darstellt. Dies sind Konstellationen, in denen eine Inzidentwiderklage vorliegt, der gegenüber eine Zwischenfeststellungswiderklage seitens des Klägers erhoben wird.

Beispiel: Der Kläger verlangt als testamentarischer Alleinerbe des X vom Beklagten nach § 985 BGB die Herausgabe eines Bildes, welches der Beklagte vom X entliehen, aber nach Ablauf der Leihfrist nicht zurückgegeben hatte. Der Beklagte bestreitet das Eigentum des Klägers und beantragt im Wege der Inzidentwiderklage festzustellen, daß jener nicht Eigentümer des Bildes sei. Zur Begründung führt er an, daß – selbst wenn der Kläger im Testament als Alleinerbe eingesetzt worden sein sollte – der Erblasser bei Errichtung des Testaments nicht mehr testierfähig gewesen sei. Daraufhin beantragt der Kläger widerklagend festzustellen, daß das Testament wirksam sei. Das Gericht stellt daraufhin fest, daß das Testament wirksam und der Kläger Eigentümer des Bildes ist und gibt der Hauptklage statt.

Im Beispiel ist die „Wirksamkeit des Testamentes" Präjudizialpunkt für die Frage des Eigentums, welche wiederum präjudiziell für die Hauptklage ist. Vermöge der Vermittlung über die Inzidentwiderklage des Beklagten ist die Wirksamkeit des Testamentes somit präjudiziell für die Hauptklage. In einem solchen Fall liegt für *v. Braun* daher keine Inzidentfeststellungswiderwiderklage vor, sondern eine bloße Klageerweiterung. Bei einer Inzidentwiderklage gegen die Widerklage des Beklagten, die nicht selbst auf Inzidentfeststellung gerichtet ist, geht er hingegen ebenfalls von einer Zwischenfeststellungswiderwiderklage aus[613]. Der Wortlaut des § 256 Abs. 2 ZPO spricht zwar davon, daß „der Kläger durch Erweiterung des Klageantrags" ein für die Entscheidung des Rechtsstreits vorgreifliches Rechtsverhältnis zur Feststellung bringen kann. Dies bedeutet jedoch nicht, daß er dies ausschließlich hierdurch könne. Anderenfalls würde man außer Acht lassen, daß der Kläger durch die Widerklage, unabhängig davon, ob diese ein präjudizielles Rechtsverhältnis zum Gegenstand hat oder nicht, selbst

612 Generell hierzu *Stein/Jonas/Roth*[22], § 33 Rdnr. 35.

613 Vgl. *v. Braun*, Inzidentfeststellungsklage, S. 26 f. *Gaupp* will die Inzidentwiderklage des Klägers gleichfalls nur als Klageerweiterung behandelt wissen, vgl. *Gaupp*, § 253 Anm. II 4 Fußn. 7.

in die Rolle des Beklagten gerät. Daher kann man mit einiger Berechtigung davon sprechen, daß nunmehr der (Wider)Beklagte eine Inzidentfeststellungswiderklage erhebt[614].

Die praktisch häufigsten und meist thematisierten[615] Fälle teilweiser Präjudizialität betreffen jedoch das Verhältnis der Zwischenfeststellungs(wider)klage gegenüber einer Teilklage in der Hauptsache oder der zur Aufrechnung gestellten Gegenforderung des Beklagten. Mit ihnen soll daher eine dezidierte Auseinandersetzung erfolgen.

B. Teilklage und Zwischenfeststellungswiderklage

Für den *Bundesgerichtshof*[616] stellt es „einen typischen Anwendungsfall der Zwischenfeststellungsklage dar, daß der Kläger von einer Forderung nur einen Teil einklagt und der Beklagte widerklagend die Feststellung eines sie hindernden Rechtsverhältnisses auch mit Wirkung für den nicht rechtshängigen Teil erstrebt“[617]. Auch *Michael Huber*[618] empfiehlt dem Beklagten im Fall einer Teilklage die Erhebung einer negativen Zwischenfeststellungswiderklage, um so einen Sieg „auf der ganzen Linie“ zu erringen; ihre Zulässigkeit sei „offensichtlich“. *Egon Schneider* vertritt ebenfalls die Meinung, daß, wenn ein Teilbetrag eingeklagt werde und widerklagend Feststellung des Nichtbestehens der ganzen Verpflichtung begehrt werde, es sich bei dieser Widerklage unzweifelhaft um eine Zwischenfeststellungsklage handele[619]. *Herbert Roth* hält dies sogar für den „wohl häufigsten“ Fall der negativen Zwischenfeststellungswiderklage[620]. Für *Andreas Dichtl*[621] ist ihre Zulässigkeit „gerade bei der offenen Teilleistungsklage unstreitig“.

In den meisten Entscheidungen, Kommentaren und Abhandlungen wird die Inzidentwiderklage – häufig ohne weitere Differenzierung – als *der* probate Gegenangriff des Beklagten dargestellt oder zumindest von ihrer uneingeschränkten Zulässigkeit ausgegangen[622]. Einige Autoren hingegen lehnen eine Anwendbar-

614 Wie hier *Loening*, ZZP 4 (1882), 1 (80), (82); *v. Braun*, Inzidentfeststellungsklage, S. 27 (für den Fall, daß es sich bei der Widerklage des Beklagten nicht um eine Inzidentwiderklage handelt); *Oertmann*, ZZP 22 (1896), 11 (65) m. w. N., der insoweit von „indirekter“ Präjudizialität spricht.

615 Die beiden Themenkreise finden sich in sämtlichen Abhandlungen und Kommentaren zur Zwischenfeststellungsklage.

616 Vgl. *BGHZ* 69, 37 (41).

617 So schon *RGZ* 29, 361 (363); 126, 234 (238).

618 Vgl. *Huber*, JuS 2003, 490 (li. Sp., unter II. 2.).

619 Vgl. *Schneider*, MDR 1973, 270 (272) unter Verweis auf *BGH* MDR 1970, 322 Nr. 7; *RGZ* 95, 36.

620 Vgl. *Stein/Jonas/Roth*[22], § 256 Rdnr. 102.

621 Vgl. *Dichtl*, Negative Feststellungsklage, S. 144.

622 Vgl. *RGZ* 29, 361 (363); 95, 36 (39); 126, 234 (238); *RG* JW 1891, 387 f. Nr. 11; 1893, 306 Nr. 5; 1899, 256 Nr. 2; 1905, 373 Nr. 18; 1930, 3743 Nr. 10; *RG* WarnRspr 1918, Nr. 193;

keit der Zwischenfeststellungswiderklage gegenüber einer Teilklage – jedenfalls soweit es die Rest- und die Gesamtforderung betrifft – mit unterschiedlichen Begründungen ab[623]. Hinzu kommt, daß die Zwischenfeststellungsklage als Institut zur Erstreckung der Rechtskraft in besonderem Maße im Spannungsfeld der Theorien zur Rechtshängigkeit und Rechtskraft steht. Denn gerade die Frage nach der Rechtskraft ist bei Teilklagen höchst umstritten[624]. Um das Verhältnis zwischen Inzidentwiderklage und Teilklage klären zu können, muß dem Aspekt der Rechtskraft entsprechend Rechnung getragen werden. Im Folgenden werden daher zunächst die unterschiedlichen Auffassungen zur Reichweite der Rechtskraft beleuchtet.

1. Erläuterungen

Teilklagen kommen in der Praxis nicht selten vor. So etwa, wenn der Kläger von einem Kaufpreisanspruch (§ 433 Abs. 2 BGB) zunächst nur einen Teil einklagt oder er nach einem Verkehrsunfall nur den einen bisher bezifferbaren Schadensposten gerichtlich geltend macht. Gemeinsam ist diesen Fallgestaltungen, daß der Kläger die Teilklage erhebt, um sein Prozeßkostenrisiko möglichst gering zu halten. Verliert er, fallen gerichtliche und außergerichtliche Kosten nur für diesen Teilbetrag an; gewinnt er, kann er sich auch einigermaßen sicher sein, in einem Zweitprozeß über den Restbetrag nicht zu unterliegen[625]. Dieses Vorgehen ist keinesfalls prozessual unzulässig. Entsprechend dem Dispositionsgrundsatz (und seinem Kernstück, dem Antragsprinzip) ist der Kläger nämlich berechtigt, den prozessualen Anspruch, den Streitgegenstand, nach Inhalt und Umfang frei zu

---

BGHZ 69, 37 (41); *BGH* LM § 280 ZPO a. F. Nr. 7; § 256 ZPO Nr. 55; *Baumbach/Lauterbach/Albers/Hartmann*, § 256 Rdnr. 116 („Teilklage"), MünchKomm ZPO/*Becker-Eberhard*[4], § 256 Rdnr. 80; *Blomeyer*, Erkenntnisverfahren[2], § 37 IV, S. 218; *Enders*, ZAP 1996, 455 (462), (465 f.); *Hager*, KTS 54 (1993), 39 (40 f.); *Huber*, JuS 2003, 490; *Rosenberg/Schwab/Gottwald*[17], § 96 Rdnr. 37; *Schneider*, MDR 1973, 270 (272); *Stein/Jonas/Roth*[22], § 256 Rdnr. 9, 102 (mit Differenzierungen in Rdnr. 11); *Schumann*, FS Georgiades, 543 (550); *Wieczorek/Schütze/Assmann*[3], § 256 Rdnr. 353; *Zöller/Greger*, § 256 Rdnr. 27; bereits früher *Hellwig*, Lehrbuch III, S. 49 Fußn. 25; *Oertmann*, ZZP 22 (1896), 11 (34 ff.); *Rocholl*, ZZP 8 (1885), 329 (379); *Wach*, Handbuch, S. 373; *Petersen/Anger*, § 280 Anm. 2; *Seuffert/Walsmann*, § 280 Anm. 5a.

623 Vgl. *Bergerhoff*, Zwischenfeststellungsklage, S. 29 ff.; *v. Braun*, Inzidentfeststellungsklage, S. 32 ff.; *Loening* ZZP 4 (1881), 1 (55 f.); *Muskat*, ZZP 12 (1888), 335 (339 ff.); *Planck*, Lehrbuch II, § 86 Anm. 57 und § 87 Anm. 35.

624 Vgl. *Fenge*, FS Pieper, 31 (31); *Reischl*, Rechtskraft, S. 259 ff, mit einer ausführlichen Darstellung der unterschiedlichen Ansichten, auch in ihrem historischen Kontext.

625 Vgl. *Schumann*, ZPO-Klausur, Fußn. 14 zu Rdnr. 65.

bestimmen und damit auch jeden beliebig großen, quantitativ begrenzten Teil gerichtlich geltend zu machen[626].

Von einer *„offenen Teilklage“* spricht man, wenn der Kläger von einem Gesamtbetrag lediglich einen bezifferten Teil einklagt und sich dabei erkennbar eine (spätere) Mehrforderung (Nachforderungsklage) vorbehält[627].

Eine *„verdeckte Teilklage“* hingegen liegt vor, wenn der Kläger nicht ausdrücklich klarstellt, daß er nur einen Teil einer Gesamtforderung geltend macht, er sich also hinsichtlich des Restes weitere Forderungen nicht ausdrücklich vorbehält[628].

Die geltend gemachte Teilforderung kann noch zusätzlich durch bestimmte rechtliche Merkmale von den anderen Teilen des Gesamtanspruchs abgegrenzt sein. Im Anschluß an die Abhandlung *Zitelmanns*[629] spricht man insofern von *„individualisierten“* und *„nicht individualisierten“* Teilklagen. Eine nicht individualisierte Teilklage liegt vor, wenn der Kläger aus einer Kaufpreisforderung i. H. v. insgesamt 2.000 € den Teilbetrag von 500 € einklagt. Dieser Teilbetrag unterscheidet sich von den restlichen Teilbeträgen lediglich dadurch, daß er quantitativ von ihnen abgegrenzt ist. Anders ist dies jedoch, wenn der Kläger von seinem aus einem Verkehrsunfall resultierenden Gesamtschaden nur einen einzelnen Schadensposten (z. B. das Schmerzensgeld oder die Abschleppkosten) geltend macht, die restlichen Schadensposten (die Reparaturkosten sind vielleicht noch nicht endgültig bezifferbar) hingegen noch nicht. In diesem Fall liegt eine *individualisierte (offene) Teilklage* vor[630]. Denkbar ist auch, daß dem Kläger gegen den Beklagten zwei Darlehensforderungen i. H. v. jeweils 200 € zustehen. Eine Individualisierung ist hier dadurch denkbar, daß die eine Forderung dem Kläger vom X (dem sie gegen den Beklagten zustand), die andere vom Y abgetreten wurde. Wenn der Kläger die von X zedierte Forderung einklagt, kann ihm der Beklagte keine Einreden aus der Person des Y entgegen halten[631].

---

626 Vgl. *BGHZ* 63, 365 (367 f.); *OLG Düsseldorf* NJW 1993, 802 (803); *Batsch*, ZZP 86 (1973), 254 (254 f.); *W. Habscheid*, FamRZ 1962, 352 (353); *Pohle*, ZZP 77 (1964), 98 (100).

627 Vgl. *Leipold*, FS Zeuner, 431 (434); *Jauernig/Hess*, § 63 Rdnr. 9.

628 Vgl. *Musielak*, Grundkurs, Rdnr. 587.

629 *Zitelmann*, ZZP 8 (1885), 254 (256 ff.).

630 Vgl. *Fenge*, FS Pieper, 31 (34) spricht diesbezüglich von „sachverhaltsbezogener“ Individualisierung. Um eine „normbezogene“ Individualisierung handele es sich, wenn der Kläger z. B. Verurteilung lediglich unter dem Gesichtspunkt der vorsätzlich unerlaubten Handlung begehre.

631 So das Beispiel bei *Zitelmann*, ZZP 8 (1885), 254 (258), der nicht zu Unrecht bemerkt: „Das praktische Interesse der Individualisierung ist klar.“

2. *Reichweite der Rechtskraft eines Urteils über eine Teilklage*

Der Umfang der Rechtskraft, d. h. die objektiven Grenzen, wird nach § 322 Abs. 1 ZPO durch die Entscheidung über den erhobenen Anspruch bestimmt; mithin vornehmlich[632] durch den Streitgegenstand[633]. Gegenstand der Rechtskraft ist dabei der Subsumtionsschluß des Gerichts als Ganzes, unmittelbar also das Bestehen oder Nichtbestehen der vom Kläger geltend gemachten konkreten Rechtsfolge[634].

a) Klagestattgebendes Urteil

Obsiegt der Kläger, besteht nahezu Einigkeit, daß sich die Rechtskraft der Entscheidung, unabhängig davon, ob eine verdeckte oder offene, eine individualisierte oder nicht individualisierte Teilklage vorliegt, nur auf das *Zugesprochene beschränkt*[635]. Dies ergibt sich bereits aus § 308 Abs. 1 ZPO, denn über den eingeklagten Teil hinaus durfte das Gericht (ne eat iudex ultra petita partium) auch nicht entscheiden. Der Kläger ist folglich nicht gehindert, mit einer Nachforderungsklage weitere Teile des Gesamtanspruchs geltend zu machen. Der Nachforderungsklage kann der Einwand entgegenstehender Rechtskraft nicht entgegengehalten werden[636].

---

632 Zur Bedeutung des Entscheidungsgegenstandes und möglicher Divergenzen zum Streitgegenstand siehe oben Text bei Fußn. 470 ff.

633 Vgl. *BGH* NJW 1993, 333 (334); 1995, 967 (967); 2003, 3058 (3059); *Schumann* ZPO-Klausur, Rdnr. 74; *Jauernig/Hess*, § 63 Rdnr. 2; *Musielak*, Grundkurs, Rdnr. 580.

634 Vgl. *BGHZ* 2, 170; *Althammer*, Streitgegenstand, S. 573; *Stein/Jonas/Leipold*[22], § 322 Rdnr. 90.

635 Vgl. *RGZ* 120, 317 (319); 142, 268 (270); 172, 118 (125); *BGHZ* 34, 337 (339); 36, 365 (367); 93, 330 (334); 135, 178 (181 ff.); *BGH* NJW 1997, 3019 (3020); *Batsch*, ZZP 86 (1973), 254 (260 ff.) m. w. N. in Fußn. 24; MünchKomm ZPO/*Gottwald*[4], § 322 Rdnr. 119; *Jauernig/Hess*, § 63 Rdnr. 11; *Musielak*, FS Schumann, 295 (295 f.), *Stein/Jonas/Leipold*[22], § 322 Rdnr. 139; *Pohle*, ZZP 77 (1964), 98 (105); *Zöller/Vollkommer*, vor § 322 Rdnr. 47 f.; so bereits *Zitelmann*, ZZP 8 (1885), 254 (266); weitere Nachweise bei *Leipold*, FS Zeuner, 431 (435) in Fußn. 13, der zwar keine Rechtskraft für den verbleibenden Betrag annimmt, aber eine Rechtskraftwirkung vergleichbar § 304 ZPO über den Grund des Anspruchs befürwortet, vgl. *Leipold*, FS Zeuner, 431 (445 ff.). Anderer Auffassung ist auch *Foerste*, der (in Anlehnung an *Henckel*, Prozeßrecht, S. 203 f.) eine Rechtskrafterstreckung – im Rahmen von Ausgleichszusammenhängen – auf den verbindenden Entscheidungsgrund des ersten Urteils kraft teleologischer Reduktion des § 322 Abs. 1 ZPO (im übrigen in Analogie zu § 322 Abs. 2 ZPO) befürwortet. Die Spezialprobleme bei Teilklagen ließen sich seiner Meinung nach rechtsfortbildend lösen, vgl. *Foerste*, ZZP 108 (1995), 167 (175 ff), (180), (190 f.). Zu den Argumenten der Auffassung von der Unzulässigkeit einer Nachforderungsklage bei verdeckter Teilklage vgl. *Batsch*, ZZP 86 (1973), 254 (264 ff).

636 Statt vieler *BGHZ* 93, 330 (337); *BGH* JZ 1997, 1126.

b) Klageabweisendes Sachurteil

aa) Individualisierte Teilklage

Das klagabweisende (Sach-)Urteil über die individualisierte Teilklage (z. B. Einklagung nur der Abschleppkosten bei Verkehrsunfall) wirkt ebenfalls nur Rechtskraft hinsichtlich dieses Teils. Denn die Abweisung des derart individualisierten Teils erfolgt unabhängig vom Schicksal der anderen (individualisierten) Teile des Gesamtanspruchs. Der erhobene Anspruch i. S. v. § 322 Abs. 1 ZPO beschränkt sich auf den eingeklagten Teil[637]. Mehr noch, das Gericht ist wegen § 308 Abs. 1 ZPO daran gehindert, über die anderen Teile bzw. den Gesamtanspruch zu entscheiden.

bb) Nicht individualisierte Teilklage

Uneinigkeit herrscht aber, was die Folge der Klageabweisung nicht individualisierter Teilklagen betrifft.

(1) Klageabweisung der offenen Teilklage

Nach herrschender Meinung soll auch bei Abweisung einer offenen (nicht individualisierten) Teilklage die Rechtskraft auf den geltend gemachten Betrag beschränkt sein[638], so daß eine Nachforderungsklage stets zulässig und der Zweitrichter nicht gebunden ist. Begründet wird dies damit, daß der Kläger entsprechend § 308 Abs. 1 ZPO nur diesen Teilbetrag zur Entscheidung gestellt

---

637 Vgl. *Leipold*, FS Zeuner, 431 (439); *Zitelmann*, ZZP 8 (1885), 254 (260 ff.), der plastisch bemerkt: „Ein in dieser Weise individualisierter Theil führt jedenfalls seine eigne verselbständigte Existenz, er lebt für sich und, was hier wichtiger ist, er stirbt auch für sich. Sein rechtliches Schicksal tangiert die übrigen Theile nicht", vgl. *Zitelmann*, ZZP 8 (1885), 254 (259).

638 Vgl. *RGZ* 120, 317; 172, 118 (125); *RAG* JW 1931, 2401; *BGHZ* 34, 337 (339); 36, 365 (367); 93, 330 (334); *BAG* NJW 1971, 1768; *Batsch*, ZZP 86 (1973), 254 (283 ff.); MünchKomm ZPO/*Gottwald*[4], § 322 Rdnr. 124 f.; *Jauernig*, FG BGH III, 311 (332); *Kuschmann*, FS Schiedermair, 351 (368 f.); *Musielak*, FS Schumann, 295 (301 ff.); *Pohle*, ZZP 77 (1964), 98 (98 ff.); *Rosenberg/Schwab/Gottwald*[17], § 154 Rdnr. 16 ff.; *Thomas/Putzo/Reichold*, § 322 Rdnr. 26; *Zöller/Vollkommer*, vor § 322 Rdnr. 47; bereits früher *Herzog*, ZZP 1 (1873), 416 (421 ff.). Auf die Ausnahme, wenn bei einer Gesamtklage keine ausreichende Abgrenzung der Einzelposten erfolgt, so daß nicht erkennbar ist, in welchem Umfang über die verschiedenen Ansprüche entschieden wurde, soll hier nicht näher eingegangen werden, vgl. dazu *BGH* LM § 253 ZPO Nr. 7. Ebenfalls nicht näher wird auf die Ausnahme eingegangen, wenn der Kläger die Höhe des Anspruchs (wie bei der Forderung von Schmerzensgeld) in das Ermessen des Gerichts gestellt hat und die Entscheidung bedeutet, daß ihm der Anspruch nur in dieser Höhe zusteht, vgl. dazu *BGH* NJW 1997, 3019 (3021).

habe und ihm der Dispositionsgrundsatz eine das Risiko beschränkende Prozeßführung ermögliche. Eine Rechtskraftwirkung auch für den nicht eingeklagten Teil wäre mit dem Wortlaut von § 322 Abs. 1 ZPO nicht zu vereinbaren. Anderenfalls würde der Kläger mit Rechtskraftwirkungen konfrontiert, mit denen er nicht rechnen konnte und wollte. Wenn auch das Gericht die Teilforderung wegen des Nichtbestehens der Gesamtforderung abgewiesen habe, nehme diese Entscheidung als Element der Entscheidungsgründe nicht an der Rechtskraft teil, weil die Mehrforderung nicht zum Streitgegenstand gemacht worden sei. Der Beklagte sei zudem ausreichend dadurch geschützt, daß er hinsichtlich der gesamten Forderung bzw. des Restes negative (Zwischen)Feststellungswiderklage erheben könne[639].

Nach der Gegenansicht[640] erstreckt sich die Rechtskraft der abweisenden Entscheidung auch auf den nicht eingeklagten Rest. Eine Nachforderungsklage ist somit nicht mehr zulässig (exceptio rei judicatae). Das bereits von *Zitelmann* vorgetragene Argument ist, daß mit einer nicht individualisierten Teilklage der Kläger für den Fall der Abweisung *alle* Teile, für den Fall der Stattgabe nur *einen* Teil der Gesamtforderung erhoben habe[641]. Denn um zur Abweisung zu gelangen, müsse der Richter notwendig die Gesamtforderung in allen ihren Teilen verneinen. Darin liege der Unterschied zur positiven Entscheidung; dort könne und müsse das Gericht seine Prüfung abbrechen, sobald es den eingeklagten Teil bejahe. Dies entspreche auch dem Willen des Klägers, der ja nicht mit seiner Teilklage abgewiesen werden wolle, wenn lediglich dieser Teil vom Gericht nicht bejaht werde. Mache der Kläger etwa von einer behaupteten Gesamtforderung über 600[642] den Teil von 200 geltend und das Gericht verneine diese 200, so solle das Gericht nach dem Willen des Klägers ja nicht abweisen, sondern weiter prüfen, ob ihm von dem nicht eingeklagten Rest von 400 noch 200 zustünden. Daher liege der Klageabweisung notwendig die Entscheidung zugrunde, daß dem Kläger nichts von der Gesamtforderung zustünde, weshalb sich die Rechtskraft über den eingeklagten Teil hinaus auf die mitgeprüften und verneinten restlichen Teile erstrecke. Dies sei auch im Beklagteninteresse

---

639 Vgl. *RGZ* 120, 317; 172, 118 (125); *BGHZ* 93, 330 (334); *BGH* WM 1986, 146; *Pohle*, ZZP 77 (1964), 98 ff.; *Zöller/Vollkommer*, vor § 322 Rdnr. 47.

640 Vgl. *Bruns*, Zivilprozeßrecht, Rdnr. 235b f.; *Leipold*, FS Zeuner, 431 (439 ff.); *Zeiss*, Zivilprozeßrecht, Rdnr. 581; *Stein/Jonas/Leipold*[22], § 322 Rdnr. 142 m. w. N. in Fußn. 188. So bereits früher *Fitting*, ZZP 2 (1880), 266 (270); *Zitelmann*, ZZP 8 (1885), 254 (264 ff.).

641 Vgl. *Zitelmann*, ZZP 8 (1885), 254 (265 f.). Konsequenterweise geht er davon aus, daß die gesamte Forderung bei einer nicht individualisierten Teilklage rechtshängig wird, vgl. *Zitelmann*, ZZP 8 (1885), 254 (272 ff.). *Zitelmann* griff hierbei auf die schon von *Fitting*, ZZP 2 (1874), 416 (419 f.), für eine Rechtskrafterstreckung auf die ganze Forderung bei Aberkennung des eingeklagten Teils vorgebrachten Argumente zurück.

642 Einheiten, gleich welcher Art.

geboten. Er werde vom Kläger auf einen Teilbetrag belangt, was nicht von seinem Willen abhänge. Der Kläger gewinne, wenn er nur beweise, daß ihm *ein* solcher Teil zustehe, wohingegen der Beklagte nur gewinne, wenn dem Kläger *kein* Teil zustehe. Trete nun Rechtskraft nur für den Teil ein, so würde der Beklagte in jedem neuen Teilprozeß genötigt sein, seinen Beweis bezüglich des Nichtbestehens der gesamten Forderung zu wiederholen; die Chance zu gewinnen sei also für den Kläger viel größer als für den Beklagten[643]. *Leipold* führt ferner aus, daß in diesem Fall auch keine Rede davon sein könne, daß die Parteien mit Urteilsfolgen belastet würden, mit denen sie nicht gerechnet hätten. Vielmehr müsse jeder Partei einleuchten, daß bei Verneinung schon eines Teils eines einheitlichen Anspruchs erst Recht kein Raum mehr für die Beanspruchung eines darüber hinausgehenden Teils sein könne[644].

Es ist nicht Aufgabe dieser Arbeit, die geschilderte Kontroverse um die Rechtskraft bei Teilklagen zu entscheiden. Klar ist nur, daß die Frage der Anwendbarkeit der Inzidentwiderklage davon abhängig ist, ob man eine *Rechtskrafterstreckung auf den nicht eingeklagten Teil* annimmt oder nicht[645].

(2) Klageabweisung der verdeckten Teilklage

Im Fall der Abweisung einer verdeckten Teilklage, wenn also der Kläger die Eigenschaft seiner Klage als Teilklage nicht zu erkennen gibt, sprechen sich Teile der Rechtsprechung und Literatur für eine Rechtskrafterstreckung auf den nicht eingeklagten Teil aus[646]. *Jauernig* ist der Ansicht, daß das Gericht in diesem Fall den *Anspruch* nicht nur in bestimmter Höhe, sondern (vom eventuell zuerkannten Teil abgesehen) zugleich dem *Grunde nach verneine*[647]. Da die Anspruchsverneinung ziffernmäßig nicht begrenzt sei (der Kläger hat sich keine

---

643 Vgl. *Zitelmann*, ZZP 8 (1885), 254 (270). Genau umgekehrt argumentiert *Fenge*, wenn er feststellt, daß der Kläger nach der Ansicht Zitelmanns nur eine auf den eingeklagten Teil beschränkte Chance der positiven Rechtsfeststellung habe, der den Anspruch leugnende Beklagte dagegen eine das ganze Recht umfassende Chance der negativen Rechtsfeststellung, vgl. *Fenge*, FS Pieper, 31 (44).

644 Vgl. *Leipold*, FS Zeuner, 431 (442). Nicht ohne Sarkasmus fügt er hinzu, erst in Kenntnis der „gefestigten Rechtsprechung" könne eine Partei auf den Gedanken kommen, daß die Rechtskraft der Klagabweisung hier nicht einer erneuten Klage auf einen anderen Anspruchsteil entgegen stehen solle.

645 Dazu sogleich Text bei Fußn. 652 ff.

646 So die frühere Rspr. des *BGH*, vgl. *BGHZ* 34, 337 (340); 36, 365; aus der Literatur vgl. *Jauernig*, FG BGH III, 311 (322 ff.); *Jauernig/Hess*, § 63 Rdnr. 12; *Pagenstecher*, Einrede, S. 76 ff.; *Zeiss*, Zivilprozeßrecht, Rdnr. 581, der dies auch für die Abweisung der offenen Teilklage vertrat (*Klaus Schreiber* hingegen hat sich in den von ihm bearbeiteten Folgeauflagen des Lehrbuchs von *Zeiss* an selber Stelle der h. M. angeschlossen).

647 Vgl. *Jauernig*, Zivilprozessrecht, § 63 II. Dieser Meinung hat sich *Hess* in der Neuauflage des Lehrbuchs angeschlossen, vgl. *Jauernig/Hess*, § 63 Rdnr. 12.

Nachforderung vorbehalten), enthalte sie zugleich die rechtskräftige Feststellung, daß dem Kläger auch *nicht mehr als beantragt zustehe.* Mit der Nachforderungsklage mache der Kläger somit das *kontradiktorische Gegenteil* geltend, weshalb zwar keine Streitgegenstandsidentität bestehe, aber die Nachforderungsklage dennoch wegen entgegenstehender Rechtskraft unzulässig sei. Wolle der Kläger diese Konsequenz vermeiden, müsse er eine offene Teilklage erheben[648]. Dies diene dem Interesse des Beklagten, dem es mangels Erkennbarkeit einer möglichen Nachforderung verwehrt bleibe, negative (Inzident)Feststellungswiderklage zu erheben[649].

Die herrschende Meinung[650] will auch hier der Klageabweisung keine weiterreichende Rechtskraftwirkung zuerkennen. Der Wortlaut des § 322 Abs. 1 ZPO lasse weder eine Ausdehnung der Rechtskraft auf den gesamten Anspruch noch auf den Grund des geltend gemachten Anspruchs als Vorfrage zu, weshalb trotz rechtskräftiger Abweisung die Erhebung einer späteren Klage auf einen weiteren Teilbetrag zulässig bleibe. Anderenfalls würde man dem Kläger aufgrund des Unterlassens eines Vorbehalts im Ergebnis ein antragsloses Verzichtsurteil aufzwingen. Das Sicherheitsinteresse des Beklagten dürfe nicht höher gewertet werden als das des Klägers. Dieser könne die Erklärung des Vorbehalts unterlassen haben, weil er unverschuldet von der Mehrforderung nichts wisse[651].

Parallel zum Fall der Klageabweisung einer offenen Teilklage wirkt es sich auf die Zulässigkeit einer Inzidentwiderklage aus, welcher Auffassung man sich anschließt, wie die folgenden Ausführungen zeigen werden.

---

648 Vgl. *Jauernig/Hess*, § 63 Rdnr. 12. Ebenso argumentiert *Zeiss*, Zivilprozeßrecht, Rdnr. 581, mit einem weiten Verständnis des kontradiktorischen Gegenteils generell für die Klagabweisung, nicht nur bei der verdeckten Teilklage. Wie *Reischl* ausführt, müßte die Nachforderungsklage nach dieser Meinung streng genommen als unbegründet abgewiesen werden, da nicht derselbe Streitgegenstand rechtshängig gemacht werde und auch nicht das kontradiktorische Gegenteil verlangt werde, sondern die Rechtskrafterstreckung lediglich Präjudizialitätswirkung hätte, vgl. *Reischl*, Rechtskraft, S. 281 ff. Gleichfalls ablehnend gegenüber der Annahme, mit der Nachforderungsklage werde das kontradiktorische Gegenteil geltend gemacht, *Musielak*, FS Schumann, 295 (303 f.).

649 Vgl. *Jauernig/Hess*, a. a. O., und unten Text bei Fußn. 687 f.

650 Vgl. *BGHZ* 135, 178 (181 ff.); *BGH* NJW 1985, 2825 (2826); 2002, 2167; *BGH* WM 1986, 146; *OLG Frankfurt* NJW-RR 1997, 700; *Batsch*, ZZP 86 (1973), 254 (280); MünchKomm ZPO/*Gottwald*[4], § 322 Rdnr. 119; *Rosenberg/Schwab/Gottwald*[17], § 154 Rdnr. 15; *Musielak*, FS Schumann, 295 (297), (307); *Pohle*, ZZP 77 (1964), 98 (105); *Stein/Jonas/Leipold*[22], § 322 Rdnr. 145 ff.; *Thomas/Putzo/Reichold*, § 322 Rdnr. 23; *Zöller/Vollkommer*, vor § 322 Rdnr. 48.

651 Beispielsweise bei einem Schadensersatzprozeß wegen eines Schenkelbruchs des Klägers, den dieser bei einem Verkehrsunfall erlitten hat, aber beide Parteien noch keine Kenntnis davon haben, daß der Kläger sich dabei auch schwere Schädigungen der inneren Organe zugezogen hat, deren nachteilige Folgen erst nach Beendigung des ersten Prozesses erkennbar werden, vgl. *Pohle*, ZZP 77 (1964), 98 (114).

3. *Auswirkungen auf die Zulässigkeit einer Inzidentwiderklage*

Zuzugeben ist den Stimmen, die für eine Zulässigkeit der Zwischenfeststellungswiderklage plädieren, daß der Beklagte ein Mittel haben sollte, um den Rechtsstreit vollumfänglich (quasi mit einem Schlag) einem Ende zuzuführen, statt sich auf sukzessive Klagen wegen desselben Lebenssachverhalts einlassen zu müssen[652]. Dies entspricht auch dem Grundsatz der Prozeßökonomie, daß, wenn möglich, weitere Prozesse vermieden werden sollen. Das darf jedoch nicht dazu führen, die Zulässigkeitsvoraussetzungen des § 256 Abs. 2 ZPO zu umgehen und die dogmatischen Grundlagen zu verlassen[653]. Entscheidendes Kriterium für die Zulässigkeit ist neben der Abhängigkeit (der Hauptsacheentscheidung vom Bestehen bzw. Nichtbestehen des Rechtsverhältnisses) der Sinn und Zweck der Inzidentklage, nämlich die Rechtskrafterstreckung auf die Gründe.

Zur Veranschaulichung sollen die im Folgenden zu diskutierenden Fälle dienen:

Beispiel 1: K klagt gegen B aus Kaufvertrag auf Zahlung von 1.000 € mit dem Hinweis, daß ihm aus diesem Kaufvertrag insgesamt ein Kaufpreisanspruch in Höhe von 10.000 € zusteht. B beantragt widerklagend festzustellen, daß der *Kaufvertrag nicht besteht.*

Beispiel 2: In Abwandlung des Beispiels 1 beantragt B Klageabweisung und widerklagend Zwischenfeststellung, daß er dem *K nichts schuldet.*

Beispiel 3: In Abwandlung des Beispiels 1 beantragt B widerklagend festzustellen, daß die *gesamte Kaufpreisforderung nicht besteht.*

Beispiel 4: In Abwandlung des Beispiels 1 beantragt B widerklagend festzustellen, daß er dem *K über den geltend gemachten Betrag hinaus nichts schuldet.*

Beispiel 5: In Abwandlung des Beispiels 1 beantragt B widerklagend festzustellen, daß *ein Kaufpreisanspruch dem Grunde nach nicht besteht.*

Beispiel 6: In Abwandlung des Beispiels 1 beantragt B widerklagend festzustellen, daß *ein Kaufpreisanspruch nicht besteht.*

Beispiel 7: In Abwandlung des Beispiels 1 beantragt B widerklagend festzustellen, daß dem K aus dem behaupteten Kaufvertrag *keinerlei Ansprüche zustehen.*

a) Der Zwischenfeststellungswiderklageantrag

Der Zwischenfeststellungswiderklageantrag in *Beispiel 1* bereitet unter dem Aspekt der Bestimmtheit keinerlei Schwierigkeiten.

---

652 Vgl. *Bergerhoff*, Zwischenfeststellungsklage, S. 29; so bereits *Oertmann*, ZZP 22 (1896), 11 (36).

653 Vgl. MünchKomm ZPO/*Becker-Eberhard*[4], § 256 Rdnr. 76.

Wenn der Beklagte hingegen wie in *Beispiel 2* beantragt, festzustellen, daß er dem K *nichts schulde*, ist die Zwischenfeststellungswiderklage im Hinblick auf das Bestimmtheitserfordernis (§ 253 Abs. 2 Nr. 2 ZPO) mangels Angabe eines konkreten Schuldgrundes und Schuldgegenstandes unzulässig[654]. Die erforderliche Bestimmtheit verlangt, daß das festzustellende Rechtsverhältnis so genau bezeichnet wird, daß über dessen Identität und somit über den Umfang der Rechtskraft des begehrten Feststellungsanspruchs keinerlei Ungewißheit bestehen kann[655]. Für die auf einen Teilbetrag beschränkte negative Feststellungsklage ist anerkannt, daß sie (wie auch die Teilleistungsklage) genau erkennen lassen muß, welcher Teil des Gesamtanspruchs verneint werden soll[656]. Dies muß ebenso gelten, wenn der Feststellungskläger jeglichen Anspruch leugnet, da die Grenzen der Rechtskraft nicht im Ungewissen bleiben dürfen. Deshalb ist der Antrag entweder dahingehend zu formulieren[657], daß dem Kläger die behauptete Kaufpreisforderung in ihrem gesamten Umfang nicht zusteht[658], das entspricht *Beispiel 3*, daß die Widerklage nur den über die Klageforderung hinausgehenden Kaufpreisteil betrifft[659], dies entspricht *Beispiel 4*, oder dahin, daß ein Kaufpreisanspruch nicht besteht, dies entspricht *Beispiel 6*.

Betrachtet man den Antrag auf Feststellung, daß die *Gesamtforderung* nicht besteht (*Beispiel 3*), so könne dieser nach Auffassung von *Bergerhoff*[660] sowohl das Nichtbestehen der Gesamtforderung in ihrer behaupteten *Höhe* (10.000 €)

---

654 Vgl. *Stein/Jonas/Roth*[22], § 256 Rdnr. 78, unter Verweis auf *OLG Hamburg* HGZ 29, 156; *Baltzer*, Negative Feststellungsklage, S. 115; MünchKomm ZPO/*Becker-Eberhard*[4], § 256 Rdnr. 64.

655 Vgl. *BGHZ* 26, 25 (28 f.); *BGH* GRUR 2008, 357 (Rdnr. 21); *BGH* NJW-RR 2009, 114 (116 f.) („Eros“, Rdnr. 31); *BGH* NJW 2001, 445 (447); *Baltzer*, Negative Feststellungsklage, S. 111; *Thomas/Putzo/Reichold*, § 253 Rdnr. 13; *Stein/Jonas/Roth*[22], § 256 Rdnr. 77 m. w. N. in Fußn. 472.

656 Vgl. *BGH* NJW 1958, 34; *Stein/Jonas/Roth*[22], § 256 Rdnr. 78.

657 Zur Frage der Auslegung des Antrags bei Unbestimmtheit *BGH* NJW-RR 2005, 965 (967). Zur vorrangigen Aufklärung wie auch zur Heilung und gegebenenfalls Umdeutung vgl. *Stein/Jonas/Roth*[22], § 253 Rdnr. 27, 61. Gerade der Anwalt sollte auf eine genaue Antragsformulierung achten, die nicht die Gefahr der Unbestimmtheit in sich birgt, um sich und seinem Mandanten eine möglicherweise „peinliche“ Umdeutung zu ersparen.

658 Auf die *Gesamtforderung* als Gegenstand der Inzidentwiderklage stellen ab *RGZ* 126, 234 (238); *RG* JW 1893, 306 Nr. 5; *RG* WarnRspr 1918, Nr. 193; *Bergerhoff*, Zwischenfeststellungsklage, S. 33 f. (letztlich Präjudizialität verneinend); *Blomeyer*, Erkenntnisverfahren[2], § 37 IV, S. 218; *Hellwig*, Lehrbuch III, S. 49 Fußn. 25; *Wilmowski/Levy*[3], § 253 Anm. 1b unter Verweis auf die Protokolle der Kommission (S. 90).

659 Auf die *Restforderung* als Gegenstand der Inzidentwiderklage stellen ab *Huber*, JuS 2003, 490 (sub II 2); *Jauernig/Hess*, § 63 Rdnr. 13; *Rosenberg/Schwab/Gottwald*[17], § 96 Rdnr. 37 (wobei *Gottwald* auch die Feststellung hinsichtlich des ganzen Rechtsverhältnisses für zulässig erachtet); *Wieczorek/Schütze/Assmann*[3], § 256 Rdnr. 357 („für den nicht rechtshängigen Teil“).

660 Vgl. *Bergerhoff*, Zwischenfeststellungsklage, S. 32.

bedeuten als auch – wie in *Beispiel 5* – die Feststellung bezwecken, daß der (Kaufpreis)Anspruch dem *Grunde nach* nicht bestehe, mithin überhaupt keine Verpflichtung zur Kaufpreiszahlung (unabhängig von der Höhe) bestehe. *Bergerhoff* ist der Ansicht, die Feststellung, daß überhaupt keine Verpflichtung bestehe, sei bereits im Antrag des Beklagten auf Klageabweisung enthalten, weshalb ihm hierfür die Zwischenfeststellungswiderklage verschlossen bleibe[661]: Werde die Teilklage als unbegründet abgewiesen, so werde nicht nur ausgesprochen, daß die Teilschuld nicht bezahlt zu werden brauche, sondern zugleich, daß eine Verpflichtung des Beklagten schlechthin nicht bestehe. Die Entscheidung über die Leistungsklage würde danach *in jedem Fall* das Bestehen oder Nichtbestehen des Leistungsanspruchs *dem Grunde nach* feststellen. Stimmt man dem zu, so wäre eine darauf gerichtete Inzidentwiderklage tatsächlich unzulässig. Denn insoweit läge dann Streitgegenstandsidentität vor und der Einwand anderweitiger Rechtshängigkeit wäre begründet[662]. In ähnlicher Weise spricht sich insbesondere *Leipold* für eine solche Rechtskraftwirkung „dem Grunde nach" sowohl für das die (nicht individualisierte) Teilklage abweisende als auch stattgebende Urteil aus[663]. Folgt man dieser Ansicht, wäre die so formulierte Zwischenfeststellungswiderklage entweder nach § 261 Abs. 3 Nr. 1 ZPO unzulässig oder aber zwecklos, da eine Rechtskrafterstreckung unabhängig von ihr erfolgt, und damit *unzulässig*[664]. Deshalb will *Bergerhoff* den Antrag in *Beispiel 3* auf den behaupteten Umfang der *Gesamtforderung* bezogen wissen[665].

---

661 Vgl. *Bergerhoff*, Zwischenfeststellungsklage, S. 32 f.; zum selben Ergebnis, aber mit anderer Begründung, gelangt auch *Oertmann*, ZZP 22 (1896), 11 (26 f.).

662 Vgl. *BGH* NJW 1989, 2064; *OLG Frankfurt am. M.* NJW-RR 2002, 296; *Stein/Jonas/Roth*[22], § 261 Rdnr. 31 (m. w. N. in Fußn. 120); *Stein/Jonas/Schumann*[21], § 261 Rdnr. 59: Wenn man der Auffassung *Bergerhoffs* folgt, würde nämlich das Sachurteil über die Teilklage *in jedem Fall* die Feststellung treffen, welche mit der Inzidentwiderklage (über das Nichtbestehen des Anspruchs dem Grunde nach) verlangt wird. Für die Widerklage ist anerkannt, daß es sich bei ihr in Folge der Rechtshängigkeitssperre nicht um die Negation der Klage, also einen „verkappten" Klageabweisungsantrag handeln darf, vgl. *Musielak*, Grundkurs, Rdnr. 316; *Otto*, Rechtshängigkeitssperre, S. 97; bereits früher *Hellwig*, Lehrbuch III, § 146 II, S. 54. Allgemein zur Rechtskraftwirkung der sachlichen Abweisung der Leistungsklage im Verhältnis zu Feststellungsklage *RGZ* 50, 416 (417 ff.); *E. Habscheid*, ZZP 112 (1999), 37 (43) (für den Kaufpreisanspruch); *Stein/Jonas/Leipold*[22], § 322 Rdnr. 103.

663 Vgl. *Leipold*, FS Zeuner, 431 (439 ff.), (449).

664 Zu dieser teleologischen Reduktion des Anwendungsbereichs der Zwischenfeststellungsklage unabhängig von den Theorien zur Rechtshängigkeit unten Text nach Fußn. 683 und Text bei Fußn. 906 ff.

665 Was seiner Ansicht nach als Feststellung über die Höhe des im Streit befindlichen Betrages, mithin als Tatsache anzusehen sei, die einer Feststellung nicht zugänglich sei, vgl. *Bergerhoff*, Zwischenfeststellungsklage, S. 36.

Eine derartige Rechtskraftwirkung (Entscheidung über den Bestand des Anspruchs dem Grunde nach) wird von der herrschenden Meinung – wie ausgeführt – abgelehnt. Die Beurteilung des Anspruchsgrundes ist danach lediglich eine Vorfrage, die aufgrund der Vorschrift des § 322 Abs. 1 ZPO und der bewußten Restriktion des Gesetzgebers nicht an der Rechtskraft teilnimmt[666]. Da sie eine Rechtskrafterstreckung auf den Grund des geltend gemachten Anspruchs negiert, könnte man folglich argumentieren, die h. M. müsse die Feststellung des Nichtbestehens des Anspruchs „dem Grunde nach" als Zwischenfeststellungswiderklage konsequenterweise zulassen. Zwar lassen nahezu alle Erörterungen zur Inzidentwiderklage bei Teilklagen nähere Ausführungen hierzu vermissen und beschränken sich darauf, die Feststellung des Nichtbestehens der *ganzen Forderung* oder des *nicht rechtshängigen Teils* mittels Zwischenfeststellungswiderklage zu behandeln[667]. Meines Erachtens ist dies jedoch berechtigt, da eine solche Argumentation weder zwingend noch zielführend ist.

Die aus der Regelung des § 304 ZPO zum Grundurteil[668] entnommene Unterscheidung zwischen Anspruchsgrund und Anspruchshöhe läßt sich – unabhängig von einer möglichen derartigen Rechtskraftwirkung wie sie *Leipold* vertritt – nicht auf den Zwischenfeststellungsantrag übertragen. Wenn auch die vorherrschende Meinung den Bestand des Anspruchs dem Grunde nach als nicht an der Rechtskraft teilnehmende Vorfrage behandelt, so ist damit noch nicht gesagt, daß es sich um ein feststellungsfähiges (präjudizielles) Rechtsverhältnis handelt. Das materielle Recht kennt keinen Begriff des Anspruchsgrundes, in dem nicht auch die Voraussetzungen der Höhe des Anspruchs enthalten wären[669]. Ein materiellrechtliches Rechtverhältnis würde mit einem dahingehenden Antrag folglich nicht zur Feststellung gebracht. Es handelt sich ebenfalls nicht um ein öffentlichrechtliches oder prozessuales Rechtsverhältnis. Vielmehr handelt es sich um ein (bloßes) Element im Prüfungsvorgang des Gerichts auf dem Weg zum rechtskräftigen Subsumtionsschluß. Die Tatsache, daß die spezielle Regelung des § 304 Abs. 1 ZPO es aus Gründen der Prozeßökonomie gestattet, die Verhand-

---

666 So ausdrücklich *Musielak*, FS Schumann, 295 (296 f.).

667 Vgl. dazu oben Fußn. 658 und 659. Zwar hat *Batsch* in seinem Aufsatz das Bestehen eines Schadensersatzanspruchs dem Grunde nach als „präjudizielles Rechtsverhältnis" bezeichnet, das an der Rechtskraft des Urteils über die Teilklage auf Schadensersatz nicht teilnehme, vgl. *Batsch*, ZZP 86 (1973), 254 (261), (285). Soweit er sich aber näher mit der Zwischenfeststellungswiderklage auseinandersetzt, stellt auch er im Rahmen des festzustellenden Rechtsverhältnisses auf den Gesamt- sowie Restanspruch und daneben auf den Kaufvertrag als Grundlagengeschäft ab, vgl. *Batsch*, ZZP 86 (1973), 254 (280) (Fußn. 65).

668 Zu dennoch bestehenden Berührungspunkten zwischen der Inzidentklage und dem Grundurteil näher unten Text bei Fußn. 1020 ff.

669 Statt vieler *Stein/Jonas/Leipold*[22], § 304 Rdnr. 2.

lung über einen Anspruch in eine Vorabentscheidung über den Anspruchsgrund und ein Nachverfahren über den Betrag aufzuteilen, bedeutet nicht, daß dies notwendig im Rahmen der Inzidentklage ebenfalls möglich sein muß. Im Gegenteil. Aus der singulären Natur der Vorschrift des § 304 ZPO folgt vielmehr ein grundsätzlicher Ausschluß der Analogiefähigkeit und damit einer Übertragung auf die Zwischenfeststellungsklage.

Für eine Nichtzulassung des Antrags in *Beispiel 5* spricht zudem folgende Erwägung: Leugnet der Beklagte der Teilklage das Bestehen eines Anspruchs schlechthin, unabhängig von der Höhe, und will hierüber eine rechtskräftige Feststellung erreichen, ist er gehalten, den Antrag auf das *Nichtbestehen des Anspruchs* zu richten. Dies entspricht dem Antrag in *Beispiel 6*. Wird die unbezifferte negative Feststellungsklage aus sachlichen Gründen abgewiesen, so steht positiv (nur) fest, daß ein Anspruch des Beklagten gegen den Kläger dem Grunde nach besteht und die Höhe noch der Prüfung und Entscheidung bedarf[670]. Einem solchen Urteil kommt die gleiche Bedeutung zu wie einem Grundurteil für das spätere Betragsverfahren, weshalb aber in einem zweiten Prozeß das Ergebnis nicht ausgeschlossen ist, dem Feststellungskläger des Erstprozesses stehe kein Anspruch zu[671]. Denn das Urteil, das die negative Feststellungsklage auf Nichtbestehen des Anspruchs abweist, schafft keine Rechtskraft hinsichtlich der Höhe des vom Gericht bejahten Anspruchs[672]. Aufgrund der identischen Zielsetzung stellt sich der Antrag, das Nichtbestehen des Anspruchs „dem Grunde nach" festzustellen, allenfalls als Synonym des Antrags, das Nichtbestehen des Anspruchs schlechthin festzustellen, dar. Bei letzterem handelt es sich unstreitig um ein feststellungsfähiges Rechtsverhältnis. Ein (Zwischen)Feststellungsantrag, das Nichtbestehen eines Anspruchs *„dem Grunde nach"* festzustellen, ist somit *ausgeschlossen*.

Die von *Bergerhoff* vorgenommene Differenzierung ist meines Erachtens nicht geeignet, die Frage nach der Zulässigkeit einer Inzidentwiderklage bei Teilklagen angemessen zu lösen. Vielmehr ist es strukturell gleichgültig, ob der Beklagte wie in *Beispiel 3* beantragt festzustellen, daß die gesamte Kaufpreisforderung nicht besteht, oder wie in *Beispiel 6*, daß ein Kaufpreisanspruch nicht besteht. In beiden Fällen will der Beklagte einen rechtskräftigen Ausspruch über das Nichtbestehen der *ganzen* Forderung erreichen. Es macht ebenfalls keinen Unterschied, ob der Beklagte die Feststellung des Nichtbestehens der Gesamtforderung *beziffert* oder nicht. Er kann sowohl beantragen festzustellen, daß die Kaufpreisforderung in ihrem gesamten behaupteten Umfang in Höhe von 10.000 € nicht besteht, als

---

670 Vgl. *RGZ* 90, 291 (292); *BGH* NJW 1975, 1320 (1321); 1986, 2508; *Musielak/Musielak*, § 322 Rdnr. 59; *Stein/Jonas/Roth*[22], § 256 Rdnr. 121; *Stein/Jonas/Leipold*[22], § 322 Rdnr. 108.

671 Vgl. *BGH* NJW 1986, 2508; *Musielak/Musielak*, § 322 Rdnr. 59.

672 Vgl. *Stein/Jonas/Roth*[22], § 256 Rdnr. 121.

auch, daß die gesamte Kaufpreisforderung nicht besteht respektive ein Kaufpreisanspruch nicht besteht. Entscheidend ist, daß der Beklagte mit seinem Inzidentantrag eine *Rechtskrafterstreckung* auf die *gesamte* Forderung erreichen will. Denn sein Bestreben ist es, nicht nur eine abweisende rechtskräftige Entscheidung über den Teilbetrag, sondern über die *Gesamtforderung* zu erhalten, damit er einer Nachforderungsklage die Einrede der *res judicata* entgegenhalten kann. Die Höhe der vom Kläger behaupteten (Kaufpreis)Forderung selbst ist für den Beklagten sekundär. Hierauf hat er auch keinen Einfluß, da sie vom Kläger vorgegeben wird.

Allerdings ist die Zulässigkeit des Inzidentantrags auf Feststellung des Nichtbestehens der *ganzen* Forderung im Hinblick auf den *Einwand anderweitiger Rechtshängigkeit* nicht gänzlich unbestritten[673]. *Bettermann* spricht diesbezüglich von „anteiliger" Rechtshängigkeit des Gesamtanspruchs[674]. Richtig ist, daß das Urteil über die Teilklage in jedem Fall rechtskräftig feststellt, daß ein Leistungsanspruch in der *geltend gemachten Höhe* besteht oder nicht besteht. Soweit der Beklagte folglich mit der Inzidentwiderklage die Feststellung begehrt, daß dem Kläger der Anspruch (in der behaupteten Gesamthöhe) nicht zusteht, wird zumindest in Höhe des eingeklagten Teils in jedem Fall die Feststellung getroffen, welche der Kläger erstrebt. Aber auch nur in dieser Höhe. Der Inzidentantrag des Beklagten zielt allerdings darauf ab, nicht nur den eingeklagten Teil, sondern den ganzen Anspruch zu Fall zu bringen[675]. Will man sich keinesfalls dem Einwand (teilweiser) anderweitiger Rechtshängigkeit aussetzen, bleibt somit nur, die Inzidentwiderklage auf den *Restbetrag* zu beschränken. Dies entspricht dem Antrag in *Beispiel 4*.

Formuliert der Beklagte der Teilklage seinen Zwischenfeststellungswiderklageantrag dahingehend festzustellen, daß dem Kläger aus dem behaupteten Kaufvertrag *keinerlei Ansprüche zustehen* (*Beispiel 7*), so besteht über die Identität des Rechtsverhältnisses und damit über den Umfang der Rechtskraft des begehrten Feststellungsanspruchs keine Ungewißheit. Unter dem Gesichtspunkt der Bestimmtheit ist dieser Antrag zweifellos zulässig. Allerdings ist ein derartiger Antrag im Rahmen einer Inzidentwiderklage unter dem Gesichtspunkt der *Präjudizialität* unzulässig. Denn die Entscheidung über die Teilklage hängt mitnichten davon ab, ob dem Kläger *keinerlei* Ansprüche aus dem behaupteten Kaufvertrag zustehen. Für die Entscheidung ist es vollkommen irrelevant, ob dem Kläger neben dem behaupteten Kaufpreisanspruch etwa noch Ansprüche auf Vertragsstrafe, Einhal-

---

673 So *Bettermann*, Rechtshängigkeit, S. 15 f., 28 f.; in diesem Sinne auch *Fenge*, FS Pieper, 31 (50); *Huber*, JuS 2003, 490 (sub II. 2., wegen der Rechtskraftwirkung für den entschiedenen Teilbetrag).

674 Vgl. *Bettermann*, Rechtshängigkeit, S. 15.

675 Wie *Roth* bemerkt, wirkt die Lehre von der „Teilidentität" der Streitgegenstände hier eher verschleiernd als erhellend, vgl. *Stein/Jonas/Roth*[22], § 256 Rdnr. 91.

tung eines Wettbewerbsverbots, Schadensersatz wegen Verzugs usw. zustehen[676]. Denn in den Entscheidungsgründen ist hierauf nicht zwangsläufig einzugehen. Mangels Antrags wird das Gericht (§ 308 Abs. 1 ZPO) eine Prüfung weiterer Ansprüche unterlassen.

Für die Untersuchung der Zulässigkeit einer Inzidentwiderklage bei Teilleistungsklagen wird im Folgenden daher im Einklang mit den Darstellungen in Literatur und Rechtsprechung auf die Feststellung des Nichtbestehens der *ganzen Forderung* sowie der *Restforderung* abgestellt.

b) Inzidentwiderklage bei individualisierter Teilklage

Wie ausgeführt, beschränkt sich die Rechtskraft eines Urteils über eine individualisierte Teilforderung auf diese. Da demnach weder über die Rest- noch die Gesamtforderung bereits ein der Rechtskraft fähiges Urteil ergeht, wäre eine Inzidentwiderklage zumindest nicht von vornherein ausgeschlossen. Allerdings *mangelt* es einer Inzidentwiderklage in beiden Fällen an der erforderlichen *Präjudizialität.* Nehmen wir das Beispiel, daß der Kläger aus einem *Verkehrsunfall* lediglich die *Abschleppkosten* einklagt, nicht dagegen Schmerzensgeld und Reparaturkosten. Oder er klagt von den zwei an ihn zedierten *Darlehensforderungen des X und des Y gegen B* nur die des X ein. Für die Entscheidung über die Hauptklage kommt es nicht darauf an, ob dem Kläger noch Reparaturkosten und Schmerzensgeld zustehen. Ebensowenig, ob die zweite Darlehensforderung gegen Y besteht oder nicht. Hierbei ist unerheblich, ob das Gericht die *individualisierte Teilklage abweist* oder ihr *stattgibt.* Denn in jedem Fall wird *ausschließlich* die individualisierte Forderung geprüft. Der Zweck der Inzidentklage, die Erstreckung der Rechtskraft auf die ohnehin zu treffende Feststellung über das Bestehen oder Nichtbestehen des Rechtsverhältnisses, läßt eine derartige Zwischenfeststellungswiderklage gerade nicht zu. Der Kläger hat entsprechend der Dispositionsmaxime den Streitgegenstand derart begrenzt, daß das Gericht die Entscheidung hierüber ungeachtet weiterer Teilforderungen treffen kann und muß. Die Konstellation ist vergleichbar dem oben[677] zu Verbundverfahren Gesagten. Dort ist für die Entscheidung über die jeweilige Scheidungsfolge ebenfalls nicht relevant, ob die übrigen Scheidungsfolgenregelungen im Ehevertrag wirksam sind oder nicht.

---

676 Anders ist dies auch nicht, wenn der Geschädigte aus einem Unfall eine einzelne (schon bezifferbare) Schadensposition, z. B. Schmerzensgeld oder Heilungskosten, einklagt und der Schädiger widerklagend die Feststellung beantragt, daß dem Widerbeklagten keinerlei Ansprüche irgendwelcher Art aus dem Unfall zustehen. Für die Entscheidung über den Schmerzensgeld- oder Heilungskostenantrag ist es unerheblich, ob dem Geschädigten noch weitere Ansprüche zustehen. Dazu näher sogleich.

677 Text bei Fußn. 570 ff.

Anders ist dies nur, wenn der Beklagte Inzidentwiderklage auf Feststellung eines Rechtsverhältnisses erhebt, das *gerade für die individualisierte Teilforderung selbst* vorgreiflich ist, also Grundlage für den geltend gemachten Anspruch ist. So etwa, wenn der Beklagte in dem *Darlehensbeispiel* widerklagend beantragt festzustellen, daß die Abtretung unwirksam ist bzw. ein *wirksamer Abtretungsvertrag nicht besteht.*

c) Inzidentwiderklage bei nicht individualisierter Teilklage

Schwieriger gestaltet sich die Untersuchung der Zulässigkeit bei nicht individualisierten Teilklagen.

aa) Zulässigkeit der Inzidentwiderklage bei offener Teilklage

(1) Nichtbestehen der Grundlage der Teilforderung

Unproblematisch ist die Zulässigkeit in *Beispiel 1* (B beantragt widerklagend festzustellen, daß der *Kaufvertrag nicht besteht*). Hier bezieht sich die Feststellung auf das dem geltend gemachten *Anspruch zu Grunde liegende Rechtsgeschäft.* Entsprechend dem zur Präjudizialität Ausgeführten ist dieser Antrag als negative Zwischenfeststellungswiderklage zulässig[678]. Denn die Entscheidung des Rechtsstreits in der Hauptsache hängt davon ab, ob der Kaufvertrag besteht. Vorgreiflichkeit liegt (für die jetzige Teilklage und sogar für die Nachforderungsklage) vor. Die Frage der Reichweite der Rechtskraft über die Teilforderung tangiert die Zulässigkeit nicht. Denn das Bestehen oder Nichtbestehen des Kaufvertrages bildet sowohl für die Teil- wie auch die Rest- oder die Gesamtforderung nur eine Vorfrage, die nach keiner der oben dargestellten Meinungen in Rechtskraft erwächst. Daher hat das *Reichsgericht*[679] vollkommen zu Recht ausgeführt:

---

678 So auch *Batsch*, ZZP 86 (1973), 254 (280) in Fußn. 65. Ablehnend *Loening*, ZZP 4 (1882), 1 (55 f.), mit dem wenig überzeugenden Argument, die Feststellung des Bestehens oder Nichtbestehens des zu Grunde liegenden Obligationsverhältnisses sei identisch mit dem daraus abgeleiteten Teilanspruch.

679 *RG* JW 1891, 387 (388) Nr. 11. Dem Urteil lag folgender Sachverhalt zugrunde: Die Klägerin – offenbar eine Ehemäklerin – verlangte vom Beklagten im Wege offener Teilklage die Zahlung von vorläufig 1.800 Mark. Sie führte zur Begründung aus, der Beklagte habe von dem Vertrag nicht einseitig zurücktreten dürfen; da er dies tue, müsse er sie vollständig entschädigen. Sie verlange als Entschädigung mindestens die vom Beklagten selbst zugebilligte Provision von 75.000 Mark als ihr entgangener Gewinn. Der Beklagte sei mehrfacher Millionär, er habe seiner Tochter eine Mitgift von 2 Millionen Thaler in Aussicht gestellt. Wäre eine Ehe zustande gekommen, so würde die Klägerin eine angemessene Provision von mindestens 2 Prozent gleich 120.000 Mark verdient haben. Der Beklagte erhob Widerklage in Form negativer Feststellungs-

„Wenn nun demgegenüber unter Bezugnahme auf § 253 C.P.O. der Widerkläger, um der Gefahr, mit weiteren Prozessen wegen anderer Theile der der Kl. angeblich versprochenen Provision behelligt zu werden, Inzidentfeststellungs-Widerklage erhob, so konnte er vernünftiger Weise nur die Absicht haben, das Nichtbestehen des Rechtsverhältnisses, aus welchem der Klageanspruch abgeleitet wurde, zum Austrage zu bringen."

Wenn auch eine solche Inzidentfeststellung „vernünftiger Weise" angezeigt ist, paßt sie nicht für jede Situation. Etwa, falls der Beklagte geltend macht, bis auf den eingeklagten Teil alle Forderungen beglichen zu haben[680]. Wenn der Beklagte demzufolge nicht den Bestand des zugrundeliegenden Rechtsgeschäfts in Zweifel zieht, sondern das Nichtbestehen der Restforderung bzw. der Gesamtforderung mittels Inzidentwiderklage feststellen lassen will, hängt die Zulässigkeit unter anderem davon ab, welcher Meinung über die Reichweite der Rechtskraft man sich anschließt.

(2) Die Unzulässigkeit der Inzidentwiderklage als Konsequenz der Ansicht der Rechtskrafterstreckung

Folgt man der Auffassung von *Leipold*[681], *Zitelmann*[682] und anderen, daß das Urteil über die Teilforderung auch bei Klageabweisung Rechtskraft hinsichtlich der Nachforderung wirkt, so muß man konsequent die Zwischenfeststellungswiderklage über den Bestand der Gesamt- wie der Restforderung für unzulässig halten. Geht man mit *Zitelmann* davon aus, daß die Gesamtforderung bei einer nicht individualisierten Teilklage bereits in vollem Umfang rechtshängig ist[683], ergibt sich bereits hieraus die Unzulässigkeit. Der Antrag, das Nichtbestehen der gesamten Forderung oder der Restforderung festzustellen, ist dann bereits im Klageabweisungsantrag zur Teilklage enthalten.

(a) Sachliche Klageabweisung der Teilklage

Wird die Teilklage als unbegründet abgewiesen, so steht nach dieser Ansicht *rechtskräftig* fest, daß weder die Teil- noch die Rest- und Gesamtforderung

---

klage, deren genauer Wortlaut nicht in der Entscheidung wiedergegeben ist. Das Berufungsgericht legte den Antrag als selbständige Feststellungsklage aus.

680 *Roth* bemerkt dazu, daß es „wohl äußerst selten" sein dürfe, daß der Widerkläger nur das Nichtbestehen des Grundes der behaupteten Forderung begehrt, vgl. *Stein/Jonas/Roth*[22], § 256 Rdnr. 11.

681 Vgl. *Leipold*, FS Zeuner, 431 (439 ff.); *Stein/Jonas/Leipold*[22], § 322 Rdnr. 142.

682 Vgl. *Zitelmann*, ZZP 8 (1885), 254 (264 ff.).

683 Vgl. *Zitelmann*, ZZP 8 (1885), 254 (272 ff.); ebenfalls *v. Braun*, Inzidentfeststellungsklage, S. 39; wohl auch *Leipold*, FS Zeuner, 431 (439 f.). Anders *Oertmann*, ZZP 22 (1896), 11 (39), seiner Meinung nach ist der Rechtshängigkeitseinwand durch die Regelung des § 256 Abs. 2 in diesem Fall ausgeschlossen.

bestehen, da das Gericht, um zur Abweisung gelangen zu können, notwendig das Nichtbestehen der gesamten Forderung feststellen mußte. Einer Inzidentklage bedarf es im Fall der Klageabweisung nicht. Der *Zweck der Inzidentklage*, die Erstreckung der Rechtskraft, kann bei Klageabweisung *nicht mehr erreicht* werden. Die auf das *gleiche Ziel gerichtete* negative Zwischenfeststellungsklage ist sinnlos und damit unzulässig. Methodologisch handelt es sich um eine *teleologische Reduktion des Anwendungsbereichs der Inzidentklage.*

(b) Klagestattgabe der Teilklage

Wenn das Gericht der Teilklage stattgibt, scheidet die Inzidentklage gleichfalls notwendig aus. Zwar erstreckt sich in diesem Fall die Rechtskraft nur auf den eingeklagten Teil. Das (Nicht)Bestehen der Gesamt- wie Restforderung ist dann allerdings *nicht präjudiziell* für die Entscheidung über die Teilforderung. Denn das Gericht muß *nicht* zwingend über die gesamte Forderung oder andere Teilbeträge entscheiden, um den eingeklagten Teil zusprechen zu können. Selbst wenn die Restforderung z. B. aufgrund Erfüllung bereits erloschen sein sollte, kann es der Teilklage statt geben. Macht der Kläger von der behaupteten Gesamtforderung i. H. v. 600 € den Teilbetrag von 200 € geltend, dann können ihm diese zugesprochen werden, unabhängig davon, ob die restlichen 400 € bereits gezahlt wurden. Mehr noch, wegen § 308 Abs. 1 ZPO darf das Gericht nicht mehr zusprechen als seitens des Klägers mit der Teilforderung zur Entscheidung gestellt ist[684]. Die *Entscheidung hängt* mithin *nicht davon ab*, ob die Rest- oder Gesamtforderung besteht. Um der Teilforderung stattgeben zu können, ist die Existenz der Gesamtforderung nicht notwendig vorausgesetzt, wie das Beispiel der Erfüllung zeigt.

Die Inzidentwiderklage ist demzufolge nach dieser Auffassung – selbst ohne den Einwand anderweitiger Rechtshängigkeit – sowohl bei Klageabweisung als auch bei Klagestattgabe unzulässig. Möglich wäre dem Beklagten nach dieser Auffassung – wenn man nicht wie *Zitelmann* generell von der Rechtshängigkeit der gesamten Forderung ausgeht – lediglich eine prinzipale negative Feststellungswiderklage nach *§§ 33, 256 Abs. 1 ZPO* über die *Restforderung*.

(3) Die Konsequenz der herrschenden Meinung

Folgt man der herrschenden Meinung, ist die Rechtskraft der Entscheidung über die Teilklage in jedem Fall auf diesen Teilbetrag beschränkt und Rechtshängigkeit tritt nur für ihn ein. Damit fragt sich, ob wenigstens nach dieser Auffassung

684 Vgl. *Zitelmann*, ZZP 8 (1885), 254 (265).

die Zulässigkeit der Inzidentwiderklage so unproblematisch ist, wie eingangs von einigen Autoren behauptet. Die Frage ist also: Hängt die Entscheidung über die Teilforderung davon ab, daß die Gesamtforderung oder die Restforderung nicht besteht?

(a) Klagestattgabe über Teilklage

Entsprechend dem soeben bei der Gegenansicht zur Klagestattgabe Gesagten ist hier gleichfalls *weder die Gesamt- noch die Restforderung präjudiziell.* Wenn im geschilderten Fall der Kaufpreis (10.000 €) in Höhe des Restbetrages (9.000 €) durch nachträgliche Parteivereinbarung erlassen wurde, bereits bezahlt wurde oder der Beklagte in dieser Höhe aufgerechnet hat, besteht weder die Restforderung über 9.000 € noch die gesamte Forderung über 10.000 €, sondern nur noch eine Teilforderung in Höhe von 1.000 €. Über die eingeklagte Teilforderung (1.000 €) kann somit positiv entschieden werden, ohne daß hierfür entscheidungserheblich ist, ob die Restforderung oder die gesamte Forderung besteht bzw. nicht besteht. Der Richter kann seine stattgebende Entscheidung über die Teilklage mithin *unabhängig* vom Bestehen oder Nichtbestehen einer Gesamt-/Restforderung treffen. Er wird seine Prüfung sogar abbrechen, sobald er dem Kläger den geltend gemachten Teilbetrag zusprechen kann, da es ihm nach § 308 Abs. 1 ZPO verwehrt ist, eine über den eingeklagten Teil hinausgehende Entscheidung zu treffen. Eine tatsächliche Abhängigkeit, wie von § 256 Abs. 2 ZPO gefordert, besteht nicht.

(b) Sachliche Klageabweisung der Teilklage

Im Fall der (teilweisen) Abweisung der Teilklage aus sachlichen Gründen ist die *Restforderung keinesfalls präjudiziell* für die Entscheidung über die Teilforderung. Denn der Bestand der Restforderung läßt die Entscheidung über den Teil unberührt. Zwar muß das Gericht, um die Teilklage (vollständig) abweisen zu können, zuvor sämtliche Teile der Gesamtforderung negiert haben, wie bereits *Zitelmann* herausgearbeitet hat. Aber dies führt nicht dazu, daß die Nichtexistenz der Restforderung bedingend für die Nichtexistenz der Teilforderung ist. Das Bedingungsverhältnis zwischen der Entscheidung über den eingeklagten Teil und der Restforderung besteht nur *mittelbar*, vermittelt über die Gesamtforderung. Bedingung für die Abweisung des eingeklagten Teils ist nämlich, daß die Gesamtforderung (Teil- und Restforderung zusammen) als ganzer Anspruch nicht besteht.

Anderenfalls würde der Nichtbestand der Restforderung zwangsläufig den Nichtbestand der eingeklagten Teilforderung zur Folge haben müssen, wie beispielsweise der Nichtbestand des Kaufvertrages den Nichtbestand des Kaufpreisanspruchs nach sich zieht oder der Nichtbestand des Eigentums den Nichtbestand des Herausgabeanspruchs nach § 985 BGB. Dem ist aber nicht so: Erläßt etwa der Kläger der Teilklage über 1.000 € aus behaupteter Gesamtforderung über 10.000 € dem Beklagten im Prozeß über die Teilklage die restlichen 9.000 €, so führt dies nicht unweigerlich zur Abweisung der Teilklage. Diese wird nur dann unweigerlich abgewiesen, wenn die gesamte Forderung nicht besteht und damit auch die Teilforderung nicht. Das bedeutet aber nicht, daß der Beklagte keine Möglichkeit hat, das Bestehen oder Nichtbestehen der Restforderung rechtskräftig feststellen zu lassen. Da der Kläger schon zu verstehen gegeben hat, sich weiterer Ansprüche zu berühmen und diese einzuklagen, hat der Beklagte ein rechtliches Interesse an einer *negativen Feststellungswiderklage* nach *§§ 256 Abs. 1, 33 ZPO*[685].

Allein die Nichtexistenz der *Gesamtforderung* ist somit bedingend für die Nichtexistenz der Teilforderung. Um zur Klageabweisung der Teilkaufpreisforderung über 1.000 € gelangen zu können, muß das Gericht zuvor die Nichtexistenz der gesamten Kaufpreisforderung i. H. v. 10.000 € festgestellt haben[686]. Folgt man der herrschenden Meinung zur Rechtskraft bei Teilklagen, wäre dies – vorausgesetzt man verneint eine teilweise Streitgegenstandsidentität und damit anderweitige Rechtshängigkeit – die *einzige Konstellation*, in der tatsächlich *Präjudizialität* vorläge. Da die Vorgreiflichkeit allerdings *nur* im Fall der *Klageabweisung* in Betracht kommt, wäre dem Beklagten (und damit auch dem Anwalt im Interesse seines Mandanten) zu einer *Eventualzwischenfeststellungswiderklage* zu raten.

bb) Zulässigkeit der Inzidentwiderklage bei verdeckter Teilklage

Bei der verdeckten Teilklage stellt sich im Gegensatz zu dem eben Gesagten das Problem, daß der Beklagte nicht weiß, daß noch Forderungen auf ihn zukommen können. Eine *negative Feststellungswiderklage* nach § 256 Abs. 1, § 33 ZPO über den – keinesfalls präjudiziellen – *Restbetrag scheitert* mangels erkennbaren Nachforderungsvorbehalts am fehlenden Feststellungsinteresse[687]. De lege lata läßt sich dieses Ergebnis, beachtet man den Sinn und Zweck sowie den klaren Wortlaut des § 256 Abs. 2 ZPO, aber nicht vermeiden. Mangels Präjudizialität des Restbetrags für den Teilbetrag kann eine Zwischenfeststellung hierüber nicht

---

685 Vgl. *BGH* MDR 1961, 751; *Baumbach/Lauterbach/Albers/Hartmann*, § 256 Rdnr. 116 („Widerklage") und Rdnr. 24 („Teilklage"); *Musielak*, Grundkurs, Rdnr. 587 a. E.; *Schumann*, ZPO-Klausur, Rdnr. 65; *Schellhammer*, Zivilprozess, Rdnr. 194; *Stein/Jonas/Leipold*[22], § 322 Rdnr. 146; *Stein/Jonas/Roth*[22], § 256 Rdnr. 11.

686 Dies wird von *Bergerhoff*, Zwischenfeststellungsklage, S. 34 f., verkannt.

687 Vgl. *BGHZ* 34, 337 (341 f.); *Batsch*, ZZP 86 (1973), 254 (280).

beantragt werden. *Leipold*[688] weist zutreffend darauf hin, daß man das Interesse des Beklagten an einer Konzentration der Prozesse auch nicht einseitig auf Kosten des Klägers schützen sollte, da die Geltendmachung der Mehrforderung ja auch deswegen unterblieben sein kann, weil dem Kläger die entsprechenden Tatsachen noch nicht bekannt waren oder er sonst unverschuldet keine Kenntnis von der Nachforderung hatte.

Die *Gesamtforderung* hingegen ist bei Klagestattgabe für die Entscheidung über die Teilforderung ebenfalls nicht vorgreiflich. Bei Klageabweisung könnte sie es zwar sein, da in den meisten Fällen verdeckter Teilklagen jedoch weder der Beklagte noch das Gericht wissen, daß eine weitergehende Forderung existiert, wird das Gericht in den Entscheidungsgründen hierzu keine Feststellungen treffen. Damit fehlt es an dem für die Abhängigkeit notwendigen Merkmal, daß über das Rechtsverhältnis ohnehin zu befinden ist. Falls ausnahmsweise die Gesamtforderung bekannt sein sollte, stellt sich wiederum das Problem teilweise anderwietiger Rechtshängigkeit. Folgt man der Ansicht von *Jauernig* und *Zeiss*, so ist eine negative Zwischenfeststellungswiderklage bei Klageabweisung zumindest nicht notwendig, da eine rechtskräftige negative Entscheidung über den gesamten Anspruch bereits erfolgt. In diesem Fall ist ihr Anwendungsbereich wiederum teleologisch zu reduzieren, da sie ihren Zweck, die Erstreckung der Rechtskraft, nicht mehr erreichen kann.

Unbenommen – und anzuraten – bleibt es beiden Parteien selbstverständlich, den *Bestand des Kausalgeschäftes* inzident feststellen zu lassen (z. B. Bestehen des Kaufvertrages).

4. *Zusammenfassung*

1. Im Hinblick auf den Sinn und Zweck der Zwischenfeststellungsklage hängt die Frage, ob das Nichtbestehen der Gesamt- oder Restforderung bei Teilklagen beantragt werden kann, nicht unerheblich davon ab, welchen Umfang man der Rechtskraft eines Urteils über die Teilklage zumißt. Nicht weniger bedeutsam ist, welchen Standpunkt man hinsichtlich der Rechtshängigkeit bei Teilklagen einnimmt. Keine Konflikte mit Fragen der Rechtskraft und der Rechtshängigkeit treten jedenfalls auf bei Inzidentwiderklagen, die das Nichtbestehen des dem Teilanspruch zu Grunde liegenden Rechtsverhältnisses (z. B. Bestand des Kaufvertrages) festzustellen begehren.
2. Folgt man der eine Rechtskrafterstreckung ablehnenden *herrschenden Meinung*, so wäre die Inzidentwiderklage hinsichtlich des Nichtbestehens des

688 Vgl. *Stein/Jonas/Leipold*[22], § 322 Rdnr. 146. Ebenso *Reischl*, Rechtskraft, S. 312; *Musielak*, FS Schumann, 295 (297 ff.).

gesamten Anspruchs bei *offener* Teilklage ausschließlich im Fall der Klageabweisung vorgreiflich. Denn eine Abweisung kommt erst in Betracht, wenn zuvor die gesamte Forderung vom Gericht geprüft und verneint wurde. Im Fall der Klagestattgabe erfolgt die Zuerkennung des Teilbetrags jedoch unabhängig vom Bestand der Gesamtforderung. Dies schon deshalb, weil das Gericht nach § 308 Abs. 1 ZPO nicht mehr zusprechen darf als beantragt. Eine Inzidentwiderklage über die Gesamtforderung wäre allerdings nur zulässig, sofern man nicht bereits teilweise anderweitige Rechtshängigkeit in Höhe der Teilforderung bejaht. Hinsichtlich der *Restforderung* liegt *keinesfalls* Präjudizialität vor, da die Entscheidung über den Teilbetrag stets unabhängig von der Entscheidung über den Restbetrag erfolgt. Das Nichtbestehen der Restforderung kann allenfalls mittels §§ 256 Abs. 1, 33 ZPO geltend gemacht werden[689].

3. Folgt man den Ansichten, die eine *Rechtskrafterstreckung* bei Abweisung der *offenen* Teilklage für den Gesamtanspruch annehmen, so ist die Zwischenfeststellungsklage gänzlich *unzulässig*. Im Fall der Klagestattgabe sind weder Gesamt- noch Restforderung präjudiziell für die Entscheidung über die Teilforderung. Diese erfolgt unabhängig davon, ob dem Kläger der Rest bzw. die ganze Forderung zusteht. Im Fall der sachlichen Klagabweisung der Teilklage ist eine Zwischenfeststellungswiderklage überflüssig und aufgrund teleologischer Reduktion ihres Anwendungsbereichs unzulässig, da der Zweck der Inzidentklage, die Erstreckung der Rechtskraft, bei Klageabweisung nicht mehr erreicht werden kann. Sofern man innerhalb dieser Auffassung davon ausgeht, daß mit Rechtshängigkeit des Teilbetrags zugleich die gesamte Forderung rechtshängig werde, folgt die Unzulässigkeit der Inzidentwiderklage über den Rest- und Gesamtbetrag bereits aus dem Einwand anderweitiger Rechtshängigkeit.
4. Bei *verdeckter* Teilklage ist eine Zwischenfeststellungswiderklage sowohl hinsichtlich der Restforderung wie der Gesamtforderung unzulässig. Im Fall der Klagestattgabe sind beide nicht vorgreiflich, da das Gericht in den Gründen lediglich den Bestand der Teilforderung zu prüfen hat. Im Fall der Klagabweisung wäre zwar Präjudizialität der Gesamtforderung denkbar. Da diese aber zumeist nicht bekannt ist, fehlt es an dem für die Abhängigkeit notwendigen Merkmal, daß über das Rechtsverhältnis ohnehin zu befinden ist. Falls ausnahmsweise die Gesamtforderung bekannt sein sollte, stellt sich wiederum das Problem teilweise anderweitiger Rechtshängigkeit. Folgt man der Ansicht, die eine Rechtskrafterstreckung bei sachlicher Abweisung befür-

---

689 So auch *Stein/Jonas/Roth*[22], § 256 Rdnr. 11: „Ein auf Feststellung des Nichtbestehens der Restforderung gerichteter Zwischenfeststellungsantrag kann jedoch als prinzipaler Feststellungsantrag ausgelegt werden bzw. dahin umgedeutet werden."

wortet, ist die negative Zwischenfeststellungswiderklage nicht notwendig und aufgrund unmöglicher Zweckerreichung nicht zulässig.

5. Für den Anwalt empfiehlt sich daher, sollte er das Nichtbestehen der Gesamtforderung inzident feststellen lassen wollen, eine *Eventualzwischenfeststellungswiderklage* zu erheben für den Fall der Klageabweisung der Teilklage. Um sich aber nicht dem Einwand anderweitiger (teilweiser) Rechtshängigkeit auszusetzen sollte er nach der hier vertretenen Auffassung mittels prinzipaler Feststellungsklage das Nichtbestehen der Restforderung feststellen lassen. Zumal bei offener Teilklage das Feststellungsinteresse regelmäßig zu bejahen ist.

C. Aufrechnung und Zwischenfeststellungsklage

Nicht selten steht einer Leistungsklage eine – zumindest behauptete – wirksame[690] Gegenforderung des Beklagten gegenüber, mit der dieser aufrechnet. Sollte der Kläger dabei die Befürchtung hegen, aus der Gegenforderung, etwa weil sie den durch Leistungsklage geltend gemachten Betrag übersteigt, weiterhin in Anspruch genommen zu werden, oder generell die Existenz der Gegenforderung bestreiten, wird er ein Interesse daran haben, das Nichtbestehen der Gegenforderung einer gerichtlichen Feststellung zuzuführen. Andererseits kann auch der Beklagte in diesen Fällen ein Interesse daran haben, rechtskräftig den Bestand seiner Gegenforderung feststellen zu lassen. Mithin stellt sich die Frage, ob die Parteien nach § 256 Abs. 2 ZPO feststellen lassen können, daß die vom Beklagten behauptete Gegenforderung besteht oder nicht besteht.

Soweit diese Frage in der Literatur diskutiert wird, ist insbesondere bei den Stellungnahmen in der älteren Literatur zu berücksichtigen, daß nach dem Wortlaut von § 293 Abs. 2 CPO a. F. die Entscheidung über das *Bestehen oder Nichtbestehen* der Gegenforderung bis zur Höhe des Betrages, *mit welchem* aufgerechnet werden soll, der Rechtskraft fähig war. Hingegen erstreckt sich die Rechtskraft nach § 322 Abs. 2 ZPO n. F. lediglich auf die Entscheidung, daß die Gegenforderung bis zur Höhe des Betrages, *für den* die Aufrechnung geltend gemacht worden ist, *nicht* – oder *nicht mehr*[691] – besteht. Hinsichtlich des die

---

690 Die Gegenforderung i. S. v. § 387 BGB muß vollwirksam und fällig sein, vgl. *BGHZ* 2, 288 (302); *Palandt/Grüneberg*, § 387 Rdnr. 11.

691 Zu dieser heute einhelligen Meinung der Rechtskrafterstreckung bei *erfolgreicher* Aufrechnung vgl. *RGZ* 161, 167 (171 f.); *BGHZ* 36, 316 (319); 89, 349 (352); *Blomeyer*, Erkenntnisverfahren[2], § 89 VI 2, S. 496 f.; MünchKomm ZPO/*Gottwald*[4], § 322 Rdnr. 204; *Jauernig/Hess*, § 63 Rdnr. 23; *Rosenberg/Schwab/Gottwald*[17], § 153 Rdnr. 17; *Stein/Jonas/Leipold*[22], § 322 Rdnr. 160; *Zeuner*, JuS 1987, 354 (355 f.); *Zöller/Vollkommer*, § 322 Rdnr. 21.

Klageforderung übersteigenden Betrages wirkt die gerichtliche Entscheidung nach § 322 Abs. 2 ZPO dagegen keine Rechtskraft[692].

Bergerhoff[693] behauptet deshalb nicht ganz zu Unrecht, daß sich in der älteren Literatur die Darstellungen fast ausschließlich solchen Fällen widmeten, in denen die Aufrechnungsforderung den Klageanspruch übersteige[694]. Dies nötigt mit Blick auf den Sinn und Zweck der Zwischenfeststellungsklage dazu, im Rahmen der Untersuchung des Verhältnisses der Inzidentfeststellungsklage zur Aufrechnung danach zu differenzieren, ob die Gegenforderung die Klageforderung übersteigt oder nicht.

1. *Inzidentfeststellung der die Klageforderung nicht übersteigenden Gegenforderung*

Als erstes soll hierbei die Konstellation betrachtet werden, daß die Gegenforderung die Klageforderung nicht übersteigt.

a) Antrag des Klägers

Zur Veranschaulichung der Situation bei Inzidentantragstellung durch den Kläger der Hauptklage soll folgender Beispielsfall dienen:

Beispiel 1: Der Kläger macht gegen den Beklagten eine Forderung in Höhe von 2.000 € geltend. Der Beklagte behauptet eine Gegenforderung in Höhe von 1.000 € und führt diese im Wege der Aufrechnung in den Prozeß ein. Daraufhin erhebt der Kläger (negative) Zwischenfeststellungsklage mit dem Antrag festzustellen, daß die Gegenforderung nicht bestehe.

aa) Nichteingreifen der Rechtshängigkeitssperre

Die Zulässigkeit der Inzidentfeststellungsklage scheitert jedenfalls nicht daran, daß die Aufrechnungsforderung rechtshängig wäre, § 261 Abs. 3 Nr. 1 ZPO.

(1) Einerseits Rechtskrafterstreckung

§ 322 Abs. 2 ZPO sieht in Durchbrechung der Regel, daß die Entscheidung über einzelne Angriffs- und Verteidigungsmittel, mithin Einwendungen und Einreden,

---

692 Vgl. *BGHZ* 33, 236; 36, 316 (319); *BGH* NJW 1994, 1538; *OLG Düsseldorf* NJW-RR 1994, 1279; MünchKomm ZPO/*Gottwald*[4], § 322 Rdnr. 204; *Thomas/Putzo/Reichold*, § 322 Rdnr 45. Dazu näher unten Text bei Fußn. 733 ff.

693 Vgl. *Bergerhoff*, Zwischenfeststellungsklage, S. 39.

694 Derartige Erörterungen finden sich etwa bei *Kroll*, Klage, S. 62; *Oertmann*, ZZP 22 (1896), 11 (40); *Oertmann*, Aufrechnung, S. 150 f.; *Struckmann/Koch*, § 253 Anm. 3.

nicht in Rechtskraft erwächst[695], eine *Ausnahme* für die *Aufrechnung* vor[696]. Diese Ausnahme ist aus praktischen Erwägungen zugelassen: Verneint das Gericht den Bestand der Gegenforderung, wird der Beklagte verurteilt und in den – nicht an der Rechtskraft teilnehmenden – Gründen festgestellt, daß die Aufrechnungsforderung nicht besteht. Ohne die Ausnahmevorschrift des § 322 Abs. 2 ZPO würde somit lediglich das Bestehen der Hauptforderung rechtskräftig normiert. Um zu verhindern, daß in einem zweiten Prozeß der Beklagte seine Gegenforderung nochmals im Wege der Aufrechung geltend macht oder frei einklagt, schreibt § 322 Abs. 2 ZPO vor, daß die in den Gründen enthaltene Verneinung des Bestands der Gegenforderung der Rechtskraft fähig ist[697].

Anderenfalls würde, wie *Zeuner* es ausdrückt, der Beklagte auf Kosten des Klägers einseitig besser gestellt, was dem Prinzip der Gleichbehandlung der Parteien zuwiderliefe[698]. Denn der Beklagte könne ansonsten ohne Behinderung durch die Rechtskraft seine Forderung erneut zur Entscheidung stellen ohne das Prozeßrisiko einer endgültigen Aberkennung eingehen zu müssen, wohingegen dem Kläger eine entsprechende Möglichkeit nicht offen stehe. Werde seine Klage wegen Nichtbestehens der Forderung abgewiesen, versperre ihm bei einem Versuch der nochmaligen Durchsetzung die Rechtskraft auf jeden Fall den Weg[699]. Da es sich um eine eng auszulegende Ausnahmevorschrift handelt, die auf den Besonderheiten der Aufrechnung beruht und daher grundsätzlich nicht analogiefähig ist, erfaßt § 322 Abs. 2 ZPO nur die Aufrechnung, nicht sonstige Gegenforderungen[700]. Die Norm ist deshalb unanwendbar bei erfolgloser Geltend-

---

695 Nur der Klageantrag bestimmt den Prozeßgegenstand. Für den Umfang der Rechtskraft ist deshalb im allgemeinen irrelevant, wie sich der Beklagte verteidigt, vgl. *RGZ* 7, 354; 11, 384; 109, 201; *BGH* NJW 1995, 967; *BGH* NJW-RR 1988, 200; *Jauernig/Hess*, § 63 Rdnr. 2 f.; *Musielak*, Grundkurs, Rdnr. 584; *Zöller/Vollkommer*, Vor § 322 Rdnr. 34a. So bereits *Hellwig*, System I, § 231 III 2, S. 796; *Kroll*, Klage, S. 314; *Seuffert/Walsmann*, § 322 Anm. 4.

696 Vgl. MünchKomm ZPO/*Gottwald*[4], § 322 Rdnr. 194; *Jauernig/Hess*, § 63 Rdnr. 23; *Musielak*, Grundkurs, Rdnr. 584; *Thomas/Putzo/Reichold*, § 322 Rdnr. 30.

697 So schon zu § 322 ZPO a. F. *Seuffert/Walsmann*, § 322 Anm. 4; *Petersen/Anger*, § 322 Anm. 8. Zu § 322 ZPO n. F. vgl. MünchKomm ZPO/ *Gottwald*[4], § 322 Rdnr. 195 f.; *Blomeyer*, Erkenntnisverfahren[2], § 89 VI 2, S. 496.

698 Vgl. *Zeuner*, JuS 1987, 354 (356); ähnlich *Niklas*, MDR 1987, 96 (99); *Zöller/Vollkommer*, § 322 Rdnr. 15.

699 Vgl. *Zeuner* JuS 1987, 354 (355).

700 Vgl. *BGHZ* 89, 349 (352); *BGH* NJW 1992, 318; *BGH* NJW-RR 1993, 388; *Baumbach/Lauterbach/Albers/Hartmann*, § 322 Rdnr. 21; *Rosenberg/Schwab/Gottwald*[17], § 153 Rdnr. 19; *Stein/Jonas/Leipold*[22], § 322 Rdnr. 154; *Wieczorek/Schütze/Büscher*[2], § 322 Rdnr. 253; *Zöller/Vollkommer*, § 322 Rdnr. 15; *Blomeyer*, Erkenntnisverfahren[2], § 89 VI 2, S. 496, weist auf den damit zusammenhängenden Umstand hin, daß nach gemeinem Recht die Aufrechnung „ihrer inneren Natur nach eine Widerklage" dargestellt habe, weshalb es für die Rechtskraft unerheblich gewesen sei, ob die Gegenforderung klageweise oder mit der Aufrechnung geltend gemacht wurde.

machung eines Zurückbehaltungsrechts[701]. Ebenso fällt eine Berücksichtigung von Gegenforderungen als bloße Rechnungsposten im Rahmen eines Kontokorrentverhältnisses nicht unter § 322 Abs. 2 ZPO[702].

(2) Dennoch keine anderweitige Rechtshängigkeit

Grundsätzlich setzt die Rechtskraft zwar Rechtshängigkeit voraus[703]. Nach überwiegender und zutreffender Ansicht wird die Aufrechnungsforderung selbst jedoch nicht rechtshängig[704]. Die Gegenmeinung[705] stützt die Rechtshängigkeit auf die Begründung, daß der Aufrechnende eine Entscheidung des Gerichts dahingehend begehre, daß die Klageforderung in Höhe der Aufrechnung erloschen sei. Dieses Begehren werde zum Streitgegenstand, worüber nach § 322 Abs. 2 ZPO rechtskräftig entschieden werde[706]. Sie verkennt aber – wie der *Bundesgerichtshof*[707] ausführt – in ihrem Bemühen, den Kläger vor erneuter Inanspruchnahme zu schützen, die mit dieser Ansicht für den Aufrechnenden verbundenen Nachteile. Insbesondere wird ihm das in der Praxis übliche Vorgehen, die Forderung

701 Vgl. *BGH* NJW 2005, 265; *BGH* NJW-RR 1996, 828; *Stein/Jonas/Leipold*[22], § 322 Rdnr. 154.

702 Vgl. *BGH* MDR 2004, 703; *BGH* NJW 1992, 317; 2002, 900; *BGH* NJW-RR 1997, 1157; *Rosenberg/Schwab/Gottwald*[17], § 153 Rdnr. 19; *Stein/Jonas/Leipold*[22], § 322 Rdnr. 154. Daher kann der Rechtskraft nicht entgegen gehalten werden, es habe sich um eine Abrechnung im Kontokorrent gehandelt, wenn die Klage aufgrund Aufrechnung abgewiesen wurde, vgl. *BGH* NJW 2002, 900. Zur Rechtskraftpräklusion *Rosenberg/Schwab/Gottwald*[17], § 155 Rdnr. 5 ff. Deshalb kann es im Feststellungsprozeß über die Verpflichtung zum Schadensersatz schon notwendig sein, die Aufrechnung zu erklären, um ihren späteren Ausschluß im Leistungsprozeß zu vermeiden, vgl. *BGHZ* 103, 362 (367).

703 Vgl. *W. Lüke*, Zivilprozessrecht, § 20 III 5, Rdnr. 231.

704 Vgl. *BGHZ* 57, 242 (243); 60, 85 (87); *BGH* NJW 1986, 2767; 1999, 1179 (1180); *BGH* NJW-RR 1994, 379 (380); *Baumbach/Lauterbach/Albers/Hartmann*, § 145 Rdnr. 15; *Musielak*, Grundkurs, Rdnr. 303; *Musielak/Stadler*, § 145 Rdnr. 20; *Rosenberg/Schwab/Gottwald*[17], § 103 Rdnr. 25; *Stein/Jonas/Leipold*[22], § 145 Rdnr. 49; *Thomas/Putzo/Reichold*, § 145 Rdnr. 20; *Zöller/Greger*, § 145 Rdnr. 18. Diese Ansicht war bereits nach Einführung der Reichscivilprozeßordnung vorherrschend, vgl. *Loening*, ZZP 4 (1882), 1 (48) Fußn. 47; *Oertmann*, Aufrechnung, S. 138 ff. m. w. N. in Fußn. 1. Dies sogar, obwohl die Motive noch von Rechtshängigkeit der Kompensationsforderung ausgingen, vgl. Entwurf zu § 227 CPO (S. 187), *Hahn*, Materialien II, S. 259.

705 Vgl. *Häsemeyer*, FS Weber, 215 (232 ff.); *Schmidt*, ZZP 87, 29 (36), (39); *Schreiber*, FG BGH III, 227 (243 ff.). In diesem Sinne schon *Schollmeyer*, Compensationseinrede, S. 10 ff., der versucht, die Rechtshängigkeit zu begründen, indem er in der Erhebung der Compensationseinrede zugleich eine eigentümliche Art der Inzidentfeststellungswiderklage, eine „unentwickelte Widerklage" erblickt, vgl. *Schollmeyer*, a. a. O., S. 26 ff., 30. Zu den ihm folgenden Autoren vgl. *Oertmann*, Aufrechung, S. 141 Fußn. 18. *Schreiber*, FG BGH III, 227 (399), merkt diesbezüglich zutreffend an, daß etwas Unentwickeltes nicht wie das Entwickelte wirkt.

706 Vgl. *Schreiber*, FG BGH III, 227 (243 ff.).

707 Vgl. *BGHZ* 57, 242 (243 f.).

hilfsweise zum Gegenstand einer Widerklage zu machen, verwehrt. Ferner wäre die Folge, daß der Beklagte nicht mehr ohne Zustimmung des Klägers den Aufrechnungseinwand zurücknehmen könnte, da § 269 Abs. 1 ZPO dem entgegen stünde. Auch könnte der Beklagte nicht ohne Zustimmung des Gegners oder Sachdienlicherklärung des Gerichts eine andere Forderung an Stelle der bisherigen zur Aufrechnung stellen, vgl. § 263 ZPO[708]. Da die *Aufrechnungsforderung* folglich *nicht rechtshängig* wird, kann einer negativen Inzidentfeststellungsklage des Klägers jedenfalls *nicht* der *Einwand anderweitiger Rechtshängigkeit* entgegengesetzt werden.

bb) Streitiges Rechtsverhältnis

Der Antrag, feststellen zu lassen, daß die Aufrechnungsforderung nicht besteht, betrifft auch ein streitiges Rechtsverhältnis[709].

cc) Präjudizialität

Fraglich ist indessen, ob die Entscheidung des Rechtsstreits ganz oder zum Teil vom Nichtbestehen der Aufrechungsforderung *abhängt*.

Der *Bundesgerichtshof* verneint in seiner Entscheidung vom 28. September 2006[710] die Vorgreiflichkeit einer derartigen Inzidentfeststellungsklage mit dem Argument, die begehrte Feststellung müsse sich nach dem Zweck der Inzidentklage des § 256 Abs. 2 ZPO auf einen Gegenstand beziehen, der über den der Rechtskraft fähigen Gegenstand des Rechtsstreits hinausgehe. Für die Zwischenfeststellungsklage sei kein Raum, wenn mit dem Urteil über die Hauptklage die Rechtsbeziehungen der Parteien erschöpfend geregelt würden[711]. Dies sei vorliegend der Fall. Der Erfolg der Klage hänge allein davon ab, ob und inwieweit die klägerische Forderung infolge der Aufrechnung mit der Gegenforderung erloschen sei. Gemäß § 322 Abs. 2 ZPO sei die Entscheidung, daß die Gegenforderung nicht bestehe, bis zur Höhe des Betrages, für den die Aufrechnung geltend gemacht werde, der

708 Hierzu auch *Musielak*, Grundkurs, Rdnr. 302.

709 Soweit man an der Voraussetzung der Bestrittenheit festhält. Dazu bereits ausführlich oben Text bei Fußn. 394 ff.

710 *BGHZ* 169, 153 ff. In dem zu Grunde liegenden Fall machte die Klägerin einen Teilbetrag einer Werklohnforderung geltend. Die Beklagte rechnete mit einer Schadensersatzforderung wegen verzögerten Bauablaufs in gleicher Höhe auf. In der Berufungsinstanz erweiterte die Klägerin ihren Antrag und beantragte im Wege des § 256 Abs. 2 ZPO festzustellen, daß der Beklagten die Gegenforderung bereits dem Grunde nach nicht zustehe. Das Berufungsgericht wies die negative Zwischenfeststellungsklage als unbegründet ab. Der Bundesgerichtshof hielt sie bereits für unzulässig.

711 Vgl. *BGHZ* 169, 153 (156, Rdnr. 12).

Rechtskraft fähig. Weiterer Forderungen berühme sich die Beklagte nicht, die Klägerin mache auch nicht geltend, daß weitere zu befürchten seien. Da über die Gegenforderung der Beklagten erschöpfend und der Rechtskraft fähig bereits im Rahmen der Hauptklage zu entscheiden sei, fehle es an der erforderlichen Abhängigkeit[712].

Dem *Bundesgerichtshof* ist im Ergebnis Recht zu geben, nicht jedoch in der gefundenen Begründung. Abgesehen von der Kritik an der ungeschriebenen Voraussetzung der zukünftigen Relevanz bzw. der über den gegenwärtigen Prozeß hinausreichenden Bedeutung[713], ist die *Vorgreiflichkeit* im vorliegenden Fall *gegeben*. Denn der Bestand der Aufrechnungsforderung ist präjudiziell für die Entscheidung über die rechtsvernichtende Einwendung[714] der Aufrechung. Besteht die Gegenforderung, ist der Einwand begründet und die Klage abzuweisen. Besteht sie dagegen nicht, geht der Einwand ins Leere und der Klage ist, soweit sonst die Voraussetzungen vorliegen, statt zu geben. Damit entscheidet sich zugleich das Schicksal des Rechtsstreites. Zwischen der Entscheidung des Rechtsstreites und dem festzustellenden Rechtsverhältnis besteht ein Abhängigkeitsverhältnis dergestalt, daß jedenfalls in den Entscheidungsgründen eine Entscheidung über die Gegenforderung zu treffen ist[715].

dd) Unzulässigkeit wegen Zweckerreichung

Entscheidend ist ein anderer Gesichtspunkt: Wie bereits bei der Teilklage ausgeführt, ist in Anbetracht des Zwecks der Inzidentklage als Weg der Rechtskrafterstreckung auf den Grund der Klage[716] (als *Ersatz für* die *fehlende Rechtskraft* der Entscheidung über das Rechtsverhältnis in den Entscheidungsgründen) vorliegend kein Raum für die begehrte Zwischenfeststellung. Ihrer bedarf es nicht, da der Inzidentkläger aufgrund der Regelung des § 322 Abs. 2 ZPO bereits eine der Rechtskraft fähige Entscheidung darüber erhält, daß die Gegenforderung nicht besteht bzw. nicht mehr besteht. Die auf das *gleiche Ziel gerichtete* negative Zwischenfeststellungsklage ist zwecklos und damit unzulässig[717]. Letztlich stellt sich die Sachlage auch nicht anders dar, als wenn die Aufrechungsforderung

712 Vgl. *BGHZ*, 153 (156, Rdnr. 13).

713 Dazu eingehend im Zusammenhang mit dem Rechtsschutzbedürfnis unten Text bei Fußn. 896 ff.; hierzu auch *Schumann*, FS Georgiades, 543 (571 ff.).

714 Vgl. *Thomas/Putzo/Reichold*, § 145 Rdnr. 13. Zu Einwendungen und Einreden als Bezugspunkt der Präjudizialität oben Text bei Fußn. 476 und *Schumann*, FS Georgiades, 543 (560 f.).

715 So auch *Bergerhoff*, Zwischenfeststellungsklage, S. 41.

716 Vgl. *RGZ* 170, 328 (330).

717 Ebenso *Bergerhoff*, Zwischenfeststellungsklage, S. 40 (allerdings mangels Rechtsschutzbedürfnis).

rechtshängig würde und hierüber eine der Rechtskraft fähige Entscheidung erginge. In diesem Fall würde die Zwischenfeststellungsklage ebenfalls nicht mangels Vorgreiflichkeit abgewiesen werden, sondern wegen anderweitiger Rechtshängigkeit[718]. Methodologisch handelt es sich nicht um einen Fall fehlenden Rechtsschutzbedürfnisses, sondern um eine *teleologische Reduktion des Anwendungsbereichs der Inzidentklage*[719].

Im vom *Bundesgerichtshof* entschiedenen Fall sowie im *Beispielsfall 1* ist die negative Zwischenfeststellungsklage folglich unzulässig[720].

b) Antrag des Beklagten

Beispiel 2: Der Kläger macht gegen den Beklagten eine Forderung in Höhe von 2.000 € geltend. Der Beklagte behauptet eine Gegenforderung in Höhe von 1.000 € und führt diese im Wege der Aufrechnung in den Prozeß ein. Ferner erhebt der Beklagte, da der Kläger die Gegenforderung bestreitet, positive Zwischenfeststellungswiderklage, daß seine Gegenforderung (in Höhe von 1.000 €) besteht.

aa) Rechtshängigkeit und Präjudizialität

Zunächst ist auch in diesem Fall festzuhalten, daß einerseits der positiven Zwischenfeststellungswiderklage *nicht* der Einwand anderweitiger *Rechthängigkeit* entgegengesetzt werden kann, andererseits – sofern über die Gegenforderung im Sinne des Beklagten entschieden wird – die *Vorgreiflichkeit* zu bejahen ist, da die Gegenforderung ein präjudizielles Rechtsverhältnis für den vom Beklagten erhobenen *Aufrechungseinwand* bildet.

bb) Feststellung des Bestehens der Gegenforderung

Bergerhoff[721] will daher dem Beklagten die Möglichkeit geben, mittels Inzidentwiderklage rechtskräftig feststellen zu lassen, daß die Gegenforderung *besteht*.

cc) Änderung der Rechtslage durch BGB-Novelle

Hierzu ist es hilfreich, sich noch einmal kurz die Rechtslage vor der Prozeßnovelle von 1898 und damit vor Einführung der §§ 387 ff. BGB vor Augen zu führen. Nach § 293 Abs. 2 CPO a. F. war die Entscheidung über das *Bestehen* oder Nichtbestehen der Gegenforderung bis zur Höhe des Betrages, mit welchem aufgerechnet werden sollte, der Rechtskraft fähig. Durch die Einführung des BGB und die darin

718 Dazu schon oben Text bei Fußn. 444 ff.

719 Dazu eingehend unten Text bei Fußn. 906 ff.

720 So im Ergebnis ebenfalls *Stein/Jonas/Roth*[22], § 256 Rdnr. 103.

721 Vgl. *Bergerhoff*, Zwischenfeststellungsklage, S. 41 ff.

enthaltenen Regelungen der Aufrechnung, insbesondere § 389 BGB, wonach die beiderseitigen Forderungen als in dem Zeitpunkt erloschen gelten, in welchem sie sich zur Aufrechnung geeignet gegenüber standen, war eine Änderung der Rechtskraftwirkung erforderlich. Denn die Gegenforderung war in dem Moment untergegangen, indem sie erklärt wurde; das Bestehen der Forderung konnte somit im Umfang des Erlöschens nicht mehr festgestellt werden, allenfalls noch ein Bestanden-haben[722]. Dem trug die Prozeßnovelle von 1898 Rechnung, indem der nunmehrige § 322 Abs. 2 ZPO bestimmt, daß die Entscheidung, daß die Gegenforderung *nicht besteht*, bis zur Höhe des Betrages, für den die Aufrechnung geltend gemacht worden ist, der Rechtskraft fähig ist[723].

Es fragt sich daher, ob im *Beispiel 2* der Beklagte das Bestehen seiner Forderung überhaupt rechtskräftig feststellen lassen kann, oder ob dem die Regelung in § 322 Abs. 2 ZPO entgegen steht.

(1) Die unterschiedlichen Meinungen zu dieser Frage

Zur Beantwortung dieser Frage sollen zunächst die unterschiedlichen Meinungen hierzu dargestellt werden.

(a) Die eine Zulässigkeit verneinende Auffassung

Oertmann[724] verneint diese Frage, da nach dem eigenen Vorbringen des Beklagten die Gegenforderung *jetzt* nicht mehr bestehe, die Frage ihres *früheren* Bestehens aber mit der nach dem Bestehen oder der Vernichtung des Klageanspruchs identisch sei. Die Inzidentklage sei insoweit prozessual zwecklos und erweitere nicht den Umfang der künftigen Rechtskraft.

---

722 Vgl. *Stein/Jonas/Leipold*[22], § 322 Rdnr. 159. Zu dem Rechtszustand vor Einführung des BGB, speziell zu den Theorien der *gerichtlichen Kompensation*, der *ipso iure-Aufrechnung*, der *Parteiaufrechung* und ihren Auswirkungen auf den Prozeß im jeweiligen Gebiet vgl. *Kaupert*, Aufrechnung, S. 127 ff.; *Oertmann*, Aufrechnung, S. 13 ff. Wie *Kaupert* ausführt, ging die CPO in § 293 Abs. 2 noch von der Theorie der *gerichtlichen Kompensation* aus. Danach blieb es allein der Partei überlassen, mittels Einrede ein bloßes Kompensations*begehren* zu stellen. Der Kompensations*vollzug* und damit die Vernichtung der beiderseitigen Ansprüche war hingegen erst Sache des Richters; das dem Kompensationsbegehren stattgebende Urteil war ein *Gestaltungsurteil*. Der Richter mußte also, um zum Kompensationsvollzug schreiten zu können, vorab das Bestehen der Gegenforderung feststellen, ehe daraufhin die Aufrechnung vollzogen und die Klage abgewiesen werden konnte, vgl. *Kaupert*, Aufrechnung, S. 127 f.; ferner *Blomeyer*, Erkenntnisverfahren[2], § 60, S. 309.

723 Vgl. *Oertmann*, Aufrechnung, S. 243 f. Zu dem sich anschließenden Theorienstreit über die Rechtsnatur der Prozeßaufrechnung (zivilistische, prozessuale oder gemischte Theorie) vgl. dort S. 21 ff.

724 Vgl. *Oertmann*, Aufrechnung, S. 151.

(b) Die eine Zulässigkeit bejahende Auffassung

Bergerhoff hält dem entgegen, daß dies die Feststellung nicht hindere. Im „Augenblick der richterlichen Aufrechnungsvollziehung“ bestehe zweifellos noch die Gegenforderung und auf diesen Zeitpunkt beziehe sich die begehrte Feststellung[725]. Der Richter müsse sogar das jetzige Bestehen der Aufrechnungsforderung feststellen, um zur Aufrechnung schreiten zu können. Zwar lasse § 322 Abs. 2 ZPO eine Ausdehnung der Rechtskraft auf die Entscheidung, daß die Gegenforderung bestehe, nicht zu, weil diese nach der vollzogenen Aufrechnung nicht mehr existiere. Aber dies gelte nur für den Fall, daß die Gegenforderung durch die Aufrechnungseinrede geltend gemacht sei, aber nicht, wenn sie zugleich zum Gegenstand einer Klage erhoben werde. Hier bleibe es bei der im Absatz 1 des § 322 ZPO getroffenen Regelung[726].

(2) Stellungnahme

Bergerhoff scheint sich bei seiner Begründung, soweit er von richterlicher Aufrechnungsvollziehung spricht oder davon, daß der Richter zur Aufrechnung schreite, in gewissem Maße noch von der Theorie des richterlichen Kompensationsvollzugs leiten zu lassen[727].

Meines Erachtens ist die *Inzidentklage* in diesem Falle *unzulässig*. Nach § 322 Abs. 2 ZPO enthält das Urteil *bei erfolgreicher Aufrechung* die rechtskräftige Feststellung, daß die Gegenforderung bestanden hat, infolge der Aufrechnung jetzt aber *nicht mehr besteht*[728], weshalb die Klage abgewiesen wird. Würde die Inzidentklage mit dem Antrag festzustellen, daß die *Gegenforderung besteht*, zugelassen, bestünde die Gefahr zweier sich *widersprechender rechtskräftiger Feststellungen*. In Anbetracht des Prozeßzwecks der Rechtssicherheit ist dieses Ergebnis nicht hinnehmbar. Daran ändert auch die Tatsache nichts, daß die Inzidentklage jedenfalls wegen Unbegründetheit abgewiesen werden müßte, da bei Zulassung des Aufrechnungseinwands die Gegenforderung untergeht. Soweit man die restriktive Auffassung der Rechtsprechung zur Feststellung „vergangener Rechtsverhältnisse“[729] teilt, ließe sich ferner sagen, daß der Beklagte in diesem Fall die Feststellung eines (durch wirksame Aufrechnung) vergangenen Rechtsverhältnisses begehrt. Soweit der Beklagte aus der Feststellung, daß seine Gegenforderung bestanden hat, noch weitere Ansprüche geltend machen will, bedarf es der

725 Vgl. *Bergerhoff*, Zwischenfeststellungsklage, S. 42.
726 Vgl. *Bergerhoff*, Zwischenfeststellungsklage, S. 42.
727 Siehe hierzu Fußn. 722.
728 Statt vieler *Stein/Jonas/Leipold*[22], § 322 Rdnr. 160 m. w. N. in Fußn. 235.
729 Dazu oben Text bei Fußn. 336 ff.

Inzidentklage nicht, denn er kann sich ohnehin auf die Rechtskraft gem. § 322 Abs. 2 ZPO berufen. Darüber hinaus ist zu berücksichtigen, daß dem Kläger hier mit Verweis auf § 322 Abs. 2 ZPO die Möglichkeit, eine Zwischenfeststellung über die Aufrechnungsforderung zu erreichen, verwehrt wird. Im Sinne der Gleichbehandlung wäre es unbillig, dem Kläger diese Möglichkeit zu verwehren, sie dem Beklagten aber zuzugestehen.

Bei *erfolgloser Aufrechnung* gilt nichts anderes: Wenn die *Gegenforderung nicht begründet* ist[730], dann wird der Klage stattgegeben und *rechtskräftig* festgestellt, daß die *Gegenforderung nicht besteht.* In diesem Fall würde der Beklagte mit seinem Inzidentantrag die Feststellung des kontradiktorischen Gegenteils dessen, was nach § 322 Abs. 2 ZPO rechtskräftig festgestellt wird, begehren. Wiederum besteht die Gefahr widersprechender Entscheidungen. Aus den oben dargelegten Gründen ist eine solche Inzidentfeststellung aus Gründen der Rechtskraft unzulässig. Ferner wäre sie unbegründet. Wenn das Gericht das tatsächliche Vorbringen zur Aufrechnung als verspätet *zurückweist*, den *Aufrechnungseinwand* als solchen *nicht zuläßt* oder die *Aufrechnung* für *unzulässig* hält, ist die Inzidentwiderklage unabhängig von der Rechtskraftfrage[731] bereits *mangels Präjudizialität unzulässig*: In diesem Fall ist nämlich in den Entscheidungsgründen nicht ohnehin auf das Bestehen oder Nichtbestehen der Gegenforderung einzugehen.

Nach alldem ist die *Inzidentwiderklage* des Beklagten mit dem Antrag, das *Bestehen der Gegenforderung festzustellen, unzulässig.* Mit gutem Recht läßt sich daher mit den Worten von *Hager* sagen: Für eine Zwischenfeststellungsklage, die stets entweder schon unzulässig oder jedenfalls unbegründet ist, besteht kein Bedürfnis[732].

Sofern eine der Parteien ein rechtliches Interesse an der Feststellung des Bestehens oder Nichtbestehens der Aufrechnungsforderung besitzt, bleibt ihr allenfalls die Erhebung einer selbständigen Feststellungsklage nach § 256 Abs. 1 ZPO, obwohl dies im Hinblick auf die Rechtskraftwirkung nach § 322 Abs. 2 ZPO und die auch hier bestehende Gefahr widersprüchlicher Entscheidungen eher selten der Fall sein dürfte. Denkbar ist dies zumindest für die Fälle, in denen das Gericht den Aufrechnungseinwand als solchen nicht zuläßt.

---

730 Selbst wegen fehlender Substantiierung, vgl. *BGHZ* 33, 236; *BGH* NJW 1994, 1538; *Thomas/Putzo/Reichold*, § 322 Rdnr. 46.

731 Auf den Streit, ob und wann der Aufrechnende wegen der Doppelnatur der Prozeßaufrechnung bei Zurückweisung des Aufrechnungseinwands die Gegenforderung noch anderweitig geltend machen kann, braucht an dieser Stelle nicht eingegangen zu werden. Vgl. dazu *Rosenberg/Schwab/Gottwald*[17], § 103 Rdnr. 44 ff.

732 *Hager*, KTS 54 (1993), 39, (44 f.).

2. *Inzidentfeststellung der die Klageforderung übersteigenden Gegenforderung*

Damit richtet sich das Augenmerk auf die Fragestellung, ob die Inzidentklage bezüglich einer die Klageforderung *übersteigenden* Gegenforderung zulässig ist. Zur Veranschaulichung sollen zwei weitere Beispielsfälle dienen:

Beispiel 3: Der Kläger macht gegen den Beklagten eine Forderung in Höhe von 2.000 € als gewährleistungsrechtlichen Schadensersatz statt der Leistung geltend. Der Beklagte führt im Wege der Aufrechnung seinen Anspruch auf Kaufpreiszahlung in Höhe von 2.500€ in den Prozeß ein. Der Kläger beantragt zwischenfestzustellen, daß die Gegenforderung nicht besteht.

Beispiel 4: Wie *Beispiel 3*. Allerdings erhebt nun der Beklagte, da der Kläger die Gegenforderung bestreitet, positive Zwischenfeststellungswiderklage, daß seine Gegenforderung in Höhe von 2.500 € besteht.

a) Keine Rechtskrafterstreckung nach § 322 Abs. 2 ZPO

Entsprechend dem klaren Wortlaut des § 322 Abs. 2 ZPO („*bis zur Höhe* des Betrages, *für den* die Aufrechnung geltend gemacht worden ist") wirkt das Urteil *keine Rechtskraft* hinsichtlich des die *Klageforderung übersteigenden Betrages*[733].

Im älteren Schrifttum[734] wurde dies – sofern das Gericht die Gegenforderung für unbegründet befand – teilweise anders gesehen[735]. Begründet wurde diese Ansicht mit demselben Argument, welches von *Zitelmann* für eine Rechtskrafterstreckung bei Klageabweisung einer nicht individualisierten Teilklage angeführt wurde: Aus der rechtskräftigen Entscheidung, daß die Gegenforderung nicht einmal in der zur Kompensation gestellten Höhe bestehe, folge mit Notwendigkeit, daß sie jedenfalls nicht in einem höheren Betrage bestehe. Mit dem Minus sei auch das Plus aberkannt. Folglich sei die ganze Forderung, welche zur Kompensation benutzt wurde, abgewiesen und damit das Nichtbestehen in voller Höhe rechtskräftig[736].

---

733 So die h. M, vgl. *RGZ* 16, 355 (356 f.); *BGHZ* 33, 236; 36, 316 (319); 57, 301; *BGH* NJW 1994, 1538; *OLG Celle* AnwBl 1984, 311; *OLG Düsseldorf* NJW-RR 1994, 1279; *Baumbach/Lauterbach/Albers/Hartmann*, § 322 Rdnr. 26 („Teil-Gegenforderung"); MünchKomm ZPO/*Gottwald*[4], § 322 Rdnr. 204; *Jauernig/Hess*, § 63 Rdnr. 23; *W. Lüke*, Zivilprozessrecht, § 20 Rdnr. 230; *Rosenberg/Schwab/Gottwald*[17], § 153 Rdnr. 17 Fußn. 20; *Thomas/Putzo/Reichold*, § 322 Rdnr. 45; *Zeuner*, JuS 1987, 354 (355, sub II. 2.); *Zöller/Vollkommer*, § 322 Rdnr. 21.

734 Vgl. *Fitting*, ZZP 2 (1880), 266 ff.; *Schollmeyer*, Compensationseinrede, S. 117 ff.

735 Mit Blick auf die Formulierung des § 293 Abs. 2 CPO a. F. („bis zur Höhe desjenigen Betrages, *mit* welchem aufgerechnet werden soll") war diese Ansicht nicht schlechthin unvereinbar mit dem Wortlaut.

736 *Fitting*, ZZP 2 (1880), 266 ff. (mit dem Vergleich zur Situation der Teilklage auf S. 268 ff.); *Schollmeyer*, Zwischenstreit, S. 13; *Schollmeyer*, Compensationseinrede, S. 119 ff.

Dem wurde entgegen gehalten[737], daß dies der Intention der Reichscivilprozeßordnung widerspreche. Diese habe sich – entgegen der Lehre *v. Savignys* – dafür entschieden, dem Urteil schlechterdings keine über den vermeintlichen Willen der Parteien hinausgehende Tragweite beizulegen, und deshalb die Rechtskraft nach dem rein äußerlichen Kriterium bestimmt: was beantragt und was davon entschieden sei[738]. Der Kompensant wolle höchstens den der Klageforderung entsprechenden Betrag seiner Gegenforderung zur Kompensation verwenden[739]. Einen Unterschied zwischen den Rechtskraftwirkungen der positiven und der negativen Feststellung des Richters zu machen, sei unstatthaft.

Der Gedanke des älteren Schrifttums wurde in neuerer Zeit insbesondere von *Leipold*[740] wieder aufgegriffen. Entsprechend seiner zur Rechtskraft bei Teilklagen vertretenen Auffassung[741] befürwortet er eine *Rechtskrafterstreckung* auf die gesamte Forderung, sofern das *ursprüngliche Nichtbestehen* des aufgerechneten Teilbetrages festgestellt werde; sofern sein Nicht-mehr-Bestehen festgestellt werde, bleibe die Rechtskraft auf diesen Teilbetrag beschränkt. Die Anwendbarkeit der Zwischenfeststellungsklage wäre hiernach nur im ersten Fall gehindert, da ihr Zweck nicht mehr erreichbar wäre.

b) Die eine Inzidentklage bejahenden Ansichten

Eine Vielzahl von Autoren[742] will in diesen Fällen deshalb sowohl dem Kläger als auch dem Beklagten die Möglichkeit geben, das Bestehen oder Nichtbestehen der *gesamten Gegenforderung* mittels der Inzidentklage einer der Rechtskraft fähigen Entscheidung zuzuführen. Als Grund führen die Vertreter dieser Auffassung vornehmlich an, daß zwar nicht das Plus, wohl aber die Existenz der ganzen Gegenforderung für den Kompensationseinwand präjudiziell sei. *Oertmann* sieht ein Beweismoment für diese Ansicht darin, daß sie schon bei den Beratungen der

737 Vgl. *Herzog*, ZZP 1 (1879), 416 ff.; *Kroll*, Klage, S. 315 ff.; *Reincke*, § 293 („Kompensationsforderungen"); *Wilmowski/Levy*[4], § 293 Anm. 4; in diesem Sinne bereits die Begründung des Entwurfs zu § 293 CPO: „Wird die Einrede der Kompensation vorgeschützt, so muß es als Absicht der Parteien angenommen werden, daß das Bestehen oder Nichtbestehen der compensando geltend gemachten Gegenforderung pro concurrente summa unter ihnen festgestellt werden solle. Über die summa concurrens hinaus ist eine Feststellung der Absicht der Parteien nur entsprechend, wenn diese Feststellung ausdrücklich beantragt worden ist", vgl. *Hahn*, Materialien II, S. 292.

738 Vgl. *Kroll*, Klage, S. 316.

739 Vgl. *Herzog*, ZZP 1 (1879), 416 (420).

740 Vgl. *Stein/Jonas/Leipold*[22], § 322 Rdnr. 162.

741 Dazu oben Text bei Fußn. 644 und 663.

742 So *Bergerhoff*, Zwischenfeststellungsklage, S. 43 f.; *v. Braun*, Inzidentfeststellungsklage, S. 36; *Stein/Jonas/Roth*[22], § 256 Rdnr. 107 bei Fußn. 606; bereits früher *Endemann*, § 253 Anm. 2; *Oertmann*, Aufrechnung, S. 150 f.; *Oertmann*, ZZP 22 (1896), 11 (40); *Struckmann/Koch*, § 253 Anm. 3.

Kommission des Reichstags für die CPO seitens des Abgeordneten *Bähr* und des Regierungsvertreters *v. Amsberg* als die zutreffende bezeichnet worden sei[743]. Die Entscheidung des Hauptprozesses hänge zudem sicherlich vom Bestehen oder Nichtbestehen der Gegenforderung – diese als Ganzes betrachtet – ab[744]. Vor allem im Fall der Eventualaufrechnung sei die Inzidentklage unerläßlich, wenn der Kläger auf alle Fälle eine rechtskraftfähige Feststellung hinsichtlich der Gegenforderung herbeiführen wolle[745]. *v. Braun* hebt die Bedeutung der ganzen Forderung für die Entscheidung des Rechtsstreits hervor, da erst vom Ganzen auf den Teil geschlossen werden könne, weshalb Präjudizialität vorliege[746]. *Bergerhoff* führt prozeßökonomische Gründe für die Zulassung einer klägerischen Inzidentklage an. Dem Kläger könne nicht das Bedürfnis abgesprochen werden zu wissen, ob der Beklagte noch weitergehende Forderungen gegen ihn habe. Erst recht sei dem Beklagten das Recht zur Erhebung der Inzidentwiderklage einzuräumen, weil für eine dahingehende Einschränkung überhaupt keine Regelung der Rechtskraft in § 322 Abs. 2 ZPO vorgesehen sei, sodann aber auch sämtliche Voraussetzungen dieser Klage erfüllt seien[747].

c) Die ablehnende Meinung

Gegen die Zulässigkeit einer den Bestand der Gesamtforderung feststellenden Inzidentklage sprechen sich *Kroll*[748], *Loening*[749] und *v. Seuffert*[750] aus, da das Bestehen oder Nichtbestehen des Kompensationsanspruchs rücksichtlich des Überschusses für die Entscheidung des Rechtsstreits nicht präjudiziell sei.

d) Eigene Ansicht

Anders als bei Teilklagen stellt sich hier zumindest die Frage nach der anderweitigen Rechtshängigkeit nicht. Es macht insoweit keinen Unterschied, ob der Inzidentkläger die Feststellung beantragt, daß die Gesamtforderung oder die Restforderung (nicht) besteht. Meines Erachtens ist für die Antwort auf die Frage zu differenzieren:

---

743 Vgl. *Oertmann*, ZZP 22 (1896), 11 (40). Ebenfalls auf die erste Lesung der Reichsjustizkommission stellen *Struckmann/Koch*, § 253 Anm. 3, für die Inzidentklage seitens des Klägers ab.

744 Vgl. *Oertmann*, ZZP 22 (1896), 11 (40).

745 Vgl. *Oertmann*, Aufrechnung, S. 151.

746 Vgl. *v. Braun*, Inzidentfeststellungsklage, S. 36.

747 Vgl. *Bergerhoff*, Zwischenfeststellungsklage, S. 43 f.

748 Vgl. *Kroll*, Klage, § 14, S. 62.

749 Vgl. *Loening*, ZZP 4 (1882), 1 (51) Fußn. 51.

750 Vgl. *v. Seuffert*, § 253 Anm. 2.

aa) Der Antrag des Klägers

Weist das Gericht im *Beispiel 3* die Klage ab, weil die *Gegenforderung begründet* ist, dann steht rechtskräftig fest, daß diese i. H. v. 2.000 € nicht mehr besteht. Ob die Restforderung über 500 € besteht oder nur i. H. v. 300 € oder gar nicht, wird vom Gericht nicht weiter geprüft. Denn es kommt hierauf für die Entscheidung über den Aufrechnungseinwand und den Rechtsstreit nicht an. Ebensowenig prüft das Gericht den Bestand der Gesamt- oder Restforderung, sofern es den Aufrechnungseinwand – aus welchen Gründen auch immer – unberücksichtigt läßt. Dem entspricht, daß der Beklagte seine Gegenforderung auch nur in dieser Höhe „einsetzt", um die Klageforderung zu Fall zu bringen. Eine *Inzidentklage* ist in diesem Fall *unzulässig*. In Höhe der Klageforderung (im Beispiel 2.000 €) wird die Feststellung des Nicht-mehr-Bestehens ohnehin rechtskräftig; in Höhe des Restbetrags (im Beispiel 500 €) liegt keine Präjudizialität vor. Das Gericht muß hierüber nicht ohnehin in den Gründen befinden.

Gibt das Gericht statt dessen der Klage über 2.000 € wegen *Unbegründetheit der aufgerechneten Forderung* statt, so hat es notwendigerweise zuvor die gesamte Gegenforderung i. H. v. 2.500 € geprüft und befunden, daß sie insgesamt nicht besteht. Entsprechend dem zur Klageabweisung bei offener Teilklage Gesagten[751] liegt hier *Präjudizialität* vor. Zu berücksichtigen ist nur, daß *in Höhe der Klageforderung* (2.000 €) *bereits* die vom Kläger begehrte *rechtskräftige Entscheidung* nach § 322 Abs. 2 ZPO dahin ergeht, daß die Gegenforderung nicht besteht. Insoweit vermag er mit der Inzidentklage nicht mehr zu erreichen, als er auch ohne sie erhält. In diesem Umfang vermag die Inzidentklage ihren Zweck nicht zu verwirklichen. Streng genommen wäre sie daher lediglich über den Restbetrag (500 €) zulässig. § 322 Abs. 2 ZPO untersagt allerdings nicht, daß die rechtskräftige Feststellung in Höhe der Klageforderung nicht einheitlich mit der antragsgemäßen Inzidentfeststellung zusammen erfolgen kann. Eine Aufspaltung in eine Rechtskraftwirkung bezüglich der Höhe der Klageforderung und ein Feststellungsurteil über den Restbetrag ist unnötig. Zumal der Kläger mit seinem Inzidentantrag eine einheitliche Entscheidung begehrt. Da im Rahmen der Aufrechnung die bei der Teilklage problematische anderweitige Rechtshängigkeit keine Rolle spielt, ist die Antragstellung sowie Entscheidung über die Gesamtforderung jedenfalls nicht schädlich[752].

---

751 Oben Text vor Fußn. 685 ff.

752 Es spricht meines Erachtens in diesem Fall nichts dagegen, im Tenor z. B. einheitlich festzustellen, daß der Beklagte aus dem streitgegenständlichen Kaufvertrag keinen Anspruch auf Kaufpreiszahlung hat.

Der Inzidentantrag des Klägers ist somit ausschließlich zulässig, soweit das Gericht der Klage unter Berücksichtigung der Gegenforderung stattgibt. Dem Kläger ist daher zu einem dementsprechenden (für den Fall der Stattgabe seiner Hauptklage) *Eventualinzidentantrag* zu raten.

bb) Der Antrag des Beklagten

Weist das Gericht die Klage ab, weil die *Gegenforderung begründet* ist, so prüft es das Bestehen der Gegenforderung nur bis zu Höhe der Klageforderung (2.000 €). Ob darüber hinaus ein *Restbetrag* (500 €) besteht, ist nicht entscheidungserheblich und damit *nicht präjudiziell.* Eine rechtskräftige Feststellung über das Bestehen der Gegenforderung bis zur Höhe der Klageforderung verbietet sich schon aus den oben[753] dargelegten Gründen (Gefahr widersprüchlicher rechtskräftiger Entscheidungen).

Gibt das Gericht in *Beispiel 4* der Klage statt, weil die *Gegenforderung* insgesamt *unbegründet* ist, so mußte das Gericht notwendig das Nichtbestehen der gesamten Aufrechnungsforderung (2.500 €) prüfen, um der Klage in vollem Umfang (2.000 €) stattgeben zu können. Nach § 322 Abs. 2 ZPO steht damit rechtskräftig fest, daß die Gegenforderung i. H. v. 2.000 € nicht besteht. Der Antrag des Beklagten (Feststellung des Bestehens der *gesamten* Forderung) zielt in diesem Umfang auf die Feststellung des kontradiktorischen Gegenteils, weshalb die Gefahr widersprüchlicher Entscheidungen besteht. Soweit die Rechtskraft nach § 322 Abs. 2 ZPO die Gegenforderung nicht erfaßt (Restbetrag i. H. v. 500 €), wurde die Restforderung zwar vom Gericht geprüft und verneint. Insofern könnte man zwar Präjudizialität unterstellen, allerdings besteht das Bedingungsverhältnis nicht unmittelbar zwischen der Restforderung und der Entscheidung über den Aufrechnungseinwand, sondern nur mittelbar über die Gesamtforderung. Nicht das Nichtbestehen der Restforderung ist bedingend für das Nichteingreifen des Aufrechnungseinwands, sondern das Nichtbestehen der gesamten Gegenforderung[754]. Hinzu kommt, daß die Inzidentwiderklage insoweit unbegründet ist. Wie bereits ausgeführt, besteht für eine Zwischenfeststellungsklage, die stets entweder schon unzulässig oder jedenfalls unbegründet ist, kein Bedürfnis.

Der Inzidentantrag des Beklagten ist damit *in jedem Fall unzulässig.* Dem Beklagten bleibt es jedoch unbenommen, den Restbetrag über eine *prinzipale Feststellungsklage* einer rechtskräftigen Entscheidung zuzuführen oder aber den Restbetrag durch *Leistungswiderklage* geltend zu machen. Insofern kann man auch nicht von einer Verletzung des Grundsatzes der Waffengleichheit sprechen, wenn ausschließlich dem Kläger die Inzidentklage offensteht.

---

753 Text bei Fußn. 728.

754 Dazu im Rahmen der Teilklage bereits oben Text bei Fußn. 686.

3. *Zusammenfassung*

1. In Fällen der Inzidentklage gegenüber einer zur Aufrechnung gestellten Gegenforderung[755] ist der Inzidentantrag schon *unzulässig, soweit* das Gericht das Bestehen der aufgerechneten Forderung (etwa wegen Zurückweisung des tatsächlichen Vorbringens hierzu oder weil es den Aufrechnungseinwand als solchen nicht zuläßt, z. B. nach § 533 ZPO) *nicht ohnehin zu prüfen* hat.
2. Falls die Aufrechnungsforderung die *Klageforderung nicht übersteigt*, ist *weder* der *Inzidentantrag* des *Klägers* auf Nichtbestehen *noch* der des *Beklagten* auf Bestehen der behaupteten Gegenforderung *zulässig*. Im Fall des Klägers bedarf es der Inzidentklage nicht, da aufgrund der Regelung des § 322 Abs. 2 ZPO bereits eine der Rechtskraft fähige Entscheidung darüber ergeht, daß die Gegenforderung nicht besteht bzw. nicht mehr besteht. Die auf das *gleiche Ziel gerichtete* negative Zwischenfeststellungsklage ist zwecklos und damit unzulässig. Im Fall des Beklagten ist sie unzulässig, weil anderenfalls wegen § 322 Abs. 2 ZPO die Gefahr widersprüchlicher rechtskräftiger Entscheidungen besteht.
3. Wenn die Aufrechnungsforderung die *Klageforderung übersteigt*, ist lediglich der *Inzidentantrag* (Feststellung des Nichtbestehens der *gesamten* Gegenforderung) des *Klägers zulässig, sofern* das Gericht der *Klage* unter Berücksichtigung der Gegenforderung *stattgibt*. Hierbei ist es im Interesse einheitlicher Entscheidung unschädlich, wenn die Feststellung des Nichtbestehens der gesamten Gegenforderung beantragt wird, obwohl in Höhe der Klageforderung die begehrte Feststellung bereits nach § 322 Abs. 2 ZPO zu erfolgen hat. Dem Kläger ist daher zu einem dementsprechenden *Eventualinzidentantrag* zu raten. Dem *Beklagten* ist die Inzidentfeststellung des Bestehens der Gesamtforderung *verwehrt*. Sofern seine *Gegenforderung besteht*, wird deren Bestand nur bis zur Höhe der Klageforderung geprüft; über diesen Betrag hinaus liegt Vorgreiflichkeit nicht vor. Wegen § 322 Abs. 2 ZPO besteht aber in Höhe der Klageforderung die Gefahr widersprechender rechtskräftiger Feststellung. Sofern seine *Gegenforderung nicht existiert*, besteht in Höhe der Klageforderung wiederum die Gefahr widersprechender rechtskräftiger Feststellungen. Hinsichtlich des Restbetrages ist sie mangels Vorgreiflichkeit unzulässig, darüber hinaus auch unbegründet.
4. Sofern die Parteien den *Restbetrag* „unbedingt" einer rechtskräftigen Feststellung zuführen wollen, sind sie auf die *selbständige Feststellungsklage* gem.

755 Nicht näher eingegangen wird auf den Sonderfall, daß die Aufrechnung durch den Kläger erfolgt, da die dargestellten Prinzipien von der Parteirolle unabhängig sind. Zu diesem Spezialfall *BGHZ* 89, 349 ff.; *BGH* NJW 1992, 982 (983); *Stein/Jonas/Leipold*[22], § 322 Rdnr. 167 f.; *Zeuner*, JuS 1987, 354 ff.

§ 256 Abs. 1 ZPO verwiesen, sofern ein rechtliches Interesse besteht und die Voraussetzungen für eine Klageänderung (im Fall des Klägers) bzw. der Widerklage (im Fall des Beklagten) vorliegen. Der *Beklagte* hat des weiteren die Möglichkeit, die Restforderung im Wege der *Leistungswiderklage* geltend zu machen. Überdies bleibt es beiden Parteien unbenommen, das (Nicht)Bestehen des der Gegenforderung zu Grunde liegenden Kausalverhältnisses (z. B. Wirksamkeit des Kaufvertrages) über § 256 Abs. 2 ZPO rechtskräftig feststellen zu lassen.

4. Rechtslage bei Eventualaufrechung

In der Praxis ist es unbestritten, daß die Eventualaufrechnung, also die Erklärung des Beklagten, er rechne nur für den Fall auf, daß er mit seiner primären Verteidigung gegen das Bestehen der Klageforderung keinen Erfolg habe, prozessual zulässig ist[756].

Die herrschende Meinung[757] verneint überzeugend die Zulässigkeit einer Zwischenfeststellungsklage mangels Präjudizialität, solange nicht feststeht, daß der mit der Hauptklage geltend gemachte Anspruch begründet ist. Durch die Zwischenfeststellungsklage soll die Entscheidung des Hauptprozesses auch für das präjudizielle Rechtsverhältnis mit Rechtskraftwirkung nutzbar gemacht werden. Im Verhältnis zur Eventualaufrechnung fehlt aber, solange noch nicht feststeht, ob sie zum Zuge kommt, das Tatbestandsmerkmal der Vorgreiflichkeit, das allein die erleichterte Zulassung rechtfertige, daß nämlich das Gericht den ihm vorgelegten Streit ohnedies als Vorfrage entscheiden muß[758]. In diesem Fall kann die Inzidentklage als zulässige *Eventualzwischenfeststellungsklage* aufrecht erhalten werden, die innerprozessual dadurch bedingt ist, daß über die Gegenaufrechnung entschieden werden muß[759].

---

756 Statt vieler *Blomeyer*, Erkenntnisverfahren², § 60, S. 309 ff.; *Häsemeyer*, FS Weber, 215 (224 f.); *Musielak*, Grundkurs, Rdnr. 299 (dort auch zur überwundenen Klageabweisungstheorie und zur herrschenden Beweiserhebungstheorie); *Rosenberg/Schwab/Gottwald*¹⁷, § 103 Rdnr. 15 ff.

757 Vgl. *BGH* NJW 1961, 75; MünchKomm ZPO/*Becker-Eberhard*⁴, § 256 Rdnr. 87; *Stein/Jonas/Roth*²², § 256 Rdnr. 133 Fußn. 328; *Wieczorek/Schütze/Assmann*³, § 256 Rdnr. 364; *Zöller/Greger*, § 256 Rdnr. 22.

758 Vgl. *BGH* NJW 1961, 75. Anders noch *OLG Dresden* OLGRsp 13, 137; *Seuffert/Walsmann*, § 280 Anm. 5a; *Oertmann*, Aufrechnung, S. 151, der aber ohnehin keine tatsächliche Vorgreiflichkeit verlangt, vgl. *Oertmann*, ZZP 22 (1896), 11 (24 ff.), (30 f.).

759 Vgl. *BGH* NJW 1961, 75; MünchKomm ZPO/*Becker-Eberhard*⁴, § 256 Rdnr. 87; *Stein/Jonas/Roth*²², § 256 Rdnr. 133 Fußn. 328; *Wieczorek/Schütze/Assmann*³, § 256 Rdnr. 364; *Zöller/Greger*, § 256 Rdnr. 22. Ausführlich zur Eventualzwischenfeststellungsklage *Schumann*, FS Georgiades, 543 (568 f.).

Soweit nach den oben dargelegten Ausführungen eine Inzidentklage zulässig ist, steht dem die Tatsache, daß die Aufrechnung nicht primär, sondern nur eventualiter erklärt ist, nicht entgegen. Im Gegenteil; nach der hier vertretenen Auffassung, ist dem Inzidentkläger ohnehin zur Eventualinzidentklage zu raten.

V. Geeignete Prozeßart

Damit die Verbindung der Inzidentklage mit der Hauptklage zulässig ist, muß die Geltendmachung in derselben Prozeßart zulässig sein, § 260 ZPO[760]. Im arbeitsgerichtlichen Beschlußverfahren findet § 256 Abs. 2 ZPO über § 80 ArbGG entsprechende Anwendung[761].

Im Urkunden- und Wechselprozeß, im Mahnverfahren sowie im Arrestverfahren sind Anträge nach § 256 Abs. 2 ZPO unzulässig[762], da in diesen Verfahrensarten eine Feststellungsklage ausweislich des Gesetzeswortlauts unstatthaft ist.

Für den *Urkundenprozeß und Wechselprozeß* bestimmen § 592 Satz 1 ZPO und § 602 ZPO, daß nur *Ansprüche* geltend gemacht werden können, mithin nur eine Leistungsklage statthaft ist[763]. Die Erhebung der Widerklage und damit der Inzidentfeststellungswiderklage im Urkundenprozeß ist gem. § 595 Abs. 1 ZPO unzulässig[764]. Dies gilt jedoch nicht für das Nachverfahren, da hier die Beschränkungen der §§ 592, 595 Abs. 1, § 597 Abs. 2 ZPO entfallen[765].

Im *Mahnverfahren* folgt die Einschränkung aus § 688 Abs. 1 ZPO, da nur Zahlungsansprüche statthaft sind. Im *Arrestverfahren* kann nach § 916 Abs. 1

---

760 § 260 ZPO gilt für den Inzidentantrag des Klägers. Bei Verstoß kommt eine Trennung nach § 145 Abs. 1 ZPO in Betracht, falls die Feststellungsklage als selbständige nach § 256 Abs. 1 ZPO zulässig ist, anderenfalls (insbesondere wenn die Erhebung einer Feststellungsklage in der Prozeßart unzulässig ist) ist die Zwischenfeststellungsklage als unzulässig abzuweisen, vgl. *Baumbach/Lauterbach/Albers/Hartmann*, § 256 Rdnr. 117; *Thomas/Putzo/Reichold*, § 256 Rdnr. 31. Für die Inzidentwiderklage gilt die Voraussetzung jeder Widerklage, daß sie in derselben Prozeßart wie die Hauptklage erhoben und in dieser zulässig sein muß, dazu statt vieler *Rosenberg/Schwab/Gottwald*[17], § 96 Rdnr. 16; *Stein/Jonas/Roth*[22], § 33 Rdnr. 20; *Thomas/Putzo/Hüßtege*, § 33 Rdnr. 27.

761 Vgl. *BAGE* 61, 66 (74 f.); *BAG* DB 1990, 132; MünchKomm ZPO/*Becker-Eberhard*[4], § 256 Rdnr. 85; *Musielak/Foerste*, § 256 Rdnr. 39; *Wieczorek/Schütze/Assmann*[3], § 256 Rdnr. 347.

762 Vgl. *Stein/Jonas/Roth*[22], § 256 Rdnr. 111.

763 Vgl. *BGHZ* 16, 207 (213); *BGH* ZIP 1994, 562 (563); *Zöller/Greger*, § 592 Rdnr. 3. Letzterer will zwar eine Ausnahme für die Klage auf Feststellung einer bestrittenen Insolvenzforderung (§§ 179-183 InsO) annehmen, da es um die Feststellung einer bezifferten Geldforderung gehe. Dennoch ist auch nach dieser Ansicht eine Zwischenfeststellungsklage erst im Nachverfahren zulässig.

764 Vgl. *Stein/Jonas/Roth*[22], § 33 Rdnr. 20; *Thomas/Putzo/Reichold*, § 256 Rdnr. 31.

765 Vgl. *BGHZ* 125, 251 (255); MünchKomm ZPO/*Becker-Eberhard*[4], § 256 Rdnr. 85; *Musielak/Foerste*, § 256 Rdnr. 39; *Wieczorek/Schütze/Assmann*[3], § 256 Rdnr. 346.

ZPO Arrestanspruch lediglich eine Geldforderung oder ein Individualanspruch sein, der in eine solche übergeht[766].

Auch in Verfahren über *einstweilige Verfügungen* ist wegen der besonderen Eilbedürftigkeit eine Inzidentfeststellungsklage unzulässig[767]. Es gibt folglich keine „Zwischenfeststellungsverfügung".

Vor Inkrafttreten des FamFG[768] zum 1. September 2009 war die Zwischenfeststellungsklage in *Ehe- und Kindschaftssachen* nur in den engen Grenzen von § 610 Abs. 2, § 623, § 632 Abs. 2, § 640 c ZPO zulässig[769], da deren Feststellung ebenso wie die Aufhebung der Ehe (§§ 1313 ff. BGB n. F.) nur in besonderen Verfahren erreicht werden konnte[770]. *Roth*[771] spricht sich dafür aus, im Scheidungsverbund Zwischenfeststellungsklagen zuzulassen, die zur Streitbereinigung zwischen den Parteien dienen. Dem ist grundsätzlich zuzustimmen, sofern die Voraussetzungen des § 256 Abs. 2 ZPO gewahrt sind[772].

Seit Inkrafttreten des FamFG sind insoweit § 126 Abs. 2, § 137 und § 113 FamFG zu beachten. Gem. § 113 Abs. 1 Satz 2 FamFG gelten in Ehesachen (§ 111 Nr. 1 FamFG) und Familienstreitsachen (§ 112 FamFG) die allgemeinen Vorschriften der ZPO und die Vorschriften der ZPO über das Verfahren vor den Landgerichten entsprechend. Über diese Verweisung findet folglich auch § 256 Abs. 2 ZPO Anwendung. Allerdings ist zu beachten, daß § 113 Abs. 2 FamFG für Familienstreitsachen bestimmt, daß die Vorschriften der ZPO über den Urkunden- und Wechselprozeß und über das Mahnverfahren entsprechend gelten. Nach dem zuvor Gesagten sind in diesen Verfahren jedoch Zwischenfeststellungsklagen unzulässig.

Abweichend von § 113 Abs. 1 Satz 2 FamFG (i. V. m. §§ 33, 147 260 ZPO) besteht gem. § 126 Abs. 2 Satz 1 FamFG grundsätzlich ein Verbindungsverbot einer Ehesache mit einer anderen Familiensache als einer Ehesache[773]. Auch eine

766 Vgl. MünchKomm ZPO/*Becker-Eberhard*[4], § 256 Rdnr. 85; *Musielak/Foerste*, § 256 Rdnr. 39; *Thomas/Putzo/Reichold*, § 916 Rdnr. 4; *Wieczorek/Schütze/Assmann*[3], § 256 Rdnr. 347.

767 Vgl. *Baumbach/Lauterbach/Albers/Hartmann*, § 256 Rdnr. 110 („Arrest, einstweilige Verfügung"); MünchKomm ZPO/*Becker-Eberhard*[4], § 256 Rdnr. 85; *Musielak/Foerste*, § 256 Rdnr. 39; *Stein/Jonas/Roth*[22], § 256 Rdnr. 111; *Zöller/Greger*, § 256 Rdnr. 28.

768 Verkündet als Art. 1 Gesetz zur Reform des Verfahrens in Familiensachen und in den Angelegenheiten der freiwilligen Gerichtsbarkeit (FGG-Reformgesetz) vom 17. Dezember 2008 (BGBl. I 2008, S. 2586).

769 Vgl. MünchKomm ZPO/*Becker-Eberhard*[4], § 256 Rdnr. 85; *Stein/Jonas/Roth*[22], § 256 Rdnr. 111; *Wieczorek/Schütze/Assmann*[3], § 256 Rdnr. 349.

770 Vgl. *Stein/Jonas/Roth*[22], § 256 Rdnr. 111.

771 Vgl. *Stein/Jonas/Roth*[22], § 256 Rdnr. 111 (noch zur alten Rechtslage).

772 So etwa zur alten Rechtslage betreffend die Zwischenfeststellungsklage in Verfahren der streitigen freiwilligen Gerichtsbarkeit *BGH* WM 1997, 2403.

773 Vgl. *Baumbach/Lauterbach/Albers/Hartmann*, FamFG § 126 Rdnr. 1.

Verbindung mit einer Nichtfamiliensache ist unzulässig[774]. Eine Ausnahme hiervon besteht gem. § 126 Abs. 2 Satz 2 i. V. m. § 137 FamFG, wonach zwischen einer Scheidungssache und einer Familiensache als Folgesache grundsätzlich ein Entscheidungs- und Verfahrensverbund zu bestehen hat[775]. Eine Zwischenfeststellungsklage ist daher z. B hinsichtlich der Wirksamkeit einer Scheidungsfolgenregelung zulässig[776].

In den streitigen Verfahren der *freiwilligen Gerichtsbarkeit* (soweit sie nach der Übergangsvorschrift des Art. 111 FGG-Reformgesetz zur Anwendung kommen) sind Inzidentanträge entsprechend § 256 Abs. 2 ZPO zulässig und können zugleich mit dem Hauptantrag oder als Gegenantrag gestellt werden[777].

VI. Instanzielle Begrenzung

Die Vorschrift des § 256 Abs. 2 gilt unabhängig von den Änderungen des Berufungsrechts durch das ZPO-Reformgesetz nach herrschender Meinung[778] uneingeschränkt auch in der *Berufungsinstanz*, da § 533 ZPO n. F. auf die Zwischenfeststellungsklage nicht anwendbar sei[779]. Zum einen werde der Streitstoff durch die Inzidentklage nicht ausgeweitet, zum anderen stelle *§ 256 Abs. 2 ZPO* eine dem § 533 ZPO vorgehende *Sonderregelung* dar[780]. Die verfahrensrechtliche Sonderstellung sei gerechtfertigt, weil die Inzidentklage sich zwangsläufig auf dasselbe Rechtsverhältnis stütze wie die Klage, was z. B. bei einer gewöhnlichen

---

774 Vgl. MünchKomm ZPO/*Hilbig*[3], FamFG § 126 Rdnr. 7.

775 Vgl. MünchKomm ZPO/*Hilbig*[3], FamFG § 126 Rdnr. 8.

776 Insbesondere sind Inzidentklagen regelmäßig nur hinsichtlich der jeweiligen Scheidungsfolgenregelung zuzulassen, dazu oben Text bei Fußn. 570 ff. und *Gomille*, NJW 2008, 274 ff.

777 Vgl. *BGH* WM 1997, 2403 (2404); *BGH* AgrarR 1998, 21; *BGH* NZG 1998, 184; *OLG* Naumburg OLG-NL 2004, 35; MünchKomm ZPO/*Becker-Eberhard*[4], § 256 Rdnr. 85; *Musielak/Foerste*, § 256 Rdnr. 39; *Wieczorek/Schütze/Assmann*[3], § 256 Rdnr. 349.

778 Vgl. *BGHZ* 53, 92 (94) (zum Verhältnis des § 280 ZPO a. F. zu § 529 Abs. 4 ZPO a. F.); 169, 153 (155); *Baumbach/Lauterbach/Albers/Hartmann*, § 256 Rdnr. 110 („Berufungsinstanz"); *Musielak/Foerste*, § 256 Rdnr. 40; *Stein/Jonas/Roth*[22], § 256 Rdnr. 110; *Thomas/Putzo/Reichold*, § 256 Rdnr. 26; *Wieczorek/Schütze/Assmann*[3], § 256 Rdnr. 379; *Zöller/Greger*, § 256 Rdnr. 22; *Zöller/Heßler*, § 533 Rdnr. 9.

779 Insbesondere in der älteren Rspr. und Lit. wurde dies teilweise noch anders gesehen, was damit zusammen hing, daß § 529 Abs. 2 ZPO a. F. vorschrieb, daß neue Ansprüche abgesehen von den Fällen des § 268 Nr. 2, 3 [=§ 264 Nr. 2, 3 ZPO n. F.] nur mit Einwilligung des Gegners erhoben werden könnten, und nach der Vorgängernorm § 491 Abs. 2 CPO neue Ansprüche abgesehen von § 240 Nr. 2, 3 [=§ 264 Nr. 2, 3 ZPO n. F.] überhaupt nicht erhoben werden konnten. Vgl. *RGZ* 29, 361 (366); *RG* JW 1898, 389 Nr. 15; *Posener*, Grundriss, S. 19; *Gaupp*, § 253 Anm. III 1; *Wilmowski/Levy*[3], § 253 Anm. 3; *Seuffert/Walsmann*, § 280 Anm. 3; *Sydow/Busch/Krantz/Triebel*, § 280 Anm. 3.

780 Vgl. *Baumbach/Lauterbach/Albers/Hartmann*, § 256 Rdnr. 110 („Berufungsinstanz").

Widerklage nicht der Fall zu sein brauche[781]. Dadurch könnten schutzwürdige Interessen des Gegners nicht verletzt werden, so daß der Schutzgedanke des § 533 ZPO nicht betroffen sei.

Becker-Eberhard[782] sieht in § 256 Abs. 2 ZPO zwar ebenfalls eine Sondervorschrift, allerdings nur gegenüber § 533 Nr. 1 ZPO, so daß weder Einwilligung des Inzidentbeklagten noch Sachdienlicherklärung des Gerichts erforderlich sei. Jedoch bleibe *§ 533 Nr. 2 ZPO anwendbar*, weshalb die Inzidentklage nur zulässig sei, wenn sie auf Tatsachen gestützt werden könne, welche das Berufungsgericht seiner Verhandlung und Entscheidung ohnehin zugrunde zu legen habe.

Ich möchte mich der Sichtweise von *Becker-Eberhard* anschließen. Wenn sich dies auch nicht häufig auswirken wird. Denn bei der Inzidentfeststellungsklage ist das bedingende Rechtsverhältnis notwendigerweise ohnehin vom Gericht zu prüfen und in den Entscheidungsgründen zu behandeln[783]; es wird lediglich die Rechtskraft auf diese Feststellung erstreckt, aber kein neuer Streitstoff eingeführt. Hilfreich ist erneut das Beispiel der Vindikationsklage. Sofern in erster Instanz der Beklagte, der zum einen das Eigentum des Klägers bestritten und zum anderen ein Recht zum Besitz geltend gemacht hat, nach erfolgter Beweisaufnahme über das Eigentum und das Recht zum Besitz zur Herausgabe verurteilt wird, steht beiden Parteien in der Berufungsinstanz die Möglichkeit offen, diese Rechtsverhältnisse über § 256 Abs. 2 ZPO einer rechtskräftigen Feststellung zuzuführen. Denn beide Rechtsverhältnisse waren Gegenstand der mündlichen Verhandlung, streitig und in den Gründen notwendig zu behandeln.

Freilich sind Situationen denkbar, in denen die Erhebung der Zwischenfeststellungsklage in der Berufungsinstanz den Rahmen des § 533 Nr. 2 ZPO überschreiten würde und deshalb nicht zuzulassen ist: Unterstellt, im Fall der Vindikationsklage wäre in der ersten Instanz ausschließlich das Recht des Beklagten zum Besitz streitig gewesen, das Eigentum des Klägers aufgrund behaupteter Universalsukzession jedoch weder ausdrücklich noch konkludent bestritten worden und damit (vgl. § 138 Abs. 3 i. V. m. § 288 Abs.1 ZPO) zugestanden, so ist dem Beklagten ein erstmaliges Bestreiten des (erbrechtlichen) Eigentums in der Berufungsinstanz nach §§ 529, 531 ZPO verwehrt[784]. Das Berufungsgericht ist an die Feststellungen der ersten Instanz gebunden. Würde man jetzt die Inzidentklage über das Eigentum zulassen, so würde der Streitstoff nicht nur erweitert, sondern der Beklagte könnte über den Umweg der Inzidentklage die Geständnisfiktion aufgrund seines

781 Vgl. *BGHZ* 53, 92 (94).

782 Vgl. MünchKomm ZPO/*Becker-Eberhard*[4], § 256 Rdnr. 85.

783 Dazu insbesondere oben Text nach Fußn. 486.

784 Vgl. *Rosenberg/Schwab/Gottwald*[17], § 138 Rdnr. 42 f.

mangelnden Bestreitens beseitigen. Konsequenterweise muß in diesem Fall eine Inzidentfeststellung über das Eigentum des Klägers unzulässig sein.

In der *Revisionsinstanz* ist eine Inzidentfeststellungsklage nach allgemeiner Meinung hingegen nicht mehr zulässig, da hier sowohl Klageerweiterung als auch Widerklage unzulässig sind[785].

§ 4 Die allgemeinen Sachurteilsvoraussetzungen der Zwischenfeststellungsklage

Neben den besonderen müssen auch die allgemeinen Sachurteilsvoraussetzungen erfüllt sein, damit die Zwischenfeststellungsklage zulässig ist. Die allgemeinen Sachurteilsvoraussetzungen werden im Folgenden nur insoweit ausgeführt, als sie Besonderheiten zur selbständigen Feststellungsklage des § 256 Abs. 1 ZPO aufweisen.

I. Zulässigkeit des Rechtswegs

Hinsichtlich der Zulässigkeit des Rechtswegs ergeben sich keine Besonderheiten zur prinzipalen Feststellungsklage des § 256 Abs. 1 ZPO[786]. Das bedeutet, für die Zwischenfeststellungsklage muß wie auch für die Hauptklage der Rechtsweg zu den ordentlichen Gerichten eröffnet sein[787]. Die Entscheidungskompetenz der

785 Vgl. *BGHZ* 28, 131 (137); *BGH* NJW 1961, 777 (779); 1989, 170; *BAG* MDR 1982, 526; *BAG* NJW 1982, 790; *Baumbach/Lauterbach/Albers/Hartmann*, § 256 Rdnr. 110 („Revisionsinstanz"); MünchKomm ZPO/*Becker-Eberhard*[4], § 256 Rdnr. 77; *Musielak/Foerste*, § 256 Rdnr. 39; *Rosenberg/Schwab/Gottwald*[17], § 96 Rdnr. 40; *Stein/Jonas/Roth*[22], § 256 Rdnr. 110; *Thomas/Putzo/Reichold*, § 559 Rdnr. 2; *Zöller/Greger*, § 256 Rdnr. 22; einschränkend *Wieczorek/Schütze/Assmann*[3], § 256 Rdnr. 380 (wenn schon in der Berufungsinstanz möglich gewesen und dort Sachverhalt ungeklärt geblieben).

786 Vgl. *Stein/Jonas/Roth*[22], § 256 Rdnr. 113.

787 Dies gilt selbstverständlich nicht, soweit die Zwischenfeststellungsklage in anderen Gerichtszweigen über Verweisungen entsprechend Anwendungen findet. Etwa über § 46 Abs. 2 Satz 1 ArbGG i. V. m. §§ 495, 256 Abs. 2 ZPO im arbeitsgerichtlichen Urteilsverfahren, vgl. *BAGE* 96, 34; *BAG* NZA 1997, 50 (zu der im öffentlichen Dienst allgemein üblichen Eingruppierungsfeststellungsklage); NZA 2004, 1496; *BAG* ZTR 2002, 77. Im Verwaltungsprozeß über § 173 VwGO i. V. m. § 256 Abs. 2 ZPO, vgl. *BVerwGE* 80, 170; *BVerwG* DÖV 1988, 224; *BVerwG*, Beschluß v. 23. Januar 2008 – 10 B 88.07, Rdnr. 9 f. (nicht veröffentlicht, elektronisch abrufbar über www.bundesverwaltungsgericht.de); *BayVGH* BayVBl. 1999, 399 (400); *OVG Münster*, Urteil v. 22. April 1996 – 23 D 43/93 AK (nicht veröffentlicht, elektronisch abrufbar über Juris); *VG Leipzig* RGV J 68, Urteil v. 12. Januar 1996 – 1 K 609/94; *Kopp/Schenke*, VwGO, § 173 Rdnr. 4; *Bergmann*, DÖV 1959, 570 (573 ff.) (betreffend § 280 ZPO a. F.). Im sozial-

ordentlichen Gerichte wurde bereits im Rahmen des festzustellenden Rechtsverhältnisses behandelt, weshalb hierauf verwiesen wird[788].

II. Ordnungsgemäße Klageerhebung

Auch die Möglichkeit, die Inzidentklage bedingt zu erheben[789], befreit nicht von der Voraussetzung ordnungsgemäßer Klageerhebung.

A. Geeignetes Subjekt

Es fragt sich zunächst, welche Personen zur Geltendmachung der Inzidentfeststellungsklage befugt sind.

1. Partei

Die Klage des § 256 Abs. 2 ZPO kann ausweislich des Wortlauts sowohl vom Kläger als auch vom Beklagten des Hauptprozesses angestrengt werden. Von ersterem in Form der Klageerweiterung[790], von letzterem in Form der Widerklage[791]. Voraussetzung ist aber stets, daß der Inzidentantrag *von einer der Parteien des Hauptprozesses* gestellt wird[792]. Sind auf Kläger- oder Beklagtenseite *Streitgenossen* beteiligt, so muß jedem die Möglichkeit des § 256 Abs. 2 ZPO unabhängig von der Zustimmung der oder des anderen zustehen, da die Prozeßrechtsverhältnisse gemäß § 61 ZPO voneinander unabhängig sind und jedem Streitgenossen das Recht seines Prozeßbetriebs uneingeschränkt zusteht[793]. Hiervon zu unterscheiden ist die Frage, ob das von einem Streitgenossen erstrittene

gerichtlichen Verfahren über § 202 SGG i. V. m. § 256 Abs. 2 ZPO, da § 55 SGG lediglich die prinzipale Feststellungsklage regelt, vgl. *BSGE* 13, 163; *BSG*, Beschluß v. 5. August 1999 – B 14 KG 3/99 B (elektronisch abrufbar über Juris).

788 Oben Text bei Fußn. 361 ff.

789 Zur Eventualzwischenfeststellungsklage oben Text bei Fußn. 598 ff.; ferner *BGH* NJW-RR 1994, 1272. Wie oben erläutert ist eine Eventualinzidentklage nicht erforderlich, wenn man wie im früheren Schrifttum davon ausgeht, daß sie stets auflösend bedingt erhoben ist, vgl. *Bergerhoff*, Zwischenfeststellungsklage, S. 63; *Gaupp/Stein/Jonas*, § 280 Anm. IV 2.

790 Dazu unten Text bei Fußn. 811 ff.

791 Dazu unten Text bei Fußn. 817 ff.

792 Vgl. *OLG Köln* JR 1955, 186; MünchKomm ZPO/*Becker-Eberhard*[4], § 256 Rdnr. 84; *Stein/Jonas/Roth*[22], § 256 Rdnr. 109 und 9; *Zöller/Greger*, § 256 Rdnr. 29.

793 So bereits *Oertmann*, ZZP 22 (1896), 11 (14 f.); *Thomas/Putzo/Hüßtege*, § 61 Rdnr. 1.

oder gegen ihn ergangene Zwischenfeststellungsurteil auch für oder gegen die übrigen Streitgenossen Rechtskraft wirkt[794].

2. *Nebenintervenient*

Die Befugnis zur Klageerhebung kann *nicht* dem *Streitgehilfen* zugebilligt werden, da dieser nicht Prozeßpartei ist[795]. Ihm gestattet das Gesetz lediglich den Beitritt, damit er einer der Parteien zum Sieg verhilft[796]. Als Streithelfer ist er berechtigt, Angriffs- und Verteidigungsmittel geltend zu machen, nicht jedoch den Streitgegenstand zu ändern. Dieses Recht steht (entsprechend der Dispositionsmaxime) lediglich dem Kläger bzw. im Hinblick auf die Widerklage dem Beklagten, also den Parteien, zu. Man könnte sagen, der Streithelfer ist berechtigt, über Angriffs- und Verteidigungs*mittel* zu disponieren, nicht jedoch über den Angriff selbst.

Die herrschende Meinung[797] verweigert mit überzeugenden Gründen gleichermaßen dem *streitgenössischen Nebenintervenienten* im Sinne von § 69 ZPO die Befugnis zu Erhebung der Zwischenfeststellungsklage. Der streitgenössische Nebenintervenient ist zwar selbständiger als der einfache Streithelfer, aber *ebenfalls nicht Partei*. Er wird nur in einzelnen Beziehungen als Partei angesehen und wie diese gemäß §§ 445 ff. ZPO vernommen[798]. Denn auch er tritt nur zu einem zwischen anderen Personen bestehenden Prozeßrechtsverhältnis bei. Hingegen setzt die Inzidentfeststellungsklage einen rechtshängigen Hauptprozeß voraus, für den das festzustellende Rechtsverhältnis bedingend ist, der Beitritt stellt aber nur einen Interventionsakt dar, der keine Rechtshängigkeit begründet. Anderer Auffassung war lediglich ein Teil der älteren Literatur[799]. Für die herrschende Meinung läßt sich auch der Wortlaut des § 69 ZPO anführen. Danach „gilt" der Nebenintervenient als Streitgenosse. Diese Fiktion besagt gerade nicht, daß der Streitgehilfe Streitgenosse „ist".

---

794 Mit *Bergerhoff*, Zwischenfeststellungsklage, S. 55, und *Oertmann*, ZZP 22 (1896), 11 (15), ist diese Frage jedenfalls in den Fallgruppen zu bejahen, in denen § 62 ZPO Anwendung findet. Siehe dazu *Rosenberg/Schwab/Gottwald*[17], § 49 Rdnr. 4 ff.

795 Vgl. *Bergerhoff*, Zwischenfeststellungsklage, S. 55; MünchKomm ZPO/*Becker-Eberhard*[4], § 256 Rdnr. 84; *Oertmann*, ZZP 22 (1896), 11 (15); *Stein/Jonas/Roth*[22], § 256 Rdnr. 109.

796 Vgl. *Rosenberg/Schwab/Gottwald*[17], § 50 Rdnr. 31, 43.

797 Vgl. MünchKomm ZPO/*Becker-Eberhard*[4], § 256 Rdnr. 84; *Stein/Jonas/Roth*[22], § 256 Rdnr. 109; *Thomas/Putzo/Hüßtege*, § 69 Rdnr. 6; *Zöller/Vollkommer*, § 69 Rdnr. 8; offen gelassen von *BGH* DB 1985, 1537 (1538) und *BAG* AP § 67 ZPO Nr. 3.

798 Vgl. *Rosenberg/Schwab/Gottwald*[17], § 50 Rdnr. 68 ff.; *Thomas/Putzo/Hüßtege*, § 69 Rdnr. 1.

799 Nachweise bei *Oertmann*, ZZP 22 (1896), 11 (16). Wie hier bereits *Gaupp*, § 253 Anm. II 4; *Loening*, ZZP 4 (1882), 1 (78); *Oertmann*, ZZP 22 (1896), 11 (16) mit ausführlicher Begründung; *Wach*, Handbuch, S. 648; *Förster/Kann*, § 280 Anm. 3a; *Seuffert/Walsmann*, § 280 Anm. 2.

3. *Parteiändernde Zwischenfeststellungsklage*

In den meisten Fällen sind die Parteien des Inzidentstreits denen des Hauptrechtsstreites identisch. Inwieweit eine Zwischenfeststellungs(wider)klage *gegen einen Dritten* oder *von einem Dritten* erhoben werden kann, ist umstritten.

Roth[800] vertritt, die Zulässigkeit einer Inzidentklage *gegen einen Dritten* oder *von einem Dritten* sei zwar prinzipiell möglich, die Zulässigkeit richte sich aber wegen der in einem solchen Antrag liegenden *Parteiänderung* nach den Grundsätzen über die Zulässigkeit derselben[801]. Die Inzidentwiderklage (auch) *gegen einen Dritten* folge den Regeln über die *parteierweiternde Widerklage*. In aller Regel (Fälle der Rechtskrafterstreckung ausgenommen) fehle in diesen Konstellationen aber das Abhängigkeitsverhältnis, so daß nur eine selbständige Feststellungsklage in Betracht käme, für die jedoch das Feststellungsinteresse vorliegen müsse[802].

Assmann[803] ist der Ansicht, bei der Inzidentwiderklage auch gegen einen bisher am Prozeß nicht beteiligten Dritten handele es sich hinsichtlich des Dritten um eine Feststellungsklage nach § 256 Abs. 1 ZPO, da das Rechtsverhältnis nicht inzidenter festzustellen sei, weshalb ihm gegenüber das rechtliche Interesse vorliegen müsse.

Meines Erachtens ist zu differenzieren: Inzidentklagen *von einem Dritten* sind generell abzulehnen, da dieser nicht Partei des Rechtsstreits ist. Inzidentklagen *gegen einen Dritten* sind – unabhängig von den Voraussetzungen der Parteiänderung bzw. parteierweiternden Drittwiderklage als solcher – nach § 256 Abs. 1 ZPO zu behandeln. Zum einen darf nicht zu dessen Lasten auf ein rechtliches Interesse verzichtet werden. Zum anderen geschieht dem Inzidentdritt(wider)klä-

---

800 Vgl. *Stein/Jonas/Roth*[22], § 256 Rdnr. 109; so auch *Schumann* in der Vorauflage in Rdnr. 144.

801 Die Rechtsprechung folgt hierbei vorwiegend der *Klageänderungstheorie*, vgl. *RGZ* 49, 376 (377); 58, 248 (250 f.); 108, 350 (351); 141, 277 (283); 157, 369 (376 f.); *BGHZ* 16, 317 (321 f.); 40, 185 (186); 65, 264 (267 f.); 123, 132 (136); *BGH* NJW 1988, 942; 1996, 196. Wohingegen die Literatur größtenteils die Parteiänderung als gewohnheitsrechtlich entstandenes *prozessuales Institut eigener Art* auffaßt, vgl. *de Boor*, Parteiwechsel; *Heinrich*, Parteiwechsel, S. 37; *Rosenberg/Schwab/Gottwald*[17], § 42 Rdnr. 20; *Zöller/Greger*, § 263 Rdnr. 3; MünchKomm ZPO/*Becker-Eberhard*[4], § 263 Rdnr. 23; *Stein/Jonas/Roth*[22], § 263 Rdnr. 48.

802 Vgl. *Stein/Jonas/Roth*[22], § 256 Rdnr. 109; ihm insoweit folgend MünchKomm ZPO/*Becker-Eberhard*[4], § 256 Rdnr. 84. Einschränkend *Rüßmann/Eckstein-Puhl*, JuS 1998, 441 (444) (gegen Dritte, die ohnehin in die subjektiven Grenzen der Rechtskraft einbezogen wären, gelten die Voraussetzungen des § 256 Abs. 2 ZPO und nicht die des Abs. 1).

803 Vgl. *Wieczorek/Schütze/Assmann*[3], § 256 Rdnr. 368. So auch *Musielak/Foerste*, § 256 Rdnr. 40 a. E. (zu Lasten des Dritten dürfe nicht auf das erforderliche Feststellungsinteresse verzichtet werden, weshalb der Widerkläger in der Regel auf eine Klage nach § 256 Abs. 1 ZPO beschränkt sei).

ger kein Unrecht. Ist das auch gegenüber dem Dritten festzustellende Rechtsverhältnis tatsächlich vorgreiflich, wird das rechtliche Interesse ohnehin zu bejahen sein. Sofern eine Rechtskrafterstreckung auf den Dritten ohnedies im Raum steht, wäre die Inzidentklage nicht notwendig, da sie dem Antragsteller nicht mehr zu geben vermag, als er auch ohne sie erhält. Nicht zuletzt hat die Beschränkung der Inzidentklage auf die Parteien der Hauptklage den Vorteil der Übersichtlichkeit.

B. Form der Geltendmachung

Da das Gericht nach § 308 Abs. 1 ZPO nichts zusprechen darf, was nicht zur Entscheidung gestellt ist, setzt die Inzidentklage einen entsprechenden Antrag voraus[804].

I. Antrag des Klägers der Hauptsache

Nach der Formulierung des Gesetzes kann der Kläger des Hauptprozesses die Feststellung des streitigen Rechtsverhältnisses durch „Erweiterung des Klageantrags“ beantragen. Diese Formulierung ist nicht ganz unproblematisch.

a) Keine bloße Erweiterung nach § 264 Nr. 2 ZPO

Keineswegs ist damit (trotz des gleichlautenden Ausdrucks) die Erweiterung der Klage nach § 264 Nr. 2 Var. 1 ZPO gemeint[805]. Nach dieser Vorschrift ist es trotz anderen Antrags (und damit grundsätzlich Streitgegenstandsänderung) nicht als Klageänderung im Sinne von § 263 ZPO anzusehen, wenn der Kläger ohne Änderung des Klagegrundes den Klageantrag in der Hauptsache oder in Bezug auf Nebenforderungen erweitert.

Zwar wird durch Erhebung der Inzidentfeststellungsklage der Klagegrund (also der Tatsachenkomplex, der zur Begründung des begehrten Urteils vorgetragen wird[806], oder anders ausgedrückt der konkrete Lebenssachverhalt, aus dem der Kläger die begehrte Rechtsfolge ableitet[807]) nicht geändert. Denn logischerweise bildet das bedingende Rechtsverhältnis, dessen Bestehen oder Nichtbestehen

---

804 Vgl. *BGH* MDR 2005, 645: Keine Parallele zur Zulässigkeit eines nicht beantragten Feststellungsausspruchs bei unbegründeter oder derzeit nicht begründeter Leistungsklage als ein „Weniger“.

805 Vgl. *Bergerhoff*, Zwischenfeststellungsklage, S. 55; *v. Braun*, Inzidentfeststellungsklage, S. 24; *Stein/Jonas/Roth*[22], § 256 Rdnr. 9; *Wieczorek/Schütze/Assmann*[3], § 256 Rdnr. 376; So schon *Oertmann*, ZZP 22 (1896), 11 (58); *Seuffert/Walsmann*, § 280 Anm. 4; *Petersen/Anger*, § 280 Anm. 1 a. E.

806 Vgl. *Stein/Jonas/Roth*[22], § 264 Rdnr. 1.

807 Vgl. *Thomas/Putzo/Reichold*, § 253 Rdnr. 10.

festgestellt werden soll, einen Teil des Tatsachenkomplexes, der zur Begründung der Hauptklage vorgetragen wird. Es ist ja gerade Sinn der Inzidentklage, die Rechtskraft auf das aus dem gleichen Sachverhalt resultierende Rechtsverhältnis, das sonst nur notwendigerweise in den Entscheidungsgründen behandelt würde, auszudehnen. Dennoch stellt der Antrag nach § 256 Abs. 2 ZPO nicht lediglich eine Erweiterung der Hauptsache dar. Denn *§ 264 Nr. 2 ZPO erfaßt nur Erweiterungen*, die *nicht mit der Einführung eines anderen Streitgegenstandes einhergehen*[808]. Wesentlich für die Begrenzung des § 264 ZPO ist, ob die Änderung nach Art und Ausmaß dem Gegner noch zugemutet werden kann[809], was bei Einführung eines neuen Streitgegenstandes zu verneinen ist. Der *Inzidentantrag* hat jedoch ein vollkommenes *aliud* zum Gegenstand, einen *neuen prozessualen Anspruch*[810].

b) Ursprüngliche und nachträgliche Anspruchshäufung

§ 256 Abs. 2 ZPO regelt demnach den Fall eines zusätzlichen Klageantrags, der entweder sogleich bei Klageerhebung mit der Hauptklage verbunden oder aber erst im Laufe des Rechtsstreits erhoben wird[811]. Im ersten Fall liegt eine *anfängliche Klagenhäufung* (§ 260 ZPO) vor, im zweiten ein *besonderer Fall nachträglicher Klagenhäufung*[812]. Insofern ist die von einigen Autoren[813] verwendete Bezeichnung als *„Zusatzklage" nicht unzutreffend*. Nach herrschender Meinung[814] stellt die nachträgliche Anspruchshäufung (§ 260 ZPO) einen Fall der Klageänderung dar, die indes bei der Zwischenfeststellungsklage aufgrund der Regelung in § 256 Abs. 2 ZPO *gesetzlich zugelassen* ist, sofern die Voraussetzungen von § 260

808 Vgl. *BGH* NJW 1996, 2869; *BGH* NJW-RR 2006, 253; *Stein/Jonas/Roth*[22], § 264 Rdnr. 1; *Zöller/Greger*, § 264 Rdnr. 3.

809 Vgl. *Stein/Jonas/Schumann*[21], § 264 Rdnr. 51.

810 So bereits *RGZ* 29, 361 (365); *RG* JW 1932, 650 Nr. 13; *Bergerhoff*, Zwischenfeststellungsklage, S. 56; *Oertmann*, ZZP 22 (1896), 11 (58); *Petersen/Anger*, § 280 Anm. 1; *Seuffert/Walsmann*, § 280 Anm. 4.

811 Vgl. *RGZ* 73, 272 (274); 113, 410 (412 f.); 150, 189 (191); *BGH* LM § 280 ZPO a. F. Nr. 2; *BGH* NJW-RR 1990, 318 (320); *Enders*, ZAP 1996, 455 (460); *Stein/Jonas/Roth*[22], § 256 Rdnr. 9; *Wieczorek/Schütze/Assmann*[3], § 256 Rdnr. 375.

812 Vgl. *Bergerhof*, Zwischenfeststellungsklage, S. 57; *v. Braun*, Inzidentfeststellungsklage, S. 25; *Stein/Jonas/Roth*[22], § 256 Rdnr. 9; so bereits *Gaupp/Stein/Jonas*, § 280 Anm. I.

813 Vgl. *v. Braun*, Inzidentfeststellungsklage, S. 20; *Seuffert/Walsmann*, § 280 Anm. 4, *Hellwig*, System I, S. 128. So auch noch in der 70. Auflage *Baumbach/Lauterbach/Albers/Hartmann*, § 256 Rdnr. 109.

814 Vgl. *RGZ* 47, 390 (393 f.); *BGH* NJW 1985, 1841 (1842); 2004, 2152 (2154); 2007, 2414 (2415); *BAG* WM 1976, 598 (600); *BayObLG* WuM 2003, 351; *Baumbach/Lauterbach/Albers/Hartmann*, § 263 Rdnr. 4; MünchKomm ZPO/*Becker-Eberhard*[4], § 263 Rdnr. 21; *Blomeyer*, Erkenntnisverfahren[2], § 42, S. 245; *Frank*: Anspruchsmehrheiten, S. 130 ff.; *Stein/Jonas/Roth*[22], § 263 Rdnr. 11; *Thomas/Putzo/Reichold*, § 263 Rdnr. 3; *Rimmelspacher*, S. 359 f.; *Zöller/Greger*, § 263 Rdnr. 2; a. A. *Rosenberg/Schwab/Gottwald*[17], § 97 Rdnr. 6.

ZPO vorliegen[815]. Die Erhebung der Inzidentklage ist folglich von den §§ 263 ff. ZPO unabhängig und kann ohne Zustimmung des Prozeßgegners geschehen[816].

2. *Antrag des Beklagten der Hauptsache*

Gemäß § 256 Abs. 2 ZPO kann der Beklagte die Feststellung des streitigen Rechtsverhältnisses „durch Erhebung einer Widerklage" beantragen.

Diese stellt einen *besonderen Fall der Widerklage* dar, bei dem der rechtliche Zusammenhang – sofern man diesen nicht nur als Charakteristikum des besonderen Gerichtsstands nach § 33 ZPO[817], sondern generell als Voraussetzung jedweder Widerklage versteht[818] – durch die Präjudizialität gegeben ist[819]. Die Zwischenfeststellungswiderklage stellt insofern einen besonderen Fall dar, als sie (im Unterschied zur selbständigen Feststellungswiderklage nach §§ 33, 256 Abs. 1 ZPO) nach Eintritt ihrer Rechtshängigkeit *vom Fortbestand der Klage abhängig* ist[820]. Nach der hier vertretenen Auffassung ist sie auch insoweit ein besonderer Fall der Widerklage, als ein Teilurteil über sie regelmäßig unstatthaft ist[821].

---

815 Zur Voraussetzung der zulässigen Prozeßart bereits oben Text bei Fußn. 760 ff.

816 Vgl. *Bergerhoff*, Zwischenfeststellungsklage, S. 57; bereits früher *Oertmann*, ZZP 22 (1896), 11 (58). So auch im österreichischen Zivilprozeßrecht: Der Zwischenfeststellungsantrag nach § 236 ÖZPO stellt zwar verfahrensrechtlich eine Klageerweiterung dar, doch sind nach überwiegender Ansicht darauf die Regeln der Klageänderung nicht anwendbar, vgl. *Fasching/Deixler-Hübner*, § 236 Rdnr. 3; *Fasching*, Lehrbuch, Rdnr. 1076.

817 Vgl. *Baumbach/Lauterbach/Albers/Hartmann*, § 33 Rdnr. 2; *Blomeyer*, Erkenntnisverfahren², § 61 II 2, S. 317 f.; *Goldschmidt*, Zivilprozeßrecht, S. 95; *Rosenberg/Schwab/Gottwald*¹⁷, § 96 Rdnr. 21 (anders noch in der 15. Auflage); *Thomas/Putzo/Hüßtege*, § 33 Rdnr. 1; *Wieczorek/Schütze/Hausmann*³, § 3 Rdnr. 5; *Zöller/Vollkommer*, § 33 Rdnr. 1; *Stein/Jonas/Roth*²², § 33 Rdnr. 3 ff. (m. w. N. auch zur Gegenansicht in Fußn. 5 und 7).

818 Vgl. So *RGZ* 11, 423; 23, 396 (397 f.); *BGHZ* 40, 185 (187); *BGH* NJW 1975, 1228; 2001, 2094 (2095) („besondere Prozeßvoraussetzung"); *OLG Köln* WRP 1974, 706 (708); *Hellwig*, Lehrbuch III, S. 56; *W. Lüke*, Zivilprozessrecht, Rdnr. 237; *Rimmelspacher*, FS G. Lüke, 655 (660) (sofern die Widerklage der Klageerwiderung zeitlich nachfolgt).

819 Vgl. *Stein/Jonas/Roth*²², § 256 Rdnr. 9.

820 Dazu oben Text bei Fußn. 232. In der älteren Literatur war noch umstritten, ob die Inzidentwiderklage eine besondere Art der Widerklage darstelle oder nichts von der gewöhnlichen Widerklage abweichendes habe. Für einen besonderen Fall der Widerklage etwa *Oertmann*, ZZP 22 (1896), 11 (59 ff.); *Schollmeyer*, Compensationseinrede, S. 30 f.; *Gaupp*, § 253 Anm. I; a. A. *v. Braun*, Inzidentfeststellungsklage, S. 27 ff.; *Loening*, ZZP 4 (1882), 1 (14 ff.), (98 ff.); *Wach*, AcP 62 (1879), 373 (401 ff.); *Wilmowski/Levy*³, § 253 Anm. 1 a. E. Eine Darstellung des Theorienstreits findet sich bei *Bergerhoff*, Zwischenfeststellungsklage, S. 58 ff.

821 Dazu oben Text bei Fußn. 518 ff.

C. Art der Geltendmachung

Wird die Zwischenfeststellungs(wider)klage *im Laufe des Rechtsstreits* erhoben, so geschieht dies gem. § 261 Abs. 2 ZPO entweder durch Zustellung eines den Erfordernissen des § 253 Abs. 2 Nr. 2 ZPO entsprechenden Schriftsatzes[822] oder durch Verlesung des Antrags in der mündlichen Verhandlung gemäß § 297 ZPO[823]. Die nachträgliche Erhebung ist bis zum Schluß der mündlichen Verhandlung (§§ 136 Abs. 4, 296a ZPO), auf die das Endurteil über den bedingten Anspruch ergeht, zulässig[824].

Nach zutreffender Meinung hängt die Wirksamkeit der nachträglichen Klageerhebung in der mündlichen Verhandlung nicht davon ab, daß der Inzidentbeklagte anwesend ist, sofern er nur ordnungsgemäß geladen oder die Ladung nach § 218 ZPO entbehrlich war[825]. Denn auch im Versäumnisverfahren findet eine mündliche Verhandlung statt und es genügt, daß der Gegner zum Erscheinen durch Ladung aufgefordert war. Ebenso wie nach § 312 Abs. 1 Satz 1 ZPO die säumige Partei die gerichtliche Handlung der Verkündung des Urteils gegen sich gelten lassen muß, muß sie auch die Handlungen ihres Gegners gegen sich gelten lassen. Anderenfalls hätte es die säumige Partei in der Hand, allein durch ihre Säumnis den Gegner eines der wichtigsten Prozeßrechte, der Klageerhebung, zu berauben.

D. Bestimmtheitsgrundsatz, § 253 Abs. 2 Nr. 2 ZPO

Jede Feststellungsklage und damit auch die Inzidentfeststellungsklage muß den Erfordernissen des § 253 Abs. 2 Nr. 2 ZPO entsprechen[826]. Insofern weist die Zwischenfeststellungsklage gegenüber der prinzipalen Feststellungsklage keine Besonderheiten auf. Die Frage, inwieweit der Klagegrund bei der Inzidentklage zu substantiieren ist, wurde bereits im Rahmen der Teilklage angesprochen, weshalb hier darauf verwiesen wird[827].

---

822 Hierzu *BAG* NZA 1992, 891 (892).

823 Vgl. *Stein/Jonas/Roth*[22], § 256 Rdnr. 117.

824 Vgl. MünchKomm ZPO/*Becker-Eberhard*[4], § 256 Rdnr. 83; *Baumbach/Lauterbach/Albers/Hartmann*, § 256 Rdnr. 118; *Stein/Jonas/Roth*[22], § 256 Rdnr. 117; *Wieczorek/Schütze/Assmann*[3], § 256 Rdnr. 375. Für das schriftliche Verfahren gilt § 128 Abs. 2 ZPO, vgl. *Stein/Jonas/Roth*[22], § 256 Rdnr. 117.

825 Vgl. *RGZ* 28, 407 (409 f.); *Bergerhoff*, Zwischenfeststellungsklage, S. 61; *Stein/Jonas/Roth*[22], § 261 Rdnr. 11 m. w. N. in Fußn. 38; *Petersen/Anger*, § 280 Anm. 3; a. A. in der älteren Literatur *Planck*, Lehrbuch I, S. 72; *Loening*, ZZP 4 (1882), 1 (131 f.); *v. Braun*, Inzidentfeststellungsklage, S. 73 ff. Im Hinblick auf § 335 Abs. 1 Nr. 3 ZPO wäre ein Urteil auf die Inzidentwiderklage unzulässig, vgl. *Stein/Jonas/Roth*[22], § 261 Rdnr. 12.

826 Vgl. *BGH* NJW-RR 2009, 114 (116 f.) („Eros", Rdnr. 31); *Baltzer*, Negative Feststellungsklage, S. 109 ff.; *Stein/Jonas/Roth*[22], § 256 Rdnr. 77; *Rocholl*, ZZP 8 (1885), 329 (374).

827 Eingehend oben Text bei Fußn. 654 ff.

III. Keine anderweitige Rechtshängigkeit, § 261 Abs. 3 Nr. 1 ZPO

Der Streitgegenstand eines rechtshängigen Prozesses darf von Gesetzes wegen nicht unter denselben Parteien zum Gegenstand eines zweiten, gleichzeitigen Prozesses gemacht werden[828]. Diesbezüglich unterscheidet sich die Inzidentklage nicht von der selbständigen Feststellungsklage oder sonstigen Klagen[829]. Für die Rechtshängigkeitssperre werden zwei Hauptgründe angeführt[830]: Zum einen soll damit die mehrfache Prozeßführung über denselben Streitgegenstand (mithin eine doppelte Inanspruchnahme der Gerichte und eine doppelte Belastung des Beklagten) verhindert werden. Zum anderen soll sie die Gefahr einander widersprechender Entscheidungen, die den Prozeßerfolg der Parteien zunichte machen würden, verhüten. Soweit bei der Untersuchung der Inzidentklage die anderweitige Rechtshängigkeit relevant ist, wurde dies bereits in den jeweiligen Konstellationen dargestellt[831], weshalb sich hier ein weiteres Eingehen erübrigt.

IV. Zuständigkeit

A. Sachliche Zuständigkeit

Als Klage unterliegt die Inzidentfeststellungsklage den allgemeinen Regeln über die sachliche Zuständigkeit. Hinsichtlich der Bestimmung des Zuständigkeitsstreitwerts ist folgendes zu beachten:

1. Zuständigkeitsstreitwert

Der Streitwert für die Inzidentklage ist separat nach denselben Grundsätzen wie bei der prinzipalen Feststellungsklage zu ermitteln[832]. Er bemißt sich für die negative Inzident(wider)klage nach dem Gesamtwert der aus dem Rechtsverhältnis

---

828 Vgl. *Baltzer*, Negative Feststellungsklage, S. 19 ff.; *Bettermann*, Rechtshängigkeit, S. 10 ff.; *Otto*, Rechtshängigkeitssperre, S. 51 ff.; *Rimmelspacher*, Anspruch, S. 311 ff.; *Stein/Jonas/Roth*[22], § 261 Rdnr. 20 ff.

829 So bereits *Loening* ZZP 4 (1882), 1 (49 ff.); *Rocholl*, ZZP 8 (1885), 329 (394 ff.).

830 Vgl. *Jauernig/Hess*, § 40 Rdnr. 8; *Stein/Jonas/Roth*[22], § 261 Rdnr. 1. Nach anderer Auffassung soll der Gefahr widersprechender Entscheidungen vollauf durch die Rechtskraft genügt werden, weshalb die Kollisionsverhinderung als Zweck des Rechtshängigkeitseinwands geleugnet wird, vgl. *Herrmann*, Rechtshängigkeit, S. 30 ff., 38.

831 Etwa oben Text bei Fußn. 444 ff., 662, 673 ff. und nach 686.

832 Vgl. MünchKomm ZPO/*Becker-Eberhard*[4], § 256 Rdnr. 91; *Enders*, ZAP 1996, 455 (462) (mit – wenn auch zur Rechtslage der BRAGO – interessanten Ausführungen für die anwaltliche Praxis zur Veränderung der Kostenquote, vgl. S. 463 f.); *Meyer*, JR 1955, 253 (254); *Schneider*, MDR 1973, 270 (272).

hergeleiteten Forderung[833]. Insoweit ergeben sich keine Besonderheiten zur selbständigen Feststellungsklage. Der Streitwert der positiven Klage liegt (mangels Vollstreckbarkeit) regelmäßig 20 Prozent unter dem Wert einer entsprechenden Leistungsklage[834].

Ungeachtet der Tatsache, daß es sich bei *Haupt- und Inzidentklage* um mehrere Streitgegenstände handelt, werden ihre Streitwerte *grundsätzlich nicht zusammengerechnet*:

Für die *Inzidentwiderklage* folgt das bereits aus § 5 Halbsatz 2 ZPO[835]. In diesem Fall soll nach überwiegender Meinung generell der höhere Wert maßgebend sein[836]. Nach der differenzierteren Gegenansicht folge aus dem Angreiferinteresseprinzip[837], daß das gegnerische Verhalten für die Streitwertberechnung des eigenen Angriffs grundsätzlich unbeachtlich sei[838]. Der höhere Wert sei lediglich in zwei Fällen relevant: Zum einen im Anwendungsbereich des § 506. Zum anderen bei Erhebung einer Widerklage mit amtsgerichtlichem Streitwert vor dem Landgericht[839].

Bezüglich Leistungsklage und *Inzidentklage* liegt regelmäßig *wirtschaftliche (Teil)Identität* vor, weil der Inzidentantrag aufgrund der Vorgreiflichkeit ohnehin geprüft werden müßte und wirtschaftlich im Hauptantrag enthalten ist[840]. Der Kläger verfolgt mit dem Feststellungsantrag *kein wirtschaftlich selbständiges*

---

833 Vgl. *RGZ* 71, 68 (69 f.); *BGH* FamRZ 2007, 464; *BGH* NJW 1970, 2025; *Baltzer*, Negative Feststellungsklage, S. 124 ff.; *Baumbach/Lauterbach/Albers/Hartmann*, Anh § 3 Rdnr. 54; *Stein/Jonas/Roth*[22], § 2 Rdnr. 27; *Thomas/Putzo/Hüßtege*, § 3 Rdnr. 189, 65.

834 Vgl. *BGH* NJW 1965, 2298; *BGH* NJW-RR 1992, 608; *Stein/Jonas/Roth*[22], § 2 Rdnr. 27 (m. w. N. in Fußn. 61); *Thomas/Putzo/Hüßtege*, § 3 Rdnr. 189, 65; *Zöller/Greger*, § 256 Rdnr. 39.

835 Vgl. MünchKomm ZPO/*Becker-Eberhard*[4], § 256 Rdnr. 91. Für den Gebührenstreitwert ist § 45 Abs. 1 Satz 3 GKG zu beachten.

836 Vgl. MünchKomm ZPO/*Becker-Eberhard*[4], § 256 Rdnr. 91; *Baumbach/Lauterbach/Albers/Hartmann*, § 5 Rdnr. 12; *Enders*, ZAP 1996, 455 (462); *Thomas/Putzo/Hüßtege*, § 5 Rdnr. 2, 5; *Zöller/Herget,* § 5 Rdnr. 2.

837 So die Formulierung bei *Schumann*, NJW 1982, 1257 (1260): Da der Angreifer Herr des Streitgegenstands sei und sich die Wertberechnung am Streitgegenstand orientiere, gelte – sofern kein normativer Streitwert etwas anderes bestimme – als Auffangregel des deutschen Streitrechts, daß das Interesse des Angreifers für die Wertberechnung entscheidend sei.

838 Vgl. *Frank*, Anspruchsmehrheiten, S. 59 f.; *Schumann*, NJW 1982, 1257 (1260); *Stein/Jonas/Roth*[22], § 5 Rdnr. 43 (das Zusammenrechnungsverbot des § 5 Halbsatz 2 ZPO meine das alleinige Abstellen auf die Klage, worin der Unterschied zum Hilfsantrag liege).

839 Da beide Ansichten in den sogleich zu diskutierenden Konstellationen unterschiedlicher sachlicher Zuständigkeit zum selben Ergebnis gelangen, ist eine Entscheidung dieser Frage im Rahmen der vorliegenden Arbeit nicht notwendig.

840 Vgl. *RGZ* 72, 220 (223); *BGH* NJW-RR 1992, 698; *Anders/Gehle/Kunze*, Streitwert-Lexikon, Stichwort „Klagenhäufung“ Rdnr. 14, S. 211 f.; *Frank*, Anspruchsmehrheiten, S. 178 f. Ebenso liegt bei einer Inzidentwiderklage wirtschaftliche (Teil)Identität hinsichtlich des bedingenden Rechtsverhältnisses vor.

Ziel[841]. Eine *Zusammenrechnung scheidet daher aus*, *vielmehr entscheidet der höhere Wert*[842]. Dies entspricht dem Additionsverbot bei wirtschaftlicher Einheit[843]. *Niemals* darf ein *Teil des Streitgegenstands mehrfach bewertet* werden[844]. So ist der Inzidentantrag auf Eigentumsfeststellung neben dem Herausgabeanspruch aus § 985 BGB[845] oder der negatorischen Unterlassungsklage aus § 1004 BGB[846] wirtschaftlich unselbständig.

Ausnahmsweise kann dem Inzidentfeststellungsantrag eine *selbständige wirtschaftliche Bedeutung* zukommen. Dies ist der Fall, wenn der *Hauptantrag hinter der beantragten Feststellungswirkung zurückbleibt*. So insbesondere, wenn nur einzelne Teile der möglichen Gesamtleistung, aber die Feststellung des gesamten Rechtsverhältnisses gefordert wird[847]. Beispielsweise bei einem Inzidentantrag auf Ersatzpflicht hinsichtlich des gesamten Schadens und Geltendmachung nur des Schmerzensgeldes. Oder wenn der Mieter auf die Klage des Vermieters wegen rückständigen Mietzinses für einige Monate mit einer Inzidentwiderklage, das Nichtbestehen des Mietvertrages festzustellen, reagiert. *Soweit* der Feststellungsantrag über den Leistungsantrag *hinausgeht*, ist er mit den in ihm enthaltenen Leistungsanträgen *zusammenzurechnen*[848].

2. *Konsequenzen bei unterschiedlichem Zuständigkeitsstreitwert*

Keine Schwierigkeiten ergeben sich, wenn der Hauptprozeß vor dem Amtsgericht anhängig ist und eine Zwischenfeststellungs(wider)klage erhoben wird, deren Streitgegenstand zur Zuständigkeit des Amtsgerichts gehört. Entsprechendes gilt für den Fall, daß sowohl Haupt- als auch Inzidentklage zur Zuständigkeit des Landgerichts gehören.

Wird in einem beim Amtsgericht anhängigen Rechtsstreit eine Inzidentfeststellungsklage erhoben, für die an sich nach § 23 Nr. 1 GVG, § 71 Abs. 1 GVG die sachliche Zuständigkeit des Landgerichts begründet ist, so hat das Amtsgericht nach *§ 506 ZPO* zu verfahren, soweit nicht eine Prorogation nach § 38 ZPO oder

---

841 Vgl. *Frank*, Anspruchsmehrheiten, S. 178 f.; *Schumann*, NJW 1982, 2800.

842 Vgl. *RGZ* 126, 18 (21); *BGH* NJW-RR 1992, 698; MünchKomm ZPO/*Becker-Eberhard*[4], § 256 Rdnr. 91; *Stein/Jonas/Roth*[22], § 5 Rdnr. 9; wohl auch *Wieczorek/Schütze/Assmann*[3], § 256 Rdnr. 391; a. A. *Musielak/Foerste*, § 256 Rdnr. 45.

843 Dazu *Schumann*, NJW 1982, 1257 (1260 f.); *derselbe*, NJW 1982, 2800 f.

844 Vgl. *BGH* WM 1991, 2121 (2122); *Stein/Jonas/Roth*[22], § 5 Rdnr. 9.

845 Vgl. *RGZ* 72, 220 (223); *Frank*, Anspruchsmehrheiten, S. 178; *Stein/Jonas/Roth*[22], § 5 Rdnr. 9.

846 Vgl. *RGZ* 3, 390 (393); *Frank*, Anspruchsmehrheiten, S. 178; *Stein/Jonas/Roth*[22], § 5 Rdnr. 9.

847 Vgl. *Stein/Jonas/Roth*[22], § 5 Rdnr. 10.

848 Vgl. *OLG Bamberg* JurBüro 1969, 955; *Stein/Jonas/Roth*[22], § 5 Rdnr. 10 f., mit einem ausführlichen Berechnungsbeispiel.

ein rügeloses Einlassen nach § 39 ZPO i. V. m. § 504 ZPO[849] zulässig ist und vorliegt[850]. Sofern also eine der Parteien darauf anträgt, hat das Amtsgericht sich für unzuständig zu erklären und den gesamten Rechtsstreit an das zuständige Landgericht zu verweisen. Anderenfalls ist die Zwischenfeststellungsklage als unzulässig abzuweisen[851].

Im Fall einer *ausschließlichen Zuständigkeit* des *Amtsgerichts* für die *Hauptklage* ist die Anwendung von *§ 506 ZPO jedoch ausgeschlossen.* Denn diese Vorschrift will als Ausnahme von der Regel der perpetuatio fori (§ 261 Abs. 3 Nr. 2 ZPO) der Erschleichung der amtsgerichtlichen Zuständigkeit vorbeugen[852]. Im Falle ausschließlicher Zuständigkeit des Amtsgerichts für die Hauptklage besteht aber keine Veranlassung zur Verweisung des gesamten Rechtsstreits an das Landgericht. Die Zuständigkeit des Amtsgerichts für die Hauptklage soll sich aufgrund der im öffentlichen Interesse bestehenden ausschließlichen Zuständigkeit nachträglich nicht ändern. In diesem Fall ist die Zwischenfeststellungsklage, soweit sie nicht in eine selbständige Feststellungsklage nach § 256 Abs. 1 ZPO umgedeutet werden und das Verfahren nach § 145 ZPO getrennt werden kann, durch Prozeßurteil abzuweisen[853].

Wird im umgekehrten Fall in einem vor dem Landgericht anhängigen Rechtsstreit eine Inzidentfeststellungsklage erhoben, die der Zuständigkeit des Amtsgerichts unterfällt, so ist das Gericht der Hauptklage auch für die Zwischenfeststellungsklage sachlich zuständig[854]. Im Gegensatz zur Konstellation des § 506 ZPO ist dies im Gesetz zwar nicht ausdrücklich geregelt, aber gerade aus dem Fehlen einer gesetzlichen Regelung kann im Wege des Umkehrschlusses (e contrario § 506) gefolgert werden, daß das Landgericht ohne weiteres befugt

---

849 Nach richtiger Meinung gilt die Belehrungspflicht aus § 504 ZPO auch für den Fall nachträglicher sachlicher Unzuständigkeit, vgl. *Thomas/Putzo/Reichold*, § 504 Rdnr. 1; *Zöller/Herget*, § 506 Rdnr. 3.

850 Vgl. *Bergerhoff*, Zwischenfeststellungsklage, S. 47; MünchKomm ZPO/*Becker-Eberhard*[4], § 256 Rdnr. 86; *Stein/Jonas/Roth*[22], § 256 Rdnr. 113; *Thomas/Putzo/Reichold*, § 256 Rdnr. 27; v. *Braun*, Inzidentfeststellungsklage, S. 44; *Wieczorek/Schütze/Assmann*[3], § 256 Rdnr. 383; *Zöller/Greger*, § 256 Rdnr. 29; *Oertmann*, ZZP 22 (1896), 11 (45).

851 Vgl. *Baumbach/Lauterbach/Albers/Hartmann*, § 506 Rdnr. 8; *Thomas/Putzo/Reichold,* § 506 Rdnr. 9; *Bergerhoff*, Zwischenfeststellungsklage, S. 47; v. *Braun*, Inzidentfeststellungsklage, S. 44; so bereits *Oertmann*, ZZP 22 (1896), 11 (45 f.); *Seuffert/Walsmann*, § 280 Anm. 6a; a. A. *Gaupp*, § 253 Anm. III 3a („so liegt fingierte Prorogation vor"); *Wach*, Handbuch, S. 364 und *Hellmann*, Lehrbuch, S. 144.

852 Vgl. *Zöller/Herget*, § 506 Rdnr. 1.

853 So im Ergebnis auch *Stein/Jonas/Roth*[22], § 256 Rdnr. 113 a. E.

854 Vgl. *Bergerhoff*, Zwischenfeststellungsklage, S. 47; *Jauernig/Hess*, § 46 Rdnr. 10; *Stein/Jonas/Roth*[22], § 33 Rdnr. 14 und § 256 Rdnr. 113; *Wieczorek/Schütze/Assmann*[3], § 256 Rdnr. 383; bereits früher *Loening*, ZZP 4 (1882), 1 (113 f.); *Oertmann*, ZZP 22 (1896), 11 (45); *Sydow/Busch/Krantz/Triebel*, § 280 Anm. 1; *Seuffert/Walsmann*, § 280 Anm. 6a.

sein soll, den Streitgegenstand mit zu entscheiden[855]. § 256 Abs. 2 ZPO geht vielmehr davon aus, daß die Inzidentklage grundsätzlich bei dem Prozeßgericht erhoben werden kann[856]. Dies gilt allerdings wiederum nicht im Fall einer ausschließlichen Zuständigkeit (z. B. nach § 23 Nr. 2a GVG).

B. Örtliche Zuständigkeit

Die Frage nach der Bestimmung der örtlichen Zuständigkeit für die Inzidentklage war vor allem zu Beginn des 20. Jahrhunderts sehr umstritten. Im wesentlichen haben sich drei Ansichten gebildet:

1. Theorien

Die (heute) *herrschende Meinung*[857] vertritt die Auffassung, daß die örtliche Zuständigkeit des Prozeßgerichts (der Hauptsache) sich auf die Inzidentklage erstrecke, da das Recht der Parteien auf eine rechtskräftige Entscheidung innerhalb des anhängigen Prozesses nur gewährleistet sei, wenn § 256 Abs. 2 ZPO dem Prozeßgericht zugleich die Zuständigkeit dazu verleihe. Nach dieser Auffassung begründet § 256 Abs. 2 ZPO dem Zweck der Zwischenfeststellungsklage entsprechend einen *besonderen Gerichtsstand des Zusammenhangs*. Jedoch gelte dies *nicht*, *soweit* für die Inzidentklage, sei es aus Gesetz (z. B. § 24, § 29a ZPO) oder aufgrund Prorogation[858], ein *ausschließlicher Gerichtsstand* bei einem anderen Gericht bestehe. Denn die Regelungen über die ausschließliche Zuständigkeit bestünden im öffentlichen Interesse und könnten daher über § 256 Abs. 2 ZPO nicht ausgeschlossen werden. Im übrigen ergäbe sich dies für die (Inzident) Widerklage bereits aus § 33 Abs. 2 ZPO.

Eine *zweite Meinung*[859] bejaht ebenfalls den Gerichtsstand des Zusammenhangs jedoch ohne die Einschränkung des § 33 Abs. 2 ZPO. Nach dieser Auffassung hat

---

855 Vgl. *Bergerhoff*, Zwischenfeststellungsklage, S. 47.

856 Vgl. *Wieczorek/Schütze/Assmann*[3], § 256 Rdnr. 383.

857 Vgl. *Bergerhoff*, Zwischenfeststellungsklage, S. 48 ff.; *Stein/Jonas/Roth*[22], § 256 Rdnr. 114; *Hellwig*, System I, S. 128; MünchKomm ZPO/*Becker-Eberhard*[4], § 256 Rdnr. 86; *Gaupp*, § 253 Anm. III 3b; *Reincke*, § 253 Anm. 2; *Sydow/Busch/Krantz/Triebel*, § 280 Anm. 1, S. 276; *Förster/Kann*, § 280 Anm. 3c dd; *Seuffert/Walsmann*, § 280 Anm. 6b; *Planck*, Lehrbuch I, § 19 Anm. 3, S. 72; insoweit unentschieden *Wieczorek/Schütze/Assmann*[3], § 256 Rdnr. 383 („Fraglich").

858 Ob die Prorogation auch die Vereinbarung der Ausschließlichkeit des Gerichtsstands beinhaltet, ist durch Auslegung zu ermitteln; es gibt keine generelle Vermutung für oder gegen die Ausschließlichkeit, vgl. *BGH* NJW-RR 1999, 137 (138); *Stein/Jonas/Bork*, § 38 Rdnr. 66 m. w. N. in Fußn. 162.

859 Vgl. *Hellmann*, Lehrbuch, S. 145; *Struckmann/Koch*, § 253 Anm. 2; *Baron*, ZZP 1 (1879), 29 (39); *Kroll*, Klage, S. 62 f.; *Oertmann*, ZZP 22 (1896), 11 (48 ff.).

§ 256 Abs. 2 ZPO *zuständigkeitsbegründende Wirkung* und geht jeder anderweitigen Gerichtsstandregelung – ob ausschließlich oder nicht – vor. Begründet wird dies unter anderem mit dem Zweck der *Rechtskrafterstreckung* auf die Entscheidungsgründe. Dieser Zweck würde vereitelt, wenn man das Prozeßgericht für unzuständig über die Zwischenfeststellungsklage erklären würde[860]. Zudem habe das Gesetz in § 506 ZPO für den Fall sachlicher Unzuständigkeit eine besondere Regelung getroffen, die vorliegend fehle, weshalb im Umkehrschluß anzunehmen sei, daß das Prozeßgericht ohne weiteres im Interesse einheitlicher Entscheidung örtlich zuständig sei[861].

Eine *dritte Meinung*[862] schließlich will die allgemeinen Regeln angewendet wissen, so daß für die Inzidentfeststellungsklage stets eine eigene Prüfung des Gerichtsstands verlangt wird. Zur Begründung führen die Vertreter dieser Auffassung an, daß weder in § 256 Abs. 2 ZPO noch an anderer Stelle im Gesetz für die Zwischenfeststellungsklage eine von den allgemeinen Bestimmungen abweichende Regelung getroffen werde: „Sollte eine Ausnahme von der Kompetenzordnung gemacht werden, musste dies expressis verbis geschehen."[863] *Wach*[864] will dieses Ergebnis auch durch die Stellung der Inzidentfeststellungsklage im Gesetz bestätigt sehen.

2. *Stellungnahme*

a) Besonderer Gerichtsstand des Zusammenhangs

Gegen die letztgenannte Ansicht läßt sich zum einen anführen, daß die ZPO auch außerhalb des Abschnitts über die Gerichtsstände zahlreiche Regelungen über die örtliche Zuständigkeit enthält. Diese finden sich unter anderem in §§ 64, 603, 764. Insbesondere das achte Buch der ZPO enthält zahlreiche Regelungen (z. B. § 802 i. V. m. §§ 731, 732 Abs. 1 S. 1, § 764 Abs. 2, § 766 Abs. 1 S. 1; § 767 Abs. 1, § 771 Abs. 1, § 828 Abs. 2, § 848 Abs. 1, §§ 853-855, 858 Abs. 2, § 899 Abs. 1, §§ 919, 937 Abs. 1, § 942 Abs. 1, Abs. 2). Dies allein spricht aber noch nicht für einen *besonderen Gerichtsstand.* Dieser ergibt sich jedoch zwangsläufig aus dem *Sinn und Zweck der Inzidentklage*:

---

860 Vgl. *Baron*, ZZP 1, (1879), 29 (34 ff.).

861 Vgl. *Oertmann*, ZZP 22 (1896), 11 (53 ff.).

862 Vgl. *Wach* AcP 62 (1879), 373 (398 ff.); *Loening* ZZP 4 (1882), 1 (99 ff.); *Petersen/Anger*, § 280 Anm. 5; *Wilmowski/Levy*[4], § 253 Anm. 2 (mit dem Argument, es sei nicht auffällig, daß die Motive (S. 205, 227) nichts über den Gerichtsstand aussagten, da eben an die Statuierung einer Abweichung von den allgemeinen Vorschriften gar nicht gedacht worden sei); *v. Braun*, Inzidentfeststellungsklage, S. 39 ff.

863 *v. Braun*, Inzidentfeststellungsklage, S. 40.

864 *Wach*, Handbuch, S. 488.

§ 256 Abs. 2 ZPO gewährt den Parteien die Möglichkeit, über ein vorgreifliches Rechtsverhältnis, über welches das Prozeßgericht ohnehin in den Urteilsgründen zu befinden hätte, eine rechtskräftige Entscheidung herbeizuführen. Dieses Recht der Parteien muß dann ebenfalls die Befugnis des Prozeßgerichts einschließen, unabhängig von den allgemeinen Zuständigkeitsregeln – soweit diese *nicht im öffentlichen Interesse* bestehen – eine Entscheidung über das Rechtsverhältnis zu treffen[865].

Hierfür spricht noch eine andere Erwägung: Wenn der Beklagte mittels einer Widerklage die Zwischenfeststellung eines vorgreiflichen Rechtsverhältnisses begehrt, kommen nach allgemeiner Ansicht die Regeln über die Widerklage insoweit zur Anwendung, als sie nicht mit § 256 Abs. 2 ZPO in Widerspruch stehen[866]. Der Beklagte kann sich demzufolge hinsichtlich der örtlichen Zuständigkeit auf § 33 ZPO berufen, wonach eine Widerklage bei dem Prozeßgericht erhoben werden kann, falls ihr Streitgegenstand mit dem der Hauptklage in Zusammenhang steht. Wie bereits ausgeführt, besteht bei der Inzidentklage der rechtliche Zusammenhang in der Vorgreiflichkeit. Das Prozeßgericht ist folglich – mit Ausnahme der Einschränkung nach § 33 Abs. 2 ZPO[867] – für den *Zwischenfeststellungsantrag des Beklagten* der Hauptsache örtlich zuständig aufgrund des Zusammenhangs[868]. Dies sogar, wenn im übrigen die örtliche Zuständigkeit des Prozeßgerichts für diesen Antrag nach §§ 12-34 ZPO nicht gegeben wäre[869]. Insbesondere in den auf der Verhandlungsmaxime aufbauenden Verfahren, in welchen der Parteitätigkeit weithin entscheidender Einfluß eingeräumt ist, fordert nun aber die Gerechtigkeit, daß, was die eine Partei darf und muß, auch der anderen freistehe und auferlegt werde[870]. Dies wird als Grundsatz der Waffengleichheit bezeichnet[871]. Was dem einen recht ist, ist dem anderen billig (*non debet actori licere, quod reo non permittitur*). Aber die Gleichmäßigkeit kann nur den Sinn haben, daß unter gleichen Voraussetzungen die gleichen Wirkungen eintreten[872]. In der vorliegenden Streitfrage liegen die gleichen Voraussetzungen vor. Sowohl der Beklagte als Inzidentwiderkläger als auch der Zwischenfeststellungs*kläger* befinden sich in der Angreiferrolle und erstreben ein Urteil zu ihren Gunsten. Deshalb ist es gerechtfertigt, im Falle der Inzidentklage den besonderen Gerichtsstand des Zusammenhangs anzunehmen. Nicht

865 So auch *Bergerhoff*, Zwischenfeststellungsklage, S. 50.
866 Vgl. *Bergerhoff*, Zwischenfeststellungsklage, S. 51.
867 Dazu sogleich.
868 Vgl. *Thomas/Putzo/Hüßtege*, § 33 Rdnr. 19.
869 Vgl. *Stein/Jonas/Roth*[22], § 33 Rdnr. 1.
870 Vgl. *Planck*, Lehrbuch I, § 55, S. 277
871 Vgl. dazu *Zöller/Vollkommer*, Einleitung vor § 1 Rdnr. 102.
872 Vgl. *Planck*, Lehrbuch I, § 55, S. 279.

zuletzt wird man damit auch dem Prozeßverständnis der Schöpfer der CPO gerecht[873]: Wie *Planck* feststellt, kehrt die CPO zu dem ursprünglichen Gedanken Justinians, der gleichzeitig verbundenen Verhandlung und Entscheidungen von innerlich zusammenhängenden Ansprüchen und Gegenansprüchen zurück[874].

Folglich ist von einem besonderen Gerichtsstand des Sachzusammenhangs auszugehen.

b) Ausnahme bei ausschließlicher Zuständigkeit

Die Vorschrift des § 256 Abs. 2 ZPO verleiht dem Gericht der Hauptsache indessen nicht in jedem Fall die örtliche Zuständigkeit. Insofern ist die Ansicht von *Oertmann* und *Baron* abzulehnen, wonach der Gerichtsstand des Zusammenhangs auch bei ausschließlicher Zuständigkeit eines anderen Gerichts für die Inzidentklage gelten solle.

Soweit ein ausschließlicher Gerichtsstand besteht, hat der Gesetzgeber damit zu verstehen gegeben, daß *nicht der Wille der Parteien maßgeblich* sein soll, sondern mit Rücksicht auf das *öffentliche Interesse an der Rechtssicherheit* die Zuweisung an bestimmte Gerichte vorrangig und zwingend ist[875]. Es wäre nun geradezu paradox, wenn dem Inzidentkläger erlaubt sein soll, was nach den allgemeinen Regeln über die Prorogation (vgl. § 40 Abs. 2 Satz 1 ZPO) und das rügelose Verhandeln (§ 40 Abs. 2 Satz 2 ZPO) nicht möglich ist. Es erscheint mehr als fraglich, daß der Gesetzgeber der Inzidentklage eine so weit reichende Befugnis zusprechen wollte. Was die angeblich fehlende Regelung durch den Gesetzgeber anbelangt, ist zu konstatieren, daß dies aus Sicht der Schöpfer der ZPO nicht nötig war, da die Regelungen in § 40 Abs. 2 ZPO und § 33 Abs. 2 ZPO den Willen des Gesetzgebers verdeutlichten[876].

Damit ist der herrschenden Meinung in dieser Frage zu folgen.

C. Funktionelle Zuständigkeit

Im Verhältnis der Zivilkammer zur Kammer für Handelssachen (§§ 93 ff. GVG) hat die Zivilkammer die unbeschränkte Zuständigkeit[877]. Wenn daher die Zwi-

---

873 Begründung des Entwurfs zu § 33 CPO (S. 63), vgl. *Hahn*, Materialien II, S. 158: „Eine Erweiterung hat das forum reconventionis noch durch die Zulassung der Präjudizial-Inzidentklage (§ 243) erfahren, eine Erweiterung, welche durch eine angemessene Regelung der Lehre von der Rechtskraft der Urtheile geboten war, und bei den §§ 243 und 283 zu rechtfertigen ist."

874 Vgl. *Planck*, Lehrbuch I, § 19, S. 70 f.

875 Vgl. *Bergerhoff*, Zwischenfeststellungsklage, S. 52.

876 Vgl. *Bergerhoff*, Zwischenfeststellungsklage, S. 51 f.

877 Vgl. *Stein/Jonas/Roth*[22], § 33 Rdnr. 15; so bereits *Wach*, Handbuch, S. 364 ff.

schenfeststellungswiderklage Handelssache ist, wird nicht von der Zivilkammer an die Kammer für Handelssachen verwiesen[878].

Sofern dagegen vor der Kammer für Handelssachen eine Inzidentklage gem. § 256 Abs. 2 ZPO erhoben wird, die als selbständige Klage nicht unter § 95 GVG fiele, ist nach § 99 Abs. 1 GVG der gesamte Rechtsstreit auf Antrag des Beklagten der Inzidentklage der zu verweisen[879]. Eine Verweisung von Amts wegen kommt nach § 97 Abs. 2 ZPO in Betracht, solange noch nicht über die Inzidentklage zur Hauptsache verhandelt und ein Beschluß verkündet worden ist[880]. Jedoch kann die Verweisung von Amts wegen nicht darauf gestützt werden, daß dem Beklagten die Kaufmannseigenschaft fehle (vgl. § 97 Abs. 2 Satz 2 GVG)[881].

V. Rechtsschutzinteresse

Das Rechtsschutzinteresse[882] bedeutet das berechtigte Interesse des Klägers, zur Erreichung des begehrten Rechtsschutzes ein (Zivil-)Gericht in Anspruch zu nehmen[883]. In Anbetracht der Tatsache, daß die Verfolgung subjektiver Ansprüche im Rechtsstaat der Selbsthilfe (bis auf wenige Ausnahmen) entzogen ist und in Folge dessen der Justizgewährungsanspruch in Verbindung mit dem Rechtsstaatsprinzip den Anspruch auf Rechtsschutz gegen den Staat garantiert[884], ist *grundsätzlich vom Vorliegen eines Rechtsschutzinteresses auszugehen*[885]. Da die ZPO in ihrer liberal-rechtsstaatlichen Prozeßauffassung umfassenden Rechtsschutz gewähren will, erscheint grundsätzlich jedes (vermeintliche bzw.

---

878 Vgl. *Stein/Jonas/Roth*[22], § 33 Rdnr. 15.

879 Vgl. *Thomas/Putzo/Hüßtege*, § 99 GVG Rdnr. 1 ff.; *Zöller/Lückemann*, § 99 GVG Rdnr. 3.

880 Vgl. *Stein/Jonas/Roth*[22], § 33 Rdnr. 15; *Zöller/Lückemann*, § 97 GVG Rdnr. 4. So bereits *Gaupp*, § 253 Anm. III 3a; *Petersen/Anger*, § 280 Anm. 5 a. E.; *Seuffert/Walsmann*, § 280 Anm. 6a; *Wilmowski/Levy*[4], § 253 Anm. 3 a. E.

881 Vgl. *Thomas/Putzo/Hüßtege*, § 97 GVG Rdnr. 4 unter Hinweis auf *KG Berlin* NJW-RR 2009, 469, wonach dies nicht der Fall ist, wenn allein wegen fehlender Eintragung im Handelsregister verwiesen wird (so schon früher *OLG Nürnberg* NJW-RR 2000, 568).

882 Auf die Frage, ob das Rechtsschutzbedürfnis überhaupt von der ZPO als allgemeines Institut des Prozeßrechts anerkannt wird und damit als allgemeine Sachurteilsvoraussetzung gelten kann, soll hier nicht näher eingegangen werden. Dagegen mit überzeugenden Argumenten *Schumann*, FS Fasching, S. 439 ff.; sowie *Brehm*, FG BGH III, 89 (90 ff.); *Pohle*, FS Lent, 195 (197 ff.); *Stein/Jonas/Roth*[22], vor § 253 Rdnr. 136, 142. Lesenswert ist auch die Darstellung bei *v. Mettenheim*, Prozeßökonomie, S. 34 ff.

883 Vgl. *BGH* NJW-RR 1989, 263.

884 Vgl. *BGHZ* 37, 113 (121); 67, 184 (187); *Stein/Jonas/Brehm*[22], Einleitung vor § 1 Rdnr. 290; *Zöller/Vollkommer*, Einleitung Rdnr. 48.

885 Zur aus dem Rechtsstaatsprinzip folgenden Verpflichtung zur Gewährleistung eines wirkungsvollen Rechtsschutzes und einem Verbot der Rechtsverweigerung vgl. *BVerfGE* 61, 126 (135).

behauptete) Recht als schutzwürdig. Die *Verweigerung des Rechtsschutzes* kann daher nur die *Ausnahme* bilden und ist *nur dann* gerechtfertigt, wenn sie sich aus den *Zwecken des Zivilprozesses zwingend ergibt*[886]. Deshalb darf zum einen der Rechtsschutz niemals ohne gesetzliche Grundlage mit dem unscharfen generalklauselartigen Begriff des Rechtsschutzbedürfnisses unter Berufung auf die Prozeßökonomie beschränkt werden, weil die Prozeßökonomie nicht das prozessuale Ziel selbst definiert, sondern lediglich den zweckmäßigsten Weg zu diesem Ziel aufzeigen kann[887]. Zum anderen ist im Interesse eines wirkungsvollen Rechtsschutzes und der Berechenbarkeit des Prozeßverlaufs darauf zu achten, nicht spezielle Zulässigkeitsmängel kurzerhand dem angeblich fehlenden Rechtsschutzbedürfnis „unterzuschieben" und das nur ausnahmsweise fehlende Rechtsschutzbedürfnis damit zum „Sammelbecken für ungelöste prozessuale Überlegungen"[888] zu machen. Dies gilt insbesondere für den Einwand anderweitiger *Rechtshängigkeit* oder entgegenstehender *Rechtskraft*[889], was speziell im Fall der Zwischenfeststellungsklage, die in besonderem Maße in funktionalem Zusammenhang zur Rechtskraft steht, zu beachten ist[890].

A. Kein Feststellungsinteresse erforderlich

Während bei der prinzipalen Feststellungsklage nach § 256 Abs. 1 ZPO ein (rechtliches) Feststellungsinteresse als spezielle Ausgestaltung des Rechtsschutzbedürfnisses[891] unerläßlich ist, tritt im Falle der Zwischenfeststellungs(wider)klage an dessen Stelle die Abhängigkeit des streitigen Rechtsverhältnisses[892].

886 Vgl. *Stein/Jonas/Roth*^{22}, vor § 253 Rdnr. 136.

887 Vgl. *Stein/Jonas/Roth*^{22}, vor § 253 Rdnr. 136: Grundlegend dazu *Schumann*, FS Larenz I, 271 ff., der nicht zu Unrecht darauf hinweist, daß es an sich für den Richter sicher nichts „ökonomischeres" gäbe, „als keine Entscheidung fällen zu müssen oder sonst um eine Arbeitsbelastung gebracht zu sein", vgl. *Schumann*, FS Larenz I, 271 (278).

888 *Schumann*, FS Fasching, 439 (443).

889 Vgl. *Schumann*, FS Fasching, 439 (443); *Stein/Jonas/Roth*^{22}, vor § 253 Rdnr. 142. Gegen Vermengung von Rechtshängigkeitseinwand und Rechtsschutzinteresse auch *Bettermann*, Rechtshängigkeit, S. 30 ff., 38 ff. Wie *Schumann*, FS Fasching, a. a. O., bemerkt, ist es meist nur bequemer, einfach vom fehlenden Rechtsschutzbedürfnis zu sprechen. Bedenken ergeben sich insoweit z. B., wenn die zweite Klage wegen angeblich fehlenden Rechtsschutzbedürfnisses abgewiesen wird, während es sich um einen Fall anderweitiger Rechtshängigkeit handelt: Wird die erste Klage zurückgenommen, dann ist die Lage des Zweitklägers unsicherer, als wenn wegen anderweitiger Rechtshängigkeit abgewiesen worden wäre. Denn in diesem Fall wäre sicher, daß die Zweitklage nun zulässig ist, vgl. *Schumann*, FS Fasching, 439 (444).

890 Dazu sogleich.

891 Dazu statt vieler *Jacobs*, Feststellungsverfahren, S. 409 ff.; *Musielak/Foerste*, § 256 Rdnr. 7; *Thomas/Putzo/Reichold*, § 256 Rdnr. 13.

892 Vgl. *BGHZ* 69, 37 (41); *BGH* NJW 1992, 1897; *BGH* NJW-RR 1994, 1272 (1273); *BGH* WM 2010, 332; *BAG* NJW 2003, 991; *BAG*, NZA 1997, 50 (51); 2004, 1406; *Baumbach/*

Erst das Erfordernis der Abhängigkeit (Präjudizialität, Vorgreiflichkeit, Entscheidungserheblichkeit) weist auf ein qualifiziertes Rechtsschutzinteresse des Klägers hin und rechtfertigt die Tatsache, daß das Gesetz bei dieser Klage kein Feststellungsinteresse fordert, weshalb das Gericht bei Vorliegen der Voraussetzungen des § 256 Abs. 2 ZPO nicht etwa prüfen darf, ob ein Feststellungsinteresse besteht[893].

B. Allgemeines Rechtsschutzbedürfnis

I. Kein Ausschluß durch Vorgreiflichkeit

Daß bei der Zwischenfeststellungsklage das Feststellungsinteresse nicht zu prüfen ist, enthält keine Aussage zum Rechtsschutzbedürfnis. Während bei der selbständigen Feststellungsklage das Rechtsschutzbedürfnis im Feststellungsinteresse aufgeht und daneben keine eigene Bedeutung hat, kann dies in derselben Weise nicht bei der Zwischenfeststellungsklage für das Erfordernis des Rechtsschutzbedürfnisses gelten. Die Vorgreiflichkeit tritt zwar an die Stelle des Feststellungsinteresses, aber in der Vorgreiflichkeit geht keineswegs auch das allgemeine Rechtsschutzbedürfnis auf[894]. Daher ist eine Zwischenfeststellungsklage unzulässig, sollte ihr das Rechtsschutzbedürfnis fehlen. Da die Inzidentklage eine rechtshängige Hauptklage erfordert und sie sich in der dargestellten Weise auf die Hauptentscheidung beziehen muß, sind jedoch nur wenige Situationen denkbar, in denen man von einem fehlenden Rechtsschutzbedürfnis sprechen kann[895].

Lauterbach/Albers/Hartmann, § 256 Rdnr. 114; MünchKomm ZPO/*Becker-Eberhard*[4], § 256 Rdnr. 75; *v. Mettenheim*, Prozeßökonomie, S. 93; *Musielak/Foerste*, § 256 Rdnr. 42; *Rosenberg/Schwab/Gottwald*[17], § 90 Rdnr. 18; *Schneider*, MDR 1973, 270 (271); *Schumann*, FS Georgiades, 543 (570); *Stein/Jonas/Roth*[22], § 256 Rdnr. 102; *Thomas/Putzo/Reichold*, § 256 Rdnr. 32; *Wieczorek/Schütze/Assmann*[3], § 256 Rdnr. 369; *Zöller/Greger*, § 256 Rdnr. 25. So schon *RGZ* 9, 337 (339); 95, 36 (39); 128, 234 (237); 144, 54 (59); 166, 175 (182); *OLG Hamburg* SeuffArch 43 (1888), 100 Nr. 65; *Gaupp*, § 253 Anm. II 2; *Reincke*, § 253 Anm. 2; *Wilmowski/Levy*[3], § 253 Anm. 1a; *Seuffert/Walsmann*, § 280 Anm. 4 a. E.

893 Vgl. *BGHZ* 69, 37 (41); *BAG*, DB 1996, 2504; 1997, 50 (51); *Schneider*, MDR 1973, 270 (271); *Stein/Jonas/Roth*[22], § 256 Rdnr. 102 m. w. N. in Fußn. 573.

894 Vgl. *Schumann*, FS Georgiades, 543 (570).

895 Vgl. *Schumann*, FS Georgiades, 543 (571).

2. *Angebliches Erfordernis der „über den gegenwärtigen Streitgegenstand hinausreichenden Bedeutung"*

Nach ganz herrschender Meinung[896] ist für die Zulässigkeit der Zwischenfeststellungsklage erforderlich, daß das inzidenter zu klärende Rechtsverhältnis zwischen den Parteien noch über den gegenwärtigen Streitgegenstand hinaus Bedeutung hat oder gewinnen kann. Anderenfalls fehle der Inzidentklage das erforderliche Rechtsschutzbedürfnis[897], es mangele an der erforderlichen Abhängigkeit[898] oder die zusätzliche Voraussetzung[899] liege schlicht nicht vor. Die folgende Darstellung wird zeigen, daß das Erfordernis zukünftiger Relevanz auf überkommenen Vorstellungen eines präparatorischen Charakters der Feststellungsklagen beruht und als ungeschriebene Tatbestandsvoraussetzungen abzulehnen ist. Sofern die Inzidentklage aufgrund spezieller Prozeßsituationen *mangels Vorliegens besonderer Prozeßvoraussetzungen unzulässig* ist, ist das *Erfordernis zukünftiger Relevanz ohnehin überflüssig.*

a) Unzulässigkeit aufgrund spezieller Prozeßsituationen

Wie schon erwähnt, wurde die Zwischenfeststellungsklage eingeführt, weil das deutsche Zivilprozeßrecht der Rechtskraft bewußt enge Grenzen auferlegt[900]. Daher ist diese Klage notwendigerweise in besonderem Maße von dem *(funktionalen) Zusammenspiel zwischen Streitgegenstand und Rechtskraft abhängig*. Das

896 Vgl. *RGZ* 126, 234 (237); 144, 54 (59); 170, 328 (330); *RG* JW 1933, 1259 (1260); 1936, 3047 Nr. 5; *BGHZ* 42, 340 (348 ff.); 69, 37 (42 f.); 169, 153 (156 Rn. 12); *BGH* LM § 280 ZPO a. F. Nr. 2; Nr. 4; LM § 256 Nr. 16; Nr. 113; *BGH* JR 1955, 64; *BGH* NJW 2011, 2195 (2196) Rdnr. 20; *BAGE* 18, 29 (36 f.); *BAG* NZA-RR 210, 305 (306) Rdnr. 21; *BayObLG* NZM 1999, 33 (34); *OLG Koblenz* NJOZ 2002, 2660 (2663); *OLG Nürnberg* MDR 1985, 417; *Baumbach/Lauterbach/Albers/Hartmann*, § 256 Rdnr. 114; *Bergerhoff*, Zwischenfeststellungsklage, S. 18; *Blomeyer*, Erkenntnisverfahren[2], S. 218 (der hierin allerdings die „Vorgreiflichkeit" sieht); MünchKomm ZPO/*Becker-Eberhard*[4], § 256 Rdnr. 81 (kritisch); *Enders*, ZAP 1996, 455 (458 f.); *Hager*, KTS 54 (1993), 39 (42); *Musielak/Foerste*, § 256 Rdnr. 42; *Nikisch*, Zivilprozeßrecht, § 44 II 3; *Rosenberg/Schwab/Gottwald*[17], § 96 Rdnr. 36; *Schneider*, MDR 1973, 270 (271); *Stein/Jonas/Roth*[22], § 256 Rdnr. 103, 106; *Thomas/Putzo/Reichold*, § 256 Rdnr. 28; *Wieczorek/Schütze/Assmann*[3], § 256 Rdnr. 369 ff.; *Zöller/Greger*, § 256 Rdnr. 26; bereits früher *Seuffert/Walsmann*, § 280 Anm. 5a.

897 So ausdrücklich *BGH* MDR 2008, 1046 Rdnr. 32; *BGH* NJW 1992, 1897; *OLG Nürnberg* MDR 1985, 417; *Musielak/Foerste*, § 256 Rdnr. 42; *Rosenberg/Schwab/Gottwald*[17], § 96 Rdnr. 36; *Thomas/Putzo/Reichold*, § 256 Rdnr. 28; *Wieczorek/Schütze/Assmann*[3], § 256 Rdnr. 369 ff.

898 So *RGZ* 170, 328 (330); *BGHZ* 169, 153 (155); *BGH* JR 1955, 64; *BayObLG* NZM 1999, 33 (34); *Stein/Jonas/Roth*[22], § 256 Rdnr. 106.

899 So *BGHZ* 69, 37 (42 f.); *BGH* NJW-RR 1990, 318 (320); *BGH* NZG 1998, 184 (185).

900 Dazu oben Text bei Fußn. 148 ff.

Beispiel der Vindikationsklage verdeutlicht die Richtigkeit dieser Aussage: Da die herrschende Meinung einem Urteil über eine solche Klage keine Rechtskraftwirkung hinsichtlich des Eigentums gibt, muß diejenige Partei, die eine (positive oder negative) Entscheidung über das Bestehen des Eigentums an der Sache erreichen will, die Zwischenfeststellungsklage erheben. Diese Prozeßstrategie ändert sich sofort, wenn man der Gegenansicht folgt, die sich für eine Erstreckung der Rechtskraftwirkung auf das zugrunde liegende Eigentum ausgesprochen hat. Einer Zwischenfeststellungsklage bedarf es dann nicht mehr[901]. Die Zulässigkeit und Erforderlichkeit der Zwischenfeststellungsklage hängt demnach von der Definition der objektiven Grenzen der Rechtskraft ab, die sich ihrerseits danach richten, was Streitgegenstand des Hauptprozesses ist[902].

Aus diesem Grund ist eine Zwischenfeststellungsklage nach zutreffender Meinung[903] unzulässig, sofern über den Gegenstand der Inzidentklage *schon im Rahmen der Hauptklage rechtskräftig entschieden* wird. Bereits das *Reichsgericht* hat dies für § 280 ZPO a. F. unter Berufung auf die Motive und Protokolle in seinem Urteil vom 19. November 1929[904] wie folgt formuliert:

> „Für den § 280 folgt aus der Abhängigkeit, in der die Hauptentscheidung von dem im Laufe des Prozesses streitig gewordenen Rechtsverhältnis stehen muß, nur eine Einschränkung: das festzustellende Rechtsverhältnis darf nicht derart auch den Gegenstand der Hauptentscheidung bilden, daß darüber schon mit dieser eine in Rechtskraft übergehende Entscheidung zu erlassen ist. Die Inzident-Feststellungsklage des § 280 soll nach dem Gang der Gesetzgebung einen Ersatz dafür bieten, daß nach der Vorschrift des § 322 ZPO die sog. Elemente des Urteils nicht in Rechtskraft übergehen“.

---

901 Vgl. *Schumann*, FS Georgiades, 543 (550 f.).

902 Vgl. *Schumann*, FS Georgiades, 543 (551).

903 Vgl. *RGZ* 126, 234 (237); 144, 54 (59); 170, 328, 330; *RG* JW 1936, 3047 Nr. 5; *BGHZ* 42, 340 (348 ff.); 169, 153 (156 Rn. 12); MünchKomm ZPO/*Becker-Eberhard*[4], § 256 Rdnr. 82; *Baumbach/Lauterbach/Albers/Hartmann*, § 256 Rdnr. 108; *Musielak/Foerste*, § 256 Rdnr. 41; *Rosenberg/Schwab/Gottwald*[17], § 96 Rdnr. 36; *Stein/Jonas/Roth*[22], § 256 Rdnr. 106; *Wieczorek/Schütze/Assmann*[3], § 256 Rdnr. 373.

904 *RGZ* 126, 234 (237). Der Kläger forderte vom Beklagten Zahlung für die Lieferung von Metalldrahtlampen, die er nach den Vorschriften über den Verkauf von Altstoffen von der Deutschen Reichsbahn-Gesellschaft gekauft hatte. Der Beklagte bestritt die Klageforderung und erhob Widerklage auf Zahlung von Schadensersatz, da er meinte, Anspruch auf Lieferung der in den eisenbahnamtlichen Listen verzeichneten Lampen, und zwar nicht nur der Stückzahl, sondern auch den in den Listen verzeichneten Typen nach, zu haben, so daß er neben billigeren Stücken auch besonders wertvolle geliefert bekommen müßte. Im Verfahren erhob der Beklagte Zwischenfeststellungsklage mit dem Antrag festzustellen, daß der Kläger nach dem Vertrag an die amtlichen Listen gebunden und demgemäß verpflichtet gewesen sei, nicht nur die in den Stücklisten genannte Mindestzahl, sondern auch die darin verzeichneten Typen zu liefern. Das Landgericht wies die Widerklage als unbegründet ab, das OLG gab ihr statt, das Reichsgericht hob das Berufungsurteil auf, da die Inzidentwiderklage zulässig, aber unbegründet sei.

aa) Streitgegenstandsidentische Inzidentfeststellung

Von der vom Reichsgericht konstatierten Einschränkung sind zum einen die Fälle der mit dem Streitgegenstand der Hauptklage identischen Zwischenfeststellung erfaßt. Bei diesen ergibt sich die Unzulässigkeit aber weniger aus der fehlenden Vorgreiflichkeit, als vielmehr aus dem *Einwand anderweitiger Rechtshängigkeit*[905].

bb) Rechtskrafteintritt auch ohne Inzidentklage

Zum anderen sind hiervon Konstellationen erfaßt, in denen zwar keine anderweitige Rechtshängigkeit besteht, die Inzidentklage aber dennoch unstatthaft ist. Der dahinter stehende Gedanke ist folgender: *Soweit schon ohne Inzidentantrag eine der Rechtskraft fähige Entscheidung über das Rechtsverhältnis* ergehen muß, ist ein *Inzidentantrag gegenstandslos* und daher *unzulässig*[906]. Der Grund für diese Einschränkung ist offenkundig. Da der *Zweck der Inzidentklage*, die *Erstreckung der Rechtskraft*, bereits mittels der Hauptklage erfolgt, kann er durch sie nicht mehr erreicht werden; die Inzidentklage ist sinnlos und damit unzulässig[907].

Als Beispiele sahen wir die beantragte Inzidentfeststellung des Nichtbestehens der vom Beklagten zur Aufrechnung gestellten Gegenforderung: Die Inzidentklage ist wegen der schon aufgrund § 322 Abs. 2 ZPO erfolgten Rechtskrafterstreckung unzulässig[908]. In diesem Fall fehlt auch nicht das Rechtsschutzbedürfnis. Methodologisch handelt es sich vielmehr um eine *teleologische Reduktion* des Anwendungsbereichs[909]. Dies soll keine Spitzfindigkeit sein. Denn wie eingangs dargestellt, ist es im Interesse des Klägers geboten, im Fall anderweitiger Rechtshängigkeit oder materieller Rechtskraft diesem keine wegen fehlenden Rechtsschutzbedürfnisses unzulässige Klage „unterzuschieben“.

---

905 Vgl. *Musielak/Foerste*, § 256 Rdnr. 41; *Schumann*, FS Georgiades, 543 (571 f.); *Stein/Jonas/Roth*[22], § 256 Rdnr. 106 m. w. N. in Fußn. 599; so schon *RG* JW 1887, 38 Nr. 5 („Einrede der Rechtshängigkeit“); *Oertmann*, ZZP 22 (1896), 11 (22); *Petersen/Anger*, § 280 Anm. 2; Dazu bereits oben Text bei Fußn. 444 ff.

906 So schon *Seuffert/Walsmann*, § 280 Anm. 5a.

907 Vgl. *v. Braun*, Inzidentfeststellungsklage, S. 60: „Dann würde ja auch der Inzidentantrag zwecklos sein; denn die rechtskräftige Entscheidung über das Präjudizialitätsverhältnis ist erreicht oder befindet sich bereits mitten auf dem Wege, erreicht zu werden“; *BGHZ* 169, 153 (156) Rdnr. 13; *Stein/Jonas/Roth*[22], § 256 Rdnr. 106; *Wieczorek/Schütze/Assmann*[3], § 256 Rdnr. 373 (fehlendes Rechtsschutzbedürfnis); *Seuffert/Walsmann*, § 280 Anm. 5a.

908 Hierzu oben Text bei Fußn. 716 ff.

909 Dazu *Larenz*, Methodenlehre, S. 391 ff. Gegen eine lediglich „einschränkende Auslegung“ spricht die wertende Bezugnahme auf § 322 ZPO, vgl. *Larenz*, Methodenlehre, S. 391.

Abgesehen von § 322 Abs. 2 ZPO gibt es eine Vielzahl von Fällen, in denen eine Rechtskrafterstreckung befürwortet wird[910]: Die Eigentumsfeststellung bei der Vindikationsklage wurde bereits angesprochen; ebenso die Feststellung des dinglichen Rechts bei der Grundbuchberichtigungsklage. *Zeuner*[911] bejaht eine Rechtskrafterstreckung bei der negatorischen Unterlassungsklage im Verhältnis zum Schadensersatzprozeß sowie bei Entscheidungen über den Hilfsanspruch auf Auskunfterteilung und Rechnungslegung im Rahmen einer Stufenklage bezüglich des Anspruchsgrundes für den Hauptanspruch[912]. Diskutiert wird ferner eine Rechtskrafterstreckung für die Gültigkeit eines gegenseitigen Vertrags

---

910 Darstellungen finden sich etwa bei *Blomeyer*, Erkenntnisverfahren², S. 489 ff.; *Stein/Jonas/Leipold*²², § 322 Rdnr. 202 ff.

911 *Zeuner*, Sinnzusammenhänge, S. 58 ff. Ihm folgend *Blomeyer*, Erkenntnisverfahren², S. 490.

912 Vgl. *Zeuner*, Sinnzusammenhänge, S. 157 ff. Nach h. M. entfaltet das Urteil über den Auskunfts- und Rechnungslegungsanspruch weder Rechtskraft- noch Bindungswirkung für den Hauptanspruch hinsichtlich des zugrunde liegenden Rechtsverhältnisses, vgl. *RG* JW 1936, 2137; *BGH* NJW 1969, 880; 1985, 862; 2000, 1724 (1725); *BGH* ZIP 1999, 447 (448); *OLG Karlsruhe* MDR 1992, 804; *Assmann*, Stufenklage, S. 113 ff., *Stein/Jonas/Roth*²², § 254 Rdnr. 31. Konsequent läßt die h. M. daher die Verbindung des Auskunfts- und Rechnungslegungsanspruchs mit einer Zwischenfeststellungsklage zu, vgl. *BGH* ZIP 1999, 447 (448); *Stein/Jonas/Roth*²², § 254 Rdnr. 34 a. E. (andererseits spricht sich *Roth* an späterer Stelle dafür aus, daß eine Zwischenfeststellungsklage erst im Rahmen der letzten Stufe (Hauptantrag) zulässig sein soll, da die vorausgehenden Stufen lediglich vorbereitenden Charakter hätten, vgl. *Stein/Jonas/Roth*²², § 256 Rdnr. 108); *Wieczorek/Schütze/Assmann*³, § 256 Rdnr. 365; a. A. *BGH* LM § 254 Nr. 6; *Blomeyer*, Erkenntnisverfahren², S. 494, jedoch unter der zumindest fraglichen Annahme, daß das Urteil über den Hilfsanspruch die Bedeutung eines Grundurteils habe, weshalb die Zwischenfeststellungsklage unzulässig sei. Zur Unzulässigkeit der Inzidentklage bei vorhergehendem Grundurteil näher unten Text bei Fußn. 1020 ff. Meines Erachtens ist – sofern man mit *Zeuner* keine Rechtskrafterstreckung annimmt – der h. M. zu folgen. Selbst bei nur vorbereitendem Charakter der vorausgehenden Stufen ist der Hauptanspruch (zumeist Zahlungsanspruch) *bereits mit Geltendmachung der ersten Stufe rechtshängig*, vgl. *BGH* NJW 1992, 2563; *BGH* NJW-RR 1995, 513; *OLG Oldenburg* NJW-RR 2004, 1303 (1304); *Stein/Jonas/Roth*²², § 254 Rdnr. 19. Auch wenn die Entscheidung über den Hauptanspruch erst im Rahmen der dritten Stufe erfolgt, so kann doch bereits die *gesamte Stufenklage auf der ersten Stufe als unbegründet abgewiesen werden*, wenn schon der Auskunftsanspruch aus Gründen zu verneinen ist, die auch dem Hauptantrag die materiell-rechtliche Grundlage nehmen, vgl. *BGH* NJW 2002, 1042 (1044); *OLG Düsseldorf* GmbHR 2004, 356 (Leitsatz 2); *Stein/Jonas/Roth*²², § 254 Rdnr. 22 m. w. N. in Fußn. 88. Ein Abhängigkeitsverhältnis ist demnach nicht von vornherein ausgeschlossen. Viel entscheidender ist, daß zum einen die negative Sachurteilsvoraussetzung anderweitiger Rechtshängigkeit beachtet wird (so daß weder die Feststellung derjenigen Verpflichtung des Beklagten begehrt werden kann, die bereits Gegenstand des Leistungsantrags ist, noch die Inzidentwiderklage auf das kontradiktorische Gegenteil des Leistungsantrags gerichtet werden kann), ebenso *Wieczorek/Schütze/Assmann*³, § 256 Rdnr. 365. Zum anderen ist darauf zu achten, daß die Voraussetzung der Präjudizialität auch tatsächlich in Bezug auf die Entscheidung über den Auskunfts- und Rechnungsanspruch vorliegt. Wenn dies der Fall ist, sollte eine Zwischenfeststellungsklage schon im Rahmen der ersten Stufe grundsätzlich zulässig sein.

hinsichtlich der Entscheidung über den Gegenanspruch[913]. Sofern man eine Rechtskrafterstreckung bejaht, ist daher die Inzidentfeststellungsklage regelmäßig entweder schon wegen anderweitiger Rechtshängigkeit unzulässig oder aber ihr Anwendungsbereich ist teleologisch zu reduzieren, da es ihrer zur Rechtskrafterstreckung nicht bedarf.

Nicht immer ist jedoch in Fällen der Rechtskrafterstreckung die Unzulässigkeit der Inzidentklage auf die Auswirkungen der materiellen Rechtskraft zurückzuführen. So im Fall *gegenseitiger Eigentumsfeststellung*:

> *Beispiel*: E verlangt im Wege der Vindikationsklage von B die Herausgabe eines Fahrrads und beantragt zudem die Inzidentfeststellung seines Eigentums. B beantragt widerklagend nach § 256 Abs. 2 ZPO die Feststellung seines, des B's, Eigentums am Fahrrad.

Unabhängig von der Frage ob es sich bei der Inzidentwiderklage des B um die Geltendmachung des kontradiktorischen Gegenteils[914] oder des disjunktiven Gegenteils[915] handelt und ob daher anderweitige Rechtshängigkeit anzunehmen ist[916], liegt hinsichtlich der gegenseitigen Eigentumsfeststellung *niemals Präjudizialität* vor. Denn die Entscheidung darüber, ob E von B nach § 985 BGB Herausgabe verlangen kann, hängt nicht davon ab, ob B Eigentümer ist, sondern ausschließlich davon, ob E Eigentümer ist oder nicht[917]. Eine *derartige Zwischenfeststellungswiderklage* ist *in jedem Fall* unzulässig.

---

913 Vgl. *Stein/Jonas/Leipold*[22], § 322 Rdnr. 204 m. w. N. in Fußn. 323. Insbesondere *Foerste* spricht sich für Rechtskrafterstreckung bei Ausgleichszusammenhängen aus, vgl. *Foerste*, ZZP 108 (1995), 167 (169 ff.). Konsequent wendet er sich dagegen, die Parteien darauf zu verweisen, divergierende Urteile durch Erhebung der Zwischenfeststellungsklage auszuschließen, vgl. *Foerste*, ZZP 108 (1995), 167 (174 f.).

914 Vgl. *Stein/Jonas/Leipold*[22], § 322 Rdnr. 186; *Althammer*, Streitgegenstand, S. 574 f. der insoweit von „unechtem" kontradiktorischen Gegenteil spricht und die Rechtskraftsperre mit einer wertenden Betrachtung prozessualer Wirkungen aufgrund der materiellen Exklusivität alleiniger Rechtsinhaberschaft begründet.

915 Vgl. *Blomeyer*, Erkenntnisverfahren[2], S. 490 f., mit dem zutreffenden Argument, das kontradiktorische Gegenteil läge nur bei dem Antrag des B, festzustellen, daß E *nicht* Eigentümer ist, vor. Vorliegend handele es sich aufgrund des absoluten Rechts um einen Fall der Alternativität: Wenn E Eigentümer ist, steht fest, daß B es nicht sein kann, und umgekehrt. Daher bejaht die h. M. in diesem Fall auch eine Rechtskrafterstreckung, vgl. *Otto*, Rechtshängigkeitssperre, S. 78 f., mit der kritischen Anmerkung, daß hier „unverblümt" der Urteilsgegenstand weiter gezogen würde als der Verfahrensgegenstand.

916 Dazu *Bettermann*, Rechtshängigkeit, S. 22 f., der dies bejaht, sofern vor einem anderen Gericht geklagt wird. Vor demselben Gericht will Bettermann die Widerklage mit dem disjunktiven Antrag zu Recht zulassen: Es sei das Interesse des B anzuerkennen, daß er sein behauptetes Eigentum feststellen lassen wolle, da die Abweisung der Klage des E nur dessen Nicht-Eigentum feststelle, aber nicht positiv das des B. Ebenso *Otto*, Rechtshängigkeitssperre, S. 96 f.

917 So auch *Bergerhoff*, Zwischenfeststellungsklage, S. 26 f.; a. A. *Oertmann*, ZZP 22 (1896), 11 (25 f.), der zwar Rechtshängigkeit verneint, aber ohne nähere Begründung davon ausgeht, Präjudizialität läge „sicherlich" vor.

Das Beispiel zeigt, daß bei exakter Bestimmung der relevanten Prozeßvoraussetzung ein Rückgriff auf das Rechtsschutzbedürfnis überflüssig ist.

b) Zukünftige Relevanz und „Möglichkeits-Rechtsprechung"

Die Unzulässigkeit der Inzidentklage, bei der das festzustellende Rechtsverhältnis derart den Gegenstand der Hauptentscheidung bildet, daß darüber schon mit dieser eine in Rechtskraft übergehende Entscheidung zu erlassen ist, ergibt sich bereits aus den sonstigen Prozeßvoraussetzungen. Darüber hinaus ist zudem die Forderung, daß aus dem Rechtsverhältnis über den mit der Hauptklage verfolgten Anspruch hinaus *noch weitere Ansprüche* erwachsen müssen können, mithin das Rechtsverhältnis zukünftige Relevanz besitzen müsse, abzulehnen. Hierdurch wird der Rechtsschutz unzulässig verkürzt, wie im Folgenden aufgezeigt wird.

Dazu soll zunächst die Etablierung dieses ungeschriebenen Tatbestandsmerkmals anhand der Rechtsprechung dargestellt werden.

aa) Der Ausgangsfall RGZ 144, 54 und die nachfolgende Rechtsprechung

Unter Bezugnahme auf das vorgehend zitierte Urteil vom 19. November 1929 führte das *Reichsgericht* erstmals in seinem Urteil vom 27. Februar 1934 aus[918]:

> „Der Zweck der Zwischenfeststellungsklage ist die Ausdehnung der Rechtskraftwirkung auf den Grund der Klage; sie ist ein Ersatz dafür, daß die Elemente der Entscheidung nicht in Rechtskraft übergehen. Aus diesem Zweck der Zwischenklage ergibt sich zugleich eine Einschränkung ihrer Zulässigkeit. Für sie ist *dann kein Raum, wenn bereits durch die Entscheidung auf die Hauptklage die Rechtsbeziehungen, die sich aus dem streitigen Rechtsverhältnis ergeben können, mit Wirkung der Rechtskraft erschöpfend klargestellt werden* und deshalb die besondere Feststellung des Rechtsverhältnisses für den Feststellungskläger *keine Bedeutung mehr haben kann.* Wenn demgemäß mit der *Hauptklage nur ein einziger Anspruch aus dem Rechtsverhältnis verfolgt wird* und es feststeht, daß weitere Ansprüche aus diesem den Parteien nicht erwachsen sind, so fehlt für eine besondere Feststellung des Rechtsverhältnisses die Grundlage, weil durch die Entscheidung auf die Hauptklage bereits rechtskräftig klargestellt wird, ob der einzige aus dem Rechtsverhältnis erwachsene Anspruch aus diesem Rechtsverhältnis gegeben ist oder nicht. *Anders liegt es schon,* wenn mit der Hauptklage nicht ein einzelner Anspruch, sondern *mehrere selbständige Ansprüche* aus dem Rechtsverhältnis verfolgt werden, mögen sie auch in ihrer Gesamtheit die Ansprüche erschöpfen, die sich aus ihm überhaupt ergeben können. Alsdann ist nicht ohne weiteres die Bedeutungslosigkeit der begehrten Feststellung dargetan, und zwar deshalb nicht, *weil die Möglichkeit* – bei einer Stufenklage sogar die Notwendigkeit – besteht, daß über die mehreren Ansprüche nicht einheitlich, sondern in *Teilentscheidungen* erkannt wird, daß also nicht von vornherein die Rechtsbeziehungen, die sich aus dem Rechtsverhältnis ergeben, in einer einheitlichen rechtskräftigen Entscheidung zur Hauptklage ihre Erledigung finden. Der rechtskräftigen Feststellung des Bestehens oder Nichtbestehens des Rechtsverhältnisses kann in solchen Fällen eine

918 *RGZ* 144, 54 (59 f.).

grundlegende Bedeutung für etwaige spätere Teilentscheidungen und für die Schlußentscheidung zukommen. Aber auch wenn mit der *Hauptklage nur ein einziger Anspruch aus dem Rechtsverhältnis verfolgt* wird, ist die Klage [...des § 280 ZPO...] immer dann *zulässig*, wenn auch nur die *Möglichkeit* besteht, daß aus dem streitigen Rechtsverhältnis den Parteien *noch weitere Ansprüche erwachsen sind* als derjenige, der mit der Hauptklage verfolgt wird. Diese Auffassung liegt bereits der Entscheidung des erkennenden Senats in RGZ. Bd. 126 S. 234 (238) zugrunde".

[Herv. d. Verf.]

Im Unterschied zur vorangehenden Rechtsprechung hat das Reichsgericht eine *neue Zulässigkeitsvoraussetzung* statuiert, die nicht mit Streitgegenstand oder Rechtskraft zusammen hängt: Das *Erfordernis zukünftiger Relevanz* des Rechtsverhältnisses. Nur wenn aus dem Rechtsverhältnis dem Inzidentkläger noch weitere Ansprüche erwachsen können, sei seine Klage zulässig. Wenn also der Kläger den einzigen aus dem Rechtsverhältnis resultierenden Anspruch einklagt, bleibe ihm die Inzidentklage verschlossen, was aus dem Zweck dieses Instituts folgen solle. In diesem Fall könne die Feststellung für den Kläger keine Bedeutung mehr haben. Sichtlich darum bemüht, diese Einschränkung des Rechtsschutzes zu relativieren, solle aber die *Möglichkeit*, daß *weitere Ansprüche* aus dem Rechtsverhältnis erwachsen, genügen. Anders liege es daher schon, wenn die Möglichkeit von Teilurteilen bestehe.

Das *Reichsgericht* vertiefte diese Rechtsprechung – fast wortgleich – anschließend[919]:

„Für diese ist dann kein Raum, wenn schon durch die Entscheidung auf die Hauptklage die Rechtsbeziehungen, die sich aus dem streitigen Rechtsverhältnis ergeben können, mit Rechtskraftwirkung erschöpfend klargestellt werden und deshalb die besondere Feststellung des Rechtsverhältnisses für den Feststellungskläger keinen Zweck mehr haben kann. Wenn also mit der Hauptklage nur ein einziger Anspruch aus dem Rechtsverhältnis verfolgt wird und es feststeht, daß andere Ansprüche daraus den Parteien nicht erwachsen sind, so fehlt für eine besondere Feststellung des Rechtsverhältnisses die Grundlage, weil durch die Entscheidung auf die Hauptklage schon rechtskräftig klargestellt wird, ob der einzige aus dem Rechtsverhältnis erwachsene Anspruch gegeben ist oder nicht. Wenn aber, wie hier, die [...] Möglichkeit besteht, daß aus dem streitigen Rechtsverhältnis dem Kläger noch ein anderer Anspruch als der mit der Hauptklage verfolgte, nämlich ein Anspruch nach § 666 BGB auf Auskunft und Rechnungslegung erwachsen ist, dann kann der Kläger die Zwischenfeststellungsklage erheben (RGZ Bd. 144, S. 54 [59])."

Der *Bundesgerichtshof* hat sich der Reichsgerichtsjudikatur angeschlossen und in einer Reihe von Fällen genauso entschieden, wie die nachfolgenden Zitate belegen:

---

919 *RGZ* 170, 328 (330). Neben dem Hauptantrag auf Auflassung und Grundbuchbewilligung hatte der Kläger den Inzidentantrag gestellt, daß der Beklagte als sein Treuhänder die betreffenden Grundstücke besitze. Dieses Rechtsverhältnis (Besitz der Grundstücke als Treuhänder) war präjudiziell für den Hauptantrag auf Abgabe der Willenserklärungen (Auflassung und Bewilligung).

BGHZ 69, 37 (42):

„Bei der Zwischenfeststellungsklage genügt grundsätzlich schon die bloße Möglichkeit, daß das inzidenter ohnehin zu klärende Rechtsverhältnis zwischen den Parteien noch über den gegenwärtigen Streitgegenstand hinaus Bedeutung hat oder gewinnen kann."

BGHZ 83, 251 (255):

„Bei der Zwischenfeststellungsklage genügt schon die bloße Möglichkeit, daß das streitige Rechtsverhältnis zwischen den Parteien über den gegenwärtigen Streitstand hinaus Bedeutung gewinnen kann [...] Das ist hier der Fall: Die Lizenzforderung der Klägerinnen bezieht sich auf Lieferungen der Beklagten an K. zwischen 1971 und 1976. Da das Patent durch Zeitablauf erst 1981 erloschen ist, erscheint die künftige Geltendmachung von Lizenzen für Lieferungen nach 1976 nicht ausgeschlossen. In einem solchen künftigen Rechtsstreit könnte daher die Frage der Gültigkeit der Verträge von 1966/67 erneut aufgeworfen werden."

BGHZ 125, 251 (255 f.):

„Auch die nach § 256 Abs. 2 ZPO erforderliche Vorgreiflichkeit des streitigen Rechtsverhältnisses für die Hauptsacheentscheidung ist gegeben. Zwar besteht zwischen dem Wechselanspruch und dem der Wechselbegebung zugrundeliegenden Kausalverhältnis keine eigentliche Präjudizialität in dem Sinne, daß das Rechtsverhältnis ein notwendiges Element für den in der Hauptentscheidung enthaltenen Subsumtionsschluß darstellt [...] Für die Zulässigkeit der Zwischenfeststellungsklage genügt es jedoch, daß das Nichtbestehen des Kausalverhältnisses einen Einwand oder eine Einrede gegenüber dem Hauptanspruch begründet [...] Das im Rahmen der Zwischenfeststellungsklage zu klärende Rechtsverhältnis – nämlich das Zustandekommen bzw. Nichtzustandekommen des Kausalverhältnisses als Voraussetzung einer persönlichen Einwendung der Beklagten gegen die Wechselansprüche – hat zwischen den Parteien auch noch über den gegenwärtigen Streitstand hinaus Bedeutung, [...] weil die Klägerin noch weitere nicht eingelöste Wechsel der Beklagten in Händen hat."

In einem seiner neueren Urteile zur Zwischenfeststellungsklage vom 19. Juni 2008 bezieht sich der *Bundesgerichtshof*[920] dabei ausdrücklich auf das Rechtsschutzbedürfnis:

„Aus denselben Gründen ist die Feststellungsklage gegen die Beklagte zu 3 auch nicht gemäß § 256 Abs. 2 ZPO zulässig. Denn *rechtsschutzbedürftig* ist der Kläger im Rahmen einer *Zwischenfeststellungsklage* nur, wenn das inzidenter zu klärende Rechtsverhältnis zwischen den Parteien noch über den gegenwärtigen Streitgegentand hinaus Bedeutung gewinnen kann. Zweck der Zwischenfeststellungsklage ist die Ausdehnung der Rechtskraft auf den Grund der Klage. Aus diesem Zweck ergibt sich, dass die Zwischenfeststellungsklage *mangels Rechtsschutzbedürfnisses unzulässig* ist, wenn *bereits durch die Entscheidung über die anderen Klageanträge die Rechtsbeziehungen aus dem streitigen Rechtsverhältnis erschöpfend klargestellt werden* und deshalb die besondere Feststellung des Rechtsverhältnisses für den Feststellungskläger gegenüber dem Beklagten keine Bedeutung mehr haben kann (RGZ 144, 54, 59;170, 328, 330; BGHZ 69, 37, 42; 124, 321, 322; BGH, Urteil vom 8. Mai 1961 – II ZR 205/59 – MDR 1961, 751). Vorliegend wird das streitige Rechtsverhältnis schon durch die

920 *BGH* MDR 2008, 1046 (Rdnr. 32) (III ZR 46/06).

beantragte Feststellung gegenüber den Beklagten zu 1 und 2 auch für und gegen die Beklagte zu 3 entschieden."

[Herv. d. Verf.]

Während der *Bundesgerichtshof* an der Voraussetzung der zukünftigen Relevanz strikt festhält, hat er die Erleichterung, daß die Möglichkeit über den Streitgegenstand hinaus reichender Bedeutung genüge, nicht immer so konsequent vertreten, wie die Entscheidung *BGHZ* 124, 321 (322) zeigt: Die Zulässigkeit der Zwischenfeststellungsklage setze weiterhin voraus, daß das streitige Rechtsverhältnis über den gegenwärtigen Prozeß hinaus zwischen den Parteien Bedeutung gewinnen könne. Nur wenn dies *ausdrücklich* festgestellt werde, sei die Zwischenfeststellungsklage zulässig.

bb) Ablehnung des Erfordernisses zukünftiger Relevanz

Meines Erachtens ist die Konstruktion des ungeschriebenen Tatbestandsmerkmals „über den Streitgegenstand hinausreichender Bedeutung" kategorisch abzulehnen. Weder bedarf es eines solchen Erfordernisses zukünftiger Relevanz noch läßt es sich mit dem Sinn und Zweck der Inzidentklage rechtfertigen. Mehr noch, es widerspricht ihm.

Von der Unzulässigkeit dieser ungeschriebenen Voraussetzung abgesehen, führt die Rechtsrechung in der Praxis letztlich dazu, daß es – wie *Enders*[921] konstatiert – „anwaltlicher Phantasie" bedarf, „um aufzuzeigen, daß weitere Folgen aus dem Rechtsverhältnis nicht bereits zum gegenwärtigen Zeitpunkt mit Sicherheit ausgeschlossen werden können."

(1) Prozeßantizipation

Der dem Urteil des Reichsgerichts im Ausgangsfall RGZ 144, 54 (59 f.) zugrunde liegende Gedanke der Prozeßantizipation[922], des präparatorischen Charakters, ist mit Händen zu greifen.

Kroll[923] bemühte ähnliche Wendungen wie das Reichsgericht zur Stützung seiner Sicht von der Feststellungsklage als präparatorisches Mittel:

„Die Feststellung hat also den Zweck, den Kläger gegen einen künftigen Streit über das Rechtsverhältnis zu sichern [...] sie ist ein Mittel zur Verwirklichung eines Anspruchs, indem sie ein Element einer als zukünftig vorausgesetzten Entscheidung über einen Rechtsanspruch schafft. Mit Recht hat man sie daher als Prozeßanticipation bezeichnet. [...] „die Anstellung einer selbständigen Feststellungsklage [ist] *nur zulässig*, wenn die Theilung der

921 *Enders*, ZAP 1996, 455 (459).

922 Dazu oben Text bei Fußn. 116.

923 *Kroll*, Klage, S. 56 f.

> Fragen als prozessualisch zweckmäßig erscheint, insbesondere wenn die *aufgeworfene Frage eine über den fälligen Anspruch hinausgehende Tragweite* hat."
>
> [Herv. d. Verf.]

Während *Kroll* diesen Gedanken noch nicht explizit für die Zwischenfeststellungsklage ausformulierte, vertrat *Rocholl*[924] diese Auffassung kurze Zeit später ausdrücklich für die Inzidentklage:

> „Die sogenannte Inzidentklage des § 253 ist sowohl bezüglich des Gegenstandes, als auch des zweiten Klagegrundes nur quantitativ von der selbständigen Feststellungsklage des § 231 unterschieden. [...], so findet die Aufnahme dieser Feststellung in die Dispositive nur insoweit einen für die selbständige Feststellung geeigneten Gegenstand, als die Kondemnation oder Absolution *nicht jede künftig denkbare Leistung*, als materielle Folge des festzustellenden Rechtsverhältnisses, *erschöpft*. Es wird z. B. *keine Erweiterung des Klageantrags und keine Widerklage behufs Inzidentfeststellung* [...] eines *Darlehensvertrages* statthaft sein, wenn die erhobene Klage die *Rückzahlung der ganzen Darlehensschuld* zum Gegenstand hat. Denn das *Leistungsurtheil [...] erschöpft das Rechtsverhältnis* derartig, dass ein *künftiger Leistungsprozess aus demselben nicht mehr denkbar* ist."
>
> [Herv. d. Verf.]

Diesen auch heute noch im Rahmen des rechtlichen Interesses bei der prinzipalen Feststellungsklage vertretenen[925] Gedanken der Prozeßantizipation hat *Nikisch*[926] schließlich konsequent auf die Zwischenfeststellungsklage übertragen:

> „Mit der Zwischenklage sichert sich der Kläger die Grundlage für weitere, demselben Rechtsverhältnis entspringende Ansprüche. Deshalb ist das *Feststellungsinteresse* [sic!] zu *verneinen*, wenn aus dem streitigen Rechtsverhältnis *weitere Rechtsfolgen* als die mit der Hauptklage geltend gemachten *nicht erwachsen können* (RGZ 144, 60)."
>
> [Herv. d. Verf.]

---

924 *Rocholl*, ZZP 8 (1885), 329 (37); ähnlich auf S. 396 f. Auf das Darlehens-Beispiel stellt auch *Seuffert/Walsmann*, § 280 Anm. 5a: „Dagegen kann in dem Prozeß über den Anspruch auf Rückzahlung eines Darlehens oder über den Anspruch auf Herausgabe der Bereicherung oder über den Anspruch auf Leistung der Entschädigung nicht die Feststellung des Bestehens oder Nichtbestehens der Darlehens-, der Bereicherungs- oder der Entschädigungsschuld beantragt werden, weil sich hier das Rechtsverhältnis in der geltend gemachten Forderung erschöpft." Allerdings liegt hier auch Streitgegenstandsidentität und damit anderweitige Rechtshängigkeit vor, weil der Inzidentkläger die Feststellung begehrt, die mit Entscheidung über die Leistungsklage ohnehin in jedem Fall getroffen wird: ob nämlich der Anspruch auf Darlehenszahlung, auf Herausgabe der Bereicherung etc. besteht oder nicht.

925 So etwa *Grunsky*, Grundlagen, S. 400; ebenfalls in diese Richtung *Michaelis*, FS Larenz II, 443 (447); *Jacobs*, Feststellungsverfahren, S. 224 f.

926 *Nikisch*, Zivilprozeßrecht, § 44 II 3, S. 171.

Nun kann man zu dem Gedanken, die durch rechtskräftige Feststellung erlangte Rechtsgewißheit nütze dem Kläger lediglich mit Blick auf denkbare Folgeprozesse, stehen wie man will[927]. Es besteht aber kein Grund, den Anwendungsbereich der Inzidentklage noch weiter einzuschränken. Meines Erachtens stellt sich der prozeßantizipatorische Gedanke *jedenfalls im Rahmen der Inzidentklage* als *unzulässige Verkürzung des Rechtsschutzes* dar.

(2) Die gegen die Verkürzung des Rechtsschutzes sprechenden Gründe

Es gibt gute Gründe, die gegen eine solche Verkürzung des Rechtsschutzes sprechen.

(a) Unvereinbarkeit dieser Ansicht mit Gesetzestext und Gesetzeszweck

Wie *Schumann*[928] eingehend dargelegt hat, lassen weder der *Wortlaut* von § 256 Abs. 2 ZPO noch der *Zweck* der Zwischenfeststellungsklage zu, ein derartiges Erfordernis eines speziellen Rechtsschutzbedürfnisses (und damit einer ungeschriebenen besonderen Sachurteilsvoraussetzung) der zukünftigen Relevanz der Rechtsfrage für die Zwischenfeststellungsklage anzuerkennen: Da der Inhalt der Hauptentscheidung von der Zwischenfeststellungsklage in keiner Weise beeinflußt wird, geht es bei dieser Klage (nur) um „die Ausdehnung der Rechtskraftwirkung auf den Grund der Klage". Das, was ohnehin Grund der Klage ist, soll das Gericht rechtskraftmäßig feststellen, wenn und soweit es eine der Parteien will[929].

Diese Befugnis einer Prozeßpartei zu versagen, sofern es ihr nicht gelingt, die künftige Relevanz der Rechtsfrage darzulegen (und gegebenenfalls zu beweisen), verstößt gegen das unübersehbare *Motiv*, das dem Institut der Zwischenfeststellungsklage zugrunde liegt: Der „*Wille* der Parteien" soll bestimmen, wann die Rechtskraftwirkung eintritt[930]. Nirgends finden sich in der *Entstehungsgeschichte* Überlegungen, diesen Willen einzugrenzen. Im Gegenteil. Die Intention der Inzidentklage spricht gerade gegen ein solches Erfordernis: Hätten sich die Schöpfer der CPO für die Rechtskrafttheorie *v. Savignys* entschieden, so wäre im Beispiel die Entscheidung über die Frage, ob der Darlehensvertrag besteht oder nicht, in Rechtskraft erwachsen[931]. Auf die Frage, ob ein künftiger Leistungsprozeß denkbar sei oder noch weitere Ansprüche aus dem Darlehensvertrag resultieren können, wäre es nicht angekommen. Das Institut der Zwischenfeststellungsklage sollte aber gerade

927 Zu Recht ablehnend *Stein/Jonas/Roth*[22], § 256 Rdnr. 6.
928 *Schumann*, FS Georgiades, 543 (572 ff.).
929 Vgl. *Schumann*, FS Georgiades, 543 (572).
930 Näher oben Text bei Fußn. 165 ff.
931 Vgl. *v. Savigny*, System VI, S. 394-400, 429 f., 451; *Kerameus*, AcP 167 (1967), 241 (249 ff.).

die Lücke füllen, die durch die Ablehnung der Lehre *v. Savignys* entstand. Den Parteien sollte es überlassen sein, ob sie vermittels der Inzidentklage die Rechtskraft auf präjudizielle Rechtsverhältnisse erstrecken und damit einen Ausgleich für die Begrenzung, welche sie durch die § 322 ZPO erfuhren, erhalten wollten.

(b) Kein Unterfall der Vorgreiflichkeit

Das angebliche Erfordernis zukünftiger Relevanz folgt auch nicht aus der Vorgreiflichkeit für die Hauptentscheidung. Die Abhängigkeit betrifft die Frage, ob tatsächlich ein Bedingungsverhältnis zwischen dem (Nicht)Bestehen des Rechtsverhältnisses und der Entscheidung in der Hauptsache dergestalt besteht, daß darüber in den Entscheidungsgründen zwingend eine Feststellung zu erfolgen hat. Wie schon ausgeführt, bezieht sich die Präjudizialität auf die *Entscheidung in der Hauptsache*, nicht auf noch mögliche weitere Klagen.

(c) Der Verstoß gegen die Prozeßökonomie

Auch die *Prozeßökonomie* spricht entschieden dagegen, die zukünftige Relevanz der Rechtsfrage als (ungeschriebene) Sachurteilsvoraussetzung aufzustellen. Anderenfalls müßte jeder Zwischenfeststellungskläger Ausführungen zu dieser Relevanz machen, das Gericht müßte sich hierzu äußern und gegebenenfalls müßte eine Beweisaufnahme stattfinden. Das würde das prozeßökonomische Konzept der Zwischenfeststellungklage in ihr Gegenteil verkehren[932]. An dieser Stelle sei auf die zitierte Bemerkung *Enders* hingewiesen, wonach es gegebenenfalls „anwaltlicher Phantasie“ bedürfe, die mögliche zukünftige Relevanz aufzuzeigen.

(d) Fehlen einer rechtsstaatlichen Begründung

Vom Justizgewährungsanspruch aus betrachtet ist ebenfalls nicht ersichtlich, aus welchen Gründen es notwendig sein soll, die künftige Relevanz der Rechtsfrage als Erfordernis für die Zwischenfeststellungsklage aufzustellen. Insoweit fehlt es an einer *rechtsstaatlichen Argumentation*, die aber erforderlich ist, wenn man in die prozessualen Befugnisse durch die Erfindung einer neuen Sachurteilsvoraussetzung eingreift[933]. Da ohnehin die Hauptentscheidung auf dem „Grund der Klage“ beruht, ist es unverständlich, den Antrag einer Partei nicht zuzulassen, die diesen Grund rechtskräftig feststellen lassen will. Obwohl Präjudizialität gegeben ist, das Rechtsverhältnis zwischen den Parteien zudem streitig ist und der Gesetzgeber hierfür die Inzidentklage zur Verfügung stellt, soll die Partei in

932 Vgl. *Schumann*, FS Georgiades, 543 (573).
933 Vgl. *Schumann*, FS Georgiades, 543 (572 f.).

Rocholls Darlehens-Beispiel[934] dennoch keinen Inzidentantrag stellen dürfen. Die Erleichterung durch die Möglichkeits-Rechtsprechung vermag daran nichts zu ändern: Zuerst wird eine ungeschriebene Tatbestandsvoraussetzung konstruiert, deren Nachweis anschließend lediglich erleichtert wird. Man gibt dem Inzidentkläger Steine statt Brot!

Nicht besser ist es für den mit der Hauptklage überzogenen Beklagten, der widerklagend das Nichtbestehen des Darlehensvertrages feststellen lassen will. Wie soll er bei negativer Inzidentfeststellungswiderklage notfalls beweisen, daß außer dem (zu Unrecht) eingeklagten Anspruch weitere Ansprüche möglich sind? Seine Widerklage also wäre unzulässig. Wenn die Hauptklage mangels Erwiesenheit eines Vertrages abgewiesen würde, stünde die Nichtexistenz des Darlehensvertrages nicht rechtskräftig fest. Wenn nun der Kläger eine zweite Klage wegen Zinszahlung anstrengt, dann stellt sich zwar im Nachhinein heraus, daß doch noch ein Anspruch möglich war, aber dies ändert an der Situation des Beklagten nichts. Er hat kein rechtskräftiges Urteil über die Nichtexistenz des Vertrages erhalten. Damit setzt man ihn der Gefahr aus, daß das Gericht, welches über die Zinsklage entscheidet, die Frage des wirksamen Bestehens des Darlehensvertrages anders beurteilt. Hiergegen könnte man einwenden wollen, daß der Beklagte ja keinen Anspruch gegen sich selbst gelten machen will, es also nur bei *positiver* Inzidentklage des zusätzlichen Nachweises einer künftigen Relevanz der Rechtsfrage bedürfe. Darin aber zeigt sich gerade die Nähe zum Verständnis eines präparatorischen Charakters der Feststellungsklage.

3. *Zusammenfassung*

Es ist zwar anerkennenswert, daß die Möglichkeits-Rechtsprechung versucht, bei der Zwischenfeststellungsklage das Erfordernis zukünftiger Relevanz der Rechtsfrage durch die Möglichkeit einer solchen Relevanz zu entschärfen. Aber auch ein solches (höchst unbestimmtes) Merkmal findet sich in § 256 Abs. 2 ZPO nicht[935]. Die Vorschrift verlangt daher außer der Vorgreiflichkeit des Rechtsverhältnisses keine weiteren speziellen Voraussetzungen für die Zwischenfeststellungsklage. Der *Bundesgerichtshof* bricht nicht nur ohne Not mit der Intention der Gesetzesverfasser, sondern *vermengt in unzulässiger Weise auch die beiden Absätze des § 256 ZPO*, wenn er im Sinne des rechtlichen Interesses den Gedanken der Prozeßantizipation für die Inzidentklage aufrecht erhält und eine über den Streitgegenstand hinausgehende Bedeutung des Rechtsverhältnisses fordert. Wie bereits

934 Oben in Fußn. 924.

935 Vgl. *Schumann*, FS Georgiades, 543 (575).

oben[936] ausgeführt, weist das Erfordernis der Abhängigkeit im Übrigen bereits auf ein qualifiziertes Rechtsschutzinteresse des Klägers hin und rechtfertigt die Tatsache, daß das Gesetz bei dieser Klage kein Feststellungsinteresse fordert.

Angesichts der Tatsache, daß der Justizgewährungsanspruch in Verbindung mit dem Rechtsstaatsprinzip den Anspruch auf Rechtsschutz gegen den Staat garantiert, weshalb *grundsätzlich vom Vorliegen eines Rechtsschutzinteresses auszugehen* ist und die *Verweigerung des Rechtsschutzes* daher nur die *Ausnahme* bilden kann sowie *nur dann* gerechtfertigt ist, wenn sie sich aus den *Zwecken des Zivilprozesses zwingend ergibt*[937], verbietet sich eine Einschränkung des Rechtsschutzes aufgrund eines solch ungeschriebenen Tatbestandsmerkmals wie dem „Erfordernis zukünftiger Relevanz".

§ 5 Prozeßtrennung

Nach § 145 ZPO kann das Gericht nach pflichtgemäßem Ermessen die Trennung mehrerer Ansprüche anordnen, die entweder in einer Klage erhoben sind (Abs. 1) oder von denen einer im Wege der Widerklage erhoben wurde und mit dem Klageanspruch nicht in rechtlichem Zusammenhang steht (Abs. 2). Die Frage, ob diese Möglichkeit auch während des Prozesses hinsichtlich der Zwischenfeststellungsklage besteht[938], wird im Schrifttum – soweit überhaupt thematisiert – unterschiedlich beantwortet.

Die weit überwiegende Meinung[939] hält eine Trennung nach § 145 Abs. 1 ZPO, d. h. bei Zwischenfeststellungsantrag durch den *Kläger*, für nicht ausgeschlossen, aber für *unzweckmäßig*. Die Trennung nach § 145 Abs. 2 ZPO bei Zwischenfeststellungsantrag durch den *Beklagten* sei hingegen wegen des bestehenden rechtlichen Zusammenhangs *unstatthaft*.

936 Text bei Fußn. 891 ff.

937 Dazu oben Text bei Fußn. 886 ff.

938 Nicht zu verwechseln ist dies mit der Frage, ob die Verbindung gem. § 260 ZPO oder die Erhebung der Widerklage unzulässig ist, weil z. B. im Urkundenprozeß eine Zwischenfeststellungs(wider) klage erhoben wird, was in dieser Prozeßart unzulässig ist. Dazu bereits oben Text bei Fußn. 760 ff.

939 Vgl. *Stein/Jonas/Roth*[22], § 256 Rdnr. 119; so auch schon *Stein/Jonas/Schumann*[21], § 256 Rdnr. 160; bereits früher *Gaupp*, § 253 Anm. III 4; *Loening*, ZZP 4 (1882), 1 (160); *Seuffert/Walsmann*, § 280 Anm. 7a; *Petersen/Anger*, § 280 Anm. 3 (der allerdings beides für unzweckmäßig hält).

Andererseits halten *Schollmeyer*[940] und ihm folgend *Wilmowski/Levy*[941] eine Trennung hinsichtlich des Inzidentfeststellungsantrags des Klägers jederzeit für möglich.

Den entgegengesetzten Standpunkt nehmen *Oertmann*[942], *v. Braun*[943] und *Bergerhoff*[944] ein und verneinen überhaupt die Anwendbarkeit des § 145 ZPO sowohl für die Klage als auch die Widerklage des § 256 Abs. 2 ZPO. Begründet wird dies damit, daß der Zweck der Zwischenfeststellungsklage eine einheitliche Verhandlung und Entscheidung in demselben Prozeß verlange. Es handele sich nicht um mehrere an sich beziehungslose, unabhängige Ansprüche, sondern um zwei ihrem Wesen nach zusammengehörige, nicht trennbare Fragen[945].

Mir scheint die letztgenannte Ansicht vorzugswürdig. Für die Inzidentwiderklage ist die Prozeßtrennung nach § 145 Abs. 2 ZPO *bereits von Gesetzes wegen unzulässig*, da Klage und Widerklage aufgrund des Bedingungsverhältnisses in rechtlichem Zusammenhang stehen. Es fragt sich also nur, ob dieser *generelle Ausschluß auch für die Inzidentklage des Klägers* gelten soll. Berücksichtigt man, daß sich der Antrag des Klägers und der des Beklagten ihrem Wesen und Inhalt nach in keiner Weise unterscheiden, fragt sich, weshalb es für das Verfahren einen Unterschied machen soll, von welcher Partei ein denselben Gegenstand betreffender Antrag – zuerst – gestellt wird. Der Unterschied zur überwiegenden Meinung wird sich praktisch kaum auswirken. Dennoch ist meines Erachtens die Verbindung zwischen dem bedingenden Rechtsverhältnis und dem bedingten Klageanspruch derart eng, daß man dem Zweck des § 256 Abs. 2 ZPO zuwiderhandeln würde, wenn man über beide Punkte in getrennten Verfahren verhandeln würde[946]. Der dem § 145 Abs. 2 ZPO zugrunde liegende *Rechtsgedanke, den rechtlichen Zusammenhang nicht auseinander zu reißen*, muß im selben Maße *auch für die Zwischenfeststellungsklage* des Klägers gelten.

---

940 *Schollmeyer*, Zwischenstreit, S. 31 f., unter Berufung auf den Wortlaut des § 136 Abs. 1 CPO [= § 145 Abs. 1 ZPO]. Er behandelt diese Frage aber vorrangig im Zusammenhang mit der Zuständigkeit des Gerichts für den Inzidentantrag, vgl. *Schollmeyer*, a. a. O., S. 32 ff.

941 *Wilmowski/Levy*[3], § 253 Anm. 3 a. E.

942 *Oertmann*, ZZP 22 (1896), 11 (72 f.).

943 *v. Braun*, Inzidentfeststellungsklage, S. 103.

944 *Bergerhoff*, Zwischenfeststellungsklage, S. 63 f.

945 Vgl. *Bergerhoff*, Zwischenfeststellungsklage, S. 64.

946 So überzeugend auch *Bergerhoff*, Zwischenfeststellungsklage, S. 64.

Drittes Kapitel: Das Urteil über die Zwischenfeststellungsklage

§ 6 Mögliche Entscheidungen

Wie bereits im Rahmen der Präjudizialität erläutert, scheidet nach der hier vertretenen Ansicht ein Teilurteil über die Zwischenfeststellungsklage regelmäßig aus[947]. Aufgrund des erforderlichen tatsächlich bestehenden Abhängigkeitsverhältnisses zwischen Haupt- und Inzidentklage weiß das Gericht grundsätzlich erst im Zeitpunkt der Entscheidung über die Hauptklage, ob die Inzidentklage zulässig ist oder nicht. Der Inzidentkläger wird hierdurch in seiner Rechtsverfolgung nicht benachteiligt, da er – wie ausgeführt – den Weg des Eventualantrags beschreiten kann[948]. Überdies ist im Fall mangelnder Abhängigkeit vom Gericht ohnehin zu prüfen, ob sich der Inzidentantrag als selbständiger Feststellungsantrag aufrecht erhalten läßt. Im Folgenden sollen die Möglichkeiten einer Entscheidung über die Inzidentklage in Konsequenz der restriktiven Handhabung der Präjudizialität dargestellt werden.

I. Gemeinsames Vollendurteil

Keine Besonderheiten treten auf, wenn die Entscheidung über die Inzidentklage und den Hauptanspruch in einem gemeinsamen Vollendurteil ergeht. So etwa, wenn das Gericht gleichzeitig über die Herausgabeklage nach § 985 BGB und die negative Inzidentfeststellungswiderklage über das Eigentum des Klägers entscheidet und die Hauptklage mangels Eigentum abweist. Sofern ein gemeinsames Sachurteil oder ein gemeinsames Prozeßurteil ergeht, treten jedenfalls im Hinblick auf die Prozeßvoraussetzung der Vorgreiflichkeit keine Konflikte auf.

947 Dazu oben Text bei Fußn. 518 ff.

948 Dies sollte der Anwalt im Interesse größtmöglicher Sicherheit für den Mandanten auch stets tun.

II. Teilurteil

Während das Vollendurteil (§ 300 Abs. 1 ZPO) den gesamten Rechtsstreit für eine Instanz erledigt, befindet das Teilurteil lediglich über einen Teil des Rechtsstreites[949]. Hierdurch wird der Prozeß in voneinander unabhängige Teile aufgespaltet, was dazu dient, komplexe Verfahren zu straffen, zu vereinfachen und die Durchsetzung von Ansprüchen zu beschleunigen[950]. In Bezug auf diesen Teil des Rechtsstreits ist das Teilurteil ein Endurteil, womit besagter Teil für diese Instanz aus dem Verfahren ausscheidet und für das weitere Verfahren innerprozessuale Bindungswirkung (Abweichungsverbot) eintritt[951]. Voraussetzung für den Erlaß eines Teilurteils sind *Teilbarkeit*, *Entscheidungsreife* und *Unabhängigkeit*.

Nach § 301 Abs. 1 ZPO kommt ein Teilurteil nur in Betracht, wenn der *Streitgegenstand teilbar* ist[952]. Wenn also entweder der Kläger mehrere prozessuale Ansprüche geltend macht (wie bei der Zwischenfeststellungsklage) oder eine Widerklage vorliegt (wie im Fall der Zwischenfeststellungswiderklage). Des weiteren ist Voraussetzung für die Zulässigkeit eines Teilurteils, daß der zu entscheidende Teil i. S. v. § 300 Abs. 1 ZPO *zur Endentscheidung reif* ist. Dies ist anzunehmen, wenn der Klage nach völliger Aufklärung des Sachverhalts und Erschöpfung der Beweise bzw. nach Abschneiden weiteren Vorbringens (§§ 296, 531 ZPO) stattzugeben oder sie abzuweisen wäre[953]. Nicht zuletzt darf ein Teilurteil nach allgemeiner Ansicht[954] nur ergehen, wenn es *vom weiteren Verlauf des Prozesses nicht mehr betroffen* wird. Wenn also die Entscheidung über den Rest im Schlußurteil weder dem Teilurteil die Grundlage entziehen noch nicht unabhängig von diesem ergehen könnte[955]. Durch die Voraussetzung der Unabhängigkeit des

---

949 Vgl. *Blomeyer*, Erkenntnisverfahren[2], § 84, S. 448 ff.; MünchKomm ZPO/*Musielak*[4], vor § 300 Rdnr. 2; *Stein/Jonas/Leipold*[22], § 301 Rdnr. 1 ff.; *de Lousanoff*, Teilurteil, S. 14.

950 Vgl. Rosenberg/Schwab/Gottwald[17], § 59 Rdnr. 9.

951 Vgl. *BGH* NJW 1996, 3216; 1998, 686 (687); *Stein/Jonas/Leipold*[22], § 301 Rdnr. 17, § 318 Rdnr. 22; *de Lousanoff*, Teilurteil, S. 14.

952 Vgl. hierzu *Rosenberg/Schwab/Gottwald*[17], § 59 Rdnr. 13 ff.; *Zöller/Vollkommer*, § 301 Rdnr. 2 ff.

953 Vgl. *Rosenberg/Schwab/Gottwald*[17], § 59 Rdnr. 8; *Thomas/Putzo/Reichold*, § 300 Rdnr. 2; *Zöller/Vollkommer*, § 300 Rdnr. 6.

954 Vgl. *RGZ* 151, 384; 159, 294; *BGHZ* 20, 312; 107, 236 (242); 120, 376 (380); *BGH* MDR 2004, 898; *BGH* LM Nr. 5 zu § 843 BGB; *BGH* NJW-RR 2003, 303; *BGH* VersR 1996, 779 (780); 1999, 734; *Peters*, ZZP 111 (1998), 67 (71); *Rosenberg/Schwab/Gottwald*[17], § 59 Rdnr. 18 ff.; *Schönke/Kuchinke*, Zivilprozeßrecht, § 74 I4d, S. 340 f.; *Thomas/Putzo/Reichold*, § 301 Rdnr. 2; *Zöller/Vollkommer*, § 301 Rdnr. 7.

955 So die Formulierung bei *Schönke/Kuchinke*, a. a. O. Letztlich findet sich in der Rechtsprechung und der Literatur eine Vielzahl synonymer Formulierungen, die entweder das Kriterium der Widerspruchsfreiheit oder der Unabhängigkeit in den Vordergrund stellen, vgl. *de Lousanoff*, Teilurteil, S. 15 f. Ausführlich zu dieser Unterscheidung und der Auswirkung auf das Vorliegen

Inhalts des Teilurteils vom Schlußurteil soll die Gefahr des Widerspruchs zwischen beiden vermieden werden[956].

A. Teilurteil über die Hauptklage

1. Unzulässigkeit bei Entscheidung über Inzidentantrag erst im Schlußurteil

Teilweise wurde in der älteren zivilprozessualen Literatur die Zulässigkeit eines Teilurteils generell – ohne Rücksicht darauf, ob dieses hinsichtlich der Hauptsache oder des Präjudizialpunktes erlassen werden sollte – bejaht[957].

Die herrschende Meinung[958] in Rechtsprechung und Literatur verneint allerdings zu Recht die Möglichkeit eines Teilurteils über die Hauptsache, wenn die Entscheidung über den Präjudizialpunkt erst im Schlußurteil erfolgen soll, da dies mit dem Zweck der Inzidentklage nicht vereinbar ist. Die Entscheidung über die Hauptsache hängt ihrer Natur nach ja gerade von der Entscheidung über das bedingende Rechtsverhältnis ab, weshalb das Teilurteil in diesem Fall *nicht unabhängig vom Schlußurteil* erfolgen kann[959]. Anders ist dies freilich, worauf

---

der Entscheidungsreife: *de Lousanoff*, Teilurteil, S. 16 ff., 38 ff., 85 ff.; *Musielak*, FS G. Lüke, 561 (575 ff.).

956 Vgl. *de Lousanoff*, Teilurteil, S. 15; *Rosenberg/Schwab/Gottwald*[17], § 59 Rdnr. 18; MünchKomm ZPO/*Musielak*[4], § 301 Rdnr. 9.

957 So *Wilmowski/Levy*, § 253 Anm. 3: Die Feststellungsklage werde Bestandteil desselben Prozesses und somit erfolge eine Verbindung und Kumulation von Klagen, für welche nach § 273 CPO [=301 ZPO n. F.] Teilurteile zulässig seien. Ebenso *Oertmann*, ZZP 22 (1896), 11 (71): Die Inzidentklage gestalte sich entweder als Widerklage oder als sukzessive Klagenhäufung, so daß bei der vom Kläger erhobenen Inzidentklage „mehrere in einer Klage geltend gemachte Ansprüche" vorliegen. In solchen Fällen aber sei ein Endurteil (Teilurteil) über die zur Entscheidung reife Frage zu erlassen.

958 Vgl. *BGH* NJW 1997, 454; *BGH* NJW-RR 2003, 303; *BGH* FamRZ 2002, 1097; *OLG München* MDR 1957, 425; *Baumbach/Lauterbach/Albers/Hartmann*, § 256 Rdnr. 119, MünchKomm ZPO/*Becker-Eberhard*[4], § 256 Rdnr. 86; MünchKomm ZPO/*Musielak*[4], § 301 Rdnr. 7 a. E.; *Stein/Jonas/Roth*[22], § 256 Rdnr. 119; *Wieczorek/Schütze/Assmann*[3], § 256 Rdnr. 386; *Zöller/Greger*, § 256 Rdnr. 22; *Zöller/Vollkommer*, § 301 Rdnr. 7.

959 Statt vieler MünchKomm ZPO/*Becker-Eberhard*[4], § 256 Rdnr. 87; *Blomeyer*, Erkenntnisverfahren[2], § 84 II, S. 449 f. Teilweise wird in diesem Fall die Entscheidungsreife verneint, vgl. dazu Fußn. 955. *Leipold* ist unter Berufung auf *RG* DR 1939, 879 zwar der Meinung, daß ausnahmsweise der Erlaß eines klageabweisenden Teilurteils durch die Zwischenfeststellungswiderklage nicht ausgeschlossen werde, wenn der Klageanspruch abweisungsreif sei, ohne daß es zugleich einer Entscheidung auf das Zwischenfeststellungsbegehren bedürfe, vgl. *Stein/Jonas/Leipold*[22], § 301 Rdnr. 7. Nach der hier vertretenen Auffassung wäre in diesem Fall jedoch die Inzidentwiderklage mangels tatsächlicher Abhängigkeit ohnehin unzulässig, so daß es eines Teilurteils nicht bedürfe, sondern die Klagabweisung der Hauptklage zusammen mit der Abweisung der Inzidentwiderklage als unzulässig in einem gemeinsamen Endurteil erfolgen könnte und sollte.

Assmann[960] hinweist, soweit über einen von dem (streitigen) Rechtsverhältnis unabhängigen Teil der Hauptklage vorab durch Teilurteil entschieden wird und im Schlußurteil gemeinsam über das bedingende Rechtsverhältnis und den bedingten Teil der Hauptklage entschieden wird.

2. Zulässigkeit bei gemeinsamem Teilurteil über Haupt- und Inzidentantrag

Die Gefahr eines Widerspruchs zwischen Teil- und Schlußurteil besteht hingegen nicht bei gemeinsamer Entscheidung über Haupt- und Inzidentantrag in einem *gemeinsamen* Teilurteil.

Dies ist beispielsweise möglich, wenn der Kläger mit seiner Hauptklage *mehrere Ansprüche* geltend macht und die *Zwischenfeststellungswiderklage lediglich für einen davon präjudiziell* ist. Angenommen, der Kläger klagt 2.000 € aus einem Darlehen ein und zusätzlich 500 € als Kaufpreisklage. Der Beklagte beantragt, das Nichtbestehen des Darlehensvertrages festzustellen. In diesem Fall kann über die Darlehens- und die Inzidentwiderklage ein gemeinsames Teilurteil ergehen, ohne daß die Entscheidung im Schlußurteil über die Kaufpreisklage hiervon berührt wird oder umgekehrt die Inzidentklage hierfür nicht mehr vorgreiflich wäre.

B. Isoliertes Teilurteil über die Inzidentklage

Anders stellt es sich dar, wenn etwa im Fall der Vindikationsklage vorab durch Teilurteil über die negative Inzidentklage des Klägers entschieden und das Nichtbestehen eines Rechts des Beklagten zum Besitz festgestellt wird, sich im weiteren Verlauf jedoch heraus stellt, daß der Kläger gar nicht Eigentümer ist und daher im Schlußurteil die Vindikationsklage mangels Eigentums abgewiesen wird und es auf das Recht des Beklagten zum Besitz nicht mehr ankommt.

1. Die herrschende Meinung läßt Teilurteil zu

Die herrschende Meinung[961] hat *keine Bedenken*, ein (isoliertes) Teilurteil über die Inzidentklage zuzulassen, ohne die Entscheidungsreife der Hauptklage abzuwarten.

---

960 *Wieczorek/Schütze/Assmann*[3], § 256 Rdnr. 387 in Fußn. 1182.

961 Vgl. *RGZ* 102, 174 (175); 170, 328 (330); *RG* JW 1932, 650; *BGH* JR 1955, 64; *BGH* MDR 2005, 645; *BGH* NJW 1956, 1755; 1961, 75; *BGH* LM Nr. 6 zu § 280 ZPO (sub 5); LM Nr. 15 zu § 280 ZPO (sub I C); LM Nr. 113 zu § 256 ZPO (sub I 1 c); *OLG Karlsruhe* OLGR 2005, 568 f.; *Musielak/Foerste*, § 256 Rdnr. 43; MünchKomm ZPO/*Becker-Eberhard*[4], § 256 Rdnr. 86; *Rosenberg/Schwab/Gottwald*[17], § 96 Rdnr. 35; *Thomas/Putzo/Reichold*, § 256 Rdnr. 35; *Zöller/Greger*, § 256 Rdnr. 22; *Zöller/Vollkommer*, § 301 Rdnr. 7 a. E. Bereits früher: *Kroll*, Klage,

Dem kann grundsätzlich nicht gefolgt werden: Für den Erlaß eines Teilurteils ist die Entscheidungsreife zwingende Voraussetzung. Besinnt man sich auf den Zweck des § 256 Abs. 2 ZPO, eine tatsächlich und notwendig in den Entscheidungsgründen zu behandelnde Vorfrage in Rechtskraft erwachsen zu lassen, so bleibt Voraussetzung, daß es tatsächlich einer Entscheidung über das präjudizielle Rechtsverhältnis bedarf. Daran fehlt es jedoch, solange unklar ist, ob nicht die Klage – etwa wegen Bestehens einer rechtsvernichtenden Einwendung – abgewiesen werden muß[962].

Das Gericht kann sich darüber, ob die Entscheidung des Rechtsstreits tatsächlich von dem festzustellenden Rechtsverhältnis abhängig ist, erst in dem Augenblick schlüssig werden, in welchem die Hauptentscheidung getroffen wird. Anderenfalls würde unter Umständen auch über solche Rechtsverhältnisse entschieden, auf die es schließlich für die Entscheidung des Rechtsstreits nicht mehr ankommt[963]. Damit würde man jedoch Sinn und Zweck des § 256 Abs. 2 ZPO zuwiderhandeln und – worauf *Bergerhoff* völlig zu Recht hinweist – das prozessuale Institut der Inzidentklage über das zulässige Maß hinaus in Anwendung bringen: Denn § 256 Abs. 2 ZPO soll nur ermöglichen, über solche Rechtsverhältnisse eine rechtskräftige Entscheidung zu erwirken, die für die Entscheidung des Rechtsstreites eine Vorfrage bilden, aber an sich nur in den Entscheidungsgründen zur Erledigung gelangen würden. Nur über solche Rechtsverhältnisse, auf die es also auch wirklich für die Entscheidung ankommt und ohne welche man nicht zur Entscheidung gelangen kann, darf mittels des § 256 Abs. 2 ZPO befunden werden. Ob diese Bedingungen aber vorliegen, kann *frühestens* in dem Augenblick festgestellt werden, in welchem die Entscheidung über den ganzen Rechtsstreit gefällt wird[964].

Denn es besteht durchaus die Möglichkeit, daß sich nach Erhebung der Inzidentklage und nach Erlaß eines Teilurteils über diese erweist, daß es auf das

S. 63; *Reincke*, § 253 Anm. 2 a. E.; *Wilmowski/Levy*³, § 253 Anm. 3; *Petersen/Anger*, § 280 Anm. 3; *Seuffert/Walsmann*, § 280 Anm. 7 a. Differenzierend: *Baumbach/Lautebach/Albers/Hartmann*, § 256 Rdnr. 119 („gilt z. B. dann, wenn die Legitimation zur Hauptklage auch von demjenigen Rechtsverhältnis abhängt, das den Gegenstand der Zwischenfeststellungsklage bildet"); *Wieczorek/Schütze/Assmann*³, § 256 Rdnr. 386 („Allerdings darf damit nicht der Grundsatz, dass die Zwischenfeststellungsklage unzulässig ist, wenn die Entscheidung nicht vom Bestehen des Rechtsverhältnisses abhängt, umgangen werden"); *Oertmann*, ZZP 22 (1896), 11 (71 f.). Ablehnend: *Bergerhoff*, Zwischenfeststellungsklage, S. 69 f.; *v. Braun*, Inzidentfeststellungsklage, S. 109 f.; *Hager*, KTS 54 (1993), 39 (43); *Schollmeyer*, Zwischenstreit, S. 27 ff.

962 Vgl. *Hager*, KTS 54 (1993), 39 (43).

963 Vgl. *Bergerhoff*, Zwischenfeststellungsklage, S. 69.

964 Vgl. *Bergerhoff*, Zwischenfeststellungsklage, S. 69.

festzustellende Rechtsverhältnis – etwa infolge des Ergebnisses der Beweisaufnahme oder infolge veränderten Vorbringens der Parteien – überhaupt nicht mehr ankommt. Zur Veranschaulichung soll folgende Fallkonstellation dienen.

Beispiel: V erhebt gegen K Klage auf Zahlung des Kaufpreises in Höhe von 4.000 €. Da K die Wirksamkeit des Kaufvertrages bestreitet, beantragt V nach § 256 Abs. 2 ZPO festzustellen, daß der Kaufvertrag besteht. Da V den Kaufvertrag im Prozeß vorlegen kann und K daraufhin das Zustandekommen nicht mehr bestreitet, will das Gericht über den Inzidentantrag durch Teilurteil entscheiden. Hinsichtlich der Kaufpreisklage ist zwischen den Parteien noch streitig, ob und wieweit eine Erlaßabrede besteht. Nachdem das Gericht über die Inzidentklage durch Teilurteil entschieden hat, kann K den Erlaß hinsichtlich des ganzen Kaufpreises beweisen. V nimmt daraufhin mit Zustimmung des K (unter Verwahrung gegen die Kosten) die Kaufpreisklage zurück. K legt gegen das Teilurteil Berufung ein.

Im *Beispiel* zeigt sich die Notwendigkeit einer gemeinsamen Entscheidung über Inzident- und Hauptklage deutlich. Zum Zeitpunkt der Entscheidung über die Kosten des Rechtsstreits ist schon keine Hauptklage mehr anhängig. Eine „Entscheidung" i. S. v. § 256 Abs. 2 ZPO, die vom Bestehen des Rechtsverhältnisses abhängen könnte, gibt es nicht mehr. Zwangsläufig wäre zu diesem Zeitpunkt die Zwischenfeststellungsklage als unzulässig abzuweisen[965]. Das Rechtsmittelgericht wird das Teilurteil nicht aufrecht erhalten, da die Zulässigkeitsvoraussetzungen für die Inzidentklage mangels Hauptklage nicht (mehr) vorliegen. Aber auch eine Umdeutung in eine prinzipale Feststellungsklage ist nicht ohne weiteres möglich, da das rechtliche Interesse mangels weiteren Bestreitens und des bewiesenen Erlaßvertrages zumindest fraglich ist.

Der Sinn und Zweck der Zwischenfeststellungsklage liegt in der Rechtskrafterstreckung auf *notwendige* Elemente des Urteils, d. h. in den Entscheidungsgründen zwangsläufig festgestellte Rechtsverhältnisse. Dieser Zweck stellt die innere Rechtfertigung für den Verzicht auf das Erfordernis eines sonst erforderlichen Feststellungsinteresses dar. Der Sinn und Zweck der Inzidentklage würde jedoch preisgegeben, ließe man eine Entscheidung über den Inzidentanspruch durch Teilurteil zu, *solange nicht sicher* ist, daß das Gericht auch *wirklich* auf das festzustellende Rechtsverhältnis in den Gründen der Hauptentscheidung einzugehen hat. Freilich steht hierbei weniger die Gefahr eines Widerspruchs zwischen Teilurteil (über den Inzidentpunkt) und Schlußurteil (über die Hauptklage) im Raum, vielmehr *steht die ratio legis des § 256 Abs. 2 ZPO, der Sinn und Zweck dieser Norm, dem Erlaß eines Teilurteils regelmäßig entgegen.*

Die Regel, daß die Zwischenfeststellungsklage unzulässig ist, wenn die Entscheidung nicht vom Bestehen des Rechtsverhältnisses abhängt, darf nicht – wie

965 Unabhängig davon, ob es an der Sachurteilsvoraussetzung der rechtshängigen Hauptklage (dazu oben Text bei Fußn. 232 ff.) oder der Abhängigkeit mangelt.

Hager[966] betont – dadurch umgangen werden, daß eine der Parteien vorab ein Teilurteil beantragt. Dem Gericht soll nämlich durch § 256 Ab. 2 ZPO gerade nicht zusätzliche Arbeit auferlegt werden[967]. Um das Zustandekommen einer derartigen überflüssigen Entscheidung zu verhüten, ist es unerläßlich abzuwarten, ob es für die Entscheidung in der Hauptsache auf die begehrte Zwischenfeststellung tatsächlich ankommt[968]. In Bezug auf die Möglichkeit eines Teilurteils über die Inzidentklage hat *v. Braun* treffend ausgeführt: „Die Verbindung der beiden Klagen ist eben durch das Verhältnis ihrer Gegenstände zueinander eine derartige, dass sie für einen einheitlichen Prozess geschaffen."[969]

Dieses Problem scheint auch *Gottwald*[970] zu sehen, wenn er die Entscheidungsreife des durch Teilurteil zu erledigenden Streitgegenstands verneint, wenn von der Entscheidung im Schlußurteil die *Zulässigkeit derjenigen Klage* abhängt, *über die im Teilurteil entschieden* wird. In seinem Urteil vom 28. November 2003 hebt ebenso der *Bundesgerichtshof*[971] die Gefahr widersprüchlicher Entscheidungen bei prozessualer oder materiellrechtlicher Verbindung zwischen den dem Teil- und Schlußurteil zu Grunde liegenden Ansprüchen hervor:

---

966 *Hager*, KTS 54 (1993), 39 (43).

967 Vgl. *BGH* NJW 1961, 75.

968 Vgl. *Bergerhoff*, Zwischenfeststellungsklage, S. 70.

969 *v. Braun*, Inzidentfeststellungsklage, S. 110, der im Fall der Zwischenfeststellungsklage stets eine Unangemessenheit i. S. v. § 301 Abs. 2 ZPO aufgrund der Gefahr widersprechender Entscheidungen erblickt, weshalb ein Teilurteil zu unterbleiben habe, vgl. dort S. 109. Ähnlich argumentiert *Enders* im Rahmen der Abgrenzung zum Zwischenurteil: „Dies ergibt sich daraus, daß das Gericht die Feststellungsklage des § 256 Abs. 2 ZPO erst zusammen mit der Entscheidung über die „Haupt-"Anträge entscheiden kann und häufig auch entscheiden wird", vgl. *Enders*, ZAP 1996, 455 (456). Indes geht auch er – insofern inkonsequent – von der „anerkanntermaßen" Zulässigkeit eines Teilurteils über das Inzidentbegehren aus, vgl. *Enders*, ZAP 1996, 455 (465). Bereits früher lehnte *Schollmeyer* ein Teilurteil ab, wenn der durch das Teilurteil zu erledigende Prozeßstoff in so engem Zusammenhang mit dem übrigen Prozeßinhalt stehe, wie es bei präjudiziellen Rechtsverhältnissen der Fall ist, vgl. *Schollmeyer*, Zwischenstreit, S. 27 ff. Allerdings befürwortet er zur Vermeidung widersprechender Urteile eine Aussetzung der Aburteilung des Präjudizialanspruchs, vgl. dort S. 28, bzw. hält – was allerdings abzulehnen ist – ein Zwischenurteil hierüber für vorzugswürdig, vgl. dort S. 27.

970 *Rosenberg/Schwab/Gottwald*[17], § 59 Rdnr. 17 unter Hinweis auf *RGZ* 151, 381 (384). Das *Reichsgericht* hatte in dem zu entscheidenden Sachverhalt über die Zulässigkeit eines Teilurteils über die Eigentumsfeststellungsklage der Klägerin zu befinden. Es verneinte diese, da die Möglichkeit bestehe, daß das spätere Schlußurteil – in welchem über das vom Beklagten geltend gemachte Pfandrecht an den sicherungsübereigneten Gegenständen zu entscheiden war – das Feststellungsinteresse der Eigentumsfeststellungsklage entfallen ließe. Das Teilurteil könne daher nicht bestehen bleiben, weil die *Zuerkennung eines Anspruchs durch Teilurteil als unzulässig angesehen werden müsse, wenn die Möglichkeit bestehe, daß das spätere Schlußurteil zu seiner Abweisung führe.*

971 *BGHZ* 157, 133 ff.

„Eine der Entscheidung durch Teilurteil entgegenstehende Gefahr des Widerspruchs zu dem noch ausstehenden Schlußurteil ist zwar nicht auf den Fall beschränkt, daß ein Teil eines prozessualen Anspruchs zur Entscheidung reif ist (§ 301 Abs. 1 Satz 1, 2. Alt. ZPO). Auch die Entscheidung über einen von mehreren selbständigen prozessualen Ansprüchen, um die es hier geht (§ 301 Abs. 1 Satz 1, 1. Alt. ZPO), kann eine solche Gefahr begründen. *Dies setzt aber voraus, daß zwischen den prozessual selbständigen Ansprüchen eine materiellrechtliche Verzahnung* [...] *besteht oder die Ansprüche prozessual in ein Abhängigkeitsverhältnis gestellt sind* [...]. Eine *materiellrechtliche Verzahnung selbständiger prozessualer Ansprüche kann* bei subjektiver Klagehäufung [...], aber auch *bei objektiver Häufung inhaltlich zusammenhängender Anträge* [...] *auftreten.*“[972]

[Herv. d. Verf.]

Der Erlaß eines isolierten Teilurteils über das Inzidentbegehren ist damit regelmäßig gerade nicht prozeßökonomisch[973]. Als Ergebnis bleibt festzuhalten, daß im Rahmen von Zwischenfeststellungsklagen der Erlaß von Teilurteilen *regelmäßig abzulehnen* ist.

Hierdurch wird der Rechtsschutz auch nicht unzulässig verkürzt. Denn der Zwischenfeststellungskläger kann – sofern er ein Feststellungsinteresse darlegen kann – jederzeit zur prinzipalen Feststellungsklage gem. § 256 Abs. 1 ZPO übergehen und dementsprechend den Erlaß eines Teilurteils hierüber anregen. Es ist jedoch nicht einzusehen, daß unter Preisgabe des Sinns und Zwecks der Inzidentfeststellungsklage ermöglicht werden soll, Teilurteile über Feststellungsklagen zu gestatten, denen das rechtliche Interesse ermangelt.

Soweit man sich mit diesem Gedanken nicht anfreunden kann und den Anwendungsbereich des § 301 ZPO nicht grundsätzlich für Inzidentklagen sperren will, sollte man jedenfalls, um der ratio des § 256 Abs. 2 ZPO gerecht zu werden, das Teilurteil als *auflösend bedingt* betrachten. Bedingung wäre dann, daß das Gericht im Schlußurteil tatsächlich das festzustellende Rechtsverhältnis behandelt[974]. Insofern könnte man im Rahmen des § 301 Abs. 2 ZPO[975] grundsätzlich auch von einer Ermessensreduzierung des Gerichts auf Null ausgehen, mit der Folge, daß ein Teilurteil regelmäßig zu unterbleiben hat. Allerdings würde diese Lösung über die „Rechtsfolgenseite“ nicht genügend berücksich-

972 *BGHZ* 157, 133 (142 f.).

973 Dies erst Recht, wenn man die Prozeßökonomie nicht vom einzelnen Prozeß her begreift, sondern als Gestaltung, die sich mit den institutionellen Zielen des Prozesses, wie vorliegend etwa der Rechtssicherheit, verträgt, vgl. dazu *v. Mettenheim*, Prozeßökonomie, S. 17; *Schumann*, FS Larenz I, 271 (279).

974 Zu der Situation, wenn gegen das – von der herrschenden Meinung zugelassene – Teilurteil über die Zwischenfeststellungsklage ein Rechtsmittel eingelegt und das Teilurteil abgeändert wird, näher unten Text bei Fußn. 1089 ff.

975 Nach dieser Vorschrift kann der Erlaß eines Teilurteils unterbleiben, wenn es das Gericht nach Lage der Sache nicht für angemessen erachtet.

tigen, daß die ratio legis des § 256 Abs. 2 ZPO eine Entscheidung über den Inzidentantrag nur bei tatsächlicher Vorgreiflichkeit zuläßt[976]. Nach der hier vertretenen Auffassung ist für die Anwendung des § 301 Abs. 1 ZPO bereits kein Raum, soweit das tatsächliche Abhängigkeitsverhältnis nicht sicher feststeht.

3. Ausnahme bei stabiler Unzulässigkeit der Inzidentklage

Eine Ausnahme von dem vorgehend dargestellten Grundsatz der Unzulässigkeit von Teilurteilen über Inzidentpunkte ist lediglich in denjenigen Konstellationen zu machen, in denen *nicht erst im Zeitpunkt der Entscheidung über die Hauptklage sicher* ist, ob die Entscheidung tatsächlich von dem festzustellenden Rechtsverhältnis abhängt. Es handelt sich um die Fälle der sog. stabilen Unzulässigkeit, der von vornherein evidenten Unmöglichkeit einer Abhängigkeit[977]. In diesem Fall spricht nichts gegen ein klagabweisendes Prozeßurteil in Form eines Teilurteils.

III. Prozeßurteil

Sofern nur die Zwischenfeststellungsklage – etwa wegen fehlender allgemeiner Sachurteilsvoraussetzung – als unzulässig abzuweisen ist, steht dies einer Entscheidung über das zugrunde liegende Rechtsverhältnis in den Gründen zur Hauptklage selbstverständlich nicht entgegen[978].

Ein Urteil, das die Zwischenfeststellungsklage *mangels Abhängigkeit* als unzulässig abweist, steht einer neuen Zwischenfeststellungsklage mit anders begründeter Abhängigkeit nicht entgegen[979]. Dies folgt schon aus dem Grundsatz, daß sich die Rechtskraft eines Prozeßurteils auf die darin entschiedene Prozeßfrage beschränkt und nur eingreift, wenn die gleiche Rechtsfrage unter denselben Parteien zur Entscheidung steht[980]. Gleichfalls steht ein derartiges Urteil einer Leistungsklage nicht entgegen[981], jedenfalls dann, wenn die Rechtskraft der Hauptklage nicht entgegensteht.

---

976 Dazu bereits oben Text bei Fußn. 495 ff.

977 Dazu oben Text nach Fußn. 577.

978 Vgl. *Stein/Jonas/Roth*[22], § 256 Rdnr. 112; *Wieczorek/Schütze/Assmann*[3], § 256 Rdnr. 384.

979 Vgl. *Stein/Jonas/Roth*[22], § 256 Rdnr. 120.

980 Vgl. *RGZ* 159, 173 (176); *BGH* NJW 1985, 2535; 1991, 1116; *OLG Brandenburg* NJW-RR 2000, 1735; *OLG München* OLGZ 86, 67 (70); MünchKomm ZPO/*Gottwald*[4], § 322 Rdnr. 27; *Jauernig*, JZ 1955, 235 (235 f.); *Rosenberg/Schwab/Gottwald*[17], § 152 Rdnr. 6; *Stein/Jonas/Leipold*[22], § 322 Rdnr. 126 f.; *Zöller/Vollkommer* § 322 Rdnr. 1a.

981 Vgl. *Stein/Jonas/Roth*[22], § 256 Rdnr. 120.

IV. Zwischenurteil

Wie *Enders*[982] bemerkt, weckt die Bezeichnung Zwischenfeststellungsklage die Assoziation mit dem Begriff des Zwischenurteils und damit eine Vorstellung von diesem Institut, die nicht seiner Aufgabe entspricht. Um dies zu veranschaulichen, soll im Folgenden kurz der Regelungsgegenstand der Zwischenurteile dargestellt werden, bevor auf das Verhältnis zur Inzidentklage eingegangen wird.

A. Regelungsgegenstand

Zwischenurteile sind Urteile, die lediglich über *einzelne,* den Fortgang des Verfahrens betreffende, *Streitpunkte, nicht jedoch* über den *Streitgegenstand* entscheiden[983]. Sie erkennen den geltend gemachten Anspruch in der Sache weder ab noch zu, sondern erledigen nur einen Teil des Streitstoffes, wobei sie stets die Natur eines Feststellungsurteils haben[984]. Sie sind vorweggenommene Teile des Endurteils[985]. In der Vorbereitung und Entlastung des Endurteils liegt ihre Bedeutung[986]. Sie entscheiden jedoch nicht über einzelne Elemente der sachlichen Begründetheit des Anspruchs[987], wie die Nichtigkeit eines Vertrages[988] oder die Sachbefugnis[989].

Seit der Vereinfachungsnovelle 1976 ist die Erledigung durch Zwischenurteil nur in drei Fällen möglich[990]: Bei Streitigkeiten um Zulässigkeitsvoraussetzungen der Klage nach § 280 ZPO, beim Zwischenstreit unter den Parteien nach § 303 ZPO und bei der Vorabentscheidung über den Grund des Anspruchs nach § 304 ZPO.

Nach *§ 303 ZPO* ist ein Zwischenurteil zulässig, wenn ein *Zwischenstreit*[991] zur Entscheidung reif, der Rechtsstreit selbst aber noch nicht spruchreif ist. Dies ist der Fall bei Streit über prozessuale Fragen außerhalb der Prozeßvoraussetzungen, z. B. bei Streit über die Zulässigkeit der Wiedereinsetzung, die Unterbre-

982 *Enders*, ZAP 1996, 450 (456).

983 Vgl. *Stein/Jonas/Leipold*[22], § 303 Rdnr. 1.

984 Vgl. *Blomeyer*, Erkenntnisverfahren[2], § 83 I, S. 440; *Rosenberg/Schwab/Gottwald*[17], § 59 Rdnr. 28; *Grunsky*, Grundlagen, § 46 II 2, S. 468; *Tiedtke* ZZP 89 (1976), 64 (65); *Thomas/Putzo/Reichold*, § 303 Rdnr. 1.

985 Vgl. *Zöller/Vollkommer*, § 303 Rdnr. 1.

986 Vgl. *Rosenberg/Schwab/Gottwald*[17], § 59 Rdnr. 28.

987 Vgl. *BGHZ* 72, 34 (38).

988 Vgl. *BGH* NJW 1994, 1652.

989 Vgl. *BGHZ* 8, 383 (385).

990 Vgl. *Stein/Jonas/Leipold*[22], § 303 Rdnr. 3.

991 Unter einem Zwischenstreit versteht man einen unter den Parteien in einem anhängigen Verfahren entstandenen Streit über eine den Fortgang des Verfahrens betreffende Prozeßfrage, vgl. *Blomeyer*, Erkenntnisverfahren[2], § 83 III, S. 440; *Stein/Jonas/Leipold*[22], § 303 Rdnr. 7.

chung des Verfahrens, die Zulässigkeit der Klageänderung oder Klagerücknahme, des Einspruchs oder die Zulässigkeit der objektiven bzw. subjektiven Klagenhäufung[992].

§ 280 ZPO enthält eine Sonderregelung für das Zwischenurteil bei Rüge gegen die *Zulässigkeit der Klage*[993]. Dabei kann durch das Zwischenurteil nur die Zulässigkeit der Klage festgestellt werden. Stellt sich die Unzulässigkeit heraus, ist die Klage durch Prozeßurteil abzuweisen[994].

Nach *§ 304 ZPO* kann das Gericht über den Grund eines Anspruchs durch materielles Zwischenurteil besonderer Art[995], das *Grundurteil*, vorab entscheiden, wenn der Anspruch nach Grund und Betrag streitig ist und lediglich der Streit über den Anspruchsgrund entscheidungsreif ist[996]. Das Verfahren soll dadurch entlastet und beschleunigt werden. Das anschließende Nachverfahren (Betragsverfahren) über die Höhe des Anspruchs führt dann zum Endurteil. Das Grundurteil soll dieses Endurteil vorbereiten und setzt voraus, daß die Klage auf Leistung des streitigen Betrages gerichtet ist[997]. Da ein Grundurteil schon dem Wortlaut nach nur zulässig ist, wenn der durch Klage oder Widerklage erhobene Anspruch nach Grund *und* Betrag streitig ist, setzt § 304 Abs. 1 ZPO regelmäßig einen bezifferten Anspruch, mithin eine Leistungsklage voraus[998]. In der Regel kommt daher bei Feststellungsklagen ein Grundurteil nicht in Betracht. Bei nicht bezifferten Feststellungsklagen scheidet ein Grundurteil schon wesensgemäß aus[999]. Die herrschende Meinung läßt jedoch ausnahmsweise dann ein Grundurteil über die Feststellungsklage zu, wenn ein bestimmter Betrag in dem Sinne geltend gemacht wird, daß die Klage auch zu einem Ausspruch über die Höhe des Anspruchs führen soll. In einem solchen Ausnahmefall sei die Feststellungs-

---

992 Vgl. *Stein/Jonas/Leipold*[22], § 303 Rdnr. 9; *Zöller/Vollkommer*, § 303 Rdnr. 6. Beide mit weiteren Beispielen.

993 Vgl. *Blomeyer*, Erkenntnisverfahren[2], § 83 IV, S. 441 f.; *Rosenberg/Schwab/Gottwald*[17], § 59 Rdnr. 36, *Stein/Jonas/Leipold*[22], § 280 Rdnr. 1 f.; *Zöller/Greger*, § 280 Rdnr. 2.

994 Vgl. *BGHZ* 102, 232; *Rosenberg/Schwab/Gottwald*[17], § 59 Rdnr. 37; *Thomas/Putzo/Reichold*, § 280 Rdnr. 4 f.; *Zöller/Greger*, § 280 Rdnr. 6 f.

995 Vgl. *BGH* NJW 1998, 1709.

996 Vgl. *BGH* MDR 2003, 769; *BGH* NJW 2000, 1572; *Blomeyer*, Erkenntnisverfahren[2], § 83 V, S. 442; *Rosenberg/Schwab/Gottwald*[17], § 59 Rdnr. 42, 44; *Stein/Jonas/Leipold*[22], § 304 Rdnr. 12; *Thomas/Putzo/Reichold*, § 304 Rdnr. 3 f.; *Zöller/Vollkommer*, § 304 Rdnr. 1.

997 Statt vieler *Rosenberg/Schwab/Gottwald*[17], § 59 Rdnr. 42.

998 Vgl. *BGHZ* 126, 217; *BGH* NJW 1991, 1896; *BGH* NJW-RR 1994, 319; *Rosenberg/Schwab/Gottwald*[17], § 59 Rdnr. 44; *Zöller/Vollkommer*, § 304 Rdnr. 3.

999 Vgl. *BGHZ* 7, 331 (333); *BGH* NJW 1991, 1896; 1997, 3177; 2002, 664; 2001, 155; 2002, 302 (303); 2005, 1422; *BGH* NJW-RR 1992, 531; *OLG Celle* NJW 1965, 1866; *OLG Frankfurt a. M.* VersR 1984, 168; *OLG Hamm* VersR 1992, 208; *Stein/Jonas/Roth*[22], § 256 Rdnr. 126; *Stein/Jonas/Leipold*[22], § 304 Rdnr. 7; *Thomas/Putzo/Reichold*, § 304 Rdnr. 2; *Zöller/Vollkommer*, § 304 Rdnr. 3.

klage in einer Weise beziffert, daß ein Grundurteil seinen Zweck erfüllen könne[1000].

In der Praxis kommen Grundurteile insbesondere im Zusammenhang mit Schadensersatzklagen vor. Hat etwa der Kläger auf Zahlung eines Teils des ihm entstandenen Schadens sowie auf Feststellung der Verpflichtung zur Tragung aller zukünftigen Schäden geklagt und hat das Gericht den Klageanspruch dem Grunde nach für gerechtfertigt erklärt, so liegt bezüglich des Leistungsanspruchs ein Grundurteil, hinsichtlich des Feststellungsanspruchs ein der Klage statt gebendes Teilurteil vor[1001].

B. Verhältnis zur Inzidentklage

I. Keine Entscheidung über den Streitgegenstand der Inzidentklage

Eine Entscheidung über den Inzidentfeststellungs*antrag*, also den Streitgegenstand der Zwischenfeststellungsklage, durch *Zwischenurteil* ist *nicht möglich.* Denn wie dargelegt entscheidet das Zwischenurteil nicht über einen Teil des Streitgegenstandes oder über die Widerklage[1002] und nicht über einzelne Elemente der sachlichen Begründetheit des Anspruchs[1003]. Anders als das Zwischenurteil dient die Zwischenfeststellungsklage nicht dem verfahrensmäßigen Fortgang. Dies ergibt sich, wie *Enders*[1004] ausführt, bereits daraus, daß das Gericht die Inzidentklage erst zusammen mit der Entscheidung über die Hauptklage entscheiden kann und häufig[1005] auch wird. Mit dem Inzidentantrag erstrebt der Inzidentkläger schließlich ein Sachurteil. Nicht zuletzt handelt es sich daher bei der Inzidentfeststellungsklage um eine Klage im eigentlichen Sinne[1006], sodaß über sie durch Endurteil zu entscheiden ist[1007].

1000 Vgl. *RGZ* 93, 152 (154); *BGH* NJW 1994, 3296; *BAGE* 23, 62 (63); *Rosenberg/Schwab/Gottwald*[17], § 59 Rdnr. 44; *Stein/Jonas/Leipold*[22], § 304 Rdnr. 8; *Thomas/Putzo/Reichold*, § 304 Rdnr. 2; *Zöller/Vollkommer*, § 304 Rdnr. 3.

1001 Vgl. *BGHZ* 7, 331 (333); *Rosenberg/Schwab/Gottwald*[17], § 59 Rdnr. 43; *Stein/Jonas/Leipold*[22], § 304 Rdnr. 7 m. w. N. in Fußn. 14. Da es sich um einen *unbezifferten* Feststellungsantrag handelt, scheidet insoweit ein Grundurteil aus.

1002 Vgl. *Zöller/Vollkommer*, § 303 Rdnr. 1.

1003 Vgl. *BGHZ* 72, 34 (38); *Rosenberg/Schwab/Gottwald*[17], § 59 Rdnr. 31; *Zöller/Vollkommer*, § 303 Rdnr. 6. Wenn auch das Grundurteil, soweit es den Anspruch für berechtigt erklärt, über Urteilselemente entscheidet, trifft dennoch erst das Schlußurteil auf Grund des Nachverfahrens über die Höhe eine Entscheidung über den Streitgegenstand, vgl. *Blomeyer*, Erkenntnisverfahren[2], § 83 V 4a, S. 445. Näher hierzu sogleich unter Text bei Fußn. 1020 ff.

1004 *Enders*, ZAP 1996, 450 (456).

1005 Zur Möglichkeit eines Teilurteils bei stabiler Unzulässigkeit oben Text bei Fußn. 977.

1006 Dazu schon oben Text bei Fußn. 175.

1007 Vgl. *Lüke*, Zivilprozessrecht, Rdnr. 322.

In der älteren Literatur nahmen jedoch einige Autoren einen anderen Standpunkt ein[1008]. Namentlich *Schollmeyer*[1009] vertrat die Auffassung, daß Zwischenurteile über den Präjudizialinzidentanspruch zulässig seien. Dieser sei zwar Teil des Streitgegenstandes, zugleich aber käme das präjudizielle Rechtsverhältnis als Punkt in Betracht, dessen Entscheidung durch Zwischenurteil das Endurteil über den von vornherein erhobenen Anspruch vorbereiten würde[1010]. Als weitere Begründung diente ihm das – wie oben dargelegt – an sich stichhaltige Argument, daß der Erlaß von Teilurteilen bei Inzidentklagen nicht Platz greife, da sich dies nicht mit der Natur der Zwischenfeststellungsklage vertrage. Er zieht hieraus aber die falsche Konsequenz, daß es nützlich sei, wenn das Gericht einstweilen über das präjudizielle Rechtsverhältnis ein Zwischenurteil erlassen könne[1011].

Dennoch lehnte schon in der älteren Literatur die herrschende Meinung den Erlaß von Zwischenurteilen über die Inzidentklage ab[1012], weil dieses nicht erlassen werden könne, da über selbständige Ansprüche und nicht bloß über Zwischenstreite oder Angriffs- und Verteidigungsmittel zu entscheiden sei. Schollmeyer verkenne, daß ein Urteil über einen Teil der anhängig gemachten Ansprüche begrifflich stets ein Endurteil sei, auch wenn es zugleich die Voraussetzung für einen anderen Teil der Ansprüche entscheide[1013].

Völlig unverständlich ist insoweit die Entscheidung des *OLG Frankfurt a. M.* vom 6. Dezember 1999[1014]: Der Beklagte hatte in der Berufungsinstanz beantragt,

---

1008 Hierzu *Oertmann*, ZZP 22 (1896), 11 (70).

1009 *Schollmeyer*, Zwischenstreit, S. 26 ff.

1010 Vgl. *Schollmeyer*, Zwischenstreit, S. 27.

1011 Vgl. *Schollmeyer*, Zwischenstreit, S. 30. Allerdings trennt *Schollmeyer* auch nicht scharf zwischen einem Zwischenurteil nach § 303 ZPO und einem Grundurteil. Letzteres solle seiner Auffassung nach zur Anwendung kommen, wenn das präjudizielle Rechtsverhältnis den Grund des Anspruchs ausmache.

1012 So *Oertmann*, ZZP 22 (1896), 11 (70 ff.): „Für unsere Auffassung spricht auch die *ratio legis*. durch das Rechtsmittel des § 253 soll eine rechtskräftige Entscheidung herbeigeführt werden; das Zwischenurteil ist zu dieser Wirkung bei seiner Unselbständigkeit vollkommen unfähig“, vgl. S. 71; *Kroll*, Klage, S. 63; *Loening* ZZP 4 (1882), 1 (138); *v. Braun*, Inzidentfeststellungsklage, S. 110; *Gaupp*, § 253 Anm. III 1 („denn unter der „richterlichen Entscheidung“ in § 253 ist ein Endurteil, nicht die Entscheidung in den Gründen oder durch Zwischenurteil zu verstehen“); *Wilmowski/Levy*[3], § 253 Anm. 3; *Petersen/Anger*, § 280 Anm. 3 bei Fußn. 13.

1013 So *Wilmowski/Levy*[3], § 253 Anm. 3.

1014 *OLG Frankfurt* IPRspr 1999, Nr. 57 (5 UF 11/99; das Endurteil vom 25. Februar 2000 ist veröffentlicht in OLGR 2000, 196 und IPRax 2001, 140). Unabhängig von der Unzulässigkeit der konkreten Entscheidung ist hier schon fraglich, ob der Antrag überhaupt ein Rechtsverhältnis betraf oder eine abstrakte Rechtsfrage zum Gegenstand hatte. In letzterem Sinne für die Feststellung des „anzuwendenden Rechts“ *OLG Düsseldorf* NJW-RR 1998, 283 und *Zöller/Greger*, § 256 Rdnr. 5, unter Bezugnahme auf die Entscheidung des *OLG Frankfurt* („irrig“). Zum Ausschluß abstrakter Rechtsfragen von der Feststellungsfähigkeit bereits oben Text bei Fußn. 278 ff.

im Wege der Zwischenfeststellungsklage festzustellen, daß sich die ehegüterrechtlichen Verhältnisse zwischen den Parteien nach kroatischem Recht bestimmen. Obwohl das OLG davon ausging, daß die Inzidentklage (nach ausführlicher Erörterung des Rechtsverhältnisses und seiner Vorgreiflichkeit) zulässig und begründet sei, erließ es hierüber ein „Zwischenurteil“.

2. *Keine abgesonderte Verhandlung über Zulässigkeit der Inzidentklage*

Wie *Schumann*[1015] überzeugend darlegt, kann es auch keine abgesonderte Verhandlung gem. § 280 Abs. 1 ZPO über die Zulässigkeit der Zwischenfeststellungsklage geben. Denn wie bereits ausgeführt[1016], liegt die von § 256 Abs. 2 ZPO vorausgesetzte Abhängigkeit erst in dem Zeitpunkt vor, in welchem das Gericht die „Entscheidung des Rechtsstreits“ trifft. Aus diesem Grund kann es vorher keine „Zulässigkeit“ der Zwischenfeststellungsklage geben, die durch Zwischenurteil festgestellt werden könnte.

3. *Keine Unzulässigkeit der Inzidentklage wegen Zwischenurteil nach § 303 ZPO im Rahmen der Hauptklage*

Das *Reichsgericht* hatte sich in seinem Urteil vom 1. Februar 1902[1017] noch mit der Frage auseinander zu setzen, welche Auswirkungen es auf den Inzidentantrag hat, wenn der Inzidentkläger die Feststellung eines Rechtsverhältnisses (im zu entscheidenden Fall die Grenzen des Geschäftsbezirks) zu einem Zeitpunkt begehrt, in welchem hierüber im Rahmen der Hauptklage bereits bindend (§ 318 ZPO) entschieden worden war. Das *Reichsgericht* verneinte aufgrund der Bindungswirkung in diesem Fall, daß das Rechtsverhältnis zwischen den Parteien weiter „streitig“ sei, weshalb eine Inzidentwiderklage unstatthaft sei[1018].

Zu einem derartigen Zwischenurteil im Rahmen der Hauptklage konnte es jedoch nur kommen, da nach § 303 ZPO a. F. ein Zwischenurteil über selbständige Angriffs- und Verteidigungsmittel möglich war, was nach der Neufassung von

---

1015 *Schumann*, FS Georgiades, 543 (567) in Fußn. 107.

1016 Dazu oben Text bei Fußn. 518 ff.

1017 *RGZ* 50, 399 ff.

1018 Vgl. *RGZ* 50, 399 (403). Es sollten die Grenzen des der Beklagten eingeräumten Geschäftsbezirks festgestellt werden, worin das Reichsgericht lediglich eine Feststellung über Tatsachen sah, den Antrag aber im Sinne eines Rechtsverhältnisses auslegte, die Zulässigkeit der Inzidentklage aber verneinte: „Dieses Rechtsverhältnis war aber, als der Kläger seinen Feststellungsantrag erhob, nicht mehr streitig; denn darüber hatte das Landgericht bereits in seinem Zwischenurteile entschieden, und zwar nach § 318 C.P.O. in bindender Weise, sodaß damit der Streit der Parteien über diese Frage für die erste Instanz völlig erledigt war.“

§ 303 ZPO mit der Novelle vom 13. Februar 1924 nicht mehr in Betracht kommt[1019].

4. Berührungspunkte mit dem Grundurteil nach § 304 ZPO

Wenn auch ein Grundurteil nicht über den *Zwischenfeststellungsantrag* selbst zulässig ist, so bedeutet dies nicht, daß es keine „Berührungspunkte" zwischen dem Grundurteil und der Zwischenfeststellungsklage gibt.

a) Unzulässigkeit der Zwischenfeststellungsklage aufgrund zulässigen Grundurteils

Nach herrschender Meinung[1020] ist nach Vorabentscheidung über den Grund der Klage im Betragsverfahren (§ 304 ZPO) kein Raum mehr für die Erhebung der Zwischenfeststellungsklage, wenn die Feststellung wegen eines Rechtsverhältnisses begehrt wird, über das schon im Grundurteil entschieden ist. Wenn auch über das Ergebnis Einigkeit herrscht, fragt sich dennoch, wie es sich begründen läßt. Denn eine der materiellen Rechtskraft fähige Entscheidung erhält der Inzidentkläger durch das Urteil ja gerade nicht. Ein denkbarer Ansatz wäre es, in diesem Fall – anknüpfend an die vorgestellte Argumentation des *Reichsgerichts*[1021] im Fall des Zwischenurteils nach § 303 CPO – zu sagen, daß durch die bindende Entscheidung im Grundurteil ein „streitiges" Rechtsverhältnis zwischen den Parteien nicht mehr besteht[1022]. Dogmatisch überzeugender – und ohne Widerspruch zur These, daß selbst unstreitige Rechtsverhältnisse zur Feststellung nach § 256 Abs. 2 ZPO gebracht werden können – ist jedoch die Begründung[1023], daß es in diesem Fall

1019 So schon *Sydow/Busch/Krantz/Triebel*, § 280 Anm. 4. Im Kontext der alten Fassung des § 303 CPO ist auch die Kommentierung bei *Siebenhaar*, zu § 253, zu verstehen („Verschieden hiervon [die Rede ist von den Präjudizialinzidentklagen, d. Verf.] sind die Fälle, in denen es sich lediglich um die Feststellung eines für die Klage oder Widerklage präjudiziellen Inzidentpunktes handelt. In diesen Fällen bildet der präjudizielle Inzidentpunkt den Gegenstand eines Zwischenstreites […], das Urteil über den präjudiziellen Inzidentpunkt ist ein Zwischenurtheil"). Dazu auch *Tiedtke*, ZZP 89 (1976), 64 (65).

1020 Vgl. *RG* JW 1939, 366; *Musielak/Foerste*, § 256 Rdnr. 40; *Stein/Jonas/Roth*[22], § 256 Rdnr. 108 a. E.; *Zöller/Greger*, § 256 Rdnr. 22. So auch noch *Gottwald* in der 16. Auflage des von Rosenberg begründeten Lehrbuchs, vgl. *Rosenberg/Schwab/Gottwald*[16], § 95 Rdnr. 42 a. E.

1021 Dazu oben Text bei Fußn. 1017 ff.

1022 Sofern man an der „Bestrittenheit" als Zulässigkeitsvoraussetzung weiter festhält und nicht auch die Feststellung unstreitiger Rechtsverhältnisse im Rahmen von § 256 Abs. 2 ZPO zuläßt, vgl. *Musielak/Foerste*, § 256 Rdnr. 41 a. E., dazu bereits oben Text bei Fußn. 394.

1023 In diese Richtung weist die Kommentierung von *Roth* („da hier die Vorfrage schon im Grundurteil beantwortet ist"), vgl. *Stein/Jonas/Roth*[22], § 256 Rdnr. 108 a. E. Ähnlich auch die Kommentierung von *Gottwald* in der 16. Auflage, vgl. *Rosenberg/Schwab/Gottwald*[16], § 95 Rdnr. 42 (der an dieser Stelle die Fälle mangelnder Vorgreiflichkeit behandelt: „oder wenn die

an der „Abhängigkeit“ mangelt. Denn die Entscheidung des Rechtsstreits im Betragsverfahren hängt nicht von der Entscheidung über den Inzidentantrag ab, vielmehr muß das Gericht aufgrund der innerprozessualen Bindungswirkung des Grundurteils gem. § 318 ZPO seine Entscheidung treffen. *Dieses* ist sozusagen „vorgreiflich“ für die Entscheidung des Rechtsstreits im Betragsverfahren.

b) Heilung eines unzulässigen Grundurteils durch Inzidentklage

Andererseits bietet sich über § 256 Abs. 2 ZPO unter Umständen die Möglichkeit, ein unzulässiges Grundurteil in ein Urteil über eine Zwischenfeststellungsklage umzudeuten bzw. eine Heilung herbeizuführen[1024]. So hat der *Bundesgerichtshof* in seinem Urteil vom 30. November 1989[1025] die Möglichkeit diskutiert, ein unzulässiges Grundurteil als Entscheidung über eine Inzidentfeststellungsklage aufrecht zu erhalten. Im dort entschiedenen Sachverhalt hatten sich die Kläger an einer Bauherrengemeinschaft beteiligt, die das entsprechende Grundstück von den Beklagten erwarb. Die Baubetreuung übernahm die Hauptschuldnerin J-GmbH, für deren Verbindlichkeiten gegenüber den Klägern aus dem Bauvorhaben die Beklagten wiederum eine Bürgschaft abgegeben hatten. Aufgrund Zahlungsunfähigkeit machten die Kläger verschiedene Ansprüche gegen die Beklagten geltend. Das LG erließ ein ausdrückliches Grundurteil mit folgender Urteilsformel: „Die Beklagten haften den Klägern aus Bürgschaft für deren Forderungen gegenüber der früheren Firma J-GmbH“. Die Berufung der Beklagten hatte keinen Erfolg; die Revision des Beklagten zu 2 führte zur Aufhebung und Zurückverweisung an das LG.

Die Entscheidung durch Grundurteil war unter anderem deshalb unzulässig, weil die Vorinstanzen die Frage nach dem Bestand der Hauptverbindlichkeit, d. h. ob den Klägern gegen die Hauptschuldnerin die geltend gemachten Schadensersatz- und Garantieansprüche zustanden, vollständig offengelassen und als dem Betragsverfahren zugehörig angesehen hatten. Aufgrund der Akzessorietät gehört jedoch bei einem Bürgschaftsanspruch zum Anspruchsgrund nicht nur die Feststellung des Bestands und Inhalts des Bürgschaftsvertrages, sondern auch die Feststellung, daß die verbürgte Hauptverbindlichkeit dem Grunde nach besteht[1026].

---

im Betragsverfahren (§ 304) erhobene Klage ein Rechtsverhältnis zum Gegenstand hat, das zu dem im Grundverfahren abzuurteilenden Streitstoff gehört“), die sich so aber in der 17. Auflage nicht mehr findet („oder wenn das Urteil über den Hauptantrag die Rechtsbeziehungen der Parteien bereits abschließend regelt“), vgl. *Rosenberg/Schwab/Gottwald*[17], § 96 Rdnr. 42.

1024 Vgl. *BGH* FamRZ 1998, 1293 (1294); 2003, 31 (32 f., sub f); *BGH* LM § 275 ZPO a. F. Nr. 3 (zum Zwischenurteil); BGH NJW 1990, 1368; *BAG* NJW 1967, 647 f.; *Wieczorek/Schütze/Assmann*[3], § 256 Rdnr. 374; *Zöller/Vollkommer*, § 304 Rdnr. 18a.

1025 *BGH* NJW 1990, 1366 (1367 f.).

1026 Vgl. *BGH* NJW 1990, 1366 (1367, sub bb).

Ferner war das Grundurteil hinsichtlich der Freistellung von den Kosten der Änderung der Teilungserklärung unzulässig, da es sich insoweit um einen Anspruch auf Befreiung von einer unbezifferten – und damit der Höhe nach unbestimmten – Schuld handelte[1027]. Auch der dritte Klageantrag war nach Ansicht des *Bundesgerichtshofs* nicht bestimmt genug[1028].

Allerdings lautete die Urteilsformel vorliegend vielmehr wie die eines Feststellungsurteils, das auf eine Inzidentklage über ein präjudizielles Rechtsverhältnis – das Bestehen eines wirksamen Bürgschaftsvertrages – ergeht. Dieser Eindruck verstärkte sich nach Ansicht des *Bundesgerichtshofs* noch durch die Entscheidungsgründe des landgerichtlichen Urteils, die sich lediglich mit dem Zustandekommen und dem Inhalt des Bürgschaftsvertrages befaßten. Da keine der Parteien eine Zwischenfeststellungsklage ausdrücklich erhoben hatte, ging der *Bundesgerichtshof* davon aus, daß das Landgericht auch ein Grundurteil erlassen wollte, zumal auch das Berufungsgericht das erstinstanzliche Urteil als Grundurteil bestätigte.

In dieser Situation führt der *Bundesgerichtshof* nunmehr aus, inwieweit eine Heilung des unzulässigen Grundurteils in der Berufungsinstanz noch möglich gewesen wäre:

> „Als Zwischenurteile über den Anspruchsgrund im Sinne des § 304 ZPO können daher die Urteile der Vorinstanzen, soweit sie den Bekl. zu 2 betreffen [...], keinen Bestand haben. Sie lassen sich auch nicht als Entscheidung über eine Zwischenfeststellungsklage i. S. des § 256 Abs. 2 ZPO aufrechterhalten. Zwar hätten der Bestand und der Inhalt des Bürgschaftsvertrages zum Gegenstand einer Zwischenfeststellungsklage gemacht werden können. Eine *solche Klage ist aber von keiner Partei erhoben worden.* [...] Erläßt das erstinstanzliche Gericht unter Verletzung des § 308 Abs. 1 ZPO eine Entscheidung, die nicht beantragt war, so kann dieser Verfahrensmangel zwar im Berufungsverfahren dadurch geheilt werden, daß die durch die Entscheidung begünstigte Partei Zurückweisung der Berufung des Gegners beantragt. *Die Heilung hätte aber im vorliegenden Fall vorausgesetzt, daß die Kl. im Berufungsverfahren die Aufrechterhaltung des erstinstanzlichen Urteils als Feststellungsurteil i. S. des § 256 Abs. 2 ZPO begehrt hätten.* In diesem Sinne läßt sich ihr Antrag auf Zurückweisung der Berufung unter Berücksichtigung ihres zweitinstanzlichen Vorbringens nicht auslegen. Das *LG hatte ausdrücklich ein Grundurteil erlassen.* So ist die Entscheidung auch von den Parteien und dem Berufungsgericht verstanden worden. *Die Möglichkeit einer Zwischenfeststellungsklage nach § 256 Abs. 2 ZPO ist ersichtlich von keinem Beteiligten bedacht worden.* Dementsprechend hat das BerGer. die landgerichtliche Entscheidung auch ausdrücklich als Grundurteil bestätigt. Im Revisionsverfahren ist gem. § 561 ZPO die Erhebung einer Zwischenfeststellungsklage nicht mehr möglich."
>
> [Herv. d. Verf.]

1027 Vgl. *BGH* NJW 1990, 1366 (1367, sub cc).

1028 Vgl. *BGH* NJW 1990, 1366 (1367, sub dd).

Notwendig und ausreichend zur Heilung wäre es folglich gewesen, wenn eine der Parteien ausdrücklich die Zwischenfeststellung *beantragt* hätte[1029]. In diesem Beispiel zeigt sich, wie das Institut der Inzidentklage vom Anwalt auch noch in der Berufungsinstanz dazu genutzt werden kann, ein unzulässiges Grundurteil zum Vorteil des Mandanten (Zeit- und Kostenersparnis) zu „retten“[1030]. Zur *Vermeidung möglicher Haftungsrisiken* sollte der Anwalt davon auch Gebrauch machen.

Doch ist dieser Weg nicht immer gangbar. Anders stellt sich die Situation dar, wenn der Inzidentkläger den Weg der Zwischenfeststellungsklage wählt, um hierdurch eine dem Grundurteil entsprechende Rechtslage herbeizuführen, obwohl ein solches durch die Prozeßordnung gerade ausgeschlossen werden soll.

So etwa im dem Urteil des *Bundesgerichtshofs* vom 28. September 2006[1031] zugrunde liegenden Sachverhalt: Die Beklagte hatte die Klägerin mit dem Ausbau einer Teilstrecke der Autobahn A 9 beauftragt. Das von der Beklagten verwendete Frostschutzmittel erwies sich nach dem Einbau als nicht frostbeständig, weshalb die Klägerin auf Anforderung der Beklagten die Straße neu herstellte. Die Klägerin machte aus ihrer Schlußrechnung einen Teilbetrag i. H. v. ca. 600.000 € geltend. Die Beklagte rechnete mit Schadensersatzforderungen in gleicher Höhe auf, die sie daraus ableitete, daß es wegen der Mängelbeseitigung zu einem geänderten und verzögerten Bauablauf gekommen sei. Das Landgericht gab der Klage statt und sah die zur Aufrechnung gestellte Gegenforderung als

---

1029 Zum Antragserfordernis bereits oben Text bei Fußn. 804. *Gottwald* gibt insoweit die Aussage des Urteils zwar richtig, aber nur verkürzt wieder, wenn er unter Zitierung dieser Entscheidung formuliert: „Eine Umdeutung in ein Zwischenfeststellungsurteil (§ 256 II) ist unzulässig.“, vgl. *Rosenberg/Schwab/Gottwald*[17], § 59 Rdnr. 48. Denn der entscheidende Punkt ist, daß eine Heilung *möglich* gewesen wäre. In seinem Urteil vom 25. September 2002 (XII ZR 55/00) geht der *Bundesgerichtshof* gleichfalls von der Möglichkeit einer Umdeutung des *erst*instanzlichen (Prozeß)Antrags auf Erlaß eines Grundurteils in einen (Sach)Antrag auf Erlaß eines Inzidentfeststellungsurteils aus, was allerdings dahingehende Ausführungen in der Berufungsbegründung erfordere, vgl. *BGH* FamRZ 2003, 31 (32 f.): „Schließlich hatte das OLG auch keine Veranlassung, sich mit der Frage zu befassen, ob der von dem Kl. in erster Instanz gestellte Antrag auf Erlass eines Grundurteils in einen Antrag auf Erlass eines Zwischenfeststellungsurteils nach § 256 II ZPO hätte umgedeutet werden können. Das Urteil des FamG behandelt diese Frage nicht. Hätte der Kl. mit der Berufung geltend machen wollen, dass er eine Entscheidung nach § 256 II ZPO vermisse, hätte er hierzu in der Berufungsbegründung Ausführungen machen müssen. Selbst wenn man unterstellt, dass der Kl. mit seiner Berufung auch das Fehlen einer Entscheidung über einen konkludent gestellten Zwischenfeststellungsantrag angefochten hat, wäre seine Berufung insofern mangels Begründung unzulässig“.

1030 Die Zwischenfeststellungsklage wird hier auch nicht etwa durch das Grundurteil ausgeschlossen. Denn ein unzulässiges Zwischenurteil, mithin ein unzulässiges Grundurteil, hat auch keine bindende Wirkung, vgl. *Tiedtke*, ZZP 89 (1976), 64 (73 ff.), (76).

1031 *BGHZ* 169, 153 ff.

unsubstantiiert an. In der Berufungsinstanz erweiterte die Klägerin ihre Klage und *beantragte festzustellen*, daß die gegen den unstreitigen Werklohnanspruch aufgerechneten *Gegenforderungen* in Höhe des klägerischen Teilbetrags der Beklagten bereits *dem Grunde nach nicht zustünden*. Das Berufungsgericht wies durch Teilurteil die Zwischenfeststellungsklage als unbegründet ab, da der Beklagten die Gegenforderungen dem Grunde nach zustünden.

Der *Bundesgerichtshof* sah die Inzidentklage hingegen richtigerweise als unzulässig an. Dies aus zwei Gründen: Zum einen fehle es der Inzidentklage an der nach § 256 Abs. 2 ZPO erforderlichen Vorgreiflichkeit, da die Klägerin lediglich die Feststellung erstrebe, daß der Beklagten hinsichtlich der zur Aufrechnung gestellten Gegenforderungen ein Anspruch dem Grunde nach nicht zustehe, worüber aber nach § 322 Abs. 2 ZPO erschöpfend und der Rechtskraft fähig bereits im Rahmen der Hauptklage entschieden werde[1032]. Zum anderen sei die Zwischenfeststellungsklage auch nicht ausnahmsweise zulässig. Vielmehr führt der *Bundesgerichtshof* hierzu aus[1033]:

> „Der von der Klägerin gestellte Zwischenfeststellungsantrag zielt in der Sache lediglich darauf ab, eine Vorabentscheidung über den Grund der zur Aufrechnung gestellten Gegenforderung zu erreichen, was das Verfahrensrecht im Rahmen des § 304 ZPO gerade nicht vorsieht [...]. Auch unter Berücksichtigung prozeßökonomischer Erwägungen ist es nicht gerechtfertigt, hierfür auf dem Weg einer negativen Zwischenfeststellungsklage des Aufrechnungsgegners über § 256 Abs. 2 ZPO eine Ersatzmöglichkeit zu eröffnen."

Der Gedankengang des Bundesgerichtshofs ist klar. Da ein Grundurteil voraussetzt, daß der Anspruch durch Klage oder Widerklage geltend gemacht wird, kann es über die nur im Wege der Aufrechnung geltend gemachte Gegenforderung nicht ergehen[1034]. Unabhängig davon, daß im entschiedenen Fall die Zulässigkeit der Inzidentklage bereits an der mangelnden Vorgreiflichkeit wegen § 322 Abs. 2 ZPO scheiterte, da rechtskräftig über das Nicht- bzw. Nicht-Mehr-Bestehen der Gegenforderung entschieden wird, wäre es dem Inzidentkläger verwehrt gewesen, mittels Antrags auf Feststellung, daß die Gegenforderung *dem Grunde nach* nicht besteht, die verfahrensrechtliche Anforderung des § 304 ZPO zu umgehen.

Der Inzidentkläger – und insbesondere der Anwalt – bleibt nicht davon verschont, auf eine genaue Antragsformulierung zu achten.

1032 Vgl. *BGHZ* 169, 153 (156) (Rdnr. 13). Zur mangelnden Vorgreiflichkeit bei Zweckerreichung aufgrund der Rechtskrafterstreckung durch § 322 Abs. 2 ZPO bereits oben Text bei Fußn. 716 ff.

1033 *BGHZ* 169, 153 (158) (Rdnr. 18).

1034 Vgl. *RGZ* 6, 420 (422); *BGH* NJW 1992, 511 (512); *Rosenberg/Schwab/Gottwald*[17], § 59 Rdnr. 44; *Stein/Jonas/Leipold*[22], § 304 Rdnr. 10 m. w. N. aus der Rechtsprechung in Fußn. 24; *Thomas/Putzo/Reichold*, § 304 Rdnr. 2 a. E.; *Zöller/Vollkommer*, § 304 Rdnr. 3.

V. Zusammenfassung

1. Grundsätzlich ist die *Entscheidung* über die *Inzidentklage zusammen* mit der Entscheidung über die *Hauptklage* zu treffen. Dies kann in einem gemeinsamen Vollendurteil erfolgen sowie in einem gemeinsamen Teilurteil. Einem isolierten Teilurteil über die Hauptklage steht regelmäßig entgegen, daß dieses gerade nicht unabhängig von der Entscheidung im Schlußurteil erfolgt. Einem *isolierten Teilurteil* über die Inzidentklage *steht der Sinn und Zweck des § 256 Abs. 2 ZPO regelmäßig entgegen.* Die Regel, daß die Zwischenfeststellungsklage unzulässig ist, wenn die Entscheidung nicht vom Bestehen des Rechtsverhältnisses abhängt, darf nicht dadurch umgangen werden, daß eine der Parteien vorab ein Teilurteil beantragt. Dem Gericht soll durch § 256 Ab. 2 ZPO keine zusätzliche Arbeit auferlegt werden.
2. Die *Prozeßabweisung* der Zwischenfeststellungsklage steht einer Entscheidung über das zugrunde liegende Rechtsverhältnis in den Gründen zur Hauptklage ebensowenig entgegen wie ein Urteil, das die Zwischenfeststellungsklage *mangels Abhängigkeit* als unzulässig abweist, einer neuen Zwischenfeststellungsklage mit anders begründeter Abhängigkeit.
3. Eine Entscheidung über den Inzidentfeststellungs*antrag*, also den Streitgegenstand der Zwischenfeststellungsklage, durch *Zwischenurteil* ist *nicht möglich.* Denn das Zwischenurteil entscheidet nicht über einen Teil des Streitgegenstandes oder die Widerklage und nicht über einzelne Elemente der sachlichen Begründetheit des Anspruchs. Anders als das Zwischenurteil dient die Zwischenfeststellungsklage auch nicht dem verfahrensmäßigen Fortgang.
4. Es kann ebenfalls *keine abgesonderte Verhandlung* gem. § 280 Abs. 1 ZPO *über die Zulässigkeit der Zwischenfeststellungsklage* geben. Denn die von § 256 Abs. 2 ZPO vorausgesetzte Abhängigkeit liegt erst in dem Zeitpunkt vor, in welchem das Gericht die „Entscheidung des Rechtsstreits“ trifft. Vorher gibt es keine „Zulässigkeit“ der Zwischenfeststellungsklage.
5. *Nach Vorabentscheidung über den Grund* der Klage ist im Betragsverfahren (§ 304 ZPO) *kein Raum mehr für* die Erhebung der *Zwischenfeststellungsklage*, wenn die Feststellung wegen eines Rechtsverhältnisses begehrt wird, über das schon im Grundurteil entschieden ist. Denn die Entscheidung des Rechtsstreits im Betragsverfahren *hängt nicht* von der Entscheidung über den Inzidentantrag *ab*, vielmehr muß das Gericht aufgrund der innerprozessualen Bindungswirkung des Grundurteils gem. § 318 ZPO seine Entscheidung treffen. *Andererseits* bietet sich über § 256 Abs. 2 ZPO unter Umständen die Möglichkeit, ein *unzulässiges Grundurteil* als *Entscheidung über eine Inzidentfeststellungsklage* aufrecht zu erhalten. *Notwendig* ist jedenfalls ein entsprechender *Antrag* auf Zwischenfeststellung, soweit sich dieser nicht den Parteierklärungen entnehmen läßt. Eine Umdeutung bzw. *Handlung scheidet*

jedoch *aus*, wenn die Inzidentfeststellung darauf abzielt, eine vom Verfahrensrecht gerade nicht vorgesehene Ersatzmöglichkeit zu eröffnen. Dies ist z. B. der Fall, sofern beantragt wird, das Nichtbestehen der aufgerechneten Gegenforderung dem Grunde nach festzustellen.

§ 7 Wechsel zwischen den Feststellungsklagen

Wie bereits mehrfach erwähnt, ist es dem Feststellungskläger nach allgemeiner Meinung[1035] unbenommen, von der selbständigen zur unselbständigen Feststellungsklage überzugehen und umgekehrt, sofern die Voraussetzungen des jeweiligen Absatzes des § 256 ZPO vorliegen. Dies hat seinen Grund darin, daß *beide Formen* der Feststellungsklage aus § 256 ZPO *gleichwertig* sind[1036], denn sowohl die Voraussetzung der Vorgreiflichkeit bei der Zwischenfeststellungsklage als auch die Voraussetzung des Feststellungsinteresses bei der prinzipalen Feststellungsklage verhindern eine unbeschränkte Zulässigkeit von Feststellungsanträgen[1037]. Hierdurch wird auch nicht etwa der Beklagte benachteiligt. Denn mangels Streitgegenstandsänderung liegt eine (zustimmungspflichtige) Klageänderung gerade nicht vor[1038]. Für den Wechsel von der Inzidentfeststellungsklage zur selb-

---

1035 Vgl. *RGZ* 113, 410 (413); *BGHZ* 139, 116 (118); *BGH* LM § 280 ZPO a. F. Nr. 2; *BGH* NJW-RR 1990, 318 (320); 1994, 1272 (1273); 2008, 69 (71); *BayObLGZ* 2003, 61 (66); *OLG Dresden* OLGRspr 13, 137 f.; *OLG Hamm* NJW-RR 1998, 424; *OLG Köln* FamRZ 2006, 1768; *Baumbach/Lauterbach/Albers/Hartmann*, § 256 Rdnr. 24 („Zwischenfeststellung"); MünchKomm ZPO/*Becker-Eberhard*[4], § 256 Rdnr. 82; *Bergerhoff*, Zwischenfeststellungsklage, S. 67; *Enders*, ZAP 1996, 455 (458); *E. Habscheid*, ZZP 112 (1999), 37 (51); *Rosenberg/Schwab/Gottwald*[17], § 96 Rdnr. 45; *Schumann*, FS Georgiades, 543 (545); *Stein/Jonas/Roth*[22], § 256 Rdnr. 9, 104, 105; *Thomas/Putzo/Reichold*, § 256 Rdnr. 4, 13 a. E., 30 a. E.; *Wieczorek/Schütze/Assmann*[3], § 256 Rdnr. 359; *Zöller/Greger*, § 256 Rdnr. 29; bereits früher *Oertmann*, ZZP 22 (1896), 11 (77); *Gaupp*, § 253 Anm. II 2; *Petersen/Anger*, § 280 Anm. 4; *Seuffert/Walsmann*, § 280 Anm. 7b; *Sydow/Busch/Krantz/Triebel*, § 280 Anm. 4.

1036 So auch *Enders*, ZAP 1996, 455 (458).

1037 Vgl. *Schumann*, FS Georgiades, 453 (458). Dazu bereits oben Text nach Fußn. 128. Insofern ist auch nicht erheblich, ob man in der Zwischenfeststellungsklage eine *lex specialis* der allgemeinen Feststellungsklage sieht, so *Bolgiano*, Handbuch, S. 98 f. (Anm. 7a); *v. Braun*, Inzidentfeststellungsklage, S. 20, 25 in Fußn. 53; *Loening*, ZZP 4 (1882), 1 (15); oder ob man in ihr einen Unterfall der selbständigen Feststellungsklage erblickt, so *Kadel*, Feststellungsklage, S. 100; *Oertmann*, ZZP 22 (1896), 11 (67). Daher zu Recht diese Frage offen lassend *Stein/Jonas/Roth*[22], § 256 Rdnr. 9.

1038 Insoweit könnte man einen Erst-Recht-Schluß zu § 264 Nr. 2 ZPO ziehen: Wenn schon bei gleich bleibendem Klagegrund eine Erweiterung oder Beschränkung des Antrags stets zulässig ist, muß es ohne weiteres zulässig sein, daß der Kläger seinen auf denselben Klagegrund gestützten gleich bleibenden Antrag mittels derselben Rechtsschutzform (mit anderen Zulässigkeitsvoraussetzungen) weiterverfolgt.

ständigen und vice versa ist nicht entscheidend, ob man in diesem Übergang eine Umdeutung sieht[1039], den jeweiligen Antrag dahin auslegt, daß bei Unzulässigkeit die andere Klage beantragt sein soll[1040] oder man hierin eine stets zulässige Klageänderung i. S. v. § 264 Nr. 2 ZPO erblickt[1041]. Entscheidend ist vielmehr, daß – soweit sich die unzulässige Inzidentklage als selbständige Feststellungsklage aufrecht erhalten läßt – eine Abweisung durch Prozeßurteil vermieden wird[1042] und mittels einer nachgeschobenen Leistungsklage die drohende Prozeßabweisung einer prinzipalen Feststellungsklage verhindert werden kann:

Beispiel: Der Kläger erhebt Klage mit dem Antrag festzustellen, daß er Eigentümer des dem Beklagten geliehenen Fahrrades ist. Der Kläger befürchtet zwar, daß der Beklagte das Fahrrad nach dem Ende der Leihfrist nicht herausgeben wird, von der Vindikationsklage macht er aber keinen Gebrauch, da die Leihfrist noch nicht abgelaufen ist.

Alternative: Der Beklagte hat bereits mehrfach gegenüber dem Kläger sowie Dritten ernsthaft geäußert, das Fahrrad behalten zu wollen.

Der Feststellungsantrag des Klägers ist als Zwischenfeststellungsklage nach § 256 Abs. 2 ZPO mangels rechtshängiger Hauptklage[1043] unzulässig. Eine (Haupt-) Klage wegen Besorgnis nicht rechtzeitiger Leistung (§ 259 ZPO) scheidet im Beispielsfall – anders als in der Alternative – aus, da seitens des Beklagten nicht einmal ein ernstliches Bestreiten, welches die Besorgnis der Leistungsverweigerung begründen würde[1044], vorliegt. Falls der Kläger ein rechtliches Interesse an alsbaldiger Feststellung dartun kann, steht ihm der Weg über die prinzipale Feststellung offen[1045]. Anderenfalls ist die Feststellungsklage durch Prozeßurteil als unzulässig abzuweisen.

Was aber, wenn er nach Ende der Leihfrist (vor Erlaß eines Prozeßurteils) noch besagte Leistungsklage erhebt[1046]? Hier zeigt sich das Wechselspiel zwischen selbständiger und unselbständiger Feststellungsklage deutlich. Zu-

---

1039 So etwa *E. Habscheid*, ZZP 112 (1999), 37 (51); *Stein/Jonas/Roth*[22], § 256 Rdnr. 104, 105; *Wieczorek/Schütze/Assmann*[3], § 256 Rdnr. 359.

1040 So *BGHZ* 139, 116 (118): „Der Kläger hat in der Berufungsinstanz ausdrücklich einen Feststellungsantrag gestellt. Dieser ist jedenfalls hilfsweise im Sinne des hier allein zulässigen Antrags gemäß § 256 Abs. 2 ZPO auszulegen".

1041 So *Stein/Jonas/Roth*[22], § 256 Rdnr. 9, für den Fall des Übergangs von einer Nebenfeststellungsklage zur Zwischenfeststellungsklage.

1042 Vgl. *Schumann*, FS Georgiades, 543 (566) in Fußn. 100.

1043 Dazu bereits oben Text bei Fußn. 229.

1044 Vgl. *BGHZ* 5, 342 (344); *BGH* NJW 1999, 954; *Thomas/Putzo/Reichold*, § 259 Rdnr. 2; *Zöller/Greger*, § 259 Rdnr. 1.

1045 Hierzu schon oben Text bei Fußn. 131 f.

1046 Dieser Fall entspricht der von *Stein/Jonas/Roth*[22], § 256 Rdnr. 11, dargestellten Situation, allerdings auf die Inzidentklage des Klägers bezogen.

nächst ist zu konstatieren, daß sein Antrag mangels rechtshängiger Hauptklage nur als selbständige Feststellungsklage zulässig war. Sollte ein rechtliches Interesse nicht bestanden haben, wäre diese unzulässig gewesen; durch die Erhebung der Leistungsklage liegt nun aber die Prozeßvoraussetzung der rechtshängigen Hauptklage vor. Ebenso ist die Präjudizialität zwischen der Eigentumsfeststellung und der Vindikationsklage gegeben. *Da sich die prinzipale Feststellungsklage jetzt als Zwischenfeststellungsklage aufrecht erhalten läßt, kommt es auf ein etwaiges Feststellungsinteresse nicht mehr an.*

Das aufgezeigte Wechselspiel zwischen prinzipaler und unselbständiger Feststellungsklage ist die Konsequenz des gleichartigen Rechtsschutzzieles und der dynamischen Entwicklung des Prozesses.

Eine vergleichbare Konstellation lag dem Urteil des *Bundesgerichtshofs* vom 6. Juli 1989[1047] zu Grunde. Der *Bundesgerichtshof* führte insoweit aus[1048]:

> „Die Norm setzt bei wörtlicher Auslegung mithin voraus, daß zunächst eine Hauptklage und im Laufe des Prozesses eine Zwischenfeststellungsklage erhoben wird. Im Streitfall war es umgekehrt: Zunächst wurde eine Feststellungsklage und erst gegen Ende der Berufungsinstanz mit dem Antrag zu 5 eine „Hauptklage" erhoben. Dies allein steht einer Zulässigkeit der Feststellungsanträge als Zwischenfeststellungsklage nicht entgegen. Es ist anerkannt, daß die Zulässigkeit einer solchen Klage nicht zu verneinen ist, wenn das Rechtsverhältnis, dessen Bestehen oder Nichtbestehen festgestellt werden soll, schon vor Erhebung der Hauptklage streitig geworden ist, wenn der Feststellungsantrag bereits in diese Klage aufgenommen und wenn er zunächst als selbständiges Feststellungsbegehren auf § 256 I ZPO gestützt wird [...]. Dann kann es die Zulässigkeit einer Zwischenfeststellungsklage auch nicht hindern, wenn zunächst eine selbständige Feststellungsklage erhoben und eine Hauptklage im Laufe des Rechtsstreits nachgeschoben wird."

Gerade dem prozessual versierten Anwalt bietet sich mittels der Zwischenfeststellungsklage die Möglichkeit, für seinen Mandanten ungünstigen Verfahrensentwicklungen entgegen zu wirken. Neben der bereits[1049] aufgezeigten Gelegenheit, ein an sich unzulässiges Grundurteil noch in der Berufungsinstanz durch Stel-

---

1047 *BGH* NJW-RR 1990, 318 ff. Der Kläger hatte erstinstanzlich unter anderem beantragt festzustellen, daß der Beklagten aufgrund eines Rahmenvertrages keine Rechte und Pflichten aus der Weitervermarktung vermieteter Computeranlagen oder dingliche Rechte bzw. Rechte auf Verschaffung des Eigentums an von dem Vertrag betroffenen Computeranlagen zustünden. Mit diesen Anträgen war er erfolgreich. In der Berufungsinstanz erhob er zusätzlich Zahlungsklage. Das Berufungsgericht wies die Berufung der Beklagten sowie den Zahlungsantrag des Klägers – diesen als unzulässig – zurück. In der Revision machte die Beklagte (letztlich zur Überzeugung des Bundesgerichtshofs) geltend, daß es an einem Feststellungsinteresse für die Feststellungsanträge fehle, woraufhin der Kläger in der Revisionserwiderung die Auffassung vertrat, ein Feststellungsinteresse sei gem. § 256 Abs. 2 ZPO entbehrlich, da der Zahlungsantrag von der Unwirksamkeit des Rahmenvertrages abhängig sei.

1048 *BGH* NJW-RR 1990, 318 (320).

1049 Oben Text bei Fußn. 1024 ff.

lung eines Inzidentantrags zu „retten“, kann insbesondere die Prozeßabweisung einer Feststellungsklage, der das rechtliche Interesse ermangelt (oder nicht nachweisbar ist), durch Erhebung einer Hauptklage, für die das festzustellende Rechtsverhältnis vorgreiflich ist, vermieden werden. *Enders*[1050] schreibt der Zwischenfeststellungsklage daher zu Recht eine *salvatorische Funktion* zu.

§ 8 Beweislast

Im Folgenden soll die Verteilung der Beweislast bei der Zwischenfeststellungsklage untersucht werden. Dabei wird zunächst von der Grundregel der Beweislastverteilung ausgegangen, um sodann darstellen zu können, wem bei der Inzidentklage die Beweislast obliegt.

I. Grundregel der Beweislast

Da ein gesetzlicher, normativer, Tatbestand nur angewendet werden kann, wenn seine Voraussetzungen Wirklichkeit geworden sind, hat seine Anwendung zu unterbleiben, wenn der Richter im Streitfall nicht die volle Überzeugung hiervon erlangt. Insoweit stellt sich die objektive Beweislast als materielle Risikoverteilung dar[1051]. Deshalb muß die Beweislastverteilung ebenso wie das sonstige materielle Recht im wesentlichen durch den Gesetzgeber rechtssatzmäßig bestimmt sein, so daß auch eine Grundregel der Beweislastverteilung letztlich Normcharakter haben muß[1052].

Die Beweislastnormen fingieren im Regelfall bei einem Scheitern der Sachverhaltsaufklärung ein negatives Beweisergebnis, d. h. die Frage nach der tatsächlichen Verwirklichung des betreffenden Tatbestandsmerkmals ist danach zu verneinen[1053]. In dieser negativen Entscheidung, bei Nichterweislichkeit vom Nichtvorliegen des Tatbestandsmerkmals auszugehen, kommt das Grundprinzip der gesamten Beweislastregelung zum Ausdruck, die sog. *negative Grundregel der Beweislast*[1054]. Eine Ausnahme von diesem Grundprinzip ergibt sich dort, wo

1050 *Enders*, ZAP 1996, 455 (464).

1051 Vgl. *Prütting*, Beweislast, S. 20.

1052 Vgl. *Ebenda.*

1053 Vgl. *Musielak*, Grundkurs, Rdnr. 476.

1054 So *Musielak*, Beweislast, S. 293; *Musielak/Stadler*, Grundfragen, Rdnr. 202; ebenso *Gottwald*, Jura 1980, 225 (228); *Rosenberg/Schwab/Gottwald*[17], § 115 Rdnr. 7; *Seibl*, Beweislast, S. 110 f.

es das materielle Recht in Form einer Beweislastsonderregel anordnet[1055]. Auswirkung dieser Grundregel ist, daß diejenige Partei, deren Prozeßbegehr ohne die Anwendung einer bestimmten Rechtsnorm erfolglos bleibt, die Beweislast für das Vorhandensein aller tatsächlichen Voraussetzungen dieser Rechtsnorm trägt[1056]. Dementsprechend trägt grundsätzlich der Anspruchsteller die Beweislast für die anspruchsbegründenden Tatbestandsmerkmale, der Anspruchsgegner die Beweislast für rechtshindernde, rechtsvernichtende und rechtshemmende Einwendungen[1057]. Verkürzt läßt sich daher sagen: Jede Partei trägt die Beweislast für die tatsächlichen Voraussetzungen der ihr günstigen Rechtsnorm[1058].

II. Beweislastverteilung bei der Zwischenfeststellungsklage

Die Frage, wem bei der Inzidentfeststellungsklage die Beweislast obliegt, ist im Gesetz selbst nicht besonders geregelt. Da jedoch die Zwischenfeststellungsklage ihrer Natur nach eine Feststellungsklage ist, gelten bezüglich der Beweislast dieselben Grundsätze wie bei der Klage des § 256 Abs. 1 ZPO[1059]. Demzufolge bestimmt sich die Beweislast nach den eingangs dargestellten Grundsätzen und unabhängig von der Zufälligkeit der Parteistellung[1060]. Denn die Beweislast

1055 Vgl. *Gottwald*, Jura 1980, 225 (227 f.); *Musielak*, Beweislast, S. 303 ff.; 313 ff.; *Seibl*, Beweislast, S. 110 f. Beweislastsonderregeln finden sich z. B. in §§ 179 Abs. 1, 182, 280 Abs. 1 S. 2, 345, 363, 476, 543 Abs. 4 S. 2, 2336 Abs. 3 BGB, vgl. *Rosenberg/Schwab/Gottwald*[17], § 115 Rdnr. 10 ff. Ausnahmen statuiert das Gesetz vor allem dort, wo es rechtsbegründende als rechtshindernde Merkmale behandelt, indem es die Beweislast dem Anspruchsgegner zuschiebt, vgl. *Musielak/Foerste*, § 286 Rdnr. 36.

1056 Diese Grundregel wird auch als *Rosenbergsche Normentheorie* bezeichnet, da sie in ihrer Ausformung auf *Leo Rosenberg* zurückgeht, vgl. *Prütting*, Beweislast, S. 265; *Rosenberg/Schwab/Gottwald*[17], § 115 Rdnr. 9.

1057 Vgl. *BGHZ* 113, 222 (225); *BGH* NJW 1985, 1774 (1775); NJW 1999, 3481; *Musielak*, Grundkurs, Rdnr. 476; *Musielak/Foerste*, § 286 Rdnr. 35; *Prütting*, Beweislast, S. 266; *Rosenberg/Schwab/Gottwald*[17], § 115 Rdnr. 9; *Stein/Jonas/Leipold*[22], § 286 Rdnr. 62; *Thomas/Putzo/Reichold*, vor § 284 Rdnr. 23; *Zöller/Greger*, vor § 284 Rdnr. 17a.

1058 Vgl. *BGHZ* 101, 172 (179); 113, 222 (224 f.); *BGH* NJW 1988, 640 (642); *Prütting*, Beweislast, S. 266; *Rosenberg/Schwab/Gottwald*[17], § 115 Rdnr. 7 a. E.; *Thomas/Putzo/Reichold*, vor § 284 Rdnr. 23.

1059 Vgl. *RGZ* 9, 337 (339); 14, 89 (91); *RG* JW 1883, 194 Nr. 9; *BGHZ* 125, 251 (257); *Bergerhoff*, Zwischenfeststellungsklage, S. 65; *v. Braun*, Inzidentfeststellungsklage, S. 98; *Wieczorek/Schütze/Assmann*[3], § 256 Rdnr. 385; bereits früher *Oertmann*, ZZP 22 (1896), 11 (67); *Rocholl*, ZZP 8 (1885), 329 (332), (373 ff.); *Petersen/Anger*, § 280 Anm. 3 a. E.

1060 Vgl. *RGZ* 9, 337 (339); 14, 89 (91); *BGH* NJW 1977, 1637 (1638); NJW 1993, 1716 (1717); *BGH* KTS 1982, 405 (406); *Bergerhoff*, Zwischenfeststellungsklage, S. 65; MünchKomm ZPO/*Becker-Eberhard*[4], § 256 Rdnr. 68; *Musielak/Foerste*, § 256 Rdnr. 38; *Oertmann*, ZZP 22 (1896), 11 (68); *Rosenberg*, Beweislast, S. 173 ff.; *Stein/Jonas/Leipold*[22], § 286 Rdnr. 58; *Thomas/Putzo/Reichold*, § 256 Rdnr. 21; *Zöller/Greger*, § 256 Rdnr. 18.

richtet sich ausschließlich nach dem materiellen Recht, welches nicht danach differenziert, ob sein Bestehen oder Nichtbestehen festgestellt werden soll. So hat das *Reichsgericht*[1061] schon in seinem Urteil vom 13. April 1883 festgestellt:

> „Die Frage der Beweislast, welche gleichbedeutend ist mit der Behauptungslast, *gehört dem materiellen Rechte an.* […;] dies erkennen auch die Motive an, indem sie es als selbstverständlich bezeichnen, „daß durch die Zulassung der Feststellungsklage eine Änderung in der Beweislast rücksichtlich der Existenz oder Nichtexistenz des Rechtsverhältnisses […] nicht herbeigeführt wird. […]
>
> Die Lehre von der Behauptungs- und Beweislast wird beherrscht von dem Grundsatze, daß derjenige, welcher einen Anspruch geltend macht, die den Anspruch begründenden Thatsachen, und derjenige, welcher die Aufhebung eines Anspruches seines Gegners geltend macht, die den Anspruch aufhebenden Thatsachen zu behaupten und zu beweisen hat. Die prozessuale Parteirolle ist für die Verteilung der Beweislast ohne Bedeutung. [...]
>
> Wie die Beweislast in betreff der Hauptsache sich verteilt, hängt dem obigen nach *nicht von der Parteirolle, sondern nur von der materiellen Sachlage* ab. Hieraus folgt, wenn die Klage gerichtet ist auf die *Feststellung des Nichtbestehens* eines vom Beklagten in Anspruch genommenen Rechtsverhältnisses, *der Beklagte* […] den *Beweis der Begründung desselben* zu führen hat."
>
> [Herv. d. Verf.]

1. Positive Zwischenfeststellungsklage

Dementsprechend hat der *Kläger* bei der positiven Zwischenfeststellungs(wider)klage, da er die Feststellung des Bestehens eines Rechtsverhältnisses begehrt, alle Tatsachen zu behaupten und gegebenenfalls zu beweisen, die zur *Begründung* des Rechtsverhältnisses erforderlich sind. Der *Beklagte* dagegen trägt die Beweislast für alle Tatsachen, die eine *Einwendung oder Einrede* gegen das Rechtsverhältnis begründen. Insoweit bestehen keine Unterschiede zu einer Leistungsklage.

Will also der Vindikationskläger nach § 256 Abs. 2 ZPO feststellen lassen, daß er Eigentümer der Sache ist, trägt er die Beweislast für die Nichterweislichkeit der Tatsachen, auf die er sich zur Entstehung seines Eigentums beruft. Verkürzt: Er hat sein Eigentum darzulegen und zu beweisen, was ihm auch in Ansehung der Hauptklage obliegt. Folgerichtig kann die Beweislast im Rahmen der Inzidentklage für dieselbe Voraussetzung nicht eine andere sein[1062]. Insoweit läßt sich sagen, daß die Beweislastverteilung im Rahmen der Zwischenfeststellungsklage derjenigen bei der Hauptsache entspricht[1063].

1061 *RGZ* 9, 337 (339 ff.).

1062 So schon *Oertmann*, ZZP 22 (1896), 11 (69).

1063 Vgl. *BGHZ* 125, 251 (257); *Stein/Jonas/Leipold*[22], § 286 Rdnr. 58; *Wieczorek/Schütze/Assmann*[3], § 256 Rdnr. 385.

Die Geltung der allgemeinen Grundsätze und damit die Abhängigkeit der Beweislast vom materiellen Recht zeigt sich anschaulich am Fall der Zahlungsklage aus mehreren Wechseln und der hiermit verbundenen Zwischenfeststellungsklage auf Feststellung des wirksamen Zustandekommens des der Wechselbegebung zu Grunde liegenden Kausalverhältnisses, worüber der *Bundesgerichtshof* in seinem Urteil vom 9. März 1994[1064] zu entscheiden hatte:

> „Unabhängig von dieser Frage ist die Beklagte beweispflichtig vielmehr schon deshalb, weil die Beweislastverteilung im Rahmen der Zwischenfeststellungsklage keine andere sein kann als bei der Hauptsacheklage. Das hat seinen *Grund in Zweck und Natur der Zwischenfeststellungsklage*: Sie soll, da die Rechtskraft der Entscheidung des Hauptprozesses nur den Klageanspruch und nicht das präjudizielle Rechtsverhältnis ergreift, die Ausdehnung der Rechtskraftwirkung auf den Grund der Klage ermöglichen [...]. *Die Beweislast für die tatsächlichen Voraussetzungen dieser Einwendung aber trifft stets die Beklagte als Wechselschuldnerin, gleichviel, ob über diese Frage im Rahmen einer Leistungsklage, einer positiven Zwischenfeststellungsklage oder einer negativen Zwischenfeststellungswiderklage zu entscheiden ist.* Denn diese *Verteilung der Beweislast ergibt sich aus dem materiellen Recht*, nämlich als Folge der abstrakten Natur der Wechselforderung, und ist grundsätzlich *unabhängig von der prozessualen Form*, in der die Sachauseinandersetzung dem Gericht unterbreitet wird, oder der Parteirolle im Prozeß [...]. *Der »Gleichlauf« der Beweislastverteilung hat zur Folge, daß sich die Entscheidung über die Hauptsache und diejenige über die Zwischenfeststellung auch nicht widersprechen können*".
>
> [Herv., d. Verf.]

2. *Negative Zwischenfeststellungsklage*

In der älteren Literatur sprachen sich vereinzelt Stimmen dafür aus, daß der Kläger der negativen (Zwischen-)Feststellungsklage die Beweislast für das Nichtbestehen des Rechtsverhältnisses zu tragen habe. So namentlich *Wendt*[1065],

---

1064 *BGHZ* 125, 251 (257) (VIII ZR 165/93). In dem der Entscheidung zu Grunde liegenden Sachverhalt machte die Klägerin im (dem Wechselprozeß folgenden) Nachverfahren neben der Zahlungsklage aus Wechselansprüchen mit der Zwischenfeststellungsklage das wirksame Zustandekommen der (der Wechselbegebung zu Grunde liegenden) Kaufverträge geltend, da die Beklagte gegenüber den Wechselansprüchen die Bereicherungseinrede erhoben hatte. Diese Einrede begründete sie damit, daß sie die Kaufverträge nach dem Abzahlungsgesetz wirksam widerrufen habe. Der *BGH* bejahte – überzeugend – die Vorgreiflichkeit des Nichtbestehens der Kaufverträge für die von der Beklagten erhobene Bereicherungseinrede, vgl. *BGHZ* 125, 251 (255). Die Beklagte sei auch für das Nichtbestehen der Kaufverträge beweislastpflichtig, da sich die Beweislastverteilung nach materiellem Recht richte und die Beklagte als Wechselschuldnerin wegen der abstrakten Natur der Wechselforderung zu beweisen habe, daß das Kausalgeschäft nicht bestehe und daher der Hingabe des Wechsels keine Verpflichtung zur Zahlung der Wechselsumme zugrunde liege, vgl. *BGHZ* 125, 251 (255), (257) unter Berufung auf *BGH* WM 1975, 10 und *BGH* WM 1988, 1435 (1436).

1065 *Wendt*, AcP 70 (1896), 1 (1 ff.), (37 ff.). Seiner Ansicht nach würde der Beklagte anderenfalls ganz so zum Beweis genötigt, wie wenn er selbst die positive Feststellungsklage erhoben

Leonhard[1066] und *v. Braun*[1067]. Auch in zwei früheren Urteilen des *Reichsgerichts*[1068] klingt diese Vorstellung an.

Bei einer negativen Zwischenfeststellungsklage hat nach den obigen Ausführungen weder generell der Kläger das Nichtbestehen des Rechtsverhältnisses zu beweisen noch der Beklagte das Bestehen[1069]. Vielmehr hat nach den allgemeinen Grundsätzen und der materiellen Rechtsstellung der Beklagte die das Rechtsverhältnis begründenden Tatsachen zu beweisen, der Kläger die eine rechtshindernde, rechtsvernichtende oder rechtshemmende Einwendung begründenden Tatsachen[1070]. Bleibt folglich unklar, ob das streitige Rechtsverhältnis

---

hätte. *Wendt* übersieht dabei, daß die Beweislast keine Sanktion für die Klageerhebung darstellt, sondern eine Risikoverteilung der Nichterweislichkeit vornimmt, die dem materiellen Recht folgt. Das materielle Recht unterscheidet aber selbst nicht danach, wer die Feststellung des Rechtsverhältnisses begehrt. Hinzu kommt, daß es für den Kläger der negativen Feststellungsklage keinen Unterschied macht, ob – im Falle des § 256 Abs. 1 ZPO – der Gegner positive Feststellungsklage erhebt oder sich des Rechtsverhältnisses berühmt. Dieser will schließlich Rechte aus dem Rechtsverhältnis ableiten, weshalb er auch die Entstehungstatsachen zu beweisen hat.

1066 *Leonhard*, Beweislast, S. 438. Er bemüht hierfür eine Analogie der negativen Statusklagen und der negativen Klagen des preußischen Rechts. Außerdem solle sich die Beweislast nicht von der der Leistungsklage unterscheiden, was angeblich der „dringenden Billigkeit“ entspräche.

1067 *v. Braun*, Inzidentfeststellungsklage, S. 99, der darauf abstellt, daß in der Feststellungsklage ein Rudiment zu Leistungsklage stecke. Die Nichtexistenz des Rechtsverhältnisses sei daher nur ein negativer Grund zu dem Leistungsanspruch. Da die Beweislast eine prozessuale Frage sei, sehe er keinen Grund, die Fälle ungleich zu behandeln, so daß der Feststellungskläger die Beweislast zu tragen habe. Er verkennt dabei jedoch, daß die Beweislast dem materiellen Recht folgt und kein prozessualer Selbstzweck ist. Zudem scheint er die Nichtexistenz als Einwendung zu verstehen und deshalb demjenigen, der sich darauf beruft die Beweislast aufbürden zu wollen. Dies wäre allerdings nur dann berechtigt, wenn etwa der Gegner der negativen Feststellungsklage das Entstehen des Vertrages hätte beweisen können und der Kläger sich anschließend z. B. auf eine Anfechtung beruft. In diesem Fall wäre der Kläger selbstverständlich beweisbelastet.

1068 Vgl. *RGZ* 7, 374 (375): „Der Kläger hat nicht eine sogenannte negative Feststellungsklage nach § 231 C.P.O. erhoben, bei welcher die Beweislast hinsichtlich des behaupteten Nichtbestehens eines Rechtsverhältnisses dem Kläger obliegen würde“; *RG* Gruchot 26, 839, welches nach Preussischem Recht an dem Grundsatz des § 2 A.G.O.I. 32 festhalten und die Klagebegründungs- und Beweispflicht nach allen Richtungen hin dem Kläger auferlegen wollte.

1069 *Schumann* bezeichnet eine derartige Fragestellung zu Recht als „schief“, vgl. *Stein/Jonas/Schumann*[21], § 256 Rdnr. 117.

1070 Vgl. *RGZ* 9, 337 (339); 14, 89 (91); *BGH* NJW 1986, 2508 (2509); 1992, 1101 (1103); *OLG Oldenburg* FamRZ 1991, 1071; *OLG Karlsruhe* VersR 1982, 264; *Baltzer*, Negative Feststellungsklage, S. 177 ff.; MünchKomm ZPO/*Becker-Eberhard*[4], § 256 Rdnr. 68; *Musielak/Foerste*, § 256 Rdnr. 38; *Rosenberg*, Beweislast, S. 174 f.; *Stein/Jonas/Leipold*[22], § 286 Rdnr. 58; *Stein/Jonas/Roth*[22], § 256 Rdnr. 82; so bereits *Weismann*, Feststellungsklage, S. 104 („Beruht die negative Feststellungsklage auf Negation der Entstehung eines Rechtsverhältnisses, so ist dieselbe vom Beklagten zu erweisen; gründet sie sich auf Einredethatsachen, so liegt der Beweis dem Kläger ob“).

besteht, dann muß der negativen Feststellungsklage ebenso stattgegeben werden, wie wenn das Nichtbestehen feststeht[1071].

§ 9 Rechtskraft des Zwischenfeststellungsurteils

I. Reichweite der materiellen Rechtskraft

Die Rechtskraft des Sachurteils über die Inzidentklage bestimmt sich nicht anders als bei der prinzipalen Feststellungsklage. Mit jedem Urteil wird zugleich das Nichtvorliegen des kontradiktorischen Gegenteils festgestellt[1072]. Daher wird das *Nichtbestehen* des Rechtsverhältnisses durch ein Urteil *festgestellt*, das die *positive* Inzidentfeststellungsklage aus sachlichen Gründen *abweist* oder das der *negativen* Inzidentfeststellungsklage *stattgibt*[1073]:

Beispiel 1: K klagt auf Rückzahlung der Darlehensvaluta i. H. v. 6.000 € und erhebt zugleich Zwischenfeststellungsklage mit dem *Antrag* festzustellen, daß der von B bestrittene Darlehensvertrag *besteht*. Beide Klagen werden als unbegründet abgewiesen, da das Gericht zur Überzeugung kommt, daß ein Schenkungsvertrag besteht. Damit steht *rechtskräftig* fest, daß ein Darlehensvertrag *nicht besteht*.

Beispiel 2: K klagt auf Rückzahlung der Darlehensvaluta i. H. v. 6.000 €. Nunmehr erhebt B Zwischenfeststellungswiderklage mit dem *Antrag* festzustellen, daß der von ihm bestrittene Darlehensvertrag *nicht besteht*. Die Klage des K wird als unbegründet abgewiesen, weil das Gericht zur Überzeugung kommt, daß ein Schenkungsvertrag besteht. Der Klage des B wird demgemäß stattgegeben. Damit steht *rechtskräftig* fest, daß ein Darlehensvertrag *nicht besteht*.

Umgekehrt wird das *Bestehen* des Rechtsverhältnisses durch ein Urteil *festgestellt*, das der *positiven* Zwischenfeststellungsklage *stattgibt*; ebenso wenn die

---

1071 Vgl. *BGH* NJW 1993, 1716; MünchKomm ZPO/*Becker-Eberhard*[4], § 256 Rdnr. 68; *Stein/Jonas/Leipold*[22], § 286 Rdnr. 58; *Zöller/Greger*, § 256 Rdnr. 18.

1072 Vgl. *RGZ* 29, 345 (347 f.); 50, 416 (417); *BGHZ* 123, 137 (139 f.); *BGH* NJW 1975, 1320; 1995, 1757; *KG* ZMR 2004, 752; *Baltzer*, Negative Feststellungsklage, S. 21 ff.; *Blomeyer*, Erkenntnisverfahren[2], § 89 II 3b, S. 480; *Stein/Jonas/Leipold*[22], § 322 Rdnr. 186; *Stein/Jonas/Roth*[22], § 256 Rdnr. 121 m. w. N. in Fußn. 624; so bereits früher *Bähr*, Urteile, S. 143, 164; *Hellmann*, Lehrbuch, S. 377; *Planck*, Lehrbuch I, S. 207.

1073 Vgl. *BGH* NJW-RR 2006, 712 (714); *Rosenberg/Schwab/Gottwald*[17], § 90 Rdnr. 1; *Stein/Jonas/Roth*[22], § 256 Rdnr. 121. Wie *Schumann* nachgewiesen hat, folgt diese Rechtskraftwirkung des die Feststellungsklage abweisenden Urteils aus dem Rechtsfriedenszweck der möglichst umfassenden Streitbereinigung. So soll dem erfolglosen Feststellungskläger die Möglichkeit genommen werden, durch Leistungs-(Unterlassungs-)klage erneut gegen den Beklagten vorgehen zu können, ohne daß sich dieser auf die positive Wirkung des abweisenden Urteils berufen könnte, vgl. *Schumann*, GS Michelakis, 553 (571 ff.).

negative Zwischenfeststellungsklage deshalb *abgewiesen* wird, weil das Rechtsverhältnis besteht oder der Kläger wegen der rechtsvernichtenden Tatsache beweisfällig bleibt[1074]:

Beispiel 3: K klagt auf Rückzahlung der Darlehensvaluta i. H. v. 6.000 € und erhebt zugleich Zwischenfeststellungsklage mit dem *Antrag* festzustellen, daß der von B bestrittene Darlehensvertrag *besteht*. Beiden Klagen wird stattgegeben, da das Gericht zur Überzeugung kommt, daß ein Darlehensvertrag besteht und die Darlehensvaluta ausbezahlt und zur Rückzahlung fällig ist. Damit steht *rechtskräftig* fest, daß ein Darlehensvertrag *besteht*.

Beispiel 4: K klagt auf Rückzahlung der Darlehensvaluta i. H. v. 6.000 €. Nunmehr erhebt B Zwischenfeststellungswiderklage mit dem *Antrag* festzustellen, daß der Darlehensvertrag wegen später erfolgter einvernehmlicher Aufhebung *nicht besteht*. Der Klage des K wird stattgegeben und die des B abgewiesen, weil B hinsichtlich der Aufhebung beweisfällig bleibt. Damit steht *rechtskräftig* fest, daß ein Darlehensvertrag *besteht*.

Der *Bundesgerichtshof* und Teile der Literatur[1075] vertreten jedoch die Auffassung, die Rechtskraftwirkung der Zwischenfeststellungsklage reiche nicht weiter, als die Vorgreiflichkeit des festgestellten Rechtsverhältnisses für die Hauptsache gehe. Der *Bundesgerichtshof* begründet diese Auffassung in seinem Urteil vom 9. März 1994[1076] folgendermaßen:

> „Gegenstand der Zwischenfeststellungsklage der Klägerin ist mithin nicht das Bestehen des Kausalverhältnisses schlechthin, sondern nur in seiner Vorgreiflichkeit für die Hauptsache, also in seiner Bedeutung für eine persönliche Einwendung der Beklagten gegenüber den Wechselansprüchen der Klägerin. [...] Dem Gegenstand der Zwischenfeststellungsklage und der für sie geltenden Beweislastverteilung entspricht die Rechtskraftwirkung der Zwischenfeststellung: Sie reicht nicht weiter, als die Vorgreiflichkeit des festgestellten Rechtsverhältnisses für die Hauptsache geht, und schneidet daher der Bekl. die Berufung auf das Nichtzustandekommen des Kausalverhältnisses nur gegenüber künftigen Wechselklagen der Kl., nicht aber gegenüber einer Kaufpreisklage aus dem Kausalverhältnis selbst ab."

Anderer Auffassung sind völlig zu Recht *Gerhard Lüke*[1077], *Ekkehard Becker-Eberhard*[1078] und *Wolfgang Foerste*[1079]. Weder ist eine derartige Begrenzung der Rechtskraft dem Wortlaut der Norm noch den Protokollen und der Begründung der Entwürfe zur CPO zu entnehmen. Sie läßt sich auch nicht mit dem Sinn und

1074 Vgl. *BGH* NJW 1985, 2022; *Stein/Jonas/Roth*[22], § 256 Rdnr. 121.

1075 Etwa *BGHZ* 125, 251 (258); *Wieczorek/Schütze/Assmann*[3], § 256 Rdnr. 390; *Zöller/Greger*, § 256 Rdnr. 21 a. E.

1076 *BGHZ* 125, 251 (258). Zum Sachverhalt bereits oben Fußn. 1064 im Rahmen der Beweislast (Wechsel/Kaufpreis-Fall).

1077 MünchKomm ZPO/*Lüke*[2], § 256 Rdnr. 75 a. E.

1078 MünchKomm ZPO/*Becker-Eberhard*[4], § 256 Rdnr. 75 a. E.

1079 *Musielak/Foerste*, § 256 Rdnr. 39.

Zweck des § 265 Abs. 2 ZPO vereinbaren. Im Gegenteil. Die Inzidentfeststellungsklage soll ein Ausgleich dafür sein, daß sich die Rechtskraft des Urteils nicht auf die notwendig in den Entscheidungsgründen entschiedenen präjudiziellen Rechtsverhältnisse erstreckt[1080]. Die Erstreckung der Rechtskraft hängt folglich nur davon ab, *daß* das Gericht in den Entscheidungsgründen zur Hauptklage notwendig das (Nicht-)Bestehen des Rechtsverhältnisses feststellt. Denn das streitige präjudizielle Rechtsverhältnis soll rechtskräftig festgestellt werden können, wenn dies dem *Willen der Parteien* entspricht. Dieser Wille der Partei, welche die Inzidentfeststellung beantragt, ist aber nicht auf eine Feststellung „in den Grenzen der Vorgreiflichkeit" beschränkt. Der Streitgegenstand und damit die Grenzen der Rechtkraft werden durch den *Antrag der Partei* bestimmt. Dieser ist jedoch auf Feststellung des Rechtsverhältnisses an sich und nicht nur in den Grenzen der Vorgreiflichkeit gerichtet. Eine derartige Beschränkung des Willens der Partei ist daher schwerlich mit der Dispositionsmaxime in Einklang zu bringen.

Hinzu kommt, daß eine solche Sichtweise dem Prozeßzweck des Rechtsfriedens[1081] zuwider liefe. Unterstellt man in dem oben[1082] geschilderten Wechsel/Kaufpreis-Fall des *Bundesgerichtshofs* eine durch die Vorgreiflichkeit begrenzte Rechtskraft, dann wäre es der Beklagten nur gegenüber künftigen Wechselansprüchen der Klägerin verwehrt, sich auf das Nichtbestehen der Kaufverträge zu berufen. Damit würde sich folgende Situation ergeben: Die Beklagte könnte nach Rechtskraft des Urteils eine kontradiktorische negative Feststellungsklage erheben mit dem Antrag festzustellen, daß die Kaufverträge nicht bestehen. Diese Klage begründet sie damit, daß es nunmehr nicht um die Wechselansprüche, sondern den Kaufpreis ginge. Die (ursprüngliche) Inzidentklägerin wird sich die nicht unberechtigte Frage stellen, wozu sie überhaupt die Zwischenfeststellung des Bestands der Kaufverträge beantragt hat. Hinzu kommt, daß eine Begrenzung der Rechtskraft auf die Vorgreiflichkeit nur auf die Zwischenfeststellungsklage Anwendung finden kann. Hätte sie denselben Antrag ausdrücklich als prinzipale Feststellung erhoben, wäre die Rechtskraft des Urteils, das ihrer positiven Feststellungsklage stattgab, nicht auf die Vorgreiflichkeit beschränkt gewesen. Ein Zustand der Rechtssicherheit stellt sich damit bestenfalls bedingt ein.

In diesem Zusammenhang – die Auffassung des *Bundesgerichtshofs* unterstellt – ließe sich dann ebenfalls fragen, wie eine Inzidentklage in eine selbständige

---

1080 Ausführlich dazu oben Text bei Fußn. 148 ff., 161 ff.

1081 Zum Verhältnis zwischen dem Zweck der materiellen Rechtskraft und dem Prozeßzweck des Rechtsfriedens vgl. *Schumann*, FS Bötticher, 289 (319); *Stein/Jonas/Leipold*[22], § 322 Rdnr. 27 ff.

1082 In Fußn. 1064.

Feststellungsklage umgedeutet werden können soll. Denn dann würde die Rechtskraft ja weiter reichen als ursprünglich beantragt und damit die unterlegene Partei mit Rechtsfolgen belastet, mit denen sie nicht gerechnet hat. Weil der Streitgegenstand bei prinzipaler wie unselbständiger Feststellung derselbe ist – das im Antrag enthaltene Begehren[1083] ist auf positive oder negative Feststellung des Rechtsverhältnisses gerichtet – hat der Kläger die Möglichkeit, von der einen zur anderen übergehen zu können[1084]. Eine Beschränkung der Rechtskraft auf die Reichweite der Vorgreiflichkeit macht unter diesem Aspekt ebenfalls keinen Sinn.

Die Auffassung des *Bundesgerichtshofs* ist ersichtlich durch die Umstände des entschiedenen Einzelfalls beeinflußt: Zwischen den Parteien war im Revisionsrechtszug vor allem umstritten, zu wessen Lasten die Unaufklärbarkeit, ob den Kaufverträgen tatsächlich ein Abzahlungsgeschäft zugrunde lag und damit die Kaufverträge überhaupt widerrufbar waren, gehen sollte. Wegen der abstrakten Natur der Wechselforderung mußte die Beklagte beweisen, daß der Hingabe des Wechsels keine Verpflichtung zur Zahlung aufgrund Kaufvertrages zugrunde lag. Damit war sie letztlich beweislastpflichtig für das Nichtbestehen der Kaufverträge. Hätte die Klägerin dagegen ausschließlich eine Kaufpreisklage erhoben, wäre sie für das Bestehen der Kaufverträge beweislastpflichtig gewesen. Diese Konstellation ist aber weder für die Frage nach der Reichweite der materiellen Rechtskraft eines Urteils über die Zwischenfeststellungsklage verallgemeinerungsfähig noch ist die Rechtskraft von der Beweislastverteilung abhängig. Während die materielle Rechtskraft genuin prozeßrechtlich ist, ist die Beweislast vom materiellen Recht abhängig[1085]. Hätte beispielsweise nicht die Klägerin Kaufpreisklage, sondern statt dessen die Beklagte Klage auf Lieferung der Ware erhoben, so wäre sie nunmehr für das Bestehen der Kaufverträge als anspruchsbegründende Tatsache beweisbelastet gewesen. Die Rechtskraftwirkung hinsichtlich der Entscheidung über das Bestehen oder Nichtbestehen der Kaufverträge wäre aber keine andere.

Zusammenfassend läßt sich festhalten, daß die Rechtskraft eines Urteils über die Inzidentklage der eines Urteils über die selbständige Feststellungsklage entspricht und insbesondere nicht begrenzt ist durch die Vorgreiflichkeit für die Hauptsache.

1083 Ausführlich zur Unterscheidung hinsichtlich des Adressaten des klägerischen Antrags zwischen der Meinung, der Streitgegenstand sei primär als das *an das Gericht* bestimmte Begehren um Rechtsschutz (die gewünschte Entscheidung zu tenorieren) zu bestimmen, im Gegensatz zur Auffassung, die den Streitgegenstand als Rechts(folgen)behauptung mit dem *Beklagten als Bezugspunkt* verstanden haben will: *Althammer*, Streitgegenstand, S. 251 ff. In erstem Sinne etwa *Schwab*, Streitgegenstand, S. 185; a. A. *Habscheid*, Streitgegenstand, S. 221.

1084 Dazu bereits oben Text bei Fußn. 1035 ff.

1085 Dazu bereits oben Text nach Fußn. 1060.

II. Formelle Rechtskraft

Wie bei jedem Urteil[1086] tritt auch bei Urteilen über Zwischenfeststellungsklagen die formelle Rechtskraft nach § 705 ZPO mit Ablauf der für die Einlegung des zulässigen Rechtsmittels bestimmten Frist ein. Ist ein *Rechtsmittel in der Hauptsache* zulässig, so *erstreckt sich* die Zulässigkeit des Rechtsmittels auf die *Inzidentfeststellungsentscheidung*, weil über Hauptsache und Zwischenfeststellung nicht einander widersprechende Entscheidungen ergehen können[1087]. Sofern das Rechtsmittel auf die Hauptsache beschränkt ist, wird die Feststellung allerdings unanfechtbar und bindet insoweit das Rechtsmittelgericht (§§ 318, 512, 557 Abs. 2 ZPO)[1088].

Da die herrschende Meinung von der generellen Zulässigkeit eines isolierten Teilurteils über die Zwischenfeststellungsklage ausgeht[1089], stellt sich das Problem, daß gegen das Teilurteil ein Rechtsmittel wie gegen jedes Endurteil eingelegt werden kann[1090]. Da für das Rechtsmittelgericht grundsätzlich keine Zuständigkeit zur Entscheidung über den beim unteren Gericht anhängig gebliebenen Teil (Hauptklage) besteht[1091], kann es folglich dazu kommen, daß das Rechtsmittelgericht das Teilurteil über die Inzidentklage abändert, was zu widersprüchlichen Entscheidungen führen kann. Aus diesem Grund befürworten einige Autoren[1092], daß wegen der Vorgreiflichkeit ein vor Rechtskraft des Inzidentfeststel-

---

1086 Statt vieler *Rosenberg/Schwab/Gottwald*[17], § 150 Rdnr. 1.

1087 Vgl. *RGZ* 166, 175 (181 f.); *Musielak/Foerste*, § 256 Rdnr. 44; *Baumbach/Lauterbach/Albers/Hartmann*, § 256 Rdnr. 120; MünchKomm ZPO/*Becker-Eberhard*[4], § 256 Rdnr. 89; *Wieczorek/Schütze/Assmann*[3], § 256 Rdnr. 388; *Zöller/Greger*, § 256 Rdnr. 31.

1088 Vgl. *Baumbach/Lauterbach/Albers/Hartmann*, § 256 Rdnr. 120; MünchKomm ZPO/*Becker-Eberhard*[4], § 256 Rdnr. 89; *Musielak/Foerste*, § 256 Rdnr. 44; *Wieczorek/Schütze/Assmann*[3], § 256 Rdnr. 389; *Zöller/Greger*, § 256 Rdnr. 31.

1089 Vgl. hierzu die Nachweise oben in Fußn. 961.

1090 Statt vieler *Thomas/Putzo/Reichold*, § 301 Rdnr. 6.

1091 Vgl. *BGHZ* 30, 213; *BGH* NJW 1983, 1311; 1984, 120; *BAGE* 14, 212; *Rosenberg/Schwab/Gottwald*[17], § 138 Rdnr. 20 f.; *Stein/Jonas/Leipold*[22], § 301 Rdnr. 40. Nach Ansicht des *Bundesgerichtshofs* kann das Berufungsgericht zwar den im ersten Rechtszug anhängig gebliebenen Teil des Rechtsstreits an sich ziehen und nach § 528 Abs. 1 ZPO darüber mitentscheiden, dies allerdings nur, wenn das Gericht des ersten Rechtszugs ein unzulässiges Teilurteil erlassen hat, vgl. *BGH* NJW 1960, 39; 1983, 1311; 1984, 120; 1992, 511 (512); 1999, 1035 (1036).

1092 Vgl. *Baumbach/Lauterbach/Albers/Hartmann*, § 256 Rdnr. 120; MünchKomm ZPO/*Becker-Eberhard*[4], § 256 Rdnr. 89; *Wieczorek/Schütze/Assmann*[3], § 256 Rdnr. 389; *Zöller/Greger*, § 256 Rdnr. 31. Nach anderer Auffassung soll das Berufungsgericht über den in erster Instanz anhängigen Teil entscheiden können, sofern der im Berufungsrechtszug anhängige Anspruch präjudiziell für den Rest ist und das Gericht die Klage abweisen will, vgl. *Rosenberg/Schwab/Gottwald*[17], § 138 Rdnr. 24 f., m. w. N. in den entsprechenden Fußnoten. *Gottwald* erkennt zwar die Systemwidrigkeit, hält sie aber durch das Parteiinteresse und die Prozeßökonomie für gerechtfertigt, vgl. *Rosenberg/Schwab/Gottwald*[17], § 138 Rdnr. 25.

lungsurteils zur Hauptsache ergangenes Endurteil analog § 304 Abs. 2 ZPO auflösend bedingt sei durch die Aufhebung des Teilurteils über die Inzidentklage durch das Rechtsmittelgericht.

Diese Friktionen ließen sich von vornherein vermeiden, wenn man der hier vertretenen Auffassung[1093] folgt, wonach über die Inzidentklage ein isoliertes Teilurteil grundsätzlich unstatthaft ist. In diesem Fall erfolgt eine Entscheidung über Inzident- und Hauptklage in einem gemeinsamen Endurteil. Zu widersprüchlichen Entscheidungen zwischen den Instanzen kann es nicht kommen.

§ 10 Der Rat zur Erhebung einer Eventualzwischenfeststellungsklage unter kostenrechtlichen Gesichtspunkten

Abschließend soll noch kurz auf den in dieser Arbeit mehrfach geäußerten Rat[1094], zur Vermeidung einer Klagabweisung Eventualzwischenfeststellungsklage zu erheben, unter kostenrechtlichen Gesichtspunkten eingegangen werden. Der prozeßtaktische Rat, eine *bedingte* Zwischenfeststellungsklage zu erheben, erscheint nur berechtigt, wenn sich bei unbedingter Antragstellung eine andere Kostenentscheidung ergeben könnte. Denn wenn es kostenrechtlich gleichgültig ist, ob der Inzidentantrag unbedingt erhoben wird oder nicht, dann geht der Inzidentkläger kein Risiko ein, wenn er von vornherein unbedingt klagt.

I. Die kostenrechtliche Situation des Klägers

Auf Seiten des Klägers variiert die kostenrechtliche Situation danach, ob er vollumfänglich obsiegt oder sowohl mit Haupt- und Zwischenfeststellungsklage als auch mit nur einer von beiden unterliegt. Für den Inzidentkläger kann es sich kostenrechtlich aber nur unterschiedlich auswirken, ob er unbedingt oder bedingt klagt, wenn seine *Inzidentklage abgewiesen* wird. Aus diesem Grund konzentriert sich die nachfolgende Darstellung auf die Fallgestaltungen der Abweisung der Zwischenfeststellungsklage.

Entsprechend dem Grundgedanken von § 91 Abs. 1 Satz 1 ZPO setzt die Kostenpflicht ein Unterliegen im Prozeß nach dessen Gesamtergebnis voraus. Unterlegen ist dabei die Partei, die mit ihrem Antrag in der Hauptsache nicht

---

1093 Dazu oben Text bei Fußn. 962 ff.

1094 Insbesondere oben Text bei Fußn. 598 ff.

durchdringt[1095]. Die Kosten des Rechtsstreits selbst bestehen vorwiegend in den nach Maßgabe des GKG angefallenen Gebühren und Auslagen des Gerichts sowie den Kosten der Prozeßvertretung, die sich nach dem RVG berechnen[1096]. § 23 Abs. 1 Satz 1 RVG ordnet insoweit an, daß sich die Anwaltsgebühren nach dem Gegenstandswert richten, der sich im gerichtlichen Verfahren grundsätzlich nach den für die Gerichtsgebühren geltenden Vorschriften bestimmt. Diesbezüglich gelten für bürgerliche Rechtsstreitigkeiten die Vorschriften der §§ 41 bis 49 GKG und über § 48 GKG die Vorschriften der §§ 3 bis 9 ZPO[1097].

A. Abweisung von Haupt- und Inzidentklage

Als erstes soll hierzu die kostenrechtliche Situation beleuchtet werden, daß sowohl die Hauptklage als auch die Inzidentklage des Klägers abgewiesen werden.

1. Unbedingter Zwischenfeststellungsantrag

Wenn der Zwischenfeststellungskläger seine Inzidentklage unbedingt erhoben hat und diese zusammen mit seiner Hauptklage abgewiesen wird, hat er gem. § 91 Abs. 1 Satz 1 ZPO die Kosten des Rechtsstreits zu tragen, da er mit beiden Anträgen unterlegen ist[1098]. Fraglich ist nur, welcher Gebührenstreitwert diesbezüglich zu Grunde zu legen ist.

Für den Gebührenstreitwert regelt § 39 Abs. 1 Satz 1 GKG, daß die Werte mehrerer Streitgegenstände in demselben Verfahren und Rechtszug zusammengerechnet werden, soweit nichts anderes bestimmt ist[1099]. Dies gilt allerdings dann nicht, wenn es sich um *denselben gebührenrechtlichen*[1100] *Streitgegenstand* handelt, weil die Anträge das *gleiche Interesse* betreffen. Dies ist insbesondere

1095 Vgl. *Stein/Jonas/Bork*[22], vor § 91 Rdnr. 7. Ein Unterliegen i. S. v. § 91 Abs. 1 Satz 1 ZPO liegt auch dann vor, wenn die Klage als unzulässig abgewiesen wird, da es für die einheitlich zu treffende Kostenentscheidung auf die Gründe für das letztliche Unterliegen nicht ankommt, vgl. *BGHZ* 10, 303 (306); *BGH* ZZP 1956, 37 (39); *OLG Zweibrücken* NJW-RR 1999, 1666; MünchKomm ZPO/*Schulz*[4], § 91 Rdnr. 15.

1096 Vgl. *Musielak/Lackmann*, vor § 91 Rdnr. 3 ff.; *Stein/Jonas/Bork*[22], vor § 91 Rdnr. 30 f.

1097 Vgl. *Gerold/Schmidt/Müller-Rabe*, RVG, § 23 Rdnr. 1 ff., 7 f. In Familiensachen sind insoweit die §§ 33 ff. FamGKG zu beachten. Ausführlich zur „normativen" Streitwertberechnung *Schumann*, NJW 1982, 1257 (1258 ff.).

1098 Vgl. MünchKomm ZPO/*Schulz*[4], § 91 Rdnr. 12, 15.

1099 Dies wird in § 22 Abs. 1 RVG ausdrücklich bestätigt, vgl. *Mayer/Kroiß*, RVG, S. 185. Für Familiensachen bestimmt dies der inhaltsgleiche § 33 Abs. 1 Satz 1 FamGKG.

1100 Vgl. *OLG Rostock*, Beschluß vom 23. Oktober 2007 (7 W 75/07), Rdnr. 18. Ausführlich zur Verschiedenheit vom zivilprozessualen Streitgegenstandsbegriff *Frank* Anspruchsmehrheiten, S. 284.

der Fall bei *wirtschaftlicher Identität*[1101]. Dies entspricht dem bereits bei der Frage des Zuständigkeitsstreitwerts angesprochenen Grundsatz des Additionsverbots bei wirtschaftlicher Identität[1102]. Daß bei mehreren wirtschaftlich auf das gleiche Ziel gerichteten Ansprüchen der höhere Einzelwert zum Zuge kommt, gehört in diesem Fall – wie *Frank* es formuliert – „zu den wenigen unbestrittenen Grundsätzen des Streitwertrechts“[1103].

a) Wirtschaftliche Identität

Entscheidend ist somit, inwieweit zwischen der Haupt- und der Inzidentklage eine *wirtschaftliche Identität* besteht. Hierzu folgender Fall:

Beispiel 1: K verlangt im Wege der Vindikationsklage von B aufgrund behaupteter Universalsukzession die Herausgabe des einzigen Erbstücks, einer mittelalterlichen Handschrift (Wert: € 340.000,-). B beruft sich neben mangelndem Eigentum des K auf ein Recht zum Besitz wegen eines noch andauernden Leihvertrags mit dem von K behauptetem Erblasser. K beantragt Inzidentfeststellung, daß er Eigentümer der Handschrift sei. Die Hauptklage wird abgewiesen, da B den Leihvertrag vorlegen kann. Die Inzidentklage wird mangels Vorgreiflichkeit als unzulässig abgewiesen, da das Gericht es dahingestellt sein läßt, ob K Eigentümer sei.

Im *Beispiel 1* verfolgt der Kläger mit dem positiven Zwischenfeststellungsantrag neben dem Hauptantrag auf Herausgabe der Handschrift als einzigem Erbstück kein wirtschaftlich selbständiges Ziel. Sein Interesse ist vielmehr durch den Wert der Sache nach oben begrenzt. Eine Zusammenrechnung scheidet daher aus[1104]. Demzufolge werden die Gerichtskosten und außergerichtlichen Kosten aus dem Gebührenstreitwert des Hauptantrags (€ 340.000,- entsprechend dem Wert der Handschrift) berechnet[1105].

1101 Vgl. *BGH* NJW-RR 2004, 638; *BGH* Rpfleger 1987, 205; *Binz/Dörndorfer/Petzold/ Zimmermann*, GKG, § 39 Rdnr. 2; *Meyer*, GKG, § 39 Rdnr. 2.

1102 Ausführlich dazu *Frank*, Anspruchsmehrheiten, S. 164 ff.

1103 *Frank*, Anspruchsmehrheiten, S. 206 unter Hinweis auf *Schumann*, NJW 1982, 2800 (2801).

1104 Vgl. *Frank*, Anspruchsmehrheiten, S. 178 f. Der Wert der Feststellungsklage orientiert sich an den wirtschaftlichen Auswirkungen der begehrten Feststellung, die auf die Herausgabe des Buches begrenzt sind. Unerheblich ist diesbezüglich, ob der Feststellungsantrag zulässig ist oder nicht, vgl. *Frank*, Anspruchsmehrheiten, S. 179. In diesem Sinne bei Zusammentreffen von negativer Eigentumsfeststellungsklage und Herausgabewiderklage bereits *KG* JW 1934, 2171.

1105 Dieses ist auch der höhere Wert, weil nach § 48 GKG i. V. m. § 3 ZPO bei der positiven Zwischenfeststellungsklage auch beim Gebührenstreitwert ein Abschlag wegen der mangelnden Vollstreckbarkeit vorzunehmen ist, vgl. *BGH* NJW 1965, 2298; MünchKomm ZPO/*Becker-Eberhard*[4], § 256 Rdnr. 90 f.; *Enders*, RVG, „Feststellungsklage“ Rdnr. 935; *Schneider/Herget*, Streitwert, Rdnr. 1812. An Verfahrensgebühr (Nr. 3100 VV RVG) fallen somit € 3.127,80 an, an Terminsgebühr (Nr. 3104 VV RVG) € 2.887,20. Hinzu kommen eine Auslagenpauschale von € 20,- (Nr. 7002 VV RVG) und Umsatzsteuer in Höhe von € 1.146,65. Insgesamt

b) Teilweise wirtschaftliche Identität

Damit stellt sich die Frage, ob sich an dem gefundenen Ergebnis etwas ändert, wenn zwischen Haupt- und Inzidentklage nur *teilweise* wirtschaftliche Identität besteht. Dazu folgendes Beispiel:

> *Beispiel 2*: Vermieter K klagt gegen B auf Zahlung der rückständigen Miete (€ 500,-) für den Monat April 2012 und beantragt im Wege der Inzidentklage festzustellen, daß zwischen ihm und B ein Mietverhältnis (von 1. Januar 2012 bis 30. September 2012) bestand. B bestreitet einen wirksamen Mietvertrag und behauptet im Übrigen Erfüllung. Die Hauptklage wird als unbegründet abgewiesen, da B mittels Kontoauszugs die Überweisung nachweisen konnte. Die Inzidentklage wird als unzulässig abgewiesen, da es wegen der Erfüllung für die Entscheidung der Hauptklage nicht auf das Bestehen des Mietvertrages ankommt.

Der *Bundesgerichtshof* hat insofern für den Fall des Zusammentreffens von Leistungsklage und Feststellungsklage im Rahmen einer mietrechtlichen Klage mit Beschluß vom 22. Juni 2006 entschieden[1106]:

> „Werden in einer Klage a) durch Leistungsantrag ein Mietzinszahlungsanspruch und b) durch Feststellungsantrag das Bestehen oder Nichtbestehen des Mietverhältnisses geltend gemacht, so sind die *beiden Ansprüche einzeln zu bewerten und sodann zu addieren, wenn und soweit* der Zeitraum, für den Zahlung verlangt wird, und der Zeitraum, für den das Bestehen oder Nichtbestehen des Mietverhältnisses festgestellt werden soll, *sich nicht decken. Wenn und soweit* sich die Zeiträume überschneiden, *ist allein auf den höheren Anspruch abzustellen, da es sich im Umfang der zeitlichen Kongruenz wirtschaftlich um denselben Gegenstand handelt*".
>
> [Herv. d. Verf.]

Dies gilt, so der *Bundesgerichtshof*, auch „wenn Zahlungs- und Feststellungsbegehren nicht im Verhältnis von Klage und Widerklage stehen"[1107].

Diese Auffassung ist überzeugend und entspricht den hier gemachten Ausführungen zur teilweisen wirtschaftlichen Identität im Rahmen der sachlichen Zuständigkeit[1108]. Danach sind die *Gebührenstreitwerte zu addieren*, soweit sich die *Ansprüche nicht decken*. Sofern also die Inzidentklage mit der Hauptklage nicht wirtschaftlich identisch ist, sind beide gesondert zu bewerten und zu addieren.

---

somit € 7.181,65, vgl. *Mayer/Kroiß*, RVG, Anhang II S. 1626. Diese außergerichtlichen Kosten hat K dem B zu erstatten. Die Gerichtskosten in Höhe von € 6.618,- hat K bereits bei Klageeinreichung als Vorschuß eingezahlt (vgl. § 12 Abs. 1 Satz 1 GKG).

1106 *BGH* NJW-RR 2006, 378, unter Hinweis auf den Senatsbeschluß vom 2. November 2005, *BGH* NZM 2006, 138 (139).

1107 *BGH* NJW-RR 2006, 378.

1108 Dazu oben Text bei Fußn. 847 f.

Im *Beispiel 2* beträgt der Gebührenstreitwert für die Hauptklage € 500,- und gem. § 41 Abs. 1 Satz 1 GKG € 4.500,- für die Inzidentklage. Da sich die Zeiträume der Anträge im April decken, ergibt eine Zusammenrechnung einen Gesamtgebührenstreitwert von € 4.500,-, aus dem sich die Kosten des unterliegenden Klägers errechnen.

c) Wirtschaftlich verschiedene Gegenstände

Bei wirtschaftlich verschiedenen Gegenständen bleibt es bei der Grundregel des § 39 Abs. 1 GKG, daß die Werte von Haupt- und Inzidentklage zusammenzurechnen sind. Bei Abweisung beider Anträge hat der Kläger daher gem. § 91 Abs. 1 Satz 1 ZPO die Kosten aus dem addierten Gesamtgebührenstreitwert zu tragen.

2. Bedingter Zwischenfeststellungsantrag

Es fragt sich, ob sich an den gefundenen Ergebnissen etwas ändert, wenn der Hauptkläger seinen Zwischenfeststellungsantrag hilfsweise für den Fall der Stattgabe des Hauptantrags stellt. Nach § 45 Abs. 1 Satz 2 GKG wird ein hilfsweise geltend gemachter Anspruch mit dem Hauptanspruch zusammengerechnet, *soweit* eine Entscheidung über ihn ergeht. Hilfsansprüche wirken sich damit gebührenrechtlich erst aus, wenn der Eventualfall eingetreten ist *und* das Gericht darüber streitig entschieden hat[1109]. Ob dies nur für die Gerichtskosten oder über § 23 Abs. 1 Satz 1 RVG auch für die Rechtsanwaltsgebühren gilt, ist strittig:

Nach *einer Meinung* ist der Wert des Hilfsantrags mit demjenigen des Hauptantrags selbst dann zu addieren, wenn das Gericht über den Hilfsantrag nicht entschieden hat oder dieser nicht verglichen wurde, da sich die anwaltliche Tätigkeit, anders als die gerichtliche, auf den Hilfsantrag erstreckt hat[1110]. Nach der vorzugswürdigen und hier vertretenen *Gegenauffassung* ist auch für die Abrechnung des Anwalts mit seinem Mandanten § 45 GKG uneingeschränkt anzuwenden[1111]. Die an der Honorierung nach Zeitaufwand orientierte Sichtweise der ersten Auffassung ist mit dem Gebührenschema des RVG nicht in Einklang zu bringen[1112]. Das RVG geht vielmehr von einer Mischkalkulation des Anwalts aus, weshalb dieser

---

1109 Vgl. *BGH* NJW 2001, 3616; *Hartmann*, GKG, § 45 Rdnr. 30 ff.; *Meyer*, GKG, § 45 Rdnr. 17; *Göttlich/Mümmler/Hellstab*, RVG, „Hilfsantrag", Entscheidung über den Hilfsantrag, S. 594 f. In Familiensachen findet insoweit § 39 Abs. 1 Satz 2 FamGKG Anwendung, der aber inhaltsgleich mit § 45 Abs. 1 Satz 2 GKG ist, weshalb hierauf nicht gesondert eingegangen wird.

1110 So etwa *LAG Nürnberg* MDR 2005, 120; *LAG Köln* NZA-RR 2002, 437.

1111 So etwa *OLG Hamburg* JurBüro 2009, 645; *OLG Hamm* JurBüro 2007, 204; *OLG Köln* MDR 1994, 1152.

1112 So zutreffend *Göttlich/Mümmler/Hellstab*, RVG, „Hilfsantrag", Grundsatz, S. 494.

durch eine entsprechende Gebührenvereinbarung einem eventuellen Mehraufwand vorbeugen kann[1113]. Die anwaltliche Gebühr richtet sich demzufolge *auch im Fall eines Hilfsantrags* stets nach dem *Wert für die Gerichtsgebühren.*

a) Wirtschaftliche Identität

Betreffen Haupt- und Hilfsanspruch – sofern letzterer nach § 45 Abs. 1 Satz 2 GKG zu berücksichtigen ist – *denselben Gegenstand,* ist gem. § 45 Abs. 1 Satz 3 GKG nur der *Wert des höheren Anspruchs* maßgebend[1114].

Stellt der Kläger hingegen seinen *Inzidentantrag hilfsweise* für den Fall des Obsiegens mit seinem Hauptantrag, ergeht über den Inzidentantrag im Fall der Abweisung des Hauptantrags keine Entscheidung, weshalb eine *gebührenrechtliche Berücksichtigung* des Eventualinzidentantrags *nach § 45 Abs. 1 Satz 2 GKG ausscheidet.* Insoweit kommt es auch nicht darauf an, ob der Inzidentantrag im Umfang der wirtschaftlichen Identität möglicherweise einen höheren Wert als der Hauptantrag haben kann, da der höhere Wert ohnehin nur Berücksichtigung findet, soweit eine Entscheidung über den Hilfsantrag ergeht. Demgemäß kommt es im Fall der *bedingten* Inzidentantragsstellung auf wirtschaftliche Identität nur dann an, wenn über den Inzidentantrag entschieden wird[1115].

Stellt etwa der Kläger K im *Beispiel 1*[1116] seinen Zwischenfeststellungsantrag hilfsweise für den Fall der Stattgabe der Vindikationsklage und weist das Gericht diese ab, weil B zum Besitz berechtigt ist, dann fällt die Rechtshängigkeit des Zwischenfeststellungsantrags mangels Bedingungseintritts rückwirkend weg[1117]. In diesem Fall findet gem. § 45 Abs. 1 Satz 2 GKG keine Zusammenrechnung statt. Für die Kosten, die der Kläger K in diesem Fall gem. § 91 Abs. 1 Satz 1 ZPO zu tragen hat, ist demnach einzig der Gebührenstreitwert der Hauptklage maßgebend.

Damit wirkt es sich *kostenrechtlich* für den Kläger *im Fall wirtschaftlicher Identität* bei Abweisung seiner Hauptklage aber *nicht nachteilig* aus, wenn er seinen *Inzidentantrag unbedingt* stellt, da sich die Kosten in diesem Fall ebenfalls nur nach dem einfachen höheren Wert der Hauptklage bestimmen.

1113 Ebenda.

1114 Vgl. *BGH* NJW-RR 2003, 713; MünchKomm ZPO/*Wöstmann*[4], § 5 Rdnr. 15; *Binz/Dörndorfer/Petzold/Zimmermann*, § 45 GKG Rdnr. 20; *Musielak/Heinrich*, § 5 Rdnr. 13. In Familiensachen ist § 39 Abs. 1 Satz 3 FamGKG wiederum inhaltsgleich.

1115 Vgl. *OLG Frankfurt a. M.* GRUR-RR 2012, 367 (368), im Fall eines „eigentlichen" Hilfsantrags.

1116 Oben Text nach Fußn. 1103.

1117 Hierzu oben Text bei Fußn. 607.

b) Wirtschaftliche Teilidentität

Damit stellt sich die Frage, ob sich im Fall wirtschaftlich lediglich teilweiser Identität der gebührenrechtlichen Streitgegenstände von Haupt- und Inzidentklage kostenrechtlich ein Unterschied für den Kläger ergibt, wenn er seine Inzidentklage bedingt erhebt. Dazu folgender Fall:

Beispiel 3: Vermieter K klagt gegen B auf Zahlung der rückständigen Miete (€ 500,-) für den Monat April 2012. Da B einen wirksamen Mietvertrag bestreitet und im Übrigen Erfüllung behaupte, beantragt K hilfsweise für den Fall der Begründetheit der Zahlungsklage im Wege der Inzidentklage festzustellen, daß zwischen ihm und B ein Mietverhältnis (von 1. Januar 2012 bis 30. September 2012) bestand. Die Hauptklage wird als unbegründet abgewiesen, da B mittels Kontoauszugs die Überweisung nachweisen konnte. Die Rechtshängigkeit der Inzidentklage fällt rückwirkend weg, da die Bedingung nicht eingetreten ist.

Im Fall einer bedingten Inzidentklage würden den Kläger im *Beispiel 3* nur die Kosten aus dem Gebührenstreitwert der Hauptklage (€ 500,-) treffen. Denn gem. § 45 Abs. 1 Satz 2 GKG bleibt der Gebührenstreitwert des Eventualinzidentantrags bei der Bemessung des Gesamtgebührenstreitwerts unberücksichtigt. Auf den „überschießenden", wirtschaftlich nicht identischen Teil des Streitgegenstands der Inzidentklage kommt es dabei nicht an. Dieser darf trotz Verschiedenheit der Streitgegenstände nicht in die Bemessung der Kosten einfließen.

Damit wirkt es sich im Fall *teilweiser wirtschaftlicher Identität* für den Inzidentkläger *kostenmäßig nachteilig* aus, wenn er seinen *Inzidentantrag unbedingt* stellt. Denn im Fall der Abweisung von Haupt- und Inzidentantrag ist der überschießende Teil des Inzidentantrags dann gebührenrechtlich zu bewerten und mit dem Hauptantrag gem. § 45 Abs. 1 Satz 1, § 45 Abs. 1 Satz 3 GKG zu addieren[1118].

c) Wirtschaftlich verschiedene Gegenstände

Wenn der Kläger bei wirtschaftlich verschiedenen Gegenständen von Hauptklage und Eventualinzidentklage mit seiner Hauptklage abgewiesen wird, scheidet eine gebührenrechtliche Berücksichtigung der bedingt (für den Fall der Klagestattgabe) erhobenen Zwischenfeststellungsklage jedenfalls nach § 45 Abs. 1 Satz 2 GKG aus. Eine unbedingt erhobene Inzidentfeststellungsklage hingegen wäre nach der Grundregel des § 39 Abs. 1 GKG gebührenrechtlich zu berücksichtigen.

Demzufolge wirkt es sich im Fall *wirtschaftlich verschiedener Gegenstände* von Haupt- und Inzidentklage *kostenmäßig nachteilig* für den Kläger aus, wenn er seinen *Inzidentantrag nicht bedingt* stellt und damit abgewiesen wird.

1118 Dazu oben Text bei Fußn. 1106 f.

3. Ergebnis

Als Ergebnis bleibt festzuhalten, daß sich bei Abweisung von Haupt- und Inzidentklage eine unbedingt erhobene Zwischenfeststellungsklage nur dann nicht kostenrechtlich nachteilig für den Inzidentkläger auswirkt, wenn zwischen Haupt- und Inzidentklage wirtschaftliche Vollidentität besteht.

Es macht damit *bei wirtschaftlicher Identität* für den Kläger *kostenrechtlich keinen Unterschied*, ob er neben seiner Hauptklage den Inzidentantrag *unbedingt oder bedingt* erhebt.

In den Fällen *wirtschaftlich nur teilweiser identischer* oder *verschiedener* (gebührenrechtlicher) *Streitgegenstände* ist dem Kläger zur Vermeidung von Kostenachteilen zu einer (uneigentlichen) *Eventualzwischenfeststellungsklage* zu raten.

B. Abweisung nur der Inzidentklage

Damit stellt sich die Frage, wie sich die Situation kostenrechtlich für den Kläger darstellt, wenn lediglich seine Inzidentklage abgewiesen wird.

1. Bedingter Zwischenfeststellungsantrag

Zunächst soll die kostenrechtliche Situation für den Fall untersucht werden, daß der Kläger seinen Inzidentantrag bedingt (in Form des uneigentlichen Eventualinzidentantrags) stellt. Dazu folgendes Beispiel:

Beispiel 4: K klagt gegen B aus Schlechterfüllung des Beförderungsvertrags im Rahmen eines Verkehrsunfalls auf Schadensersatz von € 1.000,- und beantragt im Wege der Inzidentklage festzustellen, daß der von B bestrittene Beförderungsvertrag besteht. Seinen Inzidentantrag stellt er hierbei hilfsweise für den Fall, daß das Gericht seiner Entscheidung das Bestehen eines Beförderungsvertrags zu Grunde legt. Der Leistungsklage wird aus Gefährdungshaftung statt gegeben, die Rechtshängigkeit der Inzidentklage fällt rückwirkend weg, da die Bedingung für den Hilfsantrag nicht eingetreten ist.

Im *Beispiel 4* erfolgt hinsichtlich des hilfsweisen Inzidentantrags keine Entscheidung. Gem. 45 Abs. 1 Satz 2 GKG, § 23 Abs. 1 Satz 1 RVG bleibt der Inzidentantrag somit kostenrechtlich unberücksichtigt. Auf die Frage, ob wirtschaftliche Identität besteht, kommt es wegen der Regelung in § 45 Abs. 1 Satz 2 GKG nicht an. Nach *§ 91 Abs. 1 Satz 1 ZPO* hat daher der *Beklagte die Kosten* des Rechtsstreits zu tragen, die sich aus dem Gebührenstreitwert der Hauptklage (€ 1.000,-) berechnen.

2. *Unbedingter Zwischenfeststellungsantrag*

Es fragt sich, ob sich hinsichtlich der Kosten an diesem Ergebnis etwas ändert, wenn der Kläger seinen Zwischenfeststellungsantrag unbedingt stellt. Zur Veranschaulichung soll eine Abwandlung des *Beispiels 3* dienen:

Beispiel 5: K klagt gegen B aus Schlechterfüllung des Beförderungsvertrags im Rahmen eines Unfalls auf Schadensersatz von € 1.000,- und beantragt im Wege der Inzidentklage festzustellen, daß ein Beförderungsvertrag besteht. Der Leistungsklage wird aus Gefährdungshaftung statt gegeben, die Inzidentklage wird mangels Vorgreiflichkeit als unzulässig abgewiesen.

Im *Beispiel 5* betreffen der Hauptantrag (Schadensersatz wegen des Unfalls) und der Inzidentantrag (Bestehen des Beförderungsvertrags) das gleiche Interesse, da insoweit *wirtschaftliche Identität* und damit (gebührenrechtliche) Streitgegenstandsidentität vorliegt[1119]. Fraglich ist, wie sich eine wirtschaftliche Identität zwischen Haupt- und Inzidentklage auswirkt, da eine Zusammenrechnung der Gebührenstreitwerte gem. § 39 Abs. 1 GKG, § 45 Abs. 1 Satz 3 GKG, §§ 22, 23 RVG in diesem Fall ausscheidet[1120].

a) Kostenfolge des § 91 Abs. 1 Satz 1 ZPO

Eine Möglichkeit wäre es, in diesem Fall – entsprechend der von der h. M. im Rahmen der Kostenentscheidung bei erfolglosem Haupt- und erfolgreichem, mindestens gleichwertigem, Hilfsantrag vertretenen Lösung[1121] – *nach § 91 Abs. 1 Satz 1 ZPO* dem *Beklagten* die *volle Kostenlast* aufzuerlegen. Denn der Gebührenstreitwert bestimmt sich nach dem (nach 20%-Abschlag für die positive Zwischenfeststellungsklage[1122]) höheren Streitwert des Hauptantrags in Höhe von € 1.000,-. In diesem Umfang hat der Kläger obsiegt, so daß er entsprechend der am Gebührenstreitwert auszurichtenden Kostenquote keine Kosten zu tragen hätte. Der Beklagte hätte danach die gesamten Kosten zu tragen, weil er den Rechtsstreit in voller Höhe des zu berücksichtigenden Gebührenstreitwerts

---

1119 Vgl. *Meyer*, GKG, § 39 Rdnr. 2. Dem Feststellungsantrag kommt insoweit keine selbständige Bedeutung zu, da er (wirtschaftlich) lediglich dazu dient den Schadensersatzanspruch wegen Schlechterfüllung des Beförderungsvertrags vorzubereiten. Dem Kläger geht es vielmehr wirtschaftlich nur um die Beseitigung seiner Schadensfolgen aus dem Verkehrsunfall, mit seinem Inzidentantrag verfolgt er kein wirtschaftlich weitergehendes, eigenständiges, Ziel. Dazu schon oben Text bei Fußn. 1104.

1120 Dazu schon oben Text bei Fußn. 1099 ff. Gem. § 39 Abs. 1 Satz 3 FamGKG gilt in Familiensachen nichts anderes.

1121 Vgl. *BGH* NJW 1962, 915; *OLG Düsseldorf* NJW 1991, 3040 (3041); *OLG Koblenz* NJW-RR 1989, 1002; *Stein/Jonas/Bork*[22], § 92 Rdnr. 3 m. w. N. in Fußn. 12 auch zur Gegenmeinung.

1122 Vgl. *OLG Jena* JurBüro 2008, 534; *Enders*, RVG, Rdnr. 909 f. und oben Fußn. 1105.

verloren hat[1123]. Diese Kostenfolge würde vorliegend auch der Auffassung in der Literatur entsprechen, die eine Anwendung von § 91 Abs. 1 Satz 1 ZPO jedenfalls bei wirtschaftlicher Identität von Haupt- und Hilfsantrag vertritt.[1124]

Die Kostenfolge nach § 91 Abs. 1 Satz 1 ZPO berücksichtigt jedoch nicht, daß der Kläger vorliegend mit seinem Inzidentantrag (und damit einem Streitgegenstand) unterlegen ist, weshalb nur § 92 ZPO, nicht aber § 91 ZPO als Rechtsgrundlage für die Kostenfolge einschlägig sein kann[1125]. Denn ein Teilunterliegen im Sinne von § 92 Abs. 1 Satz 1 ZPO liegt auch vor, wenn bei objektiver Klagehäufung nicht alle Ansprüche zugesprochen werden[1126]. Ob ein teilweises Obsiegen/Unterliegen gegeben ist, beurteilt sich nach dem Streitgegenstand[1127]. Im *Beispiel 5* wird der Beklagte zwar auf die Hauptklage hin zur Zahlung von € 1.000,- verurteilt, im Übrigen wird die Klage aber abgewiesen[1128]. Als Rechtsfolge sind die Kosten grundsätzlich – von der Ausnahme des § 92 Abs. 2 ZPO abgesehen – entsprechend dem Gewicht des Obsiegens und Unterliegens der Parteien nach dem Gesamtgebührenstreitwert quotenmäßig zu teilen oder gegeneinander aufzuheben[1129].

Für die *Anwendung des § 92 ZPO* selbst kann die Nichtberücksichtigung des wirtschaftlich identischen Inzidentantrags (im Rahmen des Gesamtgebührenstreitwerts) vielmehr *keine Rolle* spielen, wie insbesondere die Rechtsprechung bei Nebenansprüchen zeigt. Insoweit ist anerkannt, daß es unerheblich für die Anwendung des § 92 ZPO ist, ob es sich beim teilweisen Unterliegen um einen Haupt- oder Nebenanspruch handelt, mag der Nebenanspruch (z. B. Zinsen) auch bei der Streitwertberechnung gem. § 4 ZPO unberücksichtigt bleiben[1130].

b) Kostenfolge des § 92 Abs. 2 Nr. 1 ZPO

Denkbar wäre, dem Beklagten aufgrund der Nichtberücksichtigung des Inzidentantrags bei der Höhe des Gebührenstreitwerts die Kosten gem. § 92 Abs. 2 Nr. 1

1123 Vgl. *Wendtland*, Haupt- und Hilfsantrag, S. 45, in seiner Darstellung der h. M.

1124 Vgl. MünchKomm ZPO/*Schulz*[4], § 92 Rdnr. 8 m. w. N. in Fußn. 13.

1125 So auch die Kritik von *Frank*, Anspruchsmehrheiten, S. 263 f.; 268 f. an der von der h. M im Rahmen der Kostenentscheidung bei Haupt- und Hilfsantrag vertretenen Auffassung.

1126 Vgl. *Stein/Jonas/Bork*[22], § 92 Rdnr. 1; MünchKomm ZPO/*Schulz*[4], § 92 Rdnr. 6.

1127 Vgl. MünchKomm ZPO/*Schulz*[4], § 92 Rdnr. 3.

1128 Wegen § 308 Abs. 1 ZPO darf der Inzidentantrag vom Gericht auch nicht unentschieden bleiben, vgl. MünchKomm ZPO/*Musielak*[4], § 308 Rdnr. 17.

1129 Vgl. *Stein/Jonas/Bork*[22], § 92 Rdnr. 6 ff.; MünchKomm ZPO/*Schulz*[4], § 92 Rdnr. 12; *Musielak/Lackmann*, § 92 Rdnr. 3 f.

1130 Vgl. *RGZ* 42, 83 (84 f.); *BGHZ* 104, 240 = *BGH* NJW 1988, 2173 (2175); *BGH* MDR 1961, 141; MünchKomm ZPO/*Schulz*[4], § 92 Rdnr. 4; *Stein/Jonas/Bork*[22], § 92 Rdnr. 1 (m. w. N. in Fußn. 3).

ZPO aufzuerlegen. Nach dieser Ausnahmeregelung kann eine Partei mit den vollen Kosten belastet werden, wenn die *Zuvielforderung* der anderen Partei im Verhältnis zu dem Gesamtgegenstand des Streits *geringfügig* ist *und* außerdem *keine oder nur geringfügig höhere Kosten* verursacht hat. Beide Voraussetzungen müssen kumulativ erfüllt sein[1131]. Vorliegend ist aufgrund der wirtschaftlichen Identität die zweite Voraussetzung (kein Anfall besonderer Kosten) erfüllt, weil mangels Berücksichtigung des Inzidentantrags weder ein Gebührensprung eintritt noch insoweit besondere Gebühren oder Auslagen (etwa durch eine Beweisaufnahme) entstanden sind[1132].

Es kommt folglich darauf an, ob der unbedingte Zwischenfeststellungsantrag eine verhältnismäßig geringfügige Zuvielforderung darstellt. Daß es sich um einen Feststellungsantrag und nicht um einen Zahlungsanspruch handelt, ist insoweit unerheblich[1133]. *Frank* will bei wirtschaftlich identischem Haupt- und Hilfsantrag die Zuvielforderung durch den abgewiesenen Streitgegenstand (Hauptantrag) als verhältnismäßig gering betrachten, weil sie im Grunde nur eine Form der Realisierung des vom Kläger wirtschaftlich begehrten Ziels darstelle und der Hilfsantrag mit diesem Ziel – wenn auch auf einem anderen Weg – erfolgreich war[1134].

Nicht anders stellt sich die Situation bei Haupt- und Inzidentklage dar. Der Inzidentklage kommt wirtschaftlich keine eigenständige Bedeutung zu, vielmehr geht sie insofern vollständig im Hauptantrag auf. Ihre Bedeutung ist auf die prozessuale Natur als Mittel zur Rechtskrafterstreckung beschränkt. Soweit der Kläger aber sein wirtschaftliches Interesse im *Beispiel 5* verwirklichen wollte – die Beseitigung der Schadensfolgen – hat er in vollem Umfang obsiegt, weshalb ihm die Abweisung des Zwischenfeststellungsantrags kostenmäßig nicht zum Nachteil gereichen darf.

c) Kostenquote gem. § 92 Abs. 1 Satz 1 ZPO

Denkbar wäre im *Beispiel 5* auch eine Kostenquote anhand eines *fiktiven Gesamtgebührenstreitwerts* unter Einschluß des Inzidentantrags, wie dies im Fall des Unterliegens des Klägers mit einer den Gebührenstreitwert nicht erhöhenden Nebenforderung angenommen wird[1135], da vorliegend die Inzidentklage gleichfalls

---

1131 Vgl. *RGZ* 42, 83 (84); *BGHZ* 76, 50 (53); *OLG München* OLGZ 31, 30; *Stein/Jonas/Bork*[22], § 92 Rdnr. 11; MünchKomm ZPO/*Schulz*[4], § 92 Rdnr. 18; *Musielak/Lackmann*, § 92 Rdnr. 6.

1132 Vgl. *Stein/Jonas/Bork*[22], § 92 Rdnr. 11; MünchKomm ZPO/*Schulz*[4], § 92 Rdnr. 21.

1133 Vgl. *BGH* NJW-RR 1996, 256; MünchKomm ZPO/*Schulz*[4], § 92 Rdnr. 20.

1134 Vgl. *Frank*, Anspruchsmehrheiten, S. 269 f.

1135 Vgl. hierzu *BGHZ* 26, 174; 104, 240; *BGH* MDR 1961, 141; *OLG Saarbrücken* NJW-RR 2007, 426; *Stein/Jonas/Bork*[22], § 92 Rdnr. 1; MünchKomm ZPO/*Schulz*[4], § 92 Rdnr. 4.

gebührenrechtlich unberücksichtigt bleibt. Unabhängig davon, wie eine solche Kostenquote zu bilden wäre[1136], ist dies im Fall wirtschaftlicher Identität – jedenfalls soweit durch den abgewiesenen Inzidentantrag keine besonderen Kosten (etwa durch eine hierauf bezogene Beweisaufnahme) verursacht wurden – aus den unter b) dargelegten Gründen nicht angezeigt.

Anders ist dies folglich dann, wenn und soweit keine wirtschaftliche Identität vorliegt, der *Inzidentantrag* also *gebührenrechtlicht zu berücksichtigen* ist, oder durch die Zwischenfeststellung zusätzliche besondere Kosten verursacht wurden. In diesen Fällen ist im Kosteninteresse des Beklagten eine Quote zu bilden.

3. *Ergebnis*

Sofern zwischen dem erfolgreichen Hauptantrag und dem abgewiesenen Zwischenfeststellungsantrag wirtschaftliche Identität besteht und durch den Inzidentantrag auch keine zusätzlichen besonderen Kosten entstanden sind, hat der Beklagte die Kosten des Rechtsstreits, die sich nach dem Gebührenstreitwert der Hauptklage berechnen, gem. § 92 Abs. 2 Nr. 1 ZPO zu tragen. In diesem Fall macht es kostenrechtlich keinen Unterschied, ob der Kläger seinen Inzidentantrag unbedingt oder bedingt stellt.

Anders ist dies dann, wenn keine oder nur teilweise wirtschaftliche Identität besteht (wie im *Beispiel 2*[1137]) oder durch den Inzidentantrag zusätzliche besondere Kosten verusacht wurden, so daß eine Anwendung der Ausnahmeregel des § 92 Abs. 2 Nr. 1 ZPO ausscheidet

II. Die kostenrechtliche Situation des Beklagten

Auch beim Beklagten stellt sich die Frage, ob es sich kostenrechtlich unterschiedlich auswirkt, wenn er seinen Inzidentwiderklageantrag unbedingt oder bedingt stellt, sofern dieser abgewiesen wird. Als Ausgangspunkt der Überlegungen wird dabei die Situation gewählt, daß die Hauptklage erfolgreich ist.

1. *Kostensituation bei erfolgreicher Hauptklage*

Die Kostensituation des Beklagten bei erfolgreicher Hauptklage und abgewiesener Inzidentwiderklage soll zunächst für den Fall der unbedingten Inzidentwiderklage dargestellt werden, um hieran anschließend aufzuzeigen, ob sich an dem gefundenen Ergebnis durch eine Eventualzwischenfeststellungswiderklage etwas ändert.

1136 Eine Möglichkeit findet sich bei *Prütting/Gehrlein/Schneider*, § 92 Rdnr. 22, 34.

1137 Dazu oben Text nach Fußn. 1105.

a) Unbedingte Zwischenfeststellungswiderklage

Wenn die unbedingte Zwischenfeststellungswiderklage des Beklagten abgewiesen wird und gleichzeitig die Hauptklage Erfolg hat, bestimmt sich die Kostentragungspflicht des Beklagten nach § 91 Abs. 1 Satz 1 ZPO[1138]. Der Gebührenstreitwert richtet sich nach § 45 Abs. 1 GKG[1139].

Dabei werden die Werte von Klage und Widerklage nach § 45 Abs. 1 Satz 1 GKG zusammengerechnet, sofern die Ansprüche wirtschaftlich nicht denselben Gegenstand betreffen. Betreffen Klage und Widerklage bei *wirtschaftlicher Betrachtungsweise denselben Gegenstand*, sind die Gebühren gem. § 45 Abs. 1 Satz 3 GKG nach dem einfachen (höheren) Wert eines dieser Ansprüche zu berechnen[1140]. Eine Zusammenrechnung kann grundsätzlich nur dort erfolgen, wo durch das Nebeneinander von Klage und Widerklage eine „wirtschaftliche Werthäufung" entsteht, beide also nicht das *wirtschaftlich identische Interesse* betreffen[1141].

Eine solche wirtschaftliche Identität von Klage und Widerklage liegt nach der von der Rechtsprechung entwickelten „Identitätsformel" vor, wenn die Ansprüche aus Klage und Widerklage nicht in der Weise nebeneinander stehen können, daß das Gericht unter Umständen beiden stattgeben kann, sondern die Verurteilung nach dem einen Antrag notwendigerweise die Abweisung des anderen Antrags nach sich zieht[1142].

Unter Einbeziehung einer wirtschaftlichen Betrachtungsweise[1143] liegt daher derselbe (gebührenrechtliche) Streitgegenstand vor bei Klage auf Leistung aus einem Vertrag und Feststellungswiderklage, daß der Vertrag nicht besteht[1144]. In

---

1138 Vgl. statt vieler MünchKomm ZPO/*Schulz*[4], § 92 Rdnr. 5.

1139 Vgl. *Musielak/Heinreich*, § 5 Rdnr. 15; MünchKomm ZPO/*Wöstmann*[4], § 5 Rdnr. 35; *Meyer*, GKG, § 45 Rdnr. 1; *Scherer*, RVG, S. 201. In Familiensachen regelt dies der deckungsgleiche § 39 Abs. 1 FamGKG.

1140 Vgl. *BGHZ* 43, 31 (33); *BGH* NJW-RR 2005, 506; *OLG Celle* OLGR 2009, 1025; *OLG Frankfurt a. M.* NJOZ 2011, 1414; *OLG Saarbrücken* NJW-RR 2009, 864; *OLG Stuttgart* FamRZ 2006, 1055; *Binz/Dörndorfer/Petzold/Zimmermann*, GKG, § 45 Rdnr. 4; *Hartmann*, GKG, § 45 Rdnr. 8; *Musielak/Heinreich*, § 5 Rdnr. 15; *Lappe*, NJW 2006, 270 (272); *Meyer*, GKG, § 45 Rdnr. 2; *Stein/Jonas/Roth*[22], § 5 Rdnr. 48 f.; *Scherer*, RVG, S. 201; MünchKomm ZPO/*Wöstmann*[4], § 5 Rdnr. 35; *Göttlich/Mümmler/Hellstab*, RVG, „Widerklage" Anm. 1.1.1, S. 1212.

1141 So ausdrücklich *BGH* NJW-RR 2005, 506 unter Hinweis auf *Schumann*, NJW 1982, 2800 (2802).

1142 Vgl. *RGZ* 145, 164 (166); *BGHZ* 43, 31 (33); *BGH* NJW-RR 1992, 1404; 2003, 713; 2005, 506. Vgl. hierzu auch *Stein/Jonas/Roth*[22], § 5 Rdnr. 48 f.

1143 Ausführlich hierzu *Frank*, Anspruchsmehrheiten, S. 288 f.

1144 Vgl. *BGH* NJW-RR 1992, 1404; *OLG Koblenz* VersR 1996, 521; *OLG Braunschweig* MDR 1975, 848; *KG* Rechtspfleger 1962, 120; *Frank*, Anspruchsmehrheiten, S. 291; *Hartmann*, GKG, § 45 Rdnr. 23; *Meyer*, GKG, § 45 Rdnr. 13.

diesem Fall besteht ein Additionsverbot. Betreffen Klage und Widerklage *nur teilweise* denselben Gegenstand und schließen sich die Anträge damit gegenseitig nur teilweise aus, ist dagegen der Streitwert der Klage um den Teilbetrag der Widerklage zu erhöhen, der einen verschiedenen Gegenstand betrifft[1145]. Zur Veranschaulichung soll folgendes Beispiel dienen:

Beispiel 1: K klagt gegen B aus Kaufvertrag auf Zahlung von € 1.000,- mit dem Hinweis, daß ihm aus diesem Kaufvertrag insgesamt ein Kaufpreisanspruch in Höhe von € 10.000,- zusteht. B bestreitet die Wirksamkeit des Kaufvertrags, beantragt Klageabweisung und widerklagend festzustellen, daß der *Kaufvertrag nicht besteht*. Der Leistungsklage wird statt gegeben, da das Gericht von der Wirksamkeit des Kaufvertrags ausgeht. Die Widerklage wird abgewiesen.

Im *Beispiel 1* besteht im Umfang der Zahlungsklage über € 1.000,- wirtschaftliche Identität mit der vom Beklagten erhobenen Zwischenfeststellungswiderklage, da das wirtschaftliche Interesse des Beklagten auf die Negierung der vom Kläger beantragten Zahlung gerichtet ist. Die Zuerkennung des Anspruchs des Beklagten bedingt insoweit auch die Aberkennung des Zahlungsantrags. Darüber hinaus ist das wirtschaftliche Interesse des Beklagten aufgrund der offenen Teilklage des Klägers auf die Aberkennung des restlichen Zahlungsanspruchs in Höhe von € 9.000,- gerichtet, dessen sich der Kläger berühmt.

Der Gebührenstreitwert bestimmt sich somit hinsichtlich des wirtschaftlich identischen Streitgegenstands in Höhe von € 1.000,- nach dem Streitwert der Klage ohne Addition des entsprechenden Teils der Inzidentwiderklage gem. § 45 Abs. 1 Satz 3 GKG. Der den Teilbetrag übersteigende Wert der negativen Zwischenfeststellungswiderklage in Höhe von € 9.000,-[1146] ist dagegen gem. § 45 Abs. 1 Satz 1 GKG zu addieren. Der für die Kostentragungspflicht des Beklagten im *Beispiel 1* nach § 91 Abs. 1 Satz 1 ZPO zu Grunde zu legende Gesamtgebührenstreitwert beläuft sich damit auf € 10.000,-.

Sofern der Beklagte B in Abwandlung des Beispiels 1 wiederklagend beantragt hätte festzustellen, daß er dem *K über den geltend gemachten Betrag hinaus nichts schuldet*, würde sich am Gesamtgebührenstreitwert in Höhe von € 10.000,00 nichts ändern. In diesem Fall läge hinsichtlich der Klage und der Inzidentwiderklage keine wirtschaftliche Identität der Streitgegenstände vor[1147], so daß die Streitwerte gem. § 45 Abs. 1 Satz 1 zu addieren wären. Auch in

1145 Vgl. *Scherer*, RVG, S. 202.

1146 Bei der negativen Feststellungsklage ist nach h. M. auch kein Abschlag vorzunehmen, vgl. statt vieler *Schneider/Herget*, Streitwert, „Feststellungsklage", Rdnr. 2032; *Enders*, RVG, Rdnr. 937 f.

1147 Vgl. *Frank*, Anspruchsmehrheiten, S. 291 f. unter Hinweis auf *RG* JW 1906, 202; *OLG Hamburg* RPfleger 1953, 193.

diesem Fall würde die unbedingt erhobene Inzidentwiderklage zu einer Erhöhung es Gesamtgebührenstreitwerts führen.

Lediglich im Fall wirtschaftlicher Vollidentität der Streitgegenstände führt auch die unbedingt erhobene Zwischenfeststellungswiderklage gem. § 45 Abs. 1 Satz 3 GKG nicht zu einem höheren Gebührenstreitwert, wie am folgenden Beispiel verdeutlicht werden soll:

Beispiel 2: K klagt gegen B aus Schlechterfüllung des Beförderungsvertrags im Rahmen eines Verkehrsunfalls auf Schadensersatz von € 1.000,-. B beantragt Klageabweisung und widerklagend festzustellen, daß ein *Beförderungsvertrag nicht besteht*. Der Leistungsklage wird aus Gefährdungshaftung statt gegeben. Die Inzidentwiderklage wird als unzulässig abgewiesen, da es für die Entscheidung des Rechtsstreits auf das Bestehen des Beförderungsvertrags nicht ankommt.

Würde man bei der von der Rechtsprechung entwickelten „Identitätsformel" keine wirtschaftliche Betrachtungsweise anstellen, dann käme man im *Beispiel 2* zu dem Ergebnis, daß keine Streitgegenstandsidentität besteht, da das Gericht sowohl dem Antrag des Klägers (z. B. auf der Anspruchsgrundlage der Gefährdungshaftung) als auch dem des Beklagten (z. B. wenn kein wirksamer Beförderungsvertrag zustande gekommen wäre) statt geben könnte.

Im *Beispiel 2* betreffen Klage und Inzidentwiderklage jedoch dasselbe Interesse, da die Widerklage sich wirtschaftlich darauf beschränkt, ein dem Zahlungsanspruch des Klägers zu Grunde liegendes Rechtsverhältnis zu negieren, um hierdurch den Anspruch des Klägers zu Fall zu bringen. Daher findet im *Beispiel 2* gem. § 45 Abs. 1 Satz 3 GKG keine Streitwertaddition statt. Der Gebührenstreitwert bestimmt sich ausschließlich nach dem Wert der Klage. In diesem Fall wirkt sich die Abweisung der unbedingten Zwischenfeststellungswiderklage somit kostenrechtlich nicht aus.

b) Bedingte Zwischenfeststellungswiderklage

Sofern der Beklagte hilfsweise Zwischenfeststellungswiderklage erhebt, ist im Hinblick auf den Gebührenstreitwert fraglich, ob die bedingte Inzidentklage als Hilfsantrag im Sinne des § 45 Abs. 1 Satz 2 GKG zu verstehen und daher erst dann zu berücksichtigen ist, wenn eine Entscheidung über sie ergeht. Dazu folgender Beispielsfall:

Beispiel 3: K klagt gegen B aus Kaufvertrag auf Zahlung von € 1.000,- mit dem Hinweis, daß ihm aus diesem Kaufvertrag insgesamt ein Kaufpreisanspruch in Höhe von € 10.000,- zusteht. B bestreitet die Wirksamkeit des Kaufvertrags, beantragt Klageabweisung und widerklagend *hilfsweise für den Fall, daß das Gericht von der Unwirksamkeit des Kaufvertrages ausgeht*, dessen Nichtbestehen festzustellen. Der Leistungsklage wird statt gegeben, da das Gericht von der Wirksamkeit des Kaufvertrags ausgeht. Die Rechtshängigkeit der Hilfswiderklage fällt rückwirkend weg, da die Bedingung nicht eingetreten ist.

Hierbei ist zunächst festzuhalten, daß der in § 45 Abs. 1 Satz 2 GKG vorgesehene Vergleich zwischen mehreren Ansprüchen nicht auf den Fall der Eventualinzidentwiderklage zutrifft, da der in erster Linie vom Beklagten gestellte Antrag auf Klageabweisung *kein Anspruch in diesem Sinne* ist. Denn der in § 45 Abs. 1 Satz 2 GKG vorgesehene Wertvergleich setzt voraus, daß es sich um einen Haupt- und einen Hilfsanspruch *derselben Partei* handelt[1148]. Dies hätte jedoch im *Beispiel 3* die Konsequenz, daß der Hilfswiderklageanspruch gebührenrechtlich Berücksichtigung finden würde, obwohl die Bedingung nicht eingetreten ist und nicht über ihn entschieden wurde.

Wie *Frank* zu Recht betont, kann aber für die Hilfswiderklage nichts anderes gelten als für die Hilfsaufrechnung oder den klägerischen Hilfsantrag[1149]. Nach ganz h. M. wird die Hilfswiderklage daher (§ 45 Abs. 1 Satz 2, Abs. 3 GKG analog) gebührenwertmäßig erst ab Bedingungseintritt berücksichtigt[1150]. Denn mit Eintritt des Eventualverhältnisses liegt eine unbedingte Widerklageerhebung vor, die – entsprechend der einfachen Klage – nun abhängig von ihrem prozessualen Schicksal streitwertrechtlich in Ansatz zu bringen ist[1151].

Nach h. M. ist bei einer Eventualinzidentwiderklage, wenn die Bedingung nicht eintritt, der analog § 45 Abs. 1 Satz 2, Abs. 3 GKG zu Grunde zu legende Gebührenwert der Hauptklage auch für die Berechnung der anwaltlichen Gebühren allein maßgeblich[1152].

Da im *Beispiel 3* die Bedingung für die Eventualzwischenfeststellungswiderklage nicht eingetreten ist, wird sie folglich bei der Bestimmung des Gebührenstreitwerts nicht berücksichtigt, unabhängig davon, ob und inwieweit wirtschaftliche Identität besteht.

1148 Vgl. *Meyer*, GKG, § 45 Rdnr. 19.

1149 Vgl. *Frank*, Anspruchsmehrheiten, S. 320. Ebenso *Schneider/Herget*, Streitwert, Rdnr. 3110, 3114 f., 3129 ff.

1150 Vgl. *BGH* NJW 1973, 2206 (2207); *BGH* NJW-RR 1999, 1736; *OLG Köln* JurBüro 1990, 246 f.; *OLG Stuttgart*, JurBüro 1978, 1374; *Stein/Jonas/Roth*[22], § 5 Rdnr. 56; *Schneider/Herget*, Streitwert, Rdnr. 3117; MünchKomm ZPO/*Wöstmann*[4], § 5 Rdnr. 36; *Zöller/Herget*, § 3 Rdnr. 16 („Eventualwiderklage"); *Göttlich/Mümmler/Hellstab*, RVG, „Hilfswiderklage", S. 1214. Ausführlich hierzu *OLG Stuttgart*, Beschluß vom 23. April 2012 (13 W 19/12).

1151 Vgl. *OLG Stuttgart*, Beschluß vom 23. April 2012 (13 W 19/12) unter Hinweis auf *Schneider/Herget*, Streitwert, Rn. 3118.

1152 Vgl. *OLG Brandenburg* JurBüro 2006, 595 (596); *OLG Hamm* OLGR 2007, 194; OLG Karlsruhe OLGR 2007, 965 (966); *OLG Karlsruhe*, Beschluß vom 20. März 2007 (7 W 1/07); *OLG Köln* NJW-RR 1995, 827; *OLG Köln* OLGR 2009, 158; *LAG Berlin* MZA-RR 2004, 374. Dazu schon oben Text bei Fußn. 1110 ff. für den Fall der nicht beschiedenen Eventualinzidentklage des Hauptklägers.

c) Ergebnis

Als Ergebnis bleibt festzuhalten, daß es sich bei Erfolg der Hauptklage – abgesehen von den Fällen wirtschaftlicher Vollidentität des Streitgegenstands – kostenrechtlich für den Beklagten nachteilig auswirkt, wenn er seine Zwischenfeststellungswiderklage unbedingt erhebt.

2. Kostensituation bei erfolgloser Hauptklage

Abschließend soll die Kostensituation dargestellt werden, daß neben der Inzidentwiderklage auch die Hauptklage abgewiesen wird.

a) Unbedingte Zwischenfeststellungswiderklage

Wenn sowohl die unbedingt erhobene Zwischenfeststellungswiderklage als auch die Hauptklage abgewiesen werden, liegt für beide Parteien ein teilweises Obsiegen/Unterliegen vor, so daß sich die Kostentragungspflicht nach § 92 ZPO richtet[1153].

Beispiel 4: K klagt gegen B aus Schlechterfüllung des Beförderungsvertrags im Rahmen eines Verkehrsunfalls auf Schadensersatz von € 1.000,-. B beantragt Klageabweisung und widerklagend festzustellen, daß ein *Beförderungsvertrag nicht besteht*. Die Leistungsklage wird abgewiesen, da eine Gefährdungshaftung wegen Verwirkung nach § 15 StVG ausscheidet und ein Anspruch aus Schlechterfüllung des Beförderungsvertrags am mangelnden Verschulden des K scheitert. Die Inzidentwiderklage wird abgewiesen, da das Gericht das Bestehen des Beförderungsvertrags angenommen hat.

Entsprechend den Ausführungen zur Kostensituation des Klägers bei erfolgreicher Hauptklage und Abweisung der Inzidentklage[1154] ist es jedenfalls bei wirtschaftlicher Identität zwischen Haupt- und Inzidentwiderklage nicht angezeigt, dem Beklagten im *Beispiel 4* einen Teil der Kosten des Rechtsstreits aufzuerlegen, da sein Zwischenfeststellungswiderklageantrag wirtschaftlich nur auf die Aberkennung des klägerischen Zahlungsanspruchs gerichtet ist und insoweit in seinem Klageabweisungsantrag enthalten ist. Mit diesem wirtschaftlichen Interesse hat der Beklagte jedoch vollumfänglich obsiegt. Soweit durch den Inzidentantrag *keine zusätzlichen besonderen Kosten* entstanden sind, sind daher dem Kläger die Kosten des Rechtsstreits, die sich gem. § 45 Abs. 1 Satz 3 GKG nach

---

1153 Vgl. *BGHZ* 19, 172 (176); *Stein/Jonas/Bork*[22], § 92 Rdnr. 1; *Musielak/Lackmann*, § 92 Rdnr. 2; MünchKomm ZPO/*Schulz*[4], § 92 Rdnr. 5.

1154 Dazu oben Text bei Fußn. 1119 ff.

dem Streitwert des Klageantrags richten, nach *§ 92 Abs. 2 Nr. 1 ZPO* aufzuerlegen[1155].

Anders ist dies dann, wenn lediglich wirtschaftliche Teilidentität oder Verschiedenheit zwischen den (gebührenrechtlichen) Streitgegenständen vorliegt oder durch den Inzidentwiderklageantrag zusätzliche besondere Kosten verursacht wurden[1156].

b) Bedingte Zwischenfeststellungswiderklage

Wenn der Beklagte in Abwandlung des Beispiel 4 etwa seine Zwischenfeststellungswiderklage hilfsweise für den Fall erhebt, daß das Gericht seiner Entscheidung das Nichtbestehen eines Beförderungsvertrags zu Grunde legt, fällt die Rechtshängigkeit der Eventualinzidentwiderklage rückwirkend weg, da die Bedingung für den Hilfsantrag nicht eingetreten ist.

Analog § 45 Abs. 1 Satz 2, Abs. 3 GKG[1157] bleibt der Inzidentantrag des Beklagten somit gebührenrechtlich unberücksichtigt, unabhängig davon, ob und inwieweit wirtschaftliche Identität besteht. Nach § 91 Abs. 1 Satz 1 ZPO hat daher der Kläger die Kosten des Rechtsstreits zu tragen, die sich allein aus dem Gebührenstreitwert der Hauptklage berechnen.

c) Ergebnis

Als Ergebnis bleibt festzuhalten, daß es sich auch bei Abweisung der Hauptklage – abgesehen von den Fällen wirtschaftlicher Vollidentität des Streitgegenstands – kostenrechtlich für den Beklagten nachteilig auswirkt, wenn er seine Zwischenfeststellungswiderklage unbedingt erhebt.

III. Zusammenfassung

1. Wenn der Kläger neben seiner Hauptklage Zwischenfeststellungsklage erhebt, wirkt sich die unbedingte Inzidentklage im Fall der *Abweisung beider Anträge* nur dann nicht kostenrechtlich nachteilig für ihn aus, wenn zwischen Haupt- und Inzidentklage *wirtschaftliche Vollidentität* besteht. Anderenfalls findet bei der Bestimmung der gem. *§ 91 Abs. 1 Satz 1 ZPO* vom Kläger zu tragenden Kosten eine Zusammenrechnung im Umfang der Streitgegestandsverschiedenheit statt[1158].

1155 Dazu oben Text nach Fußn. 1130.
1156 Dazu oben Text bei Fußn. 1137.
1157 Dazu oben Text bei Fußn. 1149 ff.
1158 Dazu oben Text bei Fußn. 1098 ff.

2. Sofern bei wirtschaftlicher Identität zwischen den Streitgegenständen lediglich die *Inzidentklage abgewiesen* wird und durch den Inzidentantrag auch *keine zusätzlichen besonderen Kosten* entstanden sind, hat der *Beklagte die Kosten* des Rechtsstreits *gem. § 92 Abs. 2 Nr. 1 ZPO* zu tragen, die sich nach dem Gebührenstreitwert der Hauptklage berechnen. In diesem Fall macht es kostenrechtlich keinen Unterschied, ob der Kläger seinen Inzidentantrag unbedingt oder bedingt stellt. Anders ist dies dann, wenn *keine oder nur teilweise wirtschaftliche Identität* besteht oder durch den Inzidentantrag *zusätzliche besondere Kosten* verusacht wurden, so daß eine Anwendung der Ausnahmeregel des § 92 Abs. 2 Nr. 1 ZPO ausscheidet. In diesem Fall ist eine *Kostenquote nach § 92 Abs. 1 Satz 1 ZPO* zu bilden[1159].
3. Wenn der *Beklagte* Zwischenfeststellungswiderklage erhebt, wirkt sich die unbedingte Antragstellung *bei Erfolg der Hauptklage* und Abweisung der Inzidentwiderklage kostenrechtlich nicht nachteilig für ihn aus, sofern zwischen Klage und Inzidentwiderklage *wirtschaftliche Identität* besteht. In diesem Fall bestimmt sich die Kostenlast des Beklagten gem. *§ 91 Abs. 1 Satz 1 ZPO* nur nach dem Streitwert der Hauptklage. Anderenfalls findet eine Zusammenrechnung der Streitwerte im Umfang der Steitgegenstandsverschiedenheit statt[1160].
4. Wenn sowohl die *Hauptklage* als auch die *Zwischenfeststellungswiderklage abgewiesen* werden, wirkt sich die unbedingte Inzidentwiderklage kostenrechtlich gem. *§ 92 Abs. 2 Nr. 1 ZPO* nur dann nicht nachteilig für den Beklagten aus, *wenn* zwischen den Streitgegenständen *wirtschaftliche Identität* besteht und durch die Inzidentwiderklage *keine zusätzlichen besonderen Kosten* verursacht wurden[1161].
5. Sofern keine wirtschaftliche Vollidentität zwischen den Streitgegenständen der Haupt- und Inzidentklage besteht, ist beiden Parteien anzuraten, ihren Zwischenfeststellungsantrag hilfsweise zu erheben.

1159 Dazu oben Text bei Fußn. 1120 ff.
1160 Dazu oben Text bei Fußn. 1138 ff.
1161 Dazu oben Text bei Fußn. 1153 ff.

Viertes Kapitel: Schlußbetrachtung und Ausblick

Faßt man die wichtigsten Ergebnisse der vorliegenden Untersuchung zur Zwischenfeststellungsklage des § 256 Abs. 2 ZPO zusammen, so läßt sich folgendes konstatieren:

1. Da bei der Leistungsklage unmittelbar nur die gerichtliche Entscheidung über das Bestehen der geltend gemachten konkreten Rechtsfolge in materieller Rechtskraft erwächst, besteht die Gefahr, daß die Entscheidung über ein vorgreifliches Rechtsverhältnis in einem Zweitprozeß abweichend getroffen wird. *Sinn und Zweck* der Zwischenfeststellungsklage ist daher die *Ausdehnung der Rechtskraftwirkung auf den Grund der Klage*[1162]. Sie ist ein Ersatz dafür, daß die Grundlagen der Entscheidung nicht in Rechtskraft erwachsen. Im Lichte dieses Zwecks der Zwischenfeststellungsklage – der Rechtskrafterstreckung auf den Rechtsgrund – sind auch die Sachurteilsvoraussetzungen zu verstehen und auszulegen.

2. Soweit es um das Rechtsverhältnis als Gegenstand und wesentliches Merkmal der Zwischenfeststellungsklage geht, sollten entgegen der h. M. *Vorfragen und Elemente nicht von vornherein* von der Feststellungsfähigkeit *ausgeschlossen* werden[1163]. Unabhängig davon, ob man dies auch für die prinzipale Feststellungsklage vertreten mag, sprechen die Entstehungsgeschichte sowie der Zweck der Inzidentklage für die Zulassung derartiger Anträge. Gerade weil sie als Ersatz dafür gedacht war, daß man die Lehre *v. Savignys* ablehnte, und die Rechtskraft nicht auf Elemente und Vorfragen erstrecken wollte, sollten die Parteien nach ihrem Willen mittels der Inzidentklage eine rechtskräftige Entscheidung hierüber erreichen können. Entscheidend für die Zulässigkeit der Zwischenfeststellungsklage ist, ob die Voraussetzung der Präjudizialität tatsächlich gegeben ist.

1162 Dazu oben Text bei Fußn. 148 ff.

1163 Dazu oben Text bei Fußn. 288 ff.

3. Entgegen der h. M. sollte die Feststellung *unstreitiger Rechtsverhältnisse* zugelassen werden[1164]. Die Vorgreiflichkeit des festzustellenden Rechtsverhältnisses kann auch vorliegen, ohne daß die Parteien darüber im Streit sind. Der gesetzgeberischen Intention und der ratio des § 256 Abs. 2 ZPO wird man nur dann wirklich gerecht, wenn man den Parteien gestattet, unter Verzicht auf den Wortlaut auch unstreitige Rechtsverhältnisse inzident zur Feststellung zu bringen. Soweit der Gegner den Bestand des Rechtsverhältnisses nicht bestreitet, der Inzidentkläger aber das vorgreifliche Rechtsverhältnis – etwa um eine Rechtskrafterstreckung zur Sicherung weiterer Ansprüche herbeizuführen – zur Feststellung bringen will, ist der Inzidentbeklagte durch das *Regulativ des § 93 ZPO* ausreichend geschützt. Da er den Bestand nie bestritten hat, kann er sofort anerkennen und damit die Kostentragung für die Inzidentfeststellung dem Zwischenfeststellungskläger aufbürden.

4. Die Untersuchung des entscheidenden Kriteriums der Zwischenfeststellungsklage, der *Abhängigkeit* (Präjudizialität, Vorgreiflichkeit, Entscheidungserheblichkeit), führt zu folgenden Schlußfolgerungen:
   a) Aus dem Kreis der feststellbaren Rechtsverhältnisse sind von vornherein streitgegenstandsidentische Rechtsverhältnisse auszuschließen, da dem bereits der *Einwand anderweitiger Rechtshängigkeit* (§ 261 Abs. 3 Nr. 1 ZPO) entgegensteht. Eine Ausnahme ist aufgrund des Gebots materiellrechtsfreundlicher Auslegung des Zivilprozeßrechts zu machen, wenn dem inzident festzustellenden Anspruch die *Verjährung* droht und die Bezifferung unmöglich ist[1165].
   b) Bezugspunkt der Abhängigkeit ist der *Urteilsgegenstand* der Hauptklage[1166]. Denn die Entscheidung des Rechtsstreits in der Hauptsache hängt nicht nur davon ab, ob ein das klägerische Begehren stützender Anspruch besteht, sondern auch, ob seitens des Beklagten *Einwendungen* und *Einreden* geltend gemacht werden. Über die Zwischenfeststellungsklage ist aber nicht nur das den Anspruch begründende, sondern auch das die Einwendung oder Einrede begründende Rechtsverhältnis feststellbar.
   c) Die Vorgreiflichkeit muß *tatsächlich* vorliegen. Weder genügt die bloße Behauptung noch die bloße Möglichkeit der Abhängigkeit[1167]. Das Rechtsverhältnis, dessen Inzidentfeststellung begehrt wird, steht *nur dann* in dem geforderten Abhängigkeitsverhältnis, wenn *ohnehin* in den Grün-

1164 Dazu oben Text bei Fußn. 391 ff.

1165 Dazu oben Text bei Fußn. 444 ff.

1166 Dazu oben Text bei Fußn. 470 ff.

1167 Dazu oben Text bei Fußn. 481 ff. und 495 ff.

den der Hauptklage über den Gegenstand der Inzidentklage *entschieden* wird. Wird indessen die Klage zur Hauptsache unabhängig davon abgewiesen, ob das zwischen den Parteien streitige Rechtsverhältnis besteht, dann ist dessen beantragte Feststellung nicht vorgreiflich. Entscheidungen über Rechtsverhältnisse, die für die Entscheidung des Rechtsstreits in der Hauptsache somit gänzlich belanglos sind oder geworden sind und daher in den Urteilsgründen nicht (mehr) berücksichtigt werden, sollen nach dem Sinn und Zweck des § 256 Abs. 2 ZPO gerade nicht rechtskräftig gemacht werden können.

d) In Anbetracht dessen und angesichts der Tatsache, daß es sich bei der Präjudizialität um eine Sachurteilsvoraussetzung handelt, kommt es für ihr Vorliegen nicht auf den Zeitpunkt der Klageerhebung an, sondern auf den Zeitpunkt der letzten mündlichen Tatsachenverhandlung über die Inzidentklage[1168]. Der Schluß der mündlichen Verhandlung über die Inzidentklage hat grundsätzlich jedoch mit dem über die Hauptklage zusammenzufallen, die *Entscheidung über sie hat grundsätzlich einheitlich mit der Entscheidung über die Hauptklage* zu erfolgen. Denn erst zu diesem Zeitpunkt weiß das Gericht sicher, ob tatsächlich die Entscheidung des Rechtsstreits (noch) von dem (streitigen) Rechtsverhältnis abhängt oder ob das Rechtsverhältnis ohne Relevanz für die Entscheidung ist.

e) Im Fall einer *klagestattgebenden* Entscheidung in der Hauptsache ist folglich *jedes* (streitig gewordene) *Rechtsverhältnis tatsächlich vorgreiflich* und somit im Wege der Zwischenfeststellungsklage feststellbar[1169]. Denn in den Entscheidungsgründen ist zwingend auf jedes (anspruchs- oder einredebegründende) Rechtsverhältnis einzugehen, damit das Urteil auf Klagestattgabe lauten kann. Anders stellt sich die Situation im Fall einer *Klageabweisung* in der Hauptsache dar. Da eine Klage bereits abgewiesen werden kann, wenn es an *einer* unerläßlichen Anspruchsvoraussetzung mangelt oder eine Einwendung oder Einrede des Beklagten durchgreift, ist die Entscheidung des Rechtsstreits *nur* von demjenigen Rechtsverhältnis *tatsächlich abhängig*, welches die *Klageabweisung konkret bedingt.*

f) Daraus folgt weiter: Sofern das Gericht ein *Angriffs- oder Verteidigungsmittel* nach § 296 Abs. 1 ZPO als *präkludiert* zurückweist, ist auch die Inzident(wider)klage hierüber unzulässig[1170]. Im Fall *alternativer Begründungsmöglichkeit* ist die Inzidentklage nur dann zulässig, wenn das Gericht bei der Wahl seiner Begründung ohnehin über das festzustellende

1168 Dazu oben Text bei Fußn. 512 ff.

1169 Dazu oben Text bei Fußn. 533 ff.

1170 Dazu oben Text bei Fußn. 542.

Rechtsverhältnis zu entscheiden hat[1171]. In Verbundverfahren über Scheidungsfolgen ist *grundsätzlich* nur die *einzelne*, geltend gemachte *Rechtsfolge*, *nicht* aber der Ehevertrag *im Ganzen* vorgreiflich für die Entscheidung des Rechtsstreits[1172].

5. Die Zwischenfeststellungs(wider)klage ist bei stabiler Unzulässigkeit, d. h. von vornherein fehlender Vorgreiflichkeit, durch *Prozeßurteil* abzuweisen, sofern sie sich nicht als *prinzipale Feststellungsklage* aufrecht erhalten läßt[1173]. Auf die drohende Prozeßabweisung hat das Gericht nach § 139 Abs. 3 ZPO den Inzidentkläger selbstverständlich hinzuweisen.

   Im Fall *nachträglich entfallender Vorgreiflichkeit* („labile" Unzulässigkeit, etwa bei Prozeßabweisung der Hauptklage oder Sachabweisung unabhängig vom festzustellenden Rechtsverhältnis) ist eine Gleichbehandlung mit der „anfänglichen" Unzulässigkeit nicht angezeigt, da der Inzidentkläger bis zur Entscheidung über die Haupt- und Inzidentklage davon ausgeht, daß seine Klage zulässig ist[1174]. Das Gericht hat nach § 139 Abs. 3 ZPO zwar darauf hinzuweisen, wenn es zur Auffassung gelangt, daß es bei seiner Entscheidung auf das festzustellende Rechtsverhältnis nicht mehr ankommen wird. Allerdings scheidet eine einseitige Erledigungserklärung des Inzidentklägers als Reaktion hierauf aus. Denn zu erledigen vermag sich nur die zulässige und begründete Klage, wohingegen man hier vor Entscheidung des Rechtsstreits nicht weiß, ob die Zwischenfeststellungsklage überhaupt zulässig ist. Verfahrensgerechte Ergebnisse lassen sich aber über eine *Eventualzwischenfeststellungsklage* erreichen[1175]. Die Zwischenfeststellungs(wider)klage wird dann mit ihrer Erhebung *auflösend bedingt rechtshängig*; ihre Rechtshängigkeit entfällt *rückwirkend* wieder, wenn die auflösende Bedingung endgültig eintritt, weil es für die Entscheidung in der Hauptsache auf das festzustellende Rechtsverhältnis nicht mehr ankommt. In jedem Fall sollte der Anwalt im Interesse seines Mandanten von der Eventualzwischenfeststellungsklage Gebrauch machen, um nicht eine Prozeßabweisung wegen unzulässiger, weil nicht (mehr) vorgreiflicher, Inzidentfeststellung zu riskieren und die Inzidentklage unter der auflösenden Bedingung erheben, daß die Hauptentscheidung auch ohne Entscheidung des (streitigen) Rechtsverhältnisses ergehen kann.

1171 Dazu oben Text bei Fußn. 543 ff.

1172 Dazu oben Text bei Fußn. 555 ff.

1173 Dazu oben Text bei Fußn. 577 ff.

1174 Dazu oben Text bei Fußn. 580 ff.

1175 Dazu oben Text bei Fußn. 590 ff., 598 ff.

6. Im Hinblick auf den Sinn und Zweck der Zwischenfeststellungsklage hängt die Frage, ob das Nichtbestehen der Gesamt- oder Restforderung bei *Teilklagen* beantragt werden kann[1176], nicht unerheblich davon ab, welchen Umfang man der Rechtskraft eines Urteils über die Teilklage beimißt. Nicht weniger bedeutsam ist, welchen Standpunkt man hinsichtlich der Rechtshängigkeit bei Teilklagen einnimmt[1177]. Keine Konflikte mit Fragen der Rechtskraft und der Rechtshängigkeit treten auf bei Inzidentwiderklagen, die das Nichtbestehen des dem Teilanspruch zu Grunde liegenden Rechtsverhältnisses festzustellen begehren, etwa des Nichtbestehens des Kaufvertrages, aus dem die Teil-Kaufpreisklage abgeleitet wird.
   a) Folgt man der h. M. zur Rechtskrafterstreckung, ist die Inzidentwiderklage hinsichtlich des Nichtbestehens des *gesamten Anspruchs* ausschließlich im Fall der *Klageabweisung* vorgreiflich, da vor Klagabweisung des Teilanspruchs notwendig jeder Teil des Gesamtanspruchs geprüft und verneint werden muß[1178]. Dies aber nur, soweit man nicht bereits teilweise anderweitige Rechtshängigkeit bejaht. Hinsichtlich der *Restforderung* liegt *keinesfalls* Präjudizialität vor, da die Entscheidung über den Teilbetrag stets unabhängig von der Entscheidung über den Restbetrag erfolgt. Ihr Nichtbestehen kann allenfalls mittels §§ 256 Abs. 1, 33 ZPO geltend gemacht werden. Mangels erkennbaren Nachforderungsvorbehalts im Fall einer *verdeckten* Teilklage fehlt hierfür regelmäßig das rechtliche Interesse. Im Fall der Klagabweisung der verdeckten Teilklage wäre zwar Präjudizialität der Gesamtforderung denkbar. Da die Gesamtforderung aber meist nicht bekannt ist, fehlt es an dem für die Abhängigkeit notwendigen Merkmal, daß über das Rechtsverhältnis ohnehin zu befinden ist[1179]. Falls ausnahmsweise die Gesamtforderung bekannt sein sollte, stellt sich wiederum das Problem teilweise anderweitiger Rechtshängigkeit.
   b) Folgt man den Ansichten, die eine *Rechtskrafterstreckung* bei Abweisung der *offenen* Teilklage für den Gesamtanspruch annehmen, so ist die Zwischenfeststellungsklage gänzlich *unzulässig*[1180]. Im Fall der Klagestattgabe sind weder Gesamt- noch Restforderung präjudiziell für die Entscheidung über die Teilforderung. Diese erfolgt unabhängig davon, ob dem Kläger die Restforderung oder die ganze Forderung zusteht. Im Fall der sachlichen Klagabweisung der Teilklage ist eine Zwischenfeststellungswiderklage

1176 Dazu oben Text bei Fußn. 616 ff.
1177 Dazu oben Text bei Fußn. 632 ff.
1178 Dazu oben Text bei Fußn. 685 f.
1179 Dazu oben Text bei Fußn. 687 f.
1180 Dazu oben Text bei Fußn. 681 ff.

überflüssig und aufgrund teleologischer Reduktion ihres Anwendungsbereichs unzulässig, da der Zweck der Inzidentklage, die Erstreckung der Rechtskraft, nicht mehr erreicht werden kann. Sofern man innerhalb dieser Auffassung davon ausgeht, daß mit Rechtshängigkeit des Teilbetrags zugleich die gesamte Forderung rechtshängig werde, folgt die Unzulässigkeit der Inzidentwiderklage über den Rest- und Gesamtbetrag bereits aus dem Einwand anderweitiger Rechtshängigkeit. Schließt man sich der Ansicht an, die bei sachlicher Abweisung einer *verdeckten* Teilklage eine Rechtskrafterstreckung befürwortet, ist die negative Zwischenfeststellungswiderklage sowohl hinsichtlich der Restforderung wie der Gesamtforderung nicht notwendig und aufgrund unmöglicher Zweckerreichung nicht zulässig[1181].

c) Für den Anwalt empfiehlt sich daher, sollte er das Nichtbestehen der Gesamtforderung inzident feststellen lassen wollen, eine *Eventualzwischenfeststellungswiderklage* zu erheben für den Fall der Klageabweisung der Teilklage. Um sich aber nicht dem Einwand anderweitiger (teilweiser) Rechtshängigkeit auszusetzen, sollte er mittels prinzipaler Feststellungsklage das Nichtbestehen der Restforderung feststellen lassen. Bei offener Teilklage ist auch das Feststellungsinteresse regelmäßig zu bejahen.

7. Für die Zulässigkeit einer Zwischenfeststellungsklage über das (Nicht)Bestehen einer zur *Aufrechnung* gestellten Gegenforderung hat die Untersuchung folgende Ergebnisse gezeitigt[1182]:

a) In Fällen der Inzidentklage gegenüber einer zur Aufrechnung gestellten Gegenforderung ist der Inzidentantrag schon *unzulässig*, soweit das Gericht das Bestehen der aufgerechneten Forderung (etwa wegen Zurückweisung des tatsächlichen Vorbringens hierzu) nicht ohnehin zu prüfen hat. Dies folgt aus dem Erfordernis tatsächlich bestehender Präjudizialität.

b) Falls die aufgerechnete Gegenforderung die *Klageforderung nicht übersteigt*, ist weder der Inzidentantrag des Klägers auf Nichtbestehen noch der des Beklagten auf Bestehen der behaupteten Gegenforderung zulässig.

Der negativen Zwischenfeststellungsklage des Klägers bedarf es nicht, da aufgrund der Regelung des § 322 Abs. 2 ZPO bereits eine der Rechtskraft fähige Entscheidung darüber ergeht, daß die Gegenforderung nicht besteht bzw. nicht mehr besteht[1183]. Die auf das gleiche Ziel gerichtete negative Zwischenfeststellungsklage des Hauptklägers ist zwecklos und

1181 Dazu oben Text nach Fußn. 688.

1182 Dazu oben Text bei Fußn. 690 ff.

1183 Dazu oben Text bei Fußn. 716 ff.

damit unzulässig. Methodologisch handelt es sich um eine *teleologische Reduktion des Anwendungsbereichs der Inzidentklage.*

Auch dem Beklagten ist eine Inzidentwiderklage verwehrt[1184]: Nach § 322 Abs. 2 ZPO enthält das Urteil *bei erfolgreicher Aufrechung* die rechtskräftige Feststellung, daß die Gegenforderung bestanden hat, infolge der Aufrechnung jetzt aber *nicht mehr besteht*, weshalb die Klage abgewiesen wird. Würde die Inzidentklage mit dem Antrag festzustellen, daß die Gegenforderung besteht, zugelassen, bestünde die Gefahr zweier sich widersprechender rechtskräftiger Feststellungen. Bei *erfolgloser Aufrechnung* gilt nichts anderes. Wenn die Gegenforderung nicht begründet ist, dann wird der Klage stattgegeben und rechtskräftig festgestellt, daß die Gegenforderung nicht besteht. In diesem Fall würde der Beklagte mit seinem Inzidentantrag die Feststellung des kontradiktorischen Gegenteils dessen, was nach § 322 Abs. 2 ZPO rechtskräftig festgestellt wird, begehren.

c) Wenn die Aufrechnungsforderung die *Klageforderung übersteigt*[1185], ist lediglich der Inzidentantrag des *Klägers* über das Nichtbestehen der aufgerechneten *Gesamtforderung* zulässig, *sofern* das Gericht der Klage unter Berücksichtigung der Gegenforderung stattgibt. Dem Inzidentkläger ist daher zu einem dementsprechenden *Eventualinzidentantrag* zu raten. Der Inzidentantrag des Beklagten (Feststellung des Bestehens der aufgerechneten Gesamtforderung) zielt im Umfang der Klageforderung auf eine widersprüchliche rechtskräftige Feststellung. Hinsichtlich der Restforderung fehlt es an der Vorgreiflichkeit für die Entscheidung über den Aufrechnungseinwand. Hinzu kommt, daß die Inzidentwiderklage unbegründet ist und an einer stets unzulässigen oder jedenfalls unbegründeten Zwischenfeststellungsklage kein Bedürfnis besteht. Sofern die Parteien den Restbetrag „unbedingt" einer rechtskräftigen Feststellung zuführen wollen, sind sie auf die *selbständige Feststellungsklage* gem. § 256 Abs. 1 ZPO verwiesen, falls ein rechtliches Interesse besteht und die Voraussetzungen für eine Klageänderung (im Fall des Klägers) bzw. der Widerklage (im Fall des Beklagten) vorliegen. Der *Beklagte* hat des weiteren die Möglichkeit, die Restforderung im Wege der *Leistungswiderklage* geltend zu machen. Überdies bleibt es beiden Parteien unbenommen, das (Nicht)Bestehen des der Gegenforderung zu Grunde liegenden Kausalverhältnisses (z. B. Wirksamkeit des Kaufvertrages) über § 256 Abs. 2 ZPO rechtskräftig feststellen zu lassen.

1184 Dazu oben Text nach Fußn. 727.

1185 Dazu oben Text bei Fußn. 733 ff.

8. Es ist zwar anerkennenswert, daß die Rechtsprechung im Rahmen des *Rechtsschutzbedürfnisses* versucht, bei der Zwischenfeststellungsklage das angebliche Erfordernis zukünftiger Relevanz der Rechtsfrage („über den Streitgegenstand hinausreichende Bedeutung") durch die *Möglichkeit* einer solchen Relevanz zu entschärfen[1186]. Aber § 256 Abs. 2 ZPO erfordert ein derartiges ungeschriebenes Tatbestandsmerkmal „über den Streitgegenstand hinausreichender Bedeutung" nicht. Die Vorschrift verlangt außer der Vorgreiflichkeit des Rechtsverhältnisses keine weiteren speziellen (noch dazu ungeschriebenen) Voraussetzungen für die Zwischenfeststellungsklage. Die Rechtsprechung bricht nicht nur ohne Not mit der Intention der Gesetzesverfasser, sondern vermengt in unzulässiger Weise auch die beiden Absätze des § 256 ZPO, wenn sie im Sinne des rechtlichen Interesses den Gedanken der Prozeßantizipation für die Inzidentklage aufrecht erhält und eine über den Streitgegenstand hinausgehende Bedeutung des Rechtsverhältnisses fordert.

9. Grundsätzlich ist – wie schon erwähnt – die *Entscheidung* über die *Inzidentklage zusammen* mit der Entscheidung über die *Hauptklage* zu treffen. Dies kann in einem gemeinsamen Vollendurteil erfolgen sowie in einem gemeinsamen Teilurteil. Einem isolierten Teilurteil über die Hauptklage steht regelmäßig entgegen, daß dieses gerade nicht unabhängig von der Entscheidung im Schlußurteil erfolgt. Einem *isolierten Teilurteil* über die *Inzidentklage* steht – im Widerspruch zur h. M. – *der Sinn und Zweck des § 256 Abs. 2 ZPO regelmäßig entgegen*[1187]. Die Regel, daß die Zwischenfeststellungsklage unzulässig ist, wenn die Entscheidung nicht vom Bestehen des Rechtsverhältnisses abhängt, darf nicht dadurch umgangen werden, daß eine der Parteien vorab ein Teilurteil beantragt.

10. Die Rechtskraftwirkung der Zwischenfeststellungsklage entspricht der eines Urteils über die selbständige Feststellungsklage. Insbesondere ist sie nicht begrenzt durch die Vorgreiflichkeit des festgestellten Rechtsverhältnisses für die Hauptsache[1188].

11. Der prozeßtaktische Rat, die Zwischenfeststellungs(wider)klage hilfsweise zu erheben, ist – abgesehen von den Fällen wirtschaftlicher Vollidentität zwischen den gebührenrechtlichen Streitgegenständen der Haupt- und Inzidentklage – schon unter kostenrechtlichen Gesichtspunkten gerechtfertigt[1189].

1186 Dazu oben Text bei Fußn. 896 ff.

1187 Dazu oben Text bei Fußn. 961 ff.

1188 Dazu oben Text bei Fußn. 1072 ff.

1189 Dazu oben Text bei Fußn. 1094 ff.

Die Untersuchung hat gezeigt, daß die Anwendbarkeit der Zwischenfeststellungsklage entscheidend davon abhängt, wo man die Grenzen der Rechtskraft über die Hauptklage zieht. Dies kann gar nicht anders sein. Denn die Zwischenfeststellungsklage verdankt ihre „Existenz“ dem Umstand, daß man bei Schaffung der CPO die präjudiziellen Rechtsverhältnisse nicht an der Rechtskraft des Urteils teilhaben lassen wollte, sondern zur Rechtskrafterstreckung auf sie die Zwischenfeststellungsklage zum Ausgleich bestimmt hatte. Die deutsche Zivilprozeßrechtswissenschaft wird sich daher hinsichtlich der Zulässigkeit einer Zwischenfeststellungsklage in Zukunft mit der Frage auseinandersetzen müssen, welchen Weg man bei den Grenzen der materiellen Rechtskraft einschlagen will.

Möchte man schrittweise „zurück zu Savigny“, also die Rechtskraft über die engen Grenzen des § 322 ZPO hinaus erweitern? Will man im Hinblick auf rechtliche Sinn- und Ausgleichszusammenhänge, auf das Urteil über eine Teilklage oder den Bestand der über die Klageforderung hinausgehenden Aufrechnungsforderung die Rechtskraft des Urteils erstrecken? Hierzu könnte man sich in Anbetracht der Kernpunktlehre des *EuGH* – die in der vorliegenden Arbeit außer Betracht blieb – und einer „Europarechtsfreundlichkeit“ des Zivilprozeßrechts möglicherweise veranlaßt sehen[1190]. Oder will man der Rechtskraft im Sinne der Schöpfer der CPO bewußt weiter enge Grenzen setzen? Von der Antwort auf diese Fragen hängt es ab, wie der Anwendungsbereich der Zwischenfeststellungsklage zukünftig bestimmt wird.

1190 Instruktiv hierzu *Althammer*, Streitgegenstand, S. 172 ff.

Literaturverzeichnis

Norbert Achterberg: Rechtsverhältnisse als Strukturelemente der Rechtsordnung, Rechtstheorie. Prolegomena zu einer Rechtsverhältnistheorie, in: Theorie und Dogmatik des öffentlichen Rechts, Ausgewählte Abhandlungen 1960-1980, Berlin 1980 (zitiert: Achterberg, Rechtsverhältnisse).

Christoph Althammer: Streitgegenstand und Interesse. Eine zivilprozessuale Studie zum deutschen und europäischen Streitgegenstandsbegriff, Tübingen 2012 (zitiert: Althammer, Streitgegenstand).

Monika Anders/ Burhard Gehle/ Wolfgang Kunze: Streitwert-Lexikon, 4. Auflage, Düsseldorf 2002 (zitiert: Anders/Gehle/Kunze, Streitwert-Lexikon).

Ernst Anger: in: *Julius Petersen*: Die Civilprozessordnung für das Deutsche Reich, Erster Band, 5. Auflage, Lahr 1904 (zitiert: Petersen/Anger).

Dorothea Assmann: Das Verfahren der Stufenklage, Erlangen 1990 (zitiert: Assmann, Stufenklage).

Dorothea Assmann: Erbrechtliche Prozesse zu Lebzeiten, ZZP 111 (1998), S. 357-372.

Dorothea Assmann: siehe auch *Wieczorek/Schütze*: Zivilprozessordnung und Nebengesetze.

Otto Bähr: Die Anerkennung als Verpflichtungsgrund, Cassel 1855 (zitiert: Bähr, Anerkennung).

Otto Bähr: Die Anerkennung als Verpflichtungsgrund, 2. Auflage, Cassel und Göttingen 1867 (zitiert: Bähr, Anerkennung^2).

Otto Bähr: Urteile des Reichsgerichts mit Besprechungen, München und Leipzig 1883 (zitiert: Bähr, Urteile).

Johannes Baltzer: Die negative Feststellungsklage aus § 256 I ZPO, Köln u. a. 1980 (zitiert: Baltzer, negative Feststellungsklage).

J. Baron: Kann die Unzuständigkeit des Gerichts immer von Amts wegen ausgesprochen werden?, ZZP 1 (1879), S. 29-46.

Karlludwig Batsch: Zur materiellen Rechtskraft bei „Teilklagen" und zur Repräsentationswirkung des Klageantrags, ZZP 86 (1973), S. 254-292.

Manfred Bauer: Feststellungsklage über Drittrechtsverhältnisse, München 1971 (zitiert: Bauer, Drittrechtsverhältnisse).

Adolf Baumbach/ Wolfgang Lauterbach/ Jan Albers/ Peter Hartmann: Zivilprozeßordnung, 71. Auflage, München 2013 (zitiert: Baumbach/Lauterbach/Albers/Hartmann).

Ekkehard Becker-Eberhard: Die Entwicklung der höchstrichterlichen Rechtsprechung zur Erledigung der Hauptsache im Zivilprozeß, in: 50 Jahre Bundesgerichtshof, Festgabe aus der Wissenschaft, Band III, München 2000, S. 273-307 (zitiert: Becker-Eberhard, FG BGH III).

Ekkehard Becker-Eberhard: siehe *Rauscher/Wax/Wenzel*: Münchener Kommentar zur Zivilprozessordnung.

Ernst Immanuel Bekker: Die Aktionen des Römischen Privatrechts, Band 1, Neudruck der Ausgabe Berlin 1871, Aalen 1970 (zitiert: Bekker, Aktionen I).

Ernst Immanuel Bekker: Die Aktionen des Römischen Privatrechts, Band 2, Neudruck der Ausgabe Berlin 1873, Aalen 1970 (zitiert: Bekker, Aktionen II).

Günther Bergerhoff: Die Zwischenfeststellungsklage des § 280 ZPO unter Berücksichtigung der Rechtsprechung des Reichsgerichts, Köln 1940 (zitiert: Bergerhoff, Zwischenfeststellungsklage).

Wolfgang Bergmann: Probleme bei der verwaltungsgerichtlichen Feststellungs- und Zwischenfeststellungsklage, DÖV 1959, S. 570-575.

Moritz August von Bethmann-Hollweg: Der Civilprozeß des gemeinen Rechts in geschichtlicher Entwicklung, Band II, Bonn 1864 (zitiert: v. Bethmann-Hollweg, Civilprozeß).

Karl August Bettermann: Rechtshängigkeit und Rechtsschutzform, Eine prozessrechtliche Abhandlung, Detmold u. a. 1949 (zitiert: Bettermann, Rechtshängigkeit).

Julius Binder: Prozeß und Recht, Ein Beitrag zur Lehre vom Rechtsschutzanspruch, Neudruck der Ausgabe Leipzig 1927, Aalen 1969 (zitiert: Binder, Prozeß).

Karl Josef Binz/ Josef Dörndorfer/ Rainer Petzold/ Walter Zimmermann: Gerichtskostengesetz Gesetz über Gerichtskosten in Familiensachen Justizvergütungs- und -entschädigungsgesetz, 2. Auflage, München 2009 (zitiert: Binz/Dörndorfer/Petzold/Zimmermann, GKG).

Arwed Blomeyer: Rechtskrafterstreckung infolge zivilrechtlicher Abhängigkeit, ZZP 75 (1962), S. 1-27.

Arwed Blomeyer: Zivilprozeßrecht, Erkenntnisverfahren, Berlin u. a. 1963 (zitiert: Blomeyer, Erkenntnisverfahren).

Arwed Blomeyer: Zivilprozeßrecht, Erkenntnisverfahren, 2. Auflage, Berlin 1985 (zitiert: Blomeyer, Erkenntnisverfahren[2]).

Carl Bolgiano: Handbuch des Reichszivilprozeßrechts auf rationellen Grundlagen mit vergleichender Darstellung des gemeinen deutschen Zivilprozesses, Allgemeiner Theil, Stuttgart 1879 (zitiert: Bolgiano, Handbuch).

Paul Bonin: Der Prozeßvergleich unter besonderer Berücksichtigung seiner personellen Erstreckung, Stuttgart 1957 (zitiert: Bonin, Prozeßvergleich).

Hans Otto de Boor: Zur Lehre vom Parteiwechsel und vom Parteibegriff, Leipzig 1941 (zitiert: de Boor, Parteiwechsel).

Hans Otto de Boor: Gerichtsschutz und Rechtssystem, Leipzig 1941 (zitiert: de Boor, Gerichtsschutz).

Reinhard Bork: Der Vergleich, Berlin 1988 (zitiert: Bork, Vergleich).

Wilhelm von Braun: Die Inzidentfeststellungsklage des § 280 der Reichszivilprozessordnung, Heidelberg 1910 (zitiert: v. Braun, Inzidentfeststellungsklage).

Wolfgang Brehm: Rechtsschutzbedürfnis und Feststellungsinteresse, in: 50 Jahre Bundesgerichtshof, Festgabe aus der Wissenschaft, Band III, München 2000, S. 89-108 (zitiert: Brehm, FG BGH III).

Rudolf Bruns: Der materiellrechtliche Anspruch und der Zivilprozeß, in: Festskrift till Per Olof Ekelöf, Stockholm 1972, S. 161-178 (zitiert: Bruns, FS Ekelöf).

Rudolf Bruns: Zivilprozeßrecht, 2. Auflage, München 1979 (zitiert: Bruns, Zivilprozeßrecht).

Oskar Bülow: Die Lehre von den Prozeßeinreden und die Prozeßvoraussetzungen, Gießen 1868 (zitiert: Bülow, Prozeßeinreden).

Chii-Chwei Chern: Die Feststellungsklage im Zivilprozeß, Hamburg 2004 (zitiert: Chern, Feststellungsklage).

Donald Cramer: Probleme des Feststellungsinteresses im Zivilprozeß, Freiburg i. Br. 1972 (zitiert: Cramer, Feststellungsinteresse).

Carl Creifelds: Rechtswörterbuch, 20. Auflage, München 2011 (zitiert: Creifelds, Rechtswörterbuch).

Heinrich Degenkolb: Einlassungszwang und Urteilsnorm, Leipzig 1877 (zitiert: Degenkolb, Einlassungszwang).

Andreas Dichtl: Der Prozess der negativen Feststellungsklage. Unter Einbeziehung der prozessualen und materiell-rechtlichen Nebenwirkungen, Hamburg 2004 (zitiert: Dichtl, Negative Feststellungsklage).

W. Endemann: Der deutsche Civilprozess, Band II, Berlin 1879 (zitiert: Endemann).

Peter Enders: Prozeßtaktische Möglichkeiten der unselbständigen Feststellungsklage, ZAP 1996, S. 455-468.

Horst-Reiner Enders: RVG für Anfänger, 15. Auflage, München 2012 (zitiert: Enders, RVG).

Hans W. Fasching/ Andreas Konecny: Kommentar zu den Zivilprozeßgesetzen, 2. Auflage, Band 3 (§§ 226-460 ZPO), Wien 2004 (zitiert: Fasching/ Bearbeiter).

Hans W. Fasching: Lehrbuch des österreichischen Zivilprozeßrechts, 2. Auflage, Wien 1990 (zitiert: Fasching, Lehrbuch).

Hilmar Fenge: Über Chancen und Risiken einer Teilklage im Zivilprozeß, in: Festschrift für Helmut Pieper, Hamburg 1998, S. 31-51 (zitiert: Fenge, FS Pieper).

Hermann Fitting: Bemerkungen zur Reichs-Civilprozessordnung, ZZP 2 (1880), S. 266-296.

Julius Flechtheim: Die Struktur der negativen Feststellungsklage, ZZP 25 (1899), S. 405-446.

Ulrich Foerste: Zur Rechtskraft in Ausgleichszusammenhängen, ZZP 108 (1995), S. 167-191.

Ulrich Foerste: siehe auch *Musielak*: Kommentar zur Zivilprozessordnung.

A. Förster/ Richard Kann: Die Zivilprozeßordnung für das Deutsche Reich, Band 1, Teilband 2, 3. Auflage, Berlin 1913 (zitiert: Förster/ Kann).

Johann Frank: Anspruchsmehrheiten im Streitwertrecht, Köln u. a. 1985 (zitiert: Frank, Anspruchsmehrheiten).

Hans Friedhelm Gaul: Zur Frage nach dem Zweck des Zivilprozesses, AcP 168 (1968), S. 27-62.

L. Gaupp: Die Zivilprozeßordnung für das Deutsche Reich, Erster Band, 2. Auflage, Freiburg 1890 (zitiert: Gaupp).

Wilhelm Gerold/ Herbert Schmidt Rechtsanwaltsvergütungsgesetz, 20. Auflage, München 2012 (zitiert: Gerold/Schmidt/Bearbeiter, RVG).

Apostolos Georgiades: Die Anspruchskonkurrenz im Zivilrecht und Zivilprozeßrecht, München 1968 (zitiert: Georgiades, Anspruchskonkurrenz).

Walter Göttlich/ Alfred Mümmler Rechtsanwaltsvergütungsgesetz, Kommentar in alphabetischer Zusammenstellung, 4. Auflage, Köln 2012 (zitiert: Göttlich/Mümmler/Bearbeiter, RVG).

James Goldschmidt: Zivilprozeßrecht, 2. Auflage, Berlin 1932 (zitiert: Goldschmidt, Zivilprozeßrecht).

James Goldschmidt: Der Prozeß als Rechtslage. Eine Kritik des prozessualen Denkens, Berlin 1925 (zitiert: Goldschmidt, Rechtslage).

Peter Gottwald: Grundprobleme der Beweislastverteilung Jura 1980, S. 225-236.

Peter Gottwald: siehe auch *Rosenberg/Schwab/Gottwald*: Zivilprozessrecht und *Krüger/Rauscher*: Münchener Kommentar zur Zivilprozessordnung.

Helmut Graf: Feststellungsklage und Verjährungsunterbrechung, Regensburg 1989 (zitiert: Graf, Feststellungsklage).

Reinhard Greger: siehe *Zöller*: Zivilprozessordnung.

Wolfgang Grunsky: Grundlagen des Verfahrensrechts, 2. Auflage, Bielefeld 1974 (zitiert: Grunsky, Grundlagen).

Wolfgang Grunsky: Zivilprozessrecht, 13. Auflage, München 2008 (zitiert: Grunsky, Zivilprozeßrecht).

Edgar J. Habscheid: Rechtsverhältnis und Feststellungsinteresse. Zur Rechtsdogmatik und Rechtsvergleichung sowie zu aktuellen Fragen der allgemeinen Feststellungsklage (§ 256 ZPO), ZZP 112 (1999), S. 37-59.

Walther J. Habscheid: Der Streitgegenstand im Zivilprozeß, Bielefeld 1956 (zitiert: Habscheid, Streitgegenstand).

Walther J. Habscheid: Probleme der Teilklage. Rechtsnatur und Zulässigkeit – Umfang der Rechtskraft, FamRZ 1962, S. 352-355.

Ludwig Häsemeyer: Die sogenannte „Prozeßaufrechnung" – eine dogmatische Fehlakzentuierung, in: Festschrift für Friedrich Weber zum 70. Geburtstag am 19. Mai 1975, Berlin – New York 1975, S. 215-236 (zitiert: Häsemeyer, FS Weber).

Ludwig Häsemeyer: Drittinteressen im Zivilprozeß, ZZP 101 (1988), S. 385-412.

Johannes Hager: Die Zulässigkeit der Zwischenfeststellungsklage, KTS 54 (1993), S. 39-51.

Carl Hahn: Die gesammten Materialien zu den Reichs-Justizgesetzen, Band II: Die gesammten Materialien zur CPO, Berlin 1880 (zitiert: Hahn, Materialien II).

Carl Hahn/
Benno Mugdan: Die gesammten Materialien zu den Reichs-Justizgesetzen, Band V: Materialien zum Gesetz über die Zwangsversteigerung und die Zwangsverwaltung und zur Grundbuchordnung, Berlin 1897 (zitiert: Hahn/Mugdan, Materialien V).

Peter Hartmann: Kostengesetze, 42. Auflage, München 2012 (zitiert: Hartmann, GKG).

August Wilhelm Heffter: System des römischen und deutschen Civil-Proceßrechts, 2. Auflage, Bonn 1843 (zitiert: Heffter, System).

Christian Heinrich: Der gewillkürte Parteiwechsel, München 1990 (zitiert: Heinrich, Parteiwechsel).

Samuel Hellmann: Lehrbuch des Deutschen Zivilprozeßrechts, München 1886 (zitiert: Hellmann, Lehrbuch).

Konrad Hellwig: Anspruch und Klagrecht, Jena 1900 (zitiert: Hellwig, Anspruch).

Konrad Hellwig: Klagrecht und Klagmöglichkeit. Eine Auseinandersetzung über die Grundfragen des heutigen Civilprozeßrechts, Leipzig 1905 (zitiert: Hellwig, Klagmöglichkeit).

Konrad Hellwig: Lehrbuch des deutschen Zivilprozeßrechts, Band 3, 1. Abteilung, Lehre von der Klage, Leipzig 1909 (zitiert: Hellwig, Lehrbuch III).

Konrad Hellwig: System des deutschen Zivilprozeßrechts, Teil 1, Ordentliches Verfahren, ausschließlich besondere Prozeßarten und Zwangsvollstreckung, Leipzig 1912 (zitiert: Hellwig, System I).

Wolfram Henckel: Parteilehre und Streitgegenstand im Zivilprozeß, Heidelberg 1961 (zitiert: Henckel, Parteilehre).

Wolfram Henckel: Prozeßrecht und materielles Recht, Göttingen 1970 (zitiert: Henckel, Prozeßrecht).

Walter Herbst: Die Bedeutung des Rechtsschutzanspruchs für die moderne Zivilprozeßrechtslehre, Bonn 1973 (zitiert: Herbst, Rechtsschutzanspruch).

Ulrich Herrmann: Die Grundstruktur der Rechtshängigkeit, Köln u. a. 1988 (zitiert: Herrmann, Rechtshängigkeit).

Herzog: Zur Lehre von der Rechtskraft der Urtheile nach § 293 der Reichs-Civilprozessordnung, ZZP 1 (1879), S. 416-431.

Moon-Hyuck Ho: Zum Anspruchsbegriff bei der Feststellungsklage, Pfaffenweiler 1987 (zitiert: Ho, Anspruchsbegriff).

Michael Huber: Aus der Praxis: Zwischenfeststellungswiderklage bei offener Teilklage und Sachantrag, JuS 2003, S. 490.

Oskar Huber: Streitgegenstand, Klagänderung, Rechtskraft bei der Feststellungsklage, Bruchsal 1932 (zitiert: O. Huber, Streitgegenstand).

Walter Immerwahr: Actio praejudicialis und Feststellungsklage, Berlin 1894 (zitiert: Immerwahr, Actio praejudicialis).

Matthias Jacobs: Der Gegenstand des Feststellungsverfahrens, Tübingen 2005 (zitiert: Jacobs, Feststellungsverfahren).

Othmar Jauernig: Das fehlerhafte Zivilurteil, Frankfurt a. M. 1958 (zitiert: Jauernig, Zivilurteil).

Othmar Jauernig: Teilurteil und Teilklage, in: 50 Jahre Bundesgerichtshof, Festgabe aus der Wissenschaft, Band III, München 2000, S. 311-336 (zitiert: Jauernig, FG BGH III).

Othmar Jauernig: Warum keine Verbindung von Prozeß- und Sachabweisung, JZ 1955, S. 235-237.

Othmar Jauernig: Zivilprozessrecht, 29. Auflage, München 2007 (zitiert: Jauernig, Zivilprozessrecht).

Othmar Jauernig/ Burkhard Hess: Zivilprozessrecht, 30. Auflage, München 2011 (zitiert: Jauernig/Hess).

Martin Jonas: in: *Ludwig Gaupp/Friedrich Stein/Martin Jonas*: Kommentar zur Zivilprozeßordnung, Erster Band, 15. Auflage, Tübingen 1934 (zitiert: Gaupp/Stein/Jonas).

Rolf L. Jox: Die Bindung an Gerichtsentscheidungen über präjudizielle Rechtsverhältnisse, Köln u. a. 1991 (zitiert: Jox, Bindung).

Horst Kadel: Zur Geschichte und Dogmengeschichte der Feststellungsklage nach § 256 der Zivilprozeßordnung, Köln-Berlin 1967 (zitiert: Kadel, Feststellungsklage).

Erwin Kaupert: Die Rechtsnatur der Aufrechnung im Prozeß, Nürnberg 1964 (zitiert: Kaupert, Aufrechnung).

Konstantin D. Kerameus: Die Rechtskraftwirkung der Entscheidungsgründe nach gemeinem und partikularem Recht, AcP 167 (1967), S. 241-267.

Hildebert Kirchner/ Cornelie Butz: Abkürzungsverzeichnis der Rechtssprache, 6. Auflage, Berlin 2008 (zitiert: Kirchner/Butz, Abkürzungsverzeichnis).

Wilhelm Kisch: Das Feststellungsurteil. Deutsche Landesreferate zum Internationalen Kongreß für Rechtsvergleichung im Haag 1932, Sonderheft des sechsten Jahrgangs der Zeitschrift für ausländisches und internationales Privatrecht, Berlin und Leipzig 1932, S. 45-54 (zitiert: Kisch, Feststellungsurteil).

Otto Rudolf Kissel/ Herbert Mayer: Gerichtsverfassungsgesetz, 6. Auflage, München 2010 (zitiert: Kissel/Mayer).

Peter Klöppel: Die Einrede der Rechtskraft nach der deutschen Civilprozess-Ordnung, Berlin 1982 (zitiert: Klöppel, Rechtskraft).

Horst Konzen: Rechtsverhältnisse zwischen Prozeßparteien, Berlin 1976 (zitiert: Konzen, Rechtsverhältnisse).

Ferdinand O. Kopp/ Wolf-Rüdiger Schenke: Verwaltungsgerichtsordnung, Kommentar, 18. Auflage, München 2012 (zitiert: Kopp/Schenke).

Walter Krantz/ Franz Triebel: in: *Sydow/Busch*: Zivilprozeßordnung mit Gerichtsverfassungsgesetz, Erster Band, 21. Auflage, Berlin – Leipzig 1935 (zitiert: Sydow/Busch/Krantz/Triebel).

Wilhelm Kroll: Klage und Einrede nach Deutschem Recht, Berlin 1884 (zitiert: Kroll, Klage).

Wolfgang Krüger/ Thomas Rauscher (Hrsg.): Münchener Kommentar zur Zivilprozessordnung, Band 1 (§§ 1-354), 4. Auflage, München 2013 (zitiert: MünchKomm ZPO/Bearbeiter[4]).

Wolfgang Krüger/ Thomas Rauscher (Hrsg.): Münchener Kommentar zur Zivilprozessordnung, Band 2 (§§ 355-1024), 4. Auflage, München 2012 (zitiert: MünchKomm ZPO/Bearbeiter[4]).

Horst Kuschmann: Die materielle Rechtskraft bei verdeckten Teilklagen, in: Festschrift für Gerhard Schiedermair zum 70. Geburtstag, München 1976, S. 351-376 (zitiert: Kuschmann, FS Schiedermair).

Paul Langheineken: Der Urteilsspruch – Ein Beitrag zur Lehre vom Klagerecht, Leipzig 1899 (zitiert: Langheineken, Urteilsspruch).

Friedrich Lappe: Die Entwicklung des Gerichts- und Notarkostenrechts im Jahr 2005, NJW 2006, S. 270-276.

Karl Larenz: Allgemeiner Teil des deutschen Bürgerlichen Rechts, 7. Auflage, München 1989 (zitiert: Larenz, Allgemeiner Teil).

Karl Larenz: Methodenlehre der Rechtswissenschaft, 6. Auflage, Berlin 1991 (zitiert: Larenz, Methodenlehre).

Dieter Leipold: Teilklagen und Rechtskraft, in: Festschrift für Albrecht Zeuner zum 70. Geburtstag, Tübingen 1994, S. 431-450 (zitiert: Leipold, FS Zeuner).

Dieter Leipold: Wirksamer Ehrenschutz durch gerichtliche Feststellung von Tatsachen, ZZP 84 (1971), S. 150-162.

Dieter Leipold: siehe auch *Stein/Jonas*: Kommentar zur Zivilprozessordnung.

Franz Leonhard: Die Beweislast, Berlin 1904 (zitiert: Leonhard, Beweislast).

Richard Loening: Die Widerklage im Reichs-Civilprozeß, ZZP 4 (1882), S. 1-190.

Oleg de Lousanoff: Zur Zulässigkeit des Teilurteils gem. § 301 ZPO, Berlin 1979 (zitiert: de Lousanoff, Teilurteil).

Gerhard Lüke/
Peter Wax (Hrsg.): Münchener Kommentar zur Zivilprozeßordnung, Band 1 (§§ 1-354), 2. Auflage, München 2000, (zitiert: MünchKomm ZPO/Bearbeiter^{2}).

Gerhard Lüke: Zur Klage auf Feststellung von Rechtsverhältnissen mit oder zwischen Dritten, in: Festschrift für Wolfram Henckel zum 70. Geburtstag, Berlin 1995, S. 567-578 (zitiert: G. Lüke, FS Henckel).

Wolfgang Lüke: Die Beteiligung Dritter im Zivilprozeß, Tübingen 1993 (zitiert: W. Lüke, Beteiligung Dritter).

Wolfgang Lüke: Zivilprozessrecht, 9. Auflage, München 2006 (zitiert: W. Lüke, Zivilprozessrecht).

Theodor Maunz/ Günter Dürig (Begr.): Grundgesetz, Band 2 (Art. 6-15), München, Stand: April 2012 (zitiert: Maunz/Dürig/Bearbeiter).

Hans-Jochem Mayer/ Ludwig Kroiß: Rechtsanwaltsvergütungsgesetz mit Streitwertkommentar und Tabellen, 5. Auflage, Baden-Baden 2012 (zitiert: Mayer/Kroiß, RVG).

Christoph von Mettenheim: Der Grundsatz der Prozeßökonomie im Zivilprozeß, Berlin 1970 (zitiert: v. Mettenheim, Prozeßökonomie).

Karl E. Meyer: Der Streitwert der Zwischenfeststellungsklage, JR 1955, S. 253-254.

Dieter Meyer: GKG/FamGKG, 13. Auflage, Berlin-Boston 2012 (zitiert: Meyer, GKG).

Karl Michaelis: Der materielle Gehalt des rechtlichen Interesses bei der Feststellungsklage und bei der gewillkürten Prozeßstandschaft, in: Festschrift für Karl Larenz zum 80. Geburtstag, München 1983, S. 443-486 (zitiert: Michaelis, FS Larenz II).

Ingo Mittenzwei: Die Aussetzung des Prozesses zur Klärung von Vorfragen, Berlin 1971 (zitiert: Mittenzwei, Aussetzung).

Gabriele Moser: Die Zulässigkeitsvoraussetzungen der Feststellungsklage unter besonderer Berücksichtigung erbrechtlicher Streitigkeiten zu Lebzeiten des Erblassers, Nürnberg 1981 (zitiert: Moser, Zulässigkeitsvoraussetzungen).

Hans-Joachim Musielak: Der rechtskräftig entschiedene Lebenssachverhalt, NJW 2000, S. 3593-3599.

Hans-Joachim Musielak: Grundlagen der Beweislast im Zivilprozeß, Berlin – New York 1975 (zitiert: Musielak, Beweislast).

Hans-Joachim Musielak: Grundkurs ZPO, 11. Auflage, München 2012 (zitiert: Musielak, Grundkurs).

Hans-Joachim Musielak: Kommentar zur Zivilprozessordnung, 9. Auflage, München 2012, (zitiert: Musielak/Bearbeiter).

Hans-Joachim Musielak: Rechtskraftprobleme bei Nachforderungsklagen, in: Festschrift für Ekkehard Schumann zum 70. Geburtstag, Tübingen 2002, S. 295-309 (zitiert: Musielak, FS Schumann).

Hans-Joachim Musielak: Zum Teilurteil im Zivilprozeß, in: Verfahrensrecht am Ausgang des 20. Jahrhunderts, Festschrift für Gerhard Lüke zum 70. Geburtstag, München 1997, S. 561-583 (zitiert: Musielak, FS G. Lüke).

Hans-Joachim Musielak/ Max Stadler: Grundfragen des Beweisrechts: Beweisaufnahme – Beweiswürdigung – Beweislast, München 1984 (zitiert: Musielak/Stadler, Grundfragen).

Eugen Muskat: Der Rechtsschutz des Beklagten gegen Theilklagen, ZZP 12 (1888), S. 335-349.

Theodor Muther: Die Diffamationsklage, in: Jahrbuch des gemeinen deutschen Rechts, Band 2, 1858, S. 53-196 (zitiert: Muther, Diffamationsklage).

Julius Neussel: Anspruch und Rechtsverhältnis, Mainz 1952 (zitiert: Neussel, Anspruch).

Arthur Nikisch: Zivilprozeßrecht, 2. Auflage, Tübingen 1952 (zitiert: Nikisch, Zivilprozeßrecht).

Uwe Niklas: Die Klägeraufrechnung, MDR 1987, S. 96-100.

Rainer Oberheim: Die Reform des Zivilprozesses, Neuwied – Kriftel 2001 (zitiert: Oberheim, Reform).

Paul Oertmann: Die Inzidentfeststellungsklage, ZZP 22 (1896), S. 11-78.

Sebastian Otto: Die subjektiven Grenzen der Rechtshängigkeitssperre im deutschen und europäischen Zivilprozessrecht, Berlin 2007 (zitiert: Otto, Rechtshängigkeitssperre).

Max Pagenstecher: Die Einrede der Rechtskraft im Aufwertungsprozeß im Lichte der Judikatur des Reichsgerichts, Mannheim 1925 (zitiert: Pagenstecher, Einrede).

Max Pagenstecher: Zur Lehre von der materiellen Rechtskraft, Berlin 1905 (zitiert: Pagenstecher, Rechtskraft).

Otto Palandt (Begr.): Bürgerliches Gesetzbuch, Kommentar, 72. Auflage, München 2013 (zitiert: Palandt/Bearbeiter).

Hans-Martin Pawlowski: Die „Berühmung" als unerlaubte Handlung, BB 1965, S. 849-851.

Frank Peters: Die Entscheidungen bei der Stufenklage, ZZP 111 (1998), S. 67-75.

Julius Wilhelm Planck: Lehrbuch des Deutschen Civilprozessrechts, Band I, Nördlingen 1887 (zitiert: Planck, Lehrbuch I).

Julius Wilhelm Planck: Lehrbuch des Deutschen Civilprozessrechts, Band II, München 1896 (zitiert: Planck, Lehrbuch II).

Julius Wilhelm Planck: Über die historische Methode auf dem Gebiet des dt. Civilprozeßrechts (1889) (zitiert: Planck, Methode).

Rudolf Pohle: Erstreckung der Rechtskraft auf nicht vorbehaltene Nachforderungen des siegreichen Klägers?, ZZP 77 (1964), S. 98-115.

Rudolf Pohle: Zur Lehre vom Rechtsschutzbedürfnis, in: Festschrift für Friedrich Lent zum 75. Geburtstag am 6. 1. 1957, München – Berlin 1957, S. 195-235 (zitiert: Pohle, FS Lent).

P. Posener: Grundriss des gesamten deutschen Rechts, Band 9, Reichszivilprozess, 2. Auflage, Berlin 1905 (zitiert: Posener, Grundriss).

Hanns Prütting: Gegenwartsprobleme der Beweislast, München 1983 (zitiert: Prütting, Beweislast).

Thomas Rauscher/ Peter Wax/ Joachim Wenzel (Hrsg.): Münchener Kommentar zur Zivilprozessordnung, Band 3 (§§ 946-1086; EGZPO, GVG, EGGVG, UklaG, IZPR), 3. Auflage, München 2008 (zitiert: MünchKomm ZPO/ Bearbeiter[3]).

Thomas Rauscher/ Peter Wax/ Joachim Wenzel (Hrsg.): Münchener Kommentar zur Zivilprozessordnung, Band 4 Gesetz über das Verfahren in Familiensachen und in den Angelegenheiten der freiwilligen Gerichtsbarkeit, 3. Auflage, München 2010 (zitiert: MünchKomm ZPO/Bearbeiter[3]).

Otto L. Reincke: Die Deutsche Civilprozeßordnung, 2. Auflage, Berlin 1893 (zitiert: Reincke).

Klaus Reischl: Die objektiven Grenzen der Rechtskraft im Zivilprozeß, Tübingen 2002 (zitiert: Reischl, Rechtskraft).

Ernst Remele: in: *Julius Petersen*: Die Civilprozessordnung für das Deutsche Reich, Band 1, 5. Auflage, Lahr 1904 (zitiert: Petersen/Remele).

Bruno Rimmelspacher: Zur Bedeutung des § 33 ZPO, in: Verfahrensrecht am Ausgang des 20. Jahrhunderts, Festschrift für Gerhard Lüke zum 70. Geburtstag, München 1997, S. 655-674 (zitiert: Rimmelspacher, FS G. Lüke).

Bruno Rimmelspacher: Materiellrechtlicher Anspruch und Streitgegenstandsprobleme im Zivilprozeß, Göttingen 1970 (zitiert: Rimmelspacher, Anspruch).

C. Rocholl: Die Feststellungsklage im heutigen Klagensysteme, ZZP 22 (1885), S. 329-417.

Klaus F. Röhl: Allgemeine Rechtslehre, 3. Auflage, Köln u. a. 2008 (zitiert Röhl, Rechtslehre).

Leo Rosenberg: Die Beweislast. Auf der Grundlage des Bürgerlichen Gesetzbuches und der Zivilprozeßordnung, 5. Auflage, München 1965 (zitiert: Rosenberg, Beweislast).

Leo Rosenberg/ Karl Heinz Schwab/ Peter Gottwald: Zivilprozessrecht, 16. Auflage, München 2004 (zitiert: Rosenberg/Schwab/Gottwald[16]).

Leo Rosenberg/ Karl Heinz Schwab/ Peter Gottwald: Zivilprozessrecht, 17. Auflage, München 2010 (zitiert: Rosenberg/Schwab/Gottwald[17]).

Herbert Roth: Die Einrede des Bürgerlichen Rechts, München 1988 (zitiert: Roth, Einrede).

Herbert Roth: siehe auch *Stein/Jonas*: Kommentar zur Zivilprozessordnung.

Helmut Rüßmann/ Christine Eckstein-Puhl: Prozeßtaktik mit rechtlichen Tücken, JuS 1998, S. 441-445.

Friedrich Carl von Savigny: System des heutigen römischen Rechts, Band V, Berlin 1841 (zitiert: v. Savigny, System V).

Friedrich Carl von Savigny: System des heutigen Römischen Rechts, Band VI, Berlin 1847 (zitiert: v. Savigny, System VI).

Kurt Schellhammer: Zivilprozess, 14. Auflage, Heidelberg 2012 (zitiert: Schellhammer, Zivilprozess).

Michael Scherer: Grundlagen des Kostenrechts – Rechtsanwaltsvergütungsgesetz RVG, 14. Auflage, Rinteln 2011 (zitiert: Scherer, RVG).

Eberhard Schilken: Zivilprozessrecht, 6. Auflage, München 2010 (zitiert: Schilken, Zivilprozessrecht).

Eberhard Schilken: Anmerkung zum Urteil des Bundesgerichtshofes – III ZR 53/90 – vom 28. 2. 1991, ZZP 105 (1992), S. 88-92.

Eike Schmidt: Die Prozeßaufrechnung im Spannungsfeld von Widerklage und prozessualer Einrede, ZZP 87 (1974), S. 29-49.

Egon Schneider: Die Zulässigkeit der Zwischenfeststellungs(wider)klage, MDR 1973, S. 270-272.

Egon Schneider/ Kurt Herget: Streitwert-Kommentar für den Zivilprozess in ABC-Form, 13. Auflage, Köln 2011 (zitiert: Schneider/Herget, Streitwert).

Adolf Schönke/ Kurt Kuchinke: Zivilprozeßrecht, 9. Auflage, Heidelberg 1969 (zitiert: Schönke/Kuchinke, Zivilprozeßrecht).

Friedrich Schollmeyer: Der Zwischenstreit unter den Parteien, I. Abtheilung, Berlin 1880 (zitiert: Schollmeyer, Zwischenstreit).

Friedrich Schollmeyer: Die Compensationseinrede im deutschen Reichs-Civilprozeß, Berlin-Leipzig 1884 (zitiert: Schollmeyer, Compensationseinrede).

Klaus Schreiber: Die Aufrechnung im Prozeß, in: 50 Jahre Bundesgerichtshof, Festgabe aus der Wissenschaft, Band III, München 2000, S. 227-252 (zitiert: Schreiber, FG BGH III).

Ekkehard Schumann: Anspruchsmehrheiten im Streitwertrecht, NJW 1982, S. 2800-2803.

Ekkehard Schumann: Die materiellrechtsfreundliche Auslegung des Prozeßgesetzes, in: Festschrift für Karl Larenz zum 80. Geburtstag, München 1983, S. 571-604 (zitiert: Schumann, FS Larenz II).

Ekkehard Schumann: Die Prozeßermächtigung (die gewillkürte Prozeßstandschaft) und der Rechtsschutz des Beklagten, in: Festschrift für Hans-Joachim Musielak zum 70. Geburtstag, München 2004, S. 457-492 (zitiert: Schumann, FS Musielak).

Ekkehard Schumann: Die Prozeßökonomie als rechtsethisches Prinzip, in: Festschrift für Karl Larenz zum 70. Geburtstag, München 1973, S. 271-287 (zitiert: Schumann, FS Larenz I).

Ekkehard Schumann: Die Relativität des Begriffes der Rechtshängigkeit. Zugleich ein Beitrag zu § 1933 und § 2077 BGB, in: Verfahrensrecht am Ausgang des 20. Jahrhunderts, Festschrift für Gerhard Lüke zum 70. Geburtstag, München 1997, S. 767-792 (zitiert: Schumann, FS G. Lüke).

Ekkehard Schumann: Die ZPO-Klausur. Eine Anleitung zur Lösung von Fällen aus dem Erkenntnisverfahren und der Zwangsvollstreckung – Hinweise zur Bearbeitung der Hauptprobleme des Zivilprozessrechts, 3. Auflage, München 2006 (zitiert: Schumann, ZPO-Klausur).

Ekkehard Schumann: Die Zwischenfeststellungsklage als Institut zwischen Prozeßrecht und materiellem Recht, in: Festschrift für Apostolos Georgiades zum 70. Geburtstag, Athen 2006, S. 543-576 (zitiert: Schumann, FS Georgiades).

Ekkehard Schumann: Fehlurteil und Rechtskraft. Eine dogmengeschichtliche Auseinandersetzung mit den Leugnern des Fehlurteils, in: Festschrift für Eduard Bötticher zum 70. Geburtstag, Berlin 1969, S. 289-320 (zitiert: Schumann, FS Bötticher).

Ekkehard Schumann: Grundsätze des Streitwertrechts, NJW 1982, S. 1257-1263.

Ekkehard Schumann: Sachabweisung ohne Prüfung des Feststellungsinteresses, in: Gedächtnisschrift für Emmanuel Michelakis, Athen 1972, S. 553-584 (zitiert: Schumann, GS Michelakis).

Ekkehard Schumann: Verfassungs- und Menschenrechtsbeschwerde gegen richterliche Entscheidungen, München 1963 (zitiert: Schumann, Verfassungs- und Menschenrechtsbeschwerde).

Ekkehard Schumann: „Kein Bedürfnis für das Rechtsschutzbedürfnis“ – Zur Fragwürdigkeit des Rechtsschutzbedürfnisses als allgemeiner Prozeßvoraussetzung, in: Festschrift für Hans W. Fasching, Wien 1988, S. 439-449 (zitiert: Schumann, FS Fasching).

Ekkehard Schumann: siehe auch *Stein/Jonas*: Kommentar zur Zivilprozeßordnung.

Karl Heinz Schwab: Der Streitgegenstand im Zivilprozeß, München und Berlin 1954 (zitiert: Schwab, Streitgegenstand).

Karl Heinz Schwab: Rechtskrafterstreckung auf Dritte und Drittwirkung der Rechtskraft, ZZP 77 (1964), S. 124-160.

Maximilian Seibl: Die Beweislast bei Kollisionsnormen, Tübingen 2009 (zitiert: Seibl, Beweislast).

Max Seidel: Die Feststellungsklage im Civil- und Verwaltungsprozeß, Göttingen 1893 (zitiert: Seidel, Feststellungsklage).

Lothar von Seuffert: Kommentar zur Civilprozeßordnung für das Deutsche Reich, 7. Auflage, München 1895 (zitiert: v. Seuffert).

Lothar von Seuffert/ Hans Walsmann: Kommentar zur Zivilprozeßordnung, Band 1, 12. Auflage, München 1932 (zitiert: Seuffert/Walsmann).

Eduard Siebenhaar: Kommentar zur Deutschen Civilprozeßordnung, Leipzig 1877 (zitiert: Siebenhaar).

Wilhelm Simshäuser: Zur Entwicklung des Verhältnisses von materiellem Recht und Prozeßrecht seit Savigny, Bielefeld 1965 (zitiert: Simshäuser, Entwicklung).

Rudolph Sohm/ Ludwig Mitteis/ Leopold Wenger: Institutionen. Geschichte und System des Römischen Privatrechts, 17. Auflage, Berlin 1949 (zitiert: Sohm/ Mitteis/Wenger, Institutionen).

Julius v. Staudinger (Begr.): Kommentar zum Bürgerlichen Gesetzbuch, Buch 3, Sachenrecht (§§ 883-902), 14. Auflage, Berlin 2008 (zitiert: Staudinger/Bearbeiter).

Julius v. Staudinger (Begr.): Kommentar zum Bürgerlichen Gesetzbuch, Buch 3, Sachenrecht (§§ 985-1011), 14. Auflage, Berlin 2013 (zitiert: Staudinger/Bearbeiter).

Friedrich Stein: Der Urkunden- und Wechselprozess, Leipzig 1887 (zitiert: Stein, Urkundenprozeß).

Friedrich Stein/ Martin Jonas (Begr.):

- Kommentar zur Zivilprozeßordnung, Erster Band (§§ 1-252), 20. Auflage, Tübingen 1984 (zitiert: Stein/Jonas/Bearbeiter[20]).

– Kommentar zur Zivilprozeßordnung, Band 3 (§§ 253-299a), 21. Auflage, Tübingen 1997 (zitiert: Stein/Jonas/Bearbeiter[21]).
– Kommentar zur Zivilprozessordnung, Band 1 (Einleitung §§ 1-40), 22. Auflage, Tübingen 2003 (zitiert: Stein/Jonas/Bearbeiter[22]).
– Kommentar zur Zivilprozessordnung, Band 3 (§§ 128-252), 22. Auflage, Tübingen 2005 (zitiert: Stein/Jonas/Bearbeiter[22]).
– Kommentar zur Zivilprozessordnung, Band 4 (§§ 253-327), 22. Auflage, Tübingen 2008 (zitiert: Stein/Jonas/Bearbeiter[22]).

Anja Steinhauer/ Josef Werlin: Duden, Wörterbuch der Abkürzungen, 5. Auflage, Mannheim u. a. 2005 (zitiert: Steinhauer/Werlin, Duden-Abkürzungen).

Hans Stoll: Typen der Feststellungsklage aus der Sicht des bürgerlichen Rechts, in: Festschrift für Eduard Bötticher zum 70. Geburtstag, Berlin 1969, S. 341-368 (zitiert: Stoll, FS Bötticher).

Johannes Struckmann/ Richard Koch: Die Civilprozeßordnung für das Deutsche Reich, 5. Auflage, Berlin-Leipzig 1887 (zitiert: Struckmann/ Koch).

Sydow/Busch (Begr.): Zivilprozeßordnung mit Gerichtsverfassungsgesetz, Erster Band, 21. Auflage, Berlin – Leipzig 1935 (zitiert: Sydow/Busch/Krantz/Triebel).

Klaus Tiedtke: Das unzulässige Zwischenurteil, ZZP 89 (1976), S. 64-79.

Heinz Thomas/ Hans Putzo/ Rainer Hüßtege/ Klaus Reichold/ Christian Seiler: Zivilprozessordnung, 33. Auflage, München 2012 (zitiert: Thomas/Putzo/Bearbeiter).

Andreas von Tuhr: Der Allgemeine Teil des Deutschen Bürgerlichen Rechts, Band I, Allgemeine Lehren und Personenrecht, Leipzig 1910 (zitiert: v. Tuhr, Allgemeiner Teil).

Christoph Trzaskalik: Die Rechtsschutzzone der Feststellungsklage im Zivil- und Verwaltungsprozeß, Berlin 1978 (zitiert: Trzaskalik, Rechtsschutzzone).

Joseph Unger: System des österreichischen allgemeinen Privatrechts, Band 2, 5. Auflage, Leipzig 1892 (zitiert: Unger, System).

Max Vollkommer: siehe *Zöller*: Zivilprozessordnung.

Dennis Oliver Vorsmann: Die arbeitsgerichtliche Feststellung als Mittel individuellen Rechtsschutzes, Berlin 2005 (zitiert: Vorsmann, Arbeitsgerichtliche Feststellung).

Adolf Wach: Das Prinzip des gewillkürten Gerichtsstandes, AcP 62 (1879), S. 373-404.

Adolf Wach: Der Feststellungsanspruch. Ein Beitrag zur Lehre vom Rechtsschutzanspruch, Neudruck der Originalausgabe von 1888, Innsbruck 2007 (zitiert: Wach, Feststellungsanspruch).

Adolf Wach: Handbuch des Deutschen Zivilprozeßrechts, Band 1, Leipzig 1885 (zitiert: Wach, Handbuch).

Jakob Weismann: Die Feststellungsklage, Bonn 1879 (zitiert: Weismann, Feststellungsklage).

Jakob Weismann: Hauptintervention, Leipzig 1884 (zitiert: Weismann, Hauptintervention).

Otto Wendt: Die Beweislast bei der negativen Feststellungsklage, AcP 70 (1886), S. 1-41.

Holger Wendtland: Die Verbindung von Haupt- und Hilfsantrag im Zivilprozeß, Berlin u. a. 2001 (zitiert: Wendtland, Haupt- und Hilfsantrag).

Albert Westerburg: Besprechung von Louis Freiherr von Bülow, Die Civilprozeßordnung und ihre Nebengesetze, 2. Auflage 1882, Gruchot 26 (1882), S. 450-455.

Georg Wilhelm Wetzell: System des ordentlichen Civilprocesses, 2. Auflage, Leipzig 1865 (zitiert: Wetzell, System).

Bernhard Wieczorek: Zivilprozeßordnung und Nebengesetze, Band 2 (§§ 253-510c), 2. Auflage, Berlin – New York 1976 (zitiert: Wieczorek^2).

Bernhard Wieczorek/ Rolf A. Schütze: Zivilprozessordnung und Nebengesetze, Band 2, Teilband 2 (§§ 253-299a), 3. Auflage, Berlin – New York 2008 (zitiert: Wieczorek/Schütze/Bearbeiter^3).

G. von Wilmowski/ M. Levy: Civilprozeßordnung und Gerichtsverfassungsgesetz für das Deutsche Reich nebst den Einführungsgesetzen, Band I, 4. Auflage, Berlin 1886 (zitiert: Wilmowski/ Levy).

Bernhard Windscheid: Die Actio des römischen Civilrechts vom Standpunkt des heutigen Rechts, Düseldorf 1856 (zitiert: Windscheid, Actio).

Bernhard Windscheid: Lehrbuch des Pandektenrechts, 4. Auflage, Band I, Düsseldorf 1875 (zitiert: Windscheid, Pandektenrecht I^4).

Bernhard Windscheid/ Theodor Kipp: Lehrbuch des Pandektenrechts, 8. Auflage, Band I, Frankfurt am Main 1900 (zitiert: Windscheid/Kipp, Pandektenrecht I^8).

Walter Zeiss: Zivilprozeßrecht, 9. Auflage, Tübingen 1997 (zitiert: Zeiss, Zivilprozeßrecht).

Albrecht Zeuner: Die objektiven Grenzen der Rechtskraft im Rahmen rechtlicher Sinnzusammenhänge, Tübingen 1959 (zitiert: Zeuner, Sinnzusammenhänge).

Albrecht Zeuner: Überlegungen zum Begriff des Rechtsverhältnisses i. S. von § 256 ZPO, in: Festschrift für Ekkehard Schumann zum 70. Geburtstag, Tübingen 2001, S. 595-611 (zitiert: Zeuner, FS Schumann).

Albrecht Zeuner: Zur Bemessung der Rechtskraft in Fällen der Aufrechnung – BGHZ 89, 349, JuS 1987, S. 354-358.

Ernst Zitelmann: Rechtskraft bei Theilforderungen, ZZP 8 (1885), S. 254-284.

Richard Zöller (Begr.): Zivilprozessordnung, 29. Auflage, Köln 2012 (zitiert: Zöller/Bearbeiter).

Walter Zumstein: Die Feststellungsklage. Ein Beitrag zur Theorie des Klagerechts, Bern 1916 (zitiert: Zumstein, Feststellungsklage).

Schriften zum Verfahrensrecht

Herausgegeben von Jens Adolphsen, Peter Gottwald und Ulrich Haas

Band 1 Matthias Rauscher: Die neue Berufung in Zivilsachen. 2002.

Band 2 Jörn-Christian Schulze: Grenzen der objektiven Schiedsfähigkeit im Rahmen des § 1030 ZPO. Eine Betrachtung des Rechts der Schiedsfähigkeit nach der Schiedsverfahrensrechtsform. 2003.

Band 3 Roman Rodloff: Das vereinfachte Verfahren zur Festsetzung von Kindesunterhalt nach §§ 654 ff. ZPO. Zugleich ein Beitrag zur Unterhaltsannexklage nach § 653 ZPO und zum vereinfachten Abänderungsverfahren nach § 656 ZPO. 2003.

Band 4 Helia-Verena Daubach: Kammer oder Einzelrichter? Ist die Kammer ein Qualitätselement des Zivilprozesses? 2003.

Band 5 Thomas Gemmeke: Beweisverwertungsverbote im arbeitsgerichtlichen Verfahren. 2003.

Band 6 Wolfgang Kreißig: Der Sportverein in Krise und Insolvenz. 2004.

Band 7 Alexander M. Krämer: Leasingverträge in der Insolvenz. 2005.

Band 8 Timo Christian Walther: Das Verfahren bei Masseunzulänglichkeit nach den §§ 208 ff. InsO. 2005.

Band 9 Henning Müller: Die Lebensversicherung in der Zwangsvollstreckung. 2005.

Band 10 Oliver Hilsbos: Die Mitwirkungspflicht von Personenstandsbehörden in Nachlassverfahren. 2006.

Band 11 Matthias Holla: Der Einsatz von Schiedsgerichten im organisierten Sport. 2006.

Band 12 Matthias Hofmann: Die Eigenverwaltung in der Insolvenz. Darstellung eines Rechtsinstituts unter besonderer Berücksichtigung der Gesellschaftsinsolvenz. 2006.

Band 13 Christian Schindler: Rechtskraft und Innenbindung von Beschlüssen nach der ZPO-Reform. 2006.

Band 14 Carola Reimann-Dittrich: Die Finanzierungsfolgenverantwortung des Gesellschafters. 2006.

Band 15 Viktoria Kress: Internationale Zuständigkeit für elterliche Verantwortung in der Europäischen Union. Das neue europäische Familienverfahrensrecht in Fragen der elterlichen Verantwortung im Kontext der Haager Abkommen. 2006.

Band 16 Frank Martin Herget: Die internationale Zuständigkeit im Electronic Commerce in der Europäischen Union. 2006.

Band 17 Cornelia Drenckhahn: Urkundsvorlagepflichten im Zivilprozess und im arbeitsgerichtlichen Verfahren nach der ZPO-Reform unter besonderer Berücksichtigung der Neufassung des § 142 ZPO. 2007.

Band 18 Walter Boeckh: Beschwerde und Rechtsbeschwerde im Zivilverfahren. 2007.

Band 19 Gökçe Nazar Uzar: Rechtsmittel gegen Schiedssprüche nach dem neuen deutschen und türkischen Schiedsverfahrensrecht. 2007.

Band 20 Christa Kraemer: Eigenkapitalersatz und Insolvenz. Klassische und moderne Fallgruppen. 2007.

Band 21 Martin Beckmann: Statutarische Schiedsklauseln im deutschen Recht und internationalen Kontext. 2008.

Band 22 Ulf Pechartscheck: Entgeltansprüche aus Altersteilzeitarbeit in der Arbeitgeberinsolvenz. Analyse gegenwärtiger Sicherungsmodelle in Deutschland. 2008.

Band 23 Thomas Baumann: Patentstreitigkeiten vor Schiedsgerichten. Eine rechtsvergleichende Betrachtung ausgewählter Probleme nach deutschem und schweizerischem Recht. 2008.

Band 24 Désirée Cimmino: Das UNCITRAL-Modellgesetz über internationale ADR-Verfahren in Wirtschaftsstreitigkeiten. 2008.

Band 25 Ralf Burkhard: Der Einfluss der Schuldrechtsreform auf von § 103 InsO erfasste Kaufverträge. 2010.

Band 26 Stefan Roßkopf: Die Aufrechnung im deutschen und englischen Insolvenzrecht. Eine rechtsvergleichende Untersuchung. 2008.

Band 27 Thomas Rothammer: Die insolvenzrechtliche Restschuldbefreiung – Probleme und Lösungen. 2008.

Band 28 Franziska Schmalenberg: Anerkennung von Patenten in Europa. 2009.

Band 29 Michael Schaumann: Reform des Eigenkapitalersatzrechts im System der Gesellschafterhaftung. Unter Berücksichtigung der Änderungen durch das MoMiG. 2009.

Band 30 Hengliang Shen: Das Absonderungsrecht in der Insolvenz. Erfahrungen aus Deutschland und die Praxis in China. 2009.

Band 31 Alexander Panier: Der Grundsatz der Schadenseinheit. 2009.

Band 32 Ming-Sheng Liu: Die richterliche Hinweispflicht. Dogmatik und Rechtskultur. 2009.

Band 33 Lothar Czaja: Umsetzung der Kooperationsvorgaben durch die Europäische Insolvenzverordnung im deutschen Insolvenzverfahren. 2009.

Band 34 Stefanie Reiche: Die prozessualen Folgen eines Betriebsübergangs nach § 613a BGB. 2009.

Band 35 Christoph Stieber: Der gesicherte Geld- und Warenkredit in der Insolvenz. Das Insolvenzverwalterwahlrecht nach § 103 InsO und dessen Wirkungen auf die Sicherungsübereignung und den Eigentumsvorbehalt. 2009.

Band 36 Miguel Teixeira de Sousa: Die Zulässigkeitsprüfung im Zivilprozess. 2010.

Band 37 Michael Schulze: Das Besteuerungsverfahren der Personengesellschaft bei Insolvenz. 2010.

Band 38 Ulrich Hönle: Die deliktische Grundanknüpfung im IPR und IZVR. Auswirkungen der Kollisionsrechtsvereinheitlichung auf europäischer Ebene. 2011.

Band 39 Hilke Schapp: Die Präklusion von Gestaltungsrechten nach § 767 Abs. 2 ZPO. Eine kritische Untersuchung der Rechtsprechung unter besonderer Berücksichtigung der Rechtskraft und der materiellen Rechtslage. 2011.

Band 40 Moritz Büchele: Eingriff in Gesellschafterrechte im Insolvenzplan. 2011.

Band 41 Markus Wimmer: Unternehmenssanierung mittels Transfergesellschaften. 2011.

Band 42 Christoffer Bortz: Urheberrechtliche Lizenzen in nationaler und internationaler Insolvenz. 2012.

Band 43 Martin Wigand: Verzicht, Vergleich und sonstige Haftungsbeschränkungen im Gesellschaftsrecht. 2012.

Band 44 Michael Schick: Die Zwischenfeststellungsklage des § 256 Abs. 2 ZPO. 2013.

www.peterlang.de

www.ingramcontent.com/pod-product-compliance
Ingram Content Group UK Ltd.
Pitfield, Milton Keynes, MK11 3LW, UK
UKHW021838290926
8980IPUK00004B/526

9 783631 605714

